U0896309

中国社会科学院
年鉴

YEARBOOK
OF THE CHINESE ACADEMY
OF SOCIAL SCIENCES

2010

中国社会科学出版社

图书在版编目（CIP）数据

中国社会科学院年鉴．2010/王伟光，黄浩涛主编．—北京：中国社会科学出版社，2011.3
ISBN 978-7-5004-9511-6

Ⅰ．①中… Ⅱ．①王… ②黄… Ⅲ．①中国社会科学院-2010-年鉴 Ⅳ．①G322.22-54

中国版本图书馆CIP数据核字（2011）第015807号

特邀编辑　朱丽雅　刘玉杰
责任编辑　易小放
责任校对　徐幼玲　王春霞
装帧设计　大盟文化
技术编辑　王　超

出版发行　中国社会科学出版社
社　　址　北京鼓楼西大街甲158号　　邮　编　100720
电　　话　010－84029450（邮购）
网　　址　http://www.csspw.cn
经　　销　新华书店
印刷装订　北京一二零一印刷厂
版　　次　2011年3月第1版　　印　次　2011年3月第1次印刷
开　　本　787×1092　1/16
印　　张　59.25　　插　页　18
字　　数　1361千字
定　　价　228.00元

编辑委员会

中国社会科学院年鉴（2010）

编 辑 说 明

一、《中国社会科学院年鉴》（以下简称《院年鉴》）2010 年卷收录了中国社会科学院 2009 年的机构设置、科研及对外学术交流活动、行政后勤工作、党务工作等方面的情况，较为全面系统地反映了全院以科研为中心的各项工作的发展进程，是了解中国社会科学院 2009 年工作全貌的、内容比较翔实的资料性参考书。

二、《院年鉴》2010 年卷共分为“特载”、“综述”、“组织机构”、“工作概况和学术活动”、“科研成果”、“学术人物”、“规章制度”、“统计资料”和“大事记”等九编。其中，“特载”收录了刘云山的《把握正确方向 发扬优良传统 坚持改革创新 在新的历史起点上继续推动哲学社会科学繁荣发展——在国家社科基金年度项目评审工作会议上的讲话》、陈奎元的《继承优秀传统 创造新的辉煌——新中国哲学社会科学 60 年的成就与启示》、何勇的《在中国社会科学院中国廉政研究中心成立会议暨第四届廉政研究论坛开幕式上的讲话》；第一编“综述”收录了中国社会科学院领导的《抓住机遇 总结经验 推进哲学社会科学理论研究和创新》《关于管理强院》《以贯彻执行“两个条例”为契机 进一步加强研究所领导班子建设》等文章和中共中国社会科学院党组深入学习实践科学发展观活动的主要文件、《中国社会科学院加强马克思主义理论学科建设与理论研究实施方案》等；第二编“组织机构”收录了中国社会科学院机构设置及负责人名单、中国社会科学院高级专业技术资格评审委员会名单及各研究所学术委员会、专业技术资格评审委员会名单；第三编“工作概况和学术活动”收录了院属各单位的年度工作概况和主要学术活动，其中，科研机构的排序按文史哲学部、经济学部、社会政法学部、国际研究学部、马克思主义研究学部等五大学部的顺序排列；第四编“科研成果”收录了以科研机构为主的院属各单位的主要科研成果；第五编“学术人物”收录了“中国社会科学院博士学位研究生指导教师（2009 ~ 2010）”和“2009 年度晋升正高级专业技术职务人员”情况；第六编“规章制度”收录了《中国共产党中国社会科学院研究所委员会工作条例》《中国社会科学院研究所所长工作条例》等；第七编“统计资料”收录了 2009 年度的主要统计资料；第八编“大事记”收录了中国社会科学院 2009 年度的主要事件和活动。卷首图片生动、系统地反映了中国社会科学院 2009 年度的重大活动、重要学术会议等。

在封面装帧和版式设计上,《院年鉴》2010 年卷保持 2007 年卷改版时的风格，继续将院属各单位的工作概况和学术活动与图片资料集中编排，以突出科研机构的工作动态。

三、《院年鉴》2010 年卷的编辑工作是在中国社会科学院领导的关心下、在《院年鉴》编委会的指导下、在全院各单位的帮助下完成的，我们对各方面的大力支持和密切合作表示衷心的感谢。

《中国社会科学院年鉴》编辑部

二〇一〇年十一月

↑ 2009 年 3 月，中共中央政治局常委李长春，全国政协副主席、中国社会科学院院长陈奎元参加全国政协十一届二次会议社科、新闻出版界联组讨论。

↑ 2009 年 3 月，中共中央政治局常委李长春在看望出席全国政协十一届二次会议社科、新闻出版界委员时，与全国政协委员、中国社会科学院学部委员景天魁亲切握手。

↑ 2009 年 3 月，中共中央政治局常委李长春在看望出席全国政协十一届二次会议社科、新闻出版界委员时，与全国政协委员、中国社会科学院学部委员李景源亲切握手。

↑ 2009 年 3 月，中国社会科学院召开 2009 年度工作会议。

↑ 2009 年 1 月，中共中国社会科学院直属机关第二次代表大会召开。

↑ 2009 年 2 月，中国社会科学院召开深入学习实践科学发展观活动总结大会。

↑ 2009 年 3 月，中国社会科学院 2009 年反腐倡廉建设工作会议召开。

↑ 2009 年 5 月，中国社会科学院实施人才强院战略方案暨聘用制改革工作会议召开。

↑ 2009 年 6 月，中国社会科学院学风建设工作会议召开。

↑ 2009 年 7 月，中国社会科学院科研体制机制改革实施工作会议召开。

↑ 2009 年 3 月，中国社会科学院 2009 年后勤管理改革专项工作会议召开。

↑ 2009 年 2 月，中国社会科学院 2009 年度离退休干部工作会召开。

↑ 2009 年 2 月，中国社会科学院 2009 年外事工作会议召开。

↑ 2009 年 2 月，中国社会科学院学部主席团工作会议召开。

↑ 2009 年 4 月，中国社会科学院 2009 年度国情调研动员会召开。

↑ 2009 年 5 月，全国政协副主席、中国社会科学院院长陈奎元，巴西总统路易斯·伊纳西奥·卢拉·达席尔瓦为中国社会科学院拉丁美洲研究所巴西研究中心成立揭牌。

↑ 2009 年 7 月，全国政协副主席、中国社会科学院院长陈奎元与国家新闻出版总署署长柳斌杰等出席《中国社会科学报》创刊揭牌仪式。

↑ 2009 年 9 月，中国社会科学院常务副院长王伟光会见罗马尼亚科学院国家经济研究所所长扎曼率领的学术访问团一行。

↑ 2009 年 6 月，中国社会科学院常务副院长王伟光率中国社会科学院学术代表团访问蒙古国，与蒙古国科学院院长恰德拉等会谈并合影。

↑ 2009 年 4 月，中国社会科学院副院长李慎明会见越南外交部部长助理裴青山一行并合影。

↑ 2009 年 6 月，中国社会科学院副院长陈佳贵会见美国财政部部长蒂莫西·盖特纳，并共同与中国社会科学院经济学家会谈。

↑ 2009 年 12 月，中国社会科学院副院长朱佳木会见越南社会科学院中国研究所所长杜进森博士、越南经济研究所所长陈廷天博士。

↑ 2009 年 11 月，中国社会科学院副院长高全立率学术代表团访问沙特阿拉伯，会见费萨尔国王伊斯兰研究中心秘书长叶海亚。

↑ 2009 年 5 月，中国社会科学院副院长武寅会见了应邀访华的韩国前总统金大中一行，双方就“中韩关系及朝鲜半岛问题”座谈并与中国社会科学院东北亚问题专家学者合影。

↑ 2009 年 10 月，中国社会科学院副院长李扬会见意大利联合信贷罗马银行总裁保罗・萨沃纳教授一行。

↑ 2009 年 7 月，中国社会科学院领导李秋芳和院纪检监察干部参观“北京市反腐倡廉法制教育展”。

↑ 2009 年 4 月，中国社会科学院秘书长黄浩涛率学术代表团访问新西兰，与惠灵顿维多利亚大学签署学术交流协议。

↑ 2009 年 2 月，"《资本论》《帝国主义论》与当前西方金融危机：思想家论坛 (6)" 在北京举行。

↑ 2009 年 3 月，"马克思主义学科建设和理论研究座谈会" 在北京召开。

↑ 2009 年 3 月，《汶川特大地震抗震救灾志》座谈会在北京召开。

↑ 2009 年 3 月，中国社会科学院国际学术论坛“2008 ~ 2009 年拉丁美洲和加勒比：社会凝聚与全球金融危机的新挑战”在北京举行。

↑ 2009 年 3 月，“中国宏观经济与美国金融危机——学习《政府工作报告》”演讲会在北京举行。

↑ 2009 年 4 月，中国社会科学院国学研究论坛“中国传统语言学的现代化——庆贺罗常培先生文集出版座谈会”在北京举行。

↑ 2009 年 4 月，中国社会科学院国学研究论坛“简化字与繁体字”在北京举行。

↑ 2009 年 4 月，“第一届中国社会科学论坛暨当代中国学术史研讨会”在浙江省金华市召开。

↑ 2009 年 4 月，“新乡·中华财富文化论坛暨财经人物峰会”在河南省新乡市举行。

↑ 2009 年 4 月，“中国史学界第八次代表大会”在河北省石家庄市召开。

↑ 2009 年 4 月，“中国经济形势分析与预测春季座谈会”在北京举行。

↑ 2009 年 4 月，中国社会科学院第 25 届国际问题论坛“全球金融危机——中国面临的挑战及其对策”在北京举行。

↑ 2009 年 4 月，“马克思主义中国化与当今社会思潮——纪念五四运动 90 周年 ：思想家论坛 (7)” 在北京举行。

↑ 2009 年 4 月，“中印经济发展与面临的全球化挑战”研讨会在北京举行。

↑ 2009 年 5 月，“纪念五四运动 90 周年国际学术研讨会” 在北京召开。

↑ 2009 年 5 月，“金融危机—金融监管与监管当局的作用”研讨会在北京召开。

↑ 2009 年 6 月，“黑龙江省人民政府与中国社会科学院合作协议签字仪式”在哈尔滨市举行。

↑ 2009 年 6 月，“第三届中俄社会科学论坛中俄关系分论坛”在北京举行。

↑ 2009 年 5 月，“首届世界华人炎帝故里寻根节——炎帝神农文化高层论坛”在湖北省随州市举行。

↑ 2009 年 6 月，“迁徙与劳动力市场：中国和英国”研讨会在北京举行。

↑ 2009 年 6 月，第二届中蒙俄论坛“中蒙俄：和平、发展与合作”在北京举行。

↑ 2009 年 7 月，“《美元霸权与经济危机》首发式暨世界金融危机与坚持中国特色社会主义道路研讨会”在北京举行。

↑ 2009 年 7 月，中国社会学会 2009 年学术年会“中国社会变迁：60 年回顾与思考”在陕西省西安市举行。

↑ 2009 年 6 月，《中国社会科学报》编委会全体会议在北京召开。

↑ 2009 年 8 月，“中华人民共和国国史学会第四届理事会成立大会”在北京举行。

↑ 2009 年 8 月，“庆祝历史研究所建所五十五周年”活动在北京举行。

↑ 2009 年 9 月，“古巴共和国外交部长罗德里格斯阁下演讲会”在北京举行。

↑ 2009 年 9 月，第三届全国马克思主义院长论坛“新中国六十年与马克思主义”在江苏省南京市举行。

↑ 2009 年 9 月，第一届中澳学术论坛“社会变迁：前景与可能性”在北京举行。

↑ 2009 年 9 月，“庆祝中华人民共和国成立 60 周年学术报告会”在北京举行。

↑ 2009 年 10 月，“2009 年中国经济形势分析与预测秋季座谈会”在北京召开。

↑ 2009 年 10 月，“第 28 届国际问题论坛：中非关系 60 年回顾与展望”在北京举行。

↑ 2009 年 10 月，“第一届中越马克思主义论坛：中越马克思主义理论创新比较研讨会”在北京举行。

↑ 2009 年 10 月，"中国社会科学院报刊出版馆网建设经验交流会"在北京举行。

↑ 2009 年 8 月，第四届中国社会学博士后论坛（2009）"国家治理与社会建设六十年"在北京举行。

↑ 2009 年 10 月，"2009 年《气候变化绿皮书》新闻发布会暨高层论坛：通向哥本哈根"在北京举行。

↑ 2009年11月，中国社会科学院国际法研究所举行成立揭牌仪式。

↑ 2009年11月，“全国博士后经济学学术论坛（2009）”在北京举行。

↑ 2009年11月，“中国社会科学院‘学问有道·名师论坛’系列报告会”在北京举行。

↑ 2009 年 12 月，“中国社会科学院老年科学研究会成立二十周年庆祝会”在北京举行。

↑ 2009 年 12 月，“第六届全国《格萨〈斯〉尔》工作领导小组会议”在北京召开。

↑ 2009 年 12 月，“中欧经济复苏、就业促进、新技能与可持续发展研讨会”在北京举行。

↑ 2009 年 12 月，“金砖四国”经济发展比较国际研讨会在北京举行。

↑ 2009 年 12 月，中国社会科学院河南省国情调研基地签约仪式在郑州市举行。

↑ 2009 年 12 月，“国际热点、焦点问题研讨会”在北京举行。

↑ 2009 年 12 月，“中国社会科学院城市发展与环境研究所建所揭牌仪式暨城市发展与环境高峰论坛”在北京举行。

↑ 2009 年 12 月，“中国社会科学院中国廉政研究中心成立会议暨第四届廉政研究论坛”在北京举行。

↑ 2009 年 12 月，“第五届胡绳青年学术奖颁奖仪式”在北京举行。

《中国社会科学院年鉴》2010年卷
审稿人名单

杨　义　汤晓青　陈众议　曹广顺　王　巍　卜宪群
郭平英　步　平　张顺洪　厉　声　余克礼　吴尚民
金　泽　吴太昌　李　平　张晓山　裴长洪　王国刚
汪同三　张世生　张新平　冯　军　陈泽宪　杨海蛟
郝时远　汪小熙　尹韵公　张宇燕　吴恩远　江时学
杨　光　吴白乙　李向阳　胡国成　李　薇　程恩富
施鹤安　李汉林　王苏粤　杨　扬　张国宝　高来发
张昌东　王延中　杨沛超　孟昭宇　刘迎秋　高　翔
谢寿光　张新鹰　王俊军　冯俊森　沈志渔　张星星
田　嘉

《中国社会科学院年鉴》2010年卷
供稿人名单

曹维平　宋　颖　王　涛　李联朝　张　骅　巩　文
博明妹　赵笑洁　蔡　震　柴怡赟　姜　南　陆晓芳
张永攀　彭维学　马新晶　王　鹰　周　济　李鹏飞
卢宪英　朱小慧　孔繁来　赵培德　霍冉冉　戴丽萍
韩胜军　张　杰　张彦海　李　菂　张锦贵　李庆明
张　宁　孙　懿　赵克斌　雷　霞　郗艳菊　冯育民
崔　振　蔡雅杰　史晓曦　刘东山　杨　西　徐彤武
马军伟　彭　华　周晓英　秦益成　卜岩枫　朱文清
孙　平　张　鼐　王　迎　钱彦博　薛增朝　吴　敏
滕　瑶　李　特　于晓丹　曾　军　胡楠阳　杨建惠
王田田　李　峰　彭　杉　刘振喜　王　浩　张梦薇
蔡继辉　匡卫群　罗子昂　杨大英　于红峰　张丽生
高　剑

目 录

特 载

第一编 综述

第二编　组织机构

第三编　工作概况和学术活动

第四编 科研成果

第五编 学术人物

第六编 规章制度

第七编　统计资料

第八编　大事记

2010 YEARBOOK OF THE CHINESE ACADEMY OF SOCIAL SCIENCES

CONTENTS

IMPORTANT NOTES

CHAPTER ONE A COMPREHENSIVE SURVEY

CHAPTER TWO LEADERSHIP STRUCTURE AND ORGANIZATIONAL COMPOSITION

Chapter Three Work and Academic Activities

Chapter Four Scientific Research Achievements

Chapter Five Academic Figures

Chapter Six Rules and Regulations

CHAPTER SEVEN STATISTICS DATA FOR 2009

CHAPTER EIGHT CHRONICLE

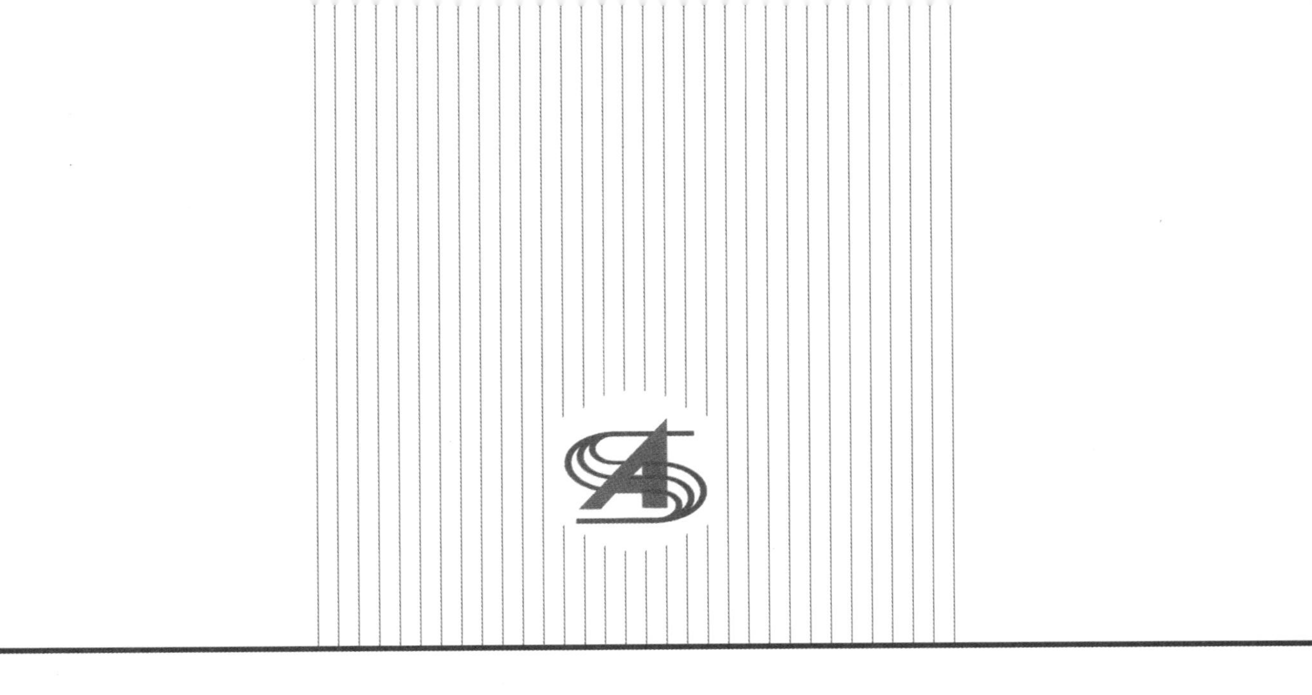

特　　载

TEZAI

把握正确方向　发扬优良传统　坚持改革创新 在新的历史起点上继续推动哲学社会科学繁荣发展

——在国家社科基金年度项目评审工作会议上的讲话

刘云山

(2009年5月17日)

这次国家社科基金年度项目评审工作会议的主要任务是：高举中国特色社会主义伟大旗帜，以邓小平理论和“三个代表”重要思想为指导，深入贯彻落实科学发展观，总结经验、分析形势、明确任务，做好2009年度国家社科基金项目评审工作，推动我国哲学社会科学繁荣发展。借此机会，向参加会议的各位专家学者，并通过你们向广大哲学社会科学工作者，致以崇高的敬意和诚挚的问候。下面，我讲几点意见。

（一）紧跟时代、植根实践，新中国成立60年来哲学社会科学为党和国家事业发展作出了重要贡献

今年是新中国成立60周年。在波澜壮阔的60年中，我们实现了从新民主主义向社会主义的过渡，确立了社会主义基本制度，实现了中国历史上最深刻、最伟大的社会变革；我们坚持自力更生、艰苦奋斗，在一穷二白的基础上建立了独立的比较完整的工业体系和国民经济体系，使古老的中国以崭新姿态屹立在世界东方；我们积极进取、勇于创新，在改革开放中成功开辟了中国特色社会主义道路，走上了充满希望、充满活力的社会主义现代化伟大征程。经过60年的艰辛努力，我们在社会主义经济建设、政治建设、文化建设、社会建设以及生态文明建设和党的建设等方面取得了辉煌成就，综合国力显著增强，人民生活显著改善，国际地位显著提升，中华民族正大踏步赶上时代前进潮流、迎来伟大复兴的光明前景。60年一甲子，60年旧貌换新颜。新中国谱写了中华民族发展史上的壮丽篇章，必将作为人类争取自由解放和文明进步的光辉一页载入史册。在这一伟大历史进程中，我们党始终高度重视繁荣发展哲学社会科学。新中国成立之初，以毛泽东同志为核心的第一代中央领导集体就提出，随着社会主义革命和建设的全面展开，必须充分发挥哲学社会科学在认识世界、改造世界中的重要作用，提出了“百花齐放、百家争鸣”的方针，成立了全国社会科学研究机构，制定了哲学社会科学研究工作12年远景规划，强调全党都要注意思想理论工作，普遍地深入地研究马克思主义理论，

有计划地培养马克思主义理论家，把理论工作搞起来。以邓小平同志为核心的第二代中央领导集体从党和国家事业长远发展出发，大力发展哲学社会科学事业，强调我们国家要赶上世界先进水平，要从科学和教育入手，科学当然包括社会科学。以江泽民同志为核心的第三代中央领导集体把哲学社会科学摆到关系事业发展全局的重要地位，强调在中国特色社会主义实践和理论的双重探索中，哲学社会科学具有不可替代的重要作用，哲学社会科学工作者是一支不可替代的重要力量。党的十六大以来，以胡锦涛同志为总书记的党中央采取一系列重大举措繁荣发展哲学社会科学，制定下发关于进一步繁荣发展哲学社会科学的意见，强调哲学社会科学的发展水平体现了一个民族的思维能力、精神状态和文明素质，反映了一个国家的综合国力和国际竞争力，积极发展哲学社会科学是全党和全社会的重要任务。60年来，哲学社会科学战线认真贯彻中央要求，与时代同步伐、与人民共命运、与实践齐发展，充分发挥了认识世界、传承文明、创新理论、咨政育人、服务社会的重要作用。

第一，深入开展马克思主义特别是中国化马克思主义的学习、研究和宣传，为用党的理论创新成果武装全党、教育人民发挥了重要作用。马克思主义是社会主义意识形态的旗帜和灵魂，是我国哲学社会科学最核心的组成部分和最根本的理论基础。我们党从诞生之日起就把马克思主义确立为自己的指导思想，坚持把马克思主义基本原理同中国具体实际相结合，创立了毛泽东思想和包括邓小平理论、“三个代表”重要思想以及科学发展观等重大战略思想在内的中国特色社会主义理论体系这两大理论成果。新中国成立后，翻译出版一批马克思主义经典著作，推出一批普及读物，广泛宣传阐释马克思列宁主义和毛泽东思想，有力促进了全党思想理论水平的提高，有力促进了用马克思主义解决实际问题能力的提高。改革开放以来，把学习研究宣传中国特色社会主义理论体系作为战略任务，兴起学习贯彻邓小平理论、“三个代表”重要思想的高潮，深入学习实践科学发展观；组织实施马克思主义理论研究和建设工程，深入研究阐释马克思主义中国化最新成果，为推进马克思主义中国化历史进程提供有力的学理支撑；积极推动当代中国马克思主义大众化，努力用人民群众喜闻乐见的形式、通俗易懂的语言，深入浅出地宣传阐释中国特色社会主义理论体系，使党的理论创新成果日益深入人心。

第二，大力开展重大现实问题研究，为党和国家事业发展提供了强大的理论支持。坚持理论联系实际，深入研究重大现实问题，是我国哲学社会科学的优良传统。新中国成立后，围绕社会主义改造、社会主义建设、社会主义发展中的重大关系、正确认识和处理人民内部矛盾等问题开展深入研究，推动了社会主义建设事业的发展。党的十一届三中全会前夕，哲学社会科学战线积极参与和推动真理标准问题大讨论，为促进思想解放，重新确立马克思主义思想路线、政治路线和组织路线，开启改革开放新时期发挥了思想先导作用。改革开放以后，紧紧围绕社会主义初级阶段理论、社会主义发展战略和社会主义市场经济、社会主义民主政治、社会主义先进文化、党的建设新的伟大工程等问题，进行深入研究，形成了一大批具有重大理论价值和重要现实意义的研究成果。党的十六大以来，深入研究阐释党中央提出的坚持以人为本、实现科学发展、构建社会主义和谐社会、建设社会主义新农村、建设创新型国家、建设社会主义核心价值体系、推动建设和谐世界、加强党的执政能力建设和先进性建设等一系列重大战略思想，有力促进了党和国家各项事业发展。

第三，认真开展中国传统文化研究，为传承中华文明、建设社会主义先进文化作出了重要贡献。新中国成立后，按照古为今用的原则，组织开展大规模的文化典籍整理工作，组织数以万计专家学者深入基层、深入边疆、深入民族地区进行广泛调查研究，搜集抢救民族民间文化艺术，对丰厚的传统文化进行科学梳理，对各民族文化进行挖掘保护，使民族优秀文化成果得以传承发扬。改革开放以来，坚持尊重过去、面向未来，正确对待民族优秀传统文化，深入开发利用民族文化丰厚资源，实施一批弘扬民族精神、传承民族文化的重大研究项目，推出了一批重大研究成果，不断赋予民族优秀文化以新的时代内涵，推动中华文化焕发新的生机和活力。

第四，扎实推进学科和教材建设，为建立比较完备的哲学社会科学教学科研体系奠定了坚实基础。新中国成立后，党和政府高度重视哲学社会科学学科体系、教材体系建设，成立了中国科学院哲学社会科学部，在全国建立起一大批哲学社会科学教学和研究机构，组织编写了100多种有影响的大学文科教材，建立和发展了马克思主义原理、哲学、政治经济学、科学社会主义、法学、史学、文学、新闻学、民族学等一批重要基础学科。1977年，在中央重视和关心下，组建了中国社会科学院。此后，相继成立了全国哲学社会科学规划领导小组，设立了国家哲学社会科学基金，各地普遍成立了哲学社会科学联合会。哲学社会科学战线适应党和国家事业发展的需要，坚持基础研究和应用对策研究相结合，积极推进哲学社会科学与自然科学、哲学社会科学不同学科之间的交叉渗透，建设了一批有较强原创能力的基础学科、一批有较强对策研究能力的应用学科、一批立足学术前沿的新兴学科和交叉学科。在学科建设不断加强的同时，教材建设也得到长足发展，特别是把教材建设列入马克思主义理论研究和建设工程，组织全国力量编写哲学社会科学重点骨干教材，逐步形成充分反映马克思主义中国化最新成果的教材体系。

第五，广泛开展对外学术交流，积极吸收借鉴国外哲学社会科学的有益成果。新中国成立后，坚持立足中国、放眼世界、博采众长，积极学习借鉴国外哲学社会科学发展经验，派出了一批哲学社会科学工作者到国外学习交流，翻译出版了一批国外哲学社会科学名著。改革开放以来，坚持以马克思主义的宽广眼界观察世界、以主动的姿态面对世界、以积极的态度学习了解世界，大胆吸收和借鉴人类社会一切有益思想成果，同时坚决抵制各种错误、腐朽思想的影响。不断扩大对外学术交流范围和规模，推动哲学社会科学优秀成果走向世界，使我国哲学社会科学以前所未有的姿态出现在世界学术舞台上，逐步增强了在重大学术问题上的国际话语权，扩大了中华文化的国际影响力。

第六，切实加强人才培养，造就了一支高素质的哲学社会科学队伍。新中国成立后，我们党高度重视知识分子工作，培养了一大批哲学社会科学人才，成为今天我国哲学社会科学战线的骨干力量。改革开放以来，我们党坚持党管干部、党管人才原则，极大地激发了知识分子的积极性创造性；鼓励和引导广大哲学社会科学工作者坚持为人民服务、为社会主义服务的方向，造就了一批学术领军人物、学科带头人和教学科研骨干；始终把思想政治建设摆在首位，创新人才培养模式，实施全国宣传文化系统“四个一批”人才培养工程，进行大规模培训，广大哲学社会科学工作者用发展着的马克思主义指导学术研究的自觉性、坚定性不断增强。

新中国成立60年来特别是改革开放以来，哲学社会科学工作伴随着我国社会主义革命、建设和改革实践的发展而不断发展，积累了许多宝贵经验。一是必须坚持马克思主义指导地位，大力推进马克思主义中国化。坚持用马克思主义立场观点方法观察分析问题，积极促进马克思主义基本原理与中国实际相结合，用发展着的马克思主义指导实践。二是必须坚持服务全党全国工作大局，弘扬理论联系实际的马克思主义学风。以我国改革开放和社会主义现代化建设的实际问题、以我们正在做的事情为中心，着眼于马克思主义理论的运用，着眼于对实际问题的理论思考，着眼于新的实践和新的发展，努力为党和人民事业发挥思想库作用。三是必须坚持解放思想、实事求是、与时俱进，积极推进实践基础上的理论创新，推进学科体系、学术观点、科研方法创新。四是必须坚持贴近实际、贴近生活、贴近群众，尊重人民群众的主体地位和首创精神，善于把人民群众在实践中创造的新鲜经验升华为理论成果。五是必须坚持百花齐放、百家争鸣，充分调动哲学社会科学工作者的积极性、主动性。尊重劳动、尊重知识、尊重人才、尊重创造，充分发扬学术民主，提倡不同学术观点、学术流派的争鸣和切磋，努力营造生动活泼的学术环境。六是必须坚持立足中国、面向世界，立足当代、继承前人。努力从当代中国和当今世界的发展实践中，从古今中外丰富的学术思想中，汲取营养、推陈出新，大力建设具有中国特色、体现时代精神的哲学社会科学。这些成功经验体现了我国哲学社会科学工作的优良传统，反映了时代进步对哲学社会科学工作的本质要求，要很好地坚持并在实践中不断丰富和发展。

（二）认清形势、明确任务，在新的历史起点上继续推动哲学社会科学繁荣发展

经过60年特别是改革开放以来的发展，我们已经站在一个新的历史起点上。当前，我国哲学社会科学事业发展正面临着极为有利的条件。以胡锦涛同志为总书记的党中央高度重视和坚强领导，为哲学社会科学发展提供了根本保证；党的思想理论不断与时俱进，为哲学社会科学发展指明了方向、提出了新的任务；改革开放以来我国经济社会发展取得巨大成就和成功经验，为哲学社会科学发展提供了丰厚的物质基础和思想源泉；全党全社会对哲学社会科学的关心和支持，为哲学社会科学发展创造了良好的社会环境。

同时也要看到，当今世界正在发生广泛而深刻的变化，当代中国正在发生广泛而深刻的变革，国际国内形势呈现出一系列新的特点，哲学社会科学面临许多新情况、新问题。一是国

际形势中不稳定、不确定、不安全因素明显增多。霸权主义和强权政治有新的表现，国际战略竞争更趋激烈，地区冲突和热点问题此起彼伏，金融危机、恐怖主义、环境恶化、流行性疾病等非传统安全威胁日益突出，各种不确定因素和潜在风险大大增加。国际政治、经济发展的深刻变动，需要我们密切观察、深入研究。二是世界范围内各种思想文化交流、交融、交锋日益频繁。随着国与国相互依存日益紧密，各种思想文化在更大范围、更深层次相互激荡、彼此碰撞，这一方面有利于学习借鉴世界有益文明成果，另一方面我们将长期面对西方在经济、科技和文化传播方面占优势的压力，意识形态领域渗透和反渗透的斗争仍然十分尖锐复杂，维护我国文化安全和意识形态安全面临新的挑战。三是国内社会思想多元、多样、多变特征更加明显。经济体制的深刻变革、社会结构的深刻变动、利益格局的深刻调整，带来了思想观念的深刻变化，社会思想意识日益活跃，人们思想活动的独立性、选择性、多变性、差异性明显增强；在主流思想舆论进一步巩固的同时，各种非马克思主义的思想观念有所滋长，影响社会和谐稳定的舆论时有出现，引领整合多样化社会思潮的任务更加繁重。四是互联网发展的大众化、媒体化、数字化趋势更加凸显。随着互联网技术门槛的不断降低，网民群体加速向普通大众发展。互联互动、即时传播、共享共用的特征，使互联网的媒体功能日益凸显。互联网普及促进了社会各领域的数字化，“数字化生存”成为当今社会的发展趋势。如何积极利用、大力发展、科学管理互联网，已成为一个重大而紧迫的课题。

特别要看到，当前由美国次贷危机引发的国际金融危机仍在蔓延和深化。人们在积极应对的同时，也在深入思考这场危机的根源，清楚地认识到资本主义的本质和自身不可克服的矛盾。这场危机正在世界范围引发发展道路、发展模式的争论，国际社会更加关注中国在应对国际金融危机中的表现，研究中国特色社会主义的制度优势，中国的发展模式、发展道路得到越来越广泛的理解和认同。所有这些，都为我们深入研究阐释中国特色社会主义理论体系，深入研究阐释中国特色社会主义道路，深入研究阐释社会主义核心价值体系，提供了良好契机。哲学社会科学战线要进一步增强责任感使命感，把握正确方向，发扬优良传统，坚持改革创新，继续推动哲学社会科学的繁荣发展，更好地为党和人民事业发展服务。

第一，继续深化马克思主义中国化最新成果研究，进一步巩固全党全国各族人民团结奋斗的共同思想基础。马克思主义中国化最新成果是党最可宝贵的政治和精神财富，哲学社会科学必须把深入研究阐释马克思主义中国化最新成果作为首要任务。一是要紧紧围绕什么是马克思主义、怎样对待马克思主义，什么是社会主义、怎样建设社会主义，建设什么样的党、怎样建设党，实现什么样的发展、怎样发展等重大理论和实际问题，深入研究中国特色社会主义理论体系的历史地位和指导意义，宣传阐释中国特色社会主义理论体系的新思想、新观点、新论断，引导广大干部群众不断增强坚持中国特色社会主义旗帜、道路、理论体系的自觉性坚定性。二是要紧紧围绕全党正在开展的深入学习实践科学发展观活动，深入研究科学发展观的历史地位、科学内涵、精神实质和根本要求，把全社会的发展积极性引导到科学发展上来。三是要紧密联系我们党的历史，紧密联系中国特色社会主义伟大实践，深入研究马克思主义同中国革命、建设和改革实践相结合的历史进程，研究马克思主义中国化的历史规律和重大意义，更加自觉地推进马克思主义中国化、时代化。要把理论研究同推进马克思主义大众化紧密结合起来，不断推进党的理论创新成果走向基层、走进群众，不断推进用科学理论武装头脑、指导实践、推动工作。

第二，大力加强国际金融危机的研究，为党和政府妥善应对国际金融危机建言献策。当前国际金融危机与我国发展方式转变、经济结构调整的关键时期不期而遇，新的挑战与既有矛盾相互交织，必须充分发挥哲学社会科学的独特优势，为应对国际金融危机冲击、保持我国经济平稳较快发展提供智力支持。一是要深入研究国际金融危机的形成原因、发展趋势，深入研究国际金融危机扩散和蔓延的基本态势、演变过程和长期发展趋势以及对我国经济社会发展的影响，引导人们进一步增强变挑战为机遇、同舟共济共渡难关的信心和勇气。二是要把应对国际金融危机的对策研究作为一项紧迫任务，围绕“保增长、保民生、保稳定”的重大决策部署，深入研究如何加强和改善宏观调控，如何扩大国内需求特别是消费需求，如何转变发展方式、加快经济结构战略性调整，如何深化改革、提高对外开放水平，如何提高自主创新能力、建立国家创新体系，如何改善民生、促进社会和谐等问题，更好地推动经济社会又好又快发展。三是要深入研究国际金融危机对世界经济、政治格局带来的深刻影响，研究如何发挥中国在促进世界经济稳定中的建设性作用，研究如何改革国际金融体系、加强金融监管，建立公平、公正、包容、有序的国际金融新秩序，推动形成有利于我国改革发展的国际环境，使我国在世界经济复苏过程中占据更有利的地位。

第三，积极开展新中国成立60年特别是改革开放30年伟大历程和历史经验的研究，进一步增强广大干部群众走中国特色社会主义道路的信念和信心。新中国成立60年来，我们党在领导人民进行社会主义革命、建设和改革的进程中积累了丰富的经验。哲学社会科学战线要深入研究阐释这些经验，汲取智慧，把握规律，进一步推动中国特色社会主义理论和实践发展。一是要结合新中国成立60年的伟大历程，研究阐释历史和人民是怎样选择了马克思主义、选择了中国共产党、选择了社会主义道路，研究我们党领导人民建立社会主义制度的伟大意义，研究我们党把马克思主义同当代中国实际相结合开拓中国特色社会主义道路的光辉历程，引导人们深刻认识只有社会主义才能救中国、只有中国特色社会主义才能发展中国，深刻认识中国共产党始终是我们事业发展的坚强领导核心。二是要围绕党的十七大概括的改革开放30年“十个结合”的宝贵经验，研究阐释我们党开拓改革开放道路的艰辛历程和巨大成就，研究阐释改革开放如何发展了中国、发展了社会主义、发展了马克思主义，研究阐释继续推进改革开放的基本要求，引导人们深刻认识改革开放是决定当代中国命运的关键抉择，方向和道路是完全正确的。三是要把研究历史进程、历史经验同研究阐释中国特色社会主义理论体系结合起来，同研究阐释党的路线方针政策结合起来，同研究阐释中国特色社会主义总体布局结合起来，同研究阐释党的建设新的伟大工程结合起来，不断深化对共产党执政规律、社会主义建设规律、人类社会发展规律的认识，引导人们深刻认识世界上没有放之四海而皆准的发展道路和发展模式，也没有一成不变的发展道路和发展模式，我们既不能走封闭僵化的老路，也不能走改旗易帜的邪路，必须毫不动摇地走中国特色社会主义道路。

第四，着力推进重大现实问题研究，更好地服务全面建设小康社会、加快推进社会主义现代化的历史任务。胡锦涛总书记一再强调，哲学社会科学要把重大现实问题作为主攻方向。必须适应形势的发展和实践的要求，深入研究改革开放和现代化建设实践提出的重大问题，不断推出有价值的研究成果。一是要围绕全面建设小康社会奋斗目标，深入研究阐释我国社会主义初级阶段的基本国情没有变、社会主要矛盾没有变、面临的重要战略机遇期没有变，引导人们准确把握我国经济社会发展新的阶段性特征，坚持党的基本理论、基本路线、基本纲领、基本经验，继续解放思想，坚持改革开放，推动科学发展，促进社会和谐。二是要围绕推动经济又好又快发展，深入研究如何贯彻落实科学发展观，坚持社会主义初级阶段基本经济制度，进一步完善社会主义市场经济体制，着力推动产业结构优化升级，着力解决“三农”问题，着力推进环境保护和生态文明建设，坚持走中国特色新型工业化道路，走中国特色农业现代化道路，走生产发展、生活富裕、生态良好的文明发展道路。三是要围绕扩大社会主义民主、建设社会主义法治国家、发展社会主义政治文明，深入研究如何把坚持党的领导、人民当家做主、依法治国有机统一起来，进一步深化政治体制改革，坚持和完善人民代表大会制度、中国共产党领导的多党合作和政治协商制度、民族区域自治制度以及基层群众自治制度，坚定不移走中国特色社会主义政治发展道路。四是要围绕推动社会主义文化大发展大繁荣，兴起社会主义文化建设新高潮，深入研究如何坚持和巩固马克思主义在意识形态领域的指导地位，着力建设社会主义核心价值体系，着力巩固壮大主流思想舆论，着力推进文化创新，发展文化事业和文化产业，提高国家文化软实力。五是要围绕构建社会主义和谐社会，深入研究如何加快推进以改善民生为重点的社会建设，着力解决好教育、就业、收入分配、社会保障、扶贫开发、医疗卫生、安全生产等涉及群众切身利益的问题，使全体人民共享改革发展成果。六是要围绕以改革创新精神加强和改进党的建设，深入研究如何以执政能力建设和先进性建设为主线，全面推进党的思想建设、组织建设、作风建设、制度建设、反腐倡廉建设，使党始终成为中国特色社会主义事业的坚强领导核心。

第五，深入进行社会主义核心价值体系研究，不断增强全社会团结向上的精神力量。社会主义核心价值体系是社会主义意识形态的本质体现。我们同各种敌对势力在意识形态领域的斗争，本质上是社会主义价值体系和资本主义价值体系的较量。哲学社会科学战线要把社会主义核心价值体系作为重大课题，开展深入研究，不断深化认识。一是要深入研究社会主义核心价值体系的重大意义、内涵外延和实践要求，对社会主义核心价值观进行概括提炼，不断用反映时代进步要求的思想观念来丰富和充实社会主义核心价值体系。二是要深入研究如何将社会主义核心价值体系贯穿到国民教育之中，贯穿到理论武装、新闻宣传、精神文明创建、经常性思想政治教育、文化产品生产和服务以及制度建设、社会管理之中，使之转化为亿万人民群众的自觉行动。三是要探索用社会主义核心价值体系引领社会思潮的有效途径，既尊重差异、包容多样，又有力抵制各种错误和腐朽思想的影响，力求在多元多样中立主导、在交流交融中谋共识，巩固壮大积极健康向上的主流思想舆论。当前，要重点回答好“六个为什么”，既讲清楚“必须坚持什么”，更讲清楚“不能搞什么”，引导干部群众进一步坚定对马克思主义的信仰、对中国特色社会主义的信念、对改革开放和现代化建设的信心、对党和政府的信任。

第六，切实抓好马克思主义理论研究和建设工程，发挥工程对繁荣发展哲学社会科学的示范带动作用。实施马克思主义理论研究和建设工程，是党中央立足新的时代条件，从党和国家事业发展全局的战略高度、从不断推进马克思主义中国化时代化的战略高度作出的一项重大决策。工程实施 5 年来，取得了重要的阶段性成果，有力推动了用马克思主义中国化最新成果武装全党、教育人民，有力推动了中国特色社会主义理论体系进教材、进课堂、进学生头脑，有力推动了社会主义核心价值体系建设，有力团结和凝聚了广大哲学社会科学工作者，产生了广泛的社会影响。目前工程已经进入出成果的关键阶段，要紧紧围绕中央批准的工作目标，全面推进工程各项工作。一是要精心做好工程教材编写工作。要加强组织协调，在保证质量的前提下加快教材编写审议进度，组织好教材出版、使用和宣传工作，把工程教材作为基础课和专业课教学的指定教材，在全国高校统一使用。二是要加强和改进高校思想政治理论课建设。以马克思主义中国化最新成果为中心内容，完善充实思想政治理论课的课程和教材，进一步增强思想政治理论课的针对性、实效性。加强对思想政治理论课教师的培养培训工作，积极改进教学方法，不断提高思想政治理论课的教学水平。三是要积极推进马克思主义经典著作编译和基本观点研究，尽快推出 10 卷本《马克思恩格斯文集》和 5 卷本《列宁专题文集》，为理论工作者和党政干部深入学习马克思主义基本原理提供更为准确的文本。四是要加强人才队伍建设。以工程为载体，通过课题研究、教材编写、国情调研、研修培训等活动，努力培养一批在国内外有广泛影响的马克思主义理论大家，一批各学科各专业的领军人物，一批具有较高素质、有志于哲学社会科学事业的后备人才。要把工程作为党和政府联系哲学社会科学专家学者的桥梁和纽带，吸引广大理论工作者和社会各方面力量积极参与工程。

（三）加强管理、完善服务，进一步提高国家社科基金管理工作水平

近年来，在党中央的重视和关心下，在有关方面的大力支持下，国家社科基金管理工作取得了显著成绩。基金总量有了较大幅度增长，基金项目设置不断拓展，形成了以重大项目、年度项目、委托项目、西部项目、后期项目为内容的项目资助体系；评审制度改革深入推进，成果鉴定结项机制进一步完善，推出了一大批优秀研究成果；成果宣传推介工作扎实有效，许多成果被纳入党和政府的决策，产生了广泛的社会影响。总的看，国家社科基金在推动哲学社

会科学繁荣发展、服务党和国家工作大局中的作用越来越明显。要认真总结经验，在已有成绩的基础上，进一步开创国家社科基金管理工作新局面。

第一，要把握导向。国家社科基金管理工作具有很强的导向性、示范性，必须始终坚持正确的政治方向。要自觉用中国特色社会主义理论体系指导科研工作，深入贯彻落实科学发展观，努力唱响主旋律，牢牢占领哲学社会科学主阵地。在制定项目规划时，要充分反映马克思主义中国化最新成果；在确定研究项目时，要加大对当代中国马克思主义研究的资助力度；在验收项目成果时，要把是否体现马克思主义立场、观点、方法作为首要标准。

第二，要突出重点。紧紧围绕中心、服务大局，把重点放在资助研究关系党和国家事业发展全局的重大问题上，着力推出有广泛影响的重大成果。要进一步加强应用对策研究，大力支持对经济社会发展和国家安全有长远影响的研究项目，更好地发挥为党和政府决策服务的重要作用。要高度重视基础研究，大力支持关系哲学社会科学发展全局、对学科创新发展起关键作用的研究项目，不断提高哲学社会科学持续发展能力。要把马克思主义理论研究和建设工程作为重中之重，进一步加大资助力度，推动工程与社科基金项目深度融合，为工程顺利实施提供更加有力的保障。

第三，要严格标准。国家社科基金项目必须体现国家水准，反映国家水平。要把精品意识贯穿于工作全过程，使推出的成果能够经得起历史和实践的检验。要坚持公开透明、公平竞争、优中选优的原则，不断深化项目评审制度和评审方式改革，严把评审立项的入口关。要以提高成果质量为重点，建立健全项目管理和成果评价机制，注重原创性和科学性，注重实践价值，严把鉴定结项的出口关。要进一步加强对优秀成果宣传、评介和推荐工作，引导广大项目承担者自觉以严谨治学的态度打造精品力作。

第四，要科学管理。目前社科界对基金项目的关注度越来越高，国家社科基金在社会上的影响越来越大。这就要求我们管好用好国家社科基金，努力维护国家社科基金的良好声誉。要积极探索新形势下国家社科基金项目管理工作的特点和规律，以改革创新精神不断加强管理制度建设，不断提高用良好机制引导良好学风的能力，切实做到科学管理、民主管理、依法管理。要科学合理地确定研究项目和资助强度，既保证科研需要又避免浪费，使有限资金最大限度地发挥作用。要把管理寓于服务之中，在服务中贯彻党的方针原则，在管理中体现党对社科工作的重视和关怀，使国家社科基金成为服务广大专家学者的重要平台。

全面建设小康社会、在中国特色社会主义道路上实现中华民族伟大复兴，呼唤着哲学社会科学的繁荣发展，也必将推动哲学社会科学的繁荣发展。让我们更加紧密地团结在以胡锦涛同志为总书记的党中央周围，坚定信心、振奋精神，求真务实、锐意进取，不断开创哲学社会科学工作新局面，为迎接新中国成立60周年，为改革开放和社会主义现代化建设作出新的更大贡献。

继承优秀传统　创造新的辉煌

——新中国哲学社会科学60年的成就与启示

陈奎元

（2009年7月19日）

新中国的哲学社会科学走过了60年不平凡的发展历程。回顾60年来取得的成就和经验，我们对前辈们满怀崇敬之情。在新的历史阶段，哲学社会科学工作者重任在肩，要继往开来，按照党中央的要求，努力担负起认识世界、传承文明、创新理论、咨政育人、服务社会的职责，创造哲学社会科学繁荣发展的新局面。

（一）新中国开辟了哲学社会科学发展的新纪元

60年前新中国的诞生，是中国人民革命的伟大胜利，也是社会主义和民族解放的具有世界历史意义的伟大胜利。新中国的60年，是中国历史上改天换地的60年。中国共产党领导人民同心同德地进行社会主义革命和建设，建立起崭新的社会主义基本制度，迅速改变了旧中国一穷二白的面貌；实行改革开放，建设中国特色社会主义，人民生活总体上达到小康水平。伴随新中国前进的历史脚步，中国的哲学社会科学也进入了新纪元。

新中国成立之初，全国人民意气风发，百业俱兴。以毛泽东同志为核心的党的第一代中央领导集体高度重视发展哲学社会科学，倡导“让哲学从哲学家的课堂上和书本里解放出来，变为群众手里的尖锐武器”①。1956年，党和国家组织制定包括哲学社会科学在内的12年（1956～1967年）科学发展远景规划。同年，毛泽东同志提出“百花齐放、百家争鸣”的方针，极大地鼓舞和激发了科技界、文艺界以及其他各界广大学术工作者的积极性。郭沫若、范文澜、翦伯赞、艾思奇、李达、何其芳、孙冶方等老一辈马克思主义学术大家，对创建新中国哲学社会科学作出了杰出的贡献。这一时期开辟了中国哲学社会科学前所未有的繁荣兴旺的新局面。

20世纪50年代后期，党内在指导思想上发生失误，“以阶级斗争为纲”的思想逐渐发展并占据主导地位，导致“文化大革命”那一场浩劫。我国哲学社会科学首当其冲，总体上陷于停滞甚至出现某些倒退。这场严重的失误和劫难，不但打断了新中国哲学社会科学波澜壮阔的发展进程，也在很大程度上损害了马克思主义的威信，损害了人们对于社会主义、共产主义的

① 《毛泽东文集》第8卷，人民出版社1999年版，第323页。

信仰，这个恶果是尤其严重的。

党的十一届三中全会开启了建设中国特色社会主义的新时期。党中央大力倡导解放思想，恢复并重新确立了党的思想路线，我国哲学社会科学进入繁荣发展的新阶段。以邓小平同志为核心的党的第二代中央领导集体，把科学和教育提到战略高度。邓小平同志强调“科学当然包括社会科学”，他还具体地提出政治学、法学、社会学以及世界政治的研究要赶快补课。1977年，党中央作出了成立中国社会科学院的决策。1983年，全国哲学社会科学规划领导小组成立。1986年，国家社会科学基金正式设立。以江泽民同志为核心的党的第三代中央领导集体提出科教兴国的战略。江泽民同志指出：哲学社会科学与自然科学“四个同等重要”，“我们必须始终重视哲学社会科学，加快发展哲学社会科学”。党的十六大以来，以胡锦涛同志为总书记的党中央提出并全面贯彻落实科学发展观，赋予哲学社会科学新的定位和使命。2004年，党中央颁布《中共中央关于进一步繁荣发展哲学社会科学的意见》，组织实施马克思主义理论研究和建设工程。党的十七大提出，要鼓励哲学社会科学界为党和人民事业发挥思想库作用。

60年来，新中国的哲学社会科学事业同党和国家的大局同步，取得了不平凡的业绩。主要体现在以下方面：

队伍日益壮大。新中国初期，党和政府创办的首批社会科学研究机构只有近代史、考古、语言、社会四个研究所。1955年，中国科学院设立哲学社会科学部，相继成立了哲学、文学、历史、经济、法学、考古、语言等15个研究所。1977年，成立中国社会科学院。此后，全国各省市自治区也都建立了地方社会科学院，形成了高等院校、社会科学院、党政部门所属研究机构、党校行政学院、军队院校五大哲学社会科学研究和教学系统。现在从事哲学社会科学教研工作的人员近40万人，其中有高级职称的人员10多万人，专职研究人员3万多人。

学科体系不断健全。新中国成立不久，党和国家即将哲学社会科学学科体系、教材体系和研究体系的建设提上日程。改革开放以后，党中央为适应形势发展的需要，不断加大对哲学社会科学研究和教学体系的投入，建设起一批有较高理论水准和创新能力的基础学科、应用学科以及立足学术前沿的新兴学科和交叉学科。到目前为止，共有20个一级学科、400多个二级学科。马克思主义原理、历史学、考古学、哲学、文学、语言学、经济学、法学、社会学、人口学、民族学与人类学、宗教学、政治学、新闻学、军事学、教育学、艺术学和国际问题研究等等学科构成了门类齐全、布局合理的学科体系。

学术研究硕果累累。党中央设置专门机构，翻译出版马克思主义经典作家的著作，这是党的思想理论建设、新中国哲学社会科学建设中的重大基础工程。20世纪60年代初，为改变此前以苏联教科书为教材的状况，组织编写和出版了一批以马克思主义为指导、代表各学科最高研究水平的教材，如《辩证唯物主义历史唯物主义》、《政治经济学》（资本主义部分）以及《形式逻辑》、《文学的基本原理》和《美学概论》等；整理、出版了大批中国传统文化典籍；翻译出版了许多外国理论、文史、艺术著作。改革开放以后，又推出一大批重要科研成果和著作，如《甲骨文合集》、《殷周金文集成》、《中国历史地图集》、《中国通史》、《中国史稿》(22 卷本)、《现代汉语词典》、《中国大百科全书》、《中国经济改革开放 30 年研究丛书》、《中华大藏经》等等。这些成果异彩纷呈，显现出我国哲学社会科学繁荣发展的景象。

服务党和国家大局的能力不断增强。广大哲学社会科学工作者积极投身党和国家的理论创新和制度创新。新中国建立初期，他们围绕国家的经济建设、社会政治制度建设，对农业合作化、商品经济、价值规律、人民民主专政制度和社会主义改造等重大现实问题进行深入研究，在理论和实践上作出了重要贡献。党的十一届三中全会召开前夕，哲学社会科学界踊跃参加关于真理标准问题的研究和讨论，积极参与全党恢复并重新确立解放思想、实事求是的思想路线的工作。改革开放以来，党中央不断强调解放思想、实事求是、与时俱进，社会科学研究与应用显示出强大的影响力。在社会主义初级阶段理论、社会主义市场经济理论、依法治国方略、社会主义先进文化等关系中国特色社会主义事业全局的重大理论观点和方针政策方面，都可以看到来自社会科学界的贡献。党的十六大以来，哲学社会科学界深入贯彻落实科学发展观，为推动科学发展，促进社会和谐，实现中国现代化建设的新目标作出了不懈的努力。

对外学术交流逐步扩大。新中国建立初期，由于多种因素的制约，我国哲学社会科学难以全方位开展对外交流。在新的历史时期，国际环境发生重大变化，我国将对外开放确定为基本国策，社会科学的各领域也对世界敞开了大门。我国学术机构对外学术交流遍及世界大多数的国家和地区，在国际学术舞台上的话语权和影响力不断增强。

总之，60 年来，我国的哲学社会科学由小到大，由弱到强，在党和人民的伟大事业中发挥了不可替代的作用。

（二）认真总结和学习60年来我国哲学社会科学发展的主要经验

60 年来，我国哲学社会科学走过了不同寻常的发展道路，取得了丰硕的成果。中国特色社会主义理论体系的形成和发展，表明中国在社会科学领域升起了自己的旗帜。我国的哲学社会科学事业显现出根深叶茂的繁荣景象，同时积累了非常可贵的经验。

坚持以马克思主义的立场观点方法为指导，推进哲学社会科学理论创新。马克思主义是一个完整的科学体系，它不仅为我们提供了社会主义、共产主义的理论和理想，也为哲学社会科学研究提供了科学的世界观和方法论。党中央一贯主张坚持马克思主义基本原理与中国实际相结合，不断推进马克思主义中国化。胡锦涛同志指出：“坚持以马克思主义为指导，决不是教条式地搬用，或者脱离实际地从马克思主义一般原理去作抽象推论，或者用它的个别结论去代替具体的科学研究，而是要深刻领会它的精神实质，善于运用它的立场、观点、方法去指导具体的社会科学研究及其学科建设。”中国的哲学社会科学要走自己的路，必须以马克思主义为指南，反对各种教条主义和经验主义，以中国特色社会主义的实践要求，以我们正在进行的事业为中心，进行理论研究与创新。

全面贯彻“百花齐放、百家争鸣”的方针。“双百”方针是促进艺术发展和科学进步的指南。实践证明，要促进社会科学的发展繁荣，必须鼓励科研人员大胆探索和创新，允许不同观点、不同学派进行讨论和争鸣，提倡充分说理的批评与反批评，尊重差异，包容多样。社会科学的理论研究与党和国家的大局息息相关，学术研究要坚持“二为”方向和“双百”方针的统一，必须自觉地维护而不是干扰安定团结的大局，必须坚持而不是反对四项基本原则。贯彻“双百”方针，归根到底是为科技文化的进步创造良好的环境和氛围，鼓励支持科研人员在实践的基础上参与理论创新，探索新领域，创立新学说，以社会科学的发展繁荣促进国家的兴旺发达。

发扬理论联系实际的马克思主义优良学风。我们党在历史上形成的理论联系实际的优良学风，熏陶和培育了一代又一代的哲学社会科学工作者。哲学社会科学研究的对象是人类社会以及人与自然的关系，不能闭门造车，必须深入实际，联系群众，做群众利益的代言人。如果脱离党和人民的伟大实践，凭一点书本材料和便利的工具去构筑自以为是的“理论体系”，或者改头换面，变相抄袭，人云亦云，这样的所谓“研究”是没有任何价值的。胡锦涛同志指出：“理论研究只有同社会发展的要求、丰富多彩的生活和人民群众的实践紧密结合起来，才能具有强大生命力和影响力，才能实现自身的社会价值。”这是对哲学社会科学工作的根本要求，也为广大社科工作者的自身建设指明了方向。

吸收借鉴古今中外优秀的思想理论成果。继承中国优秀的传统文化，学习借鉴国外优秀的文明成果，要有正确的态度和方法。对于中国古代和外国的东西，不加分析地一概排斥或一切照搬都不是科学的态度。近些年来，理论学术界破除迷信、解放思想，积极进行理论创新，取得了很大成绩，但也有值得关注的倾向：一种倾向是对某种传统文化不加批判地全盘接受，例如把在封建社会具有独尊地位的儒家学派变成宗教，把儒家伦理思想奉为代替社会主义、共产主义的价值观念；另一种倾向是对西方思想理论照抄照搬，甚至企图把西方主流意识形态的理论体系和社会政治制度全盘照搬到中国来。这两种倾向都要不得。对于中国古代和当代世界理论文化的学习和借鉴，要在马克思主义的指导下进行，要坚持“古为今用、推陈出新”，“取其精华、去其糟粕”的方针，要为创新和发展我们自己的理论服务。

加强和改进党对哲学社会科学工作的领导。中国共产党是哲学社会科学繁荣发展的核心领导力量和坚强的政治保证。在西强我弱的世界格局中，在敌对势力不停顿地对我国实行西化、分化的背景下，在国内日新月异的改革进程中，只有牢牢坚持党在思想上、政治上的正确领导，哲学社会科学事业才能健康发展。削弱党的思想领导，放任指导思想多元化，就会产生思想混乱，甚至导致严重的社会动乱。60年来的事实证明：如果没有党的正确领导，就没有哲学社会科学全面发展繁荣的局面。对哲学社会科学加强领导，不是要压制学术民主和独立思维，而是要在加强政治意识和组织领导的同时，支持思想解放，自主创新。全党上下尊重知识、尊重人才、尊重哲学社会科学发展规律，全面贯彻“双百”方针，才能有力地推进改革创新，形成哲学社会科学大发展大繁荣的局面。

（三）当代中国哲学社会科学工作者任重而道远

当今世界和中国都在发生巨大而深刻的变化。由美国次贷危机引发的国际金融危机冲垮了单极世界的罗网，促进世界多极化正在成为全人类的现实选择。面对深刻急剧的变化，社会科学工作者应当重温列宁的一段话。他在20世纪初讲道：形势变化“极其剧烈的震动，这就自然而然地、不可避免地要产生‘重新估计一切价值’，重新研究各种基本问题，重新注意理论”①。眼下正是哲学社会科学工作者冷静观察世界、重新审视各种理论的时机。我国哲学社会科学界应当乘此时机进一步破除迷信、解放思想，开创自主创新的新局面。

坚持以马克思主义基本原理为指导，继续推进马克思主义中国化。当前国际经济、政治形势的变化表明，历史并不青睐单极世界。在苏联解体、东欧剧变以后，喧嚣一时的“新自由主义”、“民主社会主义”、“普世价值”等当代资本主义的理论和政治主张并不是“终极”真理，更不能作为中国意识形态和改革发展的取向。60年来中国的强盛与进步，30年来改革发展的成就，不是西化的成果，而是中国化马克思主义的胜利。中国特色社会主义理论体系是马克思主义中国化的最新成果，是具有时代特征的马克思主义发展的新境界。在当代中国，高举中国特色社会主义伟大旗帜，就是高举马克思主义的旗帜。这是根本的立场，也是不可动摇的方向。

坚持“实践第一”的观点，以研究重大现实问题为主攻方向。服务于中国特色社会主义发展大局，立足国情，立足当代，以研究重大现实问题为主攻方向，是哲学社会科学的根本任务，也是繁荣发展哲学社会科学的根本途径。哲学社会科学工作者要认真总结改革发展中的成就与问题，实事求是地分析现实生活中的矛盾，深切理解人民群众关注的焦点。当前的国际金融危机是对古典的和当代的各种经济、社会理论的一次大检验，也是对当代各种社会制度的一次大检验。深入研究这场危机的性质和原因，可以更加透彻地认识当代资本主义制度的本质，进一步树立只有社会主义才能救中国和发展中国的信念，从而更加自觉地把握怎样建设社会主义的问题，为发展中国特色社会主义事业、造福中国人民作出有效的努力。

解放思想，自主创新，创建具有中国特色、中国风格、中国气派的哲学社会科学。党中央提出大力推进学科体系、学术观点、科研方法创新，建立中国特色、中国风格、中国气派的哲学社会科学。要实现这样的目标，必须以中国化马克思主义为指导，以中华民族优秀传统文化为根基，吸收世界文明的先进成果，在新的实践基础上进行新的创造。中国的哲学社会科学要自立于世界文化之林，就必须有自己的根基、自己的灵魂和自己的风格，而不是自暴自弃，甘做他人的附庸。哲学社会科学的学术成果应当体现鲜明的时代精神和厚重的民族精神，与中国国情相结合，与党的基本理论、基本路线、基本纲领、基本经验相结合，牢固地树立自己的核心价值和话语体系。必须以研究和解决中国实际问题为中心，着眼于对实际问题的理论思考，着眼于新的实践和新的发展，独立自主地推进哲学社会科学创新体系建设。

---

① 《列宁选集》第2卷，人民出版社1995年版，第281页。

放眼世界，自信自强，积极跻身国际哲学社会科学的行列。哲学社会科学的研究能力和成果是综合国力的重要组成部分，反映出一个民族的价值观念的分量、思维成熟的程度和对人类社会探索的广度深度。我国的哲学社会科学与其他国家相比较，有强项也有弱项，既不应盲目自大，也不应妄自菲薄。我们的宝贵财富是拥有五千年的优秀文化传统和马克思列宁主义、毛泽东思想、中国特色社会主义理论体系，在世界文明史和21世纪的发展进程中独树一帜。我们不拒绝接受世界各国的文明成果，也决不贬低自己的信仰、决不鄙薄中华民族的精神境界和革命前辈开创的社会主义事业。中国的哲学社会科学研究要参与世界范围内的百家争鸣，善于在同各种学派的对话交流中取长补短，提升我国在世界上的影响力，增强在国际学术中的话语权，真正使中国哲学社会科学走向世界。

出人才，出成果，建立高素质的哲学社会科学队伍。60年来，一代接一代的学者殚精竭虑，构建起了中国社会科学的殿堂，历史将永远铭记他们的功绩。在新的历史时期，党中央提出要建设一支宏大的哲学社会科学队伍，造就一批用马克思主义武装起来、学贯中西、具有广泛影响的思想家理论家；造就一批理论功底扎实、勇于开拓创新的学科带头人；造就一批年富力强、政治和业务素质良好、锐意进取的青年理论骨干，这是一项十分艰巨的任务，也是中国社会科学前景光明之所在。广大哲学社会科学工作者面对历史机遇，理应自强素质，加强对马克思主义特别是中国特色社会主义理论体系的学习，在增强实践能力上下功夫，在实践中经风雨、见世面、长才干，与人民群众同呼吸、共命运，关心人民群众疾苦，做人民群众的代言人。当今时代，是应该产生也能够产生重大理论成果的时代。要努力营造产生学术领军人物和学术大师的良好环境，形成人才辈出的繁荣局面。

抚今追昔，我们为新中国60年的辉煌成就而感到骄傲。毛泽东同志在新中国成立初期就曾豪迈地宣告："中国人被人认为不文明的时代已经过去了，我们将以一个具有高度文化的民族出现于世界。"① 60年来，这个豪言壮语正在一步步变成现实。广大哲学社会科学工作者应当认清使命，抓住机遇，发奋进取，为哲学社会科学繁荣发展，为中国特色社会主义事业的健康发展作出新的更大贡献！

（原载于《求是》2009年第14期）

① 《毛泽东文集》第5卷，人民出版社1996年版，第345页。

在中国社会科学院中国廉政研究中心成立会议暨第四届廉政研究论坛开幕式上的讲话

何　勇

(2009年12月8日)

同志们、朋友们：

在深入学习贯彻党的十七届四中全会精神的形势下，中国社会科学院成立中国廉政研究中心，举办第四届廉政研究论坛。这是社科院的一件大事，也是反腐倡廉理论界的盛事。首先，我代表中央政治局常委、中央纪委书记贺国强同志，代表中央纪委常委会、监察部领导班子，对社科院中国廉政研究中心的成立和第四届廉政研究论坛的举办表示热烈的祝贺！刚才，武寅同志宣读了社科院成立中国廉政研究中心的决定，李秋芳同志介绍了筹办中国廉政研究中心的有关情况，我和陈奎元同志为中国廉政研究中心揭牌，王伟光同志作了讲话。借此机会，我谈些感受，供大家参考。

社科院是中国哲学社会科学的最高学术机构，人才集中、学科齐全、学术资源丰富，拥有一批在国内外学术界享有盛名、学术造诣高的专家学者。多年来，社科院认真贯彻中央要求，始终坚持正确方向，大力弘扬优良学风，充分发挥学科和人才优势，紧紧围绕中央和中央纪委关于反腐倡廉的重要决策部署，深入开展基础理论研究和应用对策研究，不少成果成为推进反腐倡廉建设的决策依据，有的已转化为具体政策措施。比如，党的十七大之前组织完成的系列要报成为中央纪委向党的十七大报告的重要参考内容，关于国家吏治改革的系列研究报告得到中央领导同志的批示，关于惩治和预防腐败体系建设绩效测评的“一院四地”课题成果成为中央纪委部署全国惩治和预防腐败体系建设检查工作的技术支撑，等等。这些成绩的取得，离不开社科院党组的重视和支持，离不开驻院纪检组的组织和落实，离不开广大学者干部的参与和付出。其他高校和研究机构的专家学者，也积极关心廉政建设，充分发挥理论和知识优势，就重大理论和实践问题开展深入调查研究，为反腐倡廉决策部署提供了建设性的意见和建议。在此，我们向社科院和有关研究机构的专家学者表示诚挚的谢意！

新中国成立60年特别是改革开放30多年来，我国社会主义现代化建设取得了举世瞩目的伟大成就，经济社会面貌发生了历史性的变化。在团结带领全国各族人民建设中国特色社会主义事业的伟大进程中，我们始终坚持一手抓改革开放，一手抓惩治腐败，坚定不移地推进党风廉政建设和反腐败斗争，为维护改革发展稳定大局提供了坚强保证。在反腐倡廉实践中，我们党一贯重视理论研究，积极探索并逐步形成了符合我国国情的反腐倡廉指导思想、基本原则、工作方针、工作格局、领导体制和工作机制以及法规制度体系基本框架。这些既是实践经验的科学总结，也是理论创新的重要成果。当前，我国仍处于并将长期处于社会主义初级阶段的基本国情没有变，人民日益增长的物质文化需要同落后的社会生产之间的矛盾这一社会主要矛盾没有变，我国发展呈现出一系列新的阶段性特征，经济体制深刻变革，社会结构深刻变动，利益格局深刻调整，思想观念深刻变化。这种空前的变革，给我国发展进步带来巨大活力，也带来许多新情况新问题，导致腐败滋生的各方面因素将长期存在，反腐败形势仍然严峻复杂、任务仍然艰巨，迫切需要我们在实践中有新的探索，在理论上有新的突破。

党的十七届四中全会对加强和改进新形势下党的建设作出了战略部署，也对党建理论研究包括反腐倡廉理论研究提出了新的更高要求。我们要积极适应形势发展要求，认真总结实践经验，加大探索力度，多出研究成果。一是要加强我们党执政以来反腐倡廉实践经验研究。要高度重视和探索反腐倡廉建设的特点和规律，认真总结运用和丰富发展我们党推进党风廉政建设和反腐败斗争的有效做法和宝贵经验，深入研究党的三代中央领导集体和以胡锦涛同志为总书记的党中央关于党风廉政建设和反腐败斗争的重要决策部署，努力作出理论概括和提炼，为当前和今后一个时期工作提供借鉴。二是要加强反腐倡廉形势研究。要立足全党全国工作大局，深入研究世情、国情、党情的深刻变化对反腐倡廉建设提出的新要求，客观分析党风廉政建设和反腐败斗争取得的成绩和存在的问题，全面、深刻剖析腐败现象滋生蔓延的原因，更加自觉地用反腐倡廉理论成果析事明理、解疑释惑。三是要加强反腐倡廉基础理论研究。要把反腐倡廉理论作为马克思主义理论研究与建设工程的重要组成部分，积极推进基础理论和创新研究。当前，要通过深入学习领会科学发展观的科学内涵和精神实质，准确把握和贯彻落实科学发展观对反腐倡廉建设提出的一系列新思想新要求，深入研究反腐倡廉建设如何更好地服务、保障、促进科学发展这一重大课题，努力在以科学理论指导反腐倡廉建设、以科学制度保障反腐倡廉建设、以科学方法推进反腐倡廉建设上见到成效，使反腐倡廉建设更加符合科学发展观的要求。要深化反腐倡廉建设与我国社会主义经济建设、政治建设、文化建设、社会建设以及生态文明建设内在联系的研究，深化反腐倡廉建设与党的思想建设、组织建设、作风建设、制度建设内在联系的研究，更好地指导反腐倡廉建设实践。四是要加强反腐倡廉重大现实问题研究。要围绕我国改革开放和社会主义现代化建设的实际问题，围绕我们在各个领域抓的中心工作，深入研究反腐倡廉工作中带有全局性、前瞻性、战略性的重大课题，深入研究当前党员和群众普遍关心的热点难点问题，努力作出有分量、有新意的解析和回答，为中央决策部署发挥思想库作用。五是要加强古今中外反腐倡廉观点和举措研究。要以更加深邃的视野，充分挖掘弘扬中华传统历史文化中的反腐倡廉思想精华，吸收借鉴优秀传统历史文化成果。要以更加开放的姿态，把反腐倡廉问题放在国际大背景中去思考，放到当代世界政党政治的大格局中去把握，深入研究境外反腐倡廉观点和举措，特别要比较研究和借鉴其他执政党反腐败的经验和教训，透彻分析不同背景，准确把握特点和规律。

推进党风廉政建设和反腐败斗争，是全党全社会的共同责任，需要问计于基层、求教于贤达。专家学者是反腐倡廉理论研究的重要力量，是反腐倡廉建设可以倚重的智力支撑。希望广大专家学者坚持以中国特色社会主义理论体系为指导，用马克思主义的立场、观点和方法认识问题、分析问题、解决问题，多谋长远之计，多下务实之功，多提管用之策，使反腐倡廉理论研究更好地服务于中国特色社会主义伟大事业和党的建设新的伟大工程。要坚持理论联系实际的学风，不盲从教条和本本，不照搬照抄，要紧密联系我国国情，紧密联系反腐倡廉工作中面临的突出矛盾，以强烈的社会责任感研究实际问题，在总结实践经验的基础上探求答案，在指导实践中实现理论价值，使理论研究与实际工作更好地结合起来。要坚持与时俱进的理论品质，继承和发展在理论研究中形成的成功方法，积极探索运用现代科学方法，注意吸收经济、政治、社会、历史、法律、管理等有关学科的研究成果，创造性地研究和解决时代发展、社会变革对反腐倡廉建设提出的新课题。要利用参加国际学术会议、进行双边和多边合作交流等机会，宣传介绍我国反腐倡廉建设的实际进展和具体成效，回应国际社会和有关方面的关切。要加强与纪检监察机关的沟通，加强与实际工作部门的联系，相互支持、相互配合，优势互补、资源共享，努力形成反腐倡廉理论研究的工作合力。

新的时代呼唤新的理论，新的理论指导新的实践。反腐倡廉理论研究是大有可为的事业，反腐倡廉建设期待专家学者贡献聪明才智。希望社科院中国廉政研究中心紧紧围绕反腐倡廉重大理论、重要政策、重要制度和重要问题，组织精兵强将，科学安排课题，集中力量开展研究。希望社科院党组一如既往地重视和支持廉政研究工作，驻院纪检组继续抓好廉政研究各项任务的组织落实，推动中国廉政研究中心在服务纪检监察中心工作、加强反腐倡廉理论研究、宣传反腐倡廉实践成果、开展反腐倡廉对外交流、培养反腐倡廉理论人才等方面发挥积极作用。纪检监察机关要完善制度、创造条件，重视和发挥专家学者的作用，特别是在重要政策酝酿、重要制度出台和重要文件起草过程中，进一步拓宽渠道，广泛听取专家学者的意见和建议，广纳良策，使党风廉政建设和反腐败斗争及时获得理论指导、始终紧扣时代脉搏。

最后，预祝中国社会科学院中国廉政研究中心各项工作取得显著成绩，祝第四届廉政研究论坛圆满成功！

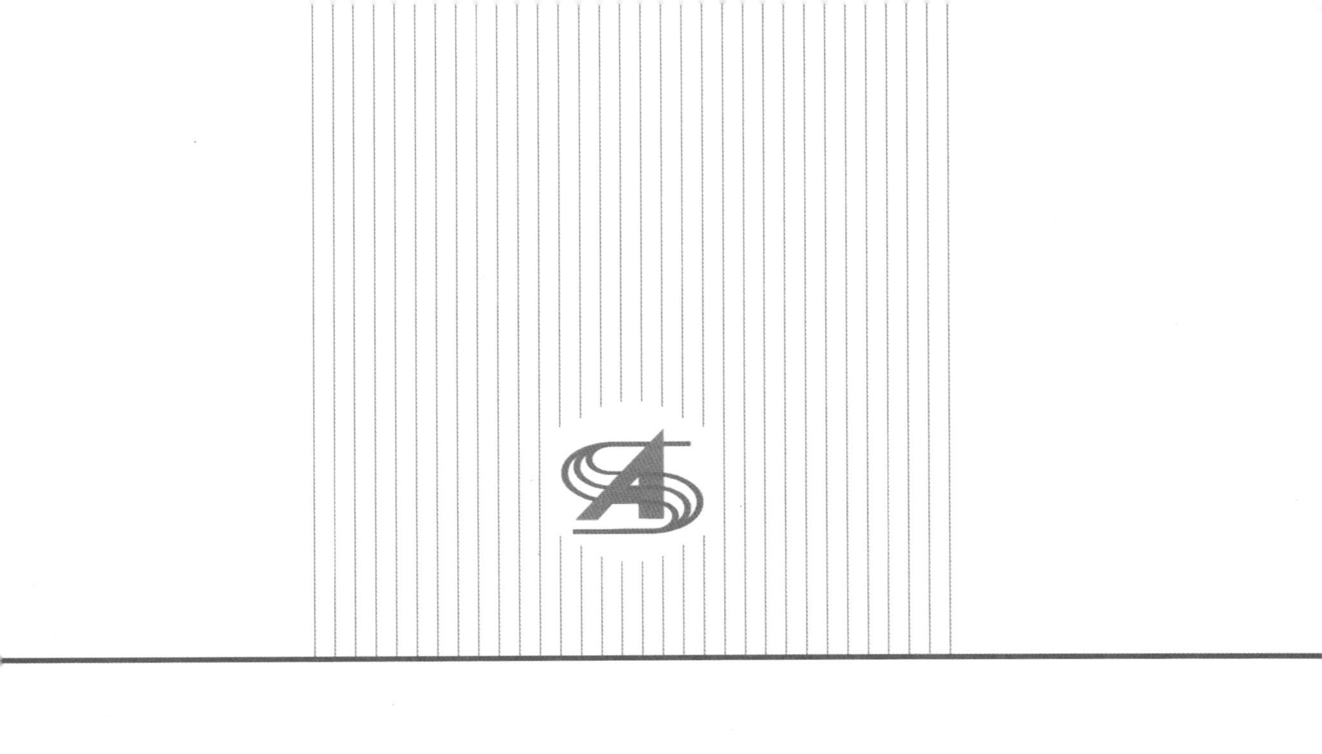

第一编

综　　述

ZONGSHU

一　领导讲话

抓住机遇　总结经验
推进哲学社会科学理论研究和创新
——在中国社会科学院2009年度工作会议上的讲话

陈奎元
（2009年3月18日）

2009年度工作会议，是在国际形势发生大变化，国内发展出现新局面的时机召开的，是一个继续解放思想、推进变革，进一步全面贯彻落实科学发展观，为发展繁荣哲学社会科学开拓进取的会议。对全院的工作，王伟光同志的工作报告都讲到了，下面我着重谈几点认识问题。

（一）当前国际形势正在经历深刻的大变革

20世纪末，国际形势发生剧变，苏联、东欧社会主义阵营解体，美苏为首的两大阵营冷战结束，美国霸权地位和影响力空前提升，马克思主义、社会主义被看做是明日黄花。美国学者弗朗西斯·福山在《历史的终结》一书中，将西方的社会制度称做“人类意识形态发展的终点”、“人类最后一种统治形式”，这个看法当时可能代表了很多人的观点。美国政府在意识形态和政治制度方面，在全世界大力推行“华盛顿共识”，在军事上提出并肆无忌惮地实行先发制人战略。在占领阿富汗、摧毁南斯拉夫、横扫伊拉克以后，又列出40多个国家黑名单，将伊朗、朝鲜等国列为“邪恶”轴心。在美国一超独强称霸世界的天下，经济全球化、政治多极化其实都笼罩在强权的阴影之下。

出乎许多人的意料，美国主宰的单极世界，并没有多久的风光，几乎是昙花一现。美国在军事上被伊拉克、阿富汗两个弱国的抵抗力量拖住，深陷泥潭难以脱身；在经济上受到金融危机的重创并导致严重的信任危机。虽然美国作为世界唯一超级大国的地位还没有失去，但其风头已今非昔比，世界正在起变化，唯美国马首是瞻的高潮已经下落。冷战结束以后，“西方”这个概念同东西对峙的时期已经有所变化，欧盟不是美国的附庸，俄罗斯没有融入美国、西欧体系，其他发展中大国和资源大国都在寻找各自发展、振兴、自强的途径，社会主义中国没有改旗易帜，并正在快速发展。这样的格局显然不是20年前、10年前人们所看到、料到的世界格局。形势在变化，名副其实的经济全球化、政治多极化而今而后可能为世界各国提供更多的机会。金融危机波及全世界，也教训了全世界，促使世人更加清醒地认识美国、认识世界、认识自己。从这个意义上看，此次由美国引发的危机，对于人们认识世界也有促进的作用。

世界形势的演变告诉我们：第一，世界仍然在发展变化，没有也不会停止在一个节点。历史没有终结（弗朗西斯·福山坦承自己原来的断言是错误的），当代资本主义制度不是人类历史的终点。第二，唯物史观没有过时，马克思主义论证资本主义内在矛盾的理论体系及其立场、方法再次得到验证。第三，中国特色社会主义任重而道远，理论创新和实践决策都举自己的旗、走自己的路，这是唯一正确的选择。“市场原教旨主义”、“普世价值”、西方民主政治不是中国改革的取向。我们沿着邓小平理论、“三个代表”重要思想、科学发展观的轨迹建设中国特色社会主义，中国才能自立、自信、自强、自新。正确地判断世界大势，不为各种迷信、教条所束缚，从国情出发，在党和人民的实践基础上去创新，中国才能既不走僵化的老路，也不走改旗易帜的邪路，中国特色社会主义理论的旗帜才能高扬，哲学社会科学服务大局才有大的作为。

（二）中国改革、发展的经验是理论研究的重要源泉

社会科学的理论研究，重要的来源和途径是总结正反的经验。中国共产党重视总结历史经验，1998年12月18日纪念中共十一届三中全会召开20周年之时，江泽民同志代表中央总结了党的“主要历史经验”，概括为11个方面；2008年12月18日胡锦涛同志代表中央总结了“30年来的宝贵经验”，概括为10个结合。对于党和国家的决策和亿万人民的实践不断地进行总结和思考，这就是理论形成、发展和检验的过程。邓小平同志强调走自己的路，摸着石头过河，走一段要回头看一看，出了错误就纠正，这些简明深刻的道理，看似容易，行之则难，实践如此，理论研究也是如此。

科学研究没有禁区，但不能与党和国家的根本利益、发展方向背道而驰。在旗帜、道路、理论体系上应当自觉地同党中央保持一致，服务大局。

一是坚持实事求是的思想路线，研究机构和人员要置身于建设中国特色社会主义的大局，着眼于党和人民的伟大实践。脱离实际、凭一点书本材料去构筑理论体系，或者照搬别国、别地的模式、路数都不是成功之道。开国之初照搬苏联不行，现在照搬美国和其他国家也不行。吴邦国同志在十一届人大二次会议上的报告中讲到形成和完善我国的法律体系时强调：“不能用西方的法律体系来套我们的法律体系，外国法律体系中有的法律，不符合我国国情和实际的，我们不搞；外国法律体系中没有的法律，但我国现实生活需要的，要及时制定。”我们对待当代西方国家的其他制度、各种理论体系都应采取这样的态度。

二是必须坚持正确的政治方向，主要是坚持党在社会主义初级阶段的基本路线，坚持宪法规定的基本制度，维护宪法的精神和权威。吴邦国同志在十一届人大二次会议上郑重阐明我国人民代表大会制度与西方资本主义国家政体的本质区别。阐明我国政治体制改革“绝不照搬西方那一套，绝不搞多党轮流执政，‘三权分立’、两院制”。任何企图取消中国共产党的领导、推翻社会主义制度、企图改变我国国体和政体的言论和行动都与国法相抵触，中国社会科学院的研究单位和研究人员在此界限上不能模糊。

三是必须坚持与时俱进。中国特色社会主义旗帜、道路和理论体系，是中国共产党和中国人民的历史选择、智慧结晶，是实现中华民族伟大复兴的正确抉择。未来的路很长，各种障碍干扰很多，不可能一帆风顺。必须在实践的基础上总结经验、不断创新。科研单位和科研人员是创新的参与者，一个好的理论观点、一个有见地的对策建议、一个有分量的调研报告，都可能对创新有所贡献。创新的根基在实践，创新的出发点和落脚点是为了建设中国特色社会主义，从而造福中国人民。我院要从党和人民的创新中汲取知识和力量，同时也要为之作出贡献。要认真学习研究胡锦涛总书记在纪念党的十一届三中全会召开30周年大会讲话中提出的10个结合，这是当前及今后一个时期理论创新的重要指南。

（三）中国社会科学院要抓住当前的机遇，发挥阵地、团队、理论人才的作用

当今世界的中国，是理论研究与创新的沃土和宽广天地。举国创新，历30年不辍，在时间和空间上都堪称壮举，确如古人所说“苟日新，日日新，又日新”的局面。形势的发展，实践的需要是发展理论的强大动力，也为理论研究展示出难得的机遇。作为指导思想的马克思主义理论体系，要结合新的实践进行创新；中外文明的成果要广集博采，择善而从；当代西方主流理论正在金融危机的炼狱里接受检验，可以从中识别哪个是真金，哪个是瓦砾。适合当代中国经济、政治、社会、文化、生态文明建设的理论体系，正在全面展开。凡此种种，正是理论研究可遇而不可求的天时、地利。

当代中国的哲学社会科学，在世界上应当独树一帜，中国社会科学院要敢担重任，积极作出贡献。为此，我们必须始终抓好四个方面的长远任务：

一是抓科研强院。全面落实胡锦涛总书记指示的“为全面建设小康社会、开创中国特色社会主义新局面，实现中华民族的伟大复兴提供强有力的思想保证、精神动力和智力支持”。努力实现李长春同志多次重申的把中国社会科学院建成马克思主义的坚强阵地、哲学社会科学的殿堂、党和国家思想库智囊团的目标、要求和期望。

二是抓人才强院。科研是创造性的活动，以研究人员为主体，人才济济才能强院。要尊重老一辈的学者，传承他们的学识，弘扬他们的风范。希望并要尽力帮助中年和青年学者勇担重任。人才的成长需要适宜的环境和有力的支持，育人是用人的基础，用人是育人的目的。我院人事制度改革的主要目的是为培养人才创造机会和条件。

三是抓管理强院。进一步建章立制，查补疏漏，纠正散乱无序的状况，提供尽可能有利于强院的秩序和服务。

四是抓党的思想、组织、党风廉政建设。为全院各方面工作和建设提供有力的领导和保障。

同志们，眼前正是发展中国哲学社会科学难得的时机，我们要自觉地在以胡锦涛同志为总书记的党中央领导下，在中国人民创造新的历史的伟大洪流中，体现中国社会科学院的价值，做出符合党和人民期待的成绩。

巩固学习实践科学发展观活动成果 以改革创新精神进一步办好中国社会科学院

——在中国社会科学院2009年度工作会议上的报告

王伟光

（2009年3月17日）

同志们：

我受陈奎元同志的委托，代表党组作工作报告。总结2008年的工作，部署2009年的工作。

（一）2008年工作的回顾和总结

2008年，是我国改革发展进程中很不寻常、很不平凡的一年，也是我院奋力推进改革创新、科研等各项工作中取得显著成绩的一年。

第一，学习贯彻党的十七大和十七届三中全会精神，全力落实中央精神和对我院的定位要求。

2008年，我院工作的主线就是学习好、贯彻好、落实好十七大、十七届三中全会精神和胡锦涛同志一系列重要讲话精神。紧紧围绕主线，开展了形式多样的学习、研究和宣传活动，举办了各种形式的报告会、研讨会、座谈会，强化了全员培训，特别是对700余名所局级和处室级干部进行了集中培训。全院同志对“一面旗帜、一条道路、一个理论体系”的理解愈益深刻，自觉地与党中央保持一致，坚持用发展着的马克思主义指导哲学社会科学研究，马克思主义基本理论、中国特色社会主义理论体系特别是科学发展观的学习、研究、宣传和贯彻取得实效。

在2008年院工作会议上，党组系统总结了建院30年特别是十六大以来五年的办院经验，提出了当前和今后一个时期的“六大战略”：一是始终坚持马克思主义在哲学社会科学领域的指导地位，以中国特色社会主义理论体系为指导，努力把我院建设成为马克思主义的坚强阵地；二是始终坚持学科体系、学术观点、科研方法创新，加快构建哲学社会科学创新体系，努力把我院建设成为我国哲学社会科学研究的最高殿堂；三是始终坚持为发展中国特色社会主义服务，加强重大理论和现实问题研究，努力把我院建设成为党和国家重要的思想库和智囊团；四是始终坚持以科研为中心，实施科研强院战略和人才强院战略，深化管理体制机制改革创新，努力把我院建设成为具有中国特色的世界一流名院、强院；五是始终坚持开门办院和"走出去"为主的原则，积极扩大国际学术交流，努力把我院建设成为中国哲学社会科学走向世界的重要窗口；六是始终坚持为科研服务的宗旨，深化改革，加强行政后勤保障体系建设，努力把我院建设成为具有雄厚保障能力的哲学社会科学发展基地。这"六大战略"是落实中央精神和对我院"三个定位"要求的具体化。据此，党组明确提出2008年12项工作任务。发展战略和具体任务的全面推进，促进了我院"十一五"事业发展规划的落实，推动了我院事业取得新进展。

第二，开展学习实践科学发展观活动，奋力开拓我院工作新局面。

党组高度重视、精心组织学习实践科学发展观活动，并将其作为重大政治任务和推动我院改革发展的中心工作，集中力量抓紧抓好，力求实效。组织学习培训，开展调查研究和解放思想大讨论，召开专题民主生活会，形成院所两级分析检查报告和整改落实方案。整个活动突出实践特色，把管理体制机制改革作为主要实践载体，坚持边学边改、边查边改、边整边改，着力转变不适应、不符合科学发展观要求的思想观念，着力提高围绕中心、服务大局，把党和国家关注的重大问题作为科研主攻方向的能力，着力推进有利于实施科研强院和人才强院战略、适应哲学社会科学创新体系要求的管理体制机制创新，着力解决影响和制约我院发展以及党员干部党性、党风、党纪和学风、工作作风等方面群众反映强烈的突出问题。坚持学习实践活动与科研、改革等项工作有机结合，两手抓、两不误、两促进，基本达到了预期目标，得到中央领导同志的肯定，得到全院同志的认可，群众满意率达98.35%。

学习实践活动有力促进了党的建设。思想政治工作、政治纪律建设得到加强；基层党支部建设、党员培训和党员发展工作取得新成绩；成功召开院直属机关第二次党代会，顺利完成机关党委和纪委换届工作；统战、工会、共青团和妇工委等党的群众工作组织的桥梁纽带作用更为突出；为离退休干部服务的质量进一步提高；党风明显改进，案情查办为我院国有资产保值增值作出贡献，廉政研究、惩治预防腐败体系建设有新进展。

第三，实施科研强院和人才强院战略，努力多出精品成果、多出拔尖人才。

一年来，坚持以科研为中心，大力实施科研强院和人才强院战略，全面推进哲学社会科学创新体系和人才队伍建设，成果显著。

新一轮重点学科建设、特殊学科建设相继启动，新兴学科、交叉学科、濒危学科得到加强；基础研究和应用研究相辅相成，并重共进；社会科学和自然科学的结合有所前进；经济社会发展综合集成实验室初步论证顺利完成；科研成果发布制度、交办委托课题管理制度、科研课题后期资助办法相继出台；青年科研启动基金、老年科研基金发挥应有作用；国情调研的课题立项、调研基地建设和组织协调工作稳步推进；学部积极组织综合性重大课题研究和学术交流，成功举办了“国学研究论坛”、“中国改革开放30年国际学术研讨会”等综合性学术交流活动；名刊名网名馆名社建设迈出新步伐，法学专业图书分馆、哲学特色书库相继挂牌；中华人民共和国国史编研、地方志工作取得了新成绩；研究生教育体系建设和博士后流动站工作有新起色。据统计，2008年度国家社科基金重大招标项目中标课题共计64项。我院申报24项，中标6项，约占中标总数的9.4%，全国排名第一。全院共立项重大课题30项、重点课题98项、后期资助项目4项、国情调研项目98项，组织落实中央有关部门以及院领导交办课题65项。全年共出版专著356部，译著101部；发表论文5466篇，研究报告1542份以及其他形式的大量科研成果。

科研人员积极主动承担中央及有关部门交办委托的研究任务，围绕抗击冰雪灾害、抗震救灾、举办奥运、纪念改革开放30周年等重大事件，开展专题调研，及时提供相关对策和理论咨询。特别是深入研究应对世界金融危机的战略对策和具体措施，向中央和有关部门提交了许多有价值、高质量的研究报告。一些专家学者为中央政治局集体学习讲课、参与党和国家重要文件和法律法规的起草。编发《要报》《世界社会主义研究动态》《思想理论动态简报》等各类稿件近700期，许多重要成果得到中央领导批示或被有关部门采用。

调整和充实一批所局领导班子，干部队伍知识化、专业化、年轻化程度有所提高；推进“四个一批”人才建设工程，人才培养、使用、引进工作有序开展；完成院、所两级专业技术职务评审委员会换届，职称评审顺利完成；强化干部培训，加强管理人才和服务人才培养。

对外学术交流质量和水平有所提高。全年完成国际学术交流1236批2545人次，其中派出981批1557人次；来访255批988人次。举办各类国际会议120余个；加强与世界一流学术机构和专家学者的交流合作，一些重要国际合作研究项目顺利开展；圆满完成中央交办的重要外宾来访接待任务。

第四，深化管理体制机制改革，着力推进哲学社会科学创新体系建设。

推进管理体制机制改革，是党组加快建设哲学社会科学创新体系的一项重要工作部署，是2008年我院工作的一个鲜明特色。2008年7月23～26日，召开改革工作座谈会，陈奎元同志发表了关于推进管理体制机制改革的重要讲话，他指出：“这次会议讨论决定的思路和举措，不是寻常的工作部署，而是在我院进一步推进改革的重要决策思想、重大改革步骤，是深化改革的新开端。”与会同志畅所欲言、集思广益，统一了认识，下定决心抓改革、促创新。在广泛征求意见的基础上，党组形成了管理体制机制改革方案，决定用一年半左右时间基本完成管理体制机制改革的既定任务。各单位也制定了本单位的改革方案。8月16日，又召开改革工作动员部署会议，全面布置并推动改革。成立以秘书长为组长的改革工作协调小组，协调督办改革工作的落实。各单位也都成立了由主要负责人挂帅的改革工作领导小组。协调小组坚持每周例会制度，到目前为止，共召开例会28次，议定重要改革项目和措施81项，已经落实46项，其余35项正在抓紧落实。很多同志认为，党组推动改革决心大，涉及范围广，成效有目共睹。

在科研管理体制机制改革方面。设立院长学术基金，成立重大问题综合研究中心，建立对重大理论与现实问题开展研究的组织协调机制和跨学科跨所研究平台；改进和完善课题经费管理办法，出台了我院课题研究后期资助实施办法；修订并实行院交办委托课题管理办法，加大对重大问题研究的支持力度；制定特殊学科建设管理办法，支持绝学、濒危学科、交叉学科、边缘学科发展；探索自然科学与社会科学合作的有效机制；实施“学术名刊建设工程”，建立和完善学术期刊经费保障长效机制；改进国情调研工作，完善国情调研管理制度和成果评价机制。

在人事管理体制机制改革方面。完成8个单位扩大聘用制和岗位设置改革试点，制定聘用制改革与岗位设置管理工作实施方案，探索建立科学有效的激励和“退出”机制；制定我院工作人员奖励暂行办法，建立统一、规范的奖励机制；制定2009年度干部培训方案，建立统一领导、统一规划、统一培训、统一管理、统一经费渠道和分类教学、分类指导的人才培训机制。

在科研辅助管理体制机制改革方面。建立全院统一的图书资料工作管理体制，探索服务科研的“总馆—分馆—资料室”三级管理体制；建立院所两级信息网络管理体制，图书经费和网络信息经费配置向研究所倾斜的机制开始形成；外事管理制度建设有所加强，国际合作管理体制机制改革逐步展开；研究生教育体制机制改革积极运作；探索和推进报刊出版体制机制改革，完成《中国社会科学院报》改制改版工作，杂志社、出版社改革有新举措。

在行政管理体制机制改革方面。完成办公厅机构调整和职能转变；加强对党组会议、院务会议、院长办公会议决定事项办理和院领导重要指示落实情况的督办、检查和反馈，逐步建立有效的督办检查机制；增强办文办会办事能力，逐步实现办文办会办事的规范化；对全院内部规章制度进行清理，确定继续执行的规章制度332项，予以废止的167项，需修订完善的59项，着手制定的28项；逐步推进院务公开和电子院务建设；制定我院所局级领导离京出差出国审批备案管理办法，建立外出请假备案制度；加强对职能部门工作作风的督促检查，加大对领导干部和领导班子的监督力度；《要报》等信息报送机制改革已见效果；以办公厅为枢纽的日常行政管理运行机制初步形成，行政管理工作的科学化、规范化和制度化水平明显提高。

在财务基建后勤管理体制机制改革方面。建立统一协调机制，成立院重大建设工程项目协调小组和院重大项目资金筹措小组，在争取政策、资金、项目支持，解决我院重大工程和职工住房等方面，发挥了作用；建立财务结算中心，初步实现了全院财务的公开透明和资金集中管理；研究制定我院房产有偿利用管理规定，逐步实现国有资产的保值增值；解决职工住房和引进人才用房问题的长效机制初步建立；在院图书馆和法学研究所开展节能减排承包试点工作，积极探索水、电、气成本核算和节能工作体制机制改革新路子；后勤社会化改革逐步推开，初步解决了圣士餐厅长期亏损问题，探索加强成本核算、提高服务质量的新机制。

改革工作从一开始就坚持两个方面同步推进，即在进行管理体制机制创新的同时，不断推动哲学社会科学体系的创新。管理体制机制的改革，既是哲学社会科学创新体系建设的重要组成部分，同时又为加快推进哲学社会科学创新体系建设不断创造条件、提供保障。这两个方面的改革相辅相成，彼此促进，为我院发展不断提供创新活力和发展动力。在深化改革过程中，研究制定并相继出台一系列关系创新体系建设的重大举措，比如，马克思主义理论学科建设和理论研究、课题制改进完善、人才强院战略、“走出去”战略、名刊工程、重点实验室建设、古籍抢救保护等实施方案，其中有的已付诸实施并初见成效，有的正在积极创造条件推行，有力推动了创新体系建设。目前，各项改革已全面铺开，正向纵深发展。改革创新的观念日益深入人心，议改革、抓改革、促改革的局面基本形成，全院人员的积极性、主动性和创造性得到发挥，上下精神为之一振，面貌为之一新。

第五，加强学风作风建设，大力弘扬理论联系实际的学风和狠抓落实的工作作风。

学风问题事关我院发展全局。党组主要从两个方面抓学风建设。一方面，提倡深入科研一线，深入群众，深入实践，了解国情，围绕中心，服务大局，发扬理论联系实际的学风，反对脱离实际、主观主义的不良风气。增强研究人员理论联系实际的意识和问题意识，不断提高及时准确地捕捉经济社会发展中的重大问题作为主要研究课题的能力。另一方面，倡导求真务实的治学态度，提倡严谨求实的学风，加强学术道德修养，遵守学术规范，反对弄虚作假、抄袭剽窃的不良风气，抵制不良学术行为，力戒浮躁，不图虚名，增强社会责任感，注重社会效果，自觉维护良好形象。

党组把转变院领导自身和职能部门工作作风、增强服务意识、提高工作效率作为一项重要任务，始终身体力行，紧抓不放。一是开展调查研究。党组成员进行了三次系统性的调研活动。2008 年 1 ～ 3 月，调研了全部院属单位；9 ～ 10 月，调研了 35 个研究所和所有事业单位；11 月以来，带领院改革工作协调小组成员，到一些研究所和院属单位调研，采取现场办公等形式，指导解决实际困难和问题。二是强化服务意识。提倡职能部门为科研服务、为科研人员服务、为研究所服务，把服务意识和服务质量作为考核职能部门工作的重要标准。强调把工作重心放到研究所，深入基层，主动帮助研究所办实事，摈弃办事拖拉、推诿扯皮、文牍主义、形式主义等不良作风。三是加大督办落实力度。不断提高工作效率，增强执行力。

第六，解决影响我院发展和职工迫切关心的突出问题，尽力改善全院人员工作和生活条件。

一年来，党组抓住影响我院发展和全院职工迫切关心的难点问题，精心谋划，狠抓落实，重点突破。研究生院新校园于 2008 年 4 月 26 日正式开工兴建，主体工程将于 2009 年底竣工，2010 年秋季新生入住。启动“名刊建设工程”，争取到国家财政 1200 万元专项经费支持学术期刊建设，办刊条件有很大改善。争取到国管局经济适用房、北京市两限房和河北省三河市燕郊低价商品房共 1630 套房源，到目前为止，已有 600 多位职工解决或改善了住房条件，多年来困扰我院的职工住房和引进人才用房问题得到缓解。针对国有资产和财务管理中出现的突出问题，建立制度，堵塞漏洞，严防国有资产和经费流失。积极推动贡院东街科研与学术交流大楼建设项目，认真筹划离退休干部活动中心建设。院办公区的环境综合治理工程基本完成，院部整体形象明显改观。争取到国家财政4599万元专项经费，用于图书馆地下书库改造和两座立体车库建设。我院基础设施和职工工作生活条件显见改善。

同志们，这些成绩的取得，离不开党中央的正确领导，离不开全院同志团结合作和奋力拼搏。我代表党组和陈奎元同志，向辛勤工作在科研、管理、服务一线的科研人员和工作人员，向关心和支持我院的同志们，表示衷心感谢！

回顾一年的工作，我们深刻认识到：一是必须始终坚持正确的政治方向，坚持马克思主义在哲学社会科学研究领域的指导地位，把党和国家关注的重大理论和现实问题作为科研的主攻方向；二是必须始终坚持解放思想，转变观念，抓改革促创新，使思想和行动不断适应时代和实践发展的要求，使体制机制及各方面工作更加符合科学发展观的要求；三是必须始终坚持抓督查抓落实，重推进重实效，脚踏实地，力戒空谈，把能否出精品成果、出拔尖人才，作为判断我院改革及各项工作成效的根本标准；四是必须始终坚持服务科研，服务群众，着力解决全院人员最关心、最直接、最现实的切身利益问题。

2008年工作是围绕院工作会议提出的发展战略和具体任务展开的。从全年工作落实情况看，2008年度院工作要点共分解出120项任务，其中38项属于长期性任务，6项根据形势的变化作了调整或并入其他任务，年度需落实的76项。截至2008年年底，已落实50项，占66%;基本落实的22项，占29%;因为条件所限尚未落实的有4项，占5%。全年任务完成较好，有些还取得了重大突破。但还存在许多问题和不足：比如，用马克思主义中国化最新成果特别是科学发展观武装头脑、指导科研仍需努力；围绕中心、服务大局的意识和能力尚需提高；精品成果比较少，高素质人才特别是拔尖人才更为缺乏；管理体制机制还不能很好地适应科研需要，因循守旧、照旧章办事的现象较为突出；“走出去”的成果和人才相对较少，在国际学术舞台上的话语权需要增强；理论与实践的结合做得不够，急功近利、浮躁虚夸等不良学风不同程度存在；工作效率和执行力仍要加强；改善全院职工的物质待遇和工作生活条件还要下更大功夫。对于这些问题，党组极其重视，将认真研究、积极解决。

（二）2009年工作的基本思路和主要任务

安排部署2009年工作，必须吃透中央精神，紧紧围绕党和国家工作大局，深刻认识和准确把握国际国内形势和意识形态领域的新情况，牢牢抓住科研中心工作，努力推动我院事业全面发展。

一是深刻认识和准确把握国际国内经济形势的复杂变化。当前，国际经济形势复杂多变，经济环境中不确定不稳定因素明显增多，金融危机蔓延很快，对我国经济社会发展的影响不可低估，国内面临着经济增长放缓、就业形势严峻等多方压力。2009年是进入新世纪以来我国经济社会发展最为困难的一年。保持我国经济平稳较快发展是经济工作的重要任务。这就要求我们紧紧围绕中央关于经济工作的目标任务和决策部署，为迎接挑战、战胜困难、共克时艰提供理论支持和对策咨询。

二是深刻认识和准确把握意识形态领域形势的复杂变化。意识形态领域的总体态势是好的，但同时必须清醒地看到，意识形态领域渗透和反渗透的斗争十分尖锐复杂，各种敌对势力对我实施西化、分化的活动一刻也没有停止。国内外敌对势力将通过各种渠道、利用各种机会加紧进行捣乱破坏活动，其根本目的就是要搞垮中国共产党，瓦解我国社会主义制度。国内极少数人也发出一些噪音、杂音，既有否定党的领导、否定社会主义制度的言论，也有否定改革开放、否定党的理论和路线方针政策的言论。我院作为党和国家意识形态领域的重要部门，一定要把思想统一到中央关于意识形态领域的形势判断和工作部署上来，时刻保持清醒头脑，深刻认识意识形态领域斗争的尖锐性、复杂性和长期性，认真做好新形势下意识形态工作，做好知识分子工作，在巩固马克思主义在意识形态领域的主导地位方面发挥更积极、更重要的作用。

三是认真贯彻落实中央关于庆祝新中国成立60周年的要求和部署。新中国成立60周年，是党和人民的重大庆典，搞好国庆活动，是党和国家政治生活中的一件大事。我院要按照中央确定的纪念活动主题和总体要求，开展爱国主义教育，通过开展课题研究、召开理论研讨会、撰写理论文章等，全面总结和大力宣传新中国成立以来特别是改革开放以来取得的巨大成就和宝贵经验。

根据新形势新要求，结合我院实际，2009年我院工作的基本思路是：高举中国特色社会主义伟大旗帜，全面贯彻党的十七大和十七届三中全会精神，学习贯彻中央关于哲学社会科学和意识形态工作的一系列重要指示，以邓小平理论和“三个代表”重要思想为指导，全面贯彻落实科学发展观，按照中央对我院“三个定位”的目标要求，解放思想，统一认识，锐意创新，大力实施科研强院战略和人才强院战略，着力提高为党和国家工作大局服务的能力，全面推进管理体制机制改革，加快构建哲学社会科学创新体系，推动我院工作开创新局面。

1．牢牢把握正确的政治方向和学术导向，巩固马克思主义在哲学社会科学领域的指导地位

采取更加有力的措施，坚持和巩固马克思主义的指导地位，加强思想政治建设和马克思主义阵地建设。

一是坚持不懈地抓好理论武装工作。组织全院人员深入学习马克思列宁主义、毛泽东思想、邓小平理论、“三个代表”重要思想和科学发展观，用中国特色社会主义理论体系武装头脑。认真学习马克思主义基本原理，提高党员干部和科研人员运用马克思主义立场观点方法指导哲学社会科学研究实践的水平和能力。继续办好“所局级领导干部理论学习系列报告会”、“机关干部理论学习系列报告会”、“青年学习马克思主义基础知识系列讲座”、“离退休干部国际国内形势和哲学社会科学研究重大理论问题报告会”。加强和改进全院干部职工的理想信念教育、国情教育和形势政策教育，以爱国主义为核心的民族精神和以改革创新为核心的时代精神教育，把社会主义核心价值体系建设贯穿于思想政治建设的全过程。

二是牢固把握哲学社会科学领域的话语主导权。组织全院人员认真学习贯彻中央和胡锦涛同志关于做好意识形态工作的重要指示，深刻认识意识形态工作的极端重要性，认清意识形态领域的复杂局势和我院责任，及时掌握思想理论动向和社会舆情动态，提高做好意识形态工作的自觉性。在大是大非面前保持清醒头脑，从理论高度深入剖析各种错误思潮，从理论和实践的结合上，弄清楚什么是马克思主义，什么是非马克思主义；什么是科学社会主义，什么是民主社会主义，什么是资本主义；坚持什么、不搞什么、反对什么。确保阵地巩固、方向正确、导向明确。

三是加强马克思主义阵地建设。制定并实施加强马克思主义理论学科建设和理论研究方案，加强马克思主义理论创新体系建设和人才队伍建设。努力办好马克思主义研究院、邓小平理论和“三个代表”重要思想研究中心、世界社会主义研究中心。高质量完成中央交办的马克思主义理论研究和建设工程的各项任务，为党的理论创新服务。

四是巩固和扩大学习实践科学发展观活动成果。把科学发展观所体现的马克思主义立场观点方法贯穿到科学研究、学科建设、队伍建设、体制改革、党的建设等各方面各环节中去，认真落实党组分析检查报告和整改落实方案，完成2009年的五大类49项整改任务。各单位要把各自整改任务落到实处。院党组将在适当时机组织一次“回头看”活动，进行全面检查。

2．全面实施科研强院战略，提升我院哲学社会科学研究总体水平

我院是学术研究单位，科研是第一位的工作。大力实施科研强院战略，是必须始终扭住不放的中心任务。坚持基础研究和应用研究并重共进的方针，在加强基础研究的前提下，不断提升应用研究的水平，同时又要通过应用研究带动基础研究，实现二者的有机结合和相互促进。

一是大力加强基础研究，保持和巩固基础学科、基础理论和基础研究优势，为建设最高学术殿堂强本固基。首先要加强马克思主义理论研究和理论创新，加强中国特色社会主义理论体系特别是科学发展观的研究；加强基础学科建设，打造一批国际知名的研究所、研究中心和研究室。落实中央领导关于加强社会学研究、筹组有关研究机构的批示精神。将城市发展与环境研究中心、国际法研究中心改建为研究所。二是围绕党和国家的中心工作，加大应用研究力度，推动应用研究向战略高度提升，提高为党和国家重大决策服务的能力和水平。组织落实一批重大理论和现实问题研究课题，深入研究中国特色社会主义经济建设、政治建设、文化建设、社会建设、生态文明建设和党的建设所面临的一系列重大问题；深入研究社会主义核心价值体系；深入研究世界经济、政治、文化等领域的深刻变化，注重研究美国金融风险引发的全球性金融危机的本质、成因及我国防范、规避、化解危机的应对措施；深入研究新中国成立60年来我国发展历程和发展经验，等等。三是启动新一轮重点学科建设工程，调整和优化学科总体布局。按照分类指导、分级管理、重点支持、院所共同负责的原则，启动特殊学科、新兴学科、“绝学”学科建设计划；积极推进交叉学科研究、社会科学和自然科学结合研究，推进相关课题立项；继续办好国学研究论坛，弘扬中华传统文化，等等。四是推进并改善学部工作，强化学部工作职能，充分发挥学部作用，深入广泛开展学术研究、交流与合作，扩大学部影响力。五是加强中华人民共和国国史研修和地方志办公室工作。六是加强国情调研工作，开展重大课题调研，使国情调研成果发挥更大作用。七是开展经济社会发展综合集成实验室和一些重要实验室的立项和建设工作，大力推进科研方法和手段创新。八是严格管理，充分发挥我院主管的100多个学会的作用。

3．积极推进人才强院战略，培养大批哲学社会科学的专业人才和管理人才

搞好科研，关键在人。科研强院战略的实施，必须有人才强院战略作保障。全面施行《人才强院战略实施方案》，加大人才培养力度。

一是优化人才队伍整体布局，实施“四个一批”人才建设工程，努力造就一批坚定的马克思主义理论家、学贯中西的思想家和学术大师；扶持一批政治坚定、与党同心同德、具有广泛影响、学术造诣高深的领军人才，特别是在新兴学科、交叉学科、濒危学科、“绝学”等方面的专门人才；培养一批出生于20世纪七八十年代、政治和业务素质良好、锐意进取的中青年骨干人才；选拔一批政治坚定、业务突出、熟悉意识形态工作、富有改革创新精神的优秀领导人才和管理人才。二是编制中长期人才发展规划纲要，重点引进国内外拔尖人才，特别是急需的重点学科领军人才，构建以青年学者发展资助计划为主的青年骨干人才培养体系。三是加大全员培训特别是领导干部培训力度。落实2009年统一培训计划，特别是办好所局主要领导干部培训班。办好党校。四是加强各级领导班子建设。调整充实一些所局领导班子，把研究所领导班子建设作为重点。健全党委集体领导工作制度和决策机制，坚持和完善党委领导下的所长负责制。修订并实施《研究所党委工作条例》和《研究所所长工作条例》。五是成立博士后管理委员会，适当扩大博士后和访问学者规模。六是加大对人才资源保障与开发的投入，包括经费保障、住房保障、收入保障、图书资料和网络信息保障等。2009年将筹集2500万元资金，保证人才强院战略实施方案的落实。要加强对人才建设经费使用情况的监督检查，确保每一笔经费都用在刀刃上。

4．继续落实“走出去”战略，推动优秀成果和优秀人才走向世界

制定“走出去”战略实施方案，使对外学术交流工作更好地为党和国家发展大局服务，为科研工作服务。

适度扩大对外学术交流范围和规模，加大对外学术交流投入，建立以我院为主导的对外学术交流模式。构建高层次对外学术交流平台，集中抓好具有重要影响的院级国际合作交流项目，办好高水平国际学术论坛，重点形成一两个院级拳头品牌。开展国际合作研究，开发重大合作研究项目，加强与世界著名研究机构和高等院校的合作与交流，积极参加国际和地区多边组织的学术活动，掌握合作研究的主动权，增强我院在有关国际学术组织及其决策制定中的影响力。开展国际重大事件调研项目，及时为党和国家外交决策提供智力支持。精心组织实施重要的双边交流协议和计划，积极参加政府外交议程的重要活动，高质量完成党和国家交办的外事任务，充分发挥学术外交作用。

加强对外学术交流队伍和外事管理队伍建设。培养和造就一批政治坚定、学养深厚、外事工作能力强、在国际学术界有影响的学术交流骨干。建设一支政治可靠、作风过硬、业务精通、经验丰富的外事管理干部队伍。

5．深化管理体制机制改革，促进哲学社会科学创新体系建设

按照管理体制机制改革方案的总体部署，在总结经验、巩固成果的基础上，深化改革，确保 2009 年各项改革任务顺利完成。要进一步明确改革的方向和任务，加大重点领域和关键环节改革的攻坚力度，形成推动改革的合力，加快构建充满活力、富有效率、有利于哲学社会科学创新发展的管理体制机制。

一是推进科研管理体制机制改革，目标是逐步形成符合哲学社会科学研究规律、具有我院特色、有利于出成果特别是经得起检验的精品成果的科研管理体制机制。实施《关于课题制改革和进一步完善科研资助体系的意见》，改进完善课题管理体制，建立有利于基础研究和基础研究人才成长的机制；构建重大问题研究的协调机制，形成围绕中心、服务大局、以党和国家关注的重大问题为主攻方向的研究平台；探索社会科学和自然科学交叉学科的协作研究机制；研究科研经费分配、经费资助的科学办法，严格科研经费管理，有效解决财政拨款结余经费数额过大问题，提高科研经费使用效率；完善学部工作体制机制，支持学部开展跨学科跨研究所联合攻关，有效发挥我院整体研究优势；加大学术期刊管理体制机制改革创新力度，加强学术期刊管理；健全科研成果评审和发布制度；实施《关于改进和完善非实体研究中心管理的意见》，建立非实体研究中心管理的长效机制；建立健全国情调研管理体制机制。

二是推进人才管理体制机制改革，目标是逐步形成符合哲学社会科学人才成长规律、有利于人才成长、体现我院特色、具有竞争激励作用的人才管理体制机制。全面推开聘用制改革，落实《聘用制改革及岗位设置管理工作实施方案》，解决编制平衡和职称紧张问题，重点解决“退出”机制问题；建立统一的人才工作领导体制；加大投入，着重改善人才成长条件，营造有利于人才成长的环境，建立有利于中青年骨干人才成长的长效机制，重点解决竞争激励机制；加大干部交流力度，健全和完善干部培养、选拔、任用和考察机制，推行党委领导下的所长任期责任制，推进领导干部和管理人才培养选拔机制创新，研究建立不称职领导“退出”机制；建立统一培训、统一管理的干部培训新体制；制定符合我院特点的绩效工资分配实施办法，完善科研津贴、管理岗位津贴制度。

三是推进科研辅助体系管理体制机制改革，目标是逐步形成有利于为科研服务、为科研人员服务，有利于优秀成果和优秀人才走向世界并掌握话语权的科研辅助管理体制机制。建立向研究所倾斜的国际合作、图书、网络经费资源配置比例和支持机制，调动研究所的积极性；

图书馆要建立服务科研的三级管理体制，逐步实现图书资料数字化，办好专业特色书库、专业特色图书分馆、专业特色阅览室，完善为科研服务的图书保障体制机制；网络中心要建立调动专业特色网积极性的二级网络管理体制，支持研究所专业特色网建设；建立图书资料与网络信息统一协调和使用机制；加大对包括人、书、刊、网在内的“走出去”战略的扶持力度，探索建立掌握和扩大话语权的国际学术交流合作体制，完善国际问题应急调研机制，加强外事经费和外事管理制度建设；积极推进报刊出版体制机制改革创新，探索筹建报刊出版集团，努力提高报刊出版物质量；加大研究生院改革力度，提高教学质量，适度扩大办学规模，深化后勤改革，逐步形成具有我院特色的研究生教育体制。

四是推进行政管理体制机制改革，目标是逐步形成符合我院办院规律、确保中央和党组重大决策决定贯彻落实、运转有效有活力的行政管理体制机制。完善令行禁止、上传下达、运转有效、和谐有序的全院日常工作运转体制；加大督查督办力度，建立和完善督查督办制度；提高办文、办事、办会效率，逐步实现行政管理工作的规范化、制度化、科学化；加强行政管理人员队伍建设，培养高素质行政管理人才；推进职能和机构调整后的办公厅有效运转；建立院所之间、职能部门与研究所之间的协调和沟通机制，形成统一管理合力；探索新的体制机制，加强院写作班子建设；完成全院规章制度“废、改、立”工作；继续进行《要报》等信息报送工作改革。

五是推进财务基建管理体制机制改革，目标是逐步形成透明、公正、有效、集中统一的财务管理体制和运行机制。建立和完善财务管理“一支笔”制度，实行严格监管；推进和完善结算中心工作，进一步统一三级账户，有效发挥资金调度和账户监管职能；实施《房产有偿利用管理规定》，对全院房产实行严格的成本核算管理，做到有偿利用、保值增值；在试点基础上，推进节能节电承包制改革；基本建设管理要逐步实现规范化、制度化和科学化，建立解决新进人才和引进人才住房的长效机制；加强发挥我院优势的创收机制建设。

六是推进后勤保障体制机制改革，目标是逐步形成管理科学化、服务社会化、保障现代化、具有我院特色的后勤保障体制机制。持久开展为科研一线服务的教育，树立为科研一线服务的意识，不断提高服务水平；加大后勤社会化改革力度，对亏损单位进行整改，推进印厂等服务单位改制，逐步探索社会化改革的新路子；建立健全成本核算制度，改革经营性资产管理方式，确定合理经营指标，制定奖惩办法，切实提高经济效益。

改革要向纵深发展并取得预期成效，关键在于院所两级领导班子的真抓实干，在于集中全院人员的智慧和力量，形成全院上下共同推进改革的新局面。改革工作协调小组要加强统筹和协调，充实和完善全院总体改革方案和各方面的具体改革方案，逐项推动和落实各项改革任务。各级领导干部要积极投身改革，带头推进改革，勇于承担改革重任。9 个改革工作协调小组成员单位和 4 个直属单位已经提出 2009 年改革工作要点，各研究所也初步形成了 2009 年改革思路，必须付诸行动，抓紧落实。2009 年将适时召开改革经验交流会，总结经验，推广典型。

6．加强科研辅助和行政后勤保障体系建设，大力支持科研强院和人才强院战略的实施

继续实施学术名刊建设工程。坚持正确办刊方向，研究制定学术期刊建设整体规划，打造在国内外具有领先优势的知名学术期刊品牌，巩固我院期刊资源优势，占领学术制高点。落实《关于进一步加强“学术名刊建设”的意见》，按照普遍资助与重点扶持相结合的原则，在已投入1200万元专项经费的基础上，至少再增加300万元，加大对学术期刊、学术年鉴和《院报》的资助力度。加强对学术期刊的管理检查，把每一笔经费管到位、用到位。整合期刊资源，研究建立院期刊网。加大编辑队伍建设力度，培养适应科研发展需要、具有较高专业造诣的编辑人才和管理人才。

大力实施“一报”、“一刊”、“两社”和“要报”建设工程。将《中国社会科学院报》改版为《中国社会科学报》，办成国内外知名的哲学社会科学专业特色报纸。把《中国社会科学》杂志办成展示哲学社会科学研究最高水平成果的重要窗口。把中国社会科学出版社和社会科学文献出版社办成哲学社会科学重要出版基地，实现社会效益和经济效益的最佳结合。办好“皮书”和学术年鉴系列品牌。按照“准、新、短、快”的要求，办好《要报》等内部信息刊物，办成服务党和国家工作大局的重要载体。

整合全院图书资源，建立完善的文献信息资源保障体系，努力把我院图书馆建成哲学社会科学专业特色名馆。院图书馆作为总馆，要发挥指导协调全院图书馆业务的职能。对分馆和特色专业书库实行经费倾斜政策，办好法学图书分馆和哲学专业书库，筹建经济学分馆、民族学分馆、国际问题分馆和文学专业书库。完成国家社会科学数字图书馆建设的可行性论证。制定全院图书馆资源数字化方案，加强数字化建设。加强与网络中心合作，实现图书馆电子资源远程访问。完成“一卡通”工程，统一全院借阅制度，实现资源共享。制定并实施古籍保护方案。

以创办国内外一流的哲学社会科学专业学术名网为目标，加强信息化建设。建立全院统一的哲学社会科学海量数据库，不断提高院网站的信息质量和学术水平。信息化网络建设经费向研究所倾斜。建立中国哲学社会科学网互动平台，推动学部网站建设。支持研究所专业特色网和专业特色数据库建设。加大对二级网站特别是研究所网站和专业特色数据库支持力度，推动各研究所网向本学科门户网站发展。支持基础较好、有条件的研究所加强专业外文网站建设。启动远程访问内网和统一身份认证试点工作。抓好研究生有偿上网试行工作。完成网络中心搬迁，高质量建好新机房。加强网络安全和网上信息安全建设，构建院网安全防御系统。

适时召开名刊名馆名网名社建设座谈会，认真总结经验，推广典型，带动全面。

加强与国家有关部门沟通，落实我院2009年科学事业费预算指标，积极争取专项资金，最大限度地保障我院科研事业和基础设施建设需要。研究制定我院基本建设项目近期和长期规划，抓紧落实已确定的2009年22项基本建设和维修项目。全力推进贡院东街科研与学术交流大楼建设。完成研究生院新校园建设、西安文物标本楼翻建工程。协助完成国家方志馆建设后期装修改造，确保年内交付使用。安排好国际片文物保护性修缮。完成院图书馆地下书库改造、两个立体车库建设、大院环境第二步整治等任务。争取老干部活动中心、研究生院新校区75亩地基本建设项目和博士后公寓立项。调整办公科研用房，解决好办公用房特别困难的研究所和网络中心用房。解决老干部和全院职工的业余活动用房。加强安全保密工作。

尽力改善全院干部职工的工作生活条件。办好职工食堂。继续改善住房困难职工特别是青年科研人员的住房条件。积极筹措资金，推进单身职工宿舍建设。采取切实措施增加创收，改善全院人员的收入待遇。

7．加强党的建设，保证我院事业的繁荣发展

繁荣发展哲学社会科学事业，必须始终坚持、加强和改进党的领导；办好中国社会科学院，必须始终以改革创新精神抓好党的建设。

建立和完善适应哲学社会科学研究事业、具有我院特点的党建工作体制机制。成立党的建设工作领导小组，加强对全院党建工作的指导和协调。建立健全党建工作责任制，强化检查和考核。建立健全党内民主制度，制定并落实《党务公开办法》，健全党内情况通报、情况反映、重大决策征求意见制度，完善党组织和领导干部对党内意见的反馈机制。坚持和完善党委理论学习中心组学习制度和领导班子民主生活会制度。组织力量围绕党建工作中的一些重大问题开展调查，加强党建研究。

全面加强党的基层组织建设，重点加强研究室和职能部门处室的党支部建设，充分发挥党支部战斗堡垒作用。积极稳妥地做好发展新党员工作，注重在科研人员特别是中青年科研骨干中发展党员。部分任期届满的研究所党委按规定进行换届选举工作。加强对统战、工会、共青团和妇女工作的领导，充分发挥各民主党派和群众组织的作用。加强老干部支部建设和政治建设。

举全院之力，把离退休干部工作做得更好。千方百计改善老同志的生活和娱乐条件，千方百计解决老同志的实际困难，鼓励和支持老同志在力所能及的情况下从事科研活动，发挥余热。

反腐倡廉工作要着力加强惩治和预防腐败体系建设。按照改革创新、惩防并举、统筹推进、重在建设的基本要求，全面落实党风廉政建设责任制。深入开展政治纪律、宣传纪律、外事纪律教育，加强国家安全形势和保密教育，不断推进反腐倡廉教育。健全重大部署落实和制度执行的监督检查机制，强化监督。重点查办严重违反政治纪律和严重损害国家安全的案件，继续查处违反财经纪律、失职渎职等案件。完善信访工作机制。深入开展廉政研究。

肩负党和人民赋予的领导和管理中国社会科学院这样一副重担，党组必须以高度的责任感和使命感，坚持不懈地抓好自身建设。牢固树立政治意识和政权意识，自觉地同党中央保持高度一致，时刻保持政治敏锐性和政治鉴别力；牢固树立大局意识，紧紧围绕党和国家发展全局，考虑和谋划我院科研和各项工作；牢固树立改革创新意识，紧跟党和国家理论创新、实践创新和制度创新步伐，坚持把改革创新精神贯穿于办院治院的各个环节；牢固树立廉洁自律意识，正确运用手中权力，坚持原则，勤政敬业，以实际行动做全院党员干部的表率；

牢固树立团结协作意识，切实贯彻民主集中制原则，实现集体领导与分工负责的有机结合；牢固树立学习意识，努力做到勤于学习，善于学习，自觉学习，终身学习，不断提高工作能力和领导水平。

（三）做好当前和今后一个时期工作的几点要求

第一，不断解放思想，进一步改革创新。

面对新形势新任务，我院仍不同程度地存在着思想不够解放、观念不够更新的情况，比如，某些同志局限于传统的思维定式和旧的条条框框，局限于不适宜的体制机制和老套路，接受不了新思路、新观念、新举措，束缚着思想，禁锢着活力，致使在理论学术创新、体制机制创新、方法手段创新上眼光不够放开，步子不够大，措施不够得力，阻碍了更大发展。我院解放思想、转变观念的任务尚十分繁重，进一步改革创新还有很多事情要做。

解放思想向前进一步，我院工作就更上一层楼。解放思想，是需要不断破解的重要课题。然而，解放思想，必须坚持正确的出发点和落脚点，并不是一提解放思想，就变成漫无边际，没有统一的目标、共同的信念和共同的准则了。假如只是片面强调个人的自由发展，个人的自由研究，不能顺应党和国家大局发展的方向，游离在十几亿人共同奋斗的事业之外，科研工作就会失去方向和共同动力。解放思想，关键在于从什么样的出发点出发，落脚点落在哪里。作为党领导下的哲学社会科学研究机构，解放思想，就要从坚持四项基本原则出发，落脚在发展中国特色社会主义上；就要坚持实事求是的原则，从国情和我院实际出发，落脚在按规律办事、繁荣和发展哲学社会科学事业上。当然，解放思想，不是要否定一切，改变一切。我院多年来已被实践证明是行之有效的那些体制机制、思路做法和制度规定，要继续坚持。总而言之，哲学社会科学研究要关注党、国家和民族的前途命运，努力回答时代和实践提出的重大课题，为发展中国特色社会主义伟大事业作出应有贡献。

我院的改革已经取得了一定的成果，这在很大程度上是解放思想、勇于创新的结果。要取得更大进步，必须继续解放思想，充分发挥全体人员的创造性，敢于尝试，勇于突破，不断创新工作理念和思路，积极推动改革创新，在如何办院、办所上，在如何多出人才和成果上，要提出新思路、形成新举措、拿出好办法，才能展现新气象，开拓新局面，再上新台阶。

第二，坚持“二为”方向，落实“双百”方针，营造宽松的学术氛围。

党的“双百”方针，是促进哲学社会科学繁荣发展的既定方针。既要坚持正确的政治方向，坚持“为人民服务、为社会主义服务”，又要坚持“双百”方针，使学术观点和学派“百花齐放、百家争鸣”。

我院是党领导的学术机构，要服从党的统一领导，拥护党的政治主张，遵守党的政治纪律，但我院又不同于党的宣传部门和干部教育部门，我们是通过学术、学科、学理体现出政治方向，寓党的主张、主流意识形态和马克思主义的立场观点方法于学术研究之中。学术性、学科性、学理性的研究工作特点，决定了在坚持党的统一领导和正确方向的同时，一定要形成良好的学术环境，营造宽松的学术氛围。真理和谬误、真善美和假恶丑总是相比较而存在，相斗争而发展的。无论自然科学还是哲学社会科学，总是存在不同的判断、不同的观点，甚至不同的学派，正是在不同意见的自由讨论、碰撞、交锋中，真理才显现出力量。自然科学允许反复地试验，允许失误，允许失败，社会科学研究也要允许不同观点、不同学派的自由讨论，开展充分说理的学术批评和反批评。当然，背离和反对四项基本原则的言论观点，必须旗帜鲜明地抵制和批判。“试玉要烧三日满，辨材须待七年期”，辨别一个观点的真伪，需要时间和实践。学术上的争论，不能采取简单粗暴的处理办法，要心平气和地采用民主讨论的方法、说理的方法，才能去伪存真、去粗存精，发展正确的意见，克服错误的意见，才能统一认识，解决问题，才能使人人心情舒畅，积极性和创造性才能得到极大发挥。我们要有这样的胸襟和气度，要创造这样的环境和氛围，才有利于形成中国特色、中国风格、中国气派的哲学社会科学。

贯彻“双百”方针，就要尊重知识、尊重科学、尊重人才。尽力在思想上、政治上、事业上、生活待遇上切实关心科研人员，尽力解决他们的实际困难，免除他们的后顾之忧。要按学术规律办事，给予科研人员富有弹性的、充分的、相对灵活的时间和空间，真正做到散而不乱、活而有序。

第三，树立良好学风，加强和改进学习。

毛泽东同志把学风提到党风的高度来重视，并把它作为第一个要解决的问题来强调。时至今日，这对推动我院工作仍然具有深刻的指导意义。

就马克思主义政党来说，学风就是对待马克思主义的态度问题。究竟从实际出发，以实践的、发展的、创新的观点来对待马克思主义，还是从本本出发，以主观的、教条的、静止的、僵化的观点来对待马克思主义，是两种根本不同学风的分水岭。马克思主义的科学性、实践性和发展性，决定了马克思主义学风的关键是理论联系实际，是运用马克思主义立场、观点和方法来研究和解决问题。

就哲学社会科学研究来说，学风就是能不能以马克思主义为指导，围绕中心，服务大局，面向现实，服务实践，开展哲学社会科学研究的问题。这里的学风实质上也是理论联系实际的问题。党领导下的哲学社会科学事业是为发展中国特色社会主义服务的，无论基础研究还是应用研究，都有围绕中心、服务大局的问题，不是只有应用研究服务大局，基础研究就可以远离大局、远离现实。基础研究也要与现实相联系，有些基础研究，比如马克思主义基本理论研究，必须与现实相结合，要有现实针对性，回答现实问题；有些基础研究，虽然不直接研究现实问题，但也有一个为现实服务的问题；即使离现实较远的一些学科，也存在一个研究者热爱祖国和人民的感情问题与拥护中国特色社会主义的认识问题，有一个树立正确的人生观、世界观和研究方法论的问题。从事基础研究，如果脱离群众，脱离实际，就无法解决好立场、信念和价值观、人生观问题，无法解决好对人民、对民族、对党、对社会主义的感情问题。许多基础研究，如果不了解中国国情，就无法得出正确的结论。不能离开当今国际大局和时代特征，不能离开我国初级阶段基本国情，不能离开党和人民正在进行的创造性实践进行学术研究，否则研究就会失去方向、失去针对性，也就失去了灵魂与生命。陈奎元同志提出加强国情调研是解决学风问题的根本措施，用意也正在于此。

解决好学风问题，有必要加强和改进我们的学习。我院以研究人员为主体，广大专家学者视学问为生命，重视知识的学习和补充。党组之所以郑重强调学习，是希望同志们从自觉接受马克思主义指导，自觉服从于、服务于中国特色社会主义实践大局，从出精品成果、出拔尖人才，从出大师、出名师、出理论家、出思想家的高度来认识学习问题。毛泽东同志曾教导过我们，学习有两个方面，一是向书本学习，一是向实践学习，这两个方面的学习是必不可少的。向书本学习，离不开联系实际，如果脱离实际，就会成为死啃书本的书呆子，会犯主观主义、教条主义毛病。迷信西方教条，是现今教条主义的一个新表现。向实践学习，必须有马克思主义作指导，以广博渊深的书本知识作基础，否则就会成为没有知识积淀和理论指导的莽撞者，会迷失方向，犯经验主义错误。

正是从这个意义上讲，必须以理论和实际相结合的方针，加强和改进学习。首先是学习马克思主义理论。并不要求人人都成为马克思主义理论家，而是希望大家将马克思主义作为世界观和方法论，作为指导哲学社会科学研究实践的指南来学习，自觉地把马克思主义的立场、观点和方法运用到科学研究中，把能否运用马克思主义分析、说明和解决理论、学术和现实问题，作为衡量学习成效的一个重要标准。其次是学深学透专业知识。我院很多专家学者在专业领域有很深的造诣、很高的水准，但要达到哲学社会科学最高殿堂的要求，绝不能满足现状，自我欣赏，要有“仰之弥高，钻之弥坚”的精神，要有做出“藏之名山，传之后世”成就的追求，要有“抓住一个问题终生不放”的韧性和“搜集资料必须竭泽而渔”的气魄。对专业知识的学习应有更高的要求。再次是广泛学习各方面的知识。各门学科有其自身的研究对象、理论体系、话语体系和发展规律，但从另一方面看，对许多问题的研究和认识，也有一个跨领域跨学科跨专业的综合性问题，这就要求哲学社会科学工作者必须拓宽知识视野，运用综合性思维方式、认识工具和研究方法，掌握多领域、多学科广泛知识，与社会科学各学科、与自然科学形成合力。必须打破学科界限，消除学科偏见，克服学科分化、细化带来的弊端，积极推动不同学科之间的合作与交流，努力融会中外、贯通古今、纵横学科，发挥好我院科研的整体优势。最后是向实践学习。学习实践必须吃透两头，一要吃透上面中央精神，明确什么是中心工作，什么是大局；一要吃透下面实际，准确把握世情、国情、民情，深入了解世界和中国的政治、经济、文化、社会现实，了解时代、社会和人民大众的需要。

还有一个向大师学习的问题。我院历史上大师辈出，我们要以他们为荣，以他们为榜样，首要的是学习他们的学风，学习他们学贯中西、博通古今的渊博，学习他们“板凳要坐十年冷，文章不写一句空”的严谨态度，学习他们的科学精神、人文情怀和社会责任感。

第四，研究和把握规律，按照规律办院。

解放思想必须坚持实事求是的原则，具体到我院，就要求实事求是地认识我院实际，从纷杂的现象中找出规律性的东西，认识规律、把握规律，按照规律办事。这是坚持解放思想、实事求是思想路线的必然要求，是理论联系实际学风的必然要求，是实现中央对我院定位目标的必然要求。只有掌握了规律，抓工作才有更多的预见性、主动性；只有按客观规律办事，抓科研才更有针对性。

对于我院而言，要研究和把握“三个规律”：一是科研成果生产规律和科研人才成长规律，即出精品成果，出拔尖人才，要遵循怎样的规律；二是哲学社会科学发展规律，即哲学社会科学事业是遵循怎样的规律发展的；三是改革开放30年我院的办院规律，即办院的经验是什么，教训是什么，有什么样的规律可循。同时，要认真思考和研究如何办好我院的全局性、根本性、长远性的一系列重大问题，要考虑如何认识、把握和处理我院工作中的一些重大关系问题。譬如，基础研究和应用研究的关系，哲学社会科学创新体系和管理体制机制的关系，政治和学术的关系，加强统一领导和调动各方面积极性的关系等。当然，还有更具体层次的关系问题也要研究，比如院和所的关系；院职能部门与研究所的关系；党委书记和所长的关系，等等。

认识和把握工作的基本规律和重要关系，关系到我院能否全面落实科学发展观，关系到我院改革发展大局和长远发展大计。希望全院上下都要积极探索规律，认真研究规律，不断总结，不断提炼，升华为理性认识，用以指导工作。

第五，转变工作作风，提高领导干部的执行力。

2008年工作之所以取得一定成绩，既是全院同志共同努力的结果，同时也是狠抓工作作风转变的结果。能不能顺利完成2009年工作会议提出的任务，关键在于工作作风实不实。一步行动比一打纲领更重要。要把改进领导干部工作作风、提高执行力，作为一项重要事情来抓。

从整体看，我院干部队伍是好的。但在少数干部，特别是在极个别领导干部身上，还存在不良的工作作风，集中表现为“软、懒、散”的毛病。所谓“软”，就是不敢对错误言行进行批评和处理，不敢大胆管理，瞻前顾后，拈轻怕重，回避矛盾，既存在己不正不敢正人的顾虑，又缺少克服困难、解决问题的勇气、决心和办法；所谓“懒”，就是缺乏责任心和敬业精神，缺乏激情和干劲，心思不放在工作上，矛盾上交给领导，责任下放给群众，既不主动考虑本单位的发展，不思进取，得过且过，又不认真落实党组决策，不推不动，甚至推而不动；所谓“散”，主要表现为对中央和党组决定漫不经心，精力不集中，情绪懈怠，松垮散漫，工作抓而不紧，纪律观念淡薄。例如，群众反映有极个别所局级领导很难看到人影。少数人的“软、懒、散”，致使极个别的领导班子缺乏战斗力，造成所在单位缺乏凝聚力，人心涣散。这些不良工作作风，虽然只存在于极少数人身上，但影响很坏，此风不改，于事业有害。

治理极个别领导干部身上“软、懒、散”的毛病，必须下大力气改进工作作风，突出一个“实”字，真抓实干。把认识统一到中央精神和要求上来，把思想统一到干事业上来，把精力集中到做实事上来，把功夫下到抓落实上来。这就要求各级干部特别是所局级领导干部做到以下几点：首先，坚持党委集体领导，书记管党，所长治所，局长抓局，领导班子团结一致、齐心协力，抓好管理，带好队伍，搞好工作，履行好职责。既要敢于管理，敢于和不正之风作斗争，守土有责、守土尽责，在其位则谋其政，又要善于管理，讲团结，讲纪律，讲规矩，讲程序，增强亲和力和向心力，提高执行能力。其次，深入科研一线，吃透情况，联系群众，扑下身子，切实解决事关我院科研等事业发展、事关群众切身利益的问题。要勤于政事，甘于奉献，把精力放到工作上，把心思放到事业上，增强工作的主动性和创造性。再次，增强纪律观念，加强内部团结，营造和谐环境。有不同意见，可以充分表达，有困难可以反映，但绝不允许推诿扯皮、阳奉阴违，一旦形成集体决议，就要不折不扣地贯彻落实。

同志们，今年任务十分繁重。让我们在党中央的正确领导下，全面贯彻落实党组的工作部署，认真认真再认真，扎实扎实再扎实，振奋精神，锐意进取，推动我院工作迈上新台阶，以优异成绩迎接新中国成立60周年！

关于管理强院

——在中国社会科学院2009年所局级主要领导干部管理强院专题研讨会上的讲话

王伟光

（2009年8月4日）

这次专题研讨会重点解决管理强院问题。落实管理强院，要解决两个问题：一是为什么实施管理强院；二是怎样实施管理强院。第一个问题是解决对管理强院的认识问题。全院上下，特别是领导干部，要统一思想，真正认识到对于我院的发展来说，管理强院至关重要。第二个问题就是解决如何加强管理问题。

（一）一定要高度重视管理强院的极端重要性

陈奎元同志在中国社会科学院2009年度工作会议上的讲话中明确提出要“抓管理强院，进一步建章立制，查补疏漏，纠正散乱无序的状况，提供尽可能有利于强院的秩序和服务”。奎元同志明确提出管理强院问题，对管理强院的目的和要求也作了深刻的阐述，这是对我院办院经验的总结，也是对我院2008年开始的加强管理、全面展开管理体制机制改革、推进哲学社会科学创新体系建设所取得成绩的肯定，对我院大力实施科研强院和人才强院战略、繁荣发展哲学社会科学事业具有重要指导意义。

为什么要抓管理强院？应当说，这是推进科研强院和人才强院战略实施的重要保证和必然要求。管理出人才，管理出成果，管理出成效。大到一个国家，小到一个单位，都有一个如何管理的问题。同样的起点、同样的条件，管还是不管，管得怎么样，大不一样；管理理念、管理方式、管理水平不同，往往会产生截然不同的效果。我院是哲学社会科学研究机构，不同于企业、不同于行政部门，甚至在许多方面不同于学校，但同样存在着管理的问题。科研是我院第一位的工作，一定要以科研为中心，科研的关键是要出好的成果，而出人才是出成果的基础，没有人才，哪来成果，怎么能实现科研强院？人才强院是科研强院的保障。成果从哪来，人才怎么产生？答案是出成果、出人才离不开管理。科研强院和人才强院战略的实施离不开管理，全院的正常运转也离不开管理。没有管理，科研强院和人才强院的战略目标就会落空，我院工作就可能陷入无序状态。管理强院是科研强院和人才强院战略实施的必要保证，是推进我院事业发展的战略任务。全院同志一定要从战略的高度来认识实施管理强院的必要性、重要性和紧迫性，提高实施管理强院的自觉性和责任感，像重视科研和人才那样重视管理，像抓科研强院和人才强院那样抓管理强院。

什么是管理强院？简而言之，管理强院就是更新管理理念，创新管理模式，建立管理制度，提高管理水平，实施科学的、严格的管理，以实现我院科研和人才资源的科学配置，进一步解放和发展科研生产力，达到多出成果特别是精品成果、多出人才特别是拔尖人才的目的。

抓管理强院，对当前抓好我院工作具有很强的现实性和针对性。2008年以来，我院工作之所以取得较大进展，同全院加强管理、严格督办、狠抓落实，积极推进管理体制机制改革是分不开的。从2008年下半年开始到2009年上半年，经过一年的管理体制机制改革，各方面工作有很大改观，管理水平有较大提高，管理体制机制有所创新，有力促进了我院哲学社会科学事业的繁荣发展。但是与中央对我院"三个定位"的要求相比，与我院广大干部职工的实际期望相比，轻视管理、执行力不强、工作不落实、松垮散漫、照旧章办事、体制机制守旧、制度不健全、管理水平不高、整体创新能力不强的现象依然存在，妨碍人才成长和科研成就的管理体制机制弊端还较为明显，管理体制机制还有很大的改进空间，目前管理上的问题如不解决，将严重制约我院发展。

领导必须重视管理。领导就是管理，当领导，必须抓管理，不重视管理，不是合格的领导；不抓管理，放任自流，不是负责任的领导。有一个问题需要同志们统一认识，需要有明确的回答，即"身为学者的书记所长，首要的工作职责是自己做学问搞科研，还是抓管理当领导"？各级领导干部特别是所局级领导干部，要明确自己作为领导干部的管理责任，学者型的领导干部既要当好学问家，当好学术带头人、组织者，更要当好管理者、当好领导。这里所讲的管理首先是科研管理和学术研究的组织协调，当然也包括全面管理工作。作为学者来讲，第一位的工作责任是什么？无疑是研究。但作为学者型领导干部，第一位的工作责任是什么？就是管理。学者型的领导干部可以对照检查一下“有多少时间和精力放在管理上了”。不抓管理不是合格的领导，特别是书记、所长，要做合格的书记、所长就要用心抓所务、用心抓管理，不能心不在所务上。不要看不起管理，以为管理是小事，不屑一顾，是具体办事人员的事，自己当甩手掌柜、点头领导，仅把写论文、搞研究、出国考察、参加学术讨论会当做工作职责而疏于管理职责，这是失职。我在调研中听到一些科研人员说:“很难看到所长和书记，不知道他们忙什么。”当然这话不一定准确，但至少反映了一定问题。一般来讲，在教学科研机构，有人看不上管理、不会管理，认为说说写写是“大事”，而不屑于顾及管理“小事”。也有的学者出身的领导干部学问不错，但不会管理，这些情况在我院也或多或少地存在。各级领导干部特别是所局级领导干部，要明确自己作为领导干部的管理责任，把更多精力放在抓管理上，从“要我管”转变为“我要管”。不能等上级要求了、矛盾出现了、群众有意见了，才不得不重视管理，这是消极被动的“要我管”。“我要管”则是把抓管理作为职责分内之事，使之成为自觉的行动，主动思考问题，研究管理，全程跟进，深入一线，找准本单位本部门中问题所在，拿出办法，管出实效。

抓好管理，是对我院所局级领导干部责任意识的考验和领导水平的挑战。2009 年，我院要全面推进科研强院、人才强院和管理强院三大战略。管理强院是解决当前我院现存突出问题的战略措施，不是权宜之计，全院各级领导干部必须高度重视管理，大力实施管理强院，全面深化管理体制机制改革。

（二）正确认识和处理事关我院发展的带有规律性的重大问题

从认识论的意义上来说，抓好一件事，首先是认清这件事的规律与特点，按照该事物的固有规律与特点办事。抓好管理，必须研究规律、认识规律、把握规律，按规律办事，这就必须探索和认识我院固有规律，这里暂且归结为科研成果生产和科研人才成长规律、哲学社会科学发展规律、中国社会科学院办院规律。

辩证法告诉我们，规律又表现为事物之间的本质关系或相互联系，探索我院规律，还须认识把握我院工作中的一些重大关系。譬如，基础研究和应用研究的关系，哲学社会科学创新体系和管理体制机制的关系，政治和学术的关系，加强统一领导和调动各方面积极性的关系等。当然还有更具体的一个层次的关系问题也要研究，比如院和所的关系、院职能部门与研究所的关系、党委书记和所长的关系等，这些是具体操作层面的关系。到底有哪些重大规律和关系问题需要认识把握，同志们还可以讨论，我只是提出问题，抛砖引玉。

1．谈谈影响我院发展的客观规律问题

第一，科研成果生产和人才成长规律。马克思讲，人类社会发展要从事四种生产，物质生产、人口生产、精神生产和社会关系生产。从普遍意义上来讲，社科院也是从事生产的，当然是精神生产，体现为科研成果的生产。我院是生产精神产品的，即科研成果，其功能、性质和任务决定了科研工作是全院的中心工作，其他各项工作要服从于、服务于科研工作，必须全力以赴地抓好科研，这就迫切需要坚定不移地实施科研强院战略。

科研生产的目的是要出好成果、多出成果，即是说又好又多地生产经得起实践检验的科研成果。对于党所领导的社科院来讲，科研生产的目的就是要生产符合党的政治要求的，符合马克思主义的，符合社会主义核心价值观的，符合中华文化优良传统的，具有中国特色、中国气派、中国风格的哲学社会科学创新成果。这就产生了“如何激励出精品成果、多出成果”、“如何判断成果的价值是好是坏、精品还是次品”、“如何构建科学合理的成果评价体系”、“怎样合理配置科研资源，特别是经费资源”、“实施怎样的办法，如何建立合理的激励和竞争体制机制，才能调动科研人员积极性”等问题，这都需要深入研究科研成果生产的周期、特点、要求等规律性东西，研究不同于物质生产的精神生产，不同于自然科学的社会科学的特殊成果生产规律。只有把科研成果的生产规律吃透了，才能建立健全符合哲学社会科学科研成果生产规律的评价体系和激励体制机制，抓好科研管理。

无论是科研成果的生产，还是全院事业的繁荣发展，都离不开人，离不开人才。在科研成果生产过程中，也生产了科研人才。办好我院，抓好科研，关键在人，关键在人才，关键在拔尖人才，所以人才工作最重要，要把人才工作当做根本大计来抓。在人才生产上，如何实施人才强院战略，逐步形成科学合理的人才结构，形成符合党和国家要求的人才成长的体制机制，激励拔尖人才尽快成长起来，这就需要认真探索和把握我院人才结构特点和人才成长规律。

就我院人才构成来说，需要三类人才：一是专业人才。这方面人才包括两部分，一部分是直接从事科研的科研人才，他们是科研生产的核心生产力，其中最重要的是能够坚持运用马克思主义立场、观点、方法回答重大现实和理论问题的马克思主义理论家、具有很高学术造诣和研究水平的各学科的领军人才和学术大家；一部分是科研辅助人才，热心为科研服务、业务熟练的科研辅助人才，比如研究生教育、图书资料、报刊出版、信息网络等科研辅助人才。二是管理人才。这方面人才就是愿意献身哲学社会科学事业、了解哲学社会科学规律、政治坚定、懂科研会管理的领导干部、党务干部和其他管理干部。三是工勤人才。这方面人才就是能够热心为科研人员和工作人员服务的、为科研工作服务和全院工作服务的行政后勤等方面的服务人员、工勤人员。这三类人才，最重要的是专业人才。必须把重点放在科研人才培养上，加强以科研专业人才为重点的三支队伍建设。科研专业人才虽然是重点，但管理人才、工勤人才也必不可少，要给予同样重视。人才结构，包括人才类别结构、学科结构、知识结构、年龄结构以及基础研究和应用研究人员比例、老中青年龄比例、高中低职称比例等结构，怎样配置才合理，需要认真研究，摸清规律，掌握需求和特点，一步一步调整，逐步形成合理、科学、具有我院特色、有利于我院发展的人才结构体系。

要特别注意青年人才，主要是青年科研人才、青年干部和管理人才的培养。现在我院青年比例已经不小了，在许多研究所已经占了多数，大部分研究所都已经占三分之一以上了，如何培养优秀青年人才，是一个迫切的战略性问题。各级领导班子一定要把青年工作、青年科研人才为主的青年人才培养工作提到重要议事日程上来抓好。对于青年人才，要在政治上充分信任他们，在业务上精心培养他们，在思想上认真教育他们，在生活上无微不至地关心他们，要大胆、时不我待地培养他们、使用他们、关心他们、提拔他们。马研院在青年科研人员中组织开展马克思主义经典著作读书活动有成效。哲学所创立青年购房贷款基金，想方设法为青年人排忧解难，得到青年人的拥护。当然还有许多单位在青年人才培养方面也做得很好，可以交流借鉴。

从人才成长的规律看，思想家和理论家、领军人才和学术带头人的成长是有周期的，是有条件的，要研究他们的成长需要哪些条件，如何创造条件促进人才成长、如何培养人才。要按照哲学社会科学人才成长规律来培养人、使用人、选拔人。既不能忽视人才培养，也不能做违背规律、揠苗助长的蠢事。孟子曰："故天将降大任于斯人也，必先苦其心志，劳其筋骨，饿其体肤，空乏其身，行拂乱其所为，所以动心忍性，曾益其所不能。"大历史学家司马迁在《报任安书》中论述过："盖文王拘而演周易，仲尼厄而作春秋；屈原放逐，乃赋离骚；左丘失明，厥有国语；孙子膑脚，兵法修列；不韦迁蜀，世传吕览；韩非囚秦，说难、孤愤；诗三百篇，大抵贤圣发愤之所为作也。"他们讲的是人才成长有一个历经磨难，但个人奋发努力，终成大事的过程。历经磨难，而又坚韧不拔，才能千锤百炼出人才，这恐怕也是人才成长的规律。人才当然需要培养，但就古今中外人才成长的规律和案例来看，人才成长离不开实践锻炼，离不开磨炼，离不开个人努力，很多人才都是在困难条件下，甚至是在逆境中成长起来的。像鲁迅、郭沫若等大文豪，一开始都是学医的，鲁迅曾在海军学校就读，还学过几年采矿，时势造英雄，苦难的旧中国使得他们拿起笔杆子，以唤醒旧中国大众麻木的精神为己任，转向文学创作，在斗争中成为大文学家。马克思主义哲学告诉我们，外因是变化的条件，内因是变化的根据，关键是要调动人才成长的内因，使人才个人真正奋发努力。所以，抓好人才工作，除了创造必要的条件环境、体制机制以外，还要把握人才成长的特殊规律，激发、发掘人才成长的内在潜力。因此，院党组在努力创造人才成长条件环境的同时，还要大力加强对人才的思想政治、道德品质、为人和学风教育工作，充分引导他们，鼓励他们，调动他们的积极性和创造性。有一句俗语说得好，"师傅领进门，修行在个人"。再好的条件环境和体制机制，个人不进取，不努力，人才还是成长不起来。要向科研人员和工作人员讲明这个道理，让他们真正认识到位，真正奋发起来，这也是领导的职责。当然，时过境迁，和老一辈相比，人才成长的时代、条件不同了，既不能反对为人才成长提供良好的条件，又不能刻意搞些困难出来，非要强调在逆境中成才。但是一定要在努力创造人才成长条件的同时，强调人才成长内因的重要性，强调人才成长的主观能动性，鼓励他们刻苦奋斗，要加强这方面的教育。

从目前我院人才现状来看，主流是好的，可以大体满足科研和工作需要，但从实现中央"三个定位"的高标准要求来看，人才方面存在许多急需解决的问题。比如，就人才的数量来说，不算少，但忠诚并熟悉马克思主义的思想家和理论家、学术领军人才和拔尖人才、有后劲的年轻学术人才、国际性的学术人才、党委书记和所长人才、独当一面的职能部门和院属单位领导人才和管理人才、年轻的骨干管理人才略嫌不足；就人才的素质来说，学历很高，但政治素质和马克思主义理论素质还需提高，理想信念、职业道德方面还有欠缺，政治性、思想性、政治纪律观念也需强化，素质能力亟待提高；就人才成长的待遇、环境和条件来说，还需解决好他们在住房、收入、各项福利待遇、科研条件、工作环境等方面的问题；就人才队伍学术风气来说，围绕中心、服务大局、理论联系实际和严谨诚实的学风尚需树立……这些都需要努力解决。

院党组和奎元同志高度重视人才工作，下决心大力实施人才强院战略。集中一定的经费投入，推出了《人才强院战略实施方案》。能不能达到方案预期效果，关键是抓好落实。要把钱花在刀刃上，气力用在人才成长上，功夫下在落实上，全院上下必须集中力量一项一项地把方案中的任务真正落实。今年是我院人才强院方案实施的第一年，各所都制定了本所的人才强所方案，各职能局也加强了人才培养工作。有的所制定的方案很具体，具有可操作性，但是有个别所却大而化之，实际操作意义不大，需要进一步使方案更具可操作性。

第二，哲学社会科学发展规律。还要进一步研究哲学社会科学发展规律。自然科学是对自然发展规律的认识，人文社会科学是对人类社会发展规律的认识，哲学是对自然规律和社会规律认识的总概括。哲学社会科学作为自然、社会规律的概括，作为人类知识的认识成果，作为认识工具，有其自身发展的规律，这是哲学社会科学的一般规律。认识哲学社会科学发展规律，就要研究哲学社会科学学科体系、学术观点、科研方法等诸方面创新发展的规律性的东西。哲学社会科学在其发展过程中分门别类地形成了不同学科，各个学科在学科体系、学术观点、科研方法等方面也有其形成、创新、发展的具体规律。哲学、政治学、经济学、法学、社会学、历史学、新闻学、考古学、人类学、民族学、宗教学、语言学、文学等都有其各自特点和发展规律。不仅要研究哲学社会科学的一般规律，还要研究中国特色的哲学社会科学的特殊规律，还要研究各个学科的特殊规律，还要研究各个学科的具体专业的特殊规律，还要研究各个学科和整个哲学社会科学在学科体系、学术观点、科研方法等诸方面的具体规律。中国特色、中国风格、中国气派、中国话语的中国哲学社会科学创新体系发展规律，是我们所要研究回答的主题。根据哲学社会科学发展规律，加强学科建设，建设哲学社会科学创新体系，这是我院的重要任务。

第三，中国社会科学院的办院规律。我院作为党和国家的哲学社会科学最高研究机构，自改革开放之初成立，至今已有 30 年的历史了。如果加上它的前身——中国科学院哲学社会科学部，就有 54 年的历史了。在党中央和国务院的亲切关怀和扶持下，在历届院党组和院领导以及全院上下的共同努力下，取得了长足发展。30 年或 54 年的经验是什么，教训是什么，成功的做法是什么，还有哪些问题，要很好地回顾、分析、研究、总结，要摸索出一些规律性的东西来，提炼出一些可资借鉴的经验来，要研究它的领导体制、运行机制、管理体制机制、学科分类、研究所的设置以及机构问题、编制问题、人事问题、经费问题等等。既要研究它的

30 年、54 年历史，又要研究它的现状，还要研究它的前身——中国科学院哲学社会科学部的经验等等。总之，要系统地、科学地总结中国社会科学院的办院经验、教训，积极推进我院事业发展。

2．谈谈正确处理关乎我院长远发展的重大关系

第一，基础研究和应用研究的关系。这是一对事关我院学科发展和学术走向的重大关系，认识清、处理好这对关系对于我院发展影响重大且深远。努力加强基础研究，积极推进应用研究，坚持基础研究和应用研究并重共举。在加强基础研究的基础上提升应用研究的水平，又要通过应用研究来促进基础研究，实现二者的有机结合和相互促进。基础研究搞不好，应用研究就缺少分量，搞好基础研究，出成果、出人才就有雄厚的基础和源泉。同时，应用研究又带动、促进基础研究，不可厚此薄彼，不可偏废，不可将两者割裂开来、对立起来。

（1）首先要搞清楚什么是基础研究，什么是应用研究。在哲学社会科学研究领域，按照研究范围、研究内容来划分，可以大致分为基础研究和应用研究两大类别，譬如，对矛盾问题的理论研究属于基础研究，而对当前群体性事件及其化解对策的研究又属于应用研究。按照学科分类来划分，又可以分为基础研究学科和应用研究学科两大学科类别，譬如，政治经济学属于基础研究学科，财政学、金融学等属于应用研究学科。当然，二者又不是完全分割的，相互也有交叉，不能完全分得那么清楚，比如应用理论研究，相对应用对策研究，它就是基础研究。而基础研究也不能完全没有应用色彩，比如对社会主义核心价值观的研究，既有基础理论研究成分，又有应用对策研究的成分。在基础研究和基础研究学科中也有应用研究和应用学科，譬如，哲学研究是基础研究，哲学学科是基础研究学科，但在哲学研究中也有应用研究。在应用研究和应用研究学科内也有基础研究。同样，应用研究也不是不研究理论，应用研究可分为应用理论研究和应用对策研究。

（2）对基础研究要全面认识，不能把基础研究内涵和范围理解得太窄。马克思主义基本理论、中国特色社会主义理论体系，是更为重要的基础研究。哲学社会科学各学科，包括现实性很强的学科，都有一个基础研究问题，仅仅把基础研究限制在很小的范围，是不全面的。

（3）基础研究不等于不研究现实问题，基础研究和应用研究都有一个面向现实、为现实服务的问题。哲学社会科学研究是为发展中国特色社会主义总目标服务的，无论基础研究还是应用研究，都有围绕中心、服务大局的问题，并不是只有应用研究服务大局，基础研究就可以远离大局、远离现实。分别来看，对策研究必须研究现实问题，这是毫无疑义的。但基础研究也要与现实相联系，这个认识要解决。有些基础研究，必须与现实相结合，要回答现实问题。比如马克思主义基本理论研究，马克思主义中国化的研究，既是重要的基础研究，也是重大的现实研究。如果不结合现实，就不可能有马克思主义中国化的理论创新。马克思主义基本理论研究是为了解决现实问题，不研究重大现实问题，马克思主义基本理论研究就失去了目标，失去了方向，失去了生命。要加强马克思主义基本理论研究的现实针对性，不断针对新的实际，研究和发展马克思主义。研究《资本论》，要运用马克思主义观点来认识当前资本主义金融危机的实质。中国特色社会主义理论体系更是如此。有些基础研究，虽然不直接研究现实问题，但也有一个为现实服务的问题。比如，历史学，虽然研究的是过去时，但有以史为鉴的问题。即使与现实远离的一些学科，比如考古学，也存在一个研究者拥护中国特色社会主义的现实认识问题，有一个树立正确的人生观、世界观和研究方法的问题。从事基础研究的人员绝不能脱离现实。奎元同志提倡的国情调研，既是应用研究需要的，也是基础研究需要的。开展国情调研，当然要写调查报告，而更重要的在于让研究人员深入实际，联系群众，接触实践，了解国情。

(4) 应用研究不等于不要基础研究，应用研究必须以深厚的基础研究为基础，为依据，为指导。任何应用研究都离不开基础研究，就拿应用性很强的学科来说，也有一个基本理论支撑问题。譬如，研究环境保护政策，离不开环境学基本理论的研究。任何应用研究，都有一个受正确的思维方式和研究方法论指导的问题，离不开正确哲学思维的指导。把应用研究和基础研究完全分开，是不可能的。比如，国际问题研究属于应用研究，但国际问题研究不等于没有基础研究，对各国的经济、政治、文化、历史、地理等的研究就属于基础研究，而该基础研究是支持应用研究的。我院组织撰写的《列国志》作为基础研究成果，极大地支持了现实国际问题的研究。

(5) 正确认识基础研究和应用研究的辩证关系，推进现行科研激励体制机制改革创新。正确认识和处理基础研究和应用研究的关系，存在一个如何认识现行的科研管理激励体制机制，不断推进其改革创新的问题。我院现行的科研管理激励体制是以课题制为主。总的来看，课题制无论对基础研究，还是对对策研究，都起到了很好的激励作用。但从效果上看，好像课题制对对策研究好处更大一些，对有些基础研究好处少一些，这就产生了课题制有利有弊的问题，当然是利大于弊。利处在于对于调动科研人员的积极性、创造性，有很大的激励作用；弊处在于对于长线的、基础的成果生产和人才成长，对于青年人才成长，又存在明显不足，因为课题制有时间要求和选题要求的局限性，也容易产生某些短期行为。这就提出了如何完善课题制，采取创新办法弥补其不足的问题。要认真研究总结课题制的利与弊，既要发挥课题制的优势，又要避免其短处，探索促进基础研究和应用研究共同发展的体制、机制、途径和办法。2009年刚刚出台的《基础研究学者资助计划》和《青年学者资助计划》就是改革完善课题制的重大措施。

第二，哲学社会科学创新体系与管理体制机制改革的关系。二者关系的实质是目的和手段的关系问题，这是影响我院科学发展和长远发展的一对基本关系。建设哲学社会科学创新体系是目的，改革管理体制机制是手段。我们的目的是按照中央的要求建设哲学社会科学创新体系，实现学术观点创新、学科体系创新、科研方法创新，实现哲学社会科学的繁荣发展。而要实现这个目标，就要有符合其发展规律，适应其需要，并不断创新发展的管理体制机制保障。我院的总体改革实际上包含两方面：一是哲学社会科学体系的改革创新，即学科体系、学术观点和科研方法的创新；二是管理体制机制的改革创新。这两个方面的改革创新是密不可分的，一个是目标，一个是手段，两者相辅相成。奎元同志在密云改革工作座谈会上讲到，我院目前体制基本守旧，现在的管理体制机制还不适应我院哲学社会科学创新体系发展的需要；可以先进行管理体制机制改革，以此进一步促进哲学社会科学体系创新。管理体制机制要适应哲学社会科学创新发展的需要，要为哲学社会科学创新服务。一适应，二服务。首先是适应，管理体制机制要符合哲学社会科学发展规律，适应它的需要，否则就会成为其发展的障碍。适应了，才能更好地服务。我院现行的管理体制机制存在一定弊端，在许多环节、许多方面存在不符合、不适应的问题，需要改革。目前，我院在努力推进哲学社会科学体系改革创新的同时，集中力量抓好管理体制机制的改革和创新，目的就在于为构建哲学社会科学创新体系提供一个很好的制度环境和机制保障，打下良好基础。当然，在实际工作中，两个方面都要抓，特别是要把科研工作，把哲学社会科学创新体系建设作为第一院务，抓住不放，抓出成效。

第三，政治和学术的关系。处理好政治与学术的关系，既要坚持坚定正确的政治方向，又要尊重知识、尊重科学、尊重学问、尊重人才，按学术规律办事，这是关系我院正确方向和繁荣发展的又一对重要关系。胡锦涛同志高度重视意识形态工作，他指出，经济工作搞不好要出大问题，意识形态工作搞不好也要出大问题，在集中精力进行现代化建设的同时，一刻也不能放松意识形态工作。一定要增强政治意识、政权意识、责任意识，增强政治敏感性和政治鉴别力，把意识形态工作摆上重要议事日程。要守好自己的阵地，管好自己的队伍……重视选拔培养意识形态领域领导干部，确保领导权牢牢掌握在忠诚于党和人民的人手里。这次安排传达中宣部关于当前思想意识形态舆情工作情况的文件，同志们可以深刻领会加强意识形态工作的重要性。奎元同志反复强调坚持政治导向，包括选人、用人，都必须坚持政治标准第一，这是非常重要的。院党组就是要在政治原则问题上把关定向。我院作为党中央、国务院领导的国家哲学社会科学研究机构，作为党领导的重要的意识形态阵地，要体现党的主张和意志，要讲政治，必须服从党的领导，把握正确方向，坚持马克思主义的指导地位，使党的主流意识形态得到充分体现。

哲学社会科学是学问，是学术，是学科，但同时与政治、与意识形态密切相关，这是哲学社会科学的一个重要特点。有些学科，本身就具有极强的意识形态性，比如马克思主义哲学、政治学、经济学、新闻学等。有些学科虽然不具有意识形态性，但从事学问的人有受什么样的立场、观点、方法支配的问题，有为谁服务的问题，有持什么样的政治倾向的问题。在这个意义上讲，学术问题和政治问题是不可分的。当然，学术问题和政治问题也是有区别的，完全等同起来，就会走到另一个极端。我院是学术机构，不是政府部门，与党的宣传部门、干部教育学校的定位不同，职能不同，是通过学术、学科、学理体现出政治方向，体现出党的意志。既然是学术研究，就不能是宣传式的、政治口号式的，否则就发挥不了学术的作用，也不利于学术发展。要寓党的主张、党的意识形态、马克思主义的立场观点方法于学术研究之中，要通过学术创新和学科创新，通过学理研究来解决话语权问题，解决意识形态主导问题，解决政治方向问题。院党组和奎元同志对如何办好《中国社会科学报》非常重视，办好这份报既要有坚定正确的政治方向，又要充分体现理论学术特色，如果把这份报办成离开党的领导、离开正确方向肯定是失败的；同样，办成与党报完全雷同也是不成功的。

在我院，坚持正确的政治方向，最重要的就是坚持马克思主义在意识形态领域内的指导地位，坚持党的领导，坚持正确的政治方向和学术导向。其中一个重要方面就是把我院建成马克思主义坚强阵地，这是中央对我院的第一位要求，是政治要求。全院领导干部一定要树立阵地意识。这次提交大家讨论的《马克思主义理论研究与学科建设实施方案》是院党组加强马克思主义坚强阵地建设的具体措施。坚持正确方向，建设马克思主义坚强阵地，首先，应该加强我院的思想政治建设和政治纪律建设，让研究人员树立正确的政治方向和学术导向，有良好的学风和学术道德，要育好人。奎元同志要求对新入院人员进行马克思主义基本理论教育，也正是这样的用意。2009 年举办的三期青年学者马克思主义理论学习班效果不错。其次，要引导研究人员学会用马克思主义的立场、观点、方法来指导科学研究和学科建设。再次，加强马克思主义研究队伍建设，加强马克思主义基本理论研究，加强马克思主义中国化创新理论的研究，加强马克思主义学科建设，把马克思主义研究院、中国特色社会主义理论体系研究中心、世界社会主义研究中心建设好。加强哲学、政治经济学、政治学、新闻学、历史学、社会学、法学、民族学、宗教学、文学等学科的马克思主义基本原理建设。

处理好政治与学术的关系，既要坚持马克思主义在意识形态领域的指导地位，又要在坚持正确方向前提下鼓励学术自由，坚持“双百”方针，使各种观点和学派“百花齐放、百家争鸣”。要把握好二者的“度”，处理好坚持马克思主义指导和允许不同学术观点争鸣的关系。我院学术性、学科性、学理性的研究工作特点，决定在坚持坚定正确的政治方向的同时，必须坚定不移地贯彻“双百”方针，形成宽松的、允许自由讨论的学术交流、学术批评。自然科学允许反复地试验，允许错误，允许失败，社会科学也要允许不同的观点、错误的见解提出讨论，当然，反对“四项基本原则”的言论，必须坚决反对。没有“双百”方针，也就没有学术的繁荣。要做到“两个”坚定不移：坚定不移地坚持正确的政治方向；坚定不移地坚持“双百”方针。

第四，加强统一领导和调动研究单位与研究人员积极性的关系。如何做到既要有统一领导，又要给予研究单位和研究人员充分发挥他们的主动性和创造性的时间和空间，这也是一对必须处理好的重要关系。坚持正确的政治方向和学术导向，坚持马克思主义在意识形态领域的指导地位，必须有集中统一的坚强的党的领导，如何在学术单位加强和改进党的统一领导是一个重要课题。奎元同志指出：“进行科学研究，一定要有大局意识。”“要始终把我院研究工作纳入大局”，“假如只是片面强调个人的自由发展、个人的自由研究、个人自由思考的权利，不能顺应党和国家大局发展的方向，游离在十几亿人共同奋斗的事业之外，我们的科研就会失去方向和动力，就没有生命力。”加强党对学术的统一领导，就要把科研活动统一到党和国家的工作大局，统一到党和国家的政治方向上，这是加强党的统一领导的基点，这是做好一切研究工作的根基和方向。

但是，我院又是一个学术单位，必须充分地尊重研究人员的主动性、积极性和创造性，对研究人员的管理，不能像对机关人员那样管理，不能要求他们像机关人员那样坐班，对待学术单位的管理，不能像对待机关管理那样，否则就违背了规律。既要有集中统一、又要有充分的主体发挥，要从体制机制上解决好这个问题。既有统一领导、科学管理，又要充分尊重研究人员的积极性和创造性，给予他们富有弹性的、充分的、相对灵活的空间和时间，真正做到散而不乱，活而有序，统而不死，形散而心不散。

既要加强统一领导，又要调动研究单位和研究人员的积极性，有一个认识和处理好院和所的关系问题。这里首先要解决好对研究所定位的认识。奎元同志讲："我院科研工作的主体在研究所。研究所是科研组织、实施、评价、发布的主要承担者，研究水平的高低是中国社会科学院科研水平高低的标志。"社科院的基础在研究所，主体在研究所，工作重点在研究所，发展在研究所，希望也在研究所。全院要把工作重心放在研究所上，要调动研究所的积极性，一是加重研究所的职责和任务；二是在事权的划分上，增加研究所的一些事权，比如适当的人权、财权；三是加大对研究所的投入和支持力度。在经费和资源配置上，对研究所只做加法，不做减法，要向研究所倾斜，向研究所投入，大力扶持研究所。比如，在科研经费、图书资料经费、网络建设经费、国际合作经费配置上要有重点地逐步向研究所倾斜，支持研究所建设专业特色书库、专业特色分馆、专业特色资料室、专业特色网，支持所级对外学术交流，加大办刊经费投入，努力办好学术刊物。

有一种说法，院管院事，所管所事。从职能分工上讲，有一定道理。但应该说得更全面。院所有职能上的分工，但二者又密不可分。所事离不开院事，院事也离不开所事。所办不好，院也办不好；院办好了，所也能办好。一方面，院所要有明确的职能分工；另一方面，院里要努力为研究所服务。研究所是基础，是主体，是重点。同时，研究所也要考虑全院的大局，服从全院的大局，二者要一致起来，形成合力。院所要统一，同时要注意发挥两个积极性，共同把我院的事情办好。当然，在院所具体事权划分上，还可以作具体研究，逐步摸索出一些成熟的规矩来。

院所关系又涉及到院职能部门与研究所的关系问题，需要统一思想。毛泽东早在革命时期形容知识分子和工农大众关系时有句话，叫"皮之不存，毛将焉附"，形象比喻知识分子是毛，工农大众是皮，强调知识分子要与工农相结合，为工农服务。把这句话具体用到职能部门与研究所的关系上，就是：职能部门是靠研究所存在的，职能部门离不开研究所；同时，职能部门反过来又会保障、服务、支持研究所的发展，研究所的发展也离不开职能部门，研究所和职能部门就是这样一种相互依存、服务与被服务的关系。职能部门一定要树立为科研服务、为科研人员服务、为研究所服务的意识，要把着眼点放在研究所的发展上，要把工作重心放在研究所上。要转变作风，深入基层，主动帮助研究所办实事，改掉衙门作风。我和党组其他成员同职能部门领导一同多次到所里面对面地解决问题、调查研究，作风有所改善，但还不够，还要继续深入。机关党委为了转变作风，采取了开短会、讲短话、评文明服务窗口等措施，有了好的气象。当然，管理也是服务，加强统一管理与搞好服务不矛盾，加强监督检查、严格督办与搞好服务也不矛盾。

党委书记和所长之间如何既有明确分工又有密切配合，有一个书记和所长关系问题需要研究探索。有个别党委书记和所长两人闹意见，互相争执谁是一把手，谁是一支笔，谁说了算，这种不团结严重影响科研人员的积极性，影响研究所的发展。这既有一个思想政治水平问题，也有一个制度管理问题。从思想政治水平上看，如果双方思想政治觉悟高，都从大局出发，从工作出发，就不会去争谁是老大、谁说了算、谁是谁的人。当然还有一个制度管理、规范管理问题。这次提交同志们讨论的《中国共产党中国社会科学院研究所委员会工作条例》和《中国社会科学院研究所所长工作条例》，目的在于加强研究所领导体制的规范化、制度化、科学化建设，从制度规范上解决好书记与所长的关系问题。

研究所的领导体制是党委领导下的所长负责制，党的领导是第一位的，集体领导是基本原则，要坚持党委领导下的所长负责制。党委一班人是平等的，书记是班长，主持党委会，集体领导，实行民主集中制，书记也只有一票。重大问题要党委会集体讨论，哪些重大问题需要上党委会讨论，《条例》有明确规定。党委决定了的事，分头负责去办。按照书记与所长的分工来讲，书记要抓党的建设，抓思想政治工作，要管党、管干部；所长是行政领导，要治所、抓科研，党政共同努力，加强研究所的全面建设。实行党委领导下的所长负责制，也不是所长说了算，还有职工大会、所务会议、所长办公会，要集思广益，发挥集体智慧和力量。我院绝大多数书记、所长都是努力工作的，群众比较满意，但也有群众有意见说“所领导不治所”。所级领导很忙，“双肩挑”干部工作压力很大，但必须有足够的精力和时间管所治所，要努力提高自身的管党本领和治所能力，把科研队伍和管理队伍带好，把研究所建好，这是所级领导义不容辞的责任。

研究所工作要以研究室建设和管理为突破口，这是管理强所的基础工作。研究室既是研究所发展的关键所在，也是全院工作的基础所在。研究所要把工作重点放在研究室，培养道德品质过硬、专业素质过硬、管理水平过硬的研究室主任队伍。财贸所和工经所研究室主任值班制度值得借鉴。要把研究室的党建工作和管理工作结合起来抓。毛泽东曾经说过“支部建在连上”，要把党建工作延伸到研究室，研究室要建立党支部、党小组，使研究所拥有更强的战斗力。

（三）强化管理，大力推进管理体制机制改革

怎样实施管理强院？

第一，必须学会管理，善于管理。我院的领导干部会写、会说，有知识、有学问、有专业、懂学术、能研究。但从总体来看，管理却是短项，有的不重视管理，也有相当一部分不会管理，

对如何管理一个所、一个局，不知从何处下手，从哪儿抓起。要提倡领导干部学习管理，学会管理，认真学习现代管理知识，精心钻研管理业务，破解管理难题，提高管理水平。要像研究科研问题一样研究管理问题，要像抓好科研工作一样抓好管理工作，要像建设科研人才队伍一样建设管理人才队伍。要积极探索研究我院工作中具有全局性、根本性、长远性的重大规律和关系，不断总结和提炼，上升为理性认识，提高管理工作的科学化水平。当然，学会管理，更重要的是在实践中学，在干中学，通过抓管理来学习管理，学会管理。

管理也是科学，也是学问，要研究管理，要会管理，巧管理，善于管理。会管和不会管大不一样。管了，但管理方法、管理方式、管理方向不对头，也可能会适得其反。严格管理，科学管理，这是两句管理真经。善于管理，一定要做到严格、科学。

要“严”字当头。管理不严等于不管，没有严格，就没有管理。当然，严要宽严有度。成都武侯祠有一副清人赵藩撰写的楹联：“能攻心则反侧自消，从古知兵非好战；不审势即宽严皆误，后来治蜀要深思。”它对诸葛亮一生施政功业进行了高度概括和科学总结，受到毛泽东、邓小平、江泽民等领导人的高度赞赏，对把握管理的宽严度具有启迪意义。诸葛亮之前的刘焉和刘璋父子，或施政以宽，或施政以严，却均失误，“宽严皆误”。而诸葛亮则审时度势，对蜀中形势有着准确判断，制定与之相适应的政策，当宽则宽，当严则严，使得“帮域之内，咸畏而爱之，刑政虽峻而无怨者”。做管理工作，也同样要分析形势、吃透情况、把握规律，才能宽严合度，相得益彰。

要“科”字当头。要在实践中探索出一套适合社科院的管理模式来。科学管理，要实施分类管理，没有分别对待，就没有科学管理，管理哲学社会科学单位同管理行政机关是不同的，管理一支研究人员队伍和管理一支军队是不同的，有不同的管理规律，要针对不同情况，分别管理。即使我院的管理，也要分类，有科研管理、人才管理、行政管理、后勤管理、图书管理、网络管理、财务管理、基建管理……每门都有特殊规律，领导干部要成为各门管理的行家里手。

第二，转变工作作风，讲究工作艺术，提高执行力。管理效果如何，作为领导干部，首先要树立良好的工作作风。一要治“软”，敢于大胆管理。有个别干部问题看得很清楚，工作能力也有，也会管理，就是不敢管，怕事、怕得罪人，遇到问题躲着走，遇到矛盾绕着走，遇到棘手的事就缩回来。一定要敢字当头，以负责任的态度抓管理。毛泽东曾要求要像王熙凤管理大观园那样，“舍得一身剐，敢把皇帝拉下马”，只有敢字当头，大胆管理，才能抓好管理。

二要治“懒”，勤于管理。有个别干部是“自家油瓶子倒了也不管”的懒人，没有别的大毛病，就是不愿干事。要不怕吃苦，舍得出力，肯卖力气干活，干起事来要有“拼命三郎”的精神。

三要治“浮”，深入基层群众。有的干部工作漂浮，脱离基层，脱离群众，像油花似的浮在水面上。以为干事就是画圈、发文、开会、念稿子，以为画了圈、发了文、开了会、讲了话就等于管理了、等于干事了。须知画圈了、发文了、讲话了、开会了不等于管理了，也不等于落实了。领导干部要动脑筋，亲自到一线抓落实，管理才能到位。

四要治“散”，狠抓落实。有个别干部工作散漫，精力不集中，群众不知道他在忙什么。不要以为上级决定可执行，也可不执行，可听也可不听，你讲你的，我想我的，你说你的，我干我的，令不行禁不止。当然，有不同意见，可以按组织程序提出来的。

强化管理，必须彻底转变领导作风，要下决心治理个别领导干部身上表现出来的“软、懒、浮、散”。古人有言：“天下事，以难而废者十之一，以惰而废者十之九。”领导干部必须“敢、勤、深、实”四字当头，彻底告别“软、懒、浮、散”陋习，勤于学习，敢于管理，尽职尽责。

管理效果如何，作为领导干部，要有很强的执行力。执行力怎么样，是衡量领导干部管理水平高低的重要标准。上级精神能否得到贯彻落实，关键在于领导干部的执行力。领导干部要增强执行意识，能否执行落实上级决定，是考察干部能力和素质的重要体现。在实施管理过程中，领导干部的执行力首先体现在坚持以身示范上。《论语·颜渊》中说：“政者，正也。子帅以正，孰敢不正？”要求管理者在“正人”之前首先要“正己”。只有“正己”才能“正人”。管理者要想管好队伍必须以身作则。示范的力量是惊人的，要事事为先、严于律己，做到“己所不欲，勿施于人”。一旦通过表率树立起威望，将会上下同心，大大提高整体执行力。

管理效果如何，作为领导干部，还要讲究工作方法和工作艺术。不要以为管理就是“关卡压”，就是关起门来训人，要学会做群众工作，学会做思想工作，学会综合协调。抓管理还要会管理，要懂得抓主要矛盾，不要眉毛胡子一把抓。毛泽东军事艺术有个重要思想，就是“伤其十指不如断其一指”。一个阶段突出解决一两个突出问题。譬如，群众对我院后勤服务意见比较多，这说明后勤服务有许多问题要解决，有许多改革要推进，但必须集中优势兵力打歼灭战，一个问题一个问题去解决。后勤改革要一件一件做，做一件要成功一件。后勤改革先解决了圣士餐厅亏损问题，又解决了印刷厂亏损问题，现在正准备着手解决会议中心服务问题，这样看起来慢，但大半年时间解决了三个问题，如果每年成功地解决几个难题，累积起来，用两三年时间，后勤服务就可以改到位了。

第三，必须深化管理体制机制改革。管理强院，一定要不折不扣地贯彻执行院党组提出的全面推进管理体制机制改革任务，加大重点领域和关键环节改革的攻坚力度。

一是科研管理体制机制改革，目标是逐步形成符合科研成果生产规律、具有我院特色、有利于出成果、有利于出经得起检验的精品成果的科研管理体制机制。科研管理体制改革关键是要形成竞争激励机制，重点解决好课题制改革完善问题。同时还要努力建立有利于学科建设、有利于名刊名网名报名社建设的体制机制，抓好学科建设，办好“一报一刊一社”，占领学术制高点；要把党和国家关注的重大理论和现实问题作为主攻方向，集体攻关，形成机制，集中研究一些重大现实理论问题，向党中央和国务院提供有价值的对策和建议。

二是人才管理体制机制改革，目标是逐步形成符合哲学社会科学人才成长规律、有利于人才成长、具有我院特色、具有竞争激励机制的人才管理体制。人事体制改革的关键是形成优胜劣汰的、能上能下、能进能退的“退出”机制，重点是在全院完成聘用制改革。

三是科研辅助管理体制机制改革，目标是逐步形成有利于为科研服务、为科研人员服务，有利于优秀成果和人才走向世界并掌握话语权的科研辅助管理体制机制。积极推进网络信息、图书资料、国际合作、报刊出版、研究生教育等管理体制机制创新，通过合理调整经费资源配置，向研究所倾斜，调动研究所的积极性，发挥他们的主动性；图书馆要重点建立服务科研的三级管理体制，逐步加强图书资料的数字化，办好专业特色书库、专业特色图书分馆、专业特色阅览室，完善为科研服务的图书保障体系；院网络中心要建立调动二级专业特色网积极性的管理体制，逐步实行管理、维护、运营职能分离，重点抓好新机房建设，在集中建好院统一数据库的同时，加强研究所专业特色网的建设；要建立图书资料与网络信息统一协调和使用机制；加大对包括人、书、刊、网在内的“走出去”战略的扶持力度，探索建立掌握和扩大话语权的国际学术交流合作体制，抓大放小，集中抓好院级重点合作交流项目，努力发挥学部和研究所的对外交流积极性；报刊出版单位要积极推进体制机制改革创新，今年要完成出版体制改革，工业经济研究所报业出版集团改革要闯出新路；研究生院要加大改革力度，提高教学质量，适度逐步扩大办学规模，加大新校园建设力度，适时召开研究生教育工作会议，逐步形成我院特色的研究生教育体制。

四是行政管理体制机制改革，目标是逐步形成符合我院办院规律、确保中央和院党组重大决策决定贯彻落实、运转有效有活力的行政管理体制。奎元同志要求，要建立在院党组领导下、以常务副院长和秘书长为中心的日常行政管理运转体制，这个体制要增强为科研服务的活力和效率。加大督查督办力度，建立督办制度，实行办文、办事、办会的高效率，推进行政管理工作制度化、规范化和科学化。

五是基建财务管理体制机制改革，目标是逐步形成透明、公正、有效、集中统一的基建财务管理体制和运行机制。堵塞漏洞，制度防范，建立财务管理一支笔制度，实行严格监管；进一步推进、完善结算中心，逐步统一三级账号，做到运转正常、有效监管、热情服务、提高效益；要加强资金的有效使用，采取措施，严格控制资金结余，形成预决算良性循环；用两年时间完成图书购买代理制改革；对全院的房地产和经营性资产实行严格成本核算管理，做到保值增值；在试点基础上，推开节能节电承包制改革；组建基建办公室，基本建设管理要逐步实现规范化、制度化和科学化。

六是后勤保障管理体制机制改革，目标是逐步形成管理科学化、服务社会化、保障现代化、具有我院特色的后勤保障体制机制。服务局要持久开展为科研一线服务的教育，树立为科研一线服务的意识；加大后勤社会化改革力度，逐步探索社会化改革新路子；建立成本核算制度，经营单位要讲成本，亏损的要限期扭亏为盈，无法扭亏的要坚决关停并转；服务也要讲成本，讲质量，降低服务成本，提高服务水平，特别要办好职工食堂。

第四，加强督办落实，狠抓制度建设，确保政令畅通。“令则行，禁则止”，这是军队取胜的关键。具体到管理而言，“令则行，禁则止”是保证管理的最基本原则。政令不通，令不行，禁不止，说了不算，下文件没用，指挥不灵，任何工作都不可能做好。强化管理首先要确保政令畅通，做到政令畅通，一靠制度制约，二靠日常督办。奎元同志提出管理强院时要求“进一步建章立制”，就是对加强制度建设的具体指示。没有规矩、没有制度，就没有管理，为了达到“查补疏漏，纠正散乱无序的状况”的目标，在推进管理强院时必须首先加强制度建设，确保政令畅通。再有就是抓好日常督办。全院上下要形成决定了的事就要办，要办就要落实，要一件一件抓落实的风气。为了加强督办，院领导每周有两次督办例会，每周一例会督办基本建设、后勤服务、财务管理等工作落实；每周五召开院改革工作协调小组会议，加强改革工作督办落实，一项一项地抓落实。院党组高度重视督办落实工作，建立督办制度，狠抓督办检查，这是一年来我院工作取得进展的重要经验。在这方面，办公厅做得不错，成立了督办处，建立了定期督办制度。

同志们，下半年全院总体工作思路以贯彻落实将在9月份召开的十七届四中全会精神为中心，全面加强党的思想建设、组织建设、制度建设、反腐倡廉建设，着重加强研究所党委和研究室支部建设，实施科研强院、人才强院和管理强院三大战略，抓好基建和后勤保障工程。基本建设和后勤保障重点是抓好以建立职工住房长效机制、研究生院新校园、学术和科研大楼等三大工程为主的基本建设；调整办公用房，建设老干部和职工活动中心，进一步解决部分科研单位办公用房困难状况；争取国家财政支持，加大创收力度，千方百计逐步改善全院人员待遇，特别是科研人员和老同志待遇。

院党组希望全院领导干部要进一步树立管理观念和改革意识，加强管理，深化改革，向管理要效益，向管理要人才，向管理要成果；向改革要效益，向改革要人才，向改革要成果。

围绕中心 服务大局
以改革创新精神全面推进中国社会科学院党的建设

——在中共中国社会科学院直属机关第二次代表大会上的报告

李慎明

（2009年1月14日）

同志们：

现在，我代表中国社会科学院第一届直属机关党委全体委员会向大会作报告。请各位代表审议。

中国社会科学院直属机关第二次党代表大会（也是1977年建院以来的第七次党代表大会），

是在我院建设和发展的关键时期召开的一次重要会议。

这次大会的主题是：高举中国特色社会主义伟大旗帜，坚持以马克思列宁主义、毛泽东思想、邓小平理论和“三个代表”重要思想为指导，全面贯彻落实科学发展观，深入学习贯彻党的十七大精神，紧密结合我院实际，坚持以科研为中心，围绕实施科研强院和人才强院战略，以改革创新精神推进党的建设新的伟大工程，进一步加强党的思想、组织、作风、制度和反腐倡廉建设，为把我院建设成为马克思主义的坚强阵地、我国哲学社会科学研究的最高殿堂、党中央国务院重要的思想库和智囊团提供政治和组织保证。

（一）七年多来的工作总结

2001 年 11 月，中国社会科学院直属机关第一次党代表大会选举产生了第一届直属机关党委。七年多来，在中央国家机关工委和院党组的坚强领导下，我院党的工作坚持高举中国特色社会主义伟大旗帜，以邓小平理论和“三个代表”重要思想为指导，深入贯彻落实科学发展观，认真贯彻落实院党组的工作部署，坚持解放思想、实事求是、与时俱进，以改革创新精神推进党的建设工作，我院各级党组织在思想建设、组织建设、作风建设、制度建设和反腐倡廉建设等方面都取得了新的进展，为科研及各项工作的顺利进行提供了坚强的政治保证和组织保证。

院党组历来十分重视我院党的建设工作，院党组书记、院长陈奎元同志多次专门就加强我院党的建设工作作出重要指示。在 2004 年全院党的工作会议上，陈奎元同志发表重要讲话，要求我院各级党组织要切实抓好思想理论建设，不断增强广大党员坚持马克思主义指导地位的自觉性；要积极引导、组织全体党员在我院各项建设中发挥先锋模范作用，特别是各级党员领导干部要成为发挥先锋模范作用的表率；要严格纪律、强化管理，加强制度建设和反腐倡廉建设。在 2006 年全院党的工作会议上，陈奎元同志在讲话中再次强调，我院党的建设要结合自身的实际来进行，解决好坚持正确政治方向和以马克思主义为指导的问题。要按照党中央关于紧密结合落实科学发展观的实践，紧密结合构建社会主义和谐社会的实践，紧密结合党的执政能力建设的实践，紧密结合保持党和人民群众血肉联系的实践这“四个紧密结合”的要求，确定我院党的建设任务、方向和目标。要把我院党的建设的具体要求，同党中央的普遍要求更好地结合起来，使我院党的建设取得更大成绩。在 2008 年我院改革工作座谈会上，陈奎元同志特别强调要加强我院党的建设。他指出，政治体制改革、国家机关领导体制管理机制改革的方向和目标，是要坚持和改善党的领导，而不能削弱党的领导。在推进领导制度改革的同时，要考虑有效地发挥党的核心领导作用，提高党组织的领导水平。

在院党组的直接领导下，直属机关党委认真贯彻落实党中央的工作部署和院党组的各项决策，努力推进我院党的建设工作，较好地完成了院党组和上级党组织交办的各项工作任务。

1．加强党的思想建设，理论武装工作取得新进展

直属机关党委始终把用马克思主义中国化的最新成果武装全院党员干部作为加强党的思

想建设的首要任务。几年来，直属机关党委协助院党组认真贯彻落实中央的统一部署，在全院组织开展了一系列重大理论学习教育活动。2002年，开展了学习贯彻党的十六大精神和江泽民同志考察我院重要讲话的活动；2003年，开展了学习贯彻“三个代表”重要思想的活动；2004年，开展了全院党员干部学习《中共中央关于进一步繁荣发展哲学社会科学的意见》《中共中央关于加强党的执政能力建设的决定》的活动；2005年，开展了保持共产党员先进性教育活动，直属机关党委严格按照中央统一部署和院党组要求，紧密结合实际，精心组织，扎实推进，保证先进性教育活动取得了明显成效；2006年，开展了学习党章、学习社会主义荣辱观、学习科学发展观和学习《江泽民文选》的活动；2007年下半年，开展了学习贯彻党的十七大精神的活动。在组织各项重大理论学习教育活动中，直属机关党委协助院党组举办了各种形式的报告会、研讨会、座谈会、培训班等活动，并认真做好院属各单位学习活动的组织协调和督促检查工作。2008年上半年，为了深入学习贯彻党的十七大精神，根据院党组的要求，直属机关党委与人事教育局、监察局等有关部门联合举办了全院处室级干部学习贯彻党的十七大精神培训班，院属各单位586位处室级干部分7批参加了集中培训学习，开创了我院中层干部理论学习的新形式。2008年9月以来，根据中央的统一部署，我院开展了深入学习实践科学发展观活动，直属机关党委承担了院学习实践活动领导小组办公室的职责，负责全院学习实践活动的日常组织和协调工作，并与人事教育局、监察局等有关部门联合举办了全院所局级领导干部深入学习实践科学发展观活动培训班，全院180多位所局领导干部参加了学习培训。目前，全院学习实践活动在院党组的领导下和院属各单位党组织的精心组织下，按照中央的统一部署和要求，正在深入扎实地推进。

近两年来，在做好各项重大专题学习活动组织协调工作的同时，直属机关党委为协助院党组加强全院领导干部的政治理论教育和形势政策教育，定期（平均每两个月一次）举办所局领导干部理论学习报告会，不定期举办机关干部学习报告会等，邀请国家有关部委负责人和院内外著名专家学者作专题辅导报告，在我院干部教育中逐渐形成了“所局级领导干部学习系列报告会”、“院职能部门机关干部学习系列报告会”和“青年学者学习马克思主义基础知识讲座”等制度化的理论学习品牌，进一步完善了我院干部理论教育工作格局，形成覆盖面广、多层次的干部理论教育工作机制。院党校也有计划地开展了各种专题学习教育活动，通过上党课、学员论坛、研讨交流等形式，加强思想理论建设，提高党员干部的马克思主义理论素质。直属机关党委主办的《社科党建》《学习与参阅》等刊物，积极组织刊发理论学习文章，不断提高办刊水平，承担了我院交流党建工作经验和扩大对外宣传的重要任务，成为我院新形势下加强党的理论武装工作的一个新平台。

2．以增强凝聚力和战斗力为着力点，切实加强基层党组织建设

以坚持和完善党委领导下的所长负责制为重点，着力加强研究所党委领导班子建设。直属机关党委重点做好以下几方面工作：一是根据院党组的部署和要求，认真细致地做好研究所党委换届工作。自2004年以来，全院研究所党委换届和设立纪委工作陆续进行，直属机关党委与有关职能部门一起，采取积极稳妥的态度和方法，认真做好指导与协调工作，协助各单位将党性强、业务好、作风正、年富力强的同志选拔充实到党委领导班子，力求通过换届工作加强各单位党委领导班子建设。二是坚持深入调研，注意了解研究所党委班子的建设情况，及时向院党组反映研究所党委班子建设中出现的问题，并积极提出解决的办法和建议。三是进一步规范了所局领导班子民主生活会的程序要求，加强对各单位领导班子民主生活会的监督和检查，提高了党员领导干部民主生活会的质量。直属机关党委与人事教育局、纪检等部门负责同志和有关同志坚持尽可能多地列席院属单位的党员领导干部民主生活会，并要求列席会议的同志将民主生活会上了解到的有关情况和问题及时汇报，开辟了通过参加民主生活会了解各单位领导班子建设情况的重要渠道。

以加强党支部建设试点工作为重点，积极探索我院基层党组织建设规律。2007年，直属机关党委制定了《关于加强基层党支部建设试点工作的实施意见》，并选择10个不同类型的党支部进行加强支部建设的试点工作。通过支部建设试点工作，深入了解支部建设中存在的问题和面临的困难，总结经验，探索加强支部建设的新途径新方法。为加强全院基层党支部建设，直属机关党委还重点抓好支部书记的学习培训工作，坚持每年举办党支部书记培训班或研讨班，着力提高党支部书记的政治素质和党务工作能力，定期交流做好支部工作的经验与体会。从2007年起开设了“支部书记大课堂”，不定期地邀请院外有关单位的优秀党支部书记作报告。针对某些党支部在工作中暴露出来的“散”的问题，直属机关党委还研究制作了《中国社会科学院基层党支部工作手册》（试行），分发各单位有关支部试行。近年来，直属机关党委还组织开展以党支部为主体的主题党日活动，如2006年在全院开展了“学党章，知荣辱，明使命，为构建哲学社会科学创新体系多作贡献”的主题党日活动，取得了良好效果。为了充分发挥离退休党员的作用，直属机关党委积极协助院老干部工作局做好离退休干部党支部建设工作，为全院离退休干部党支部书记培训工作提供必要的支持和帮助，坚持做好重大节日对离休老党员和困难老党员的慰问、补助工作，并邀请离退休干部支部书记参加全院所局领导干部理论学习报告会和各种征求意见座谈会。

充分利用院党校和开展国情考察等途径，加强党务干部队伍建设。一是充分发挥院党校在全院党员干部教育培训工作中的重要作用。七年来，院党校共举办了12期干部进修班，来自全院各单位的333位学员参加了学习培训。院党校注重加强教学管理，不断提高办学质量，以优异的工作成绩，顺利通过了中央党校中央国家机关分校的办学质量评估，并多次获得上级有关部门的奖励。二是开展党务干部系列国情考察活动。2005年，组织全院党办主任赴陕西贫困地区进行国情考察；2006年，组织我院部分党委书记和职能局党务干部赴宁夏开展主题为“科学发展观与西部和谐社会建设”的考察活动；2007年，组织部分党委书记赴江西革命老区开展社会主义新农村建设的国情考察活动；同年，还组织我院部分党支部书记赴河南济源考察当地农村和企业基层党组织建设情况。三是适时组织召开加强党务干部队伍建设的调研会、座谈会，注意听取并积极向院党组反映基层党务干部的意见和建议，为加强我院党务干部队伍建设建言献策。

以开展“评优创先”活动为杠杆，加强全院党员教育和管理工作。2003年在防治非典型性肺炎的过程中，我院各级党组织和广大党员充分发挥了战斗堡垒作用和先锋模范作用，保证了各项工作的顺利完成。根据国家机关工委的部署和院党组的指示，直属机关党委在全院组织了对在防治“非典”工作中表现突出的优秀党员和先进党支部进行表彰的活动。2004年，根据国家机关工委的统一部署，在全院开展了“评优创先”表彰活动，共有10个先进基层党组织、22名优秀共产党员、10名优秀党务工作者、10名优秀青年和10名离退休干部先进个人获得表彰。2008年5月，四川汶川发生大地震后，根据中央和国家机关工委的统一部署，直属机关党委迅速组织在全院开展抗震救灾募捐活动和交纳“抗震救灾特殊党费”活动，全院党员和干部职工积极响应，短时间内便向地震灾区人民捐献“爱心款”200多万元和“特殊党费”近200万元，总数超过400万元。直属机关党委通过各种方式和渠道及时宣传报道了我院党员和干部职工的爱心壮举。

积极做好发展党员工作，坚持举办入党积极分子培训班。2002～2008年，直属机关党委举办了8期入党积极分子培训班，共培训入党积极分子305人。几年来，院属各单位发展新党员共262人。

3．以转变机关作风为重点，积极推进党的作风建设

直属机关党委认真贯彻落实中央精神和院党组指示，积极推进我院党的作风建设。几年来，为加强我院党员领导干部作风建设，直属机关党委做了大量调研工作。例如，2002年，为贯彻落实中共十五届六中全会精神，落实院党组在院工作会议上提出的“要切实转变作风，深入基层，调查研究，坚持克服形式主义和官僚主义”的要求，直属机关党委带头转变机关作风，深入到院属各单位，认真开展调查研究，通过各种渠道了解党员领导干部的作风建设情况，为院党组决策提供了科学依据。

2006年，为了响应中央国家机关工委关于开展“创建文明机关、促进政风建设，坚持执政为民、争做人民满意公务员”活动的号召，直属机关党委会同办公厅在我院职能部门中开展了加强和改进机关作风的活动。

2007年，为了贯彻落实胡锦涛总书记在中纪委七次全会上有关加强党的作风建设的重要讲话精神，直属机关党委协同有关职能部门组织院属各单位增开了一次以加强领导干部作风建设为主题的专题民主生活会。为落实院党组关于治“粗”治“散”的指示精神，直属机关党委与办公厅、监察局联合开展了院工作会议纪律的专项检查工作，并向各单位印发情况通报。

2008年，为配合全院管理体制机制改革工作，推进全院党风党纪和学风工作作风建设，直属机关党委先后制定和颁布了《增强服务意识，转变机关作风，提高工作效率——直属机关党委关于加强机关作风建设的意见》和《中国社会科学院监督机关作风建设热线电话和电子邮件受理工作规则》等制度性文件，并负责督促和检查相关工作的落实情况。

4．以完善党内制度为重点，不断加强党的制度建设

几年来，直属机关党委十分重视加强党的制度建设。2003年，根据院党组的指示，开展了对全院各单位执行《研究所党委工作条例》和《研究所所长工作条例》情况的调研，在此基础上，向院党组提出了对《研究所党委工作条例》进行修改和完善的建议。2005年，在党的先进性教育活动中，直属机关党委在认真调研的基础上起草了《中共中国社会科学院党组关于加强我院党的先进性建设，建立健全保持共产党员先进性长效机制若干问题的决定》。2006年，协助院党组制定并下发了《中国社会科学院党组关于学习贯彻落实中央下发的〈关于加强党员经常性教育的意见〉等四个保持共产党员先进性长效机制文件的通知》，组织召开了专题会议，研究贯彻落实文件精神，推进我院保持党的先进性长效机制建设。

5．坚持惩防并举，加强反腐倡廉建设

认真贯彻落实中央关于标本兼治、综合治理，惩防并举、注重预防的方针和院党组的要求，着力推进我院反腐倡廉建设。积极宣传和贯彻落实院党组《落实中央〈建立健全教育、制度、监督并重的惩治和预防腐败体系实施纲要〉的意见》精神，根据院党组每年制定的党风廉政建设和反腐败工作职责和主要任务分解做好有关工作。2006年，院党组下发《中国社会科学院关于加强政治纪律建设的决定》，直属机关党委会同监察局、直属机关纪委向院属各单位发出通知，要求认真学习贯彻党组的《决定》精神，进一步把我院遵守和维护政治纪律工作引向深入。直属机关党委积极会同有关研究所党委，对违反政治纪律的个别学者进行严肃的批评教育，并采取措施防止错误行为发生。与其他职能部门一起，结合我院反面典型案例，运用生动、形象的教育手段，深入开展反腐倡廉和遵纪守法教育，加大从源头上预防和治理腐败的力度。认真贯彻我院《关于院务公开、所（局）务公开的暂行规定》，对全院推行党务公开情况进行调查，并围绕“党务公开与党内民主关系”开展调研。配合驻院纪检组，认真实行向党外专家学者代表通报党风廉政建设和反腐败工作情况的制度，邀请他们参加院党风廉政建设工作会议，充分发挥民主党派、无党派人士的监督作用。2008年，根据院党组的安排，直属机关党委与有关职能部门的同志开展了我院党务公开情况的专题调研，为制定我院党务公开办法做准备。院党校把反腐倡廉理论政策的学习作为必修课，经常请有关院领导为学员作加强政治纪律和党风廉政建设的报告。

6．发挥群众组织积极性，努力做好统战和工青妇工作

认真落实党的有关政策，积极做好我院统战工作。协助院党组建立了院领导与党外专家联系制度，努力调动和发挥党外代表人士为我院发展献计献策的积极性和主动性。坚持组织党外专家开展国情考察活动，先后组织党外专家赴广西、青海、云南、湖南等地就保护民族文化、发展循环经济、加强民族地区基础教育、建设“两型社会”等问题进行考察。及时了解并反映党外专家学者对重大理论和社会问题的看法，报送中央有关部门。通过组织学习、调研等多种形式，协助我院各民主党派加强组织建设，积极开展活动。按照有关部门要求，协助院党组认真做好我院党外代表人士担任全国人大代表、全国政协委员、国务院参事室参事、中央文史馆馆员、北京市人大代表、北京市政协委员、北京市政府参事室参事等后备人选的推荐工作。自2006年始，每年组织编纂我院全国人大代表和全国政协委员提案议案集。2006年完成的《关于中国社会科学院无党派代表人士成长规律情况的调研报告》被中央统战部评为优秀调研成果。自2002年以来，直属机关党委统战处多次被中央统战部评为信息报送工作先进单位。2007年，中央统战部授予我院直属机关党委统战处负责同志“全国统战系统先进工作者”荣誉称号。

加强马克思主义群众观点和群众路线的宣传教育，努力提高组织群众、宣传群众、服务群众的本领，充分发挥院工会、共青团和妇工委等群众组织的桥梁纽带作用。

院工会围绕中心、服务大局，充分发挥工会组织群众、引导群众、服务群众的作用，充分调动广大职工群众的积极性、主动性、创造性，为推动我院改革和建设事业，构建广泛的群众基础，营造浓厚的和谐氛围。一是紧紧围绕我院中心工作，团结凝聚广大职工群众，积极投入到推动我院科学发展、促进和谐的实践中去。二是精心组织开展丰富多彩、形式多样的群众性文体活动。院工会注重在思想格调、文化底蕴、项目创新、艺术品位、群众参与等方面突出我院特色；紧密结合我院实际，先后成功举办了第三届、第四届全院职工运动会，组织了职工群众歌咏、舞蹈、书画、摄影、集邮等比赛，开展了有奖征文比赛、“我爱社科院”知识竞赛等系列活动。三是不断增强服务意识，加大对困难职工的帮扶力度，积极开展“送温暖”活动。四是制定印发了《关于认真做好院基层工会换届选举工作的意见》《中国社会科学院基层工会选举工作细则》《中国社会科学院基层工会财务工作竞赛评比奖励办法》等文件规定，进一步推动了工会工作的规范化、制度化。近几年来，院工会获“优秀调研组织单位”、“中央国家机关工会工作综合奖”等多项奖励。

院团委与院青年中心根据我院实际，不断加强团员青年的思想理论建设和基层团组织建设，建立健全青年工作机制。一是加强理论武装和学习培训工作。院团委举办了多期青年读书班，组织团员青年认真学习马克思主义经典著作，并与院青年中心联合举办马克思主义基础知识系列讲座。二是组织青年学者开展国情考察活动。先后组织我院部分团员和青年工作骨干赴江苏、上海、河南、四川、黑龙江、吉林、内蒙古、新疆、西藏、云南、广西等省区市进行不同主题的国情考察，获得丰硕调研成果。三是组织开展了丰富多彩的主题学习教育活动。例如，开展了增强团员意识主题教育活动、“我读经典原著”活动、“五四青年文化月”活动等。组织开展了“青年学者与学部委员学习交谈活动”，出版了活动成果《学问有道——学部委员访谈录》，受到院党组的高度评价，陈奎元院长题写书名并作序，该书已入选新闻出版总署组织的第二届全国“三个一百”原创图书出版工程。四是深入开展我院基层青年工作调研活动。通过召开座谈会、个别谈话、发放调查表、听取情况介绍等形式，就我院共青团和青年组织建设基本情况、主要做法和基本经验、青年发展现状等问题进行调研，积极探索加强共青团和青年工作的长效机制。院团委先后被团中央授予“全国增强团员意识主题教育活动先进单位”、“全国五四红旗团委”等荣誉称号。

妇女工作是党的群众工作的重要组成部分，我院十分重视、支持妇女工作。院妇工委认真贯彻执行《中央国家机关妇女工作办法（试行）》，不断加强妇女组织建设。以提高我院妇工委干部和妇女同志的政治和业务素质为目标，通过举办处室级女干部培训班，组织报告会，开展联谊和文娱活动，慰问女干部、女劳模和困难女职工等多种形式，推动我院妇女工作整体水平的提高，促进妇女干部成长成才。2004年，我院学者研究女性问题的五部学术著作获全国妇联妇女研究会第一届优秀成果奖。2005年，院妇工委积极向有关部门反映，争取到专项拨款，为全院女职工增加了秋季妇科体检。2006年，围绕妇女参政议政问题，举办了中央国家机关12部委女干部联谊座谈会，参与了“中央国家机关妇女参政议政”调研活动。办好院妇女研究中心，并挂牌成立全国妇联妇女、性别研究与培训基地。开展了评选全院“巾帼建功先进个人”和“先进妇工委组织”、“优秀妇女工作干部”活动。院妇工委被评为国家机关“先进妇工委”，被全国总工会评为“全国女职工先进集体”，被全国妇联评为全国“三八”红旗集体。

7．着力于提高自身素质和工作能力，加强院党务干部队伍建设

一是重视干部队伍的思想政治建设，完善理论学习制度，加强理想信念教育。通过组织各种学习教育活动，帮助干部特别是青年干部掌握马克思主义的基本立场、观点和方法，不断提高干部队伍的马克思主义理论素养，坚定共产主义远大理想和中国特色社会主义共同信念。二是重视抓好业务学习，不断提高干部队伍做好党务工作的能力和水平。在协助院党组抓好全院各项学习教育活动的同时，要求直属机关党委各部门的同志首先认真学好中央有关精神，熟悉有关政策，保证工作质量，提高工作效率。三是重视干部队伍的作风建设，努力打造一支作风过硬的干部队伍。强调党务干部要任劳任怨、甘于奉献、能吃苦耐劳；同时要深入基层，深入群众，增强为基层党组织和广大党员服务的意识。四是重视适时调整干部队伍，吸收新生力量，完善队伍结构，提高干部队伍的整体水平和综合能力。实践证明，我院党务工作干部队伍是一支政治可靠、业务较强、作风过硬的队伍。

第一届直属机关党委成立七年多来，全心全意为全院基层党组织和广大党员服务，努力工作，甘于奉献，为我院党的建设和各项事业的发展作出了应有的贡献。在加强我院党的建设的探索和实践过程中，不断加深了对我院党建工作规律性的认识，积累了一些有益的经验。我们认为，在新世纪新阶段，面临加强党的建设的新形势和新任务，做好我院党的工作，应该做到以下五个“必须”：

（1）必须始终坚持以马克思列宁主义、毛泽东思想和中国特色社会主义理论体系为指导，全面贯彻落实科学发展观。马克思列宁主义、毛泽东思想和中国特色社会主义理论体系，是社会主义意识形态的旗帜和灵魂。做好我院党的工作，必须旗帜鲜明，立场坚定，在坚持马克思主义在哲学社会科学研究中的指导地位问题上，决不含糊、毫不动摇。党中央对我院提出了“三个定位”的根本要求。“三个定位”中的第一个定位，就是努力把我院建设成为马克思主义的坚强阵地，这个定位决定着我院的发展方向，也决定着我院党的建设工作的方向、目标和任务。因此，必须从把我院建设成为马克思主义坚强阵地的战略高度，不断深化加强对党的建设重要意义的认识，不断增强贯彻落实科学发展观的自觉性和坚定性，坚持用发展着的马克思主义指导我院党的建设工作。

（2）必须以改革创新的精神，全面加强党的建设。改革创新是我们这个时代的精神和标志，是推进我们党和国家事业发展的不竭动力和源泉。推动新形势下党建工作发展必须进一步解放思想、实事求是、与时俱进，把改革创新精神贯穿于我院党的建设的全过程。我们既要认真总结长期以来特别是近年来工作中创造的成功经验，又要适应社会环境和工作对象的新变化，紧密结合我院科研及其他各项工作的实际，坚持深入实际，不断探索适合我院党建工作的新思路、新方法、新形式、新载体，科学认识和把握新形势下党的建设的特点和规律，推动我院党建工作取得新进展新成绩。

（3）必须高度重视基层党组织建设。党的基层组织是党执政的组织基础，是党的全部工作和战斗力的基础。近年来，我院党的基层组织建设不断得到加强，在推动发展、服务群众、凝聚人心、促进和谐的各项工作中发挥着战斗堡垒作用。我们深深体会到，加强我院基层党组织建设，必须着力抓好研究所党委领导班子建设这个重点。研究所党委领导班子是我院各项党建举措能否在基层得到贯彻落实的关键环节，加强基层党组织建设，至关重要的是抓好所党委领导班子建设。必须着力抓好基层党支部建设。党支部是基层党组织的主体，如果我院每一个党支部都能成为坚强的战斗堡垒，我院各项事业的发展就有了充分的政治和组织保障。必须着力抓好基层党组织机制体制的创新。通过制度创新，逐步形成党建工作行之有效的制度机制，使基层党建不断迸发出蓬勃活力，日益显示出强大的创造力、凝聚力和战斗力。

（4）必须把党建工作与科研工作紧密结合起来。党的事业和党的建设从来是密不可分的。把党的建设工作和科研工作紧密结合起来，既是推进党的建设的要求，也是推动科研工作本身的需要。我院是党中央直接领导的哲学社会科学研究机构，是重要的意识形态部门，不是一般的学术机构。离开了党的坚强领导和各级党组织的建设，我院各项事业的发展就会失去坚强的政治和组织保障，就不可能始终坚持正确的政治方向。在我院，要把加强党的建设与科研工作紧密结合起来，渗透到科研及各项工作中去。我院各级党员领导干部，包括负责科研工作的干部，都应该重视并积极参与党的建设工作；同样，党务工作者也要加强相关专业知识的学习，更多地了解科研工作，向科研人员学习，与科研人员交朋友，努力发挥好服务、引领和把关作用。

（5）必须把以人为本作为党建工作的重要原则。以人为本是科学发展观的本质和核心，是我们党的根本宗旨和执政理念的集中体现，是全面贯彻落实科学发展观的本质要求，也是做好党建工作必须坚持的重要指导原则。党建工作从根本上说是做人的工作的，要把以人为本的要求体现到党的建设的具体工作中去。回顾近几年的党的建设实践，我们深深体会到，以人为本是我们的党建工作赢得党员群众、赢得人心的重要法宝，只有坚持以人为本，我们的党建工作才能获得强大的亲和力和感召力，才能拥有广泛的群众基础。现在人们的自主意识、参与意识日益增强，利益诉求、精神需求日益多样。我们必须充分认识我院党建工作坚持以人为本的重要性，把维护和实现人民的根本利益作为出发点和落脚点，才能更扎实有效地推进我院党建工作。我们在党建工作实践中，强调坚持理论武装，强调坚持马克思主义在我国意识形态领域的指导地位，强调坚持正确的政治方向，强调加强组织建设等强基固本的根本性建设，根本目的就是为了维护党、国家和人民的根本利益，这也正是坚持以人为本重要原则的集中体现。

七年多来，在国家机关工委和院党组的坚强领导下，在全院各级党组织和广大党员的大力支持下，直属机关党委顺利地完成了各项工作任务，取得了一些成绩。这些成绩的取得，是院党组和国家机关工委正确领导的结果，是院属各单位党组织和全院党员支持的结果，是直属机关党委全体委员、常委和全体工作人员共同努力的结果，也是全院各级党组织和广大党员大力支持的结果。

同时，也必须清醒地认识到，我们的工作与新形势下加强全院党的建设工作的需要还有较大的差距，我院党员队伍中也还存在一些不容忽视的问题。例如，我们在抓全院党的工作过程中贯彻落实院党组和上级党组织部署的“规定动作”多，自主创新的“自选动作”少；政治理论学习和教育工作不平衡，有的党员干部缺乏正确理想信念，有的盲目崇拜资产阶级的理论观点和价值观；基层党组织建设发展不平衡，有的党支部缺乏凝聚力和战斗力，支部生活不健全；有的单位党委集体领导的作用没有得到落实，个别单位领导班子存在不团结现象；有的党员领导干部对本单位党的建设工作重视不够；有的党务干部对做好党务工作的积极性不高，主动性不强，等等。这些问题都迫切需要在今后的工作中努力加以改进。

（二）今后五年的主要工作

党的十七大报告指出：“世情、国情、党情的发展变化，决定了以改革创新精神加强党的建设既十分重要又十分紧迫。必须把党的执政能力建设和先进性建设作为主线，坚持党要管党、从严治党，贯彻为民、务实、清廉的要求，以坚定理想信念为重点加强思想建设，以造就高素质党员、干部队伍为重点加强组织建设，以保持党同人民群众的血肉联系为重点加强作风建设，以健全民主集中制为重点加强制度建设，以完善惩治和预防腐败体系为重点加强反腐倡廉建设，使党始终成为立党为公、执政为民，求真务实、改革创新，艰苦奋斗、清正廉洁，富有活力、团结和谐的马克思主义执政党。”党的十七大报告为我们继续推动党和国家事业发展指明了前进方向，是我们党团结带领全国各族人民坚定不移走中国特色社会主义道路、在新的历史起点上继续发展中国特色社会主义的政治宣言和行动纲领，也为我院加强党的建设工作指明了方向。今后五年，直属机关党委要在院党组和国家机关工委的正确领导下，根据中央的要求和新形势下加强党建工作的需要，结合我院实际，紧紧围绕努力实现中央对我院的“三个定位”要求，以改革创新精神全面推进我院党的建设工作，重点要做好以下几个方面的工作：

1．坚持以马克思主义中国化的最新成果武装全院党员干部，进一步加强党的思想政治建设

思想理论建设是党的建设的根本。中国特色社会主义理论体系是马克思主义中国化的最新成果，是全党全国各族人民团结奋斗的共同思想基础，是指导党和国家事业的行动指南。我院作为中央直接领导的意识形态部门，要自觉把理论武装工作作为首要的政治任务，坚持不懈地用中国特色社会主义理论武装党员干部，努力做到党的理论创新每推进一步，理论武装就跟进一步。

在不久前中央召开的纪念党的十一届三中全会30周年大会上，胡锦涛总书记发表了重要讲话。讲话全面回顾和总结了改革开放30年的伟大历程和辉煌成就，高度评价了党的十一届三中全会的重大意义和历史功绩，是指导全党和全国人民继续推进改革开放伟大事业的纲领性文献。我们要组织全院干部职工认真学习宣传贯彻胡锦涛总书记的重要讲话精神，引导党员干部坚定不移地坚持党的十一届三中全会以来形成的理论和路线方针政策，坚定不移地走中国特色社会主义道路，决不走封闭僵化的老路，也决不走改旗易帜的邪路，不断增强继续奋勇推进改革开放的信心和决心。

要全面贯彻落实党的十七大精神，以坚定正确的理想信念为重点，加强全院党员干部队伍的思想政治建设。继续组织党员干部和广大科研人员深入学习马克思列宁主义、毛泽东思想、邓小平理论和“三个代表”重要思想，深入学习科学发展观，坚持用中国特色社会主义理论体系武装全院干部职工。要把学习中国特色社会主义理论体系与学习马克思主义经典作家的著作有机结合起来。要采取得力措施，继续抓好党委理论中心组的学习。要继续办好“所局领导干部理论学习系列报告会”、“机关干部理论学习系列报告会”和“青年学习马克思主义基础讲座”等活动。要组织各种学习小组，就理论和思想上的难点热点问题展开研讨。要大力提倡自学等。要通过各种有效形式和方式，不断把学习活动引向深入。

这里要强调的是，理论武装不能空对空。这样做，效果往往不好。在学习中国特色社会主义理论体系过程中，一是要紧密结合当前的国际国内形势，特别是思想理论战线和意识形态领域的形势来学习。面对错综复杂的局面，要不断提高政治辨别力和政治敏锐性，不断提高抵御国内外敌对势力的意识形态渗透和各种错误思潮影响的能力，切实巩固马克思主义在哲学社会科学研究中的指导地位。二是要紧密结合我院正在深入开展的国情调研活动来学习。陈奎元同志在最近的一次讲话中说，当前理论研究单位的最大危险，就是脱离人民群众的实践。我们要通过国情调研，进一步深入了解国情党情和民意，不断加深对中国特色社会主义理论体系的理解。三是要紧密结合工作实际特别是认真改造世界观的实际来学习。实践证明，在实行社会主义市场经济的今天，改造世界观不仅没有过时，而且有重提并大力倡导之必要。

要通过理论武装，使党员领导干部和党员学者真正做到“三个带头”，即在思想上带头坚持以马克思主义为指导，政治上带头与党中央保持高度一致，行动上带头严格遵守党纪法规。要自觉坚持正确的政治方向、理论方向和学术方向，我们不赞成对待马克思主义的教条主义，也反对迷信西方主流意识形态的教条主义。我们不赞成将学术问题政治化，但绝不允许搞什么“去意识形态化”、“去政治化”。面对当前意识形态领域的复杂形势，要及时开展对新自由主义、民主社会主义、历史虚无主义、“普世价值论”等错误思潮的批判，同时对否定改革开放的错误倾向保持高度警惕。要始终坚持“二为”方向和“双百”方针相统一。既要立场坚定，旗帜鲜明，毫不妥协地和各种错误思潮作斗争，同时也要严格区分理论探讨、学术行为与政治活动、政治行为的界限，积极鼓励科研人员在学术研究中自由探讨、平等切磋。

总之，要进一步加强和改进全院党员干部职工的马克思主义基本理论教育、理想信念教育、国情教育和形势政策教育，把社会主义核心价值体系贯穿到干部职工思想政治建设全过程，使全院干部职工进一步牢固确立正确的世界观、人生观、价值观，不断提高自身的思想理论和政治素养。只有这样，我们才能在任何情况下都有“不动摇、不懈怠、不折腾”的主心骨，我们就能排除各种困难与障碍，实现党中央对我院“三个定位”的要求。

2．坚持以改革创新为动力，以党委领导班子为重点，进一步加强全院基层党组织建设

加强以党委领导班子为重点的基层党组织建设，是做好我院党建工作的关键和基础工程。我们要按照有利于巩固党的执政地位、有利于发挥党的领导作用、有利于加强对党员教育管理的要求，优化基层党组织设置，扩大组织覆盖，创新活动载体，丰富活动内容，增强活动效果，不断提高以党委领导班子为重点的基层党组织建设水平。

要以深入开展学习实践科学发展观活动为契机，加强研究所党委班子建设。一是要加强领导班子思想政治建设。重点加强思想理论、根本宗旨、民主集中制、道德品质和廉洁从政的教育，推动领导干部提高思想政治素质，保持立党为公、执政为民的政治本色。要认真落实院党组《关于加强政治纪律建设的决定》要求，切实加强领导班子和干部队伍的政治纪律教育以及宣传出版纪律、外事纪律、保密纪律教育，不断增强领导班子和领导干部的政治意识、大局意识、责任意识、纪律意识。继续坚持党委理论学习中心组学习制度，不断加强党委领导班子的思想政治建设，努力把各单位党委建设成为思想统一、步调一致、团结合作、坚强有力的领导集体。二是健全党委领导班子领导体制和工作机制。建立健全有利于科学发展的决策机制、协调机制、执行机制和纠错机制，增强领导班子领导科学发展的能力。尽快修订和颁布《中国共产党中国社会科学院研究所委员会工作条例》和《中国社会科学院研究所所长工作条例》，继续坚持和完善党委领导下的所长负责制。各单位党委要按照集体领导、民主集中、个别酝酿、会议决定的原则，健全党委会议制度和工作机制，加强协调与沟通，坚持科学决策、民主决策，防止独断专行。三是要继续做好所局领导班子后备干部的选拔和培养工作。进一步加强处室以上党员领导干部和研究室党员正、副主任教育培训工作，不断提高各级领导干部的思想政治素质和领导水平。四是以这次学习实践科学发展观为契机，把反腐倡廉工作作为加强班子建设的一项重要内容切实抓好。

要加强全院基层党支部建设。继续做好党支部建设试点工作，及时总结加强基层党支部建设的工作经验，适时召开全院党支部建设试点工作经验交流会。创新和完善党支部书记和支部委员培训机制，继续办好支部书记大课堂，邀请有创新支部工作思路和典型经验的基层党支部书记来我院作报告，不断提高党支部书记培训工作质量。围绕纪念新中国成立60周年，组织全院基层党支部开展主题党日活动，开展“两优一先”评选表彰活动，积极推进党支部活动的制度化和规范化，不断提高基层党支部的凝聚力和战斗力。继续做好重大节日慰问老党员和帮助困难党员活动。积极稳妥地做好发展党员工作，注重在青年科研人员和科研骨干中发展党员。开展形式多样的学习活动，办好入党积极分子培训班。

要认真落实中央《关于建立健全地方单位、部门党组（党委）抓基层党建工作责任制的意见》，结合我院实际，建立健全党建工作责任制。加强对党建工作责任制的检查和考核，并把考核情况作为评价领导班子及其成员工作实绩的重要内容。

要进一步做好老干部工作，做好工青妇和统战等项工作，充分调动各方面的积极性，充分发挥大家在我院党的建设中的重要作用，以进一步增强全院各级党组织的生机活力和战斗力。

3．坚持以提高思想政治素质为重点，进一步加强全院党务干部队伍建设

推进党的建设工作发展，归根到底要靠班子、靠队伍、靠人才。要把领导班子和干部队伍建设摆在重要位置，作为一项战略任务抓紧抓好。要按照“政治强、业务精、作风正”的要求，加强我院党务干部队伍建设。根据中央关于“加强思想文化战线领导班子建设，把那些政治上清醒坚定、熟悉意识形态工作、富有改革创新精神的优秀干部选拔到领导岗位，确保意识形态工作的领导权牢牢掌握在党和人民的手里”的总体要求，结合我院实际，努力建立一支党性强、懂科研、善管理、具有较高思想政治素质和业务素质的党委书记和党务工作者队伍。进一步健全和完善干部培养、选拔和任用机制，按照德才兼备的原则，真正把那些政治立场坚定、熟悉哲学社会科学工作、富有改革创新精神的优秀人才选拔到各级党务工作岗位上来，尤其要重视和加强后备干部的选拔和培养。党委书记要全心全意投入党的建设工作，党员所长要舍得花时间和精力抓好本单位党的建设工作。要重视培养和选拔一批高素质的科研骨干担任党支部书记。直属机关党委要致力于推进全院党务干部队伍的建设，尤其要重视加强对青年党务干部的教育和培养工作，努力解决我院党务干部队伍后继乏人的问题。各级党组织要关心党务干部的成长，关心他们的职务晋升和待遇问题，要从巩固和加强我院党的建设的战略高度，采取积极有效的措施，切实加强党务干部队伍建设工作。

4．进一步加强党建理论研究，不断探索我院党建工作的新方法和新途径

形势在不断发展变化，党的工作也不能墨守成规，固步自封。加强和改进我院党的建设工作，必须紧密联系我院科研工作和人才队伍建设的实际，转变思维方式，创新工作方法，以革故鼎新的勇气和科学求实的态度，认真研究新情况，切实解决新问题，不断总结新经验，推动党的建设工作与时俱进。研究探索新形势下党的工作的新思路和新方法，必须把马克思主义的立场、观点、方法贯穿到对党的工作的研究探索中，既要注重探索党的建设实践中带有全局性、前瞻性、战略性的重大问题，又要抓住当前党员和群众普遍关心的热点难点问题，有针对性地作出解释和回答；既要不断研究党建工作中的新情况新问题，积极借鉴国外政党建设的有益做法，又要科学认识和把握新形势下党的建设的特点和规律。我院是哲学社会科学研究机构，具有各学科的理论人才，具有一支既有党的工作实际经验、又有较高理论素养的党务干部队伍，这为我们加强党的建设理论研究提供了人才资源。要引导我院广大理论工作者和党务干部积极参与党建理论的研究工作，努力提高我院党建工作的研究水平。

5. 求真务实、开拓进取，以良好的精神状态抓好工作落实，努力提升全院党建工作新水平

面对当前国际国内形势的复杂变化，面对推进党的建设工作的繁重任务，我们一定要以坚定清醒的政治自觉、奋发有为的进取精神、务实高效的工作作风，下大力气抓好各项党建工作任务的落实。

一是以深入学习实践科学发展观活动为动力，推动我院党建工作上台阶、上水平。按照中央部署，我院学习实践科学发展观活动正在扎实推进，我们要继续按照确保活动质量、确保取得实效的要求，突出实践特色，注重联系实际，努力在思想认识上有新的提高，在查找突出问题上有新的进展，在推进工作上有新的突破。要自觉用科学发展观来加强我们的思想、工作和作风建设，着力转变不适应、不符合科学发展的思想观念，着力解决影响和制约推动党建工作的突出问题，着力构建有利于推动各项工作的体制机制，把学习实践活动的成效体现到推动实际工作上来，进一步提高我们贯彻落实科学发展观的自觉性坚定性，提高我们用科学发展观指导统领党建工作的能力。

二是努力增强工作的预见性、主动性和针对性。以胡锦涛同志为总书记的党中央最近多次指出，意识形态工作是党的一项极为重要的工作，关系党和国家工作全局，关系中国特色社会主义事业顺利发展，关系社会和谐稳定、国家长治久安，必须常抓不懈、切实做好。我们要准确认识和把握国际国内形势尤其是意识形态形势的新特点和新趋势，深刻认识西方敌对势力加紧对我实施“西化”“分化”战略，进行意识形态渗透的尖锐复杂的斗争。同时也要看到国内社会思想多元、多样、多变的趋势更加明显，人们思想认识、价值取向等方面的多样性、多变性、差异性日益增强，用社会主义核心价值体系引领社会思潮，增强社会主义意识形态吸引力和凝聚力的任务更加繁重。我们要保持清醒头脑，善于分析、准确把握形势，从社会思潮和社会思想变化中找准做好党的建设工作的切入点、着力点，努力增强推进党的建设工作的预见性、主动性和针对性，进一步提高做好新形势下党建工作的能力。

三是进一步增强政治意识、大局意识、责任意识，狠抓工作落实。我院党建工作任务十分繁重，从事党务工作的同志一定要牢固树立党的意识、政治意识、大局意识、责任意识，牢固树立学习意识，努力做到勤于学习，善于学习，自觉学习，不断提高政治理论素质和做好党务工作的能力。在推进党建工作上要以实事求是的态度，真抓实干的精神，在抓实、抓细、抓具体上下狠功夫，要做到工作任务落实到位，责任到人，不断推动我院党建工作取得新的成绩。

同志们，经济全球化和世界多极化正在深入发展，美国的金融危机和世界的经济动荡正在演进，无论在当代世界还是在当代中国，新情况与新问题正在不断涌现，历史自身加快了前进的步伐。我们的机遇前所未有，我们的挑战也前所未有。让我们更加紧密地团结在以胡锦涛同志为总书记的党中央周围，在国家机关工委和院党组的坚强领导下，高举中国特色社会主义伟大旗帜，全面贯彻落实党的十七大制定的重大战略决策，积极推进我院党的建设和各项事业的全面发展，为实现党中央对我院的“三个定位”要求而努力奋斗。

在中国社会科学院学部工作会议上的讲话

陈佳贵

（2009年2月19日）

在全国深入学习实践科学发展观、纪念改革开放 30 周年的大背景下，2008 年我院学部抓住时机，积极努力，扎实、有效地推进了各项工作，逐步探索出一套固定的工作机制，学部工作取得了新的发展，进一步提升了我院的学术形象。2009 年，学部将继续深入学习实践科学发展观，坚持正确的政治方向、理论方向和科研方向，本着学术指导、学术咨询和科研协调的学部职能定位，围绕着庆祝新中国成立 60 周年以及各类重大理论和现实问题，努力开展工作，为哲学社会科学事业的繁荣发展贡献力量。

（一）2008年的主要工作

2008 年，在院党组和院务会议的领导下，在学部委员、研究所及相关职能部门的大力支持下，学部始终坚持正确方向，深入学习实践科学发展观，很好地完成了 2008 年的工作计划，使学部工作又上了一个新台阶。

1．围绕改革开放30周年，开展各种形式的学术活动

2008 年是我国改革开放 30 周年，学部主席团和各学部都开展了各种形式的纪念改革开放 30 周年的学术活动。2008 年 10 月，学部主席团举办了纪念改革开放 30 周年系列学术报告会，共 18 场，41 位学者作了学术报告；2008 年 12 月 16 ～ 17 日，学部主席团举办了“改革开放 30 周年国际学术研讨会”，会议由经济学部、社会政法学部、国际学部、国际合作局承办，陈奎元院长出席会议，王伟光常务副院长致辞。这次会议对 30 年来中国走过的历程和取得的成就进行了系统的回顾和总结，对中国未来发展的相关问题进行了深入研讨，会议受到了社会上

的广泛关注。

围绕改革开放30周年，各个学部还分别开展了一系列学术活动，例如，文史哲学部在6月7日举办了“思想解放与理论创新——纪念真理标准讨论与改革开放30周年全国理论研讨会”；马研学部在4月30日举办了“继续解放思想、深入落实科学发展观——纪念真理标准讨论30周年座谈会”，在12月19～21日举办了“马克思主义与改革开放30年：第二届全国马克思主义院长论坛”；经济学部组织完成了院重大课题“中国经济改革开放30年历史经验研究”，出版了9卷本的最终成果《中国经济改革开放30年研究》丛书，并于12月6日举办了丛书发布暨经济改革开放30年学术研讨会，等等。

2．关注重大现实问题，进行国情调研和应用对策课题研究

2008年我国发生了很多重大事件，如成功举办了奥运会，南方遭受雪灾、四川发生汶川大地震，全球金融危机的冲击，等等。围绕这些重大现实问题，各学部组织开展了国情调研和一系列实证性、对策性的课题研究。例如，社会政法学部组织立项2008年度国情调研重大项目“雨雪冰冻灾害与社会危机应对机制研究”，并就“汶川地震灾后重建及其社会问题”、“拉萨‘3·14事件’与寺庙管理调查研究”、“奥运安全与涉藏斗争”等现实问题进行了调查研究，提出了多项对策建议，受到党中央、国务院和有关部门领导人的重视；经济学部2008年组织立项院重大课题“我国‘十一五’期间经济形势跟踪分析研究”，在汶川地震后，也应急立项“都江堰震后重建规划”、“成都震后政策需求研究”等课题，并在美国金融危机后，多次组织会议讨论我国经济形势，并提出相应的政策建议；国际学部利用应急课题资金，完成了《国际金融风险预期与我国金融风险防范对策》《巴基斯坦政局变化及对我国的影响》《美国次贷危机的深化和我们的对策建议》《科索沃独立的国际政治影响及应对策略建议》《洞爷湖八国峰会的成效和对我国的影响》《从奥运圣火传递事件看中法关系走向》等17份对策性专题研究报告。

3．打造学术品牌，举办“国学研究论坛”等各种高层次论坛

为弘扬中华民族优秀的传统文化，推动国学研究的健康发展，引导国学研究为社会主义新文化建设服务，根据院工作会议的部署和陈奎元院长的指示精神，学部主席团决定设立“国学研究论坛”。2008年7月4日，由学部主席团主办、文史哲学部承办的首次“国学研究论坛”顺利召开。此后，又于10月27日、11月11日、12月11日先后召开了三届“国学研究论坛”，在学术界和社会上产生了热烈的反响。

除了举办“国学研究论坛”以外，2008年各个学部都召开了系列学术论坛，如文史哲学部的“学问有道名师论坛”、经济学部的“中国经济论坛”、社会政法学部的“社会政法学部学术论坛”、马克思主义研究学部的“思想家论坛”、国际学部的“国际问题研究论坛”，等等。经过两年多的探索，我院各个学部都已初步打造出自己的专题品牌论坛，构造了高层次学术交流的平台。举办各种学术会议，已经构成学部经常性的学术活动。据不完全统计，2008年，主席团和各个学部举办的各种形式的学术研讨会合计达62场。

4．编辑出版各种学术出版物，反映学部最新研究成果

2008年我院各个学部继续编辑出版各类出版物，具体包括四类，一类是关于本学部遴选编辑的论文集，如文史哲学部编辑出版的《中国社会科学院文史哲学部集刊》、社会政法学部编辑出版的《中国社会科学院社会政法学部集刊》、国际学部编辑出版的两期集刊《构建和谐世界：理论与实践》及《中国对外开放：战略与实践》（纪念我国改革开放30周年专辑）、经济学部编辑出版的《中国社会科学院经济学部学部委员与荣誉学部委员文集（2008）》《中国经济研究报告（2007～2008年度）》，等等；二是主办、协办各类正式期刊，包括文史哲学部的《历史研究》、马研学部的《马克思主义研究》、经济学部的英文期刊《中国经济学人》，等等；三是正式出版综合反映当年本领域新进展的文献性、资料性的学术年鉴，包括马研学部组织编写的《中国特色社会主义年鉴》、经济学部组织编写的《中国经济学年鉴2008》；四是各学部编辑的、供内部交流的研究报告、工作通讯等。

5．开展对外学术交流，扩大学部国际影响

2008年，学部在对外学术交流方面也进行了探索性的工作。在举办或者参加国际学术研讨会以及派学部委员出国进行学术考察和交流等方面进行了有益的尝试。例如，文史哲学部主办“中国社会科学院世界史论坛国际学术研讨会”，组织部分学部委员参加在韩国举办的“世界哲学大会”；经济学部组织部分学部委员就美国次级债问题到美国进行考察，考察组的考察报告在学术界乃至社会上产生了一定的影响；马研学部举办“马克思主义与可持续发展暨世界政治经济学学会第三届论坛”国际学术会议，并组团赴法国参加“市场、社会、历史和人类的变化”国际研讨会；国际学部组织“中国在非洲企业社会责任”跨所课题组到非洲马里、埃塞俄比亚、苏丹三国进行学术考察，考察组撰写的考察报告《中国在非洲企业社会责任调研》受到有关部门领导的重视。

6．充分调动学部委员积极性，注重发挥学部委员学术咨询和指导作用

坚持学部委员的主体地位，充分调动全体委员的积极性和创造性，是做好学部工作的基本前提。在2008年院重大、重点课题评审和期刊评奖活动中，许多学部委员不辞辛苦、踊跃参加、认真负责，充分发挥了学部的学术指导和学术咨询作用。2008年我院分别在6月和12月开展了两次院重大、重点课题立项评审，先后有39位学部委员和荣誉学部委员参加了申报材料审读，提出了数百条意见。在立项评审时，许多评委反映，学部委员们的审读意见客观公正，很有说服力，对保证评审工作按时顺利完成，提高课题立项质量，发挥了重要作用。在2008年期刊评奖活动中，有18位学部委员和荣誉学部委员对候选期刊提出了评审意见。另外，在2008年9月以来我院开展的深入学习实践科学发展观活动中，学部委员深刻领会科学发展观的科学内涵、精神实质和根本要求，有多名学部委员给院属各单位做了多场报告会，对我院科研工作坚持正确的政治方向、理论方向和科研方向起到了很好的引导作用。

总体上说，经过两年多的探索，学部工作已经初步形成了一套相对固定的工作机制，学部工作的计划性和规范性有所加强。例如，每年年初，学部主席团和各个学部都会召开工作会议，总结上一年的工作，制定新一年的学部工作计划；组织跨学科、跨所的重大课题和国情调研活动；举办重大学术会议；组织出版学术出版物；开展国际学术交流，等等。当然，学部工作也还存在一些需要进一步改进或者探索的问题，比如，由于学科特点差别很大，各学部发挥科研协调作用不够平衡；如何充分发挥学部委员在培养人才方面的作用，尚需进一步探索，等等。

（二）2009年学部工作的初步设想

2009 年是新中国成立 60 周年，也是五四运动 90 周年。我院学部要继续以科学发展观为统领，在院党组和院务会议的领导下，继续围绕学术指导、学术咨询和科研协调的学部职能定位，积极工作，在努力把我院建成马克思主义的坚强阵地、哲学社会科学研究的最高殿堂、党中央国务院重要的思想库和智囊团过程中发挥应有的重要作用。

1．庆祝新中国成立60周年，举办学部委员（荣誉学部委员）研究成果展等系列活动

为了庆祝新中国成立 60 周年，建议学部主席团在 2009 年 10 月前后举办学部委员（荣誉学部委员）研究成果展，通过学部委员（荣誉学部委员）的研究成果来折射新中国的发展史和新中国成立 60 年来中国社会科学所取得的学术成就。此外，各个学部也可以通过组织学术论坛、学术报告会等各种方式来庆祝新中国成立 60 周年。

2．关注全球性金融危机对我国的影响，注重重大理论和现实问题研究

2009 年，全球性金融危机对我国的影响将进一步深化。为了更好地发挥党和国家思想库、智囊团的作用，我院学部在做好已经立项的重大课题和重大国情调研项目的同时，应密切关注全球性金融危机对我国的影响以及 2009 年可能出现的各种重大的社会经济文化问题，深入调查研究，提出各种应急性的对策建议，为我国应对全球性金融危机和各种重大现实问题提供科学的决策依据。并在此基础上，进一步加强基础理论研究和应用理论的研究，探索社会主义市场经济条件下经济产生大幅波动的原因、规律和应对策略。

3．继续办好学术论坛，编辑出版学术著作

要继续办好“国学研究论坛”，2009 年的国学研究论坛要在提高质量和扩大影响力上下功夫。现在初步计划的“国学研究论坛”主题包括“纪念‘五四运动’90 周年”、“中国传统语言学的现代化”、“多民族国家的国学资源”、“中国古代法律文化”等。文史哲学部还将举办“学问有道名师论坛”、“第九届史学理论研讨会”、“社会主义核心价值体系理论研讨会”等，并做好《历史研究》的编辑出版工作；马研学部计划举办“第三届全国马克思主义院长论坛”、“第四届全国马克思主义青年论坛”、“思想家论坛”、系列中外马克思主义学术报告会和“马克思主义专题研讨会”，推进《马克思主义研究》名刊工程建设；社会政法学部计划举办若干期“社会政法学部学术论坛”，并计划承办两期“国学研究论坛”，还将继续出版社会政法学部集刊；经济学部将主办“2009 年经济形势分析与预测座谈会”和以“新中国经济 60 年——全球金融危机下的中国经济”为主题的“第五届中国经济论坛”，编辑出版《中国经济学人》《中国经济研究报告》《中国社会科学院经济学部学部委员与荣誉学部委员文集（2009年度）》《中国经济学年鉴（2009）》等出版物；国际学部将继续办好“国际问题研究论坛”、“中国东盟智库论坛”、“世界经济与中国论坛”等，规划和组织出版学部集刊第3期。

4．扩大对外学术交流，尝试开拓一些新工作

虽然我院学部在对外学术交流方面取得了一定的成绩，但总体上看，还有待进一步拓展。2009年有关学部计划开展一些新的探索。例如，文史哲学部拟筹办2010年国际汉学大会，马研学部计划于2009年5月在法国巴黎举办国际学术研讨会“民族、国家和全球经济政治的民主治理——世界政治经济学学会第四届论坛”，经济学部计划在年底举办“‘金砖四国’经济发展国际论坛”。

经过两年多的摸索，学部工作积累了一些工作经验，也取得了很大的发展，但是相对于我院其他工作，学部仍是一项全新、有待开拓的事业。学部被赋予学术指导、学术咨询和科研协调的职能，担负着进一步整合我院科研力量、合理配置资源、促进各学科协调发展、使科学研究更具有全局性、使科研组织和管理更加有效、推出更高水平的研究成果等重要使命。这意味着，要实现学部的使命，还有大量的学部工作等待我们去完成，还有许多问题有待探索和解决。将来，各学部要从自己的科研特点出发，大胆探索，逐步建立各具特色又行之有效的工作机制和组织模式，既坚持学部委员的主体地位、充分调动全体委员的积极性和创造性，又能处理好学部同研究所的关系；要建立健全各学部之间的工作交流机制；学部委员要在学风上给全国人文社科学者做出表率；学部的发展依赖于全院的支持，学部工作需要全院各单位、各部门的积极配合，需要全院同志的大力帮助；要进一步完善学部工作机制，促进院各职能部门与学部工作更加协调。我们相信，在科学发展观的指导下，在院党组的正确领导下，在各位学部委员、荣誉学部委员和学部所依托的各研究所及相关职能部门的有力支持下，学部一定能够更好地发挥学术指导、学术咨询和科研协调的职能，为我院学术形象的提升作出重要贡献。

在全国省级方志工作机构主任会议上的讲话

朱佳木

（2009年3月13日）

同志们：

首先，我代表中国地方志指导小组，热烈祝贺第五次全国省级方志工作机构主任年度会议召开，衷心感谢福建省和厦门市政府对这次会议给予的大力支持。

这次会议是在第四次全国地方志工作会议开过四个月之后召开的，因此，除了总结2008年工作和研究2009年工作之外，一个重要的内容是交流各地学习、传达、贯彻、落实第四次工作会议精神的经验，进一步推动全国地方志工作按照第四次工作会议的精神向前发展。

下面，我谈两个问题。

（一）什么是第四次工作会议的精神

要领会第四次工作会议的精神，我认为应当从以下两个方面入手。

第一，弄清会议的背景和它所面临的形势和任务。

第四次工作会议是在全党全国全面贯彻党的十七大精神、深入开展学习实践科学发展观活动以及全国第二轮修志工作全面展开的背景下召开的。它面临的形势是新中国成立后的大规模首轮修志已基本结束，地方志工作由过去经验不多变为经验丰富，需要总结消化；由过去靠文件推动变为步入法制化轨道，需要依法修志；由过去单纯修志变为修志与编纂年鉴、整理旧志、开发方志资源、研究方志理论并行，需要统筹兼顾；由过去编纂规划、质量标准不够规范变为逐渐规范，需要乘势推进；由过去地方志资源开发利用主要依赖报刊、电视变为主要运用数据库、网络化等手段，需要加强建设。它面临的任务是深入总结第三次工作会议之后七年来的工作，全面推进大体以20世纪70年代末80年代初至20世纪末21世纪初，即改革开放头20年为记述对象的第二轮修志，力争利用第五次工作会议之前的五年时间，把地方志工作提升到一个新的水平，为2020年左右完成第二轮修志和启动第三轮修志打下坚实的基础。

第二，弄清会议的主要收获。

在第四次工作会议上，中共中央政治局委员、国务委员刘延东和全国政协副主席、中国社会科学院院长、中国地方志指导小组组长陈奎元作了重要讲话，我代表指导小组作了工作报告，一些省级单位的地方志机构的领导作了大会发言。我在工作报告中，根据地方志工作七年来的实际，归纳了10个主要成绩，指出了存在的四点不足，总结了五条新鲜经验，并提出了今后五年的七项主要任务。代表们普遍反映，这次会议的意义比较大，收获比较多。那么，什么是最主要最需要我们牢记在心的收获呢？我考虑有以下六个：

一是会议进一步明确了地方志工作对提升国家软实力的意义和各级政府在贯彻《地方志工作条例》、保证依法修志上的责任。刘延东同志在讲话中指出："一个国家、一个民族不仅要有经济实力，而且还要有文化魅力。推动地方志事业的发展，既能展示中华文化的博大精深和无穷魅力，也能体现现代文明与历史文明的一脉相承。在建设中国特色社会主义的伟大实践中，进一步推进地方志事业的发展和繁荣，对于促进社会主义文化大发展大繁荣，提高国家文化软实力具有十分重要的意义。"她还指出："《地方志工作条例》确立了地方志在经济社会发展中的法律地位，是新编地方志工作开展以来，第一部地方志工作的全国性法规。""地方志编修是一项复杂的社会系统工程，需要人力、财力的综合支撑。各地要按照《地方志工作条例》规定，切实加强领导，健全修志机构，把修志工作所需经费纳入本级财政预算，保证必要投入，改善修志工作条件，改善志书收藏条件。……要关心修志人员生活待遇，稳定修志队伍。对在地方志工作中作出突出成绩和贡献的单位和个人，要给予表彰和奖励。”这是继2006年国务院颁发《地方志工作条例》以来，国务院领导同志对地方志工作重要性的又一次明确表态和对各级政府贯彻《地方志工作条例》所提出的最为明确的要求。

二是会议进一步明确了科学发展观是地方志工作的指导方针。陈奎元同志在讲话中指出：“科学发展观是发展中国特色社会主义必须坚持和贯彻的重大战略思想，也是指引地方志事业繁荣发展的根本指导方针。地方志工作者要把地方志工作与当前开展的深入学习实践科学发展观活动有机结合起来，增强以中国特色社会主义理论体系特别是科学发展观指导地方志工作的自觉性和坚定性，使我们的工作更好地为经济社会发展服务，更深刻地体现社会主义核心价值体系的内涵，更充分地融入社会主义先进文化建设的进程。”这是迄今为止中国地方志指导小组主要领导同志关于地方志工作指导方针最为明晰的表述。

三是会议进一步明确了志书编纂质量是志书的生命。陈奎元同志指出：“质量是志书的生命，必须始终坚持质量第一的原则。志书质量是一个综合体系，涉及方志理论和编纂实践的许多方面，指导思想是否正确，体例是否科学，内容是否全面，记述是否准确，时代和地域特点是否鲜明，资料是否翔实，文风是否端正等等，这些都是衡量一部志书质量高下的基本标准。我们要把提高质量贯穿于地方志工作的全过程。要坚持质量第一，进度服从质量，严把资料关、体例关、史实关、保密关和审核关。志稿形成后，要仔细推敲，反复打磨，广泛征求各方面意见，认真加以修改完善，不要为了赶进度、急于出版而降低志书的质量标准，更不能为限期完成任务而草率收场，使质量不高甚至粗制滥造的志书出版发行。这是关系地方志成败的根本问题，只讲编纂进度，不注重志书质量，不仅不能发挥其应有的作用，而且会失去其存史的意义。中国地方志指导小组在第二轮修志工作全面开展的时机，制定出台《关于第二轮地方志书编纂的若干意见》和《地方志书质量规定》，就是针对目前业已出现的某些重进度、轻质量的不良苗头，从总体上对提高志书质量提出的统一标准和要求，这是加强志书编纂规范、确保志书质量的重要举措。我们一定要从地方志的价值和使命的高度，把提高志书的编纂质量作为地方志工作头等重要的大事来抓。”

四是会议进一步明确了加强方志理论研究、建立和完善方志学学科体系是推动方志编纂实践深入发展的重要途径。陈奎元同志指出：“在方志编纂实践中，方志理论不断丰富和完善，取得许多成果。我们要注重处理好方志理论研究和编纂实践的关系，认识到两者同等重要。为方志编纂提供理论指导，是方志理论研究的根本任务，也是衡量方志理论研究是否成熟的重要标志。方志理论研究首先要坚持以历史唯物主义理论为指导，要学习借鉴传统的方志理论，同时要与方志编纂紧密结合，从实践中创新理论，在应用中建立和完善方志学学科体系。新编方志与古代传下来的方志，有一脉相承的关系，也有截然不同的面貌和特征，坚持继承和创新的结合，既能解决地方志工作中的具体问题，推动方志编纂实践的深入，又能体现方志理论和学科建设的真正价值和意义，符合地方志事业发展对方志理论研究的客观要求。”

五是会议进一步明确了服务经济社会发展是地方志事业发展的出发点和落脚点。陈奎元同志指出：“发挥志书的社会效益，是地方志服务当代、惠及后世的重要任务，也是事业不断发展壮大的内在动力。地方志工作者要本着修志为用的原则，不断拓展用志渠道，让修志编鉴和研究成果更为广泛地服务社会。我们要把用志作为地方志工作的一项主要任务来抓，积极探索用志的新路子和新方法。方志工作部门要有意识地培养懂得现代信息技术的人才，对方志资源分门别类做好开发利用的前期准备工作。既要搭建自身的网络信息平台，也要加强与当地数据库和网站的合作，将方志机构收藏的各种有价值的信息资料，转化为电子书、网络版等社会喜闻乐见的载体形式，通过方志馆、网站等平台，广泛提供给社会共享。还可以采取走出去的办法，借助公信力较高的信息网络机构，加大地方志资源的宣传推介力度，扩大地方志资源的辐射面和影响力，展示地方志工作的重要价值，为地方志事业的发展营造良好的社会氛围。”

六是会议进一步明确了加强地方志工作队伍建设、努力培养高素质修志人才是地方志事业发展的根本保证。陈奎元同志说：“编纂地方志是一项专门学问，没有高素质的人才和队伍，修志工作无法正常开展，编纂高质量的志书就更无从谈起。必须高度重视人才选拔和培养工作，在专业化修志队伍建设方面下大力气。”“要完善培养、教育和奖励人才工作机制，为引进优秀的专业修志人员创造良好的条件。”“要对专业修志人员进行定期的岗位培训和继续教育，丰富他们的专业知识，提高他们的业务素质。要选好精通业务、熟悉地情、具有丰富修志经验的主编和主笔，培养一批具有一定专业和理论功底，又具有实践能力的修志人员。”“要吸收其他学科的专家学者共同参与修志工作。”“努力造就一支既有较高政治素质，又有较高业务素质的修志队伍。”

只要把以上两个方面，即会议的背景、面临的形势和任务以及主要收获加以综合观察，我们便不难看出，第四次工作会议的主要精神就是：在党的十七大精神指引下，以科学发展观为指导，深入贯彻落实《地方志工作条例》，在认真总结首轮修志经验的基础上，全面推进二轮修志和年鉴编纂、旧志整理，利用今后五年左右时间，使志书质量、方志学研究、地方志数据库、网络化建设和修志队伍的素质有一个明显的变化，为地方志工作的全面、协调、可持续发展打下更加坚实的基础。其中最根本最核心的一条是，要用科学发展观指导地方志工作，促进依法修志和志书编纂质量的提高。

（二）传达贯彻第四次工作会议精神应当注意哪些问题

从这次会议之前，中国地方志指导小组办公室给我送了几份会议材料。从中看出，各地对第四次工作会议精神的传达贯彻，具有行动快、层次高、范围广、声势大的特点。例如，工作会议之后，北京市志办立即向市主要领导和主管领导作了汇报，并先后召开主任办公会、全体干部会、市志主编工作会，对会议精神进行传达。市长郭金龙还在市政府常务会议上听取了关于全国会议情况的汇报，研究了北京市贯彻会议精神的有关问题，要求全市有关部门进一步提高思想认识，以到位的组织工作、精确的文字表达，扎实做好地方志编纂工作。随后，他又出席了为贯彻第四次工作会议精神而召开的市第六届地方志编委会扩大会议，并就北京市如何落实国务院《地方志工作条例》和本市《实施办法》、健全修志机构、加强修志队伍建设、创新体制机制、处理好部门中心工作与修志工作关系等问题讲了话。在此基础上，北京市于2009年1月初又召开了全市地方志工作会议，对全国会议精神进行传达。广东省志办于会后立即召开党组会、全办中层干部会和干部大会进行传达，同时向省委省政府分管领导作了汇报。2009年2月，广东召开了全省依法修志工作电视电话会议，传达全国会议精神，要求把它们落实到2009年和以后几年的工作安排之中。山西省史志院在会后第一时间，分别向省委分管副书记和省政府分管副省长作了专题汇报，并组织方志所的全体同志学习会议文件，同时下发了关于在全省方志系统学习贯彻全国会议精神的通知。2008年12月，山西召开了全省贯彻落实会议精神的市级方志机构主任会，分管副省长到会讲话。随后，各市迅速向各自分管市长汇报，引起了他们的高度重视。太原市市长在年初两会上的《政府工作报告》中，专门提到了地方志工作。朔州市边传达边贯彻，使方志办机构这个长期悬而未决的问题得到了解决。安徽等省2009年年初也召开了全省方志办主任会议，传达贯彻全国会议精神，分管副省长到会讲了话。这些说明，全国省级单位的志办主任队伍确实是一支爱岗敬业并且特别能战斗的队伍，地方志工作在省级单位党委和政府领导心目中的地位确实比过去有了很大提高，地方志事业确实越来越呈现出蒸蒸日上、欣欣向荣的气象。

同时，我们也要看到，截至目前，为传达落实贯彻第四次工作会议精神而召开辖区地方志工作会议或三级志办主任会议的省、市、自治区及新疆生产建设兵团，合计只有23个，占省级单位的70%；尚有占全国30%的9个省级单位，没有召开辖区地方志工作会议或三级志办主任会议。即使开过辖区会议的单位，所属市、县也没有都做到层层传达贯彻。因此，继续搞好第四次工作会议精神的传达贯彻，仍然是2009年地方志工作系统的一项重要工作。下面，我就如何搞好传达贯彻问题，再讲几点意见。

第一，要把传达贯彻第四次工作会议精神与开展学习实践科学发展观活动结合起来。

第四次工作会议最根本最核心的精神，就是要用科学发展观指导地方志工作。而当前全党正在进行的学习实践活动，其宗旨也是为了把科学发展观落实到各项工作中去。所以，传达贯彻第四次工作会议精神，与开展学习实践活动，目标是一致的。地方志工作系统应当把传达贯彻第四次工作会议精神，作为开展学习实践活动的载体之一；同时，要用开展学习实践活动，促进第四次工作会议精神的传达贯彻。正如刘延东同志在讲话中所说："要进一步明确在新的历史条件下全面开创地方志工作新局面所面临的新课题、新任务，着力改变不适应、不符合地方志事业科学发展的思想观念，着力找准并解决影响和制约科学发展以及广大修志工作者反应强烈的突出问题；要把解决问题与建立长效机制紧密联系起来，从地方志工作和事业发展的要求出发，创新体制机制，建立健全相关制度，进一步提高地方志工作水平，推动地方志事业全面协调可持续发展。”现在，参加第一批学习实践活动的中央和省级单位的活动业已结束，由地市级参加的第二批学习实践活动刚刚拉开序幕。无论是搞完活动还是正在进行活动的地方志工作机构，都应当用这一要求抓整改措施的制定和落实。凡是没有这样做的单位，应当补上这一课。

第二，要把原原本本传达第四次工作会议文件、逐项落实会议要求与按照本地实际情况创造性地开展工作结合起来。

第四次工作会议的几个主要文件，都是对过去七年来地方志工作经验的总结，是全国方志工作机构智慧的结晶，地方志系统广大干部职工心血的凝聚。其中，刘延东同志的讲话是从国务院角度讲的，陈奎元同志的讲话和我的工作报告是从中国地方志指导小组角度讲的。无论哪个角度，都是就全国范围而说的。因此，我们一方面要重视其中观点和要求的普遍意义，不要借故本地情况特殊而忽略对文件的传达贯彻，更不要蜻蜓点水，敷衍了事；另一方面，在传达贯彻中又要注意结合本地实际情况，有所发明，有所创新，不要照本宣科，更不要只当收发室、传达室。在这方面，有些省志办做得很好。例如，第四次工作会议提出“四个不足”，有的省志办从本地情况出发，又提出了没有根本改变“一本书”传统工作模式的问题。第四次工作会议提出要进一步贯彻落实《地方志工作条例》，有的省志办便提出，要会同省法制办等部门组织对全省县级以上政府贯彻《地方志工作条例》和本省《规定》情况进行一次全面检查。第四次工作会议提出要把提高志书编纂质量放在更加突出的位置，特别要选好志书的主编和总纂，有的省志办又进一步酝酿出台“驳回重修”制度，建立专兼职结合的专家评审队伍；按照方志出版社精品工程的标准，抓好样板志稿的培植。第四次工作会议提出加强地方志队伍建设，有的省志办便提出要调整充实具有本省特色的“八个一优秀”评选内容和办法，向基层倾斜，完善评先树优的激励机制；开展业务培养系统工程，制定人才培养长期规划，整体提高全省修志人员的业务和理论水平。所有这些，都是把第四次工作会议精神与本地实际相结合的表现，值得各地学习推广。

第三，要把着眼当前与规划长远结合起来。

从全国范围看，现在距离第二轮修志结束还有10年左右时间；从第四次工作会议对工作的部署看，所需时间也有五年之多。但是，从会议对志书质量和各项工作的要求上看，要想高标准完成第二轮修志工作，全面实现会议提出的目标，时间是非常紧张的。因此，必须珍惜每一天，以只争朝夕的精神，抓紧对会议精神的传达贯彻；并且一边传达，一边结合本辖区本单位实际，逐项落实会议提出的要求。首先，各地要根据会议精神，搞好2009年的工作计划，努力做好2009年的工作。与此同时，建议各级地方志工作机构着手制定本单位今后五年的工作规划，这也是贯彻第四次工作会议精神的题中应有之义。古人说:“不谋全局者，不足谋一域；

不谋长远者，不足谋一时。”地方志工作同样如此。所谓制定规划，也就是根据会议提出的今后五年的工作方针和主要任务，结合本辖区本单位实际，提出自己在今后五年的工作方针、主要任务和进度安排。例如，我考虑在今后五年内，仅中指组办公室就有10项任务是必须完成的：一是督促各地完成首轮修志的扫尾工作，以调研、考察、发文件等形式，促进难点问题的解决，推动首轮修志的最终完成；二是组织对已出版的第二轮志书的评奖活动，启动方志出版社的精品工程，促进志书质量的提高；三是组成《地方志百科全书》编委会，着手制定编纂方案，进行编纂的组织工作，以此推动方志理论的系统化、规范化，促进方志学的学科建设；四是召开首届全国方志理论研讨会，促使方志理论研究的广泛开展和深入发展；五是做好国务院交办的《汶川特大地震抗震救灾志》编纂的组织协调和其中“总纂”的编纂，确保11卷能全部、高质量、按时出齐；六是完成中国地方志协会的换届工作，使协会充分发挥作为方志学术研究与交流平台的作用，加强全国方志界工作者和学者的联系与合作；七是成立地方志系统的年鉴学会；八是建立中国地方志网站，争取全国地方志数据库、年鉴数据库粗具规模；九是建成并启用国家方志馆；十是加强地方志办公室自身建设，使机关无论在健全规章制度、严格工作程序、提高办文水平上，还是在人员的政治思想、业务素质、工作能力、工作作风上，都能有一个新的明显的改观。可见，对于中国地方志指导小组办公室来说，未来五年的任务非常繁重，时间并不宽裕。因此，要有一个五年规划，对什么时候干什么，怎么干，要作出具体安排。我想，各地地方志工作机构的情况也都差不了多少，也都需要把未来五年的规划做好，然后报经上级审批，以便作为今后工作的依据，分步实施，逐件落实。

第四，要把整体推进与重点突破结合起来。

第四次工作会议提出的任务虽然很多，但每一项都是不可或缺的。例如，深入学习实践科学发展观，继续推动地方志工作法制化建设，全面推进二轮修志，尽快完成首轮修志的扫尾工作，正确处理质量第一与抓紧进度的关系，深化方志理论研究，加强地方志资源的开发利用，努力实现地方志资源数字化、网络化，进一步搞好地方志队伍建设，全面提高修志人员素质，等等。所有这些任务，哪一项不是我们必须做好的呢？因此，贯彻第四次工作会议精神，应当是全面的，而不是片面的；是整体推进的，而不是零敲碎打的。但是，同时又必须看到，各地情况并不完全一样，各有各的特点。因此，在整体推进时，要抓住自己的薄弱环节或关键环节，争取先行突破。例如，目前有15个省、市、自治区尚未实现本地的地方志立法，这些地方在制定规划时，就可以考虑把争取本地立法作为突破的重点。再例如，目前还有15个省、市、自治区没有完成首轮修志任务（西藏首轮和二轮合修），这些地方在制定规划时，就可以考虑把全面完成首轮修志扫尾工作作为突破的重点。再例如，目前许多省、市和县出版了第二轮修志中的志书，这些地方在制定规划时，就可以考虑把加强志稿审读、严格志稿验收、提高质量标准作为突破的重点。总之，要学会“弹钢琴”，既要注意“乐曲”的完整性，又要突出“主旋律”，通过抓重点抓关键来带动全局。这也是科学发展观的要求。

2009年是新中国成立60周年，在此，我想顺便谈谈加强共和国史研究与地方志工作之间联系与合作的问题。方志学属于史学还是属于地理学、编纂学，抑或是独立于其他学科之外的学问，学术界尚有不同看法，对此可以继续讨论。但是，多数人认为，方志学属于史学范畴，是史学的一个分支学科。有人甚至认为，方志体不过是中国古代史籍中，除记传体、编年体、纪事本末体、典志体、史地体之外的又一种体裁。旧志中的《华阳国志》《太平寰宇记》等，便是史籍中方志体的典范。可见，在我国，历史编撰与地方志编纂具有天然的联系。另外，当前二轮修志记述的基本上是20世纪70年代末以后的事情，就是说，新编地方志工作的对象，早已进入到1949年新中国成立后的历史领域。因此，共和国史研究，特别是当代地方史编纂的时空范围，与地方志工作已经越来越趋于一致。事实上，在有的省份，当代史研究部门就放在地方志工作机构之中。2007年，当代中国研究所与陕西省志办还合作举办过学术会议。今后，当代地方史研究、国史研究与地方志工作部门的关系一定会更加密切，合作的空间一定会更加广阔。国史学会和地方志协会今年都要换届，我建议利用这个机会，相互加入对方的学术团体，以便于彼此参加对方的学术活动，共同开展对新中国历史资料的收集、整理和研究工作，使双方的资源优势在互补中得到充分发挥。

最后，祝会议取得圆满成功，祝各位工作顺利，身体健康！

以贯彻执行“两个条例”为契机
进一步加强研究所领导班子建设

高全立

（2009年12月25日）

同志们：

重新修订的《中国共产党中国社会科学院研究所委员会工作条例》（以下简称《所党委工作条例》）和《中国社会科学院研究所所长工作条例》（以下简称《所长工作条例》），经院党组会议和院务会议讨论通过，已经印发院属各单位。院党组在印发“两个条例”的通知中明确指出，《所党委工作条例》和《所长工作条例》是加强我院研究所建设的基本制度，是规范研究所党委工作和所长正确行使职权的制度依据。希望各单位领导班子认真学习和完整准确地把握“两个条例”的基本要求，紧密结合本单位实际创造性地开展工作。根据奎元同志指示和党组安排，在今天会上我就如何贯彻落实好“两个条例”的有关问题，讲几点意见。

（一）提高对 “两个条例”在研究所建设中重要地位和作用的认识，是贯彻落实“两个条例”的首要条件

根据中央决定，我院从1991年开始实行党委领导下的院长、所长负责制。1998年，经党中央批准，我院党的领导体制进行了部分调整，撤销了院党委，改设院党组，研究所的领导体制维持不变。十几年来，《所党委工作条例》和《所长工作条例》成为规范研究所领导班子工作的基本制度，对于加强和改善党对哲学社会科学的领导，保证研究所各项工作的顺利开展发挥了重要作用。但是，随着时间的推移和国内外形势的发展变化，特别是党的十七大为了适应新形势新任务对党的工作和党的建设提出的新要求，对党章作了重要修改。上述“两个条例”在执行过程中也出现了一些与我院的建设和发展要求不相适应的地方。为此，院党组从2004年开始启动了“两个条例”的修订工作，由于各方面原因，修订工作时停时续，至今历时五年。这次修订工作开始后，加大了工作调研和对涉及全局性问题的研究，前后数易其稿，反复征求意见，充分集思广益，终于在今年完成了“两个条例”的修订并重新颁布施行。这既体现了修订工作的艰巨性和复杂性，同时也体现了院党组对修订好“两个条例”的高度重视和慎重态度。

建立适合我院实际的管理机制和与中央对我院“三个定位”目标要求相适应的研究所领导体制，是我院管理制度建设的根本任务。研究所实行党委领导下的所长负责制，既是我们国家的性质和领导体制决定的，又是时代发展的产物，也是探索适合我院工作性质和发展需要的结果。这个体制经过实践的检验，是应该肯定的，并取得了丰富的经验。尽管在实践中也出现了这样那样的问题，但从根本上说，并不完全是体制本身的问题。坚持和完善党委领导下的所长负责制，是这次修订“两个条例”仍然坚持的根本出发点和主要依据。

大家知道，“党委领导下的行政领导人负责制”是《党章》确认的领导体制之一，在我国哲学社会科学事业单位实行这种领导体制，对于加强党对哲学社会科学的领导，加强党对意识形态工作和思想理论战线的领导，加强思想政治工作等方面发挥了重要作用。但我们还需要进一步加深对这种领导体制的认识和理解，并且努力在执行过程中不断完善。

新的《所党委工作条例》和《所长工作条例》正是为了更好地确保我院现行的研究所领导体制的健康运行，为了进一步规范所党委的决策功能和所长正确行使职权而修定的。为了贯彻落实党的十七届四中全会精神，按照奎元同志的要求，在“两个条例”中又增加了相关的内容。希望院属各单位领导班子要高度重视“两个条例”的贯彻执行，按照“两个条例”的有关规定健全所领导班子的工作程序、会议制度和工作制度，完善决策机制和议事规则，为加强研究所领导班子建设提供制度保证。

（二）坚持民主集中制，健全和完善集体领导与个人分工负责相结合的制度，是贯彻落实“两个条例”的重要前提

民主集中制是我们党的根本组织制度和领导制度。我们党的历史经验表明，什么时候坚

持民主集中制，党和人民的事业就兴旺发达；什么时候违背民主集中制，党和人民的事业就遭受挫折。同样，在我院各单位中，哪些单位较好地坚持了民主集中制，领导班子就团结一致、配合默契，就有凝聚力、有战斗力，单位各项事业就蓬勃发展，干部群众就气顺和谐；反之，班子成员就各干各的事、各说各的话，甚至追名逐利、明争暗斗，单位的工作也会受到严重影响。正因为如此，党的十七届四中全会《决定》再次重申，坚持和健全民主集中制，坚决维护党的集中统一。坚持集体领导，是民主集中制在党的领导制度上的具体体现，是贯彻民主集中制的关键环节。院党组在关于印发“两个条例”的通知中明确要求，院属各单位领导班子要按照“两个条例”的规定，坚持和完善党委领导下的所长负责制，坚持集体领导和个人分工负责相结合的领导体制，建立和健全领导班子的议事规则和决策程序。党委书记和所长要明确各自的责任，履行好自己的职责。领导班子成员要合理分工、互相支持、团结共事。要树立正确的政绩观，求真务实、埋头苦干，讲实话、办实事、求实效，努力实践科研强所、人才强所、管理强所的目标任务。以明确权责为重点，健全和完善集体领导与个人分工负责相结合的制度，是这次修订“两个条例”着重解决的关键问题。

根据《党章》的规定：实行党委领导下的行政领导人负责制的事业单位中党的基层组织，对重大问题进行讨论和作出决定，同时保证行政领导人充分行使自己的职权。结合我院研究所的实际，可以这样理解：《党章》已经明确规定了实行党委领导下的行政领导人负责制的研究所党委对研究所的重大问题进行讨论和作出决定的职责与权力，也就是通常所说的重大问题研究决定。所党委按照党的民主集中制原则，实行的是集体领导与个人分工负责相结合的制度，即凡属重大问题都要按照集体领导、民主集中、个别酝酿、会议决定的原则，由党的委员会集体讨论，作出决定；委员会成员要根据集体的决定和分工，切实履行自己的职责。由此可见，从决策层面看，研究所党委要研究决定研究所的重大问题。党委书记主持所党委会议，在讨论重大问题时，与其他党委成员处在平等地位，按照少数服从多数的民主集中制原则作出决定。所长作为党委成员之一，直接参与党委集体决策的全过程，充分发表意见，并且按照委员分工在执行决议的过程中承担更多的责任。因此，从决策层面说，研究所的重大问题决策既不是党委书记“说了算”，也不是所长“说了算”，而是党委班子集体“说了算”。

从执行层面看，现行的“党委领导下的所长负责制”赋予了所长明确的职责和权力。这里主要包括两方面内容：一是按照所党委集体领导和个人分工负责相结合的制度规定，所长主持研究所的科研工作和日常所务管理工作并负主要责任；二是研究所党委讨论决定的重大问题，大多数属于所长分工职责范围，因此所长在执行和落实所党委决定方面负有更多的责任。

在哲学社会科学研究机构实行党委领导下的所长负责制，是坚持正确的办所方向，不断提高科研管理水平的基本前提。坚持党委领导下的所长负责制，关键是党委书记和所长之间要做到定位准确，职责明确，各司其职，各负其责。党委书记作为所党委会议的召集人，是实行党委班子集体决策的组织者，是督促检查党委决议落实情况的监督者，是坚持和改善党对哲学社会科学工作的领导、加强研究所党的建设和思想政治工作的主要负责人。所长是研究所中长期发展规划和年度科研计划的设计与制定者，各项科研工作和对外学术交流活动的组织实施者，以及研究所日常所务工作的管理者，在保证研究所各项科研工作的正常开展，高质量完成科研任务，不断提高研究所的学术水平和管理水平等方面，承担着主要负责人的职责。党委集体领导和所长个人分工负责并不矛盾，党委书记和所长所承担任务的不同点是各有侧重，其共同点都是从研究所发展的大局出发，基本要求是加强沟通、协调配合，团结共事、互相补台。当然，领导班子成员在一些具体问题的看法上有分歧也是正常的，应该及时沟通思想、交流意见，争取在重大原则性问题上及时达成共识。即使在个别问题上一时达不到统一，也要按照求同存异的原则给出时间考虑，时间不允许时，可以通过发扬党内民主，充分表达意见，最后按照民主集中制的原则解决问题。在重大问题的决策中绝不能搞个人说了算，更不能用自己的权力给别人出难题。个人有不同意见可以保留，但对经过集体讨论作出的决定，要按照职责分工严格执行，绝不允许阳奉阴违，更不能将班子内部的矛盾和分歧在群众中散布，搞非组织活动，制造思想混乱。

（三）增强党性意识和道德修养，是贯彻落实“两个条例”的重要保证

制度是靠人去执行和落实的，制度再完备，如果没有人的主观努力和素质体现，也是不能落实好的。《所党委工作条例》和《所长工作条例》能否在研究所得到贯彻落实，能否真正起到规范作用，最终还得取决于领导干部的党性意识和道德修养。

长期以来，尽管原来的“两个条例”存在不够完善和不合时宜的问题，但各研究单位大多数领导班子能够充分发挥主观能动性，认真贯彻条例的基本要求，自觉坚持民主集中制原则，班子内部团结，互相支持配合，工作状态和精神面貌健康向上。毋庸讳言，也有少数单位存在领导班子内部不团结、党委书记和所长工作不协调、个别领导定位不正确，导致领导班子缺乏凝聚力、战斗力的情况。出现这些问题，虽然有“两个条例”在职权规范上不够明确的原因，更主要的原因应该是个别领导干部的党性意识和道德素质还不够。在个别单位，仍然存在书记和所长究竟谁“说了算”的争议，或者干脆分工不合作，缺乏必要的沟通与协调。更有极个别领导干部，党性意识不强，道德修养不高，缺乏大局观念，个人主义表现突出，工作中追逐个人权力。

当然，修订“两个条例”，完善制度建设，目的也是为了规范研究所的工作和领导干部的职务行为，是为了用制度管人，而不是完全依赖于领导干部的个人觉悟和行为自觉。但是，主观因素的作用是必需的。在最近召开的各学部贯彻落实“管理强院”战略汇报会上，有的同志在总结怎样当好所长和党委书记时讲到，所长、书记能否合作共事，首先取决于要有一个共同的道德底线。这话有道理，值得认真思考。伟光同志在听取所长、书记情况汇报后的讲话中指出，作为所局领导干部，要树立和强化“七个意识”：一是阵地意识，即要把我院建设成为马克思主义的坚强阵地。二是大局意识，我院科研工作要围绕中心，服务大局，要为党和国家的

中心工作服务。三是团结意识，要靠制度、靠共同的人生观和价值观解决团结问题。四是协调意识，要善于统揽全局，协调各方。五是管理意识，抓好研究所的日常管理，解决好细节决定大局的认识问题。六是奉献意识，处理好当领导抓管理与当学者搞研究的关系。七是创新意识，主要是制度创新、管理创新，特别是学术创新。我认为，只要大家树立了以上七个意识，就具备了团结合作、共谋事业的思想基础，就会把研究所的发展当做共同的事业，心往一处想，劲往一处使，就能在领导班子里找准自己的位置，尽好自己的职责，演好自己的角色。

（四）以贯彻落实“两个条例”为契机，积极推动院属各单位的制度建设

修订后的“两个条例”，在很多地方有些新的提法、规定和要求，特别是规范了研究所党委和所长工作中涉及全局性的重要问题。需要说明的是，条例在内容上不可能面面俱到，希望通过修订“两个条例”规范研究所领导班子工作中的所有问题，是不切实际的。要在大原则的前提下，创造性地开展工作。“两个条例”重新颁布施行后，各单位要根据“两个条例”有关规定，结合本单位实际，进一步健全和完善研究所各项规章制度，完善内部的议事规则和决策程序，保证领导班子协调高效运转。同时，要健全民主生活会制度，积极开展批评与自我批评，提高党员领导干部民主生活会质量，增强领导班子解决自身问题的能力。要建立联系群众的信息沟通和反馈制度，重大决策要充分听取群众意见。要建立情况通报制度，积极推进党务公开和所务公开。总之，要通过建章立制，使“两个条例”在各研究单位真正得以贯彻落实，为坚持和完善党委领导下的所长负责制提供有力的制度保障。

最后，再提两点具体要求：一是组织党委成员和所领导学习贯彻好“两个条例”，要结合年终总结和民主生活会，研究一下采取哪些措施实施“两个条例”；二是加强对本单位贯彻落实“两个条例”情况的检查。按照院党组特别是奎元同志的要求，明年院里要对贯彻落实“两个条例”的情况进行全面检查。院有关职能部门将加大监督检查力度，及时总结推广贯彻落实“两个条例”的经验和做法。各单位执行中有什么好的经验、体会，好的做法和问题，请及时与有关部门沟通。

锐意改革　创新发展　努力建设有特色、高水平的中国社会科学院“名网、名馆”体系

武　寅

（2009年10月21日）

我院首次召开报刊出版馆网建设经验交流会，标志着该项建设工程正式启动。这将是摆

在全院相关工作岗位同志们面前的一项艰巨任务。

在新的历史时期，我院实施这项建设工程的基本目标是，紧密围绕中央对我院“三个定位”的要求，立足当前改革，着眼未来发展，将报刊出版馆网建设纳入全院创新体系和可持续发展的总体规划中，明确具体的建设目标和发展方向，打造一个高效率、专业化的综合服务系统，对我院科研人员的科研活动乃至对全国哲学社会科学界提供强有力的支撑和保障。通过这项建设工程，不断提升我院的实力和竞争力，不断增强和扩大中国哲学社会科学事业的国际影响力。

我这里主要就馆网建设的问题讲几点意见。

（一）建设“名网、名馆”工程的重要意义

馆网建设关系到哲学社会科学事业的发展，关系到我院“三个定位”的功能能否高水平地实现。我们要从“管理强院”和改革创新的战略高度，认识和理解馆网建设与哲学社会科学事业发展的关系，积极推动全院网络信息和图书馆事业积极健康发展。

我们知道，信息化建设最基本的功能是从网络资源和文献资源的角度，为科研活动提供系统的保障。它与科研手段的现代化密不可分。我们的网络，既是科研信息系统的重要基地，也是理论宣传的重要阵地。要把我们的网络建设成“名网”，首先，要大力宣传中国特色社会主义的理论体系，传播中华民族优秀的传统文化，展示中国哲学社会科学事业建设发展的伟大成就，使之成为马克思主义坚强阵地的制高点。其次，应着眼于改革开放的现实与未来，着眼于为党中央、国务院及各级决策机构提供最新信息和最便捷的服务，从而朝着更加有益于发挥我院思想库、智囊团的目标迈进。再次，要为哲学社会科学事业提供可靠的信息平台，促进研究成果的广泛传播与有效转化，不断攀登学术高峰，推动和促进中国哲学社会科学最高学术殿堂的建设，更好地服务社会并获得更广泛的社会影响力与支持。

图书文献是开展社会科学研究的基础，图书馆是文献信息采集、存储、流通、服务等工作的载体，而图书馆的资源和服务是衡量一个学术机构研究实力的重要标准，也是衡量这个学术机构是否具有国际水准的尺度。看一个研究机构图书馆的馆藏与服务质量，就能知道它在各学科领域所处的地位，就能知道它与国际、国内同行业相比，是同步发展还是存在差距。经过我院几代科研人员和图书馆工作人员的不懈努力和积累，我们许多研究所图书馆已经成为本学科领域具有鲜明代表性和专业特色的图书馆。但是，随着网络化、信息化的飞速发展，以计算机技术和网络技术为基础的数字图书馆已逐渐成为发展趋势。积极地应对挑战，在文献资源建设、服务方式和服务手段创新等方面寻找适应科研需要的突破口和增长点，提升专业化水平，在新形势下继续显示图书馆的价值，这是“名馆”建设的重要课题，需要全院图书馆的同志们下功夫认真研究解决。

我们要充分认识在新形势下建设一流馆网的重要意义。这是我院适应信息化时代发展趋势所制定的重大战略部署，图书和网络在我院科研支撑保障体系建设中，也可以说是“车之两轮、

鸟之两翼”，是互为补充，共同促进的。图书馆建设离不开网络的保证，网络又是通过信息通道传播文献信息、为科研服务的。在我们许多研究所，“网、馆”本是不分家的。因此，图书馆要参与“名网”的建设，网络要推进“名馆”建设的发展。图书和网络应当形成合力，发挥1+1大于2的正效应。当然，馆网建设也将推动全院报刊出版建设，大家共同努力，推动全院的科研工作，形成原有图书文献资源与多媒体和网络建设的协调发展，发挥数字化、网络化信息保障体系的最大作用。

（二）建设“名网、名馆”的目标方向与工作重点

我们要充分发挥群众的智慧，研讨如何把我们的网络和图书馆建设成为“名网”和“名馆”；我们要认真研究、制定中国社会科学院“名网、名馆”建设发展规划；要集中力量积极稳妥地推进我院的馆网建设。

院网络中心和院图书馆要在深入调研、广泛征求意见的基础上，从宏观上准确把握我院信息化建设和图书馆工作的发展方向以及现阶段的主要任务，要制定出切合我院实际的馆网建设的具体实施方案。

我们要建设的“名网”，是建立在现代化传媒平台之上的、具有我院专业特色、体现社科院学术水平、服务于科研、服务于社会的数据发布和共享的信息系统。这个系统将承载以下几方面：通畅的网络平台；海量、标准的多媒体数据库平台；便捷规范的电子政务以及电子院务、所务平台；为以上各方面保驾护航的网络、信息安全平台。

我们要建设的“名馆”，是以现代信息技术为手段，通过院内图书、文献信息资源的高度整合和院外信息资源的共建共享，全面提高院图书馆、研究所分馆（资料室）图书、文献和信息服务水平，形成一个覆盖哲学社会科学各学科，专业领域完整的图书、文献、数据、信息的保障体系。

建设“名网、名馆”，不仅要制定专项硬件建设战略，还要有相应的人才培养战略、学科发展战略、对外宣传推广战略以及各项战略的保障机制，等等。因此，在课题立项、人才培养、国际合作交流等方面需要科研、人事、外事、财务、党委等各个部门的通力合作，需要领导的重视、支持和亲自参与。

建设“名网、名馆”能否取得预期目标，关键在于网络和图书馆如何发现自身的差距和不足。从目前我院的实际来看，各所之间“网”“馆”的建设与发展是很不平衡的。院网络中心和院图书馆要充分发挥组织协调职能，创造条件，通过申报院的重大课题，组织重大项目集体攻关，探索如何办好“名网、名馆”的途径和办法。通过国情考察调研等形式，学习了解行业内的好经验和好做法，查找自己的不足，分析原因，完善措施；通过培训研讨，把握信息化建设和图书馆发展的新动向。以上所有的环节，都要结合院、所的实际，积极探索，勇于创新，提出我院信息化建设和图书馆发展的新思路。

建设“名网、名馆”，需要将网、馆两方面的人才力量整合起来，进一步做好数字图书馆的方案论证、发展战略制定等工作。

各相关部门一定要有全局观念，要处理好现有部门之间的协调、统一、合作关系等问题，要尽可能统一规划、统一管理，避免不必要的重复建设。

（三）改革创新，努力建设资源丰富、特色鲜明、运行高效、服务便捷的“名网、名馆”体系

在“名网、名馆”建设中，提倡“创新思想，开拓进取”。总体要求是，要突出我院哲学社会科学的专业特色，要以满足科研工作不同需求为“第一要务”，要用先进的技术手段作基础，要以方便快捷的服务作保证。

一是在“名网”建设方面，首先，要建设好我院机构网，即通常被称为我院（包含所有所属单位）的官方网站，建设好“中国社会科学院哲学社会科学网”，即由我院主办的全国性哲学社会科学行业网。其次，要努力办好若干重点学科与重要专业网，努力提高我院所有单位的网站建设水平。

二是在“名馆”建设方面，由于我院图书馆系统由院图书馆、研究所图书馆和资料室三个部分组成，随着全院图书馆管理体制机制改革的不断推进，将逐步建成总馆—分馆—资料室三级文献信息保障体系。因此，“名馆”建设应当是一项整体性工作，既要有全院图书馆事业发展的总体规划，又要有各个研究所图书馆、资料室自己的发展目标。要逐步建立起统一的采购体系，统一的服务体系，统一的人才培养、队伍建设体系，统一的综合评价体系等等。只有各个层次的工作都做到位了，我院图书馆整体水平才可能得到提升，才能体现出“名馆”建设工程的目的和意义。

建设“资源丰富、特色鲜明、运行高效、服务便捷”的“名网、名馆”，院网络中心和院图书馆要抓紧制定一个完整的计划并明确分阶段的任务以及完成任务的指标体系。例如，三年之内全院要达到一个什么样的指标，五年之内全院要达到什么样的指标。

当然，能不能实现我院“名网、名馆”建设的目标，除院网络中心和院图书馆的主导和协调外，关键还要看研究所领导认识是不是到位，行动是不是能跟上院里改革创新的步子。最近两年，在“科研强院”、“人才强院”的基础上，院里加大了管理力度，提出“管理强院”的战略，推动开展各项工作，取得明显实效。可见，抓不抓管理，成效大不一样。因此，希望各所领导要像重视学科建设和“名刊”工程那样，重视信息化和图书馆工作，将“名网、名馆”建设任务纳入研究所总体规划中，列出不同时期的目标任务，制定切实可行的实施方案，分解到具体责任人，明确完成的时间，有序推进，逐项落实。所领导要定期听取“名网、名馆”建设工作汇报，发现问题及时沟通解决。要给予馆网建设必要的投入，解决必要的岗位设置、劳务和设备设施的经费支出，确保“名网、名馆”建设按计划稳步推进并达到预期

目的。

同志们，创建“名网、名馆”是全院各单位的共同奋斗目标。本次会议仅仅是一个开始，大家在一起分专题座谈，既是经验交流，也是广泛动员，达到共识。我们要以本次会议为契机，立足现有的基础条件，不等不靠，通过提高认识，创新思路，合理配置资源，来推动“名网、名馆”的建设。院属各单位都要抓住机遇，在工作实践中，不断总结经验，不断改变现有的基础条件，稳步推进“名网、名馆”建设的进程。希望大家充分利用此次会议的机会，积极踊跃地交流经验，交换意见，发现问题，找出差距，改革创新，努力构建中国社会科学院“名网、名馆”战略体系！

强化管理　深化改革　创建“名刊、名社、名报”

——在建设“名刊、名社、名报、名馆、名网”经验交流会上的讲话

李　扬

（2009年10月21日）

同志们：

今天我们在这里召开建设“名刊、名社、名报、名馆、名网”经验交流会，这是建院以来的第一次。院里专门举办这次会议，表明院党组对我院学术报刊和出版工作的高度关心和重视。推进我院学术“名刊、名社、名报”建设，是我院实施“科研强院、人才强院、管理强院”战略、推进体制机制创新的重要方面。

建院以来，我院学术报刊、出版事业发展迅速，学术期刊从建院初的十多种发展到目前的80多种，先后成立了五家出版社和多家报社，成为国内最重要的哲学社会科学研究出版阵地。在全国哲学社会科学类学术期刊中，我院大多数期刊名列前茅，其中许多重要学术期刊在本学科领域被公认为一流水平；我院出版社，被认为是我国哲学社会科学界最具影响力的学术专业出版社；《中国社会科学院报》改名《中国社会科学报》后，受到全国学术界的关注。

目前，我院正在积极实施“学术名刊建设”计划。我们希望通过加大投入，加强管理，全面推进我院学术期刊建设，在激烈竞争的环境下，保持和进一步扩大我院学术期刊的整体优势。我院五家出版社正在按照中央的统一部署进行转制工作，年内要全部转制成市场化的出版企业，同时建立起现代企业制度，要通过整合出版资源，做精做强学术出版产业。新闻出版总署关于全国报刊出版的深化改革工作也在紧锣密鼓地部署之中。面对全国学术报刊和出版领域

改革、发展、竞争的新形势，我院必须高度重视学术报刊和出版工作，通过实施“管理强院”战略，深化学术出版体制机制改革，推动与我院学术地位和学术水平相称的学术报刊和出版事业健康、快速和科学地发展。

借此机会，我想就我院学术报刊和出版工作谈几点希望和要求：

1．要倍加珍惜我院学术报刊和出版的优势资源

我院学术报刊、出版社的品牌，是我院几代专家学者、编辑人员辛勤创业留下来的品牌，是我院不可多得的优势资源。正是因为拥有这些出版资源，我院成为我国哲学社会科学研究最新科研成果展示的重要平台，在交流我国哲学社会科学研究最新成果、推进学术研讨和倡导优良学风等方面，发挥了引领方向的重要作用。建院以来，我院乃至全国哲学社会科学界完成的大量优秀科研成果，有许多是通过我院的学术报刊、出版社发表和出版的。正是通过这些科研成果，我院在推进马克思主义理论创新、为中国特色社会主义现代化建设提供智力支持和推动学科基础建设方面发挥了重要作用。目前，学界已普遍认识到，学术报刊和出版社是我院的优势资源，是我院核心竞争力的重要组成部分。目前，院里正在研究进一步加强我院学术“名刊、名社、名报”建设的举措，更好地保护和发挥我院学术报刊和学术出版的资源优势。

2．要始终保持学术出版工作正确的政治方向和学术导向

我院是中央直接领导的国家哲学社会科学研究机构，中央给我院的“三个定位”中，明确要求把中国社会科学院办成“马克思主义坚强阵地”。坚持正确的政治方向、理论方向和科研方向，是我国哲学社会科学繁荣发展的必然要求，也是我院一贯坚持的办院方针。我院在全国哲学社会科学界的地位，决定了我院的学术出版工作事实上具有引领学术导向的作用。在我院从事学术报刊和出版工作，必须强化政治意识和责任意识，增强政治自觉性和思想敏锐性，自觉地坚持以马克思主义为指导，强化选稿、审稿和质检制度建设，严格把好政治方向关和学术质量关，在一些重要和敏感问题上旗帜鲜明，确保学术报刊和出版物正确的政治方向和学术导向。院里要进一步加强对报刊和出版工作的领导，始终掌握对主要干部的任免权、重大事项的决策权和出版内容的终审权。要坚持把社会效益放在报刊和出版工作的首位，努力实现社会效益和经济效益的统一。

3．积极稳妥地推进我院出版社转制改革

推动出版社体制改革，是中央实施文化体制改革战略决策的重要组成部分。根据《关于深化中央各部门各单位出版社体制改革的意见》（中办发〔2009〕16号）和中央各部门各单位出版社改革工作领导小组的整体部署，新闻出版总署要求我院在2009年底完成五家出版社的转制工作。为顺利推动我院出版社的转制工作，院里配套制定了《中国社会科学院出版社转制工作实施办法》，并成立院出版社转制工作领导小组，由分管院领导任组长，成员由科研局、人事教育局、财务基建计划局、老干部工作局、监察局、工业经济研究所、当代中国研究所和中国地方志领导小组办公室的负责人组成，同时成立办公室，组织协调五家出版社的转制工作。

我院五家出版社的转制方案已于2009年9月获中央各部门各单位出版社改革工作领导小组批准，各社正在按照《中国社会科学院出版社转制工作时间表》开展转制工作。虽然中央和我院对转制的各项工作都出台了具体明确的政策，但由于事关出版社每个员工的切身利益，转制过程中不免会出现不同的看法和意见。这就要求我们精心组织、扎实推进各社的转制工作，既要向每个员工原原本本地解释清楚中央和我院的文件精神，维护员工的合法权益；又要把全体职工的思想统一到中央政策上来，在坚持党的领导、国有产权等问题上旗帜鲜明。院出版社转制工作领导小组将积极指导、协调和监督各出版社在年内顺利完成转制工作。

4．进一步提高学术报刊与出版物的质量和水平

我院学术报刊和出版社享有良好的学术声誉，长期以来受到哲学社会科学工作者的广泛关注，在学术界的影响很大。这是我院一代代学者、编辑创下的学术出版品牌，来之不易。当前，学术出版领域正在深化改革和开放，我院学术报刊和出版社必将面临更加激烈的竞争局面，珍惜、保护我院学术报刊和出版品牌，我们责无旁贷。近年来，我院学术报刊和出版社的规模在不断扩大，出版物数量增长较快，发表了越来越多的高水平研究成果，但长期存在的出版质量问题值得高度重视。虽然近年来我院的出版物没有出现什么政治性问题，但编校质量整体上有下滑之势，如得不到扭转将影响到刊物和出版社的学术声誉，应引起有关出版单位警醒。各有关单位应该采取切实措施，加强出版质量保障体系建设，细化岗位职责，严格奖惩措施。希望大家要充分认识到，我院报刊、出版社的良好声誉是以高质量、高水平的出版物为支撑的，出版质量是我院学术报刊和出版社的生命。希望全院报刊、出版单位和编辑人员以学术名刊、学术名社为目标，高标准、严要求，要在出版质量上体现出与我院地位相称的水平。

5．切实加强高素质编辑队伍建设

办好我院报刊、出版社，关键在于人才，关键在于能否建立和保持一支高素质、高水平的编辑队伍。我院学术报刊和出版事业的发展，需要建立一支与我院地位相称的编辑队伍。一般来说，成为一名称职的编辑，除了需要具有广博的基础知识、较强的文字能力、高度的责任心和奉献精神等基本素质外，还必须了解党和国家的重大方针政策，熟悉国家新闻出版的政策法规。而在我院从事编辑工作，除了要具备以上基本素质外，还应了解和掌握学科前沿研究动态，具有较强的学术鉴审力。随着网络信息技术的迅速发展，传统的学术报刊和出版业正在发生深刻变革，数字出版和内容出版产业蓬勃发展，如何更好地利用现代信息技术来促进我院学术报刊和出版事业的发展，又成为现代编辑必须具备的基本技能。我院建设学术"名刊""名社"，必须建设一支高素质、高水平的优秀编辑队伍。而优秀编辑，在我院应该是学者型的编辑。我院各报刊尤其是正在转制的出版社，要思考如何建设一支学者型的编辑队伍，这支队伍是学术"名刊""名社""名报"建设的重要依托。古往今来，许多成就卓著的编辑人，往往也是学问名家、大家。在此，我也希望全院编辑人员发扬老一辈编辑人"甘为他人做嫁衣"、爱岗敬业、兢兢业业、精益求精的精神，树立成为各自领域专家、名家的志向。

6．发挥倡导优良学风的阵地作用

受社会大环境的影响，学术界一段时期以来一直存在急功近利、作风浮躁的现象，抄袭、剽窃乃至重复发表的事端不时发生。我院作为国家级研究机构，在倡导优良学风、整肃不正之风方面肩负着重要职责。改变目前存在的不良学风，需要从科学研究和学术评价工作的各个环节抓起，而科研成果的出版环节，正是学风建设的重要关口。近些年来，我院在与不良学风的较量中，有效发挥了学术报刊、出版社的阵地作用。各学术刊物相继实行双向匿名评审制度，从制度上保证选稿的公正性和刊物的学术水平，有力推进了学术规范和学风建设。院里也建立了期刊季度审读制度和图书年度审读制度，对期刊、图书的编辑和出版工作进行监督检查，成效显著。但由于学风建设具有长期性，希望我院从事报刊和出版工作的人员，尤其是编辑人员牢固树立学风意识，积极倡导和践行优良学风，既要守好自己的学术阵地，把好出版的关口，让不良学风无隙可乘；同时又要发挥好学术出版的引导作用，使我院报刊和出版社成为倡导优良学风的阵地。

7．继续推动优秀学术期刊和出版物走向世界

推动我国哲学社会科学优秀成果走向世界，是中央关于哲学社会科学发展的战略部署，是展示中华文化软实力，增强我国哲学社会科学国际话语权和影响力的需要。因此，2004 年《中共中央关于进一步繁荣发展哲学社会科学的意见》提出，要实施哲学社会科学“走出去”战略。党的十七大报告更是明确提出，要推动我国哲学社会科学优秀成果和优秀人才走向世界。我院作为国家级研究机构，应该在推动哲学社会科学优秀成果和优秀人才走向世界方面走在全国的前列。近年来，我院创办了一些英文刊物，如《中国社会科学》（英文版）和《中国考古学》《中国经济学人》等，力争直接进入国际期刊阵列，不少学术期刊在编辑队伍、稿件来源、审稿人以及审稿制度等方面积极探索国际化的途径。院内出版社也在“走出去”方面进行了积极探索，积极参加国际书展，与国外知名出版公司合作向国外翻译介绍我院科研成果。但总体看来，我院在推动优秀科研成果“走出去”方面还有很大潜力，需要进一步整合资源，加大“走出去”的步伐和力度，以逐步增强我国哲学社会科学在国际上的话语权和影响力。

总之，希望通过这次会议的研讨和交流，进一步增强“科研强院、人才强院、管理强院”意识，更加坚定我们建设学术名刊、名社、名报的目标和信心，更好地推进我院学术报刊和出版事业的改革与发展。希望大家利用这次会议进行充分的讨论和交流，对我院学术报刊和出版工作多提宝贵意见和建议。

以科学求实的精神深入推进反腐倡廉建设

——在中国社会科学院2009年反腐倡廉建设工作会议上的讲话

李秋芳

（2009年3月19日）

同志们：

在今天召开的反腐倡廉建设工作会议上，王伟光同志受陈奎元同志委托代表党组作了重要报告，对全院2008年反腐倡廉各项工作进行了实事求是的总结，就今年的反腐倡廉建设作出了全面部署，很好地体现了党的十七大、十七届三中全会和十七届中央纪委三次全会精神。为了贯彻落实好这次会议精神，我谨代表中央纪委驻院纪检组谈几点意见。

（一）增强执行力，深化反腐倡廉建设六项工作格局，保证院党组重大部署的贯彻落实

过去的一年，在党组的坚强领导下，在全院干部学者的共同努力下，我院科研管理工作和反腐倡廉建设都取得了新的成效。按照中央对我院“三个定位”的要求，紧紧围绕党和国家的发展大局，党组就2009年推进哲学社会科学创新体系与惩治预防腐败体系建设，提出了明确要求和一系列重大举措。为确保党组的重大部署落到实处，必须把领导干部的执行力作为抓落实的必要条件。

增强执行力，要按照统筹兼顾的根本方法，整体深化反腐倡廉建设六项工作格局。党的十六大以来，我院在实践中形成了维护政治纪律、廉洁自律教育、反腐倡廉制度建设、综合监督、办案惩处、廉政研究等“六项工作格局”，作为惩防体系建设的基本内容，与哲学社会科学创新体系协同构建。这六项工作是相互联系和相互促进的有机整体，其中维护政治纪律是根据我院意识形态特点提出的首要任务，廉洁自律教育是实施人才强院战略的基础性工作，反腐倡廉制度是推进科研和行政管理工作的重要保证，综合监督是领导班子和干部队伍建设的关键措施，办案惩处是警示他人、堵塞漏洞、规范管理的必要手段，廉政研究是我院发挥党和国家的思想库、智囊团作用的应有之义。具有我院特色的惩防体系建设六项工作格局，符合科研单位实际，是全院党组织和干部学者的实践创造。各单位各部门要继续提高协同构建两大体系的自觉性，不断深化六项工作格局，善于贴近科研和管理实际，找到实施六项工作的着力点。

增强执行力，要牢牢牵住党风廉政建设责任制这个“牛鼻子”，把领导干部、职能部门及

关键岗位干部的积极性都发挥出来。我院虽然不像一些地区和部门那样案件仍呈易发多发态势，反腐倡廉建设任务艰巨而繁重，但也面临着危害国家安全、违反政治纪律和经济违纪违法案件时有发生的新情况，反腐倡廉建设日益呈现头绪增多、任务加重的特点。陈奎元同志指出："我院虽然不是管钱管物的单位，但'清水衙门'也同样面临反腐倡廉的艰巨任务。我院单位大、部门多，各个环节、各个部位如果注意不到，就容易出差错、出问题。反腐倡廉这根弦不能松。党风廉政建设是非常重要的工作，也是长期的工作，必须高度重视，常抓不懈。各单位主要负责同志，纪检监察机关的同志，要切实履行职责，把党风廉政建设责任制落到实处。"各单位要针对违纪违法问题易发地带、关键环节和突出问题，提出落实责任制的具体思路和措施。比如，抓好抓实政治纪律，就不能把它当做一句口号，必须体现在不同学科具体的科研管理活动中，否则一个论点、一个数据、一次电脑或移动存储介质的不当不慎使用，都可能影响国家利益和社会稳定，给决策和实践造成很大被动。要帮助干部学者坚定理想信念，强化国家安全意识和国家利益观念，培养应有的社会责任感和基本职业操守，并化作具体有效的制度规范、程序控制和监管措施。党风廉政建设责任制，是落实反腐倡廉各项工作的"牛鼻子"。落实责任制，能出执行力。党委书记、所局长和直属单位主要负责人，要结合科研和管理工作的实际率先落实责任制，处室负责人和科研骨干，也是"责任链条"上的重要环节，都要找到抓落实的发力点和落脚点，使党风廉政建设责任制真正落实到全院工作的各个方面。

增强执行力，要有抓落实的精神状态、求实效的具体措施和贯穿全程的监督检查，确保党组决策部署收到预期效果。能否使党组的决策部署落到实处、见到实效，关键在于全院领导干部的执行力。执行力是一个领导干部党性和能力的重要体现。执行力强、负责任、有作为的领导干部，一定善于分析群众反映最强烈的问题是什么，影响本单位、本部门改革发展的关键点在哪里，管理工作从何处入手才能赢得良好的发展局面，政治纪律和反腐倡廉工作如何提供有力保障。有了清晰的思路和得力的措施，还要细化领导干部和相关人员责任，制定出明确的实施任务时间表，及时督促检查，把问题解决在萌芽状态，把矛盾消弭在过程之中，并对工作进展和效果作出恰如其分的总结评价。面对科研管理和反腐倡廉建设的艰巨任务，全院党员干部特别是局级以上领导干部，一定要强化大局意识，扑下身子，真抓实干。纪检监察组织要加强廉政监督和效能监察，确保党组决策部署运行通畅，达到预期目标。

（二）秉持"以人为本"理念，把反腐倡廉的经常性工作做深做实

落实"以人为本"为核心的科学发展观，将极大地丰富反腐倡廉建设的内涵，也为衡量纪检监察工作的成效提供科学标准。反腐倡廉建设坚持"以人为本"，要将教育人、规范人、监督人和挽救人结合起来，既严守党性原则，又带着感情工作，为广大干部学者搞好各项事业提供纪律支撑，发挥好"保驾护航"作用。

反腐倡廉教育以人为本，就要以崇高的理想、信念和道德净化人的灵魂，提高人的自律

能力，使干部学者获得持久的文化滋养，构筑起思想道德防线。古人云："良医者，常治无病之病，故无病；圣人者，常治无患之患，故无患。"近年来，我院已连续组织了四次主题警示教育；同115名新任局级领导干部进行了廉政谈话；在党校培训和干部培训中，纪检监察机关都作了政治纪律和廉政报告；年节时机给局级干部发手机廉政短信、送廉政台历，编印言简意明的《法规纪律应知应记》，告知干部学者廉洁自律的行为规范是什么，努力使教育贴近实际和简洁务实，富有感染力和说服力。今年，我院要有的放矢地开展岗位廉政培训，把反腐倡廉理念与社科工作者的职业操守紧密结合。要开展"看身边勤政廉政事、学身边廉洁敬业人"示范教育活动,以可见可信的勤政廉政典型激励干部学者"见贤思齐"。还将通过本院发生的案例，提醒党员干部法规纪律的"底线"何在，使党员干部知有所守、行有所拒。

反腐倡廉制度建设以人为本，就要形成用制度治权、办事、管人的体制机制和管理程序，用以规范人的行为，发挥制度保护人的作用。制度作为共同规则和实施程序，旨在限制人们不当追求利益最大化的行为，把党员干部违纪违法的风险降到最低限度，并让刚性的制度规范顶住无处不在的弹性人情压力。应当看到，反腐倡廉制度是全院软环境建设的基础性工程。有了健全的制度，学术研究和行政管理有章可循，大家行知所止、为所应为，才能聚精会神共谋共施全院改革发展之大计。党组去年推开管理体制机制改革以来，同步抓了建章立制工作。在学习实践科学发展观活动中，又进行了制度的"废、改、立"，有关职能部门研究起草了《科研经费管理办法》《涉密课题管理办法》《涉外学术活动管理规定》等制度，还将把学术行为、期刊管理等方面形成的共识和有效做法，转化为科学有效的制度成果。抓制度建设，应坚持立行并重，使制度既真正管用，又可操作执行。要建立健全监察机制，加强对制度执行情况的监督检查，确保制度落到实处。

监督工作以人为本，要使约束人与保护人并重，把监督措施有机嵌入到各项管理工作中，并整合各种力量齐抓共管。党的十六大以来，党组先后制定了三项谈话、述职述纪等制度。科研局开展了对科研活动和成果质量的监督，人事局坚持了选拔任用干部征求意见和公示制度，财计局加大了日常财务监督，各单位逐步推进了所（局、社）务公开工作。纪检监察机关通过信访函询、财务审计、专项执法检查等多种方式实施监督，并完善了沟通反馈办法。实践证明，有效的监督能及时发现和堵住违纪违法漏洞。今年，我院要进一步推进党务公开，建立完善重大决策征求意见和党内情况通报制度，认真落实党员的知情权、选举权、参与权和监督权，使广大党员更好地参与和管理党内事务。在发现苗头性问题后，纪检机关将及时"打招呼"、"拉袖子"，善意提醒干部规矩做事，抓好管理，改进工作。同时，也为受到非议、诬告或遭到打击报复的党员干部澄清是非，消除不良影响，将监督干部与保护干部相结合，努力营造支持勤政者、褒扬廉政者、保护改革者、宽容失误者、惩处违纪者的良好环境。

惩处工作以人为本，就要惩前毖后，治病救人，最大限度地警示教育广大党员干部。惩治腐败是加强反腐倡廉建设的重要方面。要针对每起案件发生的原因、环境进行分析，有针对性地提出整改措施，努力从源头上消除隐患，做到查处一案、教育一片，全面发挥查办案件在教育警示、完善制度和强化监督上的治本功能。在查办案件中，要正确运用政策和策略，做到宽严相济、实事求是，尽力教育挽救犯了错误的党员干部，注重保障被调查人、被处理人的合法权益，不断增强办案的政治、经济和社会效果。

总之，反腐倡廉建设“以人为本”，就要把对干部学者的真情和爱护，渗透到教育、制度、监督、惩处等经常性工作的细节中，“防治于未病”或“治病于初起”，促使社科工作者遵纪守法，走廉洁、平安、幸福的人生之路。

（三）加强领导干部党性修养，大力弘扬优良作风

胡锦涛同志在今年召开的中央纪委三次全会上，集中讲了加强领导干部作风建设特别是党性修养问题。领导干部做人做事所反映出来的价值观念、思维特点和行为方式，是其党性和作风优劣的具体体现，对于执政党的面貌具有举足轻重的影响。

在学习实践科学发展观活动的调研中，我院群众对个别领导干部作风问题的反映较突出，去年院监察局开展“反腐倡廉建设问卷调查”结果也显示，35%的群众对个别领导干部作风的意见较大。一个领导干部尤其是主要领导干部的作风好不好，对本单位的影响甚大。作风不好，势必造成问题堆积，事业发展迟缓，人际关系紧张，干部群众心灰意冷，也就难以完成改革发展任务。一定要清醒地认识到，加强领导干部作风建设，是党风廉政建设的一项长期课题；发展中国社科院的各项事业，须切实抓好领导干部的作风建设。根据近年来调研了解到的情况，我院领导干部加强作风建设需在以下方面着力：

要进一步树立责任意识，任其职就要担其责。对工作极端负责，对人民高度负责，是共产党人的一贯追求。群众对个别领导干部不良作风意见最多的是，缺乏创新求实精神，缺乏工作热情和干劲，对需要解决的问题或麻木不仁，或缺少勇气和办法，对中央和党组的部署被动应付，不善于从实际出发，抓落实不力，致使本单位事业发展起色不大。对领导干部来说，负责有为是一种积极进取的精神状态，也是一种优秀的意志和品质。领导干部在其位就要谋其政，要把事业当事，把群众利益当事，对党、对人民和对承担的工作切实负起责任来。

要进一步强化质量观念，做事不混事，认真不敷衍。时下有一种不良倾向：心浮气躁、凑合马虎、敷衍塞责做事的，不被谴责和纠正，考核评价中也没有客观记录；而工作认真负责、追求高质量的，却时常被奉劝“不要太较真”、“不要活得太累了”。社科院作为科研单位，最应崇尚科学严谨的精神，最应讲究求真务实的风格。领导干部发扬优良作风，一定要始终保持认真干事的状态，无论是做课题、写文章，还是搞协调、抓实事、办会议，都要做到质量不高不上交，把关不严不放过，效果不好不“出门”，切实把敬业负责精神贯穿到每项工作的各个环节中。

要进一步提高自身修养和领导水平，善于尊重和团结共事者。一个单位领导班子能否形成科学民主决策、团结合作共事的局面，需要每个班子成员付出努力。领导干部特别是主要领

导干部，要悉心珍重集体和琢磨工作，花气力提高自身修养和领导能力。遇事要多调研、多商量，做到善决断而不武断，有主见而不持偏见。要尊重广大群众，尊重班子其他成员，善于观察和肯定他人的长处，包容和忽略别人对自己的误解，特别要善待对自己有意见或自己不大欣赏的人。要让干部学者感到，在大事、难事和关键问题上，领导干部修养和水平确实是“高人一筹”，而不是作派气势“高人一等”，主要领导干部是出色到位的“班长”，而不是角色错位的“家长”。

总之，领导作风无小事，党性修养关大局。加强领导干部作风建设，要建立健全调查研究、民主决策、考核问责等制度，把作风评议纳入反腐倡廉建设考核评价范围，并作为干部奖惩和选拔任用的重要依据，要让领导干部作风建设的成果，促进科研事业发展，惠及广大干部学者。

（四）发扬务实创新精神，持续提高纪检监察干部履行职责的能力

能力是长期实践积累的产物。打好反腐倡廉建设的硬仗，必先练好思想和业务的内功，打造一支党性强、作风优、业务精的纪检监察干部队伍。应当看到，当前是社科院发展的难得机遇期，也是检验纪检监察组织“保驾护航”能力的严峻挑战期。为了落实好中央纪委和院党组关于反腐倡廉建设的部署，纪检监察岗位上的专兼职干部，一定要努力增强思想政治素质和纪律检查工作能力，提高为社会科学事业的改革发展提供保障的水平。

广大专兼职纪检监察干部首先要具备正确的政治立场、坚定的党性原则和优秀的道德品质。同时，还要着力提高以下五种能力：一是政治保障能力。自觉用马克思主义的基本立场观点方法指导实践，不断提高政治敏感性和鉴别力，切实维护好政治纪律。二是服务大局能力。知晓大局，主动跟进，创新务实，找准反腐倡廉建设服务大局的着力点，做到谋划工作有思路，狠抓落实有举措，积极促进改革和发展。三是组织协调能力。认真履行党章赋予纪检机关的组织协调职责，主动协助党组织推进反腐倡廉各项工作的实施，重原则、讲方法，会沟通，善于运用集体智慧，发挥团队优势。四是办案办事办文办会能力。每个干部都应练好这四项业务基本功，从所接触的具体任务和程序入手，用心研磨，穷尽思考，精心运作，努力提高工作效率和质量。五是学习调研能力。纪检监察干部特别是专职干部，要坚持抓好理论武装，广泛接触多学科知识，开展扎实的调查研究，进行深厚的知识积累和实践积累。

2008年下半年以来，我院纪检监察机关以“做党的忠诚卫士、改革发展的护航者、社科工作者的贴心人”为载体，开展了学习实践科学发展观活动。巩固学习实践科学发展观活动的成果，纪检监察干部要把这个实践载体坚持下去。做党的忠诚卫士，应始终政治坚定，坚持原则，秉公执纪；做改革发展的护航者，要自觉围绕中心，服务大局，在社科院改革发展中靠得住、用得上；做社科工作者的贴心人，须切实贴近院情，在纪律检查工作中体现出对干部学者的人文关怀。

同志们，在院党组的有力领导下，中国社科院在新的起点上进入了新的发展阶段。让我们以改革创新的精神和科学求实的态度，认真研究新情况，有效解决新问题，深入推进以惩治和预防腐败体系为重点的反腐倡廉建设，为建设哲学社会科学创新体系作出新贡献！

中国社会科学院管理体制机制改革上半年工作情况和下半年的主要任务

——在中国社会科学院2009年所局级主要领导干部管理强院专题研讨会上的讲话

黄浩涛

（2009年8月4日）

同志们：

根据会议的安排，我在这里报告上半年我院管理体制机制改革工作的主要情况，以及对落实院管理体制机制改革下半年工作安排的基本考虑。

按照 2009 年年初院工作会议的部署，2009 年的管理体制机制改革工作，要在 2008 年以来作为学习实践科学发展观主要实践载体已经取得成绩的基础上，进一步明确方向和任务，加大重点领域和关键环节改革的攻坚力度，加快构建充满活力、富有效率、有利于哲学社会科学创新发展的管理体制机制。半年多来，在院党组的正确领导下，在广大干部职工、科研人员的共同努力下，管理体制机制改革顺利推进，取得了明显成效。全年院工作要点共分解具体任务 148 项，其中直接涉及管理体制机制改革任务的有 83 项。截至 6 月底，已基本落实的有 53 项，约占 63%；正在落实的 30 项，占 37%。还有另一个角度的统计，上半年院党组会议、院务会议、院长办公会议决定具体事项 92 项，各责任单位办理完成 80 项，占 87%。从这些统计数字来看，2009 年年初院工作会议部署的改革任务能够按照计划进度完成。

（一）上半年管理体制机制改革的基本情况

在 2009 年院工作会议上，陈奎元同志从战略的高度，着重论述了我院如何抓住当前机遇，发挥阵地、团队、理论人才作用的问题。特别是在阐述科研强院、人才强院等问题的同时，明确提出了“抓管理强院”的长期任务，这对于大家深刻认识和准确把握改革工作的指导思想具有重要意义。王伟光同志的工作报告，具体地提出了深化管理体制机制改革、促进哲学社会科学创新体系建设六个方面的任务。这些任务，凡涉及全院性的，都经过有关职能部门和直属机构作了认真的细化和分解，明确了责任和工作进度。大多数研究所对于自身的改革工作也都制定了具体的计划，有明确的进度安排。这一期间，院加强了对改革工作落实的协调和督查。包括科研、人事、外事、财计、后勤、图书、网络、党的工作以及综合部门在内的院改革工作协调小组九个成员单位，坚持每周五上午开一次例会，汇报一周改革工作进展情况，研究存在的问题，明确下一周工作计划。凡是将要出台的指导全院性改革的文件和规章条例，都要事先在这个会议上讨论，听取各方面的意见；根据这一时期我院基建、后勤和财务改革任务比较集中和繁重的客观情况，为及时协调和推进有关工作，我们还设立了基建后勤财务专题例会制度，每周一下午定时召开。上述会议，伟光同志每次都亲自出席指导，其他相关院领导也都给予重视，根据分工需要，参加有关问题的研究。2009 年 4 月初至 7 月中旬，在伟光同志和党组其他成员的带领下，院改革工作协调小组对院属各研究所、出版社、杂志社等单位的改革工作进行了一轮普遍的调研。同时召开现场办公会议，了解贯彻落实院工作会议精神和改革工作进展情况，帮助解决改革中遇到的困难和问题。为确保各项改革措施落到实处，加强了督查督办工作，办公厅成立督查处，对改革措施的落实进行督促检查，并定期向院长办公会汇报督办结果。2009 年上半年，我院在学科建设、科研管理、人才培养、报刊出版、对外交流、财务基建等各个方面出台了一系列重要改革措施，我院建设发展出现了新局面。

1. 实施科研强院战略，深化科研管理体制机制改革

上半年科研管理体制机制改革的重点方向，是针对现行课题制为主的科研资助体系的某些弊端，推出配套和完善的措施。出台了“基础研究学者资助计划”、“青年学者科研资助计划”以及加大后期资助办法等。这些资源配置和资助机制方面的改革，对长期性基础性研究、对学者包括青年科研人员的学术积累和进步，会起到积极的作用。另一个重要的方面，是制定实施《马克思主义理论研究与学科建设实施方案》，这是旨在加强马克思主义理论研究和建设、培养马克思主义理论人才的重大举措，通过实施方案，整合全院相关人才和资源，搭建开展综合研究、集体攻关的有效机制和平台，更好地发挥我院马克思主义坚强阵地的作用。这个方案稿将在这次会议上讨论审议。此外，启动了新一轮重点学科建设项目、第二批特殊学科建设项目；成立了“重大问题综合研究中心”；对非实体研究中心进行了清理整顿；提高院级课题经费使用效益、压缩在研课题经费留存量，等等。

2. 制定《人才强院战略实施方案》，全面推开聘用制改革

为落实人才强院战略，出台了《人才强院战略实施方案》，并召开了全院会议作了工作部署。工作的重点，是逐步形成符合哲学社会科学人才成长规律、有利于人才成长、体现我院特色、具有竞争激励作用的人才管理体制机制，抓好以科研人员队伍建设为重点的专业技术人员、管理人员、工勤人员三支队伍建设，加大“四个一批”人才建设力度。院属各单位特别是研究所对此项工作非常重视，陆续研究制定了人才强所实施方案，提出了具体工作措施。围绕这个重点，2009 年上半年，还开始实行全院各类人才统一培训机制，共举办 6 类 9 期培训班，培训各类人员 788 人次，努力提高各类人员的政治素质和业务水平；加强所局级领导班子建设，调整任免了 21 个单位的 37 名干部，加大后备干部的培养，加强处级干部的轮岗交流，探索实行党委领导下的所长任期目标责任制。

推行聘用制改革，目的是逐步建立和完善符合我院特点和各类岗位要求的分类管理制度，以建立一种职务能上能下、待遇能高能低的竞争激励机制，从而调动各类人员的积极性。目前，聘用制改革工作进展顺利，多数单位召开了动员大会，成立了领导小组，制定了实施方案，稳步有序地开展各阶段工作。从初步效果来看，通过实施聘用制，制定岗位职责，各类人员对自身的工作定位和职责有了明确的认识，强化了责任和竞争意识，改革达到了预期目的。

此外，还规范了院内各类人员奖励办法；正在解决现阶段全院各类人员津补贴标准统一和规范问题，已初步制定出全院津补贴调整方案。

3．推进外事、图书、网络、报刊出版体制机制改革，加强科研辅助能力和学术阵地建设

在对外学术交流方面，正在系统调研和制定“走出去”战略，加强对外学术交流执行、协调、组织、决策等方面的能力建设，完善国际会议的组织和管理机制，努力办好“中国社会科学院国际学术论坛”。上半年，共召开双边和多边国际会议 27 个。重视对外学术交流制度建设和人才培养，加大对研究所国际学术交流的支持力度。

在图书资料建设方面，实施了全院图书采购总代理制改革。这项改革的目的，是充分利用国家赋予我院在图书进出口方面的资质条件，形成资源最佳配置，实现图书采购公开化，争取效益最大化。新的图书采购机制年内可以形成，2010 年改革完全到位。此外，进一步理顺院图书馆和分馆、专业书库的关系，哲学专业书库、法学图书分馆等已相继建成揭牌；在图书经费分配使用上向研究所分馆和专业书库倾斜。加快图书资源数字化建设，完成了“一卡通”安装调试，开发了数据库远程访问系统。制定了加强古籍保护的工作方案，进行了地下书库改造的施工。

在网络建设方面，研究制定了《中国社会科学院网络信息化建设进一步深化改革的总体方案》，已经印发全院。分别制定出院属单位和院级信息化项目两个管理规定。落实了向研究所的网络建设经费倾斜支持。继续推进“统一身份认证系统平台建设”和“远程访问内网”项目，在研究生院试行有偿上网的管理改革。

为提高我院学术期刊质量，形成品牌效应，实施了“学术名刊建设”工程，加大对期刊的资助力度，完善期刊评优机制。加强了信息报送工作，对《要报》组稿编辑工作进行改革，成立评审专家委员会，努力提高信息报送质量。

按照中央关于文化体制改革的统一部署，2009 年我院所属出版社要在年底前完成事业单位转企改制的任务。上半年，中国社会科学出版社、社会科学文献出版社做了大量前期工作。工经所下属的出版社、报社也正着手组建出版报业集团。

特别值得一提的是，经过将近半年的筹备，由我院主管主办的、第一份全国性哲学社会科学专业报纸——《中国社会科学报》于 7 月 1 日正式创刊，办报机制作了重大改革，受到全国哲学社会科学界的关注。

4．深化行政管理体制机制改革，加强督办，提高执行力

重点组织修订了《研究所所长工作条例》和《研究所党委工作条例》。这两个条例经多方征求意见，反复修改，将提交这次会议审议。修订和实施这两个条例的目的，在于规范研究所的领导体制，从制度上理顺领导关系。为推动各项工作的落实，院里成立了专门督查机构，对院党组决策部署、年度工作要点和改革措施逐项分解，加强督办，对提高工作效率和执行力，起到了显著作用。进一步规范了院内公文流转，通过建立电子文档跟踪管理系统，文件呈送、批转过程更加准确、及时，提高了办文、办会、办事的规范化、程序化、制度化水平。严格执行院属单位所局级领导干部外出请销假制度和出国备案制度，院领导定期听取制度执行情况汇报。初步完成了对院内规章制度的清理工作。重视加强机关作风建设，开展了机关作风建设评议和“文明窗口”创建活动。

5．努力推进基建财务和后勤保障管理体制机制改革，保障能力进一步增强

为加强对我院基本建设工作的统一管理，成立院基建工作办公室，按照直属单位管理，负责全院新建工程项目的规划、立项、招投标和建设等工作，并编制《中国社会科学院基本建设中长期规划》，对我院中长期基建项目进行统筹规划和阶段安排。大家普遍关心的几大基建项目都进展顺利：研究生院新校区主体工程将于今年年底竣工；贡院东街学术与科研大楼建设项目获得重要突破，预计 2010 年年初开始拆迁工作。建立健全经济适用房、限价房的长效机制，研究继续改善职工住房条件的新思路。对全院办公用房进行了调整，解决和缓解了部分研究所办公用房的困难。全院老干部和职工活动中心建成启用。财务管理改革继续推进，全院 137 个三级账户中已有 101 个纳入结算中心管理，剩余 36 个正在办理过程当中，结算中心对账户的监管作用得到充分有效发挥。加强了全院经费使用管理，制定并印发了《中国社会科学院经费审核审批管理办法》。根据中央和国家有关部门要求，开展“小金库”专项治理工作。对院属单位科研、办公用房的使用情况进行清理，制定并实施《中国社会科学院房产有偿利用管理规定（暂行）》，加强房地产有偿使用管理，明确房产有偿利用缴费办法。加大水电节能工作力度，在总结试点单位经验基础上，制定全院节能减排方案，在院图书馆和法学所进行了节能减排试点工作，并对科研大楼有关设施进行了节能改造。

上半年，召开了两次后勤管理工作方面的会议，对全院后勤管理体制机制改革进行动员和部署，对经费预算、资产管理、政府采购和节能减排等工作作出安排。服务中心认真贯彻会议精神，积极推进印刷厂改制工作，原图文印刷厂自 7 月 1 日起以“社科文印部”名称和内部独立核算方式运营，可望扭亏为盈并提高内部服务质量。启动了会议中心改革，在面向研究所提供更好的会议场所服务及其完善管理方面将会有新的气象。

我院研究所（中心）和直属单位在各自的改革中，根据全院的统一部署，从实际出发，也取得了显著成绩，总结了不少好的经验。例如马研院，在科研工作量化考核和职称评审的成果起点标准方面，实行了新的管理措施；哲学所紧密结合自身实际，将各方面的改革细化为十大工程和50项具体措施，扎实推进；工经所从制度机制、组织文化、人才资源等方面入手，创新发展思路，努力探索集科研教学、出版传播与咨询智库为一体的建所道路；法学所全面提出“科研强所、人才强所、教学强所、管理强所”和“走出去”战略，落实改革措施，各方面工作表现出活力；西亚非所建立有关国际和地区重大现实问题及突出事件跟踪研究机制，增强及时提供决策咨询的能力；等等。大家的经验和体会，将在这次会议上进行充分交流。我院各单位的面貌正在发生新的积极的变化。

我院改革之所以能够顺利推进，取得成绩，我体会主要是以下几点：一是改革的方向比较明确，改革的氛围已经形成。继2008年密云会议提出深化管理体制机制改革任务以来，经过学习实践科学发展观活动，全院绝大多数同志对于院党组和奎元同志关于改革的要求和工作部署，思想认识上是明确的、认同的。随着改革工作的进展，大家看到了改革的初步成果。求改革、求创新、求发展的意识，正在发展成为一种普遍的自觉性和积极性。二是措施具体、狠抓落实。院不仅就各项重大改革提出指导性的意见，也出台了与之衔接配套的实施方案、规定和办法。各院属单位纷纷制定出适合本单位实际的改革方案，采取有针对性的措施，力求可操作性。院党组倡导各级领导干部议改革、抓改革，工作求细求实，并身体力行，对于改革中的重点难点问题，不回避，一抓到底，务求实效。三是坚持群众路线。院党组重视做好改革的组织发动工作，争取各方面的理解支持。各项改革措施都广泛征求意见，一切从中国社会科学院的发展出发，一切从全体职工利益出发。充分调动院、所两个积极性，形成全院上下齐心协力，共促改革的良好局面。

在肯定成绩的同时，我们也要看到改革中存在许多问题和困难，主要表现在：一是从全院角度看，改革步伐还不够一致，进度不一，发展不平衡。一些领域和单位的改革力度比较大，进展较快，成效明显，而有些领域和单位则相对滞后，缺乏改革的有效思路，措施不到位；二是有的单位和领导干部解放思想不够，推进改革的积极性不足，照旧章办事、因循守旧的习惯还没有彻底改变，敷衍了事、形式主义的现象还不同程度地存在；三是执行力还有待提高。比如，一些制度和措施虽已出台，但贯彻落实不尽如人意。一些单位和领导干部还缺乏解决难题的勇气和办法，创造性不够强，工作做得不够细、不够实，影响了改革的效果；四是在推进一些重大改革项目或解决一些重点问题上，还受到一些客观因素的制约，比如经费问题、编制问题、职称问题、职工住房问题、重点基建项目推进问题等，还需要多方沟通，千方百计创造条件加以解决。

（二）下半年管理体制机制改革的主要任务

按照院党组的总体工作部署，到2009年年底，我院将基本完成管理体制机制改革的总体工作。当然，管理体制机制随着实践的发展变化，将会不断地调适、完善，但是，作为阶段性的工作安排，我们将在这一时间内，大体构建起反映改革成果的相对稳定的新的管理体制机制框架。现在离年底还有近五个月的时间，我们面临两个方面的主要任务：一是根据改革要求，抓紧完成某些至今还未完成的新管理体制机制的建立工作；二是把上半年出台的各项改革措施落到实处，并且在实践中检验和完善各项改革。下半年的工作可以说时间紧、任务重、要求高、难度大。请同志们按照院党组要求，齐心协力，认真工作，努力完成好各项改革任务。

1．科研管理体制机制改革方面

以完善科研资源配置体系、改进课题管理制度为重点，实施好“基础研究学者资助计划”、“青年学者资助计划”和科研后期资助办法。基本完成新一轮重点学科建设工作和第二批特殊学科建设工作，进一步完善学科体系。继续推进“经济社会发展综合集成实验室”项目论证工作，探索自然科学与社会科学的交叉融合的新途径。改进在研课题年度续拨款制度，有效解决课题经费留存过多的问题。继续探索完善我院重大重点课题、重大国情调研项目、交办委托课题等运行机制，进一步发挥学部在经济社会发展重大理论与现实问题研究中的作用。

院《马克思主义研究与学科建设实施方案》正式下发后，下半年将全面启动这项工作。院属各研究所、职能部门要认真落实好《方案》提出的各项任务。

2．人才管理体制机制改革方面

继续推进聘用制改革，各单位要抓紧制定岗位设置办法和岗位说明书，签订聘用合同，妥善安置未聘人员，确保年底前在全院完成聘用制改革，真正建立起人员“退出”机制。除此之外，抓紧落实人才强院战略提出的其他各项任务，研究制定高层次人才引进、各类人员考核、新进人才人事代理等办法，加大处级干部单位内部轮岗和院内交流的力度，加强和改进博士后的培养和管理工作，成立“中国社会科学院博士后管委会”。完成调整我院工作人员津贴和退休人员退休费，提高退休人员生活补助的工作。适时下放人事管理权限，给予研究所更多的人事自主权。

3．科研辅助管理体制机制改革方面

提出实施“走出去”战略的整体规划。努力形成掌握和扩大话语权的国际学术交流合作体制，组织好重大国际交流与合作项目，努力办好“中国社会科学院国际学术论坛”。完善国际问题应急调研的决策机制，健全和创新国际合作研究的组织管理机制。加大对包括人、书、刊、网“走出去”的扶持力度，集中抓好院级重点合作交流项目，努力发挥学部和研究所的对外交流积极性。

积极稳妥地推进全院图书采购总代理制改革的实施。继续完善服务科研的院图书三级管理体制。建好专业特色书库、专业特色图书分馆、专业特色阅览室。加快院图书馆内部体制机制改革步伐，按照现代图书馆的流程重组院馆的业务工作。探索建立学科馆员制度，开展学科化服务。调整资源结构，逐步加强图书资料的数字化，推进服务创新。

建立调动专业特色网积极性的二级网络管理体制，加大信息化经费向研究所倾斜，逐步实行管理、维护、运营职能分离。年底前完成“统一身份认证”和“远程访问内网”项目建设。

高质量建好新机房，搞好搬迁工作。在集中建好院统一数据库的同时，加强研究所专业特色网的建设。建立图书资料与网络信息统一协调和使用机制。

继续加强学术名刊建设，举办全院编辑人员培训班，提高编辑队伍的政治素质和业务能力。完善《要报》改革，形成体现我院科研特点的信息报送体制机制。

要努力办好“一报一刊一社”（《中国社会科学报》、《中国社会科学》、中国社会科学出版社），发挥其窗口和示范作用。《中国社会科学报》要进一步明确定位，办出特色，不断扩大在学术界和全社会的影响。院属出版社要积极推进体制机制改革创新，年底前完成出版体制改革，工经所报业出版集团改革力争率先出现新气象。

2009 年下半年将召开“名刊名社名馆名网经验交流会”，贯彻落实院工作会议精神，推进出版体制、图书管理和网络管理体制机制改革创新，加大名刊、名社、名馆、名网建设力度，占领哲学社会科学创新体系学术制高点。

要加大研究生院教学改革力度，提高教学质量，适度逐步扩大办学规模，按计划完成新校园建设工程。适时召开院研究生教育工作会议，完善具有我院特色的研究生教育体制。

4．行政管理体制机制改革方面

继续推进以办公厅为枢纽的日常行政运转体制机制的健全与完善，加大督办力度，进一步提高院党组会议、院务会议、院长办公会议议定事项的按期落实率。继续推进我院内部规章制度的修订和完善，确保年底前落实全部“废、改、立”工作。加强院属单位办公室岗位的专业培训，推动全院各单位办文、办事、办会的规范化、制度化。

5．基建财务和后勤保障管理体制机制改革方面

加强基建办公室工作，实施《基建工程监督管理办法》。继续抓好以建立职工住房长效机制、研究生院新校园、科研和学术交流大楼等三大工程为主的基本建设。进一步解决部分科研单位办公用房困难状况。加快结算中心三级账户的归集工作，健全和完善相关财务管理制度。采取切实措施，提高资金预算执行力度，严格控制资金滞存，形成预决算良性循环。根据中央和国家有关部门要求，完成“小金库”的专项治理工作。在院属各单位全面推行节能节电承包制改革。精心组织和管理好改革后的会议中心的运行。完成院内房产有偿利用的规范管理工作。加强服务意识教育，提高后勤服务水平。努力争取国家财政支持，加大创收力度，千方百计逐步改善全院人员待遇。

刚才伟光同志着重阐述了实施管理强院战略的意义、内涵和要求。我们要把管理体制机制改革作为实施管理强院战略的重要任务和有机组成部分，更自觉、更主动地抓紧抓好。既要立足当前，按照既定方案和计划扎扎实实做好每一项工作，又要着眼长远，从科研强院、人才强院、管理强院的总体布局出发，来谋划、推进和完善管理体制机制改革；通过深化管理体制机制改革，促进管理强院战略的实施和管理水平的提高。在改革工作中，要注意调查研究，总结经验。院职能部门要加强对本部门出台的改革措施执行效果的跟踪调研，及时调整、修改、完善。各单位在改革过程中也要及时总结，提高改革工作的成效。各单位不仅要善于从自己的经验教训中学习，还要善于向别的单位学习。在搞好管理和改革方面，各单位都有成功的经验和做法，大家要充分利用这次管理强院研讨会的机会，相互学习，取长补短，共同提高。这里还要强调，全院改革是一盘棋，各个单位、各个方面必须加强配合，特别是改革后一些新机制新办法，是我们过去所不熟悉的，在实行中也可能会遇到一些困难和问题，有的还涉及某些局部利益的调整，请大家以大局为重，互相体谅，互相支持。各单位要加强对改革工作的领导。对于确定在下半年完成的改革任务，要对照过去的计划，作一次梳理，区分轻重缓急，制定出详细的时间表，讲求质量，抓好进度，争取达到预期的成效。

二　中国社会科学院2009年度工作会议文件

中国社会科学院2008年度工作总结

2008年，是我国改革发展历史进程中很不寻常、很不平凡的一年。院党组团结率领全院同志，高举中国特色社会主义伟大旗帜，深入贯彻落实科学发展观，认真学习贯彻党的十七大和十七届三中全会精神，扎实开展深入学习实践科学发展观活动，大力实施科研强院和人才强院战略，全面推进管理体制机制改革，加快推进哲学社会科学创新体系建设，认真落实2008年度院工作会议提出的“六大战略”和12项任务，以科研为中心的各项工作取得显著成绩。

（一）认真学习贯彻党的十七大和十七届三中全会精神，全力落实中央精神和对我院的定位要求

在深入学习贯彻落实党的十七大、十七届三中全会精神和胡锦涛同志一系列重要讲话精神的过程中，紧密结合我院实际，坚持用发展着的马克思主义指导哲学社会科学研究，组织开展形式多样的学习、研究和宣传活动，全院同志对“一面旗帜、一条道路、一个理论体系”的理解愈益深刻，马克思主义基本理论、中国特色社会主义理论体系特别是科学发展观的学习、研究、宣传和贯彻取得实效。

1．认真做好理论武装工作，加大学习培训力度。2008年上半年，共举办七期处室领导干部学习贯彻党的十七大精神培训班，对全院560余名处室领导干部进行了集中培训。组织院属各单位186名所局级领导干部，分九期参加了中宣部举办的宣传思想文化系统干部和高校哲学社会科学教学科研骨干培训班。通过集中培训，进一步加深了全院干部职工特别是领导干部对十七大精神的理解，增强了做好本职工作、办好中国社会科学院的责任感和使命感。党的十七届三中全会后，院党组召开专题学习讨论会，深入学习贯彻胡锦涛总书记关于切实做好意识形态工作和知识分子工作以及繁荣发展哲学社会科学工作的重要指示。全院同志进一步增强了巩固马克思主义在哲学社会科学领域指导地位的意识，深化了对中国特色社会主义理论体系的认识，增强了贯彻落实科学发展观的自觉性和坚定性。

围绕纪念改革开放30周年，举办了我院“改革开放30周年国际学术研讨会”，五个学部共举办18场专题系列学术报告会，对改革开放30年的伟大成就和成功经验、哲学社会科学事

业的发展历程进行了全面回顾和总结。以“改革开放 30 年的历史进程与经验回顾”和“中国特色社会主义理论体系的形成、发展与创新”为主题，举办了第三期青年骨干读书班。

2．积极做好理论研究和宣传工作，服务党和国家宣传思想工作大局。深入研究阐发十七大和十七届三中全会等中央重要会议精神，落实一批重点研究课题。继 2007 年底部署落实学习贯彻十七大精神的 39 项交办委托课题之后，继续落实第二批共 27 项有关交办委托课题，落实中组部、中宣部等部委交办的“关于党的十七大的重大意义和历史贡献”、“中国特色社会主义道路研究”等五项重大课题，深入研究和阐发十七大和十七届三中全会提出的一系列重大理论观点、战略思想和战略部署。我院组织立项 12 项重大课题、34 项重点课题，对贯彻落实十七大和十七届三中全会精神进行专题研究。同时，还围绕学习贯彻中央经济工作会议等一系列重要会议的精神，专门设立课题进行研究，推出了一批有深度、有分量的学术成果，提高了我院服务党的理论创新、服务国家建设发展的能力和水平。

围绕学习宣传十七大和十七届三中全会精神，积极组织撰写宣传理论文章，在《人民日报》《光明日报》《求是》杂志等重要报刊上发表文章 30 余篇，组织撰写纪念改革开放 30 周年相关理论文章 19 篇，向中宣部报送 7 篇。我院有关领导和专家学者为中央国家机关、地方省市举办专题讲座，宣讲和阐释中央精神，得到广泛好评。

3．全力落实中央对我院的定位要求，进一步明确工作思路和任务。在 2008 年院工作会议上，院党组系统总结了建院 30 年特别是十六大以来五年的办院经验，提出了当前和今后一个时期的“六大战略”：一是始终坚持马克思主义在哲学社会科学领域的指导地位，以中国特色社会主义理论体系为指导，努力把我院建设成为马克思主义的坚强阵地；二是始终坚持学科体系、学术观点、科研方法创新，加快构建哲学社会科学创新体系，努力把我院建设成为我国哲学社会科学研究的最高殿堂；三是始终坚持为发展中国特色社会主义服务，加强重大理论和现实问题研究，努力把我院建设成为党和国家重要的思想库和智囊团；四是始终坚持以科研为中心，实施科研强院战略和人才强院战略，深化管理体制机制改革创新，努力把我院建设成为具有中国特色的世界一流名院、强院；五是始终坚持开门办院和“走出去”为主的原则，积极扩大国际学术交流，努力把我院建设成为中国哲学社会科学走向世界的重要窗口；六是始终坚持为科研服务的宗旨，深化改革，加强行政后勤保障体系建设，努力把我院建设成为具有雄厚保障能力的哲学社会科学发展基地。这“六大战略”是落实中央精神和对我院“三个定位”要求的具体化。据此，院党组明确提出 2008 年 12 项工作任务。发展战略和具体任务的全面推进，有力促进了我院“十一五”事业发展规划的落实，推动了我院事业取得新进展。

（二）深入开展学习实践科学发展观活动，奋力开拓我院工作新局面

按照中央《关于在全党开展深入学习实践科学发展观活动的意见》等有关文件精神和部署，我院深入学习实践科学发展观活动自 2008 年 9 月 21 日启动以来，在院党组的领导下，在中央

学习实践活动指导检查组的具体指导下，院属各单位党组织行动迅速、组织得力、狠抓落实，全院53个所局级单位的4000多名党员积极参与，顺利完成了学习实践活动的各项任务，基本实现了我院学习实践活动实施方案提出的目标要求，达到了预期目的。

1．全面动员，认真部署。院党组对搞好这次学习实践活动高度重视。为加强对全院学习实践活动的领导，成立了以院党组书记、院长陈奎元同志为组长，全体党组成员参加的学习实践活动领导小组。9月26日召开全院处室以上领导干部大会，及时传达学习中央精神，对我院的学习实践活动进行了初步动员和部署。10月14日召开全院学习实践活动动员大会，陈奎元同志代表院党组作动员报告，对我院开展学习实践活动的指导思想、基本原则、主要目标、具体步骤和总体要求进行全面部署。按照院党组的部署和要求，院属各单位成立领导小组，制定实施方案，主要领导同志对本单位的学习实践活动进行再动员和具体部署。

2．扎实开展学习调研。2008年10月15～23日，我院分2批、每批4天举办所局领导干部学习实践活动培训班，全院180多位所局领导干部参加了集中学习培训。院党组对培训活动高度重视，党组主要领导同志分别为培训班作动员报告、专题辅导报告和总结报告，参加小组讨论，认真听取意见，同所局领导干部倾心交流。培训班还先后邀请中央有关部委负责同志作专题辅导报告。在所局领导干部集中培训的基础上，院属53个单位也采取多种形式对本单位处室干部进行集中培训，并以支部为单位组织全体党员参加学习实践活动。

院党组成员按照分工确定了调研专题，采取召开征求意见座谈会、深入联系单位和个别交谈等方式进行专题调研，认真查找影响和制约我院贯彻落实科学发展观的突出问题，广泛听取干部群众的意见和建议，提出整改思路和具体措施。党组主要领导同志先后到院属35个研究所（中心）和4个直属单位进行了为期一个月的大规模调研，多次带领职能部门主要负责同志到一些单位进行专题调研和现场办公。据统计，院党组成员参与专题调研共54人次，其中召开座谈会45次，撰写专题调研报告8篇，向院内外征集到6大类26个方面91条意见建议，院党组和各单位领导班子均进行了认真梳理和分析研究，基本找准了我院存在的突出问题。

2008年11月20日，院党组召开扩大会议，围绕在当前形势下如何进一步解放思想，如何深化我院管理体制机制改革，如何推进我院学科体系、学术观点和科研方法创新，如何认识和把握科研成果生产规律和科研人才成长规律、哲学社会科学发展规律和我院办院规律等问题，进行了严肃认真的解放思想专题讨论，陈奎元同志和党组其他成员都作了专题发言。院属各单位领导班子也按照实施方案的要求，组织召开领导班子专题讨论会和扩大会议，开展了解放思想专题讨论，为分析检查、召开专题民主生活会奠定了良好的基础。

3．深入进行分析检查。2008年12月29日，党组召开了扩大的专题民主生活会。会前，党组成员在相互之间开展个别谈心、充分吸收和深入分析干部群众意见、建议的基础上，准备发言材料，结合分管工作，认真查找个人在思想认识、工作能力、工作作风等方面存在的问题，深刻分析产生问题的原因特别是主观原因，并对如何改进工作提出了明确的整改思路。党组成员还加强了对联系单位领导班子专题民主生活会的指导，先后有23人次参加21个院属单位领导班子专题民主生活会。院属各单位领导班子也按要求召开专题民主生活会，以支部为单位召开党员专题组织生活会。全体党员对照科学发展观的要求，结合个人的思想和工作实际，分析查找自身差距和不足，明确努力方向。许多院、所局党员领导干部以普通党员身份参加了所在支部的组织生活会。

为撰写好领导班子分析检查报告，陈奎元同志多次作出重要指示，院党组多次召开会议，专题研究分析检查报告的撰写，认真讨论提纲，在全面吸收院党组学习调研、解放思想专题讨论和专题民主生活会等成果的基础上，六易提纲，全文修改11稿，多次召开征求意见会，印发院属各单位近300人书面征求修改意见，同时上报中央指导检查组征求意见并得到及时指导。经过反复修改，最终形成院党组分析检查报告定稿。中共中央政治局委员、中央书记处书记、中央宣传部部长刘云山同志对我院党组的分析检查报告给予了充分肯定，在我院上报的报告稿上作出重要批示："从分析报告可以看出院党组组织学习实践活动是严肃认真、很有成效的。总体思路和举措体现了中央对社科院工作的要求，符合科学发展观的精神，有针对性有新意。"

4．认真抓好整改落实。院党组及院属各单位领导班子针对学习实践活动前两个阶段梳理出来的问题，特别是在分析检查报告中经过认真梳理的突出问题，研究制定了整改落实方案，并印发院属各单位340多人广泛征求意见，进一步明确了整改的项目、目标和时限、具体措施、责任领导和责任单位。坚持边学边改、边查边改、边整边改，具备整改条件的，立即进行整改，着力转变不适应、不符合科学发展观要求的思想观念，着力提高围绕中心、服务大局的能力，着力推进有利于实施科研强院和人才强院战略、适应哲学社会科学创新体系要求的管理体制机制创新，着力解决影响和制约我院繁荣发展以及党员干部党性党风党纪和学风工作作风等方面群众反映强烈的突出问题，有力地推动了我院各项事业的发展。

从总体上看，我院学习实践活动各个阶段的工作组织得力、衔接紧密，进展顺利、效果明显，基本实现了"提高思想认识、解决突出问题、创新体制机制、促进科学发展"的目标要求，为加快构建适应哲学社会科学创新体系要求的体制机制，为我院的长远建设和发展奠定了良好基础。我院学习实践活动，得到中央领导同志的肯定，得到全院同志的认可，群众满意率达98.35%。

（三）深化管理体制机制改革，大力推进哲学社会科学创新体系建设

推进管理体制机制改革，是党组加快建设哲学社会科学创新体系的一项重要工作部署，是过去一年我院工作的一个鲜明特色。2008年7月23～26日，党组在密云召开改革工作座谈会，陈奎元同志发表了关于推进管理体制机制改革的重要讲话。与会同志畅所欲言、集思广益，统一了认识，下定决心抓改革、促创新。在广泛征求全院意见的基础上，党组形成了管理体制机制改革方案，决定用一年半左右的时间基本完成管理体制机制改革的既定任务。院属各单位

也制定了各自的改革方案。8 月 16 日，党组召开改革工作动员部署会议，全面布置并推动改革。在党组领导下，成立以秘书长为组长的改革工作协调小组，协调督办改革工作的落实。院属各单位也都成立了由主要负责人挂帅的改革工作领导小组。协调小组坚持每周例会制度，到目前为止，共召开例会 28 次，议定重要改革项目和措施 81 项，已经落实 46 项，其余 35 项正在抓紧落实。各项改革取得了有目共睹的成效。

1．在科研管理体制机制改革方面。设立院长学术基金，成立院重大问题综合研究中心，建立对重大理论问题与现实问题开展研究的组织协调机制和跨学科跨所研究平台；改进和完善课题经费管理办法，出台我院科研课题后期资助实施办法；修订并实行院交办委托课题管理办法，加大对重大问题研究的支持力度；制定了特殊学科建设管理办法，支持绝学、濒危学科、交叉学科、边缘学科发展；探索自然科学与社会科学合作的有效机制；实施“学术名刊建设工程”，建立和完善学术期刊经费保障长效机制；改进国情调研工作，完善国情调研管理制度和成果评价机制；探索完善学部工作体制机制创新。

2．在人事管理体制机制改革方面。完成 8 个单位扩大聘用制和岗位设置改革试点，制定聘用制改革与岗位设置管理工作实施方案，探索建立科学有效的激励和“退出”机制；制定我院工作人员奖励暂行办法，建立统一、规范的奖励机制；制定 2009 年度干部培训方案，建立统一领导、统一规划、统一培训、统一管理、统一经费渠道和分类教学、分类指导的人才培训机制。

3．在科研辅助管理体制机制改革方面。建立统一的图书资料工作管理体制，探索服务科研的“总馆—分馆—资料室”三级管理体制；建立院所两级信息网络管理体制，图书经费和网络信息经费配置向研究所倾斜的机制开始形成；外事管理制度建设有所加强，国际合作管理体制机制改革逐步展开；研究生教育体制机制改革积极运作；探索和推进报刊出版体制机制改革，完成《中国社会科学院报》改制改版工作，杂志社、出版社改革有新举措。

4．在行政管理体制机制改革方面。完成办公厅机构调整和职能转变；加强对院党组会议、院务会议、院长办公会议决定事项办理和院领导重要指示落实情况的督办、检查和反馈，逐步建立有效的督办检查机制；增强办文办会办事能力，逐步实现办文办会办事的规范化；对全院内部规章制度进行清理，确定继续执行的规章制度 332 项，予以废止的 167 项，需修订完善的 59 项，拟着手制定的 28 项；逐步推进院务公开和电子院务建设；制定我院所局级领导离京出差出国审批备案管理办法，建立外出请销假备案制度；加强对职能部门工作作风的督促检查，加大对领导干部和领导班子的监督力度；《要报》等信息报送工作机制改革已见效果；以办公厅为枢纽的日常行政管理运行机制初步形成，行政管理工作的科学化、规范化和制度化水平明显提高。

5．在财务基建后勤管理体制机制改革方面。建立统一协调机制，成立院重大建设工程项目协调小组和院重大项目资金筹措小组，在争取政策、资金、项目支持，解决我院重大工程和职工住房问题等方面发挥了作用；建立财务结算中心，初步实现了全院财务的公开透明和资金的集中管理；研究制定了我院房产有偿利用管理规定，逐步实现固定资产的保值增值；初步建立了解决职工住房和引进人才用房问题的长效机制；在院图书馆和法学研究所开展节能减排承包试点工作，积极探索水、电、气成本核算和节能工作体制机制改革新路子；后勤社会化改革逐步推进，初步解决了圣士餐厅长期亏损问题，探索加强成本核算、提高服务质量的新机制。

改革工作从一开始就坚持两个方面同步推进，即在进行管理体制机制创新的同时，不断推动哲学社会科学体系的创新。管理体制机制的改革既是哲学社会科学创新体系建设的重要组成部分，同时又为加快推进哲学社会科学创新体系建设不断创造条件、提供保障。这两个方面的改革相辅相成，彼此促进，为我院发展不断提供创新活力和发展动力。在深化管理体制机制改革过程中，研究制定并相继推出一系列关系创新体系建设的重大举措，比如，马克思主义理论学科建设和理论研究、课题制改进完善、人才强院战略、“走出去”战略、名刊工程、重点实验室建设、古籍抢救保护等实施方案，其中有的已付诸实施并初见成效，有的正在积极创造条件推行，有力推动哲学社会科学创新体系建设取得实质性突进。目前，各项改革已全面铺开，正向纵深发展。改革创新的观念日益深入人心，议改革、抓改革、促改革的局面基本形成，全院人员的积极性、主动性和创造性得到发挥，上下精神为之一振，面貌为之一新。

（四）实施科研强院战略，学科建设和课题研究等工作取得显著成绩

1．学科建设和科研管理迈出新步伐。启动新一轮“重点学科建设工程”计划，组织完成2002年立项的57个项目的鉴定验收，并布置2003年立项的42个项目的鉴定验收工作。启动“特殊学科”建设计划，首批完成11个“绝学”学科的启动建设工作。新兴学科、交叉学科、濒危学科得到加强。探索并推进社会科学和自然科学融合发展，经济社会发展综合集成实验室初步论证顺利完成。进一步完善院级课题管理制度，修订颁布《中国社会科学院交办委托课题管理办法》，研究制定《中国社会科学院院长学术基金管理办法》。科研成果发布制度、科研课题后期资助办法相继出台，青年科研启动基金、老年科研基金发挥了应有作用。

2．课题立项和课题研究取得新进展。继续落实我院“十一五”科研规划课题选题。2008年度国家社科基金重大招标项目中标课题共计64项。我院申报24项，中标6项，约占中标总数的9.4%，全国排名第一。全院共立项院重大课题30项、重点课题98项、后期资助项目4项，组织落实中央有关部门以及院领导交办的课题65项。继续做好院青年科研启动基金的评审资助工作，立项资助82人。努力做好国家社科基金项目申报的组织工作，获准立项课题40项。组织申报9项国家软科学项目。正式启动特别委托项目“西南边疆历史与现状综合研究”。全年共出版专著356部，译著101部，发表论文5466篇，研究报告1542份，以及其他形式的大量科研成果。

3．思想库智囊团作用得到进一步发挥。坚持围绕中心，服务大局，积极主动地承担中央

及有关部门交办委托的任务，深入开展调查研究，以重大理论和现实问题为主攻方向，推出一批高质量成果，为党和国家提供决策咨询和智力支持。围绕抗击冰雪灾害、抗震救灾、举办奥运、纪念改革开放 30 周年等重大事件和活动，开展专题调研，及时提供相关对策和理论咨询。特别是组织相关研究人员深入研究应对世界金融危机的战略对策和具体措施，向中央和有关部门提交了许多有价值、高质量的研究报告。一些专家学者为中央政治局集体学习讲课、参与党和国家重要文件和法律法规的起草。编发《要报》《世界社会主义研究动态》《思想理论动态简报》等各类信息稿件近 700 期，许多重要成果得到中央领导同志批示或被有关部门采用。

4．国情调研工作得到加强。全年立项国情调研项目 98 项，其中重大项目 11 项、重点项目 59 项、按系统考察活动 9 项、研究所考察活动 19 项，另有委托交办项目 4 项。成立国情调研领导小组办公室，研究制定《中国社会科学院国情调研项目鉴定结项管理办法（试行）》《国情调研基地办公室工作办法》等管理文件，推动国情调研工作的规范化。加强国情调研基地建设，与甘肃、湖南、云南、内蒙古、江西、宁波签订基地建设协议。加大成果转化力度，出版推介一批国情调研成果。

5．学部工作取得新成绩。各学部围绕重大理论和现实问题，组织开展国情调研和一系列实证性、对策性研究，推出《雨雪冰冻灾害与社会危机应对机制研究》《汶川地震灾后重建及其社会问题研究》等一批研究成果和对策建议。举办纪念改革开放 30 周年系列学术报告会和“中国改革开放 30 年国际学术研讨会”，举办“国学研究论坛”等各种高层次论坛。充分发挥学术指导、学术咨询和科研协调作用，参与院重大重点课题特别是重大综合性研究课题、国情调研项目的立项评审，学术期刊、科研成果的审读评价，“特殊学科”建设的咨询等工作。编辑出版各种学术出版物，反映学部最新研究成果。组织开展对外学术交流，在国际国内学术领域的影响不断扩大。

6．国史编研和地方志编修工作有新进展。基本完成《国史编年》1952 ～ 1955 年四卷的编纂任务。组织召开第八届国史学术年会和第二届“陈云与当代中国”研讨会。启动大型电视系列专题片《当代中国》的“扶贫”、“智力引进”、“两弹一星”等专题的摄制和庆祝新中国成立 60 周年图片展览的筹备工作。召开第四次全国地方志工作会议，全面总结第一轮修志工作和经验，第二轮修志工作全面展开。

（五） 实施人才强院战略，科研、管理、服务三支队伍建设取得实效

1．调整充实部分所局领导班子。按照干部队伍“四化”方针和德才兼备、群众公认、注重实绩的原则以及提高素质、优化结构、增强能力的要求，对 35 个院属单位的所局领导班子进行到届考察、调整和充实。截至 2008 年年底，共调整任免 28 个单位 67 名所局级干部。通过调整充实，我院所局领导班子在年龄、知识和专业结构上得到了进一步优化。

2．各类人才的招收、引进、培养和考核工作有新进展。根据“四个一批”人才建设需要，

2008 年全院共招收引进青年人才和急需人才 173 名。制定落实《关于为老专家配备学术助手的实施细则》，为充分发挥老专家在哲学社会科学研究中的领路人作用提供制度保障。加大对高层次人才的推荐和选拔力度，全年共有 25 名专家获得政府特殊津贴，4 名专家获“2007 年全国新闻出版行业领军人才”荣誉称号，其中 3 名专家获“新闻出版总署直接联系中青年专家”荣誉称号。加大对全院管理干部的培训力度，继续办好公共管理硕士研究生班、管理干部公共管理核心内容培训班和新入院人员培训班。组织完成各类人员的年度考核工作。

3．院所两级职称评委会换届及年度职称评审工作顺利完成。组织开展院所两级评审委员会换届调整工作，调整组建部分单位职称评审委员会，对院属各单位高研岗位进行调整和增补。结合聘用制试点和职称工作新情况，调整职称工作有关政策，顺利完成 2008 年度职称评审工作。

4．研究生院建设迈出新步伐。以研究生院新校园建设和规划为契机，加快推进研究生院教育体制改革，着力推动规章制度的修改完善和落实，进一步规范和加强教学、科研与学位管理工作。举办研究生院建院 30 周年庆祝大会，组织举办各类庆祝活动，中央电视台、《人民日报》等多家新闻媒体进行广泛报道，研究生院的影响力凝聚力进一步提高。研究生招生工作有序推进，研究生就业指导力度继续加大。

5．博士后流动站建设取得新成效。全年共招收博士后 157 人，其中国家资助类 20 人。进一步扩大博士后学科招收领域，马克思主义理论博士后流动站招收首批博士后研究人员。组织博士后申报各种课题，69 人获得中国博士后科学基金会项目资助。举办博士后论坛、参与国情调研课题，努力推动相关学科的理论研究和创新。我院博士后流动站获得中国博士后科学基金会与北京博士后联谊会颁发的“中国博士后贡献奖”。

（六）实施开门办院和“走出去”战略，对外学术交流水平进一步提高

1．充分发挥我院作为国家对外学术交流窗口的作用，与世界一流学术机构和专家学者的交流合作更加密切。全年完成国际学术交流 1236 批 2545 人次，其中派出 981 批 1557 人次；来访 255 批 988 人次。顺利完成中央交办的一批重要外宾来访任务。全年共举办各类国际会议、研讨会 120 多个，其中“世界经济与中国 2009：变化中的世界和机遇”、“改革开放 30 周年国际研讨会”等会议产生较大的影响。组团参加“第三届中古社会科学研讨会”等国际学术会议，与国际组织和学术机构之间的联系进一步加强。

2．建立和完善三级对外学术交流机制，国际学术交流基地建设工程顺利推进。研究出台《中国社会科学院所局级干部因公出国（境）管理暂行规定》《中国社会科学院关于举办学术会议的管理办法》等规定，进一步强化管理，促进对外学术交流的制度化和规范化。按照以我为主、质量第一的原则，发挥院、所及研究室各个层次的积极性。尝试采用公开招标、经费分担、成果共享等国际通行做法，积极拓展交流渠道，打造交流合作平台。全年新签以及续签的对外交流协议、备忘录 8 项，与亚非、欧洲、美洲地区国家的学术交往更加频繁。

3．积极做好推介工作，优秀人才和优秀成果“走出去”取得新成绩。组织开展国家公派出国留学、教育部留学回国科研启动基金等项目申报及推荐工作。鼓励支持专家学者参加各种国际学术组织，努力增强在国际学术领域的话语权和影响力。推动我院优秀学术成果“走出去”，支持出版《中国经济学人》等刊物，鼓励出版《中国人文学术》（首刊）英文版。全年共对外推荐社会科学图书83种，与国外出版社协议出版图书14种。其中，文献出版社与荷兰BRILL出版社合作出版“皮书系列”获中央外宣办经费补助，为我院推广学术成果、扩大学术影响迈出重要一步。

（七）实施“名刊、名报、名社、名馆、名网”工程，学术阵地建设不断加强

1．学术名刊建设工程取得新进展。按照普遍资助与重点扶持相结合的原则，对全院学术期刊实行目标管理责任制。首批67种学术期刊获得国家专项补贴，长期资助机制已经建立。组织开展“第四届优秀期刊奖”评奖，推选出获奖期刊30种，其中一等奖9种、优秀奖16种、进步奖5种，优秀学术期刊的示范引导作用得到进一步发挥。

2．报纸和出版事业取得新突破。根据事业发展需要，顺利推进《院报》改制，逐步形成刊报合一的管理体制，新《院报》正努力办成学术理论界具有权威性和重大影响的专业报纸。坚持实行优秀专家学者办刊办报办出版制度，编辑队伍素质不断提高。实行“开门办社”，探索推进报刊出版市场化改革，继续扩大社会影响，逐步实现社会效益和经济效益的有机统一。

3．图书资料建设稳步推进。推动建立全院图书馆工作领导机制，拟订和完善专家咨询委员会条例。推动构建“总馆—分馆—资料室”三级图书馆管理格局。法学分馆、哲学特色专业书库正式挂牌。积极推动全院“一卡通”工作，设计完成图书馆数字化建设方案。图书文献工作对科研的服务保障能力明显增强。

4．网络及信息化服务水平有所提高。对研究所网络信息化建设实行经费倾斜。科研人员远程访问内网和统一身份认证调研论证工作有序推进。成功举办“网络信息系统运行应用十周年系列活动”及“第六届两岸三院信息技术与应用交流研讨会”。

（八） 积极推进行政财务后勤保障体系建设，服务保障能力明显增强

1．行政管理工作效率明显提高。加快探索建立以办公厅为枢纽的全院日常行政运作机制，督办、检查、反馈职能进一步加强，全年共筹办院党组会议等各种会议51次，督办反馈“三会”议定任务115件，编发《督办工作简报》18期，院务公开及电子院务建设稳步推进，档案保密工作不断加强，综合治理、安全保卫等工作取得实效，行政管理工作的规范化、制度化、科学化水平进一步提高。

2．资金保障能力进一步加强。落实财政有关要求，为科研和其他事业的正常开展、修购项目的组织落实、节能试点工作的顺利推进、住房补贴发放的基本完成等提供了有力的资金保障。财务结算中心顺利成立并投入运行，推进财务公开透明和资金集中化管理。国有资产清理

整顿和成本核算工作扎实推进，经营性资产管理得到加强。启动公务卡改革试点，顺利开展年度绩效考评工作，为推进我院财务管理体制机制改革打下良好基础。

3．后勤管理服务有所改善。明确服务宗旨，强化保障职能，完成物业服务、职工用餐、会议接待、医疗保健、综合管理等各项任务，为科研工作、机关办公和职工生活提供保证。加强经营性企业管理，总体经济效益有所提高。

（九）全面加强党的建设，学风和工作作风明显改进

1．思想政治建设明显加强。不断加强理论武装，围绕学习贯彻党的十七大、十七届三中全会精神和深入开展学习实践科学发展观活动，在全院范围内举办各种形式的报告会、研讨会、座谈会、培训班。全院党员干部对“一面旗帜、一条道路、一个理论体系”的理解更加深入，信念更加坚定，党的理论路线方针政策真正“入耳、入脑、入心”。坚持正确的政治方向、理论方向和学术方向，全面贯彻中央关于意识形态和哲学社会科学工作的重要指示精神，坚持用发展着的马克思主义指导哲学社会科学研究，学科基本理论建设和理论队伍建设积极推进。围绕党和国家宣传思想工作大局，以大力弘扬“抗震救灾精神”和“奥运精神”为主题，积极开展社会主义核心价值体系教育。在服务奥运工作中表现突出，直属机关党委和农发所获得北京奥组委授予的“北京奥运会、残奥会志愿者工作优秀组织单位”称号。

2．党的组织建设和制度建设扎实推进。在充分酝酿和准备的基础上，成功召开院直属机关第二次党代会，顺利完成直属机关党委和纪委换届工作。进一步完善直属机关党委常委会制度和全委会制度、领导干部民主生活会管理制度。基层党支部建设和发展新党员工作取得进展，党员干部队伍结构得到进一步改善。落实全国党校工作会议精神，制定颁布《关于加强干部培训工作的实施意见》（暂行）和《中国社会科学院2009年干部培训规划》，干部教育培训工作进一步加强。

3．统战和工青妇工作取得新成绩。贯彻落实全国统战部长会议精神，进一步完善院领导与党外专家联系制度。推动工会工作的规范化、制度化和民主化建设。进一步加强妇女组织建设和妇女问题研究。完成院青年中心换届，完善共青团和青年工作机制。党的各级群众组织的桥梁纽带作用得到进一步加强。

4．离退休干部工作迈上新台阶。不断加大服务力度，提高服务水平，积极创造条件，为老同志办实事、办好事。建立“长征基金”，给我院年满79周岁以上的老同志每人每月400元补助，年满89周岁以上的老同志每人每月800元补助。继续开展离退休干部目标考核达标活动，完善考核办法。鼓励老有所为，精心组织好离退休人员科研项目立项审核、课题研究和成果评奖工作，批准老年科研基金立项课题39项，批准出版资助著作37项。积极组织开展老同志赴外地健康休养等活动。

5．党风廉政建设工作格局进一步完善。全面落实中央《建立健全惩治和预防腐败体系

2008～2012年工作规划》，进一步完善维护政治纪律、廉洁自律教育、反腐倡廉制度建设、综合监督、办案惩处、廉政研究等六项工作格局。认真贯彻执行《中国共产党党内监督条例》，切实维护政治纪律。查处一些违法违纪案件。继续推进廉政研究，推出一批有分量的研究成果。

6．学风和工作作风建设取得明显成效。一方面，提倡深入科研一线，深入群众，深入实践，了解国情，围绕中心，服务大局，发扬理论联系实际的学风，反对脱离实际、主观主义的不良风气。着力增强研究人员理论联系实际的意识和问题意识，不断提高及时准确地捕捉当前经济社会发展中的重大问题作为主要研究方向的能力。另一方面，倡导求真务实的治学态度，提倡严谨求实的学风，加强学术道德修养，遵守学术规范，反对弄虚作假、抄袭剽窃的不良风气，抵制不良学术行为，力戒浮躁，不图虚名，增强社会责任感，注重社会效果，自觉维护良好形象。

党组把转变院领导自身和职能部门工作作风、增强服务意识、提高工作效率作为一项重要任务。一是大兴调查研究之风。党组成员进行了三次系统性的调研活动。2008年1～3月，调研了全部院属单位；9～10月，调研了35个研究所和所有事业单位；11月以来，带领院改革工作协调小组成员到一些研究所和院属单位调研，采取现场办公等形式，指导解决实际困难和问题。二是强化服务意识。提倡职能部门为科研服务、为科研人员服务、为研究所服务，把服务意识和服务质量作为考核职能部门工作的重要标准。强调把工作重心放到研究所，深入基层，主动帮助研究所办实事，摈弃办事拖拉、推诿扯皮、文牍主义、形式主义等不良作风。三是加大督办落实力度。不断提高工作效率，增强执行力。

（十）集中解决影响我院发展和干部职工迫切关心的突出问题，全院人员工作生活条件得到改善

党组抓住影响我院发展、全院职工迫切关心的难点问题，精心谋划，狠抓落实，重点突破。研究生院新校园于2008年4月26日正式开工兴建，主体工程将于2009年年底竣工，2010年秋季新生入住。争取到国家财政1200万元专项经费，用于支持各研究所学术期刊建设，办刊条件有了很大改善。争取到国管局经济适用房、北京市两限房和河北省三河市燕郊低价商品房共1630套房源，到目前为止，已有600多位职工解决或改善了住房条件，多年来困扰我院的职工住房和引进人才用房问题得到缓解。针对国有资产和财务管理中出现的突出问题，建立制度，堵塞漏洞，严防国有资产和经费流失。积极推动贡院东街科研与学术交流大楼建设项目，认真筹划离退休干部活动中心建设。院办公区的环境综合治理工程基本完成，院部整体形象明显改观。争取到国家财政4599万元专项经费，用于图书馆地下书库改造和两座立体车库建设。我院基础设施和职工工作生活条件显见改善。

2008年工作是围绕院工作会议提出的发展战略和具体任务展开的。从全年工作落实情况看，2008年度院工作要点共分解出120项任务，其中38项属于长期性任务，6项根据形势的变化作了调整或并入其他任务，年度需落实的76项。截至2008年年底，已落实50项，占

66%；基本落实的22项，占29%；因为条件所限尚未落实的有4项，占5%。全年任务完成较好，有些还取得了重大突破。但还存在许多问题和不足：比如，用马克思主义中国化最新成果特别是科学发展观武装头脑、指导科研仍需努力；围绕中心、服务大局的意识和能力尚需提高；精品成果比较少，高素质人才特别是拔尖人才更为缺乏；管理体制机制还不能很好地适应科研需要，因循守旧、照旧章办事的现象较为突出；"走出去"的成果和人才相对较少，在国际学术舞台上的话语权需要增强；理论与实践的结合做得不够，急功近利、浮躁虚夸等不良学风不同程度存在；工作效率和执行力仍要加强；改善全院职工的物质待遇和工作生活条件还要下更大功夫。对于这些问题，党组极其重视，将认真研究、积极解决。

中国社会科学院2009年度工作要点

2009年我院工作的基本思路是：高举中国特色社会主义伟大旗帜，全面贯彻党的十七大和十七届三中全会精神，学习贯彻中央关于哲学社会科学和意识形态工作的一系列重要指示，以邓小平理论和"三个代表"重要思想为指导，全面贯彻落实科学发展观，按照中央对我院"三个定位"的目标要求，解放思想，统一认识，锐意创新，大力实施科研强院战略和人才强院战略，着力提高为党和国家工作大局服务的能力，全面推进管理体制机制改革，加快构建哲学社会科学创新体系，推动我院工作开创新局面。

（一）牢牢把握正确的政治方向和学术导向，巩固马克思主义在哲学社会科学领域的指导地位

1．坚持不懈地抓好理论武装工作。组织党员干部和广大科研人员深入学习马克思列宁主义、毛泽东思想、邓小平理论、"三个代表"重要思想和科学发展观，用中国特色社会主义理论体系武装全院干部职工。认真学习马克思主义经典著作，深刻掌握马克思主义基本原理，提高广大党员干部和科研人员运用马克思主义立场观点方法指导哲学社会科学研究实践的水平和能力。继续办好"所局级领导干部理论学习系列报告会"、"机关干部理论学习系列报告会"、"青年学习马克思主义基础知识系列讲座"、"离退休干部国际国内形势和哲学社会科学研究重大理论问题报告会"。加强和改进全院干部职工的理想信念教育、国情教育和形势政策教育，以爱国主义为核心的民族精神和以改革创新为核心的时代精神教育，把社会主义核心价值体系建设贯穿于思想政治建设的全过程。

2．牢固把握哲学社会科学领域的话语主导权。组织全院党员干部和科研人员认真学习贯彻中央和胡锦涛总书记关于做好意识形态工作的一系列重要指示，深刻认识意识形态工作的极端重要性，深刻分析意识形态领域面临的复杂局势，进一步增强政治敏锐性和政治鉴别力，积

极应对意识形态领域挑战，自觉维护意识形态安全。针对当前意识形态领域存在的突出问题，举办系列研讨活动，深入剖析各种错误思潮，组织撰写有分量的理论文章，不断提高用社会主义核心价值体系引领社会思潮的能力。以发展中国特色社会主义为主旋律，把思想和行动自觉统一到“一面旗帜、一条道路、一个理论体系”上来，准确认识和把握当前意识形态领域的形势和任务，采取更加有力的措施加强思想政治建设，确保阵地巩固、方向正确、导向明确。

3．巩固和扩大学习实践科学发展观活动成果。把科学发展观所体现的马克思主义立场观点方法贯穿到科学研究、学科建设、队伍建设、体制改革、党的建设等各个方面各个环节中去，促进各方面工作全面、协调、可持续发展。认真贯彻党组深入学习实践科学发展观活动分析检查报告和整改落实方案，重点结合 2009 年拟完成的五大类 49 项整改任务，结合本部门本单位实际，把各项整改任务落到实处。在适当时机组织开展“回头看”活动，对全院各单位整改措施落实情况进行全面检查。

4．大力加强马克思主义阵地建设。制定并实施加强马克思主义理论学科建设和理论研究方案，加强马克思主义理论创新体系建设和人才队伍建设。努力办好马克思主义研究院、邓小平理论和“三个代表”重要思想研究中心、世界社会主义研究中心。按时高质量完成中央交办的马克思主义理论研究和建设工程的各项任务，为党的理论创新服务。

（二）继续实施科研强院战略，全面提升我院哲学社会科学研究总体水平

1．继续加强基础研究。加强马克思主义理论研究和理论创新，把加强马克思主义中国化的理论创新研究、中国特色社会主义理论体系特别是科学发展观的研究放在重中之重的地位。加强基础学科建设，建设和推出一批国内一流、国际知名的研究所、研究中心和研究室。落实中央领导同志关于加强社会学研究、筹组有关研究机构的批示精神。将城市发展与环境研究中心、国际法研究中心改建为研究所。根据基础理论研究的规律和成果产出特点，采取切实有效措施，支持和鼓励从事基础研究的专家学者潜心研究，严谨治学，推出更多精品成果和传世之作。

2．继续加强应用研究。推动应用研究向战略高度提升，提高为党和国家重大决策服务的能力和水平。围绕党和国家的中心工作，组织落实一批重大理论和现实问题研究课题，深入研究党的十七大提出的新思想、新观点、新论断，深入研究经济建设、政治建设、文化建设、社会建设以及生态文明建设和党的建设所面临的一系列重大问题，深入研究社会主义核心价值体系，深入研究新中国成立 60 年来我国的发展历程和发展经验，深入研究世界经济、政治、文化等领域的深刻变化，注重研究美国金融风险引发的全球性金融危机的本质、成因及我国防范、规避、化解危机的应对措施，等等，推出一批具有前瞻性、战略性和全局性的精品研究成果。积极组织落实党和国家有关部门交办委托的研究项目，为党和国家重大决策提供科学参考和政策建议。落实“十一五”科研规划课题，组织好 2009 年度重大课题、重点课题、交办委托课题等各类课题的立项以及国家社科基金年度项目、重大招标和特别委托项目等的申报工作。

3．启动新一轮重点学科建设工程。调整优化学科总体布局，按照分类指导、分级管理、重点支持、院所共同负责的原则，启动特殊学科、新兴学科、“绝学”学科建设计划；积极推进交叉学科研究、社会科学和自然科学结合研究，推进相关课题立项；继续办好国学研究论坛，弘扬中华传统文化，等等。

4．推进和改善学部工作。强化学部工作职能，充分发挥学部作用，深入广泛开展学术研究、交流与合作，扩大学部的学术影响力。

5．加强国史研修和地方志办公室工作。完成《国史编年》1952 ~ 1955 年四卷的出版工作，举办第二届当代中国史国际高级论坛、第三届“陈云与当代中国”研讨会等学术会议，组织好大型电视系列专题片《当代中国》的摄制和播出，编辑出版《中国巨变：1949 ~ 2009 年》展览图片和《当代中国（1949 ~ 2009）》大型画册，做好国史学会换届工作。推进二轮修志工作，加强地方志书质量标准体系建设，组织召开全国省级方志工作机构主任会议和全国省志编纂经验交流会，继续开展“海外藏中国历代方志目录”等 8 个专项基础研究，做好中国地方志协会的换届工作并组织召开第五届会员代表大会。

6．加强和改进国情调研工作。提炼一批党和国家密切关注的重大国情调研选题，组织一批重大国情调研项目，推出一批重要国情调研成果，为党中央国务院的战略决策服务，为地方制定和完善发展战略提供决策咨询。巩固和加强甘肃、云南、湖南、内蒙古、江西、宁波等六个国情调研基地，积极探索充分发挥国情调研基地的方法和途径，推动科研人员通过基地开展长期跟踪调研活动，形成自己的“拳头产品”。积极探索国情调研资料和成果的科学管理方式，建立健全国情调研资料管理制度，推动国情调研成果共享，筹建院国情调研信息中心。对国情调研进行统筹规划，加强国情调研管理制度建设，探索具有我院特点的国情调研体制、形式和办法。通过各种有效途径，做好调研成果的报送、宣传和交流，使国情调研成果发挥更大的作用。

7．完善学术评价标准和学术规范制度。建立健全公开、公平、公正的学术评审和质量评价体系，坚持正确的政策导向，防止重数量轻质量、形式主义和弄虚作假等不良倾向。加强学术道德教育和学术规范管理，纠正学术失信失德行为。发挥院所两级学术委员会、职称评审委员会以及图书期刊审读制度等对学风建设的监督作用。

8．完善科研成果发布制度。进一步健全科研成果发布制度，重点推动所级科研成果发布工作。通过定期举办院所两个层次的科研成果发布会，积极宣传和推介我院新近完成的代表院所学术水平的优秀科研成果，积极推动中央重要新闻媒体报道宣传我院科研工作，不断扩大我院学者和科研成果的社会影响。组织研究所优秀科研成果评奖，为第七届院优秀科研成果评奖做好准备。

9．推动科研方法和科研手段创新。开展经济社会发展综合集成实验室及其他一些重要实验室的立项和建设工作，大力推进科研方法和手段创新。

10．加强学术社团管理。加强各类学术社团管理，合理调整院所两级学术研究中心的设置和职能，充分发挥它们在我院建设和发展中的作用。

（三）积极实施人才强院战略，培养大批哲学社会科学专业人才和管理人才

1．实施“四个一批”人才建设工程。全面落实《中国社会科学院人才强院战略实施方案》。抓好以科研人员队伍建设为重点的专业人员、管理人员、工勤人员三支队伍建设，着力实施“四个一批”人才建设工程，努力造就一批坚定的马克思主义理论家、学贯中西的思想家和学术大师；扶持一批政治坚定、与党同心同德、具有广泛影响、学术造诣高深的领军人才，特别是在新兴学科、交叉学科、濒危学科、“绝学”等方面的专门人才；培养一批出生于20世纪七八十年代、政治和业务素质良好、锐意进取的中青年骨干人才；选拔一批政治坚定、业务突出、熟悉意识形态工作、富有改革创新精神的优秀领导人才和管理人才。

2．编制中长期人才发展规划纲要。科学规划人才队伍建设战略目标，编制《中国社会科学院人才发展中长期规划纲要（2009～2020年）》，提出今后一个时期我院人才队伍建设的战略思路、总体框架和重大举措。建立高层次人才引进制度，制定人才引进政策，坚持为我所用、量力而行、优中选优、宁缺毋滥的原则，重点引进国内外拔尖人才，特别是急需的重点学科领军人才。

3．积极扶持青年学术骨干人才。加大科研队伍建设支持力度，培养学科带头人和优秀中青年骨干，保持并不断开创我院在各重要学科领域的学术优势。构建以青年学者发展资助计划为主的青年骨干人才培养体系。

4．培养领导人才和管理人才。提高领导干部的马克思主义理论素质、现代科学文化知识水平、治院治所能力和解决实际问题的能力。完善管理人才培养制度，有目的地安排后备管理干部到地方挂职锻炼，到中央党校和院党校学习，或到国外进行中长期进修。加大院所管理干部交流和关键岗位干部的轮岗交流力度，鼓励院直机关干部到研究所挂职锻炼。

5．加强所局领导班子建设。调整充实一些所局领导班子。把领导班子建设的重点放在研究所，放在坚持和完善党委领导下的所长负责制上。修订并实施《研究所党委工作条例》和《研究所所长工作条例》。健全党委集体领导工作制度和决策机制，加强领导班子成员之间的协调与沟通，做到科学决策、民主决策，防止独断专行。坚持和完善党委理论学习中心组学习制度和领导班子民主生活会制度。

6．加强研究生院和博士后流动站建设。进一步明确研究生院定位和办院指导思想，在为社会培养人才的同时，更加注重将培养方向与我院学科建设相衔接，扩大我院科研人才选拔基础。对“绝学”、濒危学科等传统优势学科，采取特殊的招生制度。努力提高教学质量，深入进行教学改革，逐步完善和健全研究生院教学体系，提高研究生院的教学科研竞争力。成立院博士后管理委员会，进一步加强对博士后工作的协调管理，注重跨学科和复合型人才的培养。扩大博士后和访问学者规模。

7．加大人才资源保障与开发的投入。筹集2500万元资金，加大投入，建立包括经费保障、住房保障、收入保障、图书资料和网络信息保障、培养基地保障在内的人才保障体系，做到人才投入优先保证。加强对人才建设经费使用情况的监督检查。

8．加强各类人才的统一培训工作。加大对科研人才、管理人才、科研辅助人才和服务人才的培训力度，及时更新知识结构，不断提高业务素质和工作水平。重视做好每年两期的所长、党委书记等一把手的培训和青年学者的马克思主义基本理论培训。建立全院统一领导、统一规划、统一培训、统一管理、统一经费渠道和分类教学、分类指导的培训机制。加强院党校建设，充分发挥党校在干部培训中的重要作用。

（四）继续实施“走出去”战略，推动我院优秀成果和优秀人才走向世界

1．制定实施“走出去”战略方案。围绕科研强院战略和人才强院战略的实施，制定并实施“走出去”战略方案，使对外学术交流工作更好地为党和国家发展大局服务，为我院中心工作服务。加大对外学术交流投入，适度扩大对外学术交流范围和规模，建立以我院为主导的对外学术交流模式。积极推动优秀成果和优秀人才走向世界，进一步增强在国际学术论坛上的话语权。精心组织实施重要的双边协议和交流计划，积极参加政府外交议程所需要的重要活动，出色完成党和国家交办的外事任务，充分发挥学术外交和文化外交作用，使我院成为党和国家对外交往的一个重要渠道。开展国际重大事件调研项目，完善国际热点问题应急反应的组织协调机制，及时为党和国家外交决策提供智力支持。

2．完善院级对外交流合作项目体系。构建高层次对外学术交流平台，集中抓好具有重要影响的国际交流项目，办好高水平国际学术论坛，重点培育一两个院级拳头品牌。加强与世界著名研究机构、高等院校和智囊机构在政治、经济、社会、文化、外交等领域的合作与交流，开发重大合作研究项目，掌握合作研究的主动权，把握好合作研究的方向，营造对我友好的舆论环境。积极参加国际和地区多边组织活动，增强我院在有关国际学术组织及决策制定中的影响力。

3．加大培养对外学术交流优秀人才力度。加强对外学术交流队伍和外事管理队伍建设，培养和造就一批政治坚定、学养深厚、外事活动能力强、在国际学术界有影响的学术交流骨干。选派一定数量的优秀中青年学者和优秀管理干部出国进修，加速中青年学者成才。建设一支政治可靠、作风过硬、业务精通、经验丰富的外事管理干部队伍。

（五）深化管理体制机制改革，有力促进哲学社会科学创新体系建设

1．推进科研管理体制机制改革，逐步形成符合哲学社会科学研究规律、具有我院特色、有利于出成果特别是经得起检验的精品成果的科研管理体制机制。实施《关于课题制改革和进一步完善科研资助体系的意见》，改进完善课题管理体制，建立有利于基础研究和基础研究人才成长的机制。构建重大问题研究的协调机制，形成围绕中心、服务大局、以党和国家关注的

重大问题为主攻方向的研究平台。探索社会科学和自然科学交叉学科的协作研究机制。研究科研经费分配、经费资助的科学办法，严格科研经费管理，有效解决财政拨款结余经费数额过大的问题，提高科研经费使用效率。完善学部工作体制机制，支持学部开展跨学科跨研究所联合攻关，有效发挥我院整体研究优势。加大学术期刊管理体制机制改革创新力度，加强学术期刊管理。健全科研成果评审和发布制度。实施《中国社会科学院关于改进完善非实体研究中心管理的意见》，建立非实体研究中心管理的长效机制。建立健全国情调研管理体制机制。

2．推进人才管理体制机制改革，逐步形成符合哲学社会科学人才成长规律、有利于人才成长、体现我院特色、具有竞争激励作用的人才管理体制机制。实施《中国社会科学院聘用制改革及岗位设置管理工作实施方案》，全面推开聘用制改革，解决编制平衡和职称紧张问题，重点解决“退出”机制问题。建立统一的人才工作领导体制。加大投入，着重改善人才成长条件，营造有利于人才成长的环境，建立有利于中青年骨干人才成长的长效机制，重点解决竞争激励机制问题。加大干部交流力度，健全和完善干部培养、选拔、任用和考察机制，实行党委领导下的所长任期责任制，推进领导干部和管理人才培养选拔机制创新，研究建立不称职领导“退出”机制。建立统一培训、统一管理的干部培训新体制，加大全员培训力度。制定符合我院特点的绩效工资分配实施办法，完善科研津贴、管理岗位津贴制度。

3．推进科研辅助体系管理体制机制改革，逐步形成有利于为科研服务、为科研人员服务、有利于优秀成果和优秀人才走向世界并掌握话语权的科研辅助管理体制机制。建立向研究所倾斜的国际合作、图书、网络经费资源配置比例和支持机制，调动研究所的积极性。图书馆要建立服务科研的三级管理体制，逐步实现图书资料数字化，办好专业特色书库、专业特色图书分馆、专业特色阅览室，完善为科研服务的图书保障体制机制。网络中心要建立调动专业特色网积极性的二级网络管理体制，集中建好院统一数据库，支持研究所专业特色网建设。建立图书资料与网络信息统一协调和使用机制。加大对包括人、书、刊、网在内的“走出去”战略的扶持力度，探索建立掌握和扩大话语权的国际学术交流合作体制，完善国际问题应急调研机制，加强外事经费和外事管理制度建设。积极推进报刊出版体制机制改革创新，探索筹建报刊出版集团，努力提高报刊出版物质量。加大研究生院改革力度，提高教学质量，适度扩大办学规模，深化后勤改革，逐步形成具有我院特色的研究生教育体制。

4．推进行政管理体制机制改革，逐步形成符合我院办院规律、确保中央和院党组重大决策决定贯彻落实、运转有效有活力的行政管理体制机制。完善令行禁止、上传下达、运转有效、和谐有序的全院日常工作运转体制。加大督查督办力度，建立和完善督查督办制度。提高办文、办事、办会效率，逐步实现行政管理工作的规范化、制度化、科学化。加强行政管理人员队伍建设，培养高素质行政管理人才。完善办公厅各项职能，实现有效运转。建立院所之间、职能部门与研究所之间的协调和沟通机制，形成统一管理合力。探索新的体制机制，加强院写作班子建设。完成全院规章制度“废、改、立”工作。继续进行《要报》等信息报送工作改革。

5．推进财务基建管理体制机制改革，逐步形成透明、公正、有效、集中统一的财务管理体制和运行机制。建立和完善财务管理“一支笔”制度，实行严格监管。推进和完善结算中心工作，进一步统一三级账户，有效发挥资金调度和账户监管职能。实施《房产有偿利用管理规定》，对全院房产实行严格的成本核算管理，做到有偿利用、保值增值。在试点基础上，推广节能节电承包制改革。基本建设管理要逐步实现规范化、制度化和科学化，建立解决新进人才和引进人才住房问题的长效机制。加强发挥我院优势的创收机制建设。

6．推进后勤保障体制机制改革，逐步形成管理科学化、服务社会化、保障现代化、具有我院特色的后勤保障体制机制。持久开展为科研一线服务的教育，树立为科研一线服务的意识，不断提高服务水平。加大后勤社会化改革力度，对亏损单位进行整改，推进印厂等服务单位改制，逐步探索社会化改革的新路子。建立健全成本核算制度，改革经营性资产管理方式，确定合理经营指标，制定奖惩办法，切实提高经济效益。

7．加强对改革工作的领导，明确责任，狠抓落实。全院领导干部要积极投身改革，带头推进改革，勇于承担改革重任。院改革工作协调小组要加强统筹和协调，充实和完善全院总体改革方案和各方面的具体改革方案，逐项推动和落实各项改革任务。适时召开改革经验交流会，总结经验，推广典型。

（六）加强科研辅助和行政后勤保障体系建设，为实施科研强院和人才强院战略提供有力支持

1．继续实施学术名刊建设工程。坚持正确的办刊方向，研究制定学术期刊建设整体规划，打造在国内外具有领先优势的知名学术期刊品牌，巩固我院期刊资源优势，占领学术制高点。落实《中国社会科学院关于进一步加强“学术名刊建设”的意见》，在已投入1200万元专项经费的基础上，至少再增加300万元，加大对学术期刊、学术年鉴和《院报》的资助力度。加强对学术期刊的管理和检查，把每一笔经费管到位、用到位。整合期刊资源，研究建立院期刊网。加大编辑队伍建设力度，培养适应科研发展需要、具有较高专业造诣的编辑人才和管理人才。

2．实施“一报”“一刊”“两社”和“要报”建设工程。将《中国社会科学院报》改版为《中国社会科学报》，办成国内外知名的哲学社会科学专业特色报纸。努力把《中国社会科学》杂志办成展示哲学社会科学研究最高水平成果的重要窗口。把中国社会科学出版社和社会科学文献出版社办成哲学社会科学领域的重要出版基地，实现社会效益和经济效益的最佳结合。办好“皮书”和学术年鉴系列品牌。按照“准、新、短、快”的要求，把《要报》等内部信息刊物办成服务党和国家工作大局的重要载体。

3．建立完善的文献信息资源保障体系。整合全院图书资源，努力把我院图书馆建成哲学社会科学专业特色名馆。院图书馆作为总馆，要发挥指导协调全院图书馆业务的职能。对分馆和特色专业书库实行经费倾斜政策，办好法学图书分馆和哲学专业书库，筹建经济学分馆、民

族学分馆、国际问题分馆和文学专业书库。完成国家社会科学数字图书馆建设的可行性论证。制定全院图书馆资源数字化方案，加强图书馆数字化建设。加强与网络中心的合作，实现图书馆电子资源远程访问。完成“一卡通”工程，统一全院借阅制度，实现资源共享，推进服务创新。做好地下书库的搬迁和回运，及时恢复相关书刊的借阅服务。制定并实施古籍保护方案，做好古籍保护工作，启动古籍回溯编目。

4．进一步加强信息网络建设。以创办国内外一流的哲学社会科学专业学术名网为目标，建立全院统一的海量的哲学社会科学数据库，不断提高院网站的信息质量和学术水平。信息化网络建设经费向研究所倾斜。建立中国哲学社会科学网互动平台，推进学部网站建设。支持研究所专业特色网和专业特色数据库建设。加大对二级网站特别是研究所网站和专业特色数据库的支持力度，推动各研究所网向本学科门户网站发展。支持基础较好、有条件的研究所加强专业外文网站建设。启动远程访问内网和统一身份认证试点工作。抓好研究生有偿上网试行工作。完成网络中心搬迁，高质量建好新机房。加强网络安全和网上信息安全建设，构建院网安全防御系统。

5．进一步做好财务基建工作。加强与国家有关部门的沟通，落实我院 2009 年科学事业费预算指标，积极争取专项资金，最大限度地保障我院科研事业和基础设施建设需要。研究制定我院基本建设项目近期和长期规划，抓紧落实已确定的 2009 年 22 项基本建设和维修项目。全力推进贡院东街科研与学术交流大楼建设。完成研究生院新校园建设、西安文物标本楼翻建工程。协助完成国家方志馆建设后期装修改造，确保年内交付使用。安排好国际片文物保护性修缮。完成院图书馆地下书库改造、两个立体车库建设、大院环境第二步整治等任务。争取老干部活动中心、研究生院新校区 75 亩地基本建设项目和博士后公寓立项。调整办公科研用房，解决好办公用房特别困难的研究所和网络中心用房。解决老干部和全院职工的业余活动用房。加强安全保密工作。

6．尽力改善全院干部职工的工作生活条件。办好职工食堂。继续改善住房困难职工特别是青年科研人员的住房条件。积极筹措资金，推进单身职工宿舍建设。采取切实措施增加创收，改善全院人员的收入待遇。

7．适时召开“名刊名馆名网名社建设座谈会”。认真总结经验，推广典型，带动全面。

（七）加强党的建设，保证我院事业的繁荣发展

1．建立完善党建工作体制机制。成立党的建设工作领导小组，加强对全院党建工作的指导和协调。建立健全党建工作责任制，强化检查和考核，并把考核情况作为评价领导班子及其成员工作实绩的重要内容。建立健全党内民主制度，制定并落实《党务公开办法》，健全党内情况通报、情况反映、重大决策征求意见制度，完善党组织和领导干部对党内意见的反馈机制。贯彻落实《中国共产党党校工作条例》，研究制定加强我院党校工作和党员教育的意见，把我

院党校工作提高到一个新水平。进一步加强党建理论研究，不断探索我院党建工作的新方法和新途径。

2．全面加强党的基层组织建设。部分任期届满的研究所党委按规定进行换届选举工作。重点加强研究室和职能部门处室的党支部建设，充分发挥党支部战斗堡垒作用。积极稳妥地做好发展新党员工作，注重在科研人员特别是中青年科研骨干中发展党员。

3．重视和加强党组自身建设。以高度的责任感和使命感，坚持不懈地抓好院党组自身建设。牢固树立政治意识和政权意识，自觉地同党中央保持高度一致，时刻保持政治敏锐性和政治鉴别力。牢固树立大局意识，紧紧围绕党和国家发展全局，考虑和谋划我院科研和各项工作。牢固树立改革创新意识，紧跟党和国家理论创新、实践创新和制度创新步伐，坚持把改革创新精神贯穿于办院治院的各个环节。牢固树立廉洁自律意识，正确运用手中权力，坚持原则，勤政敬业，以实际行动做全院党员干部的表率。牢固树立团结协作意识，切实贯彻民主集中制原则，实现集体领导与分工负责的有机结合。牢固树立学习意识，努力做到勤于学习，善于学习，自觉学习，终身学习，不断提高工作能力和领导水平。

4．着力加强惩治和预防腐败体系建设。按照改革创新、惩防并举、统筹推进、重在建设的基本要求，全面落实党风廉政建设责任制。深入开展政治纪律、宣传纪律、外事纪律教育，加强国家安全形势和保密教育，不断推进反腐倡廉教育。健全重大部署落实和制度执行的监督检查机制，强化监督。重点查办严重违反政治纪律和严重损害国家安全的案件，继续查处违反财经纪律、失职渎职等案件。完善信访工作机制。深入开展廉政研究。

5．进一步加强学风和工作作风建设。把学风建设作为关乎我院事业兴衰成败的一项重要工作抓实抓好，形成长效机制。在坚持党的统一领导和正确方向的前提下，形成良好学术环境，营造宽松学术氛围。坚持理论联系实际，努力提高运用马克思主义立场、观点、方法分析和解决实际问题的能力，做到理论与实际、学习与运用、言论和行动相统一。加强和改进学习，认真学习马克思主义理论，学深学透专业知识，广泛学习各方面的知识，把学习和研究的收获体现到为实现党和人民的事业而奋斗的实践上，体现到努力做好本职工作上，体现到自身的道德、品行、操守、价值观等高尚的精神追求上和党性修养上。要切实转变工作作风，提高领导干部的执行力，坚决克服干部队伍中特别是个别领导干部身上存在的“软、懒、散”等不良作风。院机关各单位要讲干事、讲团结、讲纪律、讲规矩、讲程序，切实发挥示范和表率作用。要增强为研究所服务、为科研一线服务的意识，及时发现并解决基层和群众关心的实际问题，克服衙门作风，反对官僚主义和形式主义。提高工作效率，加强督办，严格考评，广泛监督，狠抓落实，增强执行力和实践能力，摈弃消极观望、纸上谈兵、推诿扯皮、得过且过、形式主义等不良作风，讲实话、办实事、求实效，真正把党组的各项决策落到实处。

6．进一步做好统战和群众工作。进一步加强对统战、工会、共青团和妇女工作的领导，充分发挥各民主党派和群众组织的作用，维护我院稳定，促进我院和谐发展。根据中央关于新时期统战工作的基本要求，协助和支持院各民主党派和群众组织开展好各项工作。认真履行工会职责，切实维护职工合法权益。充分发挥职工代表大会在我院事业发展中的重要作用，修改研究所职工代表大会条例。进一步加强和改进青年工作，充分发挥院团委在促进青年成长成才、服务科研中心工作方面的作用。

7．进一步做好离退休干部工作。举全院之力，把离退休干部工作做得更好。千方百计改善老同志的生活和娱乐条件，千方百计解决老同志的实际困难，鼓励和支持老同志在力所能及的情况下从事科研活动，更好地发挥在我院科研事业发展中的重要作用。加强离退休干部队伍基层党组织建设，推进离退休干部党支部工作的制度化、规范化。

三　中国社会科学院人才强院战略实施方案

2008 年院工作会议提出实施人才强院战略，这既凸显了实现人才强院战略在我院科学发展中的重要作用，又对我院人事人才工作提出了更高要求。实施人才强院战略，是新时期我院人事人才工作的主线，也是人事工作的根本任务。为落实人才强院战略，制定本实施方案。

本方案适用院属各单位，当代中国研究所、中国地方志指导小组办公室等代管单位可参照执行。

（一）指导思想和总体任务

实施人才强院战略的指导思想是：高举中国特色社会主义伟大旗帜，以邓小平理论和“三个代表”重要思想为指导，深入贯彻落实科学发展观，全面贯彻党的十七大精神，围绕党中央提出的把我院建设成为马克思主义的坚强阵地、哲学社会科学的最高学术殿堂、党和国家的重要思想库与智囊团职责定位的要求和构建哲学社会科学创新体系的目标，实施人才强院战略，为我院哲学社会科学事业发展提供有力的人才保证。

实施人才强院战略的总思路是：坚持以人为本，解放思想，转变观念，深化改革，以改革创新的精神推进人事人才工作；坚持党管人才的原则，建立党组领导下统一的人才管理体制；推进人事制度改革，实施聘用制，建立并完善竞争激励机制；加大人才队伍，特别是拔尖人才、后备人才队伍建设的力度，建立有利于人才成长的长效机制；编制中长期人才发展规划，提高人才科学发展水平；加大投入，逐步改善人才的工作生活条件，创造有利于人才成长的良好环境；加强各类人员考核，建立健全人才绩效测评和考核机制。

实施人才强院战略的总任务是：抓好以科研人员队伍建设为重点的专业技术人员、管理人员、工勤人员三支队伍建设，着重实施“四个一批”人才建设工程，即：努力造就一批坚定的马克思主义理论家、学贯中西的思想家和学术大家（100 名）；扶持一批政治坚定、与党同心同德、具有广泛影响、学术造诣高深的领军人才，特别是在新兴学科、交叉学科、濒危学科、“绝学”等方面的专门人才（200 名）；培养一批出生于 20 世纪七八十年代、政治和业务素质良好、锐意进取的中青年骨干人才（300 名）；选拔一批政治坚定、业务突出、熟悉意识形态工作、富有改革创新精神的优秀领导人才和管理人才（100 名）。

（二）制定人才发展规划

为促进人才工作的科学发展，研究制定符合我院特点的人才发展规划和政策。

1．编制中长期人才发展规划纲要

编制《中国社会科学院人才发展中长期规划纲要（2009 ～ 2020 年）》。全面总结建院 30 年来人事人才工作和人才队伍建设的基本经验，提出今后 12 年我院人才队伍建设的战略思路、总体框架和重大举措。

2．建立高层次人才引进制度

研究制定符合人才发展规律又与我院地位相适应的人才引进政策。坚持优中选优、宁缺毋滥、为我所用、量力而行的原则，重点引进国内外知名学者和高层次人才，特别是急需的重点学科、新兴学科和交叉学科的领军人才、高层次复合型人才。

（三）体制机制改革创新

建院 30 年来，我院在人才选拔、使用、培养等方面取得一定成绩，探索并创立了一些有效的机制和办法，我院将在继续执行至今仍行之有效的制度基础上，实行体制机制创新。

1．全面实施聘用制改革和岗位设置管理工作

在认真总结 2005 年和 2008 年聘用制和岗位设置改革试点工作经验的基础上，2009 年 4 ～ 5 月起在全院实施聘用制改革和岗位设置管理工作。2010 年建立并完善我院各类人员岗位设置管理及全员聘用制度。

继续向人力资源和社会保障部申请将我院的专业岗位结构比例定为 6∶3∶1，拓宽增长空间；同时深化我院内部的体制机制改革，重新核定研究所高研比例，规范考评体系，公平竞争上岗，完善“退出”机制，探索建立院聘研究员制度。

2．健全各类人员考核评价体系

进一步健全以任期考核为主的各项考核评价体系。各单位根据学科特点制定科研人员考核测评细则，科研人员以定量指标测评为基础，以创新能力为核心，其中应将研究生导师教学情况列为重要考核指标；管理人员要以工作实绩为重点，其中把人才培养情况作为领导干部考核的重要指标；工勤人员要以服务和技术水平为主要考核内容。

3．建立统一的培训机制

从 2009 年起，全院干部教育培训工作实行统一领导、统一规划、统一培训、统一管理、统一经费渠道和分类教学、分类指导的集中培训制度。凡由职能部门按系统组织的全院人员培训，均应纳入年度干部教育培训计划，由院干部教育培训机构统筹安排、分工协作、有序实施。特别要做好所局主要领导的培训和青年学者的马克思主义基本理论培训。

4．规范各类人员奖励制度

研究制定并完善科研、科研辅助、管理和工勤等各岗位的奖励办法。恢复优秀科研人员的奖励制度；改进优秀管理人员评选工作；规范科研辅助人员的评选和奖励办法；研究制定优秀工勤人员奖励规定。今后除直属机关党委按照国家机关党工委要求组织的有关评奖外，原则上取消院内部门的设奖。

5．进一步扩大用人单位人事管理权限

在全院实施聘用制后，人事教育局将在认真总结2004年下放人事管理权限试点工作经验的基础上，进一步扩大用人单位在干部任免、职称备案、机构设置、人员流动等方面的人事管理权限，增强用人单位的活力和自我发展能力。人事教育局将加强宏观管理和指导，强化人事工作的监督和服务职能。

6．深化领导干部任用制度改革

按照院党组的部署，积极稳妥地做好所局领导班子调整补充工作。适时补充调整所局后备干部名单，以保证院党组掌握一定数量的优秀后备人选。加大干部轮岗交流力度，逐步推行领导干部公开选拔、竞争上岗和领导干部职务任期制、试用期制乃至在全国公开招聘研究所所长，以保证选人用人质量，促进干部能上能下机制的形成。

7．落实“四个一批”人才建设配套措施

在现有资源的基础上，优先落实“四个一批”人才工程的配套措施。建立“四个一批”人才库；给予本人工资等额的人才补助金；加大对入选者的课题资助力度；资助出版个人标志性的学术文集；保证入选者招收研究生的指标供给；优先购买经济适用房。

8．实施基础研究学者等资助计划

在基础学科研究领域遴选一批具有高级职称，年龄在55周岁以下的科研人员，实行基础研究学者资助计划，给予每人每年3万元、周期为3～5年的资助。

2009年在梵文、简帛学、甲骨学、古文字学、梵文哲学经典、因明、西夏、八思巴字、契丹文字、女真文、纳西东巴文研究等11个学科，遴选一批学术基础扎实、创新能力强和有发展潜力的优秀中青年学科带头人和科研骨干，由院里连续提供周期为3年、15～25万、60%由个人支配的科研经费资助，助其潜心学术研究，培养后备人才。

9．实行以造就创新型人才为目标的青年培养计划

一是对具有中级职称或博士学位，年龄在40周岁以下的年轻科研人员，实行青年学者发展资助计划，研究所按本单位适龄专业人员的适当比例遴选推荐，院批准后给予每人每年2万元、周期为3年的资助；二是凡我院资助立项的课题，应吸收适当的新接收毕业生参加，使其尽快进入和确定研究角色；三是在申报重大课题时，应有一定比例的青年科研骨干参加，并使其制度化；四是每年选派10名青年人才到国外著名高校和科研机构学习进修；五是每年由院组织10名没有实际工作经验的留学归国人员、入院不久有潜质的博士开展专题国情调研活动。同时，各单位在本单位组织的国情调研中，要有目的地把青年学者纳入其中，并在活动结束后把国情调研的总结，特别是人才培养情况报人事教育局和科研局。

10．完善管理人才培养制度

有目的地安排后备管理干部到地方基层锻炼；有计划地安排他们到中央党校和院党校学习；加大对科研、人事、外事、财务、基建、后勤等关键岗位干部的轮岗交流力度；鼓励院、所之间管理干部的交流和院直机关干部到研究所挂职锻炼；每年争取选派 3 ~ 5 名青年管理人才到国外进行中长期的学习进修；开展大规模管理干部培训，提高素质和能力水平。

（四）加大人才投入保障力度

树立人才资源开发投入是收益最大投入的观念，加大对人才资源保障与开发的投入，完善人才保障体系，做到人才投入优先保证，为人才强院战略的实施提供基本的物质保障。

1．经费保障

(1)经常性经费：引进高层次人才的科研配套经费；基础研究学者和优秀青年的科研资助费；组织有突出贡献科研、管理专家休假考察；培训急需发展学科、濒危学科后备人才和非通用语种人才；青年人才的基层锻炼经费；各类人才的国内外培训学习经费；在职人员的继续教育经费；博士后的资助经费；建设高层次人才数据库等。

(2) 专项性经费：编制《中国社会科学院人才发展中长期规划纲要（2009 ~ 2020 年）》；设立中国社会科学院博士后基金；资助人才工作重要项目及人才理论研究重点课题；院人才工作领导小组确定的其他项目。

人才发展经费总金额约为 2500 万，以后列入年度计划并按每年财政拨款情况同比例递增。各项经费由院人才工作领导小组统筹安排使用。经费主要来源：向中央财政申请专项经费；在现有的经费中调剂；从有关职能局专项经费中划拨。人才发展经费管理办公室设在人事教育局，具体负责经费的使用、管理，同时接受监察机关的监督检查。

2．住房保障

(1) 引进人才住房：根据国家住房制度改革精神和《中国社会科学院引进人才住房使用和管理办法》的规定，对引进人才优先出售经济适用房、限价房，租用人才周转房。

(2) 高层次人才住房：院将利用现有房源、积极争取外部资源，逐步改善学部委员、入选“四个一批”人才工程等高层次人才的居住条件。

(3) 建立博士后及访问学者（博士后、客座研究员和西部之光访问学者）公寓：2009 年先解决 10 套博士后公寓，今后将建造 100 套专门的博士后公寓，以解决博士后人员和访问学者后顾之忧。

(4) 创造条件，积极解决新接收毕业生的单身宿舍问题。

3．收入保障

(1) 保障学部委员、荣誉学部委员的科研工作条件，保证学部委员的活动经费。积极向人力资源和社会保障部争取专业技术一级岗位，并配置相应的津贴。

（2）调整科研津贴标准。2009 年下半年，在全院实施聘用制、岗位设置管理工作和专业岗位分级后，调整科研津贴标准，提高专业人员收入水平。

（3）改善管理人员和工勤人员待遇。一是规范非领导职务管理办法，在 1994 年制定的《管理岗位非领导职务管理的暂行规定》基础上，进行修订和规范并组织实施；二是提高管理人员退休费比例，对在岗时间长、业绩突出的担任正处级以上领导干部的优秀管理人员提高退休费比例 5% ~ 10%；三是从 2009 年下半年起，提高管理人员和工勤人员的收入水平。增加的金额从 2009 年 1 月补发。

4．图书资料和网络信息保障

建立和实施学科馆员制度。组织一批既熟悉信息资源、具有较强的信息组织能力，又熟悉学科科研情况的图书馆员承担为专门读者提供深层次服务的工作。

在为全院人才做好服务的基础上，重点加大对“四个一批”人才的信息服务。通过了解“四个一批”人才的科研信息需求，有针对性地建立信息推介服务，通过互联网以及其他信息技术，帮助他们搜集和整合科研所需信息，提高工作效率，降低研究成本。加大对“四个一批”人才的宣传推介。

5．培养基地保障

加大对研究生院硬件、软件的投入，集全院之力办好研究生院。人事教育局作为院人事教育的主管部门，承担着宏观指导和管理全院在职人员培训和联系研究生院的工作。研究生院要在为社会培养人才的同时，更加注重将培养方向与我院学科建设相衔接，以扩大科研人才的选拔基础；对“绝学”、濒危学科等传统优势学科，至今无研究生招生权的，采取特殊研究生班制度。同时充分利用研究生院的资源，请老专家开设专题课程进行讲授，培养“绝学”后继人才。

进一步完善博士后制度，把博士后流动站建设成为我院人才选拔的重要基地。加大博士后工作管理力度，调整并完善院、所两级博士后管理模式；在保证质量的前提下，逐步扩大博士后招收规模，争取到 2009 年达到在站规模 600 人；完善博士后评估考核制度等。

（五）组织领导

研究和探索科研人才成长规律、哲学社会科学发展规律、中国社会科学院办院规律，创新人才管理体制机制，建立能调动院、所两方面积极性的、统一领导与分类管理相结合的、符合我院特点的两级人才管理体制机制。

1．建立健全人才工作领导机构

为加强院党组对人才工作的统一领导，整合资源，形成合力，成立院人才工作领导小组，对全院人才工作实行统一领导。院人才工作领导小组下设办公室，依托人事教育局。

为完成好中央人才协调工作小组交给我院的有关任务，肩负起为国家人才强国战略建言献策的任务，承担院人才强院战略的具体谋划与落实，成立院人才研究中心。人才研究中心下设办公室，挂靠人事教育局。

为加强对在站博士后进行有效管理，更好地协调涉及有关职能局及25个设站研究所的人事、科研、财务、后勤等部门，成立院博士后管理委员会。博士后管理委员会下设博士后管理办公室。

为加强对各单位专业技术岗位设置和专业技术职务评审工作的指导、协调，调整院职称工作小组。

2．实行党委领导下的所长任期目标责任制

研究所党委和所长按照我院发展战略和总体部署，制定本单位人才队伍建设目标、优秀科研成果目标、学术交流与合作目标、科研辅助和行政后勤等所务工作目标，并组织实施。各单位党委要把人才队伍建设抓紧抓好，在人才引进、培养和使用方面要措施具体，执行有力，落实到位，促进优秀科研人才脱颖而出，保证研究所领导班子后备人选数量充足。院所两级采取有效措施，加强对所长任期目标责任的管理和监督，将研究所人才队伍建设和优秀科研成果等情况作为考核党委书记、所长的重要指标。

3．建立国内外哲学社会科学领域高层次人才信息库

我院作为党中央、国务院直接领导的国家级哲学社会科学研究机构，要逐步建立国内外哲学社会科学研究高层次人才信息库。一是搭建国内哲学社会科学人才信息库；二是在条件成熟时，构筑海外哲学社会科学学者人才信息库，特别是海外留学的高层次人才信息库。以充分发挥外脑作用，为我院构建哲学社会科学创新体系，为繁荣发展哲学社会科学提供坚强保证和智力支持。

四 中国社会科学院聘用制改革及岗位设置管理工作实施方案

根据《中国社会科学院人员聘用制试行办法》《中国社会科学院岗位设置管理试行办法》等文件精神，按照院工作会议的部署，在总结2005年和2008年两次聘用制改革试点工作经验的基础上，2009年在全院范围推行聘用制改革和岗位设置管理工作。为保证此项改革的顺利进行，结合我院的实际情况，特制定聘用制改革及岗位设置管理工作实施方案。

（一）目标和原则

1．目标：通过聘用制改革和岗位设置管理工作，建立符合我院特点和各类岗位要求的分类管理制度；建立人员能进能出，职务能上能下，待遇能高能低，人才结构合理，具有激励作用的用人机制，实现我院人事管理的科学化、规范化、制度化。

2．原则：坚持党管干部、党管人才的原则；坚持任人唯贤、德才兼备的原则；坚持公开、平等、竞争、择优的原则；坚持老人老办法、新人新办法的原则。

（二）实施范围

院职能部门和院属各单位正式在编的专业技术人员、管理人员及工勤人员。院属公司和代管单位（参照公务员法进行管理的单位除外）可参照执行。

（三）实施步骤

我院的聘用制改革工作要在院党组的领导下，统一部署，分步实施，扎实推进，以推行岗位设置管理工作为重点，做好聘用制的入轨运行。整项工作分四个阶段实施。

1．宣传动员阶段（2009年5～6月）

（1）宣传动员。召开全院聘用制改革及岗位设置管理工作会议，部署全院的改革工作。院属各单位召开本单位的动员大会，组织职工认真学习和领会文件精神，统一思想。

（2）成立聘用制工作小组。各单位要根据院有关文件精神成立聘用制工作小组，负责本单位聘用制改革和岗位设置管理工作。

（3）调查摸底。各单位要对本单位的人员情况进行全面摸底，包括各职级的人员结构和数量、学科发展情况、人员思想情况等，为岗位设置和人员聘用打好基础。

2．拟订方案阶段（2009年6～9月）

（1）拟订改革实施方案。各单位要根据院有关文件的要求，制定本单位的聘用制改革及岗位设置管理工作实施方案，明确操作步骤和时间安排，报人事教育局审核备案。

（2）拟订岗位设置方案和岗位说明书。院属各单位的各类岗位的具体比例和数额由院里统一核定下达。各单位以院核定的岗位数额为基数，根据工作需要和人员情况，制定本单位的岗位设置方案及岗位说明书。方案和岗位说明书要广泛征求职工意见，并由单位党委集体讨论通过，报人事教育局审核备案。

（3）拟订岗位聘用实施方案。院属各单位要拟订岗位聘用实施方案，包括专业技术人员的分级办法以及在编职工的岗位聘用办法，对操作程序、组织领导和时间安排等内容予以规定。制定的方案要充分体现公开、平等、竞争、择优的原则，经职工大会讨论通过后，报人事教育局审核备案。

（4）拟订未聘人员安置方案。各单位应拟订未聘人员安置方案，设置时间最长为五年的过渡期，妥善安置未聘人员。安置方案经职工大会讨论通过后，报人事教育局审核备案。

3．实施聘用阶段（2009年10～11月）

（1）岗位聘用。各单位在院核定的岗位数额内，根据本单位的岗位聘用实施方案，组织开展专业技术人员分级以及在编职工的岗位聘用工作。分级及岗位聘用结果报人事教育局备案。

（2）聘用合同签订。各单位与聘用到岗位的职工签订聘用合同，签订日期统一为2009年11月1日。

（3）未聘人员安置。各单位应根据拟订的安置方案，妥善安置未聘人员。

4．总结验收阶段（2009年12月）

院属各单位进行工作总结，并将书面总结材料报人事教育局。召开全院聘用制改革工作总结大会。

（四）首次实行人员聘用的有关政策

1．首次实行人员聘用时，各单位应在院核定的岗位数额内，将现有的正式在编职工按照现任职务或岗位进入相应的等级。对于低职高聘人员，各单位要严格控制数量、规范聘用程序，并按管理权限报人事教育局相关部门审批。现有人员的结构比例已经超过核定的结构比例的，应通过自然减员、调出、低聘或解聘的办法，逐步达到规定的结构比例。尚未达到核定的结构比例的，要严格控制高等级岗位的聘用数量，留有充分余地，以利于今后选拔和吸引高层次人才。

2．首次实行人员聘用时，有下列情形之一的人员，单位必须与其签订聘用合同：

（1）现役军人的配偶；

（2）女职工在孕期、产期、哺乳期内的；

（3）残疾人员；

（4）患职业病或因工负伤，经劳动能力鉴定机构鉴定为1～6级伤残的；

（5）国家政策有明确规定的。

3．首次实行人员聘用时，对经指定医疗单位确诊患有难以治愈的严重疾病、精神病的人员，可暂缓签订聘用合同，缓签期延续至前述情况消失，或者只保留人事关系和工资关系，直至该人员办理退休手续或签订离岗待退协议；经劳动能力鉴定机构鉴定完全丧失劳动能力的，按照国家有关规定办理退休手续或签订离岗待退协议。

4．首次实行人员聘用时，任原职务满五年、距法定退休年龄不足五年且符合订立聘用至退休合同条件的高职低聘人员，可以保留原国家规定的工资待遇和我院规定的其他待遇。

5．首次实行人员聘用时，由专业技术岗位或管理岗位受聘到工勤技能岗位的人员，任原职务满五年、符合订立聘用至退休合同条件的，可以保留原国家规定的工资待遇和我院规定的其他待遇，按专业技术岗位或管理岗位国家规定的条件办理退休，并享受相应的退休待遇。

6．首次实行人员聘用时，职工拒绝与单位签订合同的，单位应给予其不少于三个月的择业期，择业期满后未调出的，应当劝其办理辞职手续，未调出又不辞职的，予以辞退。

7．未聘人员安置

（1）安排到临时岗位工作。首次实行人员聘用时，各单位应通过竞争上岗择优聘用，对未竞聘上岗的在编人员，单位可与其签订一个聘期的临时岗位聘用合同，保留现有工资待遇。首个聘期结束前，可继续参加岗位竞聘，并按新聘岗位核定工资待遇。如首个聘期结束时仍未竞聘上岗的，给予一年的择业期，鼓励其自谋职业或参加中短期转岗培训。择业期内工龄连续计算，享受基本工资待遇（岗位工资和薪级工资），若遇国家政策性调资，择业人员无违法违纪行为的，可列入调资范围。择业期内竞聘上岗的，按新聘岗位核定工资待遇；到其他单位重新就业的，单位应当及时为其办理人事关系和人事档案转移手续；择业期满后仍未就业的，本人应当提出辞职；本人不辞职的，由单位办理辞退手续。

（2）办理离岗待退手续。首次实行人员聘用时，对距法定退休年龄不足10年或工龄满25年的未聘人员，本人提出申请，经单位同意，可实行离岗待退，填写《离岗待退申请表》并签订《离岗待退人员协议书》。离岗期间可计算工龄，到法定退休年龄时，再按有关规定正式办理退休手续。离岗待退人员享受国家规定的基本工资待遇（岗位工资和薪级工资），遇国家调整工资标准时，可随之调整；在正常晋升工资时只计入其档案工资，待办理退休手续时按规定纳入工资基数计发退休费。离岗待退人员不占原岗位职数，但占单位正式编制数。

（五）工作纪律和要求

1．严格执行政策和工作程序。推行聘用制改革是一项政治性、政策性很强的工作，各单位领导要切实负起责任，把贯彻执行有关政策同本单位的实际情况有机地结合起来，把解决当前问题同本单位的长远发展有机地结合起来，做到既解放思想、锐意改革，又实事求是、稳步推进，切实增强改革的效果。

2. 统筹安排，定期汇报。院属各单位要统筹安排各个阶段、各个环节的工作，确保有机衔接、有序推进；要定期向院里汇报改革进展情况和遇到的问题，以便院里全面掌握各单位的改革进度，及时处理改革中出现的问题；每一阶段结束时要向院里提交书面材料，总结前一阶段的工作，经院里批准后方可开展下一阶段的工作。

3. 坚持走群众路线。推行聘用制改革应坚持走群众路线，坚持公开、公正、平等、协商的原则，把群众的知情权、参与权、选择权和监督权落到实处。

4. 院属各单位要积极探索未聘人员安置的途径和形式，制定切实可行的具体措施，认真做好未聘人员的安置工作，确保聘用制改革的顺利进行。

（六）组织领导

事业单位聘用制改革是一项复杂的系统工程，涉及面广，直接关系我院的长远发展，关系广大职工的切身利益，院属各单位要切实加强对这项工作的领导，积极部署，稳妥实施。

在院党组领导下成立院聘用制工作领导小组，由王伟光同志任组长，高全立、李秋芳同志任副组长，王苏粤、施鹤安、李汉林、张昌东、王延中同志为成员。领导小组下设办公室，负责我院聘用制改革的组织、指导、协调和检查等具体工作。办公室设在人事教育局，王苏粤同志担任办公室主任。

院属各单位成立聘用制工作小组，在党委领导下开展聘用制改革和岗位设置管理工作。

五　中共中国社会科学院党组深入学习实践科学发展观活动分析检查报告

中共中国社会科学院党组

（2009年1月11日）

按照中央的总体部署，中国社会科学院从2008年9月起，作为首批单位开展深入学习实践科学发展观活动。院党组高度重视，把学习实践活动作为一项重大政治任务和推动我院改革发展的中心工作来抓。在中央指导检查组的直接指导和有力配合下，院党组严格按照中央规定的各阶段环节步骤和目标要求，紧密结合我院特点和工作实际，扎实推进全院学习实践活动的深入开展。

院党组对学习实践活动实行集体领导和分工负责相结合，为全院学习实践活动的顺利开展提供了有力的政治和组织保证。成立了以全国政协副主席、院党组书记、院长陈奎元同志为组长，院党组副书记、常务副院长王伟光同志和院党组副书记、副院长李慎明同志为副组长，全体党组成员参加的学习实践活动领导小组及其办公室。陈奎元同志亲自主持制定学习实践活动实施方案，亲自修改并作动员报告，经常作出重要指示。院党组召开有处（室）以上领导干部和正高级职称研究人员等近千人参加的全院学习实践活动动员大会，作出全面动员和部署。

我院学习实践活动前一段时间的主要工作有：(1) 认真学习培训。院党组成员带头认真学习，多次召开院党组会议（学习中心组会议）集中学习讨论，把提高认识、解放思想、把握实际、推动工作结合起来。院党组在加强自身学习的同时，认真抓好院属各单位的学习。举办了两期所局级干部深入学习实践科学发展观活动培训班，全院180多位所局领导干部参加了集中学习培训。在培训班上，王伟光同志、李慎明同志、李秋芳同志分别作动员报告、辅导报告和总结报告，各位党组成员积极参加分组讨论，同所局干部倾心交流。(2) 开展广泛深入调研。每位党组成员都建立直接联系点，结合各自分管工作确立调研专题，到联系单位参加民主生活会，认真查找影响和制约我院贯彻落实科学发展观的突出矛盾和问题，并在此基础上认真撰写调研报告。从2008年8月下旬开始，王伟光、李慎明等党组领导同志就先后到院属35个研究所（中心）和4个直属单位进行为期一个月的大规模调研工作。学习实践活动开展后，王伟光等同志又多次带领职能部门主要负责同志到联系单位进行专题调研和现场办公；李慎明、陈佳贵、朱佳木、高全立、武寅、李秋芳和黄浩涛等党组成员，也分别深入到联系单位，多次召开座谈会，就分管工作进行专题调研。(3) 召开解放思想专题讨论会。院党组成员汇报调研情况，交流调研体会，讨论如何进一步解放思想，转变观念，创新体制，在我院改革发展的一系列重大问题上达成共识。(4) 召开学习实践活动专题民主生活会。院党组成员对照科学发展观的要求，结合分管工作，开展批评和自我批评，重点查找个人在思想认识、工作能力、工作作风等方面的不足，查找党组班子在贯彻落实科学发展观方面存在的问题，并提出改进措施和办法。(5) 广泛征求意见和建议。院党组多次召开座谈会，向我院原领导、党的十七大代表、十一届全国人大代表和全国政协委员、学部委员、现职所局领导、民主党派负责人和无党派人士、离退休干部、青年代表等广泛征求意见和建议。院学习实践活动领导小组办公室向全国各省市自治区社会科学院发函，征求对我院开展学习实践活动的意见和建议。

院属 54 个单位按照中央和院党组部署，结合各自实际，开展了既有统一要求又丰富多彩的学习实践活动。每个单位都成立了相应的领导机构和工作机构，制定了各自学习实践活动实施方案。对开展学习实践活动进行广泛动员和具体部署，主要领导同志结合本单位实际作动员报告。组织召开领导班子专题讨论会、解放思想专题讨论会和民主生活会。采取各种形式，对本单位处室级干部进行集中培训，主要领导同志作专题辅导报告。全院共举办处室级干部培训班 52 期，近 600 名处室级干部和党支部书记参加了集中学习培训。领导班子成员在本单位范围内进行专题调研，认真撰写调研报告。据统计，院属各单位组织召开调研成果交流会 60 余次，解放思想专题讨论会 120 多次，所局级干部形成调研报告 110 多份。

院党组高度重视分析检查报告的撰写。陈奎元同志多次亲自主持党组会议，对报告提纲和报告稿进行逐条逐句的认真讨论修改。王伟光同志、李慎明同志亲自抓分析检查报告的起草工作，李慎明同志受院党组委托全程负责。院党组每位成员都多次认真审读报告提纲和正文并提出修改意见。中央指导检查组对分析检查报告全程指导和认真把关，提出很多宝贵意见和建议。根据中央对分析检查报告内容的规定要求，在全面综合吸收院党组学习调研、解放思想讨论会、民主生活会和征求群众意见座谈会等成果基础上，形成报告讨论稿。院党组召开会议对报告稿进行认真讨论和修改，形成报告征求意见稿。通过召开院党组扩大会议、座谈会、书面征求意见等方式，广泛征求我院原领导、党的十七大代表、十一届全国人大代表和全国政协委员、学部委员、现职所局领导、民主党派负责人和无党派人士、离退休干部、院团委委员和青年中心理事等的意见和建议。根据各方面审改评议的意见和建议反复修改完善，形成定稿。

（一）十六大以来贯彻落实科学发展观的主要工作和成效

十六大以来，以胡锦涛同志为总书记的党中央，高度重视哲学社会科学事业的繁荣发展，高度重视中国社会科学院的工作。特别是 2005 年 5 月 19 日，中央政治局常委会议专门听取我院党组工作汇报，批准我院构建哲学社会科学创新体系的总体设想，肯定和支持我院建设和发展方案。胡锦涛同志作了“关于进一步办好中国社会科学院”的重要讲话。这次会议对我院的发展具有里程碑的意义。

在党中央正确领导下，以陈奎元同志为班长的院党组，带领全院党员干部和广大科研人员，坚持以邓小平理论和“三个代表”重要思想为指导，以科学发展观统领全院工作，按照中央对我院的要求，围绕中心，服务大局，带领全院同志解放思想，锐意进取，努力实现我院事业的全面协调可持续发展，各项工作都取得较大成绩。主要体现在：

1．始终坚持正确的政治方向、理论方向和科研方向，不断巩固和加强马克思主义在哲学社会科学研究中的指导地位。院党组与党中央保持高度一致，在坚持正确办院方向上，在坚持马克思主义在哲学社会科学研究中的指导地位问题上，旗帜鲜明，立场坚定。坚持用发展着的马克思主义指导哲学社会科学研究，坚持“二为”方向和“双百”方针的统一，既反对对待马克思主义的教条主义，也反对迷信西方主流意识形态的教条主义。面对意识形态领域的复杂形势，坚持正确的思想理论导向，及时开展对新自由主义、民主社会主义、历史虚无主义、“普世价值论”等错误思潮和否定改革开放等错误倾向的批判。大力加强马克思主义理论教育和理想信念教育，加强以马克思主义为指导的各学科基础理论建设和马克思主义理论研究队伍建设。紧紧围绕建设马克思主义坚强阵地的目标，整合马克思主义研究力量，组建马克思主义研究院。中央领导同志充分肯定我院这一重大举措，认为它对于坚持和发展马克思主义具有示范作用和重要意义。

2．大力推进哲学社会科学创新体系建设，积极参加党和国家的理论创新，为深化改革、扩大开放服务。根据党中央提出的建立哲学社会科学创新体系的战略任务，院党组提出了构建我院哲学社会科学创新体系的奋斗目标，具体落实在“六大工程”上，即马克思主义理论研究和建设工程，重大课题研究和理论创新工程，重点学科建设工程，人才队伍建设工程，网络信息化建设工程，国际学术交流基地建设工程。大力实施科研强院战略和人才强院战略，积极推动理论创新和学科建设。在马克思主义理论研究方面，加强对马克思主义基本理论、中国特色社会主义理论体系特别是科学发展观的研究，高质量完成中央交办的“科学发展观理论问题研究”、“和谐社会理论问题研究”、“改革开放的主要成果和历史经验问题研究”、“加强马克思主义理论研究和建设问题研究”、“加强社会主义思想道德建设问题研究”等五大课题，有100多名专家学者直接参加中央组织实施的马克思主义理论研究和建设工程。在基础理论研究方面，推出了一批对文化积累和学科建设具有重大意义、在国内外产生重大影响的研究成果，如《中国考古学：夏商卷》《中国考古学：两周卷》《中国近代通史》《中华人民共和国经济史（第一卷）》《西方哲学史（第一卷总论）》《中国文学史学史》“中国哲学社会科学30年丛书”（12种）等。在应用对策研究方面，深入研究全局性、战略性、前瞻性问题，为党和国家重大决策服务。如，关于修改宪法的研究报告、关于边疆问题的研究报告、关于廉政建设的对策研究报告等，受到中央领导同志和有关部门的高度重视；20多种系列年度形势分析与预测研究报告集受到政府决策部门好评；先后有20名专家学者18次为中央政治局集体学习讲课；完成中央及有关部委交办委托课题200余项；报送各类信息稿件2500余篇，获中央及部委领导同志批示或被中央有关部门采用900余篇，批示率或采用率逐年上升。总之，在为党和国家决策服务方面，较好地发挥了思想库和智囊团作用。

3．进一步深化管理体制机制改革，建立健全哲学社会科学创新体系建设的体制机制。经过多年改革探索，初步形成了我院创新体系建设的体制机制基础。2006年8月，正式成立中国社会科学院学部，对于进一步整合研究力量、提高综合研究能力具有重大意义。2008年7月，启动新一轮管理体制机制改革。例如，科研管理体制机制改革方面，改革完善课题制，探索和完善重大理论与现实问题的研究机制，推进名刊建设工程；人事管理体制机制改革方面，推行聘用制试点并研究在全院推开；行政管理体制机制改革方面，狠抓督查督办，促进办文、办事、办会规范化，建立健全各项规章制度；成立财务结算中心，实现资金的统一、透明管理；后勤服务社会化改革取得进展；加大对研究所网络信息和图书资料建设的支持力度，建立院所两级网站管理体制和院馆—分馆—特色资料室三级图书管理体制；《中国社会科学院报》体制改革取得成效，《中国社会科学院要报》和出版社改革、研究生教育和管理体制机制改革有序推进，等等。各研究所的管理体制机制改革也在有计划有步骤地进行。

4．全面启动国情调研，促进理论与实践相结合。组织专家学者深入基层，调查研究，了解国情民情。这是推动理论创新、弘扬优良学风的一项基础性工程。据统计，自2006年以来，全院共立项各类国情调研项目228项、职能部门和研究所考察活动80项，院所两级调研基地已遍布全国各地。全院共有3460余人次参加了各种形式的国情调研工作，组成调研小组425个，调研范围涉及全国除港澳台以外的各省市自治区。完成调研成果有：专著34部，调研报告108篇，考察报告32篇，论文集3部，以及大量数据、图片、资料、论文等其他形式的调研成果。

5．高度重视人才队伍建设，促进科研、管理、服务三支队伍共同成长。坚持人才兴院、人才强院理念，加强对人才队伍建设的统一领导，促进科研人才、管理人才和服务人才三支队伍共同发展。以科研人才队伍建设为重点，努力培养一批享誉海内外的学术大师，一批学术领军人物，一批在本学科领域作出突出贡献的学术带头人，一批政治和业务素质良好的科研骨干。学部成立后，选举产生首批学部委员47人，荣誉学部委员95人。目前，全院拥有高级专业技术职务人员1500余人，经我院推荐享受政府特殊津贴专家1500余人，国家级有突出贡献中青年专家70余人。在职博士生导师430余人，硕士生导师520余人。加强管理人才和服务人才队伍建设，建立管理人员和服务人员奖励制度，强化管理人员和服务人员的岗位意识、责任意识，不断提高管理素质和服务水平。通过深化人事制度改革，逐步建立起合理的人才培养体系和人才选拔任用机制，各类人才队伍建设都取得明显成绩。

6．不断拓展对外学术交流与合作领域，积极推动哲学社会科学优秀人才和优秀成果走向世界。坚持开门办院，把“请进来”和“走出去”相结合。加强与世界一流学术机构、世界一流专家学者的交流与合作，开展一系列长期性、战略性重大国际合作研究项目，举办一系列有国际影响力的高层次学术研讨会和国际论坛。接待许多国际贵宾和著名学者来院演讲和访问，已成为外国元首政要和著名学者的“品牌讲坛”。目前，我院对外学术交流已遍及世界100多个国家和地区，对外签订学术交流协议120多个，同国外200多个研究机构、学术团体、高等院校、基金会及政府部门建立了交流关系，学术交流规模逐年扩大。

7．加强党的建设，为我院事业发展提供有力的政治组织保证。院党组和陈奎元同志经常强调，加强科学研究，绝不忘记加强党的领导；抓中国社会科学院建设，始终注意抓好党的建设。紧紧围绕党和国家中心工作，建立和完善适应哲学社会科学研究事业的党建体制、机制，积极探索保持我院党的先进性的长效机制，全面推进党的思想、组织、作风、制度和反腐倡廉建设。理论武装工作常抓不懈，各级党组织得到加强。高度重视各级领导班子建设，真正把政治立场坚定、熟悉哲学社会科学工作、富有改革创新精神的人选拔到各级领导岗位上来。党风廉政建设取得实效，培训工作和教育工作取得明显成绩。制定并实施了《中国社会科学院关于加强政治纪律建设的决定》，建立和完善党风廉政建设责任制，推进惩治和预防腐败体系建设，形成了维护政治纪律、廉洁自律教育、反腐倡廉制度、综合监督、办案惩处、廉政研究六项工作格局。重视和加强党员队伍建设，2002～2007年我院新增党员1758人，其中发展新党员234名（科研人员超过50%）。工青妇和民主党派工作也得到进一步加强。

8．坚持以人为本，努力改善全院职工的工作和生活条件。高度重视解决全院职工最关心、最直接、最现实的利益问题。比如，在院党组的努力下，国家拨付专项基金，提高我院离退休干部的生活津贴；设立离退休干部长征基金，加大对离退休干部科研和调研的资助力度。为较大改善我院职工的科研、教学、生活条件，院党组全力以赴推进三项工程建设，贡院东街科研与学术交流大楼建设项目正积极推动，研究生院良乡新校园建设项目进展顺利。职工住房问题的解决取得重大突破：从国管局争取到经济适用房30套，配售给相关干部职工；从北京市争取到两限房200余套，并建立了解决住房问题的长效机制；提供我院职工以优惠价格在燕郊自愿购买商品房房源1200套。其他基础性建设项目正积极推进。

（二）在深入学习实践科学发展观活动中形成的新认识

中央要求，搞好学习实践活动，深入学习、提高认识是基础。检验学习实践活动的成效，首先要看在用科学发展观武装头脑、提高认识、指导工作上是否取得新进展。院党组经过认真学习、深入调研、解放思想讨论等各个环节，对科学发展观及其对我院各项工作的重大指导意义，有了新的认识和体会，形成如下共识。

1．必须从党的十七大提出的“五个是”的高度，全面、系统、深刻地理解科学发展观。科学发展观是以胡锦涛同志为总书记的党中央深刻总结我国发展实践经验，准确把握世界发展趋势，在新的历史时期继续推进党的理论创新取得的重要成果，是中国特色社会主义理论体系的重要组成部分。党的十七大对科学发展观的科学内涵、精神实质和根本要求作了全面系统的论述，明确提出："科学发展观，是对党的三代中央领导集体关于发展的重要思想的继承和发展，是马克思主义关于发展的世界观和方法论的集中体现，是同马克思列宁主义、毛泽东思想、邓小平理论和'三个代表'重要思想既一脉相承又与时俱进的科学理论，是我国经济社会发展的重要指导方针，是发展中国特色社会主义必须坚持和贯彻的重大战略思想。"这"五个是"的高度概括，表明科学发展观的科学内涵进一步丰富和扩大。科学发展观不是一个普通命题或局部范畴，它既是重大战略部署和指导方针，又是具有世界观和方法论意义的重大战略思想。当前，我们一定要从这样的高度和深度来理解、学习和研究，而不能停留在已有的认识水平上。党的理论创新每前进一步，我们的思想认识就要及时跟进一步。科学发展观是随着实践发展而不断丰富和发展的，我们对它的认识也要随之不断深化和提高。必须充分认识到，在当代中国，坚持马克思主义和社会主义，就必须坚持中国特色社会主义理论体系和走中国特色社会主义道路，就必须贯彻落实科学发展观。我们一定要从不断推进党的理论创新的高度，不断深化对共产党执政规律、社会主义建设规律和人类社会发展规律的认识，系统、全面、深刻地理解领会科学发展观，自觉地贯彻落实科学发展观。只有这样，我们才能真正成为科学发展观的坚定信仰者和忠实实践者。

2．必须进一步解放思想，把思想和行动统一到科学发展观的要求上来。坚持解放思想、实事求是、与时俱进，是党的思想路线的本质要求。思想是总开关，是行动的先导。在学习实践科学发展观活动中进一步解放思想，就是要破除贯彻落实科学发展观的各种思想障碍，使思想认识更加符合科学发展观的要求。党的十七大提出继续解放思想，这次学习实践活动又把进一步解放思想作为中心任务，就是要求全党坚持思想解放无止境，不断去除束缚和禁锢，不断深化对客观规律的认识，为更好地实现十七大提出的宏伟蓝图和行动纲领而奋斗。对于我院广大哲学社会科学研究者来说，就是在马克思列宁主义、毛泽东思想和中国特色社会主义理论体系指引下，把继续解放思想同不断推进学科体系创新、学术观点创新和科研方法创新有机结合起来，自觉融入到党的理论创新的洪流中，破除各种教条和迷信，为繁荣发展具有中国特色、中国风格和中国气派的哲学社会科学作出更大贡献。为此，我们要坚持正确的政治方向和理论方向，做到解放思想和建设马克思主义坚强阵地相结合，解放思想和统一思想相结合，解放思想和弘扬主旋律相结合；要坚持继承和发展的统一，既坚持党的基本理论、基本路线、基本纲领和基本经验，巩固改革开放以来我们党取得的理论创新成果，又要在这个基础上继续进行理论创新；既要反对僵化对待马克思主义的教条主义，又要反对迷信和照抄照搬西方主流意识形态的教条主义。始终坚持党的基本路线不动摇，决不走封闭僵化的老路，也决不走改旗易帜的邪路，坚定不移地走中国特色社会主义道路，从我国国情出发，立足中国特色社会主义伟大实践，紧紧围绕党和国家工作大局，在正确轨道上实现新的思想解放，在理论创新方面迈出更大步伐。

3．必须用中国特色社会主义理论体系特别是科学发展观武装头脑，自觉加强主观世界的改造。胡锦涛总书记指出，要实现党的十七大提出的宏伟蓝图和行动纲领，关键是要把全党的思想武装好、统一好，深入抓好学习贯彻中国特色社会主义理论体系的工作。最近他在地方调研时又指出，检验学习实践活动是否取得成效，首先要看党员、干部在用科学发展观武装头脑上是否下了真功夫。中国社会科学院是党中央直接领导的国家哲学社会科学研究机构，是党的思想理论战线的重要部门，在学习、研究和宣传中国特色社会主义理论体系特别是科学发展观方面，要发挥更大的作用，做推动党的理论创新的生力军。思想建设是前提，只有认识清晰了，思想明确了，才能端正方向，在意识形态领域纷繁复杂的形势下，真正辨清什么是马克思主义，什么是教条主义，正确处理坚持马克思主义与发展马克思主义的关系；真正辨清什么是社会主义，什么是资本主义，什么是民主社会主义，更加坚定地走中国特色社会主义道路。只有用科学发展观武装头脑，掌握科学发展观作为指导发展的世界观和方法论的真谛，并在实践中一贯自觉地落实，才能真正转变不适应、不符合科学发展观的思想观念，切实增强贯彻落实科学发展观的自觉性和坚定性。党员干部受教育是学习实践活动的基本要求。全院同志必须更加自觉地用马克思主义中国化最新成果指导主观世界的改造，自觉地同党中央保持高度一致，坚持高标准、严要求，不断提高自己的理论水平和政策水平，不断提高走中国特色社会主义道路、贯彻落实科学发展观、推进我院哲学社会科学事业繁荣发展的能力和水平。要把对中国特色社会主义理论体系特别是科学发展观的学习和研究摆在中心位置，努力掌握贯穿其中的马克思主义立场观点方法，提高运用科学理论分析和解决实际问题的能力，为做好各项工作奠定坚实的思想基础。

4．必须以科学发展观为统领，保证哲学社会科学研究事业和我院各项工作全面、协调、可持续发展。科学发展观是指导哲学社会科学繁荣发展的战略方针，也是办好中国社会科学院的根本指针。不坚持这一战略方针和根本指针，办院就会偏离正确方向，理论研究就失去了根基。在新的历史时期，我们坚持以科学发展观为统领，就是坚持以马克思列宁主义、毛泽东思想、邓小平理论和“三个代表”重要思想指导哲学社会科学工作的最好体现，也是落实党的十七大和十七届三中全会关于哲学社会科学工作战略部署的必然要求。要以科学发展观为指南，促进各方面工作全面、协调、可持续进行。对照中央把中国社科院建设成为马克思主义的坚强阵地，中国人文社会科学的最高殿堂，党和国家的思想库智囊团的要求，我们的差距还很大，因而必须加倍努力，坚持以科学发展观为统领，将其贯穿到科学研究、学科建设、队伍建设、体制改革、党的建设等各方面各环节中去。要按照胡锦涛总书记在十七届三中全会上的讲话要求，坚持为人民服务、为社会主义服务的方向，坚持理论研究以为人民谋利益为根本宗旨，始终关心人民大众的生计、权利和生活。要围绕中心，服务大局，始终坚持发展这个第一要务，研究探索实现科学发展的理论、方针和政策，认真研究思考关于改革发展稳定的重大问题，努力为推动理论创新、实践创新、制度创新提供理论依据、政策建议、咨询服务。要更加自觉地以中国特色社会主义理论体系特别是科学发展观为指导，全面推动我院学科体系和理论体系创新，把科学发展观真正融入到各领域各学科中去，使我们推出的研究成果、提出的对策建议更加符合科学发展观的要求。要以科学发展观引领党的建设，高度重视科学发展观在新时期党的建设中的地位和作用，使党的队伍在思想、作风、素质上适应科学发展观的要求。要以科学发展观引领学风和工作作风建设，使我们的思想作风和工作作风符合科学发展观的要求。总之，通过贯彻落实科学发展观，使各项工作呈现新面貌，不断增强我院综合实力，向实现中央“三个定位”目标迈出坚实的步伐。

5．必须按照中央关于推进有利于科学发展的体制机制创新的要求，进一步深化我院管理体制机制改革。在这次学习实践活动中，中央要求把解决现实问题与建立长效机制紧密结合起来，针对管理体制和工作机制中与科学发展不适应的地方，加大重点领域和关键环节改革的攻坚力度，加快构建充满活力、富有效率、更加开放、有利于科学发展的体制机制。我院管理体制机制改革工作在学习实践活动正式启动之前就已全面推开，这正是学习贯彻十七大精神、贯彻落实科学发展观的重要举措，因而自然成为我院学习实践活动的主要载体。这次学习实践活动对体制机制改革创新提出了新的更高要求，我们要在学习实践活动过程中进一步明确改革的方向和任务，使全院人员进一步增强改革自觉性，形成改革合力，推动科研管理体制和人事管理体制等关键环节的改革取得新的实质性进展。总之，通过进一步深化管理体制机制改革，逐步建立起符合哲学社会科学发展规律、具有我院特色、有利于出成果特别是精品成果的科研管理体制机制，符合哲学社会科学人才成长规律、具有我院特色、有利于出人才特别是拔尖人才、具有竞争激励功能的人事管理体制，符合我院办院规律、确保中央和院党组重大决策决定贯彻落实、运转高效的行政管理体制，透明、公正、有效、集中统一的财务管理体制和运行机制，管理科学化、服务社会化、保障现代化、具有我院特色的科研辅助和后勤保障体制。我们还要以科学发展观为统领，在深化管理体制机制改革创新的基础上，全面推进哲学社会科学体系的改革创新，使这两方面的改革创新相辅相成，为我院各项事业的发展提供创新活力和发展动力。

（三）在贯彻落实科学发展观中存在的主要问题和不足

按照中央要求，在此次学习实践活动中，各级领导班子要根据本地区、本部门、本单位的发展实际、工作实际和党员、干部的思想实际，着力找准并解决影响和制约科学发展的突出问题以及党员干部党性党风党纪方面群众反映强烈的突出问题。院党组通过进行专题调研、召开座谈会、开展解放思想讨论、函询等形式，广泛征求全院党员干部、科研人员和地方社会科学院对我院党组班子及我院工作的意见和建议。总体来看，院党组班子及我院的工作得到充分肯定，但是同中央的要求相比，还存在许多不适应科学发展观的薄弱环节和突出问题。具体来说，有以下几个方面：

1．在对中国特色社会主义理论体系特别是对科学发展观的理解和掌握方面，还需要更加系统和深刻。从理论与实践、历史与现实的结合上，充分认识中国特色社会主义理论体系是马克思主义中国化的最新理论成果，从精神实质上准确把握“一面旗帜，一条道路，一个理论体系”三位一体的内在联系，是学习实践活动和理论武装的根本要求。在这方面，还存在一些不足：对科学发展观的理解还存在见识迟、认识不到位的问题。要充分理解科学发展观是同马克思列宁主义、毛泽东思想、邓小平理论和“三个代表”重要思想既一脉相承又与时俱进的科学理论，充分理解和掌握科学发展观所体现的马克思主义立场观点方法，还要下很大功夫；在切实把科学发展观作为马克思主义关于发展的世界观和方法论转化为自己的思维方式，转化为科学研究的方向、灵魂和依据方面，还要下很大功夫。在对科学发展观的科学内涵和根本要求的掌握上，还存在不求甚解、浅尝辄止，有的党员干部在深度和高度上不到位的问题，还存在片面、狭隘的认识，甚至还存在将其混同于西方某些发展理念的现象。在世界社会主义运动仍然处于低潮、改革开放和社会主义市场经济不断发展的条件下，有的党员干部的理想信念还不够坚定，有的面对错误思潮，或者怕被贴上“左”的标签，不敢理直气壮地开展批评，或者批评不够有力。在对中国特色社会主义理论体系真信真懂真用方面，在自觉地推进马克思主义理论创新方面，尚需作出很大努力。

2．在运用科学发展观统领全局和指导本职工作方面，还需要更加主动和自觉。哲学社会科学研究工作，必须坚持以马克思主义为指导，高举中国特色社会主义旗帜，坚决贯彻落实科学发展观。对于这个问题，在思想上的重视程度还要进一步提高，认识还要进一步深化，还需要更加自觉地把科学发展观融入到科学研究、学科建设、队伍建设和行政管理等各项工作中去。在这方面，还存在针对性不强、融会贯通能力不强等一些问题和不足。表现在科研上，对科学发展观的精神实质的理解和掌握还要进一步求深求透，更加自觉地体现在科研成果中；表现在学科建设上，学科布局还不能很好地适应经济社会快速发展变化的要求，站在哲学社会科学发展前沿对学科进行调整和更新方面，还有许多工作要做；表现在队伍建设上，培养和选拔能够系统掌握和自觉运用科学发展观的干部和科研骨干，还要下很大功夫；表现在推动理论创新上，全院理论创新的潜能还没有充分发挥出来，组织集体攻关的思路和办法有待进一步拓展和提高；表现在我院长远发展的思路上，对哲学社会科学发展规律、中国社会科学院办院规律、科研成果生产和科研人才成长规律的认识还不够自觉和深刻，对涉及我院长远发展的若干重大关系的把握还不够全面和准确；表现在党的建设上，对科学发展观在指导党的各方面建设中的地位和作用认识不足，在运用科学发展观统领党建工作上，还存在一定差距。

3．在推进适应科学发展的管理体制机制改革创新方面，还需要进一步加大力度。近年来，院党组从实际出发，相继推出了一系列改革措施，在一定程度上增强了我院创新活力和发展动力，但现行管理体制机制还明显存在制约我院科学发展的障碍，还不能适应积极参与党和国家理论创新、实践创新和制度创新的需要。以科学发展观为指导推进管理制度和体制机制改革的力度还不够大，迈的步子还不够快，与国家变革的步调还不协调，体制机制守旧、照旧章办事的现象还比较突出。科研、人事、行政、国际交流、网络、图书、研究生教育、报刊出版、后勤保障服务等各方面的体制机制，还不能适应新形势新任务的要求。管理体制机制的改革创新还不能很好地同哲学社会科学体系的改革创新有机衔接、相辅相成。

4．在改进学风和工作作风方面，还需要进一步增强针对性和有效性。近年来，院党组高度重视解决班子自身和全院党员干部队伍在学风和工作作风方面存在的问题，在改进学风和工作作风方面取得了一定成效，但在把科学发展观作为主要的思想武器和行为准则方面，把贯彻落实科学发展观与树立正确的世界观、人生观和价值观有机结合方面，还要不断探索有效的措施和办法。对我院党员干部队伍中不符合科学发展观要求的思想、作风等问题，比如，一些党员干部和科研人员陷于日常具体事务或埋头个人学术活动，不关心政治，不了解现实；一些科研人员治学不严谨，学风不端正，心浮气躁，急功近利；一些党员干部对对工作缺乏热情和干劲，作风懈怠；一些领导干部对本单位的管理和治理缺乏责任感；一些领导班子凝聚力和战斗力不强，班子成员之间团结合作意识不强，等等，还要下大力气调查研究，找到切实可行的改进和解决办法。

5．在全面落实反腐倡廉建设责任制方面，还需要进一步提高认识和增强执行力。对党风廉政建设面临的严峻形势，还需要进一步深入分析和把握；对反腐败斗争的长期性、复杂性、艰巨性，还需要进一步提高认识；对党的十七大提出的党风廉政建设和反腐败斗争的新要求，还要下力气全面准确地把握，真正把反腐倡廉建设放到与党的思想建设、组织建设、作风建设和制度建设同等重要的位置。由于我院既非党政机关也非大型企业，是“清水衙门”，所以在一些干部党员中还存在不正确的看法，认为没有必要在反腐倡廉方面投入太多精力。在围绕服务保障全院发展大局，推进哲学社会科学创新体系与惩治和预防腐败体系协同构建，特别是体制机制的创新上，有的单位和部门思想还不够解放，思路还不够开阔，具体办法还不够用。有些领导干部抓紧抓实党风廉政建设的自觉性不够高，科研业务管理工作与党风廉政建设还不同程度地存在“两张皮”现象，从实际出发创造性地开展工作的意识不够强。一些单位的纪检监察组织实施监督的主动性还不够强，对领导干部和权力的监督措施不到位，有的领导干部还不能真正做到自觉接受监督。一些单位党风廉政建设责任制的执行力不够强，在维护政治纪律制度、廉洁自律制度与相关科研、人事、行政、管理等制度的结合、配套和衔接上还存在不足。面对这些问题，进一步提高开展反腐倡廉工作的主动性、积极性和创造性，还要做大量扎实细致的工作。

此外，物质待遇及工作生活条件方面的问题，也是我院广大干部职工多年来普遍关注、反映比较强烈的问题。近年来，院党组一直在努力创造条件，多渠道解决这些问题，其中一些问题得到初步解决，一些矛盾暂时有所缓解，但由于我院发展基础薄弱，干部职工多，历史欠账多，加之受各方面条件的限制和制约，短时间内解决这些问题的难度很大，从整体上实现较大改观尚需时日。有些问题仅靠我院自身力量是难以得到根本解决的，需要国家在政策和财力方面给予大力支持。

（四）存在问题和不足的原因分析

存在上述问题和不足的原因是多方面的。中央要求，要认真分析存在问题的原因，特别是主观原因。院党组根据中央要求，认真查找班子自身和全院党员干部在思想观念、决策部署、体制机制、工作执行等方面认识和努力不到位的深层原因。主要是：

1．从思想观念方面分析，解放思想还不够深入持久，推进各项体制机制改革创新的决心还不够大。面对新形势新任务，进一步解放思想不够，对照中央要求还有较大差距。对党的十七大提出的进一步解放思想、不断深化改革开放的重大战略任务，在从精神实质上加以深刻领会方面还有欠缺，改革创新意识还要进一步增强。囿于传统的思维定式和旧的条条框框的情况，接受新思想、新观念、新理论的积极性、主动性不够高的情况，用老眼光看新问题、用老办法解决新矛盾的情况，有的单位本位主义较重、部门利益考虑较多的情况，等等，都还不同程度地存在。在坚持解放思想的正确方向，把解放思想与统一思想、解放思想与实事求是有机结合起来方面，思想认识和实践能力还有待提高。体现在对推进改革的认识和行动上，改革的决心还不够大，信心还不够足，对改革中产生的矛盾和问题尚需增强克服和解决的勇气，进一步增强推进改革的主动性和自觉性。

2．从理论知识学习和改造主观世界方面分析，学习的意识和自觉性还不够高，还不能很好地把改造主观世界和做好本职工作结合起来。面对当今时代知识更新速度不断加快、各种新知识新情况新事物层出不穷的形势，对学习的重要性认识还不足，学习的意识还不够强烈。在处理日常工作与学习的关系上，还存在以为学习影响工作的不正确认识，还存在被动应付、敷衍了事的情况。在学习内容和范围上，还存在只专注于本专业领域知识的学习、不重视认真学习马克思主义基本理论和中国特色社会主义理论体系，不重视广泛学习哲学、经济、政治、法律、历史、文化、科技、管理等学科新知识的情况。在处理学与用的关系上，还存在只是为学习而学习、脱离或忽视主观世界改造的现象，在学以致用上尚需下很大功夫，以真正把学习收获转化为提高工作效率和领导水平的动力。

3．从推动工作和战略决策方面分析，围绕中心、服务大局的能力还不够强，不能很好地跟上党和国家理论创新、实践创新、制度创新的步伐。当前党和国家的理论创新、实践创新和制度创新步伐不断加快，但我院在许多方面还不能紧紧跟上，还不能在推进理论创新、实践创新和制度创新方面很好地发挥与我院地位和职责相称的作用。对一些前瞻性、全局性、战略性的重大理论和现实问题的研究还不够深入，对我国思想理论领域和经济社会发展过程中出现的一些新情况、新问题，把握还不够及时准确，回答还不够有力彻底。与中央要求相比，在为党和国家工作大局服务、为解决经济社会发展重大现实问题服务、充分发挥思想库和智囊团作用方面，还要作出艰巨的努力。

4．从学风和工作作风方面分析，在理论与实践的结合上做得还不够，调查研究还不够扎实充分。理论脱离实际、主观不符合客观的现象还不同程度地存在。一些领导干部和科研人员对复杂变化的国际国内形势认识不够深刻，对世情、国情、党情、民情了解不够全面。如果离开党和人民正在进行的创造性实践谈理论，所谓的研究成果就空洞无物。如果离开当今国际大局和时代特征，离开当前我国社会主义初级阶段基本国情谈对策，所谓的对策建议就无的放矢。一些领导干部深入实际、深入群众不够，对基层情况了解不充分，对影响和制约我院改革发展的突出矛盾和问题把握还不够全面准确，提出的政策措施还缺乏针对性、现实性和有效性。

对于我院贯彻落实科学发展观方面存在的突出问题及产生这些问题的主要原因，院党组高度重视，将在学习实践活动中坚持边学边改，边查边改，边整边改，下大力气加以解决。

（五）深入贯彻落实科学发展观的基本思路和主要措施

根据新形势新任务提出的新要求，总结近年来贯彻落实科学发展观的经验，院党组当前和今后一个时期带领全院干部职工深入贯彻落实科学发展观的基本思路是：高举中国特色社会主义伟大旗帜，全面贯彻党的十七大精神，深入学习实践科学发展观，进一步解放思想、实事求是、改革创新，着力巩固和加强马克思主义特别是中国特色社会主义理论体系在哲学社会科学领域的指导地位，着力推进哲学社会科学创新体系建设，着力加强具有全局性、前瞻性、战略性的重大理论和实践问题的研究，着力构建适应哲学社会科学创新体系要求的管理体制机制，着力解决影响和制约我院事业发展的突出问题以及党员干部党性党风党纪和学风工作作风方面群众反映强烈的突出问题，继续实施科研强院战略和人才强院战略，努力把我院建设成为马克思主义的坚强阵地、我国哲学社会科学研究的最高殿堂、党中央国务院重要的思想库和智囊团。

围绕上述基本思路，院党组将把深入学习实践科学发展观活动与推动我院各项具体工作结合起来，紧紧抓住深化管理体制机制改革这个主要实践载体，切实采取以下几个方面的主要措施：

1．加强思想政治建设，始终坚持正确的政治方向、理论方向和科研方向。形势越复杂，任务越繁重，越要加强思想政治工作，不能有丝毫削弱。在坚持马克思主义特别是中国特色社会主义理论体系在哲学社会科学研究中的指导地位问题上始终坚定不移，既反对以僵化、教条主义的态度对待马克思主义，也反对否定马克思主义指导地位、迷信西方思想理论、用西方价值观念来评判中国现实的错误倾向。要运用马克思主义立场观点方法，划清中国特色社会主义与民主社会主义和新自由主义的界限。组织全院同志认真学习马克思列宁主义、毛泽东思想和中国特色社会主义理论体系，用科学发展观武装全院党员干部和科研人员的头脑，更加深刻领会科学发展观的科学内涵、精神实质和根本要求，进一步增强贯彻落实科学发展观的自觉性和坚定性。紧紧围绕建设马克思主义坚强阵地的目标，组织科研人员认真学习马克思主义经典作家原著，结合新的时代特点和新的形势，认真领会马克思主义理论精髓，掌握马克思主义基本原理，提高运用马克思主义立场观点方法分析和解决实际问题的能力。加强马克思主义理论教育、理想信念教育、社会主义核心价值体系教育，特别是加强对新入院人员和青年科研人员的教育。采取切实措施加强马克思主义基础理论学科建设、教材体系建设和人才队伍建设，努力办好马克思主义研究院、邓小平理论和“三个代表”重要思想研究中心。

2．加强基础理论研究和学科建设，保持和巩固传统优势，为建设最高学术殿堂不断强本固基。要切实重视和加强马克思主义基本理论和哲学、文学、史学、考古学、民族学、宗教学、语言学以及经济学等传统优势学科的建设。要始终提倡继承和弘扬中华优秀文化传统，充分借鉴和吸收世界文明优秀成果，使基础理论研究在新的历史时期发扬光大，让更多的基础理论学科在国内外学术界保持领先优势。要重点建设一批能够增强自主原创能力的基础学科，通过调整、充实、整合，建设一批国内一流、国际知名的研究所、研究中心和研究室。根据基础理论研究的规律和成果产出特点，完善课题制，健全科研资助体系，推行后期资助方式，加大对精品力作的奖励力度，激励多出优秀科研成果。采取切实有效措施，支持和鼓励“十年磨一剑”的专家学者，推出更多精品成果和传世之作。全面启动特殊学科建设计划，加大对特殊学科的政策倾斜力度，扶持“绝学”和边缘学科，挽救濒危学科，下大力气抓好已确定的第一批11个特殊学科建设项目。根据经济社会发展需要和哲学社会科学发展趋势，调整和优化学科布局，扶持新兴学科和交叉学科。注重研究和系统整理我院学术大师们的研究成果，传承他们的学术精华，培养和选拔新的学科带头人。要继续办好“国学研究论坛”，大力弘扬中华优秀传统文化。推动哲学社会科学与自然科学的交叉融合，探索建立交叉研究机制。高度重视研究成果的转化和哲学社会科学普及工作，扩大哲学社会科学影响，充分体现哲学社会科学自身价值。

3．加强应用对策研究，使其向战略高度提升，不断提高为党和国家决策服务的能力和水平。我院应用对策研究要坚持围绕党和国家中心任务，始终站在经济社会发展前沿，注重研究全局性、前瞻性、战略性问题，及时为党和国家提供有充分科学论证和可靠实践依据的决策咨询和对策建议。要见微知著，建立对经济社会发展中的苗头性、倾向性问题的追踪研究和预警机制。下大力气提升研究水平和成果质量，注重从战略高度提出目标和任务，从战略视角研究党和人民高度关注并希望找到答案的重大问题。把深入研究、阐释、宣传中国特色社会主义理论体系特别是科学发展观放在重要位置，作为中心任务，设立一批重大重点研究课题，推出一批精品成果。深入研究党的十七大提出的新思想、新观点、新论断，深入研究经济建设、政治建设、文化建设、社会建设及生态文明建设和党的建设所面临的一系列重大问题，深入研究世界经济、政治和文化领域迅速、复杂、深刻的变化。建立重大问题研究组织协调机制，发挥不同学科和专业的优势，协作开展跨学科、跨研究所联合攻关，形成应用对策研究合力。建立重大突发性问题快速有效反应机制，加强重大问题综合研究与信息报送工作的联系机制，向中央及时提供与我院地位相称的高质量成果和信息。高度重视和积极配合为中央政治局集体学习讲课、参与党和国家重要文件起草等项工作，高质量完成所承担的中央马克思主义理论研究和建设工程课题。促进应用对策研究和基础理论研究的结合，增强为党和国家决策咨询建议的科学性、规律性和时效性。

4．加强人才队伍建设，为科研等各项事业可持续发展提供有力的人才支撑。围绕科研强院战略的实施，制定人才强院战略实施方案，把人才强院战略的各项任务落到实处。按照中央要求，把培养一大批坚定的马克思主义者，努力造就政治坚定、与党同心同德、具有广泛影响的理论家、思想家，作为人才强院战略的重要目标。重视培养和引进新兴学科、濒危学科、交叉学科和“绝学”等方面的专门人才和复合型人才，特别是政治和业务素质良好、锐意进取的中青年骨干人才。按照中央对我院“三个定位”的目标要求，全面总结建院30年人才队伍建设经验，从我院科研事业长远发展需要出发，研究制定人才队伍发展规划。进一步优化人才队伍整体布局，逐步形成以科研人才为重点，科研人才、管理人才、科研辅助人才和服务人才共同发展的结构合理的人才队伍。切实转变人才观念，积极探索人才培养、选拔、使用的新思路、新方法、新机制，通过合作研究、特聘高级研究员和访问学者等形式，有效调动和充分利用国内外人才资源。要进一步办好研究生院和博士后流动站，使之成为我国哲学社会科学优秀人才的培育基地和我院哲学社会科学研究后备人才的成长摇篮。加大对科研人才、管理人才、科研辅助人才和服务人才的培训力度，及时更新知识结构，不断提高业务素质和工作水平。

5．加强国情调研工作，深入了解基本国情和改革发展的实际，为科研工作提供坚实的实践基础。鼓励全院科研人员和党员干部走向社会，深入实际，认真开展调查研究。探索具有我院特点的国情调研体制、形式和办法。对国情调研工作进行统筹规划，提炼出党和国家密切关注的重大国情调研选题，组织一批重大国情调研项目。重点开展贯彻落实科学发展观情况调研，改革开放30年中国经济、政治、社会、文化发展变化情况调研，解决“三农”问题调研，社会分配问题调研以及金融安全问题调研，等等。切实发挥国情调研基地作用，长期跟踪调查基本国情及其变化，深入研究重大理论和实际问题，深入了解中央重大决策实施反馈情况，为党中央国务院的战略决策服务。认真总结地方政治、经济、社会、文化发展的成就与经验，为地方制定和完善发展战略提供决策咨询。加强国情调研管理制度建设，在课题立项、经费使用、成果评估等环节严格把关，使之进一步规范化和科学化。加强国情调研数据库和文献资料库建设，适时建立院国情调研信息中心。通过各种有效途径，做好调研成果的报送、宣传和交流。研究建立国情调研奖励制度，奖励优秀国情调研成果。加强对国情调研工作的组织领导，确保各项调研任务的落实。把国情调研工作和科研工作有机结合起来，使两者既各有侧重，又相互促进。把开展国情调研与青年人才培养结合起来，每年组织青年骨干人才参加国情调研活动，丰富他们的实际工作经验，增强他们理论联系实际的水平。

6．继续完善管理体制机制改革方案，狠抓落实，推动改革向纵深发展。着力构建符合科学发展观要求、适应哲学社会科学创新体系需要的管理体制机制。要抓好已出台的各项改革措施的落实，巩固已有改革成果。认真总结经验，对院所改革方案进一步充实、调整和完善，细化为可操作性的具体措施。近期在学习实践活动过程中和2009年度加紧推进实施的主要有：

——建立院所两级科研管理互动体制；进一步改革完善课题管理制度，提高科研成果的学术水准和社会效益；完善科研经费的分配、管理体制，提高科研经费的使用效率；建立和完善重大问题研究组织协调机制；根据哲学社会科学不同学科的特点，建立公开、公平、公正的学术评审和质量评价体系，体现正确的政策导向，防止重数量轻质量、形式主义和弄虚作假等不良倾向；探索完善学科建设新机制，建立健全研究所学科建设考核评估体系；加快推进名刊建设工程，不断提高我院刊物质量，进一步扩大我院刊物影响；加强各类学术社团管理，充分发挥它们在我院建设和发展中的作用。

——全面推行岗位设置管理和聘用制度，建立健全符合我院工作性质和特点、有利于出成果出人才的用人机制；建立统一规范的奖励制度，推行新进人员人事代理制度，逐步形成科学有效的激励机制和正常退出机制。

——建立健全以常务副院长和秘书长为中心、以办公厅为枢纽的高效的行政管理运行机制；进一步完善督办检查反馈制度，提高办文办会办事的制度化、规范化、科学化水平；要加强院所之间、职能部门与研究所之间的协调和沟通，形成治院、治所合力。进一步加强《要报》改革及信息报送工作，提高为中央决策服务的质量和水平；继续办好《中国社会科学院报》，使之成为展示我国哲学社会科学研究成果和信息交流的重要平台；修订《院务公开暂行规定》，编制院务公开目录和指南，推进电子院务建设。

——进一步提高财务、基建与计划工作的科学化、制度化、精细化水平；建立健全透明、公正、有效、集中统一的财务管理体制和运行机制；积极推进财务改革，切实加强财务管理，有效发挥结算中心作用；进一步完善我院固定资产管理，有效规范政府采购制度，遏制违规违法现象发生；落实责任制，加大节能承包改革力度。

——完善院级对外交流合作项目体系，打造对外展示学术精品窗口；集中抓好影响大的国际交流项目，打出拳头品牌，掌握国际学术论坛的话语权；构建高层次对外交流平台，提升对外交流与科研相结合的水平；加强对外交流人才队伍建设，提高外事管理和服务质量；加大对研究所外事活动的经费支持和协调力度，调动和发挥研究所对外学术交流的积极性。

——实施图书信息资源和网络建设战略，建立哲学社会科学文献信息资源保障体系；坚持统一、共享、有效的原则，建立健全三级图书管理体制和运行机制；加快数字化建设步伐，建设国家社会科学数字图书馆；建立健全院所两级信息网络管理体制和运行机制，加大经费倾斜力度，支持研究所专业特色网建设；坚持为科研服务的宗旨，加快实现信息资源远程共享；整合全院力量，尽快启动外文网站建设，使之成为展示我国哲学社会科学优秀成果的重要窗口。

——继续推进后勤社会化改革，建立健全管理科学化、服务社会化、保障现代化、具有我院特色的后勤保障体制，不断提高后勤保障能力；建立健全成本核算制度，改革经营性资产管理方式，切实提高经济效益；做好国有资产清理整顿工作，集中管理，提高使用效益；不断增强服务意识，进一步提高服务水平。

7．按照“政治强、业务精、作风正”的要求，抓好领导班子和干部队伍建设。把领导班子和干部队伍建设摆在重要位置，作为一项战略任务抓紧抓好。努力建立一支懂科研、善管理、具有较高政治素质和业务素质的管理人才队伍，保证科研等各项工作的顺利进行。进一步健全和完善干部培养、选拔、任用的科学机制，按照“德才兼备，以德为先”的标准，真正把那些政治立场坚定、熟悉哲学社会科学工作、富有改革创新精神的优秀人才选拔到各级领导岗位上来，尤其要重视和加强后备干部的选拔和培养。要进一步增强广大党员干部特别是各级领导班子的忧患意识，认真抓好干部培训工作，努力使各级领导班子和领导干部的马克思主义理论素质、现代科学文化知识水平有新的提高。坚持和完善党委领导下的所长负责制，推行党委领导下的所长任期目标制，尽快颁布实施修订后的《研究所党委工作条例》和《研究所所长工作条例》，明确书记和所长职责，完善议事决策规则。推进党务公开，制定《党务公开办法》，健全党内情况通报、情况反映、重大决策征求意见制度，丰富党内民主实现形式。研究制定《我院人员院外兼职管理办法》，规范我院人员特别是领导干部兼职行为。各级领导班子成员要加强协调与沟通，坚持科学决策、民主决策，防止独断专行。

8．加强党风、学风和工作作风建设，在端正党风学风和转变工作作风上取得新成效。贴近我院实际，进一步加强党性党风党纪教育，将其作为党校和各类岗位培训的必修课，使共产主义远大理想和中国特色社会主义坚定信念教育真正入脑入心。增强党内政治生活的原则性，不断提高民主生活会质量，切实发挥纪检监察组织的监督作用。加强领导班子和干部队伍的政治纪律教育以及宣传出版纪律、外事纪律、保密纪律教育；加强财经纪律教育，推进法人单位和领导干部经济责任审计。切实推进党内监督和群众监督，加大预防违纪违法问题工作力度，推进反腐倡廉工作体制机制创新。加强学术道德教育和学术规范管理，发挥院所两级学术委员会、职称评审委员会以及图书期刊审读制度等对学风建设的监督作用。组建院所学术道德委员会，受理学术不端行为的举报与鉴定，制定《学术不端行为处理办法》，纠正学术失信失德行为。职能部门要增强为研究所服务、为科研一线服务的意识，深入基层，深入群众，及时发现和解决群众关心的实际问题。

9．采取切实措施，努力解决全院干部职工的工作生活条件等切身利益问题。从我院实际出发，继续争取国家给予更多的政策和经费支持。克服困难，继续推进科研与学术交流大楼、研究生院新校园建设，不断改善科研、教学和办公条件。采取有效措施，继续改善全院职工特别是青年科研人员的住房条件，建立争取国管局经济适用房和北京市两限房的长效机制，进一步改善全院人员住房条件。加快落实图书馆地下书库改造和院部立体车库建设；积极筹措资金，推进单身宿舍、博士后公寓和老干部活动中心建设，等等。

(六)院党组加强自身建设的具体措施

院党组总体上是一个同党中央保持高度一致、全心全意为全院同志服务的班子，是坚持正确政治方向、服从大局、团结合作、扎实工作的班子。院党组认真按照中央要求精心安排部署各项工作，积极参与党和国家的改革发展和理论创新，努力为党和国家工作大局服务，取得了一定成绩。但同中央要求相比，同所担负的职责和任务相比，还有不小的差距。在这次学习实践活动中，中央要求不仅要提出本部门本单位进一步做好工作的思路和举措，还要提出按照科学发展观要求加强领导班子建设的措施和办法。院党组认为，当前要以深入学习实践科学发展观活动为契机，以邓小平理论和“三个代表”重要思想为指导，深入学习贯彻胡锦涛总书记重要讲话和中央有关精神，继续加强院党组班子自身建设，切实把思想和行动统一到科学发展观的要求上来，统一到中央决策和部署上来。

1．牢固树立政治意识，自觉地同党中央保持高度一致，充分发挥我院作为马克思主义坚强阵地的作用。肩负党和人民赋予的领导和治理中国社会科学院这样一副重担，院党组必须以高度的责任感和使命感，始终把握正确的办院方向，坚持在思想上、政治上、行动上同党中央保持高度一致，自觉维护党中央权威，维护改革发展稳定的大局。紧紧围绕建设马克思主义坚强阵地的目标，真正高举中国特色社会主义伟大旗帜、坚持中国特色社会主义道路和中国特色社会主义理论体系，坚持四项基本原则，坚持改革开放，坚定地、不折不扣地、创造性地把党的理论和路线方针政策贯彻落实到工作的各个方面各个环节。增强政治意识和政权意识，增强政治敏锐性和政治鉴别力，自觉从政治上观察和处理问题，经常分析意识形态领域的形势，及时掌握全院思想理论动态，正确处理学术问题和政治问题的关系。坚决反对指导思想多元化，对错误思潮及时组织开展充分说理的回应。掌握哲学社会科学的话语主导权，确保阵地巩固、方向正确、导向明确。要在研究和宣传马克思主义基本理论和中国特色社会主义理论体系方面充分发挥带头作用，为推进马克思主义中国化、丰富和发展马克思主义作出应有贡献。

2．牢固树立大局意识，始终把围绕中心、服务大局作为院党组及全院工作必须遵循的根本要求。中国社会科学院的工作是党和国家全局工作的有机组成部分，必须始终把是否具有大局意识、能否把握住大局，作为衡量班子政治上是否成熟、工作上是否胜任的重要标准。院党组想问题、作决策、谋发展，必须紧紧围绕党和国家发展的大局、改革开放的大局、社会主义现代化建设的大局、理论创新的大局，使全院各项工作自觉地服从、服务于党和国家的中心工作。坚持把研究全局性、前瞻性、战略性重大理论和现实问题作为院党组重点抓好的一项主要工作，把回答和解决重大理论和现实问题作为我院工作的基本出发点和归宿，切实履行好我院作为党中央国务院重要思想库和智囊团的职责。

3．牢固树立改革创新意识，不断提高领导哲学社会科学工作的能力和水平。解放思想永无止境，改革创新不能停步。要始终坚持解放思想、实事求是、与时俱进，紧跟党和国家理论创新、实践创新和制度创新步伐，坚持把改革创新精神贯穿于办院治院的各个环节，不断适应新形势，实现新发展，开创新局面。要转变思维方式，创新工作方法，以革故鼎新的勇气和科学求实的态度，认真研究新情况，切实解决新问题，不断总结新经验，推动全院工作的科学化、规范化、制度化。要积极推动学术观点、学科体系和科研方法创新，加快构建我院哲学社会科学创新体系。要充分尊重哲学社会科学发展规律，推动建立有利于我院哲学社会科学研究事业繁荣发展的领导制度和管理体制机制，不断提高领导全院工作的能力和水平。

4．牢固树立廉洁自律意识，进一步增强反腐倡廉的自觉性。党组成员要牢固树立马克思主义世界观、人生观、价值观，牢固树立正确的权力观、地位观、利益观，自觉改造主观世界，不断增强党性修养，始终牢记“两个务必”，永葆共产党人本色。坚持讲党性、重品行、做表率，坚持自重、自省、自警、自励，切实做到慎权、慎言、慎行，筑牢思想道德和党纪国法两道防线，经得起诱惑，守得住清贫，努力树立领导干部清正廉洁、公道正派的良好形象。正确运用手中掌握的权力，始终坚持原则，严格要求，不偏不倚，勤政敬业，敢于负责，以实际行动做全院党员干部的表率。坚持反腐倡廉常抓不懈，严格执行党风廉政建设责任制，建立健全惩治和预防腐败体系，形成拒腐防变教育长效机制。

5．牢固树立团结协作意识，切实贯彻民主集中制原则，实现集体领导与分工负责的有机结合。团结协作是维持领导班子正常运转的生命线，是领导班子及其成员思想、组织、作风状况的集中反映，是其凝聚力、战斗力的具体体现。要充分发挥党组统揽全局、协调各方的核心作用，形成推动我院事业发展的合力，提高驾驭全局工作的能力。要切实贯彻民主集中制原则，坚持和完善党组会议、院务会议、院长办公会议等会议制度，坚持集体领导与分工负责相结合，形成既分工明确又互相支持的良好工作氛围。要进一步完善院党组调查研究制度，坚持深入基层，深入实际，倾听群众呼声，反映群众愿望，解决群众问题。要进一步加强党组成员之间的沟通和交流，坚持开展经常性的批评和自我批评，在实际工作中相互帮助、相互监督、相互激励、共同进步。自觉维护班子的团结统一，树立班子的良好形象。

6．牢固树立学习意识，努力做到勤于学习，善于学习，自觉学习，终身学习。要大力发扬我们党勤于学习、善于学习的优良传统，在加强学习上真正发挥模范带头作用。要以掌握马克思主义中国化最新成果为重点，夯实理论基础，把深入学习贯彻中国特色社会主义理论体系作为首要任务，把掌握和运用马克思主义立场观点方法作为学习的根本目的。要坚持学习理论和指导实践相结合，运用理论和发展理论相结合。要不断完善党组中心组学习的制度和管理，进一步健全学习组织，严格规范学习管理，积极创新学习形式，把集体学习研讨和个人自学有机结合起来，把理论学习同调查研究结合起来。要把加强学习作为一种工作责任、一种自觉追求，通过学习拓宽视野、提升能力、增强本领。注意向实践学习，向人民群众学习，向他人学习，不断丰富工作经验，提高认识问题、分析问题和解决问题的能力。

六　中国社会科学院深入学习实践科学发展观活动总结报告

中共中国社会科学院党组
（2009年3月20日）

按照中央《关于在全党开展深入学习实践科学发展观活动的意见》等有关指示精神和部署，我院深入学习实践科学发展观活动自2008年9月21日启动以来，在院党组的领导下，在中央学习实践活动指导检查组的具体指导下，全院53个所局级单位的4000多名党员采取多种形式参加了学习实践活动。所局级以上领导班子和处室级以上党员领导干部是这次学习实践活动的重点。

院党组对搞好这次学习实践活动高度重视。院党组书记、院长陈奎元同志多次就贯彻落实中央学习实践活动领导小组有关文件和会议精神、搞好我院的学习实践活动作出批示，多次召开党组会议专门研究学习实践活动的工作部署，并亲自主持党组和全院性的重要学习实践活动。院属各单位党组织行动迅速、组织得力、狠抓落实，广大党员特别是党员领导干部高度重视、积极参与，顺利完成了学习实践活动的各项任务，基本实现了我院学习实践活动实施方案提出的目标要求，达到了预期目的。

（一）基本情况

根据中央的统一部署，结合我院实际，学习实践活动严格按照学习调研、分析检查、整改落实等三个阶段和九个环节的相关要求进行。基本情况和主要工作如下：

1．扎实开展学习调研

学习调研阶段从2008年9月21日开始，到11月27日结束。这一阶段，主要做了四个方面的工作：

一是迅速成立组织机构，认真制定实施方案。院党组对搞好这次学习实践活动高度重视，为加强对全院学习实践活动的领导，成立了以院党组书记、院长陈奎元同志为组长，院党组副书记、常务副院长王伟光同志和院党组副书记、副院长李慎明同志为副组长，全体党组成员参加的院学习实践活动领导小组。认真研究制定了全院学习实践活动实施方案。9月26日上午召开全院处（室）级以上领导干部大会，及时传达学习中央召开的“在全党深入学习实践科学发展观活动动员大会”精神，并对我院的学习实践活动进行了初步动员和部署。在2008年10月14日召开的全院学习实践活动动员大会上，陈奎元同志代表院党组作了动员报告，对我院开展学习实践活动的指导思想、基本原则、主要目标、具体步骤和总体要求等进行全面部署。院属各单位按照院党组的部署和要求，成立领导小组，制定本单位实施方案，主要领导同志对本单位的学习实践活动进行再动员和具体部署。

二是精心组织干部培训，扎实抓好理论学习。从2008年10月15～23日，我院分2批、每批4天举办所局领导干部学习实践活动培训班，全院180多位所局领导干部参加了集中学习培训。院党组对培训活动高度重视，王伟光、李慎明、李秋芳同志分别为培训班作动员报告、专题辅导报告和总结报告，陈佳贵、朱佳木、高全立、武寅和黄浩涛等同志分别参加了小组讨论，认真听取意见，同所局领导干部倾心交流。培训班还先后邀请中央有关部委负责同志作专题辅导报告。参加培训的所局领导干部在认真学习有关文件和读本的基础上，围绕如何深刻理解科学发展观的精神实质和科学内涵，如何结合我院实际贯彻落实科学发展观的基本要求，如何解决影响和制约我院改革发展的突出问题等，进行了热烈的讨论，对我院如何深入推进管理体制机制改革，加快哲学社会科学创新体系建设等各项工作，提出了许多有价值的意见和建议。在所局领导干部集中培训的基础上，院属53个单位也采取多种形式对本单位处室级干部进行了集中培训，并以支部为单位组织全体党员参加学习实践活动。

三是深入开展专题调研，仔细查找突出问题。院党组成员按照分工确定了调研专题，并采取召开征求意见座谈会、深入联系单位和个别交谈等方式进行专题调研，认真查找影响和制约我院贯彻落实科学发展观的突出问题，广泛听取干部群众对我院贯彻落实科学发展观、推进管理体制机制改革、促进各项事业发展的意见建议，提出整改思路和具体措施。王伟光、李慎明等党组领导同志先后到院属35个研究所（中心）和4个直属单位进行了为期一个月的大规模调研。王伟光还与党组其他成员多次带领职能部门主要负责同志到一些单位进行专题调研和现场办公。据统计，院党组成员参与专题调研共54人次，召开座谈会45次，撰写专题调研报告8篇。院学习实践活动领导小组办公室还向全国30个省市（自治区）社会科学院发函，征求地方社科院对我院开展学习实践活动的意见和建议。院属各单位领导干部也按照院党组的统一要求，采取各种方式在本单位范围内开展专题调研，广纳群言，集思广益。

在广泛深入的调研活动中，广大干部群众对影响和制约我院理论创新、人才建设、服务大局、创新发展的突出思想问题，影响和制约我院哲学社会科学创新体系发展的管理体制机制上的突出实际问题，以及我院党员领导干部在党性党风党纪和学风工作作风等方面存在的突出问题，各抒已见，畅所欲言，提出了许多有价值的意见和建议。院党组和各单位领导班子对干部群众的意见和建议进行了认真梳理和分析研究，其中涉及全院性工作的意见和建议共6大类26个方面91条，基本达到找准我院存在的突出问题的目的。

四是紧密联系实际，积极开展解放思想专题讨论。紧密结合党员干部的思想实际和我院的工作实际，采取多种形式组织开展解放思想讨论，是学习调研阶段的一个重要环节。为了搞好院党组和各所局领导班子的解放思想专题讨论，陈奎元同志专门批示："解放思想专题讨论会要注意针对本院本所进一步贯彻科学发展观的认识问题和实际问题，查找自身的不足和增强落实科学发展观的能力，不要漫谈党和国家的一般性问题，以免流于形式。"党组成员在前一阶段深入开展专题调研的基础上，结合各自分工，认真思考涉及全院改革发展的重大问题，形成了书面调研报告和发言材料。2008 年 11 月 20 日，院党组召开扩大会议，围绕在当前形势下如何进一步解放思想，如何深化我院管理体制机制改革，如何推进我院学科体系、学术观点和科研方法创新，如何认识和把握科研成果生产规律和科研人才成长规律、哲学社会科学发展规律和我院办院规律等问题，进行了严肃认真的解放思想专题讨论，陈奎元同志和党组其他成员都作了专题发言。院属各单位领导班子也按照实施方案的要求，组织召开领导班子专题讨论会和扩大会议，结合处室领导干部培训学习开展了解放思想专题讨论。各单位紧密联系实际，围绕领导班子在贯彻落实科学发展观方面存在的突出思想观念问题、研究所管理体制机制方面存在的突出问题、党风学风和工作作风方面存在的突出问题，以及群众反映强烈的突出实际问题等，进行了解放思想大讨论。与会同志对本单位的建设和发展提出了许多好的意见建议，为分析检查、召开专题民主生活会奠定了良好的基础。

2．深入进行分析检查

分析检查阶段从 2008 年 11 月 28 日开始，到 2009 年 1 月 14 日结束。这一阶段，主要做了三个方面的工作：

一是严格按要求开好领导班子专题民主生活会和党员专题组织生活会。专题民主生活会前，党组成员作了认真准备，相互之间开展个别谈心 43 人次，每个党组成员都认真准备了发言材料。2008 年 12 月 29 日，院党组召开了扩大的专题民主生活会，院职能部门主要负责同志和部分学部主任列席会议。与会党组成员紧扣深入学习实践科学发展观这个主题，紧密联系我院工作实际以及个人思想和工作实际，交流了深入学习科学发展观的新认识，总结回顾了在贯彻落实科学发展观方面的工作情况和主要成绩。在认真分析和充分吸收干部群众意见建议的基础上，对照科学发展观的要求，结合分管工作，认真查找个人在思想认识、工作能力、工作作风等方面存在的问题，深刻分析产生问题的原因特别是主观原因，并对如何改进工作提出了明确的整改思路。生活会充满了民主团结、务实创新的气氛，党组成员坚持讲真话、讲实话，认真开展批评和自我批评。党组成员还加强了对联系单位领导班子专题民主生活会的指导，先后有 23 人次参加了 21 个院属单位领导班子专题民主生活会。院属各单位领导班子也按要求召开了专题民主生活会，许多单位扩大吸收了处室级党员干部参加。大家反映，从总体上看，院党组和院属各单位领导班子专题民主生活会的主题明确、内容务实，提出的整改思路和具体措施切实可行，在涉及本单位事业发展的重大问题上形成了共识，使大家对研究所的发展和未来增强了信心。

此外，院属各单位按照中央精神和院党组部署，以支部为单位召开了党员专题组织生活会。全体党员对照科学发展观的要求，结合个人的思想和工作实际，分析查找自身差距和不足，明确努力方向。许多院、所局党员领导干部以普通党员身份参加了所在支部的组织生活会。

二是精心撰写领导班子分析检查报告。院党组高度重视分析检查报告的起草工作，精心组织，抓得早、抓得紧。陈奎元同志批示："分析检查工作要针对我院和我院各单位在贯彻落实科学发展观方面存在的认识问题和实际问题，认真查找自身不足，增强深入贯彻落实科学发展观的能力。要注重分析检查质量，不流于形式。"王伟光和李慎明同志亲自抓分析检查报告的起草，李慎明同志受院党组委托全程负责起草工作。院党组多次召开会议，专题研究分析检查报告的撰写工作，认真讨论提纲，逐段逐句地审读报告全文并提出具体修改意见。在全面吸收院党组学习调研、解放思想专题讨论和专题民主生活会等成果的基础上，六易提纲，全文修改 11 稿，多次召开征求意见会，印发院属各单位近 300 人书面征求修改意见，同时上报中央指导检查组征求意见并得到及时指导。经过反复修改，最终形成院党组分析检查报告定稿。中共中央政治局委员、中央书记处书记、中央宣传部部长刘云山同志对我院党组的分析检查报告给予了充分肯定，在我院上报的报告稿上作出重要批示："从分析报告可以看出院党组组织学习实践活动是严肃认真、很有成效的。总体思路和举措体现了中央对社科院工作的要求，符合科学发展观的精神，有针对性有新意。"

院属各单位领导班子对撰写分析检查报告也给予了高度重视，主要领导同志按要求亲自主持分析检查报告的起草工作，并多次召开领导班子专题会议，研究分析起草工作。为了提高报告质量，各单位领导班子采取多种形式广泛征求各方面的意见和建议，在此基础上，对报告稿都进行了多次修改和完善。

三是广泛组织群众评议并公布分析检查报告。按照中央的统一要求，院党组的分析检查报告形成后，采取书面评议与召开座谈会相结合、以书面评议为主的方式进行群众评议。参加评议的人员具有广泛的代表性，其中包括部分原院领导、党的十七大代表、第十一届全国人大代表和全国政协委员、院学部委员、全体现职所局级领导干部、老干部党支部书记、我院民主党派负责人和无党派人士、青年中心理事等各方面群众代表共 347 人。从总体上看，参与评议的干部群众代表对院党组分析检查报告充分肯定，群众满意率达到 94.6%。按照院党组的要求，院属各单位领导班子的分析检查报告，也接受了本单位三分之一以上干部群众的评议。绝大多数单位领导班子分析检查报告的群众满意率达到 90% 以上。接受群众评议后，院党组的分析检查报告以党组文件印发全院，院属各单位领导班子的分析检查报告也按要求在一定范围内公布，接受群众监督。

3．认真抓好整改落实

整改落实阶段从 2009 年 1 月 15 日开始，到 2 月底结束。主要做了三个方面的工作：

一是按照中央"四明确一承诺"的要求，认真制定整改落实方案。院党组及院属各单位领导班子针对学习实践活动前两个阶段梳理出来的问题，特别是在分析检查报告中经过认真梳理的突出问题，研究制定了整改落实方案，明确了整改的项目、目标和时限、具体措施、责任领导和责任单位。院党组先后召开了由部分研究所所长和党委书记、职能部门负责人以及各方面代表人士参加的多个座谈会，征求对整改落实方案的意见和建议，并印发院属各单位340多人广泛征求意见。经院党组会议集体讨论，最终形成了院党组整改落实方案定稿。院属各单位领导班子按照院党组的要求，也制定了本单位的整改落实方案。

二是着力解决突出问题，学习实践活动初见成效。针对学习调研、广泛征求群众意见中查找出来和在分析检查报告中梳理出来的突出问题，院党组在学习实践活动中就着手解决严重影响和制约我院事业发展以及群众反映强烈的突出问题，坚持边学边改、边查边改，具备整改条件的，立即进行整改。例如，党组多次组织学习讨论中央关于加强意识形态工作和加强马克思主义坚强阵地建设的指示精神，研究部署在我院加强马克思主义基本理论和中国特色社会主义理论体系教育，加强对意识形态领域重大理论和现实问题的研究，组织专家学者宣传和阐释社会主义核心价值体系，批判各种错误思潮。院党组成员带头转变作风，深入科研一线调研，面对面地解决问题，带动了各职能部门转变工作作风，提高工作效率。为了充分发挥我院多学科综合研究的优势，成立“中国社会科学院重大问题综合研究中心”，加强对重大理论和现实问题的研究。针对我院人才队伍建设面临的困难，决定集中2500万元用于2009年展开的人才强院战略的实施。针对学习实践活动过程中暴露出来的财务管理和国有资产管理方面存在的突出问题，立即采取整改措施，制定相关制度，加强了财务管理，健全了防止国有资产流失的措施。从财政部争取了6000多万元专项经费用于支持学术期刊建设（其中支持学术期刊建设专项经费1200万元）、院部环境整治、修建立体停车库和改造书库建设。建立院图书馆法学分馆，开设哲学专业特色书库，激活沉睡多年的专业藏书资源。在专项经费分配上向研究所倾斜，加大对研究所的支持和扶持力度。针对群众反映强烈的住房困难问题，院党组主要领导同志多方面寻求有关部门的支持，多渠道争取房源，为全院干部职工准备了1630套房源，到目前为止，已有600多位住房困难职工解决并改善了住房问题。建立新进人员和引进人员当年解决住房的长效机制。

三是努力推进管理体制机制改革，规章制度的“废、改、立”工作取得重大进展。从学习实践活动伊始，院党组紧密结合我院实际，把管理体制机制改革作为学习实践活动的主要实践载体，积极推进体制机制创新。院党组明确要求院属各单位，要把已经展开的管理体制机制改革工作贯穿始终。在学习调研阶段，决定成立由秘书长牵头、办公厅负责协调的工作小组，集中力量推进管理体制机制改革，圆满完成院党组规定拟在2008年下半年实施的31项改革任务，同时部署各部门对现有规章制度进行全面清理，认真做好“废、改、立”工作。在学习实践活动期间，我院完成体制机制改革具体工作36项。经过院职能部门和直属单位的共同努力，规章制度清理工作取得重大进展。经过初步清理，确定继续保留的规章制度332项，废除不再适用的规章制度167项，需要修订完善的59项，近期准备新制定的28项。院属各单位也按要求进行了规章制度的清理和建章立制工作。

从总体上看，我院学习实践活动各个阶段的工作组织得力、衔接紧密，进展顺利、效果明显。特别值得指出的是，我院的学习实践活动得到了以傅克诚同志为组长、王显政同志为副组长的中央学习实践活动第十一指导检查组的精心指导和热情帮助。指导检查组全体同志以强烈的政治责任感、高度的政策理论水平、认真负责的工作态度、深入扎实的优良作风和专业精湛的指导艺术对我院的学习实践活动给予了全程指导，使我院学习实践活动得以顺利完成。

（二）主要做法

我院的学习实践活动，严格按照中央要求，紧密结合我院实际，采取了许多适合我院工作性质和特点的有效方法，积累了一些有益的经验。主要做法是：

1．坚持用科学发展观武装头脑，始终把理论学习贯穿于学习实践活动全过程

组织全院党员干部特别是处以上领导干部认真学习科学发展观，深刻理解科学发展观的科学内涵和精神实质，是搞好学习实践活动的前提和基础。在学习实践活动的各个阶段，始终注意抓好三个方面的学习：一是抓好对中央规定的三个学习读本的学习。在学习调研阶段，采取个人自学与集中培训相结合的方法，组织党员干部集中学好《毛泽东邓小平江泽民论科学发展》《科学发展观重要论述摘编》和《深入学习实践科学发展观活动领导干部学习文件选编》等三个读本。二是抓好对党中央和胡锦涛总书记关于搞好学习实践活动的一系列重要文件和讲话精神的学习。及时转发了中央学习实践活动领导小组印发的胡锦涛总书记和中央其他主要领导同志的重要讲话，院属各单位组织党员干部进行了认真学习和贯彻落实。三是结合我院工作实际，深入学习胡锦涛同志在十七届三中全会上关于意识形态工作的重要讲话，以及中央有关加强意识形态工作的有关文件精神。通过学习，促进广大党员干部加深对科学发展观的理解，提高对在全党开展深入学习实践科学发展观活动必要性和重要性的认识，进一步增强贯彻落实科学发展观的自觉性和主动性。

2．坚持突出实践特色，始终把管理体制机制改革作为学习实践活动的主要实践载体

根据中央关于学习实践活动要突出实践特色的统一要求，院党组始终把我院正在推进的管理体制机制改革，作为开展学习实践活动的主要实践载体。院党组明确要求，在集中精力抓好全院学习实践活动的同时，对各单位各部门已经确定的改革方案和改革措施要紧抓不放，按照预定的计划和步骤继续扎实推进。在学习实践活动期间，先后完成了30多项改革任务和与改革有关的工作，主要有：研究制定加快我院哲学社会科学创新体系建设的措施和办法，建立对重大理论和现实问题开展研究的组织协调机制和跨学科跨所研究平台；探索学部工作创新机制，充分发挥学部在我院科研工作中的作用；经过科学调研论证，初步完成了经济社会发展综合集成实验室的论证报告，推进了科研方法创新；研究制定《关于中国社会科学院课题制改革暨完善科研资助方式的意见》，修订并颁布实施《中国社会科学院交办委托课题管理办法》，完善课题经费管理办法；实施“学术名刊建设工程”，建设和完善学术期刊专项经费保障长效机制；改进国情调研项目和国情考察活动的申报立项工作，完善国情调研成果评价机制；完成8个单位扩大聘用制和岗位设置改革试点工作，制定《中国社会科学院聘用制改革与岗位设置管理工作实施方案》，以逐步形成科学有效的激励机制和正常的人员“退出”机制。制定《中国社会科学院工作人员奖励暂行办法》，建立统一、规范的奖励机制。加强对院党组会议、院务会议、院长办公会议决定事项办理情况和院领导重要指示落实情况的督办、检查和反馈工作，建立和完善各项工作督办机制。改革现行财务基建计划管理模式，组建院结算中心并投入运行，对院属43个二级预算单位专项资金管理使用情况进行集中检查，研究制定《中国社会科学院房产有偿利用管理规定（暂行）》，逐步实现我院固定资产的保值增值。改革网络信息工作管理体制，建立健全院所两级信息网络管理体制。推进图书馆管理体制机制改革，建立全院统一的、“总馆—分馆—资料室”服务科研三级管理体制。健全和完善我院干部培训工作体系，按照统一领导、统一规划、统一培训、统一管理、统一经费渠道和分类教学、分类指导的要求，制定《中国社会科学院2009年干部培训实施方案》。认真总结10年来落实党风廉政建设责任制的基本情况和经验，继续完善反腐倡廉建设责任制。研究制定《中国社会科学院涉密课题管理办法》《中国社会科学院涉密计算机与涉密移动存储介质管理规定》，进一步加强保密工作。设立监督机关作风建设热线电话和电子信箱并加强对机关工作作风的监督检查，加强对领导干部和领导班子的监督。研究生院良乡新校园建设项目进展顺利，解决我院干部职工住房困难问题取得实质性进展。院职能部门工作作风有明显改进，院职能部门干部服务科研的意识进一步增强，等等。在整个学习实践活动期间，党组主要成员始终参加由院秘书长、副秘书长和各职能部门主要负责人组成的院改革工作协调小组每周例会，专题研究体制机制改革问题，督促检查各项改革措施的落实及进展情况。到目前为止，协调小组每周例会先后专门研究有关改革问题79个，已经落实36个，其余43个正在落实过程中。

与此同时，根据中央学习实践活动领导小组下发的《关于深入学习实践科学发展观，积极应对当前经济形势，保证经济平稳较快发展的通知精神》，院党组迅速组织相关学科的专家学者开展应对世界金融危机的战略对策和具体措施的专题研究，经济学部和世界社会主义研究中心等单位多次召开“美国金融危机和世界格局新动态”专题研讨会，向中央和有关部门提交了许多有分析、有对策建议、有影响的专题研究报告，对一些成果和建议，中央领导同志高度重视并作出重要批示。

3．坚持以领导班子为重点，始终把进一步端正党风、学风和工作作风作为领导干部表率作用的重点

我院的学习实践活动，始终坚持以院党组、所局领导班子和处室以上党员领导干部为重点。在学习实践活动的各个阶段，党组书记、院长陈奎元同志和党组其他成员都发挥了率先垂范作用。陈奎元同志多次就我院的学习实践活动作出重要批示，亲自主持并逐段逐句认真修改院党组学习实践活动实施方案、分析检查报告、整改落实方案和总结报告等文件，并亲自作全院学习实践活动的动员报告。院党组成员带头认真学习，多次召开党组中心组会议进行集体学习和专题讨论，积极为所局领导干部作专题辅导报告，深入院属各单位开展专题调研、参加和指导联系单位领导班子专题民主生活会，开展解放思想专题讨论，结合分工查找思想上和工作上存在的问题，认真落实整改措施。院属各单位主要领导同志也能够认真履行第一责任人的职责，把学习实践活动作为当前的首要政治任务，集中时间和主要精力，严格按照院党组的部署和要求，组织好本单位的学习实践活动。为正确处理好日常科研工作与学习实践活动的关系，我院制定并实行了严格的请销假制度，明确规定，正所局级领导干部出国出差一般不超过 7 天，副所局级干部不超过 10 天。凡出差出国的所局级干部必须提交书面报告，并经分管院领导批准。院领导和所局级领导干部带头执行。认真总结 10 年来落实党风廉政建设责任制的基本情况和经验，把反腐倡廉教育纳入《中国社会科学院关于加强干部培训工作的实施意见》，开展“反腐倡廉建设考核评价”工作。院党组成员按照中央要求报告个人廉洁自律具体情况，187 名局以上在职所局领导干部报告个人有关事项和收入情况，与 29 名新任局级干部进行廉政谈话。加强对机关工作作风的监督检查。

4．坚持院所（局）同步推进，始终加强对院属各单位学习实践活动的指导和督促检查

院党组在严格按照中央的部署和要求搞好自身学习实践活动的同时，始终重视抓好院属各单位的学习实践活动，加强指导和督促检查：一是院党组成员深入联系单位开展学习调研，参加领导班子专题民主生活会等，进行直接指导；二是抽调骨干力量组成 6 个学习实践活动指导检查组，参与院属单位各个阶段各个环节的重要活动，指导和审阅各单位的学习实践活动方案、分析检查报告、整改落实方案和总结报告等重要文件，直接指导各单位学习实践活动全过程；三是多次召开院属各单位党委书记（或党委办公室主任）和院指导检查组会议，及时传达中央指导检查组会议精神，对每个阶段的主要工作进行具体部署；四是及时总结一些单位学习实践活动抓得紧、有特点、效果好的典型经验，在全院转段动员大会上进行介绍和推广，发挥典型引路的作用；五是利用院《学习实践活动简报》及时刊登中央的指示精神和院党组的贯彻落实意见，院党组开展学习实践活动的进展情况，院属各单位好的经验和做法等等，充分发挥了对院属各单位的宣传指导作用和信息交流作用。

5．坚持统筹兼顾，始终把学习实践活动与我院科研和改革工作相结合，努力做到两手抓、两不误、两促进

我院始终把深化管理体制机制改革作为学习实践活动的主要抓手，以学习上的新认识推动改革的深入发展，以实践上的新需要带动学习的不断深化，二者相辅相成、相互促进、相得益彰。在抓好学习实践活动和深化管理体制机制改革的同时，已经立项的各级各类课题和学科建设方案等均按计划正常进行，全院重大科研活动和学术交流活动也得到妥善安排，大多能够按原定计划进行。例如，召开马克思主义理论学科建设和理论研究座谈会，起草有关工作方案，加强马克思主义坚强阵地建设；组织一批理论文章，正面阐述马克思主义观点，批判错误思潮。主办“纪念改革开放30周年系列学术报告会”、“中国改革开放30年国际学术研讨会”，产生了很好的影响；出版了《马克思主义中国化理论创新30年（1978～2008）》《中国哲学30年（1978～2008）》《中国经济学30年（1978～2008）》《中国法学30年：回顾与展望（1978～2008）》《中国社会学30年（1978～2008）》等12册组成的“中国哲学社会科学30年丛书”和“中国经济改革开放30年研究丛书”（共9册）。我院与外国政府或重要学术机构联合举办的25个国际学术研讨会按计划进行。院属各单位都能够较好地处理学习实践活动与深化管理体制机制改革、促进科研及各项工作的关系，基本上做到了“两手抓”、“两不误”、“两促进”。

（三）主要收获

在院党组的具体领导下，在中央学习实践活动指导检查组的精心指导下，经过全院各级党组织和广大党员干部的共同努力，我院的学习实践活动取得了初步成效，基本上达到了“党员干部受教育、科学发展上水平、人民群众得实惠”的预期目标。从有893位各方面干部群众代表参加的对全院学习实践活动的满意度测评结果看，对院党组学习实践活动表示“满意”和“比较满意”的占98.35%。

1．广大党员干部加深了对科学发展观的理解，进一步增强了贯彻落实科学发展观的自觉性和坚定性

通过学习实践活动，我院广大党员干部特别是党员领导干部更加深刻地认识到，科学发展观是以胡锦涛同志为总书记的党中央深刻总结我国发展实践经验，准确把握世界发展趋势，在新的历史时期继续推进党的理论创新取得的重要成果，是中国特色社会主义理论体系的重要组成部分。科学发展观既是我们党的重大理论创新成果，也是治国理政的重大战略思想；既是关于发展的世界观和方法论的集中体现，又是具体的战略部署和工作方针。科学发展观是随着中国特色社会主义伟大实践的发展而不断丰富和发展的，我们对它的认识也要随之不断深化和提高。特别是解决了我院工作也必须以科学发展观为指导的认识问题，提高了用科学发展观指导我院工作的自觉性和坚定性。在新的历史条件下，全院党员特别是党员领导干部必须进一步解放思想，把思想和行动统一到科学发展观的要求上来，自觉坚持用科学发展观武装头脑、指导工作，推动我院各项事业的健康发展。

2．查找和掌握了我院存在的突出问题，明确了今后的整改思路

院党组在认真开展专题调研、征求意见座谈会、解放思想讨论会、专题民主生活会的基础上，梳理出我院在贯彻落实科学发展观、推动各项事业发展中存在的突出问题，主要表现在以下方面：一是部分党员干部对中国特色社会主义理论体系特别是科学发展观缺乏系统、深刻的理解和掌握。有的对深入学习科学发展观的重要性和必要性认识不足，对其科学内涵和精神实质理解不够深。二是一些党员干部和科研人员不能自觉运用科学发展观指导科研及各项工作。有的同志误以为科学发展观是指导经济工作的方针，对我院科研工作针对性不强，用科学发展观指导我院科研及各项事业发展的自觉性不够强。三是我院现行的管理体制机制还存在因循守旧、整体创新能力不强等不符合科学发展观要求的一些弊端，还不能很好适应我院参与党和国家理论创新、实践创新和制度创新的需要。四是一些党员干部的思想作风、学风和工作作风同科学发展观的要求还不适应。有个别干部存在理论脱离实际，主观主义、教条主义的倾向。有个别干部治学不严谨、学风不端正。有个别干部缺乏服务意识，工作不负责任，作风漂浮。有个别领导班子软弱涣散，闹不团结。五是在改善物质待遇和工作生活条件方面，我院还面临许多实际问题。

在全面查找、认真剖析问题的同时，院党组按照科学发展观的要求，对努力解决存在的突出问题，推动我院各项事业的健康发展，提出了明确的整改思路和主要措施。整改工作的基本思路是：高举中国特色社会主义伟大旗帜，深入学习实践科学发展观，进一步解放思想、实事求是、改革创新，着力巩固和加强马克思主义在哲学社会科学领域的指导地位，着力推进哲学社会科学创新体系建设，着力增强为党和国家工作大局服务的能力，着力加强具有全局性、前瞻性、战略性的重大理论和现实问题的研究，着力构建适应哲学社会科学创新体系要求的管理体制机制，着力解决影响和制约我院事业发展的突出问题以及党员干部党性党风党纪和学风工作作风方面群众反映强烈的突出问题，大力实施科研强院战略和人才强院战略，努力把我院建设成为马克思主义的坚强阵地、我国哲学社会科学研究的最高殿堂、党和国家重要的思想库和智囊团。具体整改项目和主要措施有：一是加强思想政治建设，始终坚持正确的政治方向、理论方向和学术方向；二是加强基础研究，保持和巩固我院传统优势，为建设最高学术殿堂不断强基固本；三是加强应用研究，使其向战略高度提升，不断提高为党和国家决策服务的能力和水平；四是加强国情调研工作，深入了解基本国情和改革发展的实际，为科研工作提供坚实的实践基础；五是继续抓好管理体制机制创新，狠抓落实，推动改革向纵深发展；六是按照“政治强、业务精、作风正”的要求，抓好领导班子和干部队伍建设；七是加强党风、学风和工作作风建设，在端正党风学风和转变工作作风上取得新成效；八是采取切实措施，努力解决全院干部职工的工作生活条件等切身利益问题。

3．初步解决了一些影响和制约我院事业发展以及群众反映强烈的突出问题，制度创新取得初步成效

在学习实践活动期间，院党组坚持量力而行、尽力而为、实事求是的原则，初步解决了一些影响和制约我院事业发展的突出问题和群众反映强烈的突出问题。在实施科研强院、人才强院战略方面有了明显推进，制定出台了一系列科研强院重大战略措施，筹备起草《加强马克思主义理论学科和理论研究实施方案》，进一步加强马克思主义坚强阵地的建设。加强包括部分“绝学”学科在内的基础学科建设，加大应用对策研究力度，加强应用学科建设，使学科布局更加合理。制定了进一步改革和完善课题制管理办法的有关方案，加强了对重大理论和现实问题研究课题和基础理论研究课题的资助力度。研究制定了《人才强院战略实施方案》，准备2009年全面实施人才强院战略，加大人才强院的力度。在管理体制机制改革方面，完成人事管理体制机制的改革试点工作，为2009年在全院推行聘用制和岗位设置改革打下良好基础。完成行政管理体制机制的初步改革，使办公厅的职能及其机构设置更加合理，以办公厅为枢纽的日常行政管理运行机制进一步健全，工作效率明显提高。推进财务管理体制机制的初步改革，严格财务管理制度，加强了对我院各单位账户的监管，增强了全院可支配资金的透明度。进行信息网络、图书馆管理体制机制的初步改革，加大了对研究所的专项经费支持力度。在加强学风、工作作风建设和反腐倡廉建设方面，加强了对领导干部和领导班子的监督，进一步完善了党员领导干部报告个人廉洁自律情况和报告个人有关事项和收入情况、与新任局级干部进行廉政谈话等项制度。在解决群众反映强烈的突出问题方面，主要是在解决我院干部职工住房困难方面取得突破性进展。在建章立制、完善体制机制方面，自开展学习实践活动以来，院有关职能部门已经陆续制定并颁布了《中国社会科学院院长学术基金管理办法》《"学术名刊建设"管理办法（试行）》《课题后期资助实施办法（试行）》《院属各单位所局级领导干部离京、出国（出境）审批备案管理办法》《关于加强干部培训工作的实施意见（暂行）》等23项新的规章制度，重新修订和颁布了《中国社会科学院交办委托课题管理办法》等项制度。

我院的学习实践活动虽然取得了明显成效，但也存在一些问题和不足：一是院属各单位学习实践活动存在发展不平衡的情况，由于各单位领导班子重视程度不同，效果也存在明显差距；二是个别党员干部思想认识不足，参与学习实践活动的积极性不高；三是个别单位联系实际不够紧密，解决本单位存在的突出问题不够有力；四是个别领导干部没有处理好学习实践活动与科研工作的关系，致使个别单位的学习实践活动受到一定程度的影响，等等。对于这些问题，院党组和院属各单位将在今后工作中认真研究，积极推动解决。

（四）巩固和扩大学习实践活动成果的主要措施

集中开展学习实践活动虽然取得了阶段性成果，但巩固和扩大学习实践活动成果，坚持不懈地用科学发展观教育党员干部，统一思想，指导工作，还要付出更加艰巨的努力。院党组要求全院党员干部特别是各级领导干部，要在学习实践活动已经取得成效的基础上，再接再厉，常抓不懈，进一步增强深入学习实践科学发展观的自觉性和坚定性。

1．继续在深化学习上下功夫，建立和完善学习实践科学发展观的长效机制

必须坚持不懈地学习，更加深刻领会科学发展观，不断增强学习实践科学发展观的自觉性和坚定性。必须把学习科学发展观与指导各项事业发展的实践相结合，做到学习与实践相互促进，真正把科学发展观转化为"谋划发展的正确思路"、"促进发展的政策措施"和"推动发展的实际能力"。坚持用科学发展观武装党员干部的头脑，建立长效学习机制，进一步完善党组（党委）中心组学习、所局级干部理论学习与形势教育报告会、机关干部理论学习与形势教育报告会、各类干部培训、党支部学习会等制度，使学习科学发展观做到制度化。要大力弘扬理论联系实际的学风，努力做到学以致用，用以促学，学用相长，努力把学习成果转化为指导和推动各项工作的实际行动。

2. 继续在狠抓落实上下功夫，切实把院党组整改落实方案的组织实施落到实处

院党组对整改落实工作负总责，各职能部门和院属单位主要负责人要亲自抓，牵头单位要切实负起牵头责任，责任单位要根据职责分工，抓好相关工作的整改落实。办公厅要对整改落实方案的执行和进展情况加强督促检查。整改落实工作涉及方方面面，相关部门和单位要增强政治意识、大局意识和责任意识，主动沟通协调，上下联动、左右互动，形成工作合力，共同抓好整改落实工作。要坚持尽力而为、量力而行的原则，既要防止畏难情绪、无所作为，又要避免搞形式主义、短期行为和“形象工程”，努力使整改落实工作真正经得起实践、群众和历史的检验。中央学习实践活动领导小组明确要求，各单位在学习实践活动基本结束后，要在适当时候对本单位的整改落实情况进行一次“回头看”，主要看整改方案的落实情况。院党组将在适当时机，对各单位在落实整改措施、解决突出问题、完善体制机制等方面的情况，采取不同方式进行抽查。

3. 继续在制度创新上下功夫，把管理体制机制改革不断推向深入

进一步深化科研管理体制机制改革，逐步形成符合哲学社会科学成果生产规律、具有我院特色、有利于出成果特别是经得起实践和历史检验的精品成果的科研管理体制机制。进一步深化人事管理体制机制改革，逐步形成符合哲学社会科学人才成长规律、具有我院特色、有利于出人才特别是拔尖人才、具有竞争激励功能的人才管理体制机制。进一步深化科研辅助管理体制机制改革，逐步形成有利于我院事业发展、有利于为科研和科研人员服务的科研辅助管理体制机制。进一步深化行政管理体制机制改革，逐步形成符合我院办院规律、确保党中央和院党组重大决策决定贯彻落实、运转高效、充满活力的行政管理体制机制。进一步深化财务管理体制机制改革，逐步形成透明、公正、有效、集中统一的财务管理体制和运行机制。进一步深化后勤管理体制机制改革，逐步形成管理科学化、服务社会化、保障现代化、具有我院特色的后勤保障体制。

4. 继续在加强党的建设上下功夫，不断提高党员领导干部贯彻落实科学发展观的综合素质和能力

以改革创新精神加强全院党的建设，以增强政治意识和大局意识为重点加强思想建设，以造就高素质的干部队伍为重点加强组织建设，以狠抓落实、增强执行力为重点加强作风建设，以健全民主集中制为重点加强制度建设，以完善惩治和预防腐败体系为重点加强反腐倡廉建设。当前，要以学习实践活动为契机，进一步加强所局领导班子建设，把学习实践科学发展观和要求党员领导干部讲党性、重品行、做表率与推进领导班子建设紧密结合起来，努力建设一支政治坚定、结构合理、业务精通、作风优良的党员领导干部队伍。继续坚持和完善党委领导下的所长负责制，修订《研究所党委工作条例》和《研究所所长工作条例》。进一步加强政治纪律建设，加强和改进党风学风工作作风。进一步加强反腐倡廉教育，推进多种形式的廉政文化建设。深化监督工作，加强对院党组重大部署落实情况和领导干部个人廉洁自律情况的监督。强化反腐倡廉制度的执行力，建立健全党风廉政建设考核、奖惩和责任追究制度。

5．继续在加强党组自身建设上下功夫，不断提高领导哲学社会科学工作的能力和水平

院党组就进一步加强自身建设提出以下主要措施：

一是坚持正确的办院方向，增强政治敏锐性和政治鉴别力。深入分析和准确把握意识形态领域的形势，坚持与党中央保持高度一致，自觉维护党中央权威，维护改革发展稳定大局。正确处理政治问题和学术问题的关系，有力抵制错误思潮，着力加强我院马克思主义坚强阵地建设。

二是坚持围绕中心、服务大局，自觉地服从于服务于党和国家的工作全局。紧紧围绕党和国家发展大局、改革开放大局、社会主义现代化建设大局、理论创新大局，要始终坚持把党和国家面临的重大理论和现实问题作为科研的主攻方向。

三是坚持调查研究，认识和把握规律，不断提高统筹哲学社会科学研究工作和全院工作的能力。深入实际，深入科研一线，深入科研人员和工作人员，倾听群众呼声，解决实际问题，调查研究，吃透情况，认识和探索哲学社会科学研究成果生产和人才成长规律、哲学社会科学研究规律、我院办院规律，按照规律办事。建立健全党组成员联系院属单位制度。

四是坚持解放思想、实事求是、改革创新。紧跟党和国家理论创新、实践创新和制度创新步伐，坚持把改革创新精神贯穿于办院治院的各个环节，不断适应新形势，实现新发展，开创新局面。

五是坚持为人民服务、为社会主义服务的方向和百花齐放、百家争鸣的方针。坚持实践是检验真理的唯一标准，鼓励大胆探索和锐意创新，为创建中国特色、中国气派、中国风格的哲学社会科学作持久的努力。

六是坚持党性锻炼，自觉改造主观世界。牢固树立马克思主义世界观、人生观、价值观和正确的权力观、地位观、利益观，自觉用马克思主义中国化最新成果指导主观世界的改造，不断增强党性修养，始终牢记“两个务必”，永葆共产党人本色。正确运用手中掌握的权力，做清正廉洁的表率。

七是坚持民主集中制原则，健全党组工作制度。坚持和完善党组会议、院务会议、院长办公会议等会议制度，坚持集体领导与分工负责相结合，坚持开展经常性的批评和自我批评，自觉维护班子的团结统一。

八是坚持终身学习，不断提高综合素质。健全党组中心组学习制度，严格规范学习管理，积极创新学习形式。把理论学习同调查研究结合起来，注意向实践学习，向人民群众学习，不断丰富工作经验，提高认识问题、分析问题和解决问题的能力。

历时半年的深入学习实践科学发展观活动取得了丰硕的成果，使我院各级党组织和全体党员、广大学者又受到一次党的教育的洗礼。全院党员干部决心更加紧密地团结在以胡锦涛同志为总书记的党中央周围，高举中国特色社会主义伟大旗帜，全面贯彻落实科学发展观，大力实施科研强院战略和人才强院战略，积极推进我院哲学社会科学创新体系建设和各项事业的繁荣发展，为把我院建设成为马克思主义的坚强阵地、我国哲学社会科学研究的最高殿堂、党和国家重要的思想库和智囊团而不懈奋斗。

七 中共中国社会科学院党组深入学习实践科学发展观活动整改落实方案

中共中国社会科学院党组

（2009年3月27日）

根据中央关于开展深入学习实践科学发展观活动的一系列指示精神和具体部署，中国社会科学院党组在广泛征求全院党员干部、科研人员等各方面意见和建议的基础上，对我院贯彻落实科学发展观方面存在的突出问题进行了认真梳理和深入研究，特制定以下整改落实方案。

整改工作的基本思路是：高举中国特色社会主义伟大旗帜，深入学习实践科学发展观，学习贯彻党的十七大和十七届三中全会精神，以及中央关于哲学社会科学和意识形态工作的一系列重要指示，进一步解放思想、实事求是、改革创新，着力巩固和加强马克思主义在哲学社会科学领域的指导地位，着力推进哲学社会科学创新体系建设，着力加强具有全局性、前瞻性、战略性的重大理论和现实问题的研究，着力构建适应哲学社会科学创新体系要求的管理体制机制，着力解决影响和制约我院事业发展的突出问题以及党员干部党性党风党纪和学风工作作风方面群众反映强烈的突出问题，大力实施科研强院战略和人才强院战略，努力把我院建设成为马克思主义的坚强阵地、我国哲学社会科学研究的最高殿堂、党中央国务院重要的思想库和智囊团。

具体整改目标、项目、措施、时限和责任安排如下。

（一）学习实践活动期间已完成的整改项目

半年来，院党组按照中央精神和要求，在中央指导检查组的直接指导下，深入扎实地开展学习实践活动，集中研究和解决不适应科学发展的突出问题，坚持边学边改，边查边改，边整边改。在学习实践活动期间已经落实的整改项目主要有：

1．结合学习实践活动，数次召开院党组理论学习中心组会议，认真传达学习党中央和胡锦涛总书记关于加强意识形态工作的一系列最新指示精神，进一步提高全院干部职工的政治意识，不断增强与党中央保持高度一致的自觉性，增强坚持以马克思主义为指导的自觉性，增强坚持正确的政治方向、理论方向和科研方向的自觉性。

2．全面推进管理体制机制改革，研究制定加快我院哲学社会科学创新体系建设的措施和办法。制定并印发我院关于管理体制机制改革的方案，汇编院属38个单位的改革方案。

3．成立“中国社会科学院重大问题综合研究中心”，研究制定《中国社会科学院院长学术基金管理办法》，加强对重大理论和现实问题研究的组织和协调。

4．充分发挥学部在我院科研工作中的作用，制定2009年学部工作计划，支持学部就全局性、战略性、前瞻性研究项目开展跨学科、跨研究所联合攻关。

5．研究制定《关于中国社会科学院课题制改革暨完善科研资助方式的意见》，实施课题后期资助办法，引导和激励科研人员多出优秀成果。

6．修订并颁布实施《中国社会科学院交办委托课题管理办法》，进一步加大对重大交办委托课题研究的资助力度。

7．制定特殊学科建设方案，启动“绝学”学科评审工作。

8．实施学术名刊建设工程，对全院67种学术期刊分别实行重点资助和一般资助，进一步巩固和提升我院学术期刊整体优势。

9．提前安排并完成2009年度国情调研项目和国情考察活动的申报立项工作；针对不同形式的国情调研成果，制定相应管理办法，积极组织调研成果的出版、宣传和报送；完成江西、湖南、宁波3个省市国情调研基地组建和挂牌工作。

10．科研方法创新取得进展，经济社会发展综合集成实验室项目论证初步完成。

11．研究制定《中国社会科学院人才强院战略实施方案》。

12．制定并实施《关于为资深专家配备学术助手的实施办法（暂行）》，充分发挥我院老专家在哲学社会科学研究中的领路人作用。

13．基本完成聘用制改革、研究员分级和岗位设置管理扩大试点工作，制定《聘用制改革暨岗位设置管理工作实施方案》，为在全院推行聘用制和岗位设置改革打下良好基础。

14．研究制定《中国社会科学院工作人员奖励暂行办法》。

15．对全院内部规章制度进行清理，确定继续执行的规章制度332项，应予废止的167项，需修订完善的59项，拟着手制定的28项。

16．完成《中国社会科学院要报》改革工作，将原《中国社会科学院要报》和《中国社会科学院要报·信息专报》两种内刊合并为新版《中国社会科学院要报》，于2008年10月正式出刊。

17．加强对院党组会议、院务会议、院长办公会议决定事项办理情况和院领导重要指示落实情况的督办、检查和反馈。组建院办公厅督查处，及时印发《院内通报》和《督办工作简报》。

18．完成办公厅职能机构调整工作，完善以办公厅为枢纽的日常行政管理运行机制。

19．加强对所局级领导干部的管理，制定并实施《中国社会科学院所局级现职领导干部离京、出国（出境）审批备案管理办法》，实行所局级领导干部离京、出国（出境）请销假制度，并对领导干部外出请假备案情况进行定期公布和通报。

20．研究制定《中国社会科学院经费审核审批管理办法》和《中国社会科学院课题经费管理办法》。

21．组建院结算中心并投入运行，对各单位账户实行集中管理，加强对银行账户的监管，增强全院可支配资金的透明度；对院结算中心运行情况开展监督检查。

22．对院属43个二级预算单位专项资金管理使用情况进行集中检查，完成6个二级预算单位的财务收支常规审计。

23．研究制定《中国社会科学院房产有偿利用管理规定（暂行)》。

24．建立健全院所两级信息网络管理体制。院属各单位建立信息化工作领导小组，明确负责信息化工作的职能部门，设立信息化专职岗位，确定专兼职信息化工作人员。启动“科研人员远程访问内网”和“上网统一身份认证”试点准备工作。

25．图书馆管理体制机制改革取得重要进展。法学专业分馆于2008年12月挂牌试点运行，哲学专业书库于2009年1月16日正式挂牌运行。

26．制定《中国社会科学院关于加强干部培训工作的实施意见（暂行)》，健全和完善我院干部培训工作体系。按照统一领导、统一规划、统一培训、统一管理、统一经费渠道和分类教学、分类指导的要求，制定《中国社会科学院2009年干部培训实施方案》。

27．认真总结10年来落实党风廉政建设责任制的基本情况和经验，把反腐倡廉教育纳入《中国社会科学院关于加强干部培训工作的实施意见》，开展“反腐倡廉建设考核评价”工作。

28．对全院干部职工进行国家安全形势教育和保密教育，研究制定《中国社会科学院涉密计算机与涉密移动存储介质管理规定》。

29．设立监督机关作风建设热线电话和电子信箱，加强对机关工作作风的监督检查。

30．加强对领导干部和领导班子的监督。院党组成员按照要求报告个人廉洁自律具体情况，187名局以上在职干部报告个人有关事项和收入情况，与29名新任局级干部进行廉政谈话。

31．根据中央关于反腐倡廉建设的重大部署，扎实开展廉政研究，推出一批优秀研究成果。举办第二届廉政研究论坛。

32．研究制定《中国社会科学院2009年度基本建设项目和主要修缮项目》。

33．研究生院良乡新校园建设项目进展顺利，教学科研建筑实现封顶。

34．解决我院干部职工住房困难问题取得实质性进展。从北京市争取到200余套限价房，从国务院机关事务管理局争取到30套经济适用住房，并提供1200套燕郊优惠商品房房源，已协助职工购买324套。

35．院职能部门工作作风有明显改进，院机关干部服务科研的意识进一步增强。

（二）2009年拟完成的整改项目

2009年是我院开展学习实践活动后的第一年。为进一步巩固学习实践活动成果，院党组结合当前全院工作实际，广泛征求院属各单位、各方面人员意见，提出今年采取的主要整改项目。

1．进一步加强理论武装工作，坚持正确的政治方向、理论方向和科研方向

（1）抓好理论武装工作，组织党员干部和广大科研人员继续深入学习马克思列宁主义、毛泽东思想、邓小平理论、“三个代表”重要思想和科学发展观，巩固马克思主义在哲学社会科学研究中的指导地位，自觉坚持正确的政治方向、理论方向和科研方向。制定全年集中培训计划，重点培训所局级主要负责人，轮训全院处（室）级以上干部。进一步办好“所局领导干部理论学习系列报告会”、“机关干部理论学习系列报告会”和“青年学习马克思主义基础知识系列讲座”等，组织好“离退休干部国际国内形势和哲学社会科学研究重大理论问题报告会”。充分发挥院党校在干部理论培训中的作用。

（2）加强全院干部职工的理想信念教育、国情教育和形势政策教育，以爱国主义为核心的民族精神和以改革创新为核心的时代精神教育，把社会主义核心价值体系贯穿到思想政治建设的全过程。继续组织开展精神文明创建活动，弘扬社会主义道德风尚。

（3）围绕举办庆祝新中国成立60周年活动，按照中央确定的活动主题和总体要求，举办学术理论研讨会等系列活动，深入研究和广泛宣传新中国成立以来特别是改革开放以来取得的巨大成就和宝贵经验，展示我国政治稳定、经济发展、文化繁荣、民族团结、社会进步和国际地位日益提高的大好形势，唱响共产党好、社会主义好、改革开放好、伟大祖国好的时代主旋律。

2．大力实施科研强院战略，进一步加强基础理论、应用理论和对策研究，努力提高为党和国家决策服务的能力和水平

（1）制定并实施加强马克思主义理论学科建设和理论研究方案。

（2）根据经济社会发展需要和哲学社会科学发展趋势，调整和优化学科布局。启动新一轮重点学科建设工程。实施特殊学科建设方案，扶持“绝学”和濒危学科，培育新兴学科和交叉学科。

（3）进一步加强对重大理论和现实问题研究的组织和协调，特别是加强对全球性金融危机发展趋势及我国应采取对策的跟踪研究，加强对增加社会就业、保持经济平稳较快发展和维护社会稳定等课题的深入研究。

（4）进一步加强基础理论研究和相关学科建设。加大对基础理论研究和传统优势学科的资助力度。

（5）积极推进学部工作，进一步完善学部工作机制，充分发挥学部的学术指导、学术咨询和科研协调作用。

（6）进一步改革完善课题管理制度，健全科研资助体系，积极推进后期资助方式，制定并实施《中国社会科学院课题经费管理办法》，进一步提高科研资源使用效率。

（7）研究制定“学者基础研究推进计划”和“青年学者科研奋进计划”，鼓励和资助优秀科研人员潜心研究，加强学术积累，提高学术研究的持续创新能力。

（8）研究设立高级访问学者基金，吸引国内外优秀人才以访问学者身份参与我院科研活动，进一步提高我院学术研究水平。

（9）进一步健全科研成果的评审和发布制度。评审委员会要吸收院外更多资深研究人员参加，评审意见以匿名方式表达。定期举办我院科研成果发布会，重点推动所级科研成果发布工作，积极宣传和推介代表院所学术水平的优秀科研成果，不断扩大我院学者和科研成果的社会影响。

（10）适应哲学社会科学与自然科学交叉融合的发展趋势，推进交叉学科研究课题立项。

（11）继续推进学术名刊建设工程。制定并实施《进一步加强名刊建设的几点意见》，举办编辑部主任培训班，加大编辑队伍建设力度。推行"匿名审稿"和"三审三校"制度，杜绝"关系稿"和"人情稿"现象。

（12）推动国情调研深入社会、深入实际、深入基层，特别提倡开展"一个乡镇"、"一个村庄"、"一个企业"性质的深度调研。

（13）做好国情调研资料和调研成果的管理工作，将优秀成果以《丛书》、《选编》、《要报》等形式出版、印发和报送。编发《中国社会科学院国情调研工作简报》。

3．大力实施人才强院战略，为科研等各项事业可持续发展提供有力的人才支撑

（1）全面落实《中国社会科学院人才强院战略实施方案》。编制《中国社会科学院人才队伍中长期规划纲要（2009～2020年）》；制定《中国社会科学院引进高层次人才五年规划》。

（2）调整、充实院人才和职称工作领导小组，成立院博士后管理委员会，进一步加强对人才队伍建设的领导。

（3）着力培养学科带头人和优秀中青年科研骨干。

（4）继续落实为资深专家配备学术助手的实施办法。

（5）着力抓好干部集中培训工作，分期分批重点抓好对所局一把手的培训。

4．全面推进管理体制机制改革，为哲学社会科学体系改革创新奠定坚实基础

在开展学习实践活动的基础上，以科学发展观为统领，全面推开我院管理体制机制改革，重点推进以下6个方面的改革。

一是努力推进科研管理体制机制改革。

（1）在保持课题制优势的同时，认真研究课题制的不足，积极推进课题制的进一步完善和创新，推动建立有利于"十年磨一剑"人才成长、有利于基础研究和应用研究共同发展、有利于自然科学和哲学社会科学联合研究的体制机制。

（2）把党和国家关注的重大理论和现实问题作为主攻方向，集体攻关，形成机制，向党中央和国务院提供有价值的对策和建议。

（3）进一步实施学术名刊建设工程，继续加大投入扶持力度，努力提高刊物质量。

（4）完善科研经费管理体制，进一步压缩结余经费，提高科研经费使用效率。

（5）探索完善学科建设新机制，建立健全研究所学科建设考核评价体系。

（6）加强对各类学术团体包括非实体研究中心的管理，充分发挥它们在我院建设和发展中的作用。

（7）推进国情调研管理体制机制改革，完善院国情调研数据库支持平台系统建设。搭建集数据采集、管理、发布和分析应用于一体的国情调研支持平台，推动数据资源共享、增值应用和不同专题领域数据的对比研究。

二是努力推进人才管理体制机制改革。

（8）认真总结改革试点经验，在全院推开聘用制和岗位设置改革，尽快建立符合我院工作性质和特点的用人机制，健全以年度考核为主的考核评价体系，逐步形成科学有效的激励机制和正常的人员“退出”机制。实行新进院人员人事代理制度。

（9）加大投入，着重改善人才成长条件，形成有利于人才成长的环境，建立有利于人才成长的长效机制。

（10）着力构建有利于加强马克思主义理论人才队伍和哲学社会科学研究人才队伍建设，有利于马克思主义思想家、理论家和哲学社会科学学术领军人物成长，有利于中青年骨干人才成长的体制机制。

（11）加强各级领导班子建设，加大干部交流力度，着力构建培养高素质领导干部和管理人才的体制机制。

（12）建立统一规范的奖励制度，进一步完善包括科研岗位、科研辅助岗位、管理岗位和工勤岗位在内的各类人员奖励办法，颁布实施《中国社会科学院各类人员奖励暂行规定》。

三是努力推进网络信息、图书资料、国际合作、报刊出版、研究生教育等科研辅助管理体制机制改革。

（13）改革国际合作、网络信息、图书资料各专项经费管理体制机制，合理调整经费资源配置，进一步向研究所倾斜。

（14）建立和完善全院统一的图书资料工作管理体制，构建“总馆—分馆—资料室”服务科研三级管理体制，提升文献信息保障水平。进一步加大对分馆建设的扶持力度，在法学分馆挂牌试点的基础上，组建经济学分馆和民族学分馆；继续推进特色专业书库建设，完成文学专业书库建设任务。加强图书馆信息化建设。推进国家哲学社会科学数字图书馆工程的立项工作，完善国家哲学社会科学数字图书馆建设的可行性论证，完成全院图书馆资源数字化方案，并就建设国家哲学社会科学文献中心开展调研和论证。调整图书馆资源结构，推进服务创新。制定合理的采购策略，逐步加大电子图书资源采购比例，维持纸本图书资源采购现有规模；完成全院图书馆“一卡通”工程，统一全院各图书馆的借阅制度，实现资源共享。

（15）网络中心要建立调动专业特色网积极性的二级网络管理体制，在集中建好院统一数据库的同时，加强研究所专业特色网建设。启动“远程访问内网”和“统一身份认证”项目试点工作。总结试点工作经验，力争尽早全面推开。支持研究所专业特色数据库和网站建设。继续加大对研究所网络信息建设的支持力度，支持有条件的研究所尽快启动专业外文网站建设，推进研究生有偿上网管理体制改革。

（16）健全图书资料与网络信息统一协调和使用机制。

（17）积极推进“走出去”战略的实施。加大对包括人、网、刊、图书文献在内的“走出去”战略的扶持力度，探索建立掌握和扩大话语权的国际学术交流合作体制，集中抓好院级重点合作交流项目，努力发挥学部和研究所对外学术交流的积极性。完善国际问题应急调研决策机制。围绕具有综合性、战略性、前瞻性的重大国际问题，积极组织召开国际学术会议，筹办院有影响的重点国际学术论坛，开展专题研究，或派遣专题调研小组开展实地调研。加强对研究所外事经费支出的管理。为适应院所两级外事管理的需要，把院属各研究所的外事计划和预算纳入全院统一管理。

（18）报刊出版单位要积极推进体制机制改革创新，适时组建报刊出版集团，努力提高报刊出版物的质量，实现社会效益和经济效益的最佳结合。

（19）继续深化院报体制改革，办好《中国社会科学院报》，为下一步创办《中国社会科学报》奠定基础。

（20）研究生院要加大改革力度，提高教学质量，适度扩大办学规模，加大新校园建设力度；适时召开研究生教育工作会议，推进具有我院特色的研究生教育体制建设。

四是努力推进日常行政管理运转体制改革。

（21）完成办公厅的职能调整和机构调整，完善以办公厅为枢纽的日常行政管理运行机制。

（22）健全督办制度，加大督查督办力度，提高办文办事办会效率，推进行政管理工作制度化、规范化和科学化。

（23）加强行政管理人员队伍建设，培养高素质行政管理人才。

（24）进一步加强信息报送工作，继续办好《中国社会科学院要报》。

（25）创新体制机制，加强院部写作班子建设。

五是努力推进财务管理体制机制改革。

（26）进一步推进财务、基建与计划工作的规范化、制度化、科学化。规范专项资金决策审批使用程序，堵塞漏洞，加强防范，建立财务审核“一支笔”制度，实行严格监管。

（27）进一步完善结算中心管理制度，将全院三级账户纳入结算中心管理范围，努力做到运转正常、监管有力、热情服务、提高效益。

（28）对全院房地产实行成本核算管理，做到有偿利用、保值增值。

（29）开展试点，进行节能节电承包制改革。

六是努力推进后勤保障体制改革。

（30）推进基本建设管理的规范化、制度化和科学化，抓好以职工住房、研究生院新校园、科研与学术交流大楼三项工程为主的基本建设，建立解决职工住房和引进人才住房的长效机制。

(31) 服务中心要持久开展为科研一线服务的教育，树立为科研一线服务的意识。

(32) 加大后勤社会化改革力度，逐步探索社会化改革新路子。

(33) 经营单位要建立成本核算制度，亏损的要限期扭亏为盈，无法扭亏的要坚决关停并转。服务单位要讲成本，讲质量，不断提高服务水平。

(34) 创新机制，进一步办好职工食堂。

5．以科学发展观统领党的建设，深化反腐倡廉建设，在端正党风学风和改进作风上取得新成效

(1) 成立院党建工作领导小组，组织和协调全院党的建设和有关党组织、党员的重要工作。

(2) 建立党建工作责任制，完善党风廉政建设责任制检查考核办法。

(3) 加强领导班子建设。对《研究所党委工作条例》和《研究所所长工作条例》进行修订，进一步完善党委领导下的所长负责制。做好研究所党委、纪委的换届工作。坚持党委理论学习中心组定期学习制度，健全领导班子和领导干部综合考核评价体系，开展党政主要领导干部任内考察，对问题和矛盾比较突出的班子给予帮助或进行调整。

(4) 加强干部队伍建设。建立健全干部培养、选拔、任用和考察的科学机制。认真执行干部选拔任用的规定，严格执行民主推荐、差额考察、任前公示等制度。制定加强我院党校工作的意见，加强处（室）级以上党员干部教育培训工作。实行局处级干部和关键管理岗位工作人员交流轮岗制。

(5) 加强党的基层组织建设。总结加强基层党支部建设试点工作经验。以庆祝新中国成立60周年为契机，开展主题党日活动。注重在科研人员特别是青年科研骨干中发展党员。研究制定加强离退休干部党支部建设的措施。开展“优秀党员、优秀党务工作者和先进党支部”评选表彰活动，以及慰问老党员和困难党员活动。

(6) 加强政治纪律建设。深入贯彻落实《中国社会科学院关于加强政治纪律建设的决定》，对我院各级机关、领导干部、党政工作人员和科研人员的政治纪律执行情况进行经常的监督检查，重点在重要场所的言论，对外交流中的言行和在书刊、网络上发布的违反政治纪律的错误观点。

(7) 加强保密纪律教育。严格执行《中国社会科学院涉密计算机与涉密移动存储介质管理规定》等保密制度。采取有效措施，加强对海外访问学者、租用我院场所人员使用我院内网、复印机、传真机等设备的管理。加强技术更新，防范信息情报网上被盗。

(8) 加强学风和工作作风建设。大力加强学风教育，努力防止学术不端行为。颁布实施《中国社会科学院关于加强机关作风建设的意见》。

(9) 加强反腐倡廉教育。以政治纪律、科学民主决策、财经纪律为重点，开展“应知应记”教育。以“看身边勤政廉政事、学身边廉洁敬业人”为主题，深入开展示范教育。剖析典型案件，组织领导干部和关键岗位人员参观有关预防职务犯罪展览，深入开展警示教育。搞好岗位廉政教育。坚持廉政谈话、诫勉谈话、沟通谈话和函询制度。

（10）推进党务公开和院务公开。完善党务、院务公开制度，实行重大决策征求意见和重要情况通报制度，加快电子院务建设。

（11）加强对院党组重大部署落实情况的监督检查。认真执行纪检监察组织在参与项目审批、工程建设、政府采购、干部选拔任用、职称评聘等方面实施监督的各项规定。对期刊出版、招生招聘进行专项监督检查。对纳入名刊建设工程的期刊进行网络行风评议。推行领导干部任中审计。

（12）加大案件查办工作力度。重点查办违反政治纪律的案件和严重危害国家安全的案件，查处违反财经纪律、失职渎职等案件。开通网络举报系统，拓宽违纪违法案件发现渠道。

（13）围绕党和国家中心任务，深入开展党的建设和反腐倡廉研究，培养廉政研究专门人才。

（14）进一步加强统战、工会、共青团和妇女工作的领导，充分发挥各民主党派和工青妇组织联系群众的桥梁纽带作用。

6．加强党组班子自身建设，切实履行好中央赋予的职责

（1）进一步组织好院党组中心组学习活动，在学习上发挥模范带头作用。及时掌握马克思主义中国化最新成果，深入学习和掌握中国特色社会主义理论体系，重视研读马克思主义经典著作，更加深刻地掌握和运用马克思主义立场观点方法。

（2）加强形势和思想动态分析工作，深刻把握世情、国情、党情，增强政治意识，提高与党中央保持高度一致的自觉性。深入基层，加强与专家学者的交流，及时掌握全院思想理论动态。

（3）深入了解院情、所情，准确把握哲学社会科学研究工作规律，进一步提高治院能力。

（4）坚持民主决策、科学决策，加强班子成员之间的沟通和交流，努力把党组建设成为更加坚强有力、团结合作的领导班子。

（5）抓好党组成员自身的党风、学风、作风、廉政建设。

（6）认真抓好院党组学习实践科学发展观活动整改落实方案中2009年各项整改项目的落实。

（三）需要常抓不懈的整改落实项目和措施（3～5年）

全面贯彻落实科学发展观是一项长期性、战略性任务。全院同志要坚持以科学发展观为根本指针，进一步增强贯彻落实科学发展观的自觉性和坚定性，努力促进各项事业全面、协调、可持续发展，为把我院建设成为马克思主义的坚强阵地、我国哲学社会科学研究的最高殿堂、党中央国务院重要的思想库和智囊团而不懈努力。

1．坚持做好理论武装工作，坚定不移地用马克思主义特别是中国特色社会主义理论体系指导哲学社会科学研究工作

（1）紧紧围绕建设马克思主义坚强阵地目标，用马克思主义特别是中国特色社会主义理论体系武装全院党员干部和科研人员的头脑，深入贯彻落实科学发展观，不断提高用科学发展观统领哲学社会科学工作的能力。组织党员干部和科研人员认真学习马克思主义经典著作和马克思主义中国化特别是马克思主义中国化的最新理论成果，深入进行社会主义核心价值体系教育，牢固树立正确的理想信念，进一步提高运用马克思主义立场观点方法分析和解决实际问题的能力。

（2）深入贯彻落实党中央关于做好意识形态工作的指示精神，不断增强全院人员的政治敏锐性和政治鉴别力，进一步增强责任感和使命感，坚决抵制各种错误思潮。

（3）加强马克思主义学科建设、教材体系建设和人才队伍建设，加强马克思主义理论研究和宣传工作，努力为推进中国特色社会主义理论体系的发展和创新作贡献。进一步办好马克思主义研究院、邓小平理论和“三个代表”重要思想研究中心、世界社会主义研究中心。

2．全面实施科研强院战略和人才强院战略，推进我院科研和人才工作不断迈上新台阶

（1）把深入研究、阐发和宣传中国特色社会主义理论体系特别是科学发展观作为中心任务，设立一批重大重点研究课题，努力推出一批精品成果。

（2）不断探索和完善学部工作体制机制，强化学部工作职能，充分发挥学部在我院哲学社会科学创新体系建设中的作用，以及在综合性重大理论和现实问题研究及跨学科研究等方面的学术指导、组织协调和学术咨询作用，进一步扩大学部在国内外学术界的影响。

（3）根据经济社会发展需要和哲学社会科学发展趋势，不断调整和优化学科布局，大力扶持新兴学科和交叉学科，进一步加强社会急需的应用学科建设。大力支持哲学社会科学与自然科学交叉课题研究，探索建立交叉学科学术研究机制。

（4）加强对重大理论和现实问题的综合研究，积极为党中央国务院提供决策咨询和对策建议。完善重大理论和现实问题研究的组织协调机制，发挥不同学科和专业优势，协作开展跨学科、跨研究所联合攻关，形成应用对策研究合力。

（5）不断加强国情调研工作。提炼一批党和国家密切关注的重大国情调研选题，组织一批重大国情调研项目，推出一批重要国情调研成果。加强国情调研基地建设，加强国情调研管理制度建设。适时建立院国情调研信息资料中心。

（6）进一步建立健全公开、公平、公正的学术评审和成果质量评价体系，体现正确导向，反对不良学术倾向。

（7）高度重视科研成果的转化和哲学社会科学的普及工作，加强我院优秀科研成果的宣传和出版工作。认真做好《中国社会科学院文库》、《中国社会科学院学者文选》、《中国社会科学院国情调研丛书》、《中国社会科学院青年学者文库》的出版组织工作。选编出版一批《中国社会科学院论文集刊》。

（8）围绕科研强院战略，制定人才队伍发展规划，进一步优化人才队伍整体布局，逐步形成以科研人才为重点，管理人才、科研辅助人才和服务人才共同发展的结构合理的人才队伍。

着力实施“四个一批”人才建设工程，即：造就一批坚定的马克思主义理论家、学贯中西的思想家和学术大师；一批政治坚定、学术造诣高深的学科带头人，特别是在新兴学科、交叉学科、濒危学科、“绝学”等方面的专门人才；一批出生于20世纪70～80年代、政治和业务素质良好、锐意进取的中青年骨干人才；一批政治坚定、熟悉业务的优秀领导干部和管理人才。

（9）进一步办好研究生院和博士后流动站，使之成为我国哲学社会科学优秀人才的重要培育基地和我院哲学社会科学研究后备人才的成长摇篮。不断探索和完善新形势下加强青年人才培养的体制机制。

3．不断深化管理体制机制改革，为我院哲学社会科学事业的繁荣发展创造更好条件

在巩固已有改革成果、总结改革经验的基础上，继续狠抓落实，进一步明确改革的方向和任务，加大重点领域和关键环节改革的攻坚力度，逐步形成充满活力、富有效率、更加开放、有利于科学发展的体制机制。

（1）进一步深化科研管理体制机制改革，逐步形成符合哲学社会科学成果生产规律、具有我院特色、有利于出成果特别是经得起实践和历史检验的精品成果的科研管理体制机制。

（2）进一步深化人事管理体制机制改革，逐步形成符合哲学社会科学人才成长规律、具有我院特色、有利于出人才特别是拔尖人才、具有竞争激励功能的人才管理体制机制。

（3）进一步深化科研辅助管理体制机制改革，逐步形成有利于我院事业发展、有利于为科研和科研人员服务的科研辅助管理体制机制。

（4）进一步深化行政管理体制机制改革，逐步形成符合我院办院规律、确保党中央和院党组重大决策决定贯彻落实、运转高效、充满活力的行政管理体制机制。

（5）进一步深化财务管理体制机制改革，逐步形成透明、公正、有效、集中统一的财务管理体制和运行机制。

（6）进一步深化后勤管理体制机制改革，逐步形成管理科学化、服务社会化、保障现代化、具有我院特色的后勤保障体制。

4．不断加强党的建设，努力改进党风、学风和工作作风，为我院履行职责、加强建设提供坚强的政治和组织保证

（1）进一步加强所局领导班子建设。坚持和完善党委领导下的所长负责制。认真实施《研究所党委工作条例》和《研究所所长工作条例》，进一步完善党委议事决策规则，提高民主生活会的质量。健全谈心、谈话和函询制度，班子主要负责同志与班子成员、班子成员之间以及分管领导与下级班子成员之间要开诚布公，经常沟通。坚持谈心制度，每年至少谈心一次。

（2）进一步完善干部培养、考核、选拔、任用制度。加强和改进后备干部的培养工作。

（3）进一步加强党的基层组织建设。更好地发挥党支部对党员的教育、管理、监督和服务作用。完善党支部书记和支部委员培训机制，推进党支部活动的制度化和规范化。培养和选拔一批高素质的科研骨干担任党支部书记。努力做好在青年特别是青年科研骨干中发展党员的工作。

(4) 进一步加强政治纪律建设，把维护政治纪律贯穿于各项管理工作的全过程。加强对政治纪律执行情况的监督检查，针对苗头性、倾向性问题，督促有关单位和部门采取措施有效预防和纠正。部门和个人在年度工作总结、考核、述职述纪中要具体报告维护政治纪律的情况。

(5) 进一步加强学风建设，纠正学术失信失德行为。

(6) 进一步改进工作作风。院领导和职能部门要坚持深入基层，认真调查研究，广泛听取群众意见。严格执行领导干部离京、出国（出境）规定，规范领导干部兼职行为和公务消费行为。提高办文办会办事的质量和效率。对领导干部和职能部门的作风进行民主评议，并作为年终考核、干部任用和奖惩的重要依据。

(7) 进一步加强反腐倡廉教育，推进多种形式的廉政文化建设。深化监督工作，加强对院党组重大部署落实情况和领导干部个人廉洁自律情况的监督。强化反腐倡廉制度的执行力。建立健全党风廉政建设考核、奖惩和责任追究制度。深入开展廉政研究。

5．进一步加强党组班子自身建设，不断提高领导哲学社会科学工作的能力和水平

一是坚持正确的办院方向，增强政治敏锐性和政治鉴别力。深入分析和准确把握意识形态领域的形势，坚持与党中央保持高度一致，自觉维护党中央权威，维护改革发展稳定大局。正确处理政治问题和学术问题的关系，有力抵制错误思潮，着力加强我院马克思主义坚强阵地建设。

二是坚持围绕中心、服务大局，自觉地服从于服务于党和国家的工作全局。紧紧围绕党和国家发展大局、改革开放大局、社会主义现代化建设大局、理论创新大局，要始终坚持把党和国家面临的重大理论和现实问题作为科研的主攻方向。

三是坚持调查研究，认识和把握规律，不断提高统筹哲学社会科学研究工作和全院工作的能力。深入实际，深入科研一线，深入科研人员和工作人员，倾听群众呼声，解决实际问题，调查研究，吃透情况，认识和探索哲学社会科学研究成果生产和人才成长规律、哲学社会科学研究规律、我院办院规律，按照规律办事。建立健全党组成员联系院属单位制度。

四是坚持解放思想、实事求是、改革创新。紧跟党和国家理论创新、实践创新和制度创新步伐，坚持把改革创新精神贯穿于办院治院的各个环节，不断适应新形势，实现新发展，开创新局面。

五是坚持为人民服务、为社会主义服务的方向和百花齐放、百家争鸣的方针。坚持实践是检验真理的唯一标准，鼓励大胆探索和锐意创新，为创建中国特色、中国气派、中国风格的哲学社会科学作持久的努力。

六是坚持党性锻炼，自觉改造主观世界。牢固树立马克思主义世界观、人生观、价值观和正确的权力观、地位观、利益观，自觉用马克思主义中国化最新成果指导主观世界的改造，不断增强党性修养，始终牢记“两个务必”，永葆共产党人本色。正确运用手中掌握的权力，做清正廉洁的表率。

七是坚持民主集中制原则，健全党组工作制度。坚持和完善党组会议、院务会议、院长办公会议等会议制度，坚持集体领导与分工负责相结合，坚持开展经常性的批评和自我批评，自觉维护班子的团结统一。

八是坚持终身学习，不断提高综合素质。健全党组中心组学习制度，严格规范学习管理，积极创新学习形式。把理论学习同调查研究结合起来，注意向实践学习，向人民群众学习，不断丰富工作经验，提高认识问题、分析问题和解决问题的能力。

全院上下要认真抓好整改方案中各项措施的落实。各责任单位（落实方案中责任单位排在第一位的是牵头单位）和责任领导要切实担负起所承担的责任。把对整改方案落实情况的监督、检查摆在院党组工作的重要日程。院办公厅协助院党组对整改方案的落实情况进行督促检查。对执行落实好的单位及时通报表扬，对执行落实不力的单位限期改正。整改方案的落实情况，将作为考核评价责任单位、责任人的重要依据。

八 中国社会科学院加强马克思主义理论学科建设与理论研究实施方案

（2009～2014）

进一步加强马克思主义理论学科建设与理论研究，对我院充分发挥马克思主义坚强阵地的重要作用，充分发挥党中央、国务院思想库和智囊团的重要作用，充分发挥在马克思主义中国化、时代化和大众化的理论创新方面的重要作用，充分发挥人文社会科学国际学术交流中心的重要作用，充分发挥培养和造就哲学社会科学高层次人才基地的重要作用，具有重要意义。全院一定要高度重视并积极推进此项工作。

（一）加强马克思主义理论学科建设与理论研究的指导思想和基本目标

1. 指导思想

以马克思列宁主义、毛泽东思想、邓小平理论和“三个代表”重要思想为指导，全面贯彻落实科学发展观，坚持解放思想，实事求是，与时俱进，紧紧围绕党和国家的中心工作，理论联系实际，加强马克思主义理论学科建设与理论研究，积极推进马克思主义中国化、时代化和大众化的理论创新，为繁荣和发展哲学社会科学事业作出贡献。

2. 发展目标

紧紧围绕党中央对我院的定位要求，以推动马克思主义中国化的理论创新体系建设为主线，以全面深入的国情调研为基础，以研究重大现实问题为主攻方向，切实抓紧抓好马克思主义理论学科建设与理论研究、人才队伍建设等工作，用五年的时间逐步确立和巩固我院马克思主义理论学科建设与理论研究在国内外学术界的领先地位。

第一，逐步形成完整的马克思主义理论学科体系。

加强马克思主义理论一级学科建设。建立健全马克思主义基本原理、马克思主义发展史、马克思主义中国化、国外马克思主义、思想政治教育、中国近现代史（中国近代史和中国当代史）基本问题研究六个二级学科。

加强马克思主义哲学、马克思主义政治经济学、科学社会主义与国际共产主义运动、马克思主义政治学理论、马克思主义国际问题理论、马克思主义新闻学理论、马克思主义民族学理论、马克思主义史学理论、马克思主义文艺理论、马克思主义宗教学理论、马克思主义法学理论、马克思主义社会学理论等学科建设。

加强马克思主义与人类学、马克思主义与考古学、马克思主义与语言学、马克思主义与城市学和环境学、马克思主义与自然科学等研究。

通过加强马克思主义理论学科建设与理论研究，进一步推动运用马克思主义的立场、观点和方法指导哲学社会科学各个学科的研究。

第二，建设一支强大的马克思主义理论人才队伍。着力培养若干马克思主义理论家，一批马克思主义理论学科带头人，一批从事马克思主义理论研究和宣传的中青年骨干。

第三，逐步探索和构建具有中国特色、中国风格和中国气派的马克思主义理论创新体系，推进学科体系、学术观点、科研方法创新，为坚持和发展马克思主义，为推进和发展马克思主义的中国化、时代化和大众化作出贡献。

（二）加强马克思主义理论学科建设与理论研究的主要举措

1．学科建设

（1）马克思主义理论一级学科、二级学科建设。

① 加强马克思主义理论一级学科建设，推进马克思主义理论的完整体系研究；加强马克思主义基本原理、马克思主义发展史、马克思主义中国化、国外马克思主义、思想政治教育、中国近现代史（中国近代史和中国当代史）基本问题研究六个马克思主义理论二级学科的建设，使之成为国内一流的优势学科。

② 按照马克思主义理论一级学科、二级学科建设的布局，调整、健全我院马克思主义研究院的研究部和研究室等机构设置。

当代中国研究所设立当代中国史理论研究室。

（2）马克思主义哲学、政治经济学、科学社会主义及马克思主义政治学理论、国际问题理论、法学理论、社会学理论、新闻学理论、民族学理论、史学理论、宗教学理论、文艺理论等学科建设。

与上述学科相关的研究所应加强建设或设立相关研究室、研究中心或专门研究岗位。

① 加强相关研究所的研究室建设：加强已有的相关研究室建设。比如，哲学研究所马克思主义哲学原理研究室和马克思主义哲学史研究室，经济研究所政治经济学研究室（《资本论》研究室），研究生院马克思主义理论及基础课教学部等。更名、改建或设立相关研究室。比如，世界历史研究所、近代史研究所把原有的史学理论研究室更名为（或增设）马克思主义史学理论研究室，民族学与人类学研究所把原有的民族理论研究室更名为马克思主义民族学理论研究室，世界宗教研究所设立马克思主义宗教观研究室，世界经济与政治研究所设立马克思主义世界政治经济理论研究室。

② 加强和设立相关研究中心工作：加强中国特色社会主义理论体系研究中心、世界社会主义研究中心的工作；马克思主义研究院 2009 年内组建“科学无神论研究中心”；政治学研究所、新闻与传播研究所、俄罗斯东欧中亚研究所、法学研究所、文学研究所、社会学研究所、历史研究所设立相关研究室或非实体研究中心。

③ 考古研究所、语言研究所及有关单位可考虑设立专门研究马克思主义相关理论的研究岗位。

2．人才建设

（1）培养若干研究马克思主义的理论家，一批研究马克思主义理论的学科带头人，一批研究马克思主义理论的中青年骨干，一批研究马克思主义理论的外向型骨干。每年引进若干名在全国具有一定影响力的马克思主义理论研究骨干和国外留学归来的马克思主义理论研究人才，给予政策倾斜，在使用中培养并发挥其作用。

（2）扩大马克思主义理论研究的国际交流。每年国际合作局制定研究马克思主义的学者对外交流规划，派遣从事马克思主义理论研究的学者到国外相应研究机构访学、访问，参加相关研讨会，及时了解国外马克思主义的研究动态。

（3）增加各相关研究单位马克思主义理论一级学科、二级学科和马克思主义理论专门学科的博士生、硕士生导师的数量；对于需要特别扶持的濒危学科和新兴学科，如科学无神论学科，在招生和导师方面，给予特殊政策；对于自费的博士后招生名额不予限制，在相关的政策上给予更大支持；建立马克思主义理论研究的客座研究员制度，吸引国内外知名马克思主义专家来院讲学，并予以经费和住房保障。

（4）充分发挥老一代马克思主义学者的作用。建立马克思主义理论研究特聘顾问和特约研究员经费支持制度；利用课题研究、举办学术会议、出版学术专著等多种形式，把全院及全国有较高威望的马克思主义理论研究专家组织起来，充分发挥他们的作用。

3．课题研究

（1）马克思主义经典著作和基本原理专题研究：马克思主义经典作家关于社会发展规律、社会形态演进更替与社会矛盾运动、阶级和阶级斗争、政党和国家学说的基本观点研究，马克思主义经典作家关于意识形态、文化和道德的基本观点研究，马克思主义理论体系及其结构研究。

（2）马克思主义中国化若干重大问题研究：马克思主义中国化的历史进程和发展规律研究，毛泽东思想、邓小平理论、“三个代表”重要思想和科学发展观研究，毛泽东思想与中国特色社会主义理论体系的关系研究，中华人民共和国史重大理论问题研究，新中国成立以来社会主义建设规律、共产党执政规律研究，中国特色社会主义道路和“中国模式”研究，马克思主义中国化资料文库建设。

（3）马克思主义哲学若干重大问题研究：马克思主义哲学基本原理研究，历史唯物主义与中国历史发展道路研究，马克思主义哲学与西方哲学流派、思潮比较研究，马克思主义哲学与中国传统文化比较研究。

（4）马克思主义经济学重大问题研究：马克思主义政治经济学基本原理研究，马克思主义政治经济学发展史研究，对西方主流经济学的批判借鉴与马克思主义经济学创新研究，马克思主义经济危机理论与西方经济危机研究，社会主义市场经济理论研究。

（5）科学社会主义和国际共产主义运动若干重大理论问题研究：科学社会主义重大理论问题研究，国际共产主义运动史重大理论问题研究，世界社会主义史与苏东剧变研究，当代世界社会主义、共产主义运动的理论和实践发展及相关思潮跟踪研究。

（6）马克思主义政治学理论、法学理论、新闻学理论、历史学理论、社会学理论、民族学理论、宗教学理论、文艺理论以及马克思主义自然观、科学观等研究。

（7）马克思主义国际问题理论研究：经济全球化、世界多极化、文化多样化研究，当今时代本质、时代主题和发展趋势研究，战争与和平问题研究，各大国关系和新兴国家、发展中国家研究。

（8）马克思主义发展、传播史和文本学、文献学研究：马克思主义在中国的发展、传播史研究，马克思主义在世界其他地区的发展、传播史研究，马克思主义在当代的发展研究，马克思主义发展规律与当代人类文明走向研究，马克思主义文本学研究，马克思主义文献学研究，《马克思恩格斯全集》历史考证版（MEGA）研究。

以上研究，通过招标立项、专项研究、委托交办等方式每年设立10个左右的研究课题。

4．教材和学术成果

（1）在教材建设领域做好以下工作：

① 组织好我院学者作为第一首席专家主持编写的中宣部马克思主义理论研究和建设工程的八本教材，即：《马克思主义政治经济学》《当代国际政治》《中华人民共和国史》《国际共产主义运动史》《宗教学》《中国近代史》《马克思主义哲学经典著作导读》《世界现代史》。积极组织和支持我院学者主持、参与马克思主义理论研究和建设工程其他教材的编写工作。

② 组织好中国社会科学院研究生院相关研究生教材的编写，包括《马克思主义基本原理研究》《马克思主义发展史研究》《马克思主义中国化研究》《国外马克思主义研究》《中国近代史基本问题研究》《中华人民共和国史纲要》《思想政治教育研究》《马克思主义哲学研究》《马克思主义经济学研究》《西方经济学理论评析》《科学社会主义原理研究》《马克思主义政治学研究》《马克思主义社会学研究》《马克思主义法学研究》《马克思主义新闻学研究》《自然辩证法研究》《马克思主义伦理学研究》《马克思主义宗教观研究》《马克思主义国际问题研究》《马克思主义民族理论研究》等；组织编写马克思主义相关学科系列教材。

（2）在学术成果出版领域做好以下工作：

①编辑出版马克思主义经典作家论历史科学、马克思主义经典作家论意识形态、马克思主义经典作家论国际问题、马克思主义经典作家论法、马克思主义经典作家论宗教、马克思主义

经典作家论民族、马克思主义经典作家论新闻出版、马克思主义经典作家论文学艺术等专题摘编。

② 翻译出版若干国外马克思主义研究方面有影响著作的中译本、国内马克思主义研究方面有影响著作的英译本。

③编辑出版马克思主义理论研究方面的学部委员和著名学者文选。

④编辑出版马克思主义哲学研究文丛，每年 1 卷。

⑤编辑出版马克思主义经济学理论研究文丛，每年 1 卷。

⑥编辑出版马克思主义意识形态理论研究文丛，每年 1 卷。

⑦编辑出版马克思主义史学研究文丛，每年 1 卷。

⑧编辑出版马克思主义文艺理论研究文丛，每年 1 卷。

⑨编辑出版当代中国史研究文丛，每年 1 卷。

⑩支持院属各单位定期或不定期出版马克思主义研究文库、文选和文集（含青年学者文集）。

⑪加强马克思主义研究类图书和文章的评论、推介工作。有影响的重要成果要翻译出版，向外推介，实现“走出去”战略。

⑫在《居安思危之一——苏共亡党的历史教训》和《居安思危之二——警惕“颜色革命”》两部电视政论片的基础上，继续编辑制作《居安思危之三——当今世界金融危机剖析》《居安思危之四——俄罗斯推行新自由主义十年》《居安思危之五——美国的全球战略》以及《马克思和他的〈资本论〉》。

5．马克思主义基本理论培训及后备人才建设

（1）切实落实“中国社会科学院干部统一培训规划”，实施对全院青年职工马克思主义基本理论的培训，抓好干部理论学习和培训等。

（2）研究生院制定出专门的马克思主义理论研究、课程教学和师资队伍建设的具体实施计划，提高学生对马克思主义学习和研究的自觉性；抓好马克思主义理论教材建设；抓好研究生的马克思主义经典著作的学习，使他们逐步具备比较扎实的马克思主义基本理论功底。

（3）加强博士研究生、硕士研究生马克思主义公共理论课程建设，提高“马克思主义经典著作选读”“马克思主义与当代社会思潮”“科学社会主义理论与实践”“马克思主义理论前沿”等课程的教学质量。

6．马克思主义理论研究和宣传阵地建设

（1）刊物建设。坚持以马克思主义为指导，进一步办好《中国社会科学报》《中国社会科学》等全院报刊，并增发研究马克思主义理论的文章。

办好《马克思主义研究》月刊和英文年度文集，使之成为马克思主义研究领域的名刊；从 2010 年起创办《国际马克思主义研究》英文季刊；把《中国特色社会主义年鉴》办成具有一定影响力的学术年鉴。

（2）中国社会科学院的社会科学网开辟马克思主义理论研究和世界社会主义研究中心网

页。根据马克思主义理论研究需要和学科发展目标，加强专题资料库和数据库建设。

(3) 办好学术论坛。如每两年举办一次世界社会主义论坛，每年举办一次全国马克思主义研究院（学院）院长论坛和全国马克思主义研究青年论坛等。

(4) 充分发挥由我院主管并挂靠院属各单位的全国性学会的影响，如中国辩证唯物主义学会、中国历史唯物主义学会、中国马克思主义哲学史学会、中国《资本论》研究会、中国史学会、中华人民共和国国史学会、中国政治学会等，进一步发挥其研究、宣传马克思主义重要平台的作用。

(5) 建立马克思主义研究类图书分库，配备专职图书资料管理人员，设立稀有版本马克思主义经典著作和珍贵历史文献的陈列柜。

（三）组织保障

1．在院党组领导下，成立中国社会科学院马克思主义理论学科建设与理论研究工作领导小组。党组副书记、常务副院长王伟光任组长；党组副书记、副院长李慎明，党组成员、副院长武寅任副组长；李慎明负责具体工作的实施。

小组成员由科研局局长、人事教育局局长、国际合作局局长、马克思主义研究院院长和党委书记，哲学研究所、政治学研究所、法学研究所、新闻与传播研究所、经济研究所、社会学研究所、民族学与人类学研究所、世界宗教研究所、文学研究所、中国近代史研究所、历史研究所、世界历史研究所、世界经济与政治研究所、俄罗斯东欧中亚研究所的所长，中国社会科学杂志社总编辑，研究生院院长和当代中国研究所业务副所长组成。

2．领导小组下设办公室。马克思主义研究院院长程恩富任办公室主任，科研局局长李汉林、马克思主义研究院党委书记侯惠勤任副主任。领导小组办公室负责实施马克思主义理论学科建设与理论研究的日常工作，制定年度计划，发布相关的课题指南，负责招标工作；建立所级联席会议制度，就重大问题进行协商等。

3．院属各单位党委要高度重视加强马克思主义理论学科建设与理论研究工作，并根据院实施方案，制定并落实本单位马克思主义理论学科建设与理论研究实施方案。各研究所所长（院长、主任）为该项工作的第一责任人。

4．根据此实施方案，院领导小组每年要制定下一年度的实施计划，报院审批后执行。

（四）奖励机制与经费保障

1．奖励机制。设立“马克思主义理论研究和宣传奖”，作为院级专项成果奖。

2．经费投入。向财政部申请年度投入经费，在财政部经费未批之前，院每年从科研经费中调剂投入200万元。

第二编

组织机构

ZUZHIJIGOU

一　中国社会科学院机构设置

中国社会科学院领导及其分工

（2009.1～2009.7）

院党组书记、副书记、成员

党组书记　陈奎元

党组副书记　王伟光　李慎明

党组成员　陈奎元　王伟光　李慎明　陈佳贵　朱佳木　高全立　武　寅　李秋芳　黄浩涛

院长、副院长

院　　长　陈奎元　领导全院工作，主持院党组会议、院务会议，联系当代中国研究所。

副 院 长　王伟光　全面担负常务副院长职责，主持全院日常工作，负责召集院长办公会议；分管办公厅，负责邓小平理论和“三个代表”重要思想研究中心。

李慎明　协助陈奎元负责全院党务、思想政治工作、党风廉政建设和党建工作，主持党组办公会议，联系纪检工作。分管国情调研工作，负责世界社会主义研究中心，联系台湾研究所。

陈佳贵　主管全院职称评定、机构改革和人才工程建设、外事工作，分管人事教育局（职称评定、专家工作）、国际合作局、计算机网络中心、中国社会科学出版社、社会科学文献出版社，联系研究生院。主持学部工作。

朱佳木　负责当代中国研究所工作，分管中国地方志指导小组办公室。

高全立　协助李慎明负责党建工作，主管全院人事、基本建设和扶贫工作，分管人事教育局、负责邪教问题研究中心。主持直属机关党委工作，分管工青妇、院党校工作。

武　寅　主管科研、老干部、期刊和学会工作，分管科研局/学部工作局、老干部工作局、院图书馆（文献信息中心）、中国社会科学杂志社。

中央纪委驻院纪检组

纪检组长　李秋芳　协助李慎明负责党建工作，主管全院纪检、监察、审计工作，负责中央纪委驻院纪检组，分管院监察局、院直属机关纪委，联系科学工程审计局。

秘书长

秘书长　黄浩涛　协助院长、常务副院长负责管理机关日常工作，负责院党组会议和院务会议的事务工作，主持院机关办公会，负责全院行政财务、机关服务、保卫工作，协助王伟光分管办公厅工作，分管院保密委员会、《院报》编委会、院史研究室、财务基建计划局、服务中心、中国人文科学发展公司、中国经济技术研究咨询有限公司。

副秘书长　谭家林　晋保平

特约顾问　刘国光　王忍之　王洛林

备注：院领导分工以《中共中国社会科学院党组会议纪要》2006年第20号（2006年11月30日）文，2008年第1号（2008年1月10日）、2008年第16号（2008年12月16日）文为依据。

中国社会科学院领导及其分工

（2009.7～2009.12）

院党组书记、副书记、成员

党组书记 陈奎元

党组副书记 王伟光 李慎明

党组成员 陈奎元 王伟光 李慎明 朱佳木 高全立 武 寅 李 扬 李秋芳 黄浩涛

院长、副院长

院长 陈奎元 主持院全面工作，主持院党组会议、院务会议，联系当代中国研究所。

副院长 王伟光 全面担负常务副院长职责，协助院党组书记、院长负责全院工作，主持全院日常工作，主持院长办公会议；分管办公厅。

李慎明 主持院党建领导小组会议，主管国情调研工作、中央马克思主义理论与建设工程有关工作和院马克思主义理论研究与学科建设方案实施工作，负责中国特色社会主义理论体系研究中心、世界社会主义研究中心；分管研究生院，联系台湾研究所。

朱佳木 负责当代中国研究所工作，分管中国地方志指导小组办公室。

高全立 主管全院干部人事、党务、思想政治和维稳工作、老干部工作，主持直属机关党委工作，负责邪教问题研究中心；分管人事教育局、老干部工作局。

武 寅 主管科研工作、学会、图书资料和信息化建设工作；分管科研局/学部工作局、院图书馆（文献信息中心）和计算机网络中心。

李 扬 主管外事和报刊出版工作，分管国际合作局、中国社会科学出版社、社会科学文献出版社、中国社会科学杂志社。

中央纪委驻院纪检组

纪检组长	李秋芳	主管全院党风廉政建设和纪检、监察、审计工作，负责中央纪委驻院纪检组，分管监察局、院直属机关纪委，联系科学工程审计局。

秘书长

秘书长	黄浩涛	协助主持全院常务工作的副院长负责协调全院日常运转，主管全院行政后勤、基本建设、安全保密和扶贫工作，协助副院长分管办公厅，分管基建办公室、财务基建计划局、服务中心、中国人文科学发展公司、中国经济技术研究咨询有限公司。
副秘书长	郝时远(2009.12)　谭家林　晋保平	

特约顾问

刘国光　王忍之　王洛林

备注：院领导分工以《中共中国社会科学院党组会议纪要》2009年第14号（2009年8月4日）文为依据。

中国社会科学院职能部门

办公厅

主　　任　施鹤安
副 主 任　王树民　姜　辉

科研局/学部工作局

局　　长　李汉林
副 局 长　王　正　黄群慧

人事教育局

局　　长　王苏粤
副 局 长　潘晨光　赵岳红　钱　伟（兼）

国际合作局

局　　长　杨　扬
副 局 长　张友云　王　镭

财务基建计划局

局　　长　张国宝
副 局 长　何燕生　段小燕

老干部工作局

局　　长　高来发
副 局 长　孙　瑜　刘　红

监察局

局　　长　王延中（中央纪委驻中国社会科学院纪检组副组长）
副 局 长　刘克平　孙壮志

直属机关党委

书　　记　高全立（兼）
常务副书记　张昌东
副 书 记　吴海星（兼）　赵岳红（兼）　张冠梓　闫　坤

直属机关纪委

书　　记　吴海星
副 书 记　李世茹　马　援

基建工作办公室

主　　任　谭家林（兼）
副 主 任　罗京辉（兼）　马跃华

中国社会科学院研究机构

（党委委员按姓氏笔画排列）

文史哲学部

文学研究所

临时党委书记 钟代胜
所 长 （暂缺）
副 所 长 钟代胜 党圣元 刘跃进
临时党委委员 刘跃进 安德明 钟代胜 党圣元

民族文学研究所

临时党委书记 孟庆海
所 长 朝戈金
副 所 长 孟庆海 汤晓青
临时党委委员 汤晓青 孟庆海 朝戈金

外国文学研究所

党委书记 陆建德
所 长 陈众议
副 所 长 陆建德 董晓阳 吴晓都
党委委员 石南征 吴晓都 陆建德 陈众议

语言研究所

党委书记 蔡文兰
所 长 （暂缺）
副 所 长 蔡文兰 曹广顺 刘丹青
党委委员 李爱军 蔡文兰 谭景春

考古研究所

党委书记 齐肇业
所 长 王 巍
副 所 长 齐肇业 白云翔 陈星灿
党委委员 王 巍 白云翔 齐肇业 李 港 陈星灿

历史研究所（含郭沫若纪念馆）

党委书记 刘荣军
所 长 （暂缺）
副 所 长 刘荣军 卜宪群 王震中 杨 珍
党委委员 卜宪群 王震中 刘荣军 杨 珍 楼 劲

近代史研究所

党委书记 步 平
副 书 记 赵葛田
所 长 步 平
副 所 长 赵葛田 王建朗

党委委员　王建朗　步　平　赵菁田
　　　　　徐秀丽

世界历史研究所

党委书记　赵文洪
所　　长　张顺洪
副 所 长　赵文洪　任长海
党委委员　孟庆龙　赵文洪　姜　南

中国边疆史地研究中心

临时党委书记　邢广程
主　　任　厉　声
副 主 任　邢广程　李国强
临时党委委员　厉　声　邢广程　李国强

台湾研究所

党委书记　余克礼
副 书 记　祝恒花
所　　长　余克礼
副 所 长　朱卫东　张冠华　谢　郁
党委委员　余克礼　张冠华　祝恒花

哲学研究所

党委书记　吴尚民
所　　长　谢地坤
副 所 长　吴尚民　余　涌　孙伟平
党委委员　孙伟平　李存山　李景源
　　　　　吴尚民　余　涌　周晓亮
　　　　　谢地坤

世界宗教研究所

党委书记　曹中建
所　　长　卓新平
副 所 长　曹中建　金　泽
党委委员　卓新平　金　泽　曹中建
　　　　　魏道儒

经济学部

经济研究所

党委书记　吴太昌
所　　长　吴太昌
副 所 长　朱　玲　张　平　刘兰兮
　　　　　杨春学
党委委员　刘兰兮　朱　玲　杨元宏
　　　　　吴太昌

工业经济研究所
（辖经济管理出版社）

党委书记　李　平
所　　长　金　碚
副 所 长　李　平　黄速建　李维民
党委委员　史　丹　李　平　李海舰
　　　　　李维民　沈志渔　金　碚
　　　　　黄速建

农村发展研究所

党委书记　杜晓山
所　　长　张晓山
副 所 长　杜晓山　李　周　权兆能
党委委员　权兆能　杜志雄　杜晓山
　　　　　李　周　张晓山

财政与贸易经济研究所

党委书记　高培勇
所　　长　裴长洪
副 所 长　高培勇　荆林波　林　旗
党委委员　林　旗　荆林波　高培勇　裴长洪

金融研究所

党委书记　王国刚
所　　长　王国刚
副 所 长　王松奇
党委委员　王国刚　赵培德

数量经济与技术经济研究所

党委书记　何德旭
所　　长　汪同三
副 所 长　何德旭　齐建国　李雪松
党委委员　齐建国　何德旭　汪同三　张京利

人口与劳动经济研究所

党委书记　张世生
所　　长　蔡　昉
副 所 长　张世生　张车伟
党委委员　王跃生　张世生　张车伟　蔡　昉

城市发展与环境研究所

党委书记　张新平
所　　长　潘家华
副 所 长　张新平　魏后凯

社会政法学部

法学研究所

联合党委书记　陈　甦
所　　长　李　林
副 所 长　陈　甦　冯　军　穆林霞
党委委员　冯　军　李　林　陈泽宪　陈　甦　柳华文　顾卫东　穆林霞

（注：法学研究所、国际法研究所为联合党委）

国际法研究所

联合党委书记　陈　甦
所　　长　陈泽宪
副 所 长　陈　甦
党委委员　冯　军　李　林　陈泽宪　陈　甦　柳华文　顾卫东　穆林霞

（注：法学研究所、国际法研究所为联合党委）

政治学研究所

党委书记　房　宁
所　　长　房　宁
副 所 长　王　兵　杨海蛟
党委委员　王　兵　刘广博　杨海蛟　周少来　房　宁

民族学与人类学研究所

党委书记　揣振宇
所　　长　（暂缺）
副 所 长　揣振宇　黄　行

党委委员　王希恩　扎　洛　刘　泓
　　　　　陈景源　黄　行　揣振宇

社会学研究所

党委书记　汪小熙
所　　长　李培林
副 所 长　汪小熙　陈光金　渠敬东
党委委员　王　颖　李培林　汪小熙
　　　　　陈光金　赵克斌

新闻与传播研究所

党委书记　庄前生
所　　长　尹韵公
副 所 长　庄前生　唐绪军
党委委员　尹韵公　庄前生　唐绪军

国际研究学部

世界经济与政治研究所

党委书记　王秀奎
所　　长　张宇燕
副 所 长　王秀奎
党委委员　王秀奎　王德迅　鲁　桐

俄罗斯东欧中亚研究所

党委书记　晋保平（兼）
副 书 记　赵天晓
所　　长　吴恩远
副 所 长　晋保平　赵天晓　孙　力
党委委员　朱晓中　赵天晓　钱玉柱
　　　　　晋保平

欧洲研究所

党委书记　罗京辉
所　　长　周　弘
副 所 长　罗京辉　江时学
党委委员　江时学　罗京辉　周　弘
　　　　　赵苏苏　程卫东

西亚非洲研究所

党委书记　崔建民
所　　长　杨　光
副 所 长　崔建民　张宏明
党委委员　王京烈　杨　光　张宏明
　　　　　崔建民　潘　仓

拉丁美洲研究所

党委书记　郑秉文
所　　长　郑秉文
副 所 长　宋晓平　吴白乙
党委委员　刘维广　吴白乙　宋晓平
　　　　　郑秉文　袁东振

亚洲太平洋研究所

党委书记　李向阳
副 书 记　韩　锋
所　　长　李向阳
副 所 长　孙士海　韩　锋
党委委员　朴键一　孙士海　李　文
　　　　　李向阳　韩　锋

美国研究所

党委书记 孙海泉
所　　长 黄　平
副 所 长 孙海泉 倪　峰 刘　尊
党委委员 孙海泉 钟湘农 姬　虹
　　　　 黄　平

日本研究所

党委书记 孙　新
所　　长 李　薇
副 所 长 孙　新 高　洪 王晓峰
党委委员 孙　新 吕耀东 李　薇
　　　　 韩铁英

马克思主义研究学部

马克思主义研究院

党委书记 侯惠勤
院　　长 程恩富
副 院 长 侯惠勤 张祖英
党委委员 张祖英 侯惠勤 夏春涛
　　　　 徐文华 程恩富

中国社会科学院直属单位

中国社会科学院研究生院

党委书记 黄晓勇
院　　长 刘迎秋
副 院 长 黄晓勇 李进峰 葛幼力
　　　　 文学国 赵　睿
党委委员 文学国 刘迎秋 黄晓勇

中国社会科学院图书馆（文献信息中心）

党委书记 赵燕平
主　　任 杨沛超
副 主 任 赵燕平 蒋　颖 张树华
党委委员 刘振喜 杨沛超 赵燕平
　　　　 姜晓辉 蒋春青

中国社会科学出版社

社　　长 孟昭宇
副 社 长 张志刚
总 编 辑 赵剑英
副总编辑 曹宏举

中国社会科学杂志社

总 编 辑 高　翔
副总编辑 周溯源 王利民

社会科学文献出版社

社　　长 谢寿光
副 社 长 胡鹏光
总 编 辑 邹东涛

计算机网络中心

主　　任　张新鹰
副 主 任　匡卫群　周世禄

服务中心

主　　任　王俊军
副 主 任　赵亚南　刘福庆　冯　林

人才交流培训中心

主　　任　何清平
副 主 任　钱　伟

中国社会科学院直属公司

中国人文科学发展公司

总 经 理　冯俊森
副总经理　苗　宏

中国经济技术研究咨询有限公司

总 经 理　崔民选

中国社会科学院代管单位

当代中国研究所

（辖当代中国出版社）

党组书记　朱佳木
机关党委书记　米　山
所　　长　朱佳木（兼）
副 所 长　张星星　米　山　武　力
秘 书 长　赵明新

中国地方志指导小组办公室

（辖方志出版社）

主　　任　田　嘉
副 主 任　李富强　刘玉宏　邱新立

二　中国社会科学院学部

（主席团成员按姓氏笔画排列）

主　席　团

代主席　陈佳贵

成　员　王家福　刘国光　汝　信　江蓝生　李京文　陈佳贵　张蕴岭　林甘泉　郝时远　程恩富

秘书长　何秉孟

文史哲学部

主　任　江蓝生

副主任　张海鹏　李景源

经济学部

主　任　陈佳贵

副主任　刘树成　吕　政

社会政法学部

主　任　郝时远

副主任　景天魁

国际研究学部

主　任　张蕴岭

副主任　周　弘

马克思主义研究学部

主　任　程恩富

三　中国社会科学院高级专业技术资格评审委员会(第七届)

（高级专业技术资格评审委员会成员按姓氏笔画排列）

研究系列正高级专业技术资格评审委员会

文史哲学部（文学）研究系列正高级评审委员会

主　任　江蓝生

委　员　文日焕　尹虎彬　石南征　刘丹青　江蓝生
杨　义　陈众议　陈敏华　陆建德　麦　耘
沈家煊　党圣元　高建平　曹广顺　朝戈金
蒋　寅　解志熙

文史哲学部（史学）研究系列正高级评审委员会

主　任　张海鹏

委　员　卜宪群　于　沛　王　巍　王建朗　王震中
厉　声　白云翔　刘庆柱　张顺洪　宋镇豪
李国强　步　平　汪朝光　陈争平　陈星灿
陈祖武　张海鹏　周荣耀　赵文洪　黄朴民

文史哲学部（哲学）研究系列正高级评审委员会

主　任　李景源

委　员　王　卡　刘　霓　何培忠　余　涌　李存山
李景源　张志刚　卓新平　金　泽　胡新和
谢地坤　魏道儒

经济学部研究系列正高级评审委员会

主　　任　陈佳贵

委　　员　王国刚　王振中　刘世锦　刘树成　吕　政
　　　　　朱　玲　何德旭　吴太昌　张车伟　张晓山
　　　　　李　平　李　扬　李　周　李晓西　陈佳贵
　　　　　杜晓山　汪同三　金　碚　高培勇　黄速建
　　　　　蔡　昉　裴长洪　潘家华

社会政法学部研究系列正高级评审委员会

主　　任　郝时远

委　　员　王一程　王延中　王浦劬　尹韵公　冯　军
　　　　　孙宪忠　何星亮　折晓叶　李　林　李汉林
　　　　　李培林　杨圣敏　杨宜音　陈　甦　陈泽宪
　　　　　房　宁　郝时远　唐绪军　聂鸿音　黄　行
　　　　　景天魁

国际研究学部研究系列正高级评审委员会

主　　任　张蕴岭

委　　员　丁一凡　王逸舟　孙　杰　孙士海　江时学
　　　　　吴恩远　余永定　宋晓平　张宇燕　张宏明
　　　　　张蕴岭　李　薇　李向阳　杨　光　周　弘
　　　　　季志业　郑　羽　郑秉文　胡国成　顾国良
　　　　　黄　平　董礼胜　蒋立峰

马克思主义研究学部研究系列正高级评审委员会

主　　任　程恩富

委　　员　刘迎秋　邢广程　何秉孟　张树华　李崇富
　　　　　侯惠勤　姜　辉　赵智奎　夏伟东　夏春涛
　　　　　程恩富　董正平

出版(编辑)系列正高级专业技术资格评审委员会

主　　任　李　扬

委　　员　马晓光　王　诚　李　扬　刘世哲　刘跃进
　　　　　孙海泉　汤晓青　余中先　张广兴　李　文
　　　　　李富强　柯锦华　赵剑英　徐秀丽　高　翔
　　　　　常　玢　曹宏举　黄晓勇　彭　卫　谢寿光
　　　　　韩铁英

翻译系列正高级专业技术资格评审委员会

主　　任　黄长著

委　　员　马胜利　冯晓明　吴国平　李永平　顾曰国
　　　　　高　洪　黄　列　黄友义　黄长著

图书资料系列副高级专业技术资格评审委员会

主　　任　武　寅

委　　员　王余光　王砚峰　刘金利　刘振喜　孙　坦
　　　　　成　红　陈　力　陈欣新　杨沛超　孟庆龙
　　　　　武　寅　赵嘉朱　梁俊兰　蒋　颖　蔡曙光

四　中国社会科学院院属各单位学术委员会及专业技术资格评审委员会

文史哲学部

文学研究所

（一）学术委员会

主　　任　高建平
副 主 任　吕　微　蒋　寅
委　　员　杨　义　赵　园　蒋　寅
刘跃进　黎湘萍　高建平
吕　微　刘扬忠　胡　明
党圣元　叶舒宪　张中良
包明德　安德明　白　烨

（二）专业技术资格评审委员会

主　　任　杨　义
副 主 任　党圣元　蒋　寅
委　　员　杨　义　包明德　党圣元
刘跃进　叶舒宪　蒋　寅
吕　微　张中良　胡　明
高建平　黎湘萍　周启超
巴莫曲布嫫

民族文学研究所

（一）学术委员会

主　　任　朝戈金
副 主 任　汤晓青
委　　员　朝戈金　尹虎彬　汤晓青
刘亚虎　巴莫曲布嫫　丹　曲
吴晓东　斯钦孟和
阿地里·居玛吐尔地

（二）专业技术资格评审委员会

主　　任　朝戈金
委　　员　杨　义　朝戈金　斯钦孟和
丹　曲　尹虎彬　汤晓青
吕　微　文日焕　巴莫曲布嫫

外国文学研究所

（一）学术委员会

主　　任　黄宝生
副 主 任　陈众议
委　　员　黄宝生　陈众议　陆建德
郭宏安　黄　梅　石南征
吴岳添　陈中梅　盛　宁
刘文飞　周启超　余中先
钱满素

（二）专业技术资格评审委员会

主　　任　陈众议
副 主 任　陆建德
委　　员　陈众议　陆建德　石南征　黄　梅　陈中梅　周启超　史忠义　李永平　程　巍　申　丹　查晓燕

语言研究所

（一）学术委员会

主　　任　沈家煊
副 主 任　董　琨
委　　员　江蓝生　沈家煊　董　琨　曹广顺　刘丹青　张振兴　张国宪　顾曰国　傅爱平　麦　耘　张伯江　谭景春　李爱军

（二）专业技术资格评审委员会

主　　任　沈家煊
副 主 任　董　琨
委　　员　江蓝生　沈家煊　董　琨　曹广顺　刘丹青　张国宪　麦　耘　顾曰国　傅爱平　谭景春　李爱军　袁毓林　殷国光

考古研究所

（一）学术委员会

主　　任　刘庆柱
副 主 任　王　巍
委　　员　刘庆柱　任式楠　王　巍　张显清　陈星灿　吴耀利　安家瑶　袁　靖　李健民　白云翔　乌　恩　殷玮璋　孟凡人　李伯谦　朱凤瀚

（二）专业技术资格评审委员会

主　　任　王　巍
副 主 任　白云翔　陈星灿
委　　员　王　巍　白云翔　陈星灿　刘庆柱　傅宪国　许　宏　朱岩石　杜金鹏　王仁湘　袁　靖　施劲松　赵　辉　王震中

历史研究所

（一）学术委员会

主　　任　陈祖武
副 主 任　卜宪群　宋镇豪
委　　员　陈祖武　陈高华　卢钟锋　万　明　王震中　王育成　宋镇豪　余太山　杨　珍　吴玉贵　卜宪群　商　传　高　翔　彭　卫　黄正建

（二）专业技术资格评审委员会

主　　任　陈祖武
副 主 任　卜宪群　宋镇豪
委　　员　陈祖武　万　明　王震中　王育成　李锦绣　宋镇豪　杨　珍　吴玉贵　卜宪群　高　翔　彭　卫　黄正建　黄朴民　梁满仓　张海燕

近代史研究所

(一) 学术委员会

主　任　步　平

委　员　牛大勇　王也扬　步　平　王建朗　刘小萌　张海鹏　李长莉　汪朝光　姜　涛　闻黎明　徐秀丽　耿云志　陶文钊　章百家　虞和平

(二) 专业技术资格评审委员会

主　任　步　平

委　员　王奇生　王建朗　左玉河　李长莉　汪朝光　郑大华　陈争平　闻黎明　徐秀丽　崔志海　陶文钊　虞和平　步　平

世界历史研究所

(一) 学术委员会

主　任　张顺洪

副主任　赵文洪　张宏毅

委　员　于　沛　赵文洪　周荣耀　毕健康　廖学盛　刘　军　俞金尧　张　丽　张顺洪　郭　方　徐建新　吴必康　张宏毅　黄立茀　何顺果

(二) 专业技术资格评审委员会

主　任　张顺洪

副主任　周荣耀

委　员　于　沛　武　寅　周荣耀　赵文洪　徐建新　姜　芃　吴必康　张顺洪　黄立茀　李春放　毕健康　俞金尧　杨共乐

中国边疆史地研究中心

(一) 学术委员会

主　任　厉　声

副主任　邢广程

委　员　厉　声　邢广程　李国强　李　方　李大龙　毕奥南　步　平　成崇德　于逢春

(二) 专业技术资格评审委员会

主　任　厉　声

委　员　厉　声　邢广程　于逢春　李国强　李大龙　李　方　毕奥南　步　平　成崇德　杨圣敏　刘正寅

台湾研究所

(一) 学术委员会

主　任　余克礼

委　员　余克礼　朱卫东　张冠华　谢　郁

(二) 专业技术资格评审委员会

主　任　余克礼

委　员　余克礼　朱卫东　张冠华　谢　郁　祝恒花

哲学研究所

(一) 学术委员会

主　　任　李景源
副 主 任　谢地坤
委　　员　余　涌　孙伟平　魏晓萍　李存山　江　怡　周晓亮　朱葆伟　王生平　李鹏程　李甦平　邹崇理　赵汀阳　章建刚　李景源　谢地坤

(二) 专业技术资格评审委员会

主　　任　李景源
副 主 任　余　涌
委　　员　谢地坤　孙伟平　李存山　胡新和　江　怡　周晓亮　朱葆伟　王柯平　孙　晶　邹崇理　丰子义　李景源　余　涌

世界宗教研究所

(一) 学术委员会

主　　任　卓新平
副 主 任　金　泽
委　　员　卓新平　金　泽　王　卡　卢国龙　魏道儒　邱永辉　黄夏年　何劲松　曾传辉　王宇洁　陈进国　郑筱筠　唐晓峰

(二) 专业技术资格评审委员会

主　　任　卓新平
委　　员　卓新平　金　泽　魏道儒　卢国龙　何劲松　王　卡　邱永辉　张晓东　王俊荣　尕藏加　张志刚

经济学部

经济研究所

(一) 学术委员会

主　　任　吴太昌
副 主 任　朱　玲　张　平
委　　员　吴太昌　刘树成　朱　玲　王振中　韩朝华　胡家勇　张　平　杨春学　刘兰兮　王　诚　徐建青　魏　众　张晓晶　刘霞辉　朱恒鹏

(二) 专业技术资格评审委员会

主　　任　吴太昌
副 主 任　朱　玲　张　平
委　　员　刘树成　吴太昌　王振中　朱　玲　杨春学　胡家勇　刘兰兮　张　平　高德步　魏　众　张晓晶　刘霞辉　李晓西

工业经济研究所

（一）学术委员会

主　　任　金　碚
副 主 任　李　平
委　　员　金　碚　吕　政　李　平
　　　　　黄速建　李海舰　沈志渔
　　　　　杜莹芬　吕　铁　史　丹
　　　　　张其仔　罗仲伟

（二）专业技术资格评审委员会

主　　任　金　碚
副 主 任　李　平
委　　员　金　碚　吕　政　李　平
　　　　　黄速建　李海舰　杜莹芬
　　　　　沈志渔　史　丹　吕　铁
　　　　　陈佳贵　郑新立　刘世锦
　　　　　黄群慧

农村发展研究所

（一）学术委员会

主　　任　张晓山
副 主 任　李　周
委　　员　刘玉满　刘建进　朱　钢
　　　　　李　周　李成贵　杜晓山
　　　　　杜志雄　吴国宝　张　军
　　　　　张元红　张晓山　陈劲松
　　　　　苑　鹏　党国英　孙若梅

（二）专业技术资格评审委员会

主　　任　张晓山
委　　员　张晓山　杜晓山　李　周
　　　　　党国英　朱　钢　胡必亮
　　　　　李成贵　苑　鹏　杜志雄
　　　　　吴国宝　张元红　宋洪远
　　　　　王秀清

财政与贸易经济研究所

（一）学术委员会

主　　任　裴长洪
副 主 任　高培勇
委　　员　高培勇　荆林波　宋　则
　　　　　王诚庆　冯　雷　杨之刚
　　　　　夏杰长　裴长洪　杨志勇
　　　　　张　斌　倪鹏飞　张群群
　　　　　于方新

（二）专业技术资格评审委员会

主　　任　裴长洪
副 主 任　何德旭
委　　员　裴长洪　何德旭　高培勇
　　　　　荆林波　宋　则　王诚庆
　　　　　冯　雷　夏杰长　杨之刚
　　　　　贾　康　江小涓

金融研究所

（一）学术委员会

主　　任　王国刚
委　　员　王松奇　李　扬　王国刚
　　　　　高培勇　何德旭　郭金龙
　　　　　王　力

（二）专业技术资格评审委员会

主　　任　李　扬
委　　员　李　扬　王国刚　王松奇
　　　　　周茂清　郭金龙　黄群慧
　　　　　高培勇　李　建　瞿　强

数量经济与技术经济研究所

（一）学术委员会

主　　任　汪同三
副 主 任　郑玉歆　沈利生
委　　员　汪同三　郑玉歆　齐建国
　　　　　李　平　李　军　沈利生
　　　　　张　晓　杨敏英　郭树生
　　　　　赵京兴　汪向东　张昕竹
　　　　　李金华

（二）专业技术资格评审委员会

主　　任　何德旭
委　　员　汪同三　齐建国　何德旭
　　　　　李　军　李雪松　张　晓
　　　　　杨敏英　赵京兴　张昕竹
　　　　　李金华　吕　薇　张晓峒

人口与劳动经济研究所

（一）学术委员会

主　　任　蔡　昉
副 主 任　张车伟
委　　员　蔡　昉　张车伟　田雪原
　　　　　王跃生　郑真真　张　翼
　　　　　都　阳　王德文　张展新

（二）专业技术资格评审委员会

主　　任　蔡　昉
副 主 任　张车伟
委　　员　蔡　昉　张车伟　郑真真
　　　　　王跃生　张　翼　李建民
　　　　　都　阳　潘家华　李雪松
　　　　　赖德胜　段成荣

城市发展与环境研究所

（一）学术委员会

主　　任　潘家华
副 主 任　魏后凯
委　　员　潘家华　魏后凯　宋迎昌
　　　　　蒋健业　李景国　刘治彦
　　　　　庄贵阳　梁本凡　李红玉
　　　　　陈　迎　李宇军

（二）专业技术资格评审委员会

主　　任　潘家华
副 主 任　魏后凯
委　　员　潘家华　魏后凯　宋迎昌
　　　　　李景国　梁本凡　蒋建业
　　　　　刘志彦　黄　平　李　周
　　　　　张车伟　李　平

社会政法学部

法学研究所、国际法研究所

(一) 学术委员会

主　　任　李　林

委　　员　陈　甦　陈泽宪　冯　军
常纪文　李　林　李明德
梁慧星　刘仁文　刘作翔
莫纪宏　沈　涓　孙宪忠
王敏远　熊秋红　徐立志
赵建文　张广兴　周汉华
邹海林

(二) 专业技术资格评审委员会

主　　任　陈　甦

委　　员　陈　甦　陈泽宪　冯　军
李　林　李明德　刘作翔
沈　涓　徐立志　屈学武
孙宪忠　王敏远　王晓晔
王振民　叶　林　周汉华
朱晓青　邹海林

政治学研究所

(一) 学术委员会

主　　任　王一程

副主任　房　宁

委　　员　王一程　房　宁　杨海蛟
史卫民　张树华　张明澍
陈红太　李良栋

(二) 专业技术资格评审委员会

主　　任　王一程

副主任　房　宁

委　　员　王一程　房　宁　杨海蛟
史卫民　赵秀玲　张树华
董礼胜　王浦劬　陈红太
蒋劲松　韩冬雪

民族学与人类学研究所

(一) 学术委员会

主　　任　郝时远

副主任　黄　行　揣振宇

委　　员　郝时远　黄　行　揣振宇
何星亮　王希恩　聂鸿音
刘世哲　朱　伦　龙远蔚
吴安琪　周庆生　刘正寅
江　荻　赵明鸣　方素梅
龙远蔚　曾少聪

(二) 专业技术资格评审委员会

主　　任　郝时远

副主任　黄　行

委　　员　郝时远　黄　行　何星亮
王希恩　色　音　聂鸿音
朱　伦　杨圣敏　揣振宇
江　荻　徐世璇　方素梅
孙伯君

社会学研究所

(一) 学术委员会

主　　任　李培林

副主任　景天魁　李汉林

委　　员　李培林　景天魁　李汉林

陈光金　陈婴婴　李银河
罗红光　渠敬东　王晓毅
王延中　杨　团　杨宜音
折晓叶

（二）专业技术资格评审委员会

主　　任　李培林
副 主 任　陈光金
委　　员　李培林　陈光金　陈婴婴
李汉林　李银河　罗红光
渠敬东　王春光　王延中
杨宜音　折晓叶

新闻与传播研究所

（一）学术委员会

主　　任　尹韵公
副 主 任　唐绪军
委　　员　尹韵公　庄前生　唐绪军
卜　卫　宋小卫　时统宇
王怡红

（二）专业技术资格评审委员会

主　　任　尹韵公
委　　员　尹韵公　唐绪军　宋小卫
卜　卫　时统宇　钱莲生
雷跃捷　郑保卫　崔保国

国际研究学部

世界经济与政治研究所

（一）学术委员会

主　　任　张宇燕
副 主 任　李向阳　李少军
委　　员　余永定　李向阳　李少军
王逸舟　何　帆　何新华
宋　泓　张宇燕　杜厚文
沈骥如　贺力平　高海红
鲁　桐　路爱国　孙　杰

（二）专业技术资格评审委员会

主　　任　余永定
副 主 任　王逸舟
委　　员　余永定　王逸舟　李向阳
李少军　孙　杰　鲁　桐
高海红　邵　峰　张宇燕
牛　军　宋　泓　何新华
卢　峰

俄罗斯东欧中亚研究所

（一）学术委员会

主　　任　吴恩远
副 主 任　朱晓中　赵常庆
委　　员　吴恩远　朱晓中　赵常庆
李静杰　马维先　季志业
李建民　郑　羽　潘德礼
冯育民　何　卫　田春生

（二）专业技术资格评审委员会

主　　任　吴恩远

委　　员　李静杰　郑　羽　许志新
吴大辉　张盛发　朱晓中
何　卫　潘德礼　季志业
陈新民　田春生　孔田平
吴恩远

欧洲研究所

（一）学术委员会

主　　任　周　弘
副 主 任　江时学
委　　员　江时学　裘元伦　吴　弦
沈雁南　程卫东　田德文
周　弘　陈　新　张　浚

（二）专业技术资格评审委员会

主　　任　周　弘
副 主 任　江时学
委　　员　江时学　裘元伦　马胜利
吴　弦　董礼胜　丁一凡
冯仲平　朱立群　周　弘

西亚非洲研究所

（一）学术委员会

主　　任　杨　光
副 主 任　张宏明
委　　员　杨　光　张宏明　杨立华
王京烈　张晓东　李智彪
贺文萍　刘月琴　殷　罡
姚桂梅　陈　沫

（二）专业技术资格评审委员会

主　　任　杨　光
副 主 任　张宏明
委　　员　杨　光　刘月琴　张宏明
王京烈　张晓东　李智彪
贺文萍　王逸舟　李绍光

拉丁美洲研究所

（一）学术委员会

主　　任　吴白乙
副 主 任　吴国平
委　　员　吴白乙　吴国平　苏振兴
郑秉文　宋晓平　柴　瑜
刘纪新　贺双荣　袁东振
张　凡　蔡同昌

（二）专业技术资格评审委员会

主　　任　郑秉文
副 主 任　宋晓平
委　　员　吴白乙　郑秉文　宋晓平
吴国平　贺双荣　刘纪新
袁东振　刘承军　柴　瑜
吴洪英　贺文萍

亚洲太平洋研究所

（一）学术委员会

主　　任　张蕴岭
委　　员　张蕴岭　王玉主　刘　建
朴键一　孙士海　张宇燕
李　文　李　南　赵江林
柴　瑜　韩　锋　马军伟（秘书）

（二）专业技术资格评审委员会

主　　任　张宇燕
委　　员　张宇燕　张蕴岭　孙士海
　　　　　韩　锋　朴健一　李　文
　　　　　周小兵　刘　建　柴　瑜
　　　　　李向阳　阎学通　肖景波(秘书)

美国研究所

（一）学术委员会

主　　任　黄　平
副 主 任　胡国成
委　　员　黄　平　顾国良　胡国成
　　　　　姬　虹　李晓岗　倪　峰
　　　　　陶文钊　王孜弘　赵　梅
　　　　　黄卫平　金灿荣

（二）专业技术资格评审委员会

主　　任　黄　平
副 主 任　胡国成
委　　员　黄　平　顾国良　胡国成
　　　　　倪　峰　赵　梅　周　琪
　　　　　潘小松　王孜弘　牛　军
　　　　　金灿荣　傅梦孜

日本研究所

（一）学术委员会

主　　任　蒋立峰
副 主 任　李　薇
委　　员　蒋立峰　李　薇　高　洪
　　　　　王　伟　王　屏　崔世广
　　　　　韩铁英　张季风　吕耀东
　　　　　江瑞平　王新生

（二）专业技术资格评审委员会

主　　任　李　薇
委　　员　李　薇　刘世龙　韩铁英
　　　　　王　屏　张季风　赵晋平
　　　　　高　洪　尚会鹏　崔世广

马克思主义研究学部

马克思主义研究院

（一）学术委员会

主　　任　程恩富
委　　员　程恩富　吴恩远　侯惠勤
　　　　　李崇富　胡乐明　赵智奎
　　　　　何秉孟　夏春涛　张祖英

（二）专业技术资格评审委员会

主　　任　程恩富
委　　员　吴恩远　侯惠勤　张祖英
　　　　　夏春涛　胡乐明　赵智奎
　　　　　董正平　夏伟东　高　翔
　　　　　张顺洪　程恩富

中国社会科学院直属单位

中国社会科学院图书馆

（一）学术委员会

主　　任　黄长著
副 主 任　杨沛超
委　　员　黄长著　杨沛超　张树华
　　　　　黄育馥　邵小鸥　何培忠
　　　　　胡广翔　郑海燕　李惠国
　　　　　刘　霓　萧俊明　姜晓辉
　　　　　蒋　颖　刘振喜

（二）专业技术资格评审委员会

主　　任　李惠国
副 主 任　杨沛超
委　　员　李惠国　杨沛超　黄长著
　　　　　张树华　何培忠　萧俊明
　　　　　刘　霓　姜晓辉　杨雁斌
　　　　　赵嘉朱　梁俊兰　王立强
　　　　　张友云

中国社会科学出版社

专业技术资格评审委员会

主　　任　赵剑英
成　　员　赵剑英　何秉孟　曹宏举
　　　　　马晓光　王　浩　冯广裕
　　　　　郭沂纹　冯春凤　冯　斌
　　　　　任　明　黄燕生　陈　彪
　　　　　吴安琪

中国社会科学杂志社

学术委员会

主　　任　高　翔
委　　员　高　翔　周溯源　王利民
　　　　　何秉孟　赵剑英　吴玉章
　　　　　柯锦华　姚玉民　王兆胜

中国社会科学院代管单位

当代中国研究所

（一）学术委员会

主　　任　朱佳木
副 主 任　张星星
委　　员　武　力　李正华　陈东林
　　　　　刘国新　丁　明　罗燕明
　　　　　杜　蒲　李　文　李　格
　　　　　朱佳木　张星星
顾　　问　田居俭　程中原

（二）专业技术资格评审委员会

主　　任　朱佳木
副 主 任　张星星
委　　员　张启华　逄先知　有　林
　　　　　李　捷　梁　柱　柳建辉
　　　　　宫　力　董志凯　房　宁
　　　　　于　沛　杨凤城　李路路
　　　　　齐德学　武　力　程中原
　　　　　田居俭　李正华　陈东林
　　　　　刘国新　丁　明　罗燕明
　　　　　李　格　李　文　朱佳木
　　　　　张星星

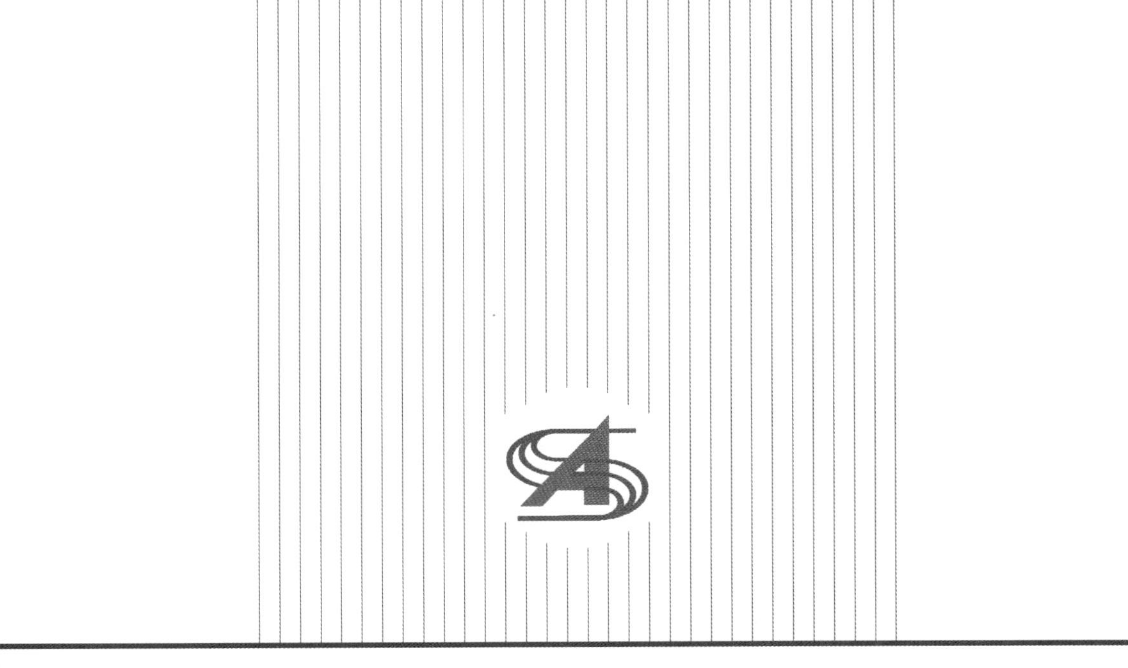

第三编

工作概况和学术活动

GONGZUOGAIKUANG HEXUESHUHUODONG

一 中国社会科学院2009年度科研工作报告

2009年，是中国社会科学院实施“十一五”规划的关键一年。全院科研工作坚持以马克思列宁主义、毛泽东思想、邓小平理论和“三个代表”重要思想为指导，全面贯彻落实科学发展观，深入学习贯彻党的十七大和十七届三中、四中全会精神，紧紧围绕党中央对中国社会科学院“三个定位”的要求，大力实施“科研强院”、“人才强院”和“管理强院”战略，以创新精神推进科研管理体制机制改革，科研工作取得了重要进展，为顺利完成“十一五”规划奠定了坚实的基础。

（一）主要科研成果

全院科研人员高举中国特色社会主义伟大旗帜，坚持正确的政治方向、理论方向和科研方向，紧密围绕马克思主义的中国化、中国特色社会主义理论体系、哲学社会科学的基础理论、社会主义建设的重大理论和现实问题等内容，立足国情，面向世界，以理论联系实际的优良学风，扎实开展哲学社会科学的研究工作。2009年，全院共完成专著410部，学术论文5089篇，研究报告1667份，译著103部，理论文章2100篇。此外，还有大量学术资料、古籍整理、学术普及读物、工具书、论文集、教材、影视等形式的科研成果，充分体现了中国社会科学院哲学社会科学研究的整体实力和水平，为我国哲学社会科学的繁荣发展作出了积极贡献。

1. 围绕庆祝新中国成立60周年，系统总结社会主义现代化建设的历史经验，充分展示哲学社会科学60年的发展历程与成果。新中国成立60年来，哲学社会科学伴随着新中国一同成长发展，发挥了认识世界、传承文明、创新理论、咨政育人、服务社会的重要作用，为社会主义现代化建设作出了重要贡献。为全面回顾新中国政治、经济、社会、文化等诸方面的发展历史，展现中国哲学社会科学60年来的发展历程，中国社会科学院组织了一批相关研究课题和出版选题，先后组织有关单位撰写“建国60年来哲学社会科学发展”系列理论文章11篇。有9种选题入选新闻出版总署的“庆祝新中国成立60周年百种重点图书”，它们分别是：社会科学文献出版社的《中华人民共和国法制史》《二十世纪中国史纲》《中国对外关系六十年（图文版）》《图解中国60年》《中国人才发展60年》，中国社会科学出版社的《新中国法学60年》《中国外交60年》《当代经济学60年》，当代中国出版社的《中华人民共和国史编年》系列。

其他相关主要成果有：马克思主义研究学部主编的《36位著名学者纵论新中国发展60年》，

李扬等的专著《新中国金融 60 年》，田雪原的专著《中国人口政策 60 年》，杨匡汉主编的《共和国文学 60 年》，张晓山、李周主编的《新中国农村 60 年的发展与变迁》，高培勇主编的《共和国财税 60 年》，裴长洪主编的《共和国对外贸易 60 年》，武力等的专著《中国共产党 60 年治国经济方略研究》等。

2. 围绕马克思主义理论学科和创新体系建设，深入系统地开展中国特色社会主义理论研究。加强马克思主义的阵地建设，一直是中国社会科学院科研工作的重心。一方面，继续组织精干力量积极参与中央“马克思主义理论研究和建设工程”，做好重点教材编写大纲工作；另一方面，按照院党组关于加强马克思主义理论研究工作的有关要求，更加注重中国特色社会主义理论体系的系统阐发，大力推动马克思主义中国化、时代化的学术研究，推出了一批有价值、有影响的研究成果。

相关主要成果有：王伟光的专著《科学发展观概述》和《中国特色社会主义理论研究前沿报告№ .8——改革开放与中国特色社会主义》，李慎明等的专著《历史的风——俄罗斯学者论苏联解体和对苏联历史的评价》，徐崇温的专著《中国的和平发展道路》，卓新平、唐晓峰主编的《论马克思主义宗教观》，邢广程主编的《列宁对社会主义的探索》，侯惠勤主编的《马克思恩格斯列宁论意识形态》，辛向阳主编的《新世纪新阶段党的思想理论建设调查报告》等。

3. 围绕全面建设小康社会，推进构建社会主义和谐社会研究。构建社会主义和谐社会是全面建设小康社会的重要内容，也是实现小康社会的重要条件。根据构建社会主义和谐社会的目标和主要任务，中国社会科学院科研工作者以建设社会主义和谐社会所提出的全局性、战略性、前瞻性问题为主线，深入开展社会主义民主、法治、民族、宗教等方面的研究。

相关主要成果有：冯今源主编的《引导宗教与社会主义社会相适应的理论与实践》，孙宪忠的专著《中国物权法总论》（第二版），李林等的专著《依法治国与宪政建设》，史卫民等的专著《中国村民委员会选举——历史发展与比较研究》和《中国社区居民委员会选举研究》，景天魁的专著《底线公平：和谐社会的基础》，王希恩的专著《全球化中的民族过程》，陈建樾的专著《台湾“原住民”历史与政策研究》，侯惠勤等的研究报告《广东贯彻落实科学发展观构建社会主义和谐社会的实践经验与理论思考》等。

4. 发挥人文学科和基础理论研究的传统学术优势，推出一批具有较高学术水平的基础理论研究成果。基础理论研究是不断提高哲学社会科学研究水平、增强学术创新能力、实现哲学社会科学自身可持续发展的重要保证。2009 年，中国社会科学院学者继续发挥基础理论研究的传统优势，结合学科体系建设，在充分利用和挖掘丰厚学术资料的基础上，加强基础研究，推进理论创新，取得了丰硕的成果。

相关主要成果有：张剑编著的《莫友芝年谱长编》，张伯江的专著《从施受关系到句式语义》，院 B 类重大课题“简帛文献语言研究”的最终成果《简帛文献语言研究》，陈高华等的专著《元代文化史》，马平安的专著《近代东北移民研究》，叶秀山的专著《西方哲学中科学与宗教两种思维方式研究》，周贵华的专著《唯识通论》（上、下册），甘绍平的专著《人权伦理学》，江怡主编的《当代西方哲学演变史》，卓新平主编的《20世纪中国社会科学·宗教学卷》，金泽的专著《宗教人类学学说史纲要》，邱永辉的专著《印度宗教多元文化》，段琦的专著《梵蒂冈的乱世抉择（1922～1945）》，郑开主编的《水穷云起集：道教文献研究的旧学新知》，刘霓、黄育馥的专著《国外中国女性研究——文献与数据分析》，杨一凡主编的《中国法制史考证续编》（全13册），周泓的专著《魏公村研究》和《群团与圈层——杨柳青、绅商与绅神的社会》，陆瑾的专著《利玛窦〈中国纪〉波斯文本研究》等。

5. 围绕党和国家的工作大局，深入开展重大理论和现实问题研究。多年来，中国社会科学院科研工作始终坚持服务于中国特色社会主义发展大局，以改革开放和社会主义现代化建设中的重大理论和现实问题研究作为主攻方向，组织重大项目调研，开展理论研究、战略研究和对策研究，为党和政府科学决策、民主决策提供理论支持，推出了一批有较高参考价值的研究成果。

相关主要成果有：王伟光、郑国光主编的《应对气候变化报告（2009）：通向哥本哈根》，李慎明等的专著《美元霸权与经济危机——对今天经济危机的剖析》（上、下），陈佳贵的专著《经济改革与经济发展战略》，黄浩涛等的专著《课题制研究》，金泽、邱永辉主编的《宗教蓝皮书·中国宗教报告》，张车伟等的专著《失业严重地区的失业问题研究》，金碚等的专著《资源与增长》，陈泽宪主编的《〈公民权利与政治权利国际公约〉的批准与实施》，程恩富主编的《金融风暴启示录》等。

6. 传承弘扬中华民族优秀传统文化，建设社会主义先进文化。建设社会主义先进文化，要在充分继承和吸收我国优秀传统文化的基础上进行，同时，还要立足当代，放眼世界，充分汲取世界各民族的智慧和人类文明的一切优秀成果。中国社会科学院科研工作者注重传承弘扬优秀传统文化，并以全球眼光审视、研究文化问题，努力建设面向现代化、面向世界、面向未来的民族的科学的大众的社会主义先进文化体系。

相关主要成果有：院A类重大课题“全球文化格局与中国人文建设”的最终成果《全球文化格局与中国人文建设》丛书（包括7本专著和1本论文集），白烨主编的《中国文情报告（2008～2009）》，蒋寅的论文集《清代文学论稿》，岳洪彬主编的图录《殷墟新出土青铜器》，菅谷文则、白云翔主编的《镜范——汉代镜的制作技术》（日文版），李新伟的专著《中国东北辽西地区的社会复杂化进程》（英文版），钟肇鹏的专著《孔子、儒学与经学》，卢国龙主编的《儒教研究》，吴云贵的专著《唐书辑校》（全2册），吕文利的专著《历史书写与藩部政治——〈皇朝藩部要略〉研究》，陈勇的专著《汉赵史论稿——匈奴屠各建国的政治史考察》等。

7. 立足世界，积极开展国际政治经济形势分析和国际战略等方面研究。面对国际政治格局复杂多变的形势，中国社会科学院学者自觉运用马克思主义的观点方法，着重在对外发展战略、区域经济合作、政治经济形势分析与评估等方面开展深入研究。

相关主要成果有：李慎明、王逸舟主编的《全球政治与安全报告（2009）》，王洛林、李向阳主编的《2009年世界经济形势分析与预测》，王逸舟主编的《中国对外关系转型30年（1978～2008）》，程卫东的专著《欧洲市场一体化：市场自由与法律》，吴宏伟主编的《俄美新较量：俄罗斯与格鲁吉亚的冲突》，徐洪峰的专著《美国对俄经济外交：从里根到小布什》，徐世澄的专著《墨西哥革命制度党的兴衰》，周琪、袁征的专著《美国的政治腐败与反腐败》，李薇主编的《日本发展报告（2009）》等。

（二）重要课题立项

组织开展院重大、重点课题研究工作。2009年课题立项工作在继续落实中国社会科学院"十一五"科研规划重点课题选题的基础上，突出三个方面的重点：深入研究科学发展观提出的新思想、新观点和新论断；深入研究当前的重大理论和现实问题，特别要深入研究十七届三中全会提出的需要解决的问题；深入研究对学科发展有重大推动作用且具有重要学术价值的基础理论。经院务会议审定，全院共立项院重大课题25项，院重点课题76项。其中，有关科学发展观、构建社会主义和谐社会、建设社会主义新农村以及中国特色社会主义理论研究的课题达40余项，有关重大文化和基础学科研究、建设的课题达39项，有关应对国际金融危机以及相关政策、法律的研究课题近10项，有关国际关系和我国国际战略的课题10余项。

组织落实交办课题任务。2009年累计组织落实中央有关部门以及院领导交办的课题80项，内容涉及深入学习实践科学发展观、应对全球金融危机和金融安全的对策、当前我国经济建设和社会转型时期出现或面临的问题、海疆安全和我国国际交往策略等。根据国务院的部署和要求，组织中国社会科学院专家学者承担了14项国家"十二五"规划研究任务，内容涉及"十二五"规划总体思路研究、"十二五"时期我国发展面临的国际环境、我国全球战略研究和关于生态文明建设与可持续发展研究等方面。

组织国家社会科学基金课题申报和落实工作。全院共申报2009年国家社会科学基金项目205项，获准立项33项，其中重点项目4项，青年项目16项。受理国家社会科学基金特别委托项目"西南边疆历史与现状综合研究"2009年度申报课题565项，组织评审立项43项。正式启动国家社会科学基金特别委托项目"西藏历史与现状综合研究"，组建项目领导小组、专家委员会和办公室，以委托的形式组织了第一批研究课题。成功申报国家社会科学基金特别委托项目"梵文研究及人才队伍建设"。

开展交叉学科领域研究。经济学科有5项课题获得国家自然科学基金立项资助，另有1项获得国家软科学项目资助。

继续做好青年科研启动基金资助工作。院属各单位共申报院青年科研启动基金课题99项，立项资助97人，其中调入人员18人，应届毕业生79人。

开展2009年度国情调研工作。国情调研活动共计立项99项，其中重大项目14项，重点项目54项，研究所考察活动20项，按系统组织的考察活动11项。

（三）学科建设

按照“巩固、调整、发展”的原则，全院启动新一轮重点学科建设工作。根据中国社会科学院“十一五规划”提出的要建设100个左右在国内具有重要影响的重点学科，其中三分之一以上的学科有国际影响的目标，在“重点学科建设工程”的基础上，制定并实施《中国社会科学院重点学科建设计划》，共确立154个重点学科。中国社会科学院在2002年实施“重点学科建设工程”时确定的6个作为试点的“重点研究室”建设项目，继续作为院所共同管理的重点研究室予以支持。

积极推进特殊学科建设工作。制定《中国社会科学院特殊学科参考名录》，确立特殊学科建设项目12项，其中濒危学科5项、新兴学科2项、交叉学科2项、绝学3项。为进一步完善特殊学科建设机制，制定了《关于中国社会科学院特殊学科建设计划实施的补充规定》，就学科负责人的基本条件、特殊学科和重点学科的关系、特殊学科负责人配备助手、特殊学科负责人学术津贴标准等问题作了补充规定。

继续加强马克思主义学科体系建设。制定《中国社会科学院马克思主义学科建设和理论研究实施方案（2009～2014）》和《中国社会科学院加强马克思主义学科建设和理论研究2009年启动工作计划》，确定马克思主义理论学科建设的资助重点和资助方案。

（四）学部工作

1．围绕党和国家的重大理论、现实问题，组织综合性课题研究和国情调研项目。经济学部、国际研究学部和马克思主义研究学部以院重大问题综合研究中心为组织依托，完成了“国际金融危机与经济学理论反思”课题，对国际金融危机所引发的一些重大理论认识问题进行了系统研究。课题最终研究报告得到了中央领导的批示，并要求在《人民日报》理论版、《光明日报》理论版和《求是》杂志上分别发表。

社会政法学部组织完成了跨学科、跨单位的国情调研重大项目“中国农村、少数民族地区的社会保障发展和法制建设”并出版最终成果《中国农村社会保障调查报告》。

经济学部组织院重大课题“中国重大经济问题跟踪分析”研究，对我国“十一五”规划的执行情况进行了评估，并对“十二五”规划的制定提出了相关建议。

国际研究学部申请立项了院长学术基金项目“国际热点重大突发事件跟踪应急研究”，并组织日本研究所、美国研究所、欧洲研究所和俄罗斯东欧中亚研究所等单位以“中国社会科学院中国民众的国际观舆论调查”为主题开展国情调研。

马克思主义研究学部承担了院长学术基金交办委托课题“阶级、阶层与剥削问题研究”，就如何正确解答我国当前的阶级、阶层与剥削一些重要问题开展深入研究。

文史哲学部申请立项院长学术基金项目“中国民俗学前沿研究”，由民族文学研究所、文学研究所、宗教研究所、人类学与民族学研究所等四个研究所联合承担。

2. 组织举办高层次学术会议，打造学部交流平台。2009 年，学部主席团和各个学部举办的各种形式的学术会议达 40 多场。例如，学部主席团主办、文史哲学部承办了三届“国学论坛”，分别以“简化字与繁体字”、“中国传统语言学的现代化”、“五四运动与传统文化”为主题。各个学部都召开了系列的学术论坛，包括文史哲学部的“学问有道名师论坛”、经济学部的“中国经济论坛”、社会政法学部的“社会政法学部学术论坛”、马克思主义研究学部的“思想家论坛”、国际研究学部的“国际问题研究论坛”，等等。

3. 编辑出版文集、期刊、年鉴等各种学术出版物。2009 年，中国社会科学院各个学部继续高质量地编辑出版文集、期刊和年鉴等各类出版物，其中，文集包括：社会政法学部编辑、社会科学文献出版社出版的中国社会科学院社会政法学部集刊第 2 卷《改革开放 繁荣发展——中国社会发展和依法治国的实践与探索》，经济学部编辑、经济管理出版社出版的《中国社会科学院经济学部学部委员与荣誉学部委员文集——纪念改革开放 30 周年》，国际研究学部编辑出版的第三部学部集刊《中国对外关系：回顾与思考（1949 ~ 2009）》；正式期刊有：文史哲学部的《历史研究》，马克思主义研究学部的《马克思主义研究》，经济学部的英文期刊《中国经济学人》；年鉴类出版物包括：马克思主义研究学部编辑出版的《中国特色社会主义年鉴（2009）》，经济学部编辑的《中国经济学年鉴（2009）》。另外，学部主席团和各学部还编辑了供内部交流的研究报告、工作通讯等，如《学部工作通讯》《中国经济研究报告》和《专题调研报告》等。

4. 积极推进学部对外学术交流工作。2009 年，各学部努力推进各种形式的对外学术交流工作。例如，马克思主义研究学部与法国加百利 · 佩鲁基金会在法国巴黎共同主办了“民族、国家与全球经济政治的民主治理——世界政治经济学学会第四届论坛”国际学术研讨会；文史哲学部组织部分研究所的历史与考古专家赴蒙古国访问，组织代表团出访欧洲 3 国，与汉学界进行了学术交流；国际研究学部组织代表团对中东欧的斯洛文尼亚、匈牙利和捷克进行了访问，并在广西南宁举办第二届“中国—东盟智库论坛”；经济学部主办了“‘金砖四国’经济发展比较国际研讨会”。2009 年，两位俄罗斯学者还获得了中国社会科学院外籍荣誉学部委员称号。

（五）科研管理体制机制改革

完善科研资助体系，探索建立与现行课题制相配套的基础研究资助方式。制定实施“基础研究学者资助计划”和“青年学者资助计划”，分别对从事基础研究的优秀学者和具有学术潜力的青年人员给予研究资助，鼓励他们潜心钻研。2009 年，“基础研究学者资助计划”共资助 32 人，“青年学者资助计划”共资助 31 人，资助经费总计 474 万元。

总结经验，规范完善“学术名刊建设”工作。在总结 2008 年实施“学术名刊建设”工作经验并进行充分调研的基础上，分别对《中国社会科学院“学术名刊建设”管理办法》和《中国社会科学院优秀期刊奖励办法（试行）》进行了修订，进一步明确目标责任，增强操作性。

2009 年度资助列入“学术名刊建设”目录的学术期刊 67 种，其中，重点扶持期刊 38 种，一般资助期刊 29 种。

按照中央统一部署，稳步推进出版社转制工作。2009 年 7 月 30 日，院长办公会正式审议通过《中国社会科学院出版社转制工作实施办法》，批准成立院出版社转制工作领导小组，指导、协调院出版社的转制工作。自转制工作启动以来，院出版社先后完成了转制工作动员、人员安置、转制工作方案报批等工作，各出版社的清产核资工作也基本完成。2010 年，中国社会科学院将按照新闻出版总署的要求，全部完成转制工作。

（六）主要学术活动

2009 年，中国社会科学院主办的规模较大、有影响力的学术会议达 200 多场。这些高水平的学术会议为院内外学者搭建了广阔的学术交流平台，对我国哲学社会科学的发展产生了积极影响。

1. 围绕重大纪念活动主题召开的学术会议。主要有：“中国社会科学院庆祝中华人民共和国成立 60 周年学术报告会”、“纪念五四运动 90 周年国际学术研讨会”、“共和国文学 60 年”学术研讨会、“中国当代文学：60 年的回顾与反思”国际学术研讨会、“‘新中国法治建设与法学发展 60 年’理论研讨会”、“新中国文论 60 年国际学术研讨会暨中国中外文艺理论学会第六届年会”、“纪念五四运动 90 周年：马克思主义中国化与当代社会思潮研讨会——思想家论坛(7)”、“中国民族文学 60 年学术研讨会”等。

2. 围绕重大理论和热点现实问题开展的研讨活动。主要有：“2009 年中国经济形势热点问题研讨会”、“2009 年中国经济论坛”、“《资本论》《帝国主义论》与当前西方金融危机——思想家论坛（6)”、“中国经济社会发展智库首届论坛”、“亚欧经济论坛”、“全面落实依法治国基本方略理论研讨会”、“‘世界经济与中国 2009：变化中的世界和机遇’国际研讨会”、“中国社会科学院考古学论坛——2009 年中国考古新发现”、“‘中美关系 30 年：过去、现在、未来’国际研讨会”。

3. 重要的学会团体和论坛年会。主要有：“第三届全国马克思主义院长论坛”、“当代中国与它的发展道路——第二届当代中国史国际高级论坛”、“第三届中俄社会科学论坛”、“中国社会学会 2009 年学术年会”、“第二届中蒙俄国际学术论坛”、“第六届多民族文学论坛”、“第四届‘中国文学古今演变’学术研讨会”、“首届中日学者中国古代史论坛”、“中国外国文学学会第十届年会”、“丁声树先生百年诞辰纪念暨第五届官话方言国际学术研讨会”、“中国社会科学院第九届史学理论研讨会”、“汉语方言国际学术研讨会暨全国汉语方言学会第十五届学术年会”等。

4. 重要的专题学术研讨会。主要有：“全国《格萨（斯）尔》学术研讨会”、“文学艺术的哲学问题：中国—斯洛文尼亚双边学术研讨会”、“儿童语言习得小型研讨会”、“‘古代国家的起源与早期发展’国际学术研讨会”等。

（曲建君整理）

二　研究机构工作

文史哲学部

文学研究所

（一）人员、机构基本情况

截至2009年年底，文学研究所共有在职人员143人。其中，正高级职称人员40人，副高级职称人员40人，中级职称人员34人；高、中级职称人员占全体在职人员总数的80%。

文学研究所设有：古代文学研究室、现代文学研究室、当代文学研究室、文艺理论研究室、民间文学研究室、比较文学研究室、台港澳文学与文化研究室、数字信息研究室、《文学评论》编辑部、《文学遗产》编辑部、《中国文学年鉴》编辑部、图书馆、办公室、科研处、人事处。

文学研究所所属科研中心有：世界华文文学研究中心、中国民俗文化研究中心、中国古典小说研究中心、马克思主义文艺与文化批评研究中心。

（二）科研工作

1．科研成果统计

2009年，文学研究所共完成专著37种，1236.4万字；论文648篇，782万字；研究报告2篇，40万字；古籍整理10种，560.2万字；学术普及读物16种，645.3万字；工具书2种，157.9万字；论文集9种，288.7万字。

2．科研课题

(1) 新立项课题。2009年，文学研究所共有新立项课题19项。其中，院重大课题1项："中华文明探源的神话学研究"（叶舒宪主持）；院重点课题1项："先秦诸子还原研究"（杨义主持）；院青年科研启动基金课题5项："清代女性诗集中的'疾病故事'与自传欲望"（杨彬彬主持），"当代台湾纪录片中的现实观照"（李晨主持），"子弟书在天津之传播研究"（李芳主持），"民族主义文艺运动理论考察"（冷川主持），"悬幻惊悚文学的本土化道路"（李闻思主持）；院国情考察项目1项："重庆地区文化现状考察"（党圣元主持）；所重点课题11项："当代中国马克思主义文艺经典理论研究”（丁国旗主持），“蒙元文学群体与蒙元多元文化圈研究”（王筱芸主持），“《艳史》《隋史遗文》《隋唐演义》——明清易代之际对隋唐历史的文学解读”（石雷主持），“跨文化视野的形成”（孙歌主持），“新时期初文坛名家致荒煤书信研究”（严平主持），“抗战文学与正面战场”（张中良主持），“清末舆论中呈现的社会文化思潮”（杨早主持），“班彪班固父子年谱”（陈君主持），“文学家族的文化地图：以常熟杨沂孙家族为个案”（张剑主持），“正剧中的传奇——新时期文学理论30年的历史叙述”（何浩主持），“抗战时期西南旅行记研究”（段美乔主持）。

（2）结项课题。2009年，文学研究所共有结项课题27项。其中，国家社会科学基金课题5项：“周秦时代《诗》的传播史”（马银琴主持），“后殖民台湾”（赵稀方主持），“中外民间文学关键词研究”（户晓辉主持），“宋代家族与文学研究”（张剑主持），“解读延安：文学·知识分子和文化”（李洁非主持）；院重点课题4项：“周氏兄弟与日本”（赵京华主持），“网络时代的文学生产与消费”（陈定家主持），“美学：从古典到现代”（高建平主持），“桐城派史论”（王达敏主持）；院青年科研启动基金课题9项：“秦汉礼乐资料编年”（许继起主持），“鲁迅转折期思想研究”（程凯主持），“台湾文学与现代性问题”（张重岗主持），“论马尔库塞美学思想的学术缘分”（丁国旗主持），“郑樵《诗经》学简论”（高晓成主持），“独孤及《毗陵集》的语料分析”（李桃主持），“解读严歌苓创作中的人性书写”（汤俏主持），“中国古代故事学理论与方法研究”（施爱东主持），“从《诗镌》到《学文》——‘新月’书店与杂志研究”（胡博主持）；院国情调研课题2项：“中国文学物质性遗产调研”（杨义主持），“中国当代文学生产、传播与影响情况调查”（包明德主持）；院交办课题1项：“社会主义荣辱观与廉政文化建设”（包明德主持）；院国情考察课题1项：“北方文学关系考察”（杨义主持）；所重点课题5项：“东汉文学研究——以政治变迁与文学演进之关系为中心”（陈君主持），“论20世纪40年代后期‘新写作’文学思潮”（段美乔主持），“百年中国话剧图文志”（刘平主持），“抗战时期北平学生移动剧团历史资料整理研究”（严平主持），“想象与叙述”（赵园主持）。

（3）延续在研课题。2009年，文学研究所共有延续在研课题65项。其中，国家社会科学基金课题10项：“敦煌赞颂文学写本整理与研究”（徐俊主持），“中国共产党的文艺运动与文艺实践的历史经验研究”（朱寨主持），“20世纪中国文学史通论”（杨义主持），“‘国家’的现代转换”（董炳月主持），“20年代革命文学的思想脉络与历史源流”（程凯主持），“两宋士大夫文学研究”（陶文鹏主持），“啸史：中国古代文学与音乐关系之个案研究”（范子烨主持），“《礼记》之文学理论形态研究”（王秀臣主持），“桐城派与清季民国学坛”（王达敏主持），“秦汉魏晋南北朝乐府制度研究”（许继起主持）；院A类重大课题5项：“中国民间文学史”（祁连休、吕微主持），“中国古典文学与华夏民族精神建构”（刘扬忠、蒋寅主持），“台湾文学史料编纂与研究”（黎湘萍主持），“元代文献数据库”（邓绍基、郑永晓主持），“中华文明探源的神话学研究”（叶舒宪主持）；院重点课题15项：“中国民间叙事诗”（贺学君主持），“瞿秋白文学创作与文学思想研究”（胡明主持），“20 世纪中国女性诗歌史论”（周亚琴主持），“21 世纪中国文学的演进与发展倾向”（王绯主持），“近 30 年中国小说发展综论”（曾镇南主持），“古典诗学形式范畴系统与民族精神传统”（刘方喜主持），“家乡民间文学研究：中国民间文艺学中的一个重要流派”（安德明主持），“中国文学研究论文数据库”（徐公持主持），“中国现代文学中的民族国家问题”（张中良主持），“社会生活史中的 4 ～ 6 世纪文学”（戴燕主持），“秦汉文学史”（刘跃进主持），“清代戏曲史论”（李玫主持），“梁籍考——全梁著作的文献学研究”（吴光兴主持），“民间文学的存在论”（户晓辉主持），“先秦诸子还原研究”（杨义主持）；院青年科研启动基金课题 8 项：“《世说新语》之文献学研究”（范子烨主持），“台湾文学与现代性问题”（张重岗主持），“《红楼梦》120 回抄本系列研究”（夏薇主持），“清代女性诗集中的‘疾病故事’与自传欲望”（杨彬彬主持），“当代台湾纪录片中的现实观照”（李晨主持），“子弟书在天津之传播研究”（李芳主持），“民族主义文艺运动理论考察”（冷川主持），“悬幻惊悚文学的本土化道路”（李闻思主持）；院国情调研课题 3 项：“全国文学网站年度调查报告（蓝皮书）”（党圣元主持），“新疆绿洲文明调查”（杨镰主持），“定县农民戏剧实验与当代新农村的文化建设”（胡博主持）；院交办课题 1 项：“古典文学名家讲座”（杨义主持）；所重点课题 23 项：“中国文学体系的近代化转型”（王飚主持），“吕碧城研究”（张奇慧主持），“左翼文学与文学史叙述”（萨支山主持），“中华文化母体与海外华文文学”（杨匡汉主持），“文化视野中的明清小说评点”（吴子林主持），“纪昀诗学研究”（杨子彦主持），“白居易研究史”（陈才智主持），“孙楷第学术成就研究”（杨镰主持），“20 世纪中国古代小说学术史编年”（竺青主持），“古诗文名物新证——以敦煌艺术为中心”（赵永晖主持），“延安作家研究”（吕晴主持），“幻想儿童文学的结构主义研究”（杨鹏主持），“共和国文学生产方式”（李洁非主持），“‘雾社事件’与台湾文学”（李娜主持），“君君臣臣：明清小说的道德焦虑”（刘倩主持），“马尔库塞文艺思想的价值诉求”（丁国旗主持），“柳田国男民间文学思想研究”（乌日古木勒主持），“中国新诗书刊总目·诗刊卷”（刘福春主持），“对先秦文学的发生学、民族学、图志学的综合考察”（杨义主持），“新世纪重大文论问题研究”（党圣元主持），“当代生态文明与女性写作”（田美莲主持），“‘自由时间’论与‘审美生产主义’：消费时代美学思想的马克思主义表述”（刘方喜主持），“中日现代演剧交流图史”（刘平主持）。

3．获奖优秀科研成果

2009 年，文学研究所共评出“2009 年度文学研究所优秀科研成果奖”专著类一等奖 5 项：马银琴的《两周诗史》，杨义的《中国古典文学图志——宋、辽、西夏、金、回鹘、吐蕃、大理国、元代卷》，吴光兴的《萧纲萧绎年谱》，杨镰的《元代文学编年史》，蒋寅的《清诗话考》；论文类一等奖 3 项：叶舒宪的《第四重证据》，李洁非的《主题的变迁与转换——细读延安小说》，施爱东的《故事的无序生长及其最优策略》；其他类一等奖 1 项：刘福春的《中国新诗书刊总目》（工具书）。专著类优秀奖 4 项：张中良的《五四时期的翻译文学》，杨匡汉的《中国新诗学》，赵园的《制度·言论·心态——〈明清之际士大夫研究〉续编》，董炳月的《"国民作家"的立场——中日现代文学关系研究》；论文类优秀奖6项：刘方喜的《论马克思"自由时间"理论的重大美学意义》，陈才智的《张祜与元白诗派的离合》，李娜的《在记忆的寂灭与复燃之间——台湾的"二二八文学"》，郑永晓的《古籍数字化与古典文学研究的未来》，扬之水的《人物故事图考》，程凯的《当还是不当"留声机"？——后期创造社"意识斗争"的多重指向与革命路径之再反思》；其他类优秀奖1项：高建平的《艺术即经验》（译著）。评出文学研究所第二届"勤英文学研究奖"5项，其中，专著类：马银琴的《两周诗史》，李洁非的《龙床：14世纪～17世纪的六位中国皇帝》；论文类：王达敏的《论姚鼐》，张剑的《宋代的文学家族与家族文学》，赵稀方的《五十年代的美元文化与香港小说》。

4．科研组织管理新举措

2009年，遵循中国社会科学院党组的工作部署，文学研究所开展了聘任制改革和设岗定级工作。根据《中国社会科学院人员聘用制试行办法》《中国社会科学院岗位设置管理试行办法》等文件精神，在平等自愿、协商一致的基础上，按照公开、平等、竞争、择优的原则，通过公开岗位设置、个人提出申请、公示申请材料、确定级别人选、广泛征求意见等环节，历经近半年时间，比较顺利地完成了岗位设置和定岗定级工作。

根据院领导关于"科研强院、人才强院、管理强院"与建设"名刊、名网、名馆"的工作部署，文学研究所积极制定具体实施方案，努力加强刊物、网站、图书馆建设，力争做到"国内一流、国际知名"。《文学评论》《文学遗产》编辑部、信息数据中心和图书馆围绕中心，服务大局，为推进马克思主义中国化、时代化，推进中国文学研究创新体系的建设，发挥更大的促进作用。

（三）学术交流活动

1．学术活动

2009年，文学研究所主办和承办的学术会议和讲座有：

（1）2009年6月11～12日，文学研究所与斯洛文尼亚美学学会、斯洛文尼亚普利莫斯卡大学人文学院共同主办的"文学艺术的哲学问题：中国—斯洛文尼亚双边学术研讨会"在斯洛文尼亚海滨城市科佩尔举行。与会学者主要围绕两国文学与艺术研究各领域的历史、现状进行了介绍、交流和探讨。

（2）2009年8月22～23日，由中国社会科学院主办、中国社会科学院文学研究所与吉林大学文学院承办的"共和国文学60年"学术研讨会在吉林省长春市举行。会议的主题是"对新中国60年的文学创作、文艺理论与批评、文学史构建以及未来文学发展走向等方面的问题进行深入探讨和研究"，研讨的主要问题有"文学研究60年的整体回顾与检讨"、"多维视阈下的类别文学研究"、"理论的反思与批评的重建"、"文学史观念与文学史建构"。

（3）文学研究所“中国古典文学名家系列讲座”：

2009 年 2 月 10 日，文学研究所研究员李玫作题为《〈圆圆曲〉和〈桃花扇〉》的报告。

2009 年 2 月 17 日，文学研究所研究员杨义作题为《史记》的报告。

2009 年 3 月 10 日，文学研究所研究员王筱芸作题为《五代词：西蜀花间词派与南唐词派》的报告。

2009 年 4 月 21 日，文学研究所研究员范子烨作题为《陶渊明与音乐——以无弦琴的故事为中心》的报告。

2009 年 5 月 26 日，文学研究所研究员刘跃进作题为《端午时节话屈原》的报告。

2009 年 11 月 24 日，文学研究所研究员谭家健作题为《〈论语〉和〈孟子〉》的报告。

2．国际与地区学术交流和合作

2009 年，文学研究所共派遣出访 38 批 47 人次，接待来访 10 批 12 人次（其中，中国社会科学院邀请来访 2 批 2 人次）。与文学研究所开展学术交流的国家和地区有美国、俄罗斯、意大利、斯洛文尼亚、丹麦、日本、韩国等国家和中国香港、中国台湾地区。其中：

（1）2009 年 6 月 2 日，美国加州大学伯克利分校徐贞敏在文学研究所作题为《变迁中的城市及同期档案研究——结构、意象、声音以及文本里的拆迁与建设》的报告。

（2）文学研究所“亚洲文化论坛”讲座：

2009 年 2 月 10 日，台湾淡江大学中文系教授吕正惠在文学研究所作题为《从当代台湾文学的历史想象谈“历史感与文学研究”》的报告。

2009 年 3 月 10 日，中国人民大学国仁城乡科技发展中心袁小仙、程存旺在文学研究所作题为《东亚地区城乡互动的经验与问题》的报告。

2009 年 5 月 26 日，台湾“清华大学”外文系教授于治中在文学研究所作题为《意识形态中的物质性与主体性》的报告。

2009 年 6 月 30 日，“立人乡村图书馆”李英强在文学研究所作题为《从乡村出发的价值重建——立人乡村图书馆的实践与思考》的报告。

2009 年 7 月 28 日，台湾大学中文系教授黄英娥在文学研究所作题为《古典台湾（1895 ~ 1945）：一个不一样的认识论》的报告。

2009 年 9 月 15 日，台湾纪录片制作人、导演贺照缇在文学研究所作题为《台湾与第三世界——一个纪录片导演的非主流视野》的报告。

2009 年 11 月 17 日，日本一桥大学社会学研究科教授伊豫谷登士翁在文学研究所作题为《桐野夏生容身之所的“丧失”与“再生”故事》的报告；日本大阪大学文学研究科教授平田由美在文学研究所作题为《遣返故事中男性的性别化——后藤明生体现的对“强有力家长”的欲望》的报告。

2009 年 12 月 8 日，香港科技大学社会科学部助理教授庄嘉颖在文学研究所作题为《分手难办：外来介入对清末民初政治隔据的限制（1893 ~ 1922）》的报告。

2009年12月22日，国家民族事务委员会政策研究室副主任李红杰在文学研究所作题为《从世界范围内的民族问题看新疆》的报告。

（3）文学研究所“青年论坛·国际视野”讲座：

2009年3月3日，文学研究所研究员孙歌在文学研究所作题为《日本知识状况管窥》的报告。

2009年5月12日，文学研究所副研究员贺照田在文学研究所作题为《当代中国新时期精神史的历史与观念构造——以1980年潘晓讨论的发生与接受为中心》的报告。

2009年7月7日，文学研究所助理研究员张晖在文学研究所作题为《从诗史观念看中国诗歌与历史之关系》的报告。

（四）学术社团、期刊

1．社团

（1）中国近代文学研究会，会长黄霖。

（2）中国当代文学研究会，会长张炯。

2009年10月19 ~ 20日，中国当代文学研究会与首都师范大学文学院、《文艺争鸣》在北京联合主办“中国当代文学60年”国际学术研讨会。会议的主题是“研讨新中国60年文学”。研讨的主要问题有“60年文学的历史经验”、“新时期30年文学的历史演变”、“新世纪文学的新格局”。

（3）中国鲁迅研究会，会长杨义。

2009年4月19 ~ 20日，中国鲁迅研究会与陕西师范大学文学院在陕西省西安市联合主办“鲁迅与五四新文化运动”学术研讨会。会议的主题是“纪念五四运动90周年，围绕鲁迅与五四新文学运动、鲁迅与现当代中国文化建设、新中国成立60年来鲁迅研究的历史回顾进行探讨和交流”，研讨的主要问题有“鲁迅与五四新文化运动”、“鲁迅与中国文化建设”、“鲁迅研究与鲁迅文学”。

（4）中华文学史料学学会，会长包明德。

2009年3月29日至4月2日，中华文学史料学学会与山东大学文史哲研究院及中国古典文献学学科点在山东省济南市联合举办“古籍整理研究与中国古典文献学学科建设国际学术研讨会”。会议研讨的主要问题有“古籍整理与文学史写作”、“古籍整理研究的现状与发展前景”、“中国古典文献学学科建设的成绩及面临的问题”。

2009年5月23 ~ 25日，中华文学史料学学会近现代史料学分会在重庆市主办“文学史料与抗战文学”学术研讨会。会议的主题是“文学史料与抗战文学”，研讨的主要问题有“近代文学史料，现代文学史料，重庆文史资料，大后方、沦陷区、解放区文学史料的整理与研究”、“文学史料工作的现状反思和未来发展方向”、“从文学史料出发的近现代文学研究”。

（5）中国中外文艺理论学会，会长钱中文。

2009 年 7 月 16 ～ 20 日，中国中外文艺理论学会与中国社会科学院文学研究所文学理论研究室、贵州大学人文学院、贵州师范大学文学院在贵州省贵阳市联合主办“新中国文论 60 年国际学术研讨会暨中国中外文艺理论学会第六届年会”。会议的主题是“新中国文论 60 年”，研讨的主要问题有“回顾与反思：新中国文艺理论 60 年”、“对文学性质的研究与探讨”、“古代文论与文化研究”、“西方文论与中国文论的现代性”、“探索中国现代文论的发展与建构”。

（6）中国现代文学研究会，会长温儒敏。

2009 年 10 月 17 ～ 19 日，中国现代文学研究会与福建师范大学在福建省武夷山市联合主办“中国现代文学研究会第四次青年学者学术研讨会”。会议的主题是“现代文学的研究与教学”，研讨的主要问题有“现代文学研究与教学面临的主要问题”、“现代文学研究与教学中青年学者的困惑”。

（7）中国毛泽东诗词研究会，会长逄先知。

2009 年 8 月 15 ～ 17 日，中国毛泽东诗词研究会与中共宁夏回族自治区党委宣传部在宁夏回族自治区银川市联合举行中国毛泽东诗词研究会第九届年会。会议的主题是“毛泽东在社会主义革命和建设时期的诗词创作”、“《清平乐 · 六盘山》研究”。

2．期刊

（1）《文学评论》（双月刊），主编杨义。

2009 年，《文学评论》共出版 6 期，共计 240 万字。该刊的特色专栏有“新中国文学研究 60 年”、“改革开放三十年专题”、“二十世纪中国文学研究回顾”、“台港澳及海外华人文学研究”、“马克思主义文艺学”等。该刊全年刊载的有代表性的文章有：朱立元、栗永清的《新中国 60 年文艺学演进轨迹》，秦弓的《现代文学研究 60 年》，柳宏、宋展云的《〈论语〉文学研究 60 年》，王俊秋、韩文淑的《“共和国文学 60 年”学术研讨会侧记》，钱中文的《三十年间》，张炯的《文学研究大跨越的时期——改革开放三十年中国文学研究的回顾与思考》，孙良好的《中国现代主义诗潮的“活化石”——九叶诗派研究综述》，季进的《多元文学史的书写——海外中国现代文学研究论之一》，王列耀的《北美新移民文学中的“另类亲情”》，凌逾的《后现代的香港空间叙事》，陆贵山的《马克思主义文艺学的理论创新》，毛崇杰的《马克思主义文艺理论发展中的几个问题》。

（2）《文学遗产》（双月刊），主编陶文鹏。

2009 年，《文学遗产》共出版 6 期，共计 160 万字。该刊全年刊载的有代表性的文章有：汪春泓的《关于〈汉书 · 苏武传〉成篇问题之研究》，鲁洪生的《汉赋源于〈周礼〉“六诗”之赋考》，李剑国的《〈大业拾遗记〉等五篇传奇写作时代的再讨论》，傅璇琮的《〈唐诗纪事校笺〉掇误》，葛晓音的《“独往”和“虚舟”：盛唐山水诗的玄趣和道境》，莫砺锋的《穿透夜幕的诗思——论杜诗中的暮夜主题》，刘宁的《杜甫五古的艺术格局与杜诗“诗史”品质》，查正贤的

《论制举与唐代隐逸风尚的关系》，刘成国的《宋代俳谐文研究》，邓国军的《诗学“活法”说不始于吕本中——兼论胡宿对西昆体的继承与突破》，杨镰的《元诗文献辨伪》，左东岭的《玉山雅集与元明之际文人生命方式及其诗学意义》，陈广宏的《王慎中与闽学传统》，刘勇强的《一僧一道一术士——明清小说超情节人物的叙事学意义》，陈大康的《打破旧平衡的初始环节——论申报馆在近代小说史上的地位》，罗立群的《古代小说中剑侠形象的历史与文化探源》，张庆民的《干宝生平事迹新考》，潘建国的《〈世说新语〉元刻本考——兼论“刘辰翁”评点实系元代坊肆伪托》，宋莉华的《从晚清到“五四”：传教士与中国现代儿童文学的萌蘖》，曾凡安的《礼乐文化与晚清宫廷演剧的变革》，黄仕忠的《借鉴与创新——日本明治时期中国戏曲研究对王国维的影响》，郑永晓的《技术与心智的互补——建立在计算机检索基础之上的古典文学研究》，李铎的《从检索到分析——计算机知识服务的时代》，罗凤珠的《引信息的“术”入文学的“心”——谈情感计算和语义研究在文史领域的应用》，涂小马的《钱仲联先生和清诗研究》，熊良智的《汤炳正先生〈楚辞〉研究的学术贡献》，陈才智的《陈友琴先生古典文学研究述论》，王德明的《抉剔入微 学者津梁——冯振先生的中国古代文学研究》，廖群的《高亨文献考据的治学方法及其学术价值》。

（五）会议综述

文学艺术的哲学问题：中国—斯洛文尼亚双边学术研讨会

2009年6月11～12日，中国社会科学院文学研究所与斯洛文尼亚美学学会、斯洛文尼亚普利莫斯卡大学人文学院在斯洛文尼亚海滨城市科佩尔联合主办了“文学艺术的哲学问题：中国—斯洛文尼亚双边学术研讨会”。斯洛文尼亚美学学会会长、普利莫斯卡大学人文学院文化研究系主任阿列西·艾尔雅维奇教授作为斯方主席，首先作题为《斯洛文尼亚美学的历史》的发言，向中方学者简要介绍了斯洛文尼亚美学学会从1983年成立至今的历史。他谈到学会如何成为一个供讨论前卫艺术、当代文化、哲学美学以及艺术史等领域的理论和文化论坛，后来如何卷入80年代后期的政治动荡，以及最后如何回归到学术和艺术活动中来。中方主席、中国社会科学院文学研究所所长杨义和研究员高建平分别作了题为《空间美学：神凤与长江》和《新世纪中国美学的复兴》的发言。杨义向斯方学者展现了空间性在中国哲学和美学中所占据的重要地位。通过使用大量精彩图片展示长江中游古楚国墓葬中出土的文物，指出这些文物迥然有别于黄河流域出土文物的特征，从而得出如下结论：中华文明是一种多元一体的复合性文明，不同的地域空间衍生出千姿百态的文化智慧和审美情趣，而楚国文明只是中华文明中一个独特的富有色彩的空间。高建平则向斯方学者简要介绍了新中国成立以来围绕美学产生的三个重要时期：20世纪五六十年代的“美学大讨论”、“文化大革命”结束至80年代中期的“美学热”、从1998年至今的“美学复兴”。他重点指出了21世纪中国美学复兴的三个重要特征：

第一，美学对日常生活的介入；第二，中国美学参与国际对话的趋势；第三，美学从哲学思辨向文学、艺术、环境以及日常生活等领域的转移。

双方学者还就诗歌、历史、民俗、中国当代文学、斯洛文尼亚当代艺术等话题进行了交流和探讨。这种双边合作会议的形式，为对外合作交流探索出了一种新的模式。

（杨彬彬）

“共和国文学60年”学术研讨会

2009 年 8 月 22 ～ 23 日，由中国社会科学院主办、中国社会科学院文学研究所与吉林大学文学院承办、《文学评论》《文学遗产》《中国文学年鉴》编辑部协办的“共和国文学 60 年”学术研讨会在吉林省长春市举行。来自全国 20 多所高校和科研单位的 60 多位专家学者参加了会议。

会议旨在对新中国 60 年的文学创作、文艺理论与批评、文学史构建以及未来文学发展走向等方面的问题进行深入的探讨和研究。中国社会科学院文学研究所副所长刘跃进、吉林大学文学院院长张福贵主持开幕式；吉林大学副校长吴振武致辞；中国社会科学院文学研究所前所长、《文学评论》主编杨义，吉林大学原校长刘中树分别致辞并作主题发言。

中国社会科学院文学研究所张中良对中国现代文学研究 60 年进行了全面梳理，并将新时期以后研究的突破归纳为历史意识走向自觉、空间范围日益广阔、现代指认的范畴扩大、多重文化视角的展开、经典的重新确认与深入解读、中外文学关系以及资料建设受到重视等几个方面。这其中既有对过去现代文学研究的补充，又有研究者视角的调整。中国社会科学院文学研究所白烨在对当代文学研究 60 年的评述中，论述了新时期以来当代文坛出现的“三分天下”的状态。一是 20 世纪 80 年代的以文学期刊为阵地、以作家为主体的传统文学；二是 90 年代的以文学期刊为阵地、以图书出版为依托、书商介入的市场化文学；三是步入 21 世纪以后，以网络传媒和信息科技为平台的新媒体文学。

新中国对古代文学、古代文论等的研究也有了突破性进展，中国社会科学院文学研究所蒋寅将其贡献概括为对文献的全面整理、学术视野的拓展、理论阐释的深化等方面。中国社会科学院文学研究所刘跃进则从自我体验出发，对古代文学研究的 60 年进行了整体性总结。他认为，改革开放的 30 年，中国的古典文学研究走出了进化论的思维定式，体现出了新的时代特点，不再拘泥于政治化的束缚，而是注重文学研究的整体性与历史性，凸显中国文学的特色。在文学的时间空间研究、作家的物质环境研究、时代的不同阶层研究等方面融会贯通。而进入 21 世纪以来，上述变化更为鲜明，研究者们不满足于对浅层次艺术感的简单追求，更加注重厚实的历史感；不满足于对某些现成理论的盲目套用，更加注重文献的积累；努力寻求中国文学理论体系及中国文学研究格局的构建方法和途径。

作为20世纪70年代末兴起的海外华文文学研究，成为会议的一个热点议题。暨南大学饶芃子对海外华文文学兴起、发展的整个过程作了全面回顾，描述了这一粗具规模的学科存在的巨大价值和意义。30年来的实践证明，海外华文文学的发展一方面为我们展现了一个特殊的汉语文学空间，有助于我们建立一种博大的、世界性的汉语文学观念，从而认识汉语文学的多元世界，推动汉语文学圈的形成。另一方面，它对现有学科如台港澳文学的影响是深远的，它完善了现代文学研究的版图，也为比较文学提供了一个富有创造性的学术空间。厦门大学朱双一通过对陈映真与鲁迅的比较研究，提出文学现实主义批判传统的当代延续问题。吉林大学白杨通过对白先勇和朱天文两代台湾作家创作的平行研究，指出台港澳及海外华文文学存在的价值在于，他们提供了文化母体在某些特殊历史语境中的状态，正是因为他们的存在，才使得20世纪汉语文学的版图变得更加宽广，内容丰富。

政治伦理本位的传统和革命经典学说的传播影响，使当代中国社会和文化发展的意识形态属性格外明显。因此，在新中国文学发展60年的历史中，一直表现出对文艺理论和批评的重视。北京大学温儒敏就现代文学新传统及其当代阐释这一课题进行了深入思考，他指出，现代文学传统不被看好的原因，一是受到古典文学传统的"挤压"，二是因为它距离我们太切近了。即使事实上现代文学传统已经成为当今社会结构的一个向度，并且发挥着切实的规范性影响，我们也只是常常习焉不察，或者这其中也有"心理时间"在起作用。但是当代的文学生活却向我们展示出，现代文学的传统已经无处不在了。华中师范大学胡亚敏总结了20世纪90年代中国文学批评的特点，第一是开始对西方文艺理论说"不"；第二是批评话语在逐步丰富和多样化；第三是文学批评的文化转向，具体表现在后现代思潮的影响、研究视野的下移和研究深度、广度的拓展等方面。

中国社会科学院文学研究所党圣元认为，新时期以来的文学史理论研究，在学术理念和研究方法上已经形成了多元化和多样性的格局。其前提条件有两个：一是问题意识的转变，二是研究方法的更新。需要完成书写范式外在化的西式化向内在性的中国式的转化，彰显出内在于中国文学智慧精神之中的审美方式与方法论原则。吉林大学张福贵对中国现代文学史观的变革和史料学的重构作了深入反思，他认为，与政治、经济、法律、教育相比，表现出当下我们文学史观的变革和文学史写作的不成熟。造成这一状况的原因，主要是受到体制、观念、知识和方法论的制约。

会议体现出如下三个特点：多学科在同一主题下对话的综合性；不同角度、不同立场出发的多元化；追求尖端、破解难点问题的前沿性。

（王俊秋）

民族文学研究所

（一）人员、机构基本情况

截至2009年年底，民族文学研究所共有在职人员49人。其中，正高级职称人员14人，副高级职称人员10人，中级职称人员10人；高、中级职称人员占全体在职人员总数的69%。

民族文学研究所设有：蒙古族文学研究室、藏族文学研究室、南方民族文学研究室、北方民族文学研究室、当代民族文学研究室、《民族文学研究》编辑部、图书资料室、办公室（含人事、科研管理、财务）、中国少数民族文学学会、蒙古文学学会、《江格尔》研究会、维吾尔历史文化研究会、口头传统研究中心、《格萨尔》研究中心。

（二）科研工作

1．科研成果统计

2009年，民族文学研究所共完成专著6种，222.2万字；论文77篇，80.86万字；研究报告13篇，86.1万字；学术资料18种，664.4万字；古籍整理2种，220万字；一般文章33篇，13万字。

2．科研课题

（1）新立项课题。2009年，民族文学研究所共有新立项课题12项。其中，国家社会科学基金课题1项："口述与书写：满族说部传承研究"（高荷红主持）；院重点课题1项："口头诗学视野下的墨玉达斯坦奇"（热依汗·卡德尔主持）；院国情调研课题1项："西北地区少数民族口头传统的当代传承情况调查"（汤晓青主持）；院青年科研启动基金课题1项："1949～1966年中国民间文艺学学术史研究"（毛巧晖主持）；院长学术基金课题1项："中国民俗学前沿研究"（朝戈金主持）；院重点学科建设工程课题1项（含3个学科）："中国史诗学、中国各民族文学关系、民俗学"；院信息化建设工程课题1项："民族文学数字资源网"（尹虎彬、任春生主持）；所级课题5项："中国少数民族电影史"（孙立峰主持），"少数民族神话中多民族同源共祖现象研究"（王宪昭主持），"德宏傣族叙事诗的文本形态"（屈永仙主持），国情调研子课题"壮侗二族族源神话在民间传承情况的调查"（王宪昭主持），国情调研子课题"满语民间文学在黑龙江省遗存情况调查"（高荷红主持）。

（2）结项课题。2009年，民族文学研究所共有结项课题16项。其中，国家社会科学基金一般课题1项："口传史诗文本研究"（朝戈金主持）；院B类重大课题2项："中国传说时代文化关系研究"（扎拉嘎主持），"金巴扎木苏及其演唱《格斯尔》研究"（斯钦孟和主持）；国情调研课题6项："青海热贡藏区传统文化的世俗化与产业化调查研究"（诺布旺丹主持），"新疆克孜勒苏自治州边境地区民间文化资源调查"（阿地里·居玛吐尔地主持），"内蒙古科尔沁地区非物质文化传承情况调查”（斯钦巴图主持），“河北易县、涞水县民间信仰与宝卷调查”（尹虎彬主持），“西部少数民族文化生态现状调查”（2008年度，尹虎彬主持），“西北地区少数民族口头传统的当代传承情况调查”（2009年度，汤晓青主持）；院重点学科建设工程课题1项：“中国各民族文学关系研究”（扎拉嘎主持）；院信息化建设工程课题1项：“少数民族文学媒体资源管理系统”（汤晓青主持）；所级重点课题5项：“德格地区格萨尔文化资源调查研究”（甲央齐珍主持），“哈萨克族民间演唱艺人调查研究”（黄中祥主持），“中国民族文学网站扩容、更新与维护”（巴莫曲布嫫主持），“蒙古族乌力格尔现状调查”（纳钦主持），“贵州污讲、广西隆石红苗文化状况调查”（吴晓东主持）。

（3）延续在研课题。2009年，民族文学研究所共有延续在研课题44项。其中，国家社会科学基金一般课题7项：“俄罗斯民间文学通论”（刘魁立主持），“口承《格斯尔》史诗研究”（斯钦孟和主持），“口头论辩与史诗演述：彝族民间叙事传统研究”（巴莫曲布嫫主持），“中国现代神话学研究的思想渊源和学术范式”（刘宗迪主持），“满族小说与中华文化”（关纪新主持），“本子故事抄本与口头异本比较研究”（纳钦主持），“突厥语民族英雄史诗结构与母题比较研究”（阿地里·居玛吐尔地主持）；院重大课题2 项：“蒙古族口传经典大系”（朝戈金主持），“藏文《格萨尔》精选本”（丹曲等主持）；院A类重大课题2项：“中国少数民族文学资料库（二期）”（汤晓青主持），“少数民族口头文学丛编”（邓敏文主持）；院B类重大课题2项：“柯尔克孜史诗传承的调查与研究”（郎樱主持），“中国诗学与中国民族文学研究的理论转型”（刘宗迪主持）；院重点课题7项：“《格萨尔》掘藏艺人研究——以丹增扎巴为个案”（诺布旺丹主持），“新疆阿合奇县《玛纳斯》歌手传承研究”（阿地里·居玛吐尔地主持），“蒙古文译本《三国志演义》研究”（巴雅尔图主持），“南方民族创世神话研究”（刘亚虎主持），“青海蒙古史诗研究”（斯钦巴图主持），“卡尔梅克民间散体叙事文本集注”（旦布尔加甫主持），“哈萨克族叙事诗《阔孜库尔佩西与芭艳苏露》版本比较研究”（黄中祥主持）；院青年科研启动基金课题2项：“公共民俗学发展及其在中国的实践检验——以端午节为参照个案”（宋颖主持），“口头诗学视野中的白族民歌研究——以剑川县石龙村的白曲演述传统为例”（朱刚主持）；所级重点课题22项：“新时期少数民族古代文学研究之发展”（汤晓青主持），“现代传播技术的发展与民族民间文学的保护”（罗汉田主持），“中国民族文学学术史”（邓敏文主持），“苗族口承文学与生态民俗”（吴晓东主持），“满族的萨满文化与民间文学”（苑利主持），“民间说唱《格斯尔》研究”（斯钦孟和主持），“口承与书写：彝族史诗与族群叙事传统”（巴莫曲布嫫主持），“扎巴老人与他的说唱本”（降边嘉措主持），“端智嘉及作品研究”（才让道吉主持），“日据时期朝鲜族移民作家研究”（张春植主持），“台湾原住民与大陆南方少数民族射日神话研究”（周翔主持），“壮族布洛陀经诗研究”（李斯颖主持），“《格萨尔》的灵魂观念与藏族宗教文化”（丹曲主持），“现代语境中的少数民族文学”（刘大先主持），“乌兰巴托版《今古奇观》研究”（莎日娜主持），“《蒙古秘史》叙事艺术研究”（孟根主持），“蒙古英雄史诗资料汇编”（旦布尔加甫主持），“穿行于异质文化之间——阿来和他的《尘埃落定》”（杨霞主持），“新疆和田达斯坦奇夏赫买买提及其弟子演唱活动及方式的调查研究”（热依汗·卡德尔主持），“《格萨尔》说唱艺人昂仁调查研究”（李连荣主持），“满族说部《乌布西奔妈妈》研究”（高荷红主持），“突厥语民族口头史诗：传统、形式和诗歌结构”（阿地里 · 居玛吐尔地主持）。

3．获奖情况

2009 年，刘亚虎的专著《神话与诗的演述——南方民族叙事艺术》获中国文联颁发的“第九届中国民间文艺山花奖”。

民族文学研究所获国务院颁发的“民族团结先进集体”；朝戈金获文化部“非物质文化遗产保护先进个人”；旦布尔加甫获“北京市民族团结先进个人”。

4．科研管理新举措

在学科建设方面，民族文学研究所努力培育和扶持交叉学科——民俗学，继续推进神话学研究，保持并提升中国史诗学和中国各民族文学关系两个重点学科在国内的领先地位。

在课题管理方面，完善科研管理制度，尤其是积累了对国情调研课题的立项、实施和结项等工作的经验，探索出所内管理的新办法。

在信息化建设方面，建设和完善了《民族文学研究》电子期刊数据库。作为中国少数民族文学研究领域中唯一的国家级学术刊物，2009 年 1 月，《民族文学研究》电子期刊新版上线，提供自 1983 年创刊以来全部论文题录数据库免费在线查询服务。目前，已录入论文题录共 2748 篇。

（三）学术交流活动

1．学术活动

2009 年，民族文学研究所主办的学术会议主要有：

（1）2009 年 6 月 9 ~ 18 日，民族文学研究所举办了第一期“IEL 国际史诗学与口头传统研究讲习班”。讲习班的主要宗旨是进行史诗学与口头传统研究的跨学科专业集训，促进中国史诗学的国际交流。

（2）2009 年 8 月 14 ~ 17 日，民族文学研究所与中国少数民族文学学会在内蒙古自治区通辽市主办了“中国民族文学 60 年回顾与展望学术研讨会”。

（3）2009 年 11 月 13 ~ 16 日，由中国社会科学院《民族文学研究》编辑部、云南民族大学联合主办，云南民族大学文学院承办的“第六届中国多民族文学论坛”在云南省昆明市召开。

2．国际与地区学术交流和合作

2009 年，民族文学研究所共派遣出访 18 批 24 人次，接待来访 7 批 10 人次，与民族文学研究所开展交流的国家和地区有蒙古国、希腊、法国、匈牙利、美国、日本、韩国、荷兰和中国台湾等。

（1）2009年1月，民族文学研究所接待了联合国教科文组织总干事顾问爱川纪子女士。双方就联合国教科文组织在中国建立二类中心的技术条件方面的情况进行了交流。10月，亚太地区非物质文化遗产国际培训中心正式成立，民族文学研究所作为培训基地之一将为其提供智力支持和学术资源。

（2）2009年3月，民族文学研究所俄日航旦应国务院新闻办公室邀请前往美国、加拿大执行访问任务，宣传我国少数民族文化政策。

（3）2009年6月，民族文学研究所降边嘉措赴台湾参加西藏学会议。

（4）2009年6月，民族文学研究所接待密苏里大学教授约翰·迈尔斯·弗里、艾伦·泰特博士，举办了第一期“国际史诗学与口头传统研究讲习班”。

（5）2009年6月20～27日，民族文学研究所朝戈金赴希腊雅典大学参加“国际民间叙事文学大会”。

（6）2009年6月，民族文学研究所斯钦孟和、斯钦巴图、旦布尔加甫等组团前往蒙古国科学院抢救、收集和购置《格斯尔》的相关资料，获得了相关的抄本和资料。

（7）2009年8月25～31日，民族文学研究所汤晓青、尹虎彬赴荷兰参加民文所立项的CO-REACH-SSR中欧社会科学合作研究项目“口头传统的记录与归档：跨学科研讨”在荷兰莱顿大学召开的第一次会议“口头传统档案化”。

（8）2009年8月和11月，院荣誉学部委员刘魁立两次出访台湾，作为特邀专家参加“近现代民间结社”学术会议和“中华非物质文化遗产大展”。

（9）2009年9月，民族文学研究所刘大先经院中青年学者英语进修项目的推荐，赴美国哥伦比亚大学学习。

（10）2009年9月，民族文学研究所接待匈牙利科学院学者大卫·索姆法伊博士、艾丹苏·卢桑达女士。双方在中匈史诗研究和口头传统田野工作等方面保持着较为深入的学术交流。

（11）2009年10月，院荣誉学部委员刘魁立应文化部和中国艺术研究院邀请，出访丹麦参加第二届中欧文化对话。

（12）2009年10月2～7日，民族文学研究所朝戈金前往东京参加“第61届日本民俗学年会”并作学术发言，介绍中国少数民族口头传统研究现状。

（四）学术社团、期刊

1．社团

（1）中国少数民族文学学会，理事长朝戈金。

（2）中国蒙古文学学会，会长阿古拉。

（3）中国《江格尔》研究会，会长朝戈金。

（4）中国维吾尔历史文化研究会，理事长塔瓦库力。

(5) 所属口头传统研究中心，主任朝戈金。

(6) 所属《格萨尔》研究中心，主任丹曲。

2. 期刊

《民族文学研究》(季刊)，主编关纪新。

2009 年，《民族文学研究》刊载的有代表性的文章有：丁增武的《“消解”与“建构”之间的二律背反——重评全球化语境中阿来与扎西达娃的“西藏想象”》，俄日航旦的《伏藏史诗：藏族史诗的困境》，方维保的《民族国家的整体愿望与文学创作的缝合想象——以话剧〈文成公主〉、〈王昭君〉为中心》，李建宗的《多民族文学史观中人口较少民族的口头文本——以裕固族民间故事为研究个案》，吕正惠的《老舍长篇小说的特质——中国市民阶层革命与民族解放斗争的一面镜子》，欧阳可惺的《公共性：作为社会公共领域的少数民族文学学科》，谢昭新的《论老舍的“和谐”文化观》，仁钦道尔吉的《略论勇士与独眼巨人等恶魔斗争型史诗》，赵学勇、李冬梅的《一部近乎被遗忘的史诗——〈复仇的火焰〉的双向解读》。

(五) 会议综述

第一期“IEL国际史诗学与口头传统研究讲习班”

2009年6月9～18日，中国社会科学院民族文学研究所举办了第一期“IEL国际史诗学与口头传统研究讲习班”。讲习班的主要宗旨是进行史诗学与口头传统研究的跨学科专业集训，促进中国史诗学的国际交流。

2009 年 6 月，第一期“IEL 国际史诗学与口头传统研究讲习班”成员合影。

第一周的主题演讲主要包括《口头传统：对多样性的理解》《口头传统与互联网》《从荷马到冉皮勒：反思国际史诗学术的范式转换》《比较口头史诗：历史、阐释学和方法》《誊录语文学：田野作业、誊录、档案、稿本、出版和文本》等，这些演讲分析了口头传统的研究演进、理论模型、研究方法、实证个案以及口头传统谱型中的相关话题。

在题为《口头传统：对多样性的理解》的讲演中，约翰·弗里围绕口头理论研究的现状和将来，从三个阶段对口头传统理论发展作了分析。第一阶段分析了荷马史诗，它是源于口头传统的古希腊史诗；第二阶段将口头程式理论扩展开来，并应用到世界范围内从古至今产生的150多种不同的口头传统；第三个阶段形成了更复杂的理论，从而可以更好地理解田野中发现的口头传统及其非凡的多样性。为了解释有如此之多的种类，弗里提出了口头传统的四个种类：口头演述、音声文本、往昔的音声、书面口头传统。由于口头传统具有多样性，我们需要用不同的方法来理解它们，包括结构分析、比较研究、演述理论、民族志诗学、内在的艺术等。为了说明多样性的口头传统，弗里引用了产生于不同时间和地域的七个例子：阿尔巴尼亚口头史诗、北美的斯莱姆诗歌、古希腊史诗、萨丁岛人的姆特图、巴斯克的“贝特索拉里萨”、古英语诗歌、南斯拉夫口头传统生态系统中的若干文类。弗里还探讨了口头传统谱型所涉及到的一般问题，提到了口承性与书面性的多样化。最后，他提供了七个描述口头传统的“谚语”，强调口头传统的多样性以及在几十年内所面临的挑战。

题为《口头传统与互联网》的演讲主要探讨了人类最早、最广泛的交流媒体即口头传统和最新近的交流媒体即网络媒体之间的相似性。约翰·弗里指出，二者的运作都必须通过虚拟世界的网络来实现，二者的技术手段包括多重作者、多重观众和多重演述三个因素。此外，这两种媒体都包括了多重路径或多重可能的关联系统，这使操演者和受众有了多重的选择。以上的特征将口头传统和互联网区别于文本技术。文本技术是在具体的世界里运作，由静态的、预定时间的事物组成，而不是进行中的体验。演讲使用了学刊《口头传统》的网页来展示口头传统与网络技术相似的运作方式，展现了《口头传统》的数字化成果、书籍与文章的电子版本使用情况，介绍了密苏里大学口头传统研究中心的“路径项目”的开展状况。

朝戈金在题为《从荷马到冉皮勒：反思国际史诗学术的范式转换》的专题讲演中指出，史诗学术研究的历史，大抵可以追溯到古希腊的亚里士多德，他关于“荷马史诗”的议论，是我们考察国际史诗学术的最佳“起点”。我们可以从中梳理出一部由荷马引导出来的史诗学术史。而试图在有限的时间内纵论长达几千年的史诗学术流脉，选取史诗歌手为线索是一个很好的视角。如果说荷马是西方史诗歌手的杰出代表，那么，中国新疆卫拉特蒙古史诗歌手冉皮勒就是中国本土史诗传统的一个象征。朝戈金选取了从古希腊荷马到当代中国冉皮勒共六位史诗歌手，并围绕由他们而生的“问题”，描摹了国际史诗学术演进中的若干标志性转折：“荷马问题”标志着从作者身份的质疑到学术传统的嬗变；南斯拉夫的阿多夫标志着从歌手立场到口头诗学建构的转变；芬兰的伦洛特标志着从文本类型到传统阐释的转变；古印度的毗耶娑标志着从大史诗的编订到史诗传统的重构；爱尔兰的莪相标志着从对“知识赝品”的挞伐到口头诗歌的解读；中国的冉皮勒则标志着从“他者”叙事到“自我”书写。以上这些内容构成以重大国际史诗理论问题的提出和解答为线索的学理性反思。

会议期间，还召开了口头诗学青年人文学术系列专题研讨会。研讨会从口头传统研究的历史背景、学术概念以及口头传统研究所面临的问题和未来的发展趋势等方面进行了交流。80

多位来自国内外研究机构和高校的青年学者分别围绕田野作业的目的、口头传统的研究史、口头诗学的重要术语等主题进行了交流和探讨。

艾伦·泰特博士与青年学者多次进行了座谈。他的讲演主要围绕史诗领域的有关概念和术语，分析了从古代史诗到民间史诗再到比较口头史诗的演进过程。他指出，现象学可作为研究口头史诗的方法、隐喻和先导，并探讨了基于文本的史诗的影响、问题、对其的误读和解决方法，他强调回归田野，并以帕里、洛德、弗里及杭柯为例探讨口头史诗研究趋向成熟的发展过程。泰特博士还认为，随着口头史诗研究的不断深入，发明新术语来更好地阐释这一学科是十分必要的，但在新术语的运用上必须谨慎，以避免概念的混杂。泰特博士还谈到了中国在史诗研究上的发展以及柏拉图思想对史诗研究的影响。

（科研办）

第六届中国多民族文学论坛

随着近年来文学研究中人类学转向的悄然发生，除汉族以外的其他民族文学创作与发展日益得到中国主流学界的关注。作为对这一学术关注的推动，同时也作为对 2004 年以来历届“中国多民族文学论坛”的进一步延伸与发展，“第六届中国多民族文学论坛”于 2009 年 11 月 13 ～ 16 日在云南省昆明市召开。论坛由中国社会科学院《民族文学研究》编辑部与云南民族大学联合主办，云南民族大学人文学院承办。来自民族学、人类学、文学、哲学、语言学、社会学、传播学等不同学科背景的海内外专家学者及文学创作者 70 余人参加了论坛的主题发言和研讨。

论坛分五个单元进行，主要涉及“对中华民族多元一体格局的深入思考”、“少数民族文学、文化的翻译问题”、“各民族文学关系及相互理解问题”、“边地少数民族文学创作与评论”、“各民族作家群研究”等方面议题。

论坛对于旧有问题的拓展与深化主要集中在以下五个方面：

第一，深入阐释了多民族文学研究的多元一体化格局。关纪新指出，在很长的时间里，中国文化所含的民族多样性被忘却，国族概念被想象为可以用主体民族来替代的倾向，既伤害了中华民族文化的多元纷呈，又伤害了祖国大一统的政治局面以及对这一局面广泛的心理支撑。张直心指出，目前少数民族文学批评范式的匮乏和批评话语的单调，提出了当代少数民族文学合而不同、同而不合的创作方向。

第二，比较、分析多民族文学与少数民族文学。龙符认为，应强调“少数民族”和“少数民族文学”，这样才能引起人们对少数民族及其文学更多、更持久的关注，有利于多民族文学的发展。查拉多几认为，“少数民族”这一概念并非贬义，而是一种客观描述，从文学的角度来看，将“少数民族文学”提升到“多民族文学”意义更大。所有作家的文学创作都应是自己的生命体验，既反对汉族中心主义，也反对民族中心主义。

第三，民族志方法的实践。刘俐俐从对《红蝴蝶》民族志分析解读的经验中，提出了民族文学文本的民族志价值及其研究方法问题，认为应将民族文学放置在超越单纯文学的大文化视野上：一是把民族文学文本当做民族志，二是文学研究者转换成人类学家，从理论上将人类学视角、民族志方法与作家作品研究融合。

第四，对民族文学作家历史观与历史叙述的考量。马卫华认为，民族文学家应有自己的历史观，在民族史的叙述中应坚持历史正义观，传扬民族精神，找到不同民族精神发展交融的历史。胡沛萍认为，可将少数民族文学与汉民族文学置放在平等的位置，多角度编写文学史，这样更有利于理解少数民族文学的民族性。

第五，身份认同与危机仍是一个热点话题。王一燕将中国多民族文学与澳大利亚多民族文学进行了比较，分析了作为中国主要民族的汉族在移民澳大利亚后的身份认同与危机问题。汤晓青认为，每一个现代人都具备多重身份，面对西方文化大潮的冲击，作家需要足够的政治眼光和人文关怀来为自己的民族文化作出贡献。罗安平指出，目前少数民族媒介形象的建构中存在脸谱化和失语症等问题。

新理论的构建主要集中在以下三方面：

第一，对民族文学多重创作视野、创作目标的讨论。姚新勇指出，少数民族文学需要一个转向，从强调本民族文化认同转向建构中华多民族的文学。在理论批评方面既要警惕民族本位主义，又要克服对少数族裔文学的忽略与漠视。徐建新认为，多民族文学的研究视野主要有三层：第一层是民族视野，每一个民族的文化都已成为多向书写的资源；第二层是国家视野，56个民族成为一个共同的视野，这一视野仍在建设中；第三层是国际视野，探寻真正以平等对话为基础的文学世界，并为此目标搭建必要的学术和社会平台。

第二，对单边叙事特征的考量。欧阳可惺指出，目前少数民族文学创作中存在单边叙事的现实，即在文本叙述中鲜有他者的形象和语境，这一特征在20世纪90年代后尤其明显。少数民族文学叙事中应表达更多的民族叙事，每一个民族的文学叙事都是区域性的，但不是单边性的。

第三，关注母语文学的翻译问题。李晓峰以蒙古族作家满都麦的个案研究为例，引出关于母语小说的创作和传播问题。母语文学在翻译的过程中很容易造成文化元素的丢失，翻译如何贴近母语、如何最大限度地保留重要元素成为一个迫切的问题。

综观此次论坛的议题发言与讨论情况，学者们既可以看出全球化层面的理论关怀，又能够感到地域化层面的问题意识，因此可以说，此次论坛成功地体现了21世纪伊始某些学者所倡导的“球域化”视界。

（汤晓青）

外国文学研究所

（一）人员、机构基本情况

截至 2009 年年底，外国文学研究所共有在职人员 81 人。其中，正高级职称人员 22 人，副高级职称人员 29 人，中级职称人员 19 人；高、中级职称人员占全体在职人员总数的 86%。

外国文学研究所设有：英美文学研究室、中北欧文学研究室、南欧拉美文学研究室、俄罗斯文学研究室、东方文学研究室、文学理论研究室、《世界文学》和《外国文学动态》编辑部、《外国文学评论》编辑部、办公室、科研处、资料室。

外国文学研究所所属科研中心有：中国社会科学院外国文学研究所马克思主义文艺思想研究中心、中国社会科学院文学理论研究中心。

（二）科研工作

1．科研成果统计

2009 年，外国文学研究所共完成专著 2 种，85.4 万字；论文 134 篇，117.2 万字；研究报告 1 篇，0.3 万字；学术资料 14 种，1.1 万字；译著 15 种，490.8 万字；译文 39 篇，56.9 万字；学术普及读物 14 种，84.8 万字；工具书 2 种，4.1 万字；论文集 2 种，92.6 万字。

2．科研课题

（1）新立项课题。2009 年，外国文学研究所共有新立项课题 9 项。其中，院重点课题 1 项："现代性视阈中的《没有个性的人》"（徐畅主持）；院青年科研启动基金课题 2 项："威廉斯的'情感结构'研究"（徐德林主持），"穆卡若夫斯基研究"（杜常婧主持）；院国情调研课题 1 项："青海及青海湖国际诗歌节考察报告"（陈树才主持）；所重点课题 5 项："外国文学研究 60 年"（余中先、高兴主持），"外国文学翻译 60 年"（石南征、张晓强主持），"跨文化视界中的巴赫金文论研究"（周启超主持），"他类语言叙事——色彩、形体、音乐语言"（董小英主持），"英国文学批评观念的演变——从阿诺德到威廉姆斯"（徐德林主持）。

（2）结项课题。2009 年，外国文学研究所共有结项课题 9 项。其中，国家社会科学基金课题 2 项："比较诗学"（周启超主持），"目光的交织：在普鲁斯特与曹雪芹之间"（涂卫群主持）；院重大课题 1 项："跨文化的文学理论研究"（周启超、郭宏安主持）；院重点课题 2 项："普里什文研究"（刘文飞主持），"波斯古典诗学研究"（穆宏燕主持）；院国情调研课题 1 项："外国文学在我国社会主义精神文明建设中的地位和作用"（陈众议、陆建德主持）；所重点课题 3 项："宙斯的天空——奥林波斯众神研究"（陈中梅主持），"外国文学研究 60 年"（余中先、高兴主持），"外国文学研究所所史"（王焕生、郭家申主持）。

（3）延续在研课题。2009 年，外国文学研究所共有延续在研课题 32 项。其中，国家社会科学基金课题 4 项："变革中的 20 世纪希伯来文学"（钟志清主持），"海德格尔的艺术观研究"（梁展主持），"美国文论通史"（盛宁主持），"柿本人麻吕研究"（吕莉主持）；院重大课题 3 项："现代化进程中的文学"（陆建德、黄梅主持），"外国文学学术史研究工程 · 经典作家系列"（陈众议主持），"外国文学学术史研究工程·欧美日经典作家系列"（吴晓都主持）；院重点课题 14 项："奈保尔研究"（石海军主持），"大江健三郎作品研究"（许金龙主持），"现代性诗学的辉煌和危机：走向新现代性"（史忠义主持），"古典和谐与东西衔接——经典文本体现的歌德思想之形成"（叶隽主持），"美国'纽约知识分子'集群文化批评思想研究"（刘雪岚主持），"英国国性的再定义：1910 年代英国的文学史写作和词典编撰"（程巍主持），"近代以来中日文学样式比较研究——以'私小说'等样式概念为中心"（魏大海主持），"中印古典诗学比较研究"（黄宝生主持），"意大利文学史"（吴正仪主持），"现当代视野中的荷尔德林"（李永平主持），"布尔迪厄的社会文化理论研究"（刘晖主持），"20 世纪俄罗斯戏剧文学史"（苏玲主持），"20 与 21 世纪之交的俄罗斯小说研究"（侯玮红主持），"在伦理学和宗教背景下的俄罗斯文学"（汪剑钊主持）；院国情调研课题 3 项："西部文化的战略发展设想：以重庆和成都为中心"（陈众议、陆建德主持），"世博会的历史和影响"（陆建德主持），"青海及青海湖国际诗歌节考察报告"（陈树才主持）；所重点课题 8 项："英国女作家研究"（黄梅主持），"俄罗斯诗史性长篇小说研究"（石南征主持），"D.H. 劳伦斯小说研究"（冯季庆主持），"解构主义在美国——以保尔·德曼为中心"（周颖主持），"英国的文学知识分子（1870 ~ 1939）"（萧莎主持），"陀思妥耶夫斯基根基主义思想研究"（万海松主持），"人文主义、启蒙主义和英国文化"（吕大年主持），"美国犹太作家研究"（杨卫东主持）。

3．获奖优秀科研成果

2009 年，外国文学研究所共评出"2009 年度外国文学研究所优秀科研成果奖"专著类一等奖 2 项：刘文飞的《伊阿诺斯，或双头鹰：俄国文学和文化中斯拉夫派和西方派的思想对峙》，程巍的《中产阶级的孩子们：60 年代与文化领导权》；论文类一等奖 3 项：吕莉的《"白雪"入歌源流考》，陈众议的《"陌生化"与经典之路》，盛宁的《"卢卡契思想"的与时俱进和衍变》；译著类一等奖 1 项：涂卫群的《中国诗画语言研究》；专著类二等奖 2 项：叶隽的《另一种西学——中国现代留德学人及其对德国文化的接受》，钟志清的《当代以色列作家研究》；论文类二等奖 5 项：史忠义的《两组诗学价值的中西比较》，吕大年的《18 世纪英国文化风习考：约瑟夫和范妮的菲尔丁》，乔修峰的《〈罗慕拉〉：出走的重复与责任概念的重建》，陈中梅的《〈奥德赛〉的认识论启示：寻找西方认知史上 logon didonai 的前点链接》（上、下篇），周启超的《文学理论："跨文化"抑或"跨文学"？——关于文学理论的境况态势与发育路向的反思》；译著类二等奖 2 项：余中先的《贝克特选集》，穆宏燕的《伊朗现代新诗精选》；专著类三等奖 2 项：高兴的《米兰·昆德拉传》，魏大海的《日本当代文学考察》；论文类三等奖 6 项：万海松的《对叶赛宁和艾青诗歌创作的几点比较》，石海军的《破碎的镜子：流散的拉什迪》，吴晓都的《经济全球化历程中的俄国现实主义文论》，贺骥的《从〈诗与生活〉看霍夫曼斯塔尔的早期诗学》，黄梅的《寓意与"擦抹"》，傅浩的《以普拉斯"女拉撒路"为例论非私人化诗歌理论》；译著类三等奖3项：许金龙的《别了，我的书！》，邹海仑的《慢人》，萧莎的《权力中的知识分子：批判性人文主义的谱系》。

4．科研组织管理新举措

2009年，为贯彻执行中国社会科学院"科研强院、人才强院、管理强院"的战略，外国文学研究所根据院有关聘用制改革及岗位设置管理工作的文件精神，制定了该所落实聘用制改革工作的相关文件，建立了符合该所特点和各类岗位要求的分类管理制度，使对人才的培养、管理和激励都更加科学化、规范化、制度化。

2009年，外国文学研究所"外国文艺理论重点学科建设工程"完满结项，并根据《外国文学研究所"十一五"事业发展规划》，继续致力于在巩固原有重点学科建设的基础上，对学科建设和发展进行相应的充实和调整。为此，经过2009年7月14日外国文学研究所学术委员会批准，"外国文学理论学科"、"东方古典文学学科"和"西方现代文学学科"被推荐为中国社会科学院外国文学研究所"重点学科建设工程项目"。同时，该所还按照中国社会科学院扶持"绝学"研究和特殊学科建设的规划，继续开展并重点扶持了"梵文文学"学科研究，并积极申报和开展"古希腊文学"学科研究。在该所的努力下，2009年9月24日，经院长办公会议审议，由陈中梅研究员主持的"古希腊文学"学科获得批准，被确定为中国社会科学院特殊学科建设项目；2009年11月18日，由"梵文文学"学科带头人黄宝生研究员任首席专家的"梵文研究及人才队伍建设"被全国哲学社会科学规划办公室正式批准为国家社会科学基金特别委托项目。

（三）学术交流活动

1．学术活动

2009年，外国文学研究所主办和承办的学术会议有：

（1）2009年2月26日，外国文学研究所主办的"外国文艺理论重点学科建设工程结项会议"在北京举行。会议的主题是"外国文艺理论学科5年来的发展概况和主要学术成就及存在的主要问题。

（2）2009年3月10日，外国文学研究所主办的"克里斯蒂娃学术思想演讲会"在北京举行。北京大学外国语学院法文系教授秦海鹰作了题为《克里斯蒂娃的学术思想介绍》的学术演讲。

（3）2009年6月16～18日，由外国文学研究所与宁波大学联合主办的"海洋文学和人类核心价值观研究"课题工作会议在浙江省宁波市举行。会议主要讨论了外国文学研究所与宁波大学共同成立的外国语言文化和宁波国际化发展战略研究中心所承担课题"海洋文学和人类核心价值观研究”的工作。

（4）2009 年 9 月 17 ～ 20 日，外国文学研究所与北京第二外国语学院联合主办的“外国文论 60 年”研讨会在北京举行。会议研讨的主要问题有“外国文论研究 60 年的成绩与空间的拓展”、“外国文论译介 60 年的成果与当下的任务”、“外国文论中国化探索实践中的经验与教训”、“外国文论教学与教材建设 60 年的经验与问题”、“跨文化的文学理论研究的问题与前景”。

（5）2009 年 12 月 11 ～ 13 日，外国文学研究所主办的“外国文学学术史研究工程”项目会议在北京举行。项目组成员汇报了各自的工作进度，并拟订次年的工作目标，会议研讨的主要问题有“处在当前国内外理论上的相对消歇期给研究者研究经典作家带来的机遇和挑战”等。

（6）2009 年 12 月 22 日，外国文学研究所主办的“中国社会科学院外国文学研究所所史（1964 ～ 2009）讨论会”在北京举行。会议借讨论所史初稿之机，回顾了外国文学研究所的发展史，讨论了外国文学研究所的发展道路和方向。

2．国际与地区学术交流和合作

2009 年，外国文学研究所共派遣出访 10 批 10 人次，接待来访 19 批 25 人次（其中，中国社会科学院邀请来访 2 批 2 人次）。与外国文学研究所开展学术交流的国家有斯洛伐克、俄罗斯、德国、西班牙、法国、意大利、英国、美国、加拿大、日本、乌兹别克斯坦、越南等国家。

（1）2009 年 2 月 10 日，斯洛伐克著名汉学家、斯洛伐克科学院资深研究员高利克在外国文学研究所作题为《布拉格汉学学派》的演讲。

（2）2009 年 8 月 18 日，美国贝茨学院教授杨曙辉和杨韵琴在外国文学研究所作题为《略谈“三言”的翻译》的讲座。

（3）2009 年 8 月 25 日，国际日本文化研究中心教授铃木贞美在外国文学研究所作题为《辨析日语中的“近代”概念》的讲座。

（4）2009 年 9 月 10 ～ 15 日，外国文学研究所党委书记、副所长陆建德研究员应邀随国家新闻出版总署代表团赴德国参加法兰克福书展国际讨论会。

（5）2009 年 9 月 25 日至 10 月 2 日，外国文学研究所副研究馆员田小华应邀赴越南就越南当代文学问题进行学术交流。

（6）2009 年 10 月 11 ～ 20 日，外国文学研究所所长陈众议研究员应邀赴西班牙参加与 2010 年上海世博会相关项目会议，并参与相关书籍的编写。

（7）2009 年 10 月 12 ～ 19 日，外国文学研究所研究员李永平应邀随中国作家协会代表团赴德国参加法兰克福书展主宾国会议。

（8）2009 年 10 月 20 日，俄罗斯科学院院士、历史语言学部主任捷列维扬科及俄罗斯科学院世界文学研究所通讯院士柯尼茵科应邀到外国文学研究所，就俄罗斯当代文学问题进行学术交流。

（9）2009 年 11 月 10 日，纽约市立大学教授、北京大学客座教授唐斯通应邀到外国文学研究所作题为《美国作家约翰·厄普代克的文学创作》的讲座。

（10）2009 年 11 月 10 日，俄罗斯科学院世界文学研究所副所长古明斯基应邀到外国文学研究所作题为《果戈理和俄罗斯经典文学》的讲座。

（11）2009 年 11 月 22 ~ 27 日，外国文学研究所研究员吴岳添应邀随中国作家协会代表团赴法国参加中法文学论坛。

（12）2009 年 11 月 24 日，北京大学客座教授、欧洲中世纪文学专家托马斯·兰德尔应邀到外国文学研究所作题为《歌德的〈浮士德〉与负责任的发展模式》的讲座。

（13）2009 年 12 月 4 ~ 9 日，外国文学研究所研究员吴正仪应邀赴意大利参加第 46 届国际皮兰德娄研讨会“我看皮兰德娄”。

（14）2009 年 12 月 8 日，耶鲁大学英文系教授米尼斯应邀到外国文学研究所作题为《中世纪的伊甸园：关于天堂的想象》的学术报告。

（15）2009 年 12 月 9 日，2008 年度诺贝尔文学奖得主、法国著名作家勒克莱齐奥应中国社会科学院国际合作局和外国文学研究所邀请，作题为《旅行·读书·写作》的演讲。

（16）2009 年 12 月 16 ~ 28 日，外国文学研究所研究员周启超应邀赴俄罗斯参加俄罗斯文学国际学术研讨会，并作题为《当代中国对巴赫金的接受（1979 ~ 2009）》的发言。

（17）2009 年 12 月 24 ~ 29 日，外国文学研究所副所长董晓阳研究员应邀赴乌兹别克斯坦共和国，作为国际观察员考察乌兹别克斯坦议会大选。

3．与中国香港、澳门特别行政区和中国台湾开展的学术交流

（1）2009 年 5 月 14 ~ 19 日，外国文学研究所研究员周启超应邀赴台北参加“第二届斯拉夫语言文学文化暨纪念果戈理诞辰 200 周年学术研讨会”，并作题为《审美乌托邦与宗教乌托邦——浪漫的果戈理的文学之旅》的演讲。

（2）2009 年 10 月 5 ~ 9 日，外国文学研究所所长陈众议研究员率代表团赴台北参加“大江健三郎作品研讨会”。

（3）2009 年 10 月 20 日，外国文学研究所与台湾政治大学外国语文学院代表团在北京就外国文学研究问题进行学术交流，并签署“中国社会科学院外国文学研究所与政治大学外国语文学院学术交流与合作协议”。

（四）学术社团、期刊

1．社团

（1）中国外国文学学会德语文学研究分会，会长叶廷芳。

2009 年 4 月 25 ~ 27 日，中国外国文学学会德语文学研究分会与外国文学研究所在北京联合举行“歌德—席勒国际学术研讨会”。会议的主题是“文化史视阈域里的歌德、席勒及德国古典时代”，研讨的主要问题有“民族精神与历史语境”、“麦斯特与浮士德”、“比较视阈与

2009 年 4 月，“歌德—席勒国际学术研讨会”在北京举行。

世界理念”、“科学精神与思维模式”、“歌德、席勒在中国的接受”、“艺术世界与美学精神”。

（2）中国外国文学学会印度文学研究分会，会长黄宝生。

2009 年 5 月 7 ~ 8 日，中国外国文学学会印度文学研究分会在河南省洛阳市举行“中国外国文学学会印度文学研究分会第 13 届年会暨印度文学与文化学术研讨会”。会议的主题是“印度文学与文化”，研讨的主要问题有“印度文学经典翻译”、“中印文学比较”、“印度宗教与文化研究”。

（3）中国外国文学学会，会长陈众议。

2009 年 6 月 19 ~ 22 日，中国外国文学学会在浙江省杭州市举行“中国外国文学学会第 10 届年会”。会议的主题是“外国文学研究 60 年”，研讨的主要问题有“新中国成立 60 年来外国文学的译介和研究”、“外国文学史教材编写中的人文传统”、“文化发展中的冲突”。

（4）中国意大利文学学会，会长吴正仪。

2009 年 10 月 15 日，中国意大利文学学会在北京举行了“意大利悬疑推理小说座谈会”。会议的主题是“意大利悬疑推理文学”，研讨的主要问题有“姜卡罗·德卡塔尔多的推理文学”、“皮埃罗·科拉普里科的推理文学”、“布鲁诺·莫尔齐奥的推理文学”、“中国公案小说传统”。

2009 年 10 月 31 日，中国意大利文学学会与北京第二外国语学院在北京联合举行了“中国意大利文学学会第 18 届学术研讨会”。会议的主题是“走近经典（二）：彼特拉克诗歌”。

（5）马克思文论研究会，会长吴元迈。

2009 年 10 月 16 ~ 18 日，马克思文论研究会在江西省南昌市举行了“马克思文论研究会第 26 届年会暨马克思主义与当代文艺批评学术研讨会”。会议的主题是“马克思主义与当代文艺批评”，研讨的主要问题有“马克思主义文艺批评的当代发展”、“马克思主义与当代文艺批评原则与方法”、“评价标准与价值取向问题研究”、“马克思主义与当代文艺批评的其他具体问题研究和中国文艺理论与批评 60 年”。

2．期刊

（1）《外国文学评论》（季刊），主编盛宁。

2009 年，《外国文学评论》共出版 4 期，共计 97 万字。该刊全年刊载的有代表性的文章有：陈众议的《经典的偶然性与必然性——以唐吉诃德为个案》，殷企平的《〈拼凑的裁缝〉为何迂回曲折？》，胡稹的《一位“煽情家”的求真呼叹：本居宣长“物哀”思想新探》，江弱水的《互文性理论鉴照下的中国诗学用典问题》，周郁蓓的《民族动因和学科动因下的美国文学批评》，何伟文的《善、爱欲和艺术：论默多克作品中对“道德”主题的探索》，冯亚琳的《自然作为文学记忆的符号：论君特·格拉斯小说中功能化的自然描写》。

（2）《世界文学》（双月刊），主编余中先。

2009 年，《世界文学》共出版 6 期，共计 150 万字。该刊全年刊载的有代表性的文章有：陈良梅的《亦真亦幻关乎史——当代德语文学的叙事特点》，余中先的《文如其人的勒克莱齐奥》，陆建德的《〈大教堂凶杀案〉的历史背景》，焦洱的《韩国的，特别韩国的》，王家新的《诗歌，现实与语言之旅》，任洪渊的《在现在经历的过去——普鲁斯特的回忆》，马明博的《〈千只鹤〉与我的“茶之悟”》。

（3）《外国文学动态》（双月刊），主编陆建德。

2009 年，《外国文学动态》共出版 6 期，共计 42 万字。该刊全年刊载的有代表性的文章有：刘恪的《反现代性、爱欲与科技——评〈万有引力之虹〉》，任光宣的《萨拉斯金娜的新著〈索尔仁尼琴传〉》，高兴的《写出〈梦幻宫殿〉的卡达莱》，吴岳添的《〈悠悠岁月〉—— 一部前所未有的杰作》，王玉括的《展示当代非裔美国文学创作新方向的帕·埃弗雷特》，余中先的《2008 年六大法国文学奖作品简介》，陈众议的《拉美文情——阅读印象与记忆点乱》，邹兰芳的《2008 年阿拉伯文坛回顾》，王宗琥的《俄罗斯文学：急剧的年轻化——2008 年俄罗斯文坛印象》，蔚玲、施倞的《“让我们都能成为卖梦人”——访奥古斯托·库里》。

（五）会议综述

中国外国文学学会第10届年会

2009 年 6 月 19 ～ 22 日，“中国外国文学学会第 10 届年会”在浙江省杭州市召开。会议由中国社会科学院外国文学研究所、浙江大学外国语言文化与国际交流学院联合承办。会议的中心议题为“外国文学研究 60 年”。来自中国社会科学院、北京大学、清华大学、北京外国语大学、浙江大学、南京大学、东北师范大学、北京语言大学、四川外语学院、人民文学出版社等 50 多家单位的 120 余名专家学者出席了会议。会议共收到论文 80 多篇。

在理事会会议后，大会在浙江大学玉泉校区开幕。开幕式由外国文学学会副会长申丹教授主持，外国文学学会会长陈众议研究员致开幕词。

在外国文学学会副会长郑体武教授的主持下，浙江大学教授殷企平、华中师范大学教授聂珍钊、中国社会科学院外国文学研究所研究员陆建德、浙江工商大学教授蒋承勇、东北师范大学教授刘建军、北京语言大学教授宁一中先后作大会主题发言，讨论了“新中国成立 60 年来外国文学的译介和研究”、“外国文学史教材编写中的人文传统”、“文化发展中的冲突”等问题。

年会的12场分组会议在浙江大学邵逸夫科技馆的6个分会场举行。与会专家学者围绕60年外国文学研究、理论研究、比较文学、文学史、翻译研究等分议题进行了讨论。

中国外国文学学会秘书长吴晓都研究员主持了大会闭幕式，副会长聂珍钊致闭幕词，他对大会的两场主题发言和小组讨论作了点评，并就外国文学研究的学风、队伍、社会价值和伦理义务提出了建议。

（乔修峰　杜常婧）

“外国文论60年”研讨会

2009年9月17～20日，为迎接新中国60年华诞，检阅新中国几代学人对外国文论“拿来”与创新的成绩，反思外国文论名家名说名著在新中国理论旅行的历程，也为拓展外国文论译介、研究、教学的空间，推动对外国文论“多方位的吸纳与有深度的开采”，中国社会科学院外国文学研究所和北京第二外国语学院在北京联合主办了“外国文论60年”研讨会。国内知名学者高宣扬、张中载、刘象愚、吴元迈、章国锋、郭宏安等应邀出席会议并在会上演讲。来自中国社会科学院、全国各大高校和多家出版社的近80位专家学者参加了会议。

会议期间，代表们围绕“外国文论研究60年的成绩与空间的拓展”、“外国文论译介60年的成果与当下的任务”、“外国文论中国化探索实践中的经验与教训”、“外国文论教学与教材建设60年的经验与问题”、“跨文化的文学理论研究的问题与前景”等议题进行了回顾与反思。会议期间，外国文学研究所文学理论室主任周启超研究员还组织召开了“外国文论与比较诗学研究会”筹备会，筹备会讨论了《文学理论的文化共性与个性——外国文论60年反思》一书的编写组稿事宜。

代表们在肯定外国文学理论研究60年的成绩的同时，也探讨了当下外国文论研究的困境所在及未来的拓展课题。与会代表普遍认为，在外国文论研究这一话语实践中，当务之急并非是要告别理论，而是要反思理论，“拿来主义”应当继续。外国文论研究的进一步深化需要我们多方位的吸纳和有深度的开采。

（徐德林）

大江健三郎作品研讨会

2009年10月5～9日，由中国社会科学院外国文学研究所、台湾“中研院”中国文学和哲学研究所联合主办的两岸“大江健三郎作品研讨会”在台北举行。来自中国社会科学院外国文学研究所，台湾“中研院”中国文学和哲学研究所及欧美研究所、台湾“中国艺术研究院”、台湾政治大学、台湾大学、台东大学等科研机构和高校的学者，以及海峡两岸的知名作家翻译家莫言、朱天文、刘慕沙、李欧梵等出席了研讨会。

台湾“中研院”中国文学和哲学研究所所长钟彩均研究员和中国社会科学院外国文学研究所所长陈众议研究员在开幕式上先后致辞。会议特邀嘉宾中国社会科学院外国文学研究所“荣誉研究员”、诺贝尔文学奖获得者大江健三郎应邀出席会议，并在开幕式上发表了讲话。

研讨会期间，中国社会科学院外国文学研究所西班牙文学及拉美文学专家陈众议、英美文学专家陆建德和日本文学专家、大江作品中译本的主要译者许金龙先后主持了会议讨论，法国文学专家余中先、德国文学专家李永平、文学理论专家吴晓都等分别发言。

（许金龙）

2008年诺贝尔文学奖得主勒克莱齐奥北京演讲会

2009 年 12 月 9 日，应中国社会科学院国际合作局和外国文学研究所的邀请，法国当代著名作家、2008 年度诺贝尔文学奖得主勒克莱齐奥来访中国社会科学院，并作了题为《旅行·读书·写作》的演讲。演讲会由中国社会科学院外国文学研究所所长陈众议研究员主持。国内多家研究机构及高校的专家学者、文学专业学生、文学爱好者等 200 余人参加了会议。

2009 年 12 月，2008 年诺贝尔文学奖得主勒克莱齐奥演讲会在北京举行。

在演讲中，勒克莱齐奥首先讲述了自己的童年。由于时值“二战”，不能随意外出，于是家中的藏书，尤其是各种游记便成了他的最爱，让他得以窥见外面的世界，激发了他“出发”的兴致，“旅行”就这样通过“读书”进入了他的人生。而童年在前往非洲的货轮上所见所感的一切更是令他开始考问自己的身份、反思自己家族的历史，开始对文明的相对性、普世情怀的模糊性与实现跨文化交流的必要性有了初步的理解，并最终使他选择了“写作”。但他从未感到自己只属于一个国家、一种文明，他认为，如果有某种普世的东西，那也是在承认差异的前提下对共同遗产的继承。通过文学来了解世界上的不同文化，这也是为自己画出肖像、认识到自己局限的过程，是努力接近他者的过程。今天，单一的文化帝国代替了殖民的枷锁，它无视差别，对异于自己的文化横加指责。文学为这种“异化”带来一剂救治的良方，因为它借助语言超越了所有的俗套，将经历、梦想与追求汇合到一起。

最后，勒克莱齐奥表示自己并不悲观，因为用发展的眼光来看，国与国、人与人之间的交流正在日益普遍，书籍能被译成多种语言供人们阅读，发达国家与发展中国家也可以通过协商来解决经济发展、环境保护等各种问题。敏感的作家似乎感受到了未来的气息，幽默地总结道，也许我们身在其中的这个时代，有天也会被后人称做又一个伟大的“复兴”时代。

演讲结束后，与会者纷纷提问，问题涉及到文学创作风格、创作主题、下一步的创作计划、文学翻译、诺贝尔文学奖、对中国的印象等方面，勒克莱齐奥则给予了真诚、幽默又不乏文采的回答。当被问及获得了诺贝尔奖是否就感到到达了充满荣誉的幸福终点时，勒克莱齐奥微笑着说，自己始终都带着怀疑的态度行驶在通往未知的探索道路上，获得诺贝尔奖虽然给他带来了以往不曾享受的鲜花和掌声，但只不过是漫漫路程中一个短暂停靠的港湾而已，自己旅行、读书、写作的道路，是不会有所谓的终点的。

（孙婷婷）

语言研究所

（一）人员、机构基本情况

截至2009年年底，语言研究所共有在职人员90人。其中，正高级职称人员27人，副高级职称人员21人，中级职称人员28人；高、中级职称人员占全体在职人员总数的84%。

语言研究所设有：句法语义研究室、历史语言学一室、历史语言学二室、汉语方言研究室、语音研究室、《应用语言学》研究室、《当代语言学》研究室、词典编辑室、《中国语文》编辑部、科研处、办公室、人事处。

（二）科研工作

1．科研成果统计

2009年，语言研究所共完成专著2种，102.5万字；论文75篇，87.5万字；学术资料1篇，1.8万字；软件4套，2000万字节；论文集2种，55万字；其他学术资料和普及读物2种，65万字。

2．科研课题

（1）新立项课题。2009年，语言研究所共有新立项课题7项。其中，国家社会科学基金课题1项：“侗台语中接触引发的语法演变的变异”（吴福祥主持）；院重点课题2项：“出土文献与先秦两汉方言地理”（王志平主持），“幼儿语法范畴的习得”（胡方主持）；院国情调研社会实践课题2项：“我国西南部地区汉语语言文字及辞书社会使用的考察”（谭景春主持），“四川地震灾区教育恢复状况考察”（张伯江主持）；院青年科研启动基金课题1项：“百年来厦门方言文白异读的演变”（徐睿渊主持）；院交办课题1项：“当前汉语规范问题”（张伯江主持，已完成）。

（2）延续在研课题。2009 年，语言研究所共有延续在研课题 47 项。其中，国家社会科学基金重点和一般课题 18 项："基于口语语料库的语音研究及音段和韵律自动标注"（李爱军主持），"语言学名词审定"（董琨主持），"湘粤桂三省区土话平话及其周边方言比较研究"（张振兴主持），"贵州汉语方言调查研究"（李蓝主持），"名词短语的类型学比较"（刘丹青主持），"汉语疑问句的实验研究"（林茂灿主持），"施事和受事语义角色的系统研究"（张伯江主持），"对语音变化的类型和模式化研究"（陈肖霞主持），"中古译经专书语法研究"（赵长才主持），"汉语动态呈现语法研究"（方梅主持），"现代汉语篇章现象研究"（徐赳赳主持），"新疆汉语方言与阿尔泰语接触研究"（周磊主持），"汉语与同语系语言的同源词根研究及同源字总谱"（郑张尚芳主持），"桂北平话语音历史层次及语言接触研究"（覃远雄主持），"汉语'主句现象'与从句环境的类型学研究"（唐正大主持），"语言接触和语言演变：汉语同阿尔泰语语言接触的历时与共时研究"（祖生利、周磊主持），"普通话婴幼儿的早期词汇及语音发展"（李爱军主持），"指称与句法结构"（王灿龙主持）；国家社会科学基金后期资助课题 1 项："晋语语音的演变和层次"（沈明主持）；院 A、B 类课题 9 项："现代汉语口语语料库"（沈家煊主持），"断代汉语语法史研究"（江蓝生主持），"现代汉语用法研究"（张伯江主持），"汉语方言语法类型比较研究与方言语法语料库"（刘丹青主持），"中国方志方言资料总集"（周磊主持），"汉语语音及拼音标准的研究与制定"（董琨主持），"汉语方言词汇数据库"（麦耘主持），"语文词典编纂规范与难点研究"（陆尊梧主持），"汉语方言重点调查"（熊正辉主持）；院重大课题 4 项："现代汉语大词典"（江蓝生主持），"面向生理的语音产生理论与方法研究"（李爱军主持），"中国濒危语言方言调查研究与新编《中国语言地图集》（第二期）"（张振兴主持），"基于语言资源数据处理的汉语辞书编纂系统"（顾曰国、傅爱平主持）；院重点课题 5 项："普通话语音基础数据库和音高模式研究"（熊子瑜主持），"近代汉语语法研究"（杨永龙主持），"论元结构与现代汉语形式句法研究"（胡建华主持），"中国境内壮侗语中的接触引发的语法演变"（吴福祥主持），"徽语语音的演变与层次"（谢留文主持）；国情调研课题 3 项："广西大中城市多语状况和语言态度调查"（周磊主持），"与元白话有关的碑刻资料及接触语言的调查"（曹广顺、祖生利主持），"现代汉语方言"（刘祥柏主持）；社会实践课题 4 项："近代广东梅州客家方言和文化状况"（刘丹青主持），"当代吴语吴文化调研"（麦耘主持），"西北方言与文化考察"（曹广顺、周磊主持），"云南少数民族口头文化与汉民族文化交融调研"（顾曰国主持）；院青年科研启动基金课题 3 项："汉语关系从句的类型学研究和优选论分析"（唐正大主持），"汉语方言中的后口化鼻辅音与去鼻化历史音变"（胡方主持），"《左传》使动用法研究"（孙志阳主持）。

（三）学术交流与合作

1. 学术活动

（1）2009 年 2 月 26 ～ 28 日，语言研究所语音室举办了"儿童语言习得小型研讨会"。会议的主题是"我国儿童语言习得的现状和发展方向"。

（2）2009年8月22～24日，由语言研究所，北京大学汉语语言学研究中心，台湾“清华大学”语言学研究所，香港城市大学中文、翻译及语言学系，香港理工大学中文及双语学系等主办的“第二届两岸三地现代汉语句法语义小型研讨会”在台湾“清华大学”举办，会议的主题是“现代汉语的句法和语义问题”。

（3）2009年9月10日，语言研究所举行授予法国高等科学院东亚语言研究所教授贝罗贝中国社会科学院语言研究所荣誉研究员称号仪式。院文史哲学部主任江蓝生，院学部委员沈家煊等参加了授予仪式，法国驻华大使馆文化参赞等出席授予仪式。

（4）2009年9月10～12日，语言研究所、法国国家科研中心东亚语言所、美国加州大学圣塔·芭芭拉分校东亚系合办的“第三届汉语史中的语言接触问题”专题研讨会在北京举行。会议的主题是“历史上汉语所受的阿尔泰语接触影响以及今天某些西北方言所受阿尔泰语等的接触影响”。

（5）2009年10月21～25日，语言研究所和河南大学在河南省洛阳市联合召开了“丁声树先生百年诞辰暨官话方言国际研讨会第五届年会”，会议研讨的主要问题有“丁声树先生的学术思想研究”、“汉语官话方言的语音、词汇和语法研究”、“官话方言的共时和历时比较”、“官话方言的接触与影响”。

（6）2009年10月23～25日，语言研究所《当代语言学》编辑部主办的“第三届当代语言学圆桌会议”在上海举行。会议的主题是“当代语言学各个分支的最新研究成果”。

（7）2009年10月30日至11月5日，中国辞书学会语文词典专业委员会、中国社会科学院语言研究所词典室主办的“第七届全国语文辞书学术研讨会”在湖北省武汉市举行。会议研讨的主要问题有“现代语文辞书的百年回顾与反思”、“语文辞书的修订与创新”、“语文辞书的收词、释义和词类标注”。

（8）2009年12月1～3日，全国汉语方言学会和澳门大学在澳门联合举办了“全国汉语方言学会第15届学术讨论会”。会议的主题是“方言学最新理论和最新成果”。

2．国际与地区学术交流和合作

2009年，语言研究所共出访24批42人次，共接待来访14批14人次。出访的国家和地区有美国、法国、英国、澳大利亚、日本、荷兰、韩国、新加坡等国家和中国的香港、台湾、澳门等地区。交流方式有合作研究、学术访问、参加国际研讨会和长期进修等。

（四）学术社团、期刊

1．学术社团

（1）中国语言学会，会长侯精一。

（2）全国汉语方言学会，会长熊正辉。

2009年12月1～3日，全国汉语方言学会第15届学术年会在澳门大学召开。会议选出了新的理事会成员。

2009 年是语言学家丁声树先生诞辰 100 周年。为了纪念丁先生诞辰百年，2009 年 10 月 23 ～ 26 日，全国汉语方言学会在河南省开封市河南大学举办了“丁声树先生百年诞辰纪念暨第五届官话方言国际学术研讨会”。会议研讨的主要问题有“丁声树先生的学术思想研究”、“汉语官话方言的语音、词汇和语法研究”、“官话方言的共时和历时比较”、“官话方言的接触与影响”。

2．期刊

(1)《中国语文》(双月刊)，主编沈家煊、侯精一。

2009 年，《中国语文》共出版 6 期，共 70 万字。该刊全年刊载的有代表性的文章有：刘丹青的《实词的拟声化重叠及其相关构式》，黄梅、冯胜利的《嵌偶单音词句法分布刍析》，沈力的《汉语蒙受句的语义结构》，黄昌宁、姜自霞、李玉梅的《形容词直接修饰动词的“a+v”结构歧义》，金立鑫的《解决汉语补语问题的一个可行性方案》，彭利贞的《汉语的句法演变与词汇化》《论一种对情态敏感的“了$_2$”》，肖治野、沈家煊的《“了$_2$”的行、知、言三域》，罗端的《从甲骨、金文看“以”字语法化的过程》，吴福祥的《从“得”义动词到补语标记——中亚语言的一种语法化区域》，赵长才的《中古汉译佛经中的后置词“所”和“边”》，陈秀兰的《“S，N 是”句型在梵、汉本〈撰集百缘经〉中的对勘》，王惠的《词义·词长·词频——〈现代汉语词典〉(第 5 版) 多义词计量分析》，苏芃的《禅录词语释义商补》，何小宛的《〈玉篇〉“鱼部”残卷误缀考》，曹志耘的《汉语方言中的调值分韵现象》，邓思颖的《粤语句末“住”和框式虚词结构》，朱晓农、徐越的《弛化：探索吴江次清分调的原因》，彭建国的《吴语、湘语主元音链变类型比较》，孙益民等的《“姑母”称谓在湘东北及湘中部分地区的地理分布》，李军的《论〈韵法直图〉的语音性质》，曾晓渝的《后汉三国梵汉对音所反映的次清声母问题》，吴波的《〈博雅音〉的唇音分合问题》，平山久雄的《敦煌〈毛诗音〉反切中的“类一致原则”及其在韵母拟音上的应用》，施俊的《关于义乌方言“n”化元音时长的讨论》。

为纪念著名语言学家、《中国语文》前主编丁声树诞辰 100 周年，在第 1 期发表了由韩敬体、张惠英整理的丁声树的遗作《丁声树先生读书札记〈有闻录〉选录》；为纪念我国著名语言学家、中国现代语言学的开拓者和奠基人之一、中国科学院语言研究所第一任所长罗常培诞辰 110 周年及《罗常培文集》出版座谈会的召开，在第 4 期发表了杨耐思、唐作藩的《罗常培先生在汉语音韵学上的杰出贡献》，张振兴的《现代汉语方言学奠基人之一罗常培教授》，王理嘉、鲍怀翘的《罗常培先生与中国语音学》，孙宏开的《罗常培先生对少数民族语言文字研究的贡献》、照那斯图的《新中国八思八字学科的奠基人罗常培先生》，罗慎仪的《写在〈罗常培文集〉(十卷) 出版时》，吴宗济的《罗常培师决定了我的一生事业》等系列专题纪念文章，同时刊发报道《为往圣继“绝学”，将金针度后人——〈罗常培文集〉出版座谈会在京召开》。

(2)《方言》(季刊)，主编麦耘。

2009年，《方言》共出版4期，共计58万字。该刊全年刊载的有代表性的文章有：曹志耘的《湘西方言里的特殊语音现象》，李蓝的《西南官话的分区（稿）》，刘丹青的《语法化理论与汉语方言语法研究》，马重奇的《〈击木知音〉音系研究》，麦耘的《从粤语的产生和发展看汉语方言形成的模式》，王洪君的《兼顾演变、推平和层次的汉语方言历史关系模型》，沈明的《山西岚县方言音系》。

(3)《当代语言学》(季刊)，主编沈家煊、顾曰国。

2009年，《当代语言学》共出版4期，共计56万字。该刊全年刊载的有代表性的文章有：马博森的《文盲和非文盲话语中的人物指称策略比较》，刘挺、马金山的《汉语自动句法分析的理论与方法》，吴福祥的《语法化的新视野——接触引发的语法化》，李亚非的《从并列结构的句法条件看边缘语料的理论意义》。

（五）会议综述

中国社会科学院第五次国学研究论坛：简化字与繁体字

随着经济全球化和信息化社会的来临，传统文化的当代价值备受重视，与此相关的汉字使用及相关政策问题也日益受到社会大众的关注。近两年来，有少数同志在网络上和其他场合提出恢复繁体字的意见。为了回应社会有关思潮和疑问，构建和谐的社会语文生活，中国社会科学院文史哲学部于2009年4月8日在中国社会科学院学术报告厅举行第五次国学研究论坛。论坛以“简化字与繁体字”为主题，邀请院内外知名专家学者作学术报告。

中国语言学会副会长、北京师范大学教授王宁作了题为《二十到二十一世纪汉字问题》的报告。她认为，汉字问题看起来是一个十分简单的普及问题，实际上是一个十分复杂的问题。这个问题不仅涉及国家与民族的振兴和发展，而且涉及中国传统文化的现代化问题。要想深入了解汉字问题，必须回顾历史，尤其是19世纪后期至20世纪中叶三次有关汉字命运的大辩论。20世纪50年代以来的汉字改革，包括推行简化汉字，从有组织领导的群众运动转变为政府行为，取得了极大的成功。尽管简化字存在一些不尽如人意的失误，但是，它已经成为社会大众文化传承和现代文化记载的工具，必须保持稳定。改革开放以后，到20至21世纪之交，汉字再一次经受了时代的考验。面对来势迅猛的信息革命，解决汉字进入计算机中的各种问题，也即进一步实现汉字的规范化、标准化才是当务之急。目前有关方面已开展工作，将要对汉字的规范进行新的调整。

国家语委咨询委员、中国社会科学院语言研究所研究员董琨的报告题目是《汉字演变与汉字改革》。他认为，无论从字体还是字形结构来看，简化是汉字演变的主要倾向。任何一种文字符号系统，都要取得简易度与区别度的最佳协调。他对简化字存在的若干不足之处进行了评析，认为简化字在简易度和区别度的协调方面总体上来说还是做得比较好的。简化字推行的半个多世纪以来，对于普及教育、提高全民族文化水准，成效巨大，而且泽及周边一些国家和地区，现在也为许多国际友人所研习。对于简化汉字的未来，目前社会上存在“复繁”和“进一步简化”两种思潮，基于中文信息处理的需要、两岸来往交流的现状以及新时期语言文字规范化、标准化的目标，两种思潮的主张都有一些偏颇，因而是不可取的。

中国社会科学院文史哲学部主任江蓝生主持了此次国学研究论坛报告会。中国社会科学院的有关领导、学部委员和荣誉学部委员，院内外专家学者等100余人出席了报告会并就有关问题与报告人进行了讨论。

（张　骅）

中国社会科学院第六次国学研究论坛：中国传统语言学的现代化
——庆贺《罗常培先生文集》出版座谈会

我国已故著名语言学家、中国现代语言学的开拓者和奠基人之一罗常培先生(1899 ~ 1958)的文集2009年由山东教育出版社出版。为庆祝这一语言学界的盛事，缅怀罗常培先生对我国现代语言学事业作出的卓越贡献，2009年4月30日，由中国社会科学院学部主席团主办、中国社会科学院语言研究所承办的“中国社会科学院第六次国学研究论坛：中国传统语言学的现代化——庆贺《罗常培先生文集》出版座谈会”在中国社会科学院举行。来自中国社会科学院、北京大学、北京师范大学、中央民族大学等单位的近百名专家学者、研究人员和罗常培先生的亲属出席了会议。

会议由中国社会科学院语言研究所所长沈家煊主持。他在致辞中指出，罗常培先生是我国语言学界公认的一位承前启后、继往开来的学术宗师，毕生从事语言教学和研究，在汉语音韵学、方言学、中国各民族语言学、社会语言学、普通语言学理论和语言文字规范化等诸多领域做了许多开创性的工作，取得了卓越的成就。在继承我国古代语言学的优秀传统，借鉴、吸收西方现代语言学理论和研究方法，推动我国传统语言学走向现代化方面居功至伟。罗先生一生勤奋治学，著作宏富，给中国语言学事业留下了丰厚的里程碑式的遗产。此次10卷本《罗常培先生文集》的出版，便是先生用毕生心血凝结而成的研究硕果的集中呈现，必将沾溉学林，惠泽后世。

北京大学中文系教授唐作藩、中国社会科学院语言研究所研究员杨耐思、中国社会科学院民族研究所研究员鲍怀翘、中国社会科学院民族研究所研究员孙宏开、中国社会科学院语言研究所研究员张振兴分别就罗常培先生在汉语音韵学、实验语音学、汉语方言学和少数民族语言文字等方面的贡献作了主题发言。中国社会科学院文史哲学部主任江蓝生研究员以及中国社会科学院民族研究所研究员照那斯图、道布等也先后在座谈会上发了言。

专家们指出，罗先生的语言学研究领域广泛，视野开阔，尤其是方法科学，在推动传统语言学的现代化方面贡献卓著。在汉语历时语音研究方面，“举凡周秦古音之构拟，两汉三国南北朝韵谱之纂辑，《经典释文》音切之考征，五代两宋词韵之排比，守温字母与梵藏字母之对照，《中原音韵》与八思巴文之互勘，宋元等韵与明清等韵之分析，耶稣会士罗马字注音之探讨，与夫国音字母之溯源”他无不精研。在继承中国音韵学传统的基础上，他积极推动汉语语音研究的现代化，倡导用现代语音理论和实验方法来分析汉语语音，先后主持和建立了北京大学“语音乐律实验室”和中国科学院语言所语音实验室，他是我国实验语音学的奠基人之一。在汉语方言研究方面，他的《厦门音系》（1930）、《临川音系》（1940）等著作和文章都是现代汉语方音和古代方音的经典之作，垂范后世。在少数民族语言研究方面，他是我国民族语言调查研究的拓荒者之一。抗战时期，在担任西南联大中文系主任期间，他经常带领和指导学生进行少数民族语言调查，使西南少数民族语言的研究正式进入中国语言学的视野。他在的历时语音学研究中，也经常利用藏、蒙等民族语言文字材料。他是我国社会语言学“新路”的铺路人，在《语言与文化》（1950）一书中，他运用大量语言事实说明语言演变与社会历史文化之间多方面的关系，被誉为中国社会语言学的开山之作。他还十分重视语言科学的普及和汉语规范化与文字改革工作。他的《汉语音韵学导论》（1949）一书和20世纪三四十年代写作的“恬庵说音”系列，运用现代语音学原理，以简明易懂的语言阐释传统音韵学中许多含混的术语，使素有“绝学”之称的音韵学从某些玄虚笼统的概念中解脱出来，被广大的普通读者所了解。他早年撰有《国语字母演进史》（1934）等论著，配合了当时的国语运动。新中国成立后，他担任中国文字改革委员会委员、普通话审音委员会委员和召集人，积极参与了新中国语言文字规范化工作。在1955年召开的现代汉语规范问题学术会议上，他和吕叔湘先生作了题为《现代汉语规范问题》的报告，精辟地分析和回答了与现代汉语规范化有关的一系列问题，成为指导和促进汉语规范化工作的重要文献。

罗常培先生不仅是一位语言学大师，还是一位杰出的教育家。他先后在西北大学、厦门大学、中山大学、西南联合大学、北京大学等多所大学任教，历任前中央研究院历史语言研究所研究员、北京大学教授、北京大学文科研究所所长、西南联大中文系主任、美国朴茂纳大学和耶鲁大学访问教授、中国科学院语言研究所所长等职务，一生育人无数，桃李满天下，为语言学事业培养了大批优秀的人才，许多人早已成为我国语言学科的领头人和中坚力量。在座谈会上，学者们深情缅怀、高度颂扬了罗常培先生为培育后学竭尽全力、“百分之百的坦率亲切”、“呕心沥血地加以指点”、“愿将金针度与人”的无私奉献的品德，并相信这种品德和精神将会激励一代又一代的后来者以先生为楷模，为提升我国语言学研究的整体水平而努力。

（张　骅）

考古研究所

（一）人员、机构基本情况

截至 2009 年年底，考古研究所共有在职人员 172 人。其中，正高级职称人员 43 人，副高级职称人员 45 人，中级职称人员 42 人；高、中级职称人员占全体在职人员总数的 76 %。

考古研究所设有：史前考古研究室、夏商周考古研究室、汉唐考古研究室、边疆民族考古研究室、科技考古中心、文化遗产保护研究中心、考古编辑室（考古杂志社）、考古资料信息中心、办公室、科研处、人事处，另在西安设有研究室，洛阳和安阳设有工作站。

（二）科研工作

1．科研成果统计

2009 年，考古研究所共完成专著 9 种，257.7 万字；论文 163 篇，183.1 万字；研究报告 44 篇，66.9 万字；学术资料 12 种，14.76 万字；译文 2 篇，1 万字；学术普及读物 1 种，0.5 万字；论文集 6 种，137.1 万字。

2．科研课题

（1）新立项课题。2009 年，考古研究所共有新立项课题 16 项。其中，院重大课题 2 项："殷墟布局探索与研究"（唐继根主持），"新中国重大考古发现资料信息的抢救与整理"（巩文主持）；院重点课题 2 项："西坡墓地整理与研究"（李新伟主持），"新密新砦 II——聚落考古研究"（赵春青主持）；院青年科研启动基金课题 6 项："中国境内 3 ～ 10 世纪马具研究"（陈凌主持），"从河流地貌演化的角度认识中原地区的古洪水"（王辉主持），"景观考古学的遗址过程分析模式研究——临邛四镇案例试析"（王刃余主持），"土质文物加固材料的对比选择及使用"（张红燕主持），"宁城小黑石沟遗址青铜牌饰研究"（王鹏主持），"北京地区的遗址保护与遗址公园建设"（王丹主持）；所重点课题 6 项："大地湾遗址彩陶研究"（王仁湘主持），"湘西·洞庭湖·环珠江口地区部分考古遗址出土泥质陶器的中子活化分析与研究"（王增林主持），"临朐西朱封——龙山文化墓葬研究"（梁中合、黄卫东主持），"中国新石器时代考古文献目录"（缪雅娟主持），"5 ～ 8 世纪中国与朝鲜半岛佛教寺院布局比较研究"（李裕群主持），"吐蕃丧葬制度研究——考古与文献资料的重建"（仝涛主持）。

（2）结项课题。2009 年，考古研究所共有结项课题 6 项。其中，院 B 类重大课题 2 项："洛阳隋唐城考古发掘报告"（陈良伟主持），"殷墟小屯村中村甲骨"（刘一曼主持）；院重点课题 2 项："汉长安城出土的北朝佛教造像"（刘振东主持），"安阳殷墟 54 号墓出土陶容器内存积土的化学分析及埋藏环境特征重建"（赵春燕主持）；国情考察课题 1 项："社会主义新农村建设中的文化遗产保护”（齐肇业主持）；院青年科研启动基金课题1项：“中原龙山文化城址的聚落形态研究”（高江涛主持）。

（3）延续在研课题。2009年，考古研究所共有延续在研课题36项。其中，国家社会科学基金课题4项：“偃师二里头发掘报告”（郑光主持），“兴隆洼——新石器时代聚落遗址发掘报告”（杨虎主持），“偃师商城”（杜金鹏主持），“偃师二里头——1999～2005年田野考古报告”（许宏主持）；院重大课题14项：“中国古代都城的考古发现与研究”（刘庆柱主持），“生态环境的变迁与黄河中下游地区古代文明的形成”（赵志军主持），“汉唐西域中外文化关系的考古学研究”（孟凡人主持），“中国古代文明起源与早期发展研究”（王巍主持），“偃师商城研究”（杜金鹏主持），“中国考古学的方法和技术”（袁靖主持），“20世纪中国考古影像数字化集成和田野考古资料数字化”（朱乃诚主持），“敖汉兴隆沟——新石器时代聚落发掘报告”（刘国祥主持），“隋唐长安佛寺的考古发现与研究——西明寺和青龙寺”（安家瑶主持），“洛阳汉墓发掘与研究”（白云翔主持），“安阳殷墟白家坟商代遗址”（徐广德主持），“安阳郭家湾商代遗址”（刘忠伏主持），“殷墟孝民屯”（王学荣主持），“考古学大辞典”（陈星灿主持）；院重点课题11项：“偃师二里头——1999～2005年田野考古报告”（许宏主持），“2004年安阳大司空发掘报告”（岳洪彬主持），“隋唐宋元壁画墓综合研究”（赵超主持），“汉代骨签及汉代手工业研究”（李毓芳主持），“唐代都城园林研究——长安太液池”（龚国强主持），“山东旧石器文化研究——从沂沭河流域的细石器工艺传统看东亚地区的文化交流与传播”（梁中合主持），“龙山辿遗址的研究——黄河中游地区旧石器时代向新石器时代过渡的考古学探索”（王小庆主持），“新疆巴州古墓葬研究——和静县察吾乎沟、轮台县群巴克及且末县加瓦艾日克墓地”（丛德新主持），“哈克——团结遗址（1985～2004年考古报告）”（刘景芝主持），“中国考古学论文资料数据库”（辛爱罡主持），“喇家遗址”（叶茂林主持）；院青年科研启动基金课题6项：“辽河流域新石器时代陶器研究”（金英熙主持），“汉代瓦当与铜镜、花纹砖装饰纹样对比研究”（申云艳主持），“喀什噶尔的喀喇汉王朝王陵研究”（艾力江主持），“中国古代的水门和水关”（汪勃主持），“手工业生产专业化的考古学研究”（李新伟主持），“石质尖状器钻孔痕迹的试验研究”（谢礼晔主持）；新疆历史与现状综合研究课题1项：“汉代及其以前新疆地区居民种群与考古学文化研究”（王巍主持）。

3．获奖优秀科研成果

2009年，考古研究所共评出“2009年度考古研究所优秀科研成果奖”专著类一等奖4项：考古发掘报告《枣阳雕龙碑》《滕州前掌大墓地》，白云翔的《先秦两汉铁器的考古学研究》，李裕群的《北朝晚期石窟寺研究》；论文类一等奖3项：王巍的《聚落形态研究与中华文明探源》，杜金鹏的《盘龙城商代宫殿基址讨论》，袁靖、傅罗文的*New Zooarchaeo logical Evidence for Changes in Shang Dynasty Animal Sacrifice*（《商代使用动物祭祀的研究》）。专著类二等奖5项：考古研究所的《汉长安城武库》，朱乃城的《中国文明起源研究》，岳洪彬的《殷墟青铜礼器研究》，洪石的《战国漆器研究》，赵超的《石刻古文字》；论文类二等奖 4 项：刘瑞的《西汉诸侯王陵墓的内藏、外藏与百官藏》，郭物的《洛庄汉墓 9 号坑所出部分马具及其相关问题》，刘煜、赵志军、白云翔等的《山东临淄齐国故城汉代镜范的科学分析》，张雪莲的《碳十三和氮十五与古人类食物结构研究及其新进展》；工具书二等奖 1 项：严志斌的《四版〈金文编〉校补》；学术普及读物二等奖 1 项：王仁湘的《往古的滋味》。

（三）学术交流活动

1．学术活动

2009 年，考古研究所主办和承办的学术会议主要有：

（1）2009 年 1 月 13 日，中国社会科学院主办、考古研究所承办的“中国社会科学院考古学论坛暨 2008 年中国考古新发现”在北京举行。会议的主题是“考古学论坛 2008 年中国考古新发现（六项）暨评述”。

（2）2009 年 5 月 25 ～ 26 日，考古研究所、斯坦福大学联合主办的“古代文明国际论坛暨考古研究所与斯坦福大学第一届双边学术讨论会（2009）”在北京举行。会议的主题是“世界各地古代文明的形成——不同文化、文明之间的交流以及文化遗产保护”。

（3）2009 年 7 月 23 日，考古研究所主办的“殷墟研究新进展”学术报告会在北京举行。会议以殷墟研究的新进展为中心，介绍了洹北商城近年来的考古新发现、中加联合考古合作项目（第二期）的工作情况和最新成果。

（4）2009 年 7 月 27 日（首次）、8 月 7 日（二次），考古研究所主办的“大遗址考古工作要求”专家座谈会分别在北京、河南省郑州市举行。会议研讨的主要问题有“大遗址考古资料管理”、“大遗址考古课题凝练、项目立项、经费与人员保障问题”、“考古研究与遗址保护的关系”、“大遗址考古规划的必要性、科学性、严肃性与研究工作的持续性”等。

（5）2009 年 8 月 21 ～ 25 日，文化部、国家民族事务委员会、国家广播电影电视总局、国家旅游局、中国对外友好协会、宁夏回族自治区人民政府共同主办，宁夏回族自治区文化厅、中国社会科学院考古研究所和历史研究所、固原市人民政府、宁夏文物考古研究所等联合承办的“丝绸之路国际学术研讨会”在宁夏回族自治区银川市举行。会议的主题是“以丝绸之路为载体的中外文化交流研究”。

（6）2009 年 8 月 29 ～ 30 日，中国社会科学院考古研究所、洛阳市文物管理局、偃师市人民政府等联合主办的“走进二里头 · 感知早期中国”公共考古活动在河南省偃师市举行。

（7）2009 年 9 月 25 日，中国社会科学院考古研究所、德国海德堡艺术学院、德国海德堡大学东亚艺术史系联合主办的“古代都城·佛教艺术考古学术论坛暨中德第一届双边学术会议”在北京举行。会议的主题是“印度河与黄河之间的文明”。

2．国际与地区学术交流和合作

2009 年，考古研究所共派遣出访 34 批 54 人次，接待来访 20 批 76 人次（其中，中国社会科学院邀请来访3批5人次）。与考古研究所开展学术交流的国家和地区有日本、韩国、英国、法国、俄罗斯、德国、美国、加拿大、澳大利亚等国家和中国台、港、澳地区。

出访

（1）2009年1月15～19日，考古研究所副所长白云翔等与国际科学院联盟在丹麦就10世纪以前的中国与地中海世界开展学术交流。

（2）2009年1月23～28日，考古研究所副所长白云翔等应邀赴日参加日本国立历史民俗博物馆主办的“学术创新研究‘弥生农耕的起源与东亚——碳十四测年的高精度编年体系建构’2009年年度报告会”。

（3）2009年2月5～9日，考古研究所副所长白云翔与韩国全北大学考古文化人类学科BK21事业团在韩国就东北亚国家形成时期的铁器文化进行学术交流。

（4）2009年2月18～22日，考古研究所西安研究室主任安家瑶与韩国公州大学校和百济文化研究所在韩国就公州、扶余历史遗迹地区申报世界遗产名录问题进行学术交流。

（5）2009年2月23～30日，考古研究所副所长陈星灿等前往日本，访问日本奈良文化财研究所，就双方正在开展的合作发掘与研究项目的工作计划与目标进行磋商。

（6）2009年3月12～19日，考古研究所汉唐考古研究室主任朱岩石、西安研究室主任安家瑶访问日本奈良文化财研究所，就“古代东亚制瓦技术变迁与传播”进行专题研究。

（7）2009年3月19～28日，考古研究所所长王巍等访问澳大利亚悉尼大学考古学院，商讨今后开展考古合作事宜以及中国新疆地区考古学的研究等问题。

（8）2009年4月7～11日，考古研究所汉唐考古研究室副主任龚国强前往韩国，参加韩国国立扶余文化财研究所“中国古代皇家园林考古及韩国百济皇家园林的相关问题”学术研讨。

（9）2009年4月23～30日，考古研究所夏商周考古研究室主任许宏等与香港中文大学中国文化研究所中国考古艺术研究中心在香港就“海峡两岸史前文化交流——以玉石为中心”问题进行学术交流。

（10）2009年5月3～14日，考古研究所所长王巍、副所长陈星灿与法国远东学院和秘鲁利马天主教大学考古系在法国和秘鲁就中国考古学研究的最新进展以及与两国开展学术合作与交流等问题进行学术交流。

（11）2009年5月6～10日，考古研究所汉唐考古研究室主任朱岩石前往韩国，与韩国国立扶余文化财研究所就5～7世纪中日韩古代木塔建造技法进行比较研究。

（12）2009年5月11～15日，考古研究所所长王巍等在韩国与京畿道博物馆协商举办殷墟出土文物特别展览事宜。

（13）2009年6月26～29日，考古研究所所长王巍、原所长王仲殊与日本亚洲史学会在日本就中日古代文化交流问题进行学术访问。

（14）2009年8月11日至11月5日，考古研究所科研处副处长巩文与日本京都大学人文研究所在日本就论文博士项目进行学术交流。

（15）2009 年 8 月 28 日至 9 月 2 日，考古研究所副所长白云翔与日本东京大学综合研究博物馆在日本就亚洲铸造技术研究问题进行学术交流。

（16）2009 年 9 月 1 ～ 15 日，考古研究所书记齐肇业等为实施福特基金资助项目“文化遗产保护与当代中国社会”，在希腊、意大利、法国就遗产保护工作进行考察。

（17）2009 年 10 月 5 ～ 10 日，考古研究所副所长齐肇业与韩国东亚细亚文化财研究院在韩国就双方合作与交流事宜进行学术交流。

（18）2009 年 10 月 24 ～ 28 日，考古研究所所长王巍等应邀赴韩国参加东亚地区考古研究所所长论坛，并就东亚文化遗产研究机构间开展长期国际合作交流的形式与机制问题进行了探讨。

（19）2009 年 11 月 3 ～ 10 日，考古研究所副所长陈星灿在香港与香港城市大学学者就中国考古学文化进行学术交流。

（20）2009 年 11 月 28 日至 12 月 8 日，考古研究所副所长陈星灿前往越南进行学术访问，向越南社会科学院考古研究所的同行介绍了中国史前考古学研究的最新成果。

签署的合作协议

2009 年，考古研究所新签订的国际合作研究项目有 3 项，分别是“考古所与俄罗斯科学院考古研究所长期合作与交流项目”、“考古所与日本奈良县立橿原考古学研究所长期合作与交流项目”、“考古所与美国布朗大学邱考斯基考古学与古代世界研究所合作开展动物考古学研究项目”。结项的国际合作研究项目有 1 项，是“考古所与加拿大哥伦比亚大学继续进行洹河流域区域考古调查合作项目”。取得阶段性成果的国际合作研究项目有 2 项，分别是“考古所与日本独立行政法人国立文化财机构奈良文化财研究所合作开展洛阳汉魏故城遗址调查发掘与研究项目”、“ 考古所和山东省文物考古研究所与美国哥伦比亚大学东亚语言和文化系合作开展山东龙口地区归城遗址考古调查项目”。

其他

2009 年，考古研究所副所长陈星灿应邀担任澳大利亚考古学史杂志编委。副所长白云翔获得德国考古研究院通讯院士称号。

（四）学术社团、期刊

1．社团

中国考古学会，理事长张忠培。

（1）2009 年 8 月 11 ～ 16 日，中国考古学会第 12 次年会在黑龙江省哈尔滨市召开。年会的中心议题是“东北地区考古”和“考古学文化区系类型的理论与实践”。

（2）2009 年 10 月 24 ～ 25 日，中国考古学会在辽宁省朝阳市召开红山文化讨论会及纪念苏秉琦先生诞辰100周年学术讨论会。

（3）2009年11月，中国考古学会在浙江省杭州市良渚博物馆召开第四次玉文化会议。

（4）2009年11月17～18日，国家文物局、中国考古学会主办，河南省南水北调办公室、河南省文物考古研究所承办的"经济建设中如何树立课题意识"学术会议在河南省郑州市召开。

2．期刊

（1）《考古》（月刊），主编王巍。

2009年，《考古》全年共出版12期，共计180万字。该刊全年刊载的有代表性的文章有：新疆文物考古研究所的《新疆巴里坤东黑沟遗址2006～2007年发掘简报》，中国社会科学院考古研究所的《河南新密市新砦遗址2002年发掘简报》《河南新密市新砦遗址东城墙发掘简报》《河南新密市新砦遗址浅穴式大型建筑基址的发掘》《辽宁长海小珠山新石器时代遗址发掘简报》《西安汉长安城直城门遗址2008年发掘简报》《河南安阳市殷墟刘家庄北地2008年发掘简报》《内蒙古巴林左旗辽代祖陵陵园遗址》，内蒙古文物考古研究所的《内蒙古和林格尔县新店子墓地发掘简报》《内蒙古凉城县小双古城墓地发掘简报》《内蒙古凉城县忻州窑子墓地发掘简报》，陕西省考古研究院的《陕西韩城梁带村芮国墓地M28的发掘》《陕西高陵县杨官寨新石器时代遗址》，吉林省文物考古研究所的《吉林敦化市六顶山墓群2004年发掘简报》《吉林珲春市八连城内城建筑基址的发掘》《吉林和龙市龙海渤海王室墓葬发掘简报》，甘肃省文物考古研究所的《甘肃临潭县磨沟齐家文化墓地》，云南省文物考古研究所的《云南剑川县海门口遗址第三次发掘》《云南大理市海东银梭岛遗址发掘简报》，安徽省文物考古研究所的《安徽蚌埠市双墩一号春秋墓》。

（2）《考古学报》（季刊），主编刘庆柱。

2009年，《考古学报》共出版4期，共计82万字。该刊全年刊载的有代表性的文章有：南京博物院等的《江苏姜堰天目山西周城址发掘报告》《江苏金坛裕巷土墩墓群一号墩的发掘》，中国社会科学院考古研究所安阳工作队的《2004～2005年殷墟小屯宫殿宗庙区的勘探和发掘》，荆州博物馆的《湖北钟祥黄土坡东周秦代墓发掘报告》，陕西省考古研究院等的《陕西彬县水北遗址发掘报告》，四川大学中国藏学研究中心的《西藏阿里象泉河流域卡孜河谷佛教遗存的考古调查与研究》。

（五）会议综述

古代文明国际论坛暨考古研究所与斯坦福大学第一届双边学术讨论会（2009）

2009年5月25～26日，由中国社会科学院考古研究所、美国斯坦福大学联合主办的"古代文明国际论坛暨考古研究所与斯坦福大学第一届双边学术讨论会（2009）"在北京举行。来自中国社会科学院考古研究所、斯坦福大学、北京大学、中国文物报社等单位的50余位学者参加了会议。

会议围绕古代文明研究的新发现与新进展以及文化遗产保护等专题进行了讨论。

2009年5月，“古代文明国际论坛暨考古研究所与斯坦福大学第一届双边学术讨论会（2009）”在北京举行。

会上，中国社会科学院考古研究所、美国斯坦福大学的12位专家学者分别作了专题发言。王巍在《中国古代文明起源研究的新进展》中介绍了近几年有关“中华文明探源工程预研究”的情况，包括项目的设置、研究方法和目前的进展等。他认为，中华文明的形成和发展有以下特点：中华文明的形成过程经历了从多元并进到中原领先的过程；多元一体是中华文明的基本特征；环境因素对中华文明的形成产生过重要的影响；经济和技术的发展是中华文明形成的重要基础；中华文明的形成是一个独立起源与周边地区交流互动相结合的过程。陈星灿、李新伟分别以《中心与边缘：中国早期国家的资源策略——以灰嘴遗址为例》《西坡遗址发掘和中原地区社会复杂化进程的特征》为题，以近期发掘的两个遗址为例，介绍了考古研究所在中国古代文明研究中取得的新进展。斯坦福大学的学者分别以《一个早期城市形成中的社会与历史因素：特奥蒂瓦坎，墨西哥》《古代安第斯山等级制度社会的形成之路》为题，介绍了他们在古代文明研究中的新探索。双方学者还探讨了文化遗产管理与保护的若干问题。

研讨会上，学者们对“中国考古学的东方传统”、“考古学观察的丝绸之路前的对外交流”、“中国早期小麦的考古学观察”、“考古发现对中国绘画艺术史理解的影响”、“美国西南部查科峡谷和霍霍坎中心地带消失”等问题进行了探讨。

（巩　文）

“殷墟研究新进展”学术报告会

2009年7月23日，由中国社会科学院考古研究所主办的“殷墟研究新进展”学术报告会在北京举行。中国社会科学院考古研究所研究员唐际根和加拿大英属哥伦比亚大学教授荆志淳作了中加联合考古合作项目（第二期）的工作汇报。报告以殷墟研究的新进展为中心展开。中国社会科学院考古研究所的科研人员、中加考古合作项目中的国外合作伙伴以及其他文博单位的同行约100人听取了报告。

首先，唐际根代表安阳考古工作队介绍了洹北商城近年来的考古新发现，并据此推断商城的始建年代不早于中商二期晚段、废弃年代尚无定论。商城不仅有位于南北中轴线上的宫城，还有外廓城。另外，在商城北部分布有密集的建筑。

随后，荆志淳代表加拿大和美国的研究人员，介绍了美国威斯康星大学的研究成果，即“从骨同位素研究殷墟都邑的性质”以及“殷墟陶器生产的岩相学观察”。前者以人体牙釉质为标本测定其中的锶同位素比值，来追踪人群的来源，得出安阳殷墟54号墓的人牲主要是本地人，而人殉则主要是外来人口。后者通过对陶器断面进行岩相学分析，认为殷墟陶工主要使用四种制陶原料：一是不含羼料的黄土，主要用于灰陶容器的制作；二是不含羼料的冲积土，主要用于红陶罐的制作；三是加工过的黄土，主要用于制作铜范；四是加羼料的冲积土，主要用于陶鬲的制作。学者们还就标本的选取、分析的手段和方法等进行了讨论。

最后，中国社会科学院考古研究所所长王巍作总结发言，他认为，这次中加考古合作项目为我们提供的最重要的不是结论，而是一种新方法、新思维。他指出，在今后的考古工作中应密切结合其他学科的成果，深化科技考古在考古学研究中的应用，这些新方法的应用必将为考古学带来更开阔的思路和更宽广的前景。

（巩　文）

“走进二里头·感知早期中国”公共考古活动

2009年8月29～30日，由中国社会科学院考古研究所、洛阳市文物管理局、偃师市人民政府联合主办的“走进二里头·感知早期中国”公共考古活动开幕式在河南省偃师市举行。

开幕式由河南省偃师市人民政府副市长章勇主持，中共偃师市委书记尚英照，洛阳市文物管理局副局长余杰，中国社会科学院考古研究所公共考古中心副主任刘国祥，香港联合出版集团总裁陈万雄，中央电视台高级策划解如光，日本驹泽大学教授饭岛武次，中国社会科学院考古研究所夏商周研究室主任、二里头工作队队长许宏等先后致辞。

活动以“二里头遗址发现与发掘50周年（1959～2009）”为契机，以“发掘中原历史底蕴、弘扬中华传统文化、增强遗产保护意识、推进现代文明建设”为宗旨，以“宣传与弘扬二里头都邑在中华文明伟大进程中的重要历史地位”为目的，通过现场考察、实物观摩、聆听讲座、参与讨论等形式，让公众感知早期中国的独特魅力。

中国社会科学院考古研究所、中国社会科学院民族学与人类学研究所、中国社会科学院研究生院文物鉴定专业研修班、洛阳市文物管理局、香港联合出版集团、辽宁朝阳师范专科学校、香港中文大学、日本驹泽大学等单位的专家、学员和二里头遗址所在自然村的支书、村长、村民代表以及来自北京、吉林、内蒙古、甘肃、河南、山东、江苏、浙江、上海、香港、台湾等地的公众参与了此次活动。

（巩　文）

古代都城·佛教艺术考古学术论坛暨中德第一届双边学术会议

2009年9月，“古代都城·佛教艺术考古学术论坛暨中德第一届双边学术会议”在北京召开。

2009年9月25日，由中国社会科学院考古研究所、德国海德堡艺术学院和海德堡大学东亚艺术史系联合主办的“古代都城·佛教艺术考古学术论坛暨中德第一届双边学术会议”在北京召开。来自中国社会科学院考古研究所、德国海德堡大学、伦敦大学、北京大学、中央美术学院、国家博物馆、故宫博物院、中国社会科学院世界宗教研究所和外国文学研究所等单位的40余名学者出席了会议。中国社会科学院考古研究所所长王巍和德国海德堡大学东亚艺术史系教授雷德侯在开幕式上致辞。

会议以印度河与黄河之间的文明为主题，分以下两个单元进行：巴基斯坦和中国之间的佛教艺术、都城考古和丝绸之路上图像和器物的交流。

第一单元围绕“佛教艺术”的主题进行研讨，海德堡艺术学院教授豪普特曼、班蒂尼、本曼、中国社会科学院考古研究所研究员龚国强分别作了题为《巴基斯坦北部地区的岩画艺术》《佛塔、佛陀和佛本生故事杂论》《从中国佛教艺术角度考察印度河上游河谷的一块独特的岩画》《北朝——唐代的佛教寺院考古》的演讲。第二单元围绕“都城考古和丝绸之路上图像和器物的交流”主题展开，中国社会科学院考古研究所研究员朱岩石、安家瑶，伦敦大学亚非学院博士倪克鲁分别作了题为《中国社会科学院考古研究所与中国汉唐都城考古学研究》《中国古玻璃研究综述》《丝绸之路上的兵马俑？——秦始皇陵陶俑与中亚希腊化时代的雕塑》的专题演讲。海德堡大学教授雷德侯就其近年来在山东泰山经石峪所进行的工作作了专题发言。

会议是中国社会科学院考古研究所与海德堡艺术学院和海德堡大学的合作研究的一个环节。与会学者们还就“中德考古学与艺术史研究合作空间与展望”问题进行了交流。

（巩 文）

历史研究所

（一）人员（含郭沫若纪念馆）、机构基本情况

截至 2009 年年底，历史研究所共有在职人员 157 人。其中，正高级职称人员 37 人，副高级职称人员 42 人，中级职称人员 53 人；高、中级职称人员占全体在职人员总数的 84%。

历史研究所设有：先秦史研究室、秦汉魏晋南北朝史研究室、隋唐宋辽金元史研究室、明史研究室、清史研究室、思想史研究室、中外关系史研究室、社会史研究室、文化史研究室、历史文献学与史学史研究室、历史地理研究室、《中国史研究》编辑部、图书馆、郭沫若纪念馆、办公室、科研处、人事处。另有 4 个院级非实体研究中心：中国社会科学院甲骨文殷商史研究中心、中国社会科学院简帛研究中心、中国社会科学院敦煌学研究中心、中国社会科学院徽学研究中心；一个所级非实体研究中心：中国社会科学院历史研究所内陆欧亚学研究中心。

（二）科研工作

1．科研成果统计

2009 年，历史研究所共完成专著 30 种，1329 万字；论文 180 篇，235.3 万字；研究报告 16 篇，17.5 万字；学术资料 3 种，71 万字；古籍整理 1 种，10.5 万字；译著 3 种，71.8 万字；译文 4 篇，3 万字；学术普及读物 3 种，19.3 万字；工具书 3 种，456 万字；论文集 6 种，258.9 万字。

2．科研课题

（1）新立项课题。2009 年，历史研究所共有新立项课题 22 项。其中，国家社会科学基金课题 2 项：“甲骨文合集三编”（宋镇豪主持），“中国古代城市地理信息系统”（成一农主持）；院重点课题 2 项：“六朝礼文化及其社会价值研究”（梁满仓主持），“清代移居东北的北京旗人”（定宜庄主持）；院交办委托课题 3 项：“中国历史年表修订”（刘荣军主持），“中国通史电视专题片”（卜宪群主持），“中国古代史名词审定”（卜宪群主持）；院青年科研启动基金课题 4 项：“甲骨文分类与断代的主要标准”（刘义峰主持），“清华所藏殷墟一坑卜骨之初步研究”（任会斌主持），“辽代西南边区军政制度研究”（康鹏主持），“元代榷盐与社会”（张国旺主持）；所重点课题 11 项：“无名组卜辞研究”（刘义峰主持），“清华藏殷墟所出一坑卜骨研究”（任会斌主持），“18 世纪中国传教士李安德研究”（李华川主持），“俄藏黑水城元代文献整理与研究”（张国旺主持），“明人私撰本朝史研究”（杨艳秋主持），“乾嘉四大幕府与清代学术”（林存阳主持），“藩镇与唐五代政治”（孟彦弘主持），“辽朝外戚集团研究”（康鹏主持），“唐代道教金石的整理与研究”（雷闻主持），“历史研究所档案整理及所志编写”（刘荣军主持），“天一阁藏《明史稿》整理与研究”（万明主持）。

（2）结项课题。2009 年，历史研究所共有结项课题 12 项。其中，院 B 类重大课题 2 项："秦汉国家形态研究"（卜宪群主持），"《元典章·户部》校释"（陈高华主持）；院重点课题 2 项："天一阁宋藏《天圣令》研究"（黄正建主持），"改革开放 30 年的中国古代史研究"（陈祖武主持）；国情考察课题 2 项："改革开放 30 年与西北开发"（刘荣军主持），"成都城乡统筹一体化建设中的新文化建设"（刘荣军主持）；院青年科研启动基金课题 1 项："洪武开科：心态、任职与社会现实"（胡吉勋主持）；所重点课题 5 项："敦煌本佛灵验记校注并研究"（杨宝玉主持），"终极之典——中古丧葬制度研究"（吴丽娱主持），"中国古代城市地理信息系统（明清卷）"（成一农主持），"金元全真教史新研究"（张广保主持），"《抱朴子》版本研究"（高原乐主持）。

（3）延续在研课题。2009 年，历史研究所共有延续在研课题 106 项。其中，国家社会科学基金课题 7 项："中国早期城市的探索——18、19 世纪的北京外来人口研究"（郭松义主持），"明清时代'府政'研究"（阿风主持），"花园庄东地甲骨文例研究"（孙亚冰主持），"中国古代国家的起源与王权的形成研究"（王震中主持），"殷墟花园庄东地 H3 甲骨文研究"（刘源主持），"元代法律史研究"（刘晓主持），"16 世纪明代财政研究——以《万历会计录》的整理为中心"（万明主持）；院 A 类重大课题 3 项："中国历史的发展道路"（卢钟锋主持），"中国历代自然灾害及其对策研究"（赫治清主持），"礼与中国古代社会"（吴丽娱主持）；院重大课题 2 项："中国古代历史图谱"（王曾瑜主持），"甲骨文合集三编"（宋镇豪主持）；院重大交办委托课题 1 项："中国历史上的邪教及其政府对策"（赫治清主持）；院 B 类重大课题 6 项："唐宋道教文化史研究"（王育成主持），"历史研究所图书馆特藏文献数据库"（袁立泽主持），"《水经注》城邑考"（曲英杰主持），"元代的法制史研究"（刘晓主持），"宋元明礼学思想研究"（王启发主持），"唐代西域文献整理与研究"（李锦绣主持）；院重点课题 11 项："《宋会要辑稿》研究与整理"（江小涛主持），"中国古代国家的起源与王权的形成"（王震中主持），"中国古史研究 20 年"（刘洪波主持），"清代政治研究"（张捷夫、李世愉主持），"9 ~ 11 世纪敦煌地方政权与中央关系研究"（杨宝玉主持），"西方文化视阈中的《老子》"（张海燕主持），"从《唐将书帖》看南兵北将"（杨海英主持），"明代诏令文书整理与研究"（万明主持），"明清徽州诉讼文书的整理与研究"（阿风主持），"清代新疆的内地移民研究"（贾建飞主持），"贵霜史研究"（余太山主持）；院基础研究课题 1 项："明清鱼鳞图册研究"（栾成显主持）；院交办委托课题 1 项："中国古代国家建设问题"（卜宪群主持）；院青年科研启动基金课题 3 项："北魏时期关中地区地方行政体制变革"（戴卫红主持），"清代方略类书目研究"（邱源媛主持），"商周青铜豆类器物及其礼制研究"（张翀主持）；中纪委驻院纪检组委托课题 1 项："传统文化与廉政文化建设"（卜宪群主持）；另有所重点课题 70 项。

3．获奖优秀科研成果

2009 年，历史研究所共评出"第七届历史研究所优秀科研成果奖"专著类一等奖 2 项：万明主编的《晚明社会变迁：问题与研究》，杨海英的《洪承畴与明清易代研究》；论文类一等奖2项：王震中的《先商社会形态的演进》，贾衣肯的《蒙恬所筑长城位置考》。专著类优秀奖4项：王启发的《礼学思想体系探源》，李花子的《清朝与朝鲜关系史研究——以越境交涉为中心》，杜瑜弟的《中国经济重心南移——唐宋间经济发展的地区差异》，杨艳秋的《明代史学探源》；论文类优秀奖7项：马怡的《扁书试探》，许敏的《试析明代后期江南商贾及其子弟的文人化现象》，吴丽娱的《朝贺皇后：〈大唐开元礼〉中的则天旧仪》，杨振红的《从〈二年律令〉的性质看汉代法典的编纂修订与律令关系》，孟彦弘的《秦汉法典体系的演变》，黄正建的《唐代"士大夫"的特色及其变化——以〈唐书〉用词为中心》，楼劲的《道武帝所立庙制与拓跋氏早期世系》。

（三）学术交流活动

1．学术活动

2009年，历史研究所主办和承办的主要学术会议有：

（1）2009年5月20～21日，由中国社会科学院、中华炎黄文化研究会、湖北省人民政府主办，中国社会科学院历史研究所、随州市人民政府承办的"炎帝神农文化高层论坛"在湖北省随州市举行。会议研讨的主要问题有"炎帝传说与相关考古发现"、"我国早期农业和区域文化发展"等。

（2）2009年8月11日，历史研究所在中国社会科学院召开"庆祝历史研究所建所55周年"大会。会议的主题是"回顾历史研究所建所55周年所取得的成果"。

（3）2009年8月12～13日，由中国社会科学院历史研究所、日本东方学会、日本大东文化大学共同主办的"首届中日学者中国古代史论坛"在北京举行。会议的主题是"史料与中国古代史研究"。

（4）2009年8月16～18日，由中国社会科学院历史研究所、中国秦汉史研究会主办，河南省永城市人民政府承办的"中国秦汉史研究会第12届年会暨国际学术研讨会"在河南省永城市举行。会议研讨的主要问题有"永城与秦汉历史文化遗存研究"、"秦汉政治、经济、社会与文化研究"、"秦汉文物与考古研究"、"改革开放30年的秦汉史研究"。

（5）2009年12月16日，由中国社会科学院历史研究所主办的"清朝与欧洲国际学术研讨会"在北京举行。会议的主题是"王朝权力的构建及其遗存——清朝与欧洲比较研究"。

2．国际学术交流和合作

2009年，历史研究所共派遣出访20批25人次，接待来访58批80人次（其中，中国社会科学院邀请来访6批6人次）。与历史研究所开展学术交流的国家有日本、法国、美国、俄罗斯、波兰等国家。

（1）2009年3月24日，历史研究所隋唐宋辽金元史研究室邀请日本大阪市立大学平田茂树就"宋代政治史研究的新的可能性"问题进行了学术交流。

（2）2009年5月10日，历史研究所根据院交流协议接待了波兰Lodz大学艺术史系学者

Lukasz Mikolaj Sadowski，就东方艺术史专题问题进行了交流。

（3）2009年6月8日，历史研究所根据院交流协议接待了美国波士顿大学历史系学者Eugenio Menegon，双方就清代传教士问题及宫廷生活问题等进行了学术交流。

（4）2009年6月20日，历史研究所先秦史研究室主任宋镇豪研究员等根据院交流协议赴俄罗斯，在彼得堡对爱米塔什博物馆所藏殷墟甲骨进行了考察。

（5）2009年7月21日，历史研究所中外关系史研究室邀请美国威斯康星大学名誉教授、英国学术院院士、联合国教科文组织游牧文明研究国际研究所联络员、中央欧亚协会荣誉会员Anatoly M.Khazanov就“当代游牧：旧问题与新挑战”等问题进行了学术交流。

（6）2009年8月13日，历史研究所殷商文化学会邀请日本学者铃木敦等21位海外学者参加了在山东省烟台市召开的国际学术研讨会，就纪念王懿荣发现甲骨文110周年等问题进行了学术交流。

（7）2009年8月13日，历史研究所秦汉史研究室邀请韩国庆北大学教授尹在硕、成均馆大学教授金庆浩，分别就“汉代户口簿的结构与内容”、“从韩国古代木牍看中国古代木牍残影”等问题进行了学术交流。

（8）2009年8月26日，历史研究所社会史研究室研究员定宜庄应邀赴韩国成均馆大学参加“东亚研究再思考”国际学术论坛，并发表论文《满学研究的再思考》。

（9）2009年9月22日，历史研究所根据院级交流协议接待了美国布法罗大学学者Roger V.Des Forges，并就“中国在世界历史中的角色”等问题进行了学术交流。

（10）2009年10月1日，历史研究所明史研究室副研究员阿风应日本京都大学文学研究科邀请，在日本京都大学就“明清时代的‘京控’研究”等问题进行了学术交流。

（11）2009年10月4日，历史研究所先秦史研究室主任宋镇豪研究员等根据所级交流协议赴日本东京，在大东文化大学就甲骨文研究等问题进行了学术交流。

（12）2009年10月5日，历史研究所根据院级交流协议接待了波兰托伦大学现代艺术史系教授Kucharzenwska Joanna Ewa，双方就中国当代建筑艺术问题进行了交流。

（13）2009年10月16日，历史研究所隋唐宋辽金元史研究室副研究员关树东应邀赴韩国参加韩国蒙古学会与檀国大学北方文化研究所举办的“契丹研究现状及研究方向”研讨会，并就“辽朝皇帝结义交友考论”问题进行了学术交流。

（14）2009年10月16日，历史研究所清史研究室邀请比利时鲁文大学教授钟鸣旦就“礼仪的交织：明末清初天主教丧礼”等问题进行了学术交流。

（15）2009年11月12日，历史研究所邀请日本东京大学教授大津透就“中日律令制度的比较研究”等问题进行了学术交流。

（16）2009年11月13日，历史研究所隋唐宋辽金元史研究室邀请日本大谷大学教授桂华淳祥等就“日本有关金元代、隋唐代的研究”等问题进行了学术交流。

（17）2009 年 11 月 17 日，历史研究所中外关系史研究室邀请德国社会科学院吐鲁番研究所教授 Prof Peter Zieme 就“回鹘碑铭语文学的探讨”等问题进行了学术交流。

（18）2009 年 12 月 6 日，历史研究所根据院级交流协议接待了意大利那不勒斯东方大学教授 Patrizia Carioti，并安排了相关学术活动。

（19）2009 年 12 月 16 日，历史研究所清史研究室在历史研究所举办“清朝与欧洲比较研究”学术会议，邀请了法国、荷兰、德国、美国等国家的数名学者参加会议。

3．与中国香港、澳门特别行政区和中国台湾开展的学术交流

2009 年，历史研究所共派遣出访香港、台湾的学者 7 批 9 人次，接待香港、台湾来访学者 5 批 7 人次。

（1）2009 年 4 月 14 日，历史研究所明史研究室邀请台湾师范大学教授林丽月就“地方配额与明代科举的竞争”等问题进行了学术交流。

（2）2009 年 5 月 19 日，历史研究所邀请台湾大学历史系教授夏长朴就“安石力学而不知道——杨时论王安石新学”等问题进行了学术交流。

（3）2009 年 10 月 13 日，历史研究所思想史研究室邀请香港理工大学文学院副院长、中国文化系列讲座教授朱鸿林就“明代帝王经筵讲学问题及其思想史意义”专题进行了讲座。

（4）2009 年 11 月 6 日，历史研究所隋唐宋辽金元史研究室主任黄正建研究员、中外关系史研究室主任李锦绣研究员等应邀赴台湾，参加了在台湾师范大学举办的“新史料、新观点、新视角——天圣令国际学术研讨会”。

（5）2009 年 11 月 18 日，历史研究所思想史研究室张广保研究员应香港道教学院邀请赴香港，就“全真教与金元社会”等问题进行了为期 3 个月的讲学。

（6）2009 年 12 月 8 日，历史研究所思想史研究室邀请台湾“中研院”文哲所研究员林庆彰就“民国时期的经学史研究”等问题进行了学术交流。

（7）2009 年 12 月 8 日，历史研究所先秦史研究室研究员宫长为等应台湾玄奘大学邀请赴台湾，参加了“华语言与华文化国际学术研讨会”。

（四）学术社团、期刊

1．社团

（1）中国先秦史学会，会长李学勤。

2009 年 4 月 17 ~ 20 日，中国先秦史学会在四川大学召开“纪念徐中舒先生诞辰 110 周年国际学术研讨会”。会议的主题是“缅怀徐中舒先生的道德文风，探讨古文字和先秦史、西南民族史、近代学术史”。

（2）中国殷商文化学会，会长王宇信。

2009 年 8 月 13 ~ 16 日，中国殷商文化学会在山东省烟台市召开“纪念王懿荣发现甲骨文 110 周年国际学术研讨会”。会议的主题是“全面分析探讨王懿荣发现甲骨文 100 年来，甲骨学所取得的丰硕的研究成果”。

（3）中国秦汉史研究会，会长王子今。

（4）中国魏晋南北朝史学会，会长李凭。

（5）中国明史学会，会长南炳文、商传。

2009 年 8 月 10 ～ 13 日，中国明史学会在湖南省湘潭市召开“第 13 届明史国际学术研讨会”。会议研讨的主要问题有“明代的经济、社会、政治、军事、民族、文化等问题”、“建文帝研究”、“明代的湖南湘潭”。

（6）中国中外关系史学会，会长耿昇。

2009 年 9 月 26 ～ 28 日，中国中外关系史学会等在云南省红河州召开中国中外关系史学会第七届会员代表大会暨“中国与周边国家关系：以对外开放为中心”学术讨论会。会议研讨的主要问题有“跨地区问题”、“云南地区问题”、“东北亚地区问题”、“东南亚地区问题”、“欧洲地区问题”、“印巴地区问题”、“中亚地区问题”等。

2．期刊

（1）《中国史研究》（季刊），主编彭卫。

2009 年，《中国史研究》共出版 4 期，共计 114 万字。该刊新增设了“新出文献资料的整理与研究”、“敦煌学百年：历史、现状与发展趋势”栏目，还编辑出版了《庆祝中国社会科学院历史研究所建所 55 周年暨〈中国史研究〉、〈中国史研究动态〉创刊 30 周年专号》。该刊全年刊载的有代表性的文章有：李学勤的《清华简〈保训〉释读补正》，肖灿、朱汉民的《岳麓书院藏秦简〈数〉的主要内容及历史价值》，〔日本〕池田温的《敦煌写本伪造问题管见》，刘进宝的《敦煌学术史研究有待加强》，黄宽重的《从活的制度史迈向新的政治史——综论宋代政治史研究趋向》，陈高华的《元代赈恤制度研究》，陈其泰的《论章学诚对历史哲学的探索》，赵林的《商代的亲称“兄、弟”及其相关的旁系亲属问题》，黎虎的《关于“吏民”的界定问题——原“吏民”之五》，蓝勇的《有关先秦气候研究的方向问题——兼对〈商时期的雨量〉一文商榷》，陈智超的《四论今本〈建炎以来系年要录〉的原名——史学方法论个案》，扎拉嘎的《关于成吉思汗确定继承人问题探讨》，伍跃的《官告民：雍正年间的一件维权案——〈青浦县正堂黄李二任老爷讯审销案等呈词抄白〉跋》。

（2）《中国史研究动态》（月刊），主编陈高华。

2009 年，《中国史研究动态》共出版 12 期，共计 63 万字。

（五）会议综述

炎帝神农文化高层论坛

2009 年 5 月 20 ～ 21 日，“炎帝神农文化高层论坛”在湖北省随州市召开。论坛由中国社会科学院、中华炎黄文化研究会、湖北省人民政府联合主办，中国社会科学院历史研究所、随州市人民政府承办。论坛的开幕式由湖北省副省长张岱梨主持。中国社会科学院副院长高全立，中华炎黄文化研究会第一副会长张文彬，湖北省炎黄文化研究会会长丁凤英，中国社会科学院历史研究所党委书记刘荣军、副所长卜宪群，湖北省社会科学院副院长刘玉堂，随州市委书记马清明、市长刘晓鸣等出席了论坛开幕式。来自全国各地的30多所高等院校及科研院所的专家学者60余人参加了论坛。

与会学者围绕“与炎帝传说相关的文献记载和考古发现”、“我国早期农业和区域文化发展”以及“炎帝故里的开发和建设”等问题进行了探讨。有学者指出，狭义的炎帝文化，是指以炎帝为代表的千余年的农耕时代的文化，它是中国古代文明链条中的重要一环。而从广义上看，炎帝作为中华民族的重要祖先，也可被视为中华文化的代表和象征。中国社会科学院历史研究所研究员宋镇豪指出，《连山》易和《归藏》易有其历史依据，而其中涉及黄帝、炎帝包括蚩尤以及夏、商、周的传说是有根据的，并不是后人杜撰。中国社会科学院考古研究所研究员曹定云对炎帝的发源地及其与神农的关系进行了认真的探寻，提出炎帝部落发源于宝鸡，南迁至两湖平原地区，随州列山一带历代均有神农传说和遗迹的记载，反映出这一带曾经是炎帝部落重要的活动地域。

中国社会科学院历史研究所副所长卜宪群在论坛闭幕式的总结发言中指出，与会学者对炎帝神农与历史名城随州的关系进行的考证说明，无论是古代历史文献记载，还是现代田野考古发掘，都证明随州是炎帝神农时代文化遗迹相对集中的地区，这对探讨中国古代农业的起源和文明发展，具有特殊重要的意义。

（历　研）

首届中日学者中国古代史论坛

2009年8月12～13日，由中国社会科学院历史研究所、日本东方学会和日本大东文化大学共同主办的“首届中日学者中国古代史论坛”在北京举行。中国社会科学院历史研究所副所长卜宪群主持了开幕式。中国社会科学院历史研究所前所长陈祖武、日本东方学会会长池田温、日本东方学会理事长户川芳郎、日本东方学会东京支部长、大东文化大学教授池田知久、南开大学教授冯尔康等先后致辞。来自全国各高等院校及日本各大学的专家、学者60余人参加了论坛。有35位学者提交了论文。

论坛的主题是“史料与中国古代史研究”。与会学者从新发现的甲骨文、金文、简帛、敦煌吐鲁番文书、徽州文书、明清内阁档案以及国外的汉籍资料中，探讨新的问题、拓展新的研究领域，从而进一步深化了对中国古代史的认识和研究。中方学者认为，如何将1949年前后形成的马克思主义方法论及其他研究方法与中国的现实相结合，作出重新思考是中方学者面临的重要问题；日方学者认为，日本面临的主要问题是如何基于日本当代现实，从根本上重新探讨、重新树立“二战”后民主体制下培养起来的研究方法。

2009 年 8 月，“首届中日学者中国古代史论坛”在北京举行。

在世界范围内，对中国古代史的研究，只有中国和日本的研究成就最为突出。“首届中日学者中国古代史论坛”是中日学者开启交流与合作的序幕，今后每年一次的论坛，必将成为两国学者开展学术交流的一个重要平台。

（历　研）

中国秦汉史研究会第12届年会暨国际学术研讨会

2009 年 8 月 16 ～ 18 日，由中国社会科学院历史研究所、中国秦汉史研究会主办的“中国秦汉史研究会第 12 届年会暨国际学术研讨会”在河南省永城市召开。来自中国大陆和台湾、香港地区以及美国、日本、韩国等国家的 200 多位学者、专家参加了研讨会。

与会学者主要围绕以下四个议题进行了深入探讨：

第一，河南永城的芒砀山是“汉兴之地”，也是汉初梁国之所在，这里保存了丰富的秦汉文化遗迹，学者们对永城丰富的秦汉文化遗迹及其研究价值进行了探讨。

第二，秦汉政治、经济、社会与文化的研究是研讨会的热点议题。学者们对汉代诏书、秦末农民战争等问题提出了一些新的看法。

第三，近些年，大量秦汉考古资料尤其是简牍资料不断被发现，为秦汉考古资料研究增添了新的活力，学者们对新的简牍资料，例如张家山汉墓竹简等进行了重新解读和分析。

第四，对秦汉文献与改革开放 30 年秦汉史研究进行了回顾和总结。与会学者认为，秦汉史研究的发展历程可以分为历史编纂、历史文献整理、历史问题研究三个阶段，他们共同构成秦汉史研究的发展途径，也反映出断代史研究的基本趋势。

研讨会共收到论文 148 篇。

（历　研）

“中国与周边国家关系：以对外开放为中心”学术讨论会

2009 年 9 月 26 ~ 28 日，由中国中外关系史学会、云南省社会科学院、中共红河州委、红河州人民政府主办的中国中外关系史学会第七届会员代表大会暨“中国与周边国家关系：以对外开放为中心”学术讨论会在云南省红河州蒙自县召开。来自全国各地包括香港、台湾等 22 个省市的 90 余位学者参加了会议，其中 20 多位学者作了大会发言。

大会的议题涉及中外关系史学科的诸多领域，与会学者围绕跨地区问题、云南地区问题、东北亚地区问题、东南亚地区问题、欧洲地区问题、印巴地区问题、中亚地区问题等进行了探讨。其中不仅有较多的基础性研究，还有一些研究涉及到了较为现实的问题。在跨地区问题的研讨中，与会学者主要关注的是明朝诏令文书所见明初中国与周边国家的关系问题；在云南地区问题上，学者们集中讨论了建水萧崇业出使册封琉球的历史贡献；在东北亚地区问题上，学者们就中朝海上丝路及明初东北亚地缘政治与明朝和高丽的关系等问题进行了探讨；对于东南亚地区问题，学者们着重探讨了中国与东南亚各国的关系问题；对于欧洲地区问题，学者们集中探讨了陈季同对晚清中西关系发展的突破与贡献；印巴地区问题是此次会议的热点问题之一，学者们围绕汉唐时期中印佛教问题、西藏与尼泊尔边境管理及边界划定等问题进行了深入探讨；对于中亚地区问题，学者们的话题则集中于契丹在中亚的活动与影响等方面。

（历　研）

附：

郭沫若纪念馆

（一）人员、机构基本情况

截至 2009 年年底，郭沫若纪念馆共有在职人员 19 人。其中，正高级职称人员 2 人，副高级职称人员 3 人，中级职称人员 5 人；高、中级职称人员占全体在职人员总数的 52.6%。

郭沫若纪念馆设有：研究室、文物与陈列工作室、公众教育与资讯中心、办公室。

（二）科研工作

1．科研成果统计

2009 年，郭沫若纪念馆共完成论文 16 篇，8.5 万字；学术资料 3 种，135 万字；学术普及读物 1 种，20 万字。

2．科研课题

（1）新立项课题。2009 年，郭沫若纪念馆共有新立项课题 3 项，均为馆重点课题：“郭沫若作品韩译本研究”（李晓虹主持），“郭沫若纪念馆软件研发”（赵笑洁主持），“电视文献片《郭沫若》文学本”（郭平英主持）。

（2）结项课题。2009 年，郭沫若纪念馆共有结项课题 2 项，均为馆重点课题："郭沫若——中日文化交流的先驱"（郭平英主持），"郭沫若纪念馆观众调研"（赵笑洁主持）。

（3）延续在研课题。2009 年，郭沫若纪念馆共有延续在研课题 4 项。其中，院 A 类重大课题 1 项："郭沫若生平与学术思想研究"（林甘泉、蔡震主持）；馆重点课题 3 项："郭沫若文稿书稿手迹档案"（钟作英主持），"文化的记忆 · 郭沫若画传"（郭平英主持），"郭沫若文献史料考论"（蔡震主持）。

3．获奖优秀科研成果

2009 年，郭沫若纪念馆获"北京博物馆学会保管专业第二次论文奖"三等奖 1 项：钟作英、梁雪松的《从博物馆藏品的预防性保护说起》。

（三）学术交流活动

1．纪念活动

2009 年 5 月 26 日，中国文学艺术界联合会主办，郭沫若纪念馆、北京圣唐海纳文化传媒有限责任公司承办的"纪念五四运动 90 周年——郭沫若新诗创作 90 周年纪念会"在郭沫若纪念馆举行。会议的主题为"郭沫若新诗创作的历史文化价值"。

2．国际学术交流和合作

2009 年，郭沫若纪念馆共派遣出访 5 批 15 人次，接待来访 9 批 28 人次。与郭沫若纪念馆开展学术交流的国家有日本、韩国、美国、德国等。

（1）2009 年 6 月 4 日，郭沫若纪念馆、日本冈山县立美术馆和日本聚友日中友好交流促进会联合举办的"日中友好的使者——郭沫若展"在日本冈山县立美术馆开幕。

展览展出郭沫若纪念馆馆藏文物 53 件（组）、历史图片 130 幅。展览至 8 月 23 日结束，共接待观众 8 万人次。

（2）2009 年 8 月 26 ~ 31 日，郭沫若纪念馆副馆长蔡震赴美国约翰·霍普金斯大学，出席以"郭沫若在世界文学与文化中"为主议题的国际郭沫若研究会第一届年会，并受聘为该研究会顾问。会议期间，蔡震作为中国郭沫若研究会会长，与美国、日本、韩国及中国香港、台湾地区的与会专家学者进行了学术交流，并作题为《郭沫若研究文献史料工作的回顾与思考》的学术报告。

（3）2009 年 10 月 25 ~ 29 日，郭沫若纪念馆副馆长赵笑洁、研究室主任李晓虹应日中友好会馆理事长村上立躬邀请，赴东京参加"京剧之花——梅兰芳"大展的文化交流活动，并访问市川市郭沫若旧居、三鹰市沫若文库等机构，查找郭沫若历史资料。

3．公众教育活动

2009 年，郭沫若纪念馆参与主办的活动有：

（1）2009 年清明节，郭沫若纪念馆等北京 8 家名人故居、纪念馆开展了为期一周的第二届"清明时节缅怀名人走进故居"系列文化宣传活动。通过文字和图片宣传历史文化名人对祖国和民族所作出的特殊贡献，引导人们树立积极、健康的人生观和生死观。

（2）2009年5月4日，郭沫若纪念馆等北京8家名人故居、纪念馆与北京市社会工作委员会、北京市精神文明建设委员会办公室在北京市西城区联合举办“穿越时空——五四文化名人事迹展”，旨在让历史文化名人和“五四”运动留下的精神遗产在新形势下继续发扬光大。

（3）2009年5月18日，由中共北京市委宣传部、北京市文物局主办，郭沫若纪念馆等北京8家名人故居、纪念馆承办的“文化名人与新中国”展览在“5·18”国际博物馆日的活动主会场——北京古代建筑博物馆首展。随后，展览在北京鲁迅中学、北京35中学等学校进行巡展。

（4）2009年9月10日，为庆祝中华人民共和国成立60周年，郭沫若纪念馆等北京8家名人故居、纪念馆与宁波的天一阁博物馆、宁波博物馆、慈溪博物馆、余姚博物馆、北仑博物馆、镇海口海防历史纪念馆、潘天寿书画馆、溪口博物馆8家博物馆，两地16家同行联合举办“文化名人与新中国”系列文化活动。郭沫若纪念馆和天一阁博物馆同时展出“文化名人与新中国”展览。随后，展览在宁波的8家博物馆和宁波市区巡展，活动持续到2010年1月。

2009年9月，“文化名人与新中国”系列文化活动在浙江省宁波市举行。

（5）2009年11月26～29日，郭沫若纪念馆等北京8家名人故居、纪念馆参加第四届北京国际文化创意产业博览会。

（6）2009年全年，郭沫若纪念馆等8家名人故居、纪念馆与西城区旅游局共同举办“在这里与名人对话——走进西城名人故居（纪念馆）”文化活动，并推出北京邮政旅游优惠券。

4．陈列工作

2009年，郭沫若纪念馆参与主办的陈列展览有：

（1）2009年4月29日至5月24日，郭沫若纪念馆在西院展厅举办中央美术学院四教授自选作品展《桃源路上行》。

（2）2009年5月26日至7月26日，郭沫若纪念馆与北京圣唐海纳文化传媒有限责任公司共同举办的流动展“高山仰止”（郭沫若题词题匾北京部分）在郭沫若纪念馆展出。

（3）2009年8月1～5日，“红色经典——张坤书画特展”在郭沫若纪念馆举办。

（四）学术社团

中国郭沫若研究会，会长蔡震。

2009 年 4 月 9 ～ 11 日，中国郭沫若研究会与中国现代文学研究会、四川郭沫若研究中心在四川省乐山市联合举行郭沫若研究学术研讨会。会议的主题是“郭沫若研究 90 年”，研讨的主要问题有“郭沫若研究的历史与现状”、“推进郭沫若研究的发展”等。

（五）会议综述

纪念五四运动90周年——郭沫若新诗创作90周年纪念会

2009 年 5 月 26 日，“纪念五四运动 90 周年——郭沫若新诗创作 90 周年纪念会”在郭沫若纪念馆举行。会议由中国文学艺术界联合会主办，郭沫若纪念馆、北京圣唐海纳文化传媒有限责任公司承办。会议旨在缅怀伟人的业绩，弘扬五四精神，传承郭沫若留下的丰厚文化遗产。郭沫若纪念馆馆长郭平英主持会议，中央国家机关书法家协会主席张飙作主题报告，《中国作家》杂志主编艾克拜尔·吉米提作书面发言。他们在报告和发言中重申五四精神的源泉是爱国主义，核心是民主与科学。

与会者认为，90 年前，正在日本留学的青年郭沫若以姿态全新的爱国诗篇声援了如火如荼的新文化运动，为中国诗坛实现了一次前所未有的洗礼。郭沫若的第一部诗集《女神》用浪漫主义的诗风承载了五四运动的精神内涵，冲破封建的精神禁锢，呼唤着人性的解放和民族的新生，因而成为我国新诗运动史上一座巍峨的丰碑。

会后，举行了郭沫若文学作品朗诵会——“翱翔的凤凰”，张家声、陈铎等 10 余位艺术家参加演出。全国政协原副主席孙孚凌，中国文联副主席、党组副书记廖奔等文化艺术界 150 余人参加了活动。

（蔡　震）

近代史研究所

（一）人员、机构基本情况

截至 2009 年年底，近代史研究所共有在职人员 136 人。其中，正高级职称人员 34 人，副高级职称人员 35 人，中级职称人员 43 人；高、中级职称人员占全体在职人员总数的 82%。

近代史研究所设有：近代政治史（晚清史）研究室、近代经济史研究室、近代文化史研究室、近代思想史研究室、史学理论研究室、近代中外关系史研究室、革命史研究室、中华民国史研究室、台湾史研究室、《近代史资料》编译室、《近代史研究》《抗日战争研究》编辑部、图书馆、科研处、人事处、办公室、信息化工作办公室。

（二）科研工作

1．科研成果统计

2009年，近代史研究所共完成专著18种，621.7万字；论文158篇，269.8万字；论文集6部，307万字；学术资料5种，112.4万字；译文2篇，4.6万字；学术普及读物2种，22万字；工具书2种，305万字；一般文章25篇，57.5万字。

2．科研课题

(1)新立项课题。2009年，近代史研究所共有新立项课题19项。其中，院重点课题1项："馆藏'"文化大革命"小报'目录与题解"（段梅主持）；院青年科研启动基金课题4项："民国时期北京律师群体研究"（邱志红主持），"1930年代中国经济学界思想研究"（吴敏超主持），"近代史研究所与中国近代史资料建设"（赵庆云主持），"民初北平的娼妓问题与妓女救济"（刘佳主持)；院国情考察课题1项："革命根据地考察——以近代史研究所的经历为中心"(步平主持)；所重点课题13项："分水岭与转折点：中国，1949"（于化民主持），"清末政治制度变革思想与日本思想之研究"（郑匡民主持），"甲午至戊戌年政局研究——以张荫桓为中心"（马忠文主持），"晚清官绅明治维新认知研究"（马勇主持），"山东抗日根据地创立与发展研究"（王士花主持)，"晚清社会变革中的史学"（刘俐娜主持)，"中国现代社会调查与社会学学科的发展"（吕文浩主持)，"晚清视学制度研究"（汪婉主持)，"民国初期知识群体自杀行为研究"（沈巍主持)，"中国共产党与国统区的反日运动（1927～1937)"（周斌主持)，"20世纪上半叶司法权的配置"(唐仕春主持)，"战后台湾农会研究"（程朝云主持），"近年来若干汉译中国近现代史研究著作述论"（谢维主持）。

（2）结项课题。2009年，近代史研究所共有结项课题5项。其中，院国情考察课题1项："现代革命史在建设和谐社会中的作用"（闻黎明主持）；所重点课题4项："晚清驻日使团与甲午战争前的中日关系(1877～1894)"(戴东阳主持)，"潘光旦与中国早期社会学"(吕文浩主持)，"会馆与近代社会研究：以京沪两地广东会馆为中心"（唐仕春主持），"从中小学教科书看近代国民常识教育"（毕苑主持）。

（3）延续在研课题。2009年，近代史研究所共有在研课题124项。其中，国家社会科学基金课题24项："中国通史（第11、12卷)"（蔡美彪主持)，"近代华北农村社会经济研究"（从翰香主持），"中国古代政治文化中的民主性因素及其现代价值研究"（耿云志主持），"第五次反围剿中的红军、苏维埃政权与苏区社会"（黄道炫主持），"近代中国社会结构研究"（姜涛主持），"晚清督抚与新政研究"（李细珠主持），"20世纪香港经济与社会文化"（刘蜀永主持），"清代满汉关系史"（刘小萌主持），"晚清华北村落研究"（王庆成主持），"19世纪中叶的江南农村”（夏春涛主持），“中苏国家关系史研究”（薛衔天主持），“资产阶级与中国近代社会”（虞和平主持），“20世纪中国近代史研究的走向”（张海鹏主持），“清代北京城区房屋契约研究”（张小林主持），“近代国家与农民关系研究”（郑起东主持），“传统农村社会文化的近代变迁”（李长莉主持），“国民党的权利重组”（金以林主持），“中日历史问题与中日关系”（步平主持），“新中国成立以来的中国历史学研究”（王建朗主持），“清朝嘉道财政与社会”（倪玉平主持），“中法建交始末”（黄庆华主持），“美国政府与甲午战争以来的晚清政治（1895～1912）”（崔志海主持），“阶级与封建：中国近代马克思主义话语论考”（赵利栋主持），“晚清中法政治关系研究（1840～1911）”（葛夫平主持）；院A类重大课题7项：“中国国民党台湾时期史”（王奇生主持），“中华民国外交史”（刘存宽主持），“台湾历史研究”（张海鹏主持），“中华民族抗日战争史”（步平主持），“中国近代社会经济史”（虞和平主持），“中国近代思想通史”（耿云志、郑大华主持），“英藏赫德档案的整理与研究”（王建朗主持）；院B类重大课题14项：“中俄关系史研究”（栾景河主持），“近代中法文化交流史”（葛夫平主持），“近代中国社会文化变迁录”（刘志琴主持），“馆藏珍稀期刊的数字化处理”（闵杰主持），“近代中国人的国家观念与近代中国政治”（邹小站主持），“地方督抚与清末新政研究”（李细珠主持），“近现代中葡关系史”（黄庆华主持），“近代中国文化保守主义思潮研究”（郑匡民主持），“孔子之道与近代中国社会”（左玉河主持），“晚清政府与社会各阶级”（姜涛主持），“美国与晚清改革运动”（崔志海主持），“近代中国社会生活与观念变迁”（李长莉主持），“民国思想家群体研究”（郑大华主持），“中国社会史大论战研究（1927～1937）”（李红岩主持）；院重点课题12项：“晚清满汉关系研究”（刘小萌等主持），“中国近代工业化研究”（郑起东主持），“中法建交始末”（黄庆华主持），“中国抗战人口损失结构研究”（卞修跃主持），“新中国成立以来的中国历史学研究”（金以林主持），“西南联合大学研究”（闻黎明主持），“中国国民党与越南独立运动”（罗敏主持），“民国人物传增订合编本”（赵利栋主持），“义和团战争的起源、转折及后果”（马勇主持），“战后日美台关系50年史研究（1945～1995）”（王键主持），“1940年代国共两党的组织与资源吸取”（黄道炫主持），“清末民初人伦礼俗之研究”（罗检秋主持）；院青年科研启动基金课题9项：“40年代后期美国与中共外交关系资料编译”（杨婉蓉主持），“19世纪前半期中国民间救荒事业的演变”（朱浒主持），“巴拉第·卡法罗夫与晚清中俄文化关系研究”（陈开科主持），“民国初年的中英禁烟交涉”（张志勇主持），“中国近代教科书编审制度的演变”（毕苑主持），“新中国成立以来近代中国不平等条约研究综述”（侯中军主持），“咸、同两朝政府与第二次鸦片战争赔款的偿付”（任智勇主持），“民国初期知识分子自杀现象研究”（沈巍主持），“论日本陆军中的‘中国通’及其对日本侵华政策的影响”（马晓娟主持）；院国情调研课题1项：“历史教育国情调研”（步平主持）；院廉政研究课题1项：“民国贪政史研究”（汪朝光主持）；所重点课题55项：“1944～1946年的中国政治”（邓野主持），“传教士与晚清社会救济”（顾建娣主持），“秘密社会与近代政治”（韩志远主持），“第五次反围剿中的红军、苏维埃政权与苏区社会”（黄道炫主持)，“马克思主义五老史学研究”（黄敏兰主持)，“三民主义青年团史”（贾维主持)，“嘉道经世思潮与晚清思想文化转型”（贾小叶主持)，“中国近代社会文化史论”（李长莉主持)，“地质调查所的发展历程与近代科学的体制化研究”（李学通主持)，“国民党文化统制之研究”（李玉刚主持)，“晚清民国的经子之学”（刘巍主持)，“20世纪前期中国禁毒史”（闵杰主持)，“清代两淮盐政改革研究”（倪玉平主持)，“闽粤赣边区族群与区域文化研究”（丘权政主持)，“美国对台政策的起源与发展”（汪小平主持)，“五四时期自由知识分子研究”（王法周主持)，“从现代化模式的转换看近代中国的历史进程”（严立贤主持)，“1944 ~ 1950年中共与美国的关系”（杨婉蓉主持)，“20世纪中国近代史研究的变迁”（曾业英主持)，“明代宗藩制度研究”（张德信主持)，“中国知识界与早期太平洋国际关系学会”（张静主持)，“近代中英贸易史研究”（张俊义主持)，“近代英国在华金融业扩张史研究”（张丽主持)，“中国近代中央政府对蒙藏地区施政研究”（赵云田主持)，“中国近代思想史大事编年”（郑匡民主持)，“太平天国时期人口损失初步研究”（姜涛主持)，“西部开发史研究——抗战时期的工业”（刘萍主持)，“政学系与中华民国政治”（孙彩霞主持)，“民国时期民间组织的发展”（徐秀丽主持)，“阶级与封建：中国近代马克思主义话语论考”（赵利栋主持)，“蒋渭水研究”（钟安西主持)，“黎原口述回忆”（金以林主持)，“赫德与近代中英关系”（张志勇主持)，“移民与关东文化的近代转型”（马平安主持)，“贺龙青少年时期研究”（刘树发主持)，“嘉道时期的灾荒与社会”（朱浒主持)，“组织与动员：1925 ~ 1935年的中国共产党研究”（王奇生主持)，“台湾‘教育部’审定普通高中历史教科书研究”（李理主持)，“《现代评论》自由思想研究”（陈于武主持)，“嘉庆十年——嘉庆朝中俄关系史研究”（陈开科主持)，“在日本问题影响下的西南与中央：1932 ~ 1936”（罗敏主持)，“近代中国不平等条约研究——基于实证视角的考察”（侯中军主持)，“《圣经》中译本与近代中国社会”（赵晓阳主持)，“近代史研究所的网站及数据库建设（2007 ~ 2009)”（连锐锋主持)，“抗战时期大后方精神生活研究”（柴怡赟主持)，“中日教育交流合作30年：1978 ~ 2009”（马晓娟主持），“晚清中法关系研究”（葛夫平主持)，“东亚三国的近现代史（第二期研究)”（荣维木主持)，“美国对台援助研究（1950 ~ 1965)”（杜继东主持)，“台商在中国大陆投资研究”（褚静涛主持)，“民国地质科学与科学思想的传播”（宋广波主持)，“日据时期台湾米糖经济史研究”（王键主持)，“近代史所学术会议及历史资料片综合数据库”（熊励主持)，“三民主义在台湾”（贺渊主持)，“晚清新海关的起源与关税收支”（任智勇主持)；其他部门与地方委托课题1项：亚洲研究中心项目课题“东亚三国近代史”（步平主持)。

（三）学术交流活动

1．学术活动

2009年，近代史研究所参与组织、主办的学术会议有：

（1）2009年2月13 ~ 14日，由台湾国父纪念馆、极忠文教基金会、台湾中央大学主办，中国社会科学院近代史研究所、北京大学协办的“民生主义之理论与实践——第二届孙文论坛”在台北举行。会议的主题是“孙中山的民生主义”。

（2）2009 年 5 月 3 ～ 5 日，由中国社会科学院学部主席团主办、近代史研究所承办的“纪念五四运动 90 周年国际学术研讨会”在北京举行。会议研讨的主要问题有“几十年来的五四运动史研究”、“五四时期的思潮”、“五四与中国传统文化”、“五四与现代中国及其文化的走向”。

（3）2009 年 8 月 15 ～ 19 日，中国社会科学院近代史研究所与比利时鲁汶大学南怀仁研究中心合作，在近代史研究所举办了“基督宗教与近代中国”国际学术研讨会。会议的主题是“基督宗教与近代中国”。

（4）2009 年 8 月 27 ～ 30 日，由中国社会科学院近代史研究所和贵州师范大学主办，首都师范大学、华中师范大学、苏州大学、中山大学、湖北大学和山西大学合办的“第三届中国近代社会史国际学术研讨会”在贵州省贵阳市召开。会议的主题是“社会流动、社会控制与文化传播”。

（5）2009 年 9 月 7 ～ 9 日，“战时国际关系——中日战争国际共同研究第四次会议”在重庆召开。会议由中国社会科学院近代史研究所与西南大学共同主办。会议的主题是“战时国际关系”。

（6）2009 年 10 月 11 ～ 12 日，由中国社会科学院近代史研究所革命史研究室与中国现代史学会、湖南师范大学公共管理学院联合主办的“30 年来中国现代史研究述评学术研讨会”在湖南省长沙市举行。会议的主题是“30 年来中国现代政治史、经济史、军事史、思想史、文化史、教育史、社会史、对外关系史、党派史、学术史以及人物、重大事件、史学方法等”。

（7）2009 年 10 月 16 ～ 19 日，由《近代史研究》主办的“中国近代史研究 30 年——过去的经验与未来的可能走向”学术研讨会在北京召开。会议研讨的主要问题有“史学理论与方法的变迁”、“研究领域和研究视野的变化”、“中国近代史研究中的重大争论”、“国外中国近代史研究及其对中国近代史学界的影响”、“中国近代史研究中的问题与未来发展”、“学者代际转换和其他值得关注的学界现象”、“学术期刊在学术发展中的角色和地位”等。

（8）2009 年 10 月 24 ～ 25 日，“民国浙江社会经济史学术研讨会”在浙江省杭州市召开。会议由中国社会科学院《近代史研究》编辑部和浙江省民国浙江史研究中心联合主办。会议研讨的主要问题有“近代以来浙江社会经济的诸多领域，如财政、税收、金融、实业、贸易、铁路、医疗卫生、社会保障、慈善、广告、禁烟、同乡会”等。

（9）2009 年 10 月 24 ～ 26 日，由中国社会科学院近代史研究所和湘潭大学联合主办的第三届“晚清国家与社会”国际学术研讨会在湖南省湘潭市召开。会议的主题是“湘淮集团与晚清社会”。

（10）2009 年 11 月 8 ～ 9 日，由中国社会科学院近代史研究所与澳门中西创新学院联合主办的“澳门历史与社会——纪念澳门回归祖国 10 周年学术研讨会”在澳门召开。会议的主题是“澳门经济、科技、教育、历史、社会、文化各个方面”。

（11）2009年12月16～18日，中国社会科学院近代史研究所第十一届青年学术讨论会在北京举行。作为每年一度的青年学术盛会，讨论会共收到由近代史研究所青年学者提交的27篇论文。

2009年12月，中国社会科学院近代史研究所第十一届青年学术讨论会在北京举行。

2．国际与地区学术交流和合作

2009年，近代史研究所共派遣出访27批30多人次，接待来访19批25人次。与近代史研究所开展学术交流的国家和地区有美国、日本、韩国、英国、法国、德国、俄罗斯等国家和中国的台、港、澳地区。

（1）2009年3月6～9日，应韩国东北亚历史财团邀请，院学部委员耿云志赴韩国参加“三一运动90周年纪念国际学术讲演会”。

（2）2009年5月19日，法国国家科学研究院、巴黎高等社会科学学院教授蓝克利来访近代史研究所，并作了题为《民国和1950年代初的北京老字号成文厚——商业社会史的个案分析》的报告。

（3）2009年6月18日，日本学习院大学一行来访近代史研究所，参观了近代史研究所图书馆，并与近代史研究所研究人员进行了学术交流。

（4）2009年6月28日，台湾政治大学日本语文学系教授藤井来访近代史研究所，并就“祖灵与英灵——台湾‘高砂义勇队’与靖国神社”问题与近代史研究所学者进行了学术交流。

（5）2009年8月20～26日，东京大学大学院综合文化研究科教授村田雄二郎来访近代史研究所，并作了题为《从日本外交档案看晚清中国与日、俄的外交关系——以白云观高道士为焦点》的报告。

（6）2009年8月24日，近代史研究所所长步平赴日本与中日共同历史研究日方首席委员、东京大学教授北冈伸一会谈，协商中日共同历史研究成果发表等事宜。

（7）2009年8月24日，台湾“国史馆”原编修、台湾东吴大学历史研究所教授卓遵宏来访近代史研究所，并作了题为《台北“国史馆”是什么？有什么？在做什么？——兼谈参访、阅览与投稿》的报告。

（8）2009年9月1日，应韩国高等教育财团邀请，近代史研究所研究员崔志海赴韩国进行学术访问。

(9) 2009 年 9 月 13 日，近代史研究所研究员杨天石赴台湾参加“蒋介石的权力网络及其政治运作”学术研讨会。

(10) 2009 年 9 月 13 日，台湾“中研院”近史所邀请近代史研究所步平等赴台进行学术访问。在台期间，步平等在“中研院”近史所查阅档案资料，并参加了“蒋介石的权力网络及其政治运作”学术研讨会。

(11) 2009 年 10 月 19 日，应日本早稻田大学邀请，近代史研究所编审徐秀丽赴日参加了“改革开放 30 年”学术讨论会，并作了题为《改革开放 30 年来的中国历史学》的学术报告。

(12) 2009 年 11 月 6 ～ 7 日，近代史研究所所长步平应邀赴韩国参加“历史视域中东亚世界的认同与多样性”国际学术会议。

(13) 2009 年 11 月 10 日，美国波士顿大学教授叶凯蒂与近代史研究所文化史研究室研究人员进行学术交流，并作了题为《梅兰芳与二十世纪中外文化交流》的报告。

(14) 2009 年 12 月 1 日，台北“中研院”人文社会科学研究中心与近代史研究所合聘专任研究员刘石吉作了题为《通商口岸制度（Treaty Ports System）的兴起——从城市史来考察》的学术报告。

(15) 2009 年 12 月 24 日，中日共同历史研究第四次全体会议在东京举行。会议宣布共同研究第一阶段工作结束。

（四）学术社团、期刊

1．社团

(1) 中国现代文化学会，会长耿云志。

2009 年 4 月 27 日，中国现代文化学会成立 20 周年学术座谈会在北京召开。会议回顾了中国现代文化学会 20 年来取得的成绩，总结了各分会工作，并提出了今后工作的建议。

(2) 中国中俄关系史研究会，会长李静杰。

2009 年 10 月 30 日，由中俄人文合作委员会秘书处、中国中俄关系史研究会、北京大学当代俄罗斯研究中心、中国社会科学文献出版社共同举办的“《中俄关系的历史与现实》（第二辑）新书发布会暨纪念中俄建交 60 周年，加强对俄研究与交流”主题讨论会在北京大学举行。会议的主题是“纪念中俄建交 60 周年，加强对俄研究与交流”。

(3) 中国孙中山研究会，会长金冲及。

(4) 中国抗日战争史学会，会长何理。

2009 年 8 月 15 日是抗日战争胜利 64 周年纪念日，由中国抗日战争史学会、中正文教基金会联合主办的“第二届海峡两岸抗日战争史学术研讨会”在北京召开。会议的主题是“抗日战争时期的中国社会”。

（5）中国史学会，会长李文海。

2009年4月11～13日，由中国史学会主办、河北师范大学承办的中国史学界第八次代表大会在河北省石家庄市召开。全国政协副主席、中国社会科学院院长陈奎元出席会议并讲话。这次代表大会选举产生了由108名理事组成的中国史学会第八届理事会。第八届理事会第一次会议通过无记名投票的方式选举产生了会长、副会长、秘书长。张海鹏当选新一届理事会会长，于沛、马敏、邓小南、陈春生、陈祖武、李捷、郑师渠、徐蓝、熊月之当选副会长，王建朗当选秘书长。会议还安排了24场学术报告，就考古、中国古代史、中国近代史、世界史、历史教学、史学理论等领域的研究现状及发展趋势进行了学术研讨。

（6）中国社会科学院台湾史研究中心，理事长朱佳木，主任张海鹏。

2009年8月20～25日，由中国社会科学院台湾史研究中心主办，大连外国语学院国际关系研究所和中华全国台湾同胞联谊会研究室合办的“台湾殖民地史”学术研讨会在辽宁省大连市召开。会议研讨的内容涉及日据时期台湾的政治、经济、军事、对外关系、社会、文化、台湾历史人物等诸多方面。

（7）中国社会科学院近代思想研究中心，理事长耿云志，主任郑大华。

（8）中国社会科学院近代社会文化研究中心，理事长虞和平，主任李长莉。

2．期刊

（1）《近代史研究》（双月刊），主编徐秀丽。

2009年，《近代史研究》共出版6期，共计156万字。该刊全年刊载的有代表性的文章有：曾业英的《蔡锷与小凤仙——兼谈史料辨伪和史事考证问题》，李育民的《晚清改进、收回领事裁判权的谋划及努力》，杨琥的《同乡、同门、同事、同道：社会交往与思想交融——〈新青年〉主要撰稿人的构成与聚合途径》，刘维开的《中国国民党六届临时中全会之研究（1948.4.4～4.6）》，王庆成的《晚清北方寺庙和社会文化》，王建革的《华阳桥乡：水、肥、土与江南乡村生态（1800～1960）》，吴义雄的《鸦片战争前在华西人与对华战争舆论的形成》，王天根的《五四前后北大学术纷争与胡适“整理国故”缘起》，王东杰的《“故事”与“古史”：贯通20世纪二三十年代“疑古”和“释古”的一条道路》，何友良的《农村革命展开中的地方领导群体》，鹿锡俊的《蒋介石与1935年中日苏关系的转折》，罗敏的《走向“团结”——国民党五全大会前后的蒋介石与西南》，王建朗的《信任的流失：从蒋介石日记看抗战后期的中美关系》，汪朝光的《蒋介石与1945年昆明事变》，王笛的《茶馆、戏园与通俗教育——晚清民国时期成都的娱乐与休闲政治》，郑师渠的《新文化运动与反省现代性思潮》，欧阳哲生的《中国的文艺复兴——胡适以中国文化为题材的英文作品解析》，关晓红的《议修京师贡院与科举制的终结》，朱浒的《滚动交易：辛亥革命后盛宣怀的捐赈复产活动》，戴东阳的《中国驻日使团与金玉均——兼论金玉均被刺与甲午战争爆发之关系》，王建朗的《改革开放与中国近代史研究》，王建朗的《〈近代史研究〉三十年之路与未来走向》，徐秀丽的《从引证看中国近代史研究（1998 ~ 2007）》，邓野的《日苏中立条约在中国的争议及其政治延伸》，李喜所、李来容的《清末留日学生“取缔规则”事件的重新解读》，侯宏堂的《钱穆对“宋学”的现代诠释》，张帆的《晚清教科之“科学”概念的生成与演化（1901 ~ 1905）》，张海鹏的《60 年来中国近代史研究领域有关理论与方法问题的讨论》，黄敏兰的《质疑“中国古代专制说”依据何在——与侯旭东先生商榷》，茅海建的《康有为与“真奏议”——读孔祥吉编著〈康有为变法奏章辑考〉》。

（2）《抗日战争研究》（季刊），主编步平。

2009 年，《抗日战争研究》共出版 4 期，共计 80 万字。该刊全年刊载的有代表性的文章有：步平、荣维木等的《笔谈“抗日战争与中日关系史研究”》，刘燕军的《南京大屠杀的历史记忆（1937 ~ 1985）》，占善钦的《论抗战后期中国共产党政权诉求的演变》，于化民的《淮北根据地纠正淮中、泗阳两案述评》，戴建兵、申玉山的《日本对华经济战中被忽视的一面——日本在华公债政策研究》，刘大禹的《抗战时期国民政府行政院的机构调整和改革》，欧阳湘的《中国共产党领导的抗日根据地援用国民政府法律问题论析》，薛毅的《抗日战争与中国工业近代化》，潘国旗的《论战时的浙江省财政》，张晓辉的《抗战时期国民政府驻港企业研究（1937 ~ 1941）》，雷甲平的《抗日战争时期陕甘宁边区的主要社会问题及其治理》，徐秀丽的《欧洲经验对解决中日历史问题的启示及其局限》等。

（3）*JOURNAL OF MODERN CHINESE HISTORY*（《中国近代史》）（半年刊），主编王建朗。

2009 年，《中国近代史》共出版 2 期，共计 16 万字。该刊全年刊载的有代表性的文章有：Bae Kyounghan's “Chiang Kai-shek and Christianity: Religious Life Reflected from His Diary”（裴京汉的《蒋介石与基督教——日记中反映的宗教生活》），Wang Qisheng's “Chiang Kai-shek's Reading: An Inquiry Based on Chiang's Diary, 1920s ~ 1940s”（王奇生的《蒋介石的阅读史——以 1920 ~ 1940 年代蒋介石日记为中心的探讨》），Lin Hsiao-ting's “Tribal Diplomacy and Frontier Territoriality in Modern China: Hunza and Nationalist China, 1947 ~ 1948”（林孝庭的《近代中国的部落外交与边境领土》），Wu Guo's “The ‘Zhanguoce’ School's Effort of Wartime Cultural Reconstruction, 1940 ~ 1942”（伍国的《“战国策派”在战时文化重建的努力：1940 ~ 1942》），Brad Bauer's “Wading into the Stream of Chinese Life: The Life and Missionary Career of Roderick Scott in China, 1916 ~ 1949”（布莱德 · 鲍尔的《汇入中国生活的激流：徐光荣在中国的生活及传教生涯（1916 ~ 1949）》），Chen Yung-fa's “A Review of Yang Tianshi's Seeking for Truthful Chiang Kai-shek Interpreting the Diary of Chiang Kai-shek”（陈永发的《杨天石〈找寻真实的蒋介石——蒋介石日记解读〉书评》），Yu Heping's “Innovations of Modern Chinese History Studies since Reform and Opening-up”（虞和平的《改革

开放以来中国近代史学科创新》), Yang Kuisong's "The Theory and Implementation of the People's Republic of China's Revolutionary Diplomacy"(杨奎松的《新中国的革命外交思想与实践》), Niu Jun's "A Further Discussion of Decision-making in the 1958 Shelling of Jinmen"(牛军的《1958年炮击金门决策的再探讨》), Thomas Heberer's "The 'Great Proletarian Cultural Revolution'——China's Modern Trauma"(托马斯·海贝勒的《"无产阶级文化大革命"——近代中国的创伤》), Wang Aihe's "'Wuming': An Underground Art Group during the Cultural Revolution"(王爱和的《"无名":"文化大革命"时期的地下艺术小组》), Ouyang Zhesheng's "A Masterpiece of Modern Chinese Cultural History: A review of Geng Yunzhi's *An Introduction to China's Modern Cultural Transformation*"(欧阳哲生的《中国近代文化史研究的又一力作——评耿云志先生著〈近代中国文化转型研究导论〉》), Ye Jun's "The Rebirth of China in the Eyes of the International Community: A Review of Professor *Xu Guoqi's China and the Great War: China's Pursuit of a New National Identity and Internationalization*"(叶隽的《国际化视野里的中国重生——读徐国琦的〈中国与大战——寻求新的国家认同与国际化〉》), Zhu Ying's "A Summary of the Past Two Decades' Research on Non-governmental Forces in Modern China"(朱英的《近二十年来中国近代民间社会研究综述》)。

(五)会议综述

民生主义之理论与实践——第二届孙文论坛

2009年2月13～14日，以中国社会科学院近代史研究所所长步平为团长的代表团在台北国父纪念馆出席了以"民生主义之理论与实践"为主题的第二届孙文论坛。这次论坛由台湾国父纪念馆、极忠文教基金会、台湾央大学主办，中国社会科学院近代史研究所、北京大学协办。与会大陆学者21人，台湾学者35人，共计56人。

会上,两岸学者围绕"民生主义之理论与实践"的主题进行了讨论。与会者提交的论文中,有的将孙中山的民生主义与当今社会发展结合起来，探讨其现实意义。如深圳市社会科学院乐正的论文《孙中山的现代化方略与深圳经济特区发展实践——经济发展战略的思路比较》认为,孙中山的理想与深圳现代化实践之所以会产生出如此多的相似之处,同时又有一些明显的不同,从主观上说，正是在必要性设想与可行性论证的统一方面有着明显的异同点。作为发展中国家和地区现代化的导向与路标，经济发展战略的制定既需要丰富的想象力和创造精神，又需要有严谨客观的科学态度。中国社会科学院近代史所郑大华的论文《论民生主义的内容及其当代意义》从重视民生、发展实业、贫富均等、"平均地权"和"节制资本"等方面阐述了孙中山的民生主义思想体系，指出"民生主义"并未因时代的发展和社会的变迁而过时，在当代仍然有它重要的思想意义。台湾“中国文化大学”中山学术研究所所长叶明德的论文《民生主义的实践——评论台湾大众传播媒体的变迁》，从台湾传播媒体变迁的结果，蠡测国民党政权的大众传媒政策方向。台湾中正大学战略暨国际事务研究所赵文志在《民生主义在台湾的实践——以汇率发展为例兼论对中国大陆的启示》一文中，探讨台湾在经济发展过程中以民生主义为指导原则下，汇率在台湾经济发展过程中的变化与所受到的国际压力，通过对台湾发展经验的讨论，希望对大陆经济发展过程中所遇到的困难有所启示。

还有一部分学者将着眼点放在历史的背景下，对孙中山民生主义的意义及实践进行探讨。广东省社会科学院教授王杰的论文《和谐共融：孙中山民生主义的文化内涵》从和谐国际、协调区际、调和阶级、平等人际等四个方面，对民生主义的“和谐”意蕴进行了探讨，认为孙中山毕生追求真理，与时俱进，其政治、经济、文化和社会的主张具有普世意义，顺应近代中国“大同”和谐的诉求，蕴涵了追求和谐社会思想的元素，值得深入研究。中国社会科学院近代史研究所马勇的论文《孙中山民生主义的构想与实现》从民生主义产生的背景、民生主义的精神实质、民生主义的思想资源三个方面对孙中山民生主义的构想与实现进行了阐释。中国社会科学院近代史研究所副研究员贺渊、助理研究员柴怡赟也分别提交了论文《民生主义与陈仪治闽》《抗战时期关于孙中山民生主义的讨论》。

台湾学者元智大学教授兼人文社会学院院长刘阿荣在题为《孙中山的治国理念：国家专业经理与企业并购国家的审酌》的论文中，综述了孙中山先生的治国理念。东吴大学教授曾祥铎在论文《孙文学说与现代中国》中梳理了孙中山学说近百年来的历史演变与运用，提出遵循孙中山先生的倡议，让全体中国人团结起来，共同建设一个强大中国的观点。

在闭幕式上，两岸学术代表对论坛讨论情况作了总括发言。中国社会科学院近代史研究所所长步平认为，两岸学者应该加强交流，相互借鉴，繁荣学术文化。会议的主办方也表示要加强孙中山研究，促进学术互动，为实现祖国统一贡献力量。

（柴怡赟）

纪念五四运动90周年国际学术研讨会

2009年是五四运动90周年。为了纪念这场伟大的运动，由中国社会科学院学部主席团主办、近代史研究所承办的“纪念五四运动90周年国际学术研讨会”于2009年5月3～5日在北京举行。来自中国、美国、日本、韩国、澳大利亚等国家的学者近百人出席了会议。会议共收到学术论文56篇，举办国学论坛1场。在随后两天的研讨会中，与会专家学者围绕“几十年来的五四运动史研究”、“五四时期的思潮”、“五四与中国传统文化”、“五四与现代中国及其文化的走向”等专题进行了讨论。

全国政协副主席、中国社会科学院院长陈奎元出席了5月4日的全体会议。中国社会科学院常务副院长王伟光发表了题为《论五四运动的真正革命意义》的讲话。中国社会科学院学部委员、近代史研究所研究员耿云志作了题为《五四运动：现代中国的新起点》的主题报告。中国社会科学院科研局副局长王正主持了报告大会。会上，共有三位学者分别结合各自的研究领域发了言。北京师范大学历史学院郑师渠作了题为《五四后关于"新文化运动"的讨论》的报告。他指出，新文化运动不仅催生了中国新民主主义革命的善果，而且从长时段看，新文化运动依文化发展自身的逻辑，沿着普及与提高两个向度纵深发展，终至成为常态，有力地奠定了现代中国学术文化发展的基础；从广阔的视野看问题，在很大的程度上，它同样为中国现代文明政治的发展奠定了一个长期起作用的"非政治的"即文化思想的基础。日本一桥大学教授坂元弘子作了题为《五四时期的女性主义及其思想来源》的报告。她围绕当时的妇女解放运动中"追悼李超女士"这个象征性事件，结合胡适、蔡元培对此事的反应来探讨梁漱溟的女性观，同时根据众多主要登载于妇女杂志上的有关节制生育和优生学的文章来探讨它们对妇女解放思想的形成与发展的重要意义，并分析它们对后家父长制的家庭结构的影响。中国社会科学院学部委员、文学研究所所长杨义研究员在题为《鲁迅与"五四精神"》的报告中认为，鲁迅深化了五四民主思想，他站在苦难中国的立场上，形成一种底层民众本位的思想。鲁迅从"五四"出发，在社会实践中诠释了真正的五四精神，并依照时代提出的新要求不断补充发展，使之深化和光大。

会议还举行了"国学研究论坛"专场，四位学者分别发表了主题演讲：南开大学历史学院教授李喜所作了题为《"五四"反孔的三点启示》的报告，湖北大学中国思想文化史研究所研究员何晓明作了题为《"五四"精神三思》的报告，华东师范大学哲学系教授高瑞泉作了题为《"五四"新文化运动与中国现代哲学》的报告，河南商丘师范学院教授李可亭作了题为《钱玄同国学研究论析——以经学思想为例》的发言。

（柴怡赟）

战时国际关系——中日战争国际共同研究第四次会议

2009年9月7～9日，由中国社会科学院近代史研究所与西南大学共同主办的"战时国际关系——中日战争国际共同研究第四次会议"在重庆召开。会议讨论的主题是"战时国际关系"。来自中国、美国、日本、英国、法国、俄罗斯、加拿大的专家学者80余人出席了会议。

与会学者围绕若干专题对中日战争（1937～1945）期间问题进行了深入探讨。在"中国与德、美、苏关系"的专题讨论中，哈佛大学教授柯伟林（William C. Kirby）在《有限的伙伴关系：中国与德、美、苏关系论》中讨论了1928～1944年中国与德国、苏联、美国的关系。他认为，自1928年国民党统治时期开始，中国第一次开始了具有现代国际意义的合作关系，但没有一种关系被证明是持久的。中国的外交政策虽然受历史经验和政治原则的指导，但在现实执行中也是非常灵活的。日本成城大学教授田岛信雄提交的论文《中日战争与日德中苏关系》，超越了长期以来讨论中日战争多用的“同盟国”和“轴心国”框架，设定了日德中苏四国关系框架，认为中国一直都对德国保留着几种外交上的选择，日本尽管走的是日德意苏四国合作路线，但对中国也不时有期待。俄罗斯科学院研究员玛玛耶娃在《中日战争时期的苏联、美国和国共“统一战线”》中提出，国共两党的合作情况对于国际政治发展具有重要意义，这一点在以往的史料研究中没有充分地体现出来。

在讨论有关抗战时期国民政府的外交政策时，美国独立学者陶涵在《无力之手——蒋介石在中日战争（1937 ~ 1945）期间的外交手段》一文中，研究了蒋介石在中日战争期间的外交手段。北京大学副教授臧运祜在《抗战前夕的中日国交谈判述论》中阐述了 1935、1936 年下半年，中日两国先在东京、后主要在南京进行的两次关于调整国家关系的外交谈判，这是中日两国在全面战争之前最大、最高级别的外交努力，双方在谈判中不断转换策略，最终各有所得。日本中央大学教授土田哲夫在《中日战争与中方宣战问题》中认为，中日战争中的宣战问题是探讨这场战争的过程及性质、战时外交以及中日之间的“历史问题”等不可忽视的重要课题，中国政府权衡利弊，对此采取了不宣战、避免陷入国际法上的战争状态的方针。

在讨论关于战时中国与其他国家的关系时，中国社会科学院近代史研究所研究员杨天石在《蒋介石与尼赫鲁》一文中探讨了战时蒋介石与尼赫鲁之间的密切关系。台湾中正大学副教授杨维真在《抗战胜利前后中法对于越南问题之交涉（1945 ~ 1946)》一文中，讨论了抗战胜利前后（1945 ~ 1946）中、法关于越南问题的交涉过程，并分析了中方内部意见不一对谈判交涉的影响。

在探讨共产国际在中日战争中的作用时，中国社会科学院研究员李玉贞的《抗战时期的蒋介石与斯大林》从抗战时期“谋求接近”和“出兵”两个问题出发，探讨了蒋介石和斯大林交涉的实质。华东师范大学教授杨奎松的论文《抗战期间中共与共产国际关系的演变》认为，抗战期间中共与共产国际之间的关系充满诸多戏剧性变化，其根本原因就在于中共中央和共产国际之间一直存在一种上下级的组织关系。在抗战爆发之前，它们之间的关系给中共带来的帮助，恐怕要远大于其产生的不利。但是，进入到抗战期间，因为中共生存的环境和自身的情况发生了很大变化，必定会促成两者的摩擦、冲突和改变。与会学者还就中美战时经济合作、日本在中国的殖民统治等问题进行了讨论。

（柴怡赟）

澳门历史与社会——纪念澳门回归祖国10周年学术研讨会

2009 年 11 月 8 ~ 9 日，由中国社会科学院近代史研究所与澳门中西创新学院联合主办的“澳门历史与社会——纪念澳门回归祖国 10 周年学术研讨会”在澳门召开。来自内地、港

2009 年 11 月，“澳门历史与社会——纪念澳门回归祖国 10 周年学术研讨会”在澳门召开。

澳台的 40 多名专家学者出席了会议。会议得到中国社会科学院台港澳学术交流委员会的大力支持。以中国社会科学院近代史研究所研究员曾业英为团长、中国社会科学院台港澳学术交流委员会副秘书长解莉莉为副团长的中国社会科学院代表团参加了会议。

会议以澳门为主题，与会学者共提交论文 34 篇，涵盖经济、科技、教育、历史、社会、文化各个方面。研讨会有多篇论文关注澳门的历史问题。中国社会科学院近代史研究所研究员曾业英的论文《澳门与中国民主革命》从特殊的角度对澳门与中国民主革命的关系进行了论述，颇具新意。针对中外部分人对澳门领土所有权的隶属问题的争论，中国社会科学院近代史研究所研究员黄庆华在《关于澳门的法律地位问题——兼述澳门的历史地位》中对澳门的法律地位作了梳理，明确指出澳门的领土主权属于中国从来没有改变过。而中国社会科学院法学研究所研究员苏亦工的《澳门模式与近代中国治外法权的旁落》则从法律案件出发，引用大量具体案例描述“澳门模式”，认为所谓“澳门模式”是一种相互妥协的结果。也有部分学者从微观的角度切入，再现当时的历史，如中国社会科学院历史研究所研究员万明的《明代青花瓷西传与澳门贸易》、广东省社会科学院历史研究所研究员陆晓敏的《“驱盗说”相关史料试析》、贵州省社会科学院研究员冯祖贻的《〈澳门新闻纸〉的再探究》等。

澳门是以博彩业旅游业为龙头的城市，研讨会上有多位学者提交了澳门博彩业的专业论文。中西创新学院校监苏树辉博士提交的论文《博彩业的开放：契机与未来》探讨了澳门博彩业的契机、实践以及未来的发展。中国社会科学院美国研究所副研究员罗振兴的《从制度变迁的角度看美资进入澳门博彩业》对赌权开放前的澳门博彩业制度进行了研究，从赌权开放与美资进入竞争两方面对澳门博彩业制度变迁的影响进行了分析。深圳市社会科学院院长乐正研究员的《加强粤港澳科技合作，打造珠江口区域创新体系》、台湾“清华大学”通识教育中心教授李华夏的《两岸四方未来经济合作的可能方向》、中国社会科学院社会学研究所研究员石秀印的《区域性自由市场下的劳资结构与构成各方的福利增长》、澳门中西创新学院院长周亮全教授的《舍本逐末的经济增长》等从不同的角度对澳门经济进行了探讨。

由于澳门是在特殊的历史环境中成长起来的，它的文化、社会、教育、科技领域的发展也兼具中西交融的特色。香港大学亚洲研究中心名誉研究员郑妙冰博士在《澳门历史城区之大三巴哪吒庙》一文中，通过对大三巴哪吒庙的研究认为，人们之所以对哪吒敬畏、朝拜，是因为哪吒神话所阐释的民间幽默精神，表现了在那些森严的礼教和墨守成规的传统中人们对“暂时”自由的追求。中国社会科学院文学研究所研究员黎湘萍的《时间与叙述——观察“殖民地”文学的一种方法？》，用三个不同的空间——台湾、香港、澳门，来观察政治时间和文化时间的变易及其对人的生命时间的影响。

（柴怡赟）

世界历史研究所

（一）人员、机构基本情况

截至2009年年底，世界历史研究所共有在职人员86人。其中，正高级职称人员21人，副高级职称人员27人，中级职称人员23人；高、中级职称人员占全体在职人员总数的83%。

世界历史研究所设有：外国史学理论研究室、古代中世纪史研究室、西欧北美史研究室、俄罗斯东欧史研究室、亚非拉美史研究室、《世界历史》编辑部、《史学理论研究》编辑部、图书资料室／世界历史数字化研究部、科研组织处、行政办公室。

世界历史研究所院属科研中心有：中国社会科学院加拿大研究中心、中国社会科学院史学理论研究中心；所属科研中心有中国社会科学院世界历史研究所日本历史与文化研究中心。

（二）科研工作

1．科研成果统计

2009年，世界历史研究所共完成专著4种，136.1万字；论文70篇，93.03万字；学术资料1篇，1.1万字；译著7种，287.3万字；译文7篇，11.2万字；一般文章73篇，33.58万字；论文集1种，27.1万字。

2．科研课题

（1）新立项课题。2009年，世界历史研究所共有新立项课题21项。其中，国家社会科学基金课题1项：“瑞典充分就业的历史考察（20世纪30年代至90年代）”（张晓华主持）；院重大课题1项：“古代国家权力与宗教礼仪制度”（徐建新、刘健主持）；国情调研重大项目1项：“西方‘文化渗透’的影响和我们的对策（之三）”（于沛主持）；研究所国情考察活动1项：“农业开发与农村环境保护——对黑龙江省的考察”（赵文洪主持）；院委托交办课题1项：“中国社会科学院志·世界历史所所志”（赵文洪主持）；院属单位信息化项目课题1项：“中国世界史研究网重点建设工程：'印度、巴基斯坦与中国关系的历史与现状' 专题信息系统”（孟庆龙、陈蓉主持）；青年中心社会调研课题 1 项："金融危机下广东民营鞋厂农民工就业形势调查"（马渝燕主持）；所重点课题 5 项："2010 年度所网站建设工程"（陈蓉主持），"近代国家民族化的历史与理论"（秦海波主持），"古埃及托勒密王朝专制王权研究"（郭子林主持），"近代日本政治中的元老、宫中势力研究"（张艳茹主持），"世界历史所所史资料（2006 ~ 2008）"（刘巍主持）；所交办课题 1 项："欧美主要国家世界历史网上资源调查"（孟庆龙主持）；另有所一般课题 8 项。

（2）结项课题。2009 年，世界历史研究所共有结项课题 14 项。其中，国家社会科学基金课题 1 项："20 世纪英国执政党及其执政经验教训分析和比较研究"（吴必康主持）；院 B 类重大课题 1 项："南非种族隔离制度与白人经济关系的历史考察"（刘兰主持）；院重点课题 1 项："战后初期美国保守主义权势集团对杜鲁门政府外交政策的影响"（金海主持）；院青年科研启动基金课题 1 项："古埃及公共权力演变视角下的王权与专制主义"（郭子林主持）；院国情调研交办委托课题 1 项："提高土地利用效率，稳定和发展农业生产"（俞金尧主持）；院国情调研重点课题 1 项："两村镇基层民主建设现状调研与历史分析"（刘军主持）；研究所国情考察活动 1 项："农业开发与农村环境保护——对黑龙江省的考察"（赵文洪主持）；另有所重点课题 4 项，所一般课题 3 项。

（3）延续在研课题。2009 年，世界历史研究所共有延续在研课题 65 项。其中，国家社会科学基金重大课题 1 项："所有制形式的演进与社会变革"（赵文洪主持）；国家社会科学基金重点课题 2 项："经济全球化和世界文化的多元性"（于沛主持），"19 世纪——马克思主义产生的世纪"（张椿年主持）；国家社会科学基金一般课题 3 项："环境、瘟疫与人类社会历史发展研究"（王旭东主持），"苏联东部移民史研究（1917 ~ 1991）"（王晓菊主持），"瑞典充分就业的历史考察（20 世纪 30 年代至 90 年代）"（张晓华主持）；国家社会科学基金青年课题 3 项："中东现代化进程中的民主问题比较研究"（毕健康主持），"美国环境史学研究"（高国荣主持），"亚述赋役制度研究"（国洪更主持）；院 A 类重大课题 4 项："20 世纪美国环保运动与环保政策研究"（徐再荣主持），"马克思主义史学思想史"（于沛主持），"欧美工业化城市化以来的民生问题和民生政策"（吴必康主持），"古代国家权力与宗教礼仪制度"（徐建新、刘健主持）；院 B 类重大课题 8 项："世界历史地图集 · 古代部分"（郭方主持），"世界历史地图集 · 近代部分"（俞金尧主持），"世界历史地图集 · 现代部分"（孟庆龙主持），"近代日本对东亚的历史影响"（汤重南主持），"古罗马共和时期的平民职官研究"（胡玉娟主持），"南非种族隔离制度与白人经济关系的历史考察"（刘兰主持），"欧洲一体化进程中的大国关系与国家主权研究（1945 ~ 1973）"（姜南主持），"世界历史研究所科研管理系统——科研档案管理子系统"（张晓华主持）；院重点课题 8 项："列国志（共 9 个国家与组织）"（于沛主持），"新经济政策时期的苏维埃社会"（黄立茀主持），"中国世界史学科信息门户系统研究：元数据及体系标准"（王旭东主持），“德国近现代史上的民族、民主与民生问题”（景德祥主持），“俄罗斯东部移民问题研究（1917 ~ 1991）”（王晓菊主持），“欧美现代警察制度的历史考察”（谢闻歌主持），“世纪之交的西方史学”（姜芃主持），“历史嬗变中的俄国史学（十月革命前）”（朱剑利主持）；院委托交办课题1项：“外国历史名词审定”（周荣耀主持）；所重点课题（包括所交办课题）20项：“美国环境史学研究”（高国荣主持），“中国阿拉伯古代物质文化交流”（宋岘主持），“田中角荣与战后日本政治”（张跃斌主持），“社会系统的自整合与中日现代化演进”（张经纬主持），“莱茵河、塞纳河与城市文明及环保”（张丽、邸文主持），“‘二战’以来美国新中间阶级发展史”（吴英主持），“19 世纪墨西哥社会转型研究”（王文仙主持），“欧盟对阿拉伯政策研究”（姚惠娜主持），“美国对苏情报评估学术资料集”（李锐主持），“20 世纪中法交流互动史”（端木美主持），“巴勒克拉夫全球史研究”（董欣洁主持），“亚述赋役制度研究”（国洪更主持），“德国工业化过程中的社会保障政策研究（1880 ~ 1956 年）”（王宏波主持），“2009 年世界历史研究所网站及信息化建设工程”（陈蓉主持），“中国世界史研究 30 年：1978 ~ 2008”（于沛主持），“《世界历史》特刊”（张丽主持），“近代国家民族化的历史与理论”（秦海波主持），“古埃及托勒密王朝专制王权研究”（郭子林主持），“近代日本政治中的元老、宫中势力研究”（张艳茹主持），“世界历史所所史资料（2006 ~ 2008）”（刘巍主持）；另有所一般课题 15 项。

3．获奖优秀科研成果

2009 年，世界历史研究所共评出“第八届世界历史研究所优秀科研成果奖”专著类一等奖 3 项：毕健康的《埃及现代化与政治稳定》，徐建新的《好太王碑拓本の研究》，黄立茀的《苏联社会阶层与苏联剧变研究》；论文类一等奖 3 项：王文仙的《殖民地时期墨西哥大庄园和印第安村社的关系》，国洪更的《古代两河流域的创世神话与历史》，景德祥的《20 世纪末联邦德国史学流派争议》（上、下）。专著类二等奖 1 项：易建平的《部落联盟与酋邦——民主 · 专制 · 国家：起源问题比较研究》；论文类二等奖 2 项：朱剑利的《克柳切夫斯基论波雅尔杜马在国家政治体制发展史中的地位》，张旭鹏的《“庶民研究”与后殖民史学》。论文类三等奖 6 项：刘军的《论西方环境史的政治特点》，刘健的《“世界体系理论”与古代两河流域早期文明研究》，胡玉娟的《周初殷遗民与古罗马王政时代灭国迁民现象之比较——一项关于早期国家公民集体形成的比较研究》，秦海波的《论西班牙 1975 ~ 1986 年改革》，徐再荣的《生物多样性保护问题与国际社会的回应政策（1972 ~ 2002）》，高国荣的《什么是环境史》。

4．科研组织管理新举措

（1）在对外学术交流方面，为加强以我为主的公派出访项目的力度，弥补院级协议项目名额的不足，世界历史研究所制定了《世界历史所关于资助学者进行对外学术交流的管理办法（试行）》，利用所外事经费资助部分科研人员出国进行短期学术访问（不包括参加国际学术会议）。2009 年度共资助 5 人次出国访问，取得了较好的效果。

（2）在充分开展调研工作的基础上，制定了《世界历史研究所学科建设方案》和《世界历史研究所“重点学科（含资助学科）建设计划”经费管理意见（试行）》，加强对重点学科和资助学科的管理。

（三）学术交流活动

1．学术活动

2009 年，世界历史研究所主办和承办的学术会议有：

(1) 2009 年 5 月 11 ～ 13 日，《史学理论研究》编辑部和河南大学历史文化学院联合主办的“史学理论前沿问题春季论坛”在河南大学召开。会议结合如何办好史学刊物的问题，就研究动态交流、约稿、组稿等方面问题进行了座谈。

(2) 2009 年 7 月 16 ～ 18 日，世界历史研究所主办、《世界历史》编辑部和兰州大学历史文化学院等联合承办的“第八届全国青年世界史工作者代表学术研讨会”在兰州大学召开。

(3) 2009 年 10 月 17 ～ 18 日，中国社会科学院世界历史研究所、德国汉斯·赛德尔基金会、中国德国史研究会、中国日本史研究会联合举办的“‘二战’后德国与日本历史反思比较学术研讨会”在北京召开。会议反思德国法西斯和日本军国主义给世界带来的灾难，比较德日战后的反思历程和态度，对于深刻理解历史现象和本质，对于促进当代国际关系的和谐发展和人类未来的和平，具有现实意义和学术意义。

(4) 2009 年 10 月 21 ～ 23 日，中国社会科学院史学理论研究中心、世界历史研究所史学理论重点学科、《史学理论研究》编辑部和温州大学共同主办的“第 15 届全国史学理论研讨会”在浙江省温州市召开。会议研讨的主要问题有“60 年来中国马克思主义史学的理论成就”、“国外史学理论研究的前沿问题、热点问题和重大理论问题”、“世界现代历史的主线及其理论体系”。

(5) 2009 年 11 月 4 ～ 5 日，世界历史研究所主办的“古代国家的起源与早期发展国际学术研讨会”在北京召开。

此外，2009 年，世界历史研究所共举办了 8 场全所学术报告会，内容涉及“中国特色社会主义道路与苏联模式”、“换个角度看美国”、“为奥运会波兰代表团做志愿者花絮”、“关于奴隶占有制的若干问题”、“谈谈史学研究体会——以俄罗斯历史问题研究为例”、“如何作研究及写作学术论文”、“美国的中国通与 20 世纪 60 年代初到 70 年代初的美中关系”、“毛泽东最后十年的中国与世界”、“为什么会是法国？”、“19 世纪和英国民生问题”、“公地制度中的财产权利”。

2．国际与地区学术交流和合作

2009 年，世界历史研究所有 20 批 18 人次分别出访了美国、加拿大、英国、澳大利亚、丹麦、日本、俄罗斯、德国、瑞典、荷兰、法国、芬兰、匈牙利、波兰、比利时等国家；全年接待来自日本、意大利、俄罗斯、英国、奥地利、澳大利亚、德国、美国的学者 8 批 26 人次。

(1) 2009 年 3 月 4 日，应世界历史研究所的邀请，以日本明治大学教授吉村武彦为团长的日本学者访问团访问了世界历史研究所，世界历史研究所副所长赵文洪接待了吉村一行，并就双方合作事宜交换了意见。吉村武彦作了题为《日本列岛的国家形成——从倭国大和王权到律令制国家》的学术报告。

（2）2009 年 3 月 17 日，意大利佛罗伦萨大学政治学院国际关系史教授 Massimiliano Guderzo 来世界历史研究所作题为《越南、"9 · 11"、欧洲与美国外交政策的单边主义诱惑》的学术报告。

（3）2009 年 3 月 17 日，美国驻华大使馆文化官员马健伟到世界历史研究所会见了副研究员侯艾君。双方就中亚局势进行了交流。

（4）2009 年 3 月 17 日，世界历史研究所吴恩远和赵文洪会见了意大利佛罗伦萨大学政治学院国际关系史教授 Massimiliano Guderzo，并就双方合作达成了初步意向。

（5）2009 年 4 月 21 日，世界历史研究所举行学术报告会。世界历史研究所研究员顾宁和意大利学者法恩瑞作了学术报告。顾宁报告的题目为《美国的中国通与 20 世纪 60 年代初到 70 年代初的美中关系》。

（6）2009 年 5 月 16 日，世界历史研究所黄立茀、王丹、朱剑利等与俄罗斯科学院社会学研究所副所长卡林科娃就"俄罗斯金融危机对俄罗斯社会的影响"等问题进行了座谈。

（7）2009 年 5 月 18 ~ 19 日，世界历史研究所俄东研究室全体成员参加了德国哥廷根大学教授、柏林—勃兰登堡科学院院士、德国国家学术委员会委员 Manfred Hildermeier 的两场报告会（报告会的题目分别是"二战"后联邦德国的俄罗斯研究》《沙俄帝国晚期的公民社会》），并就德国学术界对苏联解体问题的研究状况、德国公民社会问题研究的史料来源、俄罗斯历史发展特征、如何评价苏联个别领导人等问题同报告人进行了交流。

（8）2009 年 7 月 19 日至 8 月 8 日，根据中国社会科学院与英国学术院的学术交流协议，世界历史研究所接待了英国学术院推荐的马休 · 戴维 · 约翰逊博士。约翰逊博士的研究领域为中国现代史和政治史，此次来所访问进行交流的主题为"面对软实力：文化交流与冷战格局下的中国国家形象"。

（9）2009 年 9 月 14 ~ 21 日，世界历史研究所通过院国际合作局"海外知名学者资助项目"渠道，邀请俄罗斯科学院世界历史研究所副所长、知名学者洛琳娜 · 彼得洛芙娜 · 列宾娜到世界历史研究所进行学术访问。

（10）2009 年 9 月 24 日，奥地利维也纳大学经济社会史系教授约瑟夫 · 艾梅尔（Josef Ehmer）访问了世界历史研究所并作了题为《欧洲历史上的老年人：中欧家庭、工作和福利》的学术报告。

（11）2009 年 11 月 5 日，澳大利亚国立大学人口和社会研究所教授赵中维应邀在世界历史研究所作题为《历史人口学：历史和前沿》的学术报告。

（12）2009 年 11 月 15 日，世界历史研究所俄东研究室接待了院级协议客人、俄罗斯科学院社会学研究所副所长戈连科娃、科济列娃一行，双方进行了学术交流活动。

(13) 2009 年 11 月 24 日，德国科学基金会向中国社会科学院世界历史研究所图书馆捐赠世界史专业图书仪式在世界历史研究所举行。中方出席的有中国社会科学院秘书长黄浩涛、国际合作局副局长王镭、世界历史研究所所长张顺洪、世界历史研究所党委书记赵文洪等。德方出席的有德国科学基金会秘书长钟亦君、基金会科研局局长科尼斯博士、基金会中德中心德方主任科维奇博士等。

(四) 学术社团、期刊

1. 社团

(1) 中国英国史研究会，会长钱乘旦。

2009 年 4 月 15 ~ 18 日，中国英国史研究会主办、北京大学承办的“东方视野中的英国历史国际研讨会”在北京大学举行。会议研讨的主要问题有“英国历史研究状况概览、领主和国家、乡村聚落和农业、乡村聚落和农业商业化以及城市化、宗教、人口和性别、贸易及工业和城市化、国家和帝国、宗教和观念、改革和民主、改良和福利”等。

(2) 中国日本史学会，会长汤重南。

2009 年 9 月 18 ~ 21 日，中国日本史学会和浙江工商大学日本文化研究所共同举办的“东亚文化交流——争鸣与共识学术研讨会”在浙江省杭州市举行。会议的主题是“中日文化交流各阶段的情况及中日学界观点的异同”。

(3) 中国德国史研究会，会长吴友法。

2009 年 4 月 17 ~ 20 日，中国德国史研究会和华东师范大学主办的“第七届中国德国史研究会 2009 年年会”在华东师范大学举行。会议的主题是“改革开放以来中国德国史研究和教学的回顾与展望”。

(4) 中国朝鲜史研究会，会长黄有福。

2009 年 8 月 12 ~ 14 日，中国朝鲜史研究会与延边大学联合主办的“朝鲜历史与东亚文化学术研讨会”在延边大学举行。会议研讨的主要问题有“传统时代的朝鲜历史”、“近现代朝鲜半岛与东亚国际关系”、“东亚历史与文化”。

(5) 中国苏联东欧史研究会，会长于沛。

2009 年 10 月 18 ~ 19 日，中国苏联东欧史研究会主办、广西师范大学历史系承办的“俄罗斯历史与现实——新方法、新史料、新观点”学术研讨会在广西师范大学举行。会议研讨的主要问题有“俄罗斯史与苏联史的研究方法与视角”、“现代俄罗斯面临的挑战”。

(6) 中国法国史研究会，会长端木美。

2009 年 3 月 27 ~ 29 日，中国法国史研究会和华东师范大学历史系联合举办的“法国与欧洲一体化学术研讨会暨中国法国史研究会年会”在华东师范大学举行。会议研讨的主要问题有“欧洲统一观念的形成和发展、欧洲一体化过程中的法国与欧洲各国的关系、法国文化特质与欧洲认同的关系”。

2009 年 9 月 21 ~ 27 日，中国法国史研究会与华东师范大学国际关系学院在上海等地联合举办了第六期“中法历史文化研讨班”。研讨班的主题是“空间的表征”。

（7）中国第二次世界大战史研究会，会长胡德坤。

2009 年 5 月 23 ~ 24 日，中国第二次世界大战史研究会主办的“中国抗日战争的转折”学术研讨会在贵州省贵阳市举行。会议的主题是“抗日战争中的黔南事变”。

2009 年 9 月 11 ~ 13 日，由中国第二次世界大战史研究会主办的“中国抗日战争纪念学术研讨会”在四川省成都市举行。会议的主题是“四川在抗日战争中的牺牲与贡献”。

（8）中国中日关系史学会，会长武寅。

2009 年 1 月 21 日，中国中日关系史学会主办的“国际金融危机对中日两国的影响以及如何应对”学术研讨会在北京举行。会议的主题是“国际金融危机对中日两国的影响以及如何应对”。

2009 年 11 月 14 ~ 15 日，由中国中日关系史学会与辽宁大学联合主办的“世界格局变动中的中日关系”在辽宁大学举行。会议的主题是“冷战后世界格局的变化对中日关系的影响以及中日关系的走向”。

（9）中国非洲史研究会，会长宁骚。

2009 年 10 月 30 日至 11 月 2 日，中国非洲史研究会主办、湘潭大学承办的“非洲法律与社会发展变迁学术研讨会”在湘潭大学召开。会议研讨的主要问题有“非洲宪法、商法、非洲习惯法研究”、“非洲法制环境”、“非洲与国际法”、“非洲传统与非洲社会变迁”。

（10）中国拉丁美洲史研究会，会长王晓德。

2009 年 8 月 28 ~ 30 日，中国拉丁美洲史研究会、中国拉丁美洲学会和外交部联合主办的“中拉关系 60 年学术讨论会”在北京举行。会议回顾了中拉关系 60 年的发展历程和成就，并对中拉关系的有关问题进行了探讨。

（11）中国世界近代现代史研究会，会长阎照祥。

2009 年 5 月 15 ~ 19 日，中国世界近代现代史研究会世界现代史专业委员会主办的“中国世界现代史教学与研究 2009 年学术讨论会”在江苏省淮安市淮阴师范学院举行。会议研讨的主要问题有“改革开放 30 年来世界现代史的教学与研究”、“当前世界现代史教学与研究中的热点、难点问题”、“世界现代史上的战争与和平问题”、“经济全球化与当今世界”等。

2009 年 7 月 11 ~ 12 日，中国世界近代现代史研究会世界现代史专业委员会主办的“世界现代史前沿问题研究学术研讨会”在武汉大学举行。会议对世界现代史上诸多前沿问题进行了研讨。

2009 年 10 月 15 ~ 18 日，中国世界近代现代史研究会世界近代史专业委员会和浙江师范大学人文学院历史系联合举办的“中国世界近代现代史研究会世界近代史专业委员会年会”在浙江省金华市召开。会议的主题是“工业化（包括原工业化）时代的社会关系”。

（12）中国世界古代中世纪史研究会，会长王敦书。

2009 年 8 月 24 ~ 26 日，中国世界古代中世纪史研究会和上海师范大学联合主办的“中国世界古代中世纪史研究会世界中世纪史专业委员会年会”在上海师范大学举行。会议研讨的主要问题有“早期西方国家制度与资本主义文明的形成”、“中世纪人物研究的新视野”、“中世纪原始资料和名著的文本释读与译介”。

2009 年 9 月 11 ~ 14 日，陕西师范大学和中国世界古代中世纪史研究会世界古代史专业委员会联合主办的“中国世界古代中世纪史研究会世界古代史专业委员会年会”在陕西省西安市举行。会议研讨的主要问题有“古代世界诸文明的历史地位”、“中外古代文明比较”等。

2．期刊

（1）《世界历史》（双月刊），主编张顺洪。

2009 年，《世界历史》共出版 6 期，共计 150 万字。该刊全年刊载的有代表性的文章有：姚海的《战争对俄国发展道路的影响》，祝曙光的《论 20 世纪 20 年代的日本裁军运动》，张倩红、宋静静的《“六日战争”对以色列社会的影响》，赵文洪的《公地制度中财产权利的公共性》，韩宇的《独特的创新型城市发展道路—— 美国奥斯汀和北卡研究三角地区高技术转型研究》，李慎明的《当前资本主义经济危机的成因、前景及应对建议》，汝信的《深刻认识当代资本主义的本质》，王晓德的《现代消费主义对发展中国家的影响及其后果》，陈之骅的《19 世纪中叶俄国进步舆论对中国时局的反应》，乐启良、吕一民的《法国集体谈判模式的确立及其历史意义——1936 年大罢工与马提尼翁协议探析》，侯深的《自然与都市的融合——波士顿大都市公园体系的建设与启示》，杨巨平的《“全球史”概念的历史演进》，李世安的《布雷顿森林体系与“特里芬难题”》，韩毅的《美联储的货币政策与 30 年代大危机》，谈谭的《从货币战到有限合作——1933 ~ 1936 年美英法三国货币外交》，汪婧的《斯大林逝世与美国的反应和政策》，陈奉林的《对东亚经济圈的历史考察》，孙群郎的《当代美国大都市区的空间结构特征与交通困境》，潘芳的《探析阿根廷早期民众主义理论》，陈勇的《中世纪银行与教会的关系》，武鹏的《拜占庭史料中公元 6 世纪安条克的地震灾害述论》。

（2）《史学理论研究》（季刊），主编于沛。

2009 年，《史学理论研究》共出版 4 期，共计 90 万字。该刊对“理论沙龙”、“一得之见”等栏目进行了调整，新增了“马克思主义历史思想研究”和“书讯”栏目。该刊全年刊载的有代表性的文章有：李杰的《恩格斯论资本主义历史过渡性问题》，刘峰的《历史的认知与历史的意义：从海登 · 怀特〈形式的内容〉说起》，昝涛的《“被管理的现代性”及其挑战者：对土耳其现代化进程的历史反思》，梁民愫的《埃里克·霍布斯鲍姆的历史认识论探析》，乔治忠的《古代中国官方修史视角下的中外史学比较》，王敦书的《雷海宗的环境史观和环境史学》，包茂红的《澳大利亚环境史研究》，张宏的《当代印度女性主义对民族主义史学的挑战与修正》，陈奎元的《开创马克思主义史学研究的新境界新水平》，吴英的《对马克思国家理论的再解读》，何平的《文化与人格：中国和欧洲——兼论文明转型期国民性格的再建构》，王成军的《中西传记史学的产生及趋向比较》，朱佳木的《关于加强马克思主义史学理论建设的几个问题》，刘军的《试论公民权与人权的区别》，王晋新的《扬弃、探求与超越：威廉·麦克尼尔史学思想及成就述评》，周立红的《探究法兰西特性：访法国著名史学家莫娜·奥祖夫》。

（五）会议综述

第八届全国青年世界史工作者代表学术研讨会

2009 年 7 月 16 ～ 18 日，由中国社会科学院世界历史研究所主办、《世界历史》编辑部和兰州大学历史文化学院等联合承办的“第八届全国青年世界史工作者代表学术研讨会”在兰州大学召开。来自国内各高校、科研机构等单位的 60 余位代表参加了会议。会议共收到论文 50 余篇。与会者围绕“世界历史进程中的社会变迁”这一主题开展了讨论和交流。

如何构建世界历史学科体系等问题是正确理解社会变迁问题的一把钥匙。中国社会科学院世界历史研究所俞金尧提出，世界史学科体系的构建应该以社会经济形态的发展作为方向来把握，但同时也要注意世界历史从分散到整体的发展史。武汉大学向荣认为，对资本主义起源的研究需要更全面的理解。资本主义的技术、劳动生产率、市场等方面都需要研究。上海师范大学裔昭印认为，20 世纪中期以来西方史学的变革是对兰克史学的一种革新，它使古典史研究的重心下移，即对普通民众和日常生活史的关注。

对环境问题的关注是会议的一个亮点。复旦大学陆启宏研究了 16 世纪中欧的气候与社会变迁的关系，认为气候的变化决定了中欧的经济收成、政治运动等社会问题的产生。《世界历史》编辑部高国荣对比中美特定地区荒漠化的表现和成因，指出社会制度、文化观念等因素对环境问题的影响很大。南开大学付成双认为，美国进步主义运动与当时美国的市政改革运动相得益彰，推动美国城市完成了从传统型城市环境向现代型城市环境的转变。聊城大学吕桂霞探讨了除草剂与“越战后遗症”问题。江西师范大学王栎研究了美国城市化初期的城市污染及其成因。南京大学陈日华以 19 世纪的城镇卫生改革为题，揭示了隐藏于该改革背后的地方与中央间的利益博弈关系。

近年来，性别史、家庭史、妇女史等逐渐成为学界研究的新热点。南京师范大学姜守明指出，《新约》倡导“因信仰而得救”和提倡一夫一妻制，无形中提高了妇女的地位。鲁东大学张淑青认为，犹太教高度赞美婚姻家庭制度，赋予了妇女在婚姻权益和地位中应有的人性化待遇。江西师范大学邹芝认为，罗马共和向帝国的转型时期，妇女嫁妆从惯例和习俗转变为法律范畴规定的内容，罗马女性的社会地位也因之有所提高。常熟理工学院程新贤指出，文艺复兴时期的女性在男性家长的控制之下，处于屈从和被动的地位。中山大学周立红指出，法国妇女本是社会弱势群体，但在近代法国社会急剧转型的时期，她们出于本能却扮演了食物骚乱的主力军角色。西华师范大学杨洪贵考察了殖民时代澳大利亚白种男人与土著妇女的婚姻（性）关系，认为这种不平等的关系导致了混血土著的特殊社会群体的产生，这是19世纪末20世纪初澳大利亚严重的种族和社会问题的根源。

（张　丽）

第15届全国史学理论研讨会

2009年10月，“第15届全国史学理论研讨会”在浙江省温州市举行。

2009年10月21～23日，由中国社会科学院史学理论研究中心、中国社会科学院史学理论重点学科、《史学理论研究》编辑部和温州大学联合主办的“第15届全国史学理论研讨会”在浙江省温州市举行。来自全国各地的70余位学者参加了研讨会。会议共收到学术论文60余篇。

研讨会的开幕式由温州大学人文学院副院长刘建国主持，温州大学副校长任柏强、温州大学人文学院院长丁治民、中国史学会副会长于沛、《历史研究》副主编李洪岩致开幕词。闭幕式由温州大学人文学院教授王海晨主持，中国史学会副会长于沛致闭幕词。

会议的主要议题包括以下几个方面：(1) 60年来中国马克思主义史学的理论成就；(2) 国外史学理论研究的前沿问题、热点问题和重大理论问题；(3) 世界现代史的主线及其理论体系。2009年是中华人民共和国成立60周年，因此在会议主题的设计上将60年来中国马克思主义史学理论取得的成就作为首要议题。其他两个议题也都是当前史学理论界关注的热点问题。

新中国马克思主义史学理论的成就问题成为会议研讨的一个重点。学者们公认，新中国成立后，中国史学进入了一个新的发展阶段，其主要标志就是马克思主义唯物史观成为历史研究的指导思想，在唯物史观指导下马克思主义史学获得迅速发展。在当前唯物史观的指导地位面临严峻挑战的背景下，马克思主义史学理论工作者可谓任重道远。有学者指出，广大史学理论工作者应自觉运用马克思主义中国化的最新成果统领历史研究工作，进一步构建中国特色的史学理论体系，使其与深化历史研究形成良性互动。还有学者指出，要处理好坚持和发展唯物史观的关系、继承和发展马克思主义史学理论的关系、学科理论建设与具体研究的关系，不断开创马克思主义史学理论研究的新境界。此外，全球史观问题、世界现代史的主线问题、口述史问题也成为研讨会期间引起较多关注和研讨的热点问题。

（吴　英）

古代国家的起源与早期发展国际学术研讨会

2009年11月4～5日，由中国社会科学院世界历史研究所主办的“古代国家的起源与早期发展国际学术研讨会”在北京举行。来自中、俄、日、美、荷等国近20所高校、研究机构的50余位专家学者参加了会议。中国社会科学院副院长武寅研究员、世界历史研究所所长张顺洪研究员、考古研究所所长王巍研究员、历史研究所副所长王震中研究员以及中国世界古代中世纪史研究会理事长王敦书教授分别在开幕式上致辞。会议开幕式由中国社会科学院世界历史研究所世界古代中世纪史研究室主任徐建新研究员主持。

2009年11月，“古代国家的起源与早期发展国际学术研讨会”在北京举行。

会议共进行了8场学术报告会，宣读论文19篇。王敦书教授对中国史学界有关古代城邦问题的研究作了简要的学术梳理。格里宁高级研究员与A．克罗塔耶夫教授以“政治组织体的演进”为视角，对“国家的形成”及其与城市化进程的关系问题进行了阐述。范·科塞尔—哈荷斯泰因博士将个案研究与理论分析相结合，对国家的衰落问题进行了系统分析。吴宇虹教授将在进一步的研究中把美索不达米亚地区发现的最早的奴隶名单中的符号转写成苏美尔语，按照泥板中字行的书写顺序提供参考性的人名和文字的翻译。刘健研究员强调了文字的起源发展对古代美索不达米亚国家权力演进的作用。H．皮特曼教授向与会学者介绍了哈兰盆地吉罗夫特地区孔纳尔·桑达勒遗址的考古发现。金寿福教授利用考古和文献资料分析了埃及统一国家形成的诸种因素。刘欣如教授通过对佛陀时代一名印度女子生平的分析，力图展示出这一时代社会生活的全景画面，并揭示出政治体制及理论斗争时代的各种对立关系。郭小凌教授与黄洋教授在分析了西方学界对有关问题的解释后，分别对古希腊国家的形成路线以及迈锡尼王国解体后城邦的兴起问题提出了各自的观点。铃木靖民教授和徐建新研究员分别探讨了日本古代国家形成发展的历史阶段，并总结了古代国家形成的基本前提。王巍研究员、许宏研究员、刘国祥研究员从考古学角度对中国古代国家形成发展的历史阶段、东亚大陆国家形成过程中的两大宗教礼制系统以及西辽河流域文明化进程中的核心要素进行了论述。王震中研究员总结了中国古代国家形成的特征，王晖教授阐述了中国早期国家形成过程中的外张内敛运动，易建平研究员则认为《墨子·尚同》中体现的是非专制主义思想。

（张　炜）

2009年世界历史研究所世界史论坛

2009 年 12 月 29 ~ 30 日，由中国社会科学院世界历史研究所主办的 2009 年世界史论坛在北京举行。中国社会科学院院外特邀专家、院学部委员、荣誉学部委员、科研局领导以及世界历史研究所离退休老干部和在职科研人员 100 余人参加了论坛。论坛由中国社会科学院世界历史研究所党委书记赵文洪、所长张顺洪主持。

论坛首先由院外专家作主题发言。北京师范大学教授刘家和指出，世界史学者应着力解决好研究的点与面、中国史与世界史的关系问题，并强调了世界史学者在研究视野方面的优势。北京师范大学教授张宏毅着重从重视理论思维、防止思维西方化、加强横向比较和“诚实”治学四个方面展开阐述。北京大学教授何顺果着重介绍了国际社会理论在世界史研究中的价值。中国人民大学教授李世安主要介绍了 21 世纪世界史研究的新动向。

中国社会科学院学部委员和名誉学部委员分别就世界历史研究所如何更好地开展研究工作发表了各自的看法。学部委员廖学盛强调了世界史学科的重要性，要求研究者要坚信资本主义一定会被社会主义代替的社会规律，并就目前中国社会科学院世界历史研究所研究人员的构成和实际研究需要提出了建设性的整合建议。荣誉学部委员陈之骅指出，要进一步正确认识政治与学术的关系，并就如何建立世界史研究的中国流派问题提出了几点原则性意见。荣誉学部委员陈启能回顾了中国社会科学院世界历史研究所的建所历程，并举例阐释了成为高水平学者的条件。中国社会科学院科研局副局长王正认为，应该从学科建设上入手提高学术研究水平，并从管理的角度强调应充分利用院内外一切可利用的资源。

在自由发言环节，许明龙研究员指出，从事学术研究要思想解放，而要想形成中国学派，就需要掌握切实的资料，以扎实的学风写出具有原创性的论著。程西筠研究员建议应先组织专人进行地区、国别或专题的深入研究，在此基础上再作更高层次的综合，写出有中国特色的世界历史著作。中国社会科学院世界历史研究所三个重点学科和两个重点资助学科的五位负责人、特殊学科的四位负责人以及《世界历史》编辑部负责人分别介绍了本学科（刊物）取得的成绩、面临的问题以及今后的发展构想和具体措施。

中国社会科学院世界历史研究所所长张顺洪在总结发言中指出，实现中央对中国社会科学院的三个定位是世界历史研究所学科建设和发展的方向。第一，要做到把中国社会科学院世界历史研究所建设成为马克思主义的坚强阵地。第二，努力把中国社会科学院世界历史研究所建设成世界史研究领域中名副其实的国家队。第三，努力为党和国家发挥思想库和智囊团的作用。中国社会科学院世界历史研究所书记赵文洪指出，在2009年的工作中还有不少地方需要改进，这主要靠大家共同的努力，而做好所有工作的最重要前提就是要爱我们的所，爱自己的专业。

（张　炜）

中国边疆史地研究中心

（一）人员、机构基本情况

截至2009年年底，中国边疆史地研究中心共有在职人员33人。其中，正高级职称人员8人，副高级职称人员9人，中级职称人员11人；高、中级职称人员占全体在职人员总数的85%。

中国边疆史地研究中心设有：东北与北部边疆研究室、西北边疆研究室、西南边疆与海疆研究室、疆域理论研究室、综合处、科研处、《中国边疆史地研究》编辑部、图书与网络信息部。中国边疆史地研究中心另设有两个非实体中心：新疆发展研究中心、中国社会科学院历史文化信息研究中心。

（二）科研工作

1．科研成果统计

2009年，中国边疆史地研究中心共完成专著4种，116万字；论文33篇，44.2万字；研究报告38篇，100万字；译著5种，61万字；学术普及读物1种，52万字；一般文章21篇，10万字；论文集4种，190万字。

2．科研课题

(1) 新立项课题。2009年，中国边疆史地研究中心共有新立项课题10项。其中，社科基金青年课题1项："清朝藩部体系与中国疆域形成研究"（吕文利主持）；所重点课题5项："清末东北新政研究——以近代中国民族国家构筑为视角"（高月主持），"清末新政与近代中国蒙新藏边疆政治变迁——基于近代民族国家构建的视角"（冯建勇主持），"人口流动与乌鲁木齐民族分布格局的形成（1753～1949）"（贾建飞主持），"明代海防思想研究"（刘清涛主持），"《中国边疆研究数据库》数据迁移及数据标注"（白妍主持）；所一般课题2项："清末边疆建省研究"（阿地力主持），"清代新疆治理和卓研究"（周卫平主持）；"西南项目"办公室委托课题2项："中印分界东段两边社会经济发展对比研究"（厉声主持），"印度事务部有关'麦克马洪线'档案翻译及研究”（张永攀主持）。

（2）结项课题。2009 年，中国边疆史地研究中心共有结项课题 4 项。其中，院重点课题 1 项：“14 世达赖喇嘛生平研究”（孙宏年主持）；所重点课题 1 项：“1962 年以来的西藏东部地区的稳定与发展”（孙宏年主持）；所级课题 2 项：“边疆交通与边疆治理研究——以青藏铁路为中心的研究”（张永攀主持），“先秦云南民族史”（翟国强主持）。

（3）延续在研课题。2009 年，中国边疆史地研究中心共有延续在研课题 3 项。其中，国家社会科学基金特别课题 1 项：“新疆历史与现状综合研究项目”（厉声主持）；院重大课题 1 项：“近代中朝界务研究”（李大龙主持）；所重点课题 1 项：“13 世达赖喇嘛年谱”（房建昌主持）。

3．获奖优秀科研成果

2009 年，中国边疆史地研究中心共评出中国边疆史地研究中心优秀科研成果一等奖 2 项：厉声等的论著《中国新疆：历史与现状》，李方的论文《怛罗斯之战与唐朝西域政策》。

4．科研组织管理新举措

2009 年，中国边疆史地研究中心进行了学科调整，将两个研究部分设为四个研究室：东北与北部边疆研究室、西北边疆研究室、西南边疆与海疆研究室、疆域理论研究室。

（三）学术交流活动

1．学术活动

2009 年，中国边疆史地研究中心举办的学术会议有：

2009 年 7 月 20 ~ 25 日，由中国社会科学院台港澳学术交流中心主办，中国社会科学院中国边疆史地研究中心、内蒙古师范大学历史文化学院承办的“海峡两岸清代满蒙联姻与边疆治理学术研讨会”在内蒙古自治区呼和浩特市召开。

2009 年，边疆中心还举办了青年学术沙龙 4 次；邀请国内外相关专家进行学术报告会 6 次。

2．国际与地区学术交流和合作

2009 年，中国边疆史地研究中心共出访 12 批 26 人次，接待来访 30 批 39 人次（其中，中国社会科学院邀请来访 1 批 2 人次）。与中国边疆史地研究中心开展学术交流的国家和地区有英国、德国、美国、法国等国家和中国的台、港、澳地区。

（1）2009 年 4 月 6 ~ 9 日，中国边疆史地研究中心研究员厉声、于逢春受韩国学术研究院之邀，先后到韩国学术研究院、韩国学中央研究院、韩国国史编纂委员会、韩国湖岩财团、首尔大学等机构进行学术交流或座谈。

（2）2009 年 6 月 8 日，中国边疆史地研究中心主任厉声、研究员于逢春与外交部边界海洋事务司陈宏兵处长等一行举行座谈，就当前我国陆路边界与海域划界整体情况交换了意见。

（3）2009 年 7 月，中国边疆史地研究中心研究员邢广程会见日本外务省欧洲司兼原信克副司长及日本驻华使馆外交官员。双方讨论了中亚地区的局势。

（4）2009 年 8 月，中国边疆史地研究中心研究员厉声、毕奥南等作为中国社会科学院文史哲学部代表团成员出访蒙古国。

（5）2009 年 8 月，中国边疆史地研究中心研究员厉声、邢广程作为中国社会科学院代表团成员出访哈萨克斯坦、吉尔吉斯斯坦和乌兹别克斯坦。

（6）2009 年 8 月 23 ～ 26 日，应越南外交学院的邀请，中国边疆史地研究中心研究员李国强前往河内参加了“从两国边境各地方关系角度加强中越关系互信研讨会”。

（7）2009 年 9 月 8 日，中国边疆史地研究中心研究员邢广程参加了外交部欧亚司组织的有关中俄关系的讨论会。

（8）2009 年 9 月 13 ～ 25 日，中国边疆史地研究中心研究员厉声作为“中国人权代表团”成员出访法国、比利时、冰岛、丹麦 4 国。

（9）2009 年 10 月 15 日，中国边疆史地研究中心研究员厉声、邢广程应邀会见哈萨克斯坦总统基金会主席一行。

（10）2009 年 11 月 9 ～ 12 日，中国边疆史地研究中心研究员邢广程应邀到哈萨克斯坦首都阿斯塔纳参加哈“祖国之光”党举办的“杰出民族领袖:历史与现状”国际研讨会并作主旨发言。

（11）2009 年 11 月 25 ～ 28 日，中国边疆史地研究中心研究员李国强赴越南出席越南外交学院举办的“南中国海 ：区域合作和发展”国际研讨会。

（12）2009 年 12 月 23 日，中国边疆史地研究中心研究员厉声、于逢春接待了来访的韩国驻华大使馆公使衔参赞林圣南。

（13）2009 年 12 月 23 ～ 29 日，中国边疆史地研究中心研究员邢广程前往乌兹别克斯坦，作为国际观察员观察乌议会选举。

3．与中国香港、澳门特别行政区和中国台湾开展的学术交流

（1）2009 年 4 月 19 ～ 22 日，中国边疆史地研究中心研究员厉声率团出访澳门，先后会见了中央驻澳门工作联络办公室研究室主任陈永浩、澳门基金会主席吴志良、澳门国际研究院主席黎祖治、澳门中西创新学院常务副院长霍启昌等，就撰写《澳门回归以来大事编年》等项目进行了磋商。

（2）2009 年 5 月，中国边疆史地研究中心研究员厉声接待了来访的台湾山河探险协会会长徐海鹏。双方就海峡两岸联合筹备“郑和一号”帆船航海事项交换了意见。

（3）2009 年 9 月 17 ～ 18 日，中国边疆史地研究中心研究员于逢春、助理研究员冯建勇赴珠海，就《澳门回归以来大事编年》编写事宜，向中央驻澳办领导汇报，与澳门基金会研讨具体编写内容。

（4）2009 年 11 月 29 日至 12 月 4 日，中国边疆史地研究中心研究员李国强在台北参加了由中国南海研究院和台湾政治大学主办的“第七届两岸南海问题学术研讨会”。

（5）2009 年 11 月 30 日至 12 月 2 日，中国边疆史地研究中心研究员厉声、于逢春等出访澳门，就《澳门回归以来大事编年》首发一事，向中央驻澳办、澳门基金会及特首何厚铧汇报、赠书，并与澳门大学进行了学术交流。

（四）学术期刊

《中国边疆史地研究》（季刊），主编李大龙。

2009 年，《中国边疆史地研究》共出版 4 期，共 120 万字。全年刊载的有代表性的文章有：厉声的《建国 60 年来的中国边疆史地研究》，李方的《张家山汉简〈二年律令〉有关汉代边防的法律》，于逢春的《图们、土门与豆满、豆漫之词源与译音考》，孙宏年的《清朝末期达赖、班禅关系与治藏政策研究》。

（五）会议综述

海峡两岸清代满蒙联姻与边疆治理学术研讨会

2009 年 7 月，“海峡两岸清代满蒙联姻与边疆治理学术研讨会”在内蒙古自治区呼和浩特市召开。

2009 年 7 月 20 ～ 25 日，由中国社会科学院台港澳学术交流中心主办，中国社会科学院中国边疆史地研究中心、内蒙古师范大学历史文化学院联合承办的“海峡两岸清代满蒙联姻与边疆治理学术研讨会”在内蒙古自治区呼和浩特市召开。来自中国社会科学院、台湾“中研院”等单位的学者共 60 余人参加了研讨会。会议收到论文 30 余篇，主要围绕两个议题进行了讨论：一是清代的满蒙联姻问题；二是边疆治理诸问题。

关于清代的满蒙联姻问题。此次会议有关清代满蒙联姻的研究，大体分为以下几个内容：

第一，对清代满蒙联姻的评价。杜家骥的《满蒙联姻的评价问题》一文认为，满蒙联姻的评价是一个非常复杂的问题，原因在于其内容的复杂性及诸多特殊性。它既有由皇帝指婚的政治性联姻，又有非指婚的满蒙王公家族之间的自行结姻。此外，还有蒙古王公贵族与满族皇族之外八旗异姓家族的自行通婚。在联姻之作用、影响的评价方面，还应区别不同情况：指婚者的主观政治目的与结果，非指婚的自行结姻的主观目的与作用以及联姻的客观结果与影响。这几种不同情况在评价上应有所区别。满族为主体统治的清朝，与漠南、漠北、漠西几大部分蒙古以及每部分蒙古中的不同部旗，在关系上不尽相同，在实施联姻政策、措施上也不相同。双方关系又具发展变化的阶段性。不同阶段清廷的联姻政策、不同部旗蒙古领主对结姻的态度以及由此产生的影响，会有差别，不能一概而论，应作具体分析。赵之恒的《满蒙联姻》一文认为，作为清代奉行不替的基本国策，联姻蒙古在清建立全国统治和巩固统治方面都起了重要作用。清入关前，满蒙联姻用血缘纽带使蒙古王公成为清进取中原的牢固同盟军。入关后，满蒙联姻虽然成为君臣间的联姻，但这种血亲关系把双方结成休戚相关、荣辱与共的利益一致的整体。包文汉的《满蒙联姻在清朝对蒙政策中的地位与作用》一文认为，满蒙联姻具有时间长、地域广、世缔国姻、涉及多民族、促进文化传播与交流等特点，并认为满蒙联姻是清廷对蒙政策的一环，其目的是治国安边，巩固统治。联姻服从并服务于清朝不同历史时期、不同阶段的军事、政治任务，以及经济利益之需求、文化传播交流的需要。孙宏年的《清朝前期政治联姻的多种形态及其影响浅析——从“满汉联姻”、“蒙蒙联姻”看“满蒙联姻”的持久性》一文梳理了清代“满蒙联姻”、“满汉联姻”、“蒙蒙联姻”、“汉汉联姻”的发展脉络，认为在清前期，无论是清朝统治集团和边疆地方上层的“满汉联姻”、“汉汉联姻”，还是“蒙蒙联姻”、“满蒙联姻”，都在一定时期内为清朝统一全国、稳固边疆产生过各自的积极作用，但是由于顺治至雍正时期“满汉联姻”多以“联姻—反目”方式出现，清朝统治者又对“汉汉联姻”和“蒙蒙联姻”颇为警觉，因此在清王朝为了稳固皇权、巩固边陲，在运用联姻方式时越来越重视“满蒙联姻”，并健全其制度、强化其效能，从而使其具有了持久的生命力，这也就使“满汉联姻”在雍正朝之后一度淡出历史舞台，“汉汉联姻”和“蒙蒙联姻”处于不受信任、变相抑制的地位。陈欣新的《清代“满蒙联姻”的宪制功能》一文认为，清代的“满蒙联姻”制度，是清王朝及其前身后金满族统治为入主中原进而巩固少数民族主导的政权、实现多民族团结稳定而实行的宪法性制度。陈根发的《满蒙联姻的“功”与“过”——文化法制视角》一文认为，满蒙联姻确实对清政权的建立与巩固具有强大甚至是不可替代的历史作用，对反对分裂和维护国家统一具有重要的历史功绩，但正因为其过分强调了婚姻的政治机能，因此给中国传统的婚姻家庭思想注射了毒液，影响了我国善良婚姻习俗和法律的形成，造成了“满蒙联姻下的许多婚姻具有压抑人性和破坏人伦的局面”。吕文利的《满蒙联姻与清代边疆——满蒙联姻研究综述》一文，对与满蒙联姻研究有关的档案进行了介绍，并梳理了满蒙联姻研究的学术史脉络，对学术界这些年来关注的热点问题进行综述，最后展望了未来满蒙联姻研究的热点问题。

第二，满蒙联姻个案及相关研究。在恪靖公主及公主府研究方面，郭美兰的《恪靖公主远嫁喀尔喀蒙古土谢图汗部述略》一文根据大量满文档案，解决了恪靖公主远嫁漠北蒙古，因何府邸却选在漠南蒙古归化城附近以及府邸修建、公主入住的具体时间等问题。李岭的《康熙恪靖公主若干问题发微》一文讨论了恪靖公主的下嫁及其漠南府邸变迁的政治经济背景，公主封号变迁与清对喀尔喀蒙古政策的关系，以及清水河地区现存与四公主有关的碑刻所反映的土地开垦历史。孙利中的《清公主与公主府》一文对公主府邸的历史沿革、建筑规模，恪靖公主下嫁后的活动情况以及对当地民间产生的影响等方面的相关问题进行了探讨。定宜庄的《“无梦到鞍马，有意工文章”：从清代蒙古女诗人那逊兰保的诗作谈起》一文从社会史的角度，以那逊兰保的婚姻为满蒙联姻的个案，对其独特的民族认同、国家认同问题进行了考察。乔吉的《从一份蒙文档案看清代“备指额驸”产生年代》一文根据藏于内蒙古赤峰市博物馆的一份蒙文档案，考证出清代“备指额驸”的产生年代为乾隆二年（1737），使这个问题的研究前进了一步。祁美琴的《公主格格下嫁外藩蒙古随行人员试析》一文以《清代满蒙联姻研究》一书中的统计数据为依据，对清代下嫁蒙古的公主、格格的随行人员的性质和“陪嫁人户”总体规模进行了估算。乌兰其木格的《浅析乾隆年间满蒙联姻中出现的问题——以土默特和硕额驸纳逊特古斯谋害格格一案为中心》一文，以土默特和硕额驸纳逊特古斯谋害格格一案为中心，通过分析乾隆帝谕旨内容，浅析该事件发生的情形、审理过程及处理方法与结果等问题，探讨了其对清朝满蒙联姻政策和北部边疆治理所产生的影响。李大龙的《平城之役与和亲政策的奠定》一文认为，汉朝建立伊始，匈奴也完成了对我国北部草原地区的统一，汉、匈之间关系的发展因此成为汉代边疆的主要问题，而在平城之役中西汉的惨败以及汉、匈国力的对比，导致了和亲政策成为西汉匈奴政策的重要组成部分，影响深远，一直到清朝还在沿用。他认为，和亲政策施用于边疆民族是自汉以后历代各朝治边政策的主要内容之一，单纯地肯定或否定都是不全面的。和亲政策出现在西汉初期是当时西汉的国力和我国古代传统夷夏观双重作用的结果。和亲政策实施最显著的效果是密切了汉、匈之间的关系，和亲使中原传统的礼仪制度开始传入匈奴，促进了匈奴政治制度的发展，使双方的经济交流日益密切，满足了双方经济发展的需求，并使双方的文化交流日益密切，为汉、匈之间的融合提供了基础。

关于边疆治理诸问题。于逢春的《从“汉匈和亲”到“满蒙联姻”——论“大漠游牧文明板块”在中国疆域最终底定过程中的地位》一文认为，从公元前200年左右冒顿单于首次统一大漠游牧区、公元前100年左右汉武帝首次统一农耕区到1820年“中国”疆域最终底定，是一个渐进的过程。他认为，中国历史上可大体粗分为五种类型的“文明板块”：“大漠游牧文明板块”，即万里长城以北至贝加尔湖北岸，从大兴安岭经西伯利亚森林地带、蒙古高原、天山山脉以北至锡尔河流域以西一线；“泛中原农耕文明板块”；“辽东渔猎耕牧文明板块”；“雪域牧耕文明板块”及“海上文明板块”。并详细论述了“大漠游牧文明板块”在中国疆域最终底定过程中的地位。陈维新的《清代中俄蒙古段边界及边防探讨——以台北故宫博物院所藏舆图为例》一文，依据台北故宫博物院所藏《外蒙恰克图东中俄交界二八卡伦图》《库伦东五卡伦全图》等舆图，对中、俄两国在蒙古地区边界的形成及边防问题进行了探讨。华立的《从日本的风说史料看康熙二十九年乌兰布通之战及其影响》一文，依据流传在日本的唐船风说书汇编而成的《华夷变态》一书，考察了康熙二十九年（1690）的乌兰布通之战，为乌兰布通之战研究提供了新的史料和视角。邱仲麟的《交易、狩猎与垦荒——明代军民在北边境外的经济活动》

一文认为，明代长城与蒙古本部之间存在着宽约百里的缓冲地带，当地人每每越过长城到草原上打猎，并从事农业开发。作者以此为研究对象，讨论了明代的边界设施及军士越界贸易情况，考察了明代军民境外的采集与狩猎活动 。宁侠的《康熙“本朝不设边防,以蒙古部落为之屏藩”辨》一文对康熙帝所说的“本朝不设边防，以蒙古部落为之屏藩耳”进行了辨析。李方的《前秦苻坚的中国观与民族观》一文认为，前秦苻坚灭前凉后开始自称“中国”，这是时代的一大进步。秦、汉、三国、西晋称“中国”者皆汉族，魏晋南北朝时期少数民族自称“中国”乃后赵石氏首开其例，但其内涵不如前秦。氐族是汉化最深的少数民族。苻坚采取优待各民族的政策，施行仁德之政，实质是全力推行汉化，实现中国“六合一统”的目标。前秦崩溃的原因很多，但与苻坚的认识误区密切相关，他的悲剧就在于他没有认识到民族融合需要一个较长的时间，贸然发动灭晋战争，最后只能以自己的失败而告终。吴楚克、王倩的《从地缘安全角度理解中国的民族与跨界民族》一文，从地缘安全角度重新诠释中国的民族和跨界民族，这是在新形势下对中国跨界民族和地缘安全关系的理论尝试。文章对民族、跨界民族和族群等以往的认识进行了批判,力图在确立新的范畴中构建跨界民族与中国地缘安全的理论体系。贾建飞的《嘉庆时期新疆的内地移民社会：人口流动、犯罪行为和文化认同——以汉人为中心》一文主要聚焦于乾嘉时期内地汉人向新疆的流动，对如下问题予以分析探讨：清政府针对内地汉人的人口流动政策、流动人口中的犯罪行为（尤其是犯奸行为）、内地汉人与新疆少数民族的关系以及内地汉人对新疆的文化认同等。最后，作者对清政府的这种政策和内地汉人的流入对新疆的影响等进行了分析。白玉双的《清代喀喇沁蒙古人的北迁及其影响》一文认为，清朝建立后，开始给各蒙旗划定界限，严禁属下蒙古人随意越旗流动，但在整个清代，蒙古人的越旗流动从未间断过。尤其是喀喇沁等南部蒙古人的北迁（北上）活动更为活跃，甚至被称为“清代东蒙古移民流动的第二波浪潮”。这些南部蒙古人的北迁活动，对整个东部内蒙古的社会变迁带来了巨大的影响。

（吕文利）

台湾研究所

（一）人员、机构基本情况

截至 2009 年年底，台湾研究所共有在职人员 60 人。其中，正高级职称人员 9 人，副高级职称人员 13 人，中级职称人员 12 人；高、中级职称人员占全体在职人员总数的 57%。

台湾研究所设有：台湾政治研究室、台湾经济研究室、台湾对外关系研究室、台湾人物研究室、台美关系研究室、综合研究室（《台湾周刊》编辑部）、资料研究室（图书馆）、科研室（《台湾研究》编辑部）、办公室、人事处。

（二）科研工作

1．科研成果统计

2009 年，台湾研究所共完成论文 62 篇，43 万字；研究报告 30 篇，24 万字；学术普及读物 1 种，40 万字；论文集 1 种，35 万字；研究报告集 1 种，19 万字；文献选集 1 种，44 万字；学术交流影视资料 12 种，3000 分钟。

2．科研课题

（1）新立项课题。2009 年，台湾研究所共有新立项课题 18 项。其中，所重点课题 6 项："下野后的民进党研究"（谢郁主持），"两岸金融交流合作的形势与前景研究"（朱磊主持），"民进党在野后的政商关系变化与形势研究"（朱磊主持），"台湾对外关系与'国际空间'问题的演变"（修春萍主持），"马英九大陆政策评估"（许忠萍主持），"两岸社会互动的现状与趋势"（彭维学主持）；另有其他课题 12 项。

（2）结项课题。2009 年，台湾研究所共有结项课题 18 项。其中，所重点课题 6 项："马英九当局施政状况评估"（谢郁主持），"两岸和平协议探析"（谢郁主持），"两岸文教交流的演变与发展趋势"（彭维学主持），"台湾对外关系与'国际空间'问题的演变"（修春萍主持），"建立两岸特色的经济合作机制研究"（朱磊主持），"马英九政治性格研究"（许忠萍主持）；另有其他课题 12 项。

（3）延续在研课题。2009 年，台湾研究所共有延续在研课题 2 项，均为国家社会科学基金重点课题："两岸关系和平发展框架理论和政策研究"（余克礼主持），"台湾当局在两岸谈判中的政治地位研究"（余克礼主持）。

3．科研组织管理新举措

2009 年，台湾研究所在改进和加强科研组织与管理工作方面采取了以下新举措：一是为配合两岸关系新形势尤其是两岸协商谈判的展开，及时调整研究重心，在不放弃形势研究的同时，加强对两岸关系中重大前瞻性、基础性和政策性问题的研究；二是增设台美关系研究室，加强台美关系研究；三是制定研究人员年度选题规划，在此基础上形成不同类型的研究成果，视选题完成情况作为年终考核的重要依据之一；四是推动研究人员赴台蹲点研究，直接深入了解台湾社情民意，提高研究质量。

（三）学术交流活动

1．学术活动

2009 年，台湾研究所主办的学术会议有：

（1）2009 年 4 月 1 ～ 7 日，台湾研究所与国民党智库"国家政策研究基金会内政组"联合主办的"当前台湾政局与胡锦涛总书记发表六点意见后的两岸关系形势研讨会"在贵州省贵阳市举行。会议研讨的主要问题有"统一前的两岸政治关系"、"建立两岸政治互信"、"签订和平协议"、"台湾的'国际空间'"、"年底县市长选举"等。

(2) 2009 年 4 月 24 ~ 26 日，台湾研究所主办的"构建两岸政治关系框架座谈会"在天津举行。会议研讨的主要问题有"统一前的两岸政治定位"、"结束敌对状态"、"达成两岸和平协议"等。

(3) 2009 年 5 月 22 ~ 24 日，台湾研究所主办的"构建两岸文教交流机制座谈会"在河北省承德市举行。会议研讨的主要问题有"构建两岸文教交流架构的重要意义"、"两岸文教交流现状"、"两岸文教交流协议"等。

(4) 2009 年 5 月 30 日，台湾研究所主办的"两岸经济合作与两岸关系和平发展研讨会"在北京举行。会议研讨的主要问题有"当前两岸经济关系现状"、"商签两岸经济合作框架协议的前景"等。

(5) 2009 年 6 月 20 日，台湾研究所主办的"两岸关系新形势下的台湾'国际空间'问题座谈会"在北京举行。会议研讨的主要问题有"马英九当局参与'国际空间'活动的特点"等。

(6) 2009 年 8 月 4 ~ 6 日，台湾研究所与全国台湾研究会、中华全国台湾同胞联谊会联合主办的"第十八届海峡两岸关系学术研讨会"在江苏省南京市举行。会议研讨的主要问题有"两岸关系发展现状和前景"、"岛内政局发展趋势"、"岛内民意发展趋势"等。

2009 年 8 月，"第十八届海峡两岸关系学术研讨会"在江苏省南京市举行。

(7) 2009 年 9 月 1 ~ 3 日，台湾研究所主办的"国际金融危机后的两岸经济交流与合作学术研讨会"在江西省南昌市举行。会议研讨的主要问题有"国际金融危机对两岸经济关系的影响"等。

(8) 2009 年 9 月 12 ~ 13 日，台湾研究所与台湾"两岸统合学会"联合主办的"两岸关系和平发展路径学术研讨会"在台湾研究所举行。会议研讨的主要问题有"两岸关系和平发展的重要意义"、"两岸关系和平发展的机制与路径"等。

(9) 2009 年 10 月 9 ~ 12 日，台湾研究所主办的"台湾政局与两岸关系学术研讨会"在山东省青岛市举行。会议研讨的主要问题有"马英九当局的大陆政策与两岸关系走向"、"2010 年'直辖市长'选举态势"等。

(10) 2009 年 12 月 4 ~ 5 日，台湾研究所与国民党智库"国家政策研究基金会内政组"

联合主办的"'三合一'选举后台湾政局与两岸关系学术研讨会"在广西壮族自治区南宁市举行。会议研讨的主要问题有"'三合一'选举对岛内政局的影响"、"'三合一'选举后马英九当局大陆政策走向"等。

2．国际与地区学术交流和合作

2009 年，台湾研究所共派遣出访 13 批 34 人次，接待来访 65 批 260 人次。与台湾研究所开展学术交流的有美国、俄罗斯、英国、日本、德国、加拿大、澳大利亚、韩国、新加坡等国家。

(1) 2009 年 2 月 12 日，台湾研究所副所长朱卫东与英国东亚事务负责人 Sanjay Wadvani 在台湾研究所就大陆对台政策、两岸关系等问题进行交流。

(2) 2009 年 2 月 16 日，台湾研究所副所长朱卫东与新加坡驻华使馆参赞陈培进、符秀丽等在台湾研究所就台湾政局、两岸关系等问题进行交流。

(3) 2009 年 3 月 19 日，台湾研究所所长余克礼与欧盟驻华代表团政务参赞孟葛岚在台湾研究所就两岸关系现状、台欧关系等问题进行交流。

(4) 2009 年 4 月 29 日，台湾研究所副所长张冠华与德国驻华使馆公使衔参赞寇文刚在台湾研究所就两岸关系、台湾地区与欧盟经贸关系等问题进行交流。

(5) 2009 年 6 月 25 日，台湾研究所副所长张冠华与韩国驻华使馆统一官李昌烈等在台湾研究所就台湾政局、两岸关系、台湾地区与韩国经贸关系等问题进行交流。

(6) 2009 年 8 月 12 日，台湾研究所所长余克礼与日本外务省国际情报统括官组织统括官小寺次郎在台湾研究所就台湾政局、马英九当局大陆政策、两岸关系现状、日本与台湾地区的关系等问题进行交流。

(7) 2009 年 9 月 14 日，台湾研究所所长余克礼与俄罗斯科学院远东研究所中国政情研究中心主任斯米尔诺夫在台湾研究所就台湾政局、两岸关系、台湾地区与俄罗斯经贸关系等问题进行交流。

(8) 2009 年 12 月 11 日，台湾研究所副所长谢郁与日本外务省中国科科长垂秀夫在台湾研究所就两岸关系现状、台湾地区与日本的关系等问题进行交流。

3．与中国台湾开展的学术交流

(1) 2009 年 1 月 11 ~ 14 日，应台湾研究所邀请，中国国民党智库执行长蔡政文率团来京访问，就大陆对台政策、两岸关系发展等问题与中国社会科学院台湾研究所、中华文化发展促进会、全国台湾研究会等单位的有关学者进行交流。台湾研究所所长余克礼与该团进行了交流。

(2) 2009 年 2 月 12 日，台湾研究所所长余克礼、副所长朱卫东、张冠华与台湾亚太和平研究基金会董事长赵春山、执行长高辉等在台湾研究所就台湾政局、两岸关系、两岸经济关系等问题进行交流。

(3) 2009 年 4 月 24 日，台湾研究所所长余克礼与台湾统一联盟主席纪欣在台湾研究所就两岸关系、台湾统派力量发展现状等问题进行交流。

（4）2009 年 5 月 21 日，台湾大学教授张亚中到台湾研究所访问，并作了题为《两岸和平发展机制》的学术演讲。

（5）2009 年 6 月 4 ～ 8 日，台湾研究所所长余克礼等赴台湾，参加台湾中兴大学举办的“第三届两岸和平论坛”。会后，余克礼拜会了国民党荣誉主席连战、亲民党主席宋楚瑜、台湾“立法院长”王金平，还与台湾亚太和平研究基金会、政治大学国关中心、淡江大学战略研究所等单位进行了学术交流。

（6）2009 年 8 月 27 日，台湾研究所副所长朱卫东与台湾政治大学魏艾副教授率领的“国民党青年精英大陆访问团”在台湾研究所就大陆社会发展、两岸关系现状等问题进行了交流。

（7）2009 年 9 月 21 日至 10 月 15 日，台湾研究所彭维学、潘飞、石勇应台湾大学邀请，赴台湾进行蹲点研究。

（8）2009 年 10 月 22 ～ 30 日，台湾研究所副所长朱卫东等赴台湾，与台湾淡江大学大陆研究中心就台湾政局与两岸关系等问题进行学术交流。

（9）2009 年 11 月 12 ～ 18 日，台湾财团法人太平洋文化基金会主办的“两岸一甲子学术研讨会”在台北市举行。台湾研究所所长余克礼、副所长张冠华、谢郁等应邀出席会议。会后，余克礼所长拜会台湾“立法院长”王金平，并互赠礼品。

（10）2009 年 11 月 15 ～ 23 日，台湾研究所副所长张冠华一行赴台湾，与台湾政治大学国关中心就两岸经济关系、两岸和平协议等问题进行学术交流。

（11）2009 年 11 月 23 日，台湾研究所副所长张冠华与台湾资讯工业策进会产业情报研究所所长詹文男在台湾研究所就两岸经贸合作议题进行交流。

（12）2009 年 11 月 30 日，台湾研究所所长余克礼与国民党前文传会主委、台湾文化总会秘书长杨渡在台湾研究所就台湾政局、两岸关系等问题进行交流。

（13）2009 年 12 月 8 日，台湾远见天下文化事业群创办人、董事长高希均及发行人王力行在台湾研究所发表学术演讲。

（14）2009 年 12 月 29 日，台湾前“立法委员”朱高正、台湾民主行动联盟执行长兼《新国际》主编林深靖等到台湾研究所访问，并发表了题为《马英九的执政困境及其大陆政策的局限性》的学术演讲。

（四）学术期刊

1.《台湾研究》（双月刊），主编余克礼。

2009 年，《台湾研究》共出版 6 期，共计 72 万字。该刊全年刊载的有代表性的文章有：余克礼的《两岸应正视结束敌对状态签订和平协议的问题》，余克礼的《关于促进两岸政治关系发展的几点看法》，陈丽明、张冠华的《新形势下加强两岸产业交流与合作的思考与探索》，刘国奋的《两岸关系新局面的影响与问题之探析》等。

2.《台湾周刊》，主编彭维学。

2009年,《台湾周刊》共出版50期,共计170万字。该刊对“文学撷英”等栏目进行了调整，增加了“两岸交流”、“访台观感”等栏目。该刊全年刊载的有代表性的文章有：李贺的《2008年两岸关系回顾》，汪曙申的《2008年台湾政局回顾》，冷波的《马英九执政状况评估》，申煊、卢成军的《透析陈水扁的政治个性》，彭维学的《对当前两岸关系和平发展的几点观察》等。

（五）会议综述

构建两岸政治关系框架座谈会

2009年4月24～26日,中国社会科学院台湾研究所主办的“构建两岸政治关系框架座谈会”在天津举行。国内10多名研究台湾问题的知名专家学者参加了会议。中国社会科学院台湾研究所所长余克礼主持会议。

会议是胡锦涛总书记“六点意见”发表后，中国社会科学院台湾研究所对两岸关系和平发展思想有关重大问题加强研究的重要举措。与会学者围绕“统一前的两岸政治定位”、“结束敌对状态”、“达成两岸和平协议”等重大问题进行了深入探讨。

与会学者认为，两岸政治定位始终是两岸关系中最核心、最敏感、分歧最大的问题，是未来两岸政治对话、政治谈判无法回避的关键问题。两岸应从胡总书记“六点意见”出发，以一个中国为前提，以“内战理论”为基础，思考两岸政治定位问题。

与会学者认为，两岸结束敌对状态是要解决历史上的内战遗留问题，不仅从内战遗留的角度彻底否定了“台独”的理论基础，而且有利于开启两岸政治谈判，深化两岸关系和平发展格局。与会学者还就两岸和平协议的性质、内涵、达成方式等进行了探讨。

会议进一步深化了对两岸政治定位等敏感问题的认识，对于深入开展有关两岸和平协议的研究具有重要参考价值。

（彭维学）

构建两岸文教交流机制座谈会

2009年5月22～24日,中国社会科学院台湾研究所主办的“构建两岸文教交流机制座谈会”在河北省承德市举行。国内重要涉台单位、学术机构、知名专家学者近20人参加了会议。中国社会科学院台湾研究所所长余克礼主持会议。

会议是在胡锦涛总书记“六点意见”发表后，台湾研究所为强化对台重大战略性、前瞻性问题研究、完成国家社会科学基金重大课题所主办的一次学术会议。与会学者围绕“构建两岸文教交流架构的重要意义”、“两岸文教交流现状”、“两岸文教交流协议”、“制约两岸文教交流的因素”等问题进行了深入交流。

与会学者认为，构建两岸文教交流架构是扩大和深化两岸文教交流的必然要求，是深化两岸经济合作的创新之路，是构建两岸关系和平发展框架的思想文化基础。历经30年发展，两岸文教交流规模不断扩大，领域不断拓宽，交流项目与人次逐年增加，但存在“不平衡、不对称、不深入、不稳定”等问题，是两岸交流中的薄弱环节，严重落后于两岸经贸交流。

会议探讨的重点是构建两岸文教交流机制的层次、功能与原则。与会学者认为，签订两岸文化教育交流协议是构建两岸文教交流机制的关键，有利于两岸文教交流的制度化、专业化和规范化，兼具现实意义和长远意义。构建两岸文教交流机制要把握四个原则：一是分层次、分步骤加以推动；二是遵循由浅入深、先易后难的规律；三是突出中华文化核心价值，避免沦为纯经济活动；四是把握两岸文教交流主导权，避免台湾方面负面宣传对大陆社会带来冲击。

研讨会进一步提高了对于两岸文教交流机制在两岸关系和平发展框架中重要地位和作用的认识，对于推进有关两岸文教交流协议的研究具有重要参考价值。

（彭维学）

国际金融危机后的两岸经济交流与合作学术研讨会

2009年9月1～3日，中国社会科学院台湾研究所主办的“国际金融危机后的两岸经济交流与合作学术研讨会”在江西省南昌市举行。来自海峡两岸的10多位知名专家学者参加了会议，中国社会科学院台湾研究所所长余克礼主持会议。

与会学者研究和总结了马英九当局上台以来两岸经贸关系形势变化及国际金融危机背景下两岸经贸交流与合作的发展趋势，并就两岸签订经济合作协议、两岸金融交流、两岸“三通”影响等议题进行了深入研讨。与会学者认为，“大三通”对两岸总体经济有正面效益，值得积极推动。国际金融危机为两岸深化经贸交流与合作提供了契机，两岸应加速推动金融合作，尽早签订两岸金融监管备忘录。

关于商签两岸经济合作框架协议（ECFA）是会议讨论的焦点。与会学者认为，签订ECFA有助于推动两岸关系和平发展，有助于台湾摆脱经济困境、提高竞争力，有助于台湾经济避免边缘化，有助于提高两岸同胞生活福祉。台湾学者希望两岸加强政治互信，加强相关研究，尽快签订ECFA。台湾学者认为，两岸经贸交流与合作的加快与深入，将为两岸政治议题的协商创造有利条件。

（彭维学）

“三合一”选举后台湾政局与两岸关系学术研讨会

2009年12月4～5日，中国社会科学院台湾研究所与国民党智库“国家政策研究基金会内政组”联合主办的“‘三合一’选举后台湾政局与两岸关系学术研讨会”在广西壮族自治区南宁市举行。中国社会科学院台湾研究所所长余克礼主持会议。

与会学者就选举结果、原因及其影响进行了深入探讨。与会学者认为，“三合一”选举是马英九上台及兼任国民党主席推动党内改革后的第一次大规模选举，其结果对未来岛内政局发展具有重要指标意义和实质效果。民进党止跌回升，国民党得票率大幅下降，给予马英九“严重警告”，增加了马英九2012年竞选连任的压力。不过，民进党虽然走出2005年以来“三连败”的阴影，展现谷底翻身的势头，但短期内仍难突破结构性困境；尤其是“国强民弱”格局没有根本改变，马英九仍有连任机会。

会议探讨的重点是“三合一”选举后马英九当局的大陆政策及其对两岸关系的影响。与会学者认为，马英九推动务实开放大陆政策的既定方向不会改变，但很有可能进行策略性调整，在两岸政治议题上的立场可能更趋保守，未来两岸关系发展势将更加复杂。

会议对于充分认识岛内政局和两岸关系发展的复杂性、加强对台工作的针对性具有一定的参考价值。

（彭维学）

哲学研究所

（一）人员、机构基本情况

截至2009年年底，哲学研究所共有在职人员144人。其中，正高级职称人员41人，副高级职称人员46人，中级职称人员32人；高、中级职称人员占全体在职人员总数的83%。

哲学研究所设有：马克思主义哲学原理研究室、马克思主义哲学史研究室、中国哲学研究室、西方哲学史研究室、现代外国哲学研究室、科学技术哲学研究室、伦理学研究室、逻辑学研究室、东方哲学研究室、哲学与文化研究室、美学研究室、《哲学研究》编辑部、《哲学动态》与《中国哲学年鉴》编辑部、《世界哲学》编辑部、图书资料室、办公室、科研处、人事处、离退休干部办公室。

哲学研究所院属科研中心有：中国社会科学院文化研究中心、中国社会科学院社会发展研究中心、中国社会科学院东方文化研究中心、中国社会科学院应用伦理研究中心、中国社会科学院科学技术和社会研究中心、中国社会科学院世界文明比较研究中心。

（二）科研工作

1．科研成果统计

2009年，哲学研究所共完成专著22种，771.9万字；论文218篇，254.7万字；研究报告11篇，16.4万字；学术资料1种，103万字；古籍整理2种，3万字；教材3种，85.8万字；译著10种，

279.2 万字；译文 15 篇，23.2 万字；论文集 4 种，114.9 万字。

2．科研课题

（1）新立项课题。2009 年，哲学研究所共有新立项课题 23 项。其中，国家社会科学基金课题 6 项："建设社会主义核心价值体系研究"（孙伟平主持），"汉晋道教与方术民俗——以出土资料为背景"（姜守诚主持），"面向自然语言信息处理的范畴类型逻辑研究"（邹崇理主持），"现象学视野中的科学 —— 一种对自然主义的超越"（张昌盛主持），"20 世纪西方分析美学研究"（刘悦笛主持），"马克思哲学：当代的挑战与回应"（鉴传今主持）；院重大课题 1 项："马克思主义哲学形态史"（吴元樑主持）；院重点课题 4 项："韩国哲学史"（李甦平主持），"伯格森和伯格森主义研究"（尚杰主持），"马克思主义哲学中国化与近现代文化论争"（张羽佳主持），"20 世纪政治哲学史"（周穗明主持）；院青年科研启动基金课题 5 项："胡塞尔《逻辑研究》中的认识论澄清"（周业兵主持），"中国文化产业政策环境研究"（惠鸣主持），"德国浪漫主义哲学"（王歌主持），"刘宗周的经典诠释学"（高海波主持），"王国维艺术思想研究"（张建军主持）；院国情调研课题 2 项："近年来'国学热'现象的社会文化内涵"（李存山主持），"产权模式、分配方式与不同群体劳动积极性的调研"（魏小萍主持）；院属单位信息化项目课题 1 项："哲学中国网（第一期）"（余涌、单继刚主持）；院交办、委托课题 1 项："《李铁映论社会科学》《李铁映自选集》编纂"（李景源、吴元樑主持）；院青年中心社会调研课题 2 项："国家级经济技术开发区应对国际金融危机策略研究"（田申主持），"社区公共服务资源获得机制研究"（韩露主持）；所重点课题 1 项："新获北凉'缘禾二年'冥讼文书考释——兼论汉魏六朝道教之'冢讼'观念"（姜守诚主持）。

（2）结项课题。2009 年，哲学研究所共有结项课题 23 项。其中，国家社会科学基金课题 4 项："知识、信念和行为的逻辑"（刘奋荣主持），"图式逻辑研究"（刘新文主持），"伊斯兰哲理与古典文学"（王家瑛主持），"经济全球化下的民族文化——道家与传统文化的综合创新"（胡孚琛主持）；院 A 类重大课题 2 项："西方哲学与宗教关系之哲学研究"（叶秀山主持），"艺术哲学与国民素质的全面提高"（聂振斌主持）；院 B 类重大课题 3 项："遗传学发展与人文研究"（赵功民主持），"西方哲学的当代问题"（江怡主持），"中西美学的沟通"（滕守尧主持）；院重点课题 4 项："中国遗传伦理前沿问题研究"（王延光主持），"第一哲学的中国进路"（赵汀阳主持），"中西语言与思想制度"（尚杰主持），"20 世纪哲学中的翻译话题"（单继刚主持）；院青年科研启动基金课题 4 项："道教身体观"（陈霞主持），"儒家政治哲学的构建：战国礼学研究的新视角"（刘丰主持），"泰州学派研究——以颜均为中心"（马晓英主持），"胡塞尔《逻辑研究》中的认识论澄清"（周业兵主持）；所重点课题 6 项："《三元经》校释及版本研究"（姜守诚主持），"马克思主义认识论研究模式"（高岸起主持），"克尔凯郭尔'前基督时期'宗教哲学思想研究"（王齐主持），"后现代时代的技术哲学"（孔明安主持），"中西方马克思主义的比较研究"（徐素华主持），"日本近世古学和近代启蒙思想中的现代性反思"（龚颖主持）。

（3）延续在研课题。2009年，哲学研究所共有延续在研课题95项。其中，国家社会科学基金课题18项："越南儒学研究"（何成轩主持），"京都学派的历史哲学研究"（卞崇道主持），"系统科学和社会发展"（闵家胤主持），"托马斯·阿奎那宗教伦理思想的人学解读"（刘素民主持），"中国哲学的实在论与道德论"（李存山主持），"德国哲学发展史——从德国哲学发生至今的历史"（谢地坤主持），"相对论和20世纪哲学"（罗嘉昌主持），"日本'批判佛教'思潮的佛教批判思想研究"（周贵华主持），"荀子综合研究"（高正主持），"中医典籍研究与英译工程"（罗希文主持），"哲学的拓扑学研究"（江怡主持），"法国哲学精神与当代欧洲社会"（尚杰主持），"一阶逻辑片段研究"（夏素敏主持），"注释、诠释与建构——四书学与宋明理学的发展"（陈静主持），"科学知识社会学及其近期发展"（刘文旋主持），"自由与希望：对康德实践哲学与美学的存在论阐释"（黄裕生主持），"信息时代唯物史观的新发展"（孙伟平主持），"技术化科学的哲学研究"（段伟文主持）；院重大课题17项："经济伦理与社会发展"（孙春晨主持），"全球化中的价值冲突与我国文化战略"（江蓝生主持），"政治哲学研究"（李鹏程主持），"马克思主义与时俱进的思想源头——《马克思恩格斯全集》（MEGA）研究"（魏小萍主持），"马克思主义哲学创新研究"（李景源主持），"当代西方马克思主义新思潮研究"（孔明安主持），"黑格尔文集编译"（梁存秀主持），"社会伦理与社会发展"（余涌主持），"阿多诺思想研究"（谢地坤主持），"中国文化系统和国际文化竞争"（闵家胤主持），"20世纪佛教思想与中国思想的现代转换"（张志强主持），"中国哲学的实在论与道德论"（李存山主持），"国外马克思主义哲学发展轨迹、趋势研究"（魏小萍主持），"模态逻辑以及几个最新分支的内容、方法和意义研究"（张清宇主持），"先进文化建设与文化体制改革"（张晓明主持），"整体论及其对当代科学与社会发展的重大影响"（罗嘉昌主持），"当代西方形而上学问题研究"（江怡主持）；院重点课题15项："《1870～1945剑桥哲学史》翻译"（周晓亮主持），"印度吠檀多哲学史"（孙晶主持），"魏晋隋唐时期的文化与玄学"（王葆玹主持），"马克思政治哲学深层次解读"（欧阳英主持），"论中国特色社会主义理论体系"（徐崇温主持），"信息时代唯物史观的新发展"（孙伟平主持），"当代科学基础的哲学分析"（段伟文主持），"注释、诠释与建构——四书学与宋明理学的发展"（陈静主持），"Sheffer竖的逻辑与哲学"（刘新文主持），"俄罗斯哲学史"（马寅卯主持），"分析哲学中关于语言和心灵的前沿问题研究"（隽益民主持），"柏拉图晚年的道德诗学研究"（王柯平主持），"三论宗哲学研究"（成建华主持），"儒学创新与民族主体价值之重塑——兼论新时期马克思主义和儒学的关系"（郭沂主持），"劳动与欲望的历史辩证法批判——一项基于历史唯物主义的研究"（崔唯航主持）；院青年科研启动基金课题8项："柏拉图后期数学哲学研究"（郝一江主持），"实在论与物理学"（蔡肖兵主持），"《太平经》的生命思想"（姜守诚主持），"关系实在论研究"（张昌盛主持），"柏拉图哲学的体系与演变"（詹文杰主持），"模态Lindstr m定理"（夏素敏主持），"福泽渝吉的生平与其政治思想的形成"（贺雷主持），"戏仿之思——对一个流行诗学范畴的历史考察"（孙茹茹主持）；院国情调研课题5项："中国道德国情调研"（余涌主持），"中医药和民族医药事业现状、关键问题和政策建议（2008）”（谢地坤主持），“科学发展观与当代中国城市风貌及公共文化的文化意蕴”（章建刚主持），“经济发达县（市）公共文化服务状况调查”（贾旭东主持），“当代中国社会价值观的现状与发展趋势”（孙伟平主持）；院后期资助课题1项：“解读马克思的宗教观”（黄慧珍主持）；院交办课题2项：“诚信意识与公民道德建设”（孙春晨主持），“廉洁教育在社会主义核心价值体系中的作用”（孙春晨、吴尚民主持）；所重点课题29项：“知识问题在现时代”（朱葆伟主持），“符号互动论的社会哲学研究”（霍桂桓主持），“实用英汉哲学术语词典”（鲁旭东主持），“当代生物学哲学”（徐兰主持），“克罗齐美学引论”（田时纲主持），“孔孟之间的哲学——以出土文献为背景”（郭沂主持），“前期吠檀多哲学史”（孙晶主持），“现代逻辑和语言的信息处理”（邹崇理主持），“马克斯·舍勒的哲学思想研究”（程志民主持），“科学发展的广义生态公正问题研究”（段伟文主持），“苏联马克思主义哲学教科书体系研究”（李涛主持），“知识社会学：曼海姆以后的发展”（刘文旋主持），“存在图逻辑的现代分析”（刘新文主持），“马克思主义政治哲学发展史”（欧阳英主持），“海德格尔理解的《黑格尔的〈精神现象学〉》”（张慎主持），“现代中国佛教中的佛教批判思想研究”（周贵华主持），“庄子与中国近现代的自由观念”（陈静主持），“《纯粹理性批判》的翻译”（谢地坤主持），“儒道哲学的分流与融合”（王葆玄主持），“郭店竹书考释和校注今译”（高正主持），“现代性语境中马克思哲学当代价值的伦理学研究”（熊在高主持），“明末泰州学派的流变及其影响”（马晓英主持），“心智哲学问题系列研究”（王湘楠主持），“现象学视野中的科学”（张昌盛主持），“设计美学”（梁梅主持），“王符思想研究”（罗传芳主持），“回归还是超越——霍耐特承认理论转向评析”（贺翠香主持），“马克思实践哲学的当代意义”（孟宪清主持），“计算与信息哲学论要”（刘钢主持）。

3．获奖优秀科研成果

2009年，哲学研究所共评出“2009年度哲学研究所优秀科研成果奖”专著类一等奖4项：周贵华的《唯识、心性与如来藏》，李河的《巴别塔的重建与解构——解释学视野中的翻译问题》，陈静的《自由与秩序的困惑——〈淮南子〉研究》，张清宇的《逻辑哲学九章》；论文类一等奖5项：赵汀阳的《道德金规则的最佳可能方案》，李存山的《宋学与〈宋论〉》，甘绍平的《应用伦理学的论证问题》，朱葆伟的《工程活动的伦理问题》，周晓亮的《直觉与演绎：笛卡儿的方法论选择及其困境》；译著类一等奖3项：田时纲的《历史学的理论和历史》等，薛华等的《庄子：天下》，梁存秀、李理的《伦理学体系》。专著类优秀奖4项：涂纪亮的《维特根斯坦后期哲学思想研究》，尚杰的《精神的分裂——与老年德里达对话》，王柯平的《美之旅》，魏小萍的《追寻马克思——时代境遇下马克思人类解放理论逻辑的分析和探讨》；论文类优秀奖5项：江怡的《当代西方哲学中的“第二次革命”》，邹崇理的《多模态范畴逻辑研究》，孙晶的《〈乔荼波陀颂〉文献学研究》，杨通进的《走向平等主义的全球环境伦理学》，王延光的《论中国干细胞研究中胚胎的道德地位》。

2009年，哲学研究所获“第三届中国社会科学院离退休人员优秀科研成果奖”专著类一等奖1项：涂纪亮的《从古典实用主义到新实用主义——实用主义基本观点的演变》；专著类二等奖1项：王树人的《回归原创之思——“象思维”视野下的中国智慧》；专著类三等奖1项：蒙培元的《人与自然——中国哲学生态观》；论文类三等奖1项：赵凤岐的《科学发展观：具有时代标志的理论成果》。

（三）学术交流活动

1．学术活动

2009年，哲学研究所主办和承办的学术会议有：

（1）2009年4月25～26日，哲学研究所、辽宁大学、日本哲学会、中华日本哲学会联合主办的“第二届中日哲学论坛”在辽宁省沈阳市举行。会议的主题为“中日哲学的现代课题”，研讨的主要问题有“关于环境、生命、共生的哲学新发展”、“全球化与东方、西方思想的沟通和融合”等。

（2）2009年5月30日，哲学研究所与北京大学、清华大学联合主办的“张岱年先生诞辰一百周年学术研讨会”在北京举行。会议研讨的主要问题有“张岱年先生的‘兼和’思想”、“张岱年先生的哲学思想”、“张岱年先生的中国哲学史研究”、“张岱年先生的文化观”、“张岱年先生的道德文章”等。

（3）2009年6月20日，哲学研究所《哲学研究》编辑部与中国人民大学哲学院联合主办的“唯物史观视野中的公共性问题理论研讨会”在北京举行。会议研讨的主要问题有“从哲学视角研究公共性问题的意义”、“‘公共性’概念的含义”、“公共性问题研究和马克思思想的关系”、“公共性问题研究的方法论”等。

（4）2009年6月20～22日，哲学研究所与南京大学哲学系联合主办的“2009年应用逻辑学术研讨会”在北京举行。会议研讨的主要问题有“应用逻辑的学科定位、研究方向”、“应用逻辑的理论研究”、“逻辑应用及其与应用逻辑的关系”、“应用逻辑专业委员会的发展”等。

（5）2009年9月13～14日，哲学研究所、中国社会科学院社会发展研究中心、中英美暑期哲学学院、中国现代外国哲学学会联合主办的“北京国际法治学术研讨会”在北京举行。会议研讨的主要问题有“法治的概念、理论、原则和价值”，“法治在中国和其他国家中的应用”，“在中国和亚洲国家改进法治的建议”等。

（6）2009年10月14日，哲学研究所与山西省社会科学院联合主办的“2009年度全国社科系统‘哲学大会’：国学与时代精神”在山西省太原市举行。会议研讨的主要问题有“国学的概念界定及其研究方法”、“国学与西学的对话与互通”、“国学在时代精神中的价值和地位”、“国学的未来走向”等。

（7）2009年10月24～25日，哲学研究所《哲学研究》编辑部、《哲学动态》编辑部、青年哲学论坛联合主办，华中师范大学政法学院承办的“第六届马克思主义哲学创新论坛”在湖北省武汉市举行。论坛的主题是“唯物史观”，研讨的主要问题有“唯物史观与马克思主义哲学的变革”、“我所理解的唯物史观”、“唯物史观与中国”、“唯物史观研究反思”等。

2009 年 12 月，“著名佛学家、逻辑学家虞愚先生诞辰一百周年纪念会”在北京举行。

（8）2009 年 10 月 28 ～ 30 日，哲学研究所主办的“中国社会科学院哲学研究所第三届青年学术论坛”在山西省太原市举行。论坛共收到论文 34 篇，分别体现了中国哲学、西方哲学、马克思主义哲学、科技哲学、伦理学、美学、逻辑学各个专业的研究状况和特色。

（9）2009 年 12 月 25 日，哲学研究所中国哲学研究室主办的“著名佛学家、逻辑学家虞愚先生诞辰一百周年纪念会”在北京举行。与会者从治学与为人等多方面缅怀了虞愚的一生。

2．国际与地区学术交流和合作

2009 年，哲学研究所共派遣出访 24 批 26 人次，接待来访 18 批 64 人次（其中，中国社会科学院邀请来访 4 批 7 人次）。与哲学研究所开展学术交流的国家有英国、美国、德国、法国、荷兰、俄罗斯、韩国、越南、马来西亚等。

（1）2009 年 2 月 12 ～ 15 日，哲学研究所孙伟平与越南社会科学院哲学研究所等机构的学者在越南海防市就“市场经济条件下的社会责任”问题进行学术交流。

（2）2009 年 2 月 20 日，哲学研究所单继刚同“萨尔茨堡全球研讨会第 461 次会议”与会者在奥地利萨尔茨堡就翻译哲学问题进行学术交流。

（3）2009 年 3 月 18 ～ 19 日，哲学研究所谢地坤、魏小萍、李河等与美国纽约社会研究新学院大学政治学系和哲学系教授、当代著名政治哲学家、批判理论在美国的主要代表人物南茜·弗雷泽（Nancy Fraser）在北京就正义理论问题进行学术交流。

（4）2009 年 3 月 19 日，哲学研究所谢地坤、魏小萍等与美国纽约社会研究新学院大学研究生院和历史研究委员会历史学教授伊莱·扎瑞斯基（Eli Zaretsky）在北京就左派的概念问题进行学术交流。

（5）2009 年 6 月 1 日，哲学研究所谢地坤、马寅卯等与俄罗斯科学院哲学研究所学者在北京就中国哲学史和政治哲学领域的最新研究成果问题进行学术交流。

（6）2009 年 8 月至 2010 年 8 月，哲学研究所崔唯航在英国与牛津大学哲学系学者就马克思主义哲学的相关问题进行为期一年的学术交流。

（7）2009 年 8 月 27 ～ 29 日，哲学研究所王柯平与泰国国家研究理事会和亚洲社科联合会学者在曼谷就“全球化世界中的多元文化：来自亚太地区的观点”问题进行学术交流。

（8）2009 年 9 月 29 日，哲学研究所陈霞与斯洛伐克科学院教授黑山在北京就《道德经》的有关问题进行学术交流。

（9）2009 年 10 月 9 日，哲学研究所马寅卯等与俄罗斯科学院哲学研究所洛马诺夫在北京就胡适的思想理论遗产问题进行学术交流。

（10）2009 年 12 月 5 日，哲学研究所章建刚与联合国教科文组织保护文化多样性政府间委员会第三届常会组委会在巴黎就保护文化多样性问题进行学术交流。

（11）2009 年 12 月 18 日，哲学研究所孙晶与马来西亚古晋佛教居士林在古晋就佛教的有关问题进行学术交流。

（12）2009 年 12 月 20 日，哲学研究所魏小萍、周穗明等与英国兰卡斯特大学教授迈克尔·克里克特（MichaelR.Kr　tke）就《马克思恩格斯全集》历史考证版的有关问题进行学术交流。

3．与中国香港、澳门特别行政区和台湾开展的学术交流

（1）2009 年 3 月 9 日，哲学研究所姜守诚与台湾成功大学哲学系在台湾就中国哲学的问题进行学术交流。

（2）2009 年 5 月 17 日，哲学研究所成建华与台湾南华大学学者在台湾高雄就人间佛教问题进行学术交流。

（3）2009 年 6 月 5 日，哲学研究所孙晶与台湾华梵大学东方人文思想研究所学者在台北就“东方人文思想中对关于终极关怀思想的融会贯通，也是对印度哲学和佛教思想的深入考察”问题进行学术交流。

（4）2009 年 7 月 14 ～ 23 日，哲学研究所李存山、张利民与台湾大学人文社会高等研究院、台湾朱子学研究协会学者在台北就朱子的经典诠释与现代通识教育、朱子思想与公民社会等问题进行学术交流。

（四）学术社团、期刊

1．社团

（1）中国辩证唯物主义研究会，会长王伟光。

2009 年 8 月 21 日，中国辩证唯物主义研究会、中国社会主义社会辩证法研究会、福建省社会科学界联合会、广东省社会科学界联合会联合主办的“中国马克思主义哲学 60 年理论研讨会”在福建省武夷山市召开。会议的主题是“如何推进马克思主义哲学中国化”，研讨的主要问题有“中国马克思主义哲学 60 年的发展历程、主要成就及未来走势”等。

2009 年 12 月 22 ～ 25 日，中国辩证唯物主义研究会、中央党校哲学教研部、中共北京市委党校在北京举行“全国马克思主义哲学创新成果交流会”。会议研讨的主要问题有“改革开放以来马克思主义哲学理论的创新成果”、“马克思主义哲学理论的创新经验”、“在新的历史起点上进一步推进马克思主义哲学中国化、时代化、大众化”。

（2）中国马克思主义哲学史学会，会长梁树发。

2009 年 7 月 6 ～ 10 日，中国马克思主义哲学史学会在青海省西宁市举行“新中国 60 年与马克思主义哲学发展理论研讨会暨中国马克思主义哲学史学会 2009 年年会”。会议的主题是“新中国 60 年与马克思主义哲学发展”，研讨的主要问题有“马克思主义哲学发展的基本经验与基本规律”、“马克思主义哲学中国化与中国特色社会主义道路”、“马克思主义经典著作的出版与研究”、“如何继续推进马克思主义哲学研究”。

（3）中国哲学史学会，会长陈来。

2009 年 6 月，中国哲学史学会与河北大学中国哲学省级重点学科联合主办的“河北讲坛·纪念张岱年百年诞辰暨中国哲学研究”在河北省保定市举行。活动期间，中国哲学史学会陈来、中国社会科学院哲学研究所胡孚琛、刘长林分别作了题为《张岱年生平和思想》《新道学》《中医哲学》的报告。

（4）中华美学学会，会长汝信。

2009 年 8 月 15 ～ 17 日，中华美学学会和鲁迅美术学院共同主办的“中华美学学会第七届全国美学大会暨新中国美学 60 年学术会议”在辽宁省沈阳市举行。会议研讨的主要问题有“当代中国美学论争问题”、“中国美学与西方美学对话与融合问题”、“关于美学与当代生活关系问题”、“新中国美学 60 年的发展历史”。

（5）中国现代外国哲学学会，会长江怡。

2009 年 4 月 11 ～ 12 日，中国现代外国哲学学会分析哲学专业委员会在浙江省杭州市举行“第五届全国分析哲学学术研讨会”。会议研讨的主要问题有“心灵哲学的问题”、“语言哲学问题”、“科学哲学与逻辑哲学问题”、“形而上学及道德哲学问题”。

（6）中华全国外国哲学史学会，会长谢地坤。

2009 年 10 月 24 ～ 26 日，中华全国外国哲学史学会和中国现代外国哲学学会在陕西省西安市举办“中华全国外国哲学史学会、中国现代外国哲学学会年会暨全国经验主义和实用主义学术研讨会”。会议研讨的主要问题有“经验主义的历史沿革”、“经验主义与唯理主义”、“美国实用主义”、“实用主义的经验主义根源”、“经验主义的当代发展以及经验主义与当代中国诸多涉及到经验主义沿革的历史性梳理”。

（7）中国伦理学会，会长陈瑛。

2009 年 4 月 16 ～ 18 日，中国伦理学会在浙江省杭州市举行“中国伦理学会第七次全国会员代表大会暨学术讨论会”。会议的主题是“中国伦理学 30 年”，研讨的主要问题有“中国伦理学所取得的成就与面临的问题"、"伦理学的学科定位"、"中西文化的融会贯通"、"当代中国社会所面临的主要道德问题"。

（8）中国逻辑学会，会长张家龙。

2009 年 10 月 24 ～ 25 日，中国逻辑学会在四川省成都市举行"纪念中国逻辑学会成立 30 周年大会"。会议的主题是"改革开放以来逻辑学在中国的发展"，研讨的主要问题有"现代逻辑"、"形式逻辑"、"归纳逻辑"、"经济逻辑"、"法律逻辑"。

（9）国际易学联合会，会长董光璧。

2009 年 6 月 18 日，国际易学联合会在四川省雅安市举行"2009 年国际易学联合会年会、国际易学论坛"。会议的主题是"现代易学新启示"，研讨的主要问题有"易学经传、易学史、易理研究等"、"现代建筑文化与易经"、"易学与现代人生、和谐社会"、"易学与艺术"。

（10）老子道学文化研究会，会长胡孚琛。

2009 年 11 月 5 ～ 6 日，老子道学文化研究会在北京举行"首届国际老子道学文化高层论坛"。会议的主题是"大道、科学、和谐、健康"，研讨的主要问题有"老子道学文化的综合创新对当今世界的战略意义"、"道学文化在 21 世纪的发展前景"、"钱学森院士的人体科学思想对创新道学文化的重大意义"。

2．期刊

（1）《哲学研究》（月刊），主编李景源。

2009 年，《哲学研究》共出版 12 期，共计 252 万字。该刊对"唯物史观研究"、"马克思主义哲学中国化研究"等栏目进行了调整。该刊全年刊载的有代表性的文章有：耿宁的《中国哲学向胡塞尔现象学之三问》，陈鼓应的《〈庄子〉内篇的心学——开放的心灵与审美的心境》，孙麾的《马克思哲学的学术传统与问题意识》，张汝伦的《王霸之间——贾谊政治哲学初探》，王伟光的《人类思维方式、认识方法的一场革命》，唐凯麟、陈世民的《经济和人文脱节的不良后果——全球金融危机的伦理审视》，李三虎的《纳米现象学：微细空间建构的图像解释与意向伦理》，赵汀阳的《共在存在论：人际与心际》，邓晓芒的《康德〈实践理性批判〉中的自由范畴表解读》，张昌盛的《论超越论现象学对科学危机的克服》，夏年喜、邹崇理的《论类型逻辑语法的多种表述》，张一兵的《劳动塑型、关系构式、生产创序与结构筑模——关于构境理论与历史唯物主义的一种逻辑承袭》，周濂的《合乎自然的秩序与合乎权利的秩序》。

（2）《哲学动态》（月刊），主编谢地坤。

2009 年，《哲学动态》共出版 12 期，共计 237 万字。该刊全年刊载的有代表性的文章有：薛华的《论共同精神》，甘绍平的《关于人权概念的两个哲学争论》，马晓英的《徐光启与王学之关系考察》，尚杰的《悖谬乃哲学的姿态——对伯格森的重新解读》，白奚的《"仁者人也"——"人的发现"与古代东方人道主义》，王洪的《法律逻辑研究的主要趋向》，任平的《马克思"资本批判"辩证视域的当代启示》，彭峰的《在争论中发展的当代美学》，龚群的《德性伦理与现代社会》，莫伟民的《福柯与政治想象力》，哈贝马斯的《公共空间与政治公共领域——我的两个思想主题的生活历史根源》，江畅的《当代中西价值哲学研究方法之比较研究》，韩庆祥、张艳涛的《破解“中国问题”需要“中国理论”》，姚大志的《罗尔斯正义理论的形而上学基础》，肖峰的《信息主义的多种含义》。

(3)《世界哲学》(双月刊)，主编李河。

2009 年,《世界哲学》共出版 6 期,共计 120 万字。该刊新增了“青年哲学家论坛”栏目。该刊全年刊载的有代表性的文章有：[美] 孟旦的《实际可行的伦理准则及其进化论基础》，叶闯的《翻译不确定性与对意义的否定》,[美]N. 弗雷泽的《女性主义、资本主义和历史的狡计》，黄裕生的《爱与“第三位格”》，尚杰的《“外部的思想”与“横向的逻辑”》，陈嘉映的《关于查尔默斯“语词之争”的评论》，靳希平、李强的《海德格尔研究在中国》，戴兆国的《伦理学：形式的？抑或实质的？——论马克斯 · 舍勒对康德道德哲学的批判》，聂敏理的《问题域中的古希腊哲学研究和学术传统中的古希腊哲学研究》，孙晶的《乔荼波陀与佛教》，江怡的《维也纳学派在中国的命运》，吴增定的《海德格尔对希腊哲学的诠释与哲学的可能性》。

(4)《中国哲学史》(季刊)，主编李存山。

2009 年,《中国哲学史》共出版 4 期，共计 100 万字。该刊全年刊载的有代表性的文章有：颜炳罡的《郭店楚简〈性自命出〉与荀子的情性哲学》，牟坚的《朱子对“克己复礼”的诠释与辨析——论朱子对“以理易理”说的批判》，张学智的《吕坤对晚明政弊的抉发及其修身之学》，张志强的《经、史、儒关系的重构与“批判儒学”之建立》，李四龙的《略论智顗的“秘教”思想》，邓联合的《“逍遥游”与自由》，李存山的《“先识造化”：张载的气本论哲学》，武道房的《经学史视野中曾点之志的多维解读》，陆敏诊的《王开祖及其观念：濂洛未起前的道学思想》，吴国源的《〈需〉卦九二爻辞“小”义新解》，黄永锋的《道教外丹术三题》，颜世安的《庄子性恶思想探讨》，吾淳的《春秋末年以前的宗教天命观与自然天道观》，田智忠的《论鸣道本〈二程语录〉与〈二程遗书〉的渊源》，杨国荣的《分析哲学与中国哲学》。

（五）会议综述

第二届中日哲学论坛

2009 年 4 月 25 ～ 26 日，由中国社会科学院哲学研究所、辽宁大学、日本哲学会、中华日本哲学会共同主办的“第二届中日哲学论坛”在辽宁大学举行。来自中日两国的 50 余位学者参加了论坛。论坛共收到论文 29 篇。会议设三个分科进行讨论。第一分科会的主题是“关于环境、生命、共生的哲学新发展”；第二分科会的主题是“全球化与东方、西方思想的共同与融合”；第三分科会的主题是“中日年轻学者交流”。

在全球化时代，经济领域的大规模交流不可避免地带来文化方面的趋同效应，如何在这一过程中保持自己独有的文化特色成为备受关注的问题。中国社会科学院哲学研究所孙伟平认为，在目前各种文化价值发生碰撞的情况下，首先应该保持东亚传统文化的和谐特色，同时在尊重现代社会诸如“民主”、“法治”等价值的基础上充分发挥传统文化中的优秀内容。张兴国从创建东亚价值观的根据、困难及途径三方面论述了创建东亚价值观的可能性。日本学者碓井敏正批判了将人权相对化的尝试，同时也认为西方国家如美国对人权的理解只具相对性。日本学者纳富信留从“哲学”是否具有普遍性的角度讨论了人权问题。

日本学者高山守讨论了因果必然性与自由的关系问题，他通过对因果关系中的时间因素进行分析得出，因与果是同时发生而不是在时间上先后发生的结论。中国社会科学院哲学研究所黄裕生在探讨海德格尔如何完成解释学的存在论转向时也谈到了海德格尔关于自由的看法，提供了另一种不同的视角。关于形而上学问题的讨论，还有学者从科学哲学的视角予以展开。

会议有不少论文涉及到对日本哲学或思想领域问题的探讨。中国社会科学院哲学研究所孙晶介绍了日本“批判佛教”的最新进展及其理论意义。李彩华介绍了橘朴的东洋民族协和思想，并将其与现实中对“东亚共同体”的思考结合在一起，认为东亚国家之间仍存在进一步密切合作的空间。

在关于环境问题及女性主义等前沿问题上，杨通进、河本英夫、北川东子、王延光及郭玲玲分别从不同的角度进行了研讨。

（贺　雷）

北京国际法治学术研讨会

2009年9月13～14日，由中国社会科学院哲学研究所、中国社会科学院社会发展研究中心、中英美暑期哲学学院、中国现代外国哲学学会联合主办的“北京国际法治学术研讨会”在北京举行。研讨会由福特基金会资助。参加会议的有来自英国、美国、德国、澳大利亚以及中国内地和香港的学者共50余人。中国社会科学院哲学研究所副所长孙伟平研究员、大会组委会主席邱仁宗教授分别在开幕式上致辞。会议围绕“法治的基本概念及其面临的挑战”、“Fuller的法治思想”、“法治和正义”、“法治和德治”、“法治在中国”等问题进行了讨论。

世界著名法学家、哥伦比亚大学法学院教授约瑟夫·拉兹在题为《在变小的世界中的法治》的发言中指出，全球化所产生的文化和建制同质化的压力以及对这种压力的抵制，是理解今日世界法治的核心问题。香港大学哲学系教授慈继伟从法治与人治的区分角度考察了法治的形式与内容的统一性，认为法治不可避免地代表人的意志。真正的问题在于“谁的意志、什么样的意志”。要想让法治和人治充分区别开来，前者必须代表所有人的意志。中国社会科学院哲学研究所研究员甘绍平在题为《法治国家的基本理念》的发言中指出了法治国家与德治国家和法外国家的区别。

在讨论富勒的法治思想问题时，美国乔治敦大学教授戴维·鲁邦通过讨论美国哲学家富勒的思想来考察法治和人的尊严的关系，认为尊严的概念在富勒的著述中太单薄了。英国沃里克大学教授丹·皮瑞尔则考察了对富勒法治著作的三种批评，并借助历史案例和心理学工作证明，对富勒程序正义道德性基本观点的批评是站不住脚的。

“法治在中国”这一问题受到与会者的极大关注。吉林大学教授姚大志在题为《法治与正义》的发言中指出，在中国，法治建设最大的困难在于缺少对法律的尊重。美国卫斯理大学哲学系教授史蒂芬·安格尔在发言中对章士钊和牟宗三的观点给予了特别关注。北京大学法学院教授张千帆的发言则从功能主义视角出发，以中国历史上儒法两家论辩为素材，探讨了基本道德规范对社会秩序与和谐的作用。中国政法大学法学院教授何兵的报告则围绕职业化与民主化，对100年来中国司法建设的路线问题进行了清理和总结。

会上，还有学者对东欧和中国的法治比较研究问题、中国司法建设的路线问题、中国当前宗教管理法制化的二元模式以及存在的问题、中国预防和惩治腐败问题等进行了讨论。

（马寅卯）

2009年度全国社科系统“哲学大会”：国学与时代精神

2009年10月14日，由中国社会科学院哲学研究所和山西省社会科学院主办、山西省社会科学院哲学研究所和山西杏花村汾酒厂股份有限公司承办的“2009年度全国社科系统‘哲学大会’：国学与时代精神”在山西省太原市召开。来自中国社会科学院和全国各省市社会科学院的哲学工作者就当前引人注目的各种哲学问题进行了研讨，同时召开了各省市哲学研究所所长联席工作会议。

全国社科系统“哲学大会”是全国哲学界和社会科学界的盛会，2009年度会议是第20届“哲学大会”。大会的主题是“国学与时代精神”。与会代表就“国学的概念界定”、“国学与西学的比较”、“国学的历史与现实价值”等问题进行了学术交流。

2009年10月，“2009年度全国社科系统‘哲学大会’：国学与时代精神”在山西省太原市召开。

第一，国学的概念界定及其研究方法。与会学者普遍认为，尽管就一般意义而言，“国学”指的是以儒学为主的中华传统思想文化与学术，但是其内在的含义与包含的内容仍然有待于进一步思考。有学者指出，国学这一概念为中国所独有，其所包含的内容较为庞杂，因此，国学是否能成为一门独立的学科仍然有待商榷。同时，国学（特别是中国哲学）也需要借鉴西方哲学中的方法论来提升自身的理论水平。

第二，国学与西学的对话与互通。有学者指出，在经济全球化与文化多元化的时代，国学研究应该“学不分中西”,应着眼于真正的学术问题,在解决问题的过程中确立自身的学术价值。也有学者认为，对于中国而言，国学理应占据正统的学术地位，国学研究应该拥有自己的话语权，“学必分中西”。有学者主张，真理可以不分东方、西方，学术则一定会有东学与西学的不同。也有学者主张，国学研究一方面应该从考古发现中恢复传统文化的真实面目，另一方面则要正确对待西方话语体系的影响。

第三，国学在时代精神中的价值和地位。国学在时代精神中的价值和地位问题在会上受到了普遍关注。有学者指出，时代精神必须从时代问题中发掘，技术体系的发展使得全人类不得不思考生存或灭亡的问题，只有担负起这一问题的哲学，才能担负起对于时代精神的基础性作用，亦能够成为时代精神的核心。有学者认为，国学中包括了很多具有现代性的理念，这些理念构成了国学对时代精神的主要贡献；也有学者认为，吸取精华、摒弃糟粕是对待国学的唯一正确态度。

第四，国学的未来走向。有学者指出，国学的发展应该实现几个转变，即从“体系意识”转变为“问题意识”，从“本土视阈”转变为“世界视阈”，从“马、中、西”三个学科的分立转变为三个学科的“视阈融合”，逐步建立“大哲学”的观念。有学者更为明确地指出，国学的未来应该着眼于“做”，即积极地面对、分析乃至解决人类社会中出现的种种问题。

（杨　珺　路　强）

中国社会科学院哲学研究所第三届青年学术论坛

2009 年 10 月 28 ～ 30 日，“中国社会科学院哲学研究所第三届青年学术论坛”在山西大学召开。青年学术论坛是中国社会科学院哲学研究所检验青年学者学术成绩、发扬本所优良学风的主要形式，已成功举办过两届。此次论坛在总结已有经验的基础上，首次将青年学者拉出“家门”,体现了哲学所“开门办所、所校结合”的崭新理念。论坛共收到 34 位青年学者的论文，显示了哲学所 45 岁以下青年人最前沿的研究成果,体现了各个专业（包括中国哲学、西方哲学、马克思主义哲学、科技哲学、伦理学、美学、逻辑学领域）的研究状况和特色。来自山西大学、山西省社会科学院的部分专家学者和学生参加了论坛。

来自中国社会科学院哲学研究所的李景源、谢地坤、余涌、孙伟平、邹崇理、李存山、李甦平、江怡、魏小萍、王柯平、周晓亮、朱葆伟、孙晶、甘绍平担任相关学科论文的点评专家。到会专家对提交的大部分论文持肯定态度，认为这些论文代表了哲学研究所青年学者的学术水准，大部分论文选题得当，具有前沿性，如刘新文博士通过“纯技术”的讨论证明复杂性，在前人观点的基础上前进了一步；张志强博士从蒙文通的《儒学五论》出发，进入到中国哲学史研究的领域，本身就具有原创性；周贵华博士通过词源学与印度佛教原典对“唯识”与“唯了别”的区别与联系进行了考察，且敢于向学术权威提出质疑；段伟文博士则通过扎实的基础、开阔的视野、清晰的线索展示了多元主义与整体论视野中的科学。还有一些青年学者，利用自己扎实的外语基础，通过研读原文展现不同时代哲学家的思想观点，甚至对经典文本重新进行注释、辨明、梳理，并在此基础上提出自己的理解；有的则通过细致的文献考察和田野调查获得丰富的第一手资料，等等。这些都得到评委们的一致肯定。通过此次论坛，也发现了一些问题，如有的青年学者对某些哲学家的思想所处的社会历史背景不甚了解；有的将重点放在文献资料的义理分析上，却没有深入挖掘其中的哲学思想；有的用非常晦涩的语言和表达方式进行论述，将本来晦涩的哲学写得更加晦涩；有的对哲学家思想的把握不是以理论分析为前提，而是以对一个理论的断定性的判断为前提，等等。

中国社会科学院哲学研究所所长谢地坤研究员在总结讲话中指出：“我们办青年论坛的目的有三，一是发现人才，鼓励先进；二是打破学科分类，促进各学科之间的交流；三是总结经验，寻找不足，让缺乏自制力的青年学者产生学术压力和动力。最终目的是鼓励年轻学者早日成才。”作为论坛的合作方，山西大学哲学社会学学院院长魏屹东教授对这一合作模式表示赞赏。经各位评委的认真评议和评审委员会评审，此次论坛共产生一等奖 4 名，二等奖 13 名。

（马新晶）

世界宗教研究所

（一）人员、机构基本情况

截至 2009 年年底，世界宗教研究所共有在职人员 82 人。其中，正高级职称人员 22 人，副高级职称人员 24 人，中级职称人员 24 人；高、中级职称人员占全体在职人员总数的 85%。

世界宗教研究所设有：马克思主义宗教观研究室、宗教学理论研究室、佛教研究室、伊斯兰教研究室、道教与中国民间宗教研究室、基督教研究室、当代宗教研究室、儒教研究室、宗教文化艺术研究室、《世界宗教研究》编辑部、《世界宗教文化》编辑部、资料室、办公室、科研处。

世界宗教研究所院属科研中心有：中国社会科学院基督教研究中心、中国社会科学院佛教研究中心、中国社会科学院道家与道教研究中心；所属科研中心有：儒教研究中心、巴哈伊教研究中心。

（二）科研工作

1．科研成果统计

2009 年，世界宗教研究所共完成专著 11 种，420.3 万字；论文 189 篇，171.1 万字；研究报告 22 篇，91.55 万字；学术资料 2 种，17.1 万字；古籍整理 1 种，20 万字；译著 6 种，130.8 万字；译文 7 篇，27 万字；工具书 2 种，186 万字；论文集 11 种，418.5 万字。

2．科研课题

（1）新立项课题。2009 年，世界宗教研究所共有新立项课题 8 项。其中，国家社会科学基金一般课题 1 项："《智慧珍宝》——翻译、注释与研究"（王俊荣主持）；院重点课题 4 项："使徒保罗研究"（张晓梅主持），"华北地区民间信仰组织形态调查与研究"（叶涛主持），"1950 年代西藏政教关系研究"（曾传辉主持），"玄禅背景下的书画艺术"（何劲松主持）；院国情调研课题 1 项："基督宗教在当代中国社会"（高师宁主持）；院青年学者发展基金课题 1 项："汉代宗教与艺术"（聂青主持）；其他部门与地方委托课题 1 项：全国科学技术名词审定委员会"宗教学名词审定"（卓新平主持）。

（2）结项课题。2009 年，世界宗教研究所共有结项课题 8 项。其中，国家社会科学基金一般课题 4 项："伊斯兰教苏非主义研究"（周燮藩主持），"西方宗教哲学传统的反思与展望"（单纯主持），"唐、辽、南诏、大理、南宋密教考古研究"（罗炤主持），"藏传佛教与藏区发展研究"（周燮藩主持）；院 B 类重大课题 1 项："新时期宗教学论文资料数据库增补版"（于光主持）；院青年科研启动基金课题 1 项："莫尔特曼神学与马克思主义"（杨华明主持）；所重点课题 2 项："苏非主义研究"（周燮藩主持），"徐梵澄传"（孙波主持）。

(3) 延续在研课题。2009 年，世界宗教研究所共有延续在研课题 60 项。其中，国家社会科学基金重点课题 1 项："敦煌道教文献 · 图录／释文"（王卡主持）；国家社会科学基金一般课题 8 项："中梵关系再研究"（王美秀主持），"罗马天主教在当代的革新"（任延黎主持），"印度教概论"（邱永辉主持），"中国三阶教史——一个佛教史上湮灭的宗派"（张总主持），"犹太教通史"（黄陵渝主持），"道教碑刻集成"（吴受琚主持），"《分别论》的翻译及研究"（韩廷杰主持），"中国传统儒学中的宗教性研究"（王健主持）；国家社会科学基金青年课题 7 项："尼采的宗教神学批评及其意义"（赵广明主持），"云南临沧地区南传上座部佛教现状研究"（郑筱筠主持），"明清鼓山曹洞宗文献研究"（纪华传主持），"道教闾山派研究——明清道、儒、佛关系的一种个案分析"（陈进国主持），"瑜伽与佛教的比较研究"（李建欣主持），"伊斯兰教什叶派研究"（王宇洁主持），"19 世纪西苏丹伊斯兰教运动研究"（李维建主持）；院 A 类重大课题 4 项："梵蒂冈及天主教问题研究"（任延黎主持），"宗教改革史"（周燮藩主持），"马克思主义宗教理论研究"（吕大吉主持），"南亚地区宗教发展态势及其对我国的影响研究"（邱永辉主持）；院重点课题 2 项："道教心性学的建构"（郑开主持），"徐梵澄先生学术思想研究"（孙波主持）；院国情调研课题 6 项："临夏地区伊斯兰教门宦调研"（周燮藩主持），"云南宗教文化遗产保护对策调研"（何劲松主持），"江苏佛教慈善与社会建设"（纪华传主持），"转型时期的宗教生态变迁及影响"（曾传辉主持），"滇西道教及民间宗教文化遗产调研"（王卡、陈进国主持），"贵州等地宗教国情调研活动"（曹中建主持）；院青年科研启动基金课题 3 项："宗教复兴与地方传统——福建西部地区‘罗祖教’发展现状调查”（陈进国主持），“近代密教的复兴与悉昙学研究”（周广荣主持），“云南南传上座部佛教研究”（郑筱筠主持）；所重点课题29项：“托马斯·阿奎那的基督教思想研究”（周伟驰主持），“云南宁蒗彝族摩梭人和澜沧拉祜族原始宗教调查报告”（于静主持），“明清福建鼓山曹洞宗文献研究”（纪华传主持），“清代藏传佛教政策与管理研究”（尕藏加主持），“儒教在海南的存在状态——关于海南三县市宗祠、文庙等儒教现象的调研”（肖雁主持），“1950年代西藏政教关系研究”（曾传辉主持），“2001年的北京广化寺”（魏德东主持），“清代佛教与政治文化”（周齐主持），“朱谦之研究”（黄夏年主持），“印度教概览”（邱永辉主持），“南传佛教史”（宋立道主持），“阿明尼乌主义研究”（董江阳主持），“新中国宗教研究主要著作提要”（王子华主持），“宗教现象学导论”（王六二主持），“当代社会城乡基督教比较研究”（王潇楠主持），“唐五代以前道教心性学”（郑开主持），“悉昙学研究”（周广荣主持），“历代大藏经勘同录”（何梅主持），“儒学与中国古代国家宗教关系研究”（邹昌林主持），“道教玄学”（吴受琚主持），“重建儒家内圣外王之道”（王志跃主持），“中梵关系再研究”（王美秀主持），“尼采的宗教神学批判理论及其意义”（赵广明主持），“刚恒毅与中国天主教的本地化”（刘国鹏主持），“当代韩国宗教发展态势研究”（黄奎主持），“三论宗思想史”（华方田主持），“清代藏传佛教政策与管理研究”（李建欣主持），“抢救当代中国基督教史活史料”（段琦主持），“清代东北全真道研究”（汪桂平主持）。

4．科研组织管理新举措

2009年9月，世界宗教研究所编辑部更名为世界宗教研究编辑部，增设世界宗教文化编辑部、马克思主义宗教观研究室。

（三）学术交流活动

1．学术活动

2009年，世界宗教研究所主办和承办的学术会议有：

(1) 2009年1月20～21日，由世界宗教研究所主办的“当代中国宗教论坛”在北京召开。会议研讨的主要问题有“全球化与中国宗教”、“宗教研究的问题意识与中国宗教”、“儒释道三教研究中的若干问题”、“伊斯兰教与基督教研究中的若干问题”、“关于中国宗教的实证研究”。

(2) 2009年3月24～25日，由世界宗教研究所和台湾佛光大学共同主办、鉴真佛教学院协办的“人间佛教的当今态势与未来走向”海峡两岸学术研讨会在江苏省扬州市举行。会议研讨的主要问题有“中国佛教与中国社会的历史状况和现实态势”、“人间佛教的理论构建”、“人间佛教的实践模式”、“人间佛教的未来前景”。

(3) 2009年3月31日至4月1日，由世界宗教研究所和德国阿登纳基金会共同主办的“与宗教相和谐之途”国际学术研讨会在北京召开。会议研讨的主要问题有“宗教的概念与宗教社团”、“国家与教会组织”、“国家和宗教间的权利与义务”。

2009 年 5 月，“马克思主义宗教观研究论坛”在北京召开。

（4）2009 年 5 月 29 ～ 30 日，由世界宗教研究所主办的首届“马克思主义宗教观研究论坛”在北京举行。会议研讨的主要问题有“马克思主义宗教观的形成与发展”、“马克思主义宗教观的研究现状”、“马克思主义宗教观的方法论”、“马克思主义宗教观与中国处境”、“马克思主义宗教观的文本文献研究”、“马克思主义宗教观在国外的研究与发展”、“马克思主义宗教观的基本理论”、“如何促成马克思主义宗教观的‘中国化’”、“如何创立‘中国版’、‘当代版’的马克思主义宗教观理论体系”、“如何以‘与时俱进’、‘科学发展’的马克思主义宗教观来指导我们当代中国的宗教工作和理论实践”。

（5）2009 年 9 月 12 日，由世界宗教研究所和中国国际友谊促进会、中国社会科学院佛教研究中心合作举办的“佛教发展现实问题研究”研讨会在北京召开。

（6）2009 年 10 月 13 ～ 14 日，由世界宗教研究所与日本东洋哲学研究所共同举办的“现代社会与宗教”学术研讨会在北京举行。会议研讨的主要问题有“中日佛教与现代社会的关系”、“从佛教对中日社会的适应和贡献来看宗教在现代社会中的地位及作用”。

（7）2009 年 11 月 10 ～ 12 日，世界宗教研究所“第五届青年论坛”在北京召开。该论坛按照“历史研究”、“思想理论研究”和“实证研究”三种研究进路进行了讨论。

（8）2009 年 12 月 11 ～ 13 日，由中国社会科学院基督教研究中心举办的“基督宗教与经济发展”学术研讨会在北京举行。会议研讨的主要问题有“基督宗教与世界古今经济发展的关系”、“基督宗教与经济危机”、“基督宗教的经济伦理”、“基督宗教与市场经济”、“基督宗教与当代中国社会经济发展”、“金融危机与信仰危机”、“经济危机给基督宗教信仰带来的挑战和机遇”、“经济资本、社会资本及信仰资本”、“宗教经济学与信仰资本论”、“在走出经济困境中基督宗教的参与、作用、意义和影响”。

2．国际学术交流和合作

2009 年，世界宗教研究所共派遣出访 24 批 54 人次，接待来访 23 批 75 人次（其中，中国社会科学院邀请来访 2 批 2 人次）。与世界宗教研究所开展学术交流的国家有日本、德国、荷兰、韩国、马来西亚、印度等国家。其中：

（1）2009 年 1 月 5 ～ 13 日，应马来西亚德教会紫英阁邀请，世界宗教研究所学者陈进国到马来西亚柔佛州考察德教会的发展现状，并应邀参加孝恩基金会和马来西亚《慈悲佛教》杂志联合举办的马来西亚观音信仰研讨会。

（2）2009 年 1 月 6 ～ 15 日，世界宗教研究所学者嘉木扬·凯朝应日本巴利学佛教文化大学和同朋大学佛教文化研究所邀请参加了“亚洲佛教文化学术会议”，并被日本同朋大学聘请为客座教授。

（3）2009 年 5 月 7 ～ 13 日，世界宗教研究所黄夏年、陈进国、赵法生、李初雨应邀参加马来西亚“慈惠世界和平慈爱文化季”活动，又应邀在吉隆坡孝恩文化基金会会馆与马来西亚儒教会成员进行了有关孝道与中华文化的学术座谈。

（4）2009 年 5 月 21 日，世界宗教研究所学者叶涛应德国马普社会人类学研究所的邀请，赴德国进行学术访问。

（5）2009 年 5 月 26 日至 6 月 4 日，世界宗教研究所学者嘉木扬·凯朝赴日本高野山大学参加“日本巴利学佛教文化学的 23 回学术大会”，并发表了题为《云南省现代大乘佛教的样态》的论文。

（6）2009 年 7 月 21 ～ 27 日，世界宗教研究所学者周齐应邀参加德国教育科技部支持的国际合作项目“东亚与欧洲比较”。

（7）2009 年 10 月 4 日至 11 月 3 日，世界宗教研究所研究员王美秀赴意大利参加“东西方的桥梁——拿破里与中国”国际学术研讨会。

（8）2009 年 10 月 19 ～ 25 日，世界宗教研究所所长卓新平等赴荷兰参加“宗教与社会”研讨会。

（9）2009 年 10 月 29 日至 11 月 3 日，世界宗教研究所曹中建、卢国龙等学者赴马来西亚参加“儒释道信仰与中华文化根源交流会”。

（10）2009 年 11 月 19 ～ 30 日，世界宗教研究所研究员张总赴韩国参加“地藏信仰研究”学术研讨会。

（11）2009 年 12 月 4 ～ 6 日，世界宗教研究所学者孙波、王健赴印度参加“第三届中国南亚论坛”。

3．与中国香港、澳门特别行政区和中国台湾开展的学术交流

（1）2009 年 1 月 3 ～ 23 日，应香港道教学院的邀请，世界宗教研究所戈国龙赴香港讲学，主要内容是道教文化及相关经典。

（2）2009 年 1 月 14 ～ 17 日，世界宗教研究所李林赴香港参加在香港建道神学院举办的“伊斯兰教与基督教在中国的状况、发展与对话”学术会议。

（3）2009 年 2 月 25 ～ 28 日，世界宗教研究所基督教研究室石衡潭赴香港接受“汤清基督教文艺奖”，并在香港建道神学院、信义宗神学院、香港中文大学崇基神学院进行了学术讲座。

（4）2009 年 3 月 30 日至 4 月 2 日，世界宗教研究所杨曾文、黄夏年、郑筱筠赴台湾参加第二届世界佛教论坛闭幕式活动。

(5) 2009 年 5 月 7 ～ 16 日，世界宗教研究所副所长金泽和学者嘉木扬·凯朝应台湾真理大学邀请赴台湾参加“两岸宗教仪式与地方社会”学术会议，并在佛光大学和法鼓大学等有关宗教团体进行了学术交流活动。

(6) 2009 年 5 月 27 日至 6 月 7 日，应台湾玄奘大学的邀请，世界宗教研究所黄夏年赴台湾参加“印顺导师思想之理论与实践”学术研讨会。

(7) 2009 年 6 月 8 ～ 14 日，世界宗教研究所陈进国应台湾佛光大学历史系的邀请，赴台湾参加“民间儒教与救世团体”学术研讨会，并应邀到“天帝教总会”和“一贯道总会”等台湾新兴宗教团体进行学术交流活动。

(8) 2009 年 8 月 21 ～ 24 日，世界宗教研究所副所长金泽一行赴台湾参加“近现代中国民间结社之展望”学术研讨会。

(9) 2009 年 9 月 15 ～ 23 日，世界宗教研究所学者陈进国应邀到台湾宜兰县参加“头城抢孤学术研讨会”并发表学术论文。

(10) 2009 年 10 月 19 ～ 22 日，世界宗教研究所副所长金泽一行赴澳门参加由国家宗教事务局和澳门巴哈伊总会主办、世界宗教研究所巴哈伊教研究中心协办的“宗教、科学与发展”学术研讨会。

(11) 2009 年 12 月 11 ～ 18 日，世界宗教研究所副所长金泽一行赴台湾参加“雷藏寺宗教学术研讨会”。

(12) 2009 年 12 月 24 日至 2010 年 1 月 1 日，世界宗教研究所曹中建等学者赴台湾参加“第七届纪念涵静老人宗教学术研讨会”。

（四）学术社团、期刊

1．社团

(1) 中国宗教学会，会长卓新平。

2009 年 10 月 15 ～ 18 日，由世界宗教研究所、中国宗教学会和厦门大学人文学院哲学系共同主办的“改革开放以来中国宗教学研究——纪念中国宗教学会成立 30 周年学术研讨会”在厦门大学召开。这次会议的召开正值中国宗教学会成立 30 周年，具有重要的历史意义。中国宗教学会会长卓新平研究员在致辞中回顾了中国宗教学会创立以来所取得的巨大成就，深切缅怀了首任会长任继愈先生的独特贡献，表示将继承任继愈先生的遗愿，进一步推进马克思主义宗教学的研究和对世界宗教的研究，开创具有中国特色、与时俱进的宗教学学科及其理论体系。

(2) 中国无神论学会，理事长程恩富。

2．期刊

(1)《世界宗教研究》(季刊)，主编卓新平。

2009 年,《世界宗教研究》共出版 4 期,共计 80 万字。该刊全年刊载的有代表性的文章有：赵建永的《汤用彤哈佛大学时期宗教学文稿探赜》，葛兆光的《〈魏书 · 释老志〉与初期中国佛教史的研究方法》，詹石窗的《城隍神“劝善消灾集福”的思想象征——以〈城隍经〉为主的文化诠释》，刘家峰的《晚清来华传教士与穆斯林的相遇与对话》，陈兵的《阿赖耶识的真妄及其在修行中的应用》,李新德的《“亚洲的福音书”——晚清新教传教士汉语佛教经典英译研究》。

（2）《世界宗教文化》（季刊），主编黄夏年。

2009 年,《世界宗教文化》共出版 4 期,共计 40 万字。该刊全年刊载的有代表性的文章有：梁工的《耶稣传记的叙述节奏》，张兰星的《耶稣会与西洋画在日本的传播》，李四龙的《美国佛教的传播经验》，马景的《宗教对话中的马善亭阿訇》。

（五）会议综述

“人间佛教的当今态势与未来走向”海峡两岸学术研讨会

2009 年 3 月 24 ～ 25 日，由中国社会科学院世界宗教研究所和台湾佛光大学共同主办、鉴真佛教学院协办的“人间佛教的当今态势与未来走向”海峡两岸学术研讨会在江苏省扬州市举行。开幕式由中国社会科学院世界宗教研究所党委书记曹中建主持，中国社会科学院世界宗教研究所所长卓新平致开幕词，中国社会科学院副院长高全立向会议的召开表示祝贺，佛光山开山宗长、佛光大学创办人星云法师在开幕式上发表演讲，国家宗教局局长叶小文、江苏省政协主席张连珍、中国佛教协会副会长明学法师、扬州市长王燕文也分别发表了讲话。

“人间佛教”是 20 世纪早期我国佛教界以太虚大师为代表的有识之士为使佛教适应中国社会变迁并在其中发挥积极作用、维系佛教的生机与发展而提出的革命性主张。数十年来，“人间佛教”在赵朴初、印顺、星云等佛门巨匠的提倡、阐发之下，在广大佛教信众的拥护、践行之中，已经成为当代中国佛教的导向理念和实践潮流，得到海峡两岸佛教界的高度共识，也得到学术界的关注和参与。这次会议，就是两岸学术界、佛教界在这一专题领域开展的一次最新的合作探究。与会专家学者围绕中国佛教与中国社会

2009 年 3 月，“人间佛教的当今态势与未来走向”海峡两岸学术研讨会在江苏省扬州市举行。

的历史状况和现实态势，对“人间佛教”的理论构建、实践模式进行了学理与经验相结合的深入研讨，对“人间佛教”的未来前景进行了全面展望，取得了许多富有学术价值和实际意义的成果，促进了学者们对“人间佛教”乃至当代佛教发展趋向的认知，也使两岸学术界、宗教界同胞的友情亲情和紧密联系达到了新的境地。

研讨会是第二届世界佛教论坛的系列活动之一，近70位来自海峡两岸多所高等学校、科研机构、佛教团体的学者、法师共提交论文60多篇。2009年3月24～25日，会议在鉴真图书馆进行分组讨论。中国社会科学院网络中心主任、世界宗教研究所原副所长张新鹰主持了25日下午的大会发言和闭幕式。台湾玄奘大学教授罗宗涛、南华大学教授依空法师、中国社会科学院世界宗教研究所研究员杨曾文、北京大学教授楼宇烈先后作了发言。

（王　鹰）

马克思主义宗教观研究论坛

2009年5月29～30日，由中国社会科学院世界宗教研究所主办的首届“马克思主义宗教观研究论坛”在中国社会科学院世界宗教研究所召开。来自中国社会科学院、中央党校、中央统战部、国家宗教局宗教研究中心、中央社会主义学院、北京大学、中国人民大学、首都师范大学、浙江工商大学、河南省社会科学院、西北民族大学等单位的领导和专家学者50余人参加了研讨会。

研讨会上，与会专家学者们围绕“马克思主义宗教观的形成与发展”、“马克思主义宗教观的研究现状”、“马克思主义宗教观的方法论”、“马克思主义宗教观与中国处境”、“马克思主义宗教观的文本文献研究”、“马克思主义宗教观在国外的研究与发展”等论题进行了多层面、全方位的研讨。学者们还就“如何理解和阐释马克思主义宗教观的基本理论”、“如何促成马克思主义宗教观的‘中国化’”、“如何创立‘中国版’、‘当代版’的马克思主义宗教观理论体系”、“如何以‘与时俱进’、‘科学发展’的马克思主义宗教观来指导我们当代中国的宗教工作和理论实践”等问题畅所欲言，献计献策。

研讨会是对近几年来国内学界开展的有关马克思主义宗教观研究成果的阶段性总结，它为之后该领域的学术研究及现实的宗教工作提供了理论参考及指导。会议论文集最终以《论马克思主义宗教观》为题，于2009年10月由社会科学文献出版社出版。

（唐晓峰）

世界宗教研究所“第五届青年论坛”

2009年11月10～12日，中国社会科学院世界宗教研究所“第五届青年论坛”在北京召开。

共有40余位学者参加了会议，22位青年学者作主题发言。

论坛打破以往不同学科各自为政的做法，以纵向的研究方法为组织脉络，按照“历史研究”、“思想理论研究”和“实证研究”等三种研究进路，划分为“历史研究（上）”、“历史研究（下）”、“思想理论研究（上）”、“思想理论研究（下）”和“实证研究”等五场进行。

有些青年学者以文献为依托，关注历史。他们或注重发掘民间宗教的道统传承，或考订道教史上的公案，或论证内地僧官制度之特征，或评介蒙藏地区特有的活佛转世制度。所引用材料多为档案馆或田野中发现的一手材料，其研究具有以小见大、以点带面的特点。

一些学者关注近现代以来的现实问题，其内容不局限于国内，而是涉及乌干达伊斯兰教、泛伊斯兰主义以及当代天主教教会等国际问题，彰显出世界情怀。

一些学者从思想角度关注中国特有的道教，有的揭示道教特有的世界观，有的澄清道教内丹学中的顿渐问题。

还有些学者以研究儒教见长，他们有的围绕中国人核心的宗教观念“天”与“祖”展开，论证儒家文化特有的“二重性”；有的力图证明孔子的人性论乃多向度的，是自然性、道德性与超越性的有机统一。

有些学者注重探讨宗教学理论、西方宗教乃至当代中国的社会心理和信仰状况。他们或对鸦片隐喻进行历史文化解读，或对西方宗教学不同流派的研究宗旨和研究方法进行比较，或阐明基督教历史观的辩证含义，或对当代中国社会的精神状态进行分析，或考察马克思主义“信仰”与一般宗教信仰之区别。

还有一部分学者从实证角度关注当代中国的现实宗教现象，其内容不仅涉及现代社会中的中国南传佛教、福建霞浦县的摩尼教遗迹及其在当地居民信仰中的影响，还包括英国基督教会的世俗化处境以及北京、福建等地基督教会的现状等热点问题。

（李　林）

“基督宗教与经济发展”学术研讨会

2009年12月11～13日，由中国社会科学院基督教研究中心主办的“基督宗教与经济发展”学术研讨会在北京召开。会议得到了加拿大维真学院、香港中文大学崇基学院神学院、香港中文大学天主教研究中心、香港汉语基督教文化研究所、香港浸会大学中华基督宗教研究中心和基督教教育基金会等协办单位的大力支持。来自内地高校、科研院所以及香港地区的近50位专家学者在会上发表了自己的学术论文，并就相关主题展开讨论。

中国社会科学院世界宗教研究所所长卓新平研究员在大会开幕式上致辞。他说，2009年世界经济陷入危机困境，在全球携手、共克时艰的处境下，与时俱进地讨论“基督宗教与经济发展”，无疑具有重大而深远的意义。

会议围绕“基督宗教与经济发展”主题，进行了广泛讨论。会议的议题主要包括以下几个方面:“基督宗教与经济危机中经济伦理的问题”、“基督宗教与世界古今经济发展的问题”、“从经济资本、社会资本和信仰资本角度出发，探讨基督宗教与经济发展之间的关系”、“基督宗教中的文化视阈问题”、“经济危机下中国语境中的基督宗教研究”、“哲学视阈的基督宗教研究”、“基督宗教与经济危机的话题”、“基督宗教与中国经济发展的问题”等。

中国社会科学院世界宗教研究所所长卓新平致闭幕词并听取了与会代表的意见和建议，他相信会议能够使基督宗教研究更上一层楼，为基督宗教在中国经济发展中更好地发挥作用作出贡献。

（梁恒豪）

经　济　学　部

经济研究所

（一）人员、机构基本情况

截至2009年年底，经济研究所共有在职人员137人。其中，正高级职称人员40人，副高级职称人员32人，中级职称人员35人；高、中级职称人员占全体在职人员总数的78%。

经济研究所设有：政治经济学研究室、宏观经济学研究室、微观经济学研究室、经济增长理论研究室、中国经济史研究室、中国现代经济史研究室、经济思想史（发展经济学）研究室、当代西方经济理论研究室、《经济研究》编辑部、《经济学动态》编辑部、《中国经济史研究》编辑部、《中国城市年鉴》编辑部（具体业务由中国社会科学院办公厅代管）、网络中心、图书馆、办公室、科研处和人事处。

经济研究所管理的院属科研中心有：中国社会科学院上市公司研究中心、中国社会科学院全球契约研究中心、中国社会科学院欠发达经济研究中心、中国现代经济史研究中心、中国社会科学院民营经济研究中心；所属科研中心有：中国社会科学院经济研究所经济发展研究中心、中国社会科学院经济研究所决策科学研究中心、中国社会科学院经济研究所经济转型与发展研究中心。

（二）科研工作

1．科研成果统计

2009年，经济研究所共完成专著27种，1000万字；论文集 2种，110.8万字；学术资料2种，1069.4万字；教材1种，6万字；丛书1种，431万字；学术普及读物1种，10万字；译著1种，21.2万字；论文137篇，169.12万字；研究报告24篇，170.45万字；一般文章31篇，36.65万字；影视片1种，90分钟。

2．科研课题

（1）新立项课题。2009年，经济研究所共有新立项课题47项。其中，国家社会科学基金课题2项："腐败治理与中介组织规范研究"（林跃勤主持），"城乡收入差距形成机制研究"（杨新铭主持）；国家自然科学基金课题1项："基于微观调查数据的中国居民金融排斥研究"（唐寿宁主持）；院重大课题 1项："微观金融企业治理结构研究"（陈其广主持）；院重大子课题1

项："中国经济重大问题跟踪分析——宏观经济调控和经济体制改革"（刘树成主持）；院重点课题4项："对1929～1933年大萧条的经济学争论的研究"（杨春学主持），"城镇教育体制改革与社会公平"（邓曲恒主持），"民营金融机构运营效率的实证研究"（剧锦文主持），"薛暮桥工作笔记整理与选编"（徐建青主持）；院国情调研重大课题1项："改革开放30年来中国经济、社会、文化发展变化调研——浙江省台州市经济社会调研"（裴小革主持）；院国情调研重点课题7项："河南省新野县城乡调查"（董志凯、彤新春主持），"中国城市底层非正规经济（街道摊贩调查）"（姚宇、朱恒鹏主持），"民营企业'走出去'案例研究——浙江、江苏、广东等省调研"（王红领主持），"扩大内需背景下的微观经济主体行为调查——以宁夏回族自治区为例"（汤铎铎主持），"新农村建设与农民收入分配——山东省德州市德城区抬头寺乡调查"（王震主持），"深圳房地产企业振兴集团调研报告"（张自然主持），"市场经济条件下农村生产结构调整对农民收入的影响——山西省晋中太谷县小白乡调查"（贾利主持）；参加工业所国情调研重大课题1项："青岛港创新发展与公司战略调研报告"（吴延兵主持）；院、中纪委交办课题9项："十二五规划：收入分配"（吴太昌、魏众主持），"十二五规划：社会保障"（朱玲主持），"十二五规划总体思路"（张平主持），"中介型腐败治理对策研究"（林跃勤主持），"经济学名词审定"（王振中主持），"1966～1976中华人民共和国经济档案资料研究"（刘国光、董志凯主持），"国际金融危机与马克思主义"（裴小革主持），"国际金融危机与凯恩斯主义"（杨春学主持），"金融危机下的妇女就业问题及对策"（魏众主持）；院青年科研启动基金课题3项："中国计划经济时期中央与地方财政分权研究"（姜长青主持），"财产性收入变动趋势与影响因素研究"（杨新铭主持），"信贷条件变动的就业效应研究"（陆梦龙主持）；院青年人文社会科学研究中心社会调研课题2项："金融危机下农村劳动力转移和就业模式研究"（隋福民主持），"信贷条件变动的就业冲击研究"（陆梦龙主持）；院重点学科建设课题5项："政治经济学学科"（胡家勇主持），"宏观经济学学科"（张晓晶主持），"发展经济学学科"（魏众主持），"中国经济史"（刘兰兮主持），"中国现代经济史"（徐建青主持）；院学术名刊建设课题3项："经济研究名刊建设"（王诚主持），"经济学动态名刊建设"（周学主持），"中国经济史研究名刊建设"（魏明孔主持）；所重点课题7项："经济危机与可持续发展"（钱津主持），"虚拟性货币研究"（钱津主持），"中国经济学60年"（张卓元主持），"新政治经济学"（陈雪娟主持），"微观金融企业治理结构研究"（朱恒鹏主持），"微型经济金融机构监管研究"（朱恒鹏主持），"新中国工业化60年"（董志凯主持）。

（2）结项课题。2009年，经济研究所共有结项课题40项。其中，国家社会科学基金课题2项："中国近代经济史（1927～1937）"（汪敬虞主持），"结构调整与就业增长的稳定性：基于产业层次上技术扩散方式的分析"（汪红驹主持）；院A类重大课题1项："有效政府理论研究"（胡家勇主持）；院B类重大课题1项："投资波动性与利率相关性专题研究"（桁林主持）；院重点课题5项："抗战前中国产业经济发展状况研究"（徐建生主持），"我国收入分配格局演变：改革30年来经验与相关性”（罗楚亮主持），“开放新阶段对宏观稳定的影响”（汪红驹主持），“收入风险与消费平滑”（岳希明主持），“咸丰至光绪前期的清朝财政”（史志宏主持）；院重点后期资助课题1项：“养老保险与收入再分配”（香伶主持）；院重点学科建设课题2项：“发展经济学”（魏众主持），“中国现代经济史学”（徐建青主持）；院国情调研重点课题1项：“中央企业社会责任推进机制研究”（钟宏武主持）；院国情重大调研课题（第二期）4项：“广西壮族自治区高田镇调研”（黄志刚主持），“甘肃省华亭县砚峡乡调研”（剧锦文主持），“河北省迁西县太平寨镇调研”（李军主持），“河北省迁西县及野鸡坨镇调查”（魏后凯、刘楷主持）；院国情重大调研课题（第三期）3项：“甘肃省武威市黄羊镇调研”（吴太昌主持），“河南省息县东岳镇经济社会发展调查”（周济主持），“城乡一体化建设新农村的理论与实践——对成都市绵江区三圣乡的调查研究”（钟宏武主持）；院、中纪委交办课题7项：“国际金融危机与马克思主义”（裴小革主持），“金融危机下的妇女就业问题及对策”（魏众主持），“国际金融危机与凯恩斯主义”（杨春学主持），“食品—能源危机应对策略研究”（朱玲主持），“国内关于本轮国际金融危机研究的文献综述”（张晓晶主持），“灾后重建与企业社会责任”（韩朝华主持），“有效控制政府行政成本对策研究”（王振中、胡家勇主持）；院青年科研启动基金课题4项：“1949～1978年东北地区的工业发展研究”（石建国主持），“美国新经济史革命及其对中国经济史研究的影响：1957～2004”（隋福民主持），“中国地区工业知识生产函数实证研究”（吴延兵主持），“劳动力比较优势的福利效应策略权衡”（袁富华主持）；参加本院农村发展研究所国情调研重大课题1项：“保定农村90年代中期以来乡村发展及政府经济职能演变——以玉祁镇为个案”（朱文强主持）；院青年人文社会科学研究中心社会调研课题1项：“中央企业社会责任推进机制研究”（钟宏武主持）；所重点课题7项：“市场经济下的政府职能（政治经济学年刊文集）”（钱津主持），“马克思主义政治经济学若干基本理论问题研究”（裴小革主持），“经济走势跟踪”（王砚峰主持），“当代中国的生态环境与经济可持续发展——政府职能如何协调经济效益与社会成本”（董志凯主持），“中国现代经济史数据库建设”（武力主持），“健康风险、医疗保障与农村居民消费选择”（罗楚亮主持），“日档及日文旧书回溯”（陈晓旭主持）。

（3）延续在研课题。2009年，经济研究所共有延续在研课题84项。其中，国家社会科学基金课题12项：“中国经济理论发展史——以传统经济范畴为中心”（叶坦主持），“我国经济结构战略性调整和增长方式转变”（张平主持），“中华人民共和国经济档案资料选编（58～65卷）”（刘国光、董志凯主持），“核心就业扩展与中国就业模式转型——新就业理论及政策研究”（王诚主持），“中华人民共和国经济史（1953～1957）”（董志凯主持），“中国古代农业、农村与农民研究”（李根蟠主持），“中国国家资本的历史分析”（武力主持），“中国城乡市场长期发展研究”（吴承明主持），“历史上西北民族贸易与民族地区经济开发”（魏明孔主持），“中国农村借贷与农村金融体系变迁（1949～2000年）”（赵学军主持），“贯彻落实科学发展观与完善宏观调控体系”（张晓晶主持），“结构调整与就业增长的稳定性：基于产业层次上技术扩散方式的分析”（汪红驹主持）；院重大（含 A、B 类）、院重点课题 26 项：“对自由市场制度的两种理解的比较研究”（左大培主持），“中国改革开放的历史起点及路径研究”（朱文强主持），“中国近代经济史（1937 ~ 1949）”（王洛林主持），“吐蕃社会经济研究”（魏明孔主持），“1953 ~ 1957年中国经济运行分析”（武力主持），“中日近代证券发展比较研究”（朱荫贵主持），“和谐社会与社会公平政策的选择”（朱玲主持），“中国近代企业史”（刘兰兮主持），“中华人民共和国经济史（第二卷）”（董志凯主持），“1958 ~ 1976 中华人民共和国经济档案资料研究”（刘国光主持），“家庭经营对中国经济发展的长期影响”（林刚、封越建主持），“居民健康、劳动就业与经济增长”（魏众主持），“就业优先的宏观调控目标体系研究”（王诚主持），“中国国家资本的历史分析”（吴太昌主持），“当代西方规制理论与实践的最新进展及其对中国网络型产业规制改革的启示”（常欣主持），“西方经济学传入考”（叶坦主持），“中部地区国家商品粮基地的粮食生产与农民家庭收入”（袁为鹏主持），“当代西方经济学前沿研究”（胡怀国主持），“社会主义政治经济学基本问题反思与探索”（毛立言主持），“开放经济新阶段的宏观稳定”（张晓晶主持），“农民工医疗保险制度研究”（朱恒鹏主持），“中国工业化成本上升与通货膨胀的关系”（汪红驹主持），“马克思主义经济学中国化研究”（裴小革主持），“中国公司治理与经济增长的微观机制研究”（仲继垠主持），“抗战前中国财政与商业发展状况研究”（徐卫国主持），“唐五代敦煌绿洲农业研究”（苏金花主持）；院国情重大调研课题 3 项：“中国乡镇调研”（刘树成、吴太昌主持），“中国居民收入分配体制改革调研”（魏众、朱玲主持），“市场经济与政府转型”（刘小玄主持）；院国情调研重点、一般课题 8 项：“地方政府财政收支状况调研”（胡家勇主持），“柳州五菱汽车有限公司改革与重组调研报告”（吴延兵主持），“农民工医疗需求与民营医疗机构医疗服务供给”（朱恒鹏主持），“村庄基础设施建设及维护的资金筹措问题”（武力主持），“中部地区国家商品粮基地的粮食生产与农民家庭收入”（袁为鹏主持），“河南台村：京郊山区农民家庭经济调查”（王小嘉主持），“西北干旱地区农民经营调查——以甘肃省皋兰会阳洼窑村为个案”（高超群主持），“农业村农户经济状况——生产、收入与生活”（安东建主持）；中宣部及院交办课题 1 项：“马克思主义理论研究和建设工程”（刘树成主持）；院科研管理课题 1 项：“改革开放以来我国哲学社会科学研究与我国社会经济发展的关系研究”（张凡主持）；院青年科研启动基金课题 4 项：“中国金融结构和经济增长”（张磊主持），“中国非正规就业研究——上海案例”（姚宇主持），“中国外部失衡的形成机制及治理对策”（王宏淼主持），“我国货币政策的国际协调研究”（汤铎铎主持）；所重点课题 29 项：“中国早期工业化与农村市场”（林刚主持），“转型经济学”（胡家勇主持），“中国经济思想史学科创始研究”（叶坦主持），“公有企业治理结构研究”（王红领主持），“市场发展约束下的企业经营者素质、心态与行为变化”（尚列主持），“中国经济思想范畴史”（叶坦主持），“中国收入分配的政策研究”（魏众主持），“转型政治经济学引论”（毛立言主持），“中国非公有企业成长分析”（韩朝华主持），“关于中国经济发展中若干不利因素的分析”（李志宁主持），“剩余价值理论探索（第三部分）”（安东建主持），“经济开放新阶段的宏观稳定”

（张晓晶主持），“健康状况、卫生保健需求及保障制度的受益群体”（邓曲恒主持），“中国经济长期增长问题研究”（刘霞辉主持），“中国经济史研究追踪”（高超群主持），“经济理论动态追踪”（郑红亮主持），“最新论文数据库与网上学术交流”（吴裕宪主持），“共和国经济社会发展与展望”（钱津主持），“代建制改革研究”（钱津主持），“失业形成机理：基于经济发展战略的研究”（陆梦龙主持），“金融发展、人力资本与收入分配关系研究”（杨新铭主持），“中央企业社会责任推进机制研究”（钟宏武主持），“公司治理的理论与实践研究”（剧锦文主持），“市场经济与政府转型”（刘小玄主持），“缓预算约束与经济波动”（陈健主持），“马克思主义经济学”（王振中主持），“马克思主义经济学中国化研究”（裴小革主持），“对自由市场制度的两种理解的比较研究”（左大培主持），“薛暮桥工作笔记整理与研究”（曲韵主持）。

3．获奖优秀科研成果

2009 年，经济研究所共评出“经济研究所第七届优秀科研成果”一等奖和优秀奖 28 项。其中，专著类一等奖 5 项：张卓元等著的《中国十个五年计划研究报告》，王振中主编的《转型经济理论研究》，魏明孔著的《中国手工业经济通史 · 隋唐五代卷》，王洛林、朱玲主编的《市场化与基层公共服务——西藏案例研究》，徐建生著的《民国时期经济政策的沿袭与变异(1912 ～ 1937)》；论文类一等奖 6 项：杨春学的《经济人的“再生”：对一种新综合的探讨和辩护》，张平、刘霞辉的《干中学、低成本竞争机制和增长路径转变》，裴小革的《论中国理论经济学的三大基础》，魏众、B．古斯塔夫森的《中国居民医疗支出不公平性分析》，刘霞辉的《为什么中国经济不是过冷就是过热？》，汪红驹执笔的《高投资、宏观成本与经济增长的持续性》；学术资料类一等奖 1 项：王振中总主编的《中国经济学百年经典》（上、中、下）。专著类优秀奖 4 项：陈其广的《百年工农产品比价与农村经济》，张晓晶的《符号经济与实体经济：金融全球化时代的经济分析》，刘小玄的《转轨过程中的民营化》，左大培的《不许再卖——揭穿企业“改制”的神话》；论文类优秀奖 12 项：冒天启的《坚持邓小平市场经济理论　构建中国的经济学新体系》，林刚的《关于斯密型动力及其对中国经济的影响》，王诚的《劳动力供求“拐点”与中国二元经济转型》，赵学军的《改革开放以来中国商业信用制度的诱致性变迁》，袁为鹏的《政治与经济之间：张、李之争与汉阳铁厂之厂址决策》，董志凯的《20 世纪 50 年代中国大陆基本建设投资的前提和结构》，赵志君等的《一个中国私营部门发展模型》，朱恒鹏的《企业规模、市场力量与民营企业创新行为》，吴延兵的《R&D 与生产率：基于中国制造业的实证研究》，王红领、李稻葵、冯俊新的《FDI 与自主研发：基于行业数据的经验研究》，叶坦的《全球化、民族性与新发展观——立足于民族经济学的学理思考》；学术资料类优秀奖 1 项：王砚峰等的《经济走势跟踪》。

（三）学术交流活动

1．学术活动

2009 年，经济研究所主办和承办的学术会议主要有：

（1）2009 年 3 月 28 ～ 29 日，经济研究所《经济研究》编辑部与湖南大学联合主办的“首届两型社会建设论坛”在湖南大学举行。论坛的主要议题有“两型社会的理论问题”、“两型社会建设与新型城市化道路”、“两型社会建设与新型工业化”、“农业现代化道路”、“两型社会建设与体制机制改革”。

（2）2009 年 4 月 18 ～ 19 日，经济研究所、山西财经大学联合主办的“第十一届全国政治经济学理论研讨会”在山西财经大学举行。会议的主要议题有“我国 60 年经济发展的总结与反思”、“国际金融危机和我国未来发展”、“政治经济学的基本理论”。

（3）2009 年 4 月 25 ～ 26 日，经济研究所《经济学动态》编辑部和南京师范大学中国经济研究中心联合主办的中日“人的发展经济学”国际学术研讨会在江苏省南京市举行。研讨会的主要议题有“人的发展经济学的研究对象”、“人的自由全面发展的内涵和人的发展经济学的研究内容”、“人的全面发展与制度环境、生态经济建设与人的全面发展”。

（4）2009 年 6 月 19 ～ 21 日，经济研究所与首都经济贸易大学、香港经济导报社联合主办的“中国经济增长与周期论坛（2009）——世界经济动荡与中国经济可持续发展的政策选择”在北京举行。论坛的主要议题有“我国的宏观经济走势”、“国际金融危机对我国的影响”、“我国现行宏观经济政策的实施以及未来宏观经济政策的取向”。

（5）2009 年 7 月 4 ～ 5 日，经济研究所《经济研究》编辑部和长春税务学院等单位联合主办的“第七届中国法经济学论坛”在吉林省长春市举行。论坛的主要议题有“围绕犯罪与刑罚”、“公司与金融”、“三农与土地问题”、“管制的经济分析和司法程序”等。

（6）2009 年 8 月 15 ～ 16 日，经济研究所《经济学动态》编辑部与吉林大学等单位联合主办的“2009 中国国有经济发展论坛”在北京举行。论坛的主要议题有“中国国有企业改革的成就和经验”、“中国国有企业改革的问题与方向”、“新时期国有经济功能与国有企业社会责任”。

（7）2009 年 9 月 26 ～ 27 日，经济研究所《经济研究》编辑部与北京大学光华管理学院、武汉大学高级研究中心、西南财经大学联合主办的“第九届中国青年经济学者论坛”在四川省成都市举行。论坛研讨的主要议题有“经济发展、社会转型与政府宏观经济政策”、“企业、家庭及个人选择与社会变革”、“企业行为、公司金融与中国资本市场”、“产业发展与中国经济社会变革”、“经典理论在中国的实践”。

2．国际与地区学术交流与合作

2009 年，经济研究所共出访 32 批 60 人次，接待来访 28 批 47 人次。其中，承担院协议项目来访 4 项，所协议来访 2 项；承担院协议项目出访 3 项，所组团出访 5 项，长期进修项目 2 项；其余为参与合作研究及参加国际会议、接待国外学者来所举办学术报告、外国驻华使馆官员来访以及顺访学者和媒体等。

（1）2009 年 1 月 3 ～ 13 日，经济研究所组团赴美国参加 2009 年美国经济学年会。

（2）2009 年 2 月 24 日至 3 月 2 日，经济研究所中国经济史室组团赴台湾地区，与台湾“中研院”近代史研究所的学者进行交流。

（3）2009 年 8 月 1 ～ 10 日，经济研究所中国现代经济史室组团赴荷兰参加世界经济史学会年会。经济研究所学者在年会上组织了一个分论坛，论坛的议题为“1840 年以来的中国经济近代化与投资”。

（4）2009 年 10 月 21 ～ 26 日，经济研究所经济史室组团赴新加坡进行学术访问，与新加坡国立大学就中国经济史研究的相关问题进行研讨。

（5）2009 年 11 月 5 ～ 12 日，经济研究所现实经济各研究室联合组团赴日本参加题为“经济问题前沿报告”的东京国际学术研讨会。

（6）2009 年，经济研究所新签订 1 项国际合作研究项目，即与罗马尼亚科学院经济研究所签订的合作协议，内容包括：定期交流共同感兴趣的科研项目的情况、共同组织学术会议、交流学术信息、邀请学者互访等。

（7）2009 年，经济研究所有 2 项长期进修出访，分别是：获得福特基金会资助，赴美国哈佛大学肯尼迪政府学院开展一年的研修活动；获得院中青年学者出国进修专业外语项目，赴美国亚利桑那大学亚洲研究中心从事一年的外语进修和学术访问。同时，还有一位学者获得了 2009 ～ 2010 年度福特基金会的资助项目，将于 2010 年赴美进行为期一年的进修。

（四）学术期刊

1.《经济研究》（月刊），主编吴太昌。

2009 年，《经济研究》共出版 12 期，共计 345 万字。该刊全年刊载的有代表性的文章有：王小鲁等的《中国经济增长方式转换和增长可持续性》，杨春学的《和谐社会的政治经济学基础》，林毅夫等的《经济发展中的最优金融结构理论初探》，樊纲等的《中国经济的内外均衡与财政改革》，蔡昉等的《中国产业升级的大国雁阵模型分析》，经济学部课题组的《国际金融危机与经济学理论反思》。

2.《经济学动态》（月刊），主编王振中。

2009 年，《经济学动态》共出版 12 期，共计 350 万字。该刊全年刊载的有代表性的文章有：冯夔刚等的《当前形势下化解中国经济金融困境的对策》，吴宣恭的《美国次贷危机引发的经济危机的根本原因》，高峰的《世界资本主义经济的发展与演变》，王国刚的《止损机制缺失：美国次贷危机生成机理的金融分析》，李稻葵等的《预判国际金融危机之演变》，刘树成的《新中国经济增长 60 年曲线的回顾与展望——兼论新一轮经济周期》。

3.《中国经济史研究》（季刊），主编吴太昌。

2009 年，《中国经济史研究》共出版 4 期，共计 115 万字。该刊全年刊载的有代表性的文章有：汪敬虞的《抗日战争时期华北沦陷区工业综述》，苏少之等的《关于 20 世纪 50 年代农业集体化的几个问题的反思》，江太新的《谈粮食亩产研究的几个问题——以清代为例》，谷成的《中国财政分权的轨迹变迁及其演进特征》，董志凯的《中国工业化 60 年——路径与建树(1949 ~ 2009)》，武力的《略论新中国 60 年经济发展与制度变迁的互动》。

（五）会议综述

第十一届全国政治经济学理论研讨会

2009 年 4 月 18 ~ 19 日，由中国社会科学院经济研究所、山西财经大学经济学院联合主办的“第十一届全国政治经济学理论研讨会”在山西财经大学召开。来自全国各地的 140 多位专家学者围绕我国经济社会发展与展望进行了讨论。

在对我国 60 年经济发展的总结与反思方面，《求是》杂志社研究员郑宗寒认为，中国经济的迅速发展是当今世界最重要的历史事件，从千年史的视角来看，其主要原因在于制度的变革。

山西财经大学教授冯子标对新中国成立以来农村土地制度的创新进行了考察，认为，30 年前，凤阳农民挑战原有的农村土地制度，拉开我国体制改革的序幕；30 年后，要实现工业化的目标，我国农民将通过土地经营权流转，创新农村土地制度，解决家庭联产责任制与土地规模经营的矛盾。目前，建立土地银行将是一种有益的探索。

中南财经政法大学教授程启智认为，从认识论上看，中国经验有三点：一是坚持实践是检验真理的唯一标准，二是坚持把马克思主义基本原理同中国的具体实践相结合，三是中国共产党需要在社会主义经济建设的实践中不断创新。

南京大学教授葛扬认为，社会主义市场经济条件下的公共供给与计划经济条件下的公共供给，无论在内容上还是内部结构上都有明显的不同，但是也有着密切的联系，必须更加注重社会保障、环境生态、农村城市一体化发展等方面的公共供给，这样才能保证改革的深入和经济的持续发展。

在对国际金融危机和我国未来发展问题的探讨方面，中国社会科学院经济研究所副所长王振中研究员认为，此次国际金融危机的爆发与新自由主义观点的泛滥有很大关系。实际上，即使在新自由主义大本营的美国和英国，政府干预经济的力度亦呈现不断上升之势。同时，他对刚刚闭幕的 G20 峰会各国诸多承诺的有效性提出质疑，指出，在贸易保护主义倾向不断加强的背景下，要防止一些国家违背诺言。

清华大学教授吴栋指出，目前，学者们对国际金融危机原因的总结主要有作为导火索的次贷危机、金融监管的缺失、华尔街的贪婪等，这些原因都是表面上的，从更深层次上看，资本主义生产方式的内在矛盾是金融危机的根本原因，强调在公共部门和私人部门将公有资源和私人资源进行合理配置是解决当前金融危机的根本途径。

河北经贸大学教授武建奇认为，国际金融危机内生于资本主义经济制度，危机的实质仍然是生产相对过剩，但形式上又有了不同于经典危机的新特征。现代危机表面上好像是一种需求过剩，然而真正过剩的是“虚假需求”。以虚假需求“弥补”真实需求的不足是一种饮鸩止渴的做法，用制造更大泡沫的办法解决已有泡沫会导致恶性循环。

中国社会科学杂志社副主编王利民运用马克思主义分析方法，从新政治经济学角度，从信贷扩张的机理和收缩的过程两方面剖析了此次国际金融危机，指出危机的产生是经济和政治因素综合作用的结果。我国应积极采取有效措施，逐步消除二元经济结构，改变城乡居民收入差距过大、地区经济发展严重不平衡的状况，加快经济增长方式的转变，这是扩大内需、应对危机的根本性措施。

中国政法大学教授邰丽华认为，我国的出口导向型经济导致宏观经济失衡、阻碍产业结构的优化、加大国际贸易摩擦、加剧国内利益分配的不均衡、引发社会矛盾等，难以支撑中国经济的高速增长，已经构成中国进一步发展的制约因素。

清华大学经济研究所宋方涛认为，在全球商业革命影响下，发展中国家的赶超战略选择应重点关注两个方面：一是如何通过企业并购、产业集中和技术升级来巩固自身在全球产业价值链中的位置，并成为某种类型的产业价值链中的次级系统集成者；二是如何从委托加工、装配为核心的初级集成关系，向高级集成关系逐步升级提高。

中国社科院经济研究所研究员钱津认为，推进中国农业现代化，要贯彻执行国家早已确定的土地有偿转让政策；与现代农业的生产技术相适应，应积极探索建立能够达到现代农业发展水平的生产组织；依靠市场化经营组织，应进行公司化运作；国家应加大农业科学技术进步的投入；劳动主体应实现彻底的转变。

在政治经济学基本理论探讨方面，西南财经大学教授丁任重认为，应当对马克思主义理论关于计划与市场的关系进行重新认识，马克思和恩格斯只是在手段和方法的意义上使用过计划和市场的关系，并没有提出过计划经济；列宁最早提出了计划经济并论述了计划经济的本质特征，但是在实践中，列宁放弃了计划经济的设想，而转向实行商品经济；在我国的实践中，邓小平提出并论述了社会主义市场经济的思想，从而明确了中国经济体制改革的目标。

湖北大学教授张建民认为，“需求拉动”理论是对马克思生产与消费关系理论的创新与发展，在怎样建设社会主义的问题上，邓小平“一心一意搞建设”理论解决了“实现小康”阶段怎样建设社会主义的问题，而“需求拉动”理论则解决了我国在建设中等发达国家阶段怎样建设社会主义的问题。

浙江工商大学教授张宗和认为，在中国，马克思的资本积累理论是适用的，但也有自己非对抗性的特征，劳资关系的性质是由冲突与合作的权重决定的。

中共江苏省委党校教授李炳炎提出了分享经济理论。他认为，在社会主义条件下，可变资本 v 和利润 m 之和可看做一个整体，并且在国家、企业和个人之间进行分配，实现共享。

江西财经大学教授康静萍认为，国有企业的契约型劳动关系具有雇佣与被雇佣、劳动者从

“主人翁”向“劳动者”转变、由利益一体型向利益冲突型转变等特征，契约型劳动关系不利于初次分配中的公平，也不利于效率的提高。

上海财经大学教授包亚钧认为，不能简单地把我国现阶段存在的民营经济或民营企业等同于非国有经济。只要国家仍然掌握企业的控股权，那么，企业的性质就仍未改变其社会主义公有制的实质。民营经济不单在壮大我国经济实力、推动社会生产力方面具有积极作用，从深层次考察，其对完善公有制主体地位还起着重要的“拉动”作用。

（经　研）

中国经济增长与周期论坛（2009）
——世界经济动荡与中国经济可持续发展的政策选择

2009年6月，“中国经济增长与周期论坛(2009)——世界经济动荡与中国经济可持续发展的政策选择”在北京召开。

2009年6月19～21日，由中国社会科学院经济研究所、首都经济贸易大学、香港经济导报社共同举办的“中国经济增长与周期论坛(2009）——世界经济动荡与中国经济可持续发展的政策选择”在北京召开。来自全国各地的80余名专家学者和政府官员围绕着“世界经济动荡与中国可持续发展的政策选择”这一主题进行了讨论。

与会的一些专家认为，从月度指标的动态角度看，中国本轮调整的冰点大致是在2008年11月，中国已经度过了急速下滑阶段，从2009年第二季度开始，经济开始进入企稳回升阶段。

还有一种观点认为，中国经济复苏的势头实际上是不够稳定的，不确定性因素还较多。出口下降、产能过剩、企业经济效益下滑、财政压力以及就业困难等问题尚难根本缓解。

少数专家与上述观点稍有不同，他们认为，不能轻言中国经济开始复苏，即使一季度经济增长速度回调到了6．1%，也不能说经济已经见底。

当前的经济好转更多地表现为一种政策性反弹。5月，投资达到38.9%，这种投资的高增长，很重要的是刺激性政策的结果，项目审批加快，贷款规模增加，推动了投资的快速提升。因此，经济真正企稳回升，还需要观察。经过二、三季度反弹后，第四季度仍有可能回调。

有专家从经济周期的阶段性特征预测中国宏观经济已经筑底反弹。自改革开放以来，我国经济增长大致经历了三个周期。第一个经济增长周期是1981年到1990年：1981年经济增长周期处于波谷，谷值是5.2%；1984年处于波峰，峰值是15.2%；1990年回落到波谷，谷值为3.8%。第二个周期是1990年到1999年：1990年是低谷，谷值是3.8%；1992年是波峰，峰值是14.2%；1999年又到了一个新的波谷，谷值为7.6%。第三个周期从1999年到2009年：1999年是波谷，谷值为7.6%；2007年峰值为13%；2008年回落到9%；估计2009年会到谷底。

第一轮周期经济增长从波谷到波峰只用了3年时间，从波峰回落到波谷用了6年时间。第二轮周期从波谷到波峰只用了2年时间。这两个周期长度相同，都是9年，两个周期的经济增长都表现出陡起平落的特点。与前两轮周期不同，第三个经济增长周期从波谷到波峰用了8年时间，从波峰回落到谷底，估计仅有2年时间。这轮周期表现出平起陡落的特点。

这个周期从峰值回落是多重因素共同作用的结果，其中包括国际金融危机的影响，也包括我国周期性回落的因素。我们在经历了连续5年的两位数高速增长以后进入周期调整。当然，经济增长率回落速度如此之快，持续时间如此之短，国际金融危机起到了主要作用。

有专家进一步从经济周期的制度特征和形成机制探讨周期的阶段，分析改革开放后3个周期的不同机理。计划经济制度下扩张期短而收缩期长，扩张期一般只需2～3年的时间，经济中固有的力量就会把经济从波谷推向波峰，呈现过热的状态。但要压缩过热的经济，则需要5～7年的时间。

市场经济制度下扩张期长而收缩期短，扩张期一般长达6～8年的时间，才能完成从波谷到波峰的运行过程，而经济收缩期则只需要1～2年的时间，甚至更短，经济中固有的力量就会把经济从波峰推向波谷。

从上一个波峰年1992年到本轮经济周期的波峰年2007年之所以长达15年之久，不是周期的波长规律发生了根本性的变化，而是两种体制转换的必然结果。

如果世界经济和国内经济政策没有大的改变，2009年将完成筑底，2010年进入复苏阶段。此后，中国的经济扩张期将长达七八年之久。当然，这不排除个别年份增速出现回调的可能。

与会专家认为，中国经济经过2003～2007年连续5年的两位数增长，积累了不少矛盾和问题，突出表现为四大失衡。

一是外需和内需的失衡，内需不足。1998年东亚金融危机的时候，我国出口占GDP的比重是18%。但到了2007年，已经上升到36%，出口对经济增长的贡献和拉动比例太高。一旦外需萎缩，则对经济的影响很大。这次金融危机已经反映出经济发展中必须要解决的内外需不平衡的矛盾。

二是投资和消费的失衡。最终消费，特别是居民消费占的比重太低。居民消费支出占GDP的比重，“六五”和“七五”时期占到50%以上，到“八五”和“九五”时期占到45%多。在2001年的时候，居民消费支出占GDP的比重还达45.2%，但是到了2007年，已经降到35.6%，2008年占35.3%，比一般国家居民消费支出占GDP比重60%～70%，低了近一半。

这几年我们一直在强调扩大内需，但是实际上扩大的主要是投资的需求，居民消费需求一直在下降。

三是经济增长付出的资源、环境代价过大。资源、环境已经成为中国经济持续增长的最主要“瓶颈”。1990 年，中国主要矿产品的对外依存度只有 5%左右，这几年已经上升到 50%，经济风险增加。

四是城乡区域经济和社会发展的不协调。2003 年提出的科学发展观，强调解决这个问题，经过 5 年的落实，城乡和区域的协调发展并没有非常明显的改观。

在这四大失衡中，内外需的失衡和投资与消费的失衡尤其突出，直接制约着我国经济可持续发展战略的实施。

面对全球性经济危机，发挥政府对经济的宏观调控作用是至关重要的。但是，政府在出台相应政策时，必须把短期政策目标和中长期战略有机结合起来。与会专家普遍提出，积极的财政政策和适度宽松的货币政策要同深化改革相结合。只有这样，才能使保增长、扩内需、调结构紧密结合起来，才能使积极的财政政策更好地发挥促进经济增长的作用。

（经　研）

第九届中国青年经济学者论坛

2009 年 9 月 26 ~ 27 日，由中国社会科学院经济研究所《经济研究》编辑部、北京大学光华管理学院、武汉大学高级研究中心、西南财经大学联合主办，西南财经大学工商管理学院承办的“第九届中国青年经济学者论坛”在四川省成都市举行。论坛共入选论文 130 余篇。来自中国社科院经济研究所等研究机构以及全国各大高校的著名经济学家、青年学者共 100 余人参加了会议。会议研讨的主要内容有宏观经济学、微观经济学、金融经济学、中国经济问题以及基本经济理论。

在宏观经济政策与政府行为相关研究领域，尹宇明、韩立岩运用 probit 模型对 1970 ~ 2007 年 207 个国家和地区的面板数据进行实证分析，发现国内经济特征及宏观政策配合是影响金融资本逆转发生率的主要决定因素；金融开放程度、汇率制度对金融资本逆转概率的影响受国内经济特征的制约。吴永求通过对 2000 年以来中国失业保险数据的分析，提出了将固定支付模式改为按失业前工资比例支付的新模式，并对其优势进行了实证分析与数值模拟。李增刚、韩相仪以教育财政支出为研究对象，发现教育财政支出与基尼系数没有表现出显著的相关性。李青原以 1999 ~ 2006 年间我国 30 个地区约 20 个工业行业为样本，通过构建以非国有部门信贷比重衡量的金融发展指标，发现金融体系的渐进式改革能改善我国实体经济的资本配置效率。董玉华从政府与市场关系角度切入，研究了国有商业银行的改革问题，提出在现实情况下其改革只存在次优解。

在经济增长与政府宏观经济政策相关研究领域，孙晓华、田晓芳以 2000 ～ 2007 年我国 31 个省区面板数据为样本，研究了装备制造业技术进步与其他工业部门产出增长之间的关系。章元、刘时菁等利用 1988 ～ 2006 年省级面板数据发现：在利用工具变量解决城乡收入差距的内生性问题后，城乡收入差距的扩大能够显著降低犯罪率；中国犯罪率的上升与 20 世纪末城市失业率的跳升有关。

在企业竞争、投资等相关领域，叶光亮、王欣探讨了不同的定价时序如何影响双寡头模型中的质量选择问题。研究表明：在一个垂直产品差异的双寡头博弈中，与同时定价博弈相比，厂商采用序贯定价会使市场内的高、低质量差距缩小；在内生时序选择模型中，均衡时序选择会是高、低质量企业都选择作为跟随者进行同时定价。徐伟民利用 1996 ～ 2004 年上海市 125 个高新技术企业的面板数据发现：提高企业对外融资能够促进财务约束下高技术企业的 R&D 投资，财务状况良好的高技术企业具有更高的 R&D 投资效率。陈丽丽、王珏利用江苏、重庆和北京三地在华外资企业问卷调查数据研究了影响三地技术溢出效果的主要因素。

在公司控制权转移及公司治理相关研究领域，杨记军、逯东、杨丹根据 2003 ～ 2007 年的国有企业股权转让数据，考察了政府转让控制权动机以及控制权转让后的短期市场反应和中长期业绩表现。研究发现："抓大放小"、"战略调整"的国企改革策略构成了近几年政府转让国有企业控制权的主要动机，而经济动机则并不明显；在国有企业改革进程中，政府对于渐进民营化改革的动机表现出"以经济动机为主——经济动机与政治动机并重——以政治动机为主"的渐进式变迁路径；市场对国有企业的政府控制权转让事件表现出了积极的评价，但由于投资者能理性预期到政府转让控制权的政治动机，所以民营化所带来的短期累积超额回报并不明显高于其他控制权转让方式；民营化确实有效提高了企业的经营业绩，但终极控制权仍保留在政府内部这种"换汤不换药"的控制权转让方式并没有带来业绩的显著提高。

在公司财务与公司金融领域，沈永建、陈冬华从财务学角度解释了工资向上刚性和向下刚性的原因。研究发现：企业以往年份的业绩波动的大小是导致企业工资变动的主要原因之一；在当年业绩上升的企业中，企业往年业绩波动越大，企业工资弹性系数越小，向上的刚性越强；往年业绩波动越小，企业工资弹性系数越大，向上的弹性越强；在当年业绩下降的企业中，企业往年业绩波动越大，企业工资弹性系数越大，向下的弹性越强；往年业绩波动越小，企业工资弹性系数越小，向下的刚性越强。潘越、戴亦一等通过引入"社会资本"的概念，从微观视角实证研究了我国各省社会资本水平差异对上市公司对外投资决策、股权投资类型选择以及多元化投资决策的影响，发现在社会资本水平较高的省份，上市公司更倾向于对外投资，也更愿意与其他企业组建合营企业，并且其多元化投资的意愿更强；且社会资本与政治关系在公司投资决策中所起的作用是相互替代的。

在产业创新、产业聚集等相关研究领域，康志勇借助 1999 ～ 2003 年和 2005 ～ 2007 年间中国本土制造企业的微观数据，采用 Tobit 模型发现，企业的出口行为会对其自主创新活动产生复杂的影响：规模越大的企业，出口的促进作用越明显，越小的企业，出口反而具有抑制作用；2005 年以来的出口贸易政策的调整对自主创新具有积极的推动作用。翁智刚、谷玉安等根据中国企业数据库规模以上工业企业数据，对影响产业集聚的驱动因素进行了检验，发现中国产业集聚的资源依赖、劳动力共享、知识信息共享及内部规模经济等驱动因素作用较强，但技术创新和研发的驱动则显著较低。钱学锋、熊平利用 1995 ~ 2005 年 Hs 卜 6 位数国际贸易数据，发现中国的出口增长主要是沿着集约的边际实现的，扩展的边际占据的比重很小，且二元边际并不具备完全相同的影响机制。

（经　研）

工业经济研究所

（一）人员、机构基本情况

截至 2009 年年底，工业经济研究所共有在职人员 91 人。其中，正高级职称人员 20 人，副高级职称人员 25 人，中级职称人员 29 人；高、中级职称人员占全体在职人员总数的 81%。

工业经济研究所设有：工业发展研究室、工业运行研究室、产业组织研究室、投资与市场研究室、能源经济研究室、资源与环境研究室、工业布局与区域经济研究室、企业管理研究室、企业制度研究室、中小企业研究室、财务与会计研究室、《中国工业经济》编辑部、《经济管理》编辑部、*China Economist* 编辑部、经济管理出版社、办公室、科研处、集团联络处、信息网络室。

工业经济研究所院属科研中心有：中国社会科学院管理科学研究中心、中国社会科学院中国产业与企业竞争力研究中心、中国社会科学院中小企业研究中心、中国社会科学院西部发展研究中心、中国社会科学院食品药品产业发展与监管研究中心；所属科研中心有：中国社会科学院能源经济研究中心、中国社会科学院国家经济发展与经济风险研究中心、中国社会科学院澳门产业发展研究中心、中国社会科学院茶产业发展研究中心。

（二）科研工作

1．科研成果统计

2009 年，工业经济研究所共完成专著 14 种，396.5 万字；论文 295 篇，357.7 万字；研究报告 130 篇，332.7 万字；教材 1 种，80.0 万字；译著 1 种，20.0 万字；工具书 1 种，30.0 万字；软件 4 种，23 兆字节。

2．科研课题

（1）新立项课题。2009 年，工业经济研究所共有新立项课题 45 项。其中，国家社会科学基金课题 5 项："产业竞争优势转型战略与全球分工模式的转变"（金碚、张其仔主持），"转轨体制下中国工业产能过剩、重复建设形成机理与治理政策研究”（李平、曹建海主持），“引导产业有序转移与促进区域协调发展研究”（陈耀主持），“产能过剩治理与投融资体制改革研究”（曹建海主持），“经济全球化条件下的产业组织发展新趋势”（李晓华主持）；院重大课题 1 项：“我国产业竞争优势的转型及其风险研究”（张其仔主持）；院重点课题 3 项：“我国重化工业化阶段的矿业可持续发展问题研究”（吕铁主持），“上市公司财务异常与财务预警研究”（李春瑜主持），“产业升级背景下我国制造业企业的战略调整”（张小宁主持）；院青年科研启动基金课题 4 项：“科技成果转化的最优制度安排”（贺俊主持），“中国区域电力市场的市场势力测度及其治理”（李鹏飞主持），“中国通信制造企业国际化路径研究”（刘建丽主持），“产能过剩形成机理研究”（江飞涛主持）；院国情调研课题 12 项：“我国企业走出去开发国外矿产资源的对策研究”（周维富主持），“中国保税港区发展专项调研”（石碧华主持），“企业自主创新体制中的技术人才基础研究”（刘湘丽主持），“乳制品企业的食品安全控制问题研究”（原磊主持），“江苏省民营企业自主创新问题研究”（杨世伟主持），“四川四海集团企业调研”（吕铁主持），“皇明太阳能企业调研”（李晓华主持），“杭州西子联合控股集团调研”（刘光明主持），“大连泰德煤网企业调研”（刘勇主持），“金风科技新能源企业调研”（王钦主持），“栖霞建设企业调研”（余菁主持），“恒磁高科技企业调研”（张小宁主持）；院信息化建设课题 1 项：“中国工业创新与发展网站建设”（黄速建主持）；院科研管理课题 1 项：“研究所研究生培养工作研究”（丁易主持）；所重点课题 13 项：“中国工业发展报告（2010）”（金碚主持），“企业财务分析模型与方法研究”（杜莹芬主持），“中国企业竞争力报告”（李钢主持），“部门创新系统演进与我国科技政策调整”（贺俊主持），“关于我国家电再生利用体系构建的基础问题研究”（丁毅主持），“我国垄断行业企业高管薪酬规制”（陈晓东主持），“基础设施投资的增长效应分析”（李鹏飞主持），“我国新能源价格补贴政策研究”（吴利学主持），“生产资料工业品市场的监测与完善”（江飞涛主持），“新形势下优化东部地区制造业布局的对策研究”（叶振宇主持），“企业文化与企业人文指标研究”（刘光明主持），“和谐劳动关系下的企业工资合理增长机制研究”（刘湘丽主持），“伦理文化与中国国有企业治理”（黄如金主持）；其他部门与地方委托课题 5 项：国家发展和改革委员会课题“开放经济条件下我国产业结构优化升级问题研究”（吕政主持），国家工业和信息化部课题“‘十二五’促进我国工业结构调整和优化升级的对策研究”（李平主持），国家工业和信息化部课题“工业和通信业利用外资和‘走出去’战略及对策研究”（刘建丽主持），国家能源局课题“‘十二五’新兴能源优先发展领域及其战略任务”（史丹主持），国家自然科学基金课题“中国企业总部迁移的动力机制及政策仿真应用研究”（白玫主持）。

（2）结项课题。2009 年，工业经济研究所共有结项课题 14 项。其中，院重大课题 1 项：“资源环境管制与工业竞争力关系的理论研究”（金碚主持）；院重点课题 1 项：“我国重化工业化阶段的矿业可持续发展问题研究”（吕铁主持）；院信息化建设课题 1 项：“企业管理研究数据库（网站）”（黄速建主持）；院国情调研课题 1 项：“劳动力成本上涨与中国产业竞争力提升”（李钢主持)；所重点课题5项："中国工业发展报告（2009)"（金碚主持)，"中国情境下企业知识型员工管理问题研究"（周文斌主持)，"中国工业发展的环境成本估计"（李钢主持)，"中小煤矿企业安全生产监督体系建设研究"（郭朝先主持)，"中国公司治理的产生和演变路径"（施晓红主持)；其他部门与地方委托课题5项：国家发展和改革委员会课题"开放经济条件下我国产业结构优化升级问题研究"（吕政主持)，国家工业和信息化部课题"'十二五'促进我国工业结构调整和优化升级的对策研究"（李平主持)，国家工业和信息化部课题"工业和通信业利用外资和'走出去'战略及对策研究"（刘建丽主持)，国家自然科学基金课题"我国能源利用效率及其影响因素分析"（史丹主持)，国家自然科学基金课题"中国投资领域中的重复建设"（曹建海主持)。

（3）延续在研课题。2009年，工业经济研究所共有延续在研课题27项。其中，国家社会科学基金课题4项："新型工业化道路与推进工业结构优化升级"（吕政主持)，"区域创新体系与中国地域科技战略"（周民良主持)，"企业文化与企业竞争力"（张其仔主持)，"我国治理商业贿赂的体制机制研究"（刘戒骄主持)；院重大课题3项："中国经济改革开放30年历史经验问题研究"子课题："国有企业改革"（吕政主持)，"中国企业自主创新激励政策问题研究"（黄速建主持)，"中国能源效率与节能研究"（史丹主持)；院重点课题5项："中国区际产业转移与区域经济协调发展研究"（石碧华主持)，"生产要素价格上涨与中国工业发展模式转型研究"（李晓华主持)，"创新利用外资方式研究"（杨丹辉主持)，"我国能源管理体制改革研究"（朱彤主持)，"国有大企业深化公司制改革研究"（余菁主持)；国情调研课题4项："中国创意产业企业盈利模式现状调研"（李海舰主持)，"宏观调控对工业经济的影响与对策"（吕铁主持)，"新《劳动合同法》对广东地区企业负担的影响"（罗仲伟主持)，"企业资助创新激励政策效果调查"（王钦主持)；所重点课题11项："环境约束与中国企业的激活素创新战略反应"（贺俊主持)，"中国能源效率政策机制研究"（白玫主持)，"我国企业会计制度改革路径优化研究"（时杰主持)，"我国工业技术创新的地区差异分析"（孙承平主持)，"国际铁矿石价格形成体系及其对我国的影响"（江飞涛主持)，"企业文化与企业社会责任研究"（刘光明主持)，"中国企业'走出去'发展路径研究"（原磊主持)，"欧美垄断行业改革的最新进展分析"（刘戒骄主持)，"当前我国装备工业产业升级的对策研究"（王燕梅主持)，"中小企业信息化建设研究"（葛健主持)，"OEM向自主品牌转型问题研究"（张世贤主持)。

3．获奖优秀科研成果

2009年，工业经济研究所共评出"2009年工业经济研究所优秀科研成果奖"一等奖6项：金碚的《竞争秩序与竞争政策》，黄速建、黄群慧的《管理科学化和管理学方法论》，沈志渔、罗仲伟的《经济全球化与中国产业组织调整》，史丹的《中国能源效率的地区差异与节能潜力分析》，杨丹辉的《中国成为"世界工厂"的国际影响》，黄速建、余菁的《国有企业的性质、目标与社会责任》；"2009年工业经济研究所优秀科研成果奖"二等奖6项：赵英的《大国之途——

21 世纪初的中国经济安全》，朱彤的《标准的经济性质及其对技术创新的影响》，刘湘丽的《探索技术工人培育的有效途径》，陈耀的《国家区域经济政策：缘由、评估及局限性》，周维富的《我国钢铁工业“十五”发展回顾及“十一五”展望》，李钢的《我国上市公司净资产收益率分布实证研究》；获“2009 中国青年学者优秀论文奖”1 项：吴利学的《中国能源效率波动：理论解释、数值模拟及政策含义》；获“2009 中国青年学者优秀论文提名奖”1 项：贺俊的《民营企业家族化治理：基于战略环境的解释》。

4．科研组织管理新举措

（1）加强了与国家部委开展合作研究的力度。为当好党中央国务院的思想库和智囊团，工业经济研究所创新工作模式，与多个国家部委的合作迈向了更高层次。特别是会同国家工业和信息化部进行工业运行形势分析和预测，连续召开了春、夏、秋三季工业运行形势报告发布会，进一步扩大了社会影响力。

（2）建立了重大应急问题研究工作机制。针对我国社会经济发展中的重大问题，特别是在全球金融危机影响下国民经济中出现的新情况和新问题，工业经济研究所建立了“领导牵头、处室联动、全体参与”的工作机制，及时向中央和国务院有关部门提交研究成果（如产能过剩原因及对策、企业面临的风险与对策、重点产业应对金融危机的对策、金融危机对出口导向型产业和地区的影响及对策等）。

（3）完善了学科布局。为促进研究所科学发展，拓展研究领域，工业经济研究所新组建了工业运行研究室、资源与环境研究室、中小企业研究室。

（4）健全了科研管理制度。建立了研究人员科研活动报告制度，并通过所内简报的形式，及时反映研究人员科研活动和科研成果信息；加强了课题执行过程中的检查力度；开展科研成果评奖活动，激励科研人员提高工作积极性。

（5）加大了实地调研力度。2009 年，工业经济研究所的研究人员先后赴河北省邢台市、辽宁省盘锦市、江苏省昆山市、浙江省宁波市、山东省菏泽市、山东省威海市、山东省日照市、上海市等地企业进行调研。结合课题研究，还深入到山东省、江西省、上海市、贵州省、浙江省、江苏省等地区进行考察。

（三）学术交流活动

1．学术活动

2009 年，工业经济研究所主办和承办的学术会议有：

（1）2009 年 4 月 28 ～ 29 日，中国社会科学院与印度社会科学研究理事会联合主办、中国社会科学院国际合作局与工业经济研究所承办的“中印经济发展与面临的全球化挑战双边学术研讨会”在北京举行。会议研讨的主要问题有“中印两国经济面临的机遇与挑战”、“国际金融及相关问题”、“中印两国的经济合作”、“中印两国社会科学合作研究的可能性”、“中国与印度农村社会保护比较”。

（2）2009年6月22～23日，中国社会科学院国际合作局主办、工业经济研究所承办的“第三届中俄社会科学论坛经济分论坛暨第九届中俄经济学家研讨会”在北京举行。会议研讨的主要问题有“国际金融危机对中俄两国经济的影响”、“中俄两国应对国际金融危机的措施及效果”、“中俄两国的技术创新与经济发展”。

（3）2009年7月3～4日，中国社会科学院经济学部、中国社会科学院科研局、中国社会科学院国际合作局联合主办，工业经济研究所承办的“2009中国经济论坛：变革与振兴——中国经济60年”在北京举行。会议研讨的主要问题有“60年来中国经济发展的经验与不足”、“国际金融危机的影响与应对措施”、“国际金融危机背景下中国产业升级和发展的路径选择”、“中国经济改革和发展中经济学者的社会责任”。

（4）2009年11月6日，工业经济研究所主办的“全球化与管理创新变革——2009年技术创新管理与政策国际研讨会”在北京举行。会议研讨的主要问题有“技术创新与经济发展”、“区域创新体系对企业技术创新的作用”、“企业创新行为”、“新经济商业模式的特征”、“技术进步对中国经济发展模式的影响”。

2．国际学术交流和合作

2009年，工业经济研究所共派遣出访26批43人次，接待来访12批25人次（其中，中国社会科学院邀请来访3批6人次）。与工业经济研究所开展学术交流的国家有澳大利亚、德国、意大利、日本、韩国、南非等国家，以及联合国环境规划署和欧盟等国际组织。

（1）2009年11月30日至12月4日，工业经济研究所金碚、张其仔、王钦、贺俊与澳大利亚创新、工业与科学研究部在堪培拉等地就国家创新体系建设、工业技术创新与应用等问题进行学术交流。

（2）2009年11月30日至12月8日，工业经济研究所李平、刘勇与联合国环境规划署在南非比勒陀利亚等地就矿产资源开发中的环境保护等问题进行学术交流。

（3）2009年，工业经济研究所新签订的国际合作研究项目有1项，即亚洲开发银行技术援助项目“利用外资促进能源节约和节能发电调度”。

3．与中国香港、澳门特别行政区和中国台湾开展的学术交流

2009年11月17日，工业经济研究所黄速建、李维民、张承耀、李海舰、周文斌、杜莹芬、杨丹辉、刘湘丽等与中国台湾“暨南国际大学管理学院”余日新等在北京就“台商在大陆的发展”和“管理学案例研究与教学”等问题进行学术交流。

（四）学术社团、期刊

1．社团

（1）中国工业经济学会，会长郑新立。

2009 年 11 月 14 ～ 15 日，中国工业经济学会在广东省广州市举行“2009 年年会暨产业转型与产业发展研讨会”。会议的主题是“产业转型与产业升级”，会议研讨的主要问题有“2010 年国家宏观调控的政策取向”、“后金融危机时代工业发展的问题”、“现代产业体系与产业升级”、“产业转移与区域产业发展问题”、“产业发展与企业战略”等。与会专家学者 200 余人。

（2）中国企业管理研究会，会长陈佳贵。

2009 年 10 月 11 ～ 13 日，中国企业管理研究会在上海举行“2009 年年会暨国际金融危机与我国企业发展学术研讨会”。会议的主题是“国际金融危机与企业发展环境”，会议研讨的主要问题有“企业发展环境变迁”、“企业战略转型与创新”、“中小企业发展”、“品牌建设与企业社会责任”等。与会专家学者 200 余人。

（3）中国区域经济学会，会长王洛林。

2009 年 9 月 18 ～ 21 日，中国社会科学院工业经济研究所主办、宁波工程学院承办的“中国区域经济学会年会暨全国港口物流与区域发展学术研讨会”在浙江省宁波市举行。会议的主题是“国际金融危机背景下的港口物流与区域发展”，会议研讨的主要问题有“国际金融危机下的中国区域经济”、“中国区域发展态势与政策调整”、“港口物流对区域发展的作用”、“物流管理与园区建设”、“区域合作与一体化”。与会专家学者近 200 人。

2．期刊

（1）《中国工业经济》（月刊），主编金碚。

2009 年，《中国工业经济》共出版 12 期，共计 336 万字。新调整后，该刊的栏目共有 5 个，即“国民经济”、“产业经济”、“工商管理”、“案例研究”、“学术动态”。该刊全年刊载的有代表性的文章有：中国社会科学院工业经济研究所的《国际金融危机冲击下中国工业的反应》，陈佳贵等的《我国实现工业现代化了吗——对 15 个重点工业行业现代化水平的分析与评价》，金碚的《资源环境管制与工业竞争力关系的理论研究》，李平等的《国际金融危机对我国经济冲击过程的系统回顾和思考》，黄速建等的《中国企业海外市场进入模式选择研究》，王延中的《中国社会保障制度改革发展的几个重大问题——对〈中国的社会保障报告〉的评论与建议》，裴长洪的《吸引外商投资的新增长点：理论与实践依据——最近几年外商投资重要特征分析》，蔡昉等的《中国工业重新配置与劳动力流动趋势》，胡鞍钢等的《交通运输、经济增长及溢出效应——基于中国省际数据空间经济计量的结果》，黄群慧等的《中国 100 强企业社会责任发展状况评价》，李海舰等的《客户内部化研究——基于案例的视角》，罗仲伟的《中国国有企业改革：方法论和策略》，张其仔等的《协调保增长与转变经济增长方式关系的产业政策研究》，巴曙松等的《中国对美出口结构研究——基于美国经济增长和汇率水平视角的分析》，中国企业联合会课题组的《中国大企业发展的最新趋势、问题和建议》，孙红玲的《论崛起三角向均衡三角的有机扩散——基于“两个大局”战略与大国崛起之路》，张复明的《矿产开发负效应与资源生态环境补偿机制研究》。

(2)《经济管理》(月刊),主编金碚。

2009年,《经济管理》共出版12期,共计230万字。新调整后,该刊的栏目共有6个,即“政府经济管理”、“产业和区域经济管理”、“工商管理”、“管理科学与工程”、“公共管理”、“管理学动态”。该刊全年刊载的有代表性的文章有:黄速建等的《国际金融危机对中国工业企业的影响》,周文斌的《中国企业知识型员工管理问题研究》,黄建中等的《中国民营企业对外投资30年》,苏勇等的《中国管理学发展进程:1978～2008》,张杰等的《全球化背景下国家价值链的构建与中国企业升级》,吴红军等的《股权制衡、大股东掏空与企业价值》,吴先明等的《我国企业对发达国家逆向投资与自主创新能力》,雷井生的《中小企业知识资本绩效实现的影响因素》,章勇刚的《基于组织职业生涯管理的员工感知与行为研究——以饭店业为例》,王汀汀的《减持:流动性需要还是信号发送——基于中信证券的案例分析》,陆雄文等的《中国民营企业家的社会责任观》,赵曼等的《中国农民工养老保险转移的制度安排》,魏成龙等的《中国独立董事制度与公司绩效的关系》,王士海等的《中国城乡公共产品供给失衡的制度性因素剖析》,王涛等的《新创企业能力构建的跨层次分析》,肖海林的《企业最优业务组合战略的一个理论廓清》,张捷等的《商会治理的基本特征及中国的经验证据》,秦颖等的《我国装备制造业国产化:瓶颈及实现路径》。

(3) *China Economist*(《中国经济学人》)(英文,双月刊),主编金碚。

2009年,*China Economist* 共出版6期,共计85万字。该刊对“数据中国”等栏目进行了调整,新增了“高层论坛”栏目。该刊全年刊载的有代表性的文章有:王伟光的“‘China model’ enriches world experience in growth”,陈佳贵等的“Is Chinese industry modernized?”,江小涓的“China’s long march toward greater openness”,刘世锦的“Lessons from China’s automobile industry”,金碚的“China’s 30-year industrial reform in retrospect”,韩俊的“Chinese rural reform: experience, problems and the future”,卢中原的“Developing China’s west through regional zones”,张军的“The impact of China’s economic development on the global economy”,王小鲁的“Thirty years of reform and transition in China and Russia”,张文魁的“The ‘China model’ of SOE reform and its challenges”,罗纳德·麦金农(Ronald I. Mckinnon)的“China’s financial conundrum and global imbalances”,朱玲等的“Income distribution policy options amid the global financial crisis”,蔡昉的“Future demographic dividendtapping the source of China’s economic growth”,许宪春的“China’s economic growth and inflation cycles since reform and opening to the outside world”,陈东琪的“Macroregulation in all-round recovery: maintain stability and orient to long-term priorities”。

(4)《中国经营报》(报纸,周刊),主编李佩钰。

(5)《精品购物指南》(报纸,周双刊),主编张书新。

（五）会议综述

2009中国经济论坛：变革与振兴——中国经济60年

2009 年 7 月 3 ～ 4 日，中国社会科学院经济学部、中国社会科学院科研局和中国社会科学院国际合作局联合主办，中国社会科学院工业经济研究所承办的“2009 中国经济论坛：变革与振兴——中国经济 60 年”在北京举行。十届全国人大常委会副委员长蒋正华，中国社会科学院常务副院长王伟光，中国社会科学院副院长、经济学部主任陈佳贵出席论坛并致开幕词。来自国内外科研院所的经济学者和中外媒体代表 500 余人参加了论坛。

论坛分“趋势与预测：中外经济学家的对话”、“升级与发展：中国企业界与学界的对话”、“现在与未来：中国新老经济学家的对话”3 个单元进行。

始于美国次贷危机的国际金融危机对全球经济产生了严重的影响，其产生背景、形成机制、影响范围以及应对措施都是备受学术界和企业界关注的焦点。中国社会科学院工业经济研究所所长金碚研究员，中国社会科学院金融研究所所长李扬研究员，中国经济改革研究会副会长樊纲教授，美国著名经济学家、美国前总统经济顾问约翰·拉特里奇博士，日本东京大学客座教授、财务省财务综合政策研究所研究部部长田中修，俄罗斯科学院院士德米特里·索罗金教授等 6 位中外著名经济学家就“国际金融危机的发展趋势、影响及应对措施”等议题进行了深入讨论。

在国际金融危机影响下，如何提升中国产业的国际竞争力？在产业升级和产业发展过程中，应该怎样权衡低成本制造和自主创新之间的关系？这些都是中国企业家和经济学家共同关心的问题。国务院发展研究中心副主任刘世锦、中国社会科学院数量经济与技术经济研究所所长汪同三研究员、中国社会科学院财政与贸易经济研究所所长裴长洪研究员、华南理工大学工商管理学院教授陈春花等著名经济学家与中国银行副行长朱民、大唐电信科技产业集团董事长兼总裁真才基等知名企业家就“中国新支柱产业的发展趋势”、“资源整合与国际竞争力”等议题进行了讨论。

在新中国 60 年的经济建设中，尤其是改革开放 30 多年来的经济发展中，老一辈经济学家发挥了重要作用。如何让青年经济学人在新时期继续发扬老一辈经济学家忧国忧民、以思想回馈社会的优良学风，这让老一辈经济学家牵挂不已。中国社会科学院经济学部副主任吕政研究员、中国社会科学院工业经济研究所所长金碚研究员、中国社会科学院学部委员张卓元研究员、周叔莲研究员等著名经济学家，以及 10 位“2009 中国青年经济学者优秀论文奖”获得者和 7 位“2009 中国青年经济学者优秀论文提名奖”获得者就“中国经济改革和发展中经济学者的责任”等议题进行了深入交流。

（李鹏飞）

中国区域经济学会年会暨全国港口物流与区域发展学术研讨会

2009 年 9 月 18 ~ 21 日，中国社会科学院工业经济研究所主办、宁波工程学院承办的“中国区域经济学会年会暨全国港口物流与区域发展学术研讨会”在浙江省宁波市召开。会议共收到论文 60 余篇。来自全国各地的 100 多位专家学者围绕着新形势下港口物流与区域经济发展的主题，从理论和实践层面进行了深入研讨。会议分设区域经济和港口物流两个论坛。

国际金融危机对中国区域经济造成很大的影响，它严重冲击了东部沿海地区的外向型产业和企业。研讨会上，金融危机对中国经济影响程度和应对危机的策略成为与会专家学者关注的焦点。中国社会科学院工业经济研究所副所长、中国区域经济学会常务副会长李平研究员，中国社会科学院工业经济研究所区域经济研究室主任、中国区域经济学会秘书长陈耀研究员等专家学者深入研讨了国际金融危机影响中国经济的机制，以及各地区应对国际金融危机所采取的对策。

中国区域经济发展态势和“十二五”期间区域政策调整，是备受关注的焦点问题。中国社会科学院荣誉学部委员、中国区域经济学会顾问陈栋生研究员，中国社会科学院城市发展与环境研究中心副主任、中国区域经济学会副会长魏后凯研究员，国家发展和改革委员会国土开发与区域经济研究所副所长、中国区域经济学会副会长肖金成研究员等区域经济专家对中国区域经济和城市发展所处阶段、区域协调发展等问题进行了深入研讨。

港口对区域经济发展有强大的推动作用，许多城市的经济发展正是由于港口开发而繁荣起来的。福建省政府发展研究中心主任、博士生导师李闽榕教授等专家认为，港口物流对区域经济发展的推动作用主要表现为三种方式：服务于临港产业的港口物流、服务于腹地进出口贸易的港口物流、服务于城市的港口物流。专家们还广泛讨论了临港型产业体系对区域经济增长的支撑作用、港口联盟的方式、港口物流园区发展战略等问题。

区域合作的机制、形式与途径也是研讨会的重要话题之一。安徽省社会科学界联合会党组书记、中国区域经济学会副会长程必定教授等专家认为，区域合作是实现区域一体化的重要途径，空间结构优化的前提条件是实现要素在地区之间的充分流动。

（叶振宇）

附：

经济管理出版社

1. 坚持正确的出版导向

经济管理出版社是专业出版社，主要出版经济管理学术专著、实用经济管理图书、经济管理类教材和教辅图书、经济管理类培训图书以及面向行业的各种经济类读物。

2009 年，经济管理出版社在出版工作中，坚持正确的出版导向，以邓小平理论和“三个代表”重要思想为指导，深入学习和贯彻落实科学发展观，坚持改革开放，促进社会和谐；坚持为人民服务，为社会主义服务的方向；认真贯彻执行党和国家的各项出版方针、政策和规定，对图书的选题和内容严格把关；坚持重大选题申报制度，对于应当进行申报备案的选题，一丝不苟地履行申报备案手续；努力打造优秀学术著作出版平台，取得了较好的社会效益和经济效益。

2．图书出版情况

2009 年，经济管理出版社共出版图书 391 种（经济类 318 种），其中，新出图书 337 种（经济类 270 种）；总印数 181.80 万册（其中，经济类 137.65 万册）；定价总金额 6540.47 万元。全年共发行图书 156 万册，实现销售收入 2660 万元，税前利润总额 294 万元。

在 2009 年的图书出版工作中，经济管理出版社重点抓了以下几项工作：

（1）明确出版社定位，为学术出版搭建良好平台。2009 年，经济管理出版社在选题策划方面坚持学术出版特色，为出版学术精品、打造经济管理出版社的学术品牌奠定了坚实的基础。

随着文化体制改革的不断深入，出版业面临着越来越激烈的竞争形势。面对这种形势，经济管理出版社进一步明确自己的定位和目标，即发挥出版社的优势，依托中国社会科学院经济学部、工业经济研究所，为深入贯彻落实科学发展观，实施科研强院、人才强院、管理强院战略，促进中国社会科学院的发展贡献力量，把经济管理出版社办成国内一流的专业学术出版社。

2009 年，经济管理出版社的出版工作坚持面向中国社会科学院的经济学部和相关研究所、科研人员，面向全国的高等院校和科研机构，努力为中国社会科学院文库的出版和经济类、管理类学术著作的出版服务，为全国的社会科学工作者服务。出版了大量高质量的学术精品，同时，通过召开新书发布会、研讨会和进行媒体推介等多种形式将这些成果向国内外宣传推广，取得了较好的效果。

（2）重点抓好中国社会科学院经济学部及其他学部的专著出版工作。例如，编辑出版了中国社会科学院文库和中国社会科学院国情调研企业系列的图书，包括《资源与增长》《天津农村信用合作社考察》《海信集团考察》《柳工考察》《南京中网通信公司考察》《卧龙考察》《阿里巴巴集团考察》；编辑出版了其他学术著作，如《中国工业化与工业现代化问题研究》《中国社会科学院学部委员与荣誉学部委员文集》《全球化下的中国经济学（2009）》（上、下）以及《中国制造业企业海外市场进入模式选择》《产业组织的垂直分解与网络化》《中国产业经济发展回顾和展望》《国有企业公司治理问题研究》等。

（3）为国家有关部委的专家、各大专院校的教师、地方社会科学院、科研机构的研究人员搭建一个较高水平的学术著作出版平台。2009 年，经济管理出版社出版的研究报告系列图书主要有《中国经济研究报告（2008 ~ 2009)》《中国工业发展报告——新中国工业 60 年(2009)》《中国创新型企业发展报告（2009)》《中国创业风险投资发展报告（2009)》《中国服务经济报告（2008)》《中国社会网络与社会资本研究报告（2008 ~ 2009)》《全球竞争力报告

(2007 ~ 2008)》《中国粮食发展报告（2009）》《北京企业发展报告（2008）》《中国百货行业发展报告（1999 ~ 2008)》《中国企业社会责任发展指数报告（2009）》等。这些报告每年连续出版，其中，《中国工业发展报告》《中国创业风险投资发展报告》《全球竞争力报告》等均已经连续出版数年，形成了很好的品牌。此外，经济管理出版社还出版了周新民主编的《中国近现代名人生平暨生卒年表（1840 ~ 2000)》和国家粮食局编的《中国粮食年鉴（2009）》等。

（4）打造学术品牌，成套化、系列化取得初步成果。经济管理出版社已经形成了《当代中国经济学家文库》《当代中国中青年经济学人文库》《中国现实经济重大课题成果系列》《中国现实经济理论前沿系列》《中国现实经济热点问题系列》《中国管理理论前沿系列》《中国管理案例与实务系列》《经济管理学术文库》《国际经济比较研究系列》《全球化与中国系列》《技术创新与产业发展丛书》《社会主义新农村实用知识丛书》等丛书系列，为出版社进一步打造学术品牌奠定了良好的基础，受到了学者的欢迎。

此外，还出版了一批高等院校的经管类教材，如《马克思主义经济学与应用经济学创新》《现代市场经济学》《信息管理》《经济学基础》《管理学原理》《宏观经济学》《微观经济学》《国际商法》《整合营销传播》《计量经济学》《高级财务管理》等。

3．转企改制与经营管理

2009 年 8 月，经济管理出版社按照中央和中国社会科学院转制工作领导小组的统一部署，正式上报了《经济管理出版社改企转制工作方案》，并已获得批准；已在年底前完成了清产核资工作，预计将在 2010 年完成工商注册登记，按期实现转企改制。

在经营管理方面，经济管理出版社进一步深化内部改革，为适应出版行业激烈的竞争环境，积极探索出版社改革和发展的新路子；通过内部人事和分配制度改革，改善了经营管理，调动了职工的工作积极性；坚持贯彻“质量立社”的原则，努力完善以质量为中心的出版过程管理。此外，还加强了员工培训工作，通过组织全体编辑、校对进行政治学习、业务交流培训，提高了全社员工的政治责任意识、业务水平和综合素质。

农村发展研究所

（一）人员、机构基本情况

截至 2009 年年底，农村发展研究所共有在职人员 81 人。其中，正高级职称人员 20 人，副高级职称人员 26 人，中级职称人员 23 人；高、中级职称人员占全体在职人员总数的 85%。

农村发展研究所设有：农村宏观经济研究室、农村产业与区域经济研究室、农村经济组织与制度问题研究室、生态与环境经济研究室、农村贫困问题与发展金融研究室、农村政策研究室、小额信贷研究室、《中国农村观察》和《中国农村经济》杂志社、信息网络室、办公室、科研处。

农村发展研究所院属科研中心有：中国社会科学院贫困问题研究中心、中国社会科学院生态环境经济研究中心；所属科研中心有：农村发展研究所社会问题研究中心、农村发展研究所合作经济研究中心、农村发展研究所畜牧业经济研究中心。

（二）科研工作

1. 科研成果统计

2009年，农村发展研究所共完成专著5种，177万字；学术论文102篇，110万字；研究报告73篇，305万字；一般文章34篇，33万字；论文集6种，200万字；教材4种，26万字。

2. 科研课题

（1）新立项课题。2009年，农村发展研究所共有新立项课题9项。其中，院重大课题1项："农民专业合作社与现代农业经营组织创新研究"（苑鹏主持）；院重点课题3项："城乡统筹指数及分省比较研究"（张军主持），"中国贫困乡村农民金融组织模式研究"（徐鲜梅主持），"土地立法研究：修改与整合"（杨一介主持）；院国情调研重大课题1项："中国农业（粮食）补贴政策效果的调查与评估"（李国祥主持）；院国情调研重点课题1项："农村公共事业发展、农村社会全面进步的调查"（朱钢主持）；院青年科研启动基金课题1项："集聚经济、人口迁移与城镇体系演变"（刘长全主持）；院交办课题2项："我国农村妇女土地保护问题研究"（张元红主持），"幸福工程——救助贫困母亲行动项目评估"（杜晓山主持）。

（2）结项课题。2009年，农村发展研究所共有结项课题7项。其中，院重点课题3项："中国农村经济市场化研究"（李静主持），"农村劳动力转移的波动研究"（张兴华主持），"新农村建设组织方式转变与贫困村庄社区发展"（李人庆主持）；所重点课题2项："城乡统筹与县域发展研究"（张元红主持），"农村经济形势分析与预测"（李周主持）；院交办课题2项："新中国农村60年的发展与变迁研究"（张晓山、李周主持），"我国农村妇女土地保护问题研究"（张元红主持）。

（3）延续在研课题。2009年，农村发展研究所共有延续在研课题30项。其中，院重大课题5项："农村全面小康的衡量与监测"（李周主持），"中国农村民间金融：信用、利率与市场均衡"（张元红主持），"新农村建设财政转移支付与公平问题研究"（朱钢主持），"政府、市场和社会组织在减缓贫困中的作用"（吴国宝主持），"村庄治理与新农村建设：以公共产品提供为例"（胡必亮主持）；院重点课题7项："调整放宽农村地区银行业金融机构准入政策对农村金融市场的影响"（任常青主持），"劳动力乡城迁移与留守儿童、流动儿童问题研究"（檀学文主持），"新农村建设中非政府小额信贷组织制度研究"（孙同全主持），"中国粮食价格预测模型比较研究"（罗万纯主持），"新型农村合作医疗政策对减缓贫困的影响——来自贫困地区的证据"（谭清香主持），"建立农村养老保险制度研究"（崔红志主持），"中国农村民间金融风险与对策研究”（冯兴元主持）；另有其他课题 18 项。

3．获奖优秀科研成果

2009 年，农村发展研究所获第 13 届孙冶方经济科学奖 1 项：李周主编的《中国反贫困与可持续发展》一书的第六章“中国扶贫绩效及其因素分析”；共评出“农村发展研究所优秀科研成果奖”专著类一等奖 3 项：朱钢的《中国农村财政理论与实践》，冯兴元的《中国乡镇企业融资与内生民间金融组织制度创新研究》，孙同全的《扶贫小额信贷与公益信托制度研究》；论文类一等奖 6 项：李周的《西部地区农业生产效率的 DEA 分析》，张元红的《新一轮农村信用社改革及其对农村金融发展的影响》，吴国宝的《农村公路基础设施对减缓贫困的影响研究》，王小映的《农地转用中的土地收益分配实证研究》，孙若梅的《小额信贷在农村信贷市场中作用的探讨》，张兴华的《农民工对城镇劳动力的替代性研究》。

（三）学术交流活动

1．学术活动

2009 年，农村发展研究所举办的各类学术会议、学术讲座有：

（1）2009 年 4 月 15 日，农村发展研究所、国家统计局农村社会经济调查司和社会科学文献出版社共同举办的“《中国农村经济形势分析与预测（2008 ～ 2009）》出版发布暨研讨会”在北京举行。会议研讨的主要问题有“当前农村经济发展现状、存在的突出问题及对策”、“2009 年一季度国民经济及农村经济形势分析”。

（2）2009 年 5 月 23 ～ 24 日，中国社会科学院农村发展研究所和山东省龙口市委市政府共同主办的“龙口市城乡一体化理论研讨会”在山东省龙口市举行。会议对龙口市成建制推进城乡统筹发展的探索和实践进行了深入探讨，指出了城乡一体化“龙口”模式的亮点。

2009 年 5 月，“龙口市城乡一体化理论研讨会”在山东省龙口市举行。

（3）2009 年 10 月 25 ～ 26 日，中国社会科学院农村发展研究所、湖南省社会主义新农村建设促进会共同举办，湖南省常德市人民政府农村工作办公室和湖南省社会科学院农村发展研究所承办的“世界金融危机下的农民增收和农村扶贫——第二届湖湘三农论坛”在湖南省常德市举行。会议探讨了农村改革和发展、农村金融、粮食安全、农业合作组织等在金融危机下对农民增收和农村扶贫的影响等问题。

（4）2009 年 10 月 29 ～ 31 日，中国社会科学院农村发展研究所、山东省社会科学院、山东省青岛市城阳区委区政府共同主办的“全国县域发展与城乡一体化研讨会暨第五届社科农经研究网络大会”在山东省青岛市举行。会议研讨的主要问题有“城乡一体化与县域经济发展”、“城乡一体化与破解‘三农’问题”、“城乡一体化与新农村建设、城镇化”、“各地推进城乡一体化的模式、问题和经验”、“城乡一体化与农村土地问题”、“推进城乡一体化政策的效果评价”。

（5）2009 年 11 月 6 ～ 8 日，中国社会科学院农村发展研究所、长沙市人民政府、中共湖南省委农村工作部、湖南省社会科学院、美国克莱蒙研究生大学中美后现代发展研究院联合主办的“‘两型农村’与生态农业发展国际学术研讨会暨第五届中国农业现代化比较国际研讨会”在湖南省长沙市举行。会议的主题是“‘两型农村’与生态农业”。

（6）2009 年 11 月 18 日，农村发展研究所社会问题研究中心举办的“村庄管理系统新闻发布会及村组法修改研讨会”在北京召开。会议的主题是“乡村治理应寻求多元路径”，研讨的主要问题有“村民自治与‘村干部选举’之间的关系”、“村民自治的运行环境”、“乡村治理机制和治理手段”。

2．国际学术交流和合作

2009 年，农村发展研究所共派遣出访 32 批 41 人次，接待来访 27 批 79 人次（其中，中国社会科学院邀请来访 3 批 3 人次）。与农村发展研究所开展学术交流的国家有波兰、俄罗斯、斯洛伐克、捷克、墨西哥、印度、荷兰、日本、美国等。

（1）2009 年 4 月 29 日，农村发展研究所承办了由中国社会科学院国际合作局和印度社科研究理事会合办的“中印发展与合作论坛”的分论坛“中国与印度农村社会保护比较”。

（2）2009 年 11 月 18 日，农村发展研究所主办的“‘村治在线’网络开通新闻发布会暨《中华人民共和国村民委员会组织法（修订草案）》学术研讨会”在中国社会科学院召开。

3．与中国香港、澳门特别行政区和中国台湾开展的学术交流

2009 年 10 月 27 日，农村发展研究所邀请中国台湾学者徐世勋教授来所作题为《数量分析模型在农业政策及相关议题的应用研究》的报告。农村发展研究所研究人员和徐世勋教授就相关问题进行了讨论。

（四）学术社团、期刊

1．社团

（1）中国国外农业经济研究会，会长徐更生。

（2）中国城郊经济研究会，会长包永江。

2009 年 11 月 28 日至 12 月 1 日，中国城郊经济研究会在海南省海口市举行“全国城郊经济第五届五次年会暨科学发展论坛”，同时举行的还有由中国城郊经济研究会、海南省农业厅、海口市人民政府联合举办的“第五届中国镇长论坛暨城郊地区出口企业开拓欧盟市场研讨／推介／洽谈会”。会议的主题是“当前形势下如何保持城郊经济科学发展”，研讨的主要问题有“2010年宏观经济形势和走向”、“全球化利益制高点与中国的应对”、“全球金融危机背景下我国现代农业的发展”、“城郊地区要警惕在保增长、调结构、稳民生、增收入的主流掩盖下的一些非科学发展倾向”、“深化农村经济体制改革需要研究探索的新课题”。

（3）中国林牧渔业经济学会，会长张晓山。

2009 年 9 月 17 ～ 19 日，中国林牧渔业经济学会在深圳市举办“2009’全国畜禽和水产养殖污染监测与控制及畜禽粪便处理技术研讨会”。会议研讨的主要问题有“畜禽养殖污染的监测与防治技术”、“水产养殖污染的监测与防治技术”、“畜禽养殖粪便处理技术”。

（4）中国西部开发促进会，会长赵霖。

2009 年 8 月 3 日，由中国西部开发促进会、北京大学、中国伊斯兰教协会共同主办，中国民族书画研究院承办的“中东 16 国国家政府高级官员与中国著名书画家国际艺术文化交流会”在北京大学举行。会议旨在为弘扬中华文化艺术搭建国际合作平台，为促进有着 5000 年灿烂悠久历史的的中国书画艺术、中国传统文化艺术走向世界作出积极贡献。

2．期刊

（1）《中国农村经济》（月刊），主编张晓山。

2009 年，《中国农村经济》共出版 12 期，共计 213 万字。该刊对“农村社会保障”、“农村金融”等栏目进行了调整，新增了“国际金融危机”、“农村公共产品”等栏目，恢复了“农村工业化”、“农业保险”等栏目。该刊全年刊载的有代表性的文章有：章铮的《从托达罗模型到年龄结构——生命周期》，李琴、宋月萍的《劳动力流动对农村老年人农业劳动时间的影响以及地区差异》，全炯振的《中国农业全要素生产率增长的实证分析：1978 ～ 2007 年——基于随机前沿分析（SFA）方法》，张继良、徐荣华、关冰、张奇的《城乡收入差距变动趋势及影响因素——江苏样本分析》，廖永松的《灌溉水价改革对灌溉用水、粮食生产和农民收入的影响分析》，石敏俊、王妍、朱杏珍的《能源价格波动与粮食价格波动对城乡经济关系的影响——基于城乡投入产出模型》，于乐荣、李小云、汪力斌、郑红娥的《禽流感发生对家禽养殖农户的经济影响评估——基于两期面板数据的分析》，王小林、Sabina Alkire 的《中国多维贫困测量：估计和政策含义》，刘西川、程恩江的《贫困地区农户的正规信贷约束：基于配给机制的经验考察》，褚保金、卢亚娟、张龙耀的《信贷配给下农户借贷的福利效果分析》，何大安的《中国农村金融市场风险的理论分析》，米运生、罗必良的《契约资本非对称性、交易形式反串与价值链的收益分配：以“公司＋农户”的温氏模式为例》，何秀荣的《公司农场：中国农业微观组织的未来选择？》，李效顺、曲福田、郧文聚的《中国建设用地增量时空配置分析》，黎霆、赵阳、辛贤的《当前农地流转的基本特征及影响因素分析》，陶然、童菊儿、汪晖、黄璐的《二轮承包后的中国农村土地行政性调整——典型事实、农民反应与政策含义》，蓝海涛、姜长云的《经济周期背景下中国粮食生产成本的变动及趋势》，宋洪远、吴仲斌的《盈利能力、社会资源介入与产权制度改革——基于小型农田水利设施建设与管理问题的研究》，盛来运、王冉、阎芳的《国际金融危机对农民工流动就业的影响》，胡冰川、徐枫、董晓霞的《国际农产品价格波动因素分析——基于时间序列的经济计量模型》。

(2)《中国农村观察》(双月刊)，主编张晓山。

2009 年，《中国农村观察》共出版 6 期，共计 107 万字。该刊全年刊载的有代表性的文章有：李周等的《西部农村减缓贫困的进展》，柴盈的《交易成本与中国农村的基础设施治理结构选择》，熊易寒的《城市化的孩子：农民工子女的城乡认知与身份意识》，武剑的《中国农地地权安全性研究》，刘莉亚等的《农户融资现状及其成因分析》，邓大才等的《农地流转市场何以形成》，陈洁等的《安徽省种粮大户调查报告》，刘伟的《群体性活动视角下的村民信任结构研究》，李勤等的《城乡统筹发展评价体系：研究综述和构想》，蔡玲的《抚养子女对农民工自身成长的积极效应》，孙世民等的《优质猪肉供应链合作伙伴竞合关系分析》，李成贵等的《国家与农民的关系：历史视野下的综合考察》。

（五）会议综述

世界金融危机下的农民增收和农村扶贫
——第二届湖湘三农论坛

2009 年 10 月 25 ～ 26 日，中国社会科学院农村发展研究所、湖南省社会主义新农村建设促进会共同举办，湖南省常德市人民政府农村工作办公室和湖南省社会科学院农村发展研究所承办的“世界金融危机下的农民增收和农村扶贫——第二届湖湘三农论坛”在湖南省常德市举行。300 余人参加了会议。

会议就农民增收与粮食安全这一核心问题展开了讨论。与会者提出，要通过“以工补农”、“农民变市民”、“完善经营机制”等具体途径来增加农民的收入。会上形成了“发挥城市优势、带动农村发展、提高农民收入”等构想，并建议降低农业生产成本、提高农业比较效益，加大财政补贴力度、深入挖潜农业内部效益，重视非农收入、拓宽农民就业渠道，加强农田水利基础设施建设，以确保农民增收。

与会者普遍认为，改革是农村社会经济发展的原动力，“农民增收”与“粮食安全”同时实现的关键就是要实现农业经济的适度规模经营，而实现适度规模经营则要以低成本的土地流转为前提。会议提出，要通过市场来配置农地经营权的流转，并将农村土地制度改革放在深化农村改革、统筹城乡发展大战略中的关键性位置。此外，要加强农村金融改革，促进三农发展；要着手实际，尽快制定相关的具体政策，用“看得见的手”解决农村金融服务市场失灵的问题；

要创新现代投融资机制，尤其要构建直接融资体系，并对农业产业化中的龙头企业上市筹资予以政策倾斜。此外，要促进乡村治理结构的完善，提高自主治理的程度，落实一事一议制度；要确保民意畅通，改革和完善信访制度；要厘清农村社区公共领域与私人领域的边界，保障农村公共品的有效供给。

会议讨论了发展农民合作组织、现代农业以及农民工返乡创业等问题。与会者认为，发展是面对全球金融危机的理性选择。要大力发展农村的非政府组织、社区组织、农民的合作社及协会等，提升农村弱势群体的社会资本和组织资本；要大力发展现代农业，并通过发展新型合作经济组织与农业企业，构建现代农业发展的组织保证。

（卢宪英）

全国县域发展与城乡一体化研讨会
暨第五届社科农经研究网络大会

2009 年 10 月，“全国县域发展与城乡一体化研讨会暨第五届社科农经研究网络大会”在山东省青岛市召开。

2009 年 10 月 29 ~ 31 日，由中国社会科学院农村发展研究所、山东省社会科学院和青岛市城阳区委区政府联合主办的“全国县域发展与城乡一体化研讨会暨第五届社科农经研究网络大会”在山东省青岛市召开。会议的主题是“加快县域经济发展、推动城乡一体化进程”。全国社会科学院系统从事农村经济发展研究的专家学者共 60 余人参加了会议。

会议对城乡统筹、城乡一体化、县域经济等概念进行了辨析。与会者认为，城乡统筹的目标和结果是城乡经济社会一体化，而县域经济是统筹城乡经济社会发展战略的切入点和基本操作平台，也是城乡统筹制度创新的重要载体。

与会者对城乡一体化的典型模式进行了总结。城阳的新城市主义模式以旧村改造为重点，通过城乡经济和社会事业一体发展、民生一体统筹、建设一体规划，拆除了横亘在城乡之间的藩篱，逐步探索出一条大城市近郊城市化跨越式发展的新路子。城乡统筹的成都实验选择以“三个集中”（工业向集中发展区集中、农民向城镇集中、土地向规模经营集中）为核心，以市场化为动力，以政策为保障，推进城乡一体化，积极探索以城带乡破解城乡二元结构的新途径。

诸城的“农村社区化服务”模式在农村全面开展“政府主导、多方参与、科学定位、贴近基层、服务农民”的农村社区化服务与建设，已建成运行208个农村社区及社区服务中心，实现了县域内城乡基本公共服务的均等化，促进了城乡统筹发展。

与会者总结了城乡统筹中的突出问题。这些问题包括：固化城乡二元结构的制度因素还没有从根本上消除；缩小城乡差距的任务十分艰巨；城乡之间要素流动不协调、不平衡的现象十分突出；农业和农村发展面临诸多困难。其中，城乡二元体制改革进展缓慢、城乡差距难以消弭以及城乡要素流动不协调、不平衡的现象，恶化了农业和农村的发展环境，削弱了农业和农村的发展能力。

与会者提出了城乡一体化的政策选择。这些政策选择包括“改革城乡二元体制”、“提高城镇化发展水平”、“发展壮大县域经济”、“大力发展现代农业”等。

（卢宪英）

“两型农村”与生态农业发展国际学术研讨会暨第五届中国农业现代化比较国际研讨会

2009年11月6～8日，“‘两型农村’与生态农业发展国际学术研讨会暨第五届中国农业现代化比较国际研讨会”在湖南省长沙市召开。论坛由中国社会科学院农村发展研究所和湖南省社会科学院主办，长沙市政府和长沙社会科学院承办。来自美国、韩国、越南以及国内高校和研究机构的100多位学者、专家和业内人士参加了专题研讨和实地考察。

论坛共收到入选论文90篇，其中40余篇在论坛上发表。论坛以推进农业和农村现代化为主线，讨论的重点和难点问题是如何通过发展生态农业推进农业现代化；讨论的热点问题包括现代农业发展与后现代性思潮之间的关系以及“两型农村”建设中的农业发展问题。

后现代主义思潮与现代农业关系的辩论，以及建设性后现代农业与建设性现代农业观念的提出，是论坛的最大热点。与会者认为，建设性后现代主义农业观不排斥大规模农业，但以小为美，尤其推崇那些小规模、复合型、附加多重功能的替代农业模式。而建设性现代农业观认为，后现代农业实际上包括替代农业和建设性现代农业；建设性后现代农业模式实际上是那些有价值但非主流的替代农业模式，而用生态农业原理改造现代农业才是现代农业的出路，即十七届三中全会提出的资源节约型、环境友好型农业生产体系或高效生态农业。

但是，无论是哪种理解，与会者都无异议地认可“传统”现代农业的弊端，并将生态农业视为现代农业发展的方向，对其必要性和实际经验多有阐述，对困难的认识和发展的建议则不一而足，显示出从一般意义上的现代农业向生态农业转型的艰巨性和长期性。

在概念界定和理论探讨的基础上，与会者还讨论了与“两型农村”和“两型农业”相关的一系列应用性问题。有研究者从经济发展、社会和谐、资源节约、环境友好和附加要素方面将

“两型农村”的标准设计为5个要素、14个子要素和62个具体指标。有研究者总结了江苏省5种典型“两型”生态循环农业模式，包括以沼气技术为纽带的模式、以立体复合种养为主的模式、以农业废弃物循环利用为主的模式、充分利用城市和农村废弃物的模式以及湿地高效农业模式。都市地区和农业地区的“两型农业”发展问题分别得到了分析，对阻碍“两型农业”生产体系发展的障碍因素也有较多探讨。此外，论坛上还讨论了低碳经济、低碳旅游、乡村卫生、绿色信贷、农村人才资源开发、有机农业发展等问题。

（檀学文）

财政与贸易经济研究所

（一）人员、机构基本情况

截至2009年年底，财政与贸易经济研究所共有在职人员75人。其中，正高级职称人员16人，副高级职称人员17人，中级职称人员29人；高、中级职称人员占全体在职人员总数的83%。

财政与贸易经济研究所设有：财政研究室、税收研究室、国际贸易与投资研究室、服务贸易与WTO研究室、流通产业研究室、旅游与休闲研究室、价格研究室、城市与房地产经济研究室、信息服务与电子商务研究室、服务经济理论与政策研究室、《财贸经济》编辑部、学术信息室、办公室、科研组织处、人事处、学术交流办公室。

财政与贸易经济研究所院属科研中心有：对外经贸国际金融研究中心、旅游研究中心、财税研究中心；所属科研中心有：服务经济与餐饮产业研究中心、信用研究中心。

（二）科研工作

1. 科研成果统计

2009年，财政与贸易经济研究所共完成专著12种，410.9万字；论文251篇，231.7万字；论文集2种，71.1万字；研究报告113篇（种），686.5万字；教材1种，43万字；译著2种，45.5万字；译文5篇，3.4万字；工具书2种，112.7万字；一般文章56篇，13.3万字。

2. 科研课题

（1）新立项课题。2009年，财政与贸易经济研究所共有新立项课题25项。其中，国家社会科学基金重大课题1项：“中国现代服务业发展战略研究”（夏杰长主持）；国家自然科学基金课题2项：“机构投资者内部治理与外部监管研究——美国金融危机的教训与启示”（裴长洪主持），“外资并购对中国经济福利影响的评估框架和模型研究”（高伟凯主持）；院重大课题1项：“以自主创新推动服务业发展”（何德旭主持）；院重点课题3项：“全方位财税体制改革：难点分析与策略选择”（杨志勇主持），“全球金融危机下深化我国粮食价格改革研究”（盛逖主持），“基于生态文明的西部民族地区旅游业可持续发展战略研究”（依绍华主持）；院国情调研课题 3 项：“中国外运企业国情调研”（荆林波主持），“发展现代服务业与中国攀升全球产业链”（姚战琪主持），“少数民族地区旅游业非正规就业调查”（戴学锋主持）；院青年科研启动基金课题 4 项：“中国信用服务业发展现状调查及对策研究”（田侃主持），“微型经济与旅游业发展”（金准主持），“关于物业税及其实施方案研究”（姜雪梅主持），“国际货币体系重构与人民币国际化”（谢谦主持）；所重点课题 8 项：“全球背景下的中国个人所得税改革”（马珺主持），“我国服务外包产业竞争力研究”（于立新主持），“学术期刊国际化研究”（王迎新主持），“中国生产性服务业集聚发展研究”（刘奕主持），“扩大内需背景下的国内旅游消费研究”（宋瑞主持），“大宗商品交易的金融属性、市场特征及其对价格运行的影响”（张群群主持），“中美贸易平衡问题研究”（夏先良主持），“基于农餐对接的农产品流通新模式研究”（彭磊主持）；所青年基金课题 3 项：“金融危机下贸易保护主义对我国对外贸易的影响及对策研究”（张宁主持），“城乡统筹发展中的我国农村服务业问题研究”（张颖熙主持），“在线购物平台诚信评价体系研究”（赵京桥主持）。

（2）结项课题。2009 年，财政与贸易经济研究所共有结项课题 24 项。其中，国家社会科学基金课题 2 项：“中国现代流通服务业影响力研究”（宋则主持），“改革和完善财政预算管理制度研究”（马蔡琛主持）；院重大课题 2 项：“中国经济改革开放 30 年历史经验问题研究——对外开放与中国商务体制改革”（裴长洪主持），“中国经济改革开放 30 年历史经验问题研究——迈向公共化的中国财税体制改革”（高培勇主持）；院重点课题 2 项：“技术进步与现代服务业的融合与互动关系研究”（姚战琪主持），“中国出境旅游研究”（戴学锋主持）；院国情调研课题 4 项：“出口退税政策与对外贸易发展”（裴长洪主持），“中国公共财政建设的现状与问题”（高培勇主持），“我国资源性产品价格情况调查”（温桂芳主持），“中小城市服务业发展调研”（孔繁来、朱小慧主持）；院青年科研启动基金课题 4 项：“我国医疗费用上涨的影响因素：基于省级面板数据的实证研究”（汪德华主持），“信息、区位与金融服务集群：关于金融中心的一个分析框架”（王朝阳主持），“以对外投资和合作方式的创新促进我国企业国际化”（张宁主持），“我国商业物流产业的发展现状和对策研究”（孙开钊主持）；所重点课题 7 项：“我国石油国际贸易战略研究”（冯远主持），“信用制度演进与现代服务业发展”（田侃主持），“增值税实施范围及其经济影响：理论、国际经验及对中国的启示”（杨之刚主持），“后奥运阶段北京旅游业的发展战略”（依绍华主持），“中国城市竞争力与房地产关系研究”（倪鹏飞主持），“完善国内外石油价格联动机制研究”（盛逖主持），“江苏无锡新区考察”（林旗主持）；所青年基金课题 3 项：“中外政府预算外收支管理之比较研究”（冯静主持），“中国电子支付的监管研究”（刘波主持），“构建以人为本的城市旅游公共服务体系——以北京为例”（陈立平主持）。

（3）延续在研课题。2009 年，财政与贸易经济研究所共有延续在研课题 13 项。其中，国家社会科学基金课题 2 项：“完善省以下财政体制、增强基层政府公共服务能力研究”（杨志勇主持），“古村镇旅游开发与利益相关者互动机制研究”（宋瑞主持）；院重大课题2项：“转变外贸增长方式和提高开放型经济水平研究”（裴长洪主持），“房地产融资创新研究”（王诚庆主持）；院重点课题6项：“中国房地产与宏观经济关系研究”（倪鹏飞主持），“中国财权事权分配机制与运行模式研究”（张斌主持），“实施走出去战略——创新对外投资与合作方式”（冯雷主持），“中国零售产业安全问题研究——框架、评测和预警”（宋则主持），“我国互联网产业的外资进入：现状、问题及对策”（荆林波主持），“信用环境构建与服务业发展”（夏杰长主持）；国情调研课题3项：“旅游业在资源枯竭型城市社会转型中的作用”（王诚庆、戴学锋主持），“城市服务业发展与就业状况调查”（何德旭主持），“资源价格形成机制与利益分配格局”（张斌主持）。

3．获奖优秀科研成果

2009年，财政与贸易经济研究所共评出“2009年度财政与贸易经济研究所优秀科研成果”一等奖5项：裴长洪的《论中国进入利用外资新阶段——“十一五”时期利用外资的战略思考》，高培勇主编的《走向“共赢”的中国多级财政》，荆林波的《中美消费对比与政策建议》，杨圣明的《关于马克思国际价值理论及其现实意义》，倪鹏飞主编的《中国城市竞争力报告№.3——集群，中国经济的龙脉》；“2009年度财政与贸易经济研究所优秀科研成果”二等奖6项：马珺的《公共品概念的价值》，冯雷的《中国对欧盟贸易顺差研究》，宋则的《中国物流成本前沿问题考察报告》，杨志勇的《中国财政体制改革理论的回顾与展望》，依绍华的《旅游业的就业效应分析》，温桂芳的《深化水价改革：全面推进与重点深入》；“2009年度财政与贸易经济研究所优秀科研成果”三等奖7项：于立新的《投资带动产业内贸易增长——中日经贸发展对东北亚区域经济合作的影响》，王迎新的《中国加工贸易企业自主知识产权实证分析——以申请专利为例》，李勇坚的《经济增长中的服务业：理论综述与实证分析》，宋瑞的《我国生态旅游利益相关者分析》，孟晔的《我国电信业的对外开放：机遇、挑战与对策》，张清勇的《中国地方政府竞争与工业用地出让价格》，姚战琪的《跨国并购与国际资本流动》。

4．科研组织管理新举措

（1）增设税收研究室和服务贸易与WTO研究室。为了进一步增强财政学科和国际贸易学科的发展潜力，结合中国社会科学院深入学习实践科学发展观活动的开展，在广泛调查研究并请示院有关领导和职能部门的基础上，所学术委员会经过反复酝酿和所党委会议充分研究，决定增设税收研究室和服务贸易与WTO研究室。同时，将原财政与税收研究室更名为财政研究室，原国际贸易与投资研究室名称不变。这一请示通过院人事教育局批准，财政与贸易经济研究所的研究室数量由8个增加为10个。

（2）研究制定《财政与贸易经济研究所2009～2015年学科建设规划》。在深入学习实践科学发展观的活动中，财政与贸易经济研究所研究制定了《财政与贸易经济研究所2009～2015年学科建设规划》，明确了研究所及各学科的发展定位、发展思路、发展任务和发展目标。

（3）启动新一轮院重点学科建设工程。根据 2009 年 5 月 21 日中国社会科学院院长办公会议审议通过的《中国社会科学院重点学科建设计划》，院新一轮重点学科建设工程正式启动。经所学术委员会研究，确定财政学、国际贸易、服务经济学、城市与旅游经济管理等四大学科列入新一轮院重点学科建设，接受院重点学科建设资助。各学科分别从总体目标、学科发展定位、主要研究方向和研究领域、科研队伍建设、学术基地建设、科研手段现代化建设等方面设计了学科建设的发展规划与目标。学科责任人（分别为杨之刚、冯雷、夏杰长、倪鹏飞）与研究所签订了《学科建设责任书》。

（三）学术交流活动

1．学术活动

2009 年，财政与贸易经济研究所主办、承办和联合主办的学术会议有 ：

（1）2009 年 3 月 31 日，财政与贸易经济研究所举行“财经论坛”。朱祖希、袁家方教授作了题为《古都北京的城和市——宜人、宜居、宜游》的演讲。

（2）2009 年 4 月 7 日，财政与贸易经济研究所举行“财经论坛”。全国政协委员、利丰研究中心执行董事张家敏作题为《利丰供应链管理》的演讲。

（3）2009 年 4 月 7 日，财政与贸易经济研究所、社会科学文献出版社、利丰研究中心联合主办的“促进国内消费　关注中国商业——《中国商业发展报告 2008 ～ 2009 年》首发式”在中国社会科学院学术报告厅举行。

（4）2009 年 4 月 8 日，财政与贸易经济研究所举行国家社会科学基金重大课题“中国现代服务业发展战略研究”启动会议。

（5）2009 年 4 月 9 日，财政与贸易经济研究所、阿里巴巴集团、经济管理出版社在北京联合主办“促进电子商务　关注阿里巴巴——《阿里巴巴集团考察：阿里巴巴业务模式分析》首发式”。

（6）2009 年 4 月 14 日，财政与贸易经济研究所、社会科学文献出版社、中国社会科学院青年研究中心联合主办的“2009 年《城市竞争力蓝皮书》发布暨中国城市竞争力研讨会”在中国社会科学院学术报告厅举行。

（7）2009 年 4 月 14 日，财政与贸易经济研究所举行“财经论坛”。中国外运集团博士吴幼喜作了题为《国际货代企业的战略重点和策略》的演讲。

（8）2009 年 4 月 18 ～ 19 日，财政与贸易经济研究所作为执行主办单位之一参与的“2009 中国信用 4 · 16 高峰论坛”在北京举行。

（9）2009 年 4 月 21 日，财政与贸易经济研究所举行“财经论坛”。 财政与贸易经济研究所研究员荆林波作了题为《阿里巴巴经营模式》的演讲。

（10）2009 年 5 月 20 日，由中国社会科学院旅游研究中心、社会科学文献出版社联合主

2009 年 6 月，“中德对话第六次会议——全球金融危机背景下的社会和经济稳定”在北京举行。

办的“2009 年《旅游绿皮书》新闻发布会暨旅游发展研讨会”在中国社会科学院学术报告厅举行。

（11）2009 年 5 月 27 日，财政与贸易经济研究所、浙江子墨农产品服务贸易中心联合主办的“中国茶叶指数研讨会”在北京举行。

（12）2009 年 6 月 12 日，由中国社会科学院国际合作局、德国阿登那基金会主办，财政与贸易经济研究所承办的“中德对话第六次会议——全球金融危机背景下的社会和经济稳定”在北京举行。

（13）2009 年 7 月 7 日，财政与贸易经济研究所举行“财经论坛”。美国密苏里圣路易斯大学副教授约瑟夫·鲁特曼博士作了题为“The Emerging China Outsourcing Market”（《发展中的中国服务外包市场》）的演讲。

（14）2009 年 7 月 13 日，财政与贸易经济研究所、中国财经出版社联合主办的“《中国财政政策报告 2008/2009》首发式暨实行全口径预算管理研讨会”在中国社会科学院学术报告厅举行。

（15）2009 年 7 月 14 日，财政与贸易经济研究所举行“财经论坛”。国家统计局贸易外经司副司长王克臣就“社会消费品零售总额”等统计问题进行了专题演讲。

（16）2009 年 7 月 17 ~ 19 日，财政与贸易经济研究所、呼和浩特市政府联合举办的“民族地区经贸发展论坛”作为“第三届中国民族商品交易会”的活动内容之一在内蒙古自治区呼和浩特市举行。

（17）2009 年 8 月 11 日，财政与贸易经济研究所举行“财经论坛”。中国社会科学院经济研究所副所长朱玲研究员就“经济学实地调研经验”专题进行了演讲。

（18）2009 年 8 月 22 日，《财贸经济》编辑部、吉林省社会科学院联合主办的“第二届东北城市发展论坛暨城市发展与城乡统筹理论研讨会”在吉林省长春市举行。

（19）2009 年 8 月 26 日，财政与贸易经济研究所、浙江子墨农产品服务贸易中心联合主办的“中国茶叶市场指数首期发布会”在北京举行。

（20）2009 年 8 月 30 日，财政与贸易经济研究所、宁波市教育局、社会科学文献出版社联合主办的“《中国城市教育竞争力比较》成果首发暨研讨会”在中国社会科学院学术报告厅举行。

（21）2009 年 9 月 8 日，财政与贸易经济研究所举行“财经论坛”。财政部国库司副主任娄洪作了题为《我国现代财政国库制度建设情况》的演讲。

（22）2009 年 9 月 26 日，财政与贸易经济研究所、韩国仁荷大学静石物流通商研究院主办，山西财经大学工商管理学院承办的“第四届中韩物流合作研讨会”在山西省太原市举行。

（23）2009 年 10 月 16 ～ 18 日，财政与贸易经济研究所、浙江树人大学现代服务业学院、中山大学中国第三产业研究中心联合主办的“现代服务业发展国际论坛”在浙江省杭州市举行。

（24）2009 年 11 月 3 日，财政与贸易经济研究所举行“《共和国对外贸易 60 年》《共和国财税 60 年》发布会”。

（25）2009 年 11 月 7 ～ 8 日，财政与贸易经济研究所、浙江工商大学联合主办的“国际金融体系重构与中国金融体制改革研讨会”在浙江省杭州市举行。

（26）2009 年 11 月 10 日，财政与贸易经济研究所举行“外事工作交流会”。荆林波、张群群等近期回国科研人员汇报了赴国外进行学术访问的情况。

（27）2009 年 11 月 16 日，财政与贸易经济研究所、社会科学文献出版社联合主办的“《住房绿皮书》发布会暨 2009 ~ 2010 年住房形势与政策研讨会”在中国社会科学院学术报告厅举行。

（28）2009 年 11 月 28 日，财政与贸易经济研究所主办的“第十届中国宏观经济运行与政策论坛——开放型经济发展与完善”在中国社会科学院学术报告厅举行。会议的主题是“中国开放型经济发展与完善”。

（29）2009 年 11 月 28 ～ 29 日，财政与贸易经济研究所、中国市场学会、中国商业经济学会、中国人民大学商学院、中国流通产业网联合主办的“2009（首届）中国流通发展与改革高峰论坛”在北京举行。

2．国际学术交流和合作

2009 年，财政与贸易经济研究所共派遣出访 19 批 24 人次，其中长期进修 1 人；除所派出项目外，另有 2 人次参加院组团，1 人次参加外单位组团出访。接待境外来访专家学者约 19 批 79 人次（其中，中国社会科学院邀请来访 16 批 70 人次）。与财政与贸易经济研究所开展学术交流的国家有美国、加拿大、英国、德国、意大利、奥地利、荷兰、芬兰、俄罗斯、日本、韩国、马来西亚。

（1）2009 年 3 月 24 日，德国阿登纳基金会常驻代表梅砚一行 3 人来财政与贸易经济研究所拜会副所长高培勇，商谈合作事宜。

（2）2009 年 3 月 31 日，财政与贸易经济研究所国际贸易与投资研究室主任冯雷、副主任夏先良与芬兰 Jyvas skylä 大学的李娜 · 卢卡斯就中国社会科学院国际合作研究课题“中芬企业跨文化经营的沟通策略”进行了第二次学术交流。双方介绍了课题的进展及进一步合作的空间，并就“多文化领导与团队工作中的跨文化沟通能力：芬兰与中国印象”进行了探讨。

（3）2009年4月2～3日，财政与贸易经济研究所城市与房地产经济研究室主任倪鹏飞应邀赴美出席在费城举行的“第七届城市竞争力国际论坛”并发表题为《美国东北部城市与全球城市竞争力》的演讲。

（4）2009年4月7日，财政与贸易经济研究所国际贸易与投资研究室冯雷、夏先良、张宁接待了美国驻华使馆经济处一秘杰弗里·扬等一行3人。双方就中国进出口贸易发展及其影响因素、国际金融危机背景下中国政府在刺激经济方面所作的努力及其对中国经济的影响等问题进行了交流。

（5）2009年4月14日，财政与贸易经济研究所流通产业研究室宋则、孙开钊接待了日本运输政策研究所研究员尹钟进。双方就中国与日本逆向物流和应急物流管理的现状和趋势等问题进行了交流。

（6）2009年4月21日，韩国产业研究院北京代表处首席代表赵辙博士一行3人访问了财政与贸易经济研究所，并与该所夏杰长、刘奕就服务业发展问题进行了座谈。

（7）2009年4月24～25日，财政与贸易经济研究所服务贸易与WTO研究室主任于立新出席了马来西亚南大教育研究基金会主办的“金融危机对中国—东盟的影响及未来服务业发展”论坛，并就“应对金融危机与东亚服务贸易战略选择及人民币渐进国际化”问题作了专题讲演。

（8）2009年5月5日，财政与贸易经济研究所国际贸易与投资研究室主任冯雷、副主任夏先良等与芬兰赫尔辛基经济学院转型市场研究中心主任科索南教授、科图南教授就中国社会科学院国际合作研究课题“中芬企业跨文化经营的沟通策略”在该所进行了第三次学术交流。

（9）2009年5月20日，财政与贸易经济研究所所长裴长洪会见了日本贸易振兴机构东京总部海外调查部中国北亚科科长真家阳一、日本贸易振兴机构北京代表处副所长箱崎大一行4人。双方就中国经济问题进行了座谈。

（10）2009年6月3～6日，财政与贸易经济研究所张广瑞出席了在韩国济州岛举办的“2009亚太地区文化与旅游创意论坛”。

（11）2009年8月24日，韩国发展研究所所长Oh-Seok Hyun等一行6人来财政与贸易经济研究所访问，与该所所长裴长洪座谈了中国经济问题并商讨学术合作的可能性。

（12）2009年8月24日，以日本一桥大学大学院商学研究科教授山内弘隆为团长的日本一桥大学代表团一行17人，在该大学北京事务所所长志波干雄的陪同下来财政与贸易经济研究所访问，与张广瑞研究员等进行了学术交流。

（13）2009年9月1日，财政与贸易经济研究所张清勇赴加拿大阿尔伯塔大学就“城市竞争力与房地产关系研究”问题进行了学术访问。

（14）2009年9月18～26日，财政与贸易经济研究所夏杰长、王迎新、李勇坚、郑艳新4人赴英国曼彻斯特大学就现代服务业研究进行学术访问。

（15）2009 年 9 月 27 日，财政与贸易经济研究所赵京桥赴奥地利科学院就“中欧互联网产业政策比较研究”问题进行了学术访问。

（16）2009 年 9 月 29 日至 10 月 4 日，财政与贸易经济研究所荆林波赴奥地利出席了萨尔斯堡全球论坛，与 28 个国家的学者官员进行了交流。

（17）2009 年 10 月，财政与贸易经济研究所张群群赴英国学术院就“机构投资者内部治理与外部监管研究”问题进行了学术访问。

（18）2009 年 11 月 10 日，联邦论坛主席乔治·安德森、加拿大自然资源部前副部长及内阁办公室政府间事务部前副部长访问财政与贸易经济研究所。副所长高培勇会见了安德森。张德勇、汪德华就财政分权等问题与安德森进行了学术交流。

（19）2009 年，财政与贸易经济研究所新签订国际合作和境外资助课题 2 项：高培勇主持的中欧社会科学合作研究项目（CO－REACH）“创新、就业与福利——基于微观企业数据的中欧比较研究”；宋则主持的中国社会科学院亚洲研究中心项目“中日韩应急物流研究”。结项的境外资助课题 2 项：倪鹏飞主持、澳门基金会资助的“澳门城市国际竞争力报告”；张广瑞主持、韩国高等教育财团资助的“东南亚与东北亚地区旅游发展比较研究”。

3．与中国香港、澳门特别行政区和中国台湾开展的学术交流

（1）2009 年 1 月 7 ~ 11 日，应台湾户外游憩学会的邀请，旅游与休闲研究室研究员张广瑞赴台进行了学术访问，出席了该学会的年会，并应邀在会上发表了题为《中国旅游发展的政策与实践》的演讲，并应台湾静宜大学旅游学院的邀请作了题为《中国旅游 60 年》的讲座。

（2）2009 年 2 月 12 日，财政与贸易经济研究所城市与房地产经济研究室主任倪鹏飞就大陆城市发展情况接受台湾《远见》杂志总编辑杨玛丽、主笔林奇伯的采访。

（3）2009 年 3 月 10 日，台湾大学博士候选人张家玮、国立东华大学教授洪嘉瑜、“中研院”经济所副研究员董安琪一行 7 人来财政与贸易经济研究所访问，并与该所杨志勇、张斌、于立新等座谈了两岸财政、贸易问题。

（4）2009 年 4 月 14 ~ 17 日，财政与贸易经济研究所城市与房地产经济研究室倪鹏飞应香港明天更好基金会邀请赴香港出席“中国城市竞争力（香港）研究成果发布会”，并发表了主题演讲。

（5）2009 年 5 月 8 ~ 14 日，财政与贸易经济研究所杨志勇、张斌应台湾逢甲大学邀请赴台湾出席了“2009 两岸税务与金融论坛”。

（6）2009 年 6 月 23 日，台湾“国立”政治大学财政学系教授兼系主任林奇昂、经济学系教授兼国际合作事务处发展策划组组长庄奕琦、“国家”发展研究所教授兼所长李酉潭等一行 6 人应邀访问财政与贸易经济研究所。该所副所长荆林波会见了访问团。

（7）2009 年 8 月 2 ~ 6 日，财政与贸易经济研究所城市与房地产经济研究室张清勇应香港中文大学邀请赴香港出席了“香港中文大学优秀论文奖颁发大会”。

（8）2009 年 9 月 16 ～ 21 日，财政与贸易经济研究所价格研究室张群群随中国社会科学院访问团赴台湾，参加由中国社会科学院与中华经济研究院共同主办的“国际金融危机对两岸经济的影响与对应策略”研讨会，并与“中经院”、“中研院”等单位的学者进行了学术交流。

（四）学术社团、期刊

1．社团

（1）中国成本研究会，会长张卓元。

（2）中国市场学会，会长高铁生。

2．期刊

《财贸经济》（月刊），主编裴长洪。

2009 年，《财贸经济》共出版 12 期，约 280 万字。为进一步办好刊物、扩大学术影响力，该刊不断规范匿名审稿制度，扩大匿名审稿范围，创办《财贸经济》网站（http://www.cmjj.org），实现了动态信息展示、稿件查询、后台管理、广告链接和对外宣传等功能。该刊全年刊载的有代表性的文章有：何振一的《新中国财政 60 年的艰辛历程与光辉成就》，王国刚的《中国金融 60 年：在风雨前行中的辉煌发展》，黄国雄等的《中国商贸流通业 60 年发展与瞻望》，陈家勤的《新中国对外经贸发展 60 年的伟大实践和理论创新及主要经验》，武力等的《略论新中国 60 年商品价格形成机制的演变》，齐建国的《2008 ～ 2009：国际金融危机下的中国经济分析与预测》，李向阳的《国际金融危机与世界经济前景》，许宪春的《关于与 GDP 有关的若干统计问题》，丛明等的《2009 年经济形势与 2010 年宏观调控政策取向分析》，阎坤的《中美储蓄率差异的原因及影响分析》，王国刚的《中国银行体系中资金过剩的对策分析——三论资金流动性过剩》，何德旭等的《金融监管改革与金融稳定：美国金融危机的反思》，高培勇的《新一轮税制改革评述：内容、进展与前瞻》，迟福林等的《基本公共服务体制变迁与制度创新——惠及 13 亿人的基本公共服务》，王保安的《多重困境与多重目标下的财政宏观调控》，杨志勇的《省直管县财政体制改革研究——从财政的省直管县到重建政府间财政关系》，冯雷、张宁的《我国国际竞争力的动态分析与提升战略——基于改革开放 30 年发展的分析》，黄庆波、赵忠秀的《两岸四地贸易关系的依存性、互补性和因果性研究》，郑吉昌、朱旭光的《全球服务产业转移与国际服务贸易发展趋势》，沈国兵等的《TRIPS 协定下中国知识产权保护水平和实际保护强度》，裴长洪、谢谦的《集聚、组织创新与外包模式——我国现代服务业发展的理论视角》，赵凯的《商贸流通服务业影响力及作用机理研究》，王成慧、郭冬乐的《中国农村流通发展 30 年之成就》，荆林波等的《外资对我国互联网业控制现状的研究》，李勇坚、夏杰长的《我国经济服务化的演变与判断——基于相关国际经验的分析》。

（五）会议综述

中国茶叶指数研讨会

2009 年 5 月 27 日，由中国社会科学院财政与贸易经济研究所、浙江子墨农产品服务贸易中心共同主办的“中国茶叶指数研讨会”在北京举行。来自政府部门、行业的领导与专家学者以及媒体记者等共 40 余人出席会议。会议首次发布了中国茶叶指数。中国社会科学院、商务部、国家发改委、中国供销总社、中国茶叶流通协会等单位的领导与专家围绕首次发布的中国茶叶指数问题进行了探讨与交流。

中国茶叶市场指数是以我国主要的茶叶市场为样本单位，进行采样数据收集和整理，依据统计指数与统计评价理论，采用合成指数编制方法，选择一系列反映中国茶叶市场运行状况的指标，进行综合处理，得出用以反映中国茶叶市场景气活跃程度的综合指标体系。该指标体系主要由中国茶叶市场价格指数、中国茶叶市场景气指数及中国茶叶市场消费者指数构成，可以综合反映我国茶叶市场的变化情况。

首次公布的中国茶叶市场指数，是中国社会科学院财政与贸易经济研究所与浙江子墨农产品服务贸易中心合作研究的结果。该指数的编制工作在充分的前期准备的基础上，通过数据采集与数据整理、茶叶价格指数计算（单项、分类、总指数）及茶叶市场景气指数与茶叶市场消费者指数的计算，再通过平衡关系、逻辑关系的检查与因素分析，并听取商务部、国家发改委及中国茶叶协会等相关领导专家的意见之后，最终提出了中国茶叶市场指数体系。

中国茶叶指数将每两个月发布一次。与会专家学者充分肯定了该指数对我国茶叶市场发展的重要指导意义，并对进一步完善中国茶叶市场指数提出了若干建议。

与会专家认为，目前我国茶叶市场问题很多，主要有以下几点：第一，缺乏应有的价格透明度，国家化程度不高。茶叶种类的差别和茶叶质量的参差不齐是阻碍我国茶叶进入国际市场的关键因素。第二，市场间竞合能力效应小，市场的规模效应不明显。第三，建筑硬、软件落后，配套设施不完善。第四，交易方式落后，交易效益比较低下。第五，品牌化程度不够，经营附加值较低。此次中国茶叶指数的发布，一方面构建了国际茶叶市场和中国茶叶市场的交流平台，国外的茶叶收购商可以通过中国茶叶市场指数更加全面地了解我国茶叶市场的发展情况，对我国茶叶价格和茶叶质量有一个全面的认识，在目前国际经济并不景气的背景下促进我国茶叶的出口与创汇；另一方面，中国茶叶指数的发布也为国内的茶叶经销商提供了一个完整和及时的信息平台，通过这个平台，经销商可以全面及时地了解国内茶叶市场的变化趋势，同时也可逐渐采取定单茶业、连锁经营等现代物流模式，以及通过期货交易、网上交易、代理交易、拍卖等现代化流通手段来进行茶叶交易，实现茶叶流通的升级换代。

与会代表对目前我国茶产业的发展提出了一系列中肯的建议：第一，各级政府、相关部门应密切协调推动，形成合力支持茶产业发展的格局；第二，加快茶产业规模化、标准化、专业化的发展；第三，加快品牌推介力度，提高我国茶叶在国际市场的知名度；第四，鼓励工商资本、民营资本进入茶产业发展，加速茶叶加工企业的升级换代。

（孔繁来　朱小慧）

第四届中韩物流合作研讨会

2009年9月26日，由中国社会科学院财政与贸易经济研究所、韩国仁荷大学静石物流通商研究院主办，山西财经大学工商管理学院承办的“第四届中韩物流合作研讨会”在山西财经大学举行。来自中国社会科学院财政与贸易经济研究所、韩国仁荷大学静石物流通商研究院、香港利丰集团、山西财经大学工商管理学院的领导和学者共40人出席了论坛。与会学者围绕“中韩物流合作的理论与实践”、“应急物流”、“物流成本”等相关专题进行了探讨与交流。

与会代表认为，FTA（即自由贸易协定）的签订对于中韩两国之间的贸易和物流业的影响是非常大的。虽然中韩两国之间还没有签署FTA协议，但这是必然的趋势。与会代表介绍了中韩两国签订FTA协议的推进现状，并预测了协议签订对中韩物流产业的影响。当前，韩国正在与包括中国在内的世界各国签订FTA协议，以构建“全球FTA网络”，这不仅能够提高应对全球金融危机的能力，而且能够极大地提高韩国经济发展速度。自2006年以来，中国一直是韩国的第一大贸易国，因此，FTA的签订会大大提高两国GDP的增长。随着中韩两国FTA基本促进战略的实施，韩国国内与中国相关的物流企业必然会壮大，韩国物流企业要与DHL等跨国公司以及中国本土企业共同参与中国市场的竞争，因此，韩国除需要在中国建立物流支点和网络外，还必须同时研究物流企业在中国本土化的方案和战略，并开发一套适合中国物流文化的服务模型，以提高物流服务质量。

在探讨应急物流的发展问题时，代表们认为，各国工业化、城市化进程的加快和大气环境、地质环境的恶化，各类突发性、灾难性事件的发生，对应急物流的发展提出了极高的要求。应对突发灾难性事件的应急物流，有必要把减少成本和提高经济效益作为一个必要的目标，通过构筑高效的应急物流体系，使有限的资金和资源用到最需要的地方。与会专家认为，合理的网络是应急物流能够快速运作的基础。因为应急物流的环境是不断变化的，所以应急物流的网络就必须要有有效的适应性。应急物流网络的构建和优化应该着重于环境的特殊性和事件的紧急性；应急物流指挥中心是整个应急物流网络系统的灵魂；应急物流网络需要构建专家库和决策支持系统；要不断提高网络系统的可持续性和对动态环境、风险的适应性。因此，与会专家还提出了完善应急物流管理体系的思路与建议：高度重视应急物流的重要性；根据成本—效能原则构建应急物流体系；建立动态化、扁平化的应急物资储备机制；政府将应急服务项目外包，大力培育应急服务产业化，鼓励应急物流社会化；加强应急物流的组织管理和信息化建设；建立专业化的应急物流指挥体系和完善的应急物资配送体系。

在讨论降低物流成本问题时，与会专家认为，中国企业的物流效率尚处于较低的水平，为降低物流成本，需要减少库存搬运费用，提高物流费用核算水平；鼓励企业与第三方物流企业合作，并建立物流信息系统和标杆管理系统。与会专家认为，如何打造一条优秀的供应链，以降低物流成本，也是每一个供应链核心企业关注的问题。依据经验，网络优化可以帮助企业降低 5% ～ 15% 的物流成本空间，并能够提高供应链服务水平。

此外，与会专家还就全球变暖背景下物流企业如何实现节能减排问题进行了交流，并提出了相应的政策思路：需要在国家层面设立专门负责物流发展和节能减排的组织机构；制定统一的物流法律、法规和节能减排规范；强化行业协会的自律和协调职能；发展现代物流产业结构以合理配置资源；发展专业化物流以提高能源利用效率；通过物流信息系统建设，提高物流产业水平；加大物流业发展政策支持和节能减排激励力度；进一步强化物流企业节能减排意识。

（孔繁来　朱小慧）

第十届中国宏观经济运行与政策论坛
——开放型经济发展与完善

2009 年 11 月 28 日，由中国社会科学院财政与贸易经济研究所主办、美国密苏里—圣路易斯大学国际研究中心协办的“第十届中国宏观经济运行与政策论坛——开放型经济发展与完善”在北京召开。来自中国社会科学院、国务院发展研究中心、商务部国际贸易经济合作研究院、国家发改委对外经济研究所、北京大学、对外经济贸易大学、中国人民大学、美国密苏里—圣路易斯大学、澳大利亚国立大学等机构的中外专家学者与政府官员共百余人出席了论坛。论坛围绕“中国开放型经济的发展与完善”这一主题进行了深入探讨与交流。中国社会科学院副院长李扬出席论坛，并就当前中国宏观经济形势发表演讲。

2009 年 11 月，“第十届中国宏观经济运行与政策论坛——开放型经济发展与完善”在北京召开。

（1）关于当前宏观经济形势与政策。李扬就全球金融危机出现重要转机的当下经济形势发表了自己的判断和阐释。他认为，造成此次百年不遇金融危机的各种因素并没有在危机中得到有效的解决。根据马克思的经济理论，经济危机固然是矛盾的总爆发，但同时也是为未来成长寻找新基础的过程。也就是说，危机是一个消毒剂，可以荡涤我们原来不良的经济基础而创造新的基础。反观这次危机，从救助来说是前所未有的，而且是非常成功的。但是，导致这次危机的很多因素并没有充分暴露和有效消除，比如说经济结构失衡问题。在危机之前，我们面临的经济结构调整任务已经非常严峻，但由于危机发生而不得不放缓了经济结构调整的步伐，从而使经济结构失衡问题更加严重。总的来说，造成危机的老问题没有有效解决，解决危机过程中的很多措施又会造成新的问题。

在谈到如何有效地调整经济结构失衡问题时，李扬指出，解决产能过剩、结构调整问题，一是要依靠市场经济，二是不要迷信政府自身。我们要为经济未来长期成长创造科技基础，让科技引领中国可持续发展，这是中国最终走出国际金融危机影响的最根本措施。李扬认为，中国在这次应对危机的过程中显示出独特的智慧，即在2008年下半年集中推出一揽子4万亿元应对措施的同时，启动了16项科技专项——这个事实被媒体甚至被研究界所忽略，这些科技专项都属前沿，哪一个成功都会给我们很多创造企业的机会。因为科技同经济关系的中间链条是企业，一项科技成果产生，然后产业化，产业化就是大量创造新的企业以及用新的技术改造传统产业，自然伴随着企业不断成长和不断被创造的过程。这些产业中任何一个产业发展之后都会产生非常大的作用，这是我们最终走出“后危机时代”的最根本措施。

（2）关于中国开放型经济发展面临的挑战与机遇。与会代表认为，中国开放型经济目前面临的挑战表现在：对外贸易与利用外资受到挫折；国际经贸环境不容乐观，特别是贸易保护主义有所抬头；保障我国持有的国际性资产安全运营的新矛盾凸显。同时也在面临着诸多机遇，主要表现在：第一，经济全球化趋势没有改变，世界各国的经济联系和相互依赖程度并没有减弱，反而有所加强，国际经济的对话与协调机制以及各种多边和区域组织对世界经济的协调和约束作用也在增强；第二，产业转移继续深化，美国和西方发达国家向发展中国家产业转移的趋势将继续升级；第三，跨国投资将回升，2009年将成为国际直接投资流量的低谷，2010年将缓慢复苏，全球直接投资将达到1.4万亿美元，比上年增长16.6%；第四，国际分工基本格局没有改变，随着美国和发达国家在制造业中成本控制能力的不断弱化，制造业向发展中国家转移的趋势将继续深化；第五，新兴战略性产业支配国际分工仍需时日。

与会代表还分析了中国作为全球制造业大国将面临的三大挑战：由于全球经济结构失衡所带来的汇率调整与扩大内需的压力；如何走出一条低能耗、低污染、低排放的新型工业化道路；由于人口结构变化所引起的生产成本的上升及其相应的产业结构调整上的压力。中国能否成功地应对这些挑战，从根本意义上说，取决于中国是否能顺利地深化并完成下一阶段的改革任务。具体来说，要深化要素市场改革（资本、劳动力、土地、资源——包括水资源、能源与环境，外汇），深化金融市场与银行业的改革，深化国有大中型企业的改革，推进技术引进、应用、变革与创新并以此来促进全员要素生产率的不断提高。

（3）关于中国开放型经济发展的趋势、目标与政策。与会代表探讨了中国开放型经济发展的新趋势：第一，在中国企业“走出去”方面，预计 2009 年企业海外投资将达到 410 亿美元，比 2008 年略有增长；2010 年，随着世界经济回升，企业海外投资也将有较大幅度增长，预计可达 575 亿美元。第二，中国—东盟自由贸易区将发挥更大作用。2009 年上半年起，东盟超过日本成为中国第四大出口市场，区域经济合作成为新趋势。第三，开发新兴市场将成为新的贸易增长点。我国出口占美、日、欧发达国家市场份额约为 17% ~ 22%，而新兴经济体的市场份额则有较大潜力。我国出口在中东、东欧、非洲、拉美的市场份额仅为 9.2%、3.7%、10.4%、6.9%，增长空间很大，再加上自由贸易区的开辟，扩大外部需求仍然可以有所作为。

在讨论中国开放型经济发展的战略目标时，与会代表认为，应该从以下几个方面加以设定：第一，在商品出口贸易方面，使我国商品出口在世界市场中占有 20% 以上份额，应争取用 10 年或稍长时间完成这个目标，“十二五”规划末期应达到 15% 以上。第二，在服务贸易方面，从 2008 年服务贸易出口占世界市场份额 3.9%，提高到 2010 年的 5% 左右，“十二五”规划结束的 2015 年达到 8%。第三，在利用外资方面，继续大力吸引外商直接投资，争取年均 1000 亿美元以上，“十二五”规划的 5 年累计达到 5500 亿美元。创新利用外资方式，扩大服务业吸引外资和利用并购方式吸引外资的规模。第四，在企业海外投资方面，“十二五”期间中国企业海外投资争取年均达到 600 亿美元，企业海外投资的功效不仅要实现企业的经营效益，而且要把进口我国所需资源和扩大我国海外商品市场作为战略目标。

在讨论我国开放型经济的政策调整时，与会代表认为，我国外经贸政策目标的调整要从以“出口创汇”为主要目标转向以利用国际资源、市场来支持国内经济发展方式的转变为目标。具体来讲就是：第一，从以“引进来”为主变为“引进来”与“走出去”并重，把“走出去”作为获取资源、技术、市场的重要手段。第二，在“引进来”中，从制造业为主转变为制造业与服务业并重。第三，实现经济、社会、环境目标的有机统一，经济目标核心是提升价值环节，社会目标核心是增加就业。

(4) 关于人民币的国际化问题。与会代表认为，人民币国际化是历史的必然选择。人民币国际化的过程可能有两个大的阶段，即区域货币阶段和全球货币（世界货币）阶段。人民币国际化的主要途径包括以下几方面：继续大力发展经济，增强中国的经济实力；继续改革金融体制，解除外汇管制，扩大对外开放；在国际贸易和国际投资中，逐步推进以人民币进行结算和支付；大力推进货币互换业务；逐步增加在国际上发行以人民币标价的债券、股票等金融产品；加快向海外投资的步伐；使人民币成为国际储备货币之一，并不断增加人民币在全球外汇储备中的比重。

（孔繁来　朱小慧）

金融研究所

（一）人员、机构基本情况

截至2009年年底，金融研究所共有在职人员40人。其中，正高级职称人员7人，副高级职称人员14人，中级职称人员18人；高、中级职称人员占全体在职人员总数的98%。

金融研究所设有：货币理论与货币政策研究室、金融市场研究室、结构金融研究室、国际金融与国际经济研究室、保险与社会保障研究室、法与金融研究室、银行研究室、公司金融研究室、金融实验室、《金融评论》编辑部、信息网络室和综合办公室。

金融研究所院属科研中心有：中国社会科学院投融资研究中心、中国社会科学院保险与经济发展研究中心、中国社会科学院金融政策研究中心；所属科研中心有：金融产品中心、房地产金融研究中心、支付清算研究中心。

（二）科研工作

1. 科研成果统计

2009年，金融研究所共完成专著4种，116.6万字；论文123篇，177.2万字；研究报告20篇，252.7万字；教材2种，9万字；译著2种，55.9万字；译文32篇，8.4万字；论文集3种，176.9万字；一般文章596篇，123.7万字。

2. 科研课题

（1）新立项课题。2009年，金融研究所共有新立项课题20项。其中，国家社会科学基金重大课题1项："中国货币供应机制与未来通货膨胀风险研究"（王国刚主持）；院重大课题1项："美国金融危机及对我国金融发展的启示"（李扬主持）；院重点课题2项："全球金融危机与保险业发展：影响、问题、趋势与对策"（郭金龙主持），"基于信用网络的金融系统风险分析——兼论全球金融危机对于中国经济的影响"（余维彬主持）；"院国情调研课题3项："中小企业融资服务状况调查"（董裕平主持），"长三角地区中小型出口企业融资状况考察"（程炼主持），"农村金融服务法律供给情况调研"（全先银主持）；院青年科研启动基金课题3项："中国货币创造：理论反思与政策意义"（何海峰主持），"金融产品定价理论与实践"（王增武主持），"法与金融学及其在中国的发展路径"（全先银主持）；所重点课题4项："中国金融发展报告（2008～2009）"（李扬主持），"促进民营银行发展——完善多层次金融市场的切入点"（杨涛主持），"建立我国股票场外交易市场研究"（张跃文主持），"2009创业板与中小企业投融资"（曹红辉主持）；其他部门与地方委托课题6项："外汇储备安全与人民币国际化问题研究"（中国人民银行委托，李扬主持），"中国金融体制改革研究"（国家发改委委托，李扬主持），"中国宏观经济分析"（上海市人民政府发展研究中心委托，殷剑峰主持），“中国信用担保体系建设”（申银万国证券研究所委托，董裕平主持），“大连市住房公积金管理模式创新研究”（大连市住房公积金研究所委托，杨涛主持），“银行股权改制研究”（侨鑫集团委托，石俊志主持）。

（2）结项课题。2009 年，金融研究所共有结项课题 21 项。其中，国家社会科学基金重点课题 1 项：“现代商业保险规范发展与金融稳定关系的综合”（郭金龙主持）；院重大课题 2 项：“中国经济重大问题跟踪分析子课题——金融发展与货币政策”（李扬主持），“中国经济重大问题跟踪分析子课题——投资、消费与经济发展”（李扬主持）；院重点课题 2 项：“通货膨胀与相对价格研究”（彭兴韵主持），“银行危机处理：国际经验与中国实践”（胡滨主持）；国情调研课题 3 项：“从紧货币政策对中小企业的影响”（彭兴韵主持），“《证券法》修改实施后证券违法处罚情况调研”（胡滨主持），“完善农村金融市场机制调查”（张跃文主持）；院青年科研启动基金课题 2 项：“我国新股发行制度改革研究”（张跃文主持），“法与金融学及其在中国的发展路径”（全先银主持）；所重点课题 4 项：“中国金融论坛 2008”（李扬主持），“中国金融改革开放 30 年研究”（李扬主持），“中国城市金融生态 2008”（刘煜辉主持），“建立我国股票场外交易市场研究”（张跃文主持）；委托课题 7 项：“环鄱阳湖生态经济区建设投资基金研究”（国家开发银行江西省分行委托，李扬主持），“珠三角地区改革发展规划纲要”（院科研局委托，王松奇主持），“按揭保险的国际经验及对国内的借鉴”（中国保监会委托，郭金龙主持），“国家开发银行商业改革的过渡期（2008 ~ 2010）及长期（2011 ~ 2015）发展战略”（国家开发银行委托，胡滨主持），“银行理财产品运行分析评价报告（2008 年上半年）”（中国人民银行委托，殷剑峰主持），“城市铁路网络对区域经济社会发展带动作用”（北京市城市铁路股份有限公司委托，杨涛主持），“中国农业现代化新机遇与金融支持”（中国进出口银行委托，石俊志主持）。

（3）延续在研课题。2009 年，金融研究所共有延续在研课题 4 项。其中，国家社会科学基金重大课题 1 项：“落实科学发展观，实现我国金融体系现代化”（李扬主持）；国家社会科学基金重点课题 1 项：“分离生产性投资与非生产性投资走出资金流动性过剩困境”（王国刚主持）；院重大课题 1 项：“走出资金流动性过剩”（王国刚主持），院重点课题 1 项：“金融生态系统中金融风险的周期性效应及其传导机制研究”（黄国平主持）。

3. 获奖优秀科研成果

2009 年，金融研究所获“第五届胡绳青年学术奖”1 项：殷剑峰的《金融结构与经济增长》；获“2009 中国青年经济学者优秀论文提名奖”1 项：胡滨的《金融危机背景下的中国金融法治：进程、问题与对策》；获“第 2 届国际金融青年论坛优秀论文奖”4 项：何海峰的《美国经常账户失衡：表现、理论与政策》，曾刚、万志宏的《巴塞尔新资本协议的顺周期性及改进》，余维彬的《美国金融模式的不稳定性：基于次贷危机的反思》，袁增霆的《全球化下的商品价格与汇率》；评出“2009 年度金融研究所优秀科研成果奖”一等奖 3 项：李扬、余维彬的《经济全球化与发展中国家的国际储备管理》，王国刚的《股市公共性：股权分置改革的理论根据》，殷剑峰的《中国经济周期研究：1954 ~ 2004》；"2009 年度金融研究所优秀科研成果奖"二等奖 7 项：曾刚的《流量货币分析理论研究》，彭兴韵的《流量货币分析理论研究》，胡滨、任炳翼的《韩国资产证券化研究》，周茂清的《场外交易市场运行机制探析》，刘煜辉的《股权分置、政府管制与中国 IPO 抑价》，余维彬的《资本高度流动时代的发展中国家最优国际储备——兼评中国外汇储备政策》，易宪容、黄瑜琴的《中国机构海外债券融资研究》，曹红辉的《国际化战略中的人民币区域化》。

4．科研组织管理新举措

2009 年，金融研究所创办的金融理论学术期刊《金融评论》正式获得国家出版总署的批准，《金融评论》编辑部正式成立。《金融评论》以繁荣中国金融学术研究为己任，坚持以马克思主义为指导，坚持立足中国、面向世界，坚持理论的原创性、规范性，坚持求真务实、科学公正、严谨深入、开拓创新的马克思主义学风。

（三）学术交流活动

1．学术活动

2009 年，金融研究所主办和承办的学术会议和专题学术讲座有：

（1）2009 年 1 月 13 日，金融研究所国际经济与国际金融研究室副研究员程炼作题为《国际货币体系的演变与发展》的学术讲座。

（2）2009 年 2 月 17 日，金融研究所国际经济与国际金融研究室主任余维彬作题为《当前美国经济的几个热点问题》的学术讲座。

（3）2009 年 2 月 24 日，美国纽约州立大学布法罗分校教授威斯布鲁克作题为《重新思考资本市场》的学术讲座。

（4）2009 年 3 月 10 日，金融研究所法与金融研究室主任胡滨作题为《法治背景下的中国金融改革——中国金融法治化进程评价与展望》的学术讲座。

（5）2009 年 3 月 24 日，中国社会科学院世界经济与政治研究所副所长李向阳作题为《金融危机与世界经济的发展前景》的学术讲座。

（6）2009 年 3 月 31 日，金融研究所货币理论与货币政策研究室主任彭兴韵作题为《金融危机管理中的货币政策操作——美联储的若干工具创新及货币政策的国际协调》的学术讲座。

（7）2009 年 3 月 31 日，金融研究所主办"中国金融法治年会（2009）：金融危机的法治思考"。

（8）2009 年 4 月 7 日，金融研究所所长李扬作题为《探讨金融理论创新：关于金融危机的新分析框架》的学术讲座。

（9）2009 年 4 月 17 日，金融研究所与中国社会科学院博士后联谊会、大连银行博士后工作站联合承办"第四届中国博士后经济学论坛"。

（10）2009 年 4 月 21 日，银河证券首席经济学家左小蕾作题为《全球金融危机对中国经济影响分析》的学术讲座。

（11）2009 年 4 月 28 日，中国人民银行金融研究所所长宣昌能作题为《金融创新的微观机制》的学术讲座。

（12）2009 年 5 月 12 日，最高人民法院政策研究室主任胡云腾作题为《金融危机与金融刑事法治建设若干问题》的学术讲座。

（13）2009 年 5 月 26 日，金融研究所保险与社会保障研究室主任郭金龙作题为《全球金融危机与保险业发展》的学术讲座。

（14）2009 年 6 月 16 日，中国银行研究员王元龙作题为《人民币国际化问题研究》的学术讲座。

（15）2009 年 6 月 23 日，中国保监会法规部董炯作题为《新保险法——保险业的新起点》的学术讲座。

（16）2009 年 6 月 30 日，金融研究所结构金融室助理研究员蔡真作题为《中国货币政策信贷渠道传导机制研究》的学术讲座。

（17）2009 年 7 月 4 日，金融研究所主办“中国地区金融生态环境评价”研讨会。

（18）2009 年 7 月 7 日，金融研究所公司金融研究室副研究员张跃文作题为《中国债券市场改革的路径选择》的学术讲座。

（19）2009 年 7 月 14 日，中国银行博士后工作站研究人员边卫红作题为《次贷危机和美国银行业结构调整》的学术讲座。

（20）2009 年 7 月 21 ~ 22 日，金融研究所主办“第二届国际金融青年论坛”。

（21）2009 年 9 月 15 日，中国社会科学院监察局局长王延中作题为《中国养老保障制度建设的若干问题》的学术讲座。

（22）2009 年 9 月 22 日，金融研究所公司金融研究室主任董裕平作题为《小企业融资难题：症结与对策》的学术讲座。

（23）2009 年 10 月 17 日，金融研究所主办“2009 创业板与中小企业投融资论坛”。

（24）2009 年 10 月 18 日，中国社会科学院城市发展与环境研究中心主任助理宋迎昌作题为《中国城市化：现状、问题与战略选择》的学术讲座。

（25）2009 年 10 月 20 日，金融研究所副研究员周子衡作题为《压力测试制度与实践——以银行为例》的学术讲座。

（26）2009 年 10 月 23 日，金融研究所主办“中国信用担保体系建设研讨会”。

（27）2009 年 10 月 27 日，中国社会科学院财政与贸易经济研究所所长裴长洪作题为《对未来世界经济发展趋势的若干认识》的学术讲座。

（28）2009 年 11 月 3 日，韩国资本市场研究院院长金亨泰作题为《后危机时代的金融体系构架：全球金融改革及其对韩国的影响》的学术讲座。

（29）2009 年 11 月 7 日，金融研究所与中国社会科学院博士后管理委员会联合承办“全国博士后经济学学术论坛”。

（30）2009 年 11 月 14 日，英国华人金融协会高级顾问、西班牙桑坦德银行伦敦资本市场部利率衍生产品首席交易员郝爽作题为《市场错位的风险与机遇》的学术讲座。

（31）2009 年 11 月 24 日，中信证券首席经济学家胡一帆作题为《复兴之路》的学术讲座。

（32）2009 年 11 月 25 日，金融研究所与世界自然基金会联合主办“低碳经济与金融创新论坛”。

（33）2009 年 11 月 29 日，金融研究所与上海第一财经报业有限公司联合主办“2009 第一财经金融价值峰会”。

（34）2009 年 12 月 1 日，中国社会科学院拉丁美洲研究所所长助理吴国平作题为《拉美债务危机的反思及其对中国的启示》的学术讲座。

（35）2009 年 12 月 5 日，国务院发展研究中心产业经济研究部部长冯飞作题为《工业化阶段性特征》的学术讲座。

（36）2009 年 12 月 22 日，中国社会科学院经济研究所原所长赵人伟作题为《经济转型和经济学研究断想》的学术讲座。

2．国际与地区学术交流和合作

2009 年，金融研究所共出访 9 批 20 人次；来访 21 批 73 人次；个人进修项目出访 2 人，学成归来 2 人；邀请国外学者举办小型演讲会 3 次；启动与韩国资本市场研究院的合作协议，开展对外合作交流项目 1 个。

（1）2009 年 2 月 2 日，院学部委员、金融研究所所长李扬教授接受英国内阁办公室的邀请，参加了英国内阁办公室举行的欢迎温家宝总理访英早餐讨论会。

（2）2009 年 2 月 24 日，金融研究所“金融论坛”邀请美国纽约州立大学布法罗分校教授威斯·布鲁克发表题为《重新思考资本市场》的演讲。

（3）2009 年 9 月 11 日，金融研究所承办了北京 CBD 国际金融论坛，探讨国际金融危机给中国金融业以及首都北京发展带来的挑战和机遇，着力推动首都具有国际影响力金融中心城市和朝阳区国际金融机构主聚集区建设。

（4）2009 年 9 月 20 ~ 27 日，金融研究所所长助理殷剑峰博士一行前往伦敦，就金融危机对英国和欧洲的影响进行学术访问。

（5）2009 年 11 月 7 日，金融研究所“金融论坛”邀请韩国资本市场研究院院长金亨泰博士发表题为《危机后韩国金融监管发展》的演讲。

（6）2009 年 11 月 14 日，金融研究所“金融论坛”邀请英国华人金融协会高级顾问、西班牙桑坦德银行伦敦资本市场部利率衍生产品首席交易员郝爽博士发表题为《市场错位的风险与机遇》的演讲。

(7) 2009 年 12 月 15 日，金融研究所副所长王国刚一行前往澳大利亚、新西兰进行学术访问，此次出访结合院重大课题“走出资金流动性过剩的困境”，主要考察大洋洲国家在国际经济失衡格局中的储蓄和投资结构，此次危机对其经济的影响以及上述国家的应对措施等。

(四) 学术社团、期刊

《金融评论》(双月刊)，主编李扬。

2009 年，《金融评论》共出版 1 期，共计 13 万字。该刊刊载的有代表性的文章有：陈雨露、马勇的《金融体系结构与金融危机》，郑振龙、杨伟的《基于修正的 PIN 模型的股票信息风险测度研究》，金亨泰的《危机后的金融体系架构》，殷剑峰的《美国居民低储蓄率之谜和美元的信用危机》。

(五) 会议综述

“中国地区金融生态环境评价”研讨会

2009 年 7 月 4 日，由中国社会科学院金融研究所主办的“中国地区金融生态环境评价”研讨会在中国社会科学院学术报告厅举行。中国社会科学院副院长陈佳贵、中国人民银行行长周小川、中国银监会纪委书记王华庆等应邀出席会议并发表演讲。中国社会科学院金融研究所金融实验室主任刘煜辉博士作了主题报告。中国人民银行调统司司长张涛、中国人民银行研究局局长张健华、中国银监会研究局巡视员叶燕斐等出席会议并发言。中国社会科学院学部委员、金融研究所所长李扬研究员主持会议并作总结发言。

会议指出，有关中国地区金融生态环境的调查及研究工作是由中国人民银行行长周小川亲自倡导并在中国人民银行及有关监管当局的密切合作下展开的。自 2005 年始，中国社会科学院金融研究所专题组连续进行了四年中国地区金融生态环境评价。从反馈情况来评估，该项成果取得了相当积极的正向激励效果，很多地方政府已经开始把改善地区金融生态环境放到与改善地区投资环境同等重要的位置，纷纷提出了改善地区金融生态环境和优化金融资源配置的举措。这一切表明，通过

2009 年 7 月，“中国地区金融生态环境评价”研讨会在北京举行。

开展地区信用环境评价营造积极压力，可以显著促进风险比较大的地区改善地区金融生态环境并整体提高我国金融生态环境的质量。

此次会议发布的《中国地区金融生态环境评价报告》，专注于探讨地区金融风险差异对信贷资金流向的影响。随着银行体系内部控制和风险管理逐渐强化，信贷资金受地区金融风险差异的影响从高风险地区向低风险地区流动的趋势日益显著，这将促使各地区更加致力于改善本地区的金融生态环境。全球金融危机仍在进一步向实体经济蔓延，因经济衰退造成的企业赢利能力下降和房地产行业不景气，有可能引发较为严重的地区性偿付能力危机和偿付意愿风险。而由政府投资主导的大规模经济刺激计划如果操作失当也可能蕴涵着较大的系统性金融风险。当前，中国经济乃至世界经济正处在发生重大转折的历史性时刻，各地区只有主动调整经济发展模式，才能提高对外部金融风险和其他负面冲击的抵御能力。

（徐义国）

低碳经济与金融创新论坛

2009 年 11 月 25 日，由中国社会科学院金融研究所和世界自然基金会联合主办的“低碳经济与金融创新论坛”在中国社会科学院报告厅举行。中国社会科学院副院长兼金融研究所所长李扬、世界银行首席金融专家王君、中国人民银行研究局局长张健华、中国银监会研究局副局长叶燕斐、全球气候变化应对计划主任杨富强、中国社会科学院金融研究所银行研究室主任曾刚以及部分金融业界嘉宾在会上发了言。中国社会科学院金融研究所党委书记兼副所长王国刚主持论坛。此外，来自中国社会科学院、世界自然基金会、招商银行、兴业银行、浦东发展银行、北京环交所、上海环境与能源交易所、天津排放权交易中心等学术界和金融实务界代表约 150 人出席了会议。

此次论坛的主要目的是，希望通过这次会议为相关的政府部门、学界以及企业搭建一个信息沟通与交流的平台，并吸引更多的金融领域的实践者和研究者关注低碳经济转型所带来的挑战与机遇。

2009 年 11 月，“低碳经济与金融创新论坛”在北京举行。

与会专家指出，低碳经济的发展已成为国际社会发展的潮流，这一变化过程，离不开金融创新的支持。金融部门需要也能够在低碳经济发展中发挥关键作用，无论是在提高能效领域还是在发展可再生能源领域，金融领域的支持都不可或缺。而另一方面，低碳经济的发展，也为金融提供了崭新的发展空间和机遇。专家们呼吁，作为一个新兴的领域，中国的相关各界应该及早加强相关领域的研究和实践，以确保我国在世界新一轮的经济金融变革和竞争中取得优势。

（徐义国）

数量经济与技术经济研究所

（一）人员、机构基本情况

截至 2009 年年底，数量经济与技术经济研究所共有在职人员 80 人。其中，正高级职称人员 24 人，副高级职称人员 21 人，中级职称人员 21 人；高、中级职称人员占全体在职人员总数的 83%。

数量经济与技术经济研究所设有：经济系统分析研究室、经济模型研究室、环境技术经济研究室、资源技术经济研究室、技术经济理论与方法研究室、数量经济理论与方法研究室、信息化与网络经济研究室、数量金融研究室、综合研究室、《数量经济技术经济研究》编辑部、网络信息中心、办公室、科研处。

数量经济与技术经济研究所院属科研中心有：中国社会科学院中国经济分析与预测研究中心、中国社会科学院信息化中心、中国社会科学院技术创新与战略管理研究中心、中国社会科学院项目评估与战略规划研究咨询中心、中国社会科学院产业规制与竞争研究中心、中国社会科学院环境与发展研究中心、中国社会科学院中国循环经济与环境评估预测研究中心。

（二）科研工作

1. 科研成果统计

2009 年，数量经济与技术经济研究所共完成专著 5 种，128.6 万字；论文 88 篇，85.3 万字；研究报告 34 篇，127.2 万字；一般文章 52 篇，11.7 万字；论文集 9 种，393.1 万字。

2. 科研课题

（1）新立项课题。2009 年，数量经济与技术经济研究所共有新立项课题 41 项。其中，国家自然科学基金课题 1 项："收入差距临界变动的微观分析与模拟实证"（王国成主持）；国家自然科学基金应急课题 2 项："老龄化对中国经济的影响及对策研究"（李军主持），"中国制造业发展与升级政策研究"（李金华主持）；院重大课题 1 项："经济增长与制度之间内在关系的建模及应用研究"（王国成主持）；院重点课题 3 项："发展中国环保产业对策研究"（王世汶主持），"企业人力价值管理研究"（张国初主持），"中国银行卡产业监管制度研究"（李朝霞主持）；院重点学科建设课题3项："数量经济学"（李雪松主持），"技术经济学"（齐建国主持），"经济政策与模拟研究室"（汪同三主持）；院青年科研启动基金课题2项："我国生产性服务业发展实证研究及国际经验借鉴"（王静主持），"节能技术创新的微观机制研究——以燕山石化为例"（吴滨主持）；2009年国情调研课题2项："西北农村生产力进一步解放与发展的难点与问题——甘肃天水董湾村、宁夏固原骆驼巷村实地调查与跟踪"（林燕平主持），"中国经济形势分析与预测调研基地建设"（汪同三、齐建国主持）；2009年科技部专项研究课题3项："技术经济方法研究"（汪同三主持），"当前技术经济社会发展中重大问题的系统模拟与综合集成研究"（汪同三主持），"节水型区域工农业复合循环经济系统集成关键技术体系研究及示范"（齐建国主持）；另有其他课题24项。

（2）延续在研课题。2009年，数量经济与技术经济研究所共有延续在研课题49项。其中，国家社会科学基金重大招标课题2项："构建金融稳定的长效机制——基于美国金融危机的经济学分析"（何德旭主持），"加快转变经济发展方式研究"（汪同三主持）；国家社会科学基金一般课题1项："中国住户生产核算的理论与方法研究"（李金华主持）；院重大课题3项："和谐社会系统分析理论与实证研究"（李军主持），"实现降耗减排目标的经济影响分析与政策选择——降耗减排目标实现与经济增长速度关系研究"（郑玉歆主持），"经济模型前沿理论与方法及其在中国经济分析与政策模拟中的应用研究"（李雪松主持）；院重点课题4项："外商直接投资的空间集聚及对东道国企业持续创新能力影响的定量研究"（李新中主持），"新形势下政企关系：理论分析与案例研究"（吕峻主持），"高油价下我国能源替代趋势研究"（杨敏英主持），"对外贸易与转变经济发展方式关系研究"（沈利生主持）；另有其他课题39项。

3．获奖优秀科研成果

2009年，数量经济与技术经济研究所评出获"第七届中国社会科学院优秀科研成果奖"所级获奖成果31项。其中所级优秀科研成果一等奖专著类2项：樊明太的《金融结构与货币传导机制》，齐建国等的《现代循环经济理论与运行机制》；论文类奖3项：张昕竹，Jean-Jacques Laffont等的"Universal service obligations in LDCs: The effect of uniform pricing on infrastructure access"，曾力生的"A Property of the Leontief Inverse and its Applications to Comparative Static Analysis"，汪同三、蔡跃洲的《改革开放以来收入分配对资本积累及投资结构的影响》。

4．科研组织管理新举措

根据2009年中国社会科学院优秀科研成果评奖相关文件等，数量经济与技术经济研究所制定了《数量经济与技术经济研究所优秀科研成果评奖细则》；制定了《数量经济与技术经济研究所成果刊登中文（英文）学术核心期刊名单（试行）》。

根据中国社会科学院聘任制改革的总体部署，数量经济与技术经济研究所所有管理岗位进行了竞聘上岗。

（三）学术交流活动

1. 学术活动

（1）2009 年 3 月 14 日，由中国社会科学院数量经济与技术经济研究所和北京科技大学经济管理学院共同主办的“技术经济学学科建设研讨会”在北京科技大学经济管理学院召开。会议研讨的主要问题有“技术经济学的学科定位（学科性质、研究对象、任务等）”、“技术经济学理论与方法体系框架”、“技术经济学专业学生培养、就业现状与趋势”、“技术经济学科发展趋势与亟待研究的问题”、“技术经济学学科建设其他问题”。

（2）2009 年 3 月 28 ~ 29 日，中国数量经济学学会主办的 2009 年年会在深圳大学召开。会议研讨的主要问题有“数量经济理论和方法”、“宏观经济增长与发展”、“货币、银行”、“金融、资本市场”、“财政、税收”、“投资、贸易”、“区域经济协调发展、贸易与投资”等热点问题。

（3）2009 年 4 月 20 日，中国社会科学院经济学部“经济形势分析与预测”课题组主办的“2009 年中国经济形势分析与预测春季座谈会”在北京举行。会议的主题是“分析与预测我国当前宏观经济形势的特点及未来的走势”。

（4）2009 年 9 月 10 ~ 11 日，数量经济与技术经济研究所与首都经济贸易大学、北京信息科技大学共同主办的“直面危机：经济研究前沿方法”国际研讨会在北京举行。会议研讨的主要问题有“微观模拟及其在福利改革和就业中的应用”、“实验经济学方法进展”、“基于主体的计算经济学（ACE）及应用”、“高级博弈论”。

（5）2009 年 9 月 14 日，数量经济与技术经济研究所邀请德国奥登堡大学经济系教授克劳斯 · 舒乐来所访问，并作了题为《阿罗“干中学”在中国的测算》的讲座。

（6）2009 年 10 月 10 日，中国社会科学院经济学部“经济形势分析与预测”课题组主办的“2009 年经济形势分析与预测秋季座谈会”在北京举行。会议的主题是“我国当前宏观经济形势的特点及未来的走势”。

（7）2009 年 10 月 24 ~ 25 日，由中国社会科学院数量经济与技术经济研究所、清华大学经济管理学院、重庆大学经济与工商管理学院、南京工业大学经济管理学院共同主办的“中国技术经济论坛 2009”在南京工业大学召开。论坛的主题是“金融危机背景下的技术经济学：发展与完善”。

2009 年 10 月，“中国技术经济论坛 2009 · 金融危机背景下的技术经济学：发展与完善”在江苏省南京市举行。

（8）2009年12月8日，应数量经济与技术经济研究所邀请，美国哈佛大学演化动力学研究中心博士伏锋在该所作题为《演化博弈理论与应用》的讲座。

2．国际与地区学术交流和合作

2009年，数量经济与技术经济研究所共派遣出访29批33人次，接待来访40余批120余人次（其中，经中国社会科学院国际合作局审批邀请来访11批21人次）。与数量经济与技术经济研究所开展学术交流的国家和地区有美国、俄罗斯、英国、法国、德国、西班牙、日本等国家和中国台、港、澳地区以及联合国经社理事会、世界银行等国际组织。

2009年，数量经济与技术经济研究所举办的“中国经济形势分析与预测”春季座谈会和秋季会均邀请了中国香港特区政府经济顾问陈李蔼伦。2009年，数量经济学年会邀请了中国台湾“中研院”院士、“中研院”经济所原所长管中闵教授参会。

（四）学术期刊

《数量经济技术经济研究》（月刊），主编汪同三。

2009年，《数量经济技术经济研究》共出版12期，共计350万字。该刊全年刊载的有代表性的文章有：张友国的《中国贸易增长的能源环境代价》，瞿茜、苏良军的《复合FDI空间计量模型的估计》，陈时兴的《农村地方金融结构、地方政府行为与支农绩效》，陈师、赵磊的《中国经济周期特征与技术变迁》，沈利生的《“三驾马车”的拉动作用评估》，朱南、刘一的《中国地区新型工业化发展模式与路径选择》，康璞、蒋翠侠的《贫困与收入分配不平等测度的参数与非参数方法》，叶光的《自举法与协整参数的FMOLS估计》，张征宇、朱平芳的《空间动态面板模型拟极大似然估计的渐进效率改进》，范如国的《劳动力市场、效率工资博弈模型及其经济效用分析》，张凌翔、张晓峒的《单位根检验中的Wald统计量研究》，夏南新的《中国官方汇率与黑市汇率的杠杆效应和双长记忆性研究》，褚玉春、刘建平的《债务融资对制造业经营绩效的影响效应研究》，朱英明的《区域制造业规模经济、技术变化与全要素生产率》，唐齐鸣、熊洁敏的《中国资产价格与货币政策反应函数模拟》，万光彩、陈璋、刘莉的《结构失衡、潮涌现象与通胀—通缩逆转》。

（五）会议综述

技术经济学学科建设研讨会·2009

2009年3月14日，由中国社会科学院数量经济与技术经济研究所和北京科技大学经济管理学院共同主办的“技术经济学学科建设研讨会·2009”在北京科技大学经济管理学院召开。来自全国20余所高校和科研机构的50余位学者参加了研讨会。

研讨会的主要议题有“技术经济学的学科定位（学科性质、研究对象、任务等）”、“技术经济学理论与方法体系框架”、“技术经济学专业学生培养、就业现状与趋势”、“技术经济学科发展趋势与亟待研究的问题”、“技术经济学学科建设其他问题”。

中国社会科学院学部委员、数量经济与技术经济研究所所长汪同三教授出席研讨会并讲了话。他指出，技术经济学作为中国独有的一门应用经济学科，经过30多年的发展，形成了自己的特色，对中国经济发展实践作出了不可磨灭的贡献，但是也存在一些问题。尤其是在学科建设方面，还没有形成较为完整的理论体系，因此，必须重视建立技术经济理论和方法体系研究。他强调，第一，要认真总结技术经济学科的过去；第二，借鉴其他学科的内容，丰富和完善自己；第三，技术经济学的应用应该以解决当前重大的、战略性的、紧迫性的现实问题为导向。

与会学者讨论了“关于技术经济学科发展现状及面临的问题”、“关于技术经济学的学科定位”、“关于技术经济学的理论基础与方法体系”、“关于技术经济及管理专业教学的相关问题”。数量经济与技术经济研究所副所长齐建国教授作了总结发言。他认为，这次研讨会比较深入地探讨了技术经济学的性质、任务、研究对象等；对技术经济学的基础理论和方法论体系进行了梳理；对技术经济学的知识体系进行了总结，包括技术经济学教学中应该传授哪些知识，技术经济学知识体系应该怎样构建等；对技术经济学科的发展方向进行了探讨，包括技术经济学需要研究的重大问题等；探讨了技术经济学教学与科研的异同。他认为，教学的任务是将较为成熟的知识体系传授给学生，而科研则是要创新。他认为，技术经济学未来应该对如下问题进行深入探讨和研究：第一，技术经济学科的研究对象、任务；第二，技术经济学科是问题导向的学科，技术与经济的交叉产生了许多技术学和经济学解决不了的问题，需要由技术经济学来解决；第三，创新交叉性学科理论；第四，突出技术经济学科的交叉特性；第五，要深入认识技术经济学与主流经济学的关系；第六，重视技术经济学成果扩散问题。

（陈　平　刘满强）

2009年中国经济形势分析与预测春季座谈会

2009年4月20日，中国社会科学院经济学部“经济形势分析与预测”课题组召开了“2009年中国经济形势分析与预测春季座谈会”。中国社会科学院学部委员汪同三代表课题组发布了预测报告。来自国务院各部委、有关科研机构、大专院校及部分省市的数十位专家学者出席了座谈会，香港特别行政区的专家也出席了会议并发了言。与会专家运用定量与定性相结合的方法，对我国当前宏观经济形势的特点及未来的走势进行了分析与预测，围绕有关问题进行了分析，并有针对性地提出了意见和建议。

（1）对当前经济形势及2009年经济走势的总体判断。与会专家普遍认为，只要经过努力，全年8%的GDP增长是可以实现的。同时，国内投资消费需求将保持平稳甚至加快增长，出口降幅将逐步减小，4万亿一揽子应对计划效果应当在6月之后逐步体现出来，经济回升的势头将更加明显。有专家提出，面对危机应该着力提高经济增长质量和效益，调整经济结构，转变经济发展方式，加快解决制约城市化进程的一系列问题，为中长期发展奠定基础。

（2）对当前经济增长及“保八”问题的分析。与会者指出，我国实现经济增长“保八”的目标取决于众多因素，其中最主要的包括：第一，外部环境，包括国际经济形势不出现大的恶化；第二，政府的投资能够进一步有效拉动民间投资；第三，能够较充分地挖掘出消费增长的潜力；第四，不出现大的公共危机事件。

为此，专家认为，应实行有利于中小企业信贷的金融政策，引导、鼓励增加民间投资；提高财政在民生方面的支出比例，增加公共教育、医疗服务，加快城市保障性住房建设，提高居民基本生活保障水平；缩小居民收入差距，促进国民收入分配结构合理调整；千方百计扩大就业，营造良好的创业环境，鼓励发展个体、私营经济；采取更强有力的措施促进出口；落实好已经出台的经济政策；充分估计困难，必要时推出更具力度的刺激经济政策。同时，将经济增长的短期目标与结构调整的中长期目标相结合，在保持经济增速的同时积蓄发展的后劲。

（3）当前经济运行中需要注意的问题。专家们认为，当前经济运行中需要注意以下几个问题：第一，经济增速回落幅度偏大；第二，经济结构失衡问题尚未得到根本解决；第三，物价水平急剧变化；第四，外贸形势严峻；第五，劳动力市场遭遇较大冲击，就业矛盾日益突出；第六，房地产市场景气回落。

（4）2009年主要国民经济指标预测。结合对当前经济形势及2009年经济走势的分析，专家们运用定性与定量相结合的方法对2009年的各项经济指标进行了预测。

（5）关于2009年宏观调控的政策建议。专家们对2009年宏观调控提出以下几点政策建议：第一，执行积极的财政政策和货币政策；第二，调整经济结构、转变经济发展方式；第三，努力增加就业，提高居民收入；第四，培育消费热点，努力扩大内需；第五，调整外贸政策、升级产品结构；第六，面向世界、面向未来。

（彭　战）

“直面危机：经济研究前沿方法”国际研讨会

2009年9月10～11日，“直面危机：经济研究前沿方法”国际研讨会在北京举行。会议由中国社会科学院数量经济与技术经济研究所、首都经济贸易大学、北京信息科技大学共同主办。来自海内外的50余位专家学者参加了会议。

当前面临的全球性金融危机对原有理论与方法构成的强烈冲击和挑战，为今后的经济研究提出了更高的需求。为了更好地预警防范、应对化解各类经济危机，提升经济理论研究方法，会议邀请国际上经济理论与方法前沿研究领域的代表人物和专家学者作专题报告，共同探讨研究复杂经济问题更加适用的理论方法和工具，展望当代经济学发展趋势。

会上，荷兰中央计划与政策分析局研究员乔根作了题为《模拟福利国家的改革》的学术报告。加拿大籍教授董保民博士就博弈论的最新进展作了专题报告，他结合自己近年来多次参与国际性博弈论会议的情况，介绍了近 20 年来博弈论主要研究领域的新进展。台湾政治大学教授陈树衡作了题为《基于主体的计算经济学及应用》的报告。美国乔治·梅森大学教授豪瑟提交了用实验经济学方法所作的最新研究成果《自然语言信息的经济分类研究》。国内专家学者也在会上进行了交流讨论，介绍了各自目前研究的新进展。

（王国成）

人口与劳动经济研究所

（一）人员、机构基本情况

截至 2009 年年底，人口与劳动经济研究所共有在职人员 45 人。其中，正高级职称人员 9 人，副高级职称人员 14 人，中级职称人员 18 人；高、中级职称人员占全体在职人员总数的 91%。

人口与劳动经济研究所设有：人口统计与分析研究室、人口与社会发展研究室、劳动与人力资本研究室、社会保障研究室、人口资源环境经济学研究室、《中国人口科学》杂志社、《中国人口年鉴》编辑部、信息室、办公室、科研处。

人口与劳动经济研究所院属科研中心有：中国社会科学院人力资源研究中心、中国社会科学院劳动与社会保障研究中心、中国社会科学院老年科学研究中心；所属科研中心有：中国社会科学院人口与劳动经济研究所少儿素质教育研究中心。

（二）科研工作

1．科研成果统计

2009 年，人口与劳动经济研究所共完成专著 10 种，291.6 万字；论文 102 篇，125.6 万字；研究报告 28 篇，51.9 万字；一般性文章 8 篇，3.5 万字；教材 1 种 1 篇，27.9 万字。

2．科研课题

（1）新立项课题。2009 年，人口与劳动经济研究所共有新立项课题 30 项。其中，国家社会科学基金课题 1 项：“中国农村劳动力流动与土地制度改革研究 ”（邵夏珍主持）；院重大课题 1 项：“中国城乡家庭结构状态、变动及其影响因素分析”（王跃生主持）；院重点课题 2 项：“人口老龄化对中国公共养老金制度可持续性的影响”（林宝主持），“教育大众化视野下我国人口文化素质研究”（牛健林主持）；院国情调查重大课题 1 项：“城乡收入统计偏差问题调研”（张展新主持）；国情调查重点课题 1 项：“西部地区收入差距调查”（高文书主持）；国情调研课题 1 项：“正泰集团深度调研”（吴要武主持）；院委托交办课题 5 项：“中国妇幼健康问题及政策研究”（郑真真主持），我国“十二五”规划研究子课题“关于促进就业总体思路研究”（蔡昉主持），我国“十二五”规划研究子课题“‘十一五’经济社会发展指标完成情况和‘十二五’经济社会发展主要指标展望及人口资源环境的条件分析”（蔡昉主持），我国“十二五”规划研究子课题“关于完善人口政策和人口老龄化战略研究”（蔡昉主持），“构建扩内需、富民生、可持续的增长模式”第一专题“国民收入分配结构调整与扩大消费需求”（张车伟主持）；人事部留学回国人员择优资助课题1项：“我国义务教育阶段辍学问题及其扩散机制研究”（牛建林主持）；国际合作课题5项：中国社会科学院与欧盟委员会就业、社会事务和机会均等总司合作研究项目“新技能、新职业”（蔡昉主持），中国社会科学院中欧合作研究项目“中国与欧盟的内部流动性与一体化”（张车伟主持），加拿大国际发展研究中心课题“非正规性、贫困与增长：中国和印度发展进程中就业问题研究”（蔡昉主持），世界银行课题“非正规劳动力市场和经济转型：经济危机下中国的就业规则及调整”（蔡昉主持），联合国—西班牙千年发展目标基金项目“中国青年农民工”（王德文、高文书主持）；院信息化项目课题1项：“中国县级人口社会经济数据库——江苏、河南、云南及江西”（张车伟主持）；所重点课题1项；所重点青年课题3项；院原B类重大课题1项；院外合作项目6项。

（2）结项课题。2009年，人口与劳动经济研究所共有结项课题8项。其中，院重点课题1项：“中国城镇非正规就业问题研究”（吴要武主持）；福特基金资助课题1项：“中国经济转型研究”（蔡昉主持）；院信息化课题1项：“中国县级人口经济社会数据库——以内蒙古为例”（张车伟主持）；另完成院交办课题5项。

（三）学术交流活动

1．学术活动

2009年，人口与劳动经济研究所主办、合办以及承办的学术会议有：

（1）2009年3月7日，人口与劳动经济研究所主办的“中国出生性别比问题研讨会”在北京召开。会议的主题是“出生性别比问题的近期研究成果与未来研究方向”。

（2）2009年3月25～26日，人口与劳动经济研究所、日本拓殖大学、云南财经大学合作举办的“全球经济危机下的就业与社会保障”国际研讨会在云南省昆明市召开。会议研讨的主要问题有：“经济危机与就业”、“经济增长与民生经济”、“金融危机背景下的就业促进、社会保障”。

（3）2009年4月16日，人口与劳动经济研究所、成都市社会科学院在四川省成都市合作召开“中国社会福利体系一体化研讨会”。会议研讨的主要问题有：“农民工就业与社会保障一体化”、“养老保障制度的一体化探讨”、“低保制度的一体化建设”、“福利体系的城乡统筹”。

（4）2009年5月19～20日，“中英老龄化的经济社会挑战第二次研讨会”在英国伦敦举行。会议由中国社会科学院、英国经济社会研究理事会主办，英国谢菲尔德大学、中国社会科学院人口与劳动经济研究所组织和协调。

（5）2009年6月8～9日，中国社会科学院、英国经济社会研究理事会主办，中国社会科学院人口与劳动经济研究所、英国南安普敦大学与圣安德鲁斯大学人口变化研究中心承办的“迁移与劳动力市场：中国和英国”国际研讨会在北京举行。会议研讨的主要问题有“全球金融危机对迁移与劳动力市场的影响”、“劳动力市场中（外来）移民的特性”、“流动人口的经济生活”、“农民工迁移群体的收入转移与经济发展”、“迁移者的家庭和婚姻”、“迁移群体的社会融入”、“国际迁移与境外就业”。

（6）2009年9月8日，人口与劳动经济研究所、社会科学文献出版社共同主办的“教育改革和人力资源研讨会暨2009年《中国人口与劳动绿皮书》发布会”在北京召开。会议的主题是“中国教育改革和人力资源发展问题”。

（7）2009年10月17～18日，《中国人口科学》杂志社主办，贵州大学人口·社会·法制研究中心、《贵州大学学报》共同承办的“中国人口与发展面临的机遇和挑战”学术研讨会在贵州省贵阳市举行。会议的主题是“中国人口与发展面临的机遇和挑战”，研讨的主要问题有“少数民族人口研究”、“人口与社会保障”、“人口迁移与劳动就业”。

（8）2009年11月16日，中国社会科学院人口与劳动经济研究所、凯恩克劳斯经济研究基金会共同主办的“促进就业的理论政策与国际经验学术研讨会”在北京举行。会议的主题是“中国就业政策的国际视角”。

2009年11月，“促进就业的理论政策与国际经验学术研讨会”在北京举行。

（9）2009年12月14～15日，人口与劳动经济研究所承办的“中欧经济复苏、就业促进、新技能与可持续发展国际研讨会”在北京召开。会议研讨的主要问题有：“影响中欧劳动力市场发展的中长期挑战”、“全球金融危机中的经济复苏和就业促进”、“气候变化、人口（技术与社会）、可持续发展与就业”、“新技能、新职业和经济重构”。

2．国际与地区学术交流和合作

2009年，人口与劳动经济研究所因公出访35批43人次。

（1）短期出访。2009年，人口与劳动经济研究所因公短期出访34批42人次，分赴17个国家参加国际会议、作短期学术访问或工作访问、进修、进行合作研究或讲学。

（2）长期进修。2009年8月，人口与劳动经济研究所副研究员王智勇执行中国社会科学院与福特基金协议进修项目赴美国加州大学伯克利分校进修一年。2009 年 11 月，人口与劳动经济研究所副研究员高文书完成中国社会科学院青年学者进修项目学成回国。

（3）来访。2009 年，人口与劳动经济研究所共接待来自 16 个国家以及中国台湾地区的学者、国际组织的官员等 56 批 134 人次到所访问。

（四）学术期刊

1.《中国人口科学》（双月刊），主编蔡昉。

2009 年，《中国人口科学》刊载的有代表性的文章有：蔡昉的《未来人口红利——中国经济增长源泉的开拓》，徐朝阳、林毅夫的《技术进步、内生人口增长与产业结构转型》，郑秉文的《中国社会保障制度 60 年：成就与教训》，郭志刚的《近年生育率显著“回升”的由来——对 2006 年人口和计划生育调查的评价研究》，黄荣清的《中国各民族文盲人口和文盲率的变动》，马戎的《中国人口跨地域流动及其对族际交往的影响》。

2.《中国人口年鉴》（年刊），主编张车伟。

2009 年，《中国人口年鉴》在保持“收录广泛、资料浓缩、信息密集、内容权威”特色的基础上，从学术研究和工作实际两个方面出发，对新中国成立 60 年和改革开放 30 年以来中国人口的变化及与人口发展密切相关的各领域发展状况进行了较为全面的反映。

（五）会议综述

“全球经济危机下的就业与社会保障”国际研讨会

2009 年 3 月 25 ～ 26 日，由中国社会科学院人口与劳动经济研究所、日本拓殖大学、云南财经大学共同主办的“全球经济危机下的就业与社会保障”国际研讨会在云南省昆明市召开。来自中国社会科学院人口与劳动经济研究所、日本拓殖大学、庆应大学、日本综合研究所、云南财经大学的 90 余位代表参加了会议。大会共有 30 余篇论文入选。

大会分为“经济危机与就业主题报告”、“经济增长与民生经济”、“金融危机背景下的就业促进”、“社会保障”等四个主题。

（1）全球金融危机对就业的影响。国际金融危机下就业问题的凸显和政府需要采取的应对措施是此次国际研讨会的一个最主要议题。对中国而言，如何从这场金融危机中解脱出来，是当前面临的重要任务。无论是发达国家还是像中国这样的新兴经济的发展中国家，其实体经济均受到金融危机的冲击。对中国就业的影响也是进入 21 世纪以来最为严峻的，农民工面临严重的结构性失业。同时，金融危机进一步扩大冲击到了大学生的就业。

全球金融危机对中国就业的影响要大于对经济的影响，中国解决好就业问题要相对难于经济复苏。为了防止无就业复苏，实现就业增长型的经济复苏，必须进行东部与中西部地区之间的产业转移，同时发展教育，提高劳动力素质，中央政府投资应以就业最大化为准。日本就业形势面临的问题，尤其在经济增长减速背景下，可能给中国以启示和借鉴。

（2）经济增长与民生经济。从亚洲来看，中国、日本、韩国的出口均受到了金融危机的严重冲击。中国政府已经推出了一系列扩大内需的政策，以此降低对出口的依赖，并缓解全球金融危机对实体经济的影响。中国较低的消费水平决定了中国居民在扩张消费方面还有很大的潜力，这种潜力有助于拉动经济较大幅度地增长。

政府对国有企业及政府控股企业员工的就业保障能力，对高校毕业生的辅助就业、减缓就业压力的政策措施都显示出中国政府应对经济危机的强势调控能力，但政府政策需要关注产业政策的选择对象、产业政策的重心、消费需求的长期效应以及地方政府的债务风险问题。

中国30年的高速经济增长过程中，城市竞争性行业与垄断性行业之间的工资差距扩大趋势是值得关注的重要问题。为保持经济继续增长，就必须改善竞争性行业与垄断性行业之间劳动收入分配率，构建公平有效率的劳动力市场机制。

（3）金融危机背景下的就业促进问题。制造业一直是中国吸纳劳动力就业最多的产业和部门。劳动报酬的增长伴随着劳动生产率更快地增长，因而中国的劳动力成本优势并未减弱，需要发展教育、改善劳动者素质、提高劳动生产率。全球金融危机造成中国制造业企业劳动力需求大幅下降，并与结构调整、城市青年就业和农村劳动力转移等交织在一起，使得中国的就业形势异常严峻。中国政府需要更加积极的劳动力市场政策以刺激就业、减少失业。

在劳动供求关系转变的情况下，政府在调节劳动力市场的政策目标上，需要设法促进经济可持续增长。提高发展水平是一个渐进的自然过程，而不是强迫企业与劳动者双方签订劳动合同，尤其是在经济发展水平低的城市更应强制促进就业的正规化。

（4）社会保障的重要性及发展机遇。社会保障制度与政策构建是有效改善民生、提高消费水平和刺激经济增长的重要途径之一。虽然金融危机给中国实体经济带来了很大冲击，但同时也带来了发展机遇，这个机遇突出表现为社会保障制度领域方面：一方面是重大的基础设施建设；另一方面就是投入到与社会保障领域有关的民生建设。目前，最大的挑战还体现在养老保障制度建设上，中国需要向欧美以及日本等亚洲国家借鉴经验。

从日本人口的老龄化进程来看，日本的基本社会保障制度和政策理念对日本人口的基本现状以及生活保障、非正规劳动与老龄化的关系有重要影响。日本国民养老金和社会养老保障制度的经验对于中国建立覆盖全体国民的养老保障体系有重要的借鉴价值和政策启示。

与会学者认为，中西部地区如何承接东部地区的制造业产业转移、如何继续保持中国劳动力成本的优势和企业竞争优势、城市化过程中如何借鉴大城市圈发展的国际经验、农村迁移劳动力对农村家庭储蓄行为和养老状况的影响、劳动力市场的进一步发育和完善、产业政策调整问题等将可能成为未来几年该领域关注和研究的重要问题。可以预见，未来中国经济复苏和继续保持增长的过程中，中国的就业和社会保障等民生问题，必将成为国内外经济学家共同关注的重要议题。

（屈小博）

“迁移与劳动力市场：中国和英国”国际研讨会

2009年6月8～9日，由中国社会科学院、英国经济社会研究理事会主办，中国社会科学院人口与劳动经济研究所、英国南安普敦大学与圣安德鲁斯大学人口变化研究中心合作承办的“迁移与劳动力市场：中国和英国”国际研讨会在北京举行。参加研讨会的英国学者有来自英国南安普敦大学、圣安德鲁斯大学、诺丁汉大学、伦敦大学、牛津大学、利兹大学、赫瑞瓦特大学的16位专家教授，国内学者有来自中国社会科学院、北京大学、中国人民大学、北京师范大学、中南财经政法大学、中央财经大学、华南师范大学、国民经济研究所等国内人口与劳动经济学领域的知名专家和来自国家发改委、国家统计局、人力资源和社会保障部、农业部、全国总工会等有关部门的专家和代表近百人。共有30余位中英两国专家学者在研讨会上作了专题发言。

会议主要就劳动力迁移、迁移与收入差距、迁移与微观经济行为、迁移与劳动力市场分割、劳动力迁移与毕业生就业、劳动力跨境流动与就业、农民工的社会特征变化等议题，研讨中英两国最新研究成果，交流与比较不同研究方法及学术观点。

（1）劳动力迁移：理论与证据。中国社会科学院人口与劳动经济研究所所长蔡昉认为，在全球经历金融危机的时刻，讨论迁移和劳动力市场的问题，对于更深入地认识特定劳动者群体面临的就业问题，对于了解和认识现实经济现象的新变化具有重要帮助。国家统计局农村经济调查司副司长盛来运认为，金融危机对农民工及社会经济发展的影响增强了人们对制度改革必要性和迫切性的认识。在英国，国内迁移问题也是一个经常被学者关注的热点问题。总体上，英国国内区域间的迁移根据迁移者的年龄不同而不同，根据经济的活跃性不同。英国南安普顿大学社会科学学院教授Jakubline Wahba认为，国际迁移比国内迁移情况相对复杂，研究者需要改进对迁移研究的方法。

（2）劳动力流动、劳动力市场及收入。无论是劳动力供给还是移民，家庭都是一个很重要的决定因素。中国人民大学教授赵忠提出家庭结构与劳动力供给之间存在相互关系。英国圣安德鲁斯大学教授Paul Boyle通过对英国和美国的比较发现，妇女参与劳动力市场也受到家庭迁移的影响。中国社会科学院人口与劳动经济研究所研究员都阳认为，劳动力从农村向城市的流动，不仅使城乡劳动力市场一体化程度不断提高，而且农民工也成为城市劳动力市场上非正规化的重要组成部分，劳动力迁移对收入分配的形势产生了重要影响。英国诺丁汉大学教授Lina Song提出，农村劳动力向城市流动就业，其动机和目标是城乡迁移研究中的一个经验问题。

（3）迁移、劳动力工资及其微观经济行为。英国伦敦大学皇家霍洛威学院教授Jonathan

Wadsworth 认为，迁移带来的后果之一就是劳动力的迁移对于工资的影响。中国社会科学院人口与劳动经济研究所研究员张翼认为，中国政府应通过内需拉动的方式来刺激经济增长，重点是启动农村地区市场。英国伦敦大学学院迁移分析研究中心 Francesco Fasani 认为，从实证的角度看，对移民的经济行为研究主要集中在两点：一是消费，一是汇款。中国社会科学院人口与劳动经济研究所副研究员王美艳提出，农民工汇款的储蓄边际倾向高于其他来源收入的边际储蓄倾向。

(4) 迁移、劳动力市场分割及高校毕业生就业。北京师范大学副教授刘学军认为，外来劳动力与本地劳动力行业之间的差别在缩小，但是依然存在着明显区别。英国牛津大学迁移、政策和社会中心主任 Michael Keith 和伦敦大学 Tyler Rooker 教授认为，中国各种劳动力市场和都市形态的相互依存存在空间和时间段，移民的具体特点不同。中国社会科学院经济研究所副研究员邓曲恒认为，非正规就业和正规就业都是就业者的理性选择。英国南安普顿大学副教授 Alessandra Faggian 认为，考虑高等教育对地区经济的影响时，不能忽视高校毕业生人力资本的流动性。北京大学副教授岳君昌认为，成本收益是影响高校毕业生就业选择行为的关键。

(5) 劳动力跨境流动就业与农民工特征新变化。英国诺丁汉大学教授吴斌认为，全球劳务市场的理论研究对于中国劳务输出有重要启示。人力资源与社会保障部国际合作司钱晓燕处长认为，劳动力跨境就业对个人、对社会都具有积极的社会意义和经济意义。中国人民大学教授白南生认为，由于城乡分割二元体制的限制，许多农民工家庭夫妻长期分离，农民工家庭发生婚变的问题日益严重。中南财经政法大学教授杨云彦认为，制度安排和安置环境对工程移民的经济发展有重要影响。

（屈小博）

“中国人口与发展面临的机遇和挑战”学术研讨会

2009 年 10 月 17 ~ 18 日，由中国社会科学院人口与劳动经济研究所《中国人口科学》杂志社主办、贵州省高校人文社科基地——贵州大学人口 · 社会 · 法制研究中心和《贵州大学学报》编辑部共同承办的“中国人口与发展面临的机遇和挑战”学术研讨会在贵州省贵阳市召开。来自全国 40 多所大学和研究机构的专家学者 80 余人出席了会议。会议共收到论文 60 多篇。

与会者围绕“中国人口发展面临的机遇和挑战”这一主题，分“少数民族人口研究”、“人口与社会保障”、“人口迁移与劳动就业”等专题进行了讨论和交流。

针对少数民族人口问题，有学者指出，改革开放以来，少数民族地区经济、社会都得到了有史以来的最快发展，但由于历史和自然条件等因素的制约，5 个民族自治区的发展进程有所不同，与全国平均水平存在差距。目前，少数民族人口的受教育水平低于全国平均水平，其中，西部少数民族受教育水平又落后于全部少数民族的受教育水平，但这种差距正在缩小。教育落后的民族在地区上有明显的集聚，因此，民族发展问题也是地区发展问题。中国出现的人口大规模跨地域流动，增进了族际间的交往，但使各民族之间的文化差异更加显现，各族劳动力在就业市场上的竞争日趋激烈，一些地区的民族关系复杂化，在各族劳动力未达到大致相同的竞争力前，政府需要实施一系列阶段性的过渡政策，对参与劳动力市场竞争的少数民族人口进行扶植，并给予一定的优惠。还有学者指出，在人口大流迁时期，不仅会造成人口流入地一些人口统计指标的效度失真，流入地许多与人口数据相关的社会经济统计指标（如人均产值、人均收入、人均住房面积等）也同样存在效度失真的问题，这一问题需要引起高度重视。

与会者还就人口出生性别比变动的检测方法、中国社会保障制度的风险预期及防范对策、人口老龄化与医疗保险制度、金融危机下出口萎缩对劳动就业的冲击、改革开放以来省际人口迁移重心演化等问题进行了深入探讨，并提出了相应的政策建议。

（朱　犁）

城市发展与环境研究所

城市发展与环境研究所前身为城市发展与环境研究中心，2009 年 9 月，经中编委批复正式更名，编制 45 人，其机构名称为城市发展与环境研究所。2009 年 11 月，中国社会科学院下发文正式更名。研究所的学科定位是：坚持“人才强所、精品立所、规范治所”的方针，不断优化学科配置，巩固增强城市与区域经济、环境与可持续发展、城市发展战略与规划、气候变化经济研究在全国的领先和优势地位，使之成为在人文社会科学领域国际知名和国内一流的综合性城市与环境研究机构、学术研究与交流中心、信息资料中心、决策咨询中心和人才培养基地。

（一）人员、机构基本情况

截至 2009 年年底，城市发展与环境研究所共有在职人员 37 人。其中，正高级职称人员 11 人，副高级职称人员 6 人，中级职称人员 14 人；高、中级职称人员占全体在职人员总数的 84%。

城市发展与环境研究所设有：城市经济研究室、城市规划研究室、城市与区域管理研究室、环境经济与管理研究室、房地产与土地经济研究室、可持续发展经济研究室、气候变化经济学研究室、综合行政办公室。城市发展与环境研究所还是中国社会科学院—中国气象局气候变化经济学模拟联合实验室、中国社会科学院可持续发展研究中心的挂靠管理单位。

（二）科研工作

1．科研成果统计

2009 年，城市发展与环境研究所共完成专著 4 种，121 万字；学术论文 90 篇，84.9 万字；

研究报告 52 篇，320.7 万字；一般文章 37 篇，14 万字；论文集 1 种，59 万字。

2．科研课题

（1）新立项课题。2009 年，城市发展与环境研究所共有新立项课题 31 项。其中，国家自然科学基金重点课题 1 项："长三角城市密集区气候变化适应性管理研究"（潘家华主持）；国家社会科学基金重大课题 1 项："走中国特色新型城镇化道路研究"（魏后凯主持）；院重大课题 1 项："低碳城市经济学评价方法与案例研究"（潘家华主持）；院重点课题 2 项："基于边际替代率比较的城际土地和资本要素协调利用研究"（李庆主持），"应对气候变化的经济政策分析"（陈洪波主持）；院国情调研课题 2 项："云南、广西两省廉租住房建设的调查——对昆明市、保山市、南宁市、百色市四城市的调查"（尚教蔚主持），"世界金融危机下中国重点城市土地问题调研"（梁本凡、侯京林主持）；所重点课题 3 项："中国房地产发展报告（2010）"（李景国主持），"中国城市发展报告（2010）"（李红玉主持），"应对气候变化报告（2010）"（陈迎主持）；其他部门与地方委托课题 21 项：国家发改委委托中、英、瑞三国联合项目"中国适应气候变化"（潘家华主持），国家发改委西部大开发办公室委托课题"西部大开发'十二五'规划及到 2020 年中长期发展思路"（魏后凯主持），科技部委托的意大利环境部资助项目"中国居住建筑领域规划类清洁发展机制研究"（潘家华主持），建设部委托的德国环境部资助项目"中国城乡建设领域节能减排与应对气候变化的市场机制研究"（陈洪波主持），三建委移民局委托课题"三峡移民工程总结性研究"（魏后凯主持），国家发改委委托课题"低碳城市经济学评价方法及案例研究"（庄贵阳主持），铁道部委托课题"铁路客站对城市带经济和社会发展的影响"（盛广耀主持），江西省委托课题"江西省新型城镇化战略研究"（潘家华主持），辽宁省委托课题"辽宁省'十二五'国民经济和社会发展总体思路研究"（魏后凯主持），"丽水市生态城市发展规划"（刘志彦主持），等等。

（2）结项课题。2009 年，城市发展与环境研究所共有结项课题 22 项。其中，国家科技支撑计划项目 1 项："CDM 国内政策与相关机制研究"（庄贵阳主持）；院重点课题 1 项："全球化背景下城市化动力机制"（黄顺江主持）；院科研局交办课题 1 项："城市文化发展评价指标体系研究"（李景国、单菁菁主持）；所重点课题 3 项："中国房地产发展报告 2009"（牛凤瑞、李景国、尚教蔚主持），"中国城市发展报告 2009"（潘家华、牛凤瑞、魏后凯主持），"应对气候变化报告 2009：通向哥本哈根"（王伟光、郑国光、潘家华主持）；其他部门与地方委托课题 16 项："湖南省应对气候变化方案建议"（潘家华主持），"西部大开发'十二五'规划及到 2020 年中长期发展思路"（魏后凯主持），"中国城乡建设领域节能减排与应对气候变化的市场机制研究"（陈洪波主持），"2012 年后应对气候变化国际制度安排研究"（陈迎主持），"金沙江下游水电开发的经济社会环境影响研究"（潘家华、单菁菁主持），"辽宁省'十二五'国民经济和社会发展总体思路研究"（魏后凯主持），"杭州生活品质之城研究"（单菁菁主持），等等。

（3）延续在研课题。2009 年，城市发展与环境研究所共有延续在研课题 25 项。其中，国家科技支撑计划项目1项："执行《联合国气候变化框架公约》的支撑技术研究"（潘家华主持）；国家社会科学基金课题2项："未来中国不同环境税制的社会经济生态效果仿真研究"（梁本凡主持），"外来农民工融入城市问题研究——以社会网络为重要视角"（单菁菁主持）；院重大课题1项："中国百县市经济社会跟踪调查"（院领导主持）；院A类重大课题1项："城市垃圾社会化管理模式研究"（李宇军主持）；院B类重大课题2项："增进城市经济竞争力的环境税制研究"（梁本凡主持），"中国城市经济数据库构建及其应用"（刘志彦主持）；院重点课题7项："中国经济低碳发展的潜力和途径分析"（陈迎主持），"房地产业发展与建设和谐社会"（尚教蔚主持），"农民工融入城市的经济学分析"（单菁菁主持），"土地非农化与人口城镇化的时空对应关系及统筹管理机制研究"（李恩平主持），"社区物业管理模式与评估体系研究"（李国庆主持），"全球主要经济体排放与经济发展的关系研究"（庄贵阳主持），"中国城市化进程中土地可持续利用的评价模型及政策选择空间"（李萌主持）；还有其他部门与地方委托课题11项。

3. 获奖优秀科研成果

2009年，城市发展与环境研究所共评出"2009年城市发展与环境研究所优秀科研成果奖"一等奖2项：庄贵阳、陈迎的专著《国际气候制度与中国》，刘志彦的论文《人类不合理经济活动对荒漠化形成的影响分析》；二等奖3项：单菁菁的专著《社区情感与社区建设》，李恩平的专著《韩国城市化的路径选择与发展绩效》，李国庆的论文《关于中国村落共同体的论战——以"戒能—平野论战"为核心》；三等奖3项：牛凤瑞、盛广耀等的专著《三大都市密集区：中国现代化建设的引擎》，娄伟的论文《我国科技人才创新能力的政策激励》，盛广耀的论文《我国城市密集区发展战略考察》。

4. 科研组织管理新举措

为拓展研究所的发展空间，整合所内外的学术力量，城市发展与环境研究所成立"中国社会科学院—中国气象局气候变化经济学模拟联合实验室"。该实验室的任务是：广泛联合国内外气候领域专家，开展气候变化政策、气象经济学、减缓与适应经济学等领域的交叉学科研究，为我国政府制定应对气候变化国内政策和参与国际合作提供更强有力的决策支撑。

（三）学术交流活动

1. 学术活动

2009年，城市发展与环境研究所举办的主要学术会议有：

（1）2009年1月15日，中国社会科学院可持续发展研究中心、英国剑桥大学减缓气候变化研究中心及经济计量学研究中心在北京联合召开了"全球经济衰退建模、预测以及解决途径：全球宏观经济模型从2009年到2012年预测结果比较"国际研讨会。

（2）2009年4月9～10日，由中国社会科学院国际合作局、德国阿登纳基金会、德国技术合作公司联合主办，中国社会科学院城市发展与环境研究所承办的中德对话第五次会议——

“城市环保基础设施建设与管理”研讨会在北京召开。会议研讨的主要问题有“城市环保设施建设投融资机制”、“城市环保设施运营与管理模式”、“促进城市环保设施建设的政策措施”。

（3）2009 年 6 月 15 日，由城市发展与环境研究所和社会科学文献出版社主办的“2009 年中国城市发展高峰论坛暨《城市蓝皮书》发布会”在北京举行。

（4）2009 年 8 月 26 ~ 28 日，由四川省广元市人民政府、中国社会科学院可持续发展研究中心和世界自然基金会联合主办的“低碳重建与企业发展（中国 · 广元）国际论坛”在四川省广元市召开。会议的主题是“提升发展理念，引进人才智力，汇聚科技成果，加强交流合作”，研讨的主要问题有：“低碳发展——我们的战略选择”、“低碳发展的规划与路径”、“低碳重建与企业参与”。

（5）2009 年 10 月 25 ~ 26 日，由城市发展与环境研究所、台湾经济研究院联合主办的“首届海峡两岸城市发展与合作高峰论坛——世界金融危机与两岸城市发展及合作”在北京举行。会议研讨的主要问题有：“后金融危机时代城市发展”、“两岸城市竞争力与产业结构”、“两岸城市规划建设与合作”、“两岸城市投资环境比较”、“台湾海峡环境治理与保护”。

（6）2009 年 12 月 10 日，在哥本哈根气候变化谈判的主会场，中国社会科学院可持续发展研究中心邀请中国科学院、国务院发展研究中心、国家气候中心、清华大学等单位资深学者举办了主题为“科学重塑碳公平理念——方法与结果”边会。

2．国际与地区学术交流和合作

2009 年，城市发展与环境研究所共派遣出访 27 批 46 人次，接待来访 11 批 43 余人次。与城市发展与环境研究所开展学术交流的国家与地区有美国、加拿大、丹麦、德国、法国、瑞典、意大利、英国、俄罗斯、日本等国家和中国的台湾、澳门地区。

主要的接待来访活动有：

（1）2009 年 3 月 11 日，联合国政府间气候变化专门委员会第四次评估报告第三工作组主要作者、加拿大政府智库——国际可持续发展研究所气候变化与能源计划部负责人约翰迪罗哈格教授来城市发展与环境研究所作了题为《全球经济海啸：气候变化应对机制的危机或机遇》的演讲。

（2）2009 年 7 月 8 日，联合国秘书长特别顾问 Jeffrey D. Sachs 访问城市发展与环境研究所。Sachs 教授是美国哥伦比亚大学地球研究所所长、可持续发展讲席教授、联合国秘书长潘基文的特别顾问。他此次来访的目的是希望了解城市发展与环境研究所在相关领域的研究工作并寻求潜在的合作领域。

（3）2009 年 7 月 29 日，法国前环境部长、2012 年后国际气候制度谈判大使 Brice Lalonde 来城市发展与环境研究所访问。城市发展与环境研究所所长潘家华与 Brice Lalonde 就“中国如何应对气候变化”、“中国在 2012 年后国际气候制度构建中一些关键要素上的基本立场”等议题进行了对话。

主要的出访活动有：

(1) 2009 年 2 月 22 ~ 27 日，城市发展与环境研究所研究员潘家华、庄贵阳一行赴英国伦敦参加国际学术会议并进行学术访问。他们访问的主要机构包括英国碳基金、英国查塔姆研究所、剑桥大学土地经济系和地理系，讨论的议题包括低碳经济、气候变化模型、技术转让、伦敦（英国）低碳城市建设经验、中国社会科学院城市发展与环境研究所与剑桥大学的合作事宜等。

(2) 2009 年 9 月 12 ~ 13 日，中国社会科学院国际学部主任张蕴岭、城市发展与环境研究所所长潘家华、欧洲研究所所长周弘、美国研究所所长黄平、外国文学研究所副所长陆建德赴德国出席"2009 法兰克福书展——中国和世界 · 感知与真相" 国际研讨会。会议期间，潘家华主持了一个主题为"中国正迈向知识型社会"的研讨会,还在主题为"工业化和社会转型"研讨会中就中国能源与气候变化问题发表演讲。

(3) 2009 年 9 月 22 日，城市发展与环境研究所研究员潘家华被中国政府推荐为学者代表，赴纽约参加在联合国总部大楼举办的"联合国气候变化领导力论坛"。

(4) 2009 年 12 月 8 ~ 17 日，城市发展与环境研究所研究员潘家华、张新平率领的代表团出席联合国气候变化大会下气候变化框架公约第 15 次缔约方会议 / 京都议定书第五次缔约国会议。在大会期间,城市发展与环境研究所代表团根据温家宝总理、李克强副总理的指示"要利用非政府学术机构在联合国会议上举办边会，弘扬中国声音，配合谈判主战场"，成功主办了"碳公平"、"碳预算"两场边会。

3. 国际合作研究项目

2009 年，城市发展与环境研究所新签订的国际合作研究项目有 3 项：与国家发改委签订的"应对气候变化司碳预算的国际机制研究"项目（此项目是"中国—UNDP 应对气候变化伙伴关系"项目的子项目，西班牙政府资助）；与国际劳工组织签订的"中国低碳发展与就业实证研究"项目；与英国国际发展部签订的"广元低碳重建项目"。

（四）会议综述

"全球经济衰退建模、预测以及解决途径：全球宏观经济模型从2009年到2012年预测结果比较"国际研讨会

2009 年 1 月 15 日，中国社会科学院可持续发展研究中心、英国剑桥大学减缓气候变化研究中心及经济计量学研究中心在北京联合召开了"全球经济衰退建模、预测以及解决途径：全球宏观经济模型从 2009 年到 2012 年预测结果比较"国际研讨会。20 余名学者参加研讨会并就相关问题进行了探讨。会议由中国社会科学院可持续发展研究中心主任潘家华研究员主持。

剑桥大学经济系教授 Terry Barker 首先对当前全球性金融危机进行了简要介绍。他认为，这次爆发的金融危机源于人们对金融体系中银行信任的缺失。在对金融危机成因的主要理论回

顾基础上，他从七个方面对此次严重的经济危机对世界经济的影响进行了评述并提出了解决和缓解此次金融危机影响的“七点计划”。

剑桥大学经济计量研究中心 Hector Pollite 和 Unnada Chewpreecha 阐述了 E3MG 模型的基本原理并基于模型对金融危机之后全球经济形势进行了预测。E3MG 模型系在 20 世纪 60 年代创建的“剑桥增长模型”基础上不断扩展演变而来的大型经济预测模型，目前系统中新加入了能源和环境两大板块，可用于对全球经济、能源以及环境问题进行分析和预测。利用 E3MG 模型体系，两位学者预测分析了五种场景下全球经济的发展前景，预测结果显示：在五种情况下，全球经济增长率都会在 2009 年急剧下降，然后在随后几年逐步恢复，到 2012 年可基本恢复金融危机前的发展水平，而增长率具体的下降情况则由全球投资增长率的削减幅度所决定。就各国经济发展趋势而言，各地区均会出现不同程度的投资和增长率下降，拥有大型金融部门、以投资商品为主要产品和当前储蓄率比较低的国家所受影响将最为严重。

剑桥大学经济计量研究中心博士 Athanasios Dagoumas 则利用 E3MG 模型中技术、能源、环境及经济发展间关系的子系统模拟了在无限制、保守（减排 40%）、低碳（减排 60%）、积极（减排 80%）四种目标场景下 2050 年前英国不同能源的装机容量、能源需求总量、部门能源需求量、碳价以及英国的国内生产总值、消费和投资。模拟和预测结果显示，若采用碳排放收费、碳排放权拍卖及收益再使用等政策和机制，英国的能源需求将大幅下降，交通部门的能源需求下降尤为明显；可再生能源和技术使用范围将扩大；碳排放权拍卖及收益再使用将会促进经济的发展。

中国社会科学院数量经济与技术经济研究所副所长李雪松研究员在研讨会上向来自英国的研究人员介绍了当前我国宏观经济运行的形势。他详细阐述了当前我国经济发展的基本态势和经济运行中存在的主要问题，介绍了国际金融危机对中国外需的影响以及我国政府为解决这些问题实施的经济刺激计划，并根据该所建立的宏观经济预测模型对 2009 年经济发展的态势进行了预测。

可持续发展研究中心助理研究员廖茂林介绍潘家华教授所带领的研究团队针对全球气候变化和碳减排问题所提出的“碳预算”方案的成果。该方案以人的基本需求为优先目标，公平地考虑了各国的减排义务并明确了排放权的分配，体现了各国具体国情的差异，保障了人类的生存权和发展权。该方案按照基本全球人口为标准进行了碳预算的初始分配，并依据各国气候条件、地理条件、资源禀赋等因子进行调整以确定最终碳预算分配方案。这一创新性计划受到与会人员的关注。

最后，与会代表就剑桥大学所建立的 E3MG 模型体系的估计处理细节、预测精准程度及该体系在中国的适用性，中国社会科学院开发的经济预测模型及其预测结果，可持续发展中心提出的“碳预算”方案的具体内容框架和可操作性进行了讨论。

（陈　迎）

2009年中国城市发展高峰论坛暨《城市蓝皮书（NO.2）》发布会

2009 年 6 月 15 日，由中国社会科学院城市发展与环境研究中心和社会科学文献出版社主办的“2009 年中国城市发展高峰论坛暨《城市蓝皮书》发布会”在北京举行。中国社会科学院副院长陈佳贵、中国建设部原总规划师陈为邦、国家行政学院政策咨询部副主任丁元竹、中国城市规划设计研究院国际部主任黄鹭新、国际气候组织大中华区总裁吴昌华、中国社会科学院城市发展与环境研究中心主任及《城市蓝皮书》主编潘家华等出席会议。社会科学文献出版社总编辑助理范广伟主持会议。会议围绕中国城市发展转型问题，就金融危机背景下中国城市发展面临的问题与挑战进行了分析研讨，并发布了《中国城市发展报告（No.2)》。

该报告从宏观和微观层面全面回顾了 2007 ～ 2008 年度中国城市发展的总体情况和阶段特征，系统分析了金融危机背景下中国城市发展面临的问题与挑战，并从经济、社会、环境、城市建设等各个方面对 2009 年中国城市发展态势进行了分析与预测。

该书认为，2009 年中国城市发展将呈现以下五大态势：

第一，城市经济化“危”为“机”，转型升级步伐加快。展望 2009 年，宏观经济面临的国内外环境将更加严峻，经济下行压力将继续加大。2009 年上半年，受出口增速下降影响，GDP 增长将处于较低水平；下半年，随着中央和地方经济刺激计划的逐步落实，经济增长率可能有所回升，经济发展需要经历一个相对艰难的调整过程。但总体说来，相对于全球经济的微弱增长，中国经济仍将处于较快增长区间。城市经济必将化“危”为“机”，加快转型升级步伐，在调整中增长。

第二，城市社会凸显压力，民生保障不断加强。2009 年，随着国际金融危机的不断加深，特别是向实体经济的深度蔓延，企业生产收缩、裁员现象仍将持续，全年新增就业岗位与往年相比将明显减少，农民工失业和大学毕业生就业难的问题将更加突出。由经济下滑引发的企业倒闭、就业压力加大、为拉动内需而进行的大规模基础设施投资建设等因素，可能使发展中各种历史遗留和长期积累的问题（如征地、拆迁、失业、劳动社会保障等）在经济调整这样一个相对特殊的时期集中显现。正视各种利益诉求，有效化解社会矛盾，不断加强民生保障，将是 2009 年政府在扩内需、促就业、保增长的同时所必须面对的另一重大课题，城市社会发展将加快转型。

第三，生态环境建设迎来契机，增长方式将更加集约、绿色。金融危机将在短期内限制中国能源消费增长，从而在很大程度上缓解“十一五”规划中挑战极大的节能减排压力。但从长期来看，无论是“保增长”还是快速的城镇化进程，都仍将给城市环境带来巨大压力，长远挑战不容忽视。2009 年，城市生态环境建设将迎来前所未有的契机。国家为应对金融危机出台的 4 万亿元经济刺激计划中，有 3500 亿元将直接投向生态环境建设，而其他投资也都将对生态环境改善起到积极作用。再加上国家层面的高度重视，我国节能减排和生态建设步伐将进一步加快，经济增长方式将更加集约、绿色。

第四，中国将迎来新一轮城市化热潮，城市建设将更加注重能力和品质的提升。2008 年，自然灾害、重特大生产安全事故乃至群体性事件从不同层面拷问了中国城市的抗风险能力和应急管理能力。在此经验教训基础上，城市品质受到更高重视。2009 年及今后一段时期，大规模投资建设及产业振兴计划将带动中国新一轮城市化热潮，城市建设将更加注重品质、能力和品牌的提升。

第五，城市由区域间不均衡发展转向相对均衡发展，城市密集区的战略引擎作用更加凸显。产业及资本西进和农民工返乡，将为内地城市产业发展提供丰富的资金、技术和具有相对熟练技能的劳动力资源供给，进一步加快中西部城市发展，促使城市由区域间不均衡发展向相对均衡发展加快转型，从而对中国城市空间格局产生深远影响。大城市及以大城市为核心的城市密集区将加速发展，并凭借雄厚的经济实力、相对成熟的市场环境、较强的战略引擎作用、密集的人口以及具有强大购买力的消费市场成为我国应对金融危机、“促内需、保增长”的中坚力量，其在我国经济社会发展中的战略引擎作用将进一步凸显。

该书指出，转型和升级是改革开放 30 年中国城市发展的自然结果和必然趋势。在当前全球金融危机的影响下，这一转型和升级过程变得更加急切和紧迫。2009 年是城市发展转型的关键时期，机遇与挑战并存。能否抓住机遇，化解危机，将直接决定着中国经济社会整体转型的进展与成效。为此，该书提出了一系列具有针对性的对策建议。

与会嘉宾也纷纷从城市经济结构、社会结构、空间结构等方面就“中国城市发展转型”这一主题发言。

（单菁菁）

首届海峡两岸城市发展与合作高峰论坛
——世界金融危机与两岸城市发展及合作

2009 年 10 月 25 ~ 26 日，中国社会科学院城市发展与环境研究中心、台湾经济研究院在北京共同主办“首届海峡两岸城市发展与合作高峰论坛——世界金融危机与两岸城市发展及合作”。

中国社会科学院台港澳学术委员会副主任杨扬、台湾经济研究院院长洪德生、全国工商联原副主席保育钧出席论坛开幕式并致辞。杨扬在致辞中指出，大陆高速的城市化与工业化、市场化、信息化、国际化的进程相互交织，大大增加了大陆城市化和城市现代化建设中的诸多矛盾和问题，台湾已经实现城市化，比大陆先行一步，取得的经验值得大陆借鉴。洪德生在致辞中指出，合作的目的是让海峡两岸双赢，更加向上提升。城市的合作与整个区域的总体性合作相比较，有优势也有困难。这困难恐怕是在于城市所掌握的政策权限小。但同时，地方因

2009年10月，“首届海峡两岸城市发展与合作高峰论坛——世界金融危机与两岸城市发展及合作”在北京举行。

为它范围小，很多的推动也比较具体并具时效。保育钧谈道，金融危机之下，两岸城市发展建设与共赢的密切度更高。大陆改革开放以来，城市化、工业化速度很快，但毕竟大陆的城市化还不到50%，就是在这50%的进展中也看到有不少的问题需要解决。所以，能有这么一个机会将两岸的有识之士聚在一起来共同探讨两岸城市的发展和合作问题，是一个很好的机会。

来自海峡两岸的专家、学者、政府官员和企业界人士共60多人围绕论坛主旨“顺应两岸和平发展历史趋势，推动两岸城市发展与合作”进行了讨论，取得了广泛共识。其间，建设部原总规划师陈为邦就“城市发展和城市规划的十个关系”、台湾经济研究院研究二所副所长张建一就“亚太地区城市竞争力与台北市产业状况”、国家发改委区域所所长肖金成就“中国城市群与区域经济合作”、台湾大学建筑及城乡研究所原所长王鸿楷就“海峡两岸城乡规划工作的回顾与前瞻”、中国社会科学院城市发展与环境研究中心原主任牛凤瑞就“大陆城市化与城乡统筹”、台湾区电机电子公会执行长罗怀家就“台商投资大陆趋势及地区分析”、台湾经济研究院研究三所副所长高仁山就“两岸城市产业发展合作战略”、国务院发展研究中心企业所所长陈小洪就“城市开发的前景、问题及建议”、国家行政学院经济学部原主任周绍朋就“应对世界金融危机与城市科学观”、台湾大学建筑及城乡研究所黄丽玲就“台北市城市规划与治理模式的变迁”、中共中央党校原副教育长王瑞璞就“台湾海峡两岸经济城市建设和合作发展的政治前提和经济基础”、环境保护部政策法规司司长杨朝飞就“中国环境问题与对策”等议题分别发表了演讲。

（何　丽）

“科学重塑碳公平理念——方法与结果”边会

2009年12月10日，在哥本哈根气候变化谈判的主会场，中国社会科学院可持续发展研究中心邀请中国科学院、国务院发展研究中心、国家气候中心、清华大学等单位资深学者举办了主题为“科学重塑碳公平理念——方法与结果”边会。边会由国家气候变化专家委员会委员、中国社会科学院研究员潘家华主持，各家机构代表围绕以人均历史累计排放为特征的碳公平概念的科学基础、理论框架、方法结果、国际制度及其与其他方案的比较等方面，系统介绍了中国学者对碳公平问题的研究与主要认识。边会还邀请政府间气候变化专门委员会（IPCC）副主席 Jean-Pascal van Ypersel 和英国 Bath 大学教授 Anil Markandya 到会点评和讨论。边会受到各方关注，超过 150 位听众挤满了会场及过道。

潘家华首先分析了碳公平的认识误区，强调气候公正的基石只能是碳权益的公平。碳公平不是国际政治公平，而是人的权益的公平。“共同但有区别责任”的公平就在于“区别”，体现在历史责任、现实排放、资金、技术、管理等方面。长期以来的气候谈判，之所以举步维艰，原因就在于“区别”：发达国家按照某一基年比例减排，多一个百分点、少一个百分点，争论不休。公平，不在于某一个时点人均排放一致，因为社会经济发展是一个过程，碳密集度高的基础设施和房屋建筑，并不是一年能够建起来的。因而，公平只能是一个时段人均历史累计排放权益的均等化。现在，发达国家有些人认为，在资金、技术上面对发展中国家的帮助是他们的“无私”帮助和施舍，其实不然，发达国家出现碳排放权益亏空，大量占用了发展中国家穷人的碳排放权益。碳公正要求，富人需要有偿使用穷人的碳排放权益。这样，发展中国家要求发达国家提供一定量的资金、技术来适应气候变化和低碳发展，实际上是一种碳权益的交换关系！实现碳权益的公平，每个人需要承担“共同但无区别”的责任。 在碳公正方面的科学、客观、具有可操作性的理论与方法性研究，避免当前气候谈判的死胡同，是公平而可持续的气候协定的必然选择。

中国气象局国家气候变化中心主任罗勇研究员在演讲中就“历史累计排放贡献率”进行了论证。他指出，建立一个兼顾公平性与历史责任的温室气体减排责任分担指标体系，需要考察不同国家人均历史累积排放对全球气候变化（如增温等）的相对贡献。清华大学滕飞博士在演讲中介绍，清华大学研究组从人均累积排放趋同体现的公平原则出发，分析了在实现全球长期减排目标的几种碳排放权分配方案下，发展中国家 1860 ~ 2050 年人均累积排放量都将不及发达国家的三分之一，发达国家已经和继续严重挤占发展中国家的排放空间。中国社会科学院王谋博士基于中国社会科学院提出的《碳预算》方案对发达国家历史排放赤字和发展中国家排放权利的计算，提出了可操作的抵消赤字、实现碳排放权转移支付的平衡机制，进而提出更为具体的以“公共资金”、“限额贸易制度”以及国家分配方案为主要内容的“遵约机制”设计。

比利时国籍的 IPCC 副主席 Ypersele 教授倡导发展中国家减排。作为特邀评论人，他对人均历史累积排放的碳公平思路表示赞赏并原则认同，同时他担心，按照这一思路，发达国家高额碳赤字会引起发达国家的反对；发展中国家的大量碳盈余会鼓励发展中国家高碳发展。英国籍的巴斯大学经济学教授马肯迪亚应邀作为第二评论人，他认为，碳公平需要基于人均历史累积排放原则，有利于构建未来公平而又可持续的国际气候制度。他认为，中国几家方案对追溯排放赤字国家历史责任起始年份的设计，尚需经过讨论形成国际共识。100 年以前一吨碳的生产力，与当前差距数倍乃至十多倍，显然不适用均值碳价。均碳权与均发展权，应该有所区别。

中国社会科学院研究员潘家华代表演讲者对上述点评和问题进行了回答。针对 Ypersele 教授的问题，潘家华表示，发达国家的高额碳赤字是全球碳减排的一种责任，也是帮助发展中国家适应与减缓的一种义务。发展中国家的大量碳盈余，完全可以弥补发达国家的碳赤字，维护全球碳预算平衡，实现温升两度的目标。发展中国家的碳盈余，是一种权益，并不表明他们会用来高碳发展。事实上，发达国家利用资金、技术购买发展中国家的碳盈余，也帮助其实现低碳发展，而不会鼓励高碳发展。潘家华回应马肯迪亚的点评时指出，我们的设计已经考虑了技术因素，对历史排放的碳价进行了大幅折扣，对未来基本需求排放也进行了大量补贴。在发展权难以界定、减排义务难以分担的情况下，均碳权具有公平而现实的操作性优势。而且，均碳权是为了确保发展权。潘家华认为，紧缩趋同原则是不公平的，因为低于人均排放者只能永远低于或等于人均；而高于人均者则永远高于或等于人均，实际上是在强化差异。关于资金与市场机制下的碳价格差异，潘家华解释道，资金机制带有“行政、补贴、批发性质”，是对基本权益的保护性价格；而市场机制是供求关系的调节，具有“自发、奢华、零售”性质，是对全球气候的保护价格。

（王　谋）

社会政法学部

法学研究所

（一）人员、机构基本情况

截至 2009 年年底，法学研究所共有在职人员 114 人。其中，正高级职称人员 30 人，副高级职称人员 29 人，中级职称人员 38 人；高、中级职称人员占全体在职人员总数的 85%。

法学研究所设有：法理学研究室、法制史研究室、宪法与行政法学研究室、刑法学研究室、诉讼法学研究室、民法学研究室、商法学研究室、经济法学研究室、知识产权法学研究室、传媒与信息法学研究室、社会法学研究室、法治国情调查研究室、《法学研究》编辑部、《环球法律评论》编辑部、院图书馆法学分馆、办公室、科研组织处、人事处（党委办公室）。

法学研究所院属科研中心有：人权研究中心、台港澳法研究中心、知识产权研究中心、文化法制研究中心；所属科研中心有：私法研究中心、公法研究中心、性别与法律研究中心、公益法研究中心、亚洲法研究中心、欧洲联盟法研究中心。

（二）科研工作

1．科研成果统计

2009 年，法学研究所共完成专著 32 种，1146.4 万字；论文 849 篇，1206.5 万字；研究报告 285 篇，303.4 万字；古籍整理 1 种，430 万字；教材 5 种，236.3 万字；译著 5 种，163.9 万字；学术普及读物 1 种，21 万字；论文集 12 种，550.1 万字；影视 1 种，180 分钟。

2．科研课题

（1）新立项课题。2009 年，法学研究所共有新立项课题 35 项。其中，院重大课题 2 项："社会保险法的理论发展与制度创新"（王家福、余少祥主持），"刑法改革与完善研究"（屈学武主持）；院重点课题 5 项："宪法判断的方法与原理"（翟国强主持），"政府信息公开实施机制研究"（吕艳滨主持），"非物质文化遗产法律保护研究"（李明德主持），"卫生法理论发展与制度构建"（董文勇主持），"中国民法 60 年：法律规范权利设置的全面梳理"（冉昊主持）；院基础研究课题 1 项："经济法基础理论研究"（邱本主持）；院国情调研重大课题 1 项："我国中央和地方人才立法现状与发展"（陈甦主持）；院国情调研重点课题 5 项："中国法治与社会发展国情调研"（李林、田禾主持），"少数民族固有法治资源与民族区域自治制度多元化发展调查"（苏亦工主持），"道路交通事故处理现状：基于京、广两地的调研"（于敏、常鹏翱主持），"地理标志使用及保护状况”（管育鹰主持），“行政执法与刑事司法衔接问题的调研报告”（王敏远、冀祥德主持）；所重点课题 8 项：“民生保障与社会法建设”（陈甦主持），“社会法学的新发展”（陈甦主持），“中国法学 60 年”（陈甦主持），“中国法治 60 年”（李林主持），“中国法治发展报告（2010 年卷）”（李林主持），“香港百年法制的发展与演变”（邵波主持），“数据产权研究”（莫纪宏主持），“图书馆法研究”（莫纪宏主持）；中国法学会课题 2 项：“法律法规清理中的合宪性审查标准”（莫纪宏主持），“国际货币法律体制改革研究”（廖凡主持）；其他部门与地方委托课题 11 项：国务院法制办公室课题“不动产统一登记立法研究”（孙宪忠主持），国家知识产权局课题“知识产权基础性法律研究”（李顺德主持），司法部课题“中国特色社会主义法理学的构建：历史、方法与资源”（支振锋主持），司法部课题“劳动合同法实施效果实证研究”（谢增毅主持），住房和城乡建设部课题“《城市房地产管理法》修改研究”（周汉华主持），国家工商行政管理总局课题“在商标法律体系中加强保护地理标志”（李顺德主持），文化部课题“文化部立法需求分析”（冯军主持），中纪委驻院纪检组交办委托课题“反腐败国际合作的重点与难点研究”（屈学武主持），中纪委驻院纪检组交办委托课题“社会潜规则的法律对策”（莫纪宏主持），中宣部课题“准确把握处置‘7·5’事件的法律界限”（莫纪宏主持），中宣部课题“处置新疆严重暴力犯罪事件的几个法律问题”（刘仁文主持）。

（2）结项课题。2009 年，法学研究所共有结项课题 37 项。其中，国家社会科学基金课题 4 项：“规范、健全、发展资本市场的法律问题研究：中国资本市场法制现代化的若干思考”（刘俊海主持），“执政能力建设与依法执政研究”（刘作翔主持），“WTO 与中国知识产权法律制度研究”（李顺德主持），“宏观调控法律制度研究”（邱本主持）；院重大课题 1 项：“经济全球化与中国竞争法研究”（王晓晔主持）；院重点课题 4 项：“行政程序立法研究”（张明杰主持），“亚洲反腐败法制研究”（田禾主持），“鉴定制度改革与司法公正”（王敏远主持），“和谐社会与劳动合同法制定中的热点和疑难问题研究”（谢增毅主持）；院国情调研重大课题 1 项：“雨雪冰冻灾害与社会危机应对机制研究”之子课题“雨雪冰冻灾害危机应对机制的法律问题研究”（田禾主持）；院国情调研重点课题 9 项：“司法鉴定现存问题的根源性调查报告”（王敏远主持），“民间文学艺术保护状况调查”（李明德主持），“纳西族东巴纸传统知识法律保护状况调查及制度建设探讨”（周林主持），“个人信息保护现状调研”（田禾主持），“中国法治与城乡社会基层法律治理”（李林、陈甦主持），“劳动法律制度实施情况调研”（冯军主持，谢增毅执笔），“中国银行业的竞争及其法律规制”（王晓晔主持），“中国土地制度与乡村法律治理状况”（孙宪忠主持），“西藏习惯法跟踪调查”（苏亦工主持）；院青年科研启动基金课题 1 项：“外观设计法律保护制度研究”（管育鹰主持）；所重点课题 2 项：“民生保障与社会法建设”（陈甦主持），“社会法学的新发展”（陈甦主持）；中国法学会课题 4 项：“实施依法治国基本方略总体规划研究”（王家福、李林主持），“法的规范性与权威”（支振锋主持），“大众传播内容法律标准研究”（简海燕主持），“量刑的程序控制”（彭海青主持）；其他部门与地方委托课题 11 项：司法部课题“公务主体的法律形态研究”（李洪雷主持），司法部课题“中国非物质文化遗产保护的法律问题研究”（管育鹰主持），司法部课题“刑事政策之反思与改进”（蒋熙辉主持），司法部课题“不动产登记立法研究”（常鹏翱主持），国家保密局课题“美国、英国、俄罗斯保密法律制度”（李林主持），国家工商行政管理总局课题“在商标法律体系中加强保护地理标志”（李顺德主持），国家知识产权局课题“知识产权基础性法律研究”（李顺德主持），中纪委驻院纪检组交办委托课题“反腐败国际合作的重点与难点研究”（屈学武主持），中纪委驻院纪检组交办委托课题“社会潜规则的法律对策”（莫纪宏主持），中宣部课题“准确把握处置‘7·5’事件的法律界限”（莫纪宏主持），中宣部课题“处置新疆严重暴力犯罪事件的几个法律问题”（刘仁文主持）。

（3）延续在研课题。2009 年，法学研究所共有延续在研课题 84 项。其中，国家社会科学基金课题 19 项 ：“知识产权与生物多样性法律保护”（李明德主持），“历史法学派与德国民法”（谢鸿飞主持），“国有财产权的性质、行使、管理与保护法律制度”（孙宪忠主持），“宪法监督制度研究——违宪审查制度构建”（陈云生主持），“生物技术与信息技术知识产权保护研究”（张玉瑞主持），“刑事诉讼法修改与被指控人权利保护”（熊秋红主持），“公法人理论与中国公共组织变革”（李洪雷主持），“中国古代地方法制研究”（杨一凡主持），“代理制度研究——以民法典中体系整合与制度构造为中心”（尹飞主持），“公司刑事责任若干问题研究”（蒋熙辉主持），“法律与社会理论”（胡水君主持），“反垄断立法疑难问题研究”（王晓晔主持），“侵权行为法立法研究”（于敏主持），“法规、司法解释的合法性审查”（莫纪宏主持），“天下的法 ：中国公益法实践问题研究”（贺海仁主持），“党的领导、人民当家做主与依法治国有机统一研究”（王家福主持），“社会转型与近代中国刑法变革研究”（高汉成主持），“民法中的事实行为研究”（常鹏翱主持），“信赖意思原则研究”（冉昊主持）；院重大课题 11 项 ：“中国律学（多卷本）”（吴建璠主持），“社会弱势群体的法律保障机制研究”（陈甦主持），“文化建设与文化体制改革的法律保障”（冯军主持），“‘一国两制’实施过程中的法律问题研究”（李明德主持），“中国文化与中国法律现代化”（苏亦工主持），“构建和谐社会的法治基础”（李林主持），“马克思主义法学原理”（李步云主持），“物权法实施中的重大法律问题”（孙宪忠主持），“我国行政执法体制改革方向研究”（周汉华主持），“社会保险法的理论发展与制度创新”（王家福、余少祥主持），“刑法改革与完善研究”（屈学武主持）；院重点课题 23 项 ：“中国近代司法改革研究”（徐立志主持），“中国社会法基本理论研究”（刘俊海、刘翠霄主持），“宪法上的平等权研究”（李忠主持），“再审程序研究”（熊秋红主持），“信息内容安全的法律规制”（陈欣新主持），“中国商事法治的理论与实践”（邹海林主持），“自主科技创新与传统知识法律保护研究”（周林主持），“法庭审判中的科学证据——科学的有效性和证据规则”（叶自强主持），“社会法体系与和谐社会构建”（常纪文主持），“法规、司法解释的合法性审查”（莫纪宏主持），“信息技术知识产权保护研究”（李顺德主持），“互联网垃圾信息的法律规制”（沈卫利主持），“法律与权利哲学”（胡水君主持），“中国信托业法研究”（席月民主持），“不动产登记法律制度研究”（常鹏翱主持），

“法的规范性与权威：法律实证主义的新发展”（支振锋主持），“建立我国刑事辩护准入制度研究”（冀祥德主持），“中国刑法近代化研究”（高汉成主持），“宪法判断的方法与原理”（翟国强主持），“政府信息公开实施机制研究”（吕艳滨主持），“非物质文化遗产法律保护研究”（李明德主持），“卫生法理论发展与制度构建”（董文勇主持），“中国民法 60 年：法律规范中权利设置的全面梳理”（冉昊主持）；院基础研究课题 1 项：“经济法基础理论研究”（邱本主持）；院国情调研重大课题 1 项：“我国中央和地方人才立法现状与发展”（陈甦主持）；院国情调研重点课题 10 项：“法律援助实施状况调研”（熊秋红、肖贤富主持），“2006 ～ 2007 年县乡两级同步直接选举问题研究”（莫纪宏主持），“中国农村、少数民族地区的社会保障发展与法制建设”（冯军主持），“西北地区婚姻习俗与制定法关系调查”（薛宁兰主持），“安徽省民间组织管理执法中的制度创新及其效果”（谢海定主持），“中国法治与社会发展国情调研”（李林、田禾主持），“少数民族固有法治资源与民族区域自治制度多元化发展”（苏亦工主持），“道路交通事故处理现状：基于京、广两地的调研”（于敏、常鹏翱主持），“地理标志使用及保护状况”（管育鹰主持），“行政执法与刑事司法衔接问题的调研报告”（王敏远、冀祥德主持）；院青年科研启动基金课题 3 项：“社会弱势群体犯罪问题研究”（余少祥主持），“中央与地方关系法治化研究”（刘海波主持），“中国宪法学说 30 年”（翟国强主持）；所重点课题 6 项：“中国法学 60 年”（陈甦主持），“中国法治 60 年”（李林主持），“中国法治发展报告（2010 年卷）”（李林主持），“香港百年法制的发展与演变”（邵波主持），“数据产权研究”（莫纪宏主持），“图书馆法研究”（莫纪宏主持）；中国法学会课题 3 项：“抗震救灾相关法律问题研究”（徐卉主持），“法律法规清理中的合宪性审查标准”（莫纪宏主持），“国际货币法律体制改革研究”（廖凡主持）；其他部门与地方委托课题 7 项：全国人大常委澳门基本法委员会课题“澳门葡式法制本地化与适度变革”（陈欣新主持），国家信息化专家咨询委员会课题“信息安全立法研究”（冯军主持），国务院法制办公室课题“不动产统一登记立法研究”（孙宪忠主持），司法部课题“中国特色社会主义法理学的构建：历史、方法与资源”（支振锋主持）、“劳动合同法实施效果实证研究”（谢增毅主持），住房和城乡建设部课题“《城市房地产管理法》修改研究”（周汉华主持），文化部课题“文化部立法需求分析”（冯军主持）。

3．获奖优秀科研成果

2009 年，法学研究所获司法部第三届全国法学教材与科研成果奖一等奖 1 项：王晓晔的《竞争法学》；二等奖 3 项：李步云的《论法治》，冀祥德的《控辩平等论》，谢鸿飞的《论法律行为生效的“适法规范”——公法对法律行为效力的影响及其限度》；三等奖 1 项：渠涛的《最新日本民法》；优秀作品奖 1 项：莫纪宏的《宪法学原理》。获中国法学会“中国法治 30 年网络征文活动”二等奖 1 项：刘仁文的《三十年来刑法学的回顾与反思》；三等奖 1 项：冀祥德的《改革开放三十年——法学教育中国模式的初步形成》。获北京市法学会 2008 年度优秀成果奖 1 项：常纪文的《金融危机的克服与环境影响评价制度的改革》。获《法学杂志》2008 年优秀论文类 1 项：冀祥德的《提高我国刑事辩护质量的另一条路径》。获法学研究所、国际法研究中心“首届法学研究优秀科研成果奖”专著类一等奖 1 项：李明德的《美国知识产权法》；二等奖 2 项：胡水君的《法律的政治分析》，莫纪宏主编的《违宪审查的理论与实践》；三等奖 3 项：管育鹰的《知识产权视野中的民间文艺保护》，常纪文的《动物福利法——中国与欧盟之比较》，谢增毅的《公司制证券交易所的利益冲突》。论文类一等奖 1 项：周汉华的《电子政务法研究》；二等奖 2 项：王晓晔的《滥用知识产权限制竞争中的法律问题》，苏亦工的《得形忘意：从唐律情结到民法典情结》；三等奖 3 项：冉昊的《“对物权”与“对人权”的区分及其实质》，徐立志的《〈大清民律草案〉现存文本考析》，叶自强的《举证责任的倒置与分割》。研究报告及其他类一等奖 1 项：尤韶华的《〈刑案汇览〉全编》；二等奖 2 项：《法治蓝皮书》工作室编写的《法治蓝皮书·中国法治发展报告（2003 ~ 2007）》，邓子滨翻译的《法律之门》（第八版）；三等奖 3 项：渠涛的《最新日本民法》，黄芳翻译的《国际刑事法院导论》（第二版），冀祥德的《建立中国控辩协商制度实证研究报告》（2004 年 7 月提交最高人民检察院）。离退休人员类一等奖 1 项：杨一凡的《历代判例判牍》；二等奖 1 项：李步云的《宪政与中国》（英文）；三等奖 2 项：刘翠霄的《天大的事——中国农民社会保障制度研究》，罗耀培的《民主法治的反思与展望》。

4．科研组织管理新举措

（1）关于加强科研组织与管理。配合中国社会科学院聘任制改革，正在研究起草《研究岗位申请晋级管理办法》和《研究岗位年度考核业绩积分办法》。

（2）关于人才培养的措施。2009 年，法学研究所制定了《人才强所战略实施方案》；加强人事管理的科学化；加强中青年科研骨干和管理骨干的培养；推进人才“能进能出”，2009 年度调离 3 人。

（3）关于管理体制机制改革。2009 年，法学研究所开始全面清理研究所各项规章制度，预计在 2010 年完成；加强考核机制，2008 年考核结果为“基本称职”的 5 人中，3 人转到图书馆工作，1 人辞职；修订《职工带薪年休假试行办法》，颁布《关于加强研究所考勤签到制度的补充规定》并严格执行。

（三）学术交流活动

1．学术活动

2009 年，法学研究所主办和承办的学术会议有：

（1）2009 年 5 月 9 日，法学研究所主办的“全面落实依法治国基本方略研讨会”在北京举行。会议研讨的主要问题有“法治理念与法律文化”、“社会转型与法治建设”、“法治政府建设与司法改革”、“法治建设：反思与前瞻”。

（2）2009 年 6 月 10 ~ 11 日，法学研究所与国家信息化专家咨询委员会共同主办的“电子政务、行政改革与电子政务法”学术研讨会在中国社会科学院法学研究所举行。会议研讨的主要问题有“电子政务的作用与展望”、“电子政务的实践与问题”、“电子政务的比较与创新”、“电子政务与行政改革”、“电子政务建设中面临的法律问题”、“电子政务法与法律环境的完善”等。

（3）2009年6月21日，北京市东方公益法律援助律师事务所与中国小动物保护协会共同主办的“动物、权利与和谐社会——以《北京市养犬管理规定》公益上书为例”学术研讨会在中国社会科学院法学研究所举行。会议的主题是“《关于请求对〈北京市养犬管理规定〉进行合法性审查的建议书》以及动物保护的相关理论问题”。

（4）2009年7月3日，法学研究所组织的“《突发事件应对法》实施问题研讨会”在中国社会科学院法学研究所举行。会议的主题是“《突发事件应对法》实施中的有关问题”。

（5）2009年7月24日，法学研究所主办的“第三届中国社会法论坛”在中国社会科学院法学研究所举行。会议的主题是“社会保险法的理论发展与制度创新”。

（6）2009年9月10日，中国社会科学院知识产权中心、中国知识产权培训中心、中国法学会知识产权法研究会共同主办的“郑成思教授逝世三周年纪念会暨商标法修改研讨会”在北京举行。会议的主题是“纪念郑成思教授逝世三周年”和“商标法修改研讨”，研讨的主要问题有“商标与商誉的关系”、“商标侵权的认定标准”。

（7）2009年10月24～25日，法学研究所主办的“新中国法治建设与法学发展60周年理论研讨会”在北京举行。会议研讨的主要问题有“60年法治建设与法学发展的历史回顾”、“法治建设与中国国情”、“法治建设与中国模式”、“法学发展的中国特色”、“中国法治建设与法学发展前瞻”。

（8）2009年10月24～25日，法学研究所性别与法律研究中心主办的“性别与法律研究：成果·问题·行动”网络年会在北京举行。会议的主题是“总结和分享各网络成员在推动法律领域中社会性别主流化方面已经取得的成果，讨论面临的问题和挑战，拟定未来的行动计划”。

（9）2009年11月12日，法学研究所公法研究中心与北京联合大学人民代表大会制度研究所联合主办的“人大制度的理论基础”研讨会在中国社会科学院法学研究所举行。会议研讨的主要问题有“《村民委员会组织法》实施中的问题”、“《选举法修正案（草案）》”。

（10）2009年11月21～22日，中国社会科学院刑事法学重点学科主办的“第七届刑事法前沿论坛”在北京举行。会议研讨的主要问题有“中国死刑制度改革”、“社会转型与刑法转向”、“有组织犯罪的刑事对策”。

（11）2009年12月17日，法学研究所、北京市东方公益法律援助律师事务所、洪范法律与经济研究所联合主办的“国企垄断、公共利益与法治建设”学术研讨会在中国社会科学院法学研究所举行。会议研讨的主要问题有“国企垄断与社会主义市场经济”、“反垄断法与法治”、“国企改革与公共利益”、“国企改革与制度创新”。

（12）2009 年 12 月 30 日，法学研究所、黑龙江省委宣传部、中国法学会宪法学研究会、黑龙江电视台联合主办的“大型文献系列片《东方之光——新中国宪法的足迹》座谈会”在北京举行。会议的主题是“探讨系列片《东方之光——新中国宪法的足迹》所涉及的新中国宪法的制定和修宪的历程等内容”。

2．国际学术交流和合作

2009 年，法学研究所共派遣出访 29 批 50 人次，接待来访 11 批 46 人次（其中，中国社会科学院邀请来访 3 批 16 人次），接待境外访问学者 8 人（分别来自挪威、日本、法国、丹麦、美国、瑞典），接受境外记者采访 7 人次。与法学研究所开展学术交流的国家有欧盟、美国、德国、英国、瑞士、芬兰、丹麦、意大利、挪威、爱尔兰、日本、越南、捷克、西班牙、韩国等。

2009 年，法学研究所主办或承办的国际学术会议有：

（1）2009 年 3 月 9 日，法学研究所民法学科、欧盟法研究中心主办的“竞争法与契约自由”研讨会在北京举行。会议的主题为“合同自由原则与我国合同强制规则之间关系的协调”。

（2）2009 年 5 月 7 ～ 8 日，法学研究所、挪威奥斯陆大学法学院共同承办的中挪“权利、治理与法治”国际研讨会在北京举行。会议研讨了社会权利、能源法、环境法、法治与人权等主题。

（3）2009 年 5 月 12 ～ 13 日，法学研究所和爱尔兰国立大学人权研究中心共同组织的第 18 次“中欧司法研讨会”在捷克共和国首都布拉格举行。本次会议的主题为“获得司法的权利”和“残疾人权利”。欧方代表有 7 名政府机构代表以及 21 名学者和非政府组织的代表参加，中方有 13 名学者、11 名政府机构代表和 7 名非政府组织的代表参加。

（4）2009 年 6 月 10 日，法学研究所亚洲法研究中心中日企业法研究项目主办的“中日司法体制”研讨会在北京举行。会议的主题是“中日司法审判中的有关问题”。

（5）2009 年 6 月 20 日，法学研究所、日本财团法人多媒体振兴中心共同主办的“信息产业及其法律管制”国际研讨会在北京举行。会议研讨的主要问题有“电信产业及市场的法律管制”、“信息内容产业及其市场的法律管制问题”。

（6）2009 年 7 月 1 日，法学研究所主办的“《儿童权利公约》及国内实施”国际研讨会在北京举行。会议的主题是“《儿童权利公约》及国内实施”。

（7）2009 年 7 月 3 ～ 4 日，法学研究所主办的“第六届竞争法与竞争政策国际研讨会”在北京举行。会议研讨的主要问题有“竞争法的地位”、“垄断协议”、“合并控制”、“市场支配地位”、“行政垄断”、“公共执行和私人执行”、“香港竞争法”。

（8）2009 年 8 月 29 日，法学研究所、日本人类环境问题研究会共同主办的“第三届中日环境法论坛”在北京举行。会议研讨的主要问题有“温室气体控制法律问题”、“污染防治法律问题”、“生态、资源与能源法律问题”、“环境污染救济法律问题”。

（9）2009 年 9 月 6 日，法学研究所、日本早稻田大学比较法研究所共同主办的“法治与纠纷解决”国际研讨会在北京举行。会议研讨的主要问题有“诉讼外纠纷解决机制”、“行政复议制度的改革”。

(10) 2009 年 10 月 13 ～ 14 日，中国社会科学院、芬兰科学院共同主办，法学研究所承办的“中芬比较法国际研讨会”在北京举行。会议的主题是“中芬比较法”。

(11) 2009 年 10 月 24 ～ 25 日，法学研究所、瑞士发展与合作署共同主办的“中国—瑞士气候变化法律论坛”在北京举行。会议研讨的主要问题有“温室气体排放控制的对策建议”、“温室气体排放权的国际交易”、“中国《大气污染防治法》的修订建议”、“国家、地方、企业的相关权利与义务”。

(12) 2009 年 11 月 5 ～ 6 日，法学研究所、河北省廊坊市中级人民法院联合主办的“协商性纠纷解决机制”国际学术研讨会在河北省廊坊市举行。会议的主题是“协商性纠纷解决机制的中外比较”。

(13) 2009 年 11 月 13 日，欧洲项目合作方、法学研究所、中国社会科学院知识产权中心联合主办的“新媒体条件下的知识产权保护”国际学术研讨会在北京举行。会议的主题是“新媒体条件下知识产权尤其是版权的法律保护问题”。

(14) 2009 年 11 月 18 ～ 19 日，法学研究所承办的第 19 次“中国—欧盟人权司法研讨会”在北京举行。会议研讨的主要问题有“获得司法公正”、“人权与全球经济危机”。

(15) 2009 年 11 月 19 日，法学研究所亚洲法研究中心主办的“中日企业法系列研讨”第 10 次会议在北京举行。会议的主题是“法律冲突及其解决”。

2009 年，法学研究所其他重要的国际学术交流活动还有：

(1) 2009 年 2 月 9 ～ 13 日，法学研究所研究员刘作翔赴日本早稻田大学参加“习惯在日本的立法和司法中的地位”研讨会。

(2) 2009 年 2 月 27 日至 3 月 6 日，法学研究所副研究员柳华文赴瑞士日内瓦，参加联合国人权理事会普遍性定期审议会议。

(3) 2009 年 3 月 30 日至 4 月 3 日，法学研究所研究员李明德赴英国，参加全球知识产权中心主办的“第三届全球知识产权论坛”。

(4) 2009 年 5 月 21 ～ 26 日，法学研究所研究员莫纪宏赴西班牙，参加国际宪法协会举办的主题为“宗教多元论与宪政”的会议。

(5) 2009 年 5 月 24 ～ 27 日，法学研究所研究员周汉华赴日本，参加经济产业省主办的“中日法律交流研讨会”。

(6) 2009 年 5 月 25 ～ 27 日，法学研究所研究员王晓晔赴越南河内，参加“亚洲竞争论坛”。

(7) 2009 年 7 月 15 ～ 19 日，中国社会科学院学部委员梁慧星研究员赴日本早稻田大学，参加“日中民法论坛”，发表题为《中国侵权责任法的制定》的学术演讲。

(8) 2009 年 8 月 14 日至 9 月 15 日，法学研究所副研究员柳华文赴挪威科学与文学院访问。

(9) 2009 年 11 月 3 ～ 6 日，法学研究所研究员孙宪忠赴韩国，与韩中日民商法统一研究所就“亚洲契约法的协调和韩国民法的改正”进行学术交流。

（10）2009 年 11 月 19 ～ 22 日，法学研究所研究员莫纪宏赴韩国首尔，参加国际宪法协会主办的国际宪法学圆桌会议。

（11）2009 年，法学研究所新签订的国际合作研究项目有 2 项 ：“中国社会科学院法学研究所与越南社会科学院国家与法律研究所谅解备忘录”、“中国社会科学院法学研究所和日本东北大学研究生院法学研究科关于联合培养博士生项目的备忘录”。

3．与中国香港、澳门特别行政区和中国台湾开展的学术交流

（1）2009 年 2 月 15 ～ 22 日，法学研究所所长李林研究员，研究员王敏远、周汉华等 5 人赴台湾，参加中国大陆研究会举办的两岸法学研讨会。

（2）2009 年 2 月 22 日至 4 月 23 日，法学研究所研究员刘仁文赴台湾，与台湾玄奘大学学者就“两岸刑法与刑事政策比较”进行学术交流。

（3）2009 年 5 月 4 ～ 9 日，法学研究所所长李林研究员、副所长冯军研究员赴澳门，与澳门理工学院学者就“澳门地方志项目的合作与实施”进行学术交流。

（4）2009 年 6 月 12 ～ 13 日，法学研究所研究员周汉华赴澳门，与澳门特别行政区政府个人资料保护办公室人员就个人信息保护问题进行学术交流。

（5）2009 年 10 月 15 日至 11 月 4 日，法学研究所副所长冯军研究员赴香港浸会大学社会科学院讲授“法律与公共事务”课程。

（6）2009 年 10 月 18 ～ 23 日，法学研究所研究员于敏赴澳门，参加澳门法律及司法培训中心举办的“司法行政与民事责任”研讨会。

（7）2009 年 11 月 4 ～ 10 日，中国社会科学院荣誉学部委员李步云研究员赴台湾参加“第十届海峡两岸孙中山思想之研究与实践”研讨会。

（8）2009 年 11 月 10 ～ 19 日，法学研究所研究员李顺德赴台湾参加逢甲大学主办的“两岸知识产权保护与台商权益保护”研讨会。

（9）2009 年 11 月 15 ～ 19 日，法学研究所研究员莫纪宏赴澳门参加澳门大学法学院举办的法律发展学术研讨会。

（10）2009 年 11 月 20 ～ 25 日，法学研究所副研究员徐炳赴台湾“中研院”法律学研究所，就“我国行政法的历史发展过程、取得的成就以及最新发展动态”问题进行学术交流。

（11）2009 年 12 月 9 ～ 20 日，法学研究所研究员孙宪忠赴澳门大学法学院，就加强澳门与中国内地之间的法学交流进行了学术访问。

（12）2009 年 12 月 16 ～ 23 日，法学研究所图书馆李宏赴台湾，与台湾图书发行协进会有关人员就“图书资源建设”进行学术交流。

（13）2009 年，法学研究所新签订的与港澳台地区合作研究项目有 1 项 ：“中国社会科学院法学研究所与澳门理工学院合作交流协议书”。

（四）学术社团、期刊

1．社团

中国法律史学会，会长杨一凡。

2009 年 7 月 13 日，中国法律史学会在吉林省长春市举行“中国法律史学会成立 30 周年纪念大会暨 2009 年年会”。会议的主题是“纪念中国法律史学会成立 30 周年”和“研讨中国法律传统与法律精神”，研讨的主要问题有“中国法律传统”、“中国法律精神”、“法律文化传统”、“传统法律精神”。

2．期刊

（1）《法学研究》（双月刊），主编梁慧星。

2009 年，《法学研究》共出版 6 期，共计 215 万字。该刊全年刊载的有代表性的文章有：张卫平的《起诉难：一个中国问题的思考》，税兵的《占有改定与善意取得——兼论民法规范漏洞的填补》，张明楷的《期待可能性理论的梳理》，宋英辉等的《公诉案件刑事和解实证研究》，何海波的《司法判决中的正当程序原则》，陈景辉的《裁判可接受性概念之反省》，孙光妍、郭海霞的《哈尔滨解放区法制建设中的苏联法影响》，张新军的《法律适用中的时间要素——中日东海争端关键日期和时际法问题考察》。

（2）《环球法律评论》（双月刊），主编徐炳。

2009 年，《环球法律评论》共出版 6 期，共计 150 万字。该刊对“世纪回眸”、“项目介绍”等栏目进行了调整，新增了“国际法问题研究”、“立法问题研究”栏目。该刊全年刊载的有代表性的文章有：陈欣新的《表达自由的法律涵义》，高旭军、白江的《论德国〈有限责任公司法改革法〉》，于明的《爱德华·柯克爵士与英国法学近代化》，汪雄涛的《明清判牍中的亲属争诉》，陈武的《问题专利与专利权的重构》，章礼明的《日本起诉书一本主义的利与弊》，余锋的《国际货币基金组织投票权分配制度及其改革：发展中国家的视角》，支振锋的《从社会事实到法律规范》。

（五）会议综述

全面落实依法治国基本方略研讨会

2009 年 5 月 9 日，中国社会科学院法学研究所主办的“全面落实依法治国基本方略研讨会”在北京召开。研讨会上，来自全国人大、中央党校、最高人民检察院、国务院法制办、中央文献研究室、地方人大以及北京大学、清华大学、中国人民大学、中国政法大学、中国社会科学院法学研究所等学术机构的 50 余位官员、专家、学者共同就全面落实依法治国基本方略的理论与实践问题进行了探讨。会议共收到论文 40 多篇。

2009 年 5 月，“全面落实依法治国基本方略研讨会”在北京召开。

中国社会科学院法学研究所所长李林研究员主持开幕式。中国社会科学院党组副书记、副院长李慎明研究员，中国社会科学院学部委员、法学研究所终身研究员王家福，中央党校副校长石泰峰教授，国务院法制办副主任袁曙宏教授，全国人大内司委委员、中国人民大学刑事法律科学研究中心主任戴玉忠教授，中国人民大学法学院孙国华教授等分别致辞。中国社会科学院法学研究所副所长冯军研究员主持闭幕式。中国政法大学宪政研究所所长蔡定剑教授、上海市人大法工委主任沈国明教授和中国社会科学院法学研究所所长李林研究员分别致辞。

研讨会分为四个单元。第一单元论题为“法治理念与法律文化”。专家们针对“中国特色社会主义法治的发展与新发展”、“社会主义法治理念的理论渊源”、“依法执政与法律思维”、“当代中国的法律文化”以及“中国法律渊源理论的反思”等主题进行了研讨。第二单元论题为“社会转型与法制建设”。学者们就“中国法治道路的探讨”、“建设法治国家必须以公民社会为基础”、“风险社会的法治”、“中国法治发展战略问题的思路比较”等问题进行了深入思考和讨论。第三单元论题为“法治政府建设与司法改革”。专家们针对“法治政府形成及面临的困境”、“刑事司法改革的协调性探讨”、“寻找指导性案例的方法”以及“刑事司法改革展望”等理论和实践问题进行了深入探讨。第四单元论题为“法制建设：反思与前瞻”。学者们分别以“依法治理 30 年回顾与前瞻”、“民法实现法治国家理念的技术手段分析”、“国际社会共同理解的法治概念”、“社会转型与刑法发展”、“法学教育中国模式的初步形成”、“启蒙法理学与中国的法制建设”等主题发表了各自的见解。

与会专家学者一致认为，整个研讨会信息、内容丰富，议题集中，视角多元，发言深入，讨论富于成效，对于进一步深化依法治国基本方略的理论认识具有重要意义。

（王　毅）

第六届竞争法与竞争政策国际研讨会

2009 年 7 月 3 ～ 4 日，中国社会科学院法学研究所主办、中国社会科学院国际法研究中心竞争法基地和中国法学会经济法学研究会竞争法专业委员会协办的“第六届竞争法与竞争政策国际研讨会”在北京举行。开幕式由中国社会科学院法学研究所研究员王晓晔主持。中国社会科学院法学研究所所长李林研究员致辞。参加会议的代表共100余人，其中既有来自美国、德国、日本、韩国、澳大利亚、中国香港等地的反垄断法专家和政府官员，也有来自中国国家发展和改革委员会、商务部、国家工商行政管理总局、最高人民法院等反垄断执法部门和司法部门的官员，还有来自北京大学、中国人民大学、中国政法大学、对外经贸大学、华东政法大学、中国社会科学院等国内高校和科研机构的专家学者，也有来自微软公司、美富律师事务所等的企业代表和律师代表。

论坛是在即将迎来《中华人民共和国反垄断法》实施一周年之际召开的。通过会议的研讨，总结《反垄断法》的实际实施状况，指出其中存在的问题，借鉴发达国家和地区反垄断法的有益做法及具体措施，对于进一步完善我国《反垄断法》和推进我国竞争法领域的研究都具有重要的理论意义和实践意义。

会议共分为“竞争法的地位”、“垄断协议”、“合并控制”、“市场支配地位”、“行政垄断”、“公共执行和私人执行”、“香港竞争法”等七个单元。国家发改委、商务部、国家工商总局等部委的官员介绍了各自部门实施《反垄断法》的最新进展，最高人民法院的法官阐述了人民法院在实施《反垄断法》中的作用。来自美国、日本、德国、澳大利亚、韩国、中国香港等地的反垄断法专家以及微软公司等企业代表和律师代表研讨了“金融危机中的竞争政策”、“固定价格的卡特尔和协议”、“德国控制企业合并中的效率问题”、“竞争法有效的公共实施”、“反托拉斯法合并控制的救济措施”，介绍了“合并控制在欧盟的新发展”、“德国关于市场支配地位的管制原则和案例”、“美国、欧共体、日本知识产权许可竞争法指南的经验及对中国的启示”、“欧盟竞争法中国家援助的新发展”、“德国人视野中的《反垄断法》私人执行”、“强制许可在实践中的问题和启示”、“制定中的香港竞争法的主要条款以及尚未解决的问题”，并比较了中国、澳大利亚、美国和欧盟的行政垄断。

会议主题明确，内容丰富，讨论热烈，不但使与会代表及时把握和了解了国外反垄断立法和执法的新情况，而且探讨了中国《反垄断法》在执法和司法实践中的新问题。这些讨论和交流对促进中国的反垄断事业健康向前发展具有重要意义。

（科研处）

新中国法治建设与法学发展60周年理论研讨会

2009年10月24～25日，中国社会科学院法学研究所主办的“新中国法治建设与法学发展60周年理论研讨会”在北京召开。来自中国法学会、中共中央党校、全国人大和地方人大、最高人民法院、最高人民检察院、司法部、北京市高级人民法院、北京市人民检察院、北京大学、清华大学、中国人民大学、中国政法大学、华东政法大学、复旦大学、对外经济贸易大学、中央财经大学、华南理工大学、黑龙江大学、山西大学、天津工业大学、贵州民族学院、北京联合大学、中国社会科学院法学研究所和国际法研究中心的80余位专家学者参加了研讨会。中国社会科学院法学研究所所长李林研究员主持开幕式。上海市人大法制委主任、上海市社会科学院副院长沈国明研究员，《中国法学》前主编郭道晖教授，中国社会科学院学部委员、法学研究所研究员梁慧星分别致辞。中国社会科学院荣誉学部委员、法学研究所研究员刘海年主持闭幕式。清华大学法学院教授王晨光、华南理工大学法学院院长葛洪义教授、中国社会科学院法学研究所所长李林分别致辞。会议共收到论文60余篇。

2009年10月，“新中国法治建设与法学发展60年理论研讨会”在北京召开。

与会专家学者围绕“60年法治建设与法学发展的历史回顾”、“法治建设与中国国情”、“法治建设与中国模式”、“法学发展的中国特色”和“中国法治建设与法学发展前瞻”等主题作了38个专题报告。大家以报告为基础展开了热烈而富有成效的交流和讨论。在研讨过程中，郭道晖教授、中共中央党校政法部教授王贵秀、中国法学会董必武法学思想研究会副会长杨瑞广研究员、最高人民法院原审判员张慜、刘海年研究员、中国社会科学院法学研究所退休编审罗耀培等老前辈，介绍并阐释了很多中国法治建设历程中的资料、背景和历史语境，这些珍贵的背景知识令与会学者获益匪浅。

有学者回顾并肯定了中国社会科学院法学研究所对新中国法治建设和法学发展作出的卓越贡献，认为本次会议的研讨主题具有总结性、实时性和前瞻性，希望法学研究所继续发挥好在国家民主、法治、人权建设方面的思想库和智囊团的作用。有学者回顾了新中国60年法治建设的历程，评述了60年法治建设所取得的辉煌成就，同时也展望未来中国法学发展，倡导法学人思考中国法学面对的时代使命，即如何使中国法治建设符合中国即将成为世界大国的地位。与会专家学者普遍认为，中国法治建设、法学发展正处在一个新的起点上，面临许多机遇和挑战。在中国法治发展的关键时刻，法学界回顾过去，总结法治建设的经验得失，目的是为了展望和规划未来，探讨中国特色社会主义法治、法学的走向，推动依法治国基本方略的全面落实和社会主义法治国家的早日实现。面对未来，中国法律学人任重道远，担负着不可回避的时代责任。

（刘小妹）

国际法研究所

2009 年 9 月 22 日，经中央机构编制委员会办公室批复同意，中国社会科学院国际法研究中心更名为中国社会科学院国际法研究所。

（一）人员、机构基本情况

截至 2009 年年底，国际法研究所共有在职人员 24 人。其中，正高级职称人员 4 人，副高级职称人员 7 人，中级职称人员 10 人；高、中级职称人员占全体在职人员总数的 88%。

国际法研究所设有：国际公法研究室、国际私法研究室、国际经济法研究室、国际人权法研究室、科研与外事管理处、《国际法研究》编辑部；人事处、办公室和图书馆与法学研究所合署办公。

（二）科研工作

1．科研成果统计

2009 年，国际法研究所共完成专著 5 种，共计 143.2 万字；译著 2 种，共计 122.1 万字；论文 309 篇，共计 374.4 万字；研究报告 86 篇，共计 43.1 万字。

2．科研课题

（1）新立项课题。2009 年，国际法研究所共有新立项课题 6 项。其中，中国法学会资助经费课题 1 项："国际货币法律体制改革研究"（廖凡主持）；中国极地中心课题 1 项："南极旅游国际法律制度比较研究"（王翰灵主持）；国情调研课题 2 项："国际金融危机对中国金融法制建设的影响及对策建议"（廖凡主持），"中国海洋立法与执法状况调研"（王翰灵主持）；院重点课题 2 项："联合国全称或部分海上国际货物运输合同公约研究"（张文广主持），"区域贸易协定下的竞争条款研究"（黄晋主持）。

（2）延续在研课题。2009 年，国际法研究所共有延续在研课题 8 项。其中，院重大课题 1 项："国际法的现状与变化趋势"（朱晓青主持）；院国情调研课题 2 项："条约法修改调研"（朱晓青主持），"中国法院审理涉外涉港澳台民商案件情况"（沈涓主持）；研究生院课题 1 项："《国际法学》教材"（朱晓青主持）；院重点课题 3 项："人民自决权及其行使问题研究"（赵建文主持），"中国国际私法立法理论研究"（沈涓主持），"全球金融危机与国际金融法律体制改革"（廖凡主持）；所规划课题 1 项："国际私法学的新发展"（沈涓主持）。

（三）学术交流活动

1．学术会议

（1）2009 年 12 月 5 ～ 6 日，中国社会科学院国际法研究所、美国纽约大学亚美法研究所和香港城市大学法学院联合举办的“《公民权利和政治权利国际公约》与刑事法制改革国际研讨会”在北京举行。会议研讨的主要问题有“中国刑事法制改革宏观问题”、“死刑改革”、“剥夺人身自由的法律依据和正当程序”、“劳动教养制度改革”、“保释制度”、“一事不再理原则”、“不被强迫自证其罪”、“无罪推定原则”、“刑事辩护等与《公民权利和政治权利国际公约》”。

（2）2009 年 12 月 19 ～ 20 日，中国社会科学院国际法研究所在北京举办了第六届国际法论坛“发展与挑战”。会议研讨的主要问题有“国际法与我国和谐社会建设”、“国际法与中国国内法的关系”、“国际私法与国际经济法”。

2．学术报告

（1）2009 年 9 月 22 日，德国马普国际私法研究所博士伦纳 · 库尔姆斯作题为《金融危机中的政府监管——以德国为视角》的报告。

（2）2009 年 10 月 27 日，韩国庆北大学人权中心主任朴真完作题为《〈儿童权利公约〉在韩国实施情况》的报告。

（3）2009 年 12 月 11 日，美国联邦贸易委员会前主席威廉 · 科瓦契奇和澳大利亚竞争委员会前主席阿伦 · 费尔斯作“竞争法专题讲座”。

3．其他重要活动

（1）根据外交部交办，撰写我国履行联合国《儿童权利公约》国家报告基础稿（柳华文与戴瑞君合写）15 万字，提交给外交部条法司。

（2）柳华文参加国务院新闻办公室和外交部牵头的《国家人权行动计划》专家起草组，主笔内容包括儿童权利保护、老年人权益保护等部分，这是我国首次制定国家人权行动计划。

（3）2009 年 8 月 14 日至 9 月 15 日，国际法研究所副研究员柳华文在挪威国家科学和文学院作访问研究一个月。其间，应挪威政府邀请担任挪威议会选举国际观察员。

（四）学术期刊

《国际法研究》（第三卷），主编黄东黎。

（五）会议综述

《公民权利和政治权利国际公约》与刑事法制改革国际研讨会

2009 年 12 月 5 ～ 6 日，中国社会科学院国际法研究所、美国纽约大学亚美法研究所和香港城市大学法学院联合举办的“《公民权利和政治权利国际公约》与刑事法制改革国际研讨会”在北京举行。国内外专家学者 50 余人参加了研讨会。

中国社会科学院国际法研究所所长陈泽宪研究员主持了开幕式。中国刑法学会名誉会长、国际刑法学会名誉副主席暨中国分会主席、中国人民大学荣誉一级教授高铭暄，美国纽约大学法学院教授柯恩，中华全国律师协会会长于宁分别在开幕式上致辞。他们一致肯定《公民权利和政治权利国际公约》在推进中国刑事法制改革中的积极作用，希望与会代表能够就相关议题展开深入交流和探讨。

与会专家学者分别就“中国刑事法制改革的宏观问题”、“死刑改革”、“剥夺人身自由的法律依据和正当程序”、“劳动教养制度改革”、“保释制度”、“一事不再理原则”、“不被强迫自证其罪”、“无罪推定原则”、“刑事辩护等与《公民权利和政治权利国际公约》”的相关议题，以及“公约成员国的义务与公约的监督机制”等问题进行了讨论。在每一议题下，与会专家从国际法、宪法、行政法、刑法、刑事诉讼法等多重视角，考察《公民权利和政治权利国际公约》确立的标准和中国的法制国情，分析中国刑事法制遇到的各种挑战与机遇，并提出众多建设性的改革建议。

闭幕式由中国社会科学院法学研究所诉讼法研究室主任熊秋红教授主持。中国政法大学教授陈光中、日内瓦外交与国际关系学院教授阿尔弗雷德·莫里斯·德·萨亚斯、中国社会科学院国际法研究所所长陈泽宪研究员分别致辞。

（陈泽宪等）

第六届国际法论坛“发展与挑战”

2009年12月19～20日，中国社会科学院国际法研究所在北京举办了第六届国际法论坛“发展与挑战”。来自外交部和商务部等政府部门的专家以及来自北京大学、清华大学、中国人民大学、中国政法大学、北京师范大学、国际关系学院、武汉大学、复旦大学、厦门大学和中南财经政法大学等全国20多所高等院校和科研单位的国际法学者共计90多人参加了论坛。国际法研究所所长陈泽宪教授和国际法研究所、法学研究所联合党委书记陈甦教授出席了论坛。

论坛分大会主题发言和分组讨论两部分进行，在国际公法、国际私法和国际经济法三个领域进行了探讨。

在“发展与挑战”的主题下，国际公法专业讨论的特点为：涉及领域广泛、信息量大、紧扣国际法领域的前沿和热点问题、密切联系中国外交实践、勇于提出创新性的理论观点和创新性的国际法学研究方法和思路等。讨论主要围绕国际法的基本理论、国家的承认、国际海洋法、国际环境法、国际人权法、国际刑法、国际和平与安全等领域展开。

在讨论视角上，与国际公法领域相同，国际私法领域也是既有对一直以来都十分重要的问题的进一步探讨，也有对立法和司法方面最新动向的关注。在讨论范围上，国际私法领域相对集中于法律选择和法律适用方面。

论坛上，国际经济法专业参会人员最多，讨论的话题也相对广泛，既有延续上一届论坛有关金融危机给国际经济法带来的影响这一主题所作的更深入探讨，也有对国际贸易法、国际金融法、国际投资法等专门领域的众多问题的交流。

（沈　涓等）

政治学研究所

（一）人员、机构基本情况

截至 2009 年年底，政治学研究所共有在职人员 44 人。其中，正高级职称人员 8 人，副高级职称人员 9 人，中级职称人员 18 人；高、中级职称人员占全体在职人员总数的 80%。

政治学研究所设有：政治学理论研究室、政治制度研究室、行政学研究室、比较政治研究室、政治文化研究室、信息资料室、《政治学研究》编辑部、综合办公室。

（二）科研工作

1. 科研成果统计

2009 年，政治学研究所共完成专著 5 种，249.4 万字；论文 46 篇，58.9 万字；研究报告 11 篇，150.3 万字；学术资料 7 种，4.5 万字；译著 1 种，40 万字；译文 1 篇，0.2 万字；论文集 1 种，27.2 万字；一般文章 17 篇，4.7 万字。

2. 科研课题

（1）新立项课题。2009 年，政治学研究所共有新立项课题 16 项。其中，院重大课题 1 项："中国地方政府职能建设的区域差异研究"（陈红太主持）；院重点课题 1 项："党内民主与人民民主的关系研究——以台州的基层民主实践为基础"（田改伟主持）；国情调研重大课题 1 项："中国公民政治素质和政治参与现状调研"（王一程、张明澍主持）；国情调研重点课题 2 项："中华苏维埃共和国时期的政治建设"（杨海蛟主持），"中国特色社会主义民主政治建设系列调研之四：干部人事制度改革发展状况"（王兵主持）；院青年科研启动基金课题 1 项："中国中央政府公共政策决策过程研究"（樊鹏主持）；所重点课题 5 项："共和国 60 周年政治建设的经验与启示"（陈红太主持），"中国的选举模式"（史卫民主持），"中国政府层级和行政区划研究"（贠杰主持），"东北亚国家年度述评"（郭静主持），"改革开放以来的中国政治学与政治发展"（杨海蛟主持）；其他部门与地方委托课题 3 项：中组部党建研究所课题"改革和完善农村基层党组织领导班子选举办法问题研究"（房宁、田改伟主持），中编办体改司课题"发达国家和地区大部门体制改革研究"（樊鹏主持），国家名词委课题"政治学名词审定"（杨海蛟主持）；院科研管理课题 1 项："政治学所人才队伍建设研究"（张宁主持）；院亚洲研究中心课题 1 项："东亚民间交流与沟通的路径Ⅱ期研究"（王红艳主持）。

（2）结项课题。2009 年，政治学研究所共有结项课题 14 项。其中，院重点课题 2 项："社会主义条件下的国家与社会关系研究"（周少来主持），"乡村政治发展研究——改革开放以来乡村政治结构变革和文化权力变迁"（周庆智主持）；国情调研重点课题 1 项："发展社会主义民主政治的案例调研和对策研究"（陈红太主持）；院青年科研启动基金课题 2 项："村民姚三信的日记（1995 ~ 2007）：政策视角的分析"（王红艳主持），"德治及其实现方式研究"（林立公主持）；所重点课题 5 项："共和国 60 周年政治建设的经验与启示"（陈红太主持），"中国的选举模式"（史卫民主持），"中国政府层级和行政区划研究"（贠杰主持），"东北亚国家年度述评"（郭静主持），"改革开放以来的中国政治学与政治发展"（杨海蛟主持）；其他部门与地方委托课题 3 项：中组部党建研究所课题"关于民主问题的基本理论研究"（房宁主持），中组部党建研究所课题"'三会一评'——基层群众自治的好形式"（王一程、冯钺主持），中组部党建研究所课题"听证制度彰显科学民主决策机制"（王一程、韩旭主持）；院亚洲研究中心课题 1 项："东亚民间交流与沟通的路径"（王红艳主持）。

（3）延续在研课题。2009 年，政治学研究所共有延续在研课题 25 项。其中，国家社会科学基金课题 3 项："论坚持党的领导、人民当家做主和依法治国的有机统一"（白钢主持），"马克思主义理论研究和建设工程'政治学教材编写课题'（社科基金特别委托项目）"（王一程参与主持），"马克思主义理论研究和建设工程'中国特色社会主义民主政治建设研究'"（社科基金特别委托项目）（王一程主持）；院重大课题 5 项："12 卷本中国政治思想通史"（白钢主持），"马克思主义政治学理论研究"（王一程主持），"中国特色社会主义民主政治研究"（房宁主持），"中国县政与农村政治建设研究"（史卫民主持），"构建社会主义和谐社会与政治建设研究"（杨海蛟主持）；院 B 类重大课题 4 项："社会经济结构变化对政治体制的影响"（张明澍主持），"法治政府建设与税费改革"（韩旭主持），"'执政为民'与政府治理方式的转变"（赵秀玲主持），"台独的政治理论话语批判"（王焱主持）；院重点课题 2 项："当代国际政治中的民主问题"（张树华主持），"中国政府层级和行政区划改革问题研究"（贠杰主持）；院国情调研重大课题 1 项："全面推进党的建设新的伟大工程调研"（房宁主持）；院国情调研考察活动 1 项："地方和基层政治建设实践调查"（贠杰、韩旭主持）；院青年科研启动基金课题 1 项："马克思主义政党学说中的意识形态问题研究"（徐绍刚主持）；其他部门与地方委托课题 8 项：中国社会科学院廉政研究领导小组办公室课题"社会主义民主政治建设与反腐败问题研究"（房宁主持），中国社会科学院科研局"我国公共安全、社会治安状况的变化和发展趋势研究"（张树华主持），中国社会科学院邓小平理论和"三个代表"重要思想研究中心和中国社会科学院科研局课题"关于当代中国社会阶级阶层的变化问题"（王一程主持），中国社会科学院科研局资助课题"马克思主义理论研究和建设工程项目'政治学领域重大学术理论问题研究'"（王一程主持），中国社会科学院科研局课题"以科学发展为导向的行政体制改革战略思想研究"（贠杰主持），中组部课题"中国国家吏治改革的目标与途径"（王一程主持），中纪委课题"领导干部拒腐防变教育长效机制研究"（房宁主持），院社会政法学部课题"冰冻灾害与公共危机管理研究"（房宁主持）。

3．科研组织管理新举措

2009 年，政治学研究所设立了政治文化研究室。政治文化研究室的主要任务是：研究与当代中国政治文化有关的重大基础理论和现实问题。基础理论研究的主要目标是：研究我国青少年政治心理发育、形成、发展规律，建立中国的青少年政治社会化认识体系。重大现实问题研究的主要目标是：服务于党的思想宣传文化部门，对人民群众的政治心理、社会舆论和群众情绪进行跟踪研究和测量，并进行相应的政策研究。

（三）学术交流活动

1．学术活动

2009 年，政治学研究所主办和承办的学术会议有：

（1）2009 年 5 月 9 ～ 10 日，《政治学研究》编辑部、长安大学人文学院联合主办的“中国政治学理论研究交流会”在陕西省西安市举行。会议对我国政治学发展历史进行了梳理，对我国政治学发展现状进行了客观分析，对我国政治学发展中出现的前沿问题进行了剖析，对我国政治学理论研究的未来走向进行了探索。

（2）2009 年 10 月 26 ～ 29 日，中国社会科学院政治学研究所、浙江省政协研究室、浙江行政学院主办，杭州行政学院等单位协办的“经济社会发展与民主政治建设”国际学术会议在浙江省杭州市举行。会议的主题是“改革开放 30 年来中国经济社会发展与民主政治建设的探索实践”，研讨的主要问题有“中国在现代化进程中经济社会发展与民主政治建设的基本经验”、“改革开放以来浙江省民主政治建设的实践”、“民主化与政治发展的国际比较”。

2．国际与地区学术交流和合作

2009 年，政治学研究所共派遣出访 6 批 10 人次，接待来访 21 批 65 人次（其中，中国社会科学院邀请来访 5 批 6 人次）。与政治学研究所开展学术交流的国家和地区有英国、美国、法国、加拿大、捷克、意大利、丹麦、韩国、波兰、日本、印度尼西亚、保加利亚和中国香港、中国台湾。其中：

（1）2009 年 3 月 18 ～ 22 日，应美国路易斯维尔大学亚洲民主研究中心的邀请，政治学研究所政治理论研究室主任张明澍等 2 人赴美国参加“中国的崛起及其在亚洲的影响：民主、发展与文化”国际学术研讨会。

（2）2009 年 4 月 10 日，政治学研究所副所长房宁与法国驻华使馆一等秘书杜丽缇在政治学研究所就中国的民族主义问题进行交流。

（3）2009 年 4 月 20 日，政治学研究所副所长房宁与丹麦驻华使馆大使叶普、一等秘书孔思在丹麦驻华使馆就中国共产党党内民主和改革问题进行交流。

（4）2009 年 5 月 19 ～ 22 日，应韩国启明大学校长申一熙的邀请，政治学研究所白钢赴韩国参加该校建校 55 周年庆典，并为该校学生作了题为《新农村建设与发展基层民主的关系》的讲演。

（5）2009 年 6 月 30 日，波兰国立罗兹大学国际关系与政治学院和东亚中心教授梅德明在政治学研究所作了题为《波兰政治制度——问题与挑战》的学术讲座，并就中国的政治发展等问题与政治学研究所学者进行学术交流。

(6) 2009年7月9日至8月2日，根据中国社会科学院与韩国启明大学合作交流协议，韩国启明大学国际学院院长、中国学科教授张炳玉访问中国社会科学院。其间，张炳玉访问了中国社会科学院政治学研究所、当代中国研究所、世界经济与政治研究所，与相关学者就21世纪初中美政治关系和两国对外安保战略有何变化等问题进行了学术交流。

(7) 2009年7月10～24日，根据中国社会科学院与美国波士顿大学学术交流协议，美国波士顿大学国际关系与政治系东亚综合研究项目部主任傅士卓教授与该系访问学者卡洛斯·布兰考教授访问中国社会科学院。其间，他们访问了中国社会科学院政治学研究所、拉丁美洲研究所、世界经济与政治研究所，与相关学者就拉丁美洲的改革经历和制度建设、中拉改革之异同等问题进行了学术交流。

(8) 2009年7月15～25日，应韩国国会事务总长朴启东的邀请，政治学研究所所长房宁等4人就韩国政治发展以及民主政治的有关情况等问题赴韩国进行访问。其间房宁等拜会了韩国国会议员朴景慧，访问了首尔大学、仁川大学和韩国政治学会。

(9) 2009年10月12日，政治学研究所所长房宁、副所长王兵等在政治学研究所就中国的法制建设、反腐败、中印尼关系等问题与印度尼西亚国防研究院代表团进行了学术交流。

(10) 2009年11月6日，中国社会科学院副院长、中国政治学会会长李慎明，政治学研究所所长房宁，政治学研究所原所长、中国政治学会常务副会长王一程，中国社会科学院国际合作局副局长王镭，中国社会科学院国际合作局国际处处长吴波龙等在北京与韩国高丽大学教授、国际政治学会执行委员会委员任爀伯就中国政治学会重返国际政治学会的原则和前提条件等问题进行了初步沟通。

(11) 2009年12月8日，美国乔治华盛顿大学中国政策项目主任、政治学和国际事务教授沈大伟在政治学研究所作了题为《美国对中国政治外交安全事务的研究》的学术讲座。

(12) 2009年8月31日，政治学研究所所长房宁与韩国首尔大学中国研究所所长郑在浩在政治学研究所签署合作协议。双方可每年各派1人互访1周，访问交流采取落地接待与对等原则，接受方负责支付访问人员在其国内的费用；双方每年举行1次小型学术研讨会，由中方和韩方轮流主办。该协议自2010年起开始执行，为期4年。

(13) 2009年，政治学研究所赴境外培训1人。

3．与中国香港、澳门特别行政区和中国台湾开展的学术交流

2009年，政治学研究所共派遣出访3批6人次，接待来访1批16人次。

(1) 2009年5月3～29日，应中国大陆研究会理事长杨开煌的邀请，政治学研究所所长房宁等4人赴台湾参加“两岸民主论坛”学术研讨会。

(2) 2009年5月20日，政治学研究所所长房宁等4人与台湾大学政治学系参访团在政治学研究所就中国的政治学发展等问题进行学术交流。

(3) 2009 年 11 月 1 ~ 6 日，应台湾政治大学政治系主任冷则钢教授的邀请，政治学研究所政治制度室主任史卫民赴台湾参加“大陆与台湾地方治理”研讨会。

(4) 2009 年 11 月 2 ~ 19 日，应香港浸会大学社会科学院院长傅浩坚教授的邀请，政治学研究所副所长杨海蛟赴香港为公关行政管理硕士课程讲授“公关行政”课程。

(四) 学术社团、期刊

1. 社团

(1) 中国政治学会，会长李慎明。

2009 年 10 月 22 ~ 25 日，中国政治学会主办，四川省政治学会、西南交通大学承办，电子科技大学、四川大学、西南财经大学、四川师范大学、成都理工大学、中共四川省委党校、四川省社会科学院等单位协办的“中国政治学会 2009 年年会暨新中国政治建设与政治发展 60 年学术研讨会”在四川省成都市举行。会议的主题是“系统总结新中国成立 60 年来政治发展所取得的成就及其经验，对其中的失误及其教训加以深刻反思，并展望中国政治未来的走向”。研讨的主要问题有“新中国政治建设和政治发展的基本经验”、“新中国的民主政治建设”、“中国特色社会主义政治制度”、“基层民主”、“政治体制改革与政府管理体制改革”、“学会的相关工作”。

(2) 中国政策科学研究会，会长袁木。

2. 期刊

(1)《政治学研究》(双月刊)，主编王一程。

2009 年，《政治学研究》全年共出版 6 期，共计 150 万字。该刊全年刊载的有代表性的文章有：徐勇、刘义强的《发展党内民主是保持党长期执政地位的重要保证——中国共产党与苏联共产党比较研究》，樊鹏的《中国社会结构与社会意识对国家稳定的影响》，黄新华的《市场经济体制建立和完善进程中的地方政府治理改革——改革开放以来地方行政管理体制改革的回顾与前瞻》，王俊拴的《当代中国的国家结构形式及其未来走向》，周光辉、赵闯的《跨越时间之维的正义追求——代际正义的可能性研究》，高建、高春芽的《西方政治思想史研究 30 年》，张小兵的《美国视角的比较政治学》，乔贵平、吕建明的《自由主义民主理论剖析》，周平的《对民族国家的再认识》，张师伟的《中国传统政治哲学的内部逻辑》，郑言的《回顾与思考：新中国政治建设与政治发展 60 年》，林立公的《试论两新组织党的建设》，吴家庆的《论执政党公信力：内涵、功能与现实途径》，王岩、茅晓嵩的《“意识形态终结论”批判与我国意识形态安全》，张贤明、杨渊浩的《新中国 60 年政治建设与政治发展经验的几点思考》，张立进、林毅的《加强马克思主义学习型政党建设》，王英津的《“五权分立”思想与“三权分立”思想之比较分析》，李路曲的《从对单一国家研究到多国比较研究》。

(2)《今日中国论坛》(月刊)，主编段若非。

（五）会议综述

中国政治学会2009年年会暨新中国政治建设与政治发展60年学术研讨会

2009年10月，“中国政治学会2009年年会暨新中国政治建设与政治发展60年学术研讨会”在四川省成都市举行。

2009年10月22～25日，“中国政治学会2009年年会暨新中国政治建设与政治发展60年学术研讨会”在四川省成都市举行。中国政治学会会长李慎明作大会主题发言。来自全国各地的250余位专家学者围绕会议主题，从多个方面进行了研讨。

（1）关于新中国政治建设和政治发展的基本经验。有学者认为，新中国政治建设与政治发展的成就，从宏观上看主要体现在如下方面：党的建设得到加强、执政能力得到提升，人民代表大会制度、中国共产党领导的多党合作和政治协商制度、民族区域自治制度和基层群众自治制度不断完善，民主政治法制化水平不断提高，人权事业不断发展等。有学者将新中国政治建设与政治发展60年的基本经验概括为以下几点：一是必须坚持以马克思主义为指导与坚持勇于创新的辩证统一；二是必须坚持中国特色社会主义的国体与政体的辩证统一；三是必须坚持“一个中心”和“两个基本点”的辩证统一；四是必须坚持党的领导、依法治国和人民当家做主的辩证统一；五是必须坚持为了人民、相信人民和依靠人民的辩证统一；六是必须坚持加强和改善党的领导、保持党的先进性与提高党的领导执政水平的辩证统一。

（2）关于中国特色社会主义政治制度。有学者提出，新中国成立60年以来，作为人民代表大会制度重要组成部分的人大监督制度经历了一个建立、探索、改革与发展的历程，前30年为后30年奠定了基础，积累了经验。后30年与中国的政治发展同步，人大监督制度取得了一系列重大进展。今后，人大监督制度需在违宪监督、财政监督和相关监督条例等方面进一步改革和完善。有学者认为，新中国成立60年经济取得了快速发展，政治上也取得了相对平稳的发展，“奥秘”之一就是坚持中国共产党领导下的多党合作制度，没有搬用竞争性的政党体制。中国的政党制度在维护执政党领导地位的同时也保证了其他政党参政议政、民主协商和监督权的社会影响力。

（3）关于基层民主。有学者从宏观层面和社会动员、自主参与与政治整合的角度认为，

1978 年以来，以基层群众自治组织为依托，基层民主得到很大发展，制度化基础日益巩固，发展空间日益扩大。有学者运用统计数据对村级民主管理制度与实践进行了实证分析，得出了如下结论：近 20 年来，农村民主选举对村庄治理产生了巨大影响，但由于出现贿选等因素影响，村民在选举中的主动性有所下降，对当选后的村干部评价不高，对村级民主决策和管理的参与及满意程度较低。因此，完善农村民主管理要更加重视制度建设，要激发农民参与村级民主管理的积极性。

（4）关于政治体制改革。有学者主张健全党内监督与完善巡视制度。现阶段在巡视机构设置和人员配置、确定巡视对象及重点、巡视的手段和方法、巡视成果的运用转化、开展巡视制度理论研究等方面，都还不够定型和成熟，存在着一些问题。有学者认为，制度对于防治腐败具有根本性作用。为有效防治腐败，需要通过深化政治体制改革和行政管理体制改革解决防治腐败的生态性制度方面的问题；强化防治腐败的专门性制度建设；把反腐倡廉执行性制度建设提到应有的地位。

（张　宁）

经济社会发展与民主政治建设国际学术会议

2009 年 10 月 26 ~ 29 日，中国社会科学院政治学研究所、浙江省政协研究室和浙江行政学院主办，杭州行政学院等单位协办的“经济社会发展与民主政治建设国际学术会议”在浙江省杭州市举行。来自中国、美国、德国、澳大利亚、韩国等国家的专家学者近百人参加了会议。会议主要就以下几方面问题进行了研讨。

（1）中国经验：民主政治与经济社会协调发展。有学者认为，当代中国民主政治建设的基本经验为：其一，保障人民权利、集中国家权力，是当代中国民主政治的基本特征；其二，随着经济社会发展，逐步发展和扩大人民的权利；其三，发展政治协商是中国民主政治的重要形式和主要特色。有学者认为，十四大以来，中国政治体制改革走上了一条经验性的发展和探索之路，即“星火燎原”模式。中国人民大学国际关系学院教授杨光斌认为，民主和法治是两个一直并行不悖的概念。而一段时期以来，在中国对民主政治的讨论中，“民主议题”得到广泛关注，而“法治议题”在不同程度上受到忽视。台湾政治大学政治系教授寇健文认为，在干部选拔任用过程中增强参与性，是推进党内民主的一个重要举措。台湾开南大学公共事务管理学系副教授张执中认为，目前大陆的问责制中，人大和法院扮演的只是被动的角色。

（2）浙江的实践：中国民主政治发展的鲜活例证。 浙江省人大研究室副主任张国强介绍了通过“嫁接”发生自温岭的“民主恳谈”，将协商民主运用于人大工作的一些创新性做法。浙江省乐清市人大常委会主任赵乐强介绍了乐清市人大常委会旨在落实《监督法》的一项实践探索，即“人民听证”。浙江省政协副秘书长、研究室主任李火林介绍了浙江省政协在促进科

2009 年 10 月，“经济社会发展与民主政治建设国际学术会议”在浙江省杭州市举行。

学民主决策中的作用。此外，杭州市余杭区副区长祝振伟介绍了余杭区政府在推进农村基层民主建设方面的一些情况。有学者认为，浙江省在民主政治建设方面的探索归纳起来可以得出四点结论：一是比较好地坚持了渐进性原则；二是比较好地坚持了实效性原则；三是比较好地坚持了有序性原则；四是浙江基于经济社会发展实际上已经生成了一种内生型的民主政治建设动力机制。

（3）比较的视野：来自不同政治体制的经验。美国纽约州立大学学者指出，公众舆论既是民主政治的重要组成部分又是其保障体系。媒体的政治功能是准确、及时地反映公众舆论和监督权力阶层，但大众传媒除可以表达民意外，还可以对公众舆论进行操控。韩国学者介绍了韩国民主化的几点经验：民主政治的建设肯定是一个漫长的过程，在慎重推进民主政治发展的同时，需要适时取得一些突破性的进展，需要重视有关正面性的制度设计和具体方案的讨论，以达成广泛共识。台湾铭传大学公共事务学系教授杨开煌认为，民主的方式具有许多优点，但从台湾的经验来看，民主的方式也存在缺陷。中国社会科学院政治学研究所周少来主要以韩国和我国台湾地区的政治发展为知识背景，提出了一个民主化进程的结构性分析架构，即结构和条件、主体和组织、事件和过程、制度和生活方式。民主制度的建构对民主化具有标志性的意义，但对民主的建立和巩固而言更为根本的是民主生活方式的形成，这需要更长的时间和更大的努力。

（张　宁）

民族学与人类学研究所

（一）人员、机构基本情况

截至 2009 年年底，民族学与人类学研究所共有在职人员 162 人。其中，具有正高级职称人员 33 人，副高级职称人员 49 人，中级职称人员 53 人；高、中级职称人员占全体在职人员总数的 83%。

民族学与人类学研究所设有：民族理论研究室、社会文化人类学研究室、宗教文化研究室、民族历史研究室、南方语言研究室、北方语言研究室、语音学与计算语言学研究室、民族古文字研究室、世界民族研究室、经济与社会发展研究室、影视人类学研究室、《民族研究》编辑部、《世界民族》编辑部、《民族语文》编辑部、图书馆、网络信息中心、办公室、科研处、人事处。

民族学与人类学研究所院属科研中心有：中国社会科学院中国少数民族语言研究中心、中国社会科学院西夏文化研究中心、中国社会科学院海外华人研究中心、中国社会科学院蒙古学研究中心、中国社会科学院藏族历史与文化研究中心；所属研究中心有：中国社会科学院加拿大研究中心，中国社会科学院羌学研究中心。

（二）科研工作

1．科研成果统计

2009年，民族学与人类学研究所共完成专著12种，约357万字；论文205篇，约247.5万字；研究报告24篇，约125.5万字；学术资料11种，约645.5万字；古籍整理1种，115万字；译著7种，约206.6万字；译文4篇，15.8万字；学术普及读物2种，约37万字；一般文章55篇，约41.6万字；软件2种，150兆节；论文集7种，约265万字；影视作品2部，165分钟。

2．科研课题

（1）新立项课题。2009年，民族学与人类学研究所共有新立项课题17项。其中，国家社会科学基金青年课题1项："广义类型学视野中的判断句研究"（张军主持）；院重大课题1项："基于语音声学参数数据库统一平台的阿尔泰语系诸语言研究"（呼和主持）；院重点课题4项："中国古代民族观研究"（刘正寅主持），"国外萨满教研究通论"（孟慧英主持），"《蒙文启蒙诠释》研究"（曹道巴特尔主持），"中国民族自治州政区沿革图集"（陈英初主持）；院青年科研启动基金课题4项："基于文献和田野的藏缅语语法（专题）研究"（张军主持），"湘西北农村社群社会变迁中的经验与文化意义研究"（吴晓黎主持），"比工仡佬语动词研究"（吴亚萍主持），"民族自治地方中央企业社会责任实践调查——以红河州为个案"（刘玲主持）；国情调研课题7项："新疆锡伯语使用现状调查"（朝克主持），"西南民族地区旅游发展中的'洋人街'调研：以阳朔、大理、丽江为中心"（陈建樾主持），"苏尼特右旗草原畜牧业转型问题调查"（张世和主持），"云南省传教士创民族文字使用情况及其影响"（王锋、李云兵主持），"公务员制度对丽江少数民族干部队伍建设的影响研究"（孙懿主持），"拉萨市藏语拉萨话使用现状调查"（龙从军主持），"新疆南部和田游牧维吾尔族社会文化调研报告"（王小霞主持）。

（2）结项课题。2009年，民族学与人类学研究所共有结项课题17项。其中，国家社会科学基金课题5项："民族地理学的理论与方法"（管彦波主持），"世界地区性民族问题研究"（刘泓、曹兴主持），"'华夷译语'与明代北方汉语音系"（聂鸿音主持），"白语方言比较研究"（王锋主持），"文化产业对民族文化保护、传承与发展的作用"（王晓丽主持）；院重点课题4项："中国民族学与人类学文献信息数据库（1900～2008）"（陈好林主持），"民族研究文献信息的开发与发布"（揣振宇主持），"面向信息处理的藏语词库与词法研究报告"（江荻主持），"城市少数民族流动人口与各民族散居化趋势”（张继焦主持）；院青年科研启动基金课题1项：“维吾尔语的形容词化短语”（目再帕尔主持）；院国情调研课题6项：“流动中的基督教徒：延边朝鲜族自治州基督教信仰调查”（揣振宇主持），“内蒙古自治区蒙古语言文字使用情况调查报告”（呼和主持），“兀剌古城遗址调研报告”（聂鸿音、孙伯君主持），“新疆生产建设兵团调研”（周弘主持），“宁夏回族自治区农村劳动力转移调研报告”（刘小珉主持），“公务员制度下丽江市少数民族干部队伍现状调研”（孙懿主持）；所重点课题1项：“拉坞戎语业隆方言动词研究”（尹蔚彬主持）。

3．获奖优秀科研成果

2009年，民族学与人类学研究所共评出“2009年度民族学与人类学研究所优秀科研成果”著作一等奖1项：史金波的《西夏社会》；著作二等奖2项：管彦波的《云南稻作源流史》，聂鸿音的《唐代长安方言考》；著作三等奖4项：孟慧英的《西方民俗学史》，揣振宇、华祖根主编的《中国民族研究年鉴（2005年）》，秦永章的《日本涉藏史：近代日本与中国西藏》，周弘的《民国新疆社会研究》。论文一等奖2项：郝时远的《民族认同危机还是民族主义宣示？——评亨廷顿〈我们是谁〉一书中的族际政治理论困境》，朱伦的《西方的“族体”概念系统：从“族群”概念在中国的应用错位说起》；论文二等奖4项：王希恩的《中华民族凝聚力的更新和重构》，徐世璇的《土家族句子中的选择性变调》，扎洛的《西藏农村的宗教权威及其公共服务——西藏五村的案例分析》，陈建樾的《河南邓州“台湾村”系列研究》。论文三等奖6项：斯钦朝克图的《阿尔泰语系诸语言的人体部位名称及其比较研究》，周竞红的《南京国民政府初期十年边疆民族事务管理机制与政策》，周毛草的《安多藏语玛曲话动词的名物化》，丁赛的《农村汉族和少数民族农村劳动力转移的比较》，杨将领的《藏缅语数量短语的演变机制》，艾菊红的《金平傣族女性在家庭及社会上的双重角色与地位》。

（三）学术交流活动

1．学术活动

2009年，民族学与人类学研究所主办或主要承办的学术活动有：

（1）2009年7月27～31日，民族学与人类学研究所参与筹办的“国际人类学与民族学联合会第16届大会”在云南省昆明市召开。会议研讨的主要问题有“文化多样性与民族和谐”、“马克思主义民族理论与民族问题实践”、“影视人类学的方法与实践”、“古代民族志文献与族际认知”、“跨喜马拉雅地区的藏缅语族（汉藏语系）语言”、“语言接触和语言的混合——关于混合语理论”、“亚太地区的劳动力迁移和社会流动”、“人口迁移与民族散居”、“民族文化与民族企业的发展”。

（2）2009年8月2～3日，民族学与人类学研究所参与主办的首届白语国际学术研讨会在云南省大理市召开。会议的主题是“白语描写研究与历史比较研究、白语与白族社会文化研究”。

（3）2009 年 8 月 11 ～ 14 日，民族学与人类学研究所与中国社会科学院社会政法学部、藏族历史文化研究中心、青海社会科学院在青海省西宁市联合举办了“首届藏区社会经济发展论坛”。会议的主题是“如何在科学发展观的指导下，加快藏区的社会经济发展”。

（4）2009 年 8 月 27 ～ 29 日，民族学与人类学研究所《民族语文》编辑部主办的“纪念《民族语文》创刊 30 周年学术研讨会”在北京召开。会议的主题是“总结《民族语言》办刊经验”。

（5）2009 年 8 月 30 ～ 31 日，民族学与人类学研究所《民族研究》编辑部主办的“庆祝《民族研究》复刊 30 周年暨理论发展与创新学术研讨会”在北京召开。会议研讨的主要问题有“庆祝《民族研究》杂志复刊 30 周年”、“中国民族理论的发展与创新”。

2．国际与地区学术交流和合作

2009 年，民族学与人类学研究所共有 25 批 30 人次出访，11 批 20 人次来访。与民族学与人类学研究所开展学术交流的国家和地区有德国、英国、奥地利、美国、蒙古国、挪威、瑞典、新加坡、意大利、俄罗斯、芬兰、荷兰、加拿大、丹麦、埃及、保加利亚、波兰、法国等国家和中国台湾、中国澳门。

（1）2009 年 1 月 3 日至 4 月 2 日，德国学者麦雅访问民族学与人类学研究所，主要收集少数民族语言研究的资料。

（2）2009 年 6 月 10 ～ 23 日，依据中国社会科学院与加拿大阿尔伯塔大学合作协议，加拿大学者白瑨来中国重点调查福建茶在中国市场和国际市场流通的情况并考察福建茶在北京市场的情况。

（3）2009 年 6 ～ 7 月，民族学与人类学研究所、挪威奥斯陆国际和平研究所合作项目“中国的游牧业”继续进行。挪方学者赴内蒙古自治区根河市对敖鲁古雅鄂温克族驯鹿游牧民进行了为期 30 天的田野调研，但计划在藏区的田野调研因故未能成行。2009 年 10 ～ 11 月民族学与人类学研究所 1 名学者再赴挪威，就驯鹿萨米人的传统社会组织、传统文化的保护等进行了 30 天的调研。

（4）2009 年 7 月 25 日至 8 月 7 日，按照中国社会科学院与保加利亚科学院科学合作协议，保加利亚学者赞内娃访问民族学与人类学研究所，与民族学与人类学研究所所长郝时远等就“自然和社会灾难与传统文化”问题进行学术交流。

（5）2009 年 8 月 31 日至 9 月 10 日，民族学与人类学研究所、蒙古国科学院合作项目“中蒙跨境游牧文化比较研究”启动。双方学者在蒙古国肯特省的达德勒、宾德尔等布里雅特蒙古部族聚居的苏木（县）进行了联合学术考察活动；2009 年 9 月 14 ～ 27 日，双方学者在我国内蒙古呼伦贝尔市布里雅特蒙古族聚居的锡尼河镇、根河市敖鲁古雅鄂温克猎民乡进行了联合考察活动。

（6）2009 年 11 月，民族学与人类学研究所、保加利亚科学院民族学研究所合作项目“危机处理的中保比较”第二期启动。

3．与中国香港、澳门特别行政区和中国台湾开展的学术交流

(1) 2009年5月7～16日，民族学与人类学研究所研究员何星亮、孟慧英赴台湾，参加台湾真理大学组办的学术研讨会。会议研讨的主要问题有“仪式展演与脉络化”、“宗教仪式与艺术”、“仪式组织与地方社会”。

(2) 2009年11月16～19日，民族学与人类学研究所研究员黄行赴澳门，参加“2009澳门语言接触与跨文化交际国际学术研讨会”，并参加由澳门理工学院、北京语言大学、教育部语言文字应用研究所合作建立的“澳门语言文化研究中心”的揭牌仪式。

(3) 2009年12月17～22日，民族学与人类学研究所研究员史金波、聂鸿音、孙伯君赴台湾，参加台湾“中研院”语言学研究所主办的“西夏语文与华北宗教文化”研讨会，并作学术报告。

（四）学术社团、期刊

1．社团

有9个学会挂靠在民族学与人类学研究所，其中8个在北京，1个在外省。

(1) 中国民族研究团体联合会，理事长郝时远。

(2) 中国民族理论学会，会长牟本理。

(3) 中国民族史学会，会长郝时远。

2009年10月24～26日，中国民族史学会和青岛大学联合主办的中国民族史学会第七届会员代表大会暨“中国民族史研究的发展与创新”学术研讨会在山东省青岛市召开。会议的主题是“中国民族史研究的发展与创新”和“中国民族史学会理事会的换届”。

(4) 中国民族学学会，会长郝时远。

(5) 中国民族语言学会，会长黄行。

2009年8月26日，中国民族语言学会以成立30周年为契机，在中国社会科学院民族学与人类学研究所召开了“纪念中国民族语言学会成立30周年座谈会”。会议的主题是“总结中国民族语言学会30年来的工作”。

(6) 中国世界民族学会，执行会长郝时远。

(7) 中国突厥语研究会，会长哈米提·铁木耳。

(8) 中国民族古文字研究会，会长揣振宇。

(9) 中国西南民族研究会，会长何耀华。

2．期刊

(1)《民族研究》(双月刊)，主编郝时远。

2009年，《民族研究》共出版6期，共计108万字。该刊全年刊载的有代表性的文章有：朱伦的《关于民族自治的历史考察与理性思考——为促进现代国家和公民社会条件下的民族政治理性化而作》，贾益的《1874年日军侵台事件中的“番地无主”论与中国人主权观念的变化》，[美]郁丹的《传教士符号暴力下的晚清“中国人特质”——对明恩溥〈中国人的特质〉的后殖民阅读》。

(2)《世界民族》(双月刊)，主编郝时远。

2009年，《世界民族》共出版6期，共计85万字。该刊全年刊载的有代表性的文章有：夏路的《二战后民族分裂国家统一模式略议——“统一环境”与“统一成本”的视角》，闫文虎的《伊朗核问题的民族主义释义》，覃敏健、黄骏的《多元文化互动与新加坡的“和谐社会”建设》。

(3)《民族语文》(双月刊)，主编黄行。

2009年，《民族语言》共出版6期，共计72万字。该刊全年刊载的有代表性的文章有：陈忠敏的《历史比较法与汉藏语研究》，陈宗振的《三论〈突厥语词典〉中保留在西部裕固语里的一些古老词语》，聂鸿音的《俄藏4167号西夏文〈明堂灸经〉残叶考》，吴福祥的《南方民族语言处所介词短语位置的演变和变异》。

(五)会议综述

国际人类学与民族学联合会第十六届大会

2009年7月27～31日，由国家民委主办、云南省承办、中国社会科学院民族学与人类学研究所参与筹备的“国际人类学与民族学联合会第十六届大会”在云南省昆明市召开。来自全球近100个国家和地区的4300多名专家学者(中国学者3000多名、国外学者1000多名)，围绕“人类、发展与文化多样性”的主题，开展了深入而广泛的交流，并就“人类发展路径的选择”、“文化多样性保护”等问题发表了《昆明宣言》。

2009年7月，“国际人类学与民族学联合会第十六届大会”在云南省昆明市召开。

国务院副总理回良玉参加开幕式并致辞。中国社会科学院民族学与人类学研究所所长郝时远在开幕式上作的题为《中国田野中的人类学与民族学》的主旨发言，回顾和总结了中国人类学民族学的历史渊源和发展历程。中国社会科学院民族学与人类学研究所的20多位学者分别主持了“文化多样性与民族和谐”、“马克思主义民族理论与民族问题实践”、“影视人类学的方法与实践”、“古代民族志文献与族际认知”、“跨喜马拉雅地区的藏缅语族（汉藏语系）语言”、“语言接触和语言的混合——关于混合语理论”、“亚太地区的劳动力迁移和社会流动”、“人口迁移与民族散居”、“民族文化与民族企业的发展”等20多个专题论坛，国内外学者约600多人参加了这些论坛。中国社会科学院民族学与人类学研究所提供的影片《祖先留下的规矩》获得了大会人类学影片最高奖项——优秀影片奖。

（孙　懿）

纪念中国民族语言学会成立30周年座谈会

2009年 8月26日，“纪念中国民族语言学会成立30周年座谈会”在中国社会科学院民族学与人类学研究所召开。来自中国社会科学院科研局、国家民委语文办、中国民族语言学会历届领导、理事、会员代表等近70人参加了会议。会议由中国民族语言学会现任会长黄行主持。中国民族语言学会名誉会长孙宏开代表学会作了主旨发言。

中国民族语言学会是中国社会科学院主管、挂靠民族学与人类学研究所的全国性学会，它成立于1979年，是为了适应改革开放以来中国民族语言工作的新形势，以更好地承担、组织并协调国内少数民族语言文字工作和研究活动而成立的。学会的宗旨是团结全国民族语言工作者，开展学术研究和学术活动，为繁荣、发展中国民族语言工作作出贡献。30年来，中国民族语言学会为中国民族语言文字事业作出了重要贡献，并发展成为拥有800名会员、具有重要学术地位和学术影响力的学术团体。

座谈会上，中国社会科学院科研局副局长黄群慧、中国社会科学院民族学与人类学研究所党委书记揣振宇分别代表院、所两级主管部门向学会成立30周年表示热烈的祝贺，并高度评价了中国民族语言学会30年来的工作，同时指出，院、所两级主管部门将大力支持学会的工作。与会专家分别就学会30年来的工作成就、新时期的工作方针和重要责任等问题作了发言和交流。座谈会既总结了学会的工作经验，又对学会未来的工作思路进行了探讨，必将使学会在新的历史时期获得更大的发展，为国家的民族语文工作作出更大的贡献。

（王　峰）

中国民族史学会第七届会员代表大会暨“中国民族史研究的发展与创新”学术研讨会

2009年10月24～26日，为纪念新中国成立60周年，进一步促进中国民族史研究的深入开展，中国民族史学会和青岛大学联合举办的中国民族史学会第七届会员代表大会暨“中国民族史研究的发展与创新”学术研讨会在山东省青岛市召开。来自北京、辽宁、吉林、黑龙江、内蒙古、河南、山东、江苏、陕西、甘肃、宁夏、青海、四川、重庆、湖南、广东、广西、云南、西藏、新疆等20个省、市、自治区，包括汉、藏、蒙古、回、维吾尔、壮、满、土、土家、瑶、羌、傈僳等民族的代表105人参加了会议。会议共收到论文70余篇。

大会主要有两个重要议程：

第一个议程，举行“中国民族史研究的发展与创新”学术研讨会暨学会第13次学术研讨会，具体围绕“中国民族史研究60年的发展历程及前景展望”、“中国民族史研究的理论与方法创新”、“当前中国民族史研究的热点与前沿问题”、“中国民族政策的反思与民族史研究者在促进民族团结及和谐社会建设中的责任”等专题进行了讨论。

第二个议程，进行学会理事会的换届工作，选举产生新一届理事会。10月25日，大会选举产生了第七届中国民族史学会理事会，并由理事会选举产生了中国民族史学会会长、副会长和秘书长。

（苏　航）

社会学研究所

（一）人员、机构基本情况

截至2009年年底，社会学研究所共有在职人员83人。其中，正高级职称人员17人，副高级职称人员26人，中级职称人员27人；高、中级职称人员占全体在职人员总数的84%。

社会学研究所设有：社会理论研究室、社会调查与方法研究室、家庭与性别研究室、组织与社区研究室、社会政策研究室、农村与产业社会学研究室、青少年与社会问题研究室、社会发展研究室、社会人类学研究室、社会心理学研究室、《社会学研究》编辑部、信息网络中心、办公室、科研处 。

社会学研究所院属研究中心有：社会政策研究中心、私营企业主群体研究中心、国情调查与研究中心；所属研究中心有：社会文化人类学研究中心、社会心理学研究中心、社区信息化研究中心、社会调查与数据处理研究中心、农村环境与社会研究中心。

（二）科研工作

1. 科研成果统计

2009年，社会学研究所共完成专著7种，178万字；论文104篇，134万字；研究报告37篇，13万字；译著4种，85万字；译文2篇，2万字；论文集12种，305万字。

2. 科研课题

（1）新立项课题。2009年，社会学研究所共有新立项课题21项。其中，国家社会科学基金课题3项："中国城乡一体化进程中制度创新与资源和机会配置研究"（王春光主持），"中国特色社会工作理论和制度体系建设研究"（李培林主持），"普遍型社会福利体系的基础和设计研究"（景天魁主持）；院重大课题2项："人口快速老龄化背景下中国农村社会养老保障问题研究"（王延中主持），"信息社会的社区公共领域研究"（王颖主持）；院重点课题3项："西南民族地区出生人口性别比问题研究"（张丽萍主持），"高等教育扩张与教育机会平等——对高校扩招的平等化效应的考查"（李春玲主持），"社会变迁与农村家庭赡养行为的适应性改变"（唐灿主持）；院国情调研课题6项："新世纪以来我国社会收入和财富分配状况调研"（陈光金主持），"河北省涉县娲皇宫女娲信仰现状的人类学调查"（鲍江主持），"当前农民工回流机制及影响因素研究"（范雷主持），"改革开放以来农村社区组织变迁研究：以山西省永济市蒲州镇寨子村为例"（李振刚主持），"北京市民评价幸福的心理框架及其对当前世界经济危机风险感受和应对策略的影响"（杨宜音主持），"荒漠草原退牧还草政策评估：以内蒙古阿拉善盟为例"（张倩主持）；院青年科研启动基金课题3项："群体情绪、群体认同与行动倾向的关系研究"（陈满琪主持），"乡村工业化中的流动农民工研究"（闻翔主持），"业主维权抗争中的公民权问题研究"（史云桐主持）；所重点课题4项："韩国经验与中国农民组织化问题研究"（许欣欣主持），"体育休闲活动动机研究"（应小萍主持），"职业伤害：社会不公平的生产"（石秀印主持），"国际视野下中国社会学的历程"（阎明主持）。

（2）结项课题。2009年，社会学研究所共有结项课题14项。其中，国家社会科学基金课题1项："当代独生子女生育意愿对生育政策调整的影响"（田丰主持）；院A类重大课题2项："中国城乡社会变迁研究"（沈崇麟主持），"社会主义市场经济条件下的社会保障与社会政策"（景天魁、唐钧主持）；院重点课题1项："劳动力市场的性别不平等与职业地位获得的性别差异"（李春玲主持）；院国情调研课题2项："中国农村、少数民族地区的社会保障发展与法制建设"（王延中主持），"县域社会的组织机制与制度变迁——一项社会学长期追踪研究"（折晓叶主持）；院青年科研启动基金课题3项："综合农协的个案研究——永济市农民协会发展状况调查"（李振刚主持），"数字化时代的农民工"（杨可主持），"国民政府宁属社会调查研究"（阿嘎佐诗主持）；所级课题5项："乡村民间组织与公共空间研究"（潘杰主持），"社会认同理论及经验研究"（王兵主持），"中国现代化进程中仇富心理现象研究"（沈杰主持），"企业组织变迁和创新过程中的信任"（陈华珊主持），"文化模式与社会秩序建构的演变"（张旅平主持）。

（3）延续在研课题。2009年，社会学研究所共有延续在研课题65项 。其中，国家社会科学基金课题15项："中国百村经济社会调查"（陆学艺主持），"中国社会思想史研究"（陆学艺主持），"社会监督机制及其效度"（景天魁主持），"城市社区治理结构研究"（王颖主持），"关于中国乡村建设与改造的案例研究"（许欣欣主持），"弱势群体共享社会发展成果的社会学研究"（石秀印主持），"中国制度变迁中的员工参与"（李汉林主持），"西方现代社会理论与当代思潮"（苏国勋主持），"中国私营企业主阶层的现状与发展趋势研究"（陈光金主持），"构建社会主义和谐社会若干重大问题的理论和实证研究”（陈光金主持），“社会学视野中的和谐社会研究：阶层结构的区域差距”（樊平主持），“农民健康保障与农村卫生服务体系研究”（杨团主持），“寺院经济及其社会影响：对宗教团体的经济经营的综合研究”（何蓉主持），“‘我们感’的建构——以维权群体为例”（施芸卿主持），“近十年来结构方程模型的新发展”（赵锋主持）；院重大课题 11 项：“社会稳定与预警系统研究”（单光鼐主持），“贫困人口的社会网络研究”（沈红主持），“现阶段中国社会中间阶层现状：对海归派的个案研究”（张宛丽主持），“国家—农村干部—农民利益互动与信任关系研究”（陈光金主持），“当代中国人的生活动力”（陈午晴主持），“社区转型的制度建构过程：乡村工业社区组织与制度变迁研究”（折晓叶主持），“公共服务义务化：社会协调发展的社会人类学分析”（罗红光主持），“社会心态及其变动的趋势分析与预测”（杨宜音主持），“中国城市家庭结构和家庭关系变迁”（李银河主持），“90 年代以来中国社会转型过程中的工会角色和作用”（渠敬东主持），“境遇与态度：‘80 后’青年的社会学研究”（陈昕主持）；院重点课题 7 项：“劳资关系从冲突到和谐的实现方式研究”（石秀印主持），“反思青年研究：从 80 年代以来青年话语变迁的视角”（吴小英主持），“广义线性回归模型和计算机软件应用研究”（赵平主持），“中国农村发展道路探索：就地现代化与农民组织化”（杨团主持），“建立和完善我国农村低保制度的对策研究”（张时飞主持），“工作—家庭冲突与应对策略研究”（李原主持），“我国出生性别比的未来趋势及对策建议”（宋时歌主持）；院国情调研课题 14 项：“构建社会主义和谐社会全国追踪抽样调查”（李培林主持），“我国城乡社区发展调查”（景天魁主持），“正确处理群众利益关系，构建和谐社会”（王春光主持），“社会学所调查点建设”（李汉林主持），“特大城市社会治安研究”（景天魁主持），“当前公众社会风险心态测量与调查”（王俊秀主持），“农民新合作组织：综合性农业协会状况调研”（杨团主持），“中国工人状况与劳动关系调研”（石秀印主持），“中国非物质文化遗产状况的人类学调查”（罗红光主持），“中国中产阶级状况访谈调查：收入、消费、价值理念及政治态度”（李春玲主持），“农村年轻女性的流动模式与城市适应研究”（杨可主持），“五城市家庭现状调查”（王震宇主持），“应对危机的社会支持模式——南方受灾村落的实地研究”（刁鹏飞主持），“集体维权的城市比较研究”（施芸卿主持）；院青年科研启动基金课题 4 项：“对我国儿童肥胖症现状与趋势的社会学分析”（宋时歌主持），“宗教理念、社会阶层与社会和谐：从经典社会理论的视角对中国佛教的考察”（何蓉主持），“‘早期帕森斯’研究”（赵立伟主持），“农村税费改革后基本医疗卫生服务机制研究”（王晶主持）；所级课题 14 项：“社会思想史”（苏国勋主持），“中国人的关系认同”（陈午晴主持），“个人职业地位获得与社会转型中的结构延伸性”（陈婴婴主持），“社会研究定量分析模型研究”（夏传玲主持），“社会流动与社会阶层／阶级意识之关系研究”（李炜主持），“城市高龄老人社区照护系统的形成及其发展中的问题”（张小曼主持），“全球化与工业化背景下的儿童肥胖症”（宋时歌主持），“国家规制与宗教组织的发展：历史与现实的研究”（何蓉主持），“企业劳动控制的所有制差异”（宓小雄主持），“中国农村改革中的逆分化现象”（王颉主持），“农村家庭赡养行为的变化”（唐灿主持），“一个自我建构的诠释学研究”（徐冰主持），“互助合作：理想、实践与转化——对柳青小说的社会思想史解读”（罗琳主持），“20 世纪海外中国家庭研究评述”（马春华主持）。

3．科研组织管理新举措

2009 年，社会学研究所为贯彻院“科研强院、人才强院、管理强院”的战略目标，加大各方面的管理力度，如召开全所管理强所研讨会、重新修订所规章制度、举办青年学术茶座等。

（三）学术交流活动

1．学术交流

2009 年，社会学研究所主办和承办的学术会议有：

（1）2009 年 2 月 17 日，社会学研究所举办“地理信息系统（GIS）在社会科学研究中的应用报告会”，邀请中国社会科学院信息网络中心副研究员徐昂介绍地理信息系统的发展历史、目前的应用情况以及未来发展的态势。

（2）2009 年 2 月 19 ~ 20 日，社会学研究所在河北省徐水县举办“第三届中国农村改革发展论坛”。论坛的主题是“改革开放 30 年中国农村的变迁”。

（3）2009 年 2 月 26 ~ 27 日，由社会学研究所主办、社会政策研究中心承办的“震后重建融资机制演讲会”分别在北京和四川省成都市举行。

（4）2009 年 3 月 10 日，社会学研究所科研处举办青年研究人员学术述职会，邀请所学术委员会委员为青年研究人员作学术指导。

（5）2009 年 4 月 21 日，社会学研究所科研处举办研究人员出访学术报告会，交流研究人员出境访问所取得的成果。

（6）2009 年 6 月 22 日，社会学研究所举办“金融危机下的中国社会政策”学术报告会，邀请国内社会政策研究领域的专家就“如何面对金融危机”问题作专题演讲。

（7）2009 年 6 月 29 日至 7 月 19 日，社会学研究所在云南大学举办社会心理学高级讲习班。讲习班由美国伊力诺依大学教授赵志裕授课。来自全国高校等教研机构的 30 余人参加了培训。

（8）2009 年 7 月 29 ~ 31 日，社会学研究所在山东省济南市召开“第五届社会政策国际论坛”。论坛的主题是“全球经济危机下的社会政策”，研讨的主要问题有“应对全球金融危机的中国社会政策”、“生产性老龄化”、“农村合作组织发展与乡村治理”、“社会福利服务与社会工作”、“住房政策”、“艾滋病防治与政策”。

（9）2009 年 8 月 24 日，社会学研究所在北京承办了“第四届中国社会学博士后论坛”。论坛的主题是“国家治理与社会建设 60 年”。

（10）2009 年 8 月 28 ~ 29 日，社会学研究所承办的“社会福利论坛”在北京举行。会议研讨的主要问题有“中国社会福利发展基本经验和中外比较”、“中国建设福利社会的可能性”、

“福利模式选择与底线公平理论”。

（11）2009 年 9 月 22 ～ 23 日，由中国社会科学院和澳大利亚富林德斯大学联合主办、社会学研究所承办的“第一届中国—澳大利亚学术论坛”在北京举行。论坛的主题是“当代中国和澳大利亚社会变迁：现状与前景”。

（12）2009 年 12 月 21 日，社会学研究所在北京召开“《2010 年社会蓝皮书》发布会暨社会形势研讨会”。

2．国际与地区学术交流和合作

2009 年，社会学研究所共有 40 批 61 人次出访，接待来访学者近 85 人次。与社会学研究所开展学术交流的国家和地区有美国、澳大利亚、日本、韩国、瑞典、挪威、泰国、越南、印度尼西亚、英国、德国、南非、埃塞俄比亚、西班牙、荷兰、丹麦、波兰、匈牙利、奥地利等国家和中国的台、港、澳地区。其中：

（1）2009 年 1 月 19 ～ 30 日，社会学研究所社会人类学研究室副研究员王甘应新西兰儿童早期教育组织的邀请，赴新西兰和澳大利亚参加学术会议。

（2）2009 年 1 月 30 日至 2 月 5 日，社会学研究所社会人类学研究室主任罗红光应亚洲发展研究网络的邀请，赴科威特参加亚洲发展研究网络年会。

（3）2009 年 2 月 19 日，《社会学研究》编辑部副主任张宛丽应香港浸会大学的邀请，赴香港进行学术访问。

（4）2009 年 3 月 10 ～ 14 日，社会学研究所农村与产业社会学研究室副研究员许欣欣博士应韩国首尔全球城市论坛秘书处的邀请，赴韩国参加学术会议。

（5）2009 年 3 月 11 ～ 21 日，社会学研究所青少年与社会问题研究室副主任李春玲研究员应韩国首尔大学和延世大学的邀请访问韩国。

（6）2009 年 3 月 13 ～ 23 日，社会学研究所社会政策研究室副研究员宓小雄应加拿大曼尼托巴大学社会工作系的邀请，赴加拿大参加学术会议。

（7）2009 年 4 月 14 ～ 19 日，社会学研究所副所长陈光金应法国国际关系亚洲研究中心的邀请，赴法国进行学术访问。

（8）2009 年 4 月 22 ～ 30 日，社会学研究所社会政策研究室研究员杨团和助理研究员李振刚、组织与社区研究室副研究员孙炳耀应台湾政治大学的邀请，赴台湾进行学术访问。

（9）2009 年 4 月 22 ～ 27 日，社会学研究所青少年与社会问题研究室副主任李春玲应美国普林斯顿大学的邀请，赴美国进行学术访问。

（10）2009 年 5 月 6 ～ 13 日，社会学研究所社会政策研究室研究员阎明代表中国社会科学院参加了在挪威举办的世界社会科学理事会年会，同时访问奥斯陆大学。

（11）2009 年 5 月 15 日至 6 月 14 日，社会学研究所农村与产业社会学研究室助理研究员张倩执行中国社会科学院与西班牙马德里自治大学的学术交流协议，赴西班牙访问，交流双方在环境社会学领域的研究，并收集有关资料。

（12）2009 年 6 月 8 ～ 19 日，社会学研究所所长李培林、青少年与社会问题研究室副主任李春玲、科研处处长赵克斌执行中国社会科学院与罗马尼亚科学院学术交流协议、保加利亚科学院学术交流协议，赴罗马尼亚和保加利亚进行学术访问。

（13）2009 年 6 月 15 日至 9 月 15 日，社会学研究所社会人类学研究室研究员罗红光应台湾暨南大学人类学研究所的邀请，赴台湾暨南大学人类学研究所讲学，并进行交流与访问。

（14）2009 年 7 月 24 日至 8 月 3 日，社会学研究所所长李培林和社会政策研究室主任王春光研究员赴巴西访问。

（15）2009 年 7 月 28 日，社会学研究所社会理论研究室副研究员徐冰执行中国社会科学院中青年进修专业外语项目赴美国耶鲁大学访问。

（16）2009 年 9 月 28 日至 10 月 2 日，社会学研究所农村与产业研究室主任王晓毅研究员应荷兰科学研究组织的邀请，赴越南河内参加由荷兰驻越南河内大使馆、亚太区域社区林业培训中心和荷兰全球发展组织联合主办的“发展中国家自然资源的冲突与合作项目”接洽会。

（17）2009 年 10 月 7 ～ 12 日，社会学研究所所长李培林应日本社会学会会长井上俊的邀请赴日本访问。访问期间,参加了东亚社会学家研讨会,并与日本社会学会的理事进行了交流。

（18）2009 年 10 月 14 ～ 21 日，社会学研究所青少年与社会问题研究室助理研究员施芸卿参加了由团中央组团赴日本访问的活动。

（19）2009 年 10 月 15 日至 11 月 2 日，中国社会科学院荣誉学部委员陆学艺研究员应日本早稻田大学现代中国研究所教授毛里和子的邀请，赴日本参加主题为“改革开放 30 年的社会政策”的双边学术会议。

（20）2009 年 10 月 28 日至 11 月 1 日，社会学研究所社会发展研究室主任李炜应亚欧人类安全网络主席安东尼奥 · 马奎那 · 巴里奥的邀请，赴韩国参加在首尔举办的“流动人口、经济危机、环境诱导迁移和人类安全”学术研讨会。

（21）2009 年 10 月 28 日至 11 月 6 日，社会学研究所组织与社区研究室副主任沈红应香港科技大学社会科学部的邀请，赴香港科技大学访问，与香港学者讨论了关于中国大陆与香港的教育挑战问题。

（22）2009 年 11 月 1 ～ 13 日，社会学研究所青少年与社会问题研究室副主任李春玲和社会政策研究室助理研究员李振刚，应挪威奥斯陆大学社会与人文地理学系的邀请，赴挪威奥斯陆大学进行学术访问，就合作项目“经济变迁中儿童抚养成本的测算模型”进行讨论。

（23）2009 年 11 月 6 ～ 11 日，社会学研究所农村与产业研究室研究员石秀印赴澳门访问，参加由中国社会科学院台港澳学术交流委员会与澳门中西创新学院联合举办的“澳门历史与社会——纪念澳门回归祖国 10 周年研讨会”。

（24）2009 年 11 月 8 ～ 17 日，社会学研究所副所长陈光金率代表团赴挪威、瑞典进行学术访问，执行社会学研究所与挪威奥斯陆大学的所级交流协议和中国社会科学院与瑞典文史学院的交流协议。

（25）2009 年 11 月 19 ～ 24 日，中国社会科学院学部委员、社会政法学部副主任景天魁研究员应台湾中华文化社会福利事业基金会的邀请，赴台湾参加学术研讨会。

（26）2009 年 12 月 10 ～ 17 日，社会学研究所社会心理室主任杨宜音研究员与副主任李原赴印度参加“第七届亚洲社会心理学大会”。

（四）学术社团、期刊

1．社团

（1）中国社会学会，会长李培林（法人代表）。

2009 年 7 月 20 ～ 23 日，中国社会学会在陕西省西安市举行“中国社会学会 2009 年学术年会”。年会的主题是“中国社会变迁：60 年回顾与思考”。

（2）中国社会心理学会，会长乐国安，秘书长杨宜音（法人代表）。

2．期刊

（1）《社会学研究》（双月刊），主编李培林。

2009 年，该刊全年刊载的有代表性的文章有：熊万胜的《小农地权下的不稳定性：从地权规则确定性的视角——关于 1867 ～ 2008 年栗村的地权纠纷史的素描》，高柏的《金融秩序与国内经济社会》，刘世定的《危机传导的社会机制》，王汉生的《目标管理责任制：农村基层政权的实践逻辑》，汲喆的《礼物交换作为宗教生活的基本形式》，杨菊华、李路路的《代际互动与家庭凝聚力——东亚国家和地区比较研究》，周飞舟的《锦标赛体制》，张文宏、雷开春的《城市新移民社会认同的结构模型》，熊春文的《“文字上移”：20 世纪 90 年代末以来中国乡村教育的新趋向》，高勇的《社会樊篱的流动——对结构变迁背景下代际流动的考察》，唐灿、马春华、石金群的《女儿赡养的伦理与公平——浙东农村家庭代际关系的性别考察》。

（2）《青年研究》（双月刊），主编单光鼐。

自 2009 年起，《青年研究》由月刊改为双月刊，每期的开本和页数也有所变化。该刊全年刊载的有代表性的文章有：魏雁滨、张宙桥、韩晓燕、倪锡钦的《青年的政策觉识与支持老年父母的关系：一项香港与上海的比较研究》，张顺、程诚的《西部高校毕业生求职难度影响因素的实证研究——基于社会资本与人力资本、物质资本的比较研究及其交互效应》，尉建文的《父母的社会地位与社会资本——家庭因素对大学生就业意愿的影响》，杨华、范芳旭的《乡村混混与村落、市场和国家的互动——深化理解乡村社会性质和乡村治理基础的新视阈》，袁松、余彪、阳云云的《农民工返乡的生命历程——以湖北沟村为表述对象》，周伦府的《熟悉中的陌生：一位 80 后返乡农民工的社区体验》，田丰的《改革开放的孩子们——中国“70 后”和“80 后”青年的公平感和民主意识研究》。

（五）会议综述

中国社会学会2009年学术年会

2009年7月20～22日，中国社会学会2009年学术年会在陕西省西安市举行。年会的主题是“中国社会变迁：60年回顾与思考”。中国社会科学院副院长高全立，中国社会学会名誉会长陆学艺、郑杭生，中国社会学会会长李培林，日本社会学会会长井上俊、韩国社会学会会长金文朝和中国台湾社会学会会长张茂桂等出席了大会开幕式。来自全国30多个省、市、自治区、港澳台地区以及日本、韩国的600多名代表参加了会议。年会为期3天，共设以下23个论坛：“社会学恢复与重建30年”、“中国家庭及其研究：60年变迁和延续”、“中国社会调查60年”、“中国社会变迁与女性发展”、“城乡一体化进程中的中国农村社会变迁”、“中国社会福利60年：从小福利迈向大福利”、“全球危机下的中国社会政策走向”、“海洋社会变迁与海洋社会学学科建设”、“当代中国社会变迁与理论社会学研究新视野”、“社会工程与社会政策”、“金融危机与东亚社会”、“社会分层与流动”、“中国体育的60年与中国的社会变迁”、“移民与社会发展”、“数字家庭与社区信息化发展”、“人力资源与社会保障”、“质性研究方法：社会研究方法回顾与反思”、“社会变迁中的青少年问题研究”、“社会网与社会资本·社会资本与灾后重建”、“社会转型与社会工作”、“社会稳定与社会管理机制”、“社会建设：理论探索与监测评估”、“劳动关系与工人研究”等。

会议共收到论文近800篇。在专题研讨结束后，大会还组织了优秀论文评奖活动，共评选出一等奖论文10篇，二等奖论文20篇。

（赵克斌）

第四届中国社会学博士后论坛

2009年8月24日，由中国社会科学院、全国博士后管理委员会主办，中国社会科学院博士后流动站、中国社会科学院社会学研究所、中国社会科学院社会学博士后联谊会、北京市东方公益法律援助律师事务所承办的“第四届中国社会学博士后论坛”在北京举行。论坛的主题是“国家治理与社会建设60年”。

论坛开幕式由中国社会科学院社会学研究所所长李培林研究员主持。中国社会科学院副院长李扬、全国博士后科学基金会秘书长庄子健、中国社会科学院监察局局长王延中研究员、中国社会科学院社会学博士后联谊会会长毛振华教授分别发表了讲话。中国社会科学院社会学研究所副所长陈光金、全国博士后科学基金会处长纪子英、中国社会科学院博士后流动站处长李晓琳等约60人参加了论坛。论坛邀请3位国内著名学者发表了学术演讲：中国艺术研究院研究员梁治平发表了题为《在中国，法律是什么？——以劳动合同法为例》的演讲、中国人民大学经济学院教授杨瑞龙发表了题为《如何解读当前的宏观经济形势》的演讲、中国社会科学院社会学研究所所长李培林研究员发表了题为《国际金融危机背景下的中国社会形势》的演讲，他们从不同角度解读了社会主义和谐社会建设中所面临的问题。与会学者围绕“国家治理与社会建设”主题，分“国家、社会与市场”、“法律与治理”、“社会建设的中国经验”三个专题进行了深入研讨。

论坛上，专家学者与社会学博士后进行了互动。来自中国人民大学和中国社会科学院的评委老师对与会的博士后所提交的论文与演讲进行了点评，并提出了建设性意见。

（赵克斌）

社会福利论坛

2009 年 8 月 28 ～ 29 日，由中国社会科学院社会政法学部主办、社会学研究所承办的“社会福利论坛”在北京举行。来自全国社会福利理论研究的学者和政府部门的有关人员，从中国特色社会福利理论主题和福利模式、社会福利价值取向与发展轨迹以及中国特色社会福利制度探索等方面回顾和总结了新中国成立 60 年来的实践经验，研讨了当前中国社会福利建设中迫切需要解决的问题，展望了今后中国社会福利事业的发展前景。

中国社会科学院副院长朱佳木应邀出席论坛并讲话。中国社会科学院王家福等 6 位学部委员和荣誉学部委员出席了研讨会。中国社会科学院学部委员景天魁作了主题报告。中央各部委、各有关高校及科研机构的 40 多位领导、专家学者作了大会发言。论坛展示了近年来中国社会福利的最新研究成果，体现了较高的理论水平和学术价值。

“建设中国特色福利社会”是论坛的主题。新中国成立 60 年来，社会福利作为我国一项基本的社会政策，紧扣时代发展要求，贴近人民群众生活，取得了举世瞩目的巨大成就：社会保障制度不断完善，各项社会保险覆盖范围继续扩大，以个人账户与社会统筹相结合的城镇职工社会保险制度不断完善，参保人数和基金规模持续增长；城乡居民的最低生活保障、医疗救助等社会救助项目逐步建立，就业、教育、卫生、文化等关系到群众切身利益的社会福利项目日益引起了人们的广泛关注；越来越多的老年人、残疾人、流浪儿童等弱势群体纳入到社会保障体系中，共享着社会福利事业发展的成果。

论坛对新中国成立 60 年来中国社会福利事业的发展进行了广泛而深入的探讨和总结。在对国外社会福利理论和实践经验批判性吸收的过程中，具有中国特色的社会福利理论逐步形成，中国特色社会福利事业建设的基本原则、主要内容和重要项目等日渐清晰，中国特色的社会福利建设就是要“迈向普遍的福利时代”，以便更好地“建设福利社会”。

论坛还探讨了中国福利社会的理念基础与制度模式。认为外国的福利社会模式难以解决中国的问题，中国特色的福利社会不能照搬外国福利模式，只能采取“广覆盖、保基本、多层次、可持续”的福利社会之路。为此，就应当坚持底线公平的价值理念，按照“弱者优先、政府首责、社会补偿以及持久效益”原则建立中国特色的福利社会，以便体现“刚柔相济、保底不保顶”的适度社会福利模式特征。只有这样，才能促进经济增长与社会福利的均衡发展，缩小贫富差距、增强社会认同、实现共同富裕。

（高和荣）

第一届中国—澳大利亚学术论坛

2009 年 9 月 22 ～ 23 日，由中国社会科学院和澳大利亚富林德斯大学联合主办的“第一届中国—澳大利亚学术论坛”在中国社会科学院学术报告厅举行。论坛的主题是“当代中国和澳大利亚社会变迁 ：现状与前景”。中国社会科学院副院长武寅和富林德斯大学副校长安德鲁比尔出席论坛开幕式并致辞。来自中国和澳大利亚的学者约 80 人参加了论坛。

中国共产党第十七次全国代表大会提出中国特色社会主义事业“四位一体”的总体布局，社会建设与经济建设、政治建设、文化建设构成和谐社会建设的基本内容。关注民生成为社会建设的重要内容。澳大利亚是一个经济社会发达的国家，在社会融合、多元文化共存等社会发展领域积累了宝贵的经验。中国在和谐社会建设中需要借鉴国外的先进经验。论坛上，与会的专家学者对中澳两国社会变迁过程中所面临的挑战进行了深入和全面的分析与交流，总结了中澳两国社会变迁过程中的经验和教训，取长补短、相互借鉴，为增进中澳两国的相互了解、深化合作发挥了积极的作用。

论坛设以下主要议题 ：

第一，劳动力流动与反贫困。不论是经济学研究还是社会学研究，都发现劳动力流动与收入差距有密切的关系，其中贫困是驱动劳动力流动的一个重要因素。论坛讨论着重于以下几方面内容 ：不同类型的劳动力流动对反贫困的作用程度 ；劳动力流动影响反贫困的机制和方式 ；影响劳动力流动与反贫困关系的条件或因素 ；在劳动力流动和反贫困中的政府角色和作用 ；劳动力流动与反贫困的国际比较和中国经验。

第二，性别、家庭与社会支持。性别与家庭结构的变迁是体现社会结构变迁的一个重要方面。论坛主要探讨在全球化和市场化的背景下，中澳两国在性别理念和家庭结构方面发生的巨大变迁，包括性别角色分工与职业，家庭结构和家庭关系，个体、家庭与社会不同层面应对风险世界的不同策略，等等。通过考察和比较全球化对于不同国家性别与家庭关系的不同影响，试图探讨社会支持实现的途径与可能性。

第三，环境资源与社会责任。中国的经济发展正面临着严重的资源短缺、生态恶化和环境污染，这将成为中国发展的严重制约因素。澳大利亚与中国资源禀赋方面有很大差别，如人口压力较小，资源比较丰富。但是中澳两国在环境资源保护方面面临许多共同的问题。该议题主要关注经济发展中所面临的资源环境问题、环境保护的政策和地方社区在资源环境保护中的作用。

第四，社会结构与收入分配。该议题的讨论主要关注以下问题：社会结构变迁；社会不平等现状；收入差距及其变化趋势；比较中澳两国在上述几个方面的共性和差异。

（赵克斌）

新闻与传播研究所

（一）人员、机构基本情况

截至2009年年底，新闻与传播研究所共有在职人员43人。其中，正高级职称人员8人，副高级职称人员11人，中级职称人员14人；高、中级职称人员占全体在职人员总数的77%。

新闻与传播研究所设有：新闻学研究室、传播学研究室、网络与传媒研究室、新闻事业研究室、中国新闻年鉴社、《新闻与传播研究》编辑部、图书资料室、办公室。

新闻与传播研究所所属研究中心有：媒介传播与青少年发展研究中心、中国传媒集团研究中心、传媒发展研究中心、世界传媒研究中心、传媒调查中心、广播影视研究中心。

（二）科研工作

1．科研成果统计

2009年，新闻与传播研究所共完成专著1种，29万字；论文114篇，86.6万字；研究报告45篇，64.92万字；学术资料1种，8万字；学术普及读物10种，11.49万字；论文集1种，30万字；编辑出版学术期刊6期，120万字；编辑出版年鉴1册，160万字，刊发照片184幅；软件1种，284G；参与编辑影视作品30集，750分钟，文字稿25万字。

2．科研课题

（1）新立项课题。2009年，中国社会科学院新闻与传播研究所共有新立项课题10项。其中，国家社会科学基金课题1项："普世价值的传播与中国话语权研究"（张丹主持）；院重点课题2项："传播学跨学科研究：历史、理论与实践"（杨瑞明主持），"海外中文网络发展及舆情研究"（刘瑞生主持）；院青年科研启动基金课题1项："国家间道歉的协商机制研究"（赵康主持）；所重大课题1项："理论新闻传播学基础研究"（宋小卫主持）；所重点课题5项："世界传媒研究中心：午餐学术沙龙"（姜飞主持），"西藏'3·14'事件后中国的宣传报道"（李斯颐主持），"互联网音视频政策变迁对其现实传播的影响"（杨斌艳主持），"国际电视传媒规制研究"（冷淞主持），"清末民初的新闻传播制度（1905～1927）"（向芬主持）。

（2）结项课题。2009年，新闻与传播研究所共有结项课题8项。其中，国家社会科学基金青年课题1项："电视娱乐节目：传播形态与社会影响研究"（殷乐主持）；院重点课题1项：

“电视娱乐节目：传播形态与社会影响研究”（殷乐主持）；院交办课题 1 项：“发达国家媒体管理与宪法精神的调研”（尹韵公、唐绪军主持）；所课题 3 项：“新中国成立初期新闻业转型研究”（李斯颐主持），“新媒体对我国舆论监督机制的影响探析”（张化冰主持），“中国电影体制改革研究”（谢明主持）；院青年科研启动基金课题 2 项：“网络‘客’文化研究”（张化冰主持），“试论法国大众传媒与法兰西文化保护政策的互动关系”（谢明主持）。

（3）延续在研课题。2009 年，新闻与传播研究所共有延续在研课题 35 项。其中，国家社会科学基金课题 4 项：“中外传媒集团比较研究”（唐绪军主持），“媒介行为的伦理道德问题研究”（孟威主持），“完善我国媒介消费投诉的受理机制”（宋小卫主持），“媒介话语：语言与意识的博弈”（姜飞主持）；院重大课题 3 项：“美国政府与新闻媒体关系研究”（张西明主持），“我国网络媒体的发展态势、影响力与和谐社会的构建”（尹韵公、孟威主持），“跨国媒体传播战略研究”（姜飞主持）；院重点课题 8 项：“大众媒介中的成就观念及其与传统文化的关系”（刘晓红主持），“清末官方新闻活动研究”（李斯颐主持），“当前中国电视新闻发展中的问题与对策”（殷乐主持），“E 时代美、日与欧盟的媒介产业政策之演变”（张放主持），“中国民营传媒业发展报告”（唐绪军主持），“当代中国人际传播的现实与观念”（王怡红主持），“文明传播学的跨学科研究与学科创建”（张丹主持），“电视知识分子研究”（时统宇主持）；院重点课题 1 项：“广告主对大众传媒的影响与控制”（王凤翔主持）；院青年科研启动基金课题 3 项：“中国新闻评价标准研究”（钱莲生主持），“网络‘客’文化研究”（张化冰主持），“网络传播侵犯隐私权研究”（王颖主持）；所重大课题 3 项：“中国传播学研究 30 年大事记”（王怡红主持），“传播学在中国的 30 年（1978 ～ 2008）高端 DV 访谈”（姜飞主持），“传播研究网（所网站）改版”（唐绪军主持）；所重点课题 10 项：“编码／解码的困境与景观／表演的适用性：受众研究的范式变迁及思考”（殷乐主持），“《新闻学刊》全文数据库”（王辉主持），“新闻自由与隐私权保护的冲突与平衡”（王颖主持），“新媒体在组织文化建构与传播中的作用”（雷霞主持），“西方广告法制研究”（王凤翔主持），“互联网在中日传播中的作用”（刘志明主持），“胡锦涛同志新闻宣传思想的理论创新”（孟威主持），“胡锦涛新闻思想与全球化语境”（王凤翔主持），“后奥运时代主流媒体新闻报道的国际视野研究”（张化冰主持），“网络日志中的符号互动”（赵康主持）；交办课题 3 项：“媒体与科技传播能力建设”（尹韵公主持），“新闻舆论监督与相关法规研究”（庄前生主持），“奥运后舆论引导的对策建议”（尹韵公主持）。

3．获奖优秀科研成果

2009 年，新闻与传播研究所获胡绳青年学术优秀成果奖 1 项：姜飞的专著《跨文化传播的后殖民语境》。

4．科研组织管理新举措

2009 年，新闻与传播研究所根据《中国社会科学院聘用制改革及岗位设置管理工作实施方案》（社科 2009 人字 7 号）、《中国社会科学院研究、编辑出版、图书资料系列岗位任职条件（试行）》（社科 2009 人字 103 号）等文件精神及院工作会议部署，将原有四个研究室中的三个进行了更名，并以聘用制改革为契机，采取公开竞聘方式，聘任了研究室、信息室、编辑部和综合办公室主任。更名和改编后，原新闻事业研究室更名为媒介研究室；原网络与传媒研究室更名为网络学研究室；原编辑室分为《新闻与传播研究》编辑部和《中国新闻年鉴》编辑部；原图书资料室更名为信息室（包括所网站“传播研究网”）。

（三）学术交流活动

1．学术活动

2009年，新闻与传播研究所主办或主要承办的学术会议有：

（1）2009年8月14日，中国社会科学院办公厅、新闻与传播研究所世界传媒研究中心主办的“跨国媒体的文化传播战略”研讨会在北京举行。会议研讨的主要问题有“在新的战略背景下，应当如何应对海外媒体对中国文化和传媒产业的冲击”、“海外中文网络”、“西方电视文化”、“跨国广告在华话语权”、“跨国媒体节目对儿童的影响”、“宗教传播”。

（2）2009年10月27日，中国社会科学院新闻与传播研究所和中央电视台财经频道联合举办的“中国经济舆情与《今日观察》学术研讨会暨《今日观察》开播一周年庆典”在北京举行。

2009年10月，“中国经济舆情与《今日观察》学术研讨会暨《今日观察》开播一周年庆典”在北京举行。

（3）2009年11月20～23日，新闻与传播研究所中国新闻年鉴社主办、湖北省记协协办、三峡日报传媒集团承办的《中国新闻年鉴》第29届全国工作会议在湖北省宜昌市召开。会议总结了2009年《中国新闻年鉴》工作情况并对2010年《中国新闻年鉴》的编撰工作进行了部署。

（4）2009年12月8日，新闻与传播研究所在北京召开“从汶川地震突发事件的新闻报道看媒体的责任和使命”国情调研报告会。会议研讨的主要问题有“汶川地震对国家形象的重塑及媒体策略”、“新环境中的危机传播与舆论引导”、“汶川地震报道中的新闻自由度”、“抗震救灾新闻报道的经验及其对媒体处理重大灾害事件的启示”。

（5）2009年7月21日至12月31日期间，新闻与传播研究所世界传媒研究中心承办的“午餐学术沙龙”举办8次，先后请来中国社会科学院新闻与传播研究所所长尹韵公、中国科学院研究生院人文学院王异虹、中国社会科学院文学研究所研究员叶舒宪、《中国青年报》副总编张坤、上海大学影视学院教授张咏华、北京大学新闻与传播学院程曼丽、中央人民广播电台网络发展部主任栾轶玫、英国威斯敏斯特大学传播与媒体研究中心主任 Colin Sparks 教授等围绕新闻与传播学重大理论与现实问题进行了主题报告与研讨相结合的系列学术沙龙。

2. 国际与地区学术交流和合作

2009 年，新闻与传播研究所共派遣出访 9 批 9 人次，接待来访 2 批 2 人次。与新闻与传播研究所开展学术交流的国家和地区有日本、美国、芬兰、保加利亚、匈牙利等国家和中国的香港、台湾地区等。

(1) 2008 年 12 月 28 日至 2009 年 2 月 11 日，新闻与传播研究所卜卫受香港中文大学邀请参加“新媒介事件深度工作坊”，讨论有关新媒体技术与新闻报道以及社会发展的议题，并主持了有关参与式发展与传播的课程。

(2) 2009 年 2 月 18 ~ 21 日，新闻与传播研究所尹韵公应日本北海道大学传媒学院邀请，前往日本进行学术访问，并签订《北海道大学传媒 · 传播研究生院和中国社会科学院新闻与传播研究所友好学术交流协议书》。

(3) 2009 年 3 月 3 日，日本北海道大学东亚传媒研究中心主任渡边浩平来新闻与传播研究所访问，新闻与传播研究所所长尹韵公、副所长唐绪军等参加了会谈。双方就东亚传媒中心及东亚传播概况、今后开展交流的方式等进行了交流。

(4) 2009 年 5 月 1 日至 2010 年 4 月 30 日，新闻与传播研究所孟威出访美国，作为加州大学洛杉矶分校（UCLA）访问学者，进行新媒体发展专项研究。

(5) 2009 年 5 月 13 日，美国南卡罗莱大学新闻与传播学院广告系教授魏然来新闻与传播研究所进行学术访问，与新闻与传播研究所所长尹韵公等进行了学术座谈。会议研讨的主要问题有“网络学作为单独一门学科设立的可能性及其学科设置”、“新媒体的融合与发展”。

(6) 2009 年 5 月 20 ~ 30 日，新闻与传播研究所姜飞应国际传播学会邀请参加“第 59 次国际传播学会”,并参加宾夕法尼亚大学安娜堡传播学院召开的“第七次中国互联网研究”会议，作了题为《中国虚拟空间的山寨文化研究》的发言。

(7) 2009 年 5 月 30 日至 6 月 4 日,新闻与传播研究所卜卫参加在芬兰赫尔辛基召开的“媒介对儿童的社会责任及其指标第一次研究会议”，参与有关发展国际指标的讨论和制定。

(8) 2009 年 6 月 30 日至 7 月 8 日，新闻与传播研究所卜卫参加在中国台湾召开的“创意传播暨中华传播学会学术研讨会”，并作题为《对中国大陆媒介素养教育研究的 10 年反思》的发言。

(9) 2009 年 10 月 23 ~ 26 日，新闻与传播研究所所长尹韵公参加由香港城市大学媒体与传播系及华中科技大学新闻与信息传播学院联合主办、澳门人力资源协会承办的“第三届公关与广告国际论坛：公关 · 媒体 · 社会责任”。

(10) 2009 年 11 月 18 ~ 27 日，新闻与传播研究所所长尹韵公参加由中国记协组织的中国新闻代表团访问保加利亚和匈牙利。

（11） 2009 年 12 月 13 ～ 20 日，新闻与传播研究所姜飞应台湾政治大学传播学院邀请，参加“华人传播研究的历史发展与前瞻”学术交流会并作了演讲。

（四）学术期刊

（1）《新闻与传播研究》（双月刊），主编尹韵公。

2009 年,《新闻与传播研究》共出版 6 期,共计 120 万字。2009 年,该刊进行了改版和扩版，重新设计了封面，容量由 96 页扩至 112 页。该刊全年刊载的有代表性的文章有：尹韵公的《论范长江“研究红军北上以后中国的动向”的目的之不能成立》，尹韵公的《解放思想，开拓进取，丰富和发展中国特色社会主义新闻学》，尹韵公的《媒体社会责任感的中国特色》，刘卫东的《当代中国新闻改革的历史方位》,薛国林的《舆论“引导”与舆论“监督”的关系新解——马克思主义舆论观当代价值与实践发展诠释》，吴信训的《世界新闻传播教育百年流变》，黄敏的《“冷战”与“主权”：中美南海对峙的媒体框架分析》，王海洲的《作为媒介景观的政治仪式：国庆阅兵(1949 ～ 2009)的政治传播学研究》,王怡红的《传播学发展 30 年历史阶段考察》，李喜根的《新闻与传播学理论以及新闻与传播学科学研究》，杨状振的《金融危机下的民族动漫产业及其结构变革》，顾明毅、周忍伟的《网络舆情及社会性网络信息传播模式》，黄月琴的《中日跨文化传播的障碍以及超越——以纪录片〈靖国神社〉为例》，方汉奇的《记新发现的明代邸报》，黄春平的《汉代言禁研究》，燕道成的《精神麻醉：网络暴力游戏对青少年的负面影响》，张瑞倩的《电视对少数民族传统文化的“修补”——以青海“长江源村”藏族生态移民为例》,蔡骐的《论大众传播中历史建构的困境——以历史题材电视剧为例》,丁未、田阡的《流动的家园：新媒介技术与农民工社会关系个案研究》。

（2）《中国新闻年鉴》（年刊），主编钱莲生。

《中国新闻年鉴》2009 年卷共 160 万字，刊发照片 184 幅。重点记录了 2008 年我国新闻事业发展变化情况。全书共设 19 个栏目,它们是:“要文”、“典章”、“全国新闻事业专项综述”、“中央主要新闻媒体社团概况”、“地方新闻事业概况”、“港澳台新闻传播业概况”、“高层视点”、“新论选摘”、“新书”、“经验”、“评奖”、“调查”、“中国新闻传媒集团专题”、“新媒体专题”、“人物”、“机构”、“统计”、“纪事”和“附录”等，在卷首设有图片。该卷特别刊发了中宣部新闻局提供的南方雨雪冰冻灾害、拉萨“3 · 14”事件、汶川“5 · 12”地震、北京奥运会残奥会新闻报道等相关综述，同时在“图片”、“地方新闻事业概况”、“经验”等栏目中对各地新闻界当年在重大突发事件中的突出表现作了较为充分的反映。全书综合反映了我国新闻传播学人 2008 年度在新闻学、传播学研究方面取得的最新成果，除了刊发两篇综述文章外，还在“新论选摘”栏目中选摘论文 22 篇，观点 177 条。

（五）会议综述

“跨国媒体的文化传播战略”研讨会

2009 年 8 月，“跨国媒体的文化传播战略”研讨会在北京举行。

2009 年 8 月 14 日，中国社会科学院办公厅、新闻与传播研究所世界传媒研究中心主办的“跨国媒体的文化传播战略”研讨会在北京举行。来自北京大学、中国科学院、中国人民大学、中国社会科学院新闻与传播研究所、团中央《中国产经新闻》等高校、科研院所、传媒机构的学者、编辑等 30 多人参加了会议。与会学者和业界人士深入探讨了在新的战略背景下，应当如何应对海外媒体对中国文化和传媒产业的冲击，并就海外中文网络、西方电视文化、跨国广告在华话语权、跨国媒体节目对儿童的影响、宗教传播等话题进行了讨论。专家认为，不断开放的传媒市场已经逐步形成。进入中国的海外传媒不仅带来新的信息、思想和新的管理经验，也带来了文化层面的巨大冲击。国内传媒业不仅要从产业上应对来自境外的冲击，更要在思想、政治、文化等方面发挥作用，通过传媒业的国际布局，实现中国传媒业的发展，推动中国文化走出去。

中国社会科学院新闻与传播研究所所长尹韵公博士认为，跨国媒体的文化传播战略只是整个中国文化“走出去”战略的一个组成部分。在西方强势文化面前，很多文化出现了“褪色现象”。中西方文化交流当中，应当既保持自己文化的传统特色，又要实现与西方文化的交融。近年来，中国经济社会发展迅速，站在新的历史平台上，我们要保持一种文化自信的状态，这种自信应该涵盖政治自信、外交自信、军事自信等诸多方面。

《中国青年报》副总编辑张坤博士提出，中西方跨国交流是一个大的趋势。在积极构建软实力的同时，我们应该更多地思考如何提升自身的传播创新力，思考如何通过一种能够被人类共同接受的表达方式，传播中国的主流价值观。

国家广播电影电视总局发展研究中心信息研究所副所长李岚博士强调，要掌握话语权，就要转变被动的局面。在市场推广方面，可以实行“三步走”的策略：第一步，开发海外的华语市场；第二步，通过多种方式，尝试进入全球主流市场；第三步，依靠全球主流市场辐射给重点的华语市场，靠香港、台湾的辐射区域来提升中国广电媒体的品牌。从华语市场出发，再到国际市场，最后返回华语市场，也是一个迂回的策略。李岚特别指出，“走出去”不光是宣传走出去，更主要的是思想和思维方式走出去，打开国际视野，实现实际层面的交流与融通。

世界传媒研究中心主任姜飞博士指出，从20世纪80年代美国国际数据集团作为第一家境外技术信息服务公司进入中国，到现在国内传媒业“走出去”，传媒业已经形成了非常复杂的市场。他预测，中国未来传媒业市场上将出现国有传媒集团、民营传媒集团和海外传媒集团三足鼎立的局面，三者之间的关系是“合纵”还是“连横”，如何处理好国内国际的战略关系，都是未来值得关注的问题。

（姜 飞 雷 霞）

中国经济舆情与《今日观察》学术研讨会暨《今日观察》开播一周年庆典

2009年10月27日，中国社会科学院新闻与传播研究所和中央电视台财经频道联合举办的“中国经济舆情与《今日观察》学术研讨会暨《今日观察》开播一周年庆典”在北京举行。来自全国主流高校新闻传播院系的师生代表、中央电视台领导、财经频道领导、《今日观察》栏目组成员等60多人参加了研讨会。会议与颁奖仪式分别由中国社会科学院新闻与传播研究所所长尹韵公、党委书记庄前生和副所长唐绪军主持。研讨会围绕“金融危机、中国良机、媒体契机”和“网络社会、话语社会、和谐社会”两大议程展开讨论。参会专家认为，准确把握经济舆情是有效引导舆论的前提，中央媒体如何在经济报道上确立主流地位、提升舆论引导能力是非常值得研究的新课题。目前，不论是平面媒体还是电视媒体，其评论类专栏和节目都方兴未艾，正在成为舆论引导的新生力量。近年来，作为党和国家重要喉舌的中央电视台及其财经频道特别重视经济舆情的分析与评论，《今日观察》栏目开播一年来，大胆实践，积极探索，取得了令人瞩目的成绩。把这样一档新锐的经济评论类电视节目作为个案加以深入研究，研究其报道内容、表现形式的得失，有利于促进整个传媒业对经济舆情的准确把握，进而提高舆论引导水平。

会议论文集《公共立场》由时代文艺出版社于2009年10月出版。

（王凤翔 雷 霞）

国际研究学部

世界经济与政治研究所

（一）人员、机构基本情况

截至2009年年底，世界经济与政治研究所共有在职人员108人。其中，正高级职称人员24人，副高级职称人员34人，中级职称人员29人；高、中级职称人员占全体在职人员总数的81%。

世界经济与政治研究所设有：国际金融研究室、国际贸易研究室、国际产业经济研究室、宏观经济分析与统计研究室、国际政治研究室、国际战略研究室、经济发展研究室、国际投资研究室、综合研究室、马克思主义世界政治经济理论研究室、《世界经济》编辑部、《世界经济与政治》编辑部、《国际经济评论》编辑部、《中国与世界经济》（英文）编辑部、《世界经济年鉴》编辑部、党委办公室、所长办公室、科研处、人事处、办公室、杂志社、信息资料中心。

世界经济与政治研究所院属非实体研究中心有：中国社会科学院第三世界研究中心；所属非实体研究中心有：国际金融研究中心、全球并购研究中心、世界经济史研究中心、公司治理研究中心、世界华商研究中心、发展研究中心和美国经济研究中心。

（二）科研工作

1．科研成果统计

2009年，世界经济与政治研究所共完成专著17种，491.8万字；论文154篇，173.7万字；研究报告82篇，128.4万字；教材5种，160.6万字；译著4种，95万字；译文3篇，9.1万字；工具书1种，130万字；一般文章149篇，66.1万字；论文集1种，20万字，学术普及读物1种，27.8万字。

2．科研课题

（1）新立项课题。2009年，世界经济与政治研究所共有新立项课题26项。其中，院B类重大课题4项："中国上市公司百强公司治理评价"（鲁桐、孔杰主持），"日本近代产业之父涩泽荣一与中国"（周见主持），"中非油气合作环境与情景分析"（徐小杰主持），"中国国际能源合作：效果评估与政策建议"（薛力主持）；院重点课题6项："美国经济衰退对我国经济增长影响的实证分析"（吴海英主持），"外资并购与中国经济安全"（张金杰主持），"日本危机管理机制研究"（王德迅主持），"中国上市公司治理：评价与案例"（鲁桐主持），"2010年世界经济形势分析与预测”（张宇燕主持），“2010年国际政治与安全黄皮书”（王逸舟主持）；院青年科研启动基金课题4项：“中国外汇冲销干预政策绩效研究”（王永中主持），“国际法的国际政治研究”（徐进主持），“汇率波动、预期与FDI流入”（毛日昇主持），“全球外国直接投资的发展及受金融危机的影响”（马涛主持）；国情考察项目1项：“考察浙江温州、江苏宿迁、深圳蛇口地区、黑龙江绥芬河以及四川松潘县等地的产业结构、经济发展方式以及对外开放模式”（王秀奎主持）；所重点课题6项：“加拿大油砂开采与中加能源合作”（薛力主持），“出口、FDI对中国制造业就业和工资影响研究”（毛日昇主持），“日韩创新型产业模式比较及其借鉴”（刘秀莲主持），“出口与企业生产率：新—新贸易理论的中国数据检验及政策启示”（李春顶主持），“事实汇率制度分类研究”（黄薇主持），“中国崛起中的政治文化变迁及其与国际规范演进的互动”（王雷主持）；交办委托课题5项：“非洲华人华侨对国家实施开发非洲战略的积极作用”（宋泓主持），“全球金融危机下的中国国际金融战略”（余永定、高海红主持），“国际金融危机与国际贸易、国际金融秩序的发展趋势”（李向阳主持），“华人跨国公司成长新阶段（两岸三地）”（康荣平主持），“中国十七大报告后的新发展策略与香港”（张明主持）。

（2）结项课题。2009年，世界经济与政治研究所共有结项课题16项。其中，国家社会科学基金课题1项：“美国贸易逆差的可持续性及其对世界经济的影响”（何帆主持）；国家自然科学基金课题1项：“跨国公司战略调整与中国产业成长”（宋泓主持）；院重大课题3项：“开放条件下的宏观经济政策—理论框架、国际经验与中国问题”（余永定主持），“外交决策分析：理论、方法与案例”（王鸣鸣主持），“中国跨国公司50家数据库”（鲁桐、张金杰主持）；院重点课题2项：“2010年世界经济形势分析与预测”（张宇燕主持），“2010年国际政治与安全黄皮书”（王逸舟主持）；院青年科研启动基金课题3项：“我国区域自主技术创新能力决定的环境因素分析”（乔为国主持），“可计算的一般均衡模型（CGE）及其在经济政策研究中的应用”（田慧芳主持），“资产专用性对全球生产网络收益分配的影响”（李国学主持）；院国际研究学部应急课题1项：“美国次贷危机和人民币加速升值对中国出口的冲击”（姚枝仲主持）；所重点课题4项：“债券市场与企业筹资方式选择”（陈虹主持），“中国上市公司独立董事制度与企业价值研究”（鲁桐主持），“中国对外贸易增长的新特征及其原因”（姚枝仲主持），“全球生产网络下中国的外资政策选择”（李国学主持）；交办委托课题1项：“国际金融危机与国际贸易、国际金融秩序的发展趋势”（李向阳主持）。

（3）延续在研课题。2009年，世界经济与政治研究所共有延续在研课题56项。其中，国家社会科学基金课题4项：“日本的战略文化与中日战略互惠关系的建构”（卢国学主持），“日本制造业演进的创新经济学分析：对技术创新与组织创新的一种新认识”（李毅主持），“冷战后大国的核战略、防扩散战略的调整与核不扩散体制危机的解决思路”（邵峰主持），“国际贸易协定与国内经济调整——美国的经验及对中国的借鉴作用”（田丰主持）；院重大课题10项：“WTO与世界经济新秩序”（李向阳主持），“《马克思　恩格斯　列宁　斯大林　毛泽东　邓小平

江泽民 胡锦涛论国际问题》（精选）”（余永定、刘国平主持），“开放条件下跨国公司与发展中国家的产业成长——国际经验及对我国的启示”（宋泓主持），“传染病对经济发展和国家安全的影响及对策分析”（何帆主持），“经济全球化条件下各国产业政策的调整和比较”（魏蔚主持），“2004～2005年世界经济与政治研究所网站创新工程”（石新香主持），“中国加入国际汇率政策合作机制研究”（高海红、张斌主持），“世界经济模型”（何新华主持），“国际体系与中国的对外战略选择”（李少军主持），“中国外交60年：历史、利益与战略”（王逸舟、谭秀英主持）；院B类重大课题4项：“中国上市公司百强公司治理评价”（鲁桐、孔杰主持），“日本近代产业之父涩泽荣一与中国”（周见主持），“中非油气合作环境与情景分析”（徐小杰主持），“中国国际能源合作：效果评估与政策建议”（薛力主持）；院重点课题10项：“国际生产与分工网络：模式、原因与参与收益”（姚枝仲主持），“中国与周边国家经济、安全合作的统筹政策研究”（邵峰主持），“社会责任投资的绩效分析”（陈虹主持），“区域债券市场发展的比较研究”（孙杰主持），“中国与国际组织：一项遵约行为研究”（袁正清主持），“居民生活和收入满意度的国家比较研究”（涂勤主持），“国外大型客机产业发展的比较研究”（万军主持），“外商直接投资对中国居民收入差距的影响”（刘仕国主持），“FDI技术溢出的条件性：对信息通讯产业R&D投入的经验分析”（王玲主持），“无线（移动）互联网产业国际比较研究——商业模式的角度”（乔为国主持）；院青年科研启动基金课题6项：“冷战后非政府组织参加国际会议和中国对策”（袁正清主持），“最优汇率制度与人民币汇率制度改革”（姚枝仲主持），“中国国际关系理论中的全球化与全球主义研究”（但兴悟主持），“发展中国家与WTO争端解决机制”（田丰主持），“美国次贷危机研究”（张明主持），“FTA框架下的环境合作研究”（东艳主持）；国情调研项目2项：“煤炭产业的发展、环境污染的治理与地方政府的作用”（何帆主持），“跨国公司在华并购与国家经济安全”（余永定主持）；国情考察项目2项：“中部地区对外开放的实践”（李向阳主持），“考察福建南平、黑龙江大庆、绥芬河以及四川松潘县等地的生态文明建设、现代农业以及经济发展方式”（王秀奎主持）；所重点课题16项：“转基因生物技术产业发展中的技术进步与政府规制研究”（魏蔚主持），“非政府组织与非传统安全研究”（袁正清主持），“期限匹配和公司资本结构—— 一个理论框架”（孙杰主持），“从产业政策到竞争政策——东亚国家政府干预方式的转型与产业竞争力的变化”（万军主持），“美国在多边贸易体系的诉讼行为：方式与决定因素”（田丰主持），“北约组织的转型及其走向”（高华主持），“联合国改革的组织惯性分析”（李东燕主持），“中美贸易摩擦的利益集团博弈分析框架”（宋志刚主持），“核能与后京都议定书时代中国能源选择”（薛力主持），“贸易制度安排对国家间政治冲突的影响”（郎平主持），“深度一体化与外国直接投资”（东艳主持），“主权财富基金研究”（张明主持），“灾区资源转化的SWOT分析及对策——以四川广元为例”（蒋尉主持），“生产分割和中间产品贸易的关系及对环境的影响”（马涛主持），“攻防理论与国际性战争”（徐进主持），“国际气候变化谈判的趋势及中国的应对”（田慧芳主持）；研究室启动基金课题1项：“信任对公司规模及公司合作模式的影响——理论与实证研究”（涂勤主持）；院交办委托课题 1 项：“‘和谐哲学’理念与中国外交的新进展”（邵峰主持）。

（4）撤项课题。2009 年，世界经济与政治研究所共有撤项课题 2 项。其中，院重大课题 1 项：“全球化条件下中国对外经济发展战略”（李向阳主持）；所重点课题 1 项：“从综合安全视角看‘颜色革命’性质与规律”（卢国学主持）。

3．获奖优秀科研成果

2009 年，世界经济与政治研究所共评出“2009 年度世界经济与政治研究所优秀科研成果奖”专著类 4 项：李少军等的《国际战略报告——理论体系、现实挑战与中国的选择》，孙杰的《资本结构、治理结构和代理成本：理论、经验和启示》，何新华、吴海英、曹永福、刘睿的《中国宏观经济季度模型 China_QEM》，袁正清的《国际政治理论的社会学转向：建构主义研究》；论文类 5 项：高海红、陈晓莉的《汇率与经济增长：对亚洲经济体的检验》，张斌、何帆的《货币升值的后果——基于中国经济特征事实的理论框架》，曹永福的《格兰杰因果性检验评述》，宋泓的《美国的霸权地位与中美经贸关系》，郎平的《贸易何以促成和平：以中美关系为例》。

4．科研组织管理新举措

世界经济与政治研究所为了改进和加强科研组织和管理工作采取了以下新举措：（1）2009 年 7 月，该所学术委员会重新修订了学术期刊分类表；（2）2009 年 8 月，该所学术委员会通过决议，凡是接受资助（院财政拨款）的院、所级课题在结项之前必须召开课题结项报告会；(3) 2009 年 8 月，该所学术委员会通过决议，保留院 B 类课题和所级课题的分类标准，同时要求院 B 类课题最终成果若是研究报告，必须至少有 2 万字公开发表，课题成果发表时需注明受院级或所级课题资助；（4）2009 年 11 月，根据社科办字（2009）33 号文件精神，该所为加强马克思主义研究的组织机构建设新设立了马克思主义世界政治经济理论研究室。

（三）学术交流活动

1．学术活动

2009 年，世界经济与政治研究所主办和承办的重要学术会议有：

（1）2009 年 4 月 29 日，由中国社会科学院科研局、国际研究学部主办，世界经济与政治研究所《国际经济评论》编辑部承办的“中国社会科学院第 27 届国际问题论坛”在北京召开。会议的主题是“全球金融危机：中国面临的挑战及其对策”。

（2）2009 年 5 月 13 日，由中国社会科学院国际合作局、荷兰科学研究组织主办，世界经济与政治研究所承办的“金融危机——金融监管与监管当局的作用”研讨会在北京召开。会议的主题是“中荷金融危机、金融监管以及监管当局的作用”。

（3）2009 年 5 月 14 ~ 15 日，世界经济与政治研究所与亚洲太平洋研究所、澳大利亚国立大学东亚经济研究局共同主办的“亚洲经济一体化：金融和宏观经济问题”国际研讨会在北京召开。会议的主题是“金融部门的改革和亚洲经济一体化”。

（4）2009 年 5 月 25 日，世界经济与政治研究所与挪威奥斯陆国际和平研究所共同主办的“东亚和平：理论阐释与现实可持续性”国际研讨会在北京召开。会议的主题是“东亚和平与安全问题”。

（5）2009 年 7 月 14 日，由世界经济与政治研究所《世界经济与政治》编辑部主办的“《世界经济与政治》创刊 30 周年纪念会”在北京召开。会议的主题是“创刊 30 年：历史回顾、经验教训总结和未来发展方向”。

（6）2009 年 7 月 28 日，世界经济与政治研究所与中国农业银行共同举办了“2009 年夏季宏观经济形势研讨会”。会议的主题是“2009 年第二季度宏观经济形势分析”。

（7）2009 年 9 月 17 ~ 18 日，世界经济与政治研究所与国际行动援助中国办公室共同主办的“中国发展经验：回顾、反思与总结研讨会”在北京召开。会议的主题是“中国发展经验：回顾、反思与总结”。

（8）2009 年 9 月 22 日，世界经济与政治研究所与中国社会科学院国际合作局、罗马尼亚科学院共同举办的“全球化背景下的中国与罗马尼亚经济发展与合作研讨会”在北京召开。会议的主题是“全球化背景下的中国与罗马尼亚经济发展与合作”。

（9）2009 年 11 月 13 日，由中国社会科学院国际研究学部、中国社会科学院世界经济与政治研究所、中国世界经济学会、《国际经济评论》编辑部和中国银行国际金融研究所、中国国际金融学会联合主办的“世界经济与中国：危机后的全球经济金融格局”国际研讨会在北京召开。会议的主题是“2009 ~ 2010 年世界经济和国际金融市场发展的特点，以及中国经济和中国金融业未来的走向”。

2．国际与地区学术交流和合作

2009 年，世界经济与政治研究所共派遣出访 87 批 97 人次，接待来访 252 批 320 人次（其中，中国社会科学院邀请来访 26 批 115 人次）。与世界经济与政治研究所开展学术交流的国家和地区有美国、加拿大、法国、英国、日本、瑞士、比利时、罗马尼亚、新加坡、俄罗斯等国家和中国香港地区。

（1）世界经济与政治研究所执行 2009 年度院级对外学术交流协议的有 14 批 17 人次；接待来访的外国学者 19 人，在来访的外国学者中，执行院级对外学术交流协议的来访学者有 6 批 8 人次。

2009 年 1 月 4 日，应联合国代表大会货币和金融体系改革委员会的邀请，世界经济与政治研究所所长余永定作为该委员会的委员参加在美国纽约举行的联合国货币和金融体系改革委员会第一次正式会议。

2009 年 2 月 5 日，世界经济与政治研究所所长余永定接受德国《明镜》周刊上海分社社长华格纳的专访，回答了外汇储备多元化等问题。

2009 年 3 月 9 ～ 12 日，应联合国货币与金融体系改革委员会的邀请，世界经济与政治研究所所长余永定在瑞士出席联合国货币与金融体系改革委员会日内瓦会议，并赴中国常驻联合国日内瓦使团处作报告。

2009 年 4 月 6 日，世界经济与政治研究所所长余永定会见比利时前首相德阿纳，双方就宏观经济问题进行了探讨。

2009 年 5 月 22 日，世界经济与政治研究所所长余永定会见瑞士新任驻华大使顾博礼。

2009 年 6 月 2 日，世界经济与政治研究所所长余永定作为特邀主持人参加《中国日报》网站组织的与美国财政部长蒂莫西 · 盖特纳的交流活动。

2009 年 7 月 1 日，世界经济与政治研究所所长张宇燕、国际贸易室研究员宋泓、副研究员田丰会见欧盟委员会贸易委员内阁成员郝望北，双方就“中欧经贸及政治关系的发展”问题进行了讨论。

2009 年 7 月 23 ～ 25 日，应英国首相戈登 · 布朗的邀请，世界经济与政治研究所研究员余永定赴英国首相官邸参加圆桌会议，探讨金融危机之后全球经济增长的前景，特别是如何使世界经济恢复增长，以及确保世界经济增长的可持续性。

2009 年 8 月 1 日至 2010 年 7 月 31 日，世界经济与政治研究所接待了富布莱特项目访问学者沈大伟教授及其博士生。他们此次执行富布莱特研究项目来世界经济与政治研究所访问，项目的主要内容是评估中国的国际地位及其对全球的政治、经济、文化等方面的影响。

2009 年 9 月 2 ～ 12 日，世界经济与政治研究所所长张宇燕作为外交部政策咨询委员会委员应邀随由吴建民大使等五人组成的中国外交政策宣讲团，前往日本、美国执行政策宣示任务，就中国的外交政策、中美、中日关系的发展进行交流。

2009 年 9 月 12 ～ 30 日，世界经济与政治研究所美国经济研究中心代表团访问美国，世界经济与政治研究所所长张宇燕在 9 月 12 ～ 20 日参加了该代表团在华盛顿的活动，并访问美国国务院、商务部、能源部、财政部和美联储等部门。

2009 年 9 月 22 日，世界经济与政治研究所所长张宇燕陪同王伟光常务副院长接见罗马尼亚驻华大使夫妇和罗马尼亚科学院学者一行 5 人。

2009 年 10 月 7 日，根据中国社会科学院与罗马尼亚科学院的合作协议，世界经济与政治研究所所长张宇燕赴罗马尼亚参加了由罗马尼亚科学院举办的中罗建交 60 周年国际研讨会，就中罗关系、经贸合作以及中欧关系等问题进行交流。

2009 年 10 月 12 日，世界经济与政治研究所研究员余永定受中联部委托，就新中国成立 60 周年接受韩国广播公司“中华人民共和国建国 60 周年特辑”录制采访节目拍摄。

2009 年 10 月 14 日，世界经济与政治研究所所长张宇燕会见中美战略对话特别助理 Amanda King 一行。

2009 年 11 月 10 日，世界经济与政治研究所所长张宇燕、研究员肖炼和孙杰会见美国负责经济事务的副国务卿罗伯特·霍马茨，双方就当前的中美关系进行了交流。

2009 年 11 月 19 日，世界经济与政治研究所所长张宇燕陪同中国社会科学院副院长李扬会见来访的瑞士国务秘书莫洛·德拉布朗乔一行 8 人。

2009 年 11 月 19 日，世界经济与政治研究所所长张宇燕、研究员何帆会见来访的瑞士国务秘书莫洛·德拉布朗乔一行 8 人，双方就相关学术问题进行了交流。

（2）2009 年，世界经济与政治研究所新签订的国际合作研究项目有 4 项：

2009 年，该所与日本东京国际俱乐部续签了有关合作研究的备忘录。

2009 年 9 月 28 ~ 30 日，该所启动与欧盟合作的“中欧社会科学合作研究项目（CO-REACH-SSR)”的子项目——“新兴大国崛起之影响：中欧合作与全球治理”。

2009 年 12 月 11 ~ 12 日，该所启动与欧盟合作的“中欧社会科学合作研究项目（CO-REACH-SSR)”的又一个子项目——“中欧可再生能源的制度创新”。

2009 年 3 月，该所世界华商研究中心与世界华人集团进行跨境合作，开展“华人跨国公司成长新阶段（两岸三地）”课题研究，主要研究华人企业如何融入当地社会、华人企业如何与中国经济互动、华人企业在全球经济环境中的成长等内容。

（3）世界经济与政治研究所举办了 9 次国际会议，接待外宾 96 人。

（4）2009 年，世界经济与政治研究所赴境外进修 3 人。

3．与中国香港、澳门特别行政区和中国台湾开展的学术交流

2009 年 11 月 3 日，世界经济与政治研究所所长张宇燕会见香港金融管理局官员崔立等一行 4 人，双方就人民币汇率、人民币国际化等问题进行了交流。

（四）学术社团、期刊

1．社团

（1）中国世界经济学会，会长余永定。

2009 年 6 月 20 日，由中国世界经济学会主办、上海社会科学院世界经济研究所承办、上海市台湾研究会和浦东台湾经济研究中心协办的中国世界经济学会第三届“两岸经贸论坛”在上海举行。会议的主题是“推进经济合作，促进共同发展”。

2009 年 9 月 27 日，由中国世界经济学会主办、南开大学和天津外国语学院协办的 2009 年中国世界经济学会教学委员会年会暨“后危机时代的世界经济与中国对外开放战略研讨会 ”在天津举行。会议的主题是“后危机时代的世界经济与中国对外开放战略”。

2009 年 11 月 21 ~ 22 日，由中国世界经济学会、东南大学、江苏省社会科学界联合会共同主办，《国际经济评论》与《中国与世界经济》两个编辑部协办，东南大学经济管理学院承办的“后危机时代的中国与世界经济”国际研讨会在江苏省南京市召开。会议的主题是“金融危机对中国与世界经济的影响以及我们应对危机的对策”。

2009 年 12 月 5 ～ 6 日，由中国世界经济学会主办、武汉大学经济与管理学院承办的“第九届中国世界经济学会第三次常务理事扩大会议暨理论研讨会”在湖北省武汉市举行。会议的主题是“国际金融危机与中国经济发展”。

（2）中国东欧中亚经济研究会，会长朱行巧。

2009 年 6 月 17 ～ 19 日，由中国东欧中亚经济研究会和贵州财经学院联合主办的“转轨国家金融改革研究国际研讨会”在贵州省贵阳市召开。会议研讨的主要问题有“金融危机对中国与俄罗斯经济的影响”、“中东欧国家经济转轨的方向、路径与过程分析”。

2．期刊

（1）《世界经济》（月刊），主编余永定。

2009 年，《世界经济》共出版 12 期，共计约 192 万字。该刊全年刊载的有代表性的文章有：黄志刚的《外国直接投资、贸易顺差和汇率》，傅晓霞、吴利学的《中国地区差异的动态演进及其决定机制：基于随机前沿模型和反事实收入分布方法的分析》，盛斌、牛蕊的《贸易、劳动力需求弹性与就业风险：中国工业的经验研究》，何其春的《产业部门间信用分配作为影响经济增长的一个因素：基于中国的理论与经验分析》，黄志岭、姚先国的《教育回报率的性别差异研究》，章元、万广华、刘修岩、许庆的《参与市场与农村贫困：一个微观分析的视角》，汤铎铎的《新开放经济宏观经济学：理论和问题》，涂正革、肖耿的《环境约束下的中国工业增长模式研究》，袁富华、汪红驹、张晓晶的《中国经济周期的国际关联》，钱学锋、陈勇兵的《国际分散化生产导致了集聚吗：基于中国省级动态面板数据 GMM 方法》。

（2）《世界经济与政治》（月刊），主编王逸舟。

2009 年，《世界经济与政治》共出版 12 期，共计 192 万字。该刊全年刊载的有代表性的文章有：徐进的《孟子的国家间政治思想及启示》，王正毅的《建构一个国际政治经济学的知识框架——一种基于四种“关联性”的分析》，赵广成的《挤车困境与博弈过程中的身份转移问题——以转型国家与国际体系内外国家的关系为例》，张登及的《理论改良还是理论缺口？——新现实主义与冷战后中美地缘竞争的分析》，保健云的《美国维护还是破坏了世界经济的稳定？——基于霸权收益计算的理论解释与实证分析》，彼得·卡赞斯坦的《美国地权下的中国崛起：美国化与中国化》，[美] 约瑟夫·奈著、王辑思译的《中国软实力的兴起及其对美国的影响》，李庆四的《社会组织的外交功能：基于中西互动的考察》，张文木的《印度和中国发展道路差异及后果——从经济全球化进程中两条道路的斗争说起》，熊炜的《德国特色的国际关系学：借鉴、创新与启示》，郎平的《贸易制度的和平效应分析——基于地区特惠安排与全球贸易体制的比较》，苏长和的《论中国海外利益》，孔光、姚云竹的《“无核武器世界”运动评析》，时殷弘的《当代中国的对外战略思想——意识形态、根本战略、当今挑战和中国特性》，潘家华、郑艳的《基于人际公平的碳排放概念及其理论含义》，吴征宇的《离岸制衡与选择性干预——对“二战”后美国大战略的理论思考》，郭树勇、陈建军的《论“圈序认同”

对中国外交理论与实践的影响》，周丕启的《论战略布局》，杨恕、李捷的《分裂主义国际化进程研究》，邱美荣的《边界功能视角的中印边界争端研究》。

2009年，《世界经济与政治》在《中国学术期刊评价报告》(2009～2010年)中被评为“RCCSE中国权威学术期刊”。

(3) *China & World Economy*(《中国与世界经济》)(双月刊)，主编余永定。

2009年，*China & World Economy*(《中国与世界经济》)共出版6期，共计约36万英文字符数。该刊全年刊载的有代表性的文章有：“The Case for Stabilizing China's Exchange Rate: Setting the Stage for Fiscal Expansion”/Ronald McKinnon, Gunther Schnabl(罗纳德·麦金农、贡特尔·施纳布尔的《稳定中国汇率的方案：扩大财政的阶段性安排》)，“Exchange Rate Pass-through in China”/hang Shu, Xiaojing Su(舒畅、苏晓晶的《中国的汇率传导》)，“Dealing with the Contagion: China and India in the Aftermath of the Subprime Meltdown”/halendra D. Sharma(沙兰达·沙马的《如何应对危机的扩散：次贷消除后的中国与印度》)，“Is Financial Development Another Source of Comparative Advantage? Evidence from China”/Qun Bao, Jiayu Yang(包群、杨佳宇的《金融发展是否能成为另一种比较优势？中国的经验》)，“Financial Market Turmoil: Implications for Monetary Policy Transmission in China”/Chengsi Zhang, Joel Clovis(张成思、卓尔·克劳维斯的《金融市场的动荡：对中国货币政策传导的启示》)，“Autonomy and Effectiveness of Chinese Monetary Policy under the De Facto Fixed Exchange Rate System”/Huayu Sun(孙华妤的《实际固定汇率制度下中国货币政策的独立性和有效性》)；“China's Large and Rising Net Foreign Asset Position”/Guonan Ma, Haiwen Zhou(马国南、周海文的《中国日益增长的净外汇资产头寸》)，“China's New International Financial Strategy amid the Global Financial Crisis”/Ming Zhang(张明的《全球金融危机背景下中国新的国际金融战略》)，“Impact of the Global Financial Crisis on China: Empirical Evidence and Policy Implications”/Ligang Liu(刘利刚的《全球金融危机对中国的影响：实证研究与政策启示》)，“China: Unscathed through the Global Financial Tsunami”/Mingchun Sun(孙明春的《中国：安然渡过了全球金融危机》)。

(4)《国际经济评论》(双月刊)，主编张宇燕。

2009年，《国际经济评论》共出版6期，共计80万字。该刊全年刊载的有代表性的文章有：邹加怡的《扩大内需是战略的调整》，余永定的《2009年中国宏观经济面临的挑战》，朱民的《G3经济L型衰退，中国经济V型调整》，卢锋、刘鎏的《格林斯潘做错了什么？——美联储货币政策与次贷危机关系》，周琪的《奥巴马政府的气候变化政策动向》，姚枝仲的《如何在出口下降时实现宏观稳定？》，张明的《全球金融危机的发展历程与未来走向》，王缉思的《美国政治变革与这场金融危机》，余永定的《国际货币体系改革和中国外汇储备资产保值》，黄海洲的《人民币国际化：新的改革开放推进器》，何帆的《人民币国际化的现实选择》，王信的《经济金融全球化背景下国际货币博弈的强与弱》，朱民的《研究“危机后的世界经济金融格局”的五个问题》，王洛林、宋泓、马涛的《金融危机与中国对外贸易——沿海地区中小外贸企业调查研究》，谢世清的《城市基础设施的投融资体制创新：“重庆模式”》，郑秉文的《金融危机对全球养老资产的冲击及对中国养老资产投资体制的挑战》，张斌的《信贷扩张后的中国经济隐患》，刘震涛、王花蕾的《关于两岸特色经济合作机制目标探讨》，清华大学国际战略与发展研究所的《上升中的中国国力、国际地位与作用》，蒲宇飞的《对“十二五”时期国际格局的初步判断》。

(5)《世界经济年鉴》2009/2010年卷（年刊），主编王秀奎。

《世界经济年鉴》2009/2010年卷由世界经济年鉴编辑委员会于2010年1月出版发行。全书共130万字，16开精装。全书分13个部分：(1) 综合报告·专论；(2) 国别（地区）经济（亚洲、欧洲、非洲、美洲、大洋洲）；(3) 世界农业；(4) 世界工业·科技；(5) 国际贸易·国际投资；(6) 国际金融；(7) 世界旅游业；(8) 世界环境保护；(9) 世界流通业；(10) 国际经济组织（集团）最新动态；(11) 国际经贸最新动态；(12) 中国经济之窗；(13) 世界经济统计汇编。

（五）会议综述

中国社会科学院第27届国际问题论坛

2009年4月29日，由中国社会科学院科研局、国际研究学部主办，世界经济与政治研究所《国际经济评论》编辑部承办的“中国社会科学院第27届国际问题论坛”在北京召开。会议研讨的主题是“全球金融危机：中国面临的挑战及其对策”。来自北京大学、清华大学、国家外汇管理局、中国金融学会、中国银监会等单位的70余位专家学者参加了论坛。与会专家围绕“全球金融危机的进展”、“国际货币体系改革与中国的国际金融战略”、“中国当前的经济形势及对策”等议题展开了讨论。

在讨论全球金融危机的进展时，与会专家认为，金融危机通过消费、投资、出口影响向实体经济传染。不过，由于投资者预期已经显著调低，金融市场重现系统性危机的可能性相对较低，但全球金融危机仍处于深化与扩展的过程中。在市场和经济反弹之后，经济是否走上复苏轨道还要看美联储货币退出机制的问题。面对金融危机，美国采取了一些监管措施，并实施了数量宽松的政策。该政策将会导致的后果是美国财政赤字增加和通货膨胀风险提前到来。他们还认为，宽松的财政和货币政策对世界经济包括中国的对外汇储备投资等都有很多影响。但是，美元的地位至少在中短期内不会受到根本性的挑战。因此，从中国保护外汇资产的安全性来看，中国仍然需要秉持外汇储备多元化原则，并积极推进国际货币体系改革。

在讨论国际货币体系改革和中国的国际金融战略时，与会专家认为，国际货币体系是全球不平衡的必要条件，国际金融危机的爆发暴露了国际货币体系的缺陷，美元的不稳定使和美国贸易关系紧密的国家直接遭受冲击。中国和美国有着密切的贸易和金融关系，因此，人民币的国际化和区域化不仅成为保护真实经济的手段，而且对中国长期经济发展战略、对国际货币体系改革和中国的资产安全都有重要价值。

在讨论中国的经济形势时，与会专家认为，中国经济在经历了 2008 年第四季度非常严重的下滑之后，实体和名义经济指标在 2009 年第一季度反弹。得益于外部环境的改善和国内刺激性经济政策的延续，反弹在未来几个季度还将持续。但是当前的经济反弹可能难以成为持续的经济增长，中国经济的恢复增长还面临中小企业投资信心普遍缺失等微观层面的负面影响。

（郗艳菊）

“亚洲经济一体化：金融和宏观经济问题”国际研讨会

2009 年 5 月，“亚洲经济一体化：金融和宏观经济问题”国际研讨会在北京召开。

2009 年 5 月 14 ～ 15 日，由中国社会科学院世界经济与政治研究所与亚洲太平洋研究所、澳大利亚国立大学东亚经济研究局共同举办的“亚洲经济一体化：金融和宏观经济问题”国际研讨会在北京召开。会议围绕着“亚洲金融改革和经济一体化”、“亚洲经济一体化及资本流入应对”、“次贷危机对亚洲的经验教训”、“金融风险管理”、“宏观经济政策问题和汇率战略”五个议题进行讨论。

在讨论第一个议题时，与会专家认为，在亚洲经济合作进程中，金融部门一体化落后于实体部门一体化。亚洲金融一体化主要是以贸易来推动的。从政策角度而言，推动地区金融一体化的措施比较少，因此需要更加完善的金融体系来维护本国的利益。金融一体化可降低交易成本，提供更有效的金融服务，从而进一步推动实体经济一体化。基于目前发生的全球金融危机，如果这个体系过多地依靠中心国家会造成风险。亚洲需要各国之间乃至公有部门和私营部门之间更深层次的对话，同时保持重要法规的一致性。

在讨论第二个议题时，与会专家主要讨论了中国和亚洲各国之间的资本流动和区域金融稳定政策，分析了银行储备在货币政策中所扮演的角色。他们认为，各国针对资本的大量流入采取的应对措施各不相同，但大多数措施都是为了限制其可能引发的实际汇率升值。20 世纪 90 年代的金融危机之后，几乎所有的国家都建立了大规模的外汇储备以应对外资流入的突然中断。

在讨论第三个议题时，与会专家讨论了超金融稳定的系统风险、危机扩大过程中的传染性和风险溢价，探讨了中国在金融危机中应得到的经验教训。

在讨论第四个议题时，与会专家讨论了危机模拟演习潜在的经验教训和对金融风险的管理。与会专家认为，次贷危机的发生以及各国应对危机的经验表明，制定一个宏观审慎的框架来维持货币和金融稳定是至关重要的。

最后，与会专家提出，中国需要通过调整全球战略和发展战略来应对此次金融危机。具体来讲，中国未来的金融改革包括三个方面：第一，坚持安全第一；第二，慎重对待外资金融工具；第三，加强东亚经济合作。中国的金融改革必须慎重推行，一方面要继续发展中国资本市场，满足中国的家庭以及公司发展的需要；另一方面要参与到国际金融体系的改革当中，参与到规则的制定当中，加快推进金融机构的改革。

（郁艳菊）

《世界经济与政治》创刊30周年纪念会

2009 年 7 月 14 日，由中国社会科学院世界经济与政治研究所《世界经济与政治》编辑部主办的“《世界经济与政治》创刊 30 周年纪念会”在北京举行。会议的主题是“创刊 30 年：历史回顾、经验教训总结和未来发展方向”。纪念会由中国社会科学院世界经济与政治研究所副所长、《世界经济与政治》主编王逸舟主持。中国社会科学院国际研究学部主任张蕴岭，中国社会科学院世界经济与政治研究所党委书记兼副所长王秀奎，中国社会科学院科研局期刊处处长王春生，中国外交学院院长助理朱立群，辽宁大学国际关系学院院长李淑云，国防大学战略研究所研究员、海军少将杨毅分别在开幕式上致辞。

王逸舟主编介绍了《世界经济与政治》的发展概况，并播放了主题为“《世界经济与政治》锐意进取 30 年”的宣传片。与会专家学者向《世界经济与政治》杂志创刊 30 周年表示了诚挚的祝贺，他们充分肯定了《世界经济与政治》在推动中国国际关系学术进步和学科建设中所起的重要作用。大家一致认为，自 1979 年创刊至今，《世界经济与政治》映照了中国改革开放和经济建设的进程，见证了中国国际问题研究的深入发展。30 年来，《世界经济与政治》始终坚持在马克思主义理论的指导下，贯彻“理论性、战略性、综合性和现实性”的办刊方针，弘扬学术创新精神，提倡学术自由和平等，促进学术交流与进步，以兼容并蓄的精神对待学术发展，并已逐渐成长为国际关系学界具有较大影响力的学术期刊，被誉为全国政治学期刊中的一流期刊，实现了“传播知识、探索真理、服务改革”的总体目标。

与会嘉宾踊跃发言，就《世界经济与政治》的历史贡献与未来建设提出了诚挚而宝贵的意见和建议。在谈到杂志的未来建设时，与会嘉宾一致希望《世界经济与政治》能够继续坚持“百花齐放、百家争鸣”以及改革创新、开放进取的学术精神，一致期待《世界经济与政治》勇担重任、勇攀高峰，为中国国际关系学的理论建设和国际关系学科的蓬勃发展构建一个更加完善的平台，为中国成为一个学术灿烂的知识大国作出更多的贡献。

（郗艳菊）

全球化背景下的中国与罗马尼亚经济发展与合作研讨会

2009 年 9 月，“全球化背景下的中国与罗马尼亚经济发展与合作研讨会”在北京召开。

2009 年 9 月 22 日，由中国社会科学院世界经济与政治研究所、中国社会科学院国际合作局、罗马尼亚科学院共同举办的“全球化背景下的中国与罗马尼亚经济发展与合作研讨会”在北京召开。会议由中国社会科学院世界经济与政治所所长张宇燕主持。中国社会科学院国际合作局杨扬局长与罗马尼亚驻华使馆大使维奥雷尔·伊斯蒂奇瓦亚分别致开幕词。来自中国社会科学院世界经济与政治研究所、俄罗斯东欧中亚研究所、可持续发展研究中心、人口与劳动经济研究所以及罗马尼亚国民经济研究所、世界经济所、世界经济预测所、斯皮鲁哈雷特大学布拉索夫中心的相关学者围绕“外商直接投资”、“中国与罗马尼亚两国贸易”、“劳动力市场以及环境和可持续发展”等议题展开了深入的学术讨论。

在讨论外商直接投资问题时，外国学者首先介绍了全球外商直接投资统计的基本情况，回顾了 1995 年以来全球外商直接投资统计时间的紧张与不足，同时还介绍了通过外商直接投资的大型、小型经济体在全球化过程中扮演的角色以及对国际金融危机的影响。中方学者则介绍了外商直接投资对中国经济发展的影响，并就中国外商直接投资提出了建议。

在谈到中国与罗马尼亚双边贸易的情况时，与会学者认为，罗马尼亚作为欧盟 27 国的新成员，在 2008 年经济增长非常强劲。欧盟 27 国与中国在双边和多边贸易中都扮演着非常重要的角色。欧盟与中国的贸易赤字反映出欧盟企业进入中国市场已经出现的问题，同时，当前金融危机也对欧盟与中国贸易带来了不良影响，罗马尼亚应当吸取教训，在加入欧盟后经济持续增长与当前金融危机情况下努力平衡好中罗间贸易。

在讨论中国劳动力市场的发展情况以及金融危机的影响时，与会学者指出，中国劳动力市场上劳动力无限供给的时代趋于结束。伴随着经济发展，中国劳动力市场的总体态势向好的方向发展，不仅顺利地消化了城市经济重组带来的就业和再就业压力，而且实现了就业总量的持续增加，使失业率维持在一个较低的水平。同时，部门之间、城乡之间和区域之间的劳动力市场一体化程度在逐渐提高，市场机制在劳动力资源配置过程中发挥的作用越来越明显。

在讨论气候变化与可持续发展之间的关系时，与会学者认为，全球气候变化作为全球公共资源管理的典型案例，是一个涉及政治、经济、环境、科技、法律等跨学科的综合性问题，受到国际社会的普遍关注。全球气候变化问题的解决，有赖于国际社会的共同努力，这就需要建立一个公平而有效的国际气候制度，并开展广泛的国际合作。同时也有学者指出，社会政策是可持续发展管理的基础，可持续发展是社会对话中一个特殊的领域。通过社会对话这样的“中转”方式促进国家间、组织间、市场经济体间的交流，从而产生出优秀的组织战略，以共同应对气候问题、金融问题等。

（郁艳菊）

俄罗斯东欧中亚研究所

（一）人员、机构基本情况

截至2009年年底，俄罗斯东欧中亚研究所共有在职人员 97人。其中，正高级职称人员21人，副高级职称人员28人，中级职称人员19人；高、中级职称人员占全体在职人员总数的70%。

俄罗斯东欧中亚研究所设有：俄罗斯政治室、俄罗斯经济室、俄罗斯外交室、中亚室、战略研究室、乌克兰室、东欧室、苏联室、《俄罗斯中亚东欧研究》编辑部、《俄罗斯东欧中亚市场》编辑部、图书馆、科研处、办公室。

俄罗斯东欧中亚研究所设有院属研究中心两个：中国社会科学院俄罗斯研究中心，中国社会科学院上海合作组织研究中心。

（二）科研工作

1. 科研成果统计

2009年，俄罗斯东欧中亚研究所共完成专著12种，352.1万字；教材1种，45万字；译著3种，95.7万字；论文86篇，91.08万字；研究报告73篇，106.1万字；一般文章28篇，25.7万字。

2. 科研课题

（1）新立项课题。2009年，俄罗斯东欧中亚研究所共有新立项课题11项。其中，院重大课题1项：“中亚民族传统社会结构与传统文化研究”（吴宏伟主持）；院重点课题1项：“俄罗斯软实力研究——以国家形象为视角”（许华主持）；院青年科研启动基金课题3项：“俄罗斯经济结构问题”（郭晓琼主持），“中国企业对乌克兰投资研究”（朱红根主持），“美国与苏联解体”（韩克敌主持）；院国情考察课题1项：“龙羊峡水电站落实科学发展观情况”（吴宏伟主持）；所重点课题5项：“上海合作组织发展报告（2010年）”（吴恩远主持），“独立后哈萨克斯坦政治经济改革历程”（张宁主持），“中亚地缘政治格局中的阿富汗问题”（苏畅主持），“中俄美的亚洲能源政策：格局及趋势”（徐洪峰主持），“俄罗斯东欧中亚研究所科研行政管理档案汇编”（赵天晓主持）。

（2）结项课题。2009年，俄罗斯东欧中亚研究所共有结项课题11项。其中，国家社会科学基金课题1项：“‘颜色革命’与执政关系研究”（赵常庆主持）；国家社会科学基金青年课题1项：“中亚宗教极端势力研究”（苏畅主持）；院重点课题4项：“俄罗斯东欧中亚国家发展报告（2009）”（邢广程主持），“俄罗斯东欧中亚国家政治概论”（潘德礼主持），“中亚地区发展与国际合作机制研究”（吴宏伟主持），“俄罗斯地缘政治学与外交行为”（顾志红主持）；老年科研基金课题1项：“中俄经贸合作：现状与前景”（陆南泉主持）；院青年科研启动基金课题2项：“俄语文化意涵语汇”（薛福岐主持），“俄罗斯对外经济关系研究（1992～2007年）”（高际香主持）；院国情考察课题1项：“龙羊峡水电站落实科学发展观情况”（吴宏伟主持）；所重点课题1项：“上海合作组织发展报告（2009年）”（邢广程主持）。

（3）延续在研课题。2009年，俄罗斯东欧中亚研究所共有延续在研课题56项。其中，国家社会科学基金课题1项：“俄罗斯的现状及其发展趋势”（许志新主持）；国家项目2项：“中苏关系历史档案”（李静杰主持），“20世纪俄罗斯历史档案文集”（李静杰主持）；院重大课题6项：“欧洲一体化与巴尔干欧洲化”（朱晓中主持），“苏联通史”（张盛发主持），“独联体投资环境研究”（李建民主持），“乌汉词典”（何卫主持），“共建和谐世界：中俄崛起的战略互动”（吴大辉主持），“俄罗斯高层决策研究”（邢广程主持）；院重点课题12项：“过渡经济学”（许新主持），“全球化、制度变迁与中东欧国家的赶超”（孔田平主持），“乌克兰的国际地位及其对外政策”（何卫主持），“俄罗斯腐败问题研究”（马维先主持），“中俄油气合作的潜力、方向和模式”（程亦军主持），“原苏东国家转轨比较研究”（潘德礼主持），“列国志·爱沙尼亚”（何卫主持），“列国志·拉脱维亚”（何卫主持），“列国志·立陶宛”（何卫主持），“俄罗斯精英集团研究”（李雅君主持），苏联解体后的俄罗斯与中亚五国的关系”（柳丰华主持），“俄罗斯政治转轨——以国家治理的战略选择为视角”（庞大鹏主持）；院青年科研启动基金课题5项：“中俄关系中的台湾因素”（许齐主持），“俄罗斯政治生态研究——从政党政治的角度”（郝赫主持），“中俄美的亚洲能源政策——亚洲能源格局对中国的影响和对策”（徐洪峰主持），“当代俄罗斯政治保守主义”（张昊琦主持），“俄罗斯资本市场发展概况”（许文鸿主持）；老年科研基金课题2项：“苏俄艺术发展简史”（李景阳主持），“普京的治国理念与实践”（徐葵主持）；所重点课题 28项：“对中国与中亚国家关系现状的评估与深入发展的对策研究”（赵常庆主持），“中东欧国家的地缘政治地位与发展道路选择”（高歌主持），“俄罗斯国防工业转轨研究”（王伟主持），“中亚伊斯兰教与地区稳定”（常玢主持），“马林科夫——赫鲁晓夫：1953 ~ 1957 年的苏联”（王桂香主持），“冷战起源新论”（张盛发主持），“俄罗斯与欧盟‘四个共同空间’研究”（姜毅主持），“中俄区域经济合作”（张红侠主持），“俄罗斯地区经济发展战略与实证分析”（高际香主持），“当代俄罗斯国家治理的战略选择”（庞大鹏主持），“俄罗斯在朝鲜半岛的利益及其对朝核危机的政策”（李勇慧主持），“中亚国家的能源战略研究”（张宁主持），“捷克和斯洛伐克政治转型比较研究”（姜琍主持），“俄罗斯东欧中亚研究所青年学者论文集”（张中华主持），“新地区主义与东南欧的稳定——冷战后地区冲突的起源和地区稳定机制的建立”（李丹琳主持），“中共‘一边倒’政策研究”（许文鸿主持），“俄罗斯帝国思想初探”（张昊琦主持），“俄罗斯经济增长与发展研究”（张中华主持），“俄罗斯寡头现象分析”（郝赫主持），“20 世纪上半期苏联社会状况与布尔什维克党的政权建设 ”（吴伟主持），“中亚国家与欧盟关系研究”（赵会荣主持），“巴尔干地缘政治与地区安全”（左娅主持），“俄白联盟研究”（孙辰文主持），“乌克兰与俄罗斯的经济关系”（张弘主持），“中亚金融危机研究”（于树一主持），“俄罗斯农村土地制度改革研究”（王志远主持），“俄罗斯的大学与政府关系——以‘国家主义’为视角”（李莉主持），“斯大林与大国同盟——第二次世界大战时期的俄美关系”（梁强主持）。

3．获奖优秀科研成果

2009 年，俄罗斯东欧中亚研究所共评出第四届所级优秀科研成果奖一等奖 4 项：郑羽的专著《既非盟友　也非敌人：苏联解体后的俄美关系》，许志新的专著《重新崛起之路——俄罗斯发展的机遇与挑战》，吴大辉的论文《中俄战略协作伙伴关系：十年实践的历史考察》，孔田平的论文《从中央计划经济到市场经济——波兰案例》；二等奖 3 项：白晓红的专著《俄国斯拉夫主义》，庞大鹏的专著《从叶利钦到普京：俄罗斯宪政之路》，姜毅的论文《中俄边界问题的由来及其解决的重大意义》；三等奖 5 项：张宁的专著《上海合作组织的经济职能》，柳丰华的专著《铁幕消失之后》，潘德礼的论文《浅析俄罗斯的政治发展及其前景》，高晓慧的论文《中俄区域合作理论浅析》，高歌的论文《从制度巩固到观念巩固——1987 年后中东欧国家政治发展的理论分析》。

（三）学术交流活动

1．学术活动

2009 年，俄罗斯东欧中亚研究所主办的学术活动有：

（1）2009 年 1 月 13 日，俄罗斯东欧中亚研究所举行研究员报告会，吴大辉研究员作了题为《俄罗斯外交转型与中俄关系》的学术报告。

（2）2009 年 1 月 20 日，俄罗斯东欧中亚研究所举行成果发布会，重点推介了 3 项研究成果：邢广程研究员主编的《列宁对社会主义的探索》、吴宏伟研究员主编的《俄美新较量：俄罗斯与格鲁吉亚的冲突》、徐洪峰撰写的《美国队俄罗斯的经济外交——从里根到小布什》。

（3）2009年2月10日，俄罗斯东欧中亚研究所举行研究员报告会，程亦军研究员作了题为《俄罗斯人口形势及其对国家发展的影响》的学术报告。

（4）2009年2月17日，俄罗斯东欧中亚研究所举行研究员报告会，许志新和何卫研究员就"金融危机对俄罗斯和新东欧六国的影响"问题作了专题学术报告。

（5）2009年3月10日，俄罗斯东欧中亚研究所举行研究员报告会，中东欧室主任孔田平作了题为《国际金融危机对中东欧国家的影响》的学术报告。

（6）2009年3月13日，俄罗斯东欧中亚研究所举行研究员报告会，邢广程研究员为青年学者作了题为《如何做学问》的讲座。

（7）2009年4月14日，俄罗斯东欧中亚研究所举行研究员报告会，邀请中国社会科学院亚洲太平洋研究所所长张宇燕作了题为《金融危机对当前国际局势的影响》的学术报告。

（8）2009年4月28日，俄罗斯东欧中亚研究所举行研究员报告会，白晓红研究员作了题为《苏维埃文化的基本特征》的学术报告。

（9）2009年8月9日，俄罗斯东欧中亚研究所举行成果发布会，推介《俄罗斯东欧中亚国家发展报告（2009）》和《上海合作组织国家发展报告（2009年）》。

（10）2009年9月3日，受中俄友好、和平与发展学术交流分委员会中方主席、中国社会科学院副院长武寅的委托，中国社会科学院国际合作局王镭到俄罗斯东欧中亚研究所就"如何搞好中俄学术交流"问题听取意见。

（11）2009年10月15日，俄罗斯东欧中亚研究所和中国国际问题基金会联合举办研讨会。会议的主题是"俄罗斯中亚国家对我国家安全和发展国际战略的影响"。

（12）2009年12月15～16日，俄罗斯东欧中亚研究所在北京举行"俄罗斯东欧中亚与世界高层论坛（2009）"。

2．国际与地区学术交流和合作

2009年，俄罗斯东欧中亚研究所派出访问46人次，接待国外学者、使馆官员、国际组织和国外媒体访问52人次，参加使馆活动10次，组织国际会议2次。

（1）2009年6月22～23日，由中国社会科学院主办、俄罗斯东欧中亚研究所承办的"第三届中俄社会科学论坛"在北京召开。会议分为"中俄经济"与"中俄关系"两个分论坛。会议研讨的主要问题有"中俄经贸合作的领域和前景"、"中俄能源合作的战略意义"、"中俄经贸合作的困境及解决途径"、"中俄战略协作伙伴关系的重要意义"、"中俄历史问题"及"上海合作组织"。

（2）2009年9月29日，俄罗斯东欧中亚研究所、俄罗斯联邦驻华大使馆联合主办的"庆祝中俄建交60周年学术研讨会"在北京举行。中国社会科学院副院长李慎明，俄罗斯驻华大使拉佐夫，中国驻俄罗斯前任大使、上海合作组织首任秘书长张德广，中国驻俄罗斯前任大使刘古昌，俄罗斯公使衔参赞陶米恒等参加了会议并发表了讲话。

（3）2009 年 10 月 26 日，由俄罗斯东欧中亚研究所、中国社会科学院马克思主义研究院及西南大学联合主办的世界思想家论坛暨“金融危机与世界社会主义的发展”在重庆召开。会议的主题是“讨论新形势下尤其是在金融危机的情况下世界社会主义的研究及发展”。

（四）学术社团、期刊

1．社团

中国俄罗斯东欧中亚学会，会长李静杰。

（1）2009 年 1 月 30 日，中国俄罗斯东欧中亚学会邀请外交部部长助理李辉作题为《国际金融危机与大国关系》的报告。

（2）2009 年 2 月 5 ～ 6 日，由中国俄罗斯东欧中亚学会、日本俄罗斯东欧研究学会与韩国斯拉夫研究协会联合举办，日本北海道大学斯拉夫研究中心承办的“首届斯拉夫欧亚研究东亚会议”在日本北海道大学斯拉夫研究中心举行。会议的主题是“俄罗斯的复兴与欧亚的未来——东亚的视角”。

2．期刊

（1）《俄罗斯中亚东欧研究》（双月刊），主编吴恩远。

2009 年，《俄罗斯中亚东欧研究》推出了“庆祝中俄建交 60 周年”专题，刊登了李慎明的《在战略协作的基础上致力于共同发展》，[俄] 拉佐夫的《对俄中关系 60 年历史经验的若干思索》，吴恩远的《开辟中俄战略协作关系新篇章》，[俄] 米 · 列 · 季塔连科的《新中国成立的国际意义以及中国改革开放的经验》，郑羽的《21 世纪中俄战略协作关系的新特点》等文章。该刊全年刊载的有代表性的文章有：王永兴的《2008 年：处于转型十字路口的俄罗斯》，[塔] 拉希德·阿里莫夫的《世界全球化中的塔吉克斯坦——建国的艰难、发展的前景》，刘树春的《为建设“21 世纪社会主义”而斗争——俄共十三大述评》，[俄] 米 · 列 · 季塔连科的《全球危机和维护国际稳定背景下的俄中两国合作》，邱芝、范建中的《俄罗斯权威主义政治的合法性分析》，黄登学的《“一党制”+“议会制”？——后普京时代俄罗斯政治发展透视》，张昊琦的《俄罗斯保守主义与当代政治发展》，包毅的《简析中亚国家政治转型中的部族政治文化因素》，许桂敏的《论俄罗斯洗钱罪立法：变迁与构成》，李传勋的《俄罗斯远东地区的所谓中国“移民”问题》，朱晓中的《转型九问——写在东欧剧变 20 年之际》，程伟、殷红的《俄罗斯产业结构演变研究》，景维民、许源丰的《俄罗斯国家治理模式的演进及其对中国的启示》，孔田平的《试论国际金融危机对中东欧国家的影响》，徐坡岭的《中俄企业创新行为比较：异同及其原因》，潘志平、胡红萍的《欧亚腹地的地域政治——以美国的地区战略为视角》，沈影的《黑瞎子岛：中俄边界争端的历史句号》，潘德礼、吴伟的《两国人民的传统友谊、日益亲近是中俄关系不断发展的基石——2008 年度“中国民众的国际观”国情调查俄罗斯部分》，[亚美尼亚] 卡拉佩特 · 卡连强的《世界新秩序与亚美尼亚安全》，[乌兹别克斯坦] 古莉娜拉卡里莫娃的《国际金融危机趋势分析》。

(2)《俄罗斯东欧中亚市场》(月刊)，主编吴恩远。

2009年，《俄罗斯东欧中亚市场》刊载的有代表性的文章有：孙永祥的《俄罗斯天然气工业近况及发展趋势》，伊·巴·图尔苏诺夫的《乌兹别克斯坦在经济发展的道路上稳步前进》，伊克拉姆·阿德尔别科夫的《哈萨克斯坦应对金融危机的措施》，金昭的《在金融危机中如何加快中俄经贸合作》，赵常庆的《亚洲开发银行“中亚区域经济合作综合行动计划”与中国和上海合作组织的关系》，伊斯拉姆·卡里莫夫的《乌兹别克斯坦应对世界金融危机的途径和措施》，张明、张丽娜的《建设中国西部综合性多功能产业园区——对新疆石河子经济技术开发区发展的实践与思考》，曲伟、张明元、王凯宏的《从“俄罗斯大学生眼中的中国”问卷调查看发展中俄合作需要解决的若干问题》，张聪明的《金砖四国：国家竞争力比较》，郭力的《黑龙江省与俄罗斯技术要素流动客观性研究》，高际香的《〈2009年俄罗斯政府反危机措施纲要〉述评》，靳会新的《俄罗斯小企业分析》，郭晓琼的《关于俄罗斯石油部门矿产资源开采税改革的探讨》，孙宏光的《俄罗斯不动产抵押市场评析》，黄海涛的《俄罗斯国防工业改革的经验教训及对中国的启示》，王遒的《俄罗斯企业外债结构、成因与风险分析》，王海燕的《金融危机波及俄罗斯油气经济与俄应对举措》，宋延旭的《金融危机背景下的俄罗斯房地产业现状与趋势分析》陈小沁的《俄罗斯远东天然气工业的发展前景——解读“俄罗斯东西伯利亚及远东天然气规划”》，郭晓琼、周宇、刘洪梅的《俄罗斯加工企业竞争力分析》，戚文海的《白俄罗斯的国家创新发展战略评价》，释冰的《浅析中亚水资源危机与合作——从新现实主义到新自由主义视角的转换》，岳书光的《哈萨克斯坦的金融租赁制度》，李豫新、王志飞的《环新疆经济圈区域经济合作发展战略思考》，热依汗·吾甫尔的《加快中国新疆金融业与中亚五国合作交流探索》，王志远的《欧盟新成员国的货币危机：理论与现实》，左娅的《金融危机中的塞尔维亚经济》，阿依科·马尔季罗相的《亚美尼亚的经济发展与后苏联时代的对外经济联系》，崔玉斌的《中国第二轮沿边开放的战略取向》，徐林实的《大黑瞎子岛中俄合作开发：机遇、问题及对策选择》，宋魁的《中俄信息产业园建设势在必行》，宗永平、竹效民的《中国新疆霍尔果斯口岸现代物流业发展调研报告》，余鑫的《中国汽车对俄罗斯出口的现状及对策》，王世才、杨学峰的《中国汽车企业开拓俄罗斯市场的现状、问题与对策》，高空的《俄罗斯食品安全法与食品市场整治》。

(五)会议综述

庆祝中俄建交60周年学术研讨会

2009年9月29日，由中国社会科学院俄罗斯东欧中亚研究所和俄罗斯联邦驻华大使馆联合组织的“庆祝中俄建交60周年学术研讨会”在北京举行。中国社会科学院副院长李慎明，俄罗斯驻华大使拉佐夫，中国驻俄罗斯前任大使、上海合作组织首任秘书长张德广，中国驻俄罗斯前任大使刘古昌，俄罗斯公使衔参赞陶米恒，俄罗斯驻华商务代表齐普拉科夫，中国社会科学院俄罗斯东欧中亚研究所所长吴恩远，中国社会科学院学部委员、中国俄罗斯东欧中亚学会会长李静杰，研究员郑羽等发表了讲话。近百名学者出席了会议。

李慎明表示，经过中俄两国几代领导人和两国人民的共同努力，中俄两国不仅顺利地实现了由中苏关系向中俄关系的平稳和成功过渡，而且使两国关系的发展不断攀登新的台阶。他指出，鉴于目前中俄两国的合作深度和面临的共同问题，两国关系的下一步发展方向是建立“致力于共同发展的中俄战略协作伙伴关系”。

拉佐夫指出，20世纪60年代，两国都过度重视自己的意识形态原则和对社会制度的看法，导致两国关系受到影响；两国应该相互理解，尽可能地把两国国家利益结合在一起；拒绝相互抵制也是两国在过去的双边关系经验中得出的教训；近10年来双边关系的经验表明，在社会层面加深两国间的相互信任非常重要。双边关系60年历史中最重要的经验是，俄中之间的友谊与合作完全符合俄罗斯和中国的利益以及两国人民的愿望，能够加强俄罗斯与中国的社会经济和外交政策方面的潜力，而疑惑、对抗和竞争只会削弱两国的力量。

吴恩远指出，在当前国际经济形势下，中俄两国有必要深化经济方面的战略合作，共渡难关。这些合作包括：积极推动建立公平、公正、包容、有序的国际金融新秩序；应该尽快完成中俄民间贸易的彻底转型；脚踏实地地落实已商定的双方在重点领域和重大项目上的合作。

李静杰全面阐述了中俄关系60年带来的启示。一是，同邻国的关系对一个国家的安全利益有特别的重要性。中俄关系目前处在历史上最好的时期。二是，中俄是经济大国，都实行市场经济和对外开放，力图加入经济全球化进程。中俄在地域上连成一片，交通便利，经济上互补性强，合作潜力巨大。在区域一体化已成为世界经济发展潮流的形势下，中俄只有加强合作，才能实现共同发展。三是，对中俄两个相邻的大国来说，国家安全利益和国家发展利益的内在需求才是两国关系中最稳定的因素，也是中俄战略协作伙伴关系最重要的基础和发展动力。

与会学者一致认为，伴随着历史前进的步伐，中俄战略协作伙伴关系正在迎来新的发展前景。中俄双方必将秉承传统友谊，坚持世代友好，深化战略协作，共创美好未来。

（冯育民）

俄罗斯东欧中亚与世界高层论坛（2009）

2009年12月15～16日，中国社会科学院俄罗斯东欧中亚研究所在北京举行“俄罗斯东欧中亚与世界高层论坛（2009）”，中国社会科学院副院长李慎明和中国国际问题研究基金会会长张德广出席会议并作主旨报告。来自全国40多个科研机构与高等院校的130多名专家学者参加了会议。会议对俄罗斯、东欧与中亚各国2009年度的政治、经济和外交形势进行了深入探讨。

在讨论俄罗斯东欧中亚的政治形势时，与会者认为，俄罗斯东欧中亚的政局基本上是稳定的。2009 年中东欧国家的政治发展向多党制和议会制推进。

有学者认为，2009 年俄罗斯政治形势的关键词是“稳定”和“发展”。梅普组合的出现是俄罗斯长期或中期战略框架下的一种临时性的安排，普京在这个组合中起决定性的作用，在国家大政方针的决定上继续保持了决定性的影响力。从根本问题上看，梅普在维持社会稳定方面没有分歧，总统国情咨文也强调政治改革不影响社会的安定。

也有学者认为，俄罗斯现在是“没有普京的普京时代”。

在讨论俄罗斯政治发展进程及其发展道路时，有学者认为，俄罗斯未来的社会发展道路包括政治发展道路还处在探索之中，它的发展方向和目标没有最终定型。从社会层面来看，俄罗斯还没有形成良好的社会机制，市场、机制等各方面的制度建设还差得很远，在一二十年中都难以建立起来。

也有学者从法学角度来观察俄罗斯的政治变化。他们认为，俄罗斯的宪法是跟制度、法制联系在一起的。这些年普京与梅德韦杰夫的政治实践其实是在建构一种稳定的政治结构、社会结构和政权结构，为今后的发展建立一个稳定的法制与秩序条件。

另有学者认为，从 20 年的历程来看，中东欧国家政治发展的轨迹比较清晰；展望将来，这种既定的发展方向也不会改变。此外，中东欧国家的政治发展与俄罗斯不同，受外部环境的影响非常大。1989 年后中东欧国家在道路的选择上固然与国内政治力量的对比有关，但欧盟的作用不可忽视。

在讨论俄罗斯东欧中亚的经济形势时，学者们认为，2009 年俄罗斯经济遭受了严重的冲击。

有学者认为，2009 年俄罗斯经济受重创的原因是由多方面因素造成的，主要表现在以下四个方面：一是俄罗斯经济的对外依赖性与出口结构问题。俄罗斯虽然不是 WTO 成员，但全球化程度已很深，对外资的依赖程度达 50% ~ 70%，对外贸易是支撑其经济增长的重要因素。二是内需乏力。金融危机以来，俄罗斯试图通过增加投资、向银行发放贷款、降低税收等途径刺激经济，但效果不明显。三是实体经济大幅萎缩，未能顶住金融危机的冲击。俄罗斯投入了一万亿卢布，对企业提供支持，虽然起到了一定作用，但仍未能顶住金融危机的冲击。四是经济结构问题。长期以来，俄罗斯仍未改变以出口能源、原材料为主导的经济发展模式。本次危机中，俄罗斯的“荷兰病”表现得非常明显。

在讨论中东欧经济形势时，有学者认为，中东欧经济在 2009 年陷入了全面衰退，但未出现极端恶化，中东欧经济渐趋稳定，第二波金融风暴没有在中东欧爆发。其原因：一是经济转轨的制度效应。过去 20 年，中东欧国家建立了市场经济框架，其制度效应仍在发挥作用。二是外国银行的存在对中东欧经济起到了稳定作用。银行部门被西欧银行所控制的国家，其经济与金融部门更加稳定，西欧银行未把资金大量撤回，金融部门保持了相对健康。三是外国直接投资仍保持相当大的存量，未出现大规模撤资的现象，这是非常重要的稳定因素。四是经济政策比较得当，及时调整了财政、货币政策，增加了金融部门的流动性。五是反危机的国际协调。二十国集团峰会上，把国际货币基金组织的资本增加到7500亿美元；二十国集团向国际多边银行提供了资金；欧盟及时把国际收支的援助金额增加到500亿欧元。各国的金融监管机构与国际组织，如欧盟、世界银行以及欧洲的一些大银行组成俱乐部进行协调，防止西欧的银行从中东欧国家撤资。多边的信贷机构也表示支持困境中的中东欧国家银行。六是外部经济环境改善。第二季度起，中东欧国家的出口市场——法国和德国出现了经济复苏的迹象。

与会学者还对中亚2009年经济形势进行了分析。他们认为，中亚各国经济重新进入调整和修复期。经济开发程度高、自由化程度高、与国际市场联系紧密的中亚国家受危机的影响更大。中亚国家已挺过最艰难的阶段，不会出现国家破产。中亚各国危机波及面广，目前仍未见底。中亚国家经济前景有可能出现W型的趋势，仍有可能出现新一轮危机。

在讨论中俄关系时，有学者提出，中俄关系应该建立在一个理性的框架上，这个框架就是我们是邻居，必须友好相处。这是最可靠的。中俄关系应建立在国家安全、共同发展的基础上，不能建立在反对第三国的基础上。

在讨论俄美关系时，有学者认为，俄美关系主要是两个基本矛盾：一个战略平衡；一个地缘政治。

俄美战略对抗没有发生根本的改变，未来还是一个既有合作又有对抗的问题。

在讨论中东欧对外战略、俄欧关系时，与会学者针对新老欧洲的说法、北约东扩、独联体安全问题、阿富汗问题等进行了讨论。

（冯育民）

欧洲研究所

（一）人员、机构基本情况

截至2009年年底，欧洲研究所共有在职人员49人。其中，正高级职称人员10人，副高级职称人员11人，中级职称人员17人。高、中级职称人员占全体在职人员总数的78%。

欧洲研究所设有：经济研究室、欧盟法研究室、社会文化研究室、欧洲政治研究室、国际关系研究室、科技政策研究室、《欧洲研究》编辑部、图资信息室、办公室。中国欧洲学会秘书处挂靠在欧洲研究所。

欧洲研究所院属非实体研究中心有：中国社会科学院西班牙研究中心、中国社会科学院中德合作研究中心、中国社会科学院欧洲问题研究中心。

（二）科研工作

1. 科研成果统计

2009年，欧洲研究所共完成专著3种，71万字；论文34篇，51.46万字；研究报告28篇，51.35万字；学术资料1种，0.4万字；译著2种，32万字；论文集1种，17.4万字。

2. 科研课题

（1）新立项课题。2009年，欧洲研究所共有新立项课题18项。其中，院重大课题1项："欧盟国家经济改革的理论与实践"（裘元伦主持）；院重点课题1项："欧盟扩大对中东欧的影响——关于经济一体化进展的初步分析"（陈新主持）；所重点课题16项："欧洲发展报告(2009～2010)"（周弘主持），"欧盟东扩的未来——在西巴尔干的冲突调解政策"（ 刘作奎主持），"论欧盟的民主建构"（赵晨主持），"欧元区公共财政可持续性研究"（熊厚主持），"陈乐民先生学术笔记分析"（沈雁南主持），"欧洲发展动态系列论坛"（程卫东主持），"德国主要政党组织的欧洲政策比较分析 ——2009年德国议会选举跟踪研究"（孙莹炜主持），"2009年发展报告主题报告"（江时学主持），"欧洲研究专题数据库"（钱小平主持），"金融危机下的欧洲及中欧关系"（周弘主持），"法国社会保障制度的碎片化特征、成因及改革困境"（彭姝祎主持），"国际发展援助的研究动态"（郑广瑄主持），"欧洲移民问题研究综述"（郭灵凤主持），"欧盟对华人权政策机制评析"（张海洋主持），"比利时社会保障法律制度探析"（莫伟主持），"《阿姆斯特丹条约》以来欧盟民事司法合作的新发展"（叶斌主持）。

（2）结项课题。2009年，欧洲研究所共有结项课题8项。其中，院重点课题1项："欧盟法律制度与市场经济秩序"（程卫东主持）；院重点课题1项："欧洲经济"（王鹤主持）；院青年科研启动基金课题1项："欧盟对波黑的冲突调节政策"（刘作奎主持）；所重点课题5项："萨科齐能否带领欧盟走出困境？——法国担任欧盟轮值主席的成就与失误"（马胜利、彭姝祎主持），"超越国界的民主——欧盟民主问题研究"（赵晨主持），"中东欧国家加入欧盟后的经济趋同：进展与前景"（贾瑞霞主持），"欧盟产业政策研究"（孙彦红主持），"南奥塞梯和阿布哈兹独立的国际政治影响"（董礼胜、刘作奎主持）。

（3）延续在研课题。2009年，欧洲研究所共有延续在研课题即院重点课题2项："美国和欧盟对华政策的形成及相互影响"（吴白乙主持），"欧洲政治文化研究"（马胜利主持）。

3. 获奖优秀科研成果

2009年，欧洲研究所共评出"2009年度欧洲研究所优秀科研成果奖"一等奖3项：周弘的专著《福利国家向何处去》，张浚的论文《从亚欧会议进程看发展国际关系的"欧洲模式"》，顾俊礼的专著《欧洲政党执政经验研究》；二等奖2项：张敏的论文《欧洲一体化进程中的劳动力市场模式的演变机制》；周弘主编的专著《欧洲宪法的命运——2005～2006：欧洲发展报告》；三等奖4项：郭灵凤的论文《战争、和平与"基督教共同体——伊拉斯谟思想述论之一》；刘作奎的论文《论法国疆界变迁的政治学》；列国志编著系列，共19本（张健雄的《欧洲联盟》，顾俊礼的《德国》,吴国庆的《法国》,王振华的《英国》,马胜利的《比利时》,张健雄的《荷兰》,彭姝的《卢森堡》,张敏的《西班牙》,刘立群的《冰岛》,孙莹炜的《奥地利》,宋晓敏的《希腊》,王鹤的《丹麦》,李靖堃的《葡萄牙》,赵俊杰的《芬兰》,任丁秋、杨解朴的《瑞士》,田德文的《挪威》,蔡雅洁、吴国庆的《马耳他》,王振华、陈志瑞、李靖堃的《爱尔兰》,梁光严的《瑞典》);欧洲一体化译丛系列,共 5 本(彭姝祎、陈志瑞的《欧洲一体化史(1945 ~ 2004)》,吴弦、陈新的《欧洲一体化(方法与经济分析)》,程卫东、李靖堃的《欧洲宪政》,周弘、刘立群的《欧洲一体化与欧盟治理》,罗红波的《全球政治体系中的欧洲联盟》)。

4．科研组织管理新举措

(1)为推动中欧关系研究,将"中欧关系"作为"重点学科建设"的主攻方向。

(2)设立"媒体工作小组",以加强欧洲研究所与媒体的联系。

(3)制定研究室主任工作条例,以强化研究室主任的责任心。

(4)为完善学科设置,成立欧洲科技政策研究室。

(三)学术交流活动

1．学术活动

(1)2009 年 2 月 24 日,欧洲研究所、中国欧洲学会、社会科学文献出版社联合主办的"2008 ~ 2009 年中欧大使论坛暨欧洲蓝皮书发布会"在北京举行。会议研讨的主要问题有"欧盟最新进展和中欧关系"、"金融危机中的欧盟发展形势"。

(2)2009 年 5 月 12 日,欧洲研究所"反腐败"课题组、中国欧洲学会意大利研究分会、意大利驻华使馆文化处共同举办的"《无赖经济学》研讨会"在北京举行。会议的主题是"'无赖经济'的概念、具体表现、危害及其实质、应对措施等"。

(3)2009 年 10 月 21 日,欧洲研究所、意大利联合信贷银行集团《意大利经济评论》杂志共同举办的"《经济发展中的中央与地方作用——中意比较研究》首发式暨学术研讨会"在北京举行。会议研讨的主要问题有"中国中央与地方关系:政治与行政之分析"、"中国中央与地方的财税关系格局与改革思路"、"意大利中央与地方财政关系的现状与问题"、"欧盟 2007 ~ 2013 年规划实施中的中央与地方"。

(4)2009 年 12 月 16 日,欧洲研究所主办的"变迁趋势与学科建设——欧洲社会文化"研讨会在北京举行。

2．国际与地区学术交流和合作

2009 年,欧洲研究所共派遣出访 20 批 23 人次,接待来访 19 批 26 人次。与欧洲研究所开展学术交流的国家和地区有英国、德国、美国、法国等国家和中国台、港、澳地区。

(1)2009 年 5 月 29 日,欧洲研究所研究员罗红波参加了意大利契尼基金会在威尼斯举办的"今日中国与西方:意大利的作用"学术研讨会。

(2) 2009年7月19～21日，欧洲研究所所长周弘参加了澳门大学社会科学及人文学院、澳门欧洲研究学会共同举办的“中欧关系对非洲的影响”会议。

(3) 2009年7月21日，欧洲研究所刘绯、邝杨参加了在法国举行的第三届中欧社会论坛的筹备会议。

(4) 2009年8月31日，欧洲研究所所长周弘教授参加了在挪威奥斯陆举行的中国论坛国际会议。

(5) 2009年8月24日至9月4日，欧洲研究所所长周弘组团出访美国，与美国兰德公司进行学术交流。

(6) 2009年9月12～13日，欧洲研究所所长周弘参加了主题为“中国和世界、感知和真相”的法兰克福书展2009国际研讨会。

(7) 2009年12月3日，欧洲研究所所长周弘参加了在澳门召开的“欧盟与澳门特区10年发展回顾与展望——中华人民共和国建国60周年暨澳门特区成立10周年庆祝活动”，并就中欧关系问题发表演讲。

(8) 2009年12月9日，欧洲研究所副所长江时学参加了在布鲁塞尔召开的主题为“与中国发展经贸关系的前景”的国际会议。

(四) 学术社团、期刊

1. 社团

中国欧洲学会，会长周弘。

(1) 中国欧洲学会活动

2009年3月24日，中国欧洲学会与欧洲研究所在北京共同举办“2008～2009欧洲形势年会”暨《欧洲发展报告2008～2009》蓝皮书发布会。

2009年3月28日，中国欧洲学会在江西省景德镇市召开了中国欧洲学会常务理事会暨欧洲研究中心主任联席会议。会议授权学会秘书处组织有关法律专家起草对学会章程的修订方案，确定了于2009年11月在福建省厦门市举办中国欧洲学会2009年年会。

2009年11月14日，中国欧洲学会主办、厦门大学和厦门理工学院协办的“中国欧洲学会2009年厦门年会：金融危机下的中国与欧洲”在福建省厦门市举行。

(2) 中国欧洲学会法国研究分会学术活动

2009年2月9日，中国欧洲学会法国研究分会4名领导成员应中国外交协会邀请，参加了为法国前总理拉法兰访华而组织的“中法关系研讨会”。

2009年4月9日，中国欧洲学会法国研究分会、现代国际关系研究院联合举办了“法国内政和外交问题研讨会”。

(3) 中国欧洲学会德国研究分会学术活动

2009 年 10 月 30 日，中国欧洲学会德国研究分会在北京举办了“德国新政府政策走向及中德关系”小型研讨会。会议的主题是“中德关系”。

（4）中国欧洲学会英国研究会学术活动

2009 年 11 月 15 日，中国欧洲学会英国研究会在福建省厦门市召开了中国欧洲学会英国研究会理事会会议。会议的主题是“确定下一次中国欧洲学会英国研究会年会时间和主题，讨论中国欧洲学会英国研究会近期发展计划以及年会论文集出版事宜”。

（5）中国欧洲学会政治学分会学术活动

2009 年 1 月 15 日，“中国欧洲学会政治学分会 2008 ～ 2009 年年会”在北京召开。会议的主题是“中欧关系、2008 年欧洲发生的热点问题以及当前欧洲研究的重要问题”。

（6）中国欧洲学会欧洲法律研究会学术活动

2009 年 11 月 28 ～ 29 日，“中国欧洲学会欧洲法律研究会第三届年会”在北京召开。会议的主题是“中欧关系中的法律、经济与政治问题”。

（7）中国欧洲学会欧盟研究会学术活动

2009 年 9 月 24 ～ 25 日，中国欧洲学会欧盟研究会、法国国际问题研究所、复旦大学欧洲研究中心、上海欧洲研究所在上海召开“欧中对话——求同存异”研讨会。

（8）中国欧洲学会欧洲一体化史分会学术活动

2009 年 5 月 9 日，中国欧洲学会欧洲一体化史分会在北京召开“陈乐民学术思想研讨会”。会议的主题是“陈乐民先生的学术思想”。

2．期刊

《欧洲研究》（双月刊），主编周弘。

2009 年，《欧洲研究》共出版了 6 期，共计 110 万字。该刊全年刊载的有代表性的文章有：孙杰的《全球金融危机对欧洲经济的影响》，吴弦的《金融风暴与欧盟的应对行动协调——内在动因与主要举措述析》，中国社会科学院欧洲研究所课题组的《反思 2008 年的中欧关系》，童建挺的《德国联邦制的“欧洲化”——欧洲一体化对德国联邦制的影响》。2009 年第 5 期该刊出版了“中欧关系 60 年专刊”。

（五）会议综述

2008～2009年中欧大使论坛暨欧洲蓝皮书发布会

2009 年 2 月 24 日，中国社会科学院欧洲研究所、中国欧洲学会、社会科学文献出版社在北京联合举办了“2008 ～ 2009 年中欧大使论坛暨欧洲蓝皮书发布会”。

中国社会科学院副院长陈佳贵出席会议并讲话。陈佳贵指出：“中欧大使论坛是中国欧

2009 年 2 月，“2008 ～ 2009 年中欧大使论坛暨欧洲蓝皮书发布会”在北京举行。

洲研究学界的一项重要学术活动，也是中国学者与欧洲的朋友们进行对话的重要平台。中欧关系的重要性表现在建立全面的战略伙伴关系、各个层次和级别的对话机制与双方获益等三个方面”。

与会者认为，欧洲蓝皮书发布了最新版的关于欧盟“中国观”变化为主题的年度报告，为增进中欧的相互了解和中欧之间多层次、多方位的交流作出了贡献。有学者在演讲中肯定了中欧关系的最新进展，也对“中欧大使论坛”在推动中欧之间的交流和中欧关系发展上的作用寄予了更高的期望。

欧方与会者回顾了中东欧国家入盟 5 年来欧洲一体化所取得的成就，并把目前欧盟工作的三大优先领域概括为经济、能源和欧盟在世界上的地位和作用，认为中欧关系具有全球意义，欧盟的目标是在相互平等、互利和共赢的基础上加强与中国的关系。有的欧方官员阐述了欧盟发展的特点——欧盟体现的软实力。有的欧方官员介绍了近年来欧洲一体化所取得的成就，尤其是欧盟的软实力为世界和平和稳定作出的重要贡献，强调欧元的成功和福利制度的建设使欧盟在金融危机中表现稳健。还有的欧方与会者指出，要从战略高度认识中欧关系，双方要尊重对方的核心利益。中欧之间尽管存在这样那样的问题，但双方关系的主流是好的。只要双方坦诚相待，共同努力，相信中欧关系发展的前景是光明的。

发布会结束以后，还进行了“2008 ～ 2009 年欧洲蓝皮书”的研讨。与会者就金融危机中的欧盟、欧洲一体化发展形势及其对外关系、欧盟主要国家的形势及其对华政策等方面问题进行了讨论。

（宋晓敏）

《无赖经济学》研讨会

2009 年 5 月 12 日，中国社会科学院欧洲研究所“反腐败”课题组、中国欧洲学会意大利分会和意大利驻华使馆文化处在北京共同主办了“《无赖经济学》研讨会”。

来自北京多家研究机构、高等院校、意大利驻华使馆、新闻媒体以及一些相关企业的 30 多位专家、学者和研究生参加了研讨会。《无赖经济学》一书作者拿波里奥尼博士在研讨会中对“无赖经济”的概念、具体表现、危害及其实质进行了系统的讲述和分析。她指出，无赖经济是黑色经济的一种，是现实社会中普遍存在的一种黑暗势力，它存在的范围非常广泛，几乎涵盖了社会、经济、政治生活的方方面面，尤其是在发生深远变革、经济与政治脱离、政治对经济失去控制的时期，无赖经济就会泛滥。诸如美国19世纪的淘金热、20世纪30年代的经济危机、当今的金融危机，均可称之为“无赖经济”。而在当今社会，导致无赖经济泛滥的最直接原因就是由西方发起的全球化，尤其是以下三个原因：第一，自20世纪90年代初开始，以格林斯潘为首的美联储开始实行低息政策，即紧缩政策，从而导致经济的增长以削减利息、银行举债为代价，因此并非真正意义上的增长。而“9·11”恐怖袭击事件之后，美国进一步推行紧缩政策，其具体表现就是大量债券的发行，尤其是次级债的发行，从而导致金融危机的爆发。第二，新自由主义风行整个西方世界，从20世纪90年代开始，欧美国家对市场的干预越来越少，国家模式日益从“民族国家”向“市场国家”过渡。在“民族国家”时期，以集体利益为最终目标，个人要遵守法律，要将个人自由让渡给国家；而在“市场国家”时期，国家放弃了对某些机制的控制，并极度追求个人利益最大化，而且主张由市场规律主导一切。20世纪80年代末90年代初柏林墙的倒塌加剧了这一进程，释放了一些非常黑暗的经济力量。换言之，“民主”的扩散导致了无赖经济的“繁荣”。第三，与第二点相联系，向“市场国家”的过渡导致国家和个人均被束缚于一种由市场创造的“框框”之中而无法摆脱。因此，在此次金融危机爆发之前，尽管西方国家已经意识到了种种负面指数的出现，但却表现得既无知又软弱，并最终导致形势的失控。

拿波里奥尼认为，无赖经济造成的危害非常严重，它严重腐蚀传统经济肌体。而且，更有甚者，它加剧了腐败在全球范围内的滋生蔓延，从而会对所有人造成伤害，并毒害着我们每一个人。因此，我们必须与无赖经济作斗争。

拿波里奥尼认为，无赖经济在某种程度上也能成为推动经济变革与社会进步的一种“引擎”。尤其是目前的无赖经济有利于亚洲国家，原因在于，首先，亚洲国家由于在全球化的过程中处于边缘，因而受金融危机的打击相对较小；其次，亚洲和中国近年来的发展是真正的增长，而不是西方世界那样的“虚”增长；再次，尽管整个西方经济已被无赖经济拖入了困境，但是，西方国家除了奉行新自由主义之外找不到其他有效的出路，而亚洲国家，尤其是中国，政府在对市场的宏观调控方面表现得相当出色，从而避免了无赖经济对整个经济的侵蚀。

与会者对无赖经济学的现象、危害和治理方式进行了讨论。他们认为，无赖经济是个丑恶现象，它长期存在，并以不同方式出现在不同领域。在经济全球化不断深入的今天，无赖经济现象更是猖狂不绝，危害着世界的秩序和人们的心灵。各国人民不仅应该和本国的丑恶势力（诸如腐败、政治谎言和商业欺诈）进行不懈的斗争，而且应该联合起来，为有效打击无赖经济、建立合理的世界经济新秩序而努力。商业贿赂和商业欺诈是无赖经济中最普遍、危害最严重、影响最大的一种现象，尤其是在改革时期，这需要我们认真对待。欧盟及其成员国在这一斗争中既有教训，也积累了丰富的经验。

（李靖堃　罗红波）

中国欧洲学会2009年厦门年会：金融危机下的中国与欧洲

2009 年 11 月 14 日，由中国欧洲学会主办、厦门大学和厦门理工学院协办的“中国欧洲学会 2009 年厦门年会：金融危机下的中国与欧洲”在福建省厦门市召开。来自全国 30 余所高校和科研机构的百余名专家学者参加了会议。

中国欧洲学会会长周弘指出，关于当前世界金融危机的研究成果已经很多，但后危机时代的世界与中国更值得关注。当前，全球金融体系正面临重构，这种金融治理体制上的重建必然带来全球其他治理体制上的变化；如何变化，这值得关注，需要研究。中欧各自的变化以及由此带来的中欧关系的变化，已经不能用传统的方法和视角来理解。中欧之间交流的广度、深度以及采取怎样的合作方式等都是值得深入探讨的问题。学术研究必须与现实问题紧密结合，才能有更深入的发展和更广阔的前景。

大会分为主题发言、小组讨论和交流总结三个环节。与会者主要围绕“金融危机下的欧洲政治经济形势变化”、“危机对欧洲经济的影响和对策”、“《里斯本条约》框架下的欧盟共同外交与安全政策”、“转型中的中国—欧盟关系”四个专题进行了探讨。与会者从不同的角度出发，对中欧之间全面战略伙伴关系的内涵、未来走向等进行了各种诠释。

中国欧洲学会目前已成为中国欧洲研究学界规模最大的学术交流平台。和历届年会相比，此次大会呈现出了与会人员多、提交论文多且质量高、会上的新人多三大特点。这标志着中国—欧盟欧洲研究中心项目结束后，中国的欧洲研究已进入快车道。全国 20 多个欧洲研究中心将继续发挥组织和推动中国欧洲研究的核心作用，欧洲学会和各个分会的活动比以往更为积极。

年会期间，中国欧洲学会常务理事会举行了工作会议，会员代表大会审议并通过了《中国欧洲学会章程》的修改方案。

（宋晓敏）

西亚非洲研究所

（一）人员、机构基本情况

截至 2009 年年底，西亚非洲研究所共有在职人员 63 人。其中，正高级职称人员 12 人，副高级职称人员 16 人，中级职称人员 24 人；高、中级职称人员占全体在职人员总数的 83%。

西亚非洲研究所设有：中东研究室、非洲研究室、国际关系研究室、社会文化研究室、《西亚非洲》编辑室、图书资料室、办公室、科研处、人事处。

西亚非洲研究所院属科研中心有：中国社会科学院海湾研究中心；所属科研中心有：中国社会科学院南非研究中心。

（二）科研工作

1．科研成果统计

2009 年，西亚非洲研究所共完成专著 1 种，18 万字；论文 73 篇，72.45 万字；研究报告 82 篇，289.45 万字；学术资料 25 种，6.16 万字。

2．科研课题

（1）新立项课题。2009 年，西亚非洲研究所共有新立项课题 4 项。其中，院重大课题 2 项："非洲民族问题研究"（李新烽主持），"中国与非洲经贸合作发展战略规划研究"（杨立华主持）；青年发展基金课题 1 项："非洲工业化研究"（杨宝荣主持）；所重点课题 1 项："在华非洲人现状及作用研究"（崔建民主持）。

（2）结项课题。2009 年，西亚非洲研究所共有结项课题 5 项。其中，院 A 类重大课题 1 项："西亚非洲重点国家跟踪研究"（杨立华主持）；院重点课题 1 项："2009 ～ 2010 年中东非洲发展报告：金融危机对中东非洲经济的影响"（杨光主持）；院青年科研启动基金课题 1 项："美国媒体在中东地区的'传媒外交'活动"（刘中伟主持）；院重点国情调研课题 1 项："走出去战略中的劳动力管理问题"（杨光、姚桂梅主持）；国情考察课题 1 项："欠发达农业县统筹社会经济发展考察"（崔建民主持）。

（3）延续在研课题。2009 年，西亚非洲研究所共有延续在研课题 37 项。其中，国家社会科学基金课题 3 项："政治变革与避免社会动荡——南非经验研究"（杨立华主持），"巴以冲突与当代国际关系"（殷罡主持），"21 世纪初的非洲发展与国际合作研究"（张永蓬主持）；院重大课题 9 项："阿拉伯研究系列丛书"（杨光、王京烈主持），"西亚非洲资源、市场与中国经济发展（1 ～ 2 卷）"（李智彪主持），"当代非洲政治中的民族与宗教问题"（张宏明主持），"阿以战争史"（王建主持），"大国对非洲战略的比较研究及对我国的启示"（贺文萍主持），"贸易全球化与非洲发展"（姚桂梅主持），"非洲国家贫困与反贫困战略研究"（安春英主持），"冷战后伊斯兰运动一些重大现实问题的考察及预测"（刘月琴主持），"中东石油输出国组织的经济发展研究"（陈沫主持）；院重点课题 3 项："全球化趋势下非洲国家间关系——现实、未来走向与中国国家利益"（张永蓬主持），"世界列国志"（温伯友主持），"大国中东战略调整与我国对策"（余国庆主持）；院基础研究课题 2 项："20 世纪中东国际关系"（张晓东主持），"中国和以色列关系史"（殷罡主持）；所重点课题 17 项："从南非流动劳工制度看发展中国家劳动力转移比较研究"（刘乃亚主持），"多元文化与以色列社会政治发展"（冯基华主持），"非洲社会文化变迁中的种族因素"（刘海方主持），"国际关系研究"（张晓东主持），"西撒哈拉问题研究"（肖克主持），"海湾地区安全战略研究"（王京烈主持），"中东和平与以色列安全战略"（余国庆主持），"90 年代的非洲冲突处理——案例研究"（詹世明主持），"当代中东经济发展"（杨光主持），"当代非洲政治思潮——非洲复兴的理论与实践"（唐大盾、徐拓主持），"中东政治民主化"（杨鲁萍主持），“南部非洲经济发展报告”（陈玉来主持），“欧洲中东关系史”（张士智主持），“新经济环境下非洲的经济增长”（陈宗德主持），“东非三国妇女减贫研究”（魏翠萍主持），“所史”（杨光主持），“非洲资本市场研究”（李智彪主持）；科研管理课题3项：“关于研究所建立和完善内部机制的研究报告”（王茂珍主持），“研究所科研处功能定位与作用研究”（潘日霞主持），“如何建立科学的哲学社会科学学术期刊管理机制——以我院国际片8所为例”（成红主持）。

3．获奖优秀科研成果

2009年，西亚非洲研究所获“伊朗国家图书奖”1项：陆瑾的专著《利玛窦〈中国纪〉波斯文本研究》；共评出“西亚非洲研究所优秀科研成果奖”专著类一等奖2项：杨光主编的《2004～2005年中东非洲发展报告：防范石油危机的国际经验》，贺文萍的《非洲国家民主化进程研究》；论文类一等奖2项：张宏明的《弗罗贝纽斯的非洲学观点及其对桑戈尔黑人精神学说的影响》，张晓东的《阿富汗的伊斯兰教／阿富汗伊斯兰化进程刍议》；学术资料类一等奖1项：高晋元的《东非民族主义之父——肯尼亚首任总统乔莫·肯雅塔》；论文类二等奖5项：杨立华的《南非经济——放眼非洲谋发展》，李智彪的《非洲经济发展态势研究——从汇率、通胀率、利率和股市收益率的变化视角分析》，姚桂梅的《西方大国角逐非洲石油的战略及影响》，刘月琴的《伊斯兰文化理论及实践》（上、下），张永蓬的《论新国际环境与制定中国对非洲战略》；论文类三等奖2项：詹世明的《联合国安理会席位之争——非洲的立场与前景》，刘乃亚的《互利共赢：中非关系的本质属性》；学术资料类三等奖1项：王超编写的《西亚非洲大事记》。

4．科研组织管理新举措

2009年，西亚非洲研究所根据《西亚非洲研究所课题奖励办法暂行规定》的所科研成果奖励办法，为课题制改革实施以来已出版的所重点课题研究成果和该所的《列国志》作者（7本专著和4篇研究报告）进行了追加奖励。继续落实《西亚非洲研究所科研人员岗位职责及工作量考核管理办法》，有效推动科研任务的完成。

（三）学术交流活动

1．学术活动

2009年，西亚非洲研究所主办和承办的学术会议有：

（1）2009年5月，西亚非洲研究所、中国驻津巴布韦大使馆、津巴布韦国际问题研究所联合在哈拉雷举办“第二届中国与非洲及津巴布韦关系研讨会”。

（2）2009年10月13～14日，西亚非洲研究所、中国亚非学会以中国社会科学院国际研究学部国际论坛为平台，在北京联合举办了“第28届国际问题论坛：中非关系60年回顾与展望研讨会”。会议的主题是“中非合作和发展”。

（3）2009年11月10～11日，西亚非洲研究所、德国阿登纳基金会、南非国际问题研究所共同主办主题为“营商促进非洲发展——德国、中国和非洲共同努力”的中国—欧洲—非洲三方对话会。

（4）2009 年 12 月 13 ～ 14 日，为庆祝新中国成立 60 年，西亚非洲研究所、中国中东学会在北京联合举办了“中国与中东 60 年”学术研讨会。会议研讨的主要问题有“回顾中国与中东国家关系发展”、“回顾中国中东研究的成就”。

2．国际与地区学术交流和合作

2009 年，西亚非洲研究所共派遣出访 36 批 50 人次，接待来访 44 批 121 人次。与西亚非洲研究所开展学术交流的国家和地区有英国、法国、德国、加拿大、美国、瑞典、澳大利亚、荷兰、土耳其、南非、埃塞俄比亚、奥地利、比利时、葡萄牙、以色列、伊朗、马里、苏丹、塞内加尔、沙特阿拉伯、肯尼亚、挪威、蒙古国、马来西亚等国家和中国澳门地区。

（1）成功举办“非洲国家减贫与可持续发展研修班”

2009 年 11 月，经商务部批准，西亚非洲研究所与中国社会科学院研究生院联合举办了“非洲国家减贫与可持续发展研修班”，培训非洲国家局、处级干部，圆满完成授课、考察和学员管理任务，实现了所对外交流工作的新突破。本届非洲国家减贫与可持续发展研修班是中非合作论坛 2007 ～ 2009 年北京行动计划中非人力资源开发合作的一部分。来自贝宁、埃塞俄比亚、加纳、几内亚、几内亚比绍、肯尼亚、马拉维、毛里求斯、莫桑比克、尼日利亚、塞拉利昂、坦桑尼亚和乌干达等 14 个非洲国家经济社会发展部门的 32 位官员参加了研修班。

（2）与荷兰亚洲国际研究所开展合作研究项目

在中国社会科学院国际合作局、荷兰皇家艺术与科学院的支持下，西亚非洲研究所与荷兰亚洲国际研究所以“欧盟和中国能源安全面临的内部和外部挑战”为题，就双方共同关心的能源安全问题开展课题合作研究。2009 年，第一部专著《能源全球化》英文版在欧洲出版。4 位荷方学者访华，7 位中方学者访问荷兰，在荷兰和北京举办两次学术研讨会。先后有 4 位荷兰学者来访中国。

（3）与南非斯泰伦博什大学合作协议

根据西亚非洲研究所与南非斯泰伦博什大学达成的合作协议，2009 年，西亚非洲研究所共有 5 名学者访问斯泰伦博什大学中国问题研究中心，进行学术访问与交流。

（4）签署与南非非洲研究所合作协议草案

2009 年，西亚非洲研究所与南非非洲研究所签署新的学术交流协议，双方拟在出版、研究、培训等方面进行合作。

2009 年 11 月，“非洲国家减贫与可持续发展研修班”在北京举办。

（四）学术社团、期刊

1. 社团

中国中东学会，会长杨光。

（1）2009 年 5 月，中国中东学会在河南师范大学举办“全国伊朗问题学术研讨会”。会议研讨的主要问题有“2009 年的伊朗大选”、“伊朗核问题”、“中伊关系”、“中国伊朗学建设”。

（2）2009 年 12 月 26 ～ 27 日，中国中东学会在广州中山大学南方学院举行“中东问题多视角分析”研讨会。会议研讨的主要问题有“中东国际关系”、“中东经济社会与历史考察”、“中东研究方向与方法”、“中国与中东”。

2. 期刊

《西亚非洲》（月刊），主编杨光。

2009 年，《西亚非洲》共出版 12 期，共计 156 万字。该刊全年刊载的有代表性的文章有：安维华的《试论中亚—里海地区石油的新时代——兼评海湾—中亚—东亚石油“大陆桥”设想》，毕健康的《土耳其国家与宗教——凯末尔世俗主义改革之反思》，刘月琴的《论伊斯兰文化的社会参与功能》，姜明新的《土耳其对华实施反倾销等贸易救济措施的特点及其成因》，王林聪的《论正义与发展党执政下的土耳其“民主模式”》，汪波的《美国与伊朗构想的海湾安全秩序之争》，杨光的《石油供应安全的国际经验及其对中国的启示》，李伟建的《试论变革时代的中、美与中东关系》，杨鸿玺的《奥巴马政府的战略变革与中东局势发展》，王铁铮的《后冷战时代阿拉伯君主制和王权的走向》，马明良的《当代伊斯兰文明的新趋势》，陈宗德的《增强危机意识 加快农业发展——当前粮食危机给非洲的重要提示》，张宏明的《传统宗教在非洲信仰体系中的地位》，张象的《论中非关系的演变：历史意义、经验与教训》，贺文萍的《推倒高墙：论中非关系中的软实力建设》，姚桂梅的《中国在非洲直接投资的总体评估》，杨立华的《考验宪政体制南非第四次民主大选》，安春英的《政府在非洲国家减贫中的作用评析》，顾章义的《当代中国与非洲——庆祝中华人民共和国成立六十周年》，李安山的《浅析法国对非洲援助的历史与现状——兼谈对中国援助非洲工作的几点思考》。

（五）会议综述

第28届国际问题论坛：中非关系60周年回顾与展望研讨会

2009 年 10 月 13 ～ 14 日，中国社会科学院西亚非洲研究所、中国亚非学会以中国社会科学院国际研究学部国际论坛为平台，在北京联合举办了“第 28 届国际问题论坛：中非关系 60 年回顾与展望研讨会”。外交部、商务部、文化部等政府部门代表、一些驻华使馆的工作人员以及来自国内外数十家科研、学术、商业、媒体的代表 70 余人参加了会议。中国亚非学会会长、中国国际交流协会常务副会长、中共中央对外联络部原副部长、前驻阿拉伯也门共和国大使李成仁出席大会并作题为《继往开来 务实创新》致辞。

研讨会就中非合作和发展从宏观和微观等领域进行了广泛的讨论，内容涉及中非经贸、外交、政治、历史、文化、法律、气候等领域。在肯定中非友好合作历史的同时，与会者一致认为，随着国际形势的发展，当前中非友好合作关系进入了一个新的发展时期。为此，中非关系面临着新的发展机遇和挑战，这涉及发展道路、发展模式、发展阶段特征以及外部干扰因素等多方面。

肯定历史、展望未来，迎接中非更加辉煌的未来。与会学者在回顾中非交往的历史中均对中非关系的友好作出了肯定。厘清事实、回击蜚言，阐明中国对非友好合作的实质。针对近年来中非友好合作关系的深化，国际上有关中国在中非合作方面的威胁论再起。对此，杨光研究员通过令人信服的数据资料分析指出，能源合作对于中非都很重要。能源合作有助于中非各国之间的资源互补，促进共同发展。相比于西方国家与非洲的能源合作，中非合作规模很小，这种合作并没有威胁到西方国家的在非利益。完善体制、落实政策，夯实未来发展的基础。在回顾历史的基础上，与会学者一致认为，当前，随着国际形势的变化以及中非发展的推进，中非关系进入了新的发展时期。尽管目前中非合作保持良好态势，但是，存在问题有待双方积极应对。充分利用现有机制、深化合作、加强沟通、研究具体问题的处理方法，对于深化合作有着重要的意义。

（科研处）

“中国与中东六十年”学术研讨会

2009 年 12 月 13 ～ 14 日，为庆祝新中国成立 60 年，中国社会科学院西亚非洲研究所和中国中东学会在北京联合举办了“中国与中东六十年”学术研讨会。来自外交部和中联部的资深外交家，中东国家驻中国的外交使节，北京大学、上海外国语大学、北京第二外国语学院、外交学院、中国国际问题研究所、现代国际关系研究院、人民日报社、博联社、西北大学、云南大学、南京大学、西南师范大学和西亚非洲研究所的数十位知名学者参加了会议。

中国外交部原副部长、中国中东学会名誉会长杨福昌大使为大会作了主旨发言。杨福昌大使着重强调，中国与中东国家关系是中国对外重要关系之一，是中国外交工作的一个重点。

研讨会分为两个部分，第一部分重点回顾了中国与中东国家关系的发展；第二部分重点回顾了中国中东研究的成就。

（1）中国与中东国家的关系。有关学者分别从不同角度对中国对中东外交的新思考，对中国与中东国家在党际、历史、军事、文化等不同层面的交流以及中国与埃及、伊朗、土耳其和以色列的关系进行了探讨。中国社会科学院西亚非洲研究所研究员王京烈以 20 世纪 90 年代初为界，将新中国与中东关系划分为两个时期，第一个时期，中国逐步与所有中东国家建立了外交关系，第二时期内，中国与中东开始发展全面的友好合作关系，主要成就有中国与埃及、沙特阿拉伯、阿尔及利亚三国建立了战略合作伙伴关系，设立了“中阿合作论坛”，委任了中国中东问题特使，在经济合作和社会文化交往领域内取得了一系列重要成果。

（2）中国的中东研究 60 年。60 年来，新中国的中东研究经历了一个从无到有、由弱到强、由点及面、四面开花的历程，主要表现在研究机构的广泛建立和研究队伍的迅速壮大、人才培养机制的逐步完善、科研成果的大量涌现和研究领域的广泛深入发展、对社会和国家决策的影响力逐步增强以及国内外学术交流的日益频繁等方面。关于研究机构和研究队伍，中国社会科学院西亚非洲研究所研究员杨光指出，目前全国有 20 多家从事中东问题研究的学术机构，全国高校开办了 20 多个阿拉伯语言专业，中东学会会员达 216 名，不仅仅分布在北京、上海、西安等中东研究的老根据地，在西北、东北、华中、西南也均有分布。科研成果方面，据不完全统计，仅论文数量就达 5900 多篇。人才培养方面，大部分研究机构均有硕士点，部分机构还有博士点和博士后流动站。杨光认为，60 年来，中东研究尽管取得了很大成就，但仍有诸多不足，主要表现在学科发展不平衡，历史研究比较成熟，而经济、社会发展等研究相对不足；创新不足，原创性的理论研究和方法论研究不成熟；影响力和人才素质还有很大提升空间。

中国社会科学院西亚非洲研究所研究员王林聪总结了中东政治发展研究的成就和不足，认为中国学者在中东政治现代化和民主化问题的研究上取得了不少成绩，并指出，中东政治研究存在着研究上的不平衡性、热衷于热点跟踪研究、对研究对象国政治学专家们的著述和观点进行整体研究和介绍还不够重视等。张晓东研究员高度评价了《中东手册》（刘竞主编，宁夏人民出版社 1989 年版）对中东国际关系研究的参考价值，指出，受海湾战争等因素的影响，中东国际关系研究进入了大的发展时期，而一批前外交官关于中东研究著作的问世大大促进了中

2009 年 12 月，“中国与中东六十年”学术研讨会在北京举行。

东国际关系的研究；同时，他指出，中东国际关系研究应该加强政府部门与学者的互动和学者的原创性，探索建立中国特点的中东国际关系研究体系。

与会嘉宾还就“伊斯兰复兴运动”、“中国在中东地区的利益”、“如何加强中东学会的工作”等诸多问题进行了讨论。

（科研处）

拉丁美洲研究所

（一）人员、机构基本情况

截至 2009 年年底，拉丁美洲研究所共有在职人员 62 人。其中，正高级职称人员 10 人，副高级职称人员 20 人，中级职称人员 16 人；高、中级职称人员占全体在职人员总数的 74%。

拉丁美洲研究所设有：经济研究室、政治研究室、国际关系研究室、社会和文化研究室、马克思主义理论与拉美问题研究室、《拉丁美洲研究》编辑部、文献信息室、综合办公室。

拉丁美洲研究所设有所属研究中心 4 个：中美洲和加勒比研究中心，古巴研究中心，巴西研究中心，美洲自由贸易研究中心。

（二）科研工作

1. 科研成果统计

2009 年，拉丁美洲研究所共完成专著 7 种，234.9 万字；译著 4 种，84.9 万字；论文 101 篇，145.01 万字；学术资料 5 篇，2.48 万字；文章 145 篇，54.01 万字；研究报告 105 篇，81.81 万字；译文 32 篇，46.96 万字。

2. 科研课题

（1）新立项课题。2009 年，拉丁美洲研究所共有新立项课题 9 项。其中，国家社会科学基金重点课题 1 项：“非缴费型养老金：原理、国际经验及中国道路”（郑秉文主持）；国情考察课题 1 项：“天津与唐山地区中小企业现状考察”（刘维广主持）；院重点课题 1 项：“中国对拉美的经贸战略与政策选择”（岳云霞主持）；科研管理研究课题一般课题 1 项：“科研量化考核办法研究”（吴白乙主持）；院交办课题 2 项：“巴西区域经济发展评析”（周志伟主持），“建立‘金砖四国’学术对话机制”（郑秉文主持）；中纪委通过院监察局交办课题 1 项：“巴西反腐败情况”（宋晓平主持）；中组部委托课题 1 项：2009 年重点调研课题“当今世界主要发展模式比较研究”的子课题“拉美国家发展模式研究”（徐世澄主持）；所专题研究课题 1 项：“安第斯地区的民族问题及政府对策”（范蕾主持）。

（2）结项课题。2009 年，拉丁美洲研究所共有结项课题 18 项。其中，院 A 类重大课题 2 项："拉丁美洲思潮"（徐世澄主持），"构建和谐社会面临的挑战——拉美人均 GDP1000 到 3000 美元阶段的经验教训"（苏振兴主持）；院重点后期资助课题 1 项："墨西哥革命制度党的兴衰"（徐世澄主持）；院重点课题 2 项："2008 ～ 2009 拉丁美洲和加勒比发展报告：拉丁美洲的能源"（苏振兴主持），"拉美国家可治理性危机问题研究"（袁东振主持）；列国志课题 6 项："尼加拉瓜、巴拿马"（汤小棣、张凡主持），"海地、多米尼加"（范蕾、赵重阳主持），"危地马拉、牙买加、巴巴多斯"（王锡华、周志伟主持），"拉美地区组织"（林华、王鹏主持），"墨西哥"（谌园庭主持），"洪都拉斯、哥斯达黎加"（杨志敏、方旭飞主持）；国情考察活动课题 1 项："天津与唐山地区中小企业现状考察"（刘维广主持）；国情调研项目 1 项："拉美国家农村发展的经验教训及其对北京周边地区'三农'问题的启示"（谢文泽主持）；院青年科研启动基金课题 1 项："对拉美发展模式的可持续性分析及其警示"（赵丽红主持）；院临时交办课题 1 项："巴西区域经济发展评析"（周志伟主持）；所重点课题 1 项："当代拉美政治重大问题研究"（张凡主持）；中纪委通过院监察局交办课题 1 项："巴西反腐败情况"（宋晓平主持）；中组部委托课题 1 项：2009 年重点调研课题"当今世界主要发展模式比较研究"的子课题"拉美国家发展模式研究"（徐世澄主持）。

（3）延续在研课题。2009 年，拉丁美洲研究所共有延续在研课题 22 项。其中，国家社会科学基金课题 1 项："巴西的崛起对国际格局及中国的影响"（周志伟主持）；院 A 类重大课题 3 项："面向 21 世纪的拉丁美洲"（江时学主持），"拉美经济改革的经验及其教训——主要国家实例比较研究"（吴国平主持），"中国企业'走出去'战略与拉美投资环境"（宋晓平主持）；院 B 类重大课题 2 项："拉美热点问题跟踪研究"（刘维广主持），"巴西外交政策与中巴关系"（贺双荣主持）；院重点课题 8 项："拉美国家经济、社会转型过程中的重大社会问题与政府对策研究"（刘纪新主持），"拉美'三农'问题研究"（谢文泽主持），"当前拉美社会结构研究"（林华主持），"拉美银行危机研究"（高静主持），"拉丁美洲经典文献评注"（刘承军主持），"中拉经贸合作：格局与战略"（杨志敏主持），"20 世纪 70 年代以来拉美劳动力流动研究"（张勇主持），"中国对拉美的经贸战略与政策选择"（岳云霞主持）；院青年科研启动基金课题 3 项："冷战后美国对拉美的援助政策"（孙洪波主持），"拉美非政府组织的发展及其挑战"（袁琳主持），"企业年金管理的英美模式和拉美模式及对中国的启示"（黄念主持）；所重点课题 5 项："资源诅咒假说与拉美国家资源出口型发展模式"（赵丽红主持），"当代拉美政治重大问题研究"（张凡主持），"拉美新左派研究"（方旭飞主持），"查韦斯和'查韦斯现象'研究"（王鹏主持），"智利养老金制度改革研究"（房连泉主持）。

3．获奖优秀科研成果

2009 年，拉丁美洲研究所共评出所优秀科研成果奖一等奖 2 项：郑秉文、房连泉的论文《社保改革"智利模式"25 年的发展历程回眸》，袁东振的论文《对拉美国家经济与社会不协调发展的理论分析》；评出所优秀科研成果奖二等奖 4 项：赵丽红的论文《拉美和加勒比地区的资源环境问题与可持续发展》，杨建民的论文《政治参与和政治稳定——关于当前拉美国家政局经常出现局部动荡的一种解释》，徐世澄的论文《中拉文化的特点、历史联系与相互影响》，谢文泽的论文《拉美城市的社会分层及社会和政治影响》；评出所优秀科研成果奖三等奖3项：黄志龙的论文《钉住汇率制向浮动汇率制的转换：智利案例研究》，张凡的论文《巴西政党和政党制度剖析》，吴国平的论文《简析拉美国家的石油资源及其出口安全战略》。

4．科研组织管理重大举措

2009年，拉丁美洲研究所采取了以下几项加强科研管理的措施：

召开首次全所业务工作会议，根据中央对中国社会科学院“三个定位”的要求，对拉丁美洲研究所发展思路形成共识；重新修订和制定科研人员年终考核的量化标准，对其全年科研成果和相关工作量给予不同权重和赋值，以便较为准确地反映其学术贡献和在职活动的状况；创新优秀科研成果评奖机制，建立由拉丁美洲研究所编辑部、学部委员和资深专家、所外评委组成的新评选机制；续建和新建拉美经济、拉美政治、拉美社会文化、拉美国际关系四个重点学科；加大对所属国别研究中心的支持力度，新建巴西研究中心；将原“美洲自由贸易区研究中心”更名为“区域经济一体化研究中心”；成立马克思主义与拉美问题研究室，并纳入中国社会科学院马克思主义理论建设规划。

（三）学术交流活动

1．学术活动

2009年拉丁美洲研究所主办和承办的主要学术会议有：

（1）2009年1月15日，拉丁美洲研究所国际关系室主办的“奥巴马总统执政后美国对拉美政策调整”研讨会在北京举行。会议研讨的主要问题有“美国对拉美政策的调整及美拉关系的走向”、“拉美裔移民对美国大选的影响及美国移民政策的调整”、“奥巴马当选后美国与古巴关系走向”、“奥巴马政府对拉美的贸易政策选择”。

（2）2009年2月19日，拉丁美洲研究所国际关系室主办的“委内瑞拉修宪公投”座谈会在北京举行。会议的主题是“如何认识2009年2月15日委内瑞拉宪法修正案在全民公投中得以顺利通过”。

（3）2009年4月9日，拉丁美洲研究所主办的“拉美21世纪的社会主义思想和实践”讨论会在北京举行。会议研讨的主要问题有“拉美社会主义思想的发展脉络和新变化”、“‘21世纪社会主义’思想的缘起和发展趋势”、“拉美国家左翼政府的政治实践”。

（4）2009年4月23日，拉丁美洲研究所国际关系室主办的“第五届美洲国家首脑会议讨论会”在北京举行。会议研讨的主要问题有“2009年4月17日至19日第五届美洲国家首脑会议的国际背景”、“美国与拉美国家关系的新动向及未来走向”。

（5）2009年6月10日，拉丁美洲研究所中美洲和加勒比研究中心主办的“新形势下台湾与拉丁美洲关系研讨会”在北京召开。会议研讨的主要问题有“台湾在拉美地区的‘外交’活动现状及潜在问题”、“两岸关系变化对未来中拉关系的影响”。

（6）2009 年 6 月 18 日，拉丁美洲研究所国际关系室主办的“从金砖四国首脑会议看新兴大国的崛起”讨论会在北京举行。会议研讨的主要问题有“首届‘金砖四国’首脑峰会召开的背景”、“‘金砖四国’的发展前景”。

（7）2009 年 9 月 17 日，拉丁美洲研究所政治研究室和社会文化研究室联合主办“第四次拉美政治—社会文化学术讲坛暨‘当代拉丁美洲政治研究’课题结项会”。

（8）2009 年 11 月 23 日，《拉丁美洲研究》编辑部主办的“2009 年拉丁美洲形势”研讨会在北京举行。会议的主题是“总结一年来拉美地区的形势及今后发展趋势”。

（9）2009 年 11 月 23 日，由拉丁美洲研究所区域经济一体化研究中心主办的“拉美 IT 产业的发展及其与中国合作的可能性”研讨会在北京召开。会议研讨的主要问题有“拉美地区信息产业发展的特征”、“中国与拉美在 IT 产业合作的可能性”。

（10）2009 年 12 月 24 日，拉丁美洲研究所主办的“‘哥本哈根进程’与拉美国家对策”研讨会在北京举行。会议的主题是“哥本哈根会议成果、拉美国家的政策及立场”。

2．国际与地区学术交流和合作

2009 年，拉丁美洲研究所共举办了 3 次国际会议；接待了来访外宾 45 批 130 人次，另外接受海外媒体采访 3 次；出访 8 批 10 人次，出访学者大多为应邀出席国外举行的研讨会。

（1）2009 年 3 月 2 日，中国社会科学院国际合作局和国际学部、经济合作与发展组织（OECD）主办，拉丁美洲研究所承办的中国社会科学院国际学术论坛“2008 ～ 2009 年拉丁美洲和加勒比：社会凝聚与全球金融危机的新挑战”在北京举行。会议研讨的主要问题有“当前拉美和加勒比地区的形势”、“中拉关系”、“社会凝聚与全球金融危机的新挑战”。

（2）2009 年 8 月 10 日，拉丁美洲研究所巴西研究中心和巴西驻中国大使馆在北京联合主办了“世界新格局下的中巴战略伙伴关系——纪念中巴建交 35 周年”研讨会。会议的主题是“总结中巴关系 35 年来的发展历程及前景”。

（3）2009 年 9 月 2 日，古巴外交部长布鲁诺·罗德里格斯应邀访问中国社会科学院并作演讲。

（4）2009 年 10 月 14 日，拉丁美洲研究所与智利驻华使馆共同主办的“能源与环境：智利与中国合作模式探索”研讨会在北京举行。会议的主题是“中国与智利的能源与环境政策以及合作前景”。

（5）2009 年 11 月 5 日，泛美开发银行首席经济学家爱德华多·洛拉访问拉丁美洲研究所与该所学者座谈。

（四）学术社团、期刊

1．社团

中国拉丁美洲学会，会长苏振兴。

2009 年 8 月 29 ～ 30 日，由中国拉丁美洲学会、中国拉美史学会、外交部拉美司、中联部拉美局共同主办，拉丁美洲研究所承办的“中拉关系 60 年：回顾与思考”学术研讨会在北京举行。会议研讨的主要问题有“中拉关系的回顾与思考”、“中拉关系面向未来”、“中拉经贸关系”。

2．期刊

《拉丁美洲研究》（双月刊），主编郑秉文。

2009 年，《拉丁美洲研究》共出版 6 期，增刊 2 期，共计 127 万字。该刊全年刊载的有代表性的文章有：郑秉文、J．威廉姆森和 E．卡尔沃的《中国与拉美社会保障比较：传统文化与制度安排——提高覆盖率的角度》，宋晓平的《古巴革命的历史意义和成就》，张凡的《古巴—美国关系 50 年四题》，刘维广的《古巴社会主义经济建设与发展》，杨建民的《古巴革命以来的对外政策研究》，郑秉文、房连泉的《阿根廷私有化社保制度“国有化再改革”问题》，袁东振的《古巴的社会保障制度：发展、挑战与改革》，房连泉的《20 世纪 90 年代以来巴西社会保障制度改革探析》，郭存海的《西班牙社会保障制度改革 30 年：1978 ～ 2008》，袁东振的《拉美社会主义思想和运动的基本特征与主要趋势》，方旭飞的《当代的拉美社会运动初探》，杨建民的《厄瓜多尔的“21 世纪社会主义”》，王鹏的《论委内瑞拉“21 世纪社会主义”思想和实践》，范蕾的《玻利维亚的“社群社会主义”》，吴白乙的《国际制度变革与新兴大国的崛起》，吴国平的《中国与墨西哥产业和贸易结构比较》。

（五）会议综述

中国社会科学院国际学术论坛：2008～2009年的拉丁美洲

2009 年 3 月 2 日，“中国社会科学院国际学术论坛：2008 ～ 2009 年的拉丁美洲”在北京举行。会议的主题为“社会凝聚与全球金融危机的新挑战”。论坛由中国社会科学院国际合作局和国际学部、经济合作与发展组织（OECD）主办，中国社会科学院拉丁美洲研究所承办，中国石油天然气集团公司协办。来自中央政策研究室、外交部、中联部、国家发展与改革委员会、商务部、国家开发银行、北京大学、人民日报社、新华社、中央电视台等机构的代表以及拉美驻华使节等共约 150 人出席会议。

第九、十届全国人大常委会副委员长成思危、中国社会科学院常务副院长王伟光、OECD 副总干事西尔马·J． 阿斯基、外交部和中联部拉美事务主管官员以及中石油公司代表出席会议开幕式并致辞。他们高度赞扬了中拉合作取得的成绩，强调双边全面合作的新阶段已经到来。他们指出，当前全球金融危机对中拉产生不同程度的冲击，树立信心、保持增长、解决就业、增强社会凝聚是双方面临的共同挑战。中拉双方应在政策上相互协调与配合，在智慧和经验上相互借鉴和学习，在互利共赢基础上扩大全面合作。

哥斯达黎加、阿根廷和巴西驻华大使结合所在国家的政治经济形势、现行政策和对华关系发表演讲，指出中拉双方在诸多国际事务方面有着共同性，共赢结合将使双边关系的未来更加和谐，并将造福中拉人民。

“政府政策与社会凝聚”是OECD发展中心《拉丁美洲经济展望》和中国社会科学院拉丁美洲研究所《专题年度报告》的年度主题。论坛中，两机构联合发布了2009年度报告。同时，中国社会科学院拉丁美洲研究所还发布了题为《拉美能源问题与中拉合作》的拉美黄皮书。在围绕上述主题展开的讨论中，与会学者表示，双方经贸合作将在新时期得以进一步扩大和深化，加强中拉能源合作有助于推进中国的能源安全战略，而拉美为中国企业实现“走出去”战略提供了新机遇。

此次论坛是自2005年以来举办的第五届拉丁美洲和加勒比形势国际学术论坛，论坛中出现了两大新亮点：一是OECD成为论坛主办方之一，二是本年度论坛组织者和演讲嘉宾中出现了中国企业的身影。这些新的亮点不仅丰富了论坛的内容，还标志着其在产学研联合方面取得了进步。而这都将有助于中拉加深了解，促进双边发展，并且扩大拉美研究的社会影响。

（岳云霞）

“世界新格局下的中巴战略伙伴关系——纪念中巴建交35周年”研讨会

2009年8月10日，由中国社会科学院拉丁美洲研究所巴西研究中心和巴西驻华使馆联合举办的“世界新格局下的中巴战略伙伴关系——纪念中巴建交35周年”研讨会在北京举行。来自外交部、商务部、中国国际投资促进会、国家开发银行、中国国际问题研究所、中国现代国际关系研究院、对外经贸大学、新华社、中国国际广播电台、中国社会科学杂志社、巴西驻华使馆及在华企业等单位的代表共70余人参加了会议。

2009年8月，“世界新格局下的中巴战略伙伴关系——纪念中巴建交35周年”研讨会在北京举行。

中国驻巴西前大使、巴西研究中心主任陈笃庆回顾了35年来中巴关系的发展历程。他认为，中巴战略伙伴关系的建立是双边关系不断深化的必然结果。在新的世界格局下，巩固和发展两国战略伙伴关系，对加强发展中国家的团结、加强亚洲与拉美合作、推动解决全球性问题、建立更加公正合理的国际政治经济秩序、建设和谐世界都将产生积极影响。

巴西驻华大使、拉丁美洲研究所巴西研究中心高级顾问胡格内从巴西视角回顾和展望了中巴关系的现状和前景。他认为，中巴两国不存在根本性的利益冲突，两国关系的发展具有很强的可持续性，未来中巴关系将有更广阔的发展空间。

中国社会科学院拉丁美洲研究所副所长、巴西研究中心执行主任吴白乙分析了国际制度变革与新兴大国崛起的关系。他认为，当今世界各种反抗力量的快速兴起，很大程度上牵动着国家行为，未来世界制度只能有合作主义、多边主义、和谐共存三个出路。新兴大国须以有效的双边合作为支撑，构筑自身的友好国家体系，采取务实、灵活的多边主义外交，通过国际制度的多元性来取得既成大国的合法地位。

（齐峰田）

“能源与环境：智利与中国合作模式探索”研讨会

2009 年 10 月 14 日，由中国社会科学院拉丁美洲研究所、智利驻华使馆合办的“能源与环境：智利与中国合作模式探索”研讨会在北京举行。来自拉美一些国家的驻华使节、《人民日报》等媒体、中国现代国际关系研究院、中国社会科学院拉丁美洲研究所的专家学者等共计 50 余人参加了研讨会。

中国社会科学院可持续发展中心副研究员陈迎在题为《中国的节能减排政策与国际合作》演讲中认为，虽然国际压力是中国节能减排原因之一，但内在动力更是中国走低碳发展道路的主要动因。哥本哈根会议或将决定 2012 年后的国际气候制度，但在《国际气候公约》和《京都议定书》等公约框架外的双边和多边机制也将起到重大作用。智利发展大学工程学院副系主任诺拉 · 奥 · 迪亚斯在题为《智利——充满机遇的国度》的演讲中认为，智利能源政策的目标是安全、效率、可持续性和公平；智利未来的能源结构将以水力发电、原子能以及非传统可再生能源为主。她指出，智利可以成为中国进入南美洲的门户，而智利则需要中国提供非传统可再生能源领域的技术和设备。中国社会科学院拉丁美洲研究所助理研究员孙洪波在题为《能源政策与可持续发展：中国与拉丁美洲国家的合作前景》的发言中认为，中拉能源合作的互补性、共同的发展利益以及中国的资本、技术、需求等优势，预示着中国可成为拉美能源合作的战略伙伴，中拉能源合作前景广阔。智利发展大学政府管理学院学术协调员古斯塔沃 · 平托 · 克鲁斯在题为《智利：非常规可再生能源》的发言中介绍了智利在非常规可再生能源方面利用的现状。马塔大使在总结发言中指出，中智能源合作可以在学术和政府公共政策研究、中国在智利的投资以及双方研究和开发三个层面进行合作，中智能源在科研与投资、电力汽车、生物能源、太阳能利用、核能利用等领域具有广阔的合作前景。

（齐峰田）

“‘哥本哈根进程’与拉美国家对策”研讨会

2009年12月，“‘哥本哈根进程’与拉美国家对策”研讨会在北京举行。

2009年12月24日，中国社会科学院拉丁美洲研究所在北京召开了“‘哥本哈根进程’与拉美国家对策”研讨会。来自国家发展和改革委员会、外交部、科技部、中国社会科学院、中国现代国际关系研究院、北京大学等政府部门和研究机构的专家学者，以及《人民日报》等国内10多家媒体的代表共100余人出席了会议。会议就“气候变化与国际关系”、“‘哥本哈根进程’及拉美国家的对策”、“中国的政策选项和国际责任”等议题进行了讨论。

与会学者认为，第一，气候问题不仅是环境问题和社会问题，还是重大的国际政治和安全问题。第二，气候问题也是观测国际政治文化、权力结构和组织形态最新变化的窗口。关于如何应对气候变化问题，与会学者认为有以下几点：第一，无论气候变化问题如何重要，其实质性解决不可能是技术的，而只能是政治的。第二，要坚持“共同但有区别的责任”。第三，发达国家应该按照协议附件一，用实际行动展示其减排的决心和意志。而尚未采取适当减排行动的发展中国家应该采取符合附件二的行动。第四，同为发展中国家的中国与拉美地区国家，在与发达国家就该问题进行国际政治博弈时要用自己的人权观来增加国际话语权。

与会学者指出了拉美国家在“哥本哈根”峰会上的三种态度：一是巴西采取的务实、积极应对的做法；二是以委内瑞拉、玻利维亚等为代表的激进的制度派；三是墨西哥愿意承担2010年气候峰会主办国的责任，在发达国家和发展中国家之间进行协调，争取在墨西哥峰会上达成有约束力的法律条约。对于拉美国家今后在应对气候变化问题上可能采取的政策，与会学者认为，由于拉美和加勒比国家的经济结构不尽相同，各国面临的政治、经济利益有所差异，因此从各自需要出发，“务实应对”仍将是各国在未来气候问题上所持立场的基本态度。

与会学者认为，气候变化问题看似能源环境问题，实则是发展问题，事关中国核心国家利益，中国在应对气候变化问题上面临很大挑战。有学者建议，中国在应对气候变化问题上应该采取以下三种政策：第一，调整经济发展模式；第二，发展低碳经济；第三，应加强与其他发展中国家的协调。

（王俊生）

亚洲太平洋研究所

（一）人员、机构基本情况

截至2009年年底，亚洲太平洋研究所共有在职人员55人。其中，正高级职称人员10人，副高级职称人员15人，中级职称人员21人；高、中级职称人员占全体在职人员总数的84%。

亚洲太平洋研究所设有：经济研究室、区域合作研究室、政治研究室、安全与外交研究室、社会文化研究室、《当代亚太》编辑部、《南亚研究》编辑部、图书馆、办公室。

亚洲太平洋研究所下辖六个非实体研究中心，其中，院级中心四个，分别为：中国社会科学院南亚文化研究中心、中国社会科学院澳大利亚—新西兰—南太平洋研究中心、中国社会科学院亚太经济合作组织与东亚研究中心、中国社会科学院地区安全研究中心；所级中心两个，分别为：亚洲太平洋研究所东北亚研究中心、亚洲太平洋研究所东南亚研究中心。

（二）科研工作

1．科研成果统计

2009年，亚洲太平洋研究所共完成专著6部，220.3万字；学术论文56篇，60.6万字；研究报告19篇，75.4万字；译著1部，34万字；译文8篇，13.3万字；一般文章35篇，9.3万字；教材1部，30万字。

2．科研课题

（1）新立项课题。2009年，亚洲太平洋研究所共有新立项课题15项。其中，院重大课题1项："国际区域经济一体化：理论演变与亚太实践"（柴瑜〔后更换为李向阳〕主持）；院重点课题2项："东盟40年研究（1967～2007）"（王玉主主持），"国际能源资源市场的定价权博弈研究"（高程主持）；院国情考察课题1项："我国与蒙古国相邻省区对蒙经贸合作及援助的现状调查"（柴瑜主持）；院青年科研启动基金课题4项："印美关系前景分析"（吴兆礼主持），"冷战后韩国民族主义的兴起及其对中韩关系的影响"（李永春主持），"马六甲海峡的大国博弈与中国能源安全"（任娜主持），"中国周边战略转型研究：公共产品提供的政治经济学分析"（冯维江主持）；所重点课题7项："中国参与双边自由贸易协议的比较分析"（沈铭辉主持），"韩国教育产业研究——教育产业与社会不平等"（王晓玲主持），"尼泊尔印度关系：新环境与新期待——历史传统的继承与超越"（吴兆礼主持），"中国面临的非传统安全挑战"（任娜主持），"中国——东盟自贸区框架下的人民币区域化研究"（富景筠主持），"朝鲜的先军政治及其影响论析"（李永春主持），"东南亚的抗争与民主"（郭继光主持）。

（2）结项课题。2009年，亚洲太平洋研究所共有结项课题12项。其中，院重点课题2项："东亚共同体行程的动力与机制"（李文主持），"美国行为的根源"（张宇燕主持）；委托课题5项："推进东盟＋3自贸区建设的方案与措施”（张蕴岭主持），“如何在国际金融危机背景下推进我自贸区建设”（张宇燕主持），“冷战后的中印关系”（孙士海主持），“民族国家意识的培育与廉政文化建设”（李文主持），“腐败诱发的社会心理变迁及其国际比较”（李文主持）；院青年科研启动基金课题3项：“泰国非盈利组织与社会发展的人类学研究”（龚浩群主持），“20世纪90年代以来日本政府对经济复苏的作用”（李素华主持），“APEC贸易便利化研究”（沈铭辉主持）；国情考察课题2项：“我国西部青海、甘肃两省在西部大开发中的文化发展战略及前景”（刘建主持），“我国与蒙古国相邻省区对蒙经贸合作及援助的现状调查”（柴瑜主持）。

（3）延续在研课题。2009年，亚洲太平洋研究所共有延续在研课题28项。其中，国家社会科学基金课题3项：“跨国公司外包发展趋势及中国的对策”（柴瑜主持），“印度教研究”（朱明忠主持），“韩国人心目中的中国形象——基于问卷调查和深度访谈的实证研究”（董向东主持）；院A类重大课题6项：“21世纪初亚洲东南部的国际环境及对我国的影响”（韩锋主持），“亚太地区产业结构、投资结构、贸易结构之间变动关系的研究——中国与亚太地区经贸关系变化及趋势”（陆建人主持），“朝鲜半岛局势与东北亚新安全框架”（朴键一主持），“构建亚太和谐地区的文化基础研究”（刘建主持），“东亚经济结构转变与中国的战略选择”（赵江林主持），“国际区域经济一体化：理论演变与亚太实践”（李向阳主持）；院重点课题6项：“列国志·朝鲜”（朴键一主持），“东北亚若干重大问题研究”（陈山主持），“佛教密宗金刚乘”（李南主持），“东海海域争端研究”（朱凤岚主持），“中国—东盟非传统安全合作研究”（张洁主持），“东盟40年研究（1967～2007）”（王玉主主持）；院青年科研启动基金课题6项：“近期美台关系研究”（邢伟主持），“泰国非盈利组织与社会发展的人类学研究”（龚浩群主持），“印美关系前景分析”（吴兆礼主持），“马六甲海峡的大国博弈与中国能源合作”（任娜主持），“冷战后韩国民族主义的兴起及其对中韩关系的影响”（李永春主持），“中国周边战略转型研究：公共产品提供的政治经济学分析”（冯维江主持）；所重点课题7项：“中国参与双边自由贸易协议的比较分析”（沈明辉主持），“韩国教育产业研究——教育产业与社会不平等”（王晓玲主持），“尼泊尔印度关系：新环境与新期待——历史传统的继承与超越”（吴兆礼主持），“中国面临的非传统安全挑战”（任娜主持），“中国—东盟自贸区框架下的人民币区域化研究”（富景筠主持），“朝鲜的先军政治及其影响论析”（李永春主持），“东南亚的抗争与民主”（郭继光主持）。

3．获奖优秀科研成果

2009年，亚洲太平洋研究所共评出“2009年度亚洲太平洋研究所优秀科研成果奖”一等奖5项：李文的专著《东南亚：政治变革与社会转型》，李南的专著《〈胜乐轮经〉及其注疏解读》，张蕴岭、魏燕慎等的工具书《简明东亚百科全书》，张洁的论文《中国能源安全中的马六甲因素》，周小兵的论文《东亚经济的结构性矛盾与解决》；二等奖4项：董向荣的专著《韩国起飞的外部动力》，陆建人的论文《论亚洲经济一体化》，王玉主的论文《东盟区域合作的动力（1967～1992）——基于利益交换的分析》，许利平的论文《东南亚穆斯林极端派产生的政治、社会基础》；三等奖5项：刘建的专著《乱中之乱》，朴光姬、朴键一的专著《中韩关系与东北亚经济共同体》，朴键一、马军伟的专著《中国对朝鲜半岛的研究》，王树英的专著《非凡人生：季羡林先生》，薛克翘的学术资料《走近释迦牟尼—中印尼佛教文化艺术巡礼》。

4．科研组织管理新举措

（1）根据中国社会科学院新一轮重点学科建设计划和院改革精神，亚洲太平洋研究所将亚太区域合作和中国周边外交与安全两个学科列为重点建设学科。拟通过五年的重点建设，使这两个学科成为国内有重要影响并具有一定国际影响力的学科，同时培养两支拥有相当研究实力的科研队伍。

（2）根据中国社会科学院统一部署，亚洲太平洋研究所启动了“基础研究学者资助计划”和“青年学者资助计划”。

（三）学术交流活动

1．学术活动

2009 年，亚洲太平洋研究所主办和承办的学术会议有：

(1) 2009 年 9 月 18 日，亚洲太平洋研究所在北京举办了“全球化背景下亚洲的社会与文化”学术研讨会。会议的主题是“全球化与亚洲多元文化”、“全球化与亚洲的社会转型”。

（2）2009 年 12 月 24 ～ 25 日，亚洲太平洋研究所在北京召开了“中国与周边国家关系问题研讨会”。会议研讨的主要问题有“中国周边环境的变化及面临的新挑战”、“如何制定和落实周边战略”、“中国周边关系中面临的主要问题”。

2．国际与地区学术交流和合作

2009 年，亚洲太平洋研究所共派遣出访 50 批 81 人次，接待来访 45 批 70 人次。与亚洲太平洋研究所开展学术交流的国家有美国、俄罗斯、朝鲜、英国、奥地利、瑞典、日本、韩国、泰国、越南、马来西亚、孟加拉国、柬埔寨、尼泊尔、蒙古国、澳大利亚、新西兰、新加坡、荷兰、斯里兰卡、印度等。其中：

2009 年 6 月 9 ～ 10 日，亚洲太平洋研究所在北京召开了第二届“中蒙俄：和平、发展与合作”国际学术论坛。会议研讨的主要问题有“中蒙俄关系”、“国际金融危机与经济合作”、“地区外交安全合作”。

3．与中国香港、澳门特别行政区和中国台湾开展的学术交流

2009 年，亚洲太平洋研究所共派出 8 批 8 人次出访中国香港、澳门特别行政区和中国台湾地区。

（四）学术社团、期刊

1．社团

（1）中国亚洲太平洋学会，会长张蕴岭。

2009 年 6 月 27 ～ 28 日，中国亚洲太平洋学会、东北财经大学“区域经济一体化与上海合作组织研究中心”在辽宁省大连市联合举办了“东北亚国家应对国际金融危机学术研讨会”。会议研讨的主要问题有“国际金融危机的影响”、“东北亚国家应对金融危机的策略”、“俄罗斯远东发展规划”。

(2) 中国南亚学会，会长孙培钧。

2009 年 11 月 2 ～ 5 日，中国南亚学会、亚洲太平洋研究所、海南亚太观察研究院、上海世界观察研究院在海南省海口市联合举办了“中国南亚学会 2009 年年会海南论坛”。会议研讨的主要问题有“美印中三边关系”、“边界问题和中印关系”、“南亚文化与经济发展”、“南亚传统和非传统安全问题”、“印度洋战略”。

2. 期刊

(1)《当代亚太》，主编张宇燕（1 ～ 3 期）、李向阳（4 ～ 6 期）。

2009 年，《当代亚太》共出版 6 期，共计 96 万字。该刊全年刊载的有代表性的文章有：吴澄秋的《东亚结构变迁与中日关系：权力转移理论视角》，沈丁立的《中美关系、中日关系以及东北亚国际关系》，王赓武的《中国与国际秩序——来自历史视角的考察》，唐世平的《国际政治的社会进化：从米尔斯海默到杰维斯》，郑永年的《中国国家间关系的建构：从“天下”到国际秩序》，张磊的《全球减排路线图的正义性》，钟飞腾的《管理投资自由化：美国应对日本的直接投资》。

(2)《南亚研究》，主编孙士海。

2009 年，《南亚研究》共出版 4 期，共计 68 万字。该刊全年刊载的有代表性的文章有：章节根的《全球核权力体系与印度的战略选择》，宋德星等的《“21 世纪之洋——地缘战略视角下的印度洋》，康民军的《地理原则能论证“麦克马洪线”的有效性吗？——评析 20 世纪五六十年代印度政府对“麦克马洪线”的一个观点》，龙兴春的《试论中国与南盟多边合作的机制与进程》，薛克翘的《印度佛教金刚乘诗歌浅谈》，〔印度〕阿马蒂亚 · 森的《佛陀与现代世界》，〔印度〕迪帕克 · 马利克的《非暴力不合作主义百年祭》。

（五）会议综述

第二届“中蒙俄：和平、发展与合作”国际学术论坛

2009 年 6 月 9 ～ 10 日，中国社会科学院亚洲太平洋研究所在北京召开了第二届“中蒙俄：和平、发展与合作”国际学术论坛。中国社会科学院俄罗斯东欧中亚研究所、中国社会科学院亚洲太平洋研究所、新华社世界问题研究中心、中国国际问题研究所、内蒙古大学、内蒙古自治区社会科学院、新疆社会科学院、蒙古国科学院国际问题研究所、蒙古国战略研究所、俄罗斯科学院东方学研究所、俄罗斯赤塔市后贝加尔国立人文师范大学、莫斯科国际关系学院等单

位的 40 余位专家学者出席了会议。会议讨论的议题有“中蒙俄关系”、“国际金融危机与经济合作”、“地区外交安全合作”等。

中方代表团团长、中国社会科学院亚洲太平洋研究所所长张宇燕研究员主持会议开幕式。中国社会科学院副院长李慎明出席会议并致辞。蒙古国代表团团长、蒙古国科学院国际问题研究所所长海桑岱，以及俄罗斯代表团团长、俄罗斯科学院弗·斯·米亚斯尼科夫院士分别致辞。

李慎明在致辞中表示，中国与俄罗斯和蒙古国的关系在新的起点上发展迅速、势头良好、前景广阔。他指出，人类进入 21 世纪以来，世界形势和东北亚地区局势均发生了深刻的变化，全球正在经历着自 1929 ～ 1933 年以来最严重的金融危机。如何共同有效地应对当前席卷全球的国际金融危机，解决本地区所面临的各种传统安全和非传统安全问题，是我们面临的挑战。以此为主题进行有深度的探讨，对于构建中蒙俄三国合作的长效机制，将会产生积极的影响。他强调，中蒙俄三国山水相连，人员往来源远流长。三国曾有过相同的社会经济体制，并都在为发展本国经济、提高自身的国际化水平而努力，因而更易于增进相互间的理解、信任与合作。中蒙俄之间学术交流与合作的加强，也会为推动整个东北亚和中亚地区的交流与合作产生积极效果。

论坛包括“中蒙俄关系 60 年回顾与展望”、“国际金融危机与中蒙俄经济合作”、“地区外交安全与中蒙俄合作”三个议题。与会者指出，中国与俄罗斯和蒙古国建交经历了一个甲子的时间，依然朝气蓬勃，前景如画。如今扩大的图们江倡议已成为新的经济合作机制，并有可能在未来成为东北亚经济合作的组织载体。针对 2008 年以来金融危机的影响，与会学者认为，中蒙俄三国应通过加强信息交流、金融、能源、交通物流、投资及创新方面的合作，同时，在朝鲜问题上，中蒙俄应当加强合作，缓和朝鲜半岛紧张局势，为整个东北亚的共同发展创建稳定的国际环境。与会代表还就中蒙俄关系、国际金融危机与经济合作、地区外交安全合作等议题广泛交换了意见。

（科研处）

“全球化背景下亚洲的社会与文化”学术研讨会

2009 年 9 月 18 日，中国社会科学院亚洲太平洋研究所在北京举办了“全球化背景下亚洲的社会与文化”学术研讨会。来自马来西亚华社研究中心、北京大学、云南大学、厦门大学、中国现代国际关系研究院、中国国际问题研究所、中国进出口银行、北京大学东语系发展中心等国内外的 30 余名专家学者出席了会议。

研讨会以“全球化背景下亚洲的社会与文化”为主题，探讨了当代亚洲社会文化的特点及发展趋势，并围绕以下两大议题进行了研讨。

第一大议题是全球化与亚洲多元文化。与会专家认为，全球化并没有形成所谓的文化全球

2009年9月，“全球化背景下亚洲的社会与文化”学术研讨会参会学者在北京合影。

化，相反，亚洲各国对本国文化的认同感更加增强了。一方面全球化促进了亚洲的文化现代化，另一方面全球化使得亚洲的文化更加本土化或民族化，形成亚洲多元文化的格局，成为亚洲模式重要的组成部分。在全球化的影响下，亚洲的文化经历了从传统到现代变迁的过程。

有学者从“个人化”与中国“基本人际状态”的变化的角度，阐述了中国“伦人”模式的变化及对和谐社会的影响。有的学者则从印度哲学的角度，剖析了印度传统吠檀多哲学的现代化变迁。传统吠檀多哲学的主要特征是神本主义、宗教神秘主义与出世论思想，而现代吠檀多哲学则强调人本主义、理性主义和世俗主义。有的学者则从伊斯兰金融的角度，阐述了伊斯兰金融在东盟的发展历程和未来前景。有学者从基督教文化的角度，论述了基督教的发展对缅甸社会的影响，即一方面基督教信徒主要集中在少数民族，这对缅甸的民族矛盾激化产生了影响；另一方面，基督教对现代缅甸教育有积极的影响。有学者从保护亚洲非物质文化遗产的角度，阐述了保护与传承文化遗产、独有与共享文化遗产的关系。有学者从全球化视野的角度，阐述了东南亚华人文化的冲突与融合的特点。此外，有学者从日本政治文化变迁、东亚安全合作的文化基础等角度阐述了亚洲文化变迁的必然过程。

会议的第二大议题是全球化与亚洲的社会转型。与会专家认为，全球化对亚洲社会造成了强烈的冲击，民主化浪潮、移民运动、社会冲突、非政府组织与市民社会等冲击着亚洲社会的各个角落。有学者就马来西亚和缅甸的民主化转型、南亚国家的政治转型，阐述了亚洲发展中国家政治转型的艰难性和复杂性。有学者则从教派冲突、群众与暴力、民族分离主义运动、极端主义等角度，阐述了产生社会冲突的原因、背景以及解决的前景。还有一些学者从性别移民与亚洲市民社会、全球化与家庭婚姻、全球化与亚洲环境NGO等角度，探讨了亚洲社会的各种转型模式。

（科研处）

中国南亚学会2009年年会海南论坛

2009年11月2～5日，中国南亚学会、中国社会科学院亚洲太平洋研究所、海南亚太观察研究院、上海世界观察研究院在海南省海口市联合举办了“中国南亚学会2009年年会海南论坛”。来自全国近40个单位的90余位学者出席了会议。会议讨论的议题有“美印中三边关系”、“边界问题和中印关系”、“南亚文化与经济发展”、“南亚传统和非传统安全问题”、“印度洋的战略地位”等。

在讨论“中美印三边关系”问题时，多数学者认为，中美关系将继续提升，但仍需意识到某些障碍的存在，甚至有遭遇挫折的可能；受金融危机影响，印度经济增长有所下降，但仍在恢复之中；中印关系一波三折，但对大局影响不大。因而，三国间仍需加强战略互信。另外，基于当前三国实力对比的悬殊，三边关系呈现出明显的不对称性。三国如何看待这种不对称性，也将影响未来三边结构的总体平衡和“共利”目标。也有学者认为，虽然美国需要印度牵制中国，但同时也对中国存在战略需求，且中国发展本身对美国也有利。对中国而言，关键仍要以发展为第一要务，积极与美国和印度同时深化合作关系。

在讨论“中印边界问题及两国关系”问题时，多数专家认为，目前与40年或60年前的情况不同，当前边界问题的解决应着眼于双边关系友好发展的前景，应以大局为重，照顾中印两国的彼此关系，以积极的但又不失灵活的态度和方式推进谈判。在当前形势下，两国关系的发展不仅不能因为边界问题而出现中断，而且应该更加深入地发展。

在讨论“印度经济”问题时，与会学者认为，此次金融危机对印度经济产生了一定的冲击，但没有严重损害经济的基本面，外国直接投资也没有受到大的影响。印度服务业在GDP增长中所占的份额很大，且比较成功完成了从简单服务向高附加值服务的转型，因而服务业将继续是印度经济的增长点。此外，国内旺盛的消费需求也印证了印度经济增长的巨大潜力。目前看，印度经济的基本面还是比较好的，衡量宏观经济的多项重要指标也比较健康，未来的经济增长仍有很大空间。

在讨论“印度洋战略地位以及中美印在印度洋的战略选择”问题时，学者们认为，印度洋鲜明的地理构造和主要战略支点的重要战略价值，决定了其在新时期独特的地缘战略和地缘经济的地位，进而直接影响甚至塑造了印度、美国和中国等主要大国的印度洋战略选择。鉴于目前几乎无一大国能主导印度洋，因而对于在印度洋地区具有重要战略影响力和巨大利益关系的大国，切实进行合作也就显得既合情又合理。多数学者认为，中美印三国在印度洋存在巨大合作空间，特别表现在能源运输安全、反恐和打击海盗等多个领域。三国应继续保持现有战略对话和外交磋商机制，积极发展合作，增进互谅互信。同时，应进一步加强与有关国家进行海上安全磋商与对话，努力促成相关国家组成二轨安全对话与磋商机制，并在此基础上构筑多边安全合作框架，全力打造“和谐”的印度洋。

（科研处）

中国与周边国家关系问题研讨会

2009年12月24～25日，中国社会科学院亚洲太平洋研究所在北京召开了“中国与周边国家关系问题研讨会”。会议就各边境省份、自治区及与其接壤国家面临的诸多问题进行了对话和讨论。

在讨论中国周边环境问题时，主要有两种观点：一种认为，问题诸多，令人寝食难安；另一种认为，大乱没有、小乱不断，基本稳定。与会学者多数赞成后者，并指出应该动态地、历史地看待中国周边环境的变化。

有学者认为，20世纪90年代以来，尤其是举办奥运会和应对金融危机的成功提高了中国的国际地位，但是中国还没有充分意识到自身力量在国际社会中的日益上升。中国花了很大精力消除“中国威胁论”，现在这个工作基本成功，周边国家的威胁感有所减少。但是过分宣传中国不威胁，也导致周边小国找事。中国的强项是合作，但弱项是以强对弱。中国周边关系的改善，重点多在经济和政治上，战略层面的合作还不多。也就是说，现在所谓的中国与周边的友好关系还未经检验，特别是没有经历政治战略的检验。因此，如何把中国持续上升的实力转变为有效控制周边地区事务的能力，将是中国面临的重大挑战。

在讨论如何制定和落实周边战略问题时，与会专家认为，中国的周边外交政策取决于以下四大因素：中国国内的发展、中国的全球战略、中国的国际定位、中国与其他国家的关系。第一，外交政策研究的发展和进步取决于国内的发展，发展的不同阶段衡量的标准也在发生变化。进入21世纪以后，随着中国转变为地区性强国甚至世界大国，产生了中国是否要改变对周边的定位这样一个问题。第二，中国的周边对策很大程度上取决于全球战略。维护周边安全为整个外交政策服务，特别是要协调与中国全球战略的关系。第三，中国的周边政策还取决于中国的国际定位。第四，中国的周边政策还取决中国与其他大国的关系。中国与大国关系的调整将决定下一阶段中国的周边决策。

专家认为，中国的周边战略应有三层考虑。一是尽可能地改善与邻国的关系。在涉及到双边问题的时候，能解决的就尽力解决，解决的基本原则是互谅互让。二是积极参与以周边地区为主的区域合作，改善并加深与这些国家的关系。三是构造周边的大国关系框架。20世纪90年代后中国率先提出“新安全观”，力图打破传统安全，从非传统安全入手，改变安全的理念。这一战略革新推动了中国与东盟的对话与地区合作。

（科研处）

美国研究所

（一）人员、机构基本情况

截至 2009 年年底，美国研究所共有在职人员 56 人，其中，正高级职称人员 11 人，副高级职称人员 15 人，中级职称人员 22 人；高、中级职称人员占全体在职人员总数的 86%。

美国研究所设有：美国政治研究室、美国经济研究室、美国外交研究室、美国社会文化研究室、《美国研究》编辑部、图书馆、行政办公室。

美国研究所院属科研中心有：中国社会科学院世界政治研究中心；所属科研中心有：中国社会科学院军备控制与防扩散研究中心。

（二）科研工作

1．科研成果统计

2009 年，美国研究所共完成专著 8 种，129.6 万字；论文 52 篇，70.5 万字；研究报告 36 篇，45 万字；教材 1 种，41.5 万字；译著 2 种，37 万字；译文 2 篇，4 万字；一般性文章 78 篇，23 万字；论文集 1 种，23 万字。

2．科研课题

（1）新立项课题。2009 年，美国研究所共有新立项课题 16 项。其中，院重点课题 2 项："中美关系 30 年"（袁征主持），"新能源安全观与美国能源政策的演变"（罗振兴主持）；院国际研究学部应急课题 1 项："奥巴马政府的气候变化政策动向"（周琪主持）；院青年科研启动基金课题 1 项："美国信用评级机构对金融危机的影响"（杜邢晔主持）；所重点课题 8 项："布什政府（2001 ~ 2004）对台政策及其对中美关系的影响"（许安结主持），"次贷危机对美国养老金投资及管理体制的影响"（杜邢晔主持），"布什内阁对国家安全委员会的改革"（李枏主持），"美欧在东亚安全问题上的一致与分歧"（刘得手主持），"美国对印度尼西亚的选举援助"（仇朝兵主持），"美国对朝政策：两次朝核危机比较"（樊吉社主持），"美国基督教右翼与犹太群体的关系及其对美以关系的影响"（白玉广主持），"美国对社会主义古巴的公共外交及其影响"（魏红霞主持）；其他部门与地方委托课题 4 项：财政部课题"新形势下中美经贸关系主要分歧与合作重点"（黄平主持），国家人口与计划生育委员会课题"美国人口生育相关研究计划"（黄平主持），教育部重大攻关课题"冷战时期美国重大外交政策研究"（陶文钊主持），教育部重大攻关课题"中国与反法西斯战争"（陶文钊主持）。

（2）结项课题。2009 年，美国研究所共有结项课题 23 项。其中，院重点课题 1 项："美国军事战略的后冷战时代调整与中国安全"（樊吉社主持）；国情考察项目 1 项："从湖南农业发展看中国农业现代化前景"(黄平主持);院委托课题3项:"当前中美关系及美国对华政策"(黄平主持),"美国大选系列跟踪研究"(倪峰主持),后期资助项目"美国腐败案例研究"(刘卫东主持);其他部门与地方委托课题3项:国务院台湾事务办公室课题"2008年的美台关系"(黄平主持),国务院台湾事务办公室课题"美国新一届政府台海政策研究及工作建议"(黄平主持),国家人口与计划生育委员会课题"美国人口生育相关研究计划"(黄平主持);所重点课题15项:"布什政府的中东政策研究"(陶文钊主持),"美国的政治腐败与反腐败"(周琪主持),"美国当代移民的跨种族婚姻研究"(姬虹主持),"美欧关系的变化及其对中国的影响"(刘得手主持),"试析中美两国在东亚多边合作中的作用"(魏红霞主持),"关系摩擦与美日同盟"(刘卫东主持),"布什政府朝核危机决策制定过程个案研究"(李枏主持),"新世纪美国在出口管制上的国际合作"(李恒阳主持),"游走于古老信仰和当代政治之间——美国天主教新保守主义的兴衰"(彭琦主持),"布什政府(2001～2008)对台政策及其对中美关系的影响"(许安结主持),"美国基督教右翼与犹太群体的关系及其对美以关系的影响"(白玉广主持),"美日关系中的历史问题"(刘卫东主持),"次贷危机对美国养老金投资及管理体制的影响"(杜邢晔主持),"美欧在中国市场经济地位上的考量"(刘得手主持),"美国对印度尼西亚的选举援助"(仇朝兵主持)。

(3)延续在研课题。2009年,美国研究所共有延续在研课题20项。其中,院重大课题3项:"软实力理论及其在国际关系中的应用"(黄平主持),"美国对新疆的渗透及其在'东突'问题上的政策走向"(顾国良主持),"美国能源安全政策与其全球战略"(周琪主持);院重点课题14项:"中美关系30年(1979～2009)"(刘得手主持),"美国新移民研究(1965年至今)"(姬虹主持),"宗教对中美关系的影响研究"(刘澎主持),"美国宏观经济监管"(胡国成主持),"当代美国保守主义研究"(倪峰主持),"美国思想库与冷战后美国对华政策"(陶文钊主持),"国际多边机制下的中美互动"(袁征主持),"美国国会政治与中美关系(2000～2008)"(张立平主持),"全球经济失衡与中美经贸关系"(王荣军主持),"美国公众外交研究"(仇朝兵主持),"美国资本流动"(王孜弘主持),"亚太多边合作的发展与中美关系"(魏红霞主持),"美国霸权主义研究"(王缉思主持),"9·11后美国单边主义研究"(李晓岗主持);所重点课题3项:"利益集团政治与2008年美国大选——劳联—产联的案例研究"(何兴强主持),"美国政府机构与民间团体之间的互动对美国软实力的影响:以'推进民主'为案例"(黄河主持),"布什内阁对国家安全委员会的改革"(李枏主持)。

3．获奖优秀科研成果

2009年,美国研究所共评出"2009年度美国研究所优秀科研成果奖"一等奖4项:周琪的《意识形态与美国外交》(专著),赵梅的《清末以来中国中学历史教科书中的美国形象》(论文),樊吉社的《美国军控政策的调整与变革》(论文),陶文钊的《美国对台湾政策的演变》(论文);二等奖4项:朱世达、姬虹的《美国市民社会研究》(专著),刘澎的《美国宗教团体的社会资本》（论文），仇朝兵的《美国与伊拉克和日本的战后重建》（论文），倪峰的《观察中美关系发展的三个维度》（论文）；三等奖1项：潘小松的《梦幻守望者》（译著）。

（三）学术交流活动

1．学术活动

2009年，美国研究所主办的学术会议有：

(1)2009年5月6日，由美国研究所主办的“奥巴马‘百日新政’研讨会”在美国研究所举行。会议研讨的主题是“奥巴马就任美国总统后100天的内外政策”。

（2）2009年6月17～19日，美国研究所“青年论坛”在北京举行。论坛的主题是“影响中美关系的重要因素——台湾问题”。

（3）2009年9月27～28日，美国研究所与美国凯特林基金会在北京联合举行了“中美长期对话”国际学术研讨会。会议研讨的主要问题有“中美两国的社区发展”、“当前中美关系中的热点问题”。

（4）2009年10月6～7日，中美关系史研究会与中国社会科学院美国研究所、复旦大学美国研究中心联合举办的“正常化以来的中美关系研讨会”在上海举行。会议的主题是“建交以来的中美关系”。

2．国际与地区学术交流和合作

2009年，美国研究所派遣出访33批37人次；接待来访52批109人次（其中，邀请来访1批10人次，顺访22批61人次；外国使馆官员来所拜会21批30人次；外国记者采访8批8人次）。与美国研究所开展学术交流的国家有美国、日本、英国、葡萄牙、奥地利、瑞典、法国、挪威、亚美尼亚、德国、意大利、芬兰、阿联酋、加拿大、西班牙和韩国。

（1）2009年2月26日，美国研究所所长助理倪峰研究员参加外交部专家学者小组赴美国访问，与美方多个单位就美国奥巴马新政府的对华政策专题进行交流。

（2）2009年3月31日，美国研究所副所长胡国成研究员、赵梅研究员赴美国参加凯特林基金会举办的“中美关系中的公民社会”双边研讨会。

（3）2009年4月24日，美国研究所所长黄平研究员在瑞典出席瑞典高等研究院主办的“全球社会科学及人文科学”欧盟项目国际研讨会。

（4）2009年4月27日，美国研究所副所长顾国良研究员赴美国出席哈佛大学肯尼迪政府学院举办的“中美关系研讨会”。

（5）2009年5月20日，美国研究所陶文钊研究员在葡萄牙出席“奥巴马新政府与亚洲”国际研讨会。

（6）2009年6月5日，美国研究所樊吉社副研究员赴奥地利出席主题为“加强美国与东亚的合作”的“萨尔茨堡论坛”。

（7）2009 年 9 月 10 日，美国研究所所长黄平研究员参加由国家新闻出版总署组织的中国代表团，在法兰克福国际书展上就中国议题与欧洲各界人士进行交流。

（8）2009 年 9 月 12 日，美国研究所陶文钊研究员、袁征副研究员和王荣军副研究员参加外交部专家学者小组赴美国访问，与美国官方机构和智库就中美关系、地区及全球问题交换意见。

（9）2009 年 9 月 18 日，美国研究所刘澎研究员赴美国参加由美国国会图书馆和英国牛津大学等机构联合举办的“中国与现代化：1900 至今—— 一个世纪的变化”国际研讨会。

（10）2009 年 10 月 14 日，美国研究所樊吉社副研究员参加由团中央组织的中国青年代表团，赴日本进行学术访问和交流。

（11）2009 年 11 月 14 日，荣誉学部委员、美国研究所资中筠研究员参加国务院参事室代表团，赴英国、西班牙进行文化交流。

3．与香港、澳门特别行政区和中国台湾开展的学术交流

2009 年，美国研究所共接待了香港特别行政区、澳门特别行政区和中国台湾地区的来访 3 批 3 人次。

（四）学术社团、期刊

1．社团

（1）中华美国学会，会长王缉思，秘书长胡国成。

（2）中美关系史专业研究会（中华美国学会下属二级学会），会长陶文钊。

2．期刊

《美国研究》（季刊），主编黄平。

2009 年，《美国研究》全年共出版 4 期，共计 80 万字。全年刊载的有代表性的文章有：傅立民（Chas W. Freeman, Jr.）、马振岗、约瑟夫·奈（Joseph S. Nye, Jr.）、陈宝森等的《专题研讨：中美关系 30 年》，李云林的《关于美国次贷危机严重性的实证判断》、张业亮的《美国 2008 年大选与奥巴马政府的政策趋向》，金莉的《美国女权运动·女性文学·女权批评》，李侃如（Kenneth G. Lieberthal）的《美中关系展望》，李海东的《从边缘到中心：美国气候变化政策的演变》，黄卫平、胡玫的《美国次贷危机：对世界经济格局的再思考》，李云林的《美国金融系统风险的“双过渡”特点分析》，倪世雄、赵可金的《美国政治的逻辑：一项研究议程》，徐彤武的《联邦政府与美国志愿服务的兴盛》，刘宇飞的《美国金融监管哲学的转向及影响》，刘子奎的《奥巴马无核武器世界战略评析》，李开盛的《军事存在与无核化：美国朝核政策浅析》，樊吉社的《美国对朝政策：两次朝核危机比较》，金灿荣、刘世强的《奥巴马执政以来的中美关系》，李振广的《奥巴马政府的对台政策走向》，袁征的《艰难的政策抉择——论杜鲁门政府的巴勒斯坦政策（1945 ~ 1948）》等。

（五）会议综述

奥巴马“百日新政”研讨会

2009 年 5 月，“奥巴马‘百日新政’研讨会”在北京召开。

2009 年 5 月 6 日，由中国社会科学院美国研究所主办的奥巴马“百日新政研讨会”在中国社会科学院美国所举行。来自国内有关部委、高等院校以及科研机构的官员、专家和学者 50 多人围绕“奥巴马就任美国总统后 100 天的内外政策”进行了讨论与交流。

美国研究所所长黄平主持会议并致辞。黄平指出，自奥巴马执政以来，已过百日之期，其内政外交也已初露雏形。在此时举办这样一个研讨会，评估美国政府的政策走向，展望中美两国关系未来的发展方向无疑具有重要的现实意义和战略意义。研讨会议题分为“美国国内政治与政策”、“美国外交政策动向”、“奥巴马政府时期的中美关系”三部分。与会者认为，奥巴马执政以来美国内外政策的走向呈现出“紫色美国”的特点，即带有保守成分的自由主义，这体现为在经济政策上坚持走社会自由主义的道路；在社会政策上兼有保守主义和自由主义的纲领；在外交政策上主张通过多边协商来延续美国霸权。北京大学国际关系学院院长王缉思教授在总结性发言中强调，鉴于中美两国国内政治因素的复杂性，当前的中美关系仍无法定型。对中美关系的处理应服务于整个中国外交大局，而不是相反。

（徐彤武）

“中美长期对话”国际学术研讨会

2009 年 9 月 27 ~ 28 日，中国社会科学院美国研究所与美国凯特林基金会在北京联合举行了“中美长期对话”国际学术研讨会。来自美国凯特林基金会、约翰·霍普金斯大学、中国社会科学院美国研究所、中国社会科学院马克思主义研究院、中央党校、国防大学等机构和大学的 20 余位中美专家参加了会议。

与会者就中美两国的社区发展和当前中美关系中的热点问题进行了研讨。美国凯特林基金会副主席陶美心等美方代表介绍了美国社区近年来的发展状况及社区在促进教育、扶贫、医疗保健、环境保护事业、救灾以及防止家庭暴力、酗酒和毒品问题上所起的作用。中国社会科学院美国研究所所长黄平研究员、马克思主义研究院党建室主任陈志刚研究员介绍了中国社会科学院多位学者参加的“社区重建”课题组研究成果，并对“社区”概念及中国西部乡村社区重建问题进行了探讨。黄平指出，在信息化时代的今天，“社区”已不再是一个传统意义上的地理概念，而是更多地具有了社会学意义。“认同感”“安全感”和“凝聚力”是社区公共性的基础。陈志刚研究员认为，中国社区的健康发展，必须超越关于“贫困—发展”、“传统—现代”、“农业—工业”等一系列的二元对立的假设，在社区建设中，社区公共资源的激发与合理利用对维系社区公共性起着至关重要的作用。美国凯特林基金会主席戴维·马修斯和中国社会科学院美国研究所副所长顾国良研究员分别回顾了过去20年来“中美长期对话”对促进中美关系的发展、增进中美两国人民互相了解所做的工作。美国约翰·霍普金斯大学尼采高级国际关系学院中国研究系主任蓝普顿认为，稳定世界经济、防止核扩散和共同应对气候变化是中美两国关系的基础。从根本上看，中美两国对世界的看法是一致的，两国需要利用彼此的资源来应对共同面临的问题。中国社会科学院美国研究所陶文钊研究员总结了奥巴马执政以来中美关系的几个特征。他认为，两国关系继续保持稳定，并进一步发展，没有发生以前曾经经历的那种起伏和颠簸，但美国仍有人对中国存在很深的疑虑，奥巴马政府也很难改变美国对台湾政策的基本框架。国防大学徐辉博士分析了中美军事关系的发展，指出，中美两军交往的历程具有一种“波动规律”，几乎始终处于“危机管理”状态，两国的军事交往一直没有走出这一怪圈，而发展中美军事关系的指导思想应该是“标本兼治、相辅相成”。

（徐彤武）

正常化以来的中美关系研讨会

2009年10月6～7日，中美关系史研究会、复旦大学美国研究中心和中国社会科学院美国研究所主办，复旦大学美国研究中心承办的“正常化以来的中美关系研讨会”在复旦大学召开。来自全国高等院校和科研单位的70余人参加了会议。会议共收到论文40余篇。

会议研讨的主要议题有五个：第一，国际格局与中美关系：历史与现实。与会者认为，中美关系的正常化和进一步发展与国际格局的历史与现实息息相关。复旦大学美国研究中心教授吴心雄认为，自20世纪70年代以来，中美关系经历了两次国际化进程：第一次是始于1972年的中美和解，第二次是在世纪之交。从发展趋势看，中美关系的国际化越来越向功能性层面倾斜。复旦大学历史系傅德华等在总结历史经验时指出，“理想与现实的平衡”是中美关系健康稳定发展的保障。

第二，地区安全与中美关系：合作与冲突。东亚地区是中美利益交织最密集的地区，东亚多边合作对中美关系有着至关重要的意义。中国社会科学院美国研究所副研究员魏红霞分析了中美两国在东亚多边合作机制中发挥的作用，她认为，虽然目前中国是积极的参与者和推动者，但其作用是非主导性的。美国的霸权地位和传统战略确定了其对东亚多边合作的重要影响。

第三，台湾问题与中美关系：表面与实质。广东外语外贸大学副教授黎家勇从国际法和国内法的角度分析指出，美国制定的《与台湾关系法》违反了公认的国际法准则，该法与中美三个联合公报不但在内容上，而且在法律效力上都存在着严重冲突。

第四，多元中美关系：从军事安全到人文交流。解放军外国语学院教授许嘉等认为，中美两军的实质性交流少于接触性交流。外交学院副教授谢韬借助权威民意调查机构的数据论证，大多数美国公众已经充分意识到中国的崛起，并倾向于支持与中国保持接触和合作。

第五，美国对华政策与中美关系：现状与展望。复旦大学美国研究中心教授倪世雄认为，把握中美关系要一看时代，即中美关系的发展应该顺应时代的变化；二看发展，即中美各自的国内发展；三看挑战，即中美在全球层面、地区层面、双边层面以及如台湾和西藏等涉及中国核心利益方面如何避免对抗。

（徐彤武）

日本研究所

（一）人员、机构基本情况

截至2009年年底，日本研究所共有在职人员51人。其中，正高级职称人员12人，副高级职称人员12人，中级职称人员20人；高、中级职称人员占全体在职人员总数的86%。

日本研究所设有：日本政治研究室、日本经济研究室、日本社会文化研究室、日本外交研究室、《日本学刊》编辑部、图书馆、办公室。

日本研究所所属科研中心有：日本政治研究中心、中日经济研究中心、日本社会文化研究中心、中日关系研究中心、东亚与和平发展战略论坛。

（二）科研工作

1. 科研成果统计

2009年，日本研究所共完成专著9种，259.1万字；论文77篇，81.94万字；研究报告43篇，186.15万字；译著3种，78.3万字；译文4篇，12.7万字；学术普及读物18种，5.91万字。

2. 科研课题

（1）新立项课题。2009年，日本研究所共有新立项课题24项。其中，院重点课题2项："日本内需主导型增长在哪里出了问题——兼谈日本泡沫经济的教训"（张淑英主持），"冷战后日本政治改革的走向及其影响"（张伯玉主持）；院国情考察课题1项："大湄公河次区域经济合作对广西经济的影响”（李薇主持）；院委托课题2项：“日本、美国金融危机比较研究：起因、传导机制、影响与政策应对”（李薇、余永定主持），“日本制造业产业升级和应对危机的经验及借鉴”（李薇、金碚主持）；院青年科研启动基金课题1项：“冷战后日本能源外交与能源安全”（庞中鹏主持）；院青年中心课题1项：“当前我国国民意识调查现状及日本国民意识调查体系对我国的借鉴意义”（唐永亮主持）；所重点课题17项：“日本宏观经济模型及预测”（姚海天主持），“日本国民意识研究的理论与方法”（唐永亮主持），“后小泉时代日本对华政策研究”（张进山主持），“21世纪初的日台关系”（吴万虹主持），“冷战后日本的经济安全战略”（庞中鹏主持），“日朝关系的变化与进展——日朝关系举步维艰的原因与影响”（丁英顺主持），“日本所规章制度修订与出版”（郭颖主持），“日本学刊数据库建设”（林肖主持），“日本所网页维护”（韩永顺主持），“《参考资料》全文数据库”（杨艳艳主持），“日本研究成果论文全文数据库、日本研究专著数据库”（韩琳主持），“科研课题经费信息管理数据库”（朱立慧、金华主持），“日本所对外学术交流信息库”（彭华、丁英顺主持），“日本所科研人员成果统计数据库”（彭华、郭颖主持），“日本研究成果在主流媒体传播的统计分析”（屠亮智主持），“学科综述”（李薇主持），“日本发展报告”（李薇主持）。

（2）结项课题。2009年，日本研究所共有结项课题31项。其中，国家社会科学基金课题4项：“中日建立自由贸易区问题研究”（徐梅主持），“中日战争赔偿问题研究”（孙伶伶主持），“日本改宪及未来发展道路研究”（高洪主持），“世界主要发达国家的社会发展与政策选择”（蒋立峰主持）；院重点学科课题1项：“日本政治学科”（蒋立峰主持）；院重大课题1项：“21世纪初期日本的东亚政策”（高洪主持）；院重点、院B类课题5项：“中日第四次舆论调查”（王伟主持），“日本的社会结构变迁与政策选择——我国构建社会主义和谐社会的重要参考”（王伟主持），“中日农村剩余劳动力转移比较研究”（张季风主持），“日本自民党研究”（高洪主持），“日本研究基础数据库”（蒋立峰主持）；院国情调研课题3项：“日本在华企业经营现状调研分析”（张季风主持），“中国青少年对日意识调查”（张伯玉主持），“日本大众文化对中国青少年的影响”（王伟主持）；院国情考察课题2项：“西部新农村建设与投资环境考察”（孙新、张进山主持），“大湄公河次区域经济合作对广西经济的影响”（李薇主持）；院青年科研启动基金课题6项：“革新政党研究”（张伯玉主持），“日本的防震救灾对策以及经验教训”（赵刚主持），“日本历史认识问题研究”（吴万虹主持），“茶道文化与日本社会”（张建立主持），“中日银行组织制度比较研究”（刘瑞主持），“21世纪初的日本经济体制改革与日本企业经营制度环境的变化”（叶琳主持）；院国际研究学部委托课题1项：“未来10年的中日关系与中国对日政策”（蒋立峰主持）；所重点课题8项：“学科综述”（李薇主持），“日本发展报告”（李薇主持），“日本社会保障制度研究”（王伟主持），“日本中小企业政策研究”（范作申主持），“日本企业竞争与反垄断政策”（胡欣欣主持），“中国三代领导人论日本”（孙新主持），“日本精神史概论”（张义素主持），“性别视角下的日本妇女问题”（胡澎主持）。

（3）延续在研课题。2009 年，日本研究所共有延续在研课题 33 项。其中，国家社会科学基金课题 1 项："中日关系中的舆论话语权问题研究"（金莹主持）；院重大课题 3 项："日本军国主义史研究"（蒋立峰主持），"日本智库与对华外交"（王屏主持），"21 世纪初期日本的文化战略"（崔世广主持）；院重点课题 5 项："日本克服长期萧条的经验教训"（张季风主持），"中日美关系与台湾问题"（刘世龙主持）；"中日两国事业单位改革比较研究"（韩铁英主持），"中国和平发展战略与日本"（吕耀东主持），"日本非政府组织的发展及其社会功能"（胡澎主持）；院青年科研启动基金课题 2 项："日本经济实例分析"（姚海天主持），"日本确保建筑工程质量的制度与措施"（陈桐花主持）；所重点课题 22 项："日本及日本人"（蒋立峰主持），"小泉政权对中日关系的影响"（孙新主持），"日本右翼"（王屏主持），"传统思想对日本近代政治制度的影响"（赵刚主持），"日本的网络政治研究"（张伯玉主持），"霸权压力下的再度改造——80 年代中后期美日政治经济摩擦"（何晓松主持），"日美安保体制"（刘世龙主持），"日本非传统安全政策研究"（吕耀东主持），"日本外交政策研究"（张勇主持），"'二战'后日本对东南亚政策的研究"（白如纯主持），"日本新时期安全战略研究"（吴怀中主持），"可持续发展的一个新课题——日本经济增长方式转型及其启示"（张淑英主持），"日本货币政策的理论与实践研究"（刘瑞主持），"中日家电产业比较：以市场结构和反倾销诉讼为中心"（胡欣欣主持），"日本住宅安全责任与经济问题研究"（陈桐花主持），"日本政治文化研究"（崔世广主持），"日本媒体与日本社会"（金莹主持），"当代日本广泛性道德伦理对社会——经济发展的推动模式及启示"（范作申主持），"世袭与日本文化"（张建立主持），"战后日本国民意识变迁研究"（唐永亮主持），"现代日本行政研究"（韩铁英主持），"中国早期日本研究杂志研究"（林昶主持）。

3．获奖优秀科研成果

2009 年，日本研究所共评出"2009 年度日本研究所优秀科研成果奖"9 项，其中，一等奖 3 项：刘世龙的专著《美日关系（1791 ～ 2001）》，张季风的专著《挣脱萧条：1990 ～ 2006 年的日本经济》、高洪的论文《安倍政权的政治属性与政策选择》；二等奖 3 项：胡澎的专著《战时体制下的日本妇女团体》，吕耀东的论文《试析日本的民族保守主义及其特征》，张建立的论文《日本国民性研究的现状与课题》；三等奖 3 项：韩铁英的专著《列国志·日本》，王屏的论文《论日本人"中国观"的历史变迁》，林昶的研究报告《2005 年中国的日本研究综述》。

4．科研组织管理新举措

2009 年，日本研究所结合中国社会科学院聘用制的展开，确定了科研强所规划方案。

研究室是研究所学科建设的主体，但各自隶属不同学科，故研究室相对独立的学科建设尤其重要。

日本研究所的研究涉及政治学、国际政治学、经济学、社会学、法学、宗教学、文学、历史学、文化人类学等多个学科，需要以研究室为单位进行基本学科定位，只有在学科定位的基础上，才能在相应的学科环境中进行理论创新，对日本这个特定研究对象进行透彻的剖析，从而把基础、应用、对策研究贯穿一体。日本研究所对研究室的设置进行了相应的调整。原日本社会文化研究室结合了社会学与文化人类学的两个学科，但根据学科发展需要，今后将分别组建日本社会室与日本文化室。今后各个研究室在学科定位基础上所确定的主要研究领域和方向，制定研究室发展规划，配置研究人员，建立学术梯队。

（三）学术交流活动

1．学术活动

2009 年，日本研究所主办和承办的学术会议有：

（1）2009 年 1 月 18 日，日本研究所主办的“与大江先生谈心学术座谈会”在北京举行。会议研讨的主要问题有“关于大江文学”、“大江的和平主义思想”。

（2）2009 年 2 月 14 日，日本研究所、全国日本经济学会联合主办的“金融大危机对中日经济的影响”国际研讨会在北京举行。会议研讨的主要问题有“金融危机对中国经济的影响”、“金融危机对日本经济的影响”、“金融危机对中日经贸关系的影响”、“金融危机对中日两国经济发展的启示”。

（3）2009 年 4 月 11 日，日本研究所主办的“中日东海及钓鱼岛争端对策研讨会”在北京举行。会议研讨的主要问题有“钓鱼岛维权与东海合作开发的现状与法律分析”、“ 解决中日东海及钓鱼岛争端的对策建议”。

（4）2009 年 7 月 31 日，日本研究所主办的“叶渭渠先生日本文化研究”研讨会在北京举行。会议研讨的主要问题有“求学之路与治学之道”、“他者之眼与他者文化”、“文化的美学与美学的文化”、“侘茶乐境与孔颜乐处”。

（5）2009 年 9 月 22 日，日本研究所与中国社会科学院科研局、国际研究学部联合主办的中国社会科学院第 25 届国际论坛“展望日本新内阁的内阁与外交”在北京举行。会议研讨的主要问题有“众议院选举后政局及政党模式、政治结构新变化”、“新内阁的外交方针、对华策略及中日敏感问题”。

（6）2009 年 12 月 26 日，日本研究所主办的“2009 年日本回顾与展望座谈会”在北京举行。会议研讨的主要问题有“日本 2009 年政权更迭后的新变化及相关问题”、“前瞻日本 2010 年的走势”。

2．国际与地区学术交流和合作

2009 年，日本研究所共举办了 1 次国际会议；派遣出访 26 批 41 人次，接待来访 10 批 81 人次，接受海外媒体采访 20 批次。与日本研究所开展学术交流的国家有日本、韩国等。

（1）2009 年 11 月 27 日，日本研究所与日本立命馆大学国际区域研究所联合主办了“21 世纪东亚中的新型中日关系——现状与课题”国际学术研讨会。

（2）2009 年，日本研究所新签订的国际合作学术交流协议项目 1 项：“日本研究所与日本亚细亚大学学术交流协议”，续签国际合作学术交流协议项目 1 项：“日本研究所与名古屋市立大学经济学研究科学术交流协议”。

（四）学术社团、期刊

1. 社团

（1）中华日本学会，会长李慎明。

2009年12月19日，中华日本学会在湖南省长沙市举行“中华日本学会会长办公扩大会议及团体会员单位汇报会”。会议的主题是中华日本学会领导班子主要成员研究讨论换届工作。

（2）全国日本经济学会，会长王洛林。

2009年9月5日，全国日本经济学会在吉林省长春市举行“全国日本经济学会2009年年会暨学术研讨会”。会议的主题是“循环经济与转型期的中日经济”，研讨的主要问题有“日本经济与社会”、“循环经济、能源与环境”、“中日经济关系与区域合作”。

2. 期刊

《日本学刊》（双月刊），主编韩铁英。

2009年，《日本学刊》共出版6期，共计90万字。该刊从第5期开始实行双向专家匿名审稿制，新开设了“探讨与争鸣”栏目。该刊全年刊载的有代表性的文章有：吴寄南的《浅析民主党外交安保团队及其政策构想》，蒋立峰的《未来十年的中日关系与中国对日政策——21世纪中日关系研究报告》，徐万胜的《论冷战后日本选民的政治意识与投票行动》，廉德瑰的《政治文化与日本内阁“短命”的特性》，周杰的《新选举制度对日本政党体制的影响——“迪韦尔热效应”的实证分析》，赵全胜的《日本外交的主流思维——带倾向性的中间路线》，江瑞平的《当前日本经济衰退的主要特征》，刘昌黎的《日本FTA/EPA的新进展、问题及其对策》，冯昭奎的《日本技术进步的辩证法》，张建立的《从游戏规则看日中两国国民性差异 ——以日本将棋与中国象棋为例》，尚会鹏的《论日本人的交换模式》。

（五）会议综述

“金融大危机对中日经济的影响”国际研讨会

2009年2月14日，由全国日本经济学会、中国社会科学院日本研究所共同主办的“金融大危机对中日经济的影响”国际研讨会在北京举行。全国日本经济学会会长、中国社会科学院原常务副院长王洛林，中国社会科学院世界经济与政治研究所所长余永定，中国社会科学院日本研究所所长李薇，商务部亚洲司司长吕克俭，日本银行金融研究所所长高桥亘，日本银行国际局局长沼波正等中日各界代表70余人参加了研讨会。会议主要从政策性和学术性等层面对金融危机对中日经济的影响进行了探讨。

中方学者认为，受金融危机导致的实体经济衰退的影响，加上中国经济生活中尚未解决

2009年2月，"金融大危机对中日经济的影响"国际研讨会在北京举行。

的深层次矛盾和问题，目前中国经济运行中的困难增加，经济下行压力加大，企业经营困难增多，保持农业稳定发展难度加大，金融领域潜在风险增加。但是中国经济发展的基本面和长期趋势没有改变，中国还将继续果断实施积极的财政政策和适度宽松的货币政策，采取一系列进一步扩大内需、促进经济增长的政策措施，全力保持经济平稳较快发展。而且金融危机对中国经济的影响是多方面的，特别是对中国的经济结构调整、经济体制改革以及对外经济关系造成一系列影响。其中结构调整是中国经济持续稳定增长的根本保证，所以实施扩张性宏观经济政策，应该在保证经济增长速度的同时促进经济结构的改善。

日方学者也深入分析了金融危机对日本经济的影响，提出日本经济受到金融危机的极大冲击，负面影响不断扩大，甚至可能出现第一次石油危机以来最严重的经济衰退。而且，此次的日本经济衰退，既不同于当前的美国经济衰退，也不同于90年代的日本经济衰退。当前美国的经济衰退主要表现为金融危机和消费部门的衰退导致企业部门的衰退；90年代日本的经济衰退表现为金融危机和企业部门的衰退导致消费部门的衰退；而此次日本的金融危机表现为企业部门的衰退导致消费部门的衰退。为此，日本政府采取了一系列金融政策和财政政策特别是促进企业金融运营和恢复发展的政策，以应对经济衰退。

中国和日本都受到了此次金融危机的极大冲击，双边经贸关系也面临着新的挑战，两国有必要也有可能在共同应对危机的政策层面上找到共同语言。中日双方应该充分发挥自身优势，相互学习和借鉴面对金融危机和实体经济下滑时采取的政策，通力合作，加强协调，共同应对金融危机，变压力为动力，把国际金融危机的不利影响降到最低。具体措施包括：有效运用中日经济高层对话机制，就应对危机加强沟通和协调；共同努力扩大内需，相互借助市场资源，提升市场信心；共同防止国际贸易保护主义抬头，维护正常的国际贸易秩序和环境；携手推进和引领新兴产业发展；探讨建立中日食品安全长效机制；加强服务贸易合作，培育对外贸易新增长点；鼓励双向投资，推动中小企业合作；合作开发第三国市场；加强地区和多边经济领域合作等。

（叶　琳）

“叶渭渠先生日本文化研究”研讨会

2009 年 7 月 31 日，以日本所研究员叶渭渠先生的八十寿辰为契机，日本研究所举办了“叶渭渠先生日本文化研究”研讨会。并以此庆祝叶先生的新著《日本文化通史》《日本文学思潮史》《日本小说史》出版。中国社会科学院的相关领导、日本国际交流基金的驻京代表以及日本研究领域的学者 60 余人参加了研讨会。会议由日本所党委书记孙新主持。

在开幕式上，中国社会科学院副院长武寅高度评价了叶渭渠先生的成就，称其翻译、撰写以及主编的学术作品多达百余卷，为中国的日本文化译介和研究特别是为川端康成文学在中国的传播作出了突出的贡献。她还指出，叶先生提出的“时间就是知识，写作就是生命”这句格言，向世人展示了一位杰出的科学工作者崇高的情怀，其严谨刻苦的治学方法、永不懈怠和勤奋钻研的人生态度以及不怕坐冷板凳的学术风范值得年轻学者学习。中国社会科学院日本研究所所长李薇详细介绍了叶渭渠的新著：《日本文化通史》从文化人类学的角度论述了日本文化生成的要素以及在接受外来文化过程中的冲突、并存、融合的特色；《日本文学思潮史》以历史唯物主义的方法论述了日本上古诸神文化的混沌状态、原始意识的形成特点及其在与中国文学思想、西方文学思想接触、调和的各个时期形成的文学特点；《日本小说史》通过对各个时代日本小说代表作的分析，清晰地描述了日本小说的民族特色和百余年从模仿到融合、创新多样化的发展脉络，总结了日本小说走向世界的历史经验。中国社会科学院老干部工作局局长高来发认为，作为社科院的老一辈研究人员，叶先生受到了众人的尊重与爱戴，这与其几十年淡泊名利、乐于奉献、脚踏实地、艰苦奋斗是分不开的。中国社会科学院日本研究所首任所长何方总结了叶先生在日本文化和日本文学研究方面作出的卓越贡献，并提倡大家向叶先生学习。

在研讨会上，叶渭渠回顾了自己的求学经历，其他学者则围绕着叶先生的相关研究成果，从不同角度阐释了自己对叶先生日本文化研究的理解。

（叶　琳）

中国社会科学院第25届国际论坛“展望日本新内阁的内阁与外交”

2009 年 9 月 22 日，中国社会科学院第 25 届国际论坛“展望日本新内阁的内阁与外交”在北京召开。与会专家以 2009 年日本大选为契机，围绕日本政治、安全保障、日本外交、中日关系、经济关系等问题，对作为执政党的民主党及新成立的鸠山内阁中变与不变的因素进行了讨论。

大家认为，理清我们对日本内政外交形势发展的认识，有利于我们国家的对日工作。现在，日本处于漂流时期。从历史上看，以外交为切入点来分析日本政治，是非常有意义的。从时局上来说，日本大选之后民主党执政，从哪些会变、哪些不变的基础上理清线索，对日本内政外交、日本政党、日本社会、新内阁的走向以及对地区格局的影响的研究很有必要。

有学者认为，对于日本两党制已经形成的观点，持谨慎和保守的态度。实现两党制，仍缺少相应的土壤和条件。即使是民主党上台，也不能说日本的两党制已经是很成熟的典型的西方两党制度。将今天的日本政党制度称为是属于一种“带有日本政治特色的两党制征兆”或曰先期表现更为合适。民主党作为一个“温和保守型政党”是多党派组合凝聚而成的复杂政治集团。一个政党没有统一的政治理念，其凝聚力和战斗力都有问题。小泽派在内阁中的影响力不容小视，对鸠山将形成一定的压力。鸠山的友爱精神、友爱政治与小泽的普通国家论并不完全吻合。友爱政治能否作为党的统一政治理念，有没有普适性都有待观察。

对于日本民主党未来面临的问题，有学者认为，民主党上台后，要打破“官僚主导决策过程”的弊端，形成由官僚主导转变为首相官邸主导的决策运行机制。削弱政府权限有必要性，要降低政府职能，且敲打官僚也有民意基础。但是，从执政党内阁成员经常替换，很难熟悉具体决策过程；在敲打官僚的同时利用官僚的知识和能力，是否能得到平衡；内阁成员能否统一这三个方面来看，过程转变能否实现，要相当一段时间内才能得出结论。在经济问题方面，有专家认为，全面认识民主党面临的经济问题，不仅对于认识日本的经济形势，同时对于判断日本政局走势，是个重要的层面。民主党将面临十大经济难题：即难以扭转的增长乏力问题、难以消除的体制疲劳问题、难以摆脱的财政危机问题、难以根治的通货紧缩问题、难以改观的消费低迷问题、难以好转的投资萎缩问题、难以克服的超高失业问题、难以应对的中小企业问题、难以缓解的汇率波动问题、难以规避的外部风险问题。

对于新内阁的未来，2010 年 5 月即将举行的修宪国民投票将成为 7 月举行的参议院选举的一个论争焦点，也是对民主党执政的一次考验。民主党在 2010 年 7 月的参议院选举中，如获得半数以上的票数，则可实现单独执政；如维持现状，则将继续三党联合执政状态；如不能获得过半数，将处境艰难。选举焦点在于民声。而选民的焦点在于 2010 年 7 月之前是否会修宪。

会议由中国社会科学院科研局、国际研究学部主办，中国社会科学院日本研究所承办。中国社会科学院国际学部主任张蕴岭、日本研究所所长李薇，中国军事科学院世界军事研究部副部长罗援以及来自国内的对日内政与外交研究领域的 50 余名专家学者参加了会议。

（彭　华）

马克思主义研究学部

马克思主义研究院

（一）人员、机构基本情况

截至2009年年底，马克思主义研究院共有在职人员133人。其中，正高级职称人员23人，副高级职称人员29人，中级职称人员70人；高、中级职称人员占全体在职人员总数的92%。

马克思主义研究院设有：马克思主义原理研究部（下设马克思主义基本原理研究室、马克思恩格斯思想研究室、列宁斯大林思想研究室、思想政治教育研究室）、马克思主义中国化研究部（下设毛泽东思想研究室、中国特色社会主义理论体系研究室、党建党史研究室、马克思主义无神论研究室）、马克思主义发展研究部（下设马克思主义发展史研究室、经济与社会建设研究室、政治与国际战略研究室、文化与意识形态建设研究室）、国际共产主义运动研究部（下设国际共产主义运动史研究室、当代世界社会主义研究室、当代世界资本主义研究室）、国外马克思主义研究部（下设国外左翼思想研究室、国外共产党理论研究室、西方马克思主义研究室）、《马克思主义研究》编辑部、《中国特色社会主义年鉴》编辑部、信息网络与资料室、办公室、科研处、人事处。中国社会科学院中国特色社会主义理论体系研究中心挂靠在马研院，并以该院为依托开展理论研究和学术交流。

马克思主义研究院院属科研中心有：中国社会科学院马克思主义经济社会发展研究中心、中国社会科学院科学与无神论研究中心。

（二）科研工作

1. 科研成果统计

2009年，马克思主义研究院共完成专著25种，719万字；论文356篇，302.4万字；研究报告28篇，98.5万字；论文集10种，346万字；译著9种，191万字；译文20篇，13.4万字；一般文章62篇，30.6万字；教材2种，14万字；学术资料2种，50.3万字。

2. 科研课题

（1）新立项课题。2009年，马克思主义研究院共有新立项课题52项。其中，国家社会科学基金课题6项："马克思主义阶级理论与新时期人民内部矛盾研究"（吴波主持），"当代国外马克思主义中的人权与公正思想研究"（冯颜利主持），"当代国际金融危机背景下的中国特色社会主义道路研究"（王佳菲主持），"中国农村集体经济道路研究"（彭海红主持），"苏东剧变后西欧共产党的理论与实践研究”（于海青主持），“分配正义论”（贾可卿主持）；院重大课题1项：“中越两党马克思主义理论创新比较研究”（郑一明主持）；院重点课题2项：“中国特色社会主义道路的创新性及其国际意义”（辛向阳主持），“关于马克思主义自然科学与人文社会科学融合思想的研究”（张祖英主持）；国情调研课题5项：重大项目“中国特色社会主义在基层——山西高平：2001～2008”（夏春涛主持），重大项目“当前确保我国文化安全面临的新情况新问题调研”（张小平主持），重点项目“关于我国农民权益保护状况的调研”（胡乐明主持），重点项目“对中国特色社会主义与世界社会主义思潮认知状况的调研”（冯颜利主持），重点项目“关于西部后发地区新农村建设的调研”（金民卿主持）；院青年科研启动基金课题12项：“美国金融危机下中国投资转移与产业转移研究”（余斌主持），“西方马克思主义社会发展理论研究”（谭扬芳主持），“中国共产党与群众关系研究”（戴立兴主持），“马克思主义与正义”（贾可卿主持），“土地流转新形势下土地对农业的约束研究”（崔云主持），“毛泽东道德建设思想研究”（王永浩主持），“当代资本主义职工持股制度的发展研究”（牛政科主持），“美国大学生学术诚信研究”（朱燕主持），“葛兰西对意大利社会主义道路的探索”（潘西华主持），“从历史渊源上看社会民主主义的本质”（沈阳主持），“论美国的对华战略对台海关系的影响”（汪海鹰主持），“城乡关系与农村劳动力转移——基于马克思城乡关系思想”（吕臻主持）；院青年发展基金课题3项：“科学发展观中的发展理论”（刘德中主持），“中国道路的历程和基本经验研究”（陈亚联主持），“我国改革开放前后经济发展比较研究”（张建刚主持）；交办委托课题8项：中宣部交办课题“全面贯彻落实科学发展观，形成推动宣传思想文化工作新的观念体系”（夏春涛主持），中央纪委课题“领导干部‘两面人’问题的成因与对策”（吕薇洲主持），院交办课题“阶级、阶层与剥削问题研究”（程恩富主持），“马克思主义论自由、平等、人权、民主、共和、宪政（专题摘编）”（罗文东主持），“新形势下加强和改进党的思想理论建设”（侯惠勤主持），“西方发达国家金融和经济危机与中国对策研究”（程恩富主持），“马克思主义名词审定”（程恩富主持），“国家资本主义与中国特色社会主义”（胡乐明主持）；所重点课题15项：“当前腐败问题的新特点与反腐倡廉的对策研究”（辛向阳主持），“论思想政治教育学科建设中思想性与知识性的关系”（李春华主持），“国际因素对斯大林的思想的影响”（苑秀丽主持），“马克思主义关于未来社会分工的思想研究”（王中保主持），“毛泽东思想政治教育方法及特点研究”（王永浩主持），“西方对我国和平演变的新形式和新特点研究”（钟君主持），“美国霸权背景下的中国和平崛起研究”（汪海鹰主持），“文化领导权与马克思主义‘话语权’的建构与维护——葛兰西文化领导权思想对社会主义意识形态建设的启示”（潘西华主持），“作为公司股东的工会与工人之间的新关系——以美国新通用汽车公司为例”（牛政科主持），“西欧社会主义运动的未来”（罗云力主持），“俄罗斯社会主义思潮与运动的跟踪研究”（李瑞琴主持），“苏东剧变后美国社会主义运动研究”（高静宇主持），“社会党国际应对全球金融危机的主张与实质”（沈阳主持），“西方马克思主义研究的新问题、新走向”（谭扬芳主持），“和谐文化与构建社会主义和谐社会”（张桥主持）。

（2）结项课题。2009 年，马克思主义研究院共有结项课题 21 项。其中，国家社会科学基金课题 4 项 ：“新中国社会形态研究”（吴波主持），“马克思主义在意识形态领域中的指导地位研究”（侯惠勤主持），“中国经济转型期消费与投资非均衡增长关系研究”（桁林主持），“苏联模式与中国特色社会主义”（沈宗武主持）；院重大课题 1 项 ：“马克思主义经典文献整理和研究”（庄前生主持）；院重点课题 3 项 ：“科学发展观的经济学研究”（栾文莲主持），“西欧资本主义政党政治的危机与走向”（罗云力主持），“中国特色社会主义道路的创新性及其国际意义”（辛向阳主持）；国情调研课题 1 项 ：交办项目“‘全国文明城市’环境现状调研”（李伟主持）；院青年科研启动基金课题 3 项 ：“自然主义价值论研究”（黄涛主持），“社会科学的‘价值中立观’研究”（梁孝主持），“发展国有经济是完善社会主义市场经济的重要保证”（张建刚主持）；交办委托课题 4 项 ：“马克思主义论自由、平等、人权、民主、共和、宪政（专题摘编）”（罗文东主持），“新形势下加强和改进党的思想理论建设”（侯惠勤主持），“国家资本主义与中国特色社会主义”（胡乐明主持），“反腐倡廉建设理论创新研究”（张祖英主持）；所重点课题 5 项：“经济全球化与我国参与策略的选择”（王中保主持），“19 世纪马克思主义方法论研究”（庞晓明主持），“民主社会主义思潮与苏东演变”（李瑞琴主持），“非公有制企业党建问题研究”（彭海红主持），“科学发展观的政治价值研究”（钟君主持）。

（3）延续在研课题。2009 年，马克思主义研究院共有延续在研课题 50 项 ：其中，院重大课题 6 项 ：“科学发展观与十六大以来党中央的理论创新”（冷溶主持），“当代国外马克思主义经济学基本理论研究”（程恩富主持），“当代世界社会主义重大历史与现实问题”（吴恩远主持），“马克思主义意识形态思想史”（侯惠勤主持），“改革开放以来党的建设的实践发展和理论创新研究”（罗文东主持），“社会主义运动本质问题研究”（李伟主持）；院 A 类重大课题 3 项 ：“唯物史观与中国历史发展道路”（李延明、李为善主持），“邓小平理论与马克思主义”（李崇富主持），“科学社会主义若干重大理论问题研究”（胡乐明主持）；院 B 类重大课题 6 项 ：“苏联模式对中国社会主义建设道路的影响”（沈宗武主持），“资本主义向社会主义过渡的理论与实践”（吕薇洲主持），“当前发达资本主义国家左翼的理论与实践”（姜辉主持），“中国特色社会主义若干重大问题研究”（吴波主持），“中国现代化道路与先进文化研究”（周晓英、范强威主持），“‘新帝国主义’论研究”（黄华德、邢文增主持）；院重点课题 10 项 ：“20 世纪末新马克思主义的西方阶级和社会结构新变化理论评析”（马志良主持），“越南社会主义体制改革及其与中国的比较”（潘金娥主持），“十六大以来社会主义先进文化建设的理论与实践研究”（张小平主持），“列宁的帝国主义理论与当代资本主义”（许建康主持），“社会主义政治文明中的公正问题研究”（陈志刚主持），“列宁社会主义建设理论与实践研究”（刘志明主持），“和谐社会构建中的生态文明观”（张剑主持），“斯大林的社会主义建设思想与实践”（苑秀丽主持），“全球化背景下中国和平发展战略研究”（梁孝主持），“苏联演变与民族问题研究”（尚伟、李瑞琴主持）；院青年科研启动基金课题 17 项 ：“俄罗斯共运史研究现状与共产主义运动新变化研究”（刘淑春主持），“近年来国外马克思主义若干重大前沿问题研究”（郑一明主持），“马克思理性批判思想及其对当代中国发展道路的指导意义”（陈志刚主持），“世纪之交中国共产党文化创新的理论与时间问题研究”（李春华主持），“国外马克思主义重要公正思想研究”（冯颜利主持），“全球化背景下民族国家的定位及其走向”（张晓敏主持），“改革开放以来我国新闻政策研究”（郭志法主持），“构建和谐社会需以人为本”（侯迎欣主持），“可持续发展理论研究”（翟胜明主持），“劳动者权益保护的政治经济学分析”（胡乐明主持），“中国马克思主义大众化的历史资源与当代实现形式”（金民卿主持），“马克思主义服务思想研究”（汪世锦主持），“当代国外剩余价值理论和剥削问题研究”（韩冬筠主持），“中俄学者关于斯大林模式的评析”（杨朴伟主持），“第三批判中的先天综合判断”（王晓红主持），“先进文化在构建社会主义和谐社会中的作用研究”（李建国主持），“马克思早期作品中共产主义思想研究”（朱亦一主持）；国情调研课题 8 项：重大项目“树立落实科学发展观、构建和谐社会在基层”（冷溶主持），“关于社会主义核心价值体系的研究和践行情况调查”（程恩富主持），“关于建立社会主义核心价值体系，增强社会主义意识形态的吸引力和凝聚力的调研”（侯惠勤、张祖英主持），重点项目“集体经济实践形式与社会主义新农村建设”（赵智奎、龚云主持），“新世纪新阶段如何加强党的思想理论建设”（辛向阳、毛立言主持），“社会主义新农村建设中亟待解决问题的调研”（苑秀丽、杨静主持），“历史题材作品对受众价值观影响的调查”（刘淑春主持），“改制后国有企业运营状况的调研”（毛立言主持）。

3．获奖优秀科研成果

2009 年，马克思主义研究院共评出“2009 年度中国社会科学院研究所优秀科研成果奖”专著类一等奖 2 项：夏春涛的《天国的陨落——太平天国宗教再研究》，靳辉明、罗文东的《当代资本主义新论》；论文类一等奖 2 项：侯惠勤的《〈德意志意识形态〉的理论贡献及其当代价值》，毛立言的《生产方式的“绝对规律”与政治经济学的“最终目的”》；专著类二等奖 3 项：李伟的《毛泽东与中国社会改造》，吕薇洲的《市场社会主义与社会主义市场经济：模式·比较·借鉴》，刘淑春的《当代俄罗斯政党》；论文类二等奖 3 项：秦益成的《该怎样谈论“环境问题”》，苑秀丽的《理想与现实：解读列宁的社会主义观》，李晓勇的《论陈云的综合平衡思想与实践——兼论两种平衡观的是与非》。

4．科研组织管理新举措

根据中国社会科学院马克思主义理论学科建设与理论研究实施方案，马克思主义研究院对原有研究部、研究室的设置进行了调整。为了能涵盖马克思主义理论一级学科下设的 6 个二级学科以及部分重要研究方向和空缺的重要研究领域，2009 年 5 月，马克思主义研究院调整了研究部、研究室。调整后，研究部总数仍为 5 个，但名称改变，覆盖范围扩大；研究室由原来的 14 个增加到 17 个。2009 年 12 月，经中国社会科学院批准，马克思主义研究院又增设“马克思主义无神论研究室”，研究室的总数增至 18 个。

（三）学术交流活动

1．学术活动

2009 年，马克思主义研究院主办和承办的学术会议有：

（1）2009 年 2 月 11 日，由中国社会科学院马克思主义研究学部、马克思主义研究院、中国社会科学院世界社会主义研究中心、《中国社会科学》杂志社、中国社会科学院世界历史研究所和中国社会科学院青年人文社科研究中心联合举办的“《资本论》《帝国主义论》与当前西方金融危机——思想家论坛（6）”学术研讨会在北京举行。会议研讨的主题有“当前西方金融危机产生的深层次根源”、“如何从根本上克服周期性的经济危机”等。

（2）2009 年 4 月 30 日，由中国社会科学院马克思主义研究学部、马克思主义研究院主办的“马克思主义中国化与当今社会思潮——纪念五四运动 90 周年：思想家论坛（7）”在北京举行。会议研讨的主要问题有“五四运动与马克思主义中国化的伟大历史进程”、“马克思主义中国化与当今社会思潮”、“加强社会主义意识形态建设与构建社会主义核心价值体系的路径、方法”。

（3）2009 年 7 月 21 日，中国社会科学院社会发展比较研究中心主办的中国经济社会发展智库首届论坛“新人口理论与政策”在北京举办。会议的主题是“新人口理论与政策”。

（4）2009 年 9 月 26 ~ 27 日，由中国社会科学院马克思主义研究学部、马克思主义研究院和南京政治学院共同主办的第三届全国马克思主义院长论坛“新中国 60 年与马克思主义”在江苏省南京市举行。会议研讨的主要问题有“新中国 60 年与马克思主义中国化”、“马克思主义理论研究与创新”、“马克思主义学科发展与建设”等。

（5）2009 年 10 月 19 ~ 21 日，由中国社会科学院马克思主义研究院、上海师范大学联合主办的“第四届全国马克思主义青年论坛”在上海召开。会议的主题是“马克思主义与新中国 60 年”。

2009 年，中国社会科学院马克思主义研究学部、马克思主义研究院共同举办 9 场“中外马克思主义学术报告会”；马克思主义研究院还举办了 42 场“马克思主义系列学术研讨会”。

2．国际与地区学术交流和合作

2009 年，马克思主义研究院共派遣出访 18 人次，接待来访 54 人次，其中国外媒体、使馆人员来访 15 人次，国外左翼政党来访 10 人次，学者来访 29 人次。马克思主义研究院学者应中央对外联络部邀请，为外国代表团授课 6 次。

（1）2009 年 5 月 28 ~ 29 日，马克思主义研究院院长、世界政治经济学会主任程恩富教授率代表团与法国加百利 · 佩鲁基金会共同主办召开了“民族、国家与全球经济政治的民主治理——世界政治经济学学会第四届论坛”国际学术研讨会。论坛的主要议题有“实施世界货币和世界语的必要性”、“通过改革或替换世界贸易组织、国际货币基金组织、世界银行推进民主治理”、“全球化条件下国家的演变——民族国家是否已经过时”等。

(2) 2009年5月30日至6月1日，马克思主义研究院院长程恩富教授访问法国马恩河谷大学，就“全球经济危机及其对中国的影响”专题与法方进行了交流。

(3) 2009年6月2～4日，马克思主义研究院院长程恩富顺访意大利贝加莫大学，与里卡多·贝拉弗尔（Riecardo Bellofiore）教授等座谈。

(4) 2009年6月5～9日，马克思主义研究院院长程恩富赴瑞典斯德哥尔摩大学进行学术交流，并作学术报告。6月10日，为瑞典华人社团作题为《当代马克思主义与中国》的专题报告。

(5) 2009年10月19～20日，由马克思主义研究院和越南社科院哲学研究所联合主办的第一届中越马克思主义论坛“中越马克思主义理论创新比较研讨会”在北京召开。会议分别就政治、经济、文化、社会与民生等方面的问题，对中越两国马克思主义创新的各自特点进行了交流与比较。

(6) 2009年3月2日，中国社会科学院马克思主义研究学部主任、马克思主义研究院院长程恩富分别会见澳大利亚使馆二秘彭俊宁一行、《中国经济导报》记者李坤民、日内瓦第三世界网络法律顾问桑亚·芮德·史密斯，就2009年两会宣布的重大政策（如国家金融安全、内需增长、医疗保险、外汇储备、大学生就业、环境保护等问题）接受了采访。

(7) 2009年3月19日，以广田贞治为代表的日本社会主义协会代表团来访马克思主义研究院，就“全球金融危机下的中国经济形势”、“中国政府如何应对企业倒闭、职工下岗”、“如何改善社会保障制度，推行劳动合同法”以及在此背景下的中日关系等问题与马克思主义研究院学者进行了交流。

(8) 2009年3月19日，欧洲左翼统一联盟总理事会理事吉瑞·胡德克博士（捷克）率代表团访问马克思主义研究院，与马克思主义研究院院长程恩富教授等学者进行学术交流。

(9) 2009年5月10～14日，中国社会科学院马克思主义研究学部主任、马克思主义研究院院长程恩富参加了由澳门理工学院主办的“中国和平发展：机遇与挑战——中华人民共和国建国60周年、澳门回归10周年纪念国际学术研讨会”。

(10) 2009年5月15日，中国社会科学院马克思主义研究学部主任、马克思主义研究院院长程恩富接受了法国《世界报》资深记者西尔维·考夫曼（Sylvie Kauffmann）、驻华记者何枫一行的采访，就金融危机对中国社会和政治造成的影响回答了记者的提问。

(11) 2009年6月16日，土耳其社会主义研究学会国际部负责人杰姆·科兹赛克拜会中国社会科学院马克思主义研究学部主任、马克思主义研究院院长程恩富，讨论了中国化马克思主义的图书翻译以及德文版《资本论概要》翻译等问题。

(12) 2009年7月17日，以中日新闻社出版事业局次长兼出版部长川村范行为团长的日本新闻界访华团一行5人，在中日友协理事、政治交流部部长程海波等陪同下访问了马克思主义研究院，与院长程恩富等就中国马克思主义研究的发展情况进行了交流。

（四）学术社团、期刊

1．社团

（1）中国历史唯物主义学会，会长李崇富。

2009 年 7 月 25 ～ 27 日，中国历史唯物主义学会在北京举行“新中国 60 年和历史唯物主义理论研讨会”。会议的主题是“坚持运用历史唯物主义研究回答重大问题”，研讨的主要问题有“新中国 60 年的伟大成就与历史唯物主义的关系”、“历史唯物主义研究的最新进展”等。

（2）中华外国经济学说研究会，会长程恩富。

2009 年 11 月 27 ～ 29 日，中华外国经济学说研究会在广东省广州市华南师范大学举行中华外国经济学说研究会第 17 次学术研讨会。会议研讨的主要议题有“马克思主义经济学与西方经济学”、“金融危机与中国经济发展”、“当代西方劳动经济学理论研究”、“产权理论的比较研究”、“经济学说史研究”、“西方经济学基本理论和政策研究”。

2．期刊

《马克思主义研究》（月刊），主编程恩富。

2009 年，《马克思主义研究》全年共出 12 期，共计 345.6 万字。2009 年进行了扩版，重新设计了封面，扩充了编委会，还增加了国外编委，增加了英文提要等。

全年刊载的有代表性的文章有：王伟光的《全面理解、深刻实践科学发展观》，马克思主义研究学部课题组的《改革开放 30 年中国马克思主义理论发展最具影响力的 30 件大事》，王伟光的《运用马克思主义立场、观点和方法，科学认识美国金融危机的本质和原因——重读〈资本论〉和〈帝国主义论〉》，杨圣明的《改革开放与按经济规律办事》，侯惠勤的《我们为什么必须批判抵制“普世价值观”》，李慎明的《关于民主与普世民主的相关思考》，朱佳木的《中国改革开放 30 年基本经验的核心》，何秉孟的《美国爆发金融危机的深刻背景和制度根源》，陈先达的《论马克思主义基本原理及其当代价值》，曹雷的《新中国国有企业 60 年绩效的实证与解析》，本刊记者的《从对资产阶级民主政治的剖析探索中国政治体制改革的正确道路》，鲁品越的《现代生产力结构与我国所有制结构》，本刊记者的《新中国人文社会科学 60 年的历程、当代使命和发展趋势》，项启源的《社会主义社会基本矛盾理论与我国的经济体制改革》，本刊记者的《影响新中国经济发展模式的三个重要因素》，戴木才、田海舰的《社会主义核心价值体系建设需要深化研究的若干理论问题》，顾海良的《马克思主义中国化史论要》，何怀远的《马克思主义理论的深层逻辑及其实践权变方法论》，本刊记者的《努力作“真学、真懂、真信、真用”马克思主义的表率》，董正平的《历史与现实：社会主义本质的理论探索》。

（五）会议综述

马克思主义中国化与当今社会思潮
——纪念五四运动90周年：思想家论坛（7）

2009年4月30日，由马克思主义研究学部、马克思主义研究院主办的“马克思主义中国化与当今社会思潮——纪念五四运动90周年：思想家论坛（7）”，在北京举行。中国社会科学院副院长武寅出席会议并讲话。中国社会科学院马克思主义研究学部主任、马克思主义研究院院长程恩富主持会议。中国社会科学院原副院长滕藤以及来自中国社会科学院、中央文献研究室、中央党校、教育部社科中心等单位的专家学者共计120多人出席会议。会议围绕“五四运动与马克思主义中国化的伟大历史进程”、“马克思主义中国化与当今社会思潮”、“加强社会主义意识形态建设与构建社会主义核心价值体系的路径、方法”等问题进行了深入研讨。

武寅在讲话中指出，90年前爆发的五四运动，在中国近代史上具有划时代意义。它是中华民族走向伟大复兴的一个历史转折点；是中国新民主主义革命的开端；开创了马克思主义中国化的起点；形成了新民主主义和社会主义革命的阶级基础和领导力量。今天我们纪念五四运动，就是要深刻认识中国人民选择中国共产党、马克思主义、社会主义的历史必然性，增强我们坚持“三个选择”的自觉性和信念。作为理论工作者，对五四运动的最好纪念就是高举中国特色社会主义理论体系伟大旗帜，继续推进马克思主义中国化的理论创新。要繁荣发展哲学社会科学，推进学科体系、学术观点、科研方法创新，推动哲学社会科学优秀成果和优秀人才走向世界。

在谈到五四运动的优良传统与历史地位时，有专家指出，五四运动有三大优良传统：民主和科学两大旗帜，反帝反封建的爱国运动，对社会主义的郑重选择。五四运动是一道分水岭，所分的并不限于新旧思想、新旧文化两大断面，而是整个近代中国历史的分水岭。对五四运动与马克思主义的发展，有学者指出，五四运动开启了马克思主义引领中国社会历史的大潮，中国的历史进程发生了根本性的转折。五四运动以来90年的中国历史，就是马克思主义同中国实际相结合的历史。要通过总结“五四”以来的丰富历史经验，把对“结合”的研究引向深入。

在讨论“五四”精神时，有学者指出，对“五四”民主精神的理解，必须和阶级观点相联系，没有阶级观点就不能认识民主问题的本质。理解“五四”科学精神必须明确，社会科学的真理性必须经过社会历史发展的实践来检验。

学者们还深入探讨了马克思主义中国化与当今社会思潮的关系，系统梳理了改革开放30年马克思主义对社会思潮的引领，并对中国改革开放有重大影响的社会思潮进行了客观评析，对当今社会思潮的主要特点及其发展趋势进行了科学的揭示，对加强社会主义意识形态建设与构建社会主义核心价值体系的路径、方法进行了探讨。

（周晓英）

中国经济社会发展智库首届论坛“新人口理论与政策”

为了加强运用马克思主义及其中国化理论，深入探讨中外经济、政治、文化和社会发展的重要现实问题，不断提出促进社会进步的政策建议，实现马克思主义的学术研究、理论宣传和应用探讨三者的有机结合，中国社会科学院、北京大学、清华大学、中国人民大学、北京师范大学、上海财经大学、福建师范大学等十余家马克思主义教研单位决定成立中国经济社会发展智库理事会，每年召开一定规模的数次智库会议，并出版《智库报告》《智库通讯》和《智库丛书》。

2009 年 7 月 21 日，中国经济社会发展智库首届论坛“新人口理论与政策”在北京举办。来自国家人口和计划生育委员会、中国社会科学院、北京大学、清华大学、上海财经大学和福建师范大学等全国十多家单位的近百位专家学者，围绕论坛的中心议题“新人口理论与政策”进行了广泛深入的研讨。

中国社会科学院常务副院长王伟光，国家人口和计划生育委员会副主任赵白鸽、原副主任杨魁孚，中国社会科学院马克思主义研究院院长、社会发展比较研究中心主任程恩富，中国社会科学院人口与劳动经济研究所原所长田雪原等著名专家出席论坛并发表演讲。中国社会科学院马克思主义研究院马克思主义原理研究部主任、社会发展比较研究中心副主任胡乐明主持会议。

王伟光在致辞中指出，改革开放以来，中国人口计生工作成效显著，比较成功地探索出一条具有中国特色的统筹解决人口问题的道路。但应该看到，中国仍是当今世界人口最多的发展中国家。中国发展面临的所有重大问题，几乎都与人口数量、人口素质、人口结构、人口分布以及人口流动迁移密切相关；坚持以人为本，统筹解决人口数量、素质、结构、分布等问题，努力实现人口自身发展的协调以及人口与经济、社会、资源、环境发展的协调，仍然是全面建设小康社会面临的重大问题；不断丰富和完善中国特色统筹解决人口问题的理论、政策和措施，仍然是我们哲学社会科学工作者面临的重大课题。

赵白鸽在演讲中强调，以人为本的现代发展理念中人口问题是最重要的发展问题。她提出，对中国人口政策进行科学评价，要研究最适人口规模以及人力资本与人口规模的相关关系与影响等问题。

程恩富在主旨报告中以马克思主义人口理论审视中国目前和今后数十年的人口形势，提出先控后减的“新人口政策论”，论证“一胎化”取向的人口与资源和生态环境相协调的科学发展战略，并一一分析和回应了“人口人手说”、“老龄化说”等质疑。

出席此次论坛并发言的还有何秉孟、胡乐明、李建平、许为民、何干强、白暴力、艾四林、郑志国、张晓理、张翼等知名专家学者。

（周晓英）

第三届全国马克思主义院长论坛“新中国60年与马克思主义”

2009年9月26～27日，由中国社会科学院马克思主义研究学部、马克思主义研究院和南京政治学院共同主办的第三届全国马克思主义院长论坛“新中国60年与马克思主义”在江苏省南京市举行。中国社会科学院副院长高全立、中国社会科学院马克思主义研究院院长程恩富等领导参加了论坛。会议围绕“新中国成立以来社会主义革命、建设和改革开放实践的伟大历程、辉煌成就、宝贵经验”、“马克思主义理论研究与创新”、“马克思主义学科发展与建设”等问题进行了广泛深入的研讨。来自全国高校和科研机构从事马克思主义理论学科教学与研究的60多位院长、主任、专家学者与会。

马克思主义学科体系建设是论坛研讨的重要内容。学者们普遍认为，新中国成立60年来，经过几代人的探索和努力，马克思主义研究院、马克思主义学院、马克思主义研究中心在许多高校相继成立，以马克思主义理论一级学科为核心的整个学科体系趋于完善。有学者提出，探究马克思主义理论学科的建设规律，合理设置学科目录、学科边界、学科结构、学科功能和学科体系仍然是马克思主义理论研究和学科发展的努力方向。有学者强调，需特别注意马克思主义的理论体系和马克思主义理论学科体系之间的联系与区别。与会者系统梳理和探讨了新中国60年马克思主义理论研究的阶段与主要成就，认为，新中国的60年，是探索马克思主义基本原理同中国具体实际相结合、不断开拓马克思主义中国化新境界的60年。马克思主义的创新发展离不开马克思主义基础理论研究的繁荣。新中国60年来马克思主义基础理论研究取得了丰硕成果，极大地推动了马克思主义中国化进程。在新的历史条件和时代背景下，不断审视什么是马克思主义，如何看待马克思主义，怎样坚持和发展马克思主义，仍然具有特别重要的意义。

学者们认为，长期以来，我国马克思主义理论研究领域存在着“马克思主义的中国化”和“中国马克思主义的国际化”相互分离、相互割裂的不良状态。要从马克思主义整体性出发，要始终坚持在解决重大理论和实践问题中创新发展马克思主义，同时也需要加强对马克思主义组成部分的研究、创新和发展。有学者还将对马克思主义中国化60年历程的反思集中归结为五个问题：能否把新中国成立以来的伟大成就说成是马克思主义中国化所取得的？可否把这60年作为马克思主义中国化的一个完整的过程来认识？在这60年里推动马克思主义中国化的主体是谁？这60年马克思主义中国化的主题是什么？这60年马克思主义中国化的主要经验教训是什么？这些问题引发了与会专家学者的广泛热议。

（周晓英）

马克思主义名词审定委员会成立大会

2009年11月3日，马克思主义名词审定委员会成立大会在中国社会科学院马克思主义研究院举行。中国社会科学院马克思主义研究学部主任、马克思主义研究院院长、马克思主义名词审定委员会主任程恩富教授主持会议。全国科学技术名词审定委员会负责同志、中国社会科学院科研局负责同志及马克思主义名词审定委员会委员共33人出席会议。会议的中心议题是“马克思主义名词审定工作的原则、框架、方法及进度”。

会上，全国科学技术名词审定委员会原副主任潘书祥宣读了马克思主义名词审定委员会顾问、委员名单，并颁发了聘书；全国科学技术名词审定委员会副主任刘青介绍了该委员会的具体工作；全国科学技术名词审定委员会审定室主任邬江介绍了科学技术名词审定的原则及方法。与会专家围绕会议的中心议题展开了讨论。

专家们强调，马克思主义名词审定工作的原则应要确保马克思主义的科学性和阶级性。有专家认为，为了确保马克思主义的科学性，就必须忠实于马克思主义的文本。有同志强调，编写和审定马克思主义名词要充分体现马克思主义作为世界观和方法论的科学性。有专家提出，编写和审定马克思主义名词应侧重对马克思主义创始人的生平、事业、思想、著作等方面的介绍。在讨论马克思主义的阶级性问题时，有专家强调，我们所要讲的马克思主义是作为我们党的指导思想的马克思主义，这是必须明确的一个原则性问题。在讨论马克思主义审定工作的框架问题时，专家们强调，应尊重马克思主义自身体系的完整性和层次性。程恩富教授提出，在定义和审定马克思主义名词时要将马克思主义划分为四个部分：一是马克思、恩格斯的理论（包括与马克思、恩格斯同时代的马克思主义者的思想）；二是列宁、斯大林的理论（包括与列宁、斯大林同时代的马克思主义者的思想）；三是包括毛泽东思想等在内的中国化的马克思主义；四是国外马克思主义研究。

会议还就马克思主义名词的写作框架、词条编写及名词审定委员会委员的具体工作作了说明。专家们充分肯定了开展马克思主义名词审定工作的重要性，并就相关问题达成共识，为下一步工作的开展奠定了基础。

（周晓英）

三　院职能部门及党务部门工作

办　公　厅

2009年，办公厅在院党组的领导下，以邓小平理论和“三个代表”重要思想为指导，深入贯彻落实科学发展观，以管理体制机制改革为契机，紧紧把握“为院领导服务、为科研服务、为全院各项工作服务”的宗旨，不断加强自身建设，较好地完成了各项工作任务。在首次院直机关干部作风建设情况满意度测评中，办公厅排名第一，办公厅秘书处荣获我院首批“文明窗口”称号。

（一）深入推进机构职能调整，健全新的工作运转体制

在我院全面推进管理体制机制改革过程中，办公厅制定并实施了《职能调整和机构改革方案》。原秘书一处更名为研究室，加强了院党组、院领导写作班子的职能。原秘书二处更名为秘书处，进一步规范了办文办事办会的科学化管理。原调研处更名为信息处，强化了《中国社会科学院要报》“准新短快”机制，工作定位更加明确。院信访办公室更名为信访处（院国家安全与维护稳定工作办公室），进一步整合信访和政保工作，配合处理好敏感案件、敏感期、敏感人物等事宜。

成立督查处，制定颁行了《中国社会科学院督查工作管理办法》，进一步规范和强化了全院各项工作的执行力。在院新闻办公室基础上组建联络处，逐步规范对外联络接待职能，为我院扩大与兄弟单位、兄弟省份的联系与合作发挥了应有作用。组建院年鉴与院史工作处，整合院年鉴编辑和院史研究编辑业务工作，着手构建工作互补和有利于院史资料积累的长效机制。综合处逐步加强厅内管理规范化，发挥厅领导班子的参谋助手作用。

（二）积极履行枢纽职责，切实保障全院日常工作顺利运转

2009年，办公厅认真履行枢纽职责。全年，院党组书记、院长共主持召开了20次院党组会议和院务会议，办公厅细致、周到地做好了每次会议的筹备和会务工作。全力保障以常务副院长和秘书长为中心的日常行政管理体制运转的有序和效率。完成由常务副院长每两周主持召

开一次院长办公会，由常务副院长、秘书长每周分别召开一次院行政后勤例会和院改革协调小组例会的有关组织和服务工作，有效推动各项工作的落实。认真做好“三会”（即院党组会议、院务会议、院长办公会议）等会议纪要和院内通报的编发工作，确保了院领导班子的工作部署和指示得到及时传达贯彻。

圆满完成院2009年度工作会议、暑期北戴河所局领导落实管理强院战略座谈会、报刊出版馆网建设经验交流会等全院性重要会议的筹办工作。精心举办了2009年全院办公室主任培训班、全院专兼职保卫干部培训班、全院档案管理干部培训班、全院人口计生干部培训班、全院综合科技统计干部培训班等，进一步提升了各项工作质量。

（三）办文办会办事的规范化、制度化建设成果明显

1．公文运转全面纳入了规范化管理，达到了有序、高效的要求。2009年，秘书处作为各类办文运转的中心，不仅实现了及时办、及时传，还能够主动发挥助手作用，适当提供背景情况和拟办意见，有助于领导决策。阅文逐步归集到机档处统一办理，为院领导全面了解党中央国务院方针政策、重要文件和讲话提供及时高效服务，为所局领导阅文提供了目录服务。通过办文、阅文合理分工，实现了该办的文件件有落实、该阅的文能及时传阅。全年共办理院内来文1350件、院外来文1577件、院发文件483件、厅发文件71件。

2．认真做好院各项重要会议筹办和重要文稿起草工作。2009年，办公厅积极改进会议管理工作，不断加强会议规范化管理，与会人员会议纪律意识明显强化，会议到会率、会议气氛、会议效果有了明显改善。认真做好院党组会议、院务会议、院长办公会、院改革工作协调小组会议、院行政后勤例会、院党建工作领导小组会议等日常重要会议的会务组织及会议纪要编发等工作，全力保障院日常工作运转的有序和效率，有效推动各项工作的落实。研究室积极加强写作能力建设，较好地完成了上级交给的各类文稿起草任务。

据初步统计，全年共筹办院党组会议、院务会议并编发会议纪要21次（期），筹办院长办公会议并编发会议纪要26次（期），筹办院改革工作协调小组会议并编发会议纪要46次（期），筹办院行政后勤例会38次，组织协调院领导到各学部、院属各单位进行调研座谈会议10余次，承担起草院内重要会议文件、我院上报中央和有关部门材料、院领导讲话及其他文稿合计55篇40余万字。

3．积极推进督办工作机制建设。2009年，办公厅重点加强对院年度工作会议、院暑期研讨会和“院三会”等重要会议决定事项及院领导重要指示在院属各单位的落实情况的督办督查，并将办理结果以《督办专报》形式进行汇报。全年编发《督办工作简报》25期，专题报道院重要工作督办结果和介绍院属各单位工作经验，督促其他单位进行改进。2009年度院工作会议确定7大类、138项任务，截至年底已经落实130项，占总数的95%；全年“院三会”决定事项220项，截至年底已办理完成和纳入经常性工作的213项，占总任务数的97%，完成率和

完成质量均比上年有了明显提高。

认真抓好领导干部外出请销假报告制度的落实，所局领导外出情况实现了按周事先预告、按月事后通报。全年共登记备案所局级领导干部外出 1036 人次。根据院党组要求，协调部署各部门对全院现有规章制度进行了全面清理。组织制作完成了我院《院务公开目录暨指南》第一辑、第二辑，在院内网上开辟院务公开专栏。

4．切实做好日常值班、对外接待等综合服务工作。进一步完善全院 24 小时总值班制度，加强“节假日”、“敏感日”期间值班工作。认真做好院领导一周重要活动安排和院重要会议、活动情况备案及发布工作，进一步做好文件报刊信函的收发工作，确保全院各单位对内对外信息联络畅通。全年总值班共办理红机与普机传真 310 件，红机与普机电话记录 38 件，收发文件 4196 件，机要交换安全行车 2 万多公里，登记收发中央、部委单位及各省市涉密交换件 15600 多件，发送各类机要文件 15500 多件，接收发送各类报刊 76 万多份、各类信函 23 万多件。

联络处逐步形成了一整套联络接待工作方案和模式。全年共接待国家和地方党政机关、社会团体、地方社科院来访 21 批次，其中包括国家行政学院领导和有关部门、东城区领导和有关部门、孙中山宋庆龄纪念地联席会代表团、河南省领导一行以及湖南、广东、福建社科院等 10 人以上来访团体。还承担完成了院领导出席地方社科院活动、为地方社科院题词和我院与地方党政机关及地方社科院签署合作协议的协调、联络工作。

（四）积极发挥我院作为党中央国务院重要思想库、智囊团的职能，切实抓好信息报送、新闻宣传和编辑出版工作

1．不断深化《要报》改革，进一步做好信息报送工作。进一步加强信息报送工作队伍建设，推行《要报》专家阅评工作制度，修订《中国社会科学院优秀对策信息奖励办法》，组织召开 2009 年院信息报送工作会议及《要报》专题研讨会，建立与科研局的联系机制，通过《要报》系列信息刊物为党中央国务院报送优秀对策研究成果。全年共编发报送“要报系列”各类信息稿件 619 期，其中获中央领导同志批示 57 篇，被中办、国办、中宣部等部门采用 158 篇。此外，编发《要报 · 领导参阅》36 期。

2．认真做好院内信息汇编报送及发布工作。进一步规范院属各单位《双周要报》的报送时间、内容和形式，确保《工作日报》及时反映我院举办或召开的重要科研学术活动和会议，院领导参加的重要外事活动、出访情况和其他活动等。按照“准、新、短、快”的要求，向中央和主管部门报送有关科研成果，及时反映思想理论界的重要观点和动向。进一步提高《世界社会主义研究动态》办刊质量，不断扩大其在全国尤其是社科界的影响。有关处室还结合工作实际，积极开展国情调研和理论研究，形成一批信息成果。

组织院属 38 个填报单位实施完成了 2008 年度国家综合科技统计调查年报任务，编辑报送了“2008 年宣传文化系统基本情况（中央宣传文化单位）”我院有关信息，汇编印发了《中国

社会科学院2009年综合计划》《中国社会科学院基本情况统计年报（2008年）》。

3．新闻宣传和编辑出版工作稳步推进。院新闻办公室配合院属各单位，邀请中央电视台、新华社、《人民日报》《光明日报》等主流媒体，对院工作会议、《中国社会科学报》创刊、我院庆祝新中国成立60周年、科研局和国际合作局主办的各类学术活动、外国领导人来院演讲活动以及院属各单位举办的学术会议、成果发布活动等进行了宣传报道，进一步完善了与新闻媒体及院科研局、国际合作局、直属机关党委、《中国社会科学报》编辑部等部门的协调合作机制。积极做好我院重大活动摄影、摄像工作的协调、组织和管理，创办《中国社科院重要活动影像资料》，全年编辑完成21期。院属各单位全年在院学习宣传工作小组规定的新闻媒体上共发表文章（或广播电视采访）1847篇（次），其中由新闻办负责或协助联系电视台播发我院消息和专题节目10余次、新华社电讯和主要报刊刊发50余篇。

院年鉴与院史工作处巩固《中国社会科学院年鉴》改版成效，组织召开了全院征稿大会，如期完成了2009年卷征稿和编辑工作，共选编110万字、116张图片；2008年卷于2009年6月正式出版，比2007年卷出版周期又缩短两个月。编辑完成并出版了《中国社会科学院文献汇编》1999年卷、2000年卷（约500万字），启动了《中国社会科学院志》第三批试点单位有关工作，编辑完成2005年《中国社会科学院文献汇编目录》、2005年《中国社会科学院大事记》(讨论稿)、《中国社会科学院志》中的“经济研究所”志稿，组织修订《中国社会科学院编年简史(1977～2007)》(内部赠阅本)。

（五）加强管理，提高效率，进一步做好服务全院的其他工作

1．认真做好机要保密、档案管理工作。精心筹备召开了全院保密工作会议，组织开展了保密承诺书签订、涉密载体销毁管理和清理、计算机保密检查等工作。进一步完善保密规章制度，广泛征求关于《中国社会科学院涉密课题管理规定》《中国社会科学院涉密计算机及涉密移动存储介质保密管理规定》《中国社会科学院网络及上网计算机管理办法》《中国社会科学院涉外交流活动保密管理规定》《中国社会科学院贯彻〈社会科学研究工作中国家秘密及其密级具体范围的规定〉的实施办法》等制度的修改意见，按照有关程序审议通过后陆续下发院属各单位实施。全院各单

2009年2月，“中国社会科学院2009年保密工作会议”在北京召开。

位保密管理工作得到加强，各级领导干部和涉密人员防窃密、防泄密和网络安全意识明显增强。

完成向中央档案馆移交我院1985年以前纸质档案及电子文件的工作，整体质量验收优秀，得到了中央档案馆的表扬和奖励。为院机关职能部门安装了档案管理软件，举办了全院档案管理软件应用培训讲座，对院属各单位原有档案管理软件进行了升级。对院属各单位库藏档案情况进行了调查，制定了《中国社会科学院机关文件材料归档范围和文书档案保管期限规定》并印发院属各单位实施，切实做好日常档案管理的查借阅、接收和保管等基础性工作。全年接待查阅档案人员约1050人次，查阅档案821卷12350件。

2．扎实做好信访和维稳工作。结合我院实际，认真履行院国家安全与维护稳定工作领导小组办公室的职责，组织做好我院人民防线建设工作，不断增强全院干部职工维护国家安全和社会政治稳定的意识，加大矛盾纠纷、事故隐患排查化解力度，做好接待和配合国家专门机关的工作，全年按规定程序接收信函、稿件200余封，接待来访人员10多人次，接收电话访问近50次，转办信件20余件，督办涉及苗头的访件4件。

3．全力做好治安、消防、交通、综合治理等工作。2009年是我院安全保卫工作战胜诸多挑战取得明显成效的一年，适逢国庆60周年及其他重要时间节点，保卫部门兢兢业业做好各项安全保卫工作，确保我院安全工作没有出现较大问题，特别是消防工作没有发生一起火灾事故。在全院开展了包括治安、消防、交通、综合治理等方面宣传教育，累计下发各类文件36个、宣传材料700余本、挂图30余套，专门对物业、食堂、保安、院部施工队等工作人员进行了消防治安业务培训，在全院开展了“11.9”消防宣传周活动。

在元旦、春节、“两会”、“五一”，特别是国庆60周年期间，全力做好安全检查。全年累计进行安全检查100余次，发现并组织处理各类安全隐患300多个。认真做好我院重大工作、活动期间的安全保卫工作和国内外有关领导人来院的警卫工作，全年共完成各种中等以上会议安全保卫工作50余次、重要警卫任务20余次。协调解决院部机动车辆停放问题，与各单位及驾驶员签订交通安全责任书。办理院部各类人员、车辆等出入证明5500余件，传达室接待外来宾客53000多人次。

4．认真做好服务院领导、机关办公自动化等工作。为院领导日常办公及生活、休假休养、春节看望老干部、制作贺年卡等做好协调服务，鼓励全厅10余位担任院领导秘书的同志认真做好工作，得到了院领导同志的肯定。完成了中宣网网络检查与客户端的升级，参加中宣部组织的“宣传信息网工作交流会”，做好国务院政务系统办公业务资源网、全国宣传系统宣传网在我院接点的维护工作以及办公厅内外网、报刊征订系统、机要档案管理系统、计划生育工作系统、新华社专供数据库等数据维护工作。

5．继续做好全院人口和计划生育、组织献血等工作。院计生办多次组织召开院人口和计划生育有关工作会议，组织签订各项责任书，起草《关于落实中国社会科学院人口与计划生育工作管理办法的若干规定（实施意见）》，广泛开展各种宣传教育活动，努力为广大职工提供各项优质服务，并积极组织参加幸福工程考察、“三下乡”、“手拉手”等公益活动。院献血办积极配合北京市献血工作部门，组织全院职工无偿献血，完成2009年我院献血指标40人，并组织全院献血人员和献血工作干部60人次外出休养考察。

科研局/学部工作局

2009年，科研局／学部工作局在院党组的领导下，全面贯彻党的十七大和十七届三中、四中全会精神，深入学习实践科学发展观，根据院工作会议提出的“科研强院、人才强院、管理强院”的发展战略和工作部署，以科研管理体制机制改革为中心，发扬实事求是、勇于创新的精神，进一步完善我院科研管理体系，推进重大理论和现实问题研究机制建设，改进各项科研管理工作的制度和机制，努力创建有利于多出人才、多出精品、有效发挥我院“三个定位”作用的科研管理体制机制，顺利完成各项科研管理工作。

（一）组织开展深入研究、宣传党的十七大和十七届四中全会精神，举办纪念新中国成立60周年系列学术活动

1．把学习、研究和宣传党的十七大和十七届四中全会精神，作为我院科研工作的重点内容。在2009年度科研组织工作中，科研局／学部工作局继续将深入研究十七大提出的一系列重大理论观点、战略思想和部署，作为院重大、重点课题的立项重点。组织专家学者承担了“新中国成立60周年宣传思想文化工作研究”等6个方面的19项专题研究。

2．围绕“庆祝中华人民共和国成立60周年”专题，开展学术活动。科研局／学部工作局召开座谈会，研讨新中国成立60年来中国哲学社会科学的发展历程、经验与教训以及机遇与挑战，组织有关单位撰写“建国60年来哲学社会科学发展”系列理论文章11篇，部分文章已在《人民日报》《光明日报》《求是》《中国社会科学》《中国社会科学报》等报刊上发表。会同院有关单位承担国家发改委组织的《中华人民共和国成立60周年成就展》“文化”单元中“哲学社会科学”专题的布展工作。根据组织方的要求，经多次筛选和反复征求意见，科研局／学部工作局遴选的反映我国哲学社会科学发展概况的20多幅图片及文字介绍被采用参展。学部主席团举办了“庆祝中华人民共和国成立60周年学术报告会”，从学部的五个学科中遴选7位学科代表，分别就我国哲学社会科学事业整体发展、马克思主义理论研究、新中国历史学发展、中国理论经济学发展等内容作了主题报告。认真组织学习宣传胡锦涛同志在庆祝中华人民共和国成立60周年大会上发表的重要讲话，召开“社科院专家学者代表学习胡锦涛同志重要

讲话精神座谈会”，组织撰写一批理论宣传文章在全国报刊上发表。

（二）研究实施科研管理体制机制改革新举措，进一步完善科研管理体系

依据2009院工作会议的安排和部署，科研局／学部工作局深入贯彻落实“科研强院、人才强院、管理强院”战略，在对我院科研管理现状进行广泛调研的基础上，认真总结和分析我院科研管理体制机制的经验和不足，研究探索符合当代科研规律、符合我院发展实际的科研管理体制机制，推出了一系列有利于出人才、出精品的改革措施。

1．根据党中央对我院的要求和定位，科研局／学部工作局积极探索“中国社会科学院重大问题综合研究中心”工作机制。“中心”以综合性、战略性、前瞻性的重大理论和现实问题研究为主攻方向，组织落实了“国际金融危机背后的重大理论问题研究”、“党的执政能力建设”、“金融危机后的重大体制和制度问题分析”、“国际金融危机与经济学理论反思”等重大课题，部分课题研究成果产生了很好的影响，得到了中央领导的批示。“中心”注重发挥不同学科和专业优势，组织跨学部、跨研究所、跨学科研究。与院“西南边疆项目”办公室合办了《西南边疆调研》专刊；与《中国社会科学院要报》、经济学部合作，完成“保增长、扩内需、调结构”系列研究报告11篇。为更好地交流重大问题的研究成果，“中心”还创办《中国社会科学院重大问题综合研究中心讨论文稿》（内刊），全年出版43期。

2．进一步深化课题制改革，完善科研资助体系。科研局／学部工作局在深入调查研究和广泛征求意见的基础上，报院制定了“基础研究学者资助计划”和“青年学者资助计划”，分别对从事基础研究的学者和青年学者给予必要资助，鼓励他们潜心于学术积累。经研究所推荐、科研局审核、院务会议审定，2009年“基础研究学者资助计划”资助31人、“青年学者资助计划”资助32人。

3．高度关注当代科学发展系统化、综合化、整体化的趋势，积极探索建设自然科学与社会科学交叉融合发展的机制，协调推进我院与科技界的合作研究。中国社会科学院和中国气象局成立了“气候变化经济学模拟联合实验室”，“经济社会发展综合集成实验室”的建设也在稳步推进；在科技部的支持下，一些有关自然科学与社会科学交叉的课题获得国家软科学项目资助。

4．改进课题经费使用管理办法，提高科研经费使用效益。会同院财务基建计划局就压缩全院在研课题经费存量、提高经费使用效益问题进行了调研；召开各研究所主管科研工作的领导和科研处长会议，布置压缩处理课题经费留存问题；同时改进课题拨款方式，调整当年立项课题经费拨付比例和院重大、重点课题立项时间，有效减少课题经费留存。为提高科研经费的使用效益，成立了“课题经费评估指标体系建设”课题组，先后召开三次课题组工作会议，重点讨论调研及调查问卷的设计、经费评估的各项指标、经费评估数学模型构建等问题。

5．根据院党组要求，与人事教育局联合成立“中国社会科学院关于开展哲学社会科学创

新工程试点”(一期)课题组，在广泛搜集院内外相关材料的基础上，先后召开 9 次课题组工作会，研讨院改革创新大工程的设计思路。2009 年，课题一期工作已基本完成，提交的《“哲学社会科学创新工程”试点基本思路》得到了院领导的肯定，课题二期的研究论证工作正在展开。

（三）组织研究经济社会发展中的重大理论和现实问题，做好院级课题的立项和管理工作

1．组织开展好院重大、重点课题研究。《中国社会科学院 2009 年课题申报工作通知》中提出，2009 年要继续落实我院“十一五”科研规划重点课题选题，同时要突出四个方面的重点：深入研究科学发展观提出的新思想、新观点和新论断；深入研究当前的重大理论和现实问题，特别要深入研究十七届三中全会提出的需要解决的问题；深入研究对学科发展有重大推动作用且具有重要学术价值的基础理论。2009 年，科研局受理全院科研人员申报课题 170 项，组织学部委员对科研人员的申报选题进行审议，召开 7 个大学科评审委员会。经院务会议审定，全院立项课题 101 项（包括重大课题 25 项，重点课题 76 项）。完成 16 项重大课题的结项鉴定及成果公示工作。

2．积极组织落实中央有关部门以及院领导交办的课题 80 项，这些课题涉及深入学习实践科学发展观、应对全球金融危机和金融安全的对策、当前我国经济建设和社会转型时期出现或面临的问题。根据国务院的部署和要求，组织我院专家学者承担了 14 项为中央制定国家“十二五”规划研究任务。

3．继续做好院青年科研启动基金的评审资助工作。根据《中国社会科学院青年科研启动基金管理办法》，向院属各单位下发了青年科研启动基金申报工作的通知，并完成了 2009 年度的立项工作，97 人获得资助。

（四）加强院党组对国情调研项目的宏观指导，推进调研基地建设和项目与成果管理

围绕十七大和十七届三中、四中全会提出的一系列重大理论和实际问题，以推动科学发展、促进社会和谐为中心，根据发挥院主导性与体现研究所自主性相结合的原则，继续大力组织国情调研工作。国情调研重大项目通过招标或由院、学部组织申报落实，招标内容以课题指南形式发布；根据不同的学科性质，由研究所在核定的经费额度内评审确定研究所国情调研重点项目或国情考察活动。2009 年度，国情调研合计立项 99 项，其中重大项目 14 项，重点项目 54 项，研究所考察活动 20 项，按系统组织的考察活动 11 项。划拨各单位国情调研经费总计 1115.9 万元。

加强对在研国情调研项目的管理。向院属各单位发出《关于 2009 年度国情调研进展情况检查的通知》，对全院各年度国情调研项目、考察活动进展情况进行全面督查，推动国情调研项目的完成。办理结项国情调研重大项目 3 项、重点项目 16 项、考察活动 9 项。组织召开

2009 年度国情调研动员会，就重大调研项目的组织管理、深入实际获得真实调研数据、发挥调研成果重要作用等方面进行了探索和交流。组织召开两次国情调研工作座谈会、一次国情调研重大项目负责人座谈会，就如何推进国情调研项目深入实际、围绕中心、服务大局，进一步发挥好思想库、智囊团作用等问题进行了交流和部署。

积极推进国情调研基地建设。与湖南等 7 个省市自治区合作建立国情调研基地。各个基地根据《协议书》规定，发挥特点，积极工作，为国情调研工作深入实际、深入基层发挥了重要作用。组织召开第一次中国社会科学院国情调研基地工作会议，总结各基地工作开展情况，探讨基地未来工作思路，交流了 2010 年度基地项目选题，进一步明确了基地建设的思路。

加强国情调研成果的管理与宣传。积极发挥国情调研服务中央、服务决策的重要作用，发布《关于进一步完善国情调研成果报送工作的通知》，明确国情调研项目的成果报送要求。编选国情调研《要报》稿件 10 多篇。推进“国情调研丛书”的组织出版，完成国情调研成果《中国（大陆）少数民族地区文化建设状况调查研究》《中国民众的国际观》等入选“国情调研丛书”的评审工作。编发《国情调研工作简报》16 期，及时向全院介绍国情调研工作的进展情况。

（五）加强国家社科基金项目的申报与管理工作，组织落实“西南边疆历史与现状综合研究”项目和“西藏历史与现状综合研究”项目

为做好国家社科基金项目申报工作，专门召开我院国家社会科学基金申报动员会，组织申报 2009 年度国家社科基金重大招标项目。全院共申报国家社科基金年度项目 205 项，获准立项 33 项，其中重点项目 4 项、青年项目 16 项，资助总额为 330 万元。2009 年国家社科基金重大项目招投标工作正在进行中，我院共申报 23 项。

加强对国家社科基金项目的过程管理，注意抓好课题的中期检查、经费管理和鉴定结项工作。组织全院在研社科基金项目参加了年检，完成并上报鉴定结项材料。根据全国社科规划办的要求，协调联络我院专家参与国家社科基金项目评审工作，完成我院社科研究力量分布统计工作，协调完成为 2009 年国家社科基金重大招标提供选题方向的工作。

积极组织协调落实“梵文研究及人才队伍建设”项目工作，组织召开项目工作会议，讨论并确定初步工作思路和基本工作安排，积极推动项目启动工作。

组织落实“西南边疆历史与现状综合研究”项目（以下简称“西南边疆”项目）。2009 年度，开展课题立项、年度拨款、开题动员与中期检查以及成果出版等工作。“西南边疆”项目共立项课题 43 项，同时对 2008 年立项课题进行续拨款工作。为了加强对立项课题的管理，“西南边疆”项目办公室组织召开“西南边疆”项目 2008 年度立项课题中期检查会、“西南边疆”项目 2009 年度立项课题开题动员交流会。

组织落实“西藏历史与现状综合研究”项目的立项和启动工作。2009 年，项目办公室组织召开该领导小组会议和第一次专家委员会会议，制定了项目的总体规划、基本工作安排以及

项目管理办法、经费管理办法等课题管理办法，确定了“西藏历史与现状综合研究”项目的年度工作计划和实施方案。

（六）完善学科建设机制，制定和实施“重点学科建设计划”，推进“特殊学科”建设

1．启动新一轮重点学科建设工作。2009 年，全院共确立 154 个重点学科。我院在 2002 年实施“重点学科建设工程”时确定的 6 个作为试点的“重点研究室”建设项目，继续作为院所共同管理的重点研究室予以支持。

2．积极推进特殊学科建设工作。制定并下发《中国社会科学院特殊学科参考名录》，组织各研究单位申报 2009 年度的建设项目。最终立项 12 项特殊学科，其中濒危学科 5 项、新兴学科 2 项、交叉学科 2 项、“绝学”3 项。为进一步完善特殊学科建设机制，制定了《关于中国社会科学院特殊学科建设计划实施的补充规定》，并对 2008 年立项的 11 项特殊学科（绝学）建设项目进行了年检。

3．继续加强马克思主义学科体系建设。根据《中国社会科学院马克思主义学科建设和理论研究实施方案（2009 ~ 2014）》，制定了《科研局关于落实〈中国社会科学院马克思主义学科建设和理论研究实施方案（2009 ~ 2014）〉的意见》，从学科建设、课题研究、人才培养、成果出版等方面贯彻落实。协助院马克思主义学科建设办公室制定《中国社会科学院加强马克思主义学科建设和理论研究 2009 年启动工作计划》，确定马克思主义理论学科建设的资助重点和资助方案。

（七）进一步规范“学术名刊建设”和《中国社会科学院文库》出版工作，积极开展科研成果发布工作

1．完善学术名刊建设。为更好地完善和规范我院“学术名刊建设”工作，在总结 2008 年实施“学术名刊建设”工作经验并进行充分调研的基础上，分别对《中国社会科学院“学术名刊建设”管理办法》和《中国社会科学院优秀期刊奖励办法（试行）》进行了修订。

2．进一步规范和改进《中国社会科学院文库》的出版组织工作。受理 2009 年度《文库》选题申报，组织安排选题评审工作，落实了一批《文库》选题和出版资助选题。

3．继续完善科研成果发布制度，推进研究所科研成果发布。备案资助所级科研成果新闻发布会 40 场，推介了一批重要的科研成果，各界媒体进行了广泛报道，取得了良好的社会反响。

4．不断完善报刊、出版管理制度建设。积极配合国家出版管理部门完成了对全院正式报刊的年检工作，建立健全了信息传递制度。坚持实施期刊季度审读和通报制度。根据新闻出版总署的有关精神，对院出版社 2009 年度出版计划进行了认真分析，撰写图书选题分析报告。组织开展院出版社 2009 年度图书出版质量审读工作。积极参与总署组织的各项图书评选上报工作，特别是组织院出版社上报“新中国成立 60 周年优秀图书”，最终有 9 种图书入选。

（八）按照中央的统一部署推进我院出版社转制改革，全面加强非实体研究中心、社团管理工作

1．根据中央各部门各单位出版社改革工作领导小组的整体部署，科研局作为院出版社转制工作领导小组办公室，协调制定了《中国社会科学院出版社转制工作实施办法》和《中国社会科学院出版社转制工作时间表》，先后组织召开领导小组工作会议 4 次，积极与新闻出版总署有关部门沟通，协调院有关职能局与出版社转制的各项工作。目前，我院出版社转制工作正在按计划推进。

2．按照院"评价、整顿、完善、提高"的原则，完成了对全院非实体研究中心的清理整顿工作。对全院非实体中心进行了调研和检查，建立健全了淘汰机制，撤销了一批非实体研究中心，加大监督力度，对一些非实体中心进行了重新登记备案；完善规章制度，修改并重新颁布了《中国社会科学院非实体研究中心管理办法》；开展业务培训，进一步加强非实体研究中心的自身建设。

3．对全院所属社会团体进行了年检，完成了社会团体组织评比达标表彰活动的清理整顿工作。

（九）打造"国学研究论坛"品牌，组织开展各种形式的学术会议和活动，布置新一届研究所学术委员会换届和成果评奖工作

对院属各单位申报的学术会议计划进行了审议，组织和协助举办了一系列各种形式的学术研讨会、论坛、座谈会。2008 年中国社会科学院"国学研究论坛"创办以来，一系列专题活动在学术界产生了较好的影响，2009 年，由院学部主席团主办、文史哲学部承办了以"简化字与繁体字"、"中国传统语言学的现代化"、"五四运动与传统文化"为主题的"国学研究论坛"。

组织开展研究所学术委员会换届工作。

组织研究所对科研人员主要在 2005 ~ 2006 年间发表的科研成果进行评奖，为开展第七届院优秀科研成果奖评选做好准备。

（十）积极开展科研管理研讨交流与工作培训，增强实施"管理强院"战略的能力和水平

落实 2009 年院工作会议精神，进一步深化科研管理体制机制改革，贯彻"管理强院"战略，组织召开我院 2009 年度科研管理工作会议。会议分别就两个"资助计划"、重点学科建设、非实体研究中心、国情调研、科研经费管理等 12 个专题进行了广泛的交流和讨论。

召开第三届"社会科学研究管理论坛"。论坛由科研局 / 学部工作局、云南师范大学、《社会科学管理与评论》编辑部联合主办。来自全国 17 个省市的社科机构、高等院校的专家学者和科研管理人员围绕"创新科研管理体制机制，繁荣发展哲学社会科学"的主题，就如何建设

哲学社会科学创新体系、深化社会科学研究管理体制机制改革，进行了深入研讨和广泛交流，取得了较好的效果。

继续组织开展科研管理研究课题资助工作，以不断推进科研管理理论研究与创新，提高科研管理水平。研究制定 2009 年度科研管理课题指南，经评审立项 39 项课题。

2009 年 4 月，“中国社会科学院 2009 年度科研管理工作会议”在北京召开。

组织召开科研管理培训班，对院属各单位新入院从事科研管理工作的同志进行专项培训，提升他们的工作能力和业务水平。组织院科研管理干部开展国情调研活动，赴湖南省调研社会主义新农村与“两型社会”建设情况，了解当地新农村建设的成就和经验。组织召开编辑业务培训班，邀请编辑和出版领域的专家授课，对院属各单位的期刊编辑部主任和编辑人员进行了培训。

科研局办刊物《社会科学管理与评论》《学术动态》的编辑出版工作取得新进展。《社会科学管理与评论》进行了扩版，全年编发 4 期，约 65 万字。《学术动态》出刊 40 期（含增刊 4 期），100 余万字。编辑出版了《30 年回顾与评析——中国社会科学院纪念改革开放 30 周年学术报告集》《第三届“社会科学研究管理”论坛论文集》。

学部编辑出版了《中国社会科学院社会政法学部集刊 · 改革开放　繁荣发展——中国社会发展和依法治国的实践与探索》《纪念改革开放 30 周年——中国社会科学院经济学部学部委员与荣誉学部委员文集》《中国社会科学院国际学部集刊 · 中国对外关系：回顾与思考（1949—2009）》。

（十一）不断加强自身建设，切实提高服务意识和管理水平

2009 年深化我院科研机制体制改革、实施“管理强院”对科研组织管理工作提出了更高的要求。科研局／学部工作局克服科研组织管理工作任务重、头绪多、时间紧、要求高等困难，充分发挥团结拼搏的精神，改革创新，顺利完成各项工作任务。局党总支在“中国社会科学院 2009 年党的工作会议”中被评为院“先进基层党组织”。

科研局／学部工作局根据院统一安排，开展聘用制改革工作，系统梳理局内各部门的工作，根据人事教育局下达的编制岗位和职级数额，研究制定新的岗位设置方案。局内外网全面改版，实时发布和更新信息，更快更好地展示我院科研情况，为全院科研管理和科研人员服务。编发

《科研局局务会纪要》52 期，实行工作日报和每月工作安排通报，增加工作透明度。全年共批阅办理各种公文函件 2000 余件。

2009 年，承担与国家部委有关科研部门的沟通和协作工作，以及与地方社科院、高等院校的联系、合作事宜，如与湖南省社科院、黑龙江省社科院、内蒙古社科院、宁夏社科院及河南省社科院等进行工作交流和接洽等。

人事教育局

2009 年，人事教育局坚持以邓小平理论、“三个代表”重要思想和科学发展观为指导，认真贯彻落实党的十七大和十七届四中全会精神，以及院党组提出的科研强院、人才强院和管理强院三大战略。按照院工作会议的部署和构建哲学社会科学创新体系的要求，实施全院聘用制改革，逐步建立和完善符合我院特点的岗位管理制度。积极推进管理体制机制改革和干部人事工作的科学发展，在建设高层次人才队伍和推进人事制度改革等方面，较好地完成了全年的各项工作任务。

（一）实施人才强院战略

1. 研究制定《中国社会科学院人才强院战略实施方案》。为落实院工作会议提出的实施“科研强院、人才强院、管理强院”三大战略的要求，在广泛征求院属各单位意见的基础上，研究制定了《中国社会科学院人才强院战略实施方案》。实施人才强院战略的总任务是抓好以科研人员队伍建设为重点的专业技术人员、管理人员、工勤人员等三支队伍建设，着重实施“四个一批”人才建设工程。即：努力造就一批坚定的马克思主义理论家、学贯中西的思想家和学术大家（100 名）；扶持一批政治坚定、与党同心同德、具有广泛影响、学术造诣高深的领军人才，特别是在新兴学科、交叉学科、濒危学科、“绝学”等方面的专门人才（200 名）；培养一批出生于 20 世纪七八十年代、政治和业务素质良好、锐意进取的中青年骨干人才（300 名）；选拔一批政治坚定、业务突出、熟悉意识形态工作、富有改革创新精神的优秀领导人才和管理人才（100 名）。在此基础上，院属 42 个单位结合本单位科研和人才队伍情况，制定了人才强所战略实施方案。同时，院研究制定了《中国社会科学院人才强院战略实施方案专项经费管理办法》。

2. 研究制定“哲学社会科学创新工程”基本思路。为繁荣发展哲学社会科学，完善国家创新体系，我院研究提出了实施“哲学社会科学创新工程”。人事教育局与科研局成立了“哲学社会科学创新工程”课题组，意在通过实施重大研究项目、基础建设项目、创建人才特区等措施，力争到 2020 年把我院建设成为具有强大创新能力的国家哲学社会科学知识创新中心。2009 年该课题组完成了《中国社会科学院关于开展哲学社会科学创新工程试点的基本思路》

和《中国社会科学院关于开展哲学社会科学创新工程试点的汇报》任务并进入二期研究工作。

3．推进高层次人才队伍建设。在推进高层次人才队伍建设和高层次专家遴选推荐过程中，我院陆续发现了一批学术带头人。经中组部、中宣部、人社部、科技部批准，我院靳辉明获得“全国杰出专业技术人才”称号；2009年，经人社部批准，我院有24名专家享受国务院政府特殊津贴；2009年，经中宣部批准，我院李向阳入选“四个一批”人才；经人社部批准，我院7名专家入选“新世纪百千万人才工程”国家级人选；与中组部、发改委等8个单位组织共同发起“院士专家咨询服务活动”，分赴江苏等5省份，我院由副院长李慎明带队，5名专家参加了湖南省咨询服务活动。推荐2名专家参加国务院组织的北戴河休假活动。此外，根据各部委或学会要求，推荐80余名专家担任评委、理事、讲课专家、咨询专家，或出席国家重大庆典活动。

4．深化领导干部任用制度改革。按照干部队伍“四化”方针，坚持德才兼备、以德为先的用人标准。根据院党组部署，2009年，对我院部分单位所局级领导班子进行了考察和调整，共调整任免34个单位74名所局级干部，其中，提拔任职36人（提任正局级领导10人，副局级领导26人），岗位调整18人，免职20人。截至目前，我院共有所局级干部212人，平均年龄为53岁。其中正局级89人，平均年龄为55岁；副局级123人，平均年龄为50岁。通过调整，我院所局级领导班子的年龄和专业结构得到了进一步优化。另外，为加强后备干部的选拔培养，2009年还对院属22个单位提出了调整意见，有69人充实到后备干部队伍中。

同时，做好院属各单位处室干部的审批及备案工作。截至年底，共审批、备案处室及以下干部247人。其中提拔处级干部115人（正处47人，副处68人），免职9人，平职调整19人，所（局）长助理10人；聘任研究室主任、副主任80人（主任48人，副主任32人），解聘14人。另外，聘任科以下干部60人。

此外，配合聘用制改革，研究制定了《中国社会科学院五、六级人员竞争上岗试行办法》。规定了管理岗位五、六级人员试用期、任期（聘期三年，最高不超过三届）等，逐步建立干部能上能下的管理机制。

5．研究制定《2009年中国社会科学院干部统一培训计划》。统筹规划干部培训资源，推进我院干部教育培训的改革创新，建立全院干部教育培训工作的统一领导、统一规划、统一培训、统一管理、统一经费渠道和分类教学、分类指导的集中培训制度。根据我院《关于加强干部培训工作的实施意见（暂行）》，研究制定了《中国社会科学院2009年干部教育统一培训计划》，对全院统一培训进行协调和指导。2009年，各职能局共举办26个（30期）培训班，培训1800余人。其中重点举办了三个培训班：

一是开展青年马克思主义基本理论培训班。我院从2009年起，计划用三至四年时间对全院1000名40岁以下青年进行马克思主义基本理论培训。2009年已举办三期培训班，共有330人参加培训。 二是举办新入院人员培训班。院属48个单位，共有220人参加了培训。三是举办“2009年管理干部公共管理核心内容培训班”。培训管理干部168人，其中有133人获得“中国社会科学院管理干部公共管理核心内容培训班培训证书”。

6．招收和吸引一批青年人才和急需人才，加强两支队伍建设。在人才引进方面，除国家政策性安置和个别因特殊岗位及急需学科需要的人才外，按照择优的原则，均采取公开招聘的办法，通过发布信息公开招聘。截至年底，从院外共招收和引进人才197人。其中调入74人，接收应届高校毕业生123人。同时，2009年扩大了博士后招收计划，共办理博士后进站218人。其中流动站自主招收类博士后197人（国家资助类25人，自筹经费类172人）；留学归国类博士后7人；企业联合招收类博士后14人。目前，我院在站博士后共639人。全年共办理博士后出站146人。

同时，拟定了《中国社会科学院引进高层次专业人才暂行办法》。

7．国家公派出国留学、非教育系统留学回国人员科技活动项目择优资助及博士后基金资助工作。做好2009年度国家公派出国留学人员选拔、推荐工作，向院属各单位印发了《关于我院2009年国家公派出国留学申报工作的通知》《教育部办公厅关于2009年国家公派留学人员全国外语水平考试时间安排的通知》，部署全院公派留学外语考试工作。全院共15个单位26人申报国家公派出国留学，其中 17人被录取。

开展了教育部留学回国科研启动基金工作，2009年，我院有5名留学回国博士获得科研启动基金9.5万元；开展了人社部2009年度留学回国人员科技项目择优资助工作，我院向人社部共申报22个项目，人事部批准我院11人获得留学回国人员科技活动择优资助，资助金额总计44万元。

2009年，组织开展了我院三批中国博士后科学基金申报工作，分别是“第二批中国博士后科学基金特别资助”、“第45批、第46批中国博士后科学基金面上资助”的申报工作。先后共有241名博士后参加了基金申报，有108名博士后获得资助，资助总金额490万元。

8．加强博士后流动站建设和管理。为加强在站博士后有效管理，经院长办公会批准，成立“中国社会科学院博士后管理委员会”。院博管会负责制定我院博士后事业发展规划及相关制度，承担协调有关部门为博士后创造良好的发展环境等管理工作。

同时，2009年经人社部批准，我院增设政治学一级学科博士后流动站。美国研究所、俄罗斯东欧中亚研究所、日本研究所及政治学研究所成为最新一批具备博士后招收资格的研究所。2009年，我院共有13个一级学科设立博士后流动站，29个研究所具备博士后研究人员招收资格。此外，根据我院博士后工作的发展需求，财政与贸易经济研究所增设工商管理一级学科博士后流动站，人口与劳动经济研究所增设社会学一级学科博士后流动站。

与中国博士后科学基金会共同主办了主题为“全球化下的中国经济学”第四届中国博士后经济学论坛；与中国博士后科学基金会、北京大学光华管理学院联合主办了“2009宏观经济论坛暨博士后发展报告会”；与中国博士后科学基金会共同主办了主题为“国家治理与社会建设六十年”第四届中国社会学博士后论坛；与人社部联合主办了主题为“金融危机：走势分析与应对策略”全国博士后经济学学术论坛（2009)。另外，组织博士后开展了2009年博士后国情调研项目——《“能力主义”下的中国职称制度建设与发展》。

9．完成各类人员年度考核工作。组织开展了2009年度全院各类人员考核工作，印发了《关于做好中国社会科学院工作人员2009年度考核等工作的通知》。全院共有3910人参加了年度考核，其中优秀633人，称职3155人，基本称职4人，不称职1人，未定考核等次120人。

（二）创新人才管理体制机制

1．实施聘用制改革和岗位设置管理工作。建立竞争激励机制、推进人才管理体制机制改革，在认真总结2005年和2008年聘用制改革和岗位设置工作试点经验的基础上，2009年在全院推行聘用制改革和岗位设置管理工作。按照院里的部署，2009年聘用制改革工作分宣传动员、拟订方案以及专业技术人员分级和岗位聘用四个阶段进行。

2009年5月12日，组织召开“中国社会科学院实施人才强院战略方案暨聘用制改革工作大会”，下发了《中国社会科学院聘用制改革及岗位设置管理工作实施方案》《中国社会科学院人员聘用制试行办法》《中国社会科学院岗位设置管理试行办法》《中国社会科学院聘用制改革及岗位设置管理工作有关问题的解释》等聘用制改革配套文件。在聘用制改革工作期间，人事教育局积极开展调研工作，撰写《中国社会科学院岗位设置管理实施方案》并上报人社部，对院属各单位的专业技术、管理和工勤技能岗位的结构比例及数额进行核定；审核院属各单位制定的改革实施方案、岗位设置方案、岗位说明书、岗位聘用实施方案和未聘人员安置方案等配套文件。

通过全面推行聘用制改革，我院将逐步实现由身份管理向岗位管理的转变。

2．研究制定研究、编辑、图资岗位分级任职条件和院直机关机构编制核定及岗位设置方案。配合聘用制改革，按照“总量控制，分类指导，立足现状，着眼长远，留有空间”的原则，对院属各单位的专业岗位、管理岗位和工勤岗位的比例进行了重新核定，并对30多个单位的岗位分级标准制定情况进行了调研，研究制定了《中国社会科学院研究、编辑出版、图书资料系列二至十二级岗位任职条件（试行)》，并印发院属各单位。2009年，对院直机关的编制进行了重新核定，制定《院直机关机构编制核定及岗位设置方案》，向院直机关各职能局下达了岗位设置核定比例及数额。

3．制定《中国社会科学院人事代理暂行办法》。根据《中国社会科学院人才强院战略实施方案》《聘用制改革及岗位设置管理工作实施方案》等文件精神，在对有关单位的人才机构开展人事代理情况进行调研的基础上，研究制定了《中国社会科学院人事代理暂行办法》，拟对我院8个聘用制改革试点单位2008年7月1日以后进入我院的在编人员和其他院属单位2009年7月1日以后进入我院的在编人员实行人事代理。用人单位与受聘人员签定聘用合同后，受聘人员档案将委托我院人才交流培训中心进行管理。

4．拟定调整规范津补贴方案。按照《中国社会科学院人才强院战略实施方案》的要求，为做好调整规范津补贴方案，人事教育局组织人员到有关单位就津补贴问题进行调研，对相关数据进行测算，并提出分类标准。与财计局共同研究，拟定了2009年调整各类人员津补贴方案，已经院长办公会议通过实施。

5．制定《中国社会科学院工作人员奖励暂行办法》。为落实院工作会议要求，进一步建立和完善我院工作人员的激励机制，建立规范统一的奖励制度，人事教育局在广泛调研的基础上研究制定了《中国社会科学院科研岗位先进个人奖励暂行办法》和《中国社会科学院管理、科研辅助、工勤岗位先进个人奖励暂行办法》，已经院务会议审议通过，并印发院属各单位。

（三）完善基础资料建设

1．完成了各类人员、工资计划统计工作。向人社部报送《2008年国有事业单位管理人才、专业技术人才资源统计表》《2008年机关、事业单位工作人员工资统计表》《2008年国有经济企业经营管理人才、专业技术人才资源统计报表》《2009年职工人数和工资总额计划测算汇总表（共45套）》《2008年从业人员和劳动报酬情况统计表》《2008年度中国社会科学院机构编制统计年报》和《2009年度中国社会科学院机构编制年中统计报表》等。完成我院2008年度各类人员岗位、专业、年龄等基本情况的统计工作，2009年全院在职人员4107人（含代管单位），其中专业人员3330人，行政人员529人，工人248人；专业人员中正高级801人，副高级956人，中级1148人，初级243人，未定职182人。

2．开展了2009年度职称评审委员会届中调整和职称评定工作。根据《中国社会科学院专业技术资格评审委员会换届工作的实施意见的通知》规定，经人事教育局审核，院职称领导小组审议通过了世历所等单位所级专业技术资格评委会的调整申请，同时拟定文史哲学部（史学）、国际研究学部、马克思主义研究学部评委会委员调整意见。经院长办公会议审议，批准了2009年度院所两级评委会届中调整意见。

为进一步做好我院专业技术人员专业技术任职评价工作，研究制定并印发了《关于开展2009年度中国社会科学院专业技术职务评审工作的实施意见》，部署我院2009年度职称评审工作。经院级评审委员会评审，通过了80人的专业技术职务，其中正高级58人，副高级13人，中级9人。同时，按照国家及我院专业技术人员定职的有关规定，审批、备案了院属有关单位81人的专业技术职务，其中，副高级1人，中级63人，初级17人。

3．进一步开发建设我院人事信息系统（二期）工程。院人事信息系统一期工程于2007年顺利完成并推广应用，为配合我院人才强院战略和聘用制改革工作，人事教育局2009年开始系统二期工程建设，通过需求调研与专家论证，现已着手进行系统人员信息即时申报审批流程的开发。系统二期工程将实现全院人员的人事信息即时申报审批，建立院属各单位与人事教育管理部门之间的垂直信息的渠道，避免信息差异带来的工作不协调，即时掌握当前人员情况，确保人事信息系统数据信息的时效性和准确性。同时将通过对高层次人才信息的即时收集、整理和补充，为建立国内外哲学社会科学领域高层次人才信息库做好基础工作。

（四）完成了上级交办的任务和日常工作

一是完成了上级交办的工作。根据中组部要求，落实我院部分离休干部提高享受医疗待遇工作。此次提高享受副部长级医疗待遇的 19 人，提高享受司局级医疗待遇的 33 人；根据人社部要求，对全院早期留学回国专家情况进行核查，我院早期回国定居专家共 32 人，目前健在 14 人（其中享受政府津贴 7 人）；撰写《关于我院 2009 年人才工作总结和 2010 年人才工作要点的报告》《关于我院贯彻落实全国人才工作座谈会的有关情况的报告》，并报送中央人才工作协调小组办公室；根据中央人才工作协调小组办公室要求，对《中央人才工作协调小组关于贯彻落实四中全会精神进一步做好人才工作意见》《2009 年全国人才工作要点》《〈关于加快实施 2009 年“千人计划”的意见〉、〈关于建立“特聘专家”制度的意见〉》《国家中长期人才发展规划纲要（2009—2020）》《关于加强社会工作人才队伍建设的意见》等征求意见稿进行了反馈。

二是做好西部人才培养工作。通过中组部“西部之光”和人社部“新疆特培”、“西藏特培”访问学者培养工作，支持西部人才培养。做好中组部第五批“西部之光”访问学者、第二批“新疆特培”访问学者考察及总结，落实第六批“西部之光”、首批“西藏特培”和宁夏社科院协议访问学者的接收工作。2009 年，我院共接收培养了来自西部的 15 名访问学者，其中“西部之光”8 名，“西藏特培”2 名，接收宁夏社科院访问学者 5 名，分别到 12 个研究所作研究，安排了 14 名导师。同时，组织召开了 2009 年度访问学者工作座谈会，组织访问学者开展调研和考察活动。在各部门协作配合、各研究所的大力支持及导师的悉心培养下，我院接收的访问学者在治学方法、学术水平等方面都有了显著提高，使我院访问学者工作取得了良好效果。

此外，做好西藏社科院人才培养工作。根据西藏社科院领导和我院达成的协议，联系确定我院 7 名专家进藏开展短期培训讲座。

三是做好各类人员的推荐、遴选工作。选派 3 名干部到国家信访局、中组部干部监督局、中央学习实践科学发展观活动领导小组进行挂职和借调；推荐 3 名专家分别参加中组部“县委书记职位标准专题研讨会”、“应对国际金融危机企业党建工作座谈会”和中央领导同志座谈会；选派 24 名（正高级职称）科研骨干参加中组部、中宣部等五部委举办的“哲学社会科学教学科研骨干研修班”，19 名所局级以上领导干部参加中组部、中央党校和中国浦东等干部学院举办的专题培训班；推荐 4 人为外交部借调人选，6 人为商务部驻外机构工作人选。此外，还开展了博士后人才引荐活动，选派 15 名优秀博士后到广西、贵州等地挂职锻炼。

四是完成了大量的日常工作。办理 2009 年因公出国政审 154 人次，因私出国（境）审批手续 30 人次，撰写《中国社会科学院 2008 年度因公出国（境）人员审查工作总结》并报送中组部；审核、整理院管干部和机关干部档案 400 卷，收集档案材料 1200 份，接收及移交干部档案94卷；完成2008年度院属48个法人单位的年检工作，办理3个单位法人变更手续；对院属有关单位内设机构及编制的变更进行审批、备案，其中新增处室机构50个，更名30个，撤销22个；与院网络中心完成院属各单位公益专用中文域名注册工作；办理解决家属户口进京手续27人（其中"两地分居"25人,"农转非"2人）；完成2009年院属各单位"春节"、"七一"特殊困难补助工作，全院共补助159名职工，补助金额16.58万元；办理（含新办、补办、转院）干部医疗"蓝卡"57人；接转流动人员人事档案75份，整理归档材料110件；装订档案材料14卷，现存人才中心的流动人员人事档案共654份；为7个院属单位的23名编制外的聘用职工进行人事代理；办理50名我院职工家属人事档案的接收工作；办理在人才中心存档的部分流动人员转正定级20人次，办理工龄审定、调整档案工资30人次，并为部分存档人员进行各项社会保障代理服务等；对人才交流培训中心网站"中国社科人才网"进行维护和建设，现动态网页有注册用户2830人，单位招聘信息533条，求职人才信息2273条；收集、整理和审核局内2009年文书档案共2408件（永久1012件、长期974件、短期422件）。

国际合作局

2009年，围绕"科研强院、人才强院、管理强院"，继续推进外事体制机制改革，国际合作与交流继续深入发展，全院国际学术交流总量为1348批2679人次，其中派出1063批1692人次；应我院邀请来访285批987人次。派遣长期出国进修和访问学者61人，接待外单位邀请的外国来访人员和团组以及国外记者、外国驻华机构人员286人次。国际合作与交流工作主要有以下几个方面：

（一）学术交流紧密配合国家总体外交

2009年，我院积极承担中央交办的任务，充分发挥我院作为党中央、国务院思想库和智囊团的作用，学术交流服从和服务于国家总体外交，在"走出去"战略中发挥了重要的作用。

2009年法兰克福国际书展"中国主宾国活动"是新中国成立60年来我国出版业在国外举办的规模最大、影响最广的一次文化交流活动。中国社会科学院是主宾国活动组委会成员单位，国际合作局和院属相关单位配合国家新闻出版总署对外交流与合作司与德国阿登纳基金会等合作，精心组织我院知名学者参加"中国与世界——感知与真相"国际研讨会，组织社会科学文献出版社与欧方机构在书展的中国主题馆合作举办"中国经济发展与全球金融危机学术演讲会"。为此，在11月26日召开的"法兰克福国际书展中国主宾国活动总结表彰大会"上，国家新闻出版总署授予国际合作局"优秀组织奖"。

2009年，我院继续做好外国首脑、前政要、现任高官来我院访问和讲演，一年来接待了包括巴西总统路易斯·伊纳西奥·卢拉·达席尔瓦、美国财政部长蒂莫西·盖特纳、古巴外交部长布鲁诺·罗德里格斯·帕里利亚、韩国前总统金大中、新西兰前环境部部长西蒙·厄普顿、吉尔吉斯斯坦前外交部部长 M.C.伊马纳利耶夫等重要人物。

“灾害综合研究计划”是国际科学理事会、国际社会科学理事会和联合国国际减灾战略组织共同主办的为期 10 年的综合研究项目。2009 年 6 月，中国科学技术协会来函，希望我院作为中国社会科学最高研究机构，正式参与由中国科协牵头、申请在北京设立灾害综合研究计划国际办公室的工作。我院对此予以高度重视，李扬副院长会见了国际社会科学理事会主席、国际合作局商有关研究所，并选派专家参与申办陈述会和研究工作。

受中共中央对外联络部的委托，我院副院长李扬、工业经济研究所所长金碚、世界经济与政治研究所所长余永定参与了韩国广播公司“中华人民共和国建国 60 周年特辑”录制工作。我院中国边疆史地研究中心主任厉声参与中央对外宣传办公室组织的中国人权研究会团组出访冰岛、法国、比利时，介绍我国人权观念和相关进展。哲学研究所章建刚参与由文化部牵头协调、联合国教科文组织的《保护和促进文化表现形式多样性公约》谈判准备会议等活动。

为庆祝新中国成立 60 周年，我驻英国使馆与英国《每日电讯报》合作出版“中华人民共和国建国 60 周年国庆专刊”，应国务院新闻办之邀，我院推荐了李扬、裴长洪、潘家华、史丹、汪红驹，分别以金融、对外贸易、气候变化、能源以及中国当前经济形势为题向该报投稿，大部分被刊登。

（二）完成重要团组出访任务，继续拓展我院国际学术空间

2009 年，我院重要对外学术交流团组出访亚、非、欧、美国家，积极与上述地区学术机构就进一步扩大学术交流与合作的可能性进行深入探讨，通过高水平的学术活动，促进交流与合作，达成多项共识，取得了实质性的进展。

2009 年 6 月，常务副院长王伟光率团访问俄罗斯等国。在访俄期间，王伟光副院长出席了俄罗斯科学院和我院共同举办的“中国社会科学图书展”开幕式并致辞。

2009 年 11 月，副院长高全立率团访问非洲埃及、沙特、阿拉伯联合酋长国三国。代表团在深化学术交流内容、拓展学术合作领域、开辟新的合作渠道、建立新的交流机制方面取得了成果。

2009 年 11 月，我院还派出重要团组出访新西兰，参加新西兰当代中国研究中心成立仪式。在新西兰期间，秘书长黄浩涛与新西兰惠灵顿维多利亚大学副校长尼尔·奎格利教授分别代表双方机构签署学术交流协议，为进一步拓展我院与新西兰在社会科学研究领域的交流奠定了基础。

此外，我院组织重要团组出访了蒙古国、罗马尼亚、日本、澳大利亚等国，双方机构之间的关系得到进一步巩固，取得了重要的学术交流成果。

为了总结与评估近年来我院与美、澳签署的协议及合作项目的执行情况，进一步寻找合作机会，探讨合作计划，国际合作局工作小组赴美国与美国芝加哥大学、斯坦福大学胡佛研究所

2009 年 8 月，中国社会科学院与荷兰国家研究组织社会科学部在北京签署《中国社会科学院与荷兰科学研究组织交流合作谅解备忘录》。

就签署双边学术交流备忘录和协议达成共识；开拓了与杜克大学、北卡大学的学术交流关系；与密苏里圣路易大学共同解决协议执行过程中我方学者遇到的问题。工作小组在澳大利亚期间，与悉尼科技大学就签署实质性的学术交流与合作协议达成共识；与澳大利亚社会科学院在现有协议的基础上，共同设立针对于合作研究的“种子基金”，服务于两国间更高层次、更高水准的学术交流；与澳大利亚墨尔本大学讨论如何拓展两个机构间已有的框架性协议、开展实质性交流等问题。

2009 年，我院与国外学术机构新签协议和备忘录等 7 个，包括：《中国社会科学院与瑞士苏黎世大学学术合作协议》《中国社会科学院与德国发展研究所学术合作协议》《中国社会科学院与美国社会科学研究理事会学术合作协议》《中国社会科学院与美国芝加哥大学学术合作协议》《中国社会科学院与新西兰惠灵顿维多利亚大学谅解备忘录》《中国社会科学院与荷兰科学研究组织交流合作谅解备忘录》和《赴日小型调研团资助项目》。这些新签协议和新增项目使我院交流渠道和合作方式得到进一步拓展。

（三）完善开展“合作研究”的资助机制

我院与欧洲 6 国 11 家国家级科研资助促进机构联合开展的“中欧社会科学合作研究项目(CO-REACH-SSR)”，已完成公开招标、学术评审等一系列工作，由中欧参与机构代表组成的项目指导委员会员审定通过，对 14 个中欧联合课题申请予以资助。这 14 个课题的中方项目负责人由法学研究所、考古研究所、社会学研究所、民族学与人类学研究所、历史研究所、民族文学研究所、世界经济与政治研究所、财政与贸易经济研究所、城市发展与环境研究所、人口与劳动经济研究所、欧洲研究所知名学者承担。截至 2009 年底，该项目已在华成功举办 4 次国际研讨会，邀请 21 位欧洲学者与会；派遣我院学者出访 2 批 5 人次，出席在欧举办的两次国际研讨会。

南非人文科学研究理事会担负着研究南非和非洲社会经济问题、为决策提供科学依据的任务。2009 年 3 月，我院学者就“中国在非洲 / 非洲在中国”、“收入分配”和“公共物品提供”三个主题与该理事会初步交流并形成合作意向。10 月，南非人文科学研究理事会主席率团来访，李扬副院长与其就加强双边合作问题及开展合作研究项目等问题交换意见，进一步推进合作进程。

“中蒙跨界游牧文化比较研究项目”（2006 ~ 2010 年）课题组顺利实施了在蒙古国、中国境内的联合学术考察工作。经过连续四年的田野调查，中蒙双方课题组克服困难，力求掌握第一手资料。

“中荷专题合作研究项目”是荷兰方面发起的一个新的中荷双边合作研究项目。2009 年 2 月，在“中荷专题合作研究项目”联席会议中，中荷双方表示希望通过这个项目，加强两国最优秀的科学家及学者之间的合作。经过讨论，与会各方就项目实施的具体步骤、时间表、标书内容及 2009 年的主题等初步达成一致意见。

（四）举办高品质的国际会议，扩大我院学术话语的主导权

2009 年，国际政治经济关系经历着深刻的大变革，我国发展也呈现一系列新特征、新形势、新问题。面对机遇与挑战，我院积极整合国际学术会议资源，依托院、所的学科优势和人才优势，举办了各类高水平的学术研讨会。全院全年共举办各类会议约 90 个，围绕全球经济危机、环境保护和低碳经济内容的研讨会占了相当比例，其中主要包括：“全球经济衰退建模、预测以及解决途径”国际研讨会、“金融危机—金融监管与监管当局的作用”国际研讨会、“‘金砖四国’经济发展比较”国际研讨会、“亚洲经济一体化：金融和宏观经济问题”国际研讨会、中德对话第六次会议——“全球金融危机背景下的社会和经济稳定”国际研讨会、第十届中国宏观经济运行与政策论坛。同时，围绕考古、法律、国际关系等学科也召开了高水准的研讨会。如：第二届古代文明国际论坛暨考古研究所与斯坦福大学第一届双边学术讨论会、国际金融危机中的法律问题国际研讨会、第二届“中蒙俄：和平、发展与合作”国际学术论坛、“世界新格局下的中巴战略伙伴关系——纪念中巴建交 35 周年”研讨会、“纪念中苏建交 60 周年学术研讨会”和“金砖四国”学术对话机制协调会。

（五）多层次多渠道支持我院优秀科研人才“走出去”

2009 年，为增强我院知名学者在学术界的国际话语权，资助欧洲研究所、世界历史研究所、拉丁美洲研究所、马克思主义研究院、西亚非洲研究所、经济研究所、国际法研究所的学术骨干，在美国、墨西哥、俄罗斯、法国、荷兰、希腊、新加坡等地的学术会议和学术活动中发表演讲。

继续为中青年科研人员提供出国进修专业外语的机会，世界宗教研究所、外国文学研究所、文学研究所、美国研究所、民族文学研究所等单位的 10 名研究人员获得资助。

为了提高我院中青年学术业务骨干的专业外语水平，增强其国际学术交流能力，储备国际外语交流人才，我院组织科研人员在国内进行英语和西班牙语培训。2009 年，我院有 50 人接受英语培训，24 人接受西班牙语培训。

（六）坚持外事体制机制改革，加强自身能力建设

2009 年，国际合作局认真落实院党组关于体制机制改革的工作部署，初步完成制定哲学

社会科学“走出去”战略的实施方案，拟定我院对台学术交流的总体规划；加强国际合作局内部制度建设；完善国际合作与交流经费预算管理；改进外事信息管理平台；编制院级国际学术交流合作项目指南；对国际合作局内部机构和处室干部进行了调整，重视与局内青年的交流与引导，提高了工作效率，增强了凝聚力。

第一，初步完成制定哲学社会科学“走出去”战略的实施方案。为认真落实党的十七大报告提出的“要把哲学社会科学的优秀成果和优秀人才推向世界”的战略目标，根据院党组关于“走出去”战略的工作部署，结合我院的实际情况，经过一年的调研和反复论证，国际合作局拟定了《中国社会科学院“走出去”战略的实施方案》。该方案经主管院领导审阅后，将提交院长办公会审议。实施方案包括“走出去”战略的指导思想、原则等内容，明确了下一步的任务和目标，为落实“走出去”战略提供了具有现实意义和可操作性的规划。

第二，编制院级国际学术交流合作项目指南。该“指南”推出的目的是梳理院级对外学术交流合作的各类项目，方便我院研究所和广大科研人员申报，更好地满足科研一线开展国际交流合作的需求；同时，增强项目管理的透明度和规范性，进一步提高国际合作局的管理和服务水平。该项工作已按期完成，并获得研究所的好评。

第三，改进外事信息管理平台。作为国际合作局体制机制改革的重要技术环节，网络办公系统改造工作于 4 月份正式确立二期工程项目内容及项目组成员，并向院网络中心提交了“国际合作局网络办公系统（二期工程）”立项报告。目前，该项目已经院信息化工作领导小组批准，获得专项资助。项目组已启动“出／来访系统”改造的具体方案，并进入实施阶段。

第四，加强国际合作局内部制度建设。为了进一步完善管理，规范业务流程，提高工作效率，国际合作局于年初计划制定的《关于加强对福特基金会课题申报管理办法》《关于资助海外知名学者来华访问的规定》《关于签署对等双边协议的若干规定》《关于规范外事经费拨款管理的暂行办法》《关于规范我院人员出国执行公务公款宴请的规定》《关于资助对外学术交流骨干项目管理办法》六个规章制度进入审稿阶段。

第五，国际合作与交流经费预算管理逐步规范。在院财务基建计划局的支持下，经过各研究所的共同努力，我院 2009 年国际合作与交流经费预算做到了收支平衡，提高了外事经费的执行率。同时，在管理方面出台了《关于加强国际合作与交流经费预算管理的有关规定》，把经费管理列为全院外事工作会议汇报的重要内容。

财务基建计划局

2009 年，财计局认真落实院工作会议确定的各项工作任务，进一步深化我院行政后勤管理体制机制改革，加强行政后勤保障体系建设。坚持以科研为中心，明确工作重点，统筹全局各项工作，努力为科研工作提供强有力的资金和基础设施保障，严格履行工作职责，较好地完成了全年的各项工作任务。

（一）经费预算和财务管理

2009 年，财政部核定我院科学事业费 72648.24 万元，核定住房改革支出 2300 万元。按照院党组确定的方案，完成 2009 年全院各单位的预算安排，下达预算批复。及时上报用款计划 30 余批次，较好地保障了全院各单位科研事业的发展。

组织院属各单位顺利完成 2010 年预算编制和申报工作。完成 2009 年修购项目调整、申报和评估等工作，落实修购专项资金 7535 万元，改善了各单位的科研设备条件。审核院重大课题预算 50 多个、各单位报送的追加经费预算 40 余份，指导编制基督教专项调查经费预算申报 780 万元、抗震救灾志专项经费预算申报 650 万元。完成全院一次性住房补贴发放的审核工作共计 243 人次，重点完成了级差补贴的发放审核工作，涉及资金总额近 814.25 余万元。至此，我院按购房补贴的发放顺序已基本完成了购房补贴的发放工作。按照院领导关于加强财务管理的要求，研究制定了《经费审核审批管理规定》，签署了“一支笔”审批备案表，明确了审批责任。配合审计署对院属有关单位开展预算执行审计，配合中央治理“小金库”检查组开展专项检查，撤销 151 个基建账户、261 个房产账户；布置落实中央厉行节约八项要求。完成零余额账户、30 个基本账户、住房资金专用账户、综合会计室等各账户及基建经费、维修资金的日常会计核算等业务，办理近百人单身宿舍押金的收、退业务。完成 2007 年度财政票据专项检查备案工作。根据财政部等部委的安排，对我院离休人员发放补贴的情况进行了统计，按照解决离休人员待遇的标准和我院已发金额编制了我院解决离休人员待遇申请财政资金预算申报方案，有望在年底前解决我院离休人员待遇偏低的现状。

制定《中国社会科学院 2009 年预算执行计划及工作措施》。印发《关于落实财政部预算执行要求，加强我院预算执行工作的紧急通知》，提出了提高认识、定期分析报告、三级报警、个别约谈、预算挂钩、经费调剂等办法，制定《加强预算管理的几项具体措施》，规定落实责任制、预算执行进度目标等七项具体内容。按照院领导指示，2009 年把加强预算管理、提高预算执行进度当成中心工作来完成。在加强预算管理、提高预算执行进度的过程中，经过各方面共同努力，我院的预算执行进度从 6 月份的 28% 一跃达到 9 月份的 73%，圆满地完成了提高预算执行进度的任务。

深化结算中心体制改革，全院三级及以下账户均纳入管理范围。截止到 2009 年 11 月底，共有 3 个一级账户、45 个二级账户、125 个三级及以下账户纳入院结算中心，占全部账户的 93%。结算中心通过对各单位账户的集中管理，有效发挥了结算中心的资金调度和账户监管作用，及时掌握院属各单位的资金运转状况，提高了全院可支配资金的透明度。通过资金的集中管理，创造收入 400 多万元。

制定并落实经费审核审批管理规定，加强财务管理制度建设。为进一步加强我院的预算和财务管理，规范专项资金决策审批使用程序，堵塞漏洞，实行严格监管，保证资金使用安全，院属各二级预算单位和负责集中管理全院性专项经费的院机关各职能部门，对我院的经费将按照逐级审核、逐级负责，实行一支笔审批的程序进行管理，做好经费审核审批管理规定的落实工作。

做好机关财务日常核算，努力提高窗口服务意识。院机关财务累计拨款收入17744万元，上年结转14937万元，累计支出为19399万元。其中，科学事业费预算收入为15988万元，支出为18059万元。我院非贸易非经营性购汇人民币限额本年预算拨款443万元，支出213万元。

在2008年中央部门和住房改革支出决算评比中，两个决算双双获得财政部表彰，其中我院部门决算获财政部评比二等奖，住房改革决算获财政部评比第七名。两个决算分别是连续第五年和第三年获得财政部通报表彰。

（二）工程管理

认真落实修缮工程项目，科研环境明显改善。实施维修改造大小工程项目69个，签署相关合同文件137份，资金投入约5600万元。主要工程项目有：院地下书库改造工程、院立体车库建设工程、民族所装修工程、法学所装修工程、国际片内装修工程，维修改造工程建筑面积达12260平方米。

对院治安监控及消防系统进行改造，完成院部科研大楼空调及智能控制系统节能改造、院部科研楼配电线路改造，完成新闻与传播研究所、工业经济研究所、哲学研究所等办公用房及会议室和阅览室的改造装修。完成社科会堂贵宾厅及主楼入口活动门的改造。完成西坝河、永安南里、潘家园、劲松、皂君庙等单身公寓的整修。完成院部、劲松、东总布胡同等老干部活动中心装修改造。完成科研大楼屋面、两社基础设施、翠花胡同平房、考古所琉璃河工作站的整修及郭沫若故居一期危房的抢修工作。

做好修缮工程投资监管，努力提高廉政意识。认真搞好工程结算审核工作，通过规范审核程序，认真审核，严格把关，保证修缮工作的健康开展。

（三）房地产管理

规范办公用房管理。全院利用办公及辅助用房出租（出借）共计49100平方米。为了更好地对我院房产进行有偿利用和规范我院的办公用房管理，根据国家相关的法律法规，制定下发了《中国社会科学院房产有偿利用规定（暂行）》《中国社会科学院房产有偿利用缴费办法》。制定院部各单位办公用房调整方案，组织协调办公用房调整工作的实施；解决了新闻与传播研究所和城市环境与发展研究所的办公用房问题；编制全院2010年度办公用房修缮计划。

积极与国管局住房调配部门协调，做好我院引进人才房即30套经济适用房的配售手续办理工作。继续与北京市住房保障部门加强联系与沟通，为我院具备条件的职工申购限价房做好服务工作，建立购房长效机制。

部署2009年度全院职工住房级差补贴工作，对申请发放住房级差补贴人员材料进行审核，同时完成了我院2009年度职工住房补贴的审核发放工作，累计发放住房补贴814.25余万元，并对全院职工住房情况进行了普查和数据统计。做好房屋产权证办理工作，主动与北京市区属房地局、房改办和测绘部门联系，协调我院房改售房制证相关事宜，经过不懈努力，2009年完成了我院西城区房改房的售房制证任务，使购房职工如愿领到了产权证；我院朝阳区19幢宿舍楼申请办理由确权转产权及居住在西城三里河地区的我院职工回迁房的产权过户制证工作有了新突破；石景山区的房改售房制证工作进展顺利。为新进院职工105人分配了单身宿舍，在时间紧、任务重的情况下，较好地完成了这项工作任务。

加强对办公区、住宅区物业管理。全年共支付我院产权房物业费445万元；供暖费1533.5万元；支付住外单位产权房供暖费136万元；支付购商品房供暖费192.8万元；同时，继续进一步加大外单位住我院产权房供暖费的收缴力度，共收取17.4万元。

落实节能减排任务，制定了全院节水、节电工作实施方案，并组织院部图书馆、法学所进行节能试点，组织完成了科研大楼节水改造工作，对院部科研大楼的空调面板进行更换，使得办公室内夏季温度控制在26度左右，开展了2009年度节能宣传周活动和中央国家机关抵制商品过度包装“万人签名”活动，全院干部职工积极参与，增强了职工的节能意识。

（四）国有资产管理和政府采购

规范国有资产管理，继续完善资产管理信息系统。根据《事业单位国有资产管理暂行办法》《中央级事业单位国有资产管理暂行办法》《中央级事业单位资产处置管理暂行办法》，出台了《中国社会科学院国有资产管理暂行办法》。按照国管局要求，开展2008年国有资产年度决算编报，对全院资产进行了清查。按时完成全院资产信息的上报。参与出版社转制，完成资产清查方案审核等国有资产管理工作。

严格政府采购程序，落实政府采购制度。完成了院中心图书馆地下室改造等6个工程的公开招投标工作，工程费用2270万元。

认真做好国有资产和院企业各类统计报表、企业财务报表填报工作。完成我院2008年国有资产统计报表，并报送国资委。按时向财政部报送我院政府采购季度报表及企业财务快报。完成2008年全院企业报表的决算汇总，并报送国资委和财政部。向国管局报送我院汽车燃油及运行费用支出统计报表。审批全院资产处置157万元。

（五）经营资产管理

全年完成收缴我院各类创收收入1339.11万元，与去年同期相比增加了574.53万元，同比增长75.14%。

负责管理并确保我院各类开发创收项目有序履约执行。

完成院领导交办的有关我院下属单位申办成立企业的审议工作，并就在洽商中所涉及的有关法律法规限制的问题，提交相关意见，供各级领导参考决策。

（六）人防管理

完善规章制度，做好应急准备和平战转换相关工作。人防办公室为强化管理职能，在原有规章制度的基础上，起草制定了《加强我院人防工程管理工作方案》《中国社会科学院人防工程平时使用管理暂行规定》和《中国社会科学院人防工程使用管理办法》。年初，我院人防委员会主任与中央国家机关人防办公室签定了《2009 年中央国家机关人民防空工作责任书》，组织人员积极参加中央国家机关人防办公室举办的中央国家机关地下空间安全管理培训班。对《中国社会科学院人防工程防汛应急预案》进行了完善和补充，按照应急预案的要求，组织人员对人防工程使用单位的应急预案、防汛队伍、防汛物资等进行了检查和落实，加强汛期对人防工程的安全巡视，保证了人防工程汛期的安全。

（七）适应管理体制机制改革需要，努力提高管理人员水平

为加强我局与各所局行政后勤管理部门的沟通与交流，2009 年 3 月 26 日，召开了院后勤管理改革专项工作会议，布置 2009 年度我院预算和资产管理、房产和政府采购等方面工作。为加强会计队伍建设，7 月组织全院会计人员进行继续教育培训，通过培训，进一步提高了会计人员的业务素质、技能水平和职业道德水平。为使全院财会人员充分领会国家财政宏观政策，学习掌握我院加强管理的要求，6 月和 12 月对全院财会人员进行业务培训，通过培训，财会人员的业务水平、政策水平及管理能力有了不同程度的提高。组织召开四次院财会协作组负责人座谈会，通过座谈听取各单位意见，布置有关工作，督促预算执行进度的完成，研究探讨新的工作思路。为了提高我院职工住房补贴的测算、审核和发放工作水平，向院属各单位配发了《中国社会科学院职工住房补贴及补贴信息管理系统》软件，9 月，针对软件的应用，组织院属各单位负责此项工作的人员进行培训，取得了良好的效果，规范了程序，减少了误差。针对《中国社会科学院国有资产管理暂行办法》出台，8 月举办了院国有资产管理专题培训班；为配合国有资产管理系统软件的应用，12 月组织全院资产管理系统升级培训，通过培训，各单位固定资产管理人员掌握了软件的操作。

老干部工作局

2009 年，老干部工作局以邓小平理论和“三个代表”重要思想为指导，认真学习贯彻党的十七大和十七届四中全会精神，深入学习实践科学发展观，围绕中心，服务大局，以新中国

成立60周年为契机，创新符合我院特点的离退休干部工作思路和方法，落实“管理强院”战略，加强机关建设，提高服务水平，不断推进我院离退休干部工作科学发展。全院离退休干部队伍稳定，老同志们有乐有为。

（一）加强新形势下离退休干部思想政治建设和党支部建设，离退休干部队伍和谐稳定

组织离退休干部学习贯彻党的十七大精神和十七届四中全会精神。结合时事政治宣讲形势政策，先后举办了“中国宏观经济与美国金融危机——学习《政府工作报告》”、“加强反腐倡廉建设，维护政治纪律”、“中国强盛：新机遇、新挑战”等形势报告会。

举办了离退休干部党支部书记培训班，学习党的十七大精神和加强离退休干部党支部建设的文件精神，交流学习实践科学发展观的心得体会和加强党支部建设、协助做好离退休干部工作的经验和做法，探讨新形势下进一步加强离退休干部党支部建设和思想政治建设的新内容、新方法。指导院直机关离退休干部党支部做好支部改选工作，举办院直机关离退休干部党支部委员培训班。

农村发展研究所离休干部黄毅被中组部评为“全国离休干部先进个人”；民族文学研究所、法学研究所、拉丁美洲研究所等三个单位的离退休干部党支部被评为院“先进基层党组织”；直属机关党委孙叔林、哲学研究所于良华、欧洲研究所王振华等三位离退休干部党支部书记被评为院“优秀共产党员”；日本研究所孙焕林、社会科学出版社王保春两位离退休干部党支部书记被评为院“优秀党务工作者”。

（二）以新中国成立60周年为契机，组织开展“祖国在我心中”庆祝新中国成立60周年系列活动

召开庆祝新中国成立60周年中国社会科学院离退休干部座谈会，举办离退休干部联欢会，组织老同志参加我院庆祝新中国成立60周年文艺演出活动。开展“祖国在我心中”征文、诗词、书画征集活动，出版了离退休干部征文选集《人民共和国是一切胜利之源》和诗词集《华年颂》，征集书画作品107件，其中76件作品参加了院国庆展览，3件作品参加了中组部组织的首都老干部庆祝新中国成立60周年书画摄影展。

在新中国成立60周年之际，院领导走访慰问了19位老红军、老领导。老干部工作局和院属各单位分别走访慰问了174位抗日战争时期和392位解放战争时期参加革命的老同志。

（三）真情关怀送温暖，为离退休干部办实事，解难事

院党组、院领导重视我院老同志离退休费偏低的实际问题，通过各种渠道向上级有关部门反映情况，落实了规范离休干部津补贴的文件精神，增加了退休人员生活补贴。

继续加大对有特殊困难老同志的帮扶力度，用于老同志生活及医疗困难补助的各项经费达

2009 年 9 月，“庆祝新中国成立 60 周年中国社会科学院离退休干部座谈会”在北京举行。

687 万元。春节、“十一”为 304 位老同志发放“两困”补助 39.61 万元，为 29 位生活困难、医疗自费超过 3 万元以上的老同志申请院长基金 38.4 万元。为 534 位离休干部发放护理费 131 万元，为 16 位老红军发放生活补助费 3.6 万元。为 226 位 85 周岁以上老同志发放高龄补贴 65.96 万元。为年满 79 周岁以上的 758 位老同志全年发放“长征基金”373.28 万元。为全院 80 周岁以上高龄老人生日祝寿。全年医务室门诊接待老同志 13782 人次，坚持到宿舍区巡回医疗和为老同志提供外出保健服务。

老干部工作局全年走访慰问老同志 500 余人次。

（四）发挥各种服务平台的作用，满足离退休干部不同层次的精神文化生活需求

加大老年科研基金资助力度，2009 年离退休人员立项课题 43 项，资助出版著作 41 部；评选出第三届离退休人员优秀科研成果一等奖 3 项、二等奖 12 项、三等奖 21 项；组织离退休干部 192 人赴湘西及河南春、秋季健康休养，还组织院直机关离退休干部 323 人次春游，参观奥林匹克公园和鸟巢、水立方等场馆，秋游延庆玉渡山；举办第 21 届老年运动会；改扩建院部老干部活动中心，改善宿舍区离退休干部活动站条件；各宿舍区离退休干部活动站通过举办座谈会、小型运动会、书法展等形式庆祝祖国 60 华诞，还参加了国庆节社区治安志愿者服务工作；老教授合唱团、老年象棋队、老年门球队、老年乒乓球队等老年协会开展了形式多样的经常性活动，参加中央国家机关、北京市、东城区组织的各项比赛，与兄弟单位进行友谊邀请赛，获得了多项荣誉称号；举办了老年科学研究会成立 20 周年庆祝活动，召开了“金融危机与老年生活”万年青老年论坛座谈会和秋韵诗社元宵节茶话会，举办了老年书法、绘画学习班。

（五）坚持分片定点联系制度，完善达标考核办法，全面提高我院离退休干部工作水平

坚持服务宗旨，老干部工作局七个分片定点联系小组定期、不定期地下所了解情况，保持经常性沟通，共同做好离退休干部工作。年初，各联系小组在局领导带领下分别到院属各单位调研，了解落实院离退休干部工作会议主要工作安排，反馈上年离退休干部工作达标考核情况，征求对离退休干部工作目标管理考核的意见和建议，进一步完善达标考核办法。年末，根据《离

退休干部工作考核标准》的要求，对各单位离退休干部工作情况进行了检查验收，召开离退休干部座谈会，对离退休干部工作进行满意度测评，经院老干部工作领导小组审定，全院有11个单位评为达标先进单位、29个单位评为达标单位。

（六）加强离退休干部工作人员队伍建设，不断提高工作能力和服务质量

举办离退休干部工作人员培训班，学习离退休干部工作方针政策，增强工作责任感和使命感，提高真情服务的自觉性和政策水平。

加强局机关自身建设。围绕院中心工作，服务大局，找准定位，创新符合我院特点的离退休干部工作思路和方法。按照“高标准，严要求，追求完美，争创一流”的要求，牢固树立“以人为本、服务第一”的宗旨，带着深厚的感情做工作，以离退休干部的需要作为工作的出发点，以老同志满意作为衡量工作的标准，强化服务意识，开展文明服务窗口建设，提高服务水平和服务质量。各项活动组织严密，分工明确，团结协作，确保每项工作安全、完满和顺利。重视信息化建设，开发离退休干部工作管理信息系统，提高工作效率。注重调查研究，增强工作针对性。生活保健处获得院“文明窗口”荣誉称号。

直属机关党委

2009年，直属机关党委在院党组和中央国家机关工委的领导下，以马克思列宁主义、毛泽东思想、邓小平理论和“三个代表”重要思想为指导，全面贯彻落实科学发展观，深入学习贯彻党的十七大、十七届四中全会和全国机关党建工作会议精神，紧密结合我院实际，坚持以科研为中心，围绕实施“科研强院、人才强院、管理强院”战略，进一步加强党的思想、组织、作风、制度和反腐倡廉建设，为把我院建设成为马克思主义的坚强阵地、我国哲学社会科学研究的最高殿堂、党中央国务院重要的思想库和智囊团提供有力的思想和组织保证。

（一）深入学习贯彻党的十七届四中全会精神，认真落实院党组加强和改进我院各级党组织建设的工作部署

院党组高度重视我院学习贯彻党的十七届四中全会精神。全会胜利闭幕后，院党组迅速组织召开全院所局级领导干部大会，传达学习四中全会通过的《中共中央关于加强和改进新形势下党的建设若干重大问题的决定》和胡锦涛总书记的重要讲话，并就组织好院属各单位学习贯彻全会精神进行了动员部署。院党组成员率先垂范，带头抓好自身学习，先后两次召开中心组专题学习会议。院党组书记、院长陈奎元主持专题学习会并带头发言，畅谈学习体会，并就如何组织好全院的学习贯彻工作发表了重要讲话。根据院党组的部署，直属机关党委负责起草和印发了院党组《关于学习贯彻党的十七届四中全会精神的通知》，从七个方面对院属各单位贯

彻落实四中全会精神提出具体要求；举办了全院所局主要领导干部学习贯彻党的十七届四中全会精神培训班，院党组副书记、常务副院长王伟光为培训班和全院处室以上领导干部和党支部书记等800多人作专题学习辅导报告。院属各单位领导班子也分别召开党委中心组会议进行专题学习，组织处室领导干部集中学习研讨。

（二）加强马克思主义基本理论教育，努力提高全院干部和科研人员的马克思主义水平

继续组织全院干部职工深入学习马克思主义基本理论和中国特色社会主义理论体系，重点组织学习中宣部编写的《中国特色社会主义理论体系学习读本》《社会主义核心价值体系学习读本》《六个"为什么"——对几个重大问题的回答》等，提高全院党员干部和科研人员运用马克思主义的立场、观点和方法指导哲学社会科学研究及各项工作的自觉性。举办多场"所局级领导干部学习报告会"、"机关干部学习报告会"、"青年学习马克思主义基础知识讲座"和"学问有道·名师论坛"系列报告会等理论学习品牌活动，先后邀请我院学部委员和著名学者作专题报告。配合人事教育局等部门对全院40岁以下青年同志分期分批进行"学习马克思主义基本理论专题培训"，2009年举办3期培训班，共有300多位青年参加培训。

（三）围绕庆祝新中国成立60周年，深入开展理想信念教育、革命传统教育和形势政策教育

一是部署全院基层党组织开展"为科学发展服务，向共和国生日献礼"主题党日活动。二是协调院工会成功举办了全院职工庆祝新中国成立60周年主题征文、主题演讲比赛、系列体育比赛、书画摄影展览和大型文艺表演等活动。三是组织召开青年学者、归侨和侨眷侨属庆祝新中国成立60周年主题座谈会。四是组织院属单位党务干部赴贵州遵义、江西赣州等地开展革命传统教育和国情考察活动。五是会同办公厅、人事教育局、老干部局等部门在全院开展走访慰问老干部、老学者、老党员活动。六是组织我院7名青年学者参加首都国庆60周年群众游行活动并圆满完成任务，院直属机关党委和院团委获得"首都国庆60周年群众游行优秀组织单位",3名青年学者获得"首都国庆60周年群众游行优秀队员"。七是《社科党建》开设"庆祝新中国成立60周年"专栏，刊发相关学科专家学者撰写的理论宣传文章。八是完成工委交办的安排现职院领导、原院领导和知名专家学者代表参加国庆观礼活动和国庆招待会的组织协调工作，会同办公厅等单位做好国庆安保和维护稳定值班工作。

（四）按照中央部署和院党组要求，顺利地完成学习实践活动的组织协调工作

在院党组的正确领导和中央指导检查组的精心指导下，认真履行院学习实践活动领导小组办公室职责，善始善终地抓好整改落实、群众满意度测评和学习实践活动总结等环节的工作，确保我院学习实践活动取得实效。集中进行的学习实践活动基本结束后，按照中央统一部署和

院党组要求，组织开展巩固和扩大学习实践活动成果和“回头看”工作。一是向院属各单位印发《关于做好我院学习实践活动整改落实后续工作并进行“回头看”的通知》，部署学习实践活动“回头看”工作。二是督促院属各单位对照院党组和本单位学习实践活动整改落实方案进行“回头看”自查。三是陪同院党组成员深入院属研究所和直属单位进行专题调研和现场办公，院党组共召开专题调研会和现场办公会 8 次，院党组成员参与调研 33 人次。四是在各单位普遍自查和院党组重点检查的基础上，完成《中国社会科学院开展学习实践活动整改落实“回头看”报告》，上报中央学习实践活动领导小组办公室。

（五）认真贯彻全国机关党建工作会议精神，扎实推进我院党的基层组织建设和党员队伍建设

组织召开院 2009 年党的工作会议，围绕贯彻落实全国机关党建工作会议精神，部署今后一个时期全院党的建设工作任务。会上还表彰了全院“两优一先”和第五届“优秀青年”获奖单位及个人，10 个党支部获得“先进基层党组织”、20 名党员获得“优秀共产党员”、10 名党务干部获得“优秀党务工作者”、10 名青年获得“优秀青年”等荣誉称号。

召开院直属机关第二次党代表大会，顺利完成直属机关党委、直属机关纪委换届工作。统筹安排研究所党委和纪委换届工作，截至 2009 年底，共有 7 个单位完成“两委”换届选举工作，3 个单位组建了临时党委，2 个单位增补了党委委员。进一步坚持和完善党委领导下的所长负责制，顺利完成《研究所党委工作条例》和《所长工作条例》的修订工作，经院党组和院务会议审议批准，重新颁布并印发院属各单位贯彻执行。认真贯彻中组部、中央纪委有关文件精神，组织院属各单位召开以“加强领导干部党性修养、树立和弘扬良好作风”为主题的党员领导干部民主生活会，截至 12 月底，35 个单位已经召开领导干部专题民主生活会，院党组成员分别参加了 11 个单位的民主生活会，直属机关党委 3 位专职副书记分别参加了 33 个单位的民主生活会。

把如何加强研究室一级的基层党支部建设作为一项抓基层打基础的重要工作任务，采取有力措施，总结交流加强研究室基层党支部建设的工作经验，积极推进基层党支部工作创新。组织研究所的基层党务工作者参加“中央国家机关基层党组织建设工作创新经验”征文活动。

2009 年 6 月，“中国社会科学院 2009 年党的工作会议”在北京召开。

以“中国社会科学院党务公开”、“基层党支部建设在哲学社会科学研究机构中的创新”为主题开展专题调研，调研报告获得2009年全国党建研究会调研成果三等奖和中央国家机关党建研究会调研成果二等奖。进一步做好发展党员工作，全年发展党员91名。继续做好重大节日下拨党费慰问老党员和帮助困难党员工作，全年共慰问老党员32人、补助生活困难党员75人，共发放慰问补助金129400元。

院党校贯彻全国党校工作会议精神，进一步完善教学管理制度，重新编印《院党校工作文件汇编》，并顺利完成第34期党校培训班的教学培训任务。深化对党校教育规律和干部成长规律研究，组织学员参加国家机关分校举办的学员论坛和教学研讨会，提交论文10篇，有5篇论文入选分校主编的论文集、《学员要论》和《分校信息》。把各类干部培训纳入全院干部教育培训计划，先后举办党支部书记培训班1期、入党积极分子培训班1期、民主党派基层组织负责人研讨班1期、妇女干部培训班1期。

（六）以深化管理体制机制改革为契机，进一步推动机关职能转变和作风建设

根据院党组要求，承担加强全院作风建设的组织协调工作，推动机关职能转变、改进工作作风。一是继续办好监督机关作风建设热线电话和电子邮箱，及时向有关部门转达群众意见。二是首次组织院工作会议代表开展机关作风建设评议活动。三是制定颁发《关于进一步加强领导干部和机关作风建设的若干意见》。四是结合年终总结和年度考核，在院职能部门和部分直属单位开展创建“文明窗口”活动。五是按照中央国家机关精神文明建设办公室部署，积极做好中央国家机关文明单位和先进个人的评审、推荐工作。2009年，我院有7个单位获得“中央国家机关文明单位”称号，有2位同志被评为“中央国家机关精神文明建设先进工作者”和“首都迎国庆讲文明树新风活动先进个人”。

（七）加强和改进党对统战工作和群众组织的领导，进一步做好群众工作

积极支持我院民主党派基层组织开展活动。响应中央统战部、工委统战部号召，开展“我为应对国际金融危机影响献一策”活动，组织我院党外专家学者以及来自部分中央国家机关的党外人士围绕“中小企业生存与发展状况”开展国情考察。继续做好信息报送工作，2位党外专家学者撰写的对策建议得到中央领导的重要批示。积极推荐政治素质好、表现突出的党外专家学者在各级人大、政协任职或在相关政府部门挂职锻炼。切实做好侨联工作，协助院侨联编辑出版为庆祝新中国成立60周年而作的《游子寸草心》一书，顺利完成我院出席第八次全国归侨侨眷代表大会代表人选及全国归侨侨眷先进个人人选的推荐工作。努力做好少数民族知识分子工作，民族文学研究所、民族学与人类学研究所被授予第五届“全国民族团结进步先进集体”荣誉称号。

院工会组织院属各单位工会主席学习贯彻胡锦涛总书记在同全总新一届领导班子成员和中

国工会十五大部分代表座谈时的重要讲话精神。开展元旦春节向困难职工送温暖活动，走访慰问各单位生活困难职工 100 人，发放慰问金 10 万元。成立“扶助困难职工和红娘工作小组”，帮助职工解决各种实际困难。继续做好全院职工休假疗养工作。积极配合中央国家机关工会联合会和院审计室对工会财务进行审计，并根据审计要求健全院工会财务管理制度。指导院属 3 个单位完成基层工会换届工作，2 个单位对工会主席进行了调整。农发所小额信贷研究室和数技经所 1 名同志被授予中央国家机关“五一劳动奖状”先进集体和“五一劳动奖章”先进个人荣誉称号。

2009 年 4 月，“纪念五四运动 90 周年青年学术研讨会”在北京举行。

院团委、院青年中心组织召开全院青年工作经验交流会。围绕纪念五四运动 90 周年，开展第五届“五四青年文化月”系列活动，举办纪念五四运动 90 周年青年学术研讨会、主题演讲比赛、青年篮球联赛、参观狼牙山爱国主义教育基地等多项主题活动。组织我院青年学术骨干围绕“金融危机对农村劳动力就业的影响”和“新中国 60 年我国农村（城乡）经济社会发展和居民生活状况变化”等主题开展国情调研和考察活动，被评为“中央国家机关十大优秀根在基层调研实践活动”。完成 2009 年度青年中心社会调研课题招标立项工作，共有 36 项调研课题获得中心资助。协助胡绳青年学术奖励基金管委会顺利完成第五届“胡绳青年学术奖”评选活动。组织开展“真情助困进万家”活动，筹建华兴园青年活动站，为青年职工办好事、办实事。抓好团干部队伍建设，组织实施公开竞聘、择优选拔团干部工作。

院妇工委认真贯彻落实中国妇女十大精神，开展纪念“三八”国际妇女节活动，组织院所妇工委干部参观考察中国电影博物馆。开展适合女职工特点的健身活动，成立我院“女职工瑜伽协会”。继续组织秋季女职工专项体检，积极为女职工身心健康发展创造条件。加强妇女理论研究，院妇女／性别研究中心举办“女性·社会·发展”2009 年学术论坛暨课题成果报告会。继续组织我院女学者围绕“打工妹返乡后状况”开展国情考察活动。院妇工委被授予 2009 年“全国三八红旗集体”。

监察局　直属机关纪委

2009 年，监察局、直属机关纪委在中央纪委驻院纪检组和院党组的坚强领导下，坚决贯彻中央、中央纪委的决策部署，全面加强反腐倡廉建设，维护政治纪律和反腐倡廉教育、制度、监督、惩处、廉政研究工作有序推进。

（一）认真贯彻党的十七大和十七届四中全会精神，建立健全工作规划，落实分解责任

2009 年 3 月 19 日，院党组召开反腐倡廉建设工作会议，院党组书记、院长陈奎元和院党组全体成员出席会议。院党组副书记、常务副院长王伟光代表党组作工作报告，强调社科院反腐倡廉建设要围绕中共中央对社科院“三个定位”的要求，着力推进以“六项工作格局”为主要内容的惩治预防腐败体系建设，着力解决党员干部在党性党风党纪方面存在的突出问题，为促进社科院哲学社会科学创新体系建设提供更加有力的政治保证。院党组成员、中央纪委驻社科院纪检组组长李秋芳结合社科院实际，指出要以科学求实的精神，在深入推进反腐倡廉建设中增强执行力，落实“以人为本”为核心的科学发展观，加强领导干部党性修养，大力弘扬优良学风和作风，确保院党组重大部署的贯彻落实。院属各单位党委书记、所长、纪委书记等所局级领导干部和纪检监察干部等 240 余人参加会议。

监察局、直属机关纪委落实院工作会议、院反腐倡廉建设工作会议和《建立健全惩治和预防腐败体系〈2008 ～ 2012 年工作规划〉实施办法》的工作部署，协助党组制定了《2009 年反腐倡廉建设工作职责及主要任务分解》方案，明确了 6 大类 34 项工作的责任领导、牵头单位和协助单位。

（二）坚持正确的政治方向，积极维护政治纪律

监察局、直属机关纪委将坚持正确政治方向，维护政治纪律作为我院党风廉政建设的首要任务。在院开展纪念五四运动 90 周年、西藏民主改革 50 周年和新中国成立 60 周年活动期间，监察局、直属机关纪委会同有关部门先后举办了系列“所局级领导干部学习报告会”、“机关干部学习报告会”，举办了“国家安全形势报告会”、“维护政治纪律信息通气会”和“重大群体性事件内部通气会”，把时事政治教育、理想信念教育和政治纪律教育有机结合。同时组织专家学者围绕新疆和西藏反分裂促稳定、重大群体性事件的预防处置、应对错误思潮等问题开展调研，并向有关部门报送内部报告 30 余篇。

研究制定了《涉密课题管理办法》，派出科研观察员，将维护政治纪律工作贯穿到课题立项、成果验收、信息发布、期刊出版、成果评奖各个环节。密切关注违反政治纪律的苗头性和倾向性问题，重点做好有关人员及重点部位的工作。

（三）突出学风和工作作风建设，大力开展反腐倡廉教育

为贯彻落实国务院纠风行业建设工作会议精神，院监察局、直属机关纪委向院党组提交了《关于深化社科院学风建设的实施意见》，院党组召开了中国社会科学院2009年学风建设工作会议，从完善学风建设组织机制等八个方面健全社科院学风建设长效机制。监察局、直属机关纪委紧贴社科院中心工作，着力开展职业道德教育和学术规范引导，发挥院所两级学术委员会、职称评审委员会及院期刊图书审读专家组在学风建设中的监督和学术规范引导作用。对抄袭剽窃、粗制滥造、不署实名、收费评奖等进行了重点治理。同时，推动中国社会科学杂志社发出《关于加强学术期刊编辑人员行为自律的倡议》，会同科研局研究起草了《关于处理学术不端行为的实施办法》，联合办公厅等四部门对全院评比达标表彰进行了专项清理，制定下发了《关于严格控制举办面向社会评比活动的通知》。

开展以“科学民主决策”、“保密纪律”、“财经纪律”为主题的“法规纪律应知应记”系列教育，有3548名干部学者参加学习，占在职人员总数的90.1%。开展“看身边勤政廉政事、学身边廉洁敬业人”示范教育活动，宣传蔡美彪、刘克平、孙叔林等40位在科研和管理岗位上敬业勤政、廉洁自律、作风优良典型的先进事迹。

（四）着眼源头预防和治理，围绕强院战略推进制度建设

2009年，监察局、直属机关纪委紧紧围绕“管理强院”战略，扎实开展预防和治理专项活动，充分发挥反腐倡廉制度的规范和保障作用。一是贯彻落实“小金库”专项治理工作。院成立了由李秋芳和黄浩涛任组长，监察局、直属机关纪委和财计局主要负责同志参加的中国社科院治理“小金库”工作领导小组，制定了《中国社科院深入开展“小金库”专项治理工作的实施方案》。通过自查自纠、“回头看”和重点检查，院属54个单位中有25个单位主动报告并纠正了存在的“小金库”问题。

二是严格规范各类人员津补贴。针对院内各单位不同程度存在的津补贴资金来源渠道杂乱、标准不规范等问题，制定《关于做好规范津贴补贴工作的意见》，实行了规范资金来源、与职级相匹配、所内同职同酬、单位之间缩小差距的分配机制。同时，监察局、人事教育局、财务基建计划局颁布了《关于规范津贴补贴工作的若干规定》，及时跟进了监督检查。

三是认真落实“厉行节约”专项活动。为保证中共中央办公厅、国务院办公厅《关于党政机关厉行节约若干问题的通知》要求落到实处，成立了专项工作领导小组，研究制定了工作方案，严格落实责任分工，把厉行节约八项要求分解到院属各单位。通过对公务接待、会议支出、出

国出差、公务用车、降低能耗、集中采购的集中治理，各单位行政办公经费支出总额比2008年有较大幅度降低。

（五）强化保障和保护意识，认真履行监督职责

监察局、直属机关纪委坚持开展对领导干部廉洁自律情况监督检查。严格执行“三谈两述一报告”规定，195名局级领导干部报告了个人有关事项和收入情况。与党组成员、直属机关党委、人事教育局干部一起参加了46个所局领导班子民主生活会。与新任的1名部级干部和13名局级干部进行了廉政谈话；与所局党政负责同志沟通谈话52人次；根据信访举报，对5名领导干部进行了函询。

重视发挥审计工作的监督保障作用。先后完成党组交办和有关管理部门委托的10项任务，审计资金总额8.79亿元；对5个单位离任领导干部进行了经济责任审计，涉及资产总额1.62亿元；对研究生院新校址建设工程实施了跟踪审计、对院图书馆地下车库改造等11项工程公开招投标及评审实施了过程监督。加强对工程建设等重点领域的监督。制定并出台了《基建工程监督管理实施办法》，实行了对基建工程招投标、施工、监理、造价、结算等环节的全程监督，有关经验得到中央纪委的肯定。

加强对院属各单位党风廉政建设责任制的监督检查。按照《2009年反腐倡廉建设工作职责及主要任务分解》，监察局、直属机关纪委在院党风廉政建设领导小组的带领下，专门听取了8个职能部门落实分解任务的情况汇报，专项检查了15个单位责任制落实情况。继续采用整群抽样的方式对全院7个单位进行“中国社科院反腐倡廉建设成效评价”问卷调查，共回收有效问卷366份。

（六）加大组织协调力度，扎实开展案件查办工作

监察局、直属机关纪委加大信访工作力度，开通了网络举报信箱，2009年共接到来信来访68件，转办20件，办结35件。各单位纪检监察组织共受理信访58件，核实45件，向举报人反馈19件。有关学术不端、违反政治或财经纪律的问题得到查处，反映领导干部作风的有关问题得到纠正，部分干部受到错告的问题得到澄清。全年共查办违纪案件和问题5件，开除党籍和公职1人，给予行政记大过处分2人。其中查办一起经济违纪案件，追回全部涉案资金；两起国有资产流失案件的查办工作取得重要进展，已收回国有资产数百万元。监察局、直属机关纪委在认真总结10年来信访案件工作的特点和规律的基础上，不断细化工作，健全组织协调机制，信访及查办案件工作取得了良好的政治效果和社会效果。

（七）发挥思想库、智囊团作用，积极开展廉政研究

2009年以来，监察局、直属机关纪委先后组织干部学者就维护政治纪律、边疆文化安全、国家吏治改革、落实扩大内需政策源头治理、财产申报、职务消费改革、行政问责等专题，赴

甘肃、西藏、湖南、云南等地开展了调查研究。与甘肃省纪委合作，启动了“预防腐败创新工程”研究项目。我院牵头的“一院四地”课题组联合开展四年研究和两年试点，为中央纪委推进惩治和预防腐败体系建设检查考核提供了可操作性的技术工具，并首次运用于检查实践。2009 年，院级立项廉政研究课题 23 项，18 个研究所 100 余名专家学者参与，产出了一批高质量的研究成果。其中，吏治改革系列研究报告、中介组织腐败问题研究报告等得到中央领导同志的重要批示，《国家吏治改革若干重大问题研究》获中央纪委优秀调研报告奖。我院第四次被中央纪委评选为调研工作先进单位。

为适应党和国家反腐倡廉建设决策和实践的需要，更加务实地推动廉政研究工作，2009 年 12 月 8 日，我院成立中国廉政研究中心并举办第四届廉政研究论坛。中共中央书记处书记、中央纪委副书记何勇，全国政协副主席、院党组书记、院长陈奎元出席会议并为中心成立揭牌。何勇同志发表重要讲话，充分肯定了我院廉政研究工作，并勉励广大专家学者坚持以中国特色社会主义理论体系为指导，继续为全党全国反腐倡廉建设献计献策。常务副院长王伟光、中央纪委驻院纪检组组长李秋芳发表讲话，总结我院廉政研究工作，并对今后廉政研究提出要求，作出明确部署。中央纪委常委、秘书长吴玉良和所有院党组成员出席会议。我院和香港廉政公署、清华大学、人民大学、纪检监察学院等单位 15 位学者和反腐倡廉实践部门人员在论坛上就当前反腐倡廉建设的突出问题发言。

基建工作办公室

（一）组建情况

2009 年 5 月 31 日，第 11 次院长办公会议讨论了关于成立院基建工作办公室事宜，决定根据我院基建工作需要，成立院基建工作办公室（以下简称“基建办”），同时撤销院三项重大基本建设工作协调小组。基建办的主要任务是负责全院新建工程项目的规划、立项、招投标、建设等工作，编制《中国社会科学院基本建设工作十年规划》等。2009 年 7 月 9 日，院以社科人字〔2009〕29 号文下发《关于成立中国社会科学院基建工作办公室的批复》：根据 2009 年第 11 次院长办公会议的决定，成立中国社会科学院基建工作办公室。按院直属单位管理，核编 6 名（将财务基建计划局基建计划处整建制划入），下设两个处：基建计划处、综合处。

（二）工作开展情况

1. 申报建设项目计划任务。全年共申报核准建设任务 82800 平方米，规划设计任务 62320 平方米，形成新的建筑规模 27500 平方米和项目建设用地 50000 平方米。

2．继续推进科研与学术交流大楼项目。该项目2005年获得国家发改委批准立项后，因北京市相关部门对选址提出异议而延缓。基建办成立后，经多方协调，2009年11月24日北京市文物局以京文物〔2009〕1577号文给市规划委发《关于中国社会科学院建设科研与学术交流大楼设计方案有关意见的函复》，对该项目选址问题进行了肯定，该项目前期工作重新启动。

3．继续推进东坝职工住宅建设项目。该项目2009年获得北京市政府和朝阳区政府有关部门支持，前期有关工作得以向前推进。

4．支持配合院有关单位的基建工作。（1）支持和督促研究生院良乡新校园建设，使其达到使用标准，全面启用。配合和督促院单身职工宿舍（一期和二期）建设，计划一期的5000平方米单身宿舍2010年5月达到使用标准，二期13200平方米2010年开工。（2）参与考古所西安研究室文物标本楼翻扩建项目前期立项的各项工作，使该项目具备开工条件。（3）协助地方志办公室完成国家方志馆的整体购置工作。（4）推动国际片段祺瑞执政府旧址东院文物保护性修缮工作。经国家文物局的支持和协调，委托中国文化遗产研究院进行了文物勘察，并编制了修缮设计方案。（5）协助完成院部立体车库方案报批的相关工作。（6）协助研究生院完成75亩土地的征地工作。

5．其他工作。主要完成了2008年基建决算、2009年基建计划和2010年基建预算工作，并配合审计部门完成2009年基建审计工作。

（三）内部建设情况

1．机构组建。按院领导指示，通过退休返聘、外调、借用等形式，人员由最初的从财务基建计划局整编划入的计划处3人，综合处1人，增加到10人。

2．建章立制。（1）起草完善《中国社会科学院基本建设管理程序和办法（暂行）》。（2）工作中坚持“谁分管、谁负责”的原则。（3）内部沟通上制定了《基建办内部工作沟通机制》。（4）根据实际情况和院里规定制定了基建办的人事、行政、财务、安全、网络等规章制度。

3．理论学习。牢牢把握年初后勤工作会议精神，深刻领会院领导讲话实质，重点进行了基本建设政策法规、院内规章制度学习和公文写作专题辅导，努力提高政策水平、政治觉悟和办文办事能力。

4．廉政建设。（1）借助院廉政研究中心成立契机，组织全办人员进行廉政文件和政策学习。（2）按照中纪委要求，组织观看了《重药治顽症》专题教育片，用建筑领域违规违纪的事例警示全办人员，做到警钟长鸣。（3）根据中央治理工程建设领域突出问题工作领导小组《关于印发〈关于组织开展工程建设领域突出问题排查工作的意见〉的通知》（中治工发〔2009〕12号）文件精神和院领导指示，基建办联合监察局对我院2008年以来立项、在建和竣工的所有项目，对照8个方面的排查重点，采取自查和抽查相结合的方式，进行了逐一排查。（4）根据基建工作性质及工作特点，配合有关部门进行了基建工程的审核、审计工作。全年共审核工程项目53个，送审额1343万元，审定额1207万元，审减额136万元。

四　院直属单位工作

中国社会科学院研究生院

（一）人员、机构基本情况

截至2009年年底，中国社会科学院研究生院共有在职人员155人，其中，正高级职称人员13人，副高级职称人员20人，中级职称人员32人；高、中级职称人员占全体在职人员总数的42%。

研究生院设有办公室、人事处（党委办公室）、教务处、招生与就业处、研究生工作处、学位办公室、外事处、总务处、财务处、基建处、保卫处、图书馆、《中国社会科学院研究生院学报》编辑部、马克思主义理论及基础课教学部、外语教研室、政府政策与公共管理系、MPA教育中心、继续教育学院、国际文化教育中心。

研究生院现有在校生2023人。其中，中国内地博士研究生873人，硕士研究生1023人；港澳台地区博士生48人，硕士生7人。外国留学博士生49人，硕士生23人。

（二）研究生招生与教学管理工作

1．招生录取工作

2009年，研究生院共录取博士生286人（其中，外国留学博士生7人，中国港澳台博士生13人），硕士生431人（其中，外国留学硕士生8人，中国港澳台硕士生1人）。

2．教学与教学管理工作

2009年，研究生院在院本部共组织开设了49门课程。其中，公共课15门，学部专业基础课11门，选修课23门。各教学系开设的专业基础课和专业课共300余门。同时，组织多次学术专题讲座，并整理、编印《学术讲座荟萃》供师生学习和交流。

为进一步拓宽和加深博士、硕士研究生的基础理论和专业知识，使之掌握学科前沿的最新科研成果和相关学科知识，同时，为进一步要求各教学系和规范各教学部门开设出高质量的反映当代学科前沿或具有交叉学科知识的综合性的研究生课程，2009年度，研究生院起草了《中国社会科学院研究生院课程教学大纲建设方案》及编制经费预算，正式启动课程教学大纲建设工作。

为规范教学管理和师资管理，研究生院启动教师信息库建设，完善导师管理流程，出台了《中国社会科学院研究生院硕士生导师遴选规定》。并通过问卷调查和学生座谈会、院领导听课、课堂巡视等方式，对2008～2009学年在院内开设的公共课、专业基础课和选修课进行了教学质量评估，共评估了60余门课程、近200位老师。通过课程教学质量评估，评选出了2008～2009学年教学突出贡献奖和优秀教学奖。

研究生重点教材工作自2005年正式启动到2009年为止，已有27部由中国社会科学出版社出版，另有14部正在编辑校对过程中，即将出版，其余55部正在编写过程中。研究生院还组织相关专家对2004年以后《学术讲座荟萃》的稿件进行了筛选，从近600份稿件中筛选出344份讲稿收录进《社科大讲堂》(第一辑)。

2009年5月14日，研究生院召开教授委员会暨教材编审委员会2009年工作会议。会议完成了教授委员会执委的换届选举工作，并听取了各职能部门的工作汇报。

2009年5月22日，研究生院召开2009年系秘书工作会议。会议听取了有关职能部门的工作通报，并就教学管理的有关问题及系秘书关心的问题进行了讨论。会议结束后，全体参会人员乘车赴浙江省委党校新校区，与该校领导共同参加了“中国社会科学院研究生院教研实践基地”揭牌仪式。

2009年8月16日，研究生院召开了教授委员会执委会议。会议就学部专业基础课的开设进行专题研究，并审议了《学部专业基础课课程改革方案》。

3．学位授予与学科专业设置工作

经2009年6月研究生院学位评定委员会第八届十五次会议审议决定，授予235人博士学位，授予192人硕士学位，授予63人以同等学力申请硕士学位，授予97人硕士专业学位。至此，研究生院共授予博士学位2809人、硕士学位4453人、硕士专业学位436人。

根据研究生院学位评定委员会第八届十四次会议决议，发布了《关于进一步加强研究生学位论文学术规范的通知》《中国社会科学院研究生院关于学位论文学术规范不端行为检测调研报告》和《中国社会科学院研究生院关于学位论文学术规范检测的试行办法》。

4．优秀博士学位论文评选工作

2009年，研究生院文学系郭万金、考古系严志斌获得全国优秀博士学位论文奖，法学系袁震获北京市论文优秀博士学位论文奖，法学系王玉花、经济系邓曲恒获得全国优秀博士学位论文提名。

2009年9月，研究生院评选表彰了8篇“2009年研究生院优秀博士学位论文”的作者、导师及相关教学系。“研究生院优秀博士学位论文”评选工作始于2004年，6年来共有31篇博士学位论文被评为“研究生院优秀博士学位论文”。

（三）研究生教育管理工作

1．日常教育管理工作

2009年，研究生院进一步抓好研究生党、团组织建设，健全、完善管理制度，建立研究生院奖助学体系，加强对研究生会工作的领导，开展团员评优活动及丰富多彩的主题活动。2009年，研究生院与社科院青年中心共同举办“学问有道·名师论坛”系列活动，组织学生参加“纪念五四运动90周年”主题团日活动，承办社科院“青春与祖国同行”主题演讲比赛，联合社科院服务中心组建研究生院—服务中心青年篮球队参加社科院第二届青年篮球联赛并获冠军。

2009年10月28～30日，由国务院学位委员会办公室和教育部学位管理与研究生教育司主办、研究生院承办的2009年全国博士生学术会议（历史学）顺利举行。

2009年，研究生院党委支持研究生会向社科院国情调研领导小组申请2009年度国情调研课题“全球视野下中国农村社会保障现状、关键问题及政策建议”。来自经济学、政治学、法学、文学、史学等专业的近30名硕士、博士研究生参与调研活动。调研期间，课题组走访了江西省兴国县、河南省长垣县、吉林省东丰县、黑龙江省海伦县、河北省迁西县、河北省遵化市等地，参加了与当地政府部门有关领导举行的座谈会，深入农村发放调查问卷，并对当地群众进行访谈，了解当地的社会保障政策及相关情况。《中国农村社会保障及政策建议》调研报告即将出版。

2．研究生就业指导工作

研究生院积极发挥学校就业信息主渠道的作用，组织“就业指导活动月”系列活动，共举办就业指导讲座6场，毕业政策宣讲会1场，并开展“毕业生就业进展情况调查”、“毕业生就业经验座谈会”、“毕业生就业经验交流会”等多项活动，为毕业生提供就业政策、就业知识、就业技巧等方面的指导咨询，积极开拓毕业生就业市场，鼓励毕业生面向基层就业。2009年，研究生院毕业生就业率为98.03%。

（四）继续教育及专业硕士学位教育工作

1．继续教育工作

2009年，研究生院举办了中国进出口银行“处级干部理论培训”、中信银行金融高级讲座、中国海洋石油“能源管理战略”培训、宁夏电力系统纪检干部培训、全国突发事件应急高级研修班等各类培训项目，启动了与韩国劳动部合作举办的汉语进修团项目，完成与香港公开大学及国内多个合作单位的日常教学事务及管理的例行联系。

2．专业硕士学位教育

2009年，研究生院MPA教育中心在招生工作中再次荣获自主招生资格。该中心继续把制度化建设作为规范办学、保证可持续发展的重要基础，已经初步形成了一整套有效控制并逐步提高教学水平的制度化管理机制，MPA教学质量逐步提升，优秀论文的比率逐步扩大。

2009年，研究生院获得工商管理硕士（MBA）和社会工作硕士（MSW）专业学位的办学权，积极启动了招生与宣传工作，初步完成了教学管理、教师管理、学生管理以及内部管理等各项制度建设。

（五）科研工作

1．科研成果统计

2009年，研究生院共完成专著2种，40万字；学术论文21篇，共23.3万字；研究报告8篇，共52.4万字；译著2种，共118.6万字；一般文章7篇，共3.4万字；论文集1部，共90万字；教材7种，共278万字。

2．科研课题

（1）新立项课题。2009年，研究生院共有新立项课题14项。其中，国家社会科学基金课题2项："中国民营企业：发展、环境与政策"（刘迎秋主持），"中国节能管理的市场机制与政策体系研究"（黄晓勇主持）；院重大课题1项："中国民营企业：发展、环境与政策"（刘迎秋、王红领主持）；院重点课题1项："民间组织与深化行政管理体制改革"（黄晓勇主持）；国情调研课题3项："民间组织与服务型政府建设"（重大项目，黄晓勇、蔡礼强主持），"全球视野下中国农村社会保障现状、关键问题及政策建议"（重大项目，赵芮主持），"中国研究生培养体制机制改革调研"（考察项目，文学国主持）；院青年科研启动基金课题2项："语音意识在英语教学中的应用"（赵洪宝主持），"于校际比较视角的高校公共选修课建设策略研究——以北京大学、武汉大学、社科院研究生院为例"（常淑贞主持）；交办委托课题3项："国际金融危机与新自由主义"（刘迎秋主持），"我国科研机构举办研究生教育面临的问题"（文学国主持），" 促进非公有制经济健康发展研究"（刘迎秋主持）；科研管理课题2项："研究生社会实践培养环节的探索与展望"（杨燕主持），"研究生科研创新能力培养研究——以管理的角度"（赵燕主持）。

（2）结项课题。2009年，研究生院共有结项课题18项。其中，院重大课题子课题1项："中国经济改革开放30年历史经验问题研究"（刘迎秋主持）；国情调研课题1项："毕业研究生工作、生活、发展状况调研"（刘迎秋主持）；院青年科研启动基金课题3项："官员选拔、政府竞争与政府治理"（刘剑雄主持），"北魏孝文帝迁都洛阳的军事意义及其影响"（袁宝龙主持），"中国社会科学院研究生院数字化教学管理平台建设应用研究"（苏希主持）；研究生院资助课题13项："中国宏观经济走势分析的逻辑与方法探讨"（刘迎秋主持），"中国公共教育的政策取向与财政机制"（张菀洺主持），"方以智与经学"（周勤勤主持），"萨维茨基欧亚主义思想的经济学内涵"（粟瑞雪主持），"四体不勤，五谷不分"（栾贵川主持），"论我国研究生英语教学的新模式"（冯超主持），"实时多媒体交互网络教学平台的建设与应用"（苏希主持），"中小型高校图书馆集成检索系统设计"（李楠主持），"伦敦诱惑——中国文化名人的西学情结"（吴卫国主持），"学术阅读与写作通道"（王晓明主持），"日语能力考试真题解析2级1999～2008年"（李晓东主持），"制度经济学（上、下）"（赵芮翻译），"政治经济学的国民体系"（邱伟立翻译）。

(3) 延续在研课题。2009 年，研究生院共有延续在研课题 4 项。其中，院重点课题 1 项："反垄断法的执行制度研究"（文学国主持）；国情调研课题 1 项："城市社区基层民主建设的调研"（黄晓勇主持）；交办课题 2 项："我院人才强院战略与研究生院的发展对策研究"（黄晓勇主持），"促进非公有制经济健康发展研究"（刘迎秋主持）。

3．获奖优秀科研成果

2009 年，研究生院张菀洺的论文《反倾销对东道国 FDI 进入方式及流量的影响》获 2009 年数量经济与技术经济研究所优秀科研成果二等奖。

（六）国际与地区学术交流和合作

2009 年，研究生院接待来访 14 批 109 人次，与韩国建国大学、日本政策研究大学院大学、澳大利亚麦考瑞大学、意大利博科尼大学、荷兰阿姆斯特丹自由大学等院校就开展学术交流、合作等事宜进行会谈，举办非洲国家"减贫与可持续发展"培训班、韩国语言进修生培训等对外培训项目；赴境外参会、考察、进修 38 人。

2009 年，研究生院与意大利环境、土地与海洋部签约共同举办"2009 年可持续发展远程培训项目"，并承接了我国商务部主办的援助非洲项目"减贫与可持续发展"研修班。申请并获得了两个重大欧盟资助项目：与英国诺丁汉大学等 5 所欧洲及中国高校合作的欧盟第七框架项目"中国人对欧盟看法"，与比利时安特卫普大学等 8 所欧洲高校及中国 7 所高校成功申请到了欧盟"伊拉斯姆莫项目"。《中国民间组织报告》（2009 年蓝皮书）研究项目和 "中央地方关系"双边研讨会获得了德国阿登纳基金会的资助。

2009 年 5 月，研究生院有 4 名博士和硕士研究生应邀出席了由庆熙大学与联合国经济社会事务部联合举办的"世界青年公民论坛"，有 3 名博士生获得了日本国际交流基金会资助赴日进修一年，两篇博士生论文获得了出版资助。

（七）学术期刊

《中国社会科学院研究生院学报》（双月刊），主编文学国。

2009 年，该刊发表的有代表性的文章有：杨圣明的《关于我国国民总收入分配的几个问题》，卢芳华的《关于索马里海盗问题的国际法分析》，车维汉的《论当前日本经济中的通货紧缩倾向及其成因》，王晓晔的《行政垄断问题的再思考》，原瑞琴的《弘治〈大明会典〉纂修考述》，吴子林的《"中国审美学派"论纲》。

（八）会议综述

2009年全国博士生学术会议（历史学）

2009 年 10 月 28 ～ 30 日，由国务院学位委员会办公室和教育部学位管理与研究生教育司

2009 年 10 月，“2009 年全国博士生学术会议（历史学）”在北京举行。

主办、中国社会科学院研究生院承办的“2009 年全国博士生学术会议（历史学）”在中国社会科学院举行。

“全国博士生学术会议”是教育部自 2003 年开始实施的研究生教育创新计划的重要项目。此次会议面向全国征稿，共收到来自北京大学、中国人民大学、复旦大学、浙江大学、中国社会科学院研究生院等 20 多所知名院校的应征论文近百篇。组委会组织有关专家通过匿名评审的方式确定了 44 篇作为此次会议入选论文，并从中评选出一等奖 3 名、二等奖 6 名、三等奖 9 名。

中国社会科学院研究生院副院长赵芮主持论坛开幕式，中国社会科学院研究生院院长刘迎秋教授出席开幕式并致辞。中国社会科学院副院长朱佳木发表了题为《关于中国当代史研究的几个理论问题》的主题演讲，就“什么是中国当代史”、“当代史如何分期”、“当代史有几条主线”、“当代史的主流是什么”、“当代史学科有哪些特点”等问题进行了阐发。中国社会科学院世界历史研究所前所长于沛和近代史研究所所长步平，分别作了《全球视野下的中国道路和中国史学》以及《关于中日共同历史研究的思考》的学术报告。

大会期间还举行了四场学术交流会。近 50 名来自全国各地的入选论文作者紧紧围绕“当代史学与社会发展”这一会议主题展开了激烈的思想交锋和学术探讨。

（研　院）

中国社会科学院图书馆（文献信息中心）

（一）人员、机构基本情况

截至 2009 年年底，院图书馆（文献信息中心）共有在职人员 137 人，其中，正高级职称人员 11 人，副高级职称人员 37 人，中级职称人员 53 人；高、中级职称人员占全体在职人员总数的 74%。

院图书馆设有采编部、典藏部、期刊部、古籍特藏部、参考咨询部、网络系统部、声像部、国际交换部、文献计量学研究室、研究部（含《第欧根尼》编辑部）、《国外社会科学》编辑部、

《程序员》·《环球市场信息导报》联合编辑室、办公室、科研业务处、人事处（党办）。

另外设有三个非实体研究中心：中国社会科学院互联网发展研究中心、中国社会科学院国外中国学研究中心、中国社会科学院文献计量与科学评价研究中心。

（二）图书馆工作

1. 树立服务科研的办馆理念，推进图书馆管理体制机制改革

2009 年，院图书馆党委以改革创新的精神指导图书馆工作，全院图书馆管理体制机制改革在以下五个方面取得了突破性的进展。

（1）继续推进“总馆—分馆—所馆（资料室）”三级保障体制建设。院图书馆认真贯彻落实院工作会议部署的深化图书馆体制机制改革任务，2008 年底完成法学分馆的组建，2009 年初成立哲学专业书库，11 月 27 日举行文学专业书库的挂牌仪式。在经费分配方面，院图书馆支持分馆建设，向分馆、所馆倾斜购书经费，专业分馆和专业特色书库建设取得进展。

（2）全院图书采购总代理制得到了落实。为了整合资源，更好地发挥我院的资源优势，院决定实行图书采购总代理制，由人文公司负责全院各图书馆的文献资源采购工作。院图书馆积极配合人文公司制定和完善新体制下的业务流程，规范采购行为，提高采购质量，做到了图书采集方式的平稳过渡。

（3）统筹规划，分工负责，共同推动全院网络和信息服务的健康发展。2009 年，为了推动我院网络和信息工作的全面发展，全院网络建设与图书馆工作建立了两个机构的协调会议制度。截至 2009 年 11 月，院图书馆与网络中心已召开多次协调会议，完成了《加强分工协作，避免重复建设的调研报告》，在信息资源建设、网络管理分工与协作方面达成共识，双方协调合作取得了实质性进展，做到统筹规划，分工负责，共同推动全院网络和信息服务的健康发展。

（4）启动“名馆”建设工程，全面提高我院图书馆工作水平。2009 年，我院为加强科研基础设施建设，设立“名馆”建设工程。院图书馆积极落实院党组的决定，参与组织报刊、出版、网馆建设经验交流会，有 5 个研究所图书馆在会上发言。此外，院图书馆还组织院馆及部分研究所图书馆的同志认真研究“名馆”建设的目标、任务和落实办法，初步形成了我院“名馆”建设实施方案。

（5）藏书空间共享已经列入议事日程。2009 年启动了院图书馆地下书库改造工程，图书馆各部门通力合作，完成地下书库清理工作，将院图书馆 60 余万册图书期刊整理打捆，转运到朝阳区姚家园仓库。研究生院图书馆新馆年内落成，院图书馆在此基础上制定资源调整的具体方案。

2. 继续推进图书馆信息化建设

（1）2009 年，完成“社科院图书馆网站改版”项目。网站维护和网站信息监管工作不断完善，建立了完备的网站信息发布与监管制度。

（2）2009 年，完成了“全院推广一卡通”项目的立项、规划、需求设计、组织实施和后期的测试验收等工作。在全院 35 个所馆（资料室）实现了“一卡通”功能。

（3）2009 年，继续推进全国社会科学院系统图书馆联合联机编目项目，召开了联合联机编目项目阶段结项会，20 家地方社科院签署了合作编目协议，其中有 16 家利用该系统进行在线编目，近 40 万条联合编目数据已整理入库，联合编目系统总数据量已达到 180 余万条。

3．加强资源建设，调整资源结构

2009 年，全院图书购置经费为 2400 万元（院馆 1200 万元），电子信息资源购置经费 200 万元。全年采集中文图书 13426 种，25027 册；外文图书 5860 种，6834 册；学位论文 28422 册。全年订阅中文报刊 1508 种，外文报刊 930 种。在继续做好纸本资源采集工作的同时，新引进 Ebrary 电子书、瀚堂典藏古籍数据库、中国产业分析平台、搜数网、Ebsco 社会学全文数据库、EIU 国家报告、18 世纪英文作品在线、早期英文作品在线等 8 个数据库。

2009 年来馆借阅书刊的读者数量与上年持平。其中书库接待的读者为 23671 人次，阅览室接待读者 9392 人次，全年借还图书 104833 册，其中借书 54659 册，还书 50178 册。

《社科网讯》是院图书馆承担的直接为领导决策服务的信息报送工作。2009 年，《社科网讯》编辑 250 期，报送 2323 条信息，其中综述 70 篇，被采用 77 条，有 11 篇得到中央领导批示。

（三）科研工作

1．科研成果统计

截至 2009 年年底，院图书馆出版专著 2 种，54.1 万字；论文 57 篇，84.6 万字；研究报告 18 篇，60.9 万字；译著 2 部，8 万字；译文 24 篇，30.7 万字；工具书 1 部，89 万字；一般文章 122 篇，24.2 万字；论文集 1 部，119.7 万字；学术资料 1 部，10 万字。

2．科研课题

（1）新立项课题。2009 年，图书馆新立项的课题有 12 项。其中，国家社会科学基金青年课题 1 项：“人文社会科学研究成果评价体系设计与实证分析”（任全娥主持）；院重点课题 2 项：“我国人文社会科学研究成果评价体系研究”（任全娥主持），“网络时代的人文社会科学知识生产——理论与实践”（唐磊主持）；所级重点课题 9 项：“境外智库对中国政治安全研究的评述”（张树华主持），“学者成果影响力认证系统”（姜晓辉主持），“法国网上人文社会科学数据库调研报告”（江小平主持），“90 年代以来国外对中国民族主义的研究：综述与评析”（崔玉军主持），“CASHL 文献传递服务在社科院的发展状况研究”（陈涛主持），“中国社会科学院学部委员著作要目概览”（陈文婷主持），“网络环境下的社会科学知识服务”（梁俊兰主持），“国内外文献计量学理论研究与应用现状的比较分析”（耿海英主持），“1949 ～ 1989 彝学研究书目提要”（杨翠英主持）。

（2）结项课题。2009 年，院图书馆共有 14 项结项课题。其中，国家社会科学基金课题 1 项：

“文献信息服务在当代社会中的作用与地位”（黄长著主持）；院重大课题 1 项：“国外功勋荣誉制度比较研究”（张树华、潘晨光主持）；院基础研究课题 1 项：“中国城市舆图录”（赵嘉朱主持）；国情调研课题 2 项：“社会主义新农村建设中的图书馆事业”（杨沛超、蒋颖主持），“当前社会主义新农村建设中的信息化发展：现状、问题与难点”（赵燕平、张树华主持）；国情考察课题 1 项：“农村文化建设现状考察”（何培忠主持）；院委托课题 1 项：“近期俄罗斯对华舆情及对策研究”（张树华主持）；人事部国家公务员局委托课题 1 项：“美国等 6 个国家功勋荣誉制度研究”（张树华主持）；所重点课题 6 项：“国外中国女性研究”（刘霓主持），“国外 e-Social Science 的发展及理论研究”（杨丹主持），“美国中国学家 12 人小传”（崔玉军主持），“信息伦理学研究”（梁俊兰主持），“中国社会科学院图书馆读者满意度与服务需求调研报告”（张伶主持），“国外社会科学 OPEN ACCESS 学术期刊的发展现状及对策研究”（褚鸣主持）。

（3）延续在研课题。2009 年，院图书馆共有延续在研课题 25 项。其中，院重大课题 4 项：“数字图书馆理论、实践与中国社会科学院数字图书馆建设”（杨沛超主持），“人文社会科学领域的文献计量学研究”（蒋颖主持），“中国人文社会科学引文数据库建设”（姜晓辉主持），“数字化参考咨询服务研究”（顾红主持）；院重点课题 6 项：“人文社会科学评价中的 h 指数研究”（张静主持），“人文社会科学论文转摘率指标的构成及作用”（王力力主持），“英语世界中的论语”（崔玉军主持），“中国人文社会科学国际论文统计分析（2005 ～ 2009）”（郑海燕主持），“我国人文社会科学研究成果评价体系研究”（任全娥主持），“网络时代的人文社会科学知识生产——理论与实践”（唐磊主持）；院基础课题 1 项：“亚太地区图书情报网络发展面临的主要问题”（刘振喜主持）；国情考察课题 2 项：“改革开放与中国的图书馆事业”（杨沛超、赵燕平主持），“两湖部分老区经济与文化建设服务考察”（赵嘉朱、黄丽婷主持）；院科研管理课题 2 项：“引文在社会科学评价中的作用”（刘振喜主持），“中国社会科学院图书馆科研业务处的功能与定位”（李广立主持）；所重点课题 10 项：“人文社科核心期刊的认定研究”（尹国其主持），“院图书馆网站构建与应用模式研究”（杨齐主持），“应用 Z39.50 标准协议实现异构图书馆系统之间的资源共享与业务合作的研究”（胡广翔主持），“人文社科电子资源读者利用分析”（蒋颖主持），“核心期刊指标统计分析模式的建立与应用”（江小平主持），“10 年来我国青年研究成果的科学性与规范性的文献计量与评估”（张静主持），“图书馆文献传递服务现状、发展方向及其应对策略”（顾红主持），“院内研究人员对我馆的需求调查”（王秀玲主持），“图书馆办公自动化系统的需求分析及框架搭建”（王霞主持），“图书馆管理人员素质培养研究”（李广立主持）。

3．获奖优秀科研成果

在 2009 年院图书馆优秀科研成果评选中，何培忠的《当代国外中国学研究》获专著类一等奖；胡广翔的《联机编目与数字图书馆》获专著类优秀奖。蒋颖的《1995 ～ 2004 年文献计量学研究的共词分析》获论文类一等奖；张树华的《俄罗斯的主权民主论》获论文类一等奖。

4．科研组织管理举措

根据院科研局的布置，根据院图书馆科研业务发展需要，调整和加强学科建设工作，确定图书馆学（社会科学数字资源建设与服务）、国外人文社会科学情报与研究、国外中国学为重点学科建设项目，同时继续做好社会科学文献计量学重点研究室建设工作。

（四）学术交流活动

1．学术活动

2009 年，院图书馆举办的学术活动有 7 项：

（1）2009 年 8 月，由院图书馆国外中国学研究中心和韩国人文社会研究理事会共同举办“第四届中韩国际学术研讨会”。会议主题是“人文科学对社会发展的贡献”。

（2）2009 年 8 月，《国外社会科学》编辑部召开“当代俄罗斯人文社会科学发展动态与理论思潮”研讨会。会议从不同学科和专业角度探讨了当今俄罗斯理论思潮和社会科学发展动态。

（3）2009 年 8 月，越南社会科学院社会科学信息研究所所长胡思葵博士等一行访问院图书馆并出席中越“文化与社会发展”研讨会。与会的专家学者就全球文化与民族文化冲突、传统文化在全球文化背景下的作用等问题进行了交流。

2009 年 11 月，“庆祝《第欧根尼》（中文版）创刊 25 周年座谈会”在北京举行。

（4）2009 年 11 月，院图书馆举办了“纪念《第欧根尼》（中文版）创刊 25 周年座谈会”，武寅副院长、汝信原副院长到会并讲话。《第欧根尼》（中文版）执行主编肖俊明汇报了刊物的编辑、翻译和出版情况。针对该刊未来的发展，武寅副院长指出，要结合我院发展战略，认真落实哲学社会科学“走出去”的工作方针，由翻译为主转为主动办刊。

（5）2009 年 3 月 31 日，院图书馆召开重点学科建设项目验收报告会，学部委员、学术委员会主任黄长著主持会议，学科负责人杨沛超向图书馆学术委员会和院外专家汇报社会科学文献计量学学科建设项目的完成情况。

“中国人文社会科学文献计量学”是我院 2003 年确立资助的重点学科之一。5 年来，该学科开展了期刊优化利用和科学评价研究，建立了科研发展平台，加速了科研手段现代化，完成引文数据库数据 250 万条，建立了引文数据加工、检索系统，完成了转摘率统计数据库数据 34 万条，为 105 个单位的 392 人次提供成果认证服务。

（6）2009 年 5 月，在我院举办了第二届韩国庆北大学社会科学图书展览。

（7）2009 年 6 月，在俄罗斯举办第七届中国社会科学图书展览。

2．国际与地区学术交流和合作

2009 年院图书馆共出访 7 批 13 人次，接待来访 2 批 10 人次。重要的出访和来访项目有 4 项：

（1）2009 年 6 月 4 ～ 11 日，中国社会科学图书展览在莫斯科举行，中国社会科学院常务副院长王伟光和俄罗斯科学院副院长涅基别洛夫出席书展开幕式并致辞。以副馆长赵燕平为团长的中国社会科学书展团一行四人、随同王伟光常务副院长访问俄罗斯的部分研究所领导以及国际合作局领导也出席了开幕式。

在访问俄罗斯科学院社会科学信息研究所时，赵燕平副馆长与皮沃瓦罗夫所长、格鲁霍夫副所长回顾了两机构友好交往的历史，就进一步办好书展、加强文献交流和人员往来、扩大交流等问题进行了会谈。

访俄期间，代表团还参观了俄罗斯科学院图书馆和莫斯科大学图书馆，考察了俄罗斯学术图书馆信息资源建设、图书馆服务、图书馆员工培训等情况。

（2）2009 年 10 月 11 ～ 24 日，图书馆研究部主任何培忠研究员一行三人考察组访问了波兰和捷克，考察当地的中国学研究发展状况。考察组在波兰先后访问了波兰科学院非欧洲国家研究中心、华沙大学东方学院、雅盖隆大学国际关系学院、克拉科夫孔子学院；在捷克访问了捷克科学院东方研究所和查理大学东亚研究学院中文系等机构，与中国问题研究人员进行了深入交谈，了解了两国的中国研究现状，并探讨了今后加强双方交流与合作的可能性。

（3）2009 年 12 月，应澳门文献信息学会邀请，院学部委员、文献信息中心学术委员会主任、中国社会科学情报学会理事长黄长著访问澳门。访问期间，黄长著代表文献信息中心和中国社会科学情报学会与澳门文献信息学会就今后进一步开展学术交流签订了合作协议。

（4）根据院图书馆与韩国庆北大学图书馆交流合作协议，2009 年 5 月在我院举办了第四届韩国庆北大学社会科学图书展览，院秘书长黄浩涛出席开幕式并讲话。

2009 年，国际书刊交换工作进展顺利，院图书馆代表我院定期向与我院建立了合作关系的 50 多个国外学术机构寄赠我院出版的优秀期刊 22 种，15 批次，共计 3000 余册。接受国外交换和赠书 905 册，期刊 33 种。

（五）学术社团、期刊

1．社团

中国社会科学情报学会，理事长黄长著。

主要学术活动：2009 年 11 月，学会在湖北省武汉市召开了主题为“新中国图书情报 60 年——继承与发展”的学术年会，以学术征文、主题报告、经验交流等形式回顾新中国成立以来我国图书情报事业取得的辉煌成就，探索未来发展之路。本届年会由武汉大学信息管理学院承办。

2．期刊

(1)《国外社会科学》(双月刊)，主编张树华。

2009 年，《国外社会科学》刊载的有代表性文章有：李慎明的《当前资本主义经济危机的成因、前景及应对建议》，彭华民、张晶的《新马克思主义论福利国家内在矛盾与重组》，许传华、徐慧玲的《美国新金融危机的历史、演进及探源》，何德旭、张雪兰的《怎样的银行体系更有益于金融稳定？——基于国际网络的评述》，王文龙的《后新自由主义、后东亚模式与新东亚模式比较》，秦华、C． 弗林特的《西方环境社会学与自然资源社会学概论》，黄长著的《全球背景下的世界诸语言：使用及分布格局的变化》，单波、熊伟的《跨文化传播的语言问题》，孙德刚的《当代西方先发制人战略研究的四大学派》，桂翔的《美国软实力的影响之道》，李永祥的《西方舞蹈人类学的理论与方法》。

(2)《第欧根尼》(半年刊)，中文版主编肖俊明。

2009 年，《第欧根尼》刊载的有代表性的文章有：玛丽埃塔·斯捷潘尼扬茨著，余丽霞译的《文化基要还是普世价值？》，阿兰别内梅著，贺慧玲译的《经济学的普遍性与文化多样性》，让·博贝罗著，肖俊明译的《法国政教分离中的文化传递与民族认同》，莫里斯 · 艾马尔著，肖俊明译的《久远的文明：以往的现实，当今的挑战》，车仁锡著，肖俊明译的《走向一个多元文化世界中的跨文化伦理》和热拉尔 · 图卢兹著，贺慧玲译的《对自然科学发展的几点见解》。

(六) 会议综述

第七届中国社会科学图书展览在俄罗斯科学院举行

2009 年 6 月 5 日，第七届中国社会科学图书展览开幕式在俄罗斯科学院社会科学情报研究所隆重举行。中国社会科学院常务副院长王伟光、俄罗斯科学院副院长涅基别洛夫出席开幕式并致辞，俄罗斯科学院院士、社会科学情报研究所所长皮沃瓦罗夫主持开幕式。

王伟光在致辞中强调，中国社会科学院与俄罗斯科学院互办书展是两院之间学术交流与合作的一个成功范例，这一合作项目已经延续了 20 年。书展在相互介绍两国人文社会科学研究取得的最新成果、加深两国学者之间的相互认识和理解、促进两国人民之间的友好关系不断发展等方面发挥了积极作用。中国社会科学院将继续支持院图书馆与俄罗斯科学院社会科学情报研究所之间的合作，不断提高书展的质量，使其成为连接两国学术界友好交往的桥梁和纽带。

涅基别洛夫在致辞中称赞了中国改革开放取得的伟大成就，对近年来中国社会科学研究取得的成果表示赞许，对中国社会科学院参展的图书给予肯定。他还对 20 年来双方的学术交流与合作表示赞赏，并希望将这种交流与合作继续进行下去。

中国社会科学院图书馆副馆长赵燕平回顾了院图书馆与俄罗斯科学院社科情报所 20 年来的友好合作与交往的历程，并对俄罗斯科学院社会科学情报研究所的同行们为这次书展所做的精心准备表示感谢。她表示，愿就“如何把握和处理传统的纸质文献建设与现代的电子资源建设的关系，如何在浩如烟海的网络信息中收集整理重要的学术信息，如何拓展文献信息服务的新领域，如何在新的技术环境下有效地满足科研人员的信息需求”等一系列问题，与俄罗斯同行进行交流。

皮沃瓦罗夫院士在开幕式上对书展给予高度评价。他认为，社会科学图书展览在两国学术界引起广泛反响，书展不仅促进了两国学术界的相互了解，也加深了两国人民之间的友谊。

这次书展集中展示了我国人文社会科学研究领域近几年的最新科研成果，涉及经济、哲学、社会学、历史等类图书共600多种。

（梁俊兰）

第二届韩国庆北大学社会科学图书展览隆重开幕

2009年5月12日，第二届韩国庆北大学社会科学图书展览在院图书馆隆重开幕。院秘书长黄浩涛出席开幕式并讲话。馆长杨沛超、庆北大学书展团长边台铉先生分别致辞。开幕式由副馆长张树华主持。

黄浩涛在讲话中首先代表中国社会科学院对韩国图书展览开幕表示衷心的祝贺，对远道而来的韩国朋友表示热烈欢迎。黄浩涛强调，在全球化背景下，加强各国学术界之间的交流与合作，探讨和解决当前人类社会面临的共同问题，推动世界的和平与发展，是各国学术界义不容辞的责任和义务。韩国是我院对外学术交流的重要合作伙伴。我院与韩国10家机构签订了合作协议，其中也包括庆北大学。双方友好往来越来越频繁，合作的范围越来越广泛，呈现出良好上升的势头。我院将一如既往地不断推动中韩双方的交流与合作。

杨沛超在致辞中指出，在双方共同努力下，中国社会科学院图书馆和庆北大学图书馆的合作进展非常顺利，目前总共举办了4次书展，为双方的科研教学人员提供了高质量的文献资料。尤其是这次展览的图书50%都是在韩国获奖的图书。杨沛超代表中国社会科学院图书馆感谢庆北大学图书馆为这次展览所作的努力。

边台铉先生在致辞中首先感谢中国社会科学院领导所给予的热情接待。他简要回顾了双方的合作过程并指出，希望以此次展览为契机，促进两馆之间的学术信息交流并为中韩两国的学术发展起到推动作用。庆北大学领导高度重视与中国社会科学院的合作，庆北大学图书馆也期待着与中国社会科学院图书馆开展更加深入的合作。

此次书展集中展示了韩国近年来出版的人文社会科学新书500余册。

（魏　进）

第四届中韩国际学术研讨会——人文科学对社会发展的贡献

2009年8月28日，院图书馆国外中国学研究中心和韩国人文社会研究理事会共同举办

2009 年 8 月，“第四届中韩国际学术研讨会——人文科学对社会发展的贡献”在北京举行。

“第四届中韩国际学术研讨会——人文科学对社会发展的贡献”，副院长武寅、韩国经济·人文社会研究会理事长金世原先生出席会议并致辞，中国社会科学院原副院长、国外中国学研究中心理事长汝信出席会议并发言。国外中国学研究中心主任、学部委员黄长著主持了开幕式。双方就研讨会主题“人文科学对社会发展的贡献”进行了交流和探讨。

副院长武寅首先代表中国社会科学院向韩国学者表示热烈欢迎，对第四届中韩国际学术研讨会的召开表示热烈祝贺。她说，人文科学是一门与人类经济、社会、文化发展密切相关的科学，它不仅关乎人类的信仰、情感、道德、美感，也关乎社会的和谐与进步、发展与繁荣。在金融海啸席卷全球、各国政府和学者深入思考人类应持什么样的发展观时，中韩学者共同探讨人文科学对社会发展的作用具有特殊的意义。

武寅强调，人文科学对社会发展的贡献还在于继承和弘扬民族文化传统，创造和丰富人类精神文明。中韩两国都有悠久的历史和灿烂的文化，两国的传统文化有许多共同或相似的元素，在表现强势的西方话语权面前，我们共同面临向世界各国介绍自己民族文化的课题。在经济方面取得进步之后，如何分析和理解民族的文化传统在经济发展背后的推动作用，如何宣讲和解释民族的传统文化在丰富世界文明中的作用，是中韩两国学者面临的共同课题。

金世原先生在致辞中强调，中韩双方此前曾召开三次学术会议，就中韩人文政策现状、课题以及时事焦点进行了沟通，扩大了相互理解，取得了宝贵成果。此次会议对现代社会中人文社会科学所担当的社会角色和任务进行了深度评估。

汝信在发言中强调，人文学科以人本身作为研究对象，通过人文教育提高人的素质，是人文科学的“大用”。人文学科在贯彻落实科学发展观、体现以人文本的发展理念方面，可以作出独特的重要贡献。

来自中韩人文社会科学界的 50 多位学者参加会议。中韩代表分别进行基调发言及专家点评，并进行了全场综合讨论。

（杜　鹃）

《中国人文社会科学核心期刊要览》（2008年版）成果发布会暨学术期刊发展研讨会

2009 年 3 月 11 日，文献计量与科学评价研究中心与社会科学文献出版社联合召开“《中国人文社会科学核心期刊要览》（2008 年版）成果发布会暨学术期刊发展研讨会”。院秘书长黄浩涛出席会议并讲话。

黄浩涛指出，中国社会科学院通过深入学习实践科学发展观活动，正在着力推进哲学社会科学创新体系建设，着力构建适应哲学社会科学创新体系要求的管理体制机制。要达到这些要求，离不开科学评价工作以及学术期刊建设工作。中国社会科学院实施的“学术名刊建设工程”为中国社会科学院学术期刊可持续发展提供了强大的推动力，必将有助于我国哲学社会科学事业的繁荣发展和创新。

黄浩涛就开展文献计量学研究和期刊评价提出了五点意见：一是要科学地把握核心期刊研究的评价功能；二是核心期刊研究的成果作为一种期刊评价方法和期刊评价指标体系，应当注重其科学性和可检验性；三是文献信息中心要紧密结合中国社会科学院实际，本着为科研服务，为科研决策和管理服务的原则，积极开展文献计量与科学评价研究工作；四是文献信息中心要高度重视并做好学科建设工作；五是要积极做好科研成果的宣传和推广工作。

《中国人文社会科学核心期刊要览》（2008 年版）是中国社会科学院文献计量与科学评价研究中心经过多年研制工作后正式推出的成果。该书的出版将为学术期刊的优化利用以及期刊评价提供有益的参考。文献计量与科学评价研究中心主任杨沛超、社会科学文献出版社社长谢寿光分别就该书的研制背景和出版情况作了介绍。该书主编姜晓辉研究员汇报了新版核心期刊要览的研制工作。科研局、中国社会科学杂志社、中国科学院国家科学图书馆、中国科学技术信息研究所等单位的专家到会发言。

（馆　研）

“新中国图书情报60年：继承与发展”——中国社会科学情报学会2009年学术年会

2009 年 11 月 17 ~ 19 日，由中国社会科学情报学会主办，武汉大学信息管理学院和武汉大学信息资源研究中心承办的“新中国图书情报 60 年：继承与发展”——中国社会科学情报学会 2009 年学术年会在湖北省武汉市召开。中国社会科学院副秘书长晋保平、武汉大学党委副书记骆郁廷出席会议并讲话。学会理事长、学部委员黄长著，湖北社科院副院长金德万分别在大会上致辞。学会副理事长、中国社会科学院图书馆馆长杨沛超，副馆长蒋颖，学会秘书长、馆长助理刘振喜参加会议。学会副理事长、武汉大学信息管理学院院长陈传夫教授主持开幕式。

晋保平在开幕式讲话中指出，图书情报工作人员应善于把握时代脉搏，加强学习；结合实际，坚持创新；服务于中国特色发展的大局。

骆郁廷教授代表武汉大学领导讲话，他肯定了学会的成绩和武汉大学信息管理学院的学术地位，并相信此次年会的召开必将促进图书情报事业的发展。

会议期间，中国社会科学情报学会及社科院系统、党校系统、军队院校系统、新闻系统、高校系统的代表分别汇报了本系统开展的工作。

四位知名学者应邀在会上作专题报告：中国人民大学副校长冯惠玲女士作了题为《新中国档案演进大轨迹》的专题报告；南京大学信息管理系苏新宁教授作了题为《我国图书馆学情报学研究特征分析——基于 CSSCI 的分析》的专题报告；北京大学图书馆副馆长肖珑作了题为《高校人文社科外文文献的最终保障——CASHL 发展现状与战略》的专题报告；武汉大学信息资源研究中心主任马费成教授作了题为《知识管理研究的热点、前沿和范式》的专题报告。

与会代表围绕“服务理念”、“社科院联合编目系统”、“人才培养”、“数字资源建设”、“社科院信息资源共享建设”、“图书馆员资格认证”、“图书馆理论与实践的结合”、“网络时代数字资源版权保护”、“深层次决策服务”等主题，交流了近年来的工作成果和工作经验，探讨了当前工作中存在的问题。来自社科院系统、党校系统、军队系统、高校系统、新闻系统等五大系统的代表共 90 余人参加了此次会议。

（魏　进）

中国社会科学出版社

2009 年，中国社会科学出版社积极推进出版社转企改制工作，努力完成全年图书生产任务指标，大胆创新，严格管理，各项工作均取得了新的进展。

（一）深入学习、领会四中全会精神和科学发展观，坚持正确导向，提高业务素质

2009 年，中国社会科学出版社深入学习四中全会报告，全面领会贯彻科学发展观的科学内涵，以科学发展观统领转企改制和图书生产工作的全局。结合工作实际，联系职工队伍的思想素质和出版社体制、机制现状，把求真务实和科学发展的精神贯彻到出版宗旨、发展路径、队伍建设、体制机制改革等工作中。

社科出版社坚持正确的政治方向，把学习和贯彻马克思主义、毛泽东思想、邓小平理论和“三个代表”重要思想，牢固树立和全面落实科学发展观，以人为本，构建和谐社会，以及党中央

关于新闻出版事业的各项方针政策，努力提高职工的政治理论水平放在首位。及时向职工传达中宣部、新闻出版总署及社科院有关出版工作的一系列指示和会议精神，先后在社领导班子、中层干部及全体职工中，继续深入开展三项教育和“八荣八耻”职业道德教育活动，加强职工的思想政治工作，使职工不断坚定社会主义信念，牢牢把握正确的政治方向和舆论导向，提高政治鉴别力，用马克思主义的立场、观点和科学发展观指导各项工作。

（二）深化改革，积极推进转企改制

2009 年，按照中央各部门各单位的出版单位集中转制的部署，中国社会科学出版社定为首批转制单位。

按照要求，中国社会科学出版社成立了社转企改制工作办公室，依据中央文件政策精神，会同院科研局展开一系列调研工作，在此基础上提交了《中国社会科学出版社转企改制工作方案》。

《中国社会科学出版社转企改制工作方案》获得新闻出版总署批准后，按《中国社会科学院出版社转制工作实施办法》及《中国社会科学院出版社转制工作时间表》的具体要求，成立了清产核资工作领导小组，负责全社的清产核资、财务审计和资产评估等工作。其中有关职工政策问题，对符合《中国社会科学院出版社转制工作实施办法》第八条所规定条件的 68 名职工，按“老人老办法”的模式，在双向选择、职工自愿的基础上进行身份界定工作。

关于转企改制方案实施过程中遇到的新问题，出版社通过与总署改革办、院转企改制领导小组积极沟通和职工参加总署组织的业务培训等方式，积极稳妥地推进，如落实转企改制分两步走，先转企，再改制等。

2009 年，中国社会科学出版社的转企改制工作，进展顺利，事务性工作已经全部完成。

（三）完善机制，强化管理，图书生产计划指标超额完成

在积极推进转企改制的同时，为确保年度图书生产指标任务的按时完成，中国社会科学出版社采取了以下措施：

1．加强选题开发，优化选题结构。在清理旧图书选题的基础上，加强选题开发，2009 年，批准立项选题 1200

2009 年 7 月，《人文社会科学期刊学术影响力报告》出版发布会在北京举行。

种，比 2008 年同期多出近 400 种，同比增长 45% 以上；签约选题 938 种，签约选题比去年同期多出 318 种，同比增长 51.2%。另一方面，坚持学术特色，坚持双效益要求，大力调整优化选题结构。从选题内容上看，学术性选题重点突出，学科覆盖全面，门类均衡。既有《当代中国学术史》《当代中国学者代表作文库》等重大、重点项目系列丛书，也有基础性学科的国家重点研究课题系列选题。文、史、哲的传统学科优势继续保持，经济、法律、社会学科选题比例显著提高，新增新兴与交叉学科选题，如城市学、文化学丛书等。2009 年 7 月 15 日，中国社会科学出版社召开《人文科学学术期刊影响力报告》出版发布会，院秘书长黄浩涛出席并讲话。

2．完善管理运行机制，强化生产管理，进一步健全和完善全社的管理运行机制。其中，《2009 年编辑部门岗位责任制》，将效益与收益直接挂钩，与市场化改革接轨；新出台了若干如《加强外编管理的补充规定》等规章制度等。同时，为确保图书生产质量，出版社总编办公会严把图书生产的政治质量、学术质量、编校质量关，加大对质量问题书稿人的责任处罚，有奖有罚、管理到位。

3．超额完成年度生产计划。2009 年，社科出版社图书发稿数量达 900 种，全年出版图书 873 种（包括新书和重印书），创图书生产数量历史新高，超额完成年均生产 800 种图书的生产指标。其中，新书 817 种，重印书 56 种。图书生产总码洋近 1.5 亿，图书发行总码洋约 8000 万元，销售总收入 9034 万元（含图书销售及各种补贴款等收入），上缴税金 698 万元（不含代缴个人所得税），税后净利润 623 万元，上缴院国有资产收益分红 350 万元。

4．出版优秀图书，多种图书获奖。单本书如《论语学史》《王国维文集》《马克思主义中国化理论创新 30 年》《物权法新论》《中美关系史》《中国外交 60 年》《招商局珍档》《中国企业的改革、管理与发展》《中国经济学 60 年》《滇省夷人图说》等；大型丛书《中国哲学社会科学 30 年》（14 种）、《中国社会科学院学者文选》（11 种）、《中国社会科学院研究生重点教材》（14 种）等。

（四）其他各方面工作均衡发展，成绩显著

1．职工队伍建设取得突破性进展。为解决职工年龄断层，培养后备力量，人事部门承担了组建编校中心、招聘编校人员的任务。经过严格的程序，15 名大学本科以上学历的新人（其中包括 3 名博士、6 名硕士）加入社科出版社编辑队伍。

2．清产核资等基础性财务工作取得阶段性成果。清产核资是转企改制工作的基础性前提。在保证正常财务运转的同时，出版社成立社清产核资工作小组，抽调人力开展清产核资、财务审计和资产评估等工作。2009 年，出版社聘请专业会计师事务所正式提交清产核资报告。

3．网站建设取得突破性进展。2009 年，出版社加大网站建设投入。仅 2009 年一年，出版社网站点击率已达 2227521 人次，比从网站建立到 2008 年底的 70.6 万累计点击率多 150 万人次。

中国社会科学杂志社

（一）人员、机构基本情况

截至2009年年底，中国社会科学杂志社共有在职人员62人。其中，正高级职称人员12人，副高级职称人员11人，中级职称人员19人；高、中级职称人员约占全社在职人员总数的68%。

中国社会科学杂志社设有总编室、马克思主义理论编辑室、哲学编辑室、经济编辑室、文学编辑室、法学社会学编辑室、中国史编辑室、世界史编辑室、英文编译室、理论前沿研究中心、《中国社会科学报》编辑部（含记者部、评论部、理论部、国际部、副刊部、驻院记者站、驻广东记者站）、办公室、事业发展中心。

（二）报刊的编辑工作

1．《中国社会科学》（双月刊），总编辑高翔

2009年，《中国社会科学》共出版6期，共计169.6万字，总发稿89篇。其中，马克思主义7篇，哲学18篇，经济学16篇，社会学10篇，政治学7篇，法学9篇，文学12篇，历史学10篇。该刊2009年刊载的有代表性的文章有：王伟光的《改革开放新时期哲学社会科学的繁荣与发展》，葛兆光的《国家与历史之间——日本关于道教、神道教与天皇制度关系的争论》，潘家华、陈迎的《碳预算方案：一个公平、可持续的国际气候制度框架》，张茂元、邱泽奇的《技术应用为什么失败——以近代长三角和珠三角地区机器缫丝业为例（1860～1936）》，渠敬东、周飞舟、应星的《从总体支配到技术治理——基于中国30年改革经验的社会学分析》，王绍光的《全球视野下的中国道路：坚守方向、探索道路：中国社会主义实践六十年（1949～2009）》，张萍的《谁主沉浮：农牧交错带城址与环境的解读——基于明代延绥长城诸边堡的考察》，许德风的《住房租赁合同的社会控制》，程金华的《中国行政纠纷解决的制度选择——以公民需求为视角》，杨春时的《现代性与三十年来中国的文学思潮》，黄曼君的《中国现代文学语境与古代文学资源》等。

2.《历史研究》（双月刊），主编高翔

2009年，《历史研究》共出版6期，共计131万字，总发稿77篇。其中，专题研究51篇，史学理论2篇，史家与史学1篇，笔谈8篇，读史札记11篇，学术述评4篇。该刊2009年刊载的有代表性的文章有：段渝的《中国西南早期对外交通——先秦两汉的南方丝绸之路》，罗新的《王化与山险——中古早期南方诸蛮历史命运之概观》，曹志红的《历史上新疆虎的调查确认与研究》，宋杰的《汉代后妃“就馆”与“外舍产子”风俗》，侯中军的《近代中国不平等条约及其评判标准的探讨》，王敏的《西方列强与苏报案关系述论》，欧阳哲生的《〈新青年〉编辑演变之历史考辨——以1920年至1921年同人书信为中心的探讨》，郑会欣的《美金公债舞弊案的发生及处理经过》，程早霞、李晔的《一九四九年前后美国中情局谍员秘密入藏探析》，刘显忠的《中东路事件研究的几个问题》等。

3.《中国社会科学文摘》（月刊），主编高翔

2009年，《中国社会科学文摘》共出版12期，共计287.8万字，总发稿1068篇。其中，一般文章757篇，论点摘要311篇。该刊2009年刊载的有代表性的文章有：成素梅、郝中华的《BP神经网络的哲学思考》，高翔的《新传统的兴起——晚明观念变迁与生活方式》，余永定的《2009年中国宏观经济面临的挑战》，王伟光的《科学认识美国金融危机的本质和原因》，杨耕的《重新理解马克思主义哲学变革》，李国庆的《律师业非规制性进入壁垒与市场细分》，中国人口与发展研究中心课题组的《中国人口与教育发展预测研究》，王宁的《中国何以未能走向消费型社会》，许田波的《战争、国家形成与公民权：春秋战国与近代早期欧洲比较》，白重恩、钱震杰的《国民收入的要素分配：统计数据背后的故事》等。

4.《中国社会科学内部文稿 》（双月刊），主编孙麾

2009年，《中国社会科学内部文稿》共出版6期，发稿147篇。其中，问题研究14篇，国情调研9篇，学科反思1篇，学者视野16篇，热点评析7篇，专题探讨11篇，对策研究2篇，海外观点3篇，专题研究3篇，学术观察3篇，理论探讨5篇，舆情要览68篇，调研报告3篇，调查报告2篇。该刊2009年刊载的有代表性的文章有：肖黎朔的《关于民主与普世民主的相关思考》，王一程、房宁、王柄权、刘瑞生的《当代中国意识形态领域的知识分子与“舆论精英”研究》，贺东航、朱冬亮的《关于当前新集体林权制度改革若干重大问题的探讨》，胡联合的《群体性事件：何以发生与演化——关于群体性事件的理论及其启示》，张凤阳、李智的《学术与政治：一项基于真理标准问题讨论的话语分析》，保罗·克鲁格曼的《经济学家为何错得如此离谱》，乔尔·安德斯的《中国变化的颜色》，刘国光的《关于全面认识共和国六十年历史的若干问题》，冀祥德的《中国法学教育面临五大挑战——兼论法学教育的中国模式》，张曙光的《资源要素租金与国有企业改革——兼论重建“全民所有制”》等。

5. *Social Scieneces in China*（《中国社会科学》英文版，季刊），主编高翔

2009年，该刊共发表论文56篇。其中，单篇论文28篇，专题论文28篇。该刊2009年刊载的有代表性的文章有：穆光宗的《应对人口老龄化挑战的中国道路》，姚远的《血亲价值观及中国老年人对非正式支持资源的选择——基于北京市老年人相关调查数据的分析》，王敏远的《论死刑案件的证明“标准”及刑事诉讼法的修改》，陈忠林的《死刑与人权》，谢地坤的《中国哲学的现状、问题和任务》，贺来的《中国哲学、西方哲学、马克思主义哲学：价值信念层面的对话》，李稻葵、刘霖林、王红领的《GDP中劳动份额演变的U型规律》，罗长远、张军的《经济发展中的劳动收入占比：基于中国产业数据的实证研究》等。

6.《国际社会科学杂志》（中文版，季刊），主编王利民

2009年《国际社会科学杂志》共出版3期，共计50.9万字。该刊2009年围绕“妇女权利：行动、研究与对策”、“国家／民族建设中的两难”、“反思人类安全”主题编译稿件34篇。该刊2009年刊载的有代表性的文章有：薇兰婷·M．莫哈丹的《活动、研究与政策的关联：性别关系和女性人权领域概览》，辛西娅·富赫斯·爱泼斯坦的《知、行与社会政策：思考美国妇女与法律》，卡罗琳娜·塔沃尔加的《妇女经济赋权：现实与未来的挑战》，迪娜·罗德里格斯的《科研的社会影响——和平大学性别与和平建设系概况》，格拉谢拉·迪马科的《社会公正与性别权利》，马克·阿贝莱的《福柯、人类学和权力问题》，詹姆斯·迪尔·德瑞恩的《福柯和他者在国际关系中的重要碰撞》，罗曼·贝特朗的《与福柯一道思考神秘的现代爪哇：可能写出“非意图论”的政治史吗》，杰罗姆·布劳恩、乔治·迈克的《导论：民族建构中的困境》，维克托·勒·维内的《国家建设与非正式政治》，加文·布拉德肖的《冲突之后的社会融合：南非二十年》，皮埃尔·萨内的《反思人类安全》，沃夫冈·贝尼戴克的《人类安全与人权的相互作用》，汉斯·京特·布劳赫的《构思联合国系统内人类安全的环境因素》，泰勒·奥奎斯特的《万事俱备，只欠名分——联合国框架下人类安全的不确定未来》等。

7.《中国社会科学报》（周二、四刊），总编辑高翔

2009年7月1日，《中国社会科学报》在人民大会堂举行创刊仪式，庆祝顺利创刊。

《中国社会科学报》是由中国社会科学院主管主办、中国社会科学杂志社编辑出版，面向全国哲学社会科学研究者和爱好者的大型理论、学术报纸。

《中国社会科学报》坚持以马克思主义为指导，以服务党和国家的理论创新和制度创新、弘扬中国优秀的传统文化，发展繁荣中国特色哲学社会科学为宗旨，致力于推动理论创新、学术繁荣，是展现当代中国哲学社会科学前沿、趋势和最新成就的学术窗口，是全国哲学社会科学工作者、爱好者共同的学术阵地。

《中国社会科学报》的主要任务是：坚持和发展马克思主义、中国特色社会主义理论体系，自觉服务于党和国家的大局，推动学术界坚持理论联系实际，从中国特色社会主义伟大实践中汲取理论创新的源泉和智慧，为坚持、发展和宣传中国特色社会主义理论作出贡献；立足当代学术前沿，依托中国社会科学院深厚的学术积淀，积极反映哲学社会科学的新趋势，展示中国人文、社会科学的丰富内涵和研究成果；提倡学术争鸣，鼓励理论、观点和方法的创新，推动中国特色、中国风格、中国气派哲学社会科学的繁荣发展；以开阔的视野，积极反映国际学术新动向，为中外学术对话与交流搭建平台，推动中国学术走向世界，增强中国哲学社会科学学术文化在国际上的感召力和影响力；重视哲学社会科学知识的普及与传播，推动哲学社会科学走进大众、走进青年，为社会主义文化大发展大繁荣作出积极的贡献。

截至2009年12月31日，《中国社会科学报》共出版52期，逢周二、周四出刊，分新闻版和学科版，周二新闻版就国内外重大新闻事件刊登特别策划，周四新闻版刊登人文社会科学类消息稿。该报2009年刊载的有代表性的文章有：胡联合、胡鞍钢的《西方国家有多少搞“三权分立”的？》，万俊人的《转型中国面临严峻道德文化抉择》，刘东的《多向度视角解读大学》，杨阳的《还原诸子，解码文化DNA——杨义研究员专访》，褚国飞的《乐黛云：从世界的文学视野看中国比较文学》，沈大伟的《美国的中国研究六十年》等。

8．获奖情况

2009年12月4日，在北京举办的中国传媒大会2009年年会上，中国社会科学杂志社获“金长城传媒奖·2009中国十大创新传媒”。

2009年12月22日，在“第四届中国期刊创新年会”上，中国社会科学杂志社主办的期刊《历史研究》荣获“新中国60年有影响力的期刊”称号。

（三）科研工作

1．科研成果统计

2009年，中国社会科学杂志社共完成译著1种，71万字；专著1种，35万字；论文56篇，42.8万字；研究报告2篇，2.5万字；学术资料2种，共3万字。

2．科研课题

（1）新立项课题。2009年，中国社会科学杂志社共有新立项课题20项。其中，院重大课题1项：“关于在经济全球化条件下探索科学发展道路”（许建康主持）；社重点课题19项：“主题学与20世纪中国古典文学研究”（李琳主持），“老子长寿神话的文化学分析”（晁天义主持），“战争的讨价还价理论：探索战争的理性主义解释”（焦兵主持），“中美‘两国集团’（G2）构想研究”（褚国飞主持），“中国人眼中的欧洲与世界：精英与民众的观念张力”（范勇鹏主持），“中国刑事诉讼中律师权利及其保障的历史考察”（ 郭烁主持），“艺术形而上学语境下的音乐”（何兰芳主持），“中国特色社会主义道路的理论探索与历史价值”（王广主持），“软文化视野下影视产品的对外传播”（许航主持），“义务教育阶段教师收入的结构分析”（杨建芳主持），“基础教育教师收入对师资供给的影响”（杨建芳主持），“人民币国际化”（张征主持），“西汉二千石秩级的演变”（周群主持），“欧盟中国观的变化”（周弘、田德文、赵柯等主持），“现代汉语中的‘与其p，宁可q’复句格式刍议”（宋晖主持），“‘足足’的小三角查析”（宋晖主持），“基于哲学理据的语言本位观研究”（宋晖主持），“‘宁’标复句的表值解析”（宋晖主持），“后发国家的社会组织生态与中国社会组织之路”（胡林、王列珉主持）。

（2）结项课题。2009年，中国社会科学杂志社共有结项课题24项。其中，院国情调研重大课题1项：“革命老区农民生活状况调查——以贵州省为例”（高翔、沈杰主持）；院青年科研启动基金课题1项：“马克思恩格斯正义观的批判向度与当代价值”（王广主持）；所重点课题22项：“新传统的兴起：晚明观念变迁与生活方式”（高翔主持），“当代学术思潮的前提批判”

（孙麾主持），“唯物史观与历史评价问题研究”（王广主持），“坚守与突围：新时期散文30年”（王兆胜主持），“社会学界关于构建和谐社会的理论探讨综述”（沈杰主持），“农民工子女平等受义务教育问题思考”（柯锦华主持），“朝鲜北学派的华夷观”（郑成宏主持），“从天书封禅看宋真宗时期的忠节文化建设”（路育松主持），“近代时期外国在华直接投资机构分析”（梁华主持），“明初谪滇诗人群体研究”（李琳主持），“‘尉计’、‘苑计’非官名辨”（周群主持），“实用主义司法理念的价值及限度”（张芝梅主持），“知青苦难与乡村城市间关系研究”（刘亚秋主持），“苏东社会主义国家官僚特权阶层研究”（张飞岸主持），“网络舆论引导与网络治理”（党生翠主持），“志愿精神在构建社会主义核心价值体系中的功能”（李潇潇主持），“尚秉和之‘阴阳相须’易理思想辨析”（韩慧英主持），“资本全球化和美国工人阶级的贫困化”（许建康主持），“《中国社会科学院报》工作手册”（张华伟主持），“物权法与社会有机团结”（舒建军主持），“走向破裂的结盟：中苏同盟研究的新进展”（徐思彦主持），“昭宣时代”（宋超主持）。

（3）延续在研课题。2009年，中国社会科学杂志社共有延续在研课题7项。其中，国家社会科学基金课题1项：“批判性论辩与马克思主义哲学创新逻辑研究”（孙麾主持）；院国情调研重大课题2项：“学术理论报刊与社会主义核心价值体系”（高翔主持），“防范、抵御‘美国化’——‘西化’：坚持中国特色社会主义”（何炳孟、高翔主持）；院重大课题1项：“社会主义和谐社会中的社团管理——法律视角”（吴玉章主持）；院青年科研启动基金课题3项：“帝国主义的新变化及其对社会主义的影响”（李潇潇主持），“《汉书·地理志》研究”（周群主持），“20世纪易学的嬗变与发展研究”（韩慧英主持）。

3．科研组织管理新举措

（1）2009年，为改进和加强科研组织和管理工作，中国社会科学杂志社总编室修订了《编辑工作手册》（2010版）。

（2）2009年，在中国社会科学院网络中心支持下，中国社会科学杂志社初步建成“中国社会科学期刊网”和“中国社会科学报刊网”。

（3）2009年，经需求分析、市场调研、技术鉴定和招投标等环节调查后，中国社会科学杂志社购买了《中国社会科学报》新闻采编系统，目前该系统建设已经完成，并正式投入使用。

（四）学术交流活动

1．学术活动

2009年，中国社会科学杂志社主办和承办的学术会议有17项：

（1）2009年4月10日，中国社会科学杂志社在郭沫若纪念馆西院会议室举行“纪念五四运动九十周年”研讨会，讨论五四的精神遗产。

（2）2009年5月9～10日，中国社会科学杂志社与清华大学心理学系、江西城市学院联合主办的第一届“全国认知科学学术研讨会”在江西省南昌市举行，会议的主题为“综合时代：

认知科学的发展及其影响”。

（3）2009 年 5 月 22 日，中国社会科学杂志社经济室和中央编译局《国外理论动态》杂志社联合主办的“新自由主义与全球金融经济危机”国际学术研讨会在中央编译局举行，杜梅尼尔、大卫·科兹等知名国际马克思主义者出席。

（4）2009 年 7 月 1 日，中国社会科学杂志社在人民大会堂广东厅举行《中国社会科学报》创刊揭牌仪式。

（5）2009 年 7 月 25 ~ 26 日，中国社会科学杂志社与黑龙江大学联合举办的“第九届马克思哲学论坛”在黑龙江省哈尔滨市召开，主题是“马克思主义文化哲学研究”。

2009 年 8 月，“第八届全国综合类人文社科期刊高层论坛”在宁夏回族自治区银川市举行。

（6）2009 年 8 月 25 日，中国社会科学杂志社与宁夏社会科学院联合主办的“第八届全国综合类人文社科期刊高层论坛”在宁夏社会科学院举行，讨论人文社科期刊的历史使命与社会责任。

（7）2009 年 9 月 4 日，中国社会科学杂志社与呼伦贝尔学院联合主办的“中国北方游牧民族历史文化呼伦贝尔论坛”在内蒙古自治区呼伦贝尔市举行，探讨中国北方游牧民族的发展历史及其对中华文化的贡献。

（8）2009 年 9 月 17 日，中国社会科学杂志社主办的《中国社会科学报》第一届全国通讯员联谊会在北京举行。同日，《中国社会科学文摘》编委会 2009 年全体会议在山西省太原市召开。

（9）2009 年 9 月 23 ~ 25 日，由中国社会科学杂志社主办，陕西省社科联、西北大学联合承办的“第三届中国社会科学前沿论坛”在西北大学举行，会议主题为“中国学术话语体系的当代建构”。

（10）2009 年 10 月 10 ~ 16 日，中国社会科学院文史哲学部主办，中国社会科学杂志社、西南大学历史学院承办的“中国社会科学院第九届史学理论研讨会”在西南大学举行，主题为“新中国史学 60 年：成就、现状与未来”。

（11）2009 年 10 月 20 ~ 21 日，中国社会科学杂志社与中山大学公共管理学院举办的第二届“中国公共管理学术峰会”在广东省广州市中山大学举行，会议主题为“中国行政国家 60 年”。

（12）2009 年 10 月 27 ~ 30 日，中国社会科学杂志社主办的“第二届两岸四地学术期刊高层论坛”在澳门大学举行，论坛达成了澳门共识。

（13）2009年11月2日，中国社会科学杂志社国际问题编辑室主办的“全球气候变化问题”研讨会在中国社会科学杂志社举行，讨论即将召开的哥本哈根会议谈判，探讨全球气候变化问题与国际政治的关系以及对国际关系的影响。

（14）2009年11月3日，中国社会科学杂志社经济室、中央编译局《国外理论动态》杂志社主办的“全球金融危机与中国发展模式”国际学术研讨会在中央编译局举行，赫德森（《金融帝国》一书作者）、马丁·雅克（《当中国统治世界》一书作者）出席。

（15）2009年11月15日，中国社会科学杂志社举办的报刊工作座谈会在湖南省长沙市举行，讨论中国社会科学杂志社“一报六刊”2010年发稿方向和重要选题。

（16）2009年12月11日，中国社会科学杂志社在天津南开大学举行报刊工作座谈会，探讨与各高校和科研机构的学术合作事宜。

（17）2009年12月11～13日，中国社会科学杂志社、南开大学历史学院、天津市历史学会共同主办的“第三届历史学前沿论坛”在天津南开大学举行，会议主题为“历史记忆与失忆——价值选择与史学功能”。

2．国际学术交流和合作

2009年，中国社会科学杂志社共派遣出访6批15人次，接待来访3批3人次。与中国社会科学杂志社开展学术交流的国家和地区有英国、丹麦、美国以及中国澳门、中国台湾。

（1）2009年5月3～9日，中国社会科学杂志社副总编辑周溯源参加在英国伦敦举办的第37届世界期刊大会上，就“杂志的魔力”问题开展学术交流活动。

（2）2009年12月12日，中国社会科学杂志社文学室主任王兆胜、办公室副主任郑成宏参加在丹麦哥本哈根举办的联合国气候大会。

3．与香港、澳门特别行政区和中国台湾开展的学术交流

（1）2009年5月17～21日，中国社会科学杂志社李红岩和姚玉民参加了在澳门举办的“冲突对话与文明建设”国际学术研讨会。

（2）2009年9月25～27日，中国社会科学杂志社世界史室主任姚玉民、近代史室主任李红岩参加澳门大学举办的“第二届东方外交国际学术研讨会”，就东方外交与台湾的历史、现实与未来问题开展交流活动。

（3）2009年10月27～30日，中国社会科学院学术交流委员会、中国社会科学杂志社主办，澳门基金会澳门大学承办的“第二届两岸四地学术名刊高层论坛”在澳门大学举行。中国社会科学杂志社总编辑高翔、副总编辑周溯源等参加了会议，就“共同打造中文学术名刊——学术期刊的用稿标准与评审程序”问题开展学术交流活动。

（4）2009年11月26日至12月5日，中国社会科学杂志社副总编辑王利民、世界史室主任姚玉民等参加在中国台湾举办的第十届祖国大陆书展。

（5）2009 年 11 月 2 日，中国社会科学杂志社邀请哈佛燕京学社社长裴宜理教授来中国社会科学杂志社举办讲座，就“两社学术合作与交流”问题开展交流活动。

（6）2009 年 11 月 3 日，中国社会科学杂志社邀请台湾“中研院”台湾史研究所研究员洪丽完来中国社会科学杂志社座谈，就“台湾的社会生活：以收养为例”问题开展交流活动。

（五）会议综述

第九届马克思哲学论坛：马克思主义文化哲学研究

2009 年 7 月 25 ～ 26 日，中国社会科学杂志社、黑龙江大学主办，黑龙江大学哲学与公共管理学院、黑龙江大学文化哲学研究中心承办的“第九届马克思哲学论坛：马克思主义文化哲学研究”在黑龙江省哈尔滨市召开。

与会学者对“马克思主义文化哲学”研究的深入性、观点的多元性以及问题的复杂性进行了历史和现实的探讨。

关于文化哲学的责任承担问题，有学者表示，在时代日益呈现出“文化经济”特征的背景下，在国家间文化软实力的竞争中，在推动文化大发展大繁荣的战略决策下，文化哲学如何为此奠定理论基础和确立思维坐标同样是一个责任承担。

关于“马克思主义哲学与马克思主义哲学中国化的路径以及时代精神中的文化哲学”，中国社会科学院秘书长黄浩涛认为：21 世纪以来，马克思主义哲学界非常活跃地探讨了一系列问题，包括马克思哲学的当代意义、马克思哲学的本体论思想、西方马克思主义的基本问题和逻辑转换、马克思哲学与中国的现代性、建构当代中国马克思主义哲学新形态、马克思的政治哲学及其视阈、马克思哲学学术范式、马克思主义哲学中国化的路径以及时代精神中的文化哲学等。透过这些创新性成果，可以看出当代中国马克思主义哲学研究的发展轨迹，而这一切正是在“马克思哲学论坛”每届主题的引导下实现的，毫无疑问，“马克思哲学论坛”具有重要的学术地位。

（李潇潇）

第三届中国社会科学前沿论坛：中国学术话语体系的当代建构

2009 年 9 月 23 ～ 25 日，由中国社会科学杂志社主办、陕西省社科联与西北大学共同承办的“第三届中国社会科学前沿论坛：中国学术话语体系的当代建构”在陕西省西安市举行。中国社会科学杂志社总编辑高翔，陕西省社科联党组书记、副主席周敏，西北大学校长乔学光出席论坛并致辞。

论坛以中国学术话语体系的当代建构为主题，共同探讨当代中国学术理论的研究状况、理论热点和未来发展。

高翔在致辞中指出，我们将共同迎来中华人民共和国成立60周年的隆重纪念。这是一个具有重要历史价值的时代方位，也是一个启迪学者智慧、考验学界认知、促动学术思考的文化节点。60年一甲子，我们有必要更有责任共同回顾20世纪中国学术道路，认真总结中国哲学社会科学研究60年来的发展历程和成功经验，深入探讨当代中国学术话语体系的内在建构规律与未来发展前景，为推动形成具有鲜明中国特色、中国风格、中国气派的哲学社会科学话语体系贡献我们的理论智慧。

与会专家学者认为，中国特色社会主义事业和改革开放的伟大成就，马克思主义学术在中国数十年的蓬勃发展，源远流长的中国优秀学术传统，为当代中国学术话语体系的建构创造了良好条件。这一时代必将推动和引领中国的哲学社会科学工作者去回顾历史、检审当下、走向未来，在当代中国学术话语体系建构过程中贡献自己独有的理论智慧和思想资源。

（王　广）

第二届两岸四地学术名刊高层论坛

2009年10月27～30日，中国社会科学院学术交流委员会、中国社会科学杂志社主办，澳门基金会、澳门大学承办的“第二届两岸四地学术名刊高层论坛”在澳门大学召开。两岸四地学术期刊界的代表深入交流，互相磋商，共同签署了题为《打造中文学术名刊，推动两岸四地学术发展》的“澳门共识”：

1．恪守“学术乃千秋之事”之良训，以敬业之心，严谨之行，编辑出版高水平的学术期刊，使学术期刊成为刊载优秀学术研究成果、弘扬文明之平台。

2．秉承“学术乃天下公器”之原则，兼容并包，兼收并蓄，鼓励学术争鸣，倡导学术创新，扶持学派形成，使学术期刊成为不同观点讨论、交锋之平台。

3．坚持公正求实之学风，积极健全编审制度，拒绝平庸，避免降低期刊水平。

4．加强编辑队伍之道德建设，明订编辑行为规范，一秉至公，折衷至当，塑造并维护学术名刊形象。

5．深化学术名刊之间的交流，探索多种合作形式，相互砥砺，和而不同，努力推动两岸四地学术之发展与繁荣。

“澳门共识”的签署，是两岸四地促进交流、加强合作的需要，也是共同抵制学术不端、积极倡导优良学风的需要，更是两岸四地共同推动中华学术繁荣发展、走向世界的需要。在两岸四地期刊界同仁的共同努力下，学术期刊将更加积极地为引领和推动中国学术繁荣发展作出贡献。

（王　广）

第三届历史学前沿论坛：历史记忆与失忆——价值选择与史学功能

2009 年 12 月 11 ~ 13 日，由中国社会科学杂志社《历史研究》编辑部、南开大学历史学院和天津市历史学学会共同主办的“第三届历史学前沿论坛”在天津举行。论坛主题为“历史记忆与失忆——价值选择与史学功能”，旨在关注史学研究中具有学科影响的宏观性、前沿性和前瞻性问题，以期为历史学的学科发展提供理论性的思考与期待。来自中国社会科学院、北京大学、清华大学、南开大学等 10 多所高校和科研机构的 40 余名专家学者应邀参加会议。中国社会科学杂志社总编辑高翔、南开大学党委副书记刘景泉出席开幕式并讲话。

高翔指出，历史研究具有独特性，不能直接进入对象的深处。历史学家一般通过技术手段、以符号来记录的资料和想象等三种手段来把握时代。在某种意义上，历史记忆也构成历史的一部分。《中国社会科学》《历史研究》《中国社会科学报》将引导和支持“历史记忆”这一历史学前沿领域的研究。刘景泉指出，“历史学前沿论坛”是中国社会科学杂志社与国内知名高校联合推进史学研究的有益探索，有利于加强史学界的交流联系、提高史学研究的整体水平。

与会学者还就“历史记忆与国家认同”、“从士绅到权绅：历史记忆与社会重构”、“从苏州到纽约——从城市文化记忆的传播谈起”、“‘危机’想象与美国革命的特征”等内容进行了研讨。为期两天的论坛分别设主题发言、专家评论、综合讨论等四场讨论会。

（郑　飞）

社会科学文献出版社

2009 年，社会科学文献出版社坚持为院科研服务的宗旨，以体制改革为契机，开启了第三次创业的热潮，完成了年初提出的主要任务，取得了社会效益和经济效益的双丰收。

（一）2009年的经营概况

2009 年共出版纸质图书 700 种，其中新书 616 种，再版及重印书 84 种；出版电子图书产品 164 种，音像产品 7 种，出版期刊 1 种，承印我院期刊项目 2 种。全年发货总码洋 12889.33 万元，总收入 9242 万元，实现利税 1036 万元，2009 年新增固定资产 320 万元。

（二）2009年的主要工作及业绩

1．坚持正确的出版方向，努力为党和国家的工作大局服务。严格执行出版管理规定，全年履行送审、备案程序的项目 30 余个，在重大选题管理上做到了守土尽责。围绕新中国成立 60 周年主题，策划了一系列出版物，其中《中国人口政策 60 年》入选《辉煌历程——庆祝新中国成立 60 周年重点书系》，《中华人民共和国法制史》等 5 种图书入选新闻出版总署“庆祝新中国成立 60 周年百种重点图书”。

2．始终坚持为院科研服务的宗旨，为中国社会科学院科研成果的出版与传播提供了高端、宽广的基础平台。2009 年，该社共承担院内出版项目 161 种，占新书出版总数的 26%。其中，《中国社会科学院文库》项目以及院科研基金资助项目 12 种，《中国社会科学院老年学者文库》10 种，《中国社会科学院青年学者文库》1 种。

2009 年，该社皮书系列总品种数达到 112 种，新增 26 个品种，“经济”、“社会”、“法治”、“文化”、“城市竞争力”、“房地产”、“企业”蓝皮书，“世界经济”、“国际形势”、“世界社会主义”黄皮书，“农村经济”、“人口与劳动”绿皮书等系列图书继续出版。同时，成立了皮书编辑委员会，严格按照皮书规范对拟立项皮书项目进行审议。

蔡昉的《中国经济转型 30 年》，刘树成的《中国经济增长与波动 60 年：繁荣与稳定 III》，苏东斌的《当代中国经济思想史断录》，李慎明的《美元霸权与经济危机》（上下册），李培林的《中国社会学经典导读》，孙立平的《重建社会》，王宁的《从苦行者社会到消费者社会》在社会学界都产生了较大的影响；该社 2009 年出版的译著《亚当·斯密在北京》《气候变化的挑战与民主的失灵》《气候变化的政治》等都得到学界的高度评价。

多项重点学术图书及主题图书获得奖项。《一个大国的崛起与崩溃》被多家媒体评选为“2009 年最佳 10 种图书”，还被中央电视台“子午书简”栏目和中国图书商报社联合评为“2009 年最值得一读的 30 本好书”之一。

3．数字出版取得新进展。完成皮书数据库一期平台和中国省域竞争力评价指标数据库平台建设并上线销售，2009 年实现销售 294486 元，200 多家客户正在试用。皮书数据库在 2009 年 7 月召开的第三届中国数字博览会上获得“2008 ～ 2009 年度数字出版知名品牌”称号，谢寿光社长被评为 2008 ～ 2009 年度数字出版先进个人。

4．国际合作开展顺利，合作出版成果显著。2009 年 10 月 15 日在法兰克福国际书展上，该社与德国阿登纳基金会、荷兰博睿学术出版社在中国主题馆共同主办了“中国经济发展与全球金融危机”学术演讲会。

2009 年 6 月，“《中国经济转型 30 年》新书发布暨座谈会”在北京举行。

2009 年，社会科学文献出版社进一步加大与荷兰博睿学术出版社的合作力度，

"改革开放30年"系列丛书（共9本）已经正式签署协议，进入出版流程。此外，全年引进版权46项。继续进行由笹川日中友好基金支持的"中日历史学者共同研究"项目，推出了第二期研究的成果《1945年的历史认识》一书。2009年9月，同韩国首尔孔子学院、韩国现代中国研究会合作主办"第11届韩中文化论坛"。

5．市场营销的整合效应逐步体现。2009年组织召开61场新闻发布会和学术研讨会，主要有《中国经济转型30年》新书发布暨座谈会、2009年中国经济社会形势分析和预测暨第十次全国皮书工作研讨会、《澳门回归大事编年（1999～2009）》和《澳门研究丛书》发布会等。市场部经理按学科或主题对产品实施全方位管理，对各学科图书以及重点丛书套书的销售、库存等情况定期分析，对重点产品进行整体的营销宣传。

开发与利用终端读者数据库。已有个人用户4万多，机构用户2万多。全年终端销售、读者邮购和网上购书合计97.6万元。

"救护"项目品种不断扩张。2009年，仅为上海红十字会定制的《现场初级救护手册》就创造了单书190万元毛利的效益。该社"世博"产品《文明观博200问》仅上海地区版本就已经印制65万册。

（三）积极推进转企改制工作

根据国家对文化事业单位转企改制工作的要求，该社正式提交了《社会科学文献出版社转制方案》，2009年10月获得总署批复。在清产核资小组工作的基础上，该社聘请专业会计师事务所，于2009年11月初正式提交了清产核资报告。为了落实我院人才强院战略，该社制定了《社会科学文献出版社人才强社实施方案》，该方案涵盖高端人才引进、员工薪酬体系建立等诸多方面。

计算机网络中心

2009年，计算机网络中心积极开展各项工作，在深化管理体制改革、推进信息化项目建设、建立健全规章制度、加大向研究所倾斜力度等方面，都达到了年初制定的工作目标。

（一）进一步深化网络信息化体制机制改革

为深化我院信息化管理体制改革，网络中心起草了《中国社会科学院网络信息化建设进一步深化改革的总体方案》，制定了深化信息化体制机制改革的发展目标、主要任务和实施步骤。方案经院长办公会审议通过后印发全院，成为我院深化信息化体制机制改革、推进信息化建设的指导性文件。

（二）实施“统一身份认证”和新机房建设工程

2009 年 8 月实施“统一身份认证”项目，年末完成院科研管理系统、邮件系统、社科期刊数据库系统、院图书馆 ECO 系统等九个应用系统的认证登录整合并进入测试阶段，以实现“一码通”，减少网上重复登录，并为实施“远程访问内网”打好基础。

新机房工程是 2009 年我院信息化建设的重要项目，投资目标是扩大存储空间，缓解安全压力、改善机房环境。为了保证新机房工程质量，2009 年，院网络中心分别对工程设计和质量监理单位进行了邀标，并委托国管局政府采购中心代理工程招投标。10 月启动机房工程，年末完成老机房设备迁移。

（三）加大对研究所信息化建设的支持力度

2009 年，院网络中心按照院领导“加大对研究所经费倾斜”的指示，先后到十几个研究所和直属单位调研，针对各所信息资源建设和专业网建设的特点，增加了研究所的信息化工作经费，由 2008 年的 130 万元增加到 166 万元；增加研究所信息化项目经费，新立所级信息化项目 25 个，总投资 351 万元。同时，为加强院直信息化建设，新增院职能部门与部分院直属单位的信息化工作经费 33 万元。

（四）加强“名网”建设

2009 年，围绕建设“国内外一流的哲学社会科学专业学术名网”的工作目标，院网络中心两次召开关于“名网”建设的座谈会，听取研究所对“名网”标准和如何建设“名网”的意见与建议。实行专业“名网”典型引路的方针，推动各所网站向本学科门户网站发展，在 2009 年资助的 25 个所级信息化项目中，有 21 个是各所的网站建设项目。同时，配合“走出去”战略，继续推进所级外文网站建设。

（五）院信息化建设的协作与管理

2009 年 8 月，为进一步理顺院网络中心与院图书馆在信息化建设中的分工协作关系，院网络中心与院图书馆建立了协调会议制度，形成了《在网络信息化工作中加强分工协作、避免重复建设的工作方案》和《院网络中心与院图书馆关于在网络信息化建设中实现“五统一”的工作思路》，对两单位实现“统一管理、统一网络、统一数据库、统一经费和统一人员”提出了具体措施。此方案已经院长办公会审议通过。

（六）加强院信息化规章制度建设

2009 年，为了加强对信息化建设项目的管理，院网络中心起草了《院属单位信息化项目管理办法》和《院级信息化项目管理办法》，并经院长办公会通过印发全院。同时，对 2008 年印发的《研究所信息化工作经费管理办法》作了修订，使信息化工作经费的使用更加规范。

（七）积极稳妥地推进聘用制改革及网络中心岗位设置管理工作

院网络中心的职能调整是院信息化体制机制改革中的一项重要内容。按照“加强行政管理职能，探索网络运维向社会化转型”的精神，将网络中心“一处五部”的内设机构调整为“综合处”、“规划与项目管理处”、“网络信息安全处”、“数据库与办公自动化工作部”、“网站建设与网络文化研究部”和“设备运营部”，加强了管理职能，同时制定了计算机工程系列岗位任职条件和分级办法，完成了岗位设置方案。

（八）举办信息化工作人员培训

2009 年 10 月，院网络中心举办了“网络信息化工作培训班”。全院 46 个所局级单位的 103 位从事信息化工作的同志参加了培训。中心领导作了 2009 年院信息化工作报告，数量经济与技术经济研究所等 7 家单位分别介绍了各自在网站建设中所取得的成绩和积累的经验，并对建设“名网”提出了规划设想。培训班对院网站综合信息管理平台的功能应用进行了培训，邀请中科院和工信部的专家就当前国内外信息化发展状况及趋势举办了专题讲座。

服务中心

2009 年，服务中心认真贯彻落实院工作会议精神，坚持服务宗旨，深化后勤改革，加强经营管理，较好地完成了各项工作任务。

（一）人员、机构基本情况

截至 2009 年年底，服务中心共有在职职工 199 人。其中：干部 92 人，工人 107 人。外聘员工 351 人。

服务中心设有办公室、党务人事部、计划财务部、事业发展部、综合管理办公室、社科车队、科研后勤保障中心、接待服务中心（院部餐厅、医务室、会议中心、社科博源宾馆、北戴河培训中心、密云绿化基地）、经营管理中心（社科光大经贸有限公司、安信捷办公用品销售中心、社科文印部）和人防管理办公室（2009 年 10 月划归院财务基建计划局）。

（二）围绕服务科研，实施了三项管理模式改革

1．完成了北京市图文印刷厂的改制。将图文印刷厂由企业改为事业单位，更名为社科文印部。主要任务是为院内提供印刷服务。主要措施：减员增效，清理债权债务，开展“树文明服务新风，创优质印刷窗口”活动。

2．对会议中心进行了改革。明确了会议中心的主要任务是为院部机关和研究所科研活动提供会议接待服务。对会场的使用、必需费用的收取、设备设施的维护、内部管理等方面作了

规定。

3．对圣士酒楼进行了改革。2007年12月服务中心停止了圣士酒楼的经营活动，有效地解决了经营亏损问题。2008年5月，院决定将圣士酒楼经营场所改造为院老干部和职工活动中心，7月31日，活动中心正式启用，服务中心承担了活动中心的管理、服务任务。

2009年7月，中国社会科学院举行“老干部和职工活动中心”揭牌仪式。

（三）后勤服务保障工作

1．圆满完成了2009年院工作会议、所局主要领导干部管理强院研讨会、新中国成立60周年庆祝活动等各种会议、各种活动的服务保障任务。会议中心完成院内外各种会议接待服务工作，接待会议1500个，会议人数5万人次。

2．科研后勤保障中心完成院部机关和院12个宿舍小区的物业管理服务工作，完成供暖面积35万平方米，物业服务面积23万平方米。为确保职工宿舍电梯安全运行，利用自有资金为车公庄18号宿舍楼、劲松7区宿舍楼、前门东大街3号宿舍楼更新三部电梯。

3．社科车队完成院领导、职能部门和全院职工安全用车。安全行车3万多台次，行程100多万公里。积极采用路通卡这一有效措施，加强了管理，节约了支出。

4．院部餐厅全年接待就餐人员26万人次，平均每天1000　人次。在物价上涨的情况下，保持伙食质量稳定，完成职工就餐工作。此外，还完成了会议用餐等任务。同时，院部餐厅的就餐人员实行了分餐制。院部餐厅进行了较大的维修改造和设备更新，增设了东餐厅。在编职工在现有餐厅就餐，外聘员工在东餐厅就餐。改善了就餐环境和就餐条件。

5．医务室完成全院职工医疗保健工作。医疗门诊13000多人次，为全院51个单位4000位职工进行了体检。承担了院甲型H1N1流感防控日常工作，为全院部分职工联系接种了甲型流感疫苗。完成了我院各种会议及其他活动共17次医疗保健工作。

（四）企业经营管理工作

1．加大了企业改革和企业管理力度，扭亏增盈工作取得明显成效。大部分单位取得较好的效益，个别单位存在亏损。科研后勤保障中心、医务室、社科车队、社科光大经贸有限公司、社科博源宾馆等单位取得良好效益。

2．为了从根本上解决圣士酒楼、维尔卡姆总公司、新业时代汽车商贸有限责任公司、图文印刷厂等四个企业单位的经营亏损问题，服务中心果断停止了四个单位的对外经营活动，取得了较好的效益，减轻了中心的财务负担，妥善安排了有关人员。

3．对企业单位实施了经营合同管理，明确了企业经营的各项目标和责任，强化了激励约束机制，修改了奖罚办法，推进了企业经营工作。

4．开展了企业经营分析活动，每季度召开一次经营分析会，分析总结财务收支情况，肯定成绩，指出问题，提出改进措施。

5．为有利于王府井社科博源宾馆开展经营活动，积极克服困难，解决遗留问题，疏通与市、区有关管理部门的关系，拆除改造了宾馆东侧临街近100米围墙。

（五）行政管理工作

认真贯彻落实国家和我院的有关规定，在加强公文管理、档案管理、人事管理、房改补贴管理、外聘员工管理，社会保险管理、财务管理、资产管理、服务工作管理、经营工作管理、基本建设管理、安全稳定管理、保密管理等方面强化了按规章制度办事的执行力度，完成了各项行政管理工作。在安全管理方面，在坚持抓好日常安全的同时，更加注重节假日和敏感日的值班及安全检查，确保了中心的服务、经营及各项管理工作安全有序，未发生重大责任事故。

在甲型H1N1流感防控工作中，服务中心承担了甲型H1N1流感防控工作小组办公室的日常工作。制定了《中国社会科学院防控甲型H1N1流感应急预案》，采取多种形式宣传防控知识，组织全院职工接种疫苗，较好地完成了甲型H1N1流感防控工作。

努力做好各项节能工作，落实三部委下发的《关于采取有力措施认真落实厉行节约八项要求的通知》精神。按照财计局制定的节能要求，在节水、节电、节油等方面制定具体措施，改进相关设备，做好在全院试行磁卡售电试点单位的各项准备工作。

组织开展了“小金库”自查自纠工作。按照《中国社会科学院深入开展“小金库”专项治理工作的实施方案》的通知要求，对照专项治理工作中八个重点问题，认真开展自查，未发现违反规定的问题。

按照院改革工作协调小组的要求，完成了将人防办移交给财计局的有关工作。

人才交流培训中心

2009年，人才交流培训中心完成了以下主要工作：

（一）组织2008年度考核拟评优人员未获“中国社会科学院管理干部公共管理核心内容培训证书”的管理干部补课、补交论文工作

为了形成干部培训和管理工作的激励机制，从2008年起，我院管理干部参加公共管理核

心内容培训并获得培训证书的，才能在年度考核中评优。按照人事教育局《关于未获得培训证书的管理干部限期补课的通知》要求，组织院属部分单位2008年度考核拟评优、却未获“中国社会科学院管理干部公共管理核心内容培训证书”的管理干部76人补课、补交论文的工作。

（二）完成“2009年管理干部公共管理核心内容培训班”的培训任务

按照院党组提出的“科研强院、人才强院、管理强院”的要求，根据2009年我院干部统一培训计划，从加强我院管理队伍素质与能力建设的需要出发，与人事教育局联合印发了《关于组织2009年管理干部公共管理核心内容培训工作的通知》社科（2009）人字42号，组织对新入院及2008年以前未获得“中国社会科学院管理干部公共管理核心内容培训班培训证书”的管理干部进行培训，聘请院内外专家授课，要求每人培训后结合培训内容与工作实际提交1篇论文。2009年举办培训班2期，每期培训5天，培训管理干部168人，670人次。培训课程结束后，组织了对参训人员论文的评审。至2009年底，168人中按文件要求完成4门课程并提交培训论文合格、已获得“中国社会科学院管理干部公共管理核心内容培训班培训证书”的133人，占参训人员的79.2%。

至此，自2006年到2009年年底，全院共有810名管理干部获得“中国社会科学院管理干部公共管理核心内容培训班培训证书”。

（三）做好《中国社会科学院管理干部公共管理核心内容培训文选》的选编工作

为了巩固和发展近年来组织管理干部公共管理核心内容培训的成果，依据社科（2008）人字4号《关于继续做好管理干部公共管理核心内容培训工作的通知》《中国社会科学院管理干部公共管理核心内容培训论文评选方案》等文件精神，陆续对2006年至2008年管理干部公共管理核心内容培训中提交的640多篇论文组织了选优、评审和编辑工作，经作者本人同意，遴选出论文及文章40多篇，集结成《中国社会科学院管理干部公共管理核心内容培训文选》，拟请院领导写序言后，组织出版、交流，以促进我院及相关领域的干部培训和管理工作。

（四）制定《中国社会科学院人事代理暂行办法》，开始对编制内人员实施人事代理

为配合我院聘用制改革，促进人才能进能出、合理流动机制的形成，特别是探索“退出机制”的建立，根据《中国社会科学院人才强院战略实施方案的通知》（社科人字〔2009〕6号）、《中国社会科学院聘用制改革及岗位设置管理工作实施方案》（社科人字〔2009〕7号）等文件的精神，在对中科院等单位人才机构开展人事代理情况调研的基础上，研究制定了《中国社会科学院人事代理暂行办法》，经院长办公会议审议通过后，与人事教育局、财务基建计划局联合发文，对院属八个聘用制改革试点单位2008年7月1日以后进入我院的在编人员和其他院

属各单位2009年7月1日以后进入我院的在编人员实行人事代理。用人单位与受聘人员签定聘用合同后，将受聘人员档案委托人才交流培训中心管理，聘用合同终止或解聘后，原受聘人员即自动转为社会化的人员。

目前，人才交流培训中心已接受哲学所委托，为8名编制内人员进行了人事代理。

（五）做好编制外人员人事代理、流动人员人事档案管理及代理社会保险工作

1.接受我院研究生院培训中心、北京社科城市与环境规划研究院(我院城市中心协作单位)、金融研究所、社会科学文献出版社、中资公司、国际合作局社科国际学术文化交流服务中心、科研局委托，为其部分聘用的编制外人员实施人事代理。目前，人才交流培训中心共接受7个院属或相关单位委托，为聘用的23名编制外职工进行人事代理。

2．接受我院博士后站进站人员的个人委托，代管人事档案5份。

3．2009年度转接流动人员人事档案75份，其中转入42份，转出33份。现共有流动人员人事档案654份。

4．为存档人员办理转正定级20人次，办理工龄审定、调整档案工资30人次；开具与人事档案相关的证明90人次；整理归档材料110件；装订人事档案材料14卷。

5．接待单位与个人有关人事代理、档案问题及办理社会保险方面的查档、咨询630人次；办理20多个院属单位原离职人员、现聘用的编制外人员50人的人事档案补充材料；办理50名职工或职工家属人事档案的接收事宜。

6．为存档流动人员进行代理社会保险服务，代上养老、失业和医疗保险13人。

7．与院属单位领导、人事部门就办理社会保险中遇到的历史遗留问题进行沟通协调，努力为化解人事争议与纠纷献计献策；同时，利用与中国人才交流协会及其国家机关人才交流机构分会等单位的横向协作，设法激活有历史遗留问题的人事档案，积极为转接人事档案的流动人员办理社会保险提供信息、渠道。

（六）进行人才交流培训中心网站“中国社科人才网”的维护和建设

配合院属单位招聘2009年高校毕业生的工作，更新“中国社科人才网”动态网页的部分招聘与求职信息，发布以院属各单位招聘需求为重点内容的单位招聘信息、以社会科学高层次人才及社科类高校应届毕业生为主的求职人才信息。目前，动态网页有注册用户2830人，单位招聘信息535条，求职人才信息2273条。

更换“中国社科人才网”部分静态网页的信息，建立了“2009年管理干部培训”和“2006～2008年管理干部培训文选”等栏目。共新发布文章62篇，其中包括2006～2008年管理干部培训中经评审较优秀的论文及文章44篇，中国社会科学院2009年管理干部公共管理核心内容培训班第1～16期简报，其他论文、文章2篇。

（七）协助若干院属单位进行人才招聘工作

运用人才交流培训中心、特别是“中国社科人才网”的人才交流服务功能，为我院数量经济与技术经济研究所经济系统分析研究室、近代史研究所、哲学研究所、城市发展与环境研究中心、金融研究所进行人才招聘代理工作，专门发布招聘信息5次，为这些用人单位获取较多应聘人才信息提供了服务。

（八）完成国家规定的人才交流机构有关证书、许可证的审验、登记工作

1．按照国家事业单位登记管理局和我院人事教育局要求，办理人才交流培训中心《事业单位法人证书》2008年的年检。

2．按照国家技术监督局全国组织机构代码中心要求，办理人才交流培训中心《中华人民共和国组织机构代码证》2008年的年检。

3．按照人事部要求，办理人才交流培训中心《人才市场中介服务许可证》2008年年审事宜。

五　院直属公司工作

中国人文科学发展公司

中国人文科学发展公司设有总经理办公室、网络办公室、图书进口部、中文图书部、电子文献部。

2009年,依据中国社会科学院“管理强院”战略的指导方针,人文公司加强了内部制度建设、队伍建设及规范管理，圆满地完成了2009年公司的各项目标，图书采购总代理制顺利实施。

（一）图书采购总代理制的实施

2009年，为加强中国社会科学院图书采购工作的整体协调和科学化管理，进一步实现图书经费使用的公开化和效益最大化，充分利用国家赋予公司出版物进口资质等各项优惠政策，合理配置资源，建立健全适应中国社会科学院科研需要、具有中国社会科学院特色的图书采集系统。中国社会科学院图书采购实行了总代理制改革，由中国人文科学发展公司牵头执行。图书采购总代理制是公司2009年的一项主要工作。

1．2009年8月上旬，人文公司解决并完成中国社会科学院各研究所图书馆所需要的中文图书目录制定工作；同时开始选择、考察采购书商工作，选择书商的标准主要包括实力、服务、价格等方面。

2．2009年9月上旬，人文公司对中国社会科学院15个研究所图书馆进行实地调研，并分别召开座谈会，商讨图书采购总代理制度改革中出现的具体问题。9月中旬，人文公司根据前期调研情况，与中国社会科学院图书馆和财务基建计划局有关负责人进行沟通。在充分考虑实际工作需要的前提下，对图书采购总代理制改革方案及工作流程进行修改。9月下旬，人文公司组织召开院图书总代理制改革工作座谈会。全院29个单位图书馆、资料室负责人共50多人参加会议。会议中，公司副总经理苗宏对图书总代理制改革方案的工作流程及图书采购改革资金使用情况作了说明。

3．根据中国社会科学院领导批准的图书采购总代理制新修改后的改革方案和工作流程，公司在9月底进入图书采购阶段，并制定了公司内部图书采购管理审批流程，财务审批流程及相关管理制度。

至此，图书采购总代理制在2009年顺利实施。

（二）思想政治工作

2009年，十七届四中全会胜利召开，根据中国社会科学院党组《关于学习贯彻党的十七届四中全会精神的通知》，公司党支部组织公司全体人员进行了认真、全面、细致的学习，使公司员工对加强和改进新形势下党的建设重要性的认识进一步加深，并进一步增强了为推进马克思主义中国化、时代化、大众化，为建设马克思主义学习型政党作贡献的责任感和使命感。2009年，公司党支部在认真考察公司员工的基础上，发展了一批政治立场坚定的党员，进一步加强了公司的党建工作。

六　院代管单位工作

当代中国研究所

（一）人员、机构基本情况

截至2009年年底，当代中国研究所共有在职人员93人。其中，正高级职称人员12人，副高级职称人员15人，中级职称人员20人；高、中级职称人员约占全体在职人员总数的51%。

当代中国研究所设有办公室、科研办公室、第一研究室（政治史研究室）、第二研究室（经济史研究室）、第三研究室（文化史与社会史研究室）、第四研究室（外交史及港澳台史研究室）。其中办公室下辖秘书档案处、人事保卫处、财务处、行政管理处和老干部工作处5个处，负责管理服务中心；科研办公室下辖学术处、宣传教育处、图书资料室、信息中心和《当代中国史研究》编辑部5个处。

所属科研中心有：当代中国政治与行政制度史研究中心、“陈云与当代中国”研究中心、当代中国文化建设与发展史研究中心、“一国两制”史研究中心、新中国历史经验研究中心。

（二）科研工作

1．科研成果统计

2009年，当代中国研究所出版专著8种，452万字；论文161篇，138万字；研究报告6篇，5.7万字；学术资料5种，369.1万字；译文1篇，0.9万字；学术普及读物4种，18.2万字；一般文章35篇，21万字；论文集2部，104万字；影视1部，150分钟。

2．科研课题

2009年，当代中国研究所有新立项课题1项，为中央纪委驻中国社会科学院纪检组交办委托课题：“中国特色反腐倡廉道路研究”（张星星主持）。

2009年，当代中国研究所有延续课题17项。其中，国家社科基金课题6项：“中华人民共和国史研究的理论与方法”（朱佳木主持），“新中国成立以来气象灾害与农业经济关系史”（陈东林主持），“1975～1982：历史转折研究”（程中原主持），“马克思主义理论研究和建设工程中华人民共和国史教材编写”(程中原主持),“当代中国发展进步的政治前提和制度基础研究”(田居俭主持),“新中国成立 60 年基本经验研究”(朱佳木主持);院重大课题 1 项:“无产阶级专政的历史经验研究”(朱佳木主持);院纪检组交办课题 1 项:“建设社会主义新农村与加强农村基层党风廉政建设”(宋月红主持);所重点课题 8 项:“新中国社会主义意识形态建设的历史经验研究”(张星星主持),“新中国民主与法制建设的历史经验研究”(程中原主持),“新中国农村政治建设研究”(李正华主持),“1966 ~ 1976 年国民经济与社会发展状况研究”(陈东林主持),“农村土地经营方式的变迁‘两个飞跃’思想研究”(李文主持),“论社会主义和谐社会提出的历史背景及其在中国共产党治国理论中的地位”(刘国新主持),“20 世纪 60 年代中苏关系的回顾与评价”(丁明主持),“‘一国两制’在香港的成功实践”(罗燕明主持);北京市社科基金课题 1 项:“当代中国国家安全的理论与实践——1949 ~ 2004 年国家安全战略分析”(刘国新主持)。

(三)学术交流活动

1. 学术活动

2009 年,当代中国研究所主办和承办的学术会议和活动有:

(1) 2009 年 7 月 6 日,当代中国研究所、中华人民共和国国史学会与吉林省白山市委和市政府、陈云故居暨青浦革命历史纪念馆在吉林省白山市联合主办了第三届“陈云与当代中国”研讨会。会议主题是“陈云与新中国的建立和建设”。

(2) 2009 年 8 月 23 日,当代中国研究所在北京召开“《中华人民共和国史编年》1949 年卷至 1955 年卷出版座谈会”。

(3) 2009 年 9 月 16 ~ 17 日,当代中国研究所在北京主办“当代中国与它的发展道路——第二届当代中国史国际高级论坛”。

(4) 2009 年 11 月 2 ~ 3 日,当代中国研究所《当代中国史研究》杂志社和安徽行政学院在安徽省合肥市联合举办“中国当代史研究的理论与方法”研讨会。

(5) 2009 年 3 月 31 日,当代中国研究所第一研究室在北京主办主题为“西藏封建农奴制度与民主改革”的季度国史专题研讨会。

(6) 2009 年 11 月 26 日,当代中国研究所第二研究室在北京主办主题为“新中国两个 30 年的关系问题”的季度国史专题研讨会。

(7) 2009 年 12 月 10 日,当代中国研究所第四研究室在北京主办主题为“‘一国两制’史研究中心成立暨纪念澳门回归十周年专题学术研讨会”的季度国史专题研讨会。

(8) 2009 年 3 月 25 日,当代中国研究所在北京举办国史讲座第 50 讲,由中国人民大学农业与农村发展学院院长温铁军教授讲“中国工业化与三农困境下的可持续发展问题”。

(9) 2009 年 4 月 24 日,当代中国研究所在北京举办国史讲座第 51 讲,由中国人民大学社会学系主任李路路教授讲“转型时期的阶级分析与和谐社会建设”。

（10）2009 年 5 月 24 日，当代中国研究所在北京举办国史讲座第 52 讲，由四川省国税局干部高戈里讲“一段似‘左’非‘左’历史的辩证——‘国军’改造史研究感悟”。

（11）2009 年 7 月 10 日，当代中国研究所在北京举办国史讲座第 53 讲，由军事科学院战争理论与战略研究部原副部长、中国军事科学学会军事历史分会会长齐德学少将讲“新中国 60 年来的国防和军队建设”。

（12）2009 年 11 月 25 日，当代中国研究所在北京举办国史讲座第 54 讲，由美国乔治·华盛顿大学艾略特国际关系学院中国政策项目主任沈大伟教授讲“美国的当代中国研究”。

（13）2009 年 6 月 16 日至 9 月 28 日，当代中国研究所和中华人民共和国国史学会在中央宣传部及新华社领导的支持和帮助下，与中国图片社、有关地方党委宣传部、新华社亚太总分社等部门密切配合，成功举办了“中国巨变（1949 ～ 2009）——庆祝中华人民共和国成立 60 周年图片展览”巡展活动。图片巡展在天津首展后，又先后赴重庆、广州、北京和上海四个城市及香港、澳门两个特别行政区展出。中共中央政治局委员、中共上海市委书记俞正声，澳门特区行政长官何厚铧和立法会主席曹其真，香港特区政府民政事务局局长曾德成和全国人大原常委曾宪梓，以及举办城市的有关领导，分别出席了巡展开幕式或参观了展览。

（14）2009 年完成《当代中国水利事业》等 5 部大型电视系列专题片的摄制工作。在以往工作的基础上，《当代中国》大型电视系列专题片的摄制工作取得新进展。与水利部联合摄制的 5 集电视专题片《当代中国水利事业》和与国家外国专家局联合摄制的 5 集电视专题片《当代中国引进智力》已摄制完成，并先后在中央电视台播出；与国务院扶贫开发领导小组办公室联合摄制的 3 集电视专题片《当代中国扶贫开发》和与“两弹一星”历史研究会联合摄制的 6 集电视专题片《当代中国两弹一星》已完成前期摄制，将于近期完成制作；与中国航空工业集团公司联合摄制的 3 集电视专题片《当代中国航空工业》，也将在近期完成补拍和制作。

（15）2009 年 9 月 16 日，当代中国研究所创办的“中华人民共和国国史网”举行开通仪式。《人民日报》《光明日报》、新华网、人民网、中国网等媒体作了报道，中国网、社科院网和“两弹一星”等网站对国史网作了友情链接，社科院网在“特别关注”栏目进行了 1 个月的推介。

2．国际与地区学术交流和合作

2009 年，当代中国研究所共派遣出访 10 批 28 人次，接待来访 5 批 43 人次。与俄罗斯科学院远东研究所继续履行双边学术交流协议，与韩国国史编纂委员会继续履行学术交流意向书。

与当代中国研究所开展学术交流的国家有俄罗斯、美国、日本、韩国、印度、澳大利亚、瑞典。

（1）出访。

2009 年 6 月 2 ～ 7 日，以中国社会科学院副院长兼当代中国研究所所长朱佳木研究员为团长的中国社会科学院学术代表团一行 7 人，对日本进行了为期 6 天的学术访问。在访问日本期间，朱佳木副院长与庆应大学当代中国研究中心的学者举行了学术座谈会，就当代中国史研究的定义和分期等问题作了专题学术报告。在北海学园，代表团与北海学园东北亚研究中心副主任西川博史教授为首的商科大学、东北亚研究中心学者就当代中国史研究的一些基本情况进行了座谈。

2009 年 5 月 25 ～ 29 日，根据当代中国研究所与韩国国史编纂委员会签订的《学术交流意向书》，以副所长米山为团长的 4 人代表团赴韩国进行了为期 5 天的学术交流和访问。

2009 年 8 月 1 ～ 10 日，当代中国研究所副所长武力应邀参加在荷兰乌德勒支（Utrecht）市举行的主题为“1840 年以来的中国经济近代化与投资”世界经济史学会第 15 届大会，并作大会发言。

2009 年 10 月 19 ～ 29 日，根据当代中国研究所与俄罗斯科学院远东研究所签署的双边学术交流协议，当代中国研究所秘书长赵明新和宋月红、周红 3 人赴俄罗斯科学院远东研究所进行了为期 10 天的学术交流和访问。其间，参加了由远东研究所举办的主题为“苏／俄与中国建交 60 周年以及中华人民共和国成立 60 周年”的第 18 届“中国，中国文明与世界：过去，现在与未来”国际学术研讨会。

2009 年 12 月 21 ～ 24 日，应日本爱知大学国际中国学研究中心邀请，当代中国研究所陈东林研究员赴日本名古屋参加由该中心召开的以中国“文化大革命”研究现状为主题的国际小型研讨会，并就“文化大革命”时期经济方面的情况作了大会发言。

2009 年 6 月 16 ～ 26 日，当代中国研究所程中原研究员参加中宣部“马克思主义理论研究和建设工程考察团”赴匈牙利、意大利、希腊三国进行考察访问。

（2）来访。

2009 年 9 月 16 ～ 17 日，第二届当代中国史国际高级论坛在北京举办。共有来自俄罗斯、美国、日本、韩国、印度、澳大利亚、瑞典以及中国香港、澳门、台湾的学者 20 人与会。其中，著名学者有美国的傅高义、沈大伟，俄罗斯的季塔连科，日本的宫川彰、毛里和子，印度的莫汉蒂，瑞典的沈迈克以及澳大利亚的泰伟斯、孙万国等。

2009 年 4 月 10 日，中国社会科学院副院长兼当代中国研究所所长朱佳木会见韩国启明大学校长申一熙。

2009 年 4 月 17 日，中国社会科学院副院长兼当代中国研究所所长朱佳木会见巴林国际战略研究中心秘书长阿卜杜拉·萨迪格博士。

2009 年 5 月 14 日，中国社会科学院世界经济政治研究所荷兰访问学者贝蒂纳·布鲁林与当代中国研究所第二研究室科研人员王瑞芳、王丹莉就海河治理的相关问题进行座谈。

2009 年 6 月 4 日，以副院长武庆荣教授为团长的越南社会科学院代表团访问当代中国研究所。当代中国研究所张星星、武力、刘国新、丁明参加座谈。

2009 年 9 月 1 ～ 4 日，根据中国社会科学院与俄罗斯科学院签订的双边学术交流协议，俄罗斯科学院远东研究所卢基扬诺夫、乌索夫和配列罗莫夫教授来当代中国研究所开展为期 4

天的学术交流，就中国政治改革的有关问题与相关学者进行交流。

2009年9月5～15日，根据当代中国研究所与俄罗斯科学院远东研究所签订的双边学术交流协议，远东所卢基扬诺夫、乌索夫和配列罗莫夫教授来当代中国研究所开展为期10天的学术交流，就中国政治改革的有关问题与相关学者进行交流。

2009年9月8～28日，俄罗斯科学院远东研究所米利亚纽克、阿夫拉缅科、科罗特科夫教授来当代中国研究所作为期20天的学术访问，就中国经济、儒学等与该所学者开展学术交流。

2009年12月9日，中国社会科学院副院长兼当代中国研究所所长朱佳木会见越南社会科学院中国研究所所长杜进森博士、越南经济研究所所长陈廷天博士。

(3) 接受境外记者采访工作。2009年9月25日，中国社会科学院副院长兼当代中国研究所所长朱佳木就中华人民共和国成立60周年接受日本《朝日新闻》记者采访。

3．与香港、澳门特别行政区和中国台湾开展的学术交流

2009年8月30日至9月2日，以中国社会科学院副院长兼当代中国研究所所长朱佳木为团长的4人代表团赴澳门，参加由当代中国研究所和新华社亚太总分社、中国图片社等单位联合在澳门理工学院体育馆举办的“中国巨变（1949～2009）——庆祝中华人民共和国成立60周年图片展览”澳门站巡展开幕式，朱佳木副院长和时任澳门特区行政长官何厚铧分别致辞并为展览揭幕。

2009年8月6～8日，当代中国研究所副所长张星星率团赴香港出席由当代中国研究所和新华社亚太总分社、中国图片社等单位联合举办的“中国巨变（1949～2009）——庆祝中华人民共和国成立60周年图片展览”香港站巡展开幕式，并在开幕式上致辞。

2009年6月22～24日，当代中国研究所副所长米山率当代中国出版社社长周五一、副社长张永赴香港出席《当代中国》丛书（海外版）出版新闻发布会。

2009年1月4～11日，当代中国研究所丁明、罗燕明等4人为所重点课题“‘一国两制’在香港的成功实践”赴香港岭南大学进行学术访问，收集课题相关资料。

（四）学术社团、期刊

1．社团

中华人民共和国国史学会，会长陈奎元，常务副会长朱佳木。

(1) 2009年6月13日，中华人民共和国国史学会和当代中国研究所联合举办的“纪念陈云同志诞辰104周年座谈会”在北京举行。参会人员80余人。

(2) 2009年8月26日上午，中华人民共和国国史学会第四次会员代表大会在北京召开。会议一致通过了《中华人民共和国国史学会章程（修正案）》，选举全国政协副主席、中国社会科学院院长陈奎元担任学会会长，中国社会科学院副院长兼当代中国研究所所长朱佳木担任常务副会长。

(3) 2009年8月26日下午，中华人民共和国国史学会第四届理事会成立大会在人民大会堂东大厅举行。中共中央政治局委员、中央书记处书记、中央宣传部部长刘云山，全国政协副主席、中国社会科学院院长、中华人民共和国国史学会第四届理事会会长陈奎元出席大会。中国社会科学院副院长兼当代中国研究所所长、常务副会长朱佳木主持大会。

(4) 2009年8月27～28日，为庆祝中华人民共和国成立60周年，中华人民共和国国史学会和中国史学会在北京联合举办主题为“新中国60年历史”学术研讨会。中国社会科学院副院长兼当代中国研究所所长、常务副会长朱佳木主持开幕式并作大会发言。

2．期刊

《当代中国史研究》(双月刊)，主编张星星，副主编李文。

2009年，《当代中国史研究》共出版6期，共计近160多万字。第5期为“庆祝中华人民共和国成立60周年专刊”，篇幅扩版1倍。全年刊载的有代表性的文章有：陈奎元的《正确认识新中国60年，为推动国史研究作出新贡献》，朱佳木的《论中华人民共和国史研究》《新中国两个30年与中国特色社会主义道路》，李捷的《毛泽东对新中国建立与发展的历史贡献》，刘国光的《中国特色社会主义经济运行机制的探索与创建》，沙建孙的《人民共和国：中国人民的历史性选择》，李文海的《从民族沉沦到民族复兴》，张海鹏的《近代中国历史发展选择了社会主义道路》，卓新平的《“全球化”与当代中国宗教》，王胜、刘英琴的《集体化时期农村合作医疗制度评析——以河北省深泽县为个案》，赵入坤的《城镇劳动就业与中国改革的发轫》，叶明勇的《新时期农村经济改革成功的原因再探》，宋晓芹的《逡巡于意识形态与现实利益之间的选择——关于新中国成立前后美国对华政策的再思考》，丁明的《审时度势，铸就辉煌——新中国外交战略演变的历史回顾》，〔俄〕季塔连科的《中华人民共和国成立的国际意义和中国改革的经验》，〔美〕傅高义的《邓小平与中国的对外开放：1977～1979的中美关系》等。

(五) 所直属单位

当代中国出版社，社长周五一。

2009年该出版社以转企改制为动力，进一步深化改革，努力拓宽经营领域，出版了一批国史类图书：《中华人民共和国史编年》1952年卷至1955年卷、《中国巨变(1949～2009)》画册、《中共十一届三中全会与当代中国的历史发展》等。其中《中华人民共和国史编年》被列入中宣部和新闻出版总署组织的庆祝新中国成立60周年百种重点图书，被中国版本图书馆永久收藏。全年出版图书145种(含重印书45种)，完成造货码洋4142万元。

与香港祖国出版社合作出版了《当代中国》丛书(海外版)，在北京和香港两地分别召开了新闻发布会，中共中央政治局委员、国务委员刘延东等领导出席了北京的新闻发布会。

当代中国出版社积极拓宽经营领域，延伸文化产业链。2009年与中央电视台“我们”栏目组合作，出版音像(DVD)作品18种；与哈尔滨市委宣传部、哈军工北京校友会合作，由当代华光文化传媒公司承制的5集电视文献纪录片《揭秘哈军工》在中央电视台一套“见证”栏目播出，其他一些电视台也将陆续播出。

该出版社作为第一批转企改制单位，按照中央和中国社会科学院的统一部署，在当代中国研究所党组和所改制工作领导小组的指导下，转企改制方案已获新闻出版总署批准，人员安置和清产核资工作已经完成，待上级单位进一步审计复核。

（六）会议综述

中华人民共和国国史学会第四届理事会成立大会

2009年8月26日下午，中华人民共和国国史学会第四届理事会成立大会在人民大会堂东大厅举行。中共中央政治局委员、中央书记处书记、中央宣传部部长刘云山出席大会。全国政协副主席、中国社会科学院院长、中华人民共和国国史学会（以下简称国史学会）第四届理事会会长陈奎元出席大会并发表了题为《正确认识新中国60年，为推动国史研究做出新贡献》的重要讲话。

陈奎元同志在讲话中说，新一届理事会受命于中华人民共和国建国60周年之际。回眸新中国的60年，是光辉灿烂的60年，是令共产党人、全中国人民足以自豪的60年。以60年为着眼点，新中国取得的成就与中国历史上各个兴旺的时期比，与世界上资本主义各个大国开国以后的历程比，不仅是毫不逊色的，也是无与伦比的。今天回顾60年的风风雨雨，应当相信和肯定，毛泽东及其战友们领导中国人民奠定的中国社会主义江山根基是牢固的；以邓小平为核心的第二代中央领导集体和以江泽民为核心的第三代中央领导集体进行的改革开放和社会主义现代化建设是成功的；以胡锦涛为总书记的党中央全面贯彻落实科学发展观、妥善应对国际金融危机，成就是显著的。

陈奎元同志强调，如何对待中共的历史，如何对待中华人民共和国的历史，是最严肃的科学事业，关系社会主义事业和中国人民的命运。研究国史要求政治思想性强，要讲政治、讲正气，要秉持古来史学家优良的道德操守，绝不允许凭个人好恶臧否革命领袖和其他先烈。“举之则使升天，按之则使入地”，轻薄为文、信口雌黄，不但是对先人的不敬，也是对中国人民的捉弄。国史研究工作者应当善于明察，并且作出令人信服的阐述。

陈奎元同志说，经历60个春秋，革命战争的硝烟早已散去，改革开放初期的艰难选择也逐渐淡漠，有些人对国家取得的成就不知是从哪里来的，看到不尽如人意处也不知根源何在，看不清中国未来的前途应当向什么方向发展，甚至发生某些误解。如果我们听信那些“告别革命”的呓语，这种种疑惑就会使人们疏远并最终脱离社会主义的正确轨道。

陈奎元同志最后指出，国史学会应是马克思主义国史研究者的友好之家，是弘扬社会主义新中国历史成就、历史经验的坚强阵地，是为国史研究工作和研究者加强联系互相切磋的场所。编写国史是国家的大事，研究是编写的前提，国史学会的任务就是要为推进国史研究作贡献。希望本届国史学会团结广大研究人员和热心于国史研究的党政军老干部，在国史研究和国史学科建设上作出新贡献。

中国社会科学院副院长、当代中国研究所所长、中华人民共和国国史学会第四届理事会常务副会长朱佳木主持大会。中宣部副部长翟卫华，中共中央党史研究室副主任龙新民、张启华，中共中央文献研究室副主任李捷、陈晋，中央档案馆馆长、国家档案局局长杨冬权，中国社会科学院副院长武寅、秘书长黄浩涛，《人民日报》副总编辑杨振武，中纪委驻文化部纪检组组长李洪峰，中纪委驻中国科学院纪检组组长王庭大，以及中组部原部长张全景，中共中央文献研究室原主任逄先知、滕文生和原副主任金冲及，中共中央党史研究室原主任孙英和原副主任沙健孙、谷安林，国务院发展研究中心原主任王梦奎，国防大学原副校长侯树栋，原国家计委副主任甘子玉，中央政策研究室原副主任郑科扬，中国社会科学院原副院长滕藤，国家统计局原局长李德水，解放军二炮原副司令员张翔，以及国史学会第四届理事会副会长李明华、王炳林等出席了大会。

会上，中共中央文献研究室副主任、中共文献研究会副会长陈晋，中共中央党史研究室原副主任、中共党史学会副会长谷安林，中国社会科学院文史哲学部副主任、中国史学会会长张海鹏，中国地方志指导小组秘书长兼办公室主任、中国地方志协会常务副会长田嘉，先后代表所在学术团体致辞，对国史学会第四届理事会的成立表示祝贺，表达了与国史学会加强合作、并肩前进的意愿。

国史学会第四届理事会理事和来自中央国家机关、科研院所、高等院校的领导和专家学者共 150 余人出席了此次大会。

（卜岩枫）

当代中国与它的发展道路——第二届当代中国史国际高级论坛

2009 年 9 月 16 ~ 17 日，当代中国研究所在北京主办第二届当代中国史国际高级论坛，主题为“当代中国与它的发展道路”。

中国社会科学院常务副院长王伟光、中国社会科学院副院长兼当代中国研究所所长朱佳木、中国对外友好协会会长陈昊苏、国务院新闻办公室副主任钱小芊、中央文献研究室副主任陈晋、中央党史研究室副主任张启华、中央文献研究室原主任逄先知、中央党史研究室原副主任沙健孙和中国社会科学院顾问刘国光等出席了开幕式。会议期间，论坛共安排了三次大会发言和一次分组讨论，29 位与会代表在大会上发了言。当代中国研究所副所长张星星作会议学术总结。

会议主要围绕以下问题进行了热烈讨论。

2009年9月，“当代中国与它的发展道路——第二届当代中国史国际高级论坛”在北京举行。

第一，关于当代中国发展道路的探索历程和历史评价。与会代表结合中国近代史和近代国际环境等背景，回答了近代中国为什么走不通资本主义的发展道路而必须进行新民主主义革命，并最终走上社会主义道路的问题；阐述了中共十一届三中全会前后两个30年的相互关系，认为中国特色社会主义道路的形成，既有后30年对前30年的发展，也有后30年对前30年的继承。与会学者对当代中国发展道路的认识虽然不尽统一，但都认同：新中国的发展道路是对西方发展模式的另一种选择；深入研究当代中国的发展历史和发展道路，对深化人类社会发展规律和发展趋势的认识有着普遍意义。

第二，关于当代中国的政治发展道路。与会代表分析了中国共产党对自身改革和政治体制改革采取的有效举措，认为中国共产党与国家建设和立法工作共同发展，使中国的政治建设逐步完善，并展现出在现行政治体制框架内稳步发展和完善的态势。与会代表强调，要从中国自身的历史、文献和政治实践来认识中国的民主模式和民主进程，认为中国将沿着一条基本不同于西方民主模式的道路前进。

第三，关于当代中国的经济发展道路。与会代表认为，国家计划的宏观调控，是中国特色社会主义市场经济所必备的内涵，社会主义市场经济应该在更高层次上建立计划与市场之间的和谐关系。与会代表阐述了邓小平社会主义市场经济思想及其发展过程；政府在中国经济发展中的主导作用、中国工业化道路的选择和国际环境对中国经济发展的影响；从人力资本的视角考察了中国经济持续高速增长的原因；总结了新中国城市化的发展轨迹及其经验教训。

第四，关于当代中国的文化发展和社会变迁。与会代表总结了新中国文化建设在各个历史时期取得的主要成就和经验教训，阐释了经济全球化和对外开放环境下中国五大宗教的发展态势。与会代表分析了新中国60年特别是改革开放30年来，中国社会发生的广泛而深刻的历史性变迁，主张加强“自下而上”的农村社会史研究，更多地关注亿万农民的生存环境、日常生活、人际关系和精神心理状态。

第五，关于当代中国的国防建设、外交政策与和平发展。与会代表分析了新中国始终坚持积极防御战略方针、在薄弱基础上推进现代化建设等基本特点，集中阐述了中国共产党坚持对国防和军队建设的绝对领导，积极推进国防和军队现代化建设的正确决策。与会代表认为，中国的“和平外交”和“和平发展”，不仅实现了自身发展，而且成为人类文明持续进步的强大动因。与会代表论述了邓小平为完成中美关系正常化作出的艰辛努力和重要贡献，分析了改革开放以来，中国与美国、欧洲、亚洲、拉丁美洲、非洲国家以及国际组织外交关系的发展。

第六，关于国外的当代中国研究。与会学者认为，中国的发展深刻地影响了世界，也推动了国外的当代中国研究，使这一学科愈益成为引人注目的显学，并着重总结和分析了俄罗斯和日本对当代中国的研究情况。

（卜岩枫）

第三届“陈云与当代中国”研讨会

2009 年 7 月 6 日，中华人民共和国国史学会与当代中国研究所、吉林省白山市委和市政府、陈云故居暨青浦革命历史纪念馆在吉林省白山市联合主办了第三届“陈云与当代中国”研讨会。会议主题是“陈云与新中国的建立和建设”。

出席会议的有：中国社会科学院副院长兼当代中国研究所所长、国史学会常务副会长朱佳木，吉林省政协常务副主席林炎志，中共白山市委书记李伟、副书记刘剑桥，陈云同志的女儿、北京市政协委员陈伟华，当代中国研究所副所长张星星、武力，秘书长赵明新和陈云故居纪念馆党总支书记马继奋，以及 63 篇入选论文作者共 80 余人。

会议认为：在西方资本主义世界遭遇“二战”以来最为严重的经济危机的大背景下，研讨“陈云与新中国的建立和建设”，更加增添了会议的现实意义。我们要紧密联系中国特色社会主义建设的实际，尤其要联系当前西方资本主义世界金融危机的实际，深入持久地研究陈云的经济思想，并把这一研究与学习和贯彻科学发展观结合起来，与学习和发扬陈云同志的坚定信念、求实精神、崇高品德结合起来，使这一研究更好地为建设中国特色社会主义服务。有 20 位入选论文作者作了大会发言，与会论文印成论文集进行了书面交流，集中围绕陈云与新中国的创建、与新中国经济建设的奠基、与中国社会主义建设道路的探索、与中国特色社会主义事业的开创和发展等问题，进行了研讨和交流。

（卜岩枫）

新中国60年历史学术研讨会

2009 年 8 月 27 ～ 28 日，中华人民共和国国史学会和中国史学会联合主办的主题为“新中国 60 年历史”的学术研讨会在北京举行。会议共邀请 60 位学者以文入会。

与会者围绕新中国成立的伟大历史意义，新中国的基本制度、重要政策和重大事件，新中国成立 60 年来在政治、经济、文化、社会、国防、外交和执政党建设等方面取得的成就和

2009 年 8 月，“新中国 60 年历史学术研讨会”在北京举行。

积累的经验等进行了深入探讨。与会者认为，新中国的成立是 20 世纪具有划时代意义的伟大事件，它结束了近代以来中华民族苦难深重的历史，实现了民族独立和人民解放，为此后中国的一切发展进步提供了根本前提。新中国成立以来，在以毛泽东、邓小平、江泽民为核心的党的三代中央领导集体和以胡锦涛同志为总书记的党中央领导下，中国人民以一往无前的进取精神和波澜壮阔的创新实践，谱写了中华民族自强不息、顽强奋进的壮丽史诗，取得了举世瞩目的发展成就。与会者强调，以党的十一届三中全会为标志，新中国 60 年大致可以分为改革开放前后两个 30 年。这两个 30 年虽然具有不同的特点，但彼此是紧密联系、不可分割的，前 30 年为后 30 年提供了必要准备，后 30 年实现了对前 30 年的巨大超越。中国特色社会主义道路的形成，既有后 30 年对前 30 年的发展，也有后 30 年对前 30 年的继承。

国史学会第四届理事会的部分理事列席了会议，中国社会科学院研究生院、北京大学、中国人民大学、北京师范大学等高校的部分教师、在读研究生 100 余人旁听了会议。《人民日报》《光明日报》《中国社会科学报》等媒体分别刊登了这次学术研讨会的消息和综述，研讨会的大部分论文也已在报刊上发表。教育部高校社科发展研究中心还将 10 位与会者的论文摘登在了内部简报上。

（卜岩枫）

“中国当代史研究的理论与方法”研讨会

2009 年 11 月 2 ～ 3 日，当代中国研究所《当代中国史研究》杂志社和安徽行政学院在安徽省合肥市联合举办“中国当代史研究的理论与方法”研讨会。会议邀请了 40 多位学者以文入会。中国社会科学院副院长兼当代中国研究所所长、《当代中国史研究》编辑委员会主任朱佳木出席会议并作题为《对中国当代史定义、分期和主线问题的再思考》的主题报告。

朱佳木指出，中国当代史的定义、分期和主线，是当代史学科建设中比较重要的理论问题，也是分歧意见比较多的问题。要给中国当代史下具有学科意义的定义，有必要深入了解它与中华人民共和国史（以下简称国史）、中国现代史、中国共产党在新中国成立后历史之间的关系。

在一定的前提下，中国现代史与当代史、国史完全应当合并，可以称现代史，也可以称当代史、国史。历史分期是史学工作者为便于自己研究和引导他人认识历史发展而使用的方法之一。由于历史观和观察历史角度的不同，史学工作者在中国当代史分期的问题上有许多分歧意见，这些意见可以也应当在学术范围平等讨论。中国当代史的主线至少应有三条，即探索中国自己的建设社会主义的道路，争取早日实现中国的工业化和现代化，维护中国的国家安全、主权独立和领土完整。这三条主线既相互区别又相互联系，都受新中国的性质和国情所决定，都是中国人民的根本利益和最大愿望之所在，都在中国客观经济条件的制约下支配和左右着中国当代史的发展。

《当代中国史研究》副主编兼编辑部主任李文和安徽行政学院常务副院长汪青松分别主持了开幕式和闭幕式，当代中国研究所副所长兼《当代中国史研究》主编张星星致开幕词并作会议总结。中国社会科学院新闻与传播研究所党委书记庄前生、中共安徽省委宣传部副部长兼安徽省社会科学院院长陆勤毅、中共安徽省委党史研究室主任周本银、安徽省地方志办公室主任朱文根等到会表示祝贺。《光明日报》刊登了研讨会的消息，会议部分论文以笔谈形式在《当代中国史研究》2010 年第 1 期上以摘要形式发表。

（卜岩枫）

《中华人民共和国史编年》1949年卷至1955年卷出版座谈会

2009 年 8 月 23 日，当代中国研究所在人民大会堂举办“《中华人民共和国史编年》1949 年卷至 1955 年卷出版座谈会”。全国人大常委会原副委员长顾秀莲，新闻出版总署署长柳斌杰，中央文献研究室副主任李捷，中央档案馆副馆长杨继波，以及中央文献研究室原主任逄先知、滕文生，中央党史研究室原副主任沙健孙，国防大学原副校长侯树栋，中国人民大学原校长李文海，解放军二炮原副司令员张翔，新闻出版总署原副署长桂晓风等出席座谈会。中国社会科学院副院长兼当代中国研究所所长、该书编辑委员会主任朱佳木主持会议。

会上，中央文献研究室副主任、中央马克思主义理论研究和建设工程咨询委员会委员李捷，国家哲学社会科学规划学科评议组副组长、北京大学原副校长梁柱，中国社会科学院学部委员、历史研究所原所长、中央马克思主义理论研究和建设工程史学组首席专家陈祖武，北京师范大学历史学院史学研究所教授、教育部人文社科重点基地史学理论与史学史研究中心主任瞿林东，当代中国研究所学术委员会顾问、《国史编年》1949 年卷主编田居俭等五位专家学者分别发言，从《国史编年》编纂的宗旨、体例、史料筛选，以及编纂素养、学风等方面，畅谈了该书出版的学术价值和重要意义。

与会学者对《中华人民共和国史编年》1949 年卷至 1955 年卷编写的价值、意义进行了研讨和评价。

（卜岩枫）

中国地方志指导小组办公室

（一）人员、机构基本情况

截至2009年年底，中国地方志指导小组办公室共有在职人员38人。其中，正高级职称人员4人，副高级职称人员8人，中级职称人员7人；高、中级职称人员占全体在职人员总数的50%。

中国地方志指导小组办公室设有秘书处、联络处、年鉴处（《中国地方志年鉴》编辑部）、方志理论研究室、方志期刊指导处（《中国地方志》编辑部）、人事处等6个处室和一个直属事业单位——方志出版社。

（二）组织召开会议，推动全国地方志工作

1．全国省级方志工作机构主任会议

2009年3月13～17日，由中国地方志指导小组办公室主办、福建省地方志编委会承办的2009年全国省级方志工作机构主任会议在福建省厦门市召开。中国社会科学院副院长、中国地方志指导小组常务副组长朱佳木出席会议并作重要讲话，中共福建省委常委、副省长陈桦，厦门市副市长裴金佳出席开幕式并分别致辞，中国地方志指导小组秘书长兼办公室主任田嘉出席会议并讲话，福建省政府副秘书长李强、厦门市政府副秘书长吕参军出席开幕式，来自全国31个省区市、全军、武警方志工作机构的负责人共50余人参加会议。会议由中国地方志指导小组副秘书长兼办公室副主任李富强主持。

这次会议的主题是：贯彻落实第四次全国地方志工作会议（以下简称“第四次工作会议”）精神，交流2008年的工作情况，通报2009年的工作安排。

朱佳木在讲话中指出，第四次工作会议是在全党全国全面贯彻党的十七大精神、深入开展学习实践科学发展观活动，以及全国第二轮修志工作全面展开的背景下召开的。它面临的形势是新中国成立后的大规模首轮修志已基本结束，地方志工作由过去经验不多变为经验丰富，需要总结消化；由过去靠文件推动变为步入法制化轨道，需要依法修志；由过去单纯修志变为修志与编纂年鉴、整理旧志、开发方志资源、研究方志理论并行，需要统筹兼顾；由过去编纂规划、质量标准不够规范变为逐渐规范，需要乘势推进；由过去地方志资源开发利用主要依赖报刊、电视变为主要运用数据库、网络化等手段，需要加强建设。它面临的任务是深入总结第三次工作会议之后七年来的工作，全面推进大体上以20世纪70年代末80年代初至20世纪末本世纪初，即改革开放头20年为记述对象的第二轮修志，力争利用第五次工作会议之前的五年时间，把地方志工作提升到一个新的水平，为2020年左右完成第二轮修志和启动第三轮修志打下坚实基础。

朱佳木全面系统总结了全国地方志第四次工作会议的主要收获，即进一步明确了地方志工作对提升国家软实力的意义和各级政府在贯彻《地方志工作条例》、保证依法修志上的责任；进一步明确了科学发展观是地方志工作的指导方针；进一步明确了志书编纂质量是志书的生命；进一步明确了加强方志理论研究、建立和完善方志学学科体系是推动方志编纂实践深入发展的重要途径；进一步明确了服务经济社会发展是地方志事业发展的出发点和落脚点；进一步明确了加强地方志工作队伍建设、努力培养高素质修志人才是地方志事业发展的根本保证。

田嘉简要介绍了当前全国地方志工作的进展情况，通报了中国地方志指导小组办公室2008年的主要工作和2009年工作安排。关于今后各地进一步贯彻落实第四次工作会议精神问题，田嘉提出三点意见：一是要抓住机遇，打好基础，谋划长远，扎实工作；二是要进一步抓好五个建设，即法制建设、制度建设、机构建设、队伍建设、理论建设；三是要学习贯彻落实好有关法规和文件，即《地方志工作条例》，第四次工作会议上刘延东、陈奎元同志的重要讲话和朱佳木同志所作的工作报告以及《关于第二轮地方志书编纂的若干意见》《地方志书质量规定》《关于建立地方志书编纂规划备案制度的规定》。

会上，28个省区市以及全军方志工作机构的负责人，结合本地贯彻落实第四次工作会议精神的情况，作了交流发言。

2．全国第二轮省级志书编纂工作经验交流会

2009年11月3～5日，全国第二轮省级志书编纂工作经验交流会在安徽省黄山市召开。中国地方志指导小组秘书长兼办公室主任田嘉出席会议并讲话，中国地方志指导小组副秘书长兼办公室副主任李富强主持会议。会议全面总结了省级志书编纂的工作经验，评读了《山东省志·烟草志》和《广东省志·环境、资源卷》两部第二轮省级志书稿。来自全国27个省区市地方志工作机构分管省志编纂工作的领导及省志处长，新疆生产建设兵团志办公室、全军军事志指导小组办公室、武警部队编史办的人员共100余人参加会议。

（三）第二轮修志试点工作

2009年9月4日、9月24日，中国地方志指导小组办公室先后作出批复，确定山东省威海市地方史志办公室、浙江省宁波市象山县史志办公室为全国第二轮修志工作试点单位。

批复指出，试点工作要认真贯彻落实国务院《地方志工作条例》，努力开拓创新，探索适应新时期地方志事业发展需要的工作思路、工作体制、工作方法和工作内容。要通过试点工作的开展，认真总结和运用首轮修志经验，及时总结第二轮修志的实践经验，努力提高第二轮志书的编修质量，为全国第二轮修志工作的发展作出贡献。

（四）地方志工作调研

1．2009年3月10日，中国地方志指导小组秘书长兼办公室主任田嘉出席福建省第七次地方志工作会议并讲话。

2．2009年3月26日，中国地方志指导小组秘书长兼办公室主任田嘉出席山东省地方史志工作会议并讲话。

3．2009年5月5日，中国社会科学院副院长、中国地方志指导小组常务副组长朱佳木出席福建省地方志编纂委员会座谈会并讲话。朱佳木强调，要继续狠抓志书质量，同时，还对读志用志、队伍自身建设、对台学术交流、方志理论研究等工作提出了明确要求。

4．2009年11月2～9日，中国社会科学院副院长、中国地方志指导小组常务副组长朱佳木在中国地方志指导小组副秘书长兼办公室副主任李富强陪同下，前往浙江省考察调研地方志工作。其间，先后考察了浙江省地方志办公室、杭州市地方志办公室、金华市地方志办公室、丽水市地方志办公室、温州大学、温州市地方志办公室、台州市地方志办公室、宁波大学、宁波市地方志办公室。

（五）地方志理论研讨

1．地方志书篇目要素研讨会

2009年4月21～23日，由中国地方志指导小组办公室主办、杭州市地方志办公室承办的“地方志书篇目研讨会”在浙江省杭州市召开。中国地方志指导小组秘书长兼办公室主任田嘉出席会议并讲话。来自全国12个省、市方志工作机构的业务人员30余人参加会议，会议共收到书面发言材料16篇。会议由中国地方志指导小组方志理论研究室主任邱新立主持。

会议研讨的主题是地方志书篇目要素问题，即如何进一步深化对《地方志书质量规定》中有关“内容”部分的规定。会议认为，开展地方志书篇目要素制定工作有利于全面总结首轮修志工作的经验教训，指导二轮修志工作；有利于地方志书篇目设置的完备周详；有利于地方志书评议、审定的科学性；有利于提高修志工作水平。

会议对地方志书篇目要素的有关概念、适用范围、内容、层次、基本原则及文本形式等问题展开了深入的讨论。关于名称，会议经过充分讨论，初步定名为“地方志书记述内容要素提示”，内涵是“地方志书所应记述内容的要素提示”。

与会专家一致认为，当前正值全国二轮修志工作全面展开之际，为了充分发挥地方志书记述内容要素的指导意义和规范作用，要集中力量、加快步伐，在确保科学性的前提下，力争《地方志书记述内容要素提示》尽早出台，为进一步推动志书质量标准体系建设奠定基础。

2．2009年新方志编纂理论研讨会暨组稿会

2009年7月2～4日，《中国地方志》编辑部与《北京地方志》编辑部在北京联合召开了“2009年新方志编纂理论研讨会暨组稿会”。北京市地方志编委会常务副主任、《北京志》主编段柄仁，中国地方志指导小组副秘书长兼办公室副主任李富强出席会议并致辞。会议分为两个阶段，第

一个阶段，方志专家就方志理论进行研讨；第二个阶段，与会代表同方志专家就方志编纂工作进行座谈。来自部分省、市修志机构以及科研单位的专家、学者共30余人与会。

3．新方志编纂论坛

2009年11月10～13日，由中国地方志指导小组办公室《中国地方志》编辑部举办、江苏省地方志办公室协办、苏州市地方志办公室承办的“新方志编纂论坛”在江苏省苏州市召开。中国地方志指导小组副秘书长兼办公室副主任李富强出席论坛并讲话。江苏省地方志办公室主任方未艾代表江苏省地方志办公室致辞，苏州市人民政府副市长王鸿声代表苏州市人民政府致辞。方志界和科研院校的有关专家学者及苏州市各区县地方志办公室负责人共40余人出席论坛。论坛共收到论文20篇，17位专家学者以及部分省级方志期刊主编针对新编志书中经济与社会部类编纂理论的相关问题作了主题发言。

会议认为，新方志理论研究要坚持“实践第一”的观点；要发扬理论联系实际的马克思主义优良学风，深入实际，解放思想，全面贯彻“双百方针”，坚持不懈地致力于推动方志理论创新和学科建设，以研究重大现实理论问题为主攻方向；要认真组织全国方志理论工作者加强方志学基础理论和应用的研究，进一步增强方志理论工作者与科研院校的有关专家学者的对话和交流，善于在与各种不同学科的对话和交流中取长补短，为方志理论研究增添新的活力。

（六）地方志系统人员培训

2009年6月25日～7月1日，由中国地方志指导小组办公室主办，河北省地方志办公室承办的“2009年全国第二轮修志主编培训班”在河北省承德市举办。共有来自全国29个省（自治区、直辖市）、新疆生产建设兵团、国务院有关部委局史志机构，以及市县、省直和市直开展修志工作的有关单位的主编、主笔、修志业务骨干450余人参加培训。中国地方志指导小组秘书长兼办公室主任田嘉出席会议并讲话，河北省人民政府副秘书长刘忠昌、承德市人民政府秘书长王学出席开班典礼并致辞。中国地方志指导小组副秘书长兼办公室副主任李富强主持开班典礼。

田嘉在讲话中介绍了全国各地贯彻落实第四次全国地方志工作会议精神的情况，对进一步提高地方志书编纂质量，建立地方志公共服务体系，加大方志理论研究力度诸问题作了阐述。

（七）与港澳台学术交流工作

2009年3月，澳门地方志工作小组成员谢建猷一行4人访问中国地方志指导小组办公室，就澳门与内地史志专家合作编纂澳门地方志、澳门地方志篇目等相关问题进行座谈，并听取有关专家对编纂澳门地方志的建议。7月，香港地方志办公室副主任、《香港通志》副主编刘蜀永来访，交流香港修志进展情况。8月，中国社会科学院副院长、中国地方志指导小组常务副组长朱佳木赴澳门参加“中国巨变——庆祝中华全国成立60周年大型图片展”开幕式，与澳门理工学院院长兼《澳门地方志》工作小组组长李向玉座谈交流澳门地方志工程启动以来的有关工作情况。

（八）《汶川特大地震抗震救灾志》编纂工作

2009年，《汶川特大地震抗震救灾志》编纂工作有序进行，并取得阶段性成果。1月，在河北省香河市举办《汶川特大地震抗震救灾志》编纂工作培训班，介绍抗震救灾志工作的全面情况，讲解地方志基本知识和编纂方法，以及与编纂工作有关的各项规定等。6月，在四川省成都市召开《汶川特大地震抗震救灾志》篇目研讨会，对名称、篇幅字数、总凡例、篇目设置的科学性、重点篇目、交叉重复、缺项漏项、全志与各分卷关系等问题展开研讨，并达成共识。会议期间，组织与会人员到汶川映秀镇和都江堰市进行实地调研。会后，形成全志基本篇目（草案），印发给各承编单位，成为开展资料搜集工作的重要依据。9月，在北京召开全志资料长编编辑研讨会，研讨形成《关于编辑〈汶川特大地震抗震救灾志〉资料长编的若干要求》，印发给各承编牵头单位。11月，在安徽省黄山市召开全志初稿编写研讨会，研讨初稿编写的有关问题，形成《汶川特大地震抗震救灾志·总凡例（草案）》。12月，在北京举办《汶川特大地震抗震救灾志》总述、大事记、附录编纂工作培训班，对总述、大事记、附录三个分卷的编纂要求和方法以及相关问题进行讲解。

（九）科研工作

2009年5月，在广泛征求意见和反复讨论研究的基础上，中国地方志指导小组办公室主任会议审议通过《中国地方志指导小组办公室科研项目管理办法（试行）》，进一步加强科研项目管理工作。

继续开展8个专项基础研究，即“海外藏中国历代方志目录”、“海外藏中国历代地方志书的复制与再造工程”、“明代方志研究”、“中国方志志”、“中国方志学50年”、“当代方志编纂教程”、“中国方志文献片”、“地方志信息资源库及其门户网站建设”。

（十）地方志统计工作

2009年，中国地方志指导小组办公室向各省区市地方志工作机构、新疆生产建设兵团志办公室、国务院有关部委局史志机构印发《关于开展2009年度全国地方志系统统计工作的通知》。

《通知》指出，为全面、准确地掌握全国新编地方志工作成果和地方志资源的基本情况，中国地方志指导小组办公室决定在以往统计工作的基础上继续开展2009年度全国地方志系统统计工作，以便更好地为地方志事业的发展提供系统地咨询和服务，以促进地方志事业的可持续发展。

（十一）信息化、网络化建设

2009年，中国地方志网站及时发布中国地方志指导小组及其办公室的决议、决策、通知、公告以及《汶川特大地震抗震救灾志》编委会及其办公室、中国地方志协会、中国地方志协会年鉴工作专业委员会等的通知、公告。

“中国地方志全文数据库”共收录新旧地方志书、地情资料、方志理论著述、方志工具书等图书15000余册，并按行政区划、年代等多种关键字建立了检索。组织召开包括方志界、信息化行业、知识产权等领域的专家、学者，软件开发商组成的专家组研讨会，对“中国地方志全文数据库”建设从理论到实践进行了全方位论证，对建设工作实施阶段遇到的问题进行了深入细致的研讨。12月，中国地方志指导小组办公室派专人赴天津考察天津市志办网络建设和加入“中国地方志全文数据库”工作的进展情况。

中国年鉴网络出版总库内容覆盖基本国情、地理历史、政治军事外交、法律、经济、科学技术、教育、文化体育事业、医疗卫生、社会生活、人物、统计资料、文件标准与法律法规等各个领域。收录中央、地方、行业和企业等各类年鉴的全文文献，计2000余种、13000多卷。

（十二）中国地方志指导小组办公室内部建设

2009年，中国地方志指导小组办公室积极推动参照《中华人民共和国公务员法》管理的相关工作，组织公务员知识培训和公务员录用考试，并对办公室参公人员进行统计和登记，核定工资套改实施方案。

2009年，国家方志馆的整体购置工作已完成，同时确定了改造装修设计方案并通过了国家投资项目评审中心的评审。

（十三）编辑印发《中国方志通讯》

2009年，《中国方志通讯》共编辑出版60期，字数达60余万。《中国方志通讯》在用稿上追求信息的广度、深度，注重反映不同地区、不同范围、不同行业的信息，及时报道了中国地方志指导小组及其办公室的工作情况、领导讲话，传达有关文件和会议精神；及时反映了各地方志工作机构的措施创新、制度发展；及时总结了各地方志的工作进展、志鉴出版情况等。

（十四）期刊工作

1.《中国地方志》编辑出版工作

《中国地方志》（月刊），主编于伟平。2009年，《中国地方志》出版12期，共计150万字。该刊物作为中国社会科学院“学术名刊”建设资助期刊，真实、全面地展示了当今时代方志学术研究的最新成果。

2.编纂出版《中国地方志年鉴》2009年卷

《中国地方志年鉴》2009年卷设“特载”，“特辑”，“《地方志工作条例》颁布后的实施及学习贯彻"，"大事记"，"地方志工作概况"，"中国地方志指导小组及其办公室工作"，"志书编纂与出版"，"旧志整理出版"，"年鉴编纂与出版"，"成果展览与评奖活动"，"志鉴资源开发利用"，"数字化网络化与库馆建设"，"协会学会活动与理论研究"，"法规条例与政策指导"，"工作会议与编纂编委会议"，"专业培训与考察交流"，"机构队伍"，"志鉴著述评介"，"志鉴研究综述"（附2008年志鉴论述索引），"文献"，"志鉴篇目选介"，"志鉴人物"，"附录"等栏目。

（十五）方志出版社工作

2009年，方志出版社以贯彻落实国务院《地方志工作条例》、积极推动全国第二轮修志工作为目标，拓展选题范围，优化选题结构，确保出版质量，共出版图书242种。其中，各级各类志书91种，各级各类年鉴122种，其他类图书29种。年内，方志出版社按照新闻出版总署的管理要求，实施"书号实名申领信息系统"，编制了《方志出版社图书出版信息数据单》；完成《经营性图书出版单位等级评估登记表》的数据填报工作，并被新闻出版总署评估为二级出版社。

2009年，进行了库存图书的总盘点，清理了书店图书和库房图书的数量和种类；对书店的日常管理流程和出入库制度进行了制定和修改，建立了图书邮寄登记和借书登记等制度。

2009年，建立了规范的发行工作流程、发行工作制度；在维护好图书馆、方志系统及传统发行渠道的前提下，又拓展了大连、哈尔滨、山东、宿迁等地的新客户。

2009年，出版了《淮安文献丛刻（五）——正德淮安府志》《淮安文献丛刻（六）——天启淮安府志》《武进阳湖合志（点校本）》《海昌外志（点校本）》等古籍整理类图书；完成了《福建通志》（民国版）的编辑、点校出版任务。

（十六）协会工作

中国地方志协会第五届会员代表大会暨第五届理事会第一次会议

2009年7月8日，"中国地方志协会（以下简称协会）第五届会员代表大会暨第五届理事会第一次会议"在吉林省长春市召开。会议由中国地方志协会主办、吉林省地方志编纂委员会承办。各省（自治区、直辖市）、副省级城市、国务院有关部委局、武警部队等史志机构的代表100余人参加会议。中国地方志指导小组常务副组长、中国社会科学院副院长、协会第四届会长朱佳木，吉林省政府副省长金振吉，中国地方志指导小组秘书长兼办公室主任、协会第四届副会长田嘉，吉林省政府副秘书长马勇明等出席会议，金振吉在会上致辞。协会第四届副会长许还平、秦安禄，中国地方志指导小组副秘书长兼办公室副主任李富强等先后主持了会议。

会上，田嘉代表协会第四届理事会作了题为《活跃学术研究氛围　加强学科理论建设》的工作报告。报告总结了协会第四届理事会在开展方志理论研讨活动、参与指导小组领导组织的一些重大活动、协会自身建设等方面所做的工作，以及协会分支机构年鉴工作专业委员会、城市区志专业委员会与会员单位活动开展情况，分析了第四届理事会在工作中存在的问题和不足，并对新一届协会理事会的工作提出建议。会议原则通过了工作报告、新修改的协会章程及相关文件。会议经过充分酝酿，民主协商，推选出协会第五届理事会理事，共95人。朱佳木当选为中国地方志协会会长。

会议以邓小平理论和“三个代表”重要思想为指导，深入贯彻落实科学发展观，认真贯彻落实第四次全国地方志工作会议精神。会议总结了上届协会工作，完善了协会章程，选举了协会领导人，并研究了新一届协会的工作任务，明确了协会的发展方向，必将推动新一届协会深入开展各项工作，为地方志事业的发展繁荣作出新的贡献。

中国地方志协会年鉴工作专业委员会第二届会员代表大会暨第二届理事会第一次会议

2009年11月23日，由中国地方志协会年鉴工作专业委员会主办、广西壮族自治区地方志办公室承办的“中国地方志协会年鉴工作专业委员会第二届会员代表大会暨第二届理事会第一次会议”在广西壮族自治区南宁市召开。中国地方志指导小组秘书长兼办公室主任田嘉、中国地方志指导小组副秘书长兼办公室副主任李富强、广西壮族自治区人民政府办公厅副巡视员冼祖元等出席会议，冼祖元在会上致辞。中国地方志指导小组办公室方志理论研究室主任、中国地方志协会秘书长邱新立、中国地方志指导小组副秘书长兼办公室主任李富强先后主持会议。来自各省区市，新疆生产建设兵团，国务院有关部委局，武警部队，副省级城市，部分市、县（区）以及行业、企业地方志（史志）工作机构的代表80余人参加会议。

会上，田嘉代表年鉴工作专业委员会第一届理事会、常务理事会作了题为《大力推动年鉴理论研究，努力促进年鉴事业发展》的工作报告。报告总结了过去七年中年鉴工作专业委员会第一届理事会、常务理事会在筹划自身建设、规划安排年鉴理论研究工作、举办年鉴培训、组织年鉴评奖、召开学术年会等方面所做的工作，分析了工作中存在的问题和不足。报告对第二届理事会的工作提出了建议：一是认真贯彻落实第四次全国地方志工作会议精神，明确努力目标和工作任务；二是增强质量意识，提高年鉴编纂质量；三是加强年鉴理论研究，活跃年鉴界学术气氛；四是牢固树立服务观念，大力推进年鉴资源的开发利用；五是进一步加强与各地年鉴学术团体的联系，逐步完善自身建设。

会议听取了李富强所作的关于《中国地方志协会年鉴工作专业委员会章程》的修改说明，以及对《中国地方志协会年鉴工作专业委员会第二届会员登记办法》和《中国地方志协会年鉴工作专业委员会第二届理事、常务理事、会长、副会长、秘书长、副秘书长产生办法》的说明。为适应新时期年鉴工作的需要，年鉴工作专业委员会第一届常务理事会对章程进行了规范、充实，对年鉴工作专业委员会的性质、宗旨、业务范围，会员的构成、权利、义务，组织机构和负责人产生、罢免，经费管理与使用，章程的修改程序、终止程序，以及终止后的财产处理，章程发生效力的程序等作出了详细规定。

会议在分组对工作报告、新修改的章程以及相关文件进行讨论后，原则通过《中国地方志协会年鉴工作专业委员会章程》《中国地方志协会年鉴工作专业委员会第二届会员登记办法》和《中国地方志协会年鉴工作专业委员会第二届理事、常务理事、会长、副会长、秘书长、副秘书长产生办法》；同意各会员单位推选的年鉴工作专业委员会第二届理事会理事。

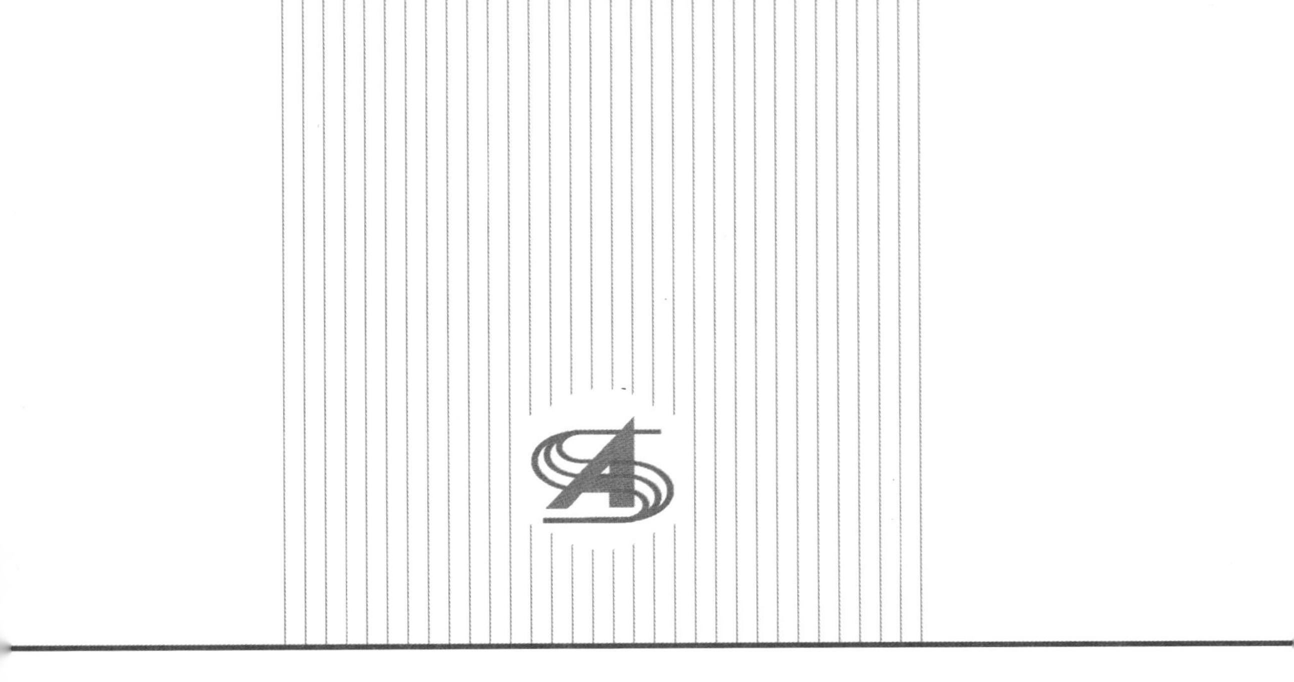

第四编

科研成果

KEYANCHENGGUO

2009年主要科研成果

文史哲学部

文学研究所

《现代中国学术方法通论》

杨义(研究员)

专著　398千字

山东教育出版社　2009年1月

该书是中国社会科学院A类重大课题“新世纪全球文化格局与中国人文建设”丛书(8卷本)之一。

回顾百年学术历程，严复、梁启超、王国维、胡适、鲁迅、周作人、陈垣、陈寅恪、傅斯年、顾颉刚、钱穆、俞平伯、朱自清、朱光潜、冯友兰、宗白华、钱钟书、季羡林等，以其在各自研究领域中的卓越成就，确立了中国现代学术的基本格局，他们对中西学术方法异同的体察、触摸理解研究对象的方式，给后世学者留下了弥足珍贵的经验。该书细究各家治学理念，论其短长，涉足哲学、史学、文学、民族学、文字学诸多领域，其着眼点在集几代中国学人之功、合诸多学科门类之力，为现代中国学术建立原创性的理论范式和话语体系。

“以学术史材料作方法论文章”是该书的主旨所在。作者拒绝将前辈学者们的成就视做僵硬的存在，而是如实地将其还原成一个鲜活的“思想的过程”，从中萃取“过程的思想”，将其作为建立中国现代学术的“方法之方法”。在该书的总论中，作者将构筑中国现代学术方法体系概括为——以世界视野和文化还原为现代学术的基本构架，立足中国文化本原，参与世界文化深层对话，推进学理原创，建立博大精深且开放创新的现代中国的学术体制。一时代有一时代之主题，一时代有一时代之学术。中国现代学术经过百年震荡后，如何整合几代学人的经验，形成自己具有特色的研究范式和话语体系，以在世界学术的平等对话中找到属于自己的位置，是关乎全局的文化战略命题。

《在传统与现代之间——古代文论的现代遭际》

党圣元(研究员)

专著　258千字

山东教育出版社　2009年1月

该书是中国社会科学院A类重大课题“新世纪全球文化格局与中国人文建设”丛书(8卷本)之一。

自20世纪80年代以来，中国古代文论

研究取得了丰硕成果，不仅各种版本的“批评史”、“文论史”、“诗学史”大量涌现，而且各类文论家、文论著作、文论范畴的专题研究也层出不穷。可以说，20多年来的古代文论研究无论是数量还是质量，都是以往任何时期难以比肩的。但从学术研究参与当代文化建设以及与异质文化对话的有效性角度来看，古代文论研究一直处于一种困境之中，始终未能找到处理中国古代文论的“古典性”与西方文论的“现代性”之关系的恰当方式——这是古代文论研究之困境的关键所在。该书正是对这种困境的反思并试图为之寻找解决之道。

首先，该书对学科史具有清醒的反思意识。该书把古代文论这门现代学科的产生理解为一个话语建构的过程，并将其置于西学东渐的文化语境中进行审视，清晰地勾勒出从中国传统的“诗文评”到现代文学观念之转换生成的逻辑轨迹。该书认为，“中国古代文论”是在中西两大文化之流冲突激荡中艰难抉择的产物，它们的产生不是传统文化自身合乎逻辑地展开，而是两种文化冲突的产物，明显地带有某种被动性。

其次，该书具有敏锐的问题意识。善于提出问题并给出富有启发性的答案是该书的特色之一。例如“求是”与“致用”这两条古代文论话语建构的基本路向产生原因及其局限就是该书提出并进行深刻阐发的问题之一。

再次，该书具有积极的探索精神。古代文论研究从诞生之日起就处于困境之中，其出路何在？该书给出的思路是“视界融合”，即恰当处理“过去”与“现在”之间的紧张关系，使传统得以延续，或使阐释行为获得有效性、合法性。作者主张“以‘视界融合’为前提，通过创造性的阐释，发掘传统文论的意涵，厘清其思维特征、基本范畴、形态乃至体系，同时通过必要的评估来彰显传统文论中所蕴含着的理论价值”。

《全球化与中国艺术》

高建平(研究员)

专著　298千字

山东教育出版社　2009年1月

该书是中国社会科学院A类重大课题“新世纪全球文化格局与中国人文建设”丛书(8卷本)之一。

从当代文化立场上看，文化多样性的现实是由政治、经济、文化等多种因素促成的。由于社会与经济领域的落差以及文化资源与理论传统的差异，中国美学面临着巨大的挑战。在这种挑战面前，中国美学不仅需要找到中外文化对话的切合点，而且更需要研究中国审美与艺术的实际。该书正是基于这样的视野与视角，在对中国美学与艺术实践的充分审视中将中国美学与艺术融入了全球化与文化多样性立场之中，并将中国当代审美文化现实与艺术实践置于一种“共同的美学发展”视野中，体现了严肃的学理批判和坚定的人文立场。

作者认为，面对全球化与文化多样性语境，光有“和而不同”的文化立场还不足以充分展现中国当代美学与艺术精神的特征，也不能完全体现中国美学的独特地位。作者充分强调了文化多样性语境中文化主体性立场以及美学的普世性与个别性之间的差异，认为在文化多样性语境中，只有严肃对待中国美学的传统，使之获得现代的解读，为现代中国文化建设服务，这才是我们的文化建设自立于世界民族之林的根本，同时也是中国美学在全球化与文化多样性中展现自身理论立场与生命力的所在。

《"汉语文化共享体"与中国新诗论争》

刘方喜（副研究员）

专著　419千字

山东教育出版社　2009年3月

该书是中国社会科学院A类重大课题"新世纪全球文化格局与中国人文建设"丛书（8卷本）之一。

作者近年来一直倾心于中国古典诗学的"声情"论研究，该书可视为"声情说"这一理论的延续性研究。该书首先论述了诗歌语言形式与精神之间的"不可剥离性"，并结合现代西方哲学、美学和语言学理论，对诸种概念和术语进行了界定，细解了西方诗学中的"形式理性精神"，并以此作为中国新诗论争的理论参照，直至提出了"汉语诗歌是以汉语为母语的我们的文化共享体"这一观点。"汉语文化共享体"、"与汉语形式不可剥离的精神"等理念，是作者从"诗学人文理性逻辑"方面切入中国新诗论争的重要突破口。

在回溯新诗近百年发展过程中的历次论争时，作者以双方最具代表性的论争观点为根据进行有效的解读，呈现客观、公正的判断，作出史论结合的分析与阐释，从中寻找出富有规律性的东西。作者提出："如果说，新诗史上已不乏'意象'诗的话，那么，我们今天更要呼唤'声情'诗，声情茂美的汉语诗歌，最能体现汉语感性形式本质的无限丰富性，也更能体现与汉语形式不可剥离的精神的无限丰富性。"作者以学术上的专业精神触及到了中国新诗所面临的困境，这也确是关乎中国新诗现实生存与未来前景的问题。

《中国现代文艺学研究》

钱竞（研究员）

专著　247千字

山东教育出版社　2009年1月

该书是中国社会科学院A类重大课题"新世纪全球文化格局与中国人文建设"丛书（8卷本）之一。

该书大致分成三个部分。第一部分，在对中国现代文艺学几个关键性的概念进行界定之后，作者围绕"现代"一词，广泛地对与中国现代文艺学建立有关的近代世界各国哲学家和美学家的美学及文艺思想进行扫描，观照他们的思想与中国现代文艺学建立的具体关系，并指出这些理论的源流及其在中国发展的具体过程中所出现的衍化和变异。

第二部分，作者抓住中国现代文艺学体系中的几个关键概念，即民间、浪漫主义和现实主义，通过一种学术史意义上的追索，展现了中国现代文艺学的曲折甚至艰难的路程。作者认为，中国现代文学创作的主导精神，并不是通常人们所以为的"现实主义"，而恰恰是与此大相径庭的浪漫主义。这一观点是基于对文学、美学思想流变与更为宏大的时代思想史尤其是政治思想史的深刻关联之考察，基于对19、20世纪长时段中历史大趋势之考察而得出的一个重要判断。

第三部分，作者提出了对当下中国文艺学发展的一种可能性的设计，即叙事文艺学。这种形态的文艺学应以现实主义美学原则为基础，以中国文史写作传统为出发点，以中国传统的叙事文学作品和现象为对象，其宗旨则是融合了传统与现代的人文关怀的“镜鉴”和“经世”。

《现代性危机与文化寻根》

叶舒宪(研究员)

专著　227千字

山东教育出版社　2009年2月

该书是中国社会科学院A类重大课题“新世纪全球文化格局与中国人文建设”丛书(8卷本)之一。

该书以新世纪的全球文化格局为出发点，对现代性进行了较为全面的探讨；考察了世界文化的整体走向；对人类文化所遭遇的危机、困境、歧途及如何矫正等方面问题进行了反思；从批判现代性角度全面探讨了“文化寻根”的内涵、表现、意义等问题，并关注“文化寻根”视野下的中国人文传统和全球化语境中中国文化的贡献，旨在反思现代性危机，探讨如何重新找回人类精神家园与自然和谐的状态。

《文学的位置》

孙歌(研究员)

专著　229千字

山东教育出版社　2009年1月

该书是中国社会科学院A类重大课题“新世纪全球文化格局与中国人文建设”丛书(8卷本)之一。

作者认为：“文学在现代人文、社会科学中的位置，暗示着它在现代精神史中的位置，换言之，对于文学位置的追问，将把我们导向对于现代人类精神史整体构架的追问。不言而喻，这样的追问是不可能仅仅由文学研究者来完成的。但是至少，当文学研究者追问文学在现代精神史中的位置的时候，有可能带来的最直接的效果便是文学领域的开放。”该书在全球化视野下，深入到日本人的文化心态中，从深层次上揭示了日本文化思想特征。作者切入东亚区域的历史记忆，超越了后现代史学理论被庸俗化为用语词置换历史的招数，使人感受到“历史”的真实分量。

《全球化与文学》

严平(副研究员)

编选　594千字

山东教育出版社　2009年1月

该书是中国社会科学院A类重大课题“新世纪全球文化格局与中国人文建设”丛书(8卷本)之一。

该书共分五编：第一编“文学研究面对全球化浪潮”；第二编“文学与文化身份的想象”；第三编“中国文学的现代性状况”；第四编“文学研究的方法论问题”；第五编“文化视野中的作家、作品论”。

该书讨论了在当前的全球化语境下，民族文化和文学如何保持自己的认同问题。作者认为，民族文化与文学不应专适应强势文化国家的全球化模式，也不应去抵制全球化时代的到来，而应是在参与过程中，保持民族文化的独特性。

《全球与地方：比较视野下的美学与艺术》

高建平(研究员)

专著　300千字

北京大学出版社　2009年5月

该书在宽广的比较视野中，分析了国内文学理论和美学领域里的诸种问题，如把中国传统当做西方理论的试验场，或者原封不动地用中国传统理论来解释当下审美和艺术现实，这两种基本倾向再结合其他各种思潮形成新的混合体和变形，但无论如何这些方式都不能有效建构起中国自己的美学或文学理论，都不能改变“西方学问在中国”的现状。该书作者主张，应该从中国语言学的建立中汲取经验，在先引进、利用之后，发现西方理论之不足，寻找其作为“普遍”理论在“地方性”经验中的断裂，以此为契机，创造性地给予解决，从而丰富相关的理论。在这个相互激荡和生发的过程中，西方理论不断汇入非西方成分，最终成为真正的“普遍”理论，它既是全球的，同时也是地方的。该书提出和讨论的问题，是20世纪末以来中国学界对中西学术交融历史进行深层反思后在美学界的集中反映。

《走出后现代——历史的必然要求》

毛崇杰(研究员)

专著　777千字

河南大学出版社　2009年10月

该书评述了100多年来欧美的多种社会、哲学思潮，特别是流行了几十年的西方主导的社会思潮的实质及特征，从历史总体性出发，把握历史脉动的逻辑必然，站定自己的“立场”，提出“走出后现代”并将其视为“历史的必然要求”。该书提出，在当今中西文化不断碰撞、融合之中，应重新阅读孔子，恢复其原典面貌，发扬其革命思想，与后现代思想沟通起来，使之成为建设后现代之后的新时代的思想资料。作者从历史的线性发展与空间化的网状交织的总体性思维中对“走出后现代”作出了独特解读，逸出了学院式的理论藩篱，体现出文化研究的批判力。

《新时期文学的欢乐与哀伤》

汤学智(研究员)

专著　388千字

郑州大学出版社　2009年4月

该书建立了一个新颖的理论视点——文学生命论。从生命之根、生命之本、生命之树、生命之魂、生态之场等方面论述了文学生命理论，既有对传统文论的继承，也有对外国文论的吸取，又有作者对文学实践的观察、感悟与提炼，不仅坚持并深化了文学是人学的命题，也为从生命角度认识文学的传统理论注入了更为丰厚的内涵，从而使这一理论焕发出新的生机，具有现代感。该书强调，文学健康发展必须与人性进化取同一方向，必须守持并强化审美本性，必须保持健全有序（内在统一）的生命机制，必须保持积极和谐的生态环境。上述观点尤其是关于生命“三螺旋”必须实现良性互动的理论，触及并回答了当前文学发展的关键问题，具有现实感和针对性。

《宋代家族与文学研究》

张剑(副研究员) 吕肖奂(教授) 周扬波(副教授)

专著 380千字

中国社会科学出版社 2009年9月

该书是同名的国家社会科学基金项目的最终成果。

该书作者运用家族史与文学史、个案与总论、文艺学与文化学相结合的多重视角，对宋代家族与文学的核心问题——文学家族与家族文学进行了较为全面的探讨。不仅丰富了对文学的社会功能的认识，而且从家族层面入手，为宋代文学的发展提供了多样化的阐释视角，有利于深化对宋代文学的理解和认识，对宋代文学研究具有理论价值和创新意义。

《二十世纪中国翻译文学史·五四时期卷》

张中良(研究员)(笔名秦弓)

专著 284千字

百花文艺出版社 2009年11月

20世纪中国翻译文学，是20世纪中国文学一个独特的组成部分。20世纪中国文学的开放性和现代性，以翻译为其重要标志，又以翻译为其由外而内的启发性动力。翻译借助异域文化的外因，又使其内渗而转化为自身文化的内因。同时，翻译文学又提供了一种新的观世眼光和审美方式，催化着中国文学从传统的情态中脱胎而出，走向世界化和现代化，并充实、丰富了中国现代精神文化谱系。

五四时期，翻译文学取得了前所未有的成绩。从文学观念、文艺思潮、文体建设的译介到各种体裁与风格的文学作品的翻译，尤其是在以个性解放、思想革命为标志的新文化启蒙思潮影响下，表现个性解放、人性解放、女性解放、思想自由、社会批判的外国作品大量涌入，中国现代文学的表现空间与艺术形式得到了极大的拓展。文学翻译不仅锻炼了胡适、鲁迅、周作人等一代新文学先驱，而且培养了一大批新作家，它以特殊身份参与了中国现代文学的建构，对文学乃至整个社会的现代化进程产生了难以估量的积极效应。翻译文学为现代文学的发展提供了动力和范型，作为一个独立的文学门类步入中国现代文学殿堂，推动了中国现代历史进程。

该书为杨义主编的《二十世纪中国翻译文学史》六卷之一种。

《二十世纪中国翻译文学史·十七年及“文革”卷》

周发祥(研究员) 程玉梅(助理研究员)等

专著 243千字

百花文艺出版社 2009年11月

该书将新中国成立后十七年文学翻译的发展划分为三个时期：第一个时期为新中国成立初到1958年。这一时期，国家百废待兴，文化建设是一项重要内容。翻译工作作为文化建设的重要组成部分取得了很大成绩，和平、民主、自由、进步、重建家园成为翻译作品的主旋律，保尔·柯察金、卓娅、马特洛索夫等革命者的英雄形象影响深远。第二个时期为1959年到1962年。这一时期是“十七年文学”翻译的鼎盛时期，一些文坛巨擘的中译本选集或全集陆续问世，如《莎士比亚戏剧集》《莫里哀喜剧选》《易卜生戏剧集》《契诃夫小说选集》等，大量的外国文学理论书籍也翻译问世。第三个时期为1963年至1966年。这一时期是世界格局动荡、分化、改组的时期，中苏政治上的分歧渗透进了翻译界。这一时期的欧美文学翻译取得了一定成绩，高尔斯华绥、乔叟、萧伯纳、莫里哀、托马斯·曼、欧·亨利等的作品译介较多。亚非拉文学翻译也呈现出从无到有、数量渐增的局面。“文化大革命”时期的文学翻译工作萧条冷寂，在极“左”思潮的统领下遭受严重摧残。这一时期的读物数量不多，基本为反映亚非拉人民的斗争生活，如越南南方、巴勒斯坦、柬埔寨、莫桑比克的短篇小说、战斗诗集。

该书为杨义主编的《二十世纪中国翻译文学史》六卷之一种。

《二十世纪中国翻译文学史·新时期卷》

赵稀方(研究员)

专著　280千字

百花文艺出版社　2009年4月

该书考察、梳理了最近30年外国文学的译介情况，详细分析了这一过程和新时期话语实践之间的关系，阐述了这些翻译过来的作品与新时期中国思想文化建设的互动作用。一种西方话语之所以流行于中国，主要是缘自中国的内在需要，这在新时期表现得尤为清晰，从人道主义、现代主义到弗洛伊德、后现代主义等，西方文学和文化涌入中国的过程，表面上看仿佛是来自外部的冲击，实际上主要是由中国内部的历史原因决定的。翻译对象的选择，翻译的阐释权力，翻译的效果等无不来自于内部，它折射了中国内部的文化需要和文化冲突。该书以翻译为切入点，描述了中国在迅速工业化和市场化过程中思想观念和审美趣味的急剧变化及其逻辑走向。面对新时期以来西方文化纷至沓来，国内知识界趋之若鹜的现象，作者指出，这种将西方作为终点的进化史观，将“进步”看做是追逐西方的同义词的做法是需要警醒的。

该书为杨义主编的《二十世纪中国翻译文学史》六卷之一种。

《后殖民理论》

赵稀方(研究员)

专著　270千字

北京大学出版社　2009年10月

作为当代西方理论重镇的后殖民理论，在20世纪90年代前后进入我国，国内学界涉及后殖民的文章并不少，但讨论的范围只涉及萨义德、斯皮瓦克、霍米巴巴等个别学者，并无完整介绍。该书从“殖民主义—新殖民主义—后殖民主义—内部殖民主义”的知识谱系上系列追踪后殖民理论，从内部厘清后殖民主义的源流及继承关系，在国内尚属首次。书中讨论的很多理论家、理论派别，如内部殖民主义、罗伯特·扬的后殖民批评、女性主义后殖民批评等，对于国内学界尚属新领域。该书不是一种简单的理论介绍，而是以批判的眼光分析这一重要的当代理论。作者研究后殖民理论的用心在于它与中国文化建设的关联。在国内学界，从自由主义到“新左派”，普遍认为后殖民理论与中国无涉，作者认为这与他们对于后殖民理论的误解有关，书中具体分析了国内学者有关后殖民的看法等问题，并以察特吉和杜赞奇的研究为例，分析后殖民理论与中国的相关性。

《想象与叙述》

赵园(研究员)

专著　245千字

人民文学出版社　2009年9月

该书是研究中国明清时代士大夫的专著，前半部讨论了关于历史的想象与叙述："那一个历史瞬间"篇讨论关于事件的叙述；"忠义与遗民的故事"篇讨论关于人物的叙述；"废园与芜城"篇则梳理某种象征隐喻在这一时段历史叙述中的运用。后半部是上述讨论的继续和延伸，而以明清直至当代有关元、明、清的叙事史学为分析材料。无论"想象"还是"叙述"，该书论及的不只与文学、史学有关，更涉及精神史、心态史的层面，兼有思想史与其他学科的交集。

《六十年与六十部——共和国文学档案》

杨匡汉(研究员)　杨早(助理研究员)(主编)

专著　442千字

三联书店　2009年9月

该书经由近20位专家学者集体策划讨论选目，并在相关研究领域广泛征求意见，最后综合权衡取舍，形成小说、诗歌、散文及报告文学、话剧四大文学体裁门类下的60部作品名单，以年代顺序，借以展现共和国文学60年(1949～2009)的整体风貌。该书区别于传统学术研究专著和教科书的设计框架，采取以点带面、述论兼顾的风格体例，以问题意识为中心，取个案分析的方法，同时也融合了作品论、作家论、文学史的专长。所选择、叙述、品评的60部作品，兼顾各个历史时段、各种风格流派、不同作家类别，既注重作品的社会影响力、争议聚焦性、读者关注度，又平衡考量其艺术价值、个性独创和文学史经典意义。由此既可检阅60年文学的主要成就，又可回望60年文学的风雨历程，为中国当代文学史的叙述和写作提供了新的参照。

《新时期戏剧启示录》

刘平(研究员)

专著　306千字

中共党史出版社　2009年7月

新时期的中国戏剧，是在改革开放和解放思想的社会背景下发展起来的。其发展的脉络是多方借鉴，不断探索，不断发展，不断创新。在此过程中，它既接受了外国戏剧思潮的种种影响，也从传统的戏曲中吸收了营养，并突破传统话剧的现实主义风格，努力探索创作手法的多元化与表演风格的多样化，从而形成了具有中国特色的创作风格与艺术特色。

该书客观记录了新时期戏剧的发展过程，其中也包含了作者对各种思潮、各种现象的分析、思考和判断。

《小说的纪律：基本理念与当代经验》

李建军(副研究员)

专著　200千字

江苏文艺出版社　2009年7月

小说是以人为描写对象的文学样式，一部与人无关的小说，是不可想象的。一部伟大的小说，首先是一部塑造出了不朽人物形象的小说，而塑造不出生动又经得起谈说的人物形象，恰是当代小说的一大危机，当下小说家笔下的人物，面目模糊，虚假苍白，显示出中国近10多年小说创作最严重的病象。回溯多年来的文学批评之路，作者追问文学的问题意识一直没离开过追问制造文学的“人”，即作家的主体性问题。关于《小说的纪律》这个书名，作者在“后记”里交代了它与梁实秋《文学的纪律》的内在关联。梁实秋提出文学要有纪律，就是针对情感的泛滥和非道德化而来。该书延续了梁实秋对理性和道德问题的关注，重申“纪律”所显示出的，也不再是敢于“守旧”，而是敢于直面现实的勇气。

《科幻类型学》

杨鹏(副研究员)

专著　150千字

福建少年儿童出版社　2009年10月

该书是国内第一部专门研究科幻类型学的著作。作者采用亚里士多德以来常用的文学类型学的研究方法，即视类型为一个规则系统，以数量众多的科幻亚类型的集合作为研究对象，将科幻亚类型作品的价值放到某个文化系统中进行系统性、整体性的观照与研究，从而寻找与发现科幻亚类型作品的某些共性（共同的艺术形态、创作规律与情节模式等），为创作者和研究者提供有益的见解和思路。

《台湾新文学理论批评史》

古继堂(研究员)

专著　370千字

台北秀威出版公司　2009年3月

该书论述了台湾新文学理论的发展全貌，共分“台湾现代新文学理论批评的历史沿革和基本内涵”、“台湾当代新文学理论批评的发展概况和走向”、“台湾文学史的研究”、“台湾的小说理论批评”、“台湾的新诗理论批评”、“台湾散文理论批评”等六编。

该书作者将台湾新文学理论的发展置于中国古典文化与中国现代文明的宏大背景中加以阐述，同时论及了诗歌、小说、散文等文学创作的主要门类。该书还对台湾众多的文艺评论家、诗评家、小说批评家、散文批评家等在文学理论批评中的创作实践进行了挖掘、论证和总结。

《现代主义诗歌在中国的命运》

刘士杰(研究员)

专著　415千字

社会科学文献出版社　2009年7月

现代主义作为一种文学流派，曾经涌现过许多优秀的作家作品，在文学史上有着重要地位。现代主义诗歌传入中国已有80多年，其间虽然中断过，但至今仍不断地生长发展，显示出旺盛的生命力。该书以现代主义诗歌在中国的发轫期、成熟期、高峰期、复苏期、发展期五个章节，论述了其在中国发生、发展的坎坷曲折的历程。作者认为，应站在理性和客观的高度来观照现代主义，客观公正地为现代主义正名。现代主义诗歌是人类宝贵的精神文化财富，应以广阔的胸怀吸纳与弘扬，力求创造出当今时代的先进文化。

《河西走廊：西部神话与华夏源流》

叶舒宪(研究员)

专著　177千字

云南教育出版社　2008年12月

该书是作者自《熊图腾》以来倡导的“四重证据法”的又一次实践。所谓四重证据法，即在对中国文学和文化的研究中，以传统文字训诂为一重证据，以出土的甲骨文、金文等为二重证据，以多民族民俗资料为三重证据，以古代的实物和图像为四重证据。

该书作者充分利用广阔地域中出土的考古实物和大量图像资料，更运用自己的眼光，多次深入田野，对河西走廊作实地考察，“反观语源词根中潜藏的神话信息，透视前人无法洞悉的蛙神信仰传承的整体情况”，从而进入无文字时代的西部社会与神话观念的世界，揭开中原王朝所建构的“西部神话”帷幕，透视被汉字的权力书写所遮蔽、所遗忘的河西走廊文化古层，从中寻觅夏、周、秦所代表的华夏源流信息，再现“丝绸之路”之前“玉石之路”的深远与辉煌，探考“齐家古国”600年的兴衰迹象，辨析自“玉器时代”到“青铜时代”大变革中氐羌族群文化对中华文明起源的特有贡献。

《热风时节：当代中国“十七年”小说史论(1949～1966)》(上、下册)

董之林(编审)

专著　350千字

上海书店出版社　2008年12月

该书以1949年新中国成立到1966年这17年间的中国当代小说为研究对象，探索这一时期不同阶段小说的艺术特点及其成因，对赵树理、周立波等一些作家作品的个案作了专题论述，把这一段历史时期汇聚了丰富文化内涵和历史因素的小说艺术创作过程展现在读者面前，对“十七年文学”研究具有价值。

《经典再生产——金圣叹小说评点的文化透视》

吴子林(副编审)

专著　350千字

北京大学出版社　2009年9月

该书以“经典再生产”作为理论支点，运用了文化透视的方法，分别研究金圣叹小说评点的文化语境、形式批评、政治批评和文化意义，揭示金圣叹小说评点的独特文化特征，发掘其中蕴藏的理论价值与现代意义，在沟通古代文论与现代文学理论包括西方文学理论方面，取得了可喜的收获。

《秦汉文学论丛》

刘跃进(研究员)

论文集　517千字

凤凰出版社　2008年12月

该书分上编、下编和附录三部分。上编以微观研究为主，集中对贾谊、班彪、班固、蔡邕、蔡文姬等人物以及有代表性的文学作品进行研究。在对历史已有研究成果反思的基础上，作者着重对秦汉之际的文体问题予以关注，指出文章意义上的“文”，早在秦汉就已产生，从现存资料看，有关文体研究的论著，当以蔡邕《独断》为最早，中国古代文体学观念至秦汉已经日益明确，中国传统意义上的主要文体也多在秦汉时期基本定型。这些成果丰富了秦汉文体文学的研究。

下编则侧重于宏观研究，以区域文化作为秦汉文学研究的切入点。作者通过丰富的历史资料，运用计量统计的分析方法，对秦汉各地域的文化特征、作品传播、文人分布等进行了系统综合研究，以编年史为“纵”线，以地域文学发展以及文人流布为“横”线，把地理环境中的山水、气候、植被、人口、土地与人文环境中的方言、习俗、物产、景观、民风、性格、学术、思想等要素相结合，将空间的问题转化成时间问题加以考量，又以空间的格局支配思维的框架，构建起秦汉地理区域文化的历史观。

《演变与挑战》

白烨(研究员)

论文集　250千字

作家出版社　2009年1月

该书选取了作者10多年来撰写的一些理论批评文章，共分两辑。“思潮追踪”一辑涉及新中国成立以来当代文学的思潮与观念的演进、新时期之后的文学创作与批评的发展、进入21世纪后文坛发生的种种新变革。“创作论评”一辑主要是有关小说与小说家的评论。书名《演变与挑战》既是对该书基本内容的概括，也是作者文学批评经历的一种写照。正如该书后记中所说：“面对文学批评对象日新月异的巨大演变，我们自己也在批评的行进中悄然变异；而文学面临的一个又一个的挑战，也都转化为批评的一个又一个的难点。在这样一个超出我们以往文学经验的批评历程中，我们前进着，我们困惑着，我们探索着，我们也改变着。”

民族文学研究所

《中亚民间文学》

阿地里·居玛吐尔地(研究员)

专著　150千字

宁夏人民出版社　2008年12月

该书是第一部由我国学者撰写的关于中亚各国民间文学的综述性学术普及读物，它图文并茂地展现了中亚充满神奇色彩的民间文学。该书全面、系统地描述了哈萨克斯坦、吉尔吉斯斯坦、乌兹别克斯坦、土库曼斯坦等中亚国家民间文学蕴藏、发展、传播的情况及其独特的艺术魅力。全书分“中亚历史文化”、“中亚各国的民间文学蕴藏”、“中亚各国的神话”、“中亚各国的民歌”、“中亚各国的史诗与叙事诗”等九个部分介绍了中亚历史文化、口头传统和非物质文化中占据重要地位的各类民间文学遗产，重点介绍了神话、民歌、史诗、民间故事、辞令、谚语和谜语，并对中亚民间文学在世界范围内的传播、研究和学术史进行了综述。

《传承方式与演唱传统：哈萨克族民间演唱艺人调查研究》

黄中祥(副研究员)

专著　580千字

民族出版社　2009年10月

民间演唱艺人研究在哈萨克族传统文化中占有极其重要的地位。然而，在哈萨克族文学研究方面，尤其是在民间演唱艺人的研究方面显得非常薄弱。针对这种状况，该书运用文化人类学、社会学和民俗学的调查方法，对哈萨克族民间演唱艺人的所处环境、学艺经历、演唱方式和社会职能进行了实地调查，并结合访谈案例及19世纪以来各个时期的研究成果，从共时和历时两个方面对艺人的形成环境、学艺方式、创作手法、演唱形式、社会职能和类型进行了系统的分析和归类，概括出了其中的一些共性规律和个性特征。该书是国内外第一部较系统论述哈萨克族民间演唱艺人的专著。

《〈福乐智慧〉与北宋儒学》

热依汗·卡德尔(副研究员)

专著　300千字

民族出版社　2009年10月

《福乐智慧》与北宋儒学以及北宋儒学倡导的《四书》等儒家学说是否有关联，一直是研究《福乐智慧》的一个热门话题。该书共分上、中、下三编。上编“古代维吾尔与中原的政治文化关系”，主要描述维吾尔民族文化的发展过程及其在民族文化发展过程中与汉民族文化的交融关系。中编“《福乐智慧》与北宋儒学”，主要描述《福乐智慧》与北宋儒学及北宋儒学推崇的《四书》皆发生于11世纪，都在论述修身养性的道德定律和论证治国安邦的政治定律。《福乐智慧》的主要思想表现为益智增知、养德修善、公正治国，这与儒家《四书》强调的修身养性、克己复礼和齐家治国的思想，在深层的文化界面上两相重合，具有很强的可比性。下编“《福乐智慧》与《四书》”，主要以文本对比的方式将《福乐智慧》与《论语》《大学》《中庸》《孟子》进行比对，从中分析它们所表述的思想之间的相似与差别。该书认为，《福乐智慧》与《四书》，看似两个不相统属的民族文化成果，却有着极为相似的文化追求，体现了极为相似的文化精神，此种现象绝非偶然。

《中国各民族人类起源神话母题概览》

王宪昭(副研究员)

专著　440千字

民族出版社　2009年7月

神话母题作为神话流传中的基本元素，具有跨越时空的鲜明特点，是不同民族、不同时代神话进行比较研究的重要依据。针对目前抢救少数民族非物质文化遗产的严峻形势和神话资料开发利用效率不高的实际情况，该书尝试利用现代研究方法和手段为神话研究注入新活力，所进行的工作是人类起源神话母题数据库建设。该统计数据以神话母题研究为基点，以神话综合研究和比较研究为手段，以我国少数民族人类起源神话为主要对象，设置了各民族人类起源神话的研究平台。同时，结合各民族神话内容的实际和典型叙事特征，将人类起源神话分为7大类型和与之相应的3个层级156类母题，并编制出对应的母题索引代码。在此基础上，对目前搜集到的我国各民族的1881篇人类起源神话进行了全面研读和分析，进而提取出各个层级的母题，形成系统的神话研究资料和较为翔实的数据。

《展开4000年折叠的历史——共工传说与良渚文化平行关系研究》

扎拉嘎(研究员)

专著　670千字

中央民族大学出版社　2009年9月

展开4000年前折叠的历史，亦即重新解读禹治水传说和共工兴衰传说，并且希望通过例证性研究，阐述生态—文化板块平行互动对中国文明起源和发展的推动，以及生态—文化板块平行互动理论的基本内涵及其在历史研究中的意义。书中的讨论主要依据对文献的重新解读和20世纪以来的考古学成果。但就前后顺序而言，该书所要阐述的基本观点却是形成在阅读书中引述的考古资料之前。因此，不是考古资料直接促使作者产生了该书的基本观点，而是书中提出的基本观点引导作者考察考古发掘和阅读考古发掘报告。书中推出了传说时代中国文化关系研究的一些新成果，如被称为“洪水灾害”的共工是中国稻作农业起源神，治水英雄大禹的主要历史活动是对稻作农业的战争，中国历史上第一个夏王朝诞生于史前稻旱农业的洗礼等。这不仅使“共工之子句龙何以为社神”的困惑得到最终答案，而且通过阐述“社稷”、“九州”、“祖宗”等中国古代重要文化概念的起源，为中国文明多样性起源提供了新的根据。

外国文学研究所

《荷马的启示——从命运观到认识论》

陈中梅(研究员)

专著　259千字

北京大学出版社　2009年11月

该书作者延续了他在《神圣的荷马》与《言诗》中的研究进路，对荷马史诗进行了多角度挖掘。全书以“西方世界痛失的一个观念——命运”(Moira)开篇，追溯它在荷马史诗中的关键作用。然后通过荷马史诗的“辨识神人”，展示西方认知史上一次悄然完成的范式革命。在余下的篇章中，作者对荷马史诗人物认知观以及对阿基琉斯的解读都具有相当的思想厚度，为古希腊思想研究贡献了更为学理化的思考。

《异文化博弈——中国现代留欧学人与西学东渐》

叶隽(副研究员)

专著　595千字

北京大学出版社　2009年4月

该书选择严复、李石曾、蔡元培这三位留学英、法、德的代表性人物作为研究对象，探讨留欧学人在现代中国语境中的思想史意义。在延续作者以往解构传统“西学东渐”概念的思路的同时，将视阈拓宽至欧洲现代思想三大重要源流，分析了中国现代留欧学人的不同思想特点。该书尤其关注作为留学现代西方文明之源泉地的留欧学人，是如何意识到为现代中国寻求文化出路的学术使命，并承担起这种职责的，又是如何由此生发出相关的学术史、文化史、教育史与思想史等诸多命题的。该书在一定程度上整合了思想史、教育史、社会史与文化史的视野，呈现出较为完整的现代中国语境内的异文化博弈景观。

《经典的偶然性与必然性——以〈堂吉诃德〉为个案》

陈众议(研究员)

论文　10千字

《外国文学评论》　2009年第1期

该文为院重大课题的研究成果。

经典的产生往往建立在对以往经典的传承、翻新甚至反动的基础之上，使它们往往能够不断获得某种新生。该文认为，首先，文学是由作为个体的作家创造的，其历史的生成因为个体的不同而具有明显的偶然性和不可预知性；其次，文学作为一种艺术，源于现实又超乎现实，它表现并反映时代的认知、价值和审美高度，又不乏这一个或这一些作家的个性化取向，因而既具有某种历史的必然性，又是不可再造的，透着某种偶然性。该文以《堂吉诃德》为个案，从这一文学经典形成的偶然性和必然性及一系列二元关系切入，用历史唯物主义和辩证唯物主义思想对后现代主义的形而上学的解构风潮进行了反拨。

《再说〈荆生〉，兼及运动之术》

陆建德(研究员)

论文　13.5千字

《中国图书评论》　2009年第2期

林纾是中国近代著名文学家和翻译家，由于他在新文化运动时期公开与提倡新文化的《新青年》论争，极力为孔子和古文辩护，故一直被视为文化保守主义者，而其短篇小说《荆生》更是被当做他敦促北洋军阀镇压新生力量的见证，成为难以洗刷的污点。该文则为林纾鸣冤，指出“荆生”并非五四青年所认定的反动军阀徐树铮，而是“经生”的谐意，意指林纾自己要像侠者荆轲一样，在全盘西化盛嚣一时的语境中为捍卫中国文化传统及其载体（中国文字）而斗争。该文在复兴国学的今天，在文化思想界引发了争鸣，而作者对新文化运动中彻底否定传统文化做法的反思，也与林纾80年前“悠悠百年，自有能辩之者”的预言遥相呼应。

《在反思中深化文学理论研究——“后理论时代”文学研究的一个问题》

周启超(研究员)

论文　12千字

《江西社会科学》　2009年第6期

当下的文论界，“理论终结论”颇为盛行，“告别理论”已成为近年来文论界一种颇为普遍的心态或姿态。而该文认为，“后理论时代”之“后”，不仅意味着一种区隔、差异、否定，同时也意味着一种反思、扬弃之后的超越和承接，或者说，意味着一种既解构而又建构的“延异”。以这一视界来看，在反思文论界种种理论流变的同时，也反思文论界理论研究的路径，或许是一种颇有现实意义的话语实践。在反思中深化文学理论，才是文论园地耕耘者的一种志业。

《〈爱玛〉中的长者》

黄梅(研究员)

论文　15千字

《外国文学评论》　2009年第4期

当代评论往往因奥斯汀小说中长者形象的塑造，或把奥斯汀的题旨定义为“保守”，或试图论证其嘲讽抵制父权、男权的“进步”。而该文则试图从奥斯汀小说《爱玛》中的几个年长人物入手，分析说明此类评论常是“上纲上线”的粗率解读，或多或少曲解了作者小心、模糊的多向度思想探求，并提出，书中长者的处境、性格及与爱玛的关系各有特点，从不同角度代表了社会群体以及他们所处的社会关系之网。实际上，在这种社会关系之网的背后，奥斯汀表达了对传统农业社会解体后人际关系走向的近忧和远虑。

《激荡的岁月、脆弱的灵魂——帕斯捷尔纳克及其小说〈日瓦戈医生〉新析》

吴晓都(研究员)

论文　7千字

《走近经典》

外语教学与研究出版社　2009年6月

该文系院重大课题的研究成果。

该文从“主观传记的现实主义写作风格”、“象征主义的隐喻特征”、“浓郁的抒情特色”三个方面分析了作品的艺术诗学特征，并从历史文化语境分析了《日瓦戈医生》的思想内涵。作者认为，虽然《日瓦戈医生》以写实主义的笔触披露了当时某些过激思潮、行为造成的负面影响，表现了悲天悯人的人文情怀，但总体来说，这部小说的基本历史观存在着明显的形而上学唯心史观的谬误，由此导致了过分情绪化的历史评判，未能从历史唯物主义立场和客观向度去审视和把握20世纪初叶的俄国社会历史的全局进程，进而从根本上漠视了俄国革命的意义和社会进步。

《乔治·艾略特与维多利亚时代的责任观念》

乔修峰(助理研究员)

论文　10千字

《外国文学研究》　2009年第4期

该文认为，“责任”是19世纪英国文化中的一个核心观念。当时的英国正处在剧烈的社会变革之中，社会上虽有重责任之风，却也不乏虚伪的责任话语。而乔治·艾略特将“责任”视为挽救社会分裂的力量，因而成为维多利亚时代一种极有代表性的思想。该文认为，对责任观念的思考贯穿在艾略特的小说之中，通常还会被卷入到小说的中心冲突中，体现在人物的内心挣扎和选择上；她对“邻人”、“家”、“社会”、“情感”等概念的认识也体现了她的责任观；虽然她在作品中很少“谈”责任，却通过人物和情节对责任观念进行了阐释，从而与当时流行的责任话语形成了对照，而这些都与她个人的信仰历程以及对作家责任的认识密不可分。

《对美国文化和政策国际影响社会调查结果的分析》

董晓阳(研究员)

研究报告　2.7千字

《世界社会主义研究》　2009年第34期

该报告对2009年初一项由GFK全球客户调查机构进行的对美国文化贡献和政策国际影响的社会调查结果进行了分析，指出，这一由权威机构进行的调查提出了这样一个问题，即“为什么美国文化和政策并没有得到欧洲人的认同甚至相当部分美国人的认同”，而其将文化和国际政策放在一张问卷上的特殊设计，更是令人深思，因为它不仅会揭示出文化差异和对政策认知的差异，在某种意义上，还可能预示出文化多元格局、文化文明的多样化趋势以及基于这种格局和趋势的政策和政治的变化。

《反现代派：从约瑟夫·德·迈斯特到罗兰·巴特》

郭宏安(研究员)译 ([法]安托瓦纳·贡巴尼翁著)

译著 360千字

三联出版社 2009年3月

该书从反现代派的第一批奠基者约瑟夫·德·迈斯特、夏多布里昂和波德莱尔开始，论述了反现代派的几个强有力的观念（反革命、反启蒙、悲观主义、原罪、崇高、抨击），并对19世纪和20世纪几位被忽视的著名的反现代派人物进行了详尽论述，试图借此对反现代派或曰现代性中的反现代派传统作一梳理。

《优美的安娜贝尔·李 寒彻颤栗早逝去》

许金龙(编审)译 ([日]大江健三郎著)

译著 120千字

人民文学出版社 2009年1月

该译著系中国社会科学院重点课题的研究成果。

该书是大江健三郎的一部力作。小说主要讲述了纯洁、美丽的少女樱的故事。樱在日本战后的艰苦时期通过不懈努力成为电影明星，却在事业巅峰之际得知自己幼时曾惨遭美国军人蹂躏，樱从此沉寂30年之久，不得不重新审视自己的一生。最后，她还是在故乡人的支持下，通过饰演一位当地农民运动的女英雄振作起来，并从中汲取了力量，在绝望中寻找到了希望。大江也正是通过这种艺术的诠释，为自己和诸多在反思历史与思考现状过程中处于绝望的人寻得了希望。

《现代希伯来小说史》

钟志清(副研究员)译 ([以色列]格尔绍恩·谢克德著)

译著 300千字

商务印书馆 2009年4月

该译著系国家社会科学基金课题的研究成果。

该书追溯了自19世纪80年代到20世纪90年代现代希伯来小说的起源与发展，探讨了从欧洲到以色列建国后的四代希伯来语作家的创作，通过对具体文本的主题与风格的详尽分析，展示了希伯来文学传统的多样性。作者通过对作家的生平概述、历史考察和社会文化与政治的分析，阐明了希伯来文学创作与产生这种创作的语境之间的关联，反映了希伯来文学和现实生活之间的复杂影响。作者还阐述了现代希伯来小说经典所具有的特征，认为其有资格进入当代文化与文学研究的舞台。

《隐匿的整体》

程巍(研究员)

论文集 536千字

河北大学出版社 2009年4月

该书系学术论文及文学创作的合集。其中，学术论文部分的内容涉及19世纪初到20世纪上半叶的英美文化史和文学史以及中国现代文学史，这些论文均属文学社会学的个案研究，以某一个文学文本、文学人物或者文化事件为案例，将其置于历史进程的全部复杂关系之中加以研究，以充分展示其与其所属的文化—政治场之间的复杂关系，但又有别于所谓的“文学的外部研究”，因为它与“文学的内部研究”一样强调对“文本”的细读。该书作者认为，每一个文学文本、文学人物或者文化事件都具体而微地隐匿着“一切社会关系的总和”。

语言研究所

《“好容易”与“好不容易”》

江蓝生(研究员)
论文　10千字
《历史语言学研究》
商务印书馆　2009年第三辑

该文对汉语中有些短语肯定式与否定式意思相同的现象作出解释,如“好悲伤”与“好不悲伤”意思都是很悲伤；“好容易”与“好不容易”意思都是很不容易。该文认为,“好”有两种词义与功能，其一表示反诘，相当于“岂、哪”，为反诘副词；其二相当于“很”，是程度副词。“好容易”最初应是“岂容易、哪儿那么容易”的意思，用反问表示否定，引申出“没那么容易、很不容易”的意思。而“好不容易”的“好”是程度副词,故“好不容易”即很不容易。同理，“好不悲伤”表示肯定义是因为“好不”义为“岂不”。

《实词的拟声化重叠及其相关构式》

刘丹青(研究员)
论文　14千字
《中国语文》　2009年第1期

汉语中存在着一些目前的重叠研究尚欠关注的重叠现象。该文指出，这些重叠现象实际上是名词、动词、形容词等实词的拟声化重叠，如“他大哥大哥地叫着”。这类重叠式在性质上与叹词临时用做拟声词的现象相近，是一种深度去范畴化的形态操作。拟声化重叠的基本作用是再现话语的语言形式，凸显其能指，特别是其语音形式，抑制其所指，而不像一般的语言单位那样突显其所指。不同的实词词类都有此用途并有共同的句法语义表现，如排斥时体、指称标记，具有与拟声词相当的多样化句法功能（充当状语、独立小句、主语、定语等）。基于这种拟声话重叠，汉语中形成了若干各有特点的构式，有的表示引语性话题结构，其述题偏向负面评论；有的表示让步转折关系；有的是重在诠释甚至故意曲解词语字面意义的释义构式。该文顺便指出，因叹词有拟声词用法而将叹词与拟声词合并的观点难以成立，因为拟声化不是叹词特有的功能，而是所有实词都有的功能，无法将所有实词都与拟声词合并。

《从施受关系到句式语义》

张伯江(研究员)
专著　220千字
商务印书馆　2009年6月

施受语义关系及相关语法现象是语言结构中的核心问题之一，在语言学理论中向来占有重要地位。该书对施事和受事角色本身的句法和语义作了详尽的探讨，同时关注它们的语用变化，关注语法角色与句式的互动，得出了许多有重要价值的语法发现；在研究方法上，合理采用功能语言学、认知语言学的理论立场，与汉语语言学传统深度结合，得出了对汉语事实的全新认识。

《声音和面部表情信息冲突时的跨文化研究兼谈情感表达的 McGurk 效应》

李爱军(研究员)

论文 8千字

《国际生物力学生理建模和言语科学研讨会论文集》

JAIST,KANAZAWA,I,37—50 2009年2月

情感表达和感知的跨文化多模态研究是当前国际上情感研究的热点，其目的在于揭示不同文化中情感表达和感知是否有普遍性心理和认知基础，哪些因素受到文化背景的影响，以及面部表情和声音在情感传递过程或者解码过程中起到的作用是否相同。该文通过 10 位日本听辨人和 10 位中国听辨人对一个中国女发音人的具有不同面部表情和声音情感的刺激的感知，考察了声音和表情两个模态在情感解码中的作用异同以及听音人文化背景差异对情感解码的影响。该文认为，中国人情感感知中更多依靠声音信息，而日本人更多依靠面部信息。当一种声音和另外一个发音动作配合，我们感知到一个完全不同的声音，这种现象就是著名的 McGurk 效应。该文也考察了情感表达的 McGurk 效应，发现中国人和日本人的 McGurk 效应出现模式也有差异。

《山西平遥（新派）咸山宕江舒声韵今读音》

沈明(研究员)

论文 120千字

《第三届晋方言国际学术研讨会论文集》

希望出版社 2009年2月

平遥老派咸山读[AN ī AN(开口二等见系)uAN ī E YE]，宕江读[AN/u?/y? iAN/y? uAN/u?]。韵类分合关系是：咸山文白同形，读[AN iAN uAN]的同宕江文读，读[iE yE]的同果摄([iE]还同假开三、蟹开二见系)。宕江白读[u? y?]。[u?]同果摄文读，[y?]自成韵类。新派把老派的[uAN]一律读[u?]，同老派宕江白读。该文认为，新派的这种变化是[u–]介音使后鼻尾[N]消失、主要元音高化造成的，并非老派白读的回头演变。

《元代汉语语法研究》

祖生利(副研究员)

专著 230千字

上海教育出版社 2009年7月

该书是国家社会科学基金课题“元代汉语研究”的结项成果。

全书分上下编，11 章。上编“元代汉语的几个语法问题”从汉语自身发展的角度，重点讨论了“元代北方汉语的语气词”、“元代汉语含‘得’和‘不’的述补结构”及元代汉语的被动式、比拟式、选择问句等几个专题，对其面貌和特点进行了全面细致的描写和分析，得出以下主要结论，诸如：语气词“呵”的句中和句末用法各有来源，前者源于“后”，后者源于“好”；元代“V 不得 O”对于“VO 不得”已居于压倒优势，“V 得 OC”同“V 得 CO”对立，前者表实现义，后者表能行义；“被”字被动式主语发生脱离常轨变化的句法原因是由于动词带受事宾语和动词复杂化，使主语的语义角色不得不重新分派；不同类型的比拟式和选择问句句间语气词存在地域分布的差异等。下编“元代蒙汉语言接触研究”从元代白话碑蒙汉碑

文对照入手，揭示直译体文献语言特征及其蒙古语的底层来源，进而扩展到元代直讲体文献、会话书材料、戏曲小说，考察其中反映出的蒙古语语法的接触影响。在此基础上，该书对元代蒙汉语言接触的过程和阶段、影响范围、程度和结果进行了较全面的论述，认为：元代中期以后，至少在大都城内，通行着一种可称之为“蒙式汉语”的皮钦汉语，作为蒙古、色目人和汉人间的交际工具，白话碑文等直译体文献的语言正是以这种口语为基础的。随着接触加深，元代后期，大都及其附近北方汉语呈现出一定程度克里奥尔化趋势，产生了像古本《老乞大》那样具有明显克里奥尔语特点的“汉儿言语”。

《汉语语文词典的词条结构模型》

傅爱平(研究员)等

论文　8千字

《辞书研究》　2009年第2期

词典可以认为是一种用非结构化形式表现的、具有半结构化特征的语言数据。词典的编纂、查考和典藏、语言研究和语言工程，常常需要对文本形式的词典及其词条内容进行结构化处理。该文尝试用数据建模的方法对汉语词典及其词条进行形式化描述，采用XML Schema(可扩展的标记语言)定义词条结构，根据词条结构的数据模型对词典文本作XML标注，描述词条中蕴涵的各种语言学信息，为辞书编纂、词汇研究和语言工程提供数据资源。

《汉语时体的历时研究》

杨永龙(研究员)

论文集　450千字

语文出版社　2009年7月

该书是汉语时体研究的论文集，以提交2006年在法国巴黎召开的“汉语时体的历时与共时研究”圆桌会议(由中国社会科学院语言研究所、法国东亚语言研究所和美国加州大学圣芭芭拉分校东亚语言文化系联合举办)的论文为基础，另外选收了已经发表的在汉语时体历时研究领域产生了较大影响的代表性文章，比较全面地反映了该领域的代表性成果和理论方法。全书共收入论文22篇，比较宏观的研究有贝罗贝的《汉语的体与时》，曹茜蕾的《汉语显性标记的类型学研究》，曹广顺的《试论汉语动态助词的形成过程》等，微观的研究有梅祖麟、刘坚、蒋绍愚、江蓝生、赵金铭、徐丹、罗端、梅思德、吴福祥、杨永龙、周磊、冯力、陈前瑞、赵长才、祖生利、梁银峰等对完成体、持续体、经历体等时体表达形式所进行的深入细致的个案研究。

《西南官话的分区(稿)》

李蓝(研究员)

论文　20千字

《方言》　2009年第1期

该文共分6部分。第一部分首先概述以往的西南官话分区；第二部分说明在全国的汉语方言中区分西南官话的语音条件以及所使用的分区材料、政区资料和分区底图；第三部分主要依据古入声今读阳平及四声调型这两个语音条件从全国汉语方言中分出属于西南官话的汉语方言，并分省市说明四川、重庆、云南、贵州、广西、湖北、湖南、陕西、江西九省区西南官话的分布情况；第四部分主要根据各地西南官话方言的声调类型把西南官话分成川黔、西蜀、川西、云南、湖广、桂北6方言片；第五部分根据内部的语音差别把6个片分为22个小片，并列出各小片的分布范围、方言点数和方言点名称；第六部分根据现有调查材料简要介绍分布在西南官话区内的非西南官话方言岛及分布在其他方言区的西南官话方言岛。

《简帛文献文字研究》

王志平(副研究员)

专著　80千字

《简帛文献语言研究》丛书之一

中国社会科学出版社　2009年5月

该书共分为五章。其中，第一章“简帛文字研究概况”探讨了简帛与古汉语研究的关系，分析了简帛的史料价值与预料价值，概述了简帛文字研究的历史和现状。第二章“文字、书写与简帛的关系”介绍了文字和书写的载体——简帛；以“秦书八体”为中心探讨了文字载体与字体分类的关系；描述了秦汉简帛纸张等与隶书、草书等字体的演变关系。第三章“简帛文字研究与相关制度”分析了简帛文字的书写形式与书写内容，研究了简帛文献与书体(字体)的关系。第四章“简帛文字研究与文字学”深入探讨了简帛文字研究与古文字学、一般文字学、文字学史等方面的关系及其有关价值。第五章“简帛文字的特点”概括总结了简帛文字的类型，分析了简帛文字的时代和地域特点，探讨了简帛文字考释的焦点。

《从粤语的产生和发展看汉语方言形成的模式》

麦耘(研究员)

论文　22千字

《方言》　2009年第3期

该文讨论了粤语产生和发展的过程，从中可以看出汉语方言形成的一种模式：(1)最初有多个源语言，而以汉语为主，南方少数民族语言为次；(2)汉语通语在不同时代对方言施以强大影响，造成不同的层次，时代在后的层次覆盖时代在前的层次；(3)分化与融合互相交错，方言一方面从通语中分化出去，另一方面又不断与来自通语的语言成分融合。作者认为，粤语类型的汉语方言形成的历史轨迹在大模样上近似谱系树，方言从通语分化的过程也确实是谱系树形式的；而分化的细节上则往往呈网状。造成这种状况的，是汉语通语的波形扩散及其导致的区域性语言聚变，该文用“珠江三角洲水网状”来比喻这一模式。

考古研究所

《秦咸阳城遗址考古发现的回顾及其研究的再思考》

刘庆柱(研究员)

论文　16千字

《里耶古城·秦简与秦文化研究——中国里耶古城·秦简与秦文化国际学术研讨会论文集》

科学出版社　2009年10月

秦咸阳城为战国时代秦国和秦代都城，考古发现的小城应为都城宫城，都城的郭城现在还未发现，但是这不等于秦咸阳城没有郭城。秦都咸阳有北宫与南宫，北宫即秦咸阳城宫城（亦即咸阳宫），南宫在秦咸阳城以南的渭河南岸。先秦时代，都城的宗庙一般在宫室区或郭城之中，从秦咸阳城开始，宗庙建于都城之外的“渭南”之地。这在中国古代都城发展史上是个重要的转折，这不只是宗庙位置的变化，其更为深层次的意义还在于说明了宗庙作为“血缘政治”的象征，“血缘政治”在国家政治地位的改变。宗庙在都城的位置变化，成为秦咸阳城的重要特征之一，它充分反映了中央集权封建帝国的国家政治特点，对秦代以后都城布局形制影响深远。

《西汉帝陵的考古发现与研究》

刘庆柱(研究员)

论文　25千字

《洛阳汉魏陵墓研究论文集》

文物出版社　2009年10月

该文根据多年来西汉帝陵考古发现、研究，尤其是近年来的西汉帝陵考古勘探和发掘资料，认为，西汉时代每一位皇帝有一座独立的陵园，西汉时代早期的皇帝陵园（汉高祖长陵和汉惠帝安陵）之中包括了皇帝陵墓和皇后陵墓，还有陵庙、寝殿与便殿等陵寝建筑及陪葬坑。从汉文帝霸陵开始，终西汉一代的帝陵形制发生了重要变化：每座帝陵的皇帝陵墓与皇后陵墓各自有一个陵园，在皇帝陵园和皇后陵园之外又营筑了一个大陵园。在皇帝陵园、皇后陵园和大陵园之中还有陪葬坑，寝殿和便殿组成的寝园及陵庙等陵寝建筑在皇帝陵园和皇后陵园之外、大陵园之中。西汉一代的陵邑、陪葬墓均在陵园或大陵园之外。

《中原地区文明化进程的考古学研究》

高江涛(助理研究员)

专著　447千字

社会科学文献出版社　2009年1月

庙底沟文化至二里头文化时期是中原地区文明起源、形成和早期发展的重要时期。该书讨论了中原地区文明化进程的阶段性、背景、动力及模式，对中原地区文明化的进程进行了多角度的、系统的、动态的综合考察：仰韶文化中晚期的中原地区社会出现了阶层分化；龙山文化时期中原地区进入了属于早期国家形态的邦国阶段，文明社会形成；二里头文化时期出现了跨地域的更广大区域内文化的统一分布，王国阶段开始。该书提出了一些新的看法，特别是在聚落形态方面着力更多。

《镜范——汉式镜的制作技术》（日文版）

日本奈良县立橿原考古学研究所、中国社会科学院考古研究所、山东省文物考古研究所编著　〔日〕菅谷文则、白云翔(研究员)主编

专著　540千字

〔日本〕八木书店　2009年2月

该书是中日合作“山东省临淄齐国故城出土镜范的考古学研究”项目的研究报告，是该项目深化研究的成果。

该书由“资料编”和“研究编”组成。“资料编”以文字描述与实测图和照片相结合的

方式，逐一详细记述了1997～2007年间临淄齐国故城出土的汉代镜范83件以及日本各地收藏的中国汉代草叶纹镜范4件。“研究编”收录13篇论文，内容涉及临淄汉代镜范的科学分析、临淄出土的汉代铜镜、汉代临淄的铜镜制造业、西汉时期的草叶纹镜、河南出土的汉代铜镜、汉代铜镜的制作技术、古代铜镜的科学分析、汉晋时期的铁镜、日本出土的铜镜铸范以及朝鲜半岛的古代铜镜等。

该书通过对汉代镜范的多学科综合研究，填补了古代铜镜制作技术和铜镜生产研究方面的空白，使汉代铜镜及其制造技术的研究获得突破性进展。

《2004～2005年安阳殷墟小屯宫殿宗庙区的勘探和发掘》

中国社会科学院考古研究所安阳工作队

研究报告　30千字

《考古学报》 2009年第2期

自1928年至今，数代考古学家在小屯宫殿宗庙区进行了多次大规模的发掘，收获颇丰，为判断殷墟的都城性质提供了关键性的资料。但小屯宫殿宗庙区作为殷墟都城的核心区域，规模很大，以前的发掘区域只占原宫殿宗庙区的很小一部分，尚存在很多问题。2004～2005年，为配合殷墟申报世界文化遗产，中国社会科学院考古研究所安阳工作队在殷墟博物苑区域内进行了全面勘探，除对以前已知的建筑基址的位置和保养状况进行了复查、确认外，还有很多新的发现，如新发现数十处夯土基址、大黄土坑（池苑遗址）、数座祭祀坑、玉料坑、大面积的灰土堆积区和重新确认洹河与宫殿宗庙区之间的砂土线。在甲组基址西侧的重点发掘，虽揭露面积较小，但发现夯土建筑基址4座、水井1眼和数十座灰坑，时代从龙山时期到殷墟一期。这些勘探资料和发掘所获对小屯宫殿宗庙区的布局研究提供了重要资料。

《周原宫殿建筑类型及相关问题探讨》

杜金鹏(研究员)

论文　33千字

《考古学报》　2009年第4期

该文讨论的对象是陕西周原遗址大型礼仪建筑基址，主要包括岐山凤雏、扶风召陈、云塘、齐镇四处建筑基址。该文首先就各建筑的布局、结构、年代等作了探讨。在此基础上，对周原诸礼仪建筑的类型和源流进行了研究。该文认为，迄今发现的周原宫殿建筑，就其建筑布局组合和建筑结构形制而言，可以分为两大类型，其中召陈、云塘、齐镇等处宫室建筑是周原最流行的宫室建筑类型，是周原宫室建筑的“常型”，这类建筑的基本特质后来被秦人所继承；凤雏建筑则是周原宫室中体现商文化宫室建筑特性的唯一例证，属于周原宫室建筑的“特型”。周原凤雏宫殿建筑基址与中原夏商宫殿建筑，具有一脉相承的共同特点，或可认为就是商代宫殿在周原的移植。周原凤雏建筑基址窖穴中出土的甲骨文，根据其内容、用词、字体、凿形、甲骨整治方式等，均可肯定出自周人之手。从凤雏甲骨文得知，灭商前周人在岐邑立有商王宗庙，并在其中举行祭祀活动；灭商后，周人依然保留着岐邑的商王宗庙。由此可以推测，凤雏宫殿建筑基址或许就是周人根据商族宫室规制所建商王宗庙遗址，它的始建或在商王帝辛时候，一直沿用到西周晚期。

《试论殷墟孝民屯大型铸范的铸造工艺和器形——兼论商代盥洗礼仪》

岳洪彬(副研究员)　岳占伟(助理研究员)

论文　7千字

《考古》　2009年第6期

该文根据殷墟历年出土的青铜器实物资料和铸造工艺，分析了2003～2004年殷墟孝民屯出土的铸造大型铜容器的底范，确认其所铸器形为大型铜盘。该文结合历史文献记载和甲骨文资料，认为，商周铜盘的功能虽均为水器，但使用方式略有区别。而且，殷商时期也存在复杂的盥洗礼仪，不但有沫面、濯发、澡手等盥洗礼仪活动，而且在大型祭祀活动中还在大型盘形器中进行全身的盥洗沐浴洁身等礼仪活动。

《安阳的"商邑"与"大邑商"》

唐际根(研究员)　〔加拿大〕荆志淳(教授)

论文　14千字

《考古》　2009年第9期

邑是商王朝的重要社会单位。甲骨卜辞中多有邑的记录，相当于今天的"居民点"。安阳一带的"商邑"应理解为"族邑"。考古发掘表明，典型的"商邑"通常包括房基、灰坑、窖穴、水井、道路、排水设施、取土—蓄水坑等遗迹。沿洹河流域分布的"商邑"呈现出"一大带众小"的二级结构。作为商王朝晚期都邑的"大邑商"，则是一处以宫殿宗庙区为核心、由众多"族邑"通过道路、水渠等大型公共设施有机连接在一起的特殊商邑群。

《隋唐东都形制布局特点分析》

石自社(副研究员)

论文　10千字

《考古》　2009年第10期

该文认为，隋唐东都的规划设计适应山川地势的特点，遵循中国古代都城规划的基本原则，其形制布局既体现了皇权的至高无上，又兼顾了安全和实用的原则，形成了独有的形制布局特色；特别注重城市的经济功能，加强了对自然河流的开发利用，使东都洛阳成为河网密布、四通八达的经济中心。隋唐东都的形制布局和建筑特点在中国古代都城建设史上具有重要地位，对后世东亚国家都城制度的发展产生了深远影响。

《从中国看日本埼玉稻荷山古坟和埼玉古坟群》

王巍(研究员)

论文　10千字

《考古》　2009年第12期

在日本埼玉古坟群中年代最早的稻荷山古坟出土的铁剑上发现115字的错金铭文，记述了刀的主人乎获居臣为倭国获加多支卤大王的"杖刀人首"，辅佐倭国大王"治天下"。　埼玉古坟群是以稻荷山古坟的营建为开端，是5世纪末至6世纪修建的。这些大型前方后圆坟中埋葬的应当是武藏地区的统治者，也就是世世代代为倭王杖刀人首的豪强家族，该家族对武藏地区的统治，可能有大和王权作为靠山。换言之，大和王权的支持，可能是武藏国的统治者们得以控制该地区的重要原因之一。该文从中国方面的角度，对上述问题进行了探讨。

历史研究所

《〈明儒学案〉发微》

陈祖武(研究员)

论文　12千字

《中国史研究》　2009年第4期

黄宗义著《明儒学案》自康熙三十二年(1693)刊行以来，300余年过去，一直是相关研究者关注和研究的一部重要历史文献。该文通过梳理文献，论证《明儒学案》初题《蕺山学案》；始撰于康熙十五年（1676），旨在正本清源，以传承其师刘宗周学术。三年后，清廷开始修《明史》，能否为故国存信史，成为史家必须正视的尖锐问题。于是未待付梓，著者即将《蕺山学案》改题《明儒学案》，进而梳理一代儒学源流。全书超然门户，寓意深远，乃为师门传学术、为故国存信史、为天地保元气之作。

《清儒学案》

陈祖武(研究员)

古籍整理　5600千字

河北人民出版社　2008年12月

徐世昌主编的《清儒学案》成书于20世纪30年代，全书网罗了一代儒林中人，卷帙浩繁，达208卷之多，是梳理清代学术源流的重要历史文献。整理者以新式标点对原书进行了认真点校，历时10余年之久，使《清儒学案》成为一部便于使用和研究的文献资料。

《突厥第二汗国汉文史料编年辑考》(全3册)

吴玉贵(研究员)

专著　1000千字

中华书局　2009年12月

突厥学是一门国际性的学问。从事突厥学研究，特别是对突厥历史的研究，主要依赖对汉文史料的利用和研究。近半个世纪以来新发现了大量汉文突厥史料，在数量上大大超出了前辈学者辑录的内容。将新发现的史料，特别是新发现的汉文墓志资料与汉文传统文献的记载结合起来，不仅可以为突厥历史研究增添新的资料，而且它本身也应该是突厥史研究的一个新的发展方向。

该书对汉文突厥史料重新进行了系统的编年整理，弥补了突厥史料研究的一大缺憾。该书改变了以往将类传与专目中比较集中的突厥史料与散见史料分别整理的传统做法，将突厥史料集中作编年整理研究，并且在体例上作了新的尝试，即在保留《资治通鉴》构建的年代体系的基础上，以“参见资料”和“补录”的方式，将《旧唐书》《新唐书》《通典》《唐会要》《册府元龟》《唐大诏令集》《太平御览》《全唐文》以及唐人别集、碑志、笔记等其他载籍中与《资治通鉴》相关的记载加以辑录比证，兼具了编年和纪事本末两种传统体裁的优长，既便于对史料的考辨，又有利于从整体上对历史事件的把握，从而可以在一定程度上避免史料编年中常见的重罗列、轻研究的通病。

《元代文化史》

陈高华(研究员)　张帆(教授)　刘晓(研究员)

专著　512千字

广东教育出版社　2009年8月

和其他朝代相比，元代文化的研究是比较薄弱的。该书对元代文化进行了全面、系统的论述，并提出对元代文化的总体评价，具有填补元代文化研究领域空白的意义。

现今问世的断代文化史，大体都是先讲该朝代的历史发展过程，然后分别叙述各个文化门类（文学、史学、哲学等）状况，往往令人有将政治与文化割裂的感觉。该书则将元代历史分成三个阶段，每个阶段先讲述政治状况，然后再叙述该阶段的各种文化现象，将政治与文化紧密联系在一起，从而可以清楚地看出政治变迁与文化发展之间的关系。

《郊庙之外——隋唐国家祭祀与宗教》

雷闻(副研究员)

专著　344千字

生活·读书·新知三联书店　2009年5月

该书从不同角度探讨了隋唐国家祭祀与宗教的各个层面，试图由此分析礼制在国家与民众信仰之间运作的方式和功能。除“导言”与“结论”外，该书分为四章：第一章是对国家祭祀体系本身的宗教性的研究；第二章主要探讨国家祭祀与道教、佛教这些制度性宗教的互动关系；第三章从礼制的视角出发，重点考察国家祭祀与各种地方祠祀的互动关系；第四章通过对祈雨的研究，探讨唐代国家礼制的世俗化倾向及其与宗教的结合。该书既重视礼典的规定，更关心祭祀实践；既正视郊庙礼制的重要地位，更关注国家礼制体系的下层结构——州县祭祀；既强调国家祭祀的宗教内涵，更注重考察其社会整合功能。

《魏晋南北朝五礼制度考论》

梁满仓(研究员)

专著　710千字

社会科学文献出版社　2009年12月

在传统中国礼文化研究中，三礼是指《周礼》《仪礼》《礼记》三部著作；“五礼”是指吉、嘉、军、宾、凶五种礼制。该书从魏晋南北朝时代的特点出发，从礼学、礼制、礼俗、礼行四个方面，对魏晋南北朝五礼制度进行了全面考论。

第一章考察了魏晋南北朝时期人们对礼治国作用的认识；第二章探讨了该时期礼学发展的过程及特点；第三章考察了该时期五礼制度化的几个阶段和意义；第四章论述了国家祭祀天地、山川、先农、祖先与治理国家的关系；第五章论述了婚礼、冠礼、会礼、尊老养老礼的社会政治意义及作用；第六章论述了军礼鼓吹、讲武练兵、出征誓师的作用及军法与军礼的关系；第七章论述了君臣之间、上下之间、臣民之间、政权之间交往的礼仪；第八章考察了凶礼的内容及西晋北魏恢复实行三年之丧礼仪的重大意义。

该书不是一般性地描述礼仪制度，而是注重对魏晋南北朝的礼制特点及发展规律进行理论探索，注重研究五礼制度在实践中遇到的重大问题，注重宏观研究与微观考证相结合，从魏晋南北朝时代的思想认识角度、当时的理论形态角度、制度形态角度、社会实践角度对五礼制度进行了较为系统深入的研究。

《敦煌本佛教灵验记校注并研究》

杨宝玉(副研究员)

专著　350千字

甘肃人民出版社　2009年8月

该书是对敦煌文书中保存的佛教灵验记作品进行的首次全面集中校理与专门研究。

该书的“绪论”探讨了敦煌本佛教灵验记的总体情况。上编（研究编）收录了针对具体灵验记作品的个案性专题研究论文，分属敦煌地区史、敦煌文学、敦煌佛教史范畴。下编（校注编）从数万件敦煌汉文文书中清理出抄写于60多个卷子上的17种佛教灵验记，对每种作品的每一文本都进行了细致深入的文献学整理，校录原文，注释特殊词汇、佛教术语、西北方物等。

《老北京人的口述历史》（上、下）

定宜庄(研究员)

专著　1000千字

中国社会科学出版社　2009年11月

该书是一部以口述访谈为主要内容的史学专著，旨在通过老北京人的口述，反映自清代以来北京人的生活变迁和历史命运，进而追溯近百年北京城市生活变迁的历史。

该书访谈部分从开始就围绕着“人”展开，关注的是人和人的生命史，体现了口述历史的民间性和个人性的特点。其内容涉及文献资料尤其是官方文献不曾触及的领域，包括人的社会交往，如婚姻关系、邻里关系、同事关系；也包括人的生活趣味，如吃喝玩乐、审美情趣等。在编排上，根据北京城环形结构的特点，分成内城篇、外城篇和郊区篇三部分，通过生活在不同区域的老北京人的口述，反映不同区域北京人的生活状态，尤重于对以往不为北京史研究所重视的妇女、少数民族和下层社会的探讨与分析，期望能够形成一部与多年来北京史研究视角不同的、有深度亦有趣味的北京城市生活变迁史。

《清代中期易学》

汪学群(研究员)

专著　530千字

社会科学文献出版社　2009年7月

该书除“序言”和“结束语”外，分四章16节，依“宋易学的继续”、“汉易学的复兴”、“汉宋兼采的易学”、“构建易学的新尝试”等专题，各选取具有代表性的清中期易学家，作个案研究。在清代中期，传统易学的不同流派、学说、观点都得到了回归。宋易学继续存在、发展，汉易学也得到复兴，还出现了调和两者的汉宋兼采易学，以及构建易学的新尝试。凡此打破了此前易学单一化的格局，这一时期的易学出现博大、多元化的色彩。该书正是抓住了这一学术特色，从思想史角度勾勒出这一时期易学发展的轨迹，突出其贡献，从整体上填补了这一领域的研究空白。

《古代城市形态研究方法新探》

成一农(副研究员)

专著　200千字

社会科学文献出版社　2009年7月

该书在“导言”中指出，近年来对中国古代城市形态的研究，主要在研究方法上存在问题，因此，作者提出了“要素研究法”，并强调今后要注重长时段、整体性的研究，要与GIS和统计学的方法结合起来进行研究。

该书的第一章“中国古代城市形态研究综述”主要阐释以往研究中存在的具体问题；第二章“‘中世纪城市革命’的再思考”认为，由于研究方法的错误，“中世纪城市革命”和“坊市制崩溃”这两种在中国古代城市形态研究中影响较大的学术观点都存在根本性的问题；第三章“中国子城考”通过长时段的研究，将子城产生、繁荣以及消失联系起来，并对各阶段与子城有关的政治、社会进行对比分析，推断出地方势力的强大与中央集权的衰落是子城存在的基本条件；第四章“清代的城市规模与城市的行政等级”通过统计分析认为，清代的城市规模与行政等级之间的相关性并不强，并不存在城市等级制约城市规模的制度和现象；第五章“宋、辽、金、元时期庙学制度的形成及普及”认为，中国古代的庙学制度形成于宋代，而不是唐代，主要与科举制在选官制度中重要性的提高有关；第六章“没有城墙的中国古代城市——中国古代地方城市筑城简史”认为，至少从唐代至明代中期，城墙并不是中国古代地方城市的必要组成部分，就这一时期的城市而言，“城墙”仅仅是“可选项”。

《从简牍看秦代乡里的吏员设置与行政功能》

卜宪群(研究员)

论文　12千字

《里耶古城·秦简与秦文化研究》

科学出版社　2009年10月

传世文献中关于秦代地方行政制度的记载较少，睡虎地秦简中有很多秦汉乡里制度的内容，但是以往乡里制度的研究中存在诸多问题，现在已经公布的里耶秦简则可以部分地解决一些研究上的疑问。该文就秦代乡里吏员的设置和行政功能提出了自己的看法。

在讨论“乡里吏员的设置”专题时，作者认为，里耶秦简的内容部分地解决了以往比较有争议的问题,如“乡啬夫”和“乡有秩”的问题，里耶秦简证明了秦代“乡啬夫”的存在。里耶秦简中出现了很多新的吏员，如“乡主”和“乡守”、“乡佐”与“里佐”、“乡司空”和“仓主”、“田官守”等。其中，里耶秦简中的“乡主”一词，应为乡中主要负责人，或乡中某方面事务负责人的代称，并不是一个特定的职官，更与吏员设置无关。而里耶秦简的“都乡守”，只是都乡守官的简称，是任用官吏的一种方式，并不是官名。里耶秦简中首次发现了“里佐”这一官名，还发现“乡司空”和“仓主”的存在。“乡司空”的发现不仅说明秦统一后仍然保留了司空系统的官职，而且证明这个系统的官职一直延伸到乡。“仓主”应当是仓系统的职官，是乡主管仓者的泛称，而不是一个具体官名。里耶秦简中出现的“田官守”这一名称，是否是“乡啬夫”的佐吏还不能确定，但应该是与土地管理有关的官吏。

在讨论“乡里的行政功能”专题时，作者认为，里耶秦简反映出秦代乡里具有很多重要的行政功能，如文书行政与文书传递职能。以往睡虎地秦简反映出秦代乡里的行政事务是以公文传递的形式来处理的，里耶秦简的有关材料证明乡与乡之间的事务往来的确需以文书行政。从目前来看，乡的文书传递主要是上行文书。秦代乡与乡之间还有平行文书，但根据现有资料看，这种平行文书不能直接往来，而要经县传达。汉代的乡是户籍正本的管理机构，副本则封藏在县廷。从里耶秦简的记载可以看出，秦代的乡是户籍等簿籍之藏地。

《敦煌吐鲁番学与内陆欧亚学》

李锦绣(研究员)

论文 6千字

《新疆师范大学学报》 2009年第2期

该文认为，敦煌吐鲁番学和内陆欧亚学可以说是天然盟友，是一种共生、共荣的关系，内陆欧亚学因敦煌吐鲁番学的兴起而充实提高，敦煌吐鲁番学因内陆欧亚学的开展而发扬光大。这是因为内陆欧亚最主要的生产和生活方式是绿洲和游牧，而利用敦煌吐鲁番文书进行的研究对于探究整个内陆欧亚绿洲和游牧这两种生产和生活方式本身，以及在此基础上建立的上层建筑，特别是两者之间互动的形式及影响，都具有无法替代的示范意义。内陆欧亚学的另一主题，也是内陆欧亚史上的经典课题，即内陆欧亚游牧民族的渊源及迁徙。敦煌、吐鲁番自古以来就是欧亚交通的枢纽，是历史上各游牧势力的必争之地，也是一个多民族聚居之地，因而内陆欧亚各种研究课题取得的进展，对于敦煌吐鲁番学的进步均有直接或间接的作用。历史上，内陆欧亚许多民族的兴衰存亡、发生的许多事件在深刻影响了中国历史进程的同时，也深刻影响了中国传统文化的发展、变化。不仅研究内陆欧亚任何局部（如中亚或东北亚）的历史文化必须具有内陆欧亚的视野，研究敦煌吐鲁番文书，也要具有内陆欧亚的视野。

《万松行秀新考——以〈万松舍利塔铭〉为中心》

刘晓(研究员)

论文 9千字

《中国史研究》 2009年第1期

万松行秀为金元之际北方佛教的著名领袖。有关其生平，学界研究成果已有很多，但大多利用的是明清人所编各种传记资料，而对记载万松行秀生平最原始的资料——《万松舍利塔铭》，则关注较少。

万松行秀的塔铭，由其弟子金代著名文士李纯甫之子李仝撰写，原在万松行秀早年出家的邢台净土寺，节文收录于历代所修《邢台县志》。与现存各种传记资料相比，塔铭有许多记载可资补正。该文谈了五点，其中有两点特别值得注意：一是万松行秀担任仰山栖隐寺住持的时间，以前的传记资料如《佛祖历代通载》认为是在承安二年(1197)，而据塔铭记载，则是在泰和六年(1206)。塔铭的记载可与耶律楚材《湛然居士文集》卷13《释氏新闻序》等相印证，应当比较可靠。二是蒙古军队占领中都后，万松行秀的去向，塔铭有非常详细的记载。根据塔铭记载，蒙古人占领中都期间，万松行秀曾因反对异端而被捕入狱。综合耶律楚材《湛然居士文集》的记载，不难发现，塔铭所谓的“异端”、“杨墨”，应指当时燕京地区盛行的大头陀教（糠禅）。万松行秀《糠禅赋》的出版，受到了弟子耶律楚材的鼓动，而当万松行秀为此锒铛入狱时，耶律楚材却因随成吉思汗西征，远在西域，无法施以援手。蒙古西征结束后，耶律楚材回到燕京，对同为契丹族的燕京地方长官石抹咸得卜进行了打击。从塔铭的记载来看，他的这种举措很有可能包含了对其师遭迫害而实施报复的因素。

《殷墟虎首人身石雕像和彊良》

刘源(研究员)

论文 5千字

《中国社会科学院古代文明研究中心通讯》 第17期 2009年1月

1935年，历史语言研究所在殷墟西北冈M1001大墓、M1550大墓中发现两件“大理石虎首人身虎爪形立雕”，学界对其名称、性质和用途已有一些讨论，如称其为“饕餮”，认为其背槽可立木柱，等等。该文认为，这种虎首人身石雕像很可能是《山海经·大荒北经》中名“彊良”的神。《山海经》描述彊良的形象为“衔蛇操蛇”、“四蹄长肘”，与虎首人身石雕像四爪长臂、装饰“龙纹”（“蛇纹”或“夔纹”）十分相似。《后汉书·礼仪志》记载汉代大傩（逐疫）仪中，提到食鬼的12神，其中之一为“强梁”，清人郝懿行认为即《山海经》之“彊良”。袁珂也指出藏经本《山海经》“彊良”作“强良”。据此，汉代大傩风俗有其古老的渊源。殷人将虎首人身石雕像置于殷墟西北冈大墓（王陵）中，也是希望这种神兽能驱鬼逐疫，保证墓主死后的平安。河南鹿邑太清宫长子口墓也出土一个5厘米高的虎首人身玉雕像，虽可能是弄器，但其背面为鸮形，可与M1001大墓同时鸮形石雕像相联系，推测其制作也蕴涵着驱鬼逐疫的古老观念。

郭沫若纪念馆

《关于郭沫若文献史料工作的回顾与思考》

蔡震(研究员)

论文 10千字

《郭沫若学刊》 2009年第2期

伴随着郭沫若研究30年历程，郭沫若文献史料的发掘、收集、整理经历了两个阶段：第一阶段全面展开，奠定了郭沫若研究所凭借的学术资料平台；第二阶段则基本上处于停滞不前的状态。审视目前这一工作的总体状况，可以得出两点基本认识：其一，对郭沫若生平基本史料的发掘、收集、整理，还远没有达到一个相对可以称之为完全的阶段，存在着许多历史空白点。我们对于郭沫若的生平活动尚不能作出全面的、完整的历史描述。其二，现有文献史料中存在着不少失实失误的问题，且这一点尚未被人们充分意识到，从而进行补正的工作。这种状况在很大程度上影响、制约着郭沫若研究的发展，所以，推进文献史料工作应该是郭沫若研究的当务之急。

《百花齐放百鸟鸣 贵在推陈善出新——郭沫若的新中国学术之旅》

蔡震(研究员)

论文 6千字

《中国社会科学报》 2009年8月6日 第9版

郭沫若在新中国成立后仍坚持在学术领域耕耘：继续完善已经建立的奴隶社会学术体系；对已出版的七部古文字研究论著进行补充、订正，然后转向对出土器物的单篇考释；从事文艺批评和文学理论著述；从事古籍整理。郭沫若喜标新立异，做翻案文章。他认为，学术研究应该“是具有独创性的东西”,学术应该不断创新。学术上的自由讨论、不同学术观点的争鸣，是郭沫若一直坚持的治学之道，他的许多学术成果就是在学术争鸣中完成的。郭沫若发起或参与了文史领域几乎所有的学术论争。在论争中言路广开，彰显民主讨论的学风，形成了热烈争鸣的局面。这一点对于当代学术史而言，具有超出某一项具体学术成果的意义，应该是郭沫若的另一种学术贡献。

《群益出版社股份有限公司股东分析》

郭平英(副编审)

论文　8千字

《郭沫若学刊》　2009年第2期

1942年在中共南方局支持下成立的群益出版社于1945年实行股份制，董事长由群益出版社创办人郭沫若担任。从1945年下半年到1949年5月，群益出版社在重庆、上海、香港三次招股，累计342两黄金，有效扩大了群益出版社的资金来源，郭沫若、阳翰笙、冯乃超等一批党内知识分子和爱国民族工商界人士携手打造扶持了群益出版社的出版发行。群益出版社股份制的形成与存在，印证了进步文化事业的成长和发展是中国共产党人以及来自五湖四海的各阶层有识之士的共同追求这一不争的事实。群益出版社又于1951年首开“公私合营”之先例，合并入上海新文艺出版社。43名群益股东在“公私合营”之前，无一领取过股息，无一提前撤资，他们为中国进步出版事业所作的贡献令人油生敬意。

近代史研究所

《新时期历史研究中的几个问题》

张海鹏（研究员）

论文　6千字

《求是》　2009年第7期

真理标准问题的讨论和党的十一届三中全会的胜利召开，在推动思想大解放的同时，也促进了全党、全国人民对社会主义本质和基本规律的认识。在改革开放成为国家和社会发展进步总要求这个大背景下，中国历史学研究取得了令人瞩目的成就，出现了繁荣、发展的局面。该文从关于对唯物史观理解的问题、关于借鉴国外史学理论的问题、关于拓宽研究领域的问题、关于世界史研究的问题等几个方面，总结了最近30年来中国历史学的发展，指出了历史已经无可辩驳地证明：迄今为止所有形形色色的历史理论都不能取代历史唯物主义关于人类社会历史的认识。我们固然应该积极吸取能够正确解释历史客观事实的历史学理论，但更为重要的是，我们必须清醒地认识到，只有始终不渝地坚持马克思主义，坚持唯物史观的指导，坚持学术上百家争鸣的方针，中国历史学才能实现大发展大繁荣。

《中国近代史和中国现代史的分期问题》

张海鹏(研究员)

论文　3千字

《人民日报》　2009年11月20日第7版

关于中国近代史的分期问题，准确地说是关于中国近代史与中国现代史的分期问题，是确定中国近代史学科对象的重要问题。换句话说，究竟是以1919年作为中国近代史、中国现代史的分界线，还是以1949年作为中国近代史、中国现代史的分界线，数十年来，一直是争论不休的问题。该文论证了1840～1949年的中国历史是中国近代史，1949年后的历史是中国现代史。明确中国近代史包括了1840～1949年的中国历史，是时代前进的结果，是马克思主义理论与中国历史实际相结合的结果，是中国近代史学者运用唯物史观观察全部近代中国历史所得出来的正确结论，是中国近代史学科成熟的表现。这是中国近代史学科60年来取得的重要成就，值得肯定。

《60年来中国近代史学科的确立与发展》

张海鹏(研究员)

论文　7千字

《历史研究》　2009年第5期

该文对1949年以来60年中国近代史研究学科的初步建立到曲折发展，从明确中国近代史的分期、加强中国近代史学科的学术交流、拓宽中国近代史学科的研究领域等三个方面进行了阐述。该文指出，回顾60年来中国近代史研究走过的路程，尤其是回顾中国近代史研究领域重大理论问题的研究和探讨，在唯物史观指导下，将马克思主义理论与中国近代史实际相结合，探讨中国近代历史发展的规律，探讨中国近代历史发展趋势及其多种可能性，探讨在反帝反封建的历史主题下，中国历史选择了马克思主义，选择了中国共产党，选择了社会主义道路等重大理论与现实问题，我们在学术研究工作上还有许多事情可做。

《60年来中国近代史研究领域有关理论与方法问题的讨论》

张海鹏(研究员)

论文　18千字

《近代史研究》　2009年第6期

该文从中国近代史分期、中国近代史的基本线索、关于中国近代史的“沉沦”与“上升”、关于中国近代社会性质、关于“告别革命”等几个方面讨论了60年来中国近代史研究领域的有关理论与方法问题。该文指出，历史研究需要实事求是、需要从历史事实出发，就是对历史上发生过的既有的事实、事件、人物的表现及其历史过程作出客观研究，提出认识，给后人指出历史借鉴。革命和改良，是历史上发生过的事件，历史学者的任务，就是对革命和改良的来龙去脉、事实经过进行研究，对革命和改良在历史发展中对当时和后世发生的影响作出评估。

《五四新文化：继承与超越》

耿云志(研究员)

论文　7千字

《中共党史研究》　2009年第5期

该文认为，五四新文化运动的核心观念是民主与科学。当时，先觉者们所提倡的科学，不是指具体的科学知识，而是指科学精神、科学态度和科学方法。这对于充斥迷信和武断的中国社会不啻是一剂良药，对于改变中国人的思想观念具有极大的意义。我们要继承五四，还要超越五四。今天，世界化和个性主义，是最根本的发展趋势。所谓世界化，就是以开放的文化心态，构建起与世界各民族自主、平等、从容和充分的文化交流，随时吸取一切优秀的文化充实我们自己；同时又要把我们的一切好东西奉献给人类，促进共同发展。所谓个性主义，就是充分地尊重人的个性，创造出令每个人都能充分发挥其创造精神与创造力的良好社会环境。

《关于五四新文化运动的几个问题》

耿云志(研究员)

论文　20千字

《社会科学战线》　2009年第10期

近年来有人提出，五四新文化运动不是启蒙运动，也不是文艺复兴。该文认为，五四新文化运动既具启蒙运动的性质，也带有文艺复兴的意味。文章指出，过于拘泥与西方启蒙运动和文艺复兴运动相比拟是没有必要的，应该着重从精神实质上进行分析。文章以大量的史实证明，五四新文化运动是近代中国文化转型的一大枢纽。文章也对五四新文化运动的某些负面作用进行了切中肯綮的分析与论述。

《蓼草续集》

耿云志(研究员)

文集　300千字

黑龙江教育出版社　2009年7月

该书是最近10年来作者发表于各种报刊上的短篇文章、会议讲话和为朋友或学生的著作所写的序言的合集。该书分五个部分：第一部分是思想、文化与史事散论；第二部分是人物散论；第三部分是会议讲话；第四部分是序与前言；第五部分是论学自述。全书共收入文章77篇。

《抗战时期期刊介绍》

丁守和(研究员)　马勇(研究员)　左玉河(研究员)等

工具书　5800千字

社会科学文献出版社　2009年6月

该书包括“抗战时期期刊索引总目”、“抗战重要期刊内容提要”和“抗战重要期刊篇目索引”三部分。“抗战时期期刊索引总目”汇录了抗战时期6000余种期刊刊名、创刊及停刊时间、刊期、编辑者、发行者、出版地点等情况；“抗战重要期刊内容提要”则从6000余种期刊中精选出近400种重要期刊加以重点介绍，介绍内容包括：该刊编者、创刊及终刊或停刊时间、主要作者群，以及该刊的政治倾向或政治背景、学术背景、主要特色等。“抗战重要期刊篇目索引”则将精选出的400种重要期刊的篇目全部列出，供广大研究者查询。因该书篇幅很大，印刷成本很高，故纸质图书印刷了“抗战时期期刊索引总目”、“抗战重要期刊内容提要”两部分，同时将那些重要期刊的篇目及介绍文字，另做成电子图书。电子光盘内容除了“抗战时期期刊索引总目”、“抗战重要期刊内容提要”两部分外，还包括了更具学术价值的“抗战重要期刊篇目索引”。

《抗日战争与中国知识分子——西南联合大学的抗战轨迹》

闻黎明(研究员)

专著　350千字

社会科学文献出版社　2009年10月

该书是第一部介绍西南联合大学与抗日战争关系的专著。抗日战争时期，由北京大学、清华大学、南开大学组合的西南联合大学，是知识分子战时生活的一面镜子，具有典型的考察意义。在八年的艰苦岁月中，师生们离乡背井，别妻离子，把个人命运与民族战争紧紧联系在一起。书中介绍了三校在战火中的劫难、战时大学的生存发展、大轰炸下的疏散与思考、反对对日妥协投降、运用智慧武器参与抗战、踊跃输捐支持前方、积极从军献身战场，以及对国际形势的观察分析和对战后处置日本的思考等等，力图刻画出中国知识分子在民族复兴道路上可歌可泣的努力。

《蒋梦麟传》

马勇(研究员)

专著　450千字

红旗出版社　2009年5月

蒋梦麟是现代中国著名的教育家、社会活动家。他先后数次服务北大20余年，谨守老校长蔡元培余绪，维持思想自由、兼容并包的学术风气，不仅为北大辉煌奠定了物质基础，而且对北大思想传统的构建贡献多多，是北大校史上非常值得研究的重要校长之一。然而由于众所周知的原因，蒋梦麟一度成为北大校史上的“失踪者”。除了对北大的贡献，蒋梦麟还有很长一段时间致力于中国现代教育体制的创制与完善，他是民国历史上最重要的教育部长，是美国的教育学博士，是著名教育哲学家杜威教授的高足。蒋梦麟对现代中国的第三个重大贡献是农业复兴，因为机缘巧合，一个大学校长被选中担任中美两国政府创设的“中国农村复兴委员会”的主任委员，他的后半生差不多是在乡间度过的，是台湾农村复兴农业现代化公认的重要人物，享有相当的国际声誉。该书著者在过去十几年一直致力于蒋梦麟的研究，是国内外蒋梦麟研究的最早开拓者之一。该书是著者相关著述的最新成果，比较细腻真切地阐述了蒋梦麟的思想性格和历史贡献，是蒋梦麟和现代史研究领域中一部值得重视的著作。

《中国知青史——大潮》

刘小萌(研究员)

专著　600千字

当代中国出版社　2009年4月再版

知识青年上山下乡，前后持续达25年之久，堪称20世纪50年代以来最旷日持久的一场由官方组织的社会活动。由于时间背景的不同，使这段历史形成鲜明的阶段性，可以分为三个大的阶段：第一阶段，50年代初至1966年，为“文化大革命”前阶段，从规模和走向来说，又是上山下乡活动的兴起阶段；第二阶段，1967年至1976年，为“文化大革命”中阶段，也是上山下乡活动演变为一场狂暴运动的高潮阶段；第三阶段，1977年至1980年，为“文化大革命”后阶段，又是运动急剧衰落的阶段。该书主要研究“文化大革命”以来的上山下乡运动史。全书分为序论和上、中、下三篇(共计15章)。序论“上山下乡的前奏”(1954～1966)，扼要叙述“文化大革命”前上山下乡活动的兴起历程。上篇“大潮涌起”(1967～1973)、中篇“再起高潮”(1974～1976)，将“文化大革命”10年中上山下乡运动前后衔接的两次高潮分别叙写。下篇“大潮跌落”(1977～1980)，考察运动衰落的前因后果，其中，知青“返城风”是阐述的重点。该书最后得出关于这场运动的若干结论。

《日据时期台湾总督府经济政策研究(1895～1945)》

王键(研究员)

专著　997千字

社会科学文献出版社　2009年10月

该书论述了1895～1945年台湾总督府在台湾施行的一系列殖民地经济政策，是迄今为止第一部系统论述日据台湾时期总督府经济政策的专著。作者对台湾总督府经济政策的基本脉络进行了较为系统的梳理，阐述了台湾殖民地经济体系的建构过程，逐一研究了台湾总督府的土地调查与财政租税政策、“理蕃”政策、扶植日本资本压抑土著资本的殖民经济政策、糖业政策、农业经济政策、水利电力产业政策、单一出口型殖民地贸易政策、以官营农业移民为核心的移民政策、以“军需化”为特征的工业及统制政策、配合南进扩张政策的南进经济政策、对大陆经济进行扩张的对岸政策等等，对这些经济政策的制定过程、背景及实施效果进行了实证研究。不仅如此，作者还注意到实证研究中可能出现的理论性问题，特别注意经济政策、经济制度和经济体制的区别和联系，注意区别经济思想、经济计划和经济政策之间的关系。

《国民党高层的派系政治：蒋介石“最高领袖”地位是如何确立的》

金以林(研究员)

专著　350千字

社会科学文献出版社　2009年11月

孙中山逝世之后，国民党群龙无首，派系林立，相比于胡汉民、汪精卫等，蒋介石只是“党内后进”，“一大”时连中执委候补委员都不是；相比于其他军事将领和地方实力派，到中原大战时，蒋介石也并不占有绝对优势。所以，在蒋介石向“党国领袖”迈进的过程中，不仅党内元老们大大地不满和不服，就是军事将领们也时不时地要挑衅一下。既要紧抓“军权”，又要争取“党权”，这就是蒋介石要做的事情。围绕着“军权”与“党权”，蒋、胡、汪三方不断演绎出分分合合、上台下台的复杂故事，一旁的太子派、西山会议派、地方实力派，也伺机而动。该书选取了从1931年2月28日夜胡汉民被扣，到1932年3月1日国民党四届二中全会选举蒋介石为军事委员会委员长，这一年零一天的历史截面作为考察重点，细致梳理了这一时期国民党高层内的派系政治斗争，以及卷入其中的地方实力派与中央之间、地方实力派相互之间的种种利益较量，细致勾勒出了国民党派系政治的由来、演变及相关人物的活动与作用。

《中国现代思想史上的潘光旦》

吕文浩(副研究员)

专著　272千字

福建教育出版社　2009年4月

该书着力研究的潘光旦，就是活跃在20世纪20年代中期至40年代末期的学者型社会思想家。作者将潘光旦放在清末至民国时期思想文化演变的背景下予以考察，着重评述潘光旦对优生学、社会学、性心理学等新兴学科的接受与认识，以及他在民族观、婚姻家庭、性文化与中西文化观等方面的见解。该书以潘光旦的学术经历和社会思想为中心,却不是单纯的“学术思想研究”或“个人传记”，作者的立意在于，把人物的经历与思想看做一种特定社会历史环境的产物，同时探讨它们在历史进程中的作用与意义。

《近代东北移民研究》

马平安(副研究员)

专著　260千字

齐鲁书社　2009年9月

近代东北移民是中国近代人口史、社会史研究领域中一个十分值得注意的问题。在近代，中国移民的大趋势基本上是顺着三大流向进行的：北方诸省人口“闯关东”，黄河、长江流域人口“走西口”，东南沿海各省人口“下南洋”。总的看来,在这一阶段中,人口迁移“三大流向”中的主流还是奔向关外“闯关东”的移民,这主要是由于,清后期,国内外矛盾日益尖锐，统治者迫于形势在东北地区开始放禁招垦。这一过程，在民国初年达到高潮，“满洲国”时期又有所变化。近代东北地区的移民与国内其他地区的移民相比，其内容又不大一样，有其一定的特殊性。在这一地区，不仅有关内“闯关东”的人们，而且还有许多抱着各种目的而来的国际移民。众多的移民构成了近代东北社会的人口主体，使东北地区迅速发展成为一个移民社会。近代东北的发展与落后、进步与倒退、开发与破坏，每件事情几乎都与移民息息相关。该书从移民与近代东北的经济、政治、国防、文化、社会等关系的角度，对近代东北移民进行探讨，试图揭示这一移民社会的轮廓、特点和规律。

《胡适批红集》

宋广波(副研究员)

资料集　510千字

北京大学出版社　2009年10月

该书发表的近500页胡适研究、批注《红楼梦》的新史料，均为首次发表。这是编者继《胡适红学年谱》《胡适红学研究资料全编》《胡适与红学》之后，在“胡适与红学”研究领域的又一新成果。胡适是20世纪红学史上影响最大的人物，他开新纪元的成就主要有：把红学纳入了学术轨道，开创了曹学研究，开创了《红楼梦》版本学，开创了脂学，开创了对《红楼梦》续书的研究。胡适开创的“新红学”，影响了一代学人，成就了一大批红学“大家”,在“红学”领域发挥了“新典范”的作用。在19世纪50年代，胡适对海峡两岸出版的各种重要《红楼梦》书上都作了不少批注。这些红笔、黑笔（有钢笔、有圆珠笔）的批语，话语虽不多，却画龙点睛，不乏真知灼见。这批重要的文学史料，已经沉睡半个世纪了，无人问津，学界也无法对其进行深入研究。该书发表的胡适的这些批注，是一批宝贵的文学史料，认真研究这批新材料，有助于学界更为完整而准确地认识胡适开创的“新红学”，并推动将来的红学研究。

《中国抗战与世界反法西斯战争——纪念中国人民抗日战争暨世界反法西斯战争胜利60周年学术研讨会论文集》

中国社会科学院近代史研究所编

论文集　1250千字

社会科学文献出版社　2009年2月

该书是中国社会科学院主办的“纪念中国人民抗日战争胜利暨世界反法西斯战争胜利60周年学术研讨会”论文的汇集。该书共收论文80余篇，内容涉及抗战时期中国的政治、经济、军事、外交、社会以及世界反法西斯战争与中国抗战之关系等各个领域，内容丰富，探讨深入，既是对中国人民抗日战争胜利暨世界反法西斯战争胜利60周年的纪念，也是近些年学术界有关中国抗战暨世界反法西斯战争史研究的最新成果的集中展示。

世界历史研究所

《“世界历史”与世界史学科定位》

俞金尧(研究员)

论文　16千字

《史学月刊》　2009年10月

在过去的几十年里，国内一些有影响的世界史学者一直在界定“世界历史”，并逐渐形成了一个占主导地位的观点，认为世界历史就是世界形成一个整体以后的历史，即16世纪以来的历史，并以马克思和恩格斯的有关话语作为理论依据。该文对此提出异议，认为世界历史是指人类自诞生以来的历史。16世纪以前的人类历史不因为世界处在分散和隔绝状态而丧失世界历史的性质。马克思、恩格斯关于世界历史的思想是为了阐述人类社会未来前景的哲学思考，不适合作为界定历史学中的世界历史学科的理论依据。作为一门学科的世界历史必须突出人类在全部历史过程中的主体地位，世界历史学科要阐述的世界历史，应当是在反映人类社会不断演进的大趋势的基础上，努力说明诸如人类如何从分散走向整体、如何实现现代化和全球化等时代所关心的重大问题。该文努力澄清马克思主义经典作家的世界历史思想的特定含义，对国内当前主要的世界史观提出了挑战，对于编纂我国新的世界史体系以及世界史学科建设有重要的理论意义和实践价值。

《高句丽好太王碑拓本的分期与编年方法》

徐建新(研究员)

论文　28千字

《古代文明》第3卷　第1期（2009年1月）

位于吉林省集安市的高句丽好太王碑发现于1880年，是研究我国东北地区古代史和东北亚古代史的重要史料。根据该文作者在过去近20年中对中国大陆、台湾以及日本、韩国等地所藏此碑拓本的调查发现，流传至今的好太王碑拓本总数在100种以上。好太王碑发现之后，碑石曾经被人多次用石灰修补，这使碑文的真实性受到质疑。在今天的碑文研究中如果不加区别地使用各时期的拓本是危险的，传世的各种好太王碑拓本大多缺少题跋或有关拓本制作年代的记载。要想正确地利用拓本上的碑文史料，就必须首先对百余年来的各种拓本进行准确的编年和分期。只有这样，才能对拓本的性质和拓本的价值作出正确的判断。在好太王碑拓本的编年研究中，石灰补字拓本的编年是最为困难的。该文以数十种传世的好太王碑拓本为资料，对拓本的分期和编年方法问题作了深入的探讨，并力图采用一种新的更为接近真实的拓本编年方法。同时，作者还努力回答了“石灰补字开始于何时”、“好太王碑经历了几次石灰补字”、“这些石灰补字给碑石带来了怎样的变化”、“石灰补字的原因是什么”等诸多研究史上悬而未决的问题。

《从托勒密埃及国王的经济管理透视专制王权》

郭子林(助理研究员)

论文　15千字

《史学月刊》　2009年第7期

该文考察了托勒密埃及（公元前323年至前30年）国王的经济管理活动，分析了托勒密埃及的专制王权。托勒密埃及的国王拥有强大的经济权威，依靠大批官僚来执行对经济活动的管理，把全国的经济收入视为自己的私有物，掌握了强大的经济实力，借以掌握全国行政、司法、宗教、军事等最高权力，确保了专制王权统治的建立与发展，使专制王权表现出了自己的特点。该文通过对纸草文献等原始史料的解读，突破以往从国王的政治权威考察其专制权威的研究方法，有助于国内托勒密埃及史学术研究的深入。

《对马克思国家理论的再解读》

吴英(副研究员)

论文　14千字

《史学理论研究》　2009年第3期

过去，我们对马克思国家理论的解读存有偏颇之处，即片面强调国家作为阶级压迫工具的一面，而忽略了国家履行公共职能的一面。国家的本质具有上述两重属性，而这两重属性又是互为前提的，至于两者之间的此消彼长则取决于生产力和经济基础的发展状况。该文分析了将国家单纯理解为阶级压迫工具存在的片面之处、国家产生及其本质的二重属性、公共职能内涵的历史演化、中国特色社会主义的国家等问题。针对过去在马克思国家理论上强调“国家是阶级压迫工具”的片面认识，该文通过引述马克思的全面论述，力求澄清马克思在国家问题上的真正认识，在理论上具有正本清源的意义。

《试论公民权与人权的差别》

刘军(研究员)

论文　16千字

《史学理论研究》　2009年第4期

该文梳理公民权和人权概念的历史渊源和各自特点，指出这两个概念的历史局限性和发展的无限性，认为，公民权远早于人权，人权出现后促进了公民权的发展，但并没有消除目前世界各国中普遍存在的“三大差别”：人权理想与公民权现实之间的差别，各国公民权之间的差别，各国内应有公民权利和实际公民权利之间的差别。这些差别决定了公民权与人权概念的重合，或者说世界大同之日，还有漫长遥远的路。

《公地制度中财产权利的公共性》

赵文洪(研究员)

论文　14千字

《世界历史》　2009年第2期

该文在国内第一次比较全面地探讨了欧洲公地制度中财产权利的公共性问题。具体包括以下几方面：第一，“common”一词代指土地和权利时表现的公共性：一指公地制度下的土地，二指公地制度下的公共权利(common rights)。第二，公地共同体财产权利在对外关系中也表现出了公共性，比如，集体地租赁领主的土地；集体地与领主和共同体之外的法人进行谈判，共同体以法人身份持有财产，等等。第三，公地共同体财产权利在共同体成员内部关系中也表现出了公共性。主要特征是私权公用，具体表现为条田结构、耕地、播种、收割、打草、放牧、农田基本建设的捆绑性、协作性，对未开发地的共同使用方式。

《生产力革命和交往革命：历史向世界历史的转变——马克思的世界历史理论与交往理论研究》

于沛(研究员)

论文　16千字

《北方论丛》　2009年第3期

该文为国家社会科学基金重点课题“经济全球化和文化”的阶段性成果之一。

马克思在论及他的世界历史理论时，曾强调指出：“世界历史不是过去一直存在的；作为世界史的历史是结果。”人们在学习或分析这个精辟的结论时，更多的是联系人类历史上的生产力革命来思考这个问题，而忽略了“交往”在人类历史演进中特别是在历史向世界历史的转变中的重要作用，因为一个显而易见的事实是，只有当交往具有“世界性质”时，才有可能实现这种转变。马克思的交往理论是历史唯物主义的重要组成部分，将交往革命和生产力革命结合起来，去学习或分析马克思的世界历史理论，有重要的理论意义和现实意义。

《论文明观念的三种价值前提》

张文涛(助理研究员)

论文　12千字

《山东社会科学》　2009年第4期

近几个世纪出现的种种文明观念，通常存在三种不同的价值前提，用中国古代哲学家庄子的话说，分别是：自贵而相贱、贵贱不在己、物无贵贱。第一种已经越来越不受欢迎。第二种也日渐遇到挑战。人们开始寻求用新的价值观来审视人类文明，第三种应运而生，比较突出的有环境文明观念、后现代主义观念、宗教文明观念。这三者的共性是要抛弃优劣比较的价值判断，达到对人类文明的重新认识。从价值前提对众多文明观念进行分类研究，并整理发展线索，是一种理论创新，它有助于人们在多元的世界中减少偏见，达到人与人、人与自然的和谐共处。

《土耳其国家与宗教——凯末尔世俗主义改革之反思》

毕健康(研究员)

论文　10千字

《西亚非洲》　2009年第2期

20世纪90年代中期，土耳其亲伊斯兰教的繁荣党崛起和执政，引发了1997年第四次军方干政，土耳其国家与宗教之关系愈益引人关注。具有伊斯兰教背景的正义与发展党在2002年和2007年大选中连续获胜并且单独执政，难道仅仅验证伊斯兰教“劫持”民主？

该文跳出就事论事的窠臼，从土耳其国家特性与属性的高度，以长时段的研究方法，重新界定土耳其国家与宗教之关系，反思和重评凯末尔世俗主义改革。认为：土耳其边疆国家的特殊性，决定其对欧洲与伊斯兰教的双重认同；伊斯兰教是奥斯曼—土耳其的主要和内在属性，欧洲性是其次要和外在属性；凯末尔世俗主义改革的主旨，与其说是政教分离，不如说是国家控制宗教；凯末尔世俗主义改革极大地强化了国家对宗教的控制，但这场精英主义运动没有抵达边缘和民众。因此，该文认为，宗教势力或具有伊斯兰教背景的政治力量利用民主政治这一合法平台，逐渐兴起和强大，这才是21世纪头10年正义与发展党强势崛起的根本原因。

《试析法国旧制度末年的教会免税特权》

黄艳红(助理研究员)

论文　14千字

《世界历史》　2009年第2期

在法国大革命前的近一个世纪中，法国王权试图向过去免纳直接税的特权集团开征直接税。该文论述了法国教会如何成功地对此进行了抵制。该文认为，教会成功的原因主要有三个方面：具有严密的组织性；它的特权与旧制度的财政体制的共生关系；支撑整个等级特权制度、王权亦不能僭越的传统价值观。该文结合新近国际学界的研究，对关于绝对主义国家的传统论断提出了一些修正意见，指出了近代早期欧洲国家权力的弱点和困境。

《苏联时期公民社会组织发展历史考察》

黄立茀(研究员)

论文　13千字

《黑龙江社会科学》　2009年第5期

该文勾勒了苏联时期公民社会组织曲折的发展历程。十月革命后，苏维埃社会从沙俄帝国继承了公民社会组织的丰厚遗产，经过革命的大浪淘沙，极少数政治和意识形态色彩弱的组织存活下来。新经济政策时期，由于意识形态领域相对宽松，自主性社会组织迅速复兴。20年代末至30年代初，随着向斯大林高度集权体制的大转变，自主性社会组织大部分被注销，形成了政府主导型社会组织体系。30年代以后，大量政府主导型的社会组织建立起来，但是其中那些意识形态色彩弱、行业、职业、群体利益性的组织仍有不同程度的自主空间，保留了一些公民社会组织的因素。1985年戈尔巴乔夫改革以后，由于实施公开性、民主化的政治方针，涌现出大量未在官方登记注册的非正式组织——符合公民社会组织所有要素的社会组织。苏联剧变以后，绝大部分苏联时期的正式组织和非正式组织消亡；少部分非正式组织转型为政党，或职业、兴趣取向;那些行业、职业、群体利益性的正式组织转型，成为俄罗斯公民社会组织重要的组成部分。在这些社会组织身上，体现了俄罗斯公民社会组织历史发展的继承性。

目前，国内仅有少量文章对戈尔巴乔夫时期社会组织状况有所涉及，而对1917～1985年期间苏联社会组织的研究尚未展开。该文为国内第一篇较为系统地考察苏联公民社会组织历史发展的论文，对“苏联时期公民社会组织一片空白”的传统看法提出了不同的观点。

《1929年世界经济大危机与希特勒的上台》

景德祥(研究员)

论文 7千字

《史学理论研究》 2009年第2期

该文阐述了1929年世界经济大危机导致魏玛共和国灭亡以及希特勒上台的原因与过程。文章首先分析了经济大危机到来之前魏玛共和国存在的政治、经济与社会等方面的隐患，然后阐述了这些隐患在经济大危机的冲击下被逐个激活，最终导致魏玛共和国覆灭以及希特勒上台的历史过程。文章的结论是，世界经济大危机的冲击、第一次世界大战后德国政治的客观困境、经济与社会保障制度的脆弱、魏玛民主制度对自卫机制与执政效率的忽视、德国政党的错误决策共同演绎出了一场德国民主制度向专制独裁转变的悲剧。

《伊藤博文与日英同盟》

张艳茹(助理研究员)

论文 12千字

《日本问题研究》 2009年第3期

缔结日英同盟是日本近代外交史上的重大事件。当时，在元老中占主导地位、在外交事务上拥有极大发言权的伊藤博文对日英同盟持何种态度、在同盟交涉中起了怎样的作用？史学界对此众说纷纭。该文利用日英同盟提出及交涉期间，伊藤博文与首相桂太郎、外相小村寿太郎、元老井上馨、驻英国公使林董等之间的电报等信息交流资料，指出，伊藤博文不反对日英同盟，但主张日俄协商优先；而桂太郎内阁则趁伊藤博文出访海外之机，全力推进缔结同盟。事实上，将伊藤博文排除于决策之外，也排除了日俄协商优先的可能性。通过缔结日英同盟，山县系势力打破了伊藤博文、井上馨等长期以来对日本外交的垄断局面。探讨这一问题有助于理解当时日本国内各政治势力的消长及对当时日本外交战略的影响。

《剑桥插图中世纪史（1250 ～ 1520）》

郭方(研究员) 李桂芝(助理研究员) 张炜(助理研究员)译 （〔法〕罗伯特·福西耶主编）

译著 720千字

山东画报出版社 2009年10月

该书从多个方面论述了中世纪中后期政治、经济、社会文化的发展情况，并指出了西方通往近代的诸种条件和历史趋势，其内容涉及中世纪的结束、危机时代、瘟疫、饥荒、国内冲突等，也论及了欧洲强有力的经济和殖民扩张、文艺复兴和宗教改革。该书不仅论及西欧，也兼及拜占庭和伊斯兰世界，而且配有彩图展示其艺术遗产，是近年来关于中世纪世界最准确和最全面的总体介绍的第三部分。另两卷简体中文版的《剑桥插图中世纪史（350 ～ 950）》和《剑桥插图中世纪史（950 ～ 1250）》已经出版，至此，三卷本的《剑桥插图中世纪史》已全部出齐，是全面了解中世纪历史的论著。

中国边疆史地研究中心

《列宁对社会主义的探索》

邢广程(研究员)主编

专著　500千字

长春出版社　2009年1月

该书由12个章节组成，其主要内容是研究列宁主义的概念、学说体系和精神实质，探讨列宁主义的历史地位和现实意义，分析列宁主义对社会主义事业的推动作用，阐述列宁在政治、经济和外交、民族等方面的理论与实践。

《中国新疆：三区革命运动与新疆和平解放》

厉声(研究员)

专著　50千字

新疆人民出版社　2009年7月

该书是《中国新疆历史与现状简读本》丛书之一。

作为国内专门介绍三区革命运动的普及性读物，该书阐述了三区革命运动与新疆和平解放的历史，尤其是在三区革命运动的初期阶段、三区革命运动的二次革命、雅尔塔会议所涉及的新疆问题、统一与分裂的斗争以及新疆和平解放方面进行了论述。

《中国新疆：东突厥斯坦分裂主义的由来与发展》

厉声(研究员)

专著　50千字

新疆人民出版社　2009年7月

该书是《中国新疆历史与现状简读本》丛书之一。

该书阐述了东突厥斯坦分裂主义的由来与发展历史，尤其是对“泛伊斯兰主义”、“泛突厥主义”思潮、“东突厥斯坦伊斯兰共和国”分裂政权、南疆反金暴动及分裂政权产生的背景、“东突厥斯坦共和国”分裂政权进行了阐述。

《中国新疆：新中国时期分裂与反分裂斗争》

厉声(研究员)

专著　50千字

新疆人民出版社　2009年7月

该书是《中国新疆历史与现状简读本》丛书之一。

该书对粉碎“东突厥斯坦伊斯兰共和国”旧梦、新中国成立初期南疆对敌斗争的严峻形势、平息阿不都依米提大毛拉策动的暴乱、破获“东突厥斯坦人民革命党”等方面进行了论说。

《中国新疆：多民族区域的历史发展》

厉声(研究员)　杨圣敏(教授)　华涛(教授)

专著　50千字

新疆人民出版社　2009年7月

该书是《中国新疆历史与现状简读本》丛书之一。

该书论说了原始人口迁徙与文明的交流、古代文明的交流、西域与北方民族政权及中原王朝、西域与回纥民族及鄂尔浑回纥汗国、回纥的来源、鄂尔浑回纥汗国的建立、回纥的人口与种族特征、汗国的崩溃、西迁回鹘、回鹘与土著的融合等方面问题。

《中国新疆：多元文化的继承与并存》

李方(研究员)

专著 50千字

新疆人民出版社 2009年7月

该书是《中国新疆历史与现状简读本》丛书之一。

该书分三部分介绍了中国新疆的多元文化：第一部分主要介绍了曾经使用的语言文字、现在使用的语言文字、宗教圣语文字、新疆语言文字的特点；第二部分主要介绍了原始宗教、佛教、道教，祆教、摩尼教、景教及其他教派，伊斯兰教；第三部分主要介绍了文学作品、音乐舞蹈和岩画壁画。

《历史书写与藩部政治——〈皇朝藩部要略〉》

吕文利(助理研究员)

专著 230千字

黑龙江教育出版社 2009年11月

《皇朝藩部要略》是第一次把蒙古、新疆、西藏等边疆地区纳入到"国史"书写的史书，其影响甚为深远。该书对《皇朝藩部要略》进行了全方位的研究。第一章的主要研究内容是《皇朝藩部要略》的作者考证；第二章的主要内容是《皇朝藩部要略》的成书背景以及版本研究；第三章的主要内容是《皇朝藩部要略》史实考证部分；第四章的主要内容是《皇朝藩部要略》中的"藩部"概念的提出及其形成过程；第五章是对"藩部体系"的研究；第六章对《皇朝藩部要略》进行了历史文献学和史料学意义上的评价。

台湾研究所

《台湾研究论文集》(第22辑)

余克礼(研究员)主编 朱卫东(研究员) 张冠华(研究员) 谢郁(研究员)副主编

论文集 350千字

台海出版社 2009年9月

该书收集了2008年度中国社会科学院台湾研究所研究人员的部分代表性学术成果，共计41篇。该书紧紧把握两岸关系和平发展的思想，客观评价大陆对台政策对促进两岸关系和平发展的重大作用，深刻反映了国民党重新执政以来岛内政局和两岸关系的重大变化，全面分析了2008年台湾政治、经济、社会、对外关系、民意的发展脉络与特点。

《〈2008年度基础和重点研究课题〉汇编》

余克礼(研究员)主编 朱卫东(研究员) 张冠华(研究员) 谢郁(研究员)副主编

研究报告集 190千字

台湾研究所 2009年12月

该书收集了中国社会科学院台湾研究所研究人员2008年度完成的基础研究和重点研究课题，共计7项。集中反映了中国社会科学院台湾研究所在"马当局施政状况"、"马英九政治性格"等一系列重大对台现实问题上的研究成果，反映了中国社会科学院台湾研究所在有关"两岸和平协议"、"两岸经济合作机制"、"两岸文教交流机制"等构建两岸关系和平发展框架的一系列重大问题上的研究成果。

《新时期对台方针政策重要文献选编》（修订本）

余克礼(研究员)主编　朱卫东(研究员)　张冠华(研究员)　谢郁(研究员)副主编

文献选集　440千字

台湾研究所　2009年12月

该书在2008年10月中国社会科学院台湾研究所编印的《新时期对台方针政策重要文献选编》一书基础上，增加了2008年10月以后包括胡锦涛《关于推动两岸关系和平发展的六点意见》在内的重要对台文献。该书主要内容分为五部分。第一部分为以胡锦涛为总书记的新一届中央领导人的重要讲话；第二部分是中央台办、国务院台办负责人受权声明、讲话；第三部分为涉台重要法律、法规、文件；第四部分为近年来中央推出的主要惠台措施；附录部分主要收录了邓小平、江泽民等领导人有关台湾问题的讲话和文稿、涉及两岸关系发展的部分重要文献等。

《两岸应正视结束敌对状态签订和平协议的问题》

余克礼(研究员)

论文　11千字

《台湾研究》　2009年第3期

该文认为，结束两岸敌对状态、签订两岸和平协议，是突破两岸关系政治瓶颈、实现两岸关系全面正常化与和平发展的根本途径，其条件已渐趋成熟。该文认为，结束两岸敌对状态是一项复杂的政治工程，需要高度的智慧与耐心。两岸双方都应以两岸人民的切身利益为重、以中华民族的根本利益为重，彻底放弃敌对思维和意识形态对立，以最大的诚意和决心来正视并解决结束敌对状态、签订两岸和平协议问题。两岸应以多种方式、多种途径就结束两岸敌对状态、签订和平协议的重点、难点问题进行沟通探讨，寻求共识，为正式协商谈判预做准备。该文系统、深入地分析了两岸结束敌对状态、签订和平协议的重要意义、有利条件、路径与措施，对当前岛内外高度关注的两岸结束敌对状态问题提出了一些创新性的构想。

《促进两岸政治关系是深化和平发展的必由之路》

余克礼(研究员)

论文　11千字

香港《中国评论》　2009年第12月号

该文认为，两岸问题的本质是政治问题，深化两岸关系和平发展不能回避两岸复杂和敏感的政治问题；巩固和深化双方政治互信是发展两岸政治关系的必要前提和重要保证；摒弃“台独”分裂意识是凝聚岛内与两岸共识、促进两岸政治关系发展最有效的途径；两岸经济关系取得一定突破后，应本着建设性的积极态度，把促进两岸政治关系发展摆上两岸双方的议事日程。该文还就推进两岸政治关系发展提出了基本思路和具体路径，即：本着循序渐进、逐步突破、稳健发展的基本原则，排除外力干扰，从容易做到的建立应对两岸突发事件、维护两岸关系稳定的各种机制做起，逐步破解两岸政治难题，为结束敌对状态、签订和平协议创造条件。该文系统分析了促进两岸政治关系的重要意义、前提条件、有效途径，并就促进两岸政治关系发展提出了一些创新性的思考与具体路径。

《新形势下加强两岸产业交流与合作的思考与探索》

张冠华(研究员)

论文　11千字

《台湾研究》　2009年第3期

该文系统总结了两岸产业交流、合作的演变与特点，包括两岸产业分工主要体现在两岸台商之间、台商与大陆当地产业体系关联度不高、加工贸易成为两岸贸易的主要形态、两岸形成台湾接单——日本进口——大陆生产——海外销售的四角分工关系等。该文认为，全球金融危机把两岸产业分工所存在的一些问题充分暴露出来，但也为两岸产业分工与合作的重新布局、结构重整提供了良好机会。该文还就推进未来两岸产业合作提出了一些创新性思考与具体措施，包括促进两岸产业交流与合作的转型升级、加强两岸产业合作的制度化建设、与两岸经贸政策和双方经济政策密切结合等。

《两岸关系新局面的影响与问题之探析》

刘国奋(研究员)

论文　11千字

《台湾研究》　2009年第5期

该文概要介绍了2008年国民党在台湾重新执政以来两岸关系取得的重大进展，包括两岸沟通交流机制初步确立、两岸直接“三通”基本实现、两会协商取得重大成果、两岸经贸交流进一步扩大、经济社会融合加深、两岸民间交流更具广泛性等。该文认为，两岸关系快速发展，加深了两岸经济的相互依赖度，加快了台湾经济复苏进程，促使民进党内要求理性检讨两岸政策的声音加大。但台湾民众对两岸关系快速发展的反应呈两极状态，“台湾主体意识”仍占上风。该文认为，当前两岸关系发展仍面临一系列复杂因素的制约，包括民进党和“台独”势力的反对与阻挠、马英九当局的戒恐心理、美国对两岸关系发展的疑虑及其“以台制华”战略的影响、“台湾主体意识”在台湾仍有相当市场等。两岸关系和平发展进程能否顺畅，有赖两岸双方的共同努力。

《国际金融危机对海峡两岸经济关系之影响初析》

王建民(研究员)

论文　11千字

《台湾研究》　2009年第6期

该文认为，2008年爆发并持续蔓延的国际金融危机，不仅对国际经济、金融秩序与格局及诸多国家与地区经济产生重大影响，而且影响与冲击到海峡两岸经济关系的发展。一方面，两岸贸易大幅衰退，台商对大陆投资显著减少，大陆台资企业经营困难加大，两岸经济关系进入一个新的调整时期。但另一方面，国际金融危机为两岸经济关系结构的调整及台商在大陆投资的转型升级提供了机会，为海峡两岸合作共同应对金融危机与推进两岸经济合作创造了条件。两岸关系的改善与互信的增加，成为两岸经济协商与经济合作的共同基础，增进了两岸共同应对金融危机的共识与信心，实现了两岸经济合作的重大突破与发展。

哲学研究所

《“学问”的“自由”与“自由”的“学问”》

叶秀山(研究员)

论文　13千字

《社会科学战线》　2009年第6期

该文结合新中国成立以来特别是改革开放30年以来作者自身学术工作的体会，从欧洲近代哲学自由概念的基本意义出发，阐述这个概念在哲学上形式与内容的关系，强调它的时间性和历史性，认为自由的原初意义在于摆脱一切感性欲求的控制，自由为理性的特性，又不是空洞的形式，自由是实质的,有内容的,并随着历史发展而成熟。由此，作者进而讨论了自由与创造的关系，并进一步引申出自由者之间的关系，认为自由者之间的关系应存在于人类社会关系的基本环节之中，并讨论了自由及其自身的规定性限制的问题，亦即自由的现实性问题。作者认为，社会的职能在于增进财富，在于增进自由的财富；提高学术文化，也是提高自由的学术文化，提高自由的学问和学问的自由。作为学术工作者，要珍惜社会提供的自由的时间，努力创造性地工作，对学术传统作出新的贡献。

《关于唯物史观与价值观关系的思考》

李景源(研究员)

论文　5.3千字

《中国人民大学学报》　2009年第6期

该文指出，研究哲学问题不能无视哲学史上的重大争论。把握历史观与价值观的本质联系，总结哲学史上的相关争论，能为现实的理论研究和价值论学科建设提供许多启示。价值观包括价值目标及其实现的途径，这两个方面都与一定的历史观密切相关。对中华民族而言，不仅确立社会主义价值理想与唯物史观有关，而且，怎样实现这一理想更与唯物史观有关。价值论研究要取得实质性成果，应从理论上总结近代以来核心价值体系变迁的经验、教训，准确把握历史观与价值观相互制约的基本事实，自觉地以唯物史观为指导，推进价值理论的研究。近年来，国内学术界就普遍价值问题进行了热烈讨论，其意义已远远超出了价值论领域。讨论中提出的普遍主义与特殊主义关系问题，鲜明地揭示出这场争论的实质，值得我们从近代社会史的角度来把握其意义。

《唯识通论——瑜伽行学义诠》（上、下）

周贵华(研究员)

专著　868千字

中国社会科学出版社　2009年7月

该书被列入《中国社会科学院文库·哲学宗教研究系列》，获得中国社会科学院出版基金资助。该书是一部关于印度大乘佛教瑜伽行派学说学（又泛称唯识学）的通论，亦是从瑜伽行派立场出发对佛教的通论。全书分六编，即序论编、教义学编、法相学编、唯识学编、道行学编、果位学编。序论编是对瑜伽行学的概括性勾勒，后五编则对瑜伽行学作为佛教学进行了全面而具体的阐述。

该书以有为依唯识思想为脉络，对无为依唯识思想因素予以了区分、清理，抉择、梳理与重建了有为依唯识学的纯粹形态。在此意义上，该书可称一部新唯识论。该书在凸显瑜伽行学的独创思想的同时，还兼顾到瑜伽行学综融其前大小乘各派思想之集大成性质，因此也是一部在唯识意境中的佛教教理通论。

《人权伦理学》

甘绍平(研究员)

专著　220千字

中国发展出版社　2009年2月

该书是国内人权伦理学研究领域的第一部专著，不仅涵盖人权的内涵、人权的论证以及人权间的冲突等基本内容，凸显了人权作为主观权利的本质特征以及普世性、基础性、道德适用性的重要性质，揭示了人权与东方文化、人权与尊严、人权与民主、人权与法律之间的复杂关系，而且还从人权的视角，对平等、公正、关爱等重要伦理范畴以及功利主义、契约主义、德性论、责任伦理、康德形式化的道德法则（义务论）等伦理学派的价值旨趣进行了阐释与解析，同时也展现了应用伦理学的勃兴对于深化人权的伦理学研究所起的重要作用。

《当代西方哲学演变史》

江怡(研究员)

专著 750千字

人民出版社　2009年9月

该书是中国社会科学院重大课题“20世纪下半叶以来西方哲学重大演变研究”的最终成果。

该书对当代西方哲学中出现的新转折和新视野作了全面的论述和分析，展现了西方哲学在相同的时间阶段处于不同空间中的变化，说明了当代西方哲学的共时性特征。全书上篇从四个不同维度展现了当代西方哲学的主要转折，说明了哲学家们的不同理路都向我们表明了西方哲学的一个重要特征，即哲学的宗旨是要走向实践和生活。下篇则集中论述了当代西方哲学中出现的新视野，包括由不同哲学流派传统之间的对话和融合带来的哲学问题视阈、当代哲学地位变化引发的哲学思考、哲学本身对人类命运的更为全面的关注以及哲学家们对形而上学问题的重新思索。该书指出，从21世纪初的西方哲学研究总体趋向上看，西方哲学的未来发展将可能出现两种道路并存的局面：一条道路上把哲学的触角直接伸向生活和社会，力图通过分析社会生活问题或为这样的问题提供理论援助而对社会生活产生重要影响；另一条道路上仍然坚持哲学的家园，力图通过批判地对待一切社会生活问题而凸显哲学的唯一作用。但无论如何，当代西方哲学正面临着一个新的时代。

《坏世界研究》

赵汀阳(研究员)

专著　310千字

中国人民大学出版社　2009年4月

该书是中国社会科学院重点课题“第一哲学的中国进路”的最终成果。

该书以中国的“治乱”概念作为基本分析框架（相当于博弈论的“冲突—合作”分析框架），讨论了政治哲学的系列核心问题，包括国家政治、国际政治和世界政治，特别是讨论了天下、和谐、自由、民主和人权等问题，并且提出了一些创新观点。其中，作者提出的天下体系、双票民主、预付人权、他者观点的金规则、普遍模仿理论在近年来已经引发国内和国际学界的诸多讨论。

《韩国儒学史》

李甦平(研究员)

专著　540千字

人民出版社　2009年8月

该书是国家社会科学基金一般项目“韩国儒学史”的最终成果，也是我国学者撰写的第一部关于韩国儒学发展演变的学术专著。

全书共分三部分：“绪论”部分通过对中韩儒学的比较，既阐释了韩国儒学“重气”、“重情”、“重实”的基本特点及其“义理”精神，又集中探讨了韩国儒学在“理气”、“心性”、“礼仪”、“以图解说”等方面对中国儒学的细微发展；正文五章内容则是着重对韩国儒学发展演变历史的梳理和论述，依照韩国历史发展的顺序，对李穑、郑梦周、郑道传、权近、徐花潭、李退溪、奇高峰、李栗谷、成牛溪、曹植、金长生、宋时烈、魏岩、韩元震、郑霞谷、李滇、洪大容、丁荼山、崔济愚、朴殷植等代表人物的儒学思想进行了深入阐发，并探究了韩国儒学发展演变的内在规律性;“附录”中为了突出韩国儒学的特色，将韩国儒学史上两次著名论辩即“四端七情论辩”和“人性物性异同论”的论辩始末及论辩的主要原始珍贵资料刊于书中，以供人们研究和参考。

《中国的和平发展道路》

徐崇温(研究员)

专著　546千字

重庆出版集团、重庆出版社　2009年6月

该书由导论、三编23章组成。在“导论”部分,作者简述了从“和平崛起”到“坚持走和平发展道路”的中国特色社会主义的政策，指出了中国和平发展的四个方面的特有内容。第一编从外交层面介绍了中国与美国、日本、俄罗斯等国家在经贸、政治、人文、军事、能源等领域的交流合作情况，阐释了建立和谐世界的中国特色社会主义国际战略新理念的含义、背景、要求与重大意义。第二编从政治、经济、文化层面论述了贯彻科学发展观、实行改革开放、加快建立现代市场体系、探索中国特色新型工业化道路、建设创新型国家、转变经济增长方式、创建资源节约型和环境友好型社会、发展社会主义民主政治、提高文化软实力、加强党的执政能力建设等一系列实现科学发展、和谐发展的现代化战略。第三编从学术层面全景展示了中国道路、中国经验、中国模式的国际讨论，通过研究中国道路的世界影响、中国经验的国际观察、中国模式的历史比较，揭示了中国和平发展道路的必然性、坚定性与正确性。该书驳斥了“中国威胁论”等错误言论，对于在国际上澄清是非，消除国外对中国快速发展的疑惑和戒心，具有现实意义和学术价值。

《分析美学史》

刘悦笛(副研究员)

专著　397千字

北京大学出版社　2009年4月

分析美学是20世纪后半叶在西方唯一占据主流的美学流派。该书掌握了大量第一手文献资料，是国内第一部分析美学史。全书分为上、下两编，上编为分析美学“思想史”，对维特根斯坦、比尔兹利、沃尔海姆、古德曼、丹托和迪基的美学思想进行了详尽述评，每章之后的“述评”一节重在对美学家思想的评判；下编为分析美学“问题史”，

主要聚焦于艺术定义、审美经验、美学概念与文化解释的问题，其所关注的是“分析美学之后”这些问题该如何被重思的问题，并以此寻求新的美学生长点。

《笛卡尔》

周晓亮(研究员)
专著 100千字
云南教育出版社 2009年3月

笛卡尔是现代西方理性主义的伟大先驱者，他将数学方法引入哲学，创立了近代西方第一个理性主义的形而上学体系，并成为近代西方“认识论转向”的肇始者。他的哲学贡献是多方面的，他提出的普遍怀疑的认识方法、“我思故我在”的形而上学命题、二元论的心身观以及自我意识的强调等，都对后来西方哲学的发展产生了巨大的影响。该书按照历史顺序，向读者展现了笛卡尔的生活经历和思想脉络，使读者从中感受到笛卡尔的内心世界、思想成就和人格魅力。

《中国传统哲学纲要》

李存山(研究员)
专著 438千字
中国社会科学出版社 2008年12月

中国传统哲学是“天人之学”，亦即对天道、人道以及对知天、知人之知的认识。“究天人之际”是贯穿中国传统哲学的主题，“推天道以明人事”是中国传统哲学的普遍架构。因此，中国传统哲学的“实质上的系统”就是由天论（宇宙论）、人论（人生论）以及知论（致知论或方法论）所组成的系统，而人论是其中心，“原善”、“为治”是其宗旨。该书以“问题解析体”的形式，阐述了中国传统哲学中天论部分的世界本原论、运动观、时空观、形神观，人论部分的天人关系论、人性论、价值观、历史观，知论部分的主客关系论、致知方法论、名实观、真理观等哲学问题，并突出了“天人合一”、“真善合一”、“知行合一”、本体论与宇宙论合一、人性论与价值观合一等中国传统哲学的特点。

该书被列为中国社会科学院研究生重点教材。

《应用伦理学教程》

甘绍平(研究员) 余涌(研究员)
专著 373千字
中国社会科学出版社 2008年11月

该书从宏观的视角探究应用伦理学在人类伦理学发展史上所占据的地位；通过对政治伦理、经济伦理、科技伦理、环境伦理、生命伦理和性伦理等应用伦理学重大分支学科领域发展概况的深入解析，展现了应用伦理学关注伦理冲突、应对道德悖论的理论品格，凸显了应用伦理学对伦理商谈程序的高度重视，描绘了在塑造道德共识的过程中不同的伦理思潮、学说和价值诉求所起的作用，提炼和总结了应用伦理学的道德规范的总体架构以及应用伦理学根基性的伦理原则；从探索我国社会实践中带有道德冲突性质的重大现实课题入手，在汲取和借鉴国外学术成果基础上，提出了对这些重大问题的解答方案。

该书被列为中国社会科学院研究生重点教材。

《古代哲学史》

詹文杰(助理研究员) 译（〔德〕文德尔班著）

译著 350千字

上海三联书店 2009年8月

德国文德尔班的《古代哲学史》是结合自己的哲学史观，对古希腊罗马哲学作出的一种新解释。该书是一部古代断代史，叙述了从公元前6世纪希腊“七贤”时期到教父哲学和新柏拉图主义这1000余年的哲学发展过程。该书在某些主题的编排上颇具原创性，其对历史线索的宏观梳理使得这本古代哲学史与其他同类著作有明显不同。该书除了提供各个哲学家具体学说的阐释之外，还给出了大量古代和现代的参考文献。该译著保留了上述内容，以便读者了解文德尔班当时所处的整个学术语境。

《中国哲学的现状、问题及其任务》

谢地坤(研究员)

论文 10千字

《中国社会科学》(英文版) 2009年第3期

该文考察了改革开放30年来中国的马克思主义哲学、中国哲学以及西方哲学研究所取得的进步与存在的问题，在此基础上，作者提出了关于哲学研究思路转变的新见解：一是从“体系意识”转变为“问题意识”——既不要被传统的体系架构牵着鼻子走，也不要沉湎于新体系的建构，而要自觉地从对当代中国人的生存状态的反思出发，抽绎出重大的理论问题，并提出相应的解决办法，从而引领时代精神的发展方向；二是从“本土视阈”转变为“世界视阈”。作者认为，哲学是特殊性和普遍性的统一，在当今这个全球化的时代，应该以海纳百川、有容乃大的思想境界，不断更新自己的思维方式和研究方式，从而在世界哲学的研究中占有自己的一席之地；三是从中、西、马相互分离的研究方式转变为“视界融合”,逐步确立“大哲学”的观念，从而真正做到综合创新。

《关于唯物史观理论的再认识》

魏小萍(研究员)

论文 12千字

《哲学研究》 2009年第3期

该文以《德意志意识形态》(MEGA2试行版)为基础，对唯物史观理论的核心内容进行了重新解读。该文认为，马克思和恩格斯形成于19世纪40年代左右、并不断丰富和发展的唯物史观蕴涵着一个宏大的理论体系，但是其核心内容主要包含两个方面，从社会存在论证人们意识的形成，以批判激进批判家从观念着手的批判方式，从人们满足生存需要的生产活动及其生产方式入手来论证社会的经济基础和上层建筑，以此论证自己的批判理论。该文借助对原文本的阅读，通过对唯物史观理论在形成和产生过程中所涉及的问题进行具体的解析，同时通过对马克思和恩格斯思维方式差异的认识，将潜在于人们争论背后的具体问题再现出来，为人们进一步研究唯物史观理论提供了新路径。

《历史知识的客观性问题》

涂纪亮(研究员)

论文 8千字

《哲学研究》 2009年第8期

历史知识是否具有客观性是一个长期争论不休的问题。该文简要论述了德国的兰克学派、法国的孔德学派主张历史知识具有客观性的观点，也简要介绍了后来“相对主义者”（如德罗伊森、西美尔、柯林伍德、贝克尔、比尔德），特别是后现代主义者对历史知识具有客观性这一观点的批判。在此基础上，作者指出，历史知识中的客观因素和主观因素同时并存，缺一不可；历史事实这种客观因素在历史知识中处于主导地位，而其中的主观因素又是历史研究中不可缺少而且不能回避的。

《作为基督教哲学家的克尔凯郭尔——克尔凯郭尔的假名写作》

王齐(副研究员)

论文 9千字

《哲学动态》 2009年第2期

克尔凯郭尔向来被视为“存在主义哲学的先驱”，该文则试图从“基督教哲学”的视角出发对其假名作品加以整体性解读。“基督教哲学”是一门建立在向所有人敞开的世俗证据之上、同时又自觉地以基督教精神为“价值意向”的哲学。在此视角下，克尔凯郭尔的假名作品所构筑的就是一种从哲学的自由精神出发对基督教原则加以把握的哲学，它从根本上区别于对基督教进行“自我描述”的基督教神学。同时，这种“基督教哲学”不同于19世纪居欧洲主流地位的思辨哲学，它揭示的不是一个关于“宇宙—世界”的“科学”的“体系”，而是面向人的“生活世界”的哲学“片断”，其意义在于唤醒每个个体对其生存意义进行思考。“基督教哲学”的研究视角的开启有助于我们更好地把握克尔凯郭尔写作的连续性,深化对其思想的理解。

世界宗教研究所

《20世纪中国社会科学·宗教学卷》

卓新平(研究员) 主编

专著 1780千字

广东教育出版社 2009年7月

在回顾和反思20世纪中国社会科学的发展之际，该书对20世纪中国宗教学的百年历程加以系统回顾、总结和梳理。全卷分为正编和副编两部分：正编概括了中国宗教学科所取得的主要成果及其研究现状和发展趋势，评述了其重要学术思潮、流派及其代表人物的主要观点；副编搜集整理了相关著作和论文的重要章节，以供读者参阅。

《宗教人类学学说史纲要》

金泽(研究员)

专著 496千字

中国社会科学出版社 2009年8月

该书为国家社会科学基金项目“宗教人类学学说史”的最终成果，列入《中国社会科学院文库·哲学宗教研究系列》，获中国社会科学院出版基金资助。

该书内容共包括九部分：(1)引言：追问宗教现象背后的文化诉求；(2)定位的转变：由意识形态到文化；(3)荒谬中的逻辑；(4)图腾崇拜：最早的宗教形态；(5)范式的转换；(6)由“功能”向“意义”的过渡；(7)意义与过程；(8)结构、文化秩序、文化的解释；(9)当代的进展。

该书重点对宗教人类学领域的前沿理论进行了深入细致的分析，是目前学术界关于宗教人类学探究的最新成果，开拓了宗教学的一个新的研究领域。

《引导宗教与社会主义社会相适应的理论与实践》

冯今源(研究员)

专著　708千字

中国社会科学出版社　2009年8月

该书在全面系统梳理中国传统宗教以及民间信仰发展脉络、国际共运史上相关理论与实践的基础上，结合对新中国宗教政策的历史发展、对50年来我国宗教的发展历程以及各种错误宗教观的回顾与反思、对典型地区不同宗教的田野调研、对新时期宗教领域面临的新情况新问题的总结与分析，系统提出引导宗教与社会主义社会相适应的理论依据、实践基础、表现形式、具体内容以及对引导主体的要求，并对“构建社会主义和谐社会”事业中的宗教问题提出了相应的意见与建议。

《梵蒂冈的乱世抉择（1922～1945）》

段琦(研究员)

专著　290千字

金城出版社　2009年1月

该书披露了自1922年梵蒂冈与墨索里尼谈判到1929年梵蒂冈城国正式建立的全过程，披露了在整个第二次世界大战期间，梵蒂冈出于其宗教利益与世界各大政治集团（包括德意日、美英苏等国）抗争与妥协的关系。作者认为，梵蒂冈在“二战”期间基本上是站在反法西斯阵营的，曾帮助了不少犹太人和难民，但也犯了不少错误。该书对其功过是非进行了客观的叙述和分析。

有关第二次世界大战期间梵蒂冈的研究在国外已开展了50多年，国外史学界著述颇多。近年来，随着梵蒂冈档案的解密，新成果不断出现。相比之下，国内相关研究远远落后。该书可以视为新中国成立后中国学者在这一领域的开创之作。

《印度宗教多元文化》

邱永辉(研究员)

专著　421千字

社会科学文献出版社　2009年7月

该书系2004年立项的中国社会科学院A类重大课题“南亚地区宗教发展态势”的成果之一。

该书主要内容包括：当今世界面临的“诸宗教”问题、印度多元宗教性、印度教的世俗与多元、锡克教和佛教的多元与互动、寻求多元主义的南亚伊斯兰教、印度教徒皈依基督教与基督教适应多元化、印度宗教多元观的实践、对印度的宗教多元观（论）的理论总结等。这一研究的主要学术价值在于：第一，印度作为人类文明古国之一，有着悠久而丰富的宗教文化传统，这项对印度文明“古今之变”的研究尝试，开拓了对当代印度的宗教多元文化进行系统、深入研究的一个新领域。第二，全书理论创新、方法创新颇为突出。在理论方面，作者将欧美长期较为单一的宗教信仰与印度自古以来的宗教多元性和丰富经验进行比较，因此质疑现有的宗教多元论仅是“西方的理论”，并经过对印度多元宗教的努力挖掘，总结了印度宗教多元论及其对世界的重要贡献。第三，这项研究所反映的印度软实力建设的经验教训值得中国借鉴。

《宗教之和 和之宗教——中国宗教之和谐刍议》

韩秉芳(研究员) 李维建(助理研究员)
唐晓峰(副研究员) 郑筱筠(研究员)
汪桂平(副研究员) 纪华传(副研究员)
专著 229千字
社会科学文献出版社 2009年11月

该书主题为“宗教之和，和之宗教”，旨在发掘诸宗教中“和”的因素在经典、理论、历史及现实中的表现，并主张通过发挥诸宗教之“和”，创造社会和谐之宗教氛围，进而为中国社会之和谐构建贡献力量。该书主要由“中国民间信仰之和谐因素”、“佛教与中国社会之和谐构建”、“道教之和谐理念及实践”、“伊斯兰教与中国社会和谐”、“基督宗教之和谐观及开展”五个章节构成。其中，每个章节基本涵括该章所论宗教关于“和谐”的基本理论及其在中国历史及现实中对于社会和谐曾经产生的和正在产生的影响，同时阐述了如何更好地处理各种宗教与中国社会和谐之间的关系。

该书力图做到以下几点：第一，除基于宗教理论的思考外，兼有现实调研素材的融入，切实做到了理论与现实的融合；第二，除对理论及现象进行探讨及描述外，还有在此之上的、针对现实工作的建议及反思；第三，结合理论与实践，对于一些重点问题，比如民间信仰的定位、佛教的和谐理论及实践、道教的生存状况、伊斯兰教与和谐、基督宗教的“处境化”等问题加以讨论。

《论马克思主义宗教观》

卓新平(研究员) 唐晓峰(副研究员)主编
论文集 325千字
社会科学文献出版社 2009年10月

该书是近年来国内学界少有的几部有关马克思主义宗教观研究的著作之一，其内容涵括马克思主义宗教观研究的诸多方面，比如其研究方法、文本研究、处境研究、具体运用以及研究现状，各部分内容亦体现了目前国内马克思主义宗教观研究的主要观点及流派，是新时期我国学界马克思主义研究、宗教学研究的最新成果，对于当前宗教工作亦有理论参考价值。

《隔岸观火：泛台海区域的信仰生活》

陈进国(副研究员)
论文集 400千字
厦门大学出版社 2008年11月

该书系厦门大学国学研究院资助出版的丛书之一种，是著者近年来针对闽台区域宗教文化的系列成果的综合展现。

该书分“毋意”、“毋必”、“毋固”、“毋我”四篇：“毋意”篇侧重于闽台区域的祖先崇拜、买地券等民间信仰习俗的研究；“毋必”篇侧重于闽台民间教派及新兴宗教的研究；“毋固”篇侧重于闽台区域的佛教信仰的研究；“毋我”篇主要是该书作者写的相关书评。该书结合文献和田野、考古与考现，细致地剖析了闽台区域祖先崇拜、民间宗教、佛教等信仰生活的某些截面。著者的个案描述和图像叙事，勾勒出区域历史之多元共生的信仰文化景观，有助于读者反观中国人整体性的观念系谱和文化取向。

经 济 学 部

经济研究所

《中国经济增长与波动60年——繁荣与稳定III》

刘树成(研究员)

专著　317千字

社会科学文献出版社　2009年7月

该书以中国经济增长与波动、经济周期与宏观调控的研究为主线，收入了作者2005年6月至2009年2月这3年多时间所发表的有代表性的论文15篇；同时，还收入了这期间《人民日报》《光明日报》等一些重要新闻媒体与作者合作的10篇访谈录，以更为多样的形式反映出作者对这一专题的最新探索。

《新中国经济增长60年曲线的回顾与展望——兼论新一轮经济周期》

刘树成(研究员)

论文　13千字

《经济学动态》　2009年第10期

中华人民共和国成立60周年之际，也正值百年不遇的国际金融危机的冲击中，中国经济取得"企稳回升"成效和即将步入"全面复苏"的关键时期。该文对中国经济增长率60年的波动曲线进行了回顾与展望。该文共分四个部分：第一部分概述了60年曲线的深刻变化，归纳出五个波动特点；第二部分剖析了改革开放以来这条曲线背后经济结构所发生的七大变化，这些新变化也是中国经济今后继续增长的重要推动因素；第三部分从应对国际金融危机的角度，认为我国经济走势可分为三个阶段，并说明新一轮经济周期即将来临；第四部分强调要汲取历史的经验和教训，努力延长新一轮经济周期的上升阶段，为此要把握好两点：一是要把握好新一轮周期的波形，二是要把握好新一轮周期的适度增长区间，其中，特别对新一轮周期中城市化和住宅业的重要作用以及如何有效地解决房价不断上涨问题进行了分析。

《从百年积弱到经济大国的跨越》

张卓元(研究员)

论文　7千字

《光明日报》　2009年8月27日

该文共分为三个部分。第一部分论述了我国在寻找和选择适合中国国情的社会主义建设道路过程中，八次重大的不平凡的历史经历：(1)新中国成立初期的社会主义改造；(2)1956年毛泽东《论十大关系》的探索；(3)20世纪50年代末60年代初对"大跃进"和人民公社化运动教训的初步总结；(4)1978年年底党的十一届三中全会确定以经济建设为中心和实行改革开放；(5)1992年邓小平南方谈话和党的十四大确立社会主义市场经济体制改革目标；(6)2001年加入世贸组织；(7)2002

年党的十六大确定到2020年全面建设小康社会；(8)21世纪初提出科学发展观重大战略思想。

第二部分回顾了新中国成立60年来经济建设取得的辉煌成就。这主要表现在以下几个方面：(1)经济快速增长，从贫穷落后的国家发展为世界第三大经济体；(2)对外经济活动迅速扩大，国际经济地位大步提高；(3)从贫穷落后、1952年的人均GDP只有119元人民币发展到2008 年的22698元人民币，进入中等收入国家行列，人民生活进入小康水平；(4)工业化、城市化大步前进；(5)科技、教育和其他各项社会事业全面发展。

第三部分总结了新中国60年经济建设的辉煌成就，使全国人民更加坚定了走中国特色社会主义道路的决心，并满怀信心再奋斗三四十年，在全面建设小康社会基础上，实现现代化，过上更加富裕安康的好日子。

《社会主义市场经济论：中国改革开放的主要理论支柱》

张卓元(研究员)

论文　7千字

《光明日报》　2008年12月7日

1978年党的十一届三中全会作出改革开放重大决策后，我国经济学界在党的解放思想、实事求是的思想路线指引下，一次又一次掀起了讨论计划与市场关系的热潮。1979年4月，在江苏省无锡市举行了全国经济理论讨论会，主题是社会主义经济中价值规律的作用。会议的主流观点是：社会主义经济也是一种商品经济，价值规律调节社会生产和流通，市场竞争是社会主义经济的内在机制，企业是有自身利益的商品生产者和经营者。

市场化改革的节节推进和成效日益显露，一些经济学家进一步提出，社会主义商品经济就是社会主义市场经济，社会主义商品经济体制就是有宏观管理的市场经济体制，建立竞争性的市场经济体制，能够有力地促进资源配置优化和效率提高，加快经济增速。社会主义市场经济论呼之欲出。

党和国家领导人的政治智慧和勇于理论创新的精神对社会主义市场经济论的确立并成为主流观点起着决定性的作用。1979年，我国改革开放的总设计师邓小平就指出，社会主义也可以搞市场经济。1992年初，邓小平在南方谈话中进一步指出，计划多一点还是市场多一点，不是社会主义与资本主义的本质区别。计划经济不等于社会主义，资本主义也有计划；市场经济不等于资本主义，社会主义也有市场。计划和市场都是经济手段。在邓小平南方谈话的指引下，1992年10月，党的十四大确认社会主义市场经济体制是我国经济体制改革的目标模式。从此，社会主义市场经济理论确立起来，并逐渐得到经济学家和各界人士的普遍认同。

该文简要总结了我国经济改革理论的提出及形成过程。

《中国经济学60年（1949～2009）》

张卓元(研究员)主编

专著　697千字

中国社会科学出版社　2009年9月

该书对新中国成立60年来中国经济理论探索和创新进行了阐述。该书共有20章。

第一章为导论，总结了中国经济学60年来的六大进展；第二章论述了社会主义本质和发展阶段理论的演进；第三章论述了从计划与市场关系的争鸣到社会主义市场经济论的确立；第四章论述了所有制理论的突破和社会主义基本经济制度的确立；第五章是企业制度演进和国有企业改革理论的研究；第六章论述了农业经济理论问题的论争与发展；第七章论述了市场体系理论的研讨与创新；第八章论述了产业结构和产业组织理论的研讨与进展；第九章论述了价格理论研究与价格改革规律的探索；第10章论述了从社会再生产理论研究到宏观经济管理改革的探索；第11章论述了财政理论体系的演进脉络与现实格局；第12章论述了金融理论创新；第13章论述了居民收入分配理论的演变；第14章论述了社会保障理论的演进与创新；第15章论述了对外开放理论的研讨与进展；第16章论述了转型经济学研究的创新与发展；第17章是对经济增长与理论的探讨；第18章论述了中国经济可持续发展理论的研究与进展；第19章论述了区域经济学理论研究的进展与创新;第20章介绍了西方经济学在中国。

总之，该书是一部精粹的当代中国经济学史，它展现了中国经济学艰难创新的步履，对经济学研究和教学具有重要的参考价值。

《改革年代的经济增长与结构变迁》

刘霞辉(研究员) 张平(研究员) 张晓晶(研究员)

专著　319千字

格致出版社　2008年11月

首先，该书从中国经济的内部变化（大国崛起的道路）、国际比较中的增长奇迹两个角度，揭示出中国近30年来最重要的成就在于：摆脱了贫困陷阱，人均收入实现了较快的增长，国家实现了准现代化。而与中国经济增长奇迹相伴的是经济结构的剧烈变动，其突出特征是由一个传统的农业国不断演化为工业国；由较典型的以计划经济为主的国家演化为市场经济国家。而结构变迁是经济增长和改革开放的结果。

其次，就经济增长的总体机制而言，该书在导言中概括为：为了保证生产要素的有效供给，使资本得以快速积累，同时消除传统计划经济体制下政府过度集中和使用资源的弊端，中国改革以来采取的战略是对相对价格体系的逐步调整。也就是先适当放开部分最终产品价格，形成局部较高收益的市场，吸引各类资本投入来扩大供给，同时以低劳动力成本、低土地价格以及实际低税收来降低成本，为企业创造竞争力。

再次，该书还分别考察了经济增长和结构变迁的动力因素。其基本思想可概括为：中国经济的高速增长期正好与改革进程一致，这不是巧合，而是有着逻辑上的因果关系的，即中国经济的高速增长，是巨大的制度变革推动的。FDI诱导和出口导向相结合的中国对外开放模式拉动了工业化增长，形成了对外开放中的增长和稳定机制；中国劳动力资源开发的“制度变革＋产业导向”模式，为增长动力的重塑创造了条件，比较优势战略在成功将人口负担转化为人口红利的同时，也使中国经济从“贫困陷阱”中解脱出来；自主研发、直接技术引进对中国创新能力和经济增长均有长期的积极推动作用；中国近30年的高速增长，更是与快速资本形成相关；为创造资本形成的环境，中国采取了低价工业化的策略，通过合理的相对价格体系调整，使工业化进程加速；财政体制改革改善了财政在资源配置方面的作用，提高了资源配置效率，财政政策通过宏观调控作用促进了经济增长；政府主导型金融体制不仅有效激励了金融机构（银行）信贷投放和信用扩张，加速了企业投资和经济增长，而且同渐进的外汇改革和金融开放相结合，成功地控制了通货膨胀，实现了经济稳定。

《财富的道路——科学发展观的财富基础理论研究》

裴小革(研究员)

专著　300千字

社会科学文献出版社　2009年6月

该书指出，200多年以前，英国古典经济学家亚当·斯密于1776年发表的经济学名著《国民财富的性质和原因的研究》为当时的英国经济发展奠定了理论基础，促使英国率先实现了工业化和财富空前涌流。但是，现在中国面临着与英国不同的国际国内环境，不可能照搬前人的理论和经验，非常需要创造一种能够适合中国财富涌流和经济发展的新“国富论”，促使中国走上一条自己的科学发展道路。要创造能够指导中国经济科学发展的新“国富论”，科学发展观的财富基础理论是一个必须重点研究的难题。

该书还指出，人力既是资本又是财富，人力财富的大小不仅要由人力投资的数量决定，而且要由人们如何使用它们的劳动来决定，包括人力财富的教育和人力财富的实践。中国特色社会主义财富道路，并不是仅仅指实行单一的生产资料公有制，而是指要建立与现代社会化生产方式相适应的一系列政治经济制度和意识形态，把最广大劳动者的积极性和创造性调动起来，让他们能够科学利用物质资源，享受到自己的劳动成果，破除资本主义私有制对生产力发展的阻碍，使社会财富的各种源泉充分涌流。

《教育、收入增长与收入差距：中国农村的经验分析》

邓曲恒(副研究员)

专著　149千字

格致出版社、上海三联书店、上海人民出版社　2009年7月

该书研究表明，教育对农业收入具有显著的促进作用，而且其作用在逐渐增强。作者利用明瑟方程考察了教育对非农收入的影响，估计结果显示，非农就业者的教育收益率经历了逐年上升的变化过程。该书还综合考察了教育对家庭总收入的作用。分析结果表明，教育对家庭总收入的贡献也在逐年加大。基于收入回归方程的不平等指数分解结果表明，教育对农村内部收入差距的贡献也越来越大。书中的模拟分析也证实，教育的普及能够起到缓解贫困和减轻收入不平等的作用。

该书的估计结果显示，家庭经济状况对农村居民教育水平和教育质量具有显著影响。就教育质量而言，家庭人均收入对农村居民就读于重点中学的概率具有显著的正向作用。对中学学龄农村青少年而言，家庭人均收入的提高能够显著提高学习成绩。

该书的研究证实，经济状况的差异导致

了农村居民教育状况的差别，从而出现了机会的不平等；机会的不平等反过来又会进一步导致收入的不平等。农村教育和收入之间的相互作用，极有可能会使农村内部的收入不平等状况得以持续，甚至还会导致收入差距出现进一步扩大的趋势。因此，政府要扩大对农村基础教育的投入，促进义务教育在农村的实施，改善农村教育的扩展状况。

《中国居民收入分配格局与金融危机应对》

朱玲(研究员) 金成武(副研究员)

研究报告　20千字

《管理世界》　2009年第3期

该文借助统计分析表明，城乡之间的收入差距对全国居民收入不均等的影响高于地区之间收入差距的影响；地区之间的收入差距更多地表现为中西部地区与东部地区的差距；城乡之间的收入差距更多地表现为中西部地区的城乡差距。农村劳动力转移具有缩小城乡和地区收入差距的作用。在全球金融危机和经济增长速度下滑的情况下，强化社会紧急救助，为农村进城劳动者提供社会保障，促进低收入群体就业和创业，以及消除个人所得税中的累退性，对于减少收入不均等程度和增强社会稳定至关重要。

《和谐社会的政治经济学基础》

杨春学(研究员)

论文　30千字

《经济研究》　2009年第1期

该文认为，自由市场制度会产生效率，但不会自动产生“社会福利”；合理的社会政策是可以与个人自由和市场经济的效率相容的。该文是借助于个人面对某些随机模式时表现出来的社会偏好来论证的。通过“无知之幕”的构思排除了个人的特殊地位对其主观偏好的影响之后，借助于人际间的比较证明，每个人都将会表现出两种具有内在联系的社会偏好：一是对“公平的”制度安排的偏好,它们将能够有效缓和“出身”与“运气”等随机因素对个人前景的巨大累积性影响；二是再分配的社会偏好，它将个人对不平等的社会反感，合理化为个人对风险和不确定性的厌恶。这些偏好都可以是理性的个人自愿选择的产物，因而，力图实现这些偏好所体现的社会价值的明智政策，自然不会与个人自由相冲突。

据此，该文讨论了建立和谐社会的许多具体公共政策问题。对前一种“个人的社会偏好”的讨论涉及的，是评判市场分配结果公正与否的最根本基础，从中可以直接推导出“矫正”市场过程、缩小人们起点和机会的不平等程度的某些公共政策的合理性。对后一种“个人的社会偏好”的讨论，则属于为现代社会“最低生活保障”的福利制度提供经济学的伦理证明。

《全球失衡、金融危机与中国经济的复苏》

张晓晶(研究员) 汤铎铎(副研究员) 林跃勤(副研究员)

论文　30千字

《经济研究》　2009年第5期

该文论述了全球失衡与金融危机之间的内在联系，并利用剑桥方程式引入货币，利用购买力平价引入汇率，从货币霸权视角构建了失衡和危机的两种模型。模型主要讨论存在国际货币体系中心国家情况下的全球失衡问题。由于外围国家会持有中心国家货币，中心国家可以借此向全球收取铸币税，使得中心国家有通过多发货币来支撑政府支出的激励。当货币发行超过一定范围，使得全球流动性和实际利率超出经济稳态增长的条件时，就会出现高利率和低利率两种极端状态。高利率会损害实体经济，流动性过剩会造成通货膨胀，从而可能形成“滞胀”局面；低利率下资产价格会与实体经济发生明显偏离，从而可能形成资产价格泡沫。从模型出发结合经验现实，文章认为，美国扩张性的财政和货币政策是造成此次全球失衡和金融危机的根本原因，美元的特殊地位或美元霸权在此发挥了重要作用。

文章进而分析了中国应对危机存在的比较优势和不足。

《企业生产率增长及来源：创新还是需求拉动？》

刘小玄(研究员) 吴延兵(副研究员)

论文　15千字

《经济研究》　2009年第7期

该文采用生产率理论中的DEA－M指数方法分析了1022户抽样调查企业2000～2004年期间的数据，测度结果发现，样本期间企业的生产率增长处于下降势态，对生产率的分解则发现，这主要是由技术进步率的停滞不前造成的。通过对生产率变量的面板数据的回归，该文发现，生产率增长很大程度上是依靠外部市场需求来拉动的，同时，资金来源依赖于国有银行的企业，其效率增长率显著高于其他企业。这个检验证实了在市场需求高速增长的条件下，企业生产率增长与外部融资支持的密切正相关；反之，没有融资支持的企业则得不到足够的发展和创新的空间，生产率增长会趋于缓减。

对于2000～2004年期间1000多家调查样本企业的效率测度表明，整体生产率的增长具有下降态势，这主要是由占较大比重的民企的生产率增长速度的下降所导致。这种波动的直接原因可能在于，自2003年开始的宏观调控和大规模抽紧银根政策对民营企业形成的冲击，使其生产率增长受到了抑制。然而，同期的国有企业的生产率增长则似乎快于民企的增长率，其中的重要原因之一则在于国有企业具有银行贷款和资本市场融资的支持。上述经验研究中关于融资变量的分析也证实了这一点。

该文认为，外部市场环境对于企业效率具有极其重要的意义，宏观调控政策必须以公平市场竞争为基础，否则，就不能实现资源有效配置。没有资本和金融市场的放开，有潜力的企业的生产率增长就得不到支持，创新行为也得不到鼓励。依靠融资政策扶持和短期市场景气拉动的企业发展，没有创新的效率增长是无法持久的。所以，给民企公平的市场融资待遇，同时形成能够促使国企进行技术创新的制度变革，这些都是促使生产率合理持续发展和资源有效配置的根本途径。

《家庭工业对现代工业的影响问题》

林刚(研究员)

论文　21千字

《近代中国》　2009年第19期

该文认为，中国的农民家庭工业与现代工业的关系和影响问题，实质是中国现代化道路如何推进的路径问题。在中国数千年的历史中，农民历来依靠农业与家庭手工业的结合与互补来维持生计。在两者都能较好发展时，就既能提高农民收入，减轻因人多地少、土地分配不合理带来的恶果，又同时解决了农民的“就业”问题，以避免流离失所、社会动荡的危险。

文章指出，在中国现代化过程中，大工业与农民家庭工业之间实际存在着两种截然不同的关系：一种是相互补充的“良性互动”另一种是相互损害且“一损皆损”的“恶性循环”。这为走出一条符合国情的中国式道路提供了广阔的思考空间：要紧紧围绕现代经济（以大工业和城市为代表）和传统经济（以农村、农户经济为代表）的相互关系为中心，依靠传统部门和现代部门的共同努力和相互帮助实行现代化。在工农一体的现代化中实现全国的现代化。这条现代化道路有其必要性，也有其独特的优越性。

《略论20世纪60年代东北地区的工业调整》

石建国(副研究员)

论文　14千字

《中国经济史研究》　2009年第1期

该文主要分为四个部分。第一部分介绍了东北工业调整的必要性和紧迫性。第二部分讲了此次工业调整的指导思想与措施。为了完成国民经济的调整目标，中共中央成立了东北局，将其作为此次调整的重要机构。东北局确定了工业调整的方针和政策。第三部分主要考察了工业调整中的问题。第四部分考察了经济调整后的工业水平，并分析了工业调整后面临的基本问题。

文章最后指出，东北工业中的矛盾和问题，历经“大跃进”时期的激化，国民经济调整时期的缓和，一直持续到“文化大革命”末期。这些矛盾和问题的不断累积和沉淀，成为改革开放后东北经济困境的远期动因。

工业经济研究所

《中国工业发展报告（2009）》

金碚(研究员) 主编

专著　1155千字

经济管理出版社　2009年9月

该书对新中国成立60年来工业发展历程及成就进行了全面分析和总结。其研究结论表明，工业化是新中国60年振兴之路的主题。无论是在改革开放前建立社会主义计划经济体制，还是在改革开放后探索建立社会主义市场经济体制的过程中，工业始终都是经济体制改革、发展战略和政策创新最前沿的领域。新中国成立以后的前30年，中国在社会主义计划经济体制下初步形成了比较完善的工业基础；改革开放以来的30年，实现了工业化加速推进，中国的工业实力和国际竞争力显著提高。工业化不仅仍然是中国经济社会发展的主题，而且也是最大的民生事业。工业化发展的民生意义更高于强国意义，将成为中国工业化新阶段的显著特征之一。

《资源与增长》

金碚(研究员) 张其仔(研究员) 刘戒骄(研究员)等

专著　340千字

经济管理出版社　2009年1月

该书在对土地、水资源、能源、矿产资源、环境对工业增长的影响进行深入分析的基础上，就资源环境对我国工业增长的总体影响进行了计量分析，对我国工业增长的性质，资源环境约束工业增长的表现形式、实质内涵以及资源环境约束对工业增长的可能影响进行了比较深入的探讨，得出了一些很有意义的结论，深化了有关发展中国家资源环境在经济增长中的作用的研究，在研究方法上具有创新性和开拓性。这一研究成果对于我国政府制定经济发展方式转变的政策措施具有参考价值，对于促进我国经济增长快速稳定发展、贯彻落实科学发展观、实现全面建设小康社会的目标具有一定意义。

《国有企业公司治理问题研究：目标、治理与绩效》

余菁(副研究员)　黄速建(研究员)　黄群慧(研究员)等

专著　260千字

经济管理出版社　2009年1月

该书提出了“目标—治理—绩效”分析框架，作为解析国有企业行为的一个基础性的理论工具。此分析框架的基本思路是：将国有企业目标作为分析国有企业行为的起点，强调从具体企业的目标特性出发，选择相适应的理论解释，谋求企业实践中最适宜的企业治理体系，创造最好的企业绩效表现。该书系统梳理了关于国有企业目标、绩效与公司治理问题的各种理论纷争，探讨了目标约束下的国有企业的一般性治理原则，进而结合中国实践，分析了国有企业治理转型过程中应用公司治理原则的有关问题，并分别针对国内外国有企业治理与绩效评价的具体实践进行了对比研究。

《国际金融危机冲击下中国工业的反应》

金碚(研究员)　史丹(研究员)　杨丹辉(副研究员)等

论文　15千字

《中国工业经济》　2009年第4期

该文根据各种统计数据和可以观察到的现象，分析了国际金融危机冲击下中国工业的反应。其研究结果表明，外部需求萎缩致使中国工业增长速度大幅下降，利润明显减少，工业企业总体经营状况不佳；工业增长的区域结构调整加快，出口结构优化和产业升级的压力增大；在世界经济仍处于下行通道的情况下，中国工业发展面临的外部环境更加严峻，同时也为中国工业发展路径调整带来了新的机遇。基于此，该文提出，政府尚须出台更有效的后续政策应对日趋加深的危机影响。从长远来看，中国工业发展仍有很大的空间，建立层次丰富、结构完整的大国工业体系仍是中国工业发展的长期任务。

《资源环境管制与工业竞争力关系的理论研究》

金碚(研究员)

论文　20千字

《中国工业经济》　2009年第3期

针对中国工业发展仍然处于资源和环境形势相当严峻的时期这一现实，该文提出，加强政府的资源环境管制并提高管制的有效性仍然是现阶段中国工业化过程中极为严重且十分沉重的问题。政府实行资源环境管制的目标是：第一，实现资源节约和环境保护的可行目标；第二，维护有效和公平的竞争秩序。有效可行的资源环境管制方式，应既要确保节约资源、保护环境政策目标的实现，又要有助于产业和企业竞争力的长期提升，特别是要保持公平竞争规则下中国工业国际竞争力的不断增强。

《国际金融危机对中国经济冲击过程的系统回顾和思考》

李平(研究员)　余根钱(教授)

论文　20千字

《中国工业经济》　2009年第10期

该文以金融危机发生为起点，按时间发生的先后顺序，系统回顾了国际金融危机对中国经济的冲击过程、冲击途径和冲击程度，并用分行业和分地区的数据进行了计量检验。该文以全新的视角对政府调控的作用进行了归纳。其研究结果表明，经济回升是政府调控的结果，回升又带动了经济内在动力的增加，从而为政府的经济刺激政策退出创造了条件。

《中国企业海外市场进入模式选择研究》

黄速建(研究员)　刘建丽(助理研究员)

论文　20千字

《中国工业经济》　2009年第1期

该文认为，海外市场进入模式选择是企业国际化战略决策的核心内容。中国多数企业还处在国际化的初级阶段，它们进入海外市场的动因很大程度上是为了学习先进的技术和管理经验，企业进入模式的选择必须考虑战略动因的实现。针对中国企业的实际情况，该文构造了一个分层次树形选择模型和多目标进入模式决策模型，对中国企业的海外市场进入模式选择有一定的借鉴意义。

《自然环境因素对能源效率的影响——中国各地区的理论节能潜力和实际节能潜力分析》

杨红亮　史丹(研究员)等

论文　15千字

《中国工业经济》　2009年第4期

该文提出了“理论节能潜力”和“实际节能潜力”的概念，并且首创了把环境变量纳入全要素能效考察的方法和经济学模型。在考虑了四种典型的自然环境因素的基础上，对各地区的能效和节能潜力作了比较测定。结果表明，一个地区的能效在很大程度上受到其所处的自然环境因素的影响；相对于国内先进地区的能效水平，各地区实际节能潜力的平均值大约为0.140～0.224吨标煤／万元。这说明，国家有关部门在制定能源政策时应该重视各地区不同的自然环境因素对能效造成的影响，只有这样制定的能源政策才能更有的放矢，制定的节能措施才能更有针对性和可操作性。

《客户内部化研究——基于案例的视角》

李海舰(研究员)　王松(博士生)

论文　12千字

《中国工业经济》　2009年第10期

该文基于案例的视角，对现实中企业客户内部化的成功做法进行了分析和归纳，提出了由客户外部化到客户内部化，即实现顾客—客户—员工—股东的转变应主要从企业经营的三个层面展开：操作层面的客户内部化，管理层面的客户内部化，决策层面的客户内部化。最终,达到经营广义员工的目标。以三个层面的内部化为基础，该文论述了客户内部化的基本思想、方法及其价值，构建了一套系统的客户内部化研究范式。

《中国国有企业改革：方法论和策略》

罗仲伟(研究员)

论文　20千字

《中国工业经济》　2009年第1期

该文按照历史与逻辑一致的分析方法，全面梳理并总结了30年来中国国有企业改革的方法论和策略。其研究结论表明，中国渐进式改革不仅是一种策略的选择，更是一个战略层面的概念。国有企业是整个经济体制改革的中心环节，国有企业改革以其内在的规定性、典型性演示证实了中国渐进式改革的方法论，国有企业的改革历程当然也最为集中地体现出中国经济体制改革这样一种渐进式改革路径。

农村发展研究所

《2008～2009年：中国农村经济形势分析与预测》

中国社会科学院农村发展研究所、国家统计局农村社会经济调查司

专著　250千字

社会科学文献出版社　2009年4月

该书是第17本农村经济绿皮书。

该书客观、系统地回顾了2008年中国农业、农村经济运行情况，其内容包括2008年农业农村经济形势与2009年预测、2008年农村政策述评、农业农村与国民经济、农业投入与产出、农村产业结构、农产品市场供求与价格、农产品国际贸易、农民收入与消费、农村区域经济、农村全面小康、农村生态环境与可持续发展。该书还围绕农村与扩大内需之间的关系展开专题讨论，以求提出一些减缓国际金融危机对中国经济发展影响的应对措施。该书提出，2009年中国的农业生产和农村经济仍将保持相对较快增长的态势，扩大农村内需，保持国民经济较快增长，必须实现农业稳定发展，农民持续增收，为此，需要采取更多、更切实可行的措施。

《新中国农村60年的发展与变迁》

张晓山(研究员)　李周(研究员)主编

论文集　550千字

人民出版社　2009年10月

该书是《辉煌历程——庆祝新中国成立60周年重点书系》中的一部。

该书系统地回顾、分析和总结了新中国成立60年来农业和农村发展与变迁的历史，概述了60年间农村不同的制度安排和发展模式及其成效。该书通过对60年中国农村社会经济发展的15个方面的总结，提出对未来中国农村社会经济发展的6点启示，即：农村改革能否进一步深化和取得成功与宏观经济体制的改革以及行政管理体制的改革能否深化密切相关；通过广大民众参与农业和农村发展和变迁的进程，实现社会公正；改革社会保护的体制，调整收入再分配的格局，注意利益格局的均衡，给利益受损者以合理

的补偿，创造、保护和促进农村弱势群体的能力；通过农村土地制度的改革，支付农村和农业发展与变迁所需的一部分运作成本；农村经济体制的改革要与农民民主权利的实现相结合；在农村必须坚定不移地推动市场化导向的改革。

《合作经济理论与中国农民合作社的实践》

张晓山(研究员)　苑鹏(研究员)

专著　382千字

首都经济贸易大学出版社　2009年8月

该书由上、下篇组成。上篇重点是对合作经济的基本理论进行研究分析。该篇回顾了合作经济的理论渊源和发展演进，着重分析了现代农业合作社理论的演进，并对合作社的基本原则、合作社与国家的关系、合作社立法等合作经济理论的核心问题和热点问题、发展中国家的农业合作运动进行了专题分析。下篇主要研究中国农民合作社的发展现状，回顾了改革开放以来中国新型农民合作社的发展以及发展的必然性和基本条件，并以案例分析为线索，对农业生产合作社、农产品销售合作社、农业供给合作社、农业资金互助合作社、农业服务合作社等各种不同类型的农民合作社的基本功能、发展现状与问题、发展前景等进行了探讨和理论分析，同时以国际民主企业的理论与实践为基础，分析了在农村第二产业中出现的股份合作制企业形式。最后，该书提出了应促进以专业户为主体的农民合作社的发展。

《迷局背后的博弈——WTO新一轮农业谈判问题剖析》

翁鸣(副研究员)

专著　140千字

社会科学文献出版社　2009年8月

该书描述和分析了WTO新一轮农业谈判，剖析了影响农业谈判的两大主要矛盾和三大支柱的分歧焦点。该书认为，首先，农产品出口成员与进口成员的利益之争、发达成员与发展中成员对农业支持的明显差距，是导致农业谈判陷入困境的根本原因。其次，该书对新一轮农业谈判的主要矛盾进行了探索，以美国、欧盟、日本、澳大利亚、印度为对象，对其农业资源、农业生产、农产品供给和消费、国内政策、农产品贸易等进行了较为细致的分析，力求梳理和归纳出这些成员的基本立场、观点和态度，从而把握主要成员参加农业谈判的目标、战略和策略，以解释农业谈判过程的主要矛盾和分歧产生的重要原因。该书认为，新一轮农业谈判关税削减可能对我国农产品进口产生一定的负面影响，主要是粮、棉、油、糖等大宗农产品。但是，对日本农产品进口市场模拟削减，新一轮农业谈判关税削减也可能对我国农产品出口产生一定的积极影响。在分析的基础上，该书提出了相关的政策建议。

《社会主义新农村建设研究》

张庆忠(编审)　王松霈(研究员)　程春庭(副研究员)等

专著　290千字

社会科学文献出版社　2009年7月

该书是中国社会科学院农村发展研究所组织部分老同志结合我国“三农”问题的实

际，学习党的十六届五中全会精神的研究成果。该书的主要内容包括：(1) 转变发展观点，建设生态文明，包括发展生态农业，改善农村和农业生态环境等。(2) 以科学发展观引领社会主义新农村建设。(3) 农村和农业发展中的一些全局性、关键性的问题，包括发展合作经济组织、开展产业化经营、鼓励和支持民营经济发展、调整农村和农业产业结构等。(4) 改革乡、村行政管理体制，实现管理体制转型。(5) 改革农村教育体制，着力造就一代新型农民。(6) 加强城乡协调，促进城乡一体化发展，等等。

《农民专业合作社的发展趋势探析》

张晓山(研究员)

论文　15千字

《管理世界》　2009年5期

该文通过一些具体的案例，对农民专业合作社在有关法令颁布实施后的发展趋势进行了探讨。该文认为，多样化、混合型的农业现代化发展模式和经营形态在中国农村将长期存在，作为其重要载体的农民专业合作社也将长期呈现异质性和多样性的特点；大户领办和控制的合作社在一些地区已成为合作社的主要形式；原有的农业产业化经营中的"公司加农户"的形式或是内部化于合作社之中，或是公司越来越多地利用合作社作为中介来与农民进行交易；农民专业合作社和农村社区组织将会更多地碰撞、交错和融合到一起。该文认为，在今后合作社的发展进程中，从事农产品生产或营销的专业农户能否成为专业合作社的利益主体，应是农民专业合作社未来走向健康与否的试金石。

《我国小额信贷发展报告》

杜晓山(研究员)

论文　10千字

《农村金融研究》　2009年第2期

该文首先回顾了中国小额信贷的发展阶段。根据中国政府扶贫政策和扶持"三农"政策的变化和要求，该文将中国小额信贷的发展大体分为四个阶段，并分别分析了各阶段的特征。在此基础上，该文进一步梳理了我国小额信贷相关法规的演变过程以及当前法规呈现出的特点。该文指出，进入21世纪以来，小额信贷已从扶贫扩大到为农村广大农户和个体私营户及微小企业服务的范围，逐步有了政府相关政策法规的支持。最后，该文对各类小额信贷供给机构的类型和特点进行了总结，指出了其分别的适用性、价值意义及面临的挑战。

《西部农村减缓贫困的进展》

李周(研究员)　乔召旗(博士生)

论文　15千字

《中国农村观察》　2009年第1期

该文在对改革初期中国西部农村贫困特点回顾的基础上，综述了改革开放以来西部地区的反贫困措施。该文认为，经过30年的扶贫发展，西部地区的贫困人口不断减少，贫困发生率大幅降低；贫困深度逐渐减弱；基础设施供给均等化程度不断提高；区域差异有所改善。最后，该文总结了西部地区在减缓贫困过程中创造的公示制度、参与式方法、小额信贷和社区主导发展等扶贫经验。

《农民地权资源开发冲突的法理分析》

杨一介(副研究员)

论文　9千字

《中国农村观察》　2009年5期

农民地权与资源开发的冲突已成为社会经济发展中的一个突出问题。该文从民事权利的角度，分析了农民地权与资源开发之间冲突的法理问题特别是财产权利结构的内在紧张，并指出更新地权理论的必要性。在此基础上，该文提出解决农民地权和资源开发冲突应着眼于收益分配机制的完善和财产权利观的调整。此外，通过揭示农民地权和资源开发之间的内在紧张以及农民地权保障的法理基础，该文为研究自然资源开发和财产权利之间的关系特别是地权制度的变化提供了一个分析框架。

《部分西方发达国家政府与合作社关系的历史演变及其对我国的启示》

苑鹏(研究员)

论文　8千字

《中国农村经济》　2009年第8期

该文回顾了国际合作运动160余年发展历程中部分西方发达国家政府与合作社关系的演变。从中可以发现，在合作运动起步阶段，合作社自主独立，国家被迫承认其合法性；在合作运动全面兴起时期，政府开始扶持合作社，合作社保持自治；20世纪后期以来，政府减少对合作社的直接扶持，转向提供服务，合作社自主经营。政府与合作社关系演变的背后，主要反映的是政府职能定位的变迁：从自由经济时代的无为之手，到国家干预经济时代的扶持之手，再到经济全球化、政府放松管制时代的服务之手。从中得到的启示是，在政府职能总体转向服务为主的今天，政府扶持农民专业合作组织的重点是为其独立、自主发展建立公共服务平台，营造良好的市场竞争环境，而不是使用行政手段发动运动、下指标，直接干预农民专业合作组织的内部经营。

《国家与农民的关系——历史视野下的综合考察》

李成贵(研究员)　孙大光(博士)

论文　13千字

《中国农村观察》　2009年第6期

该文认为，中国农村改革的基本逻辑和主要内容就是调整国家与农民的关系。改革之前，国家统得太多，管得太死，农民失去了一组促进经济增长的核心权利，这些权利主要包括土地使用的权利、进入市场的权利、流动与从事非农产业的权利、自治的权利以及获得财政资源的权利。其结果是，农村经济发展非常缓慢，农民无法摆脱贫穷。改革开放以来，农村发展和农民生存状态改善的主要原因就在于国家赋予了农民上述关键性的权利。目前，“三农”问题依然严重，也是因为国家对农民的赋权还不充分，“三农”问题的解决，也就必然要求进一步赋予农民权利。

《2009年上半年中国农业农村经济形势分析与下半年展望》

张晓山(研究员)　李　周(研究员)

论文　10千字

《中国农村经济》　2009年第9期

该文对2009年上半年中国农业、农村经济形势进行了分析，并在此基础上对下半年的发展情形进行了展望。该文认为，2009年上半年，尽管受到国际金融危机和自然灾害的严重影响，但在国家各项政策的强有力支持下，中国农业、农村经济仍然取得了可喜的成绩，这主要表现为：农业增长稳定，夏粮继续增产，农民收入小幅增加，农村社会商品零售额增速超过城市。农业、农村经济中值得关注的问题是，粮食调控政策面临两难选择，农民技能培训有效性不高，农村正规金融服务严重不足和农民专业合作组织发展迟缓。展望2009年下半年，由于中国经济启稳向好，农业稳定发展、农民收入持续增长目标有望得到实现。

《城乡统筹发展评价体系：研究综述和构想》

张元红(研究员)　张　军(研究员)

论文　10千字

《中国农村观察》　2009年第5期

该文认为，城乡统筹是一个涉及城乡经济、社会、文化、基础设施等多个方面的综合指标，这决定了构建城乡统筹发展评价体系的复杂性。城乡统筹发展评价体系应该包括指标体系、城乡差距的衡量方法以及确定各指标的权重三项内容。在对这三个方面的有关文献进行述评的基础上，该文提出了构建城乡统筹指标体系的原则和逻辑，进而利用因素分析法尝试性地建立了城乡统筹指标体系。这些指标分为显示性指标、分析性指标和传导性指标。显示性指标用以反映城乡统筹的效果，包括经济生活、社会结构和社会事业发展三个方面；分析性指标用来进一步评价影响城乡统筹显示性指标的决定性因素；而传导性指标是连接分析性指标和显示性指标的纽带，主要由反映市场一体化程度的指标构成。

财政与贸易经济研究所

《消费理论研究的几个前沿问题》

杨圣明(研究员)

论文　4千字

《光明日报》　2009年8月18日第10版

消费是经济发展的目的和动力。党的十七大进一步发展了这一马克思主义理论。我们既不是为生产而生产，为搞经济而搞经济，也不是为单纯增加GDP而生产，更不是为“乌纱帽”而搞经济。经济增长（发展）要依靠消费、投资和出口这三驾马车拉动，但近20年来拉动我国GDP增长的第一驾马车不是消费却是投资。因此，党中央要求“形成消费、投资和出口协调拉动的增长格局”有着重大的现实意义。该文以十七大报告为指导，结合我国实际，从“关于消费是经济发展的目的和动力的理论”、“关于收入、消费和储蓄三者之间和谐关系的理论”、“关于非确定性消费理论”、“关于消费者主权理论”、“关于消费结构新趋势的理论”以及“关于构建生态文明型的消费模式理论”等若干方面探讨了我国消费理论研究的前沿问题。

《共和国对外贸易60年》

裴长洪(研究员)

专著　563千字

人民出版社　2009年9月

该书系国家新闻出版总署确定的“庆祝新中国成立60周年百种重点图书”之一。

该书主要从国际贸易环境、国际贸易状况、国际贸易结构、国际贸易方式、国际贸易体制与政策等方面研究和阐述了新中国成立60年来国际贸易的变化与发展，并对国际服务贸易、贸易与投资、贸易与对外经济合作、加入WTO和新一轮的贸易谈判、60年贸易理论研究进展等专题进行了深入系统的研究。该书的主要结论有：(1)变革与增长是新中国对外贸易60年发展的基本线索；(2)60年的发展不仅表现为贸易规模的扩大，而且增长方式的转变也是明显的；(3)我国用60年走完了世界贸易大国的路程。到2008年，我国进出口贸易总额仅次于美国、出口贸易总额仅次于德国。但是，中国成为贸易强国的道路还很漫长，还需要20年到30年才能实现贸易强国的梦想。在未来的20年到30年时间里，中国还需要继续增长和变革，还需要继续扩大开放与国际经济的合作，还需要继续参与经济全球化并与贸易伙伴实现互利共赢。

《新一轮税制改革评述:内容、进程与前瞻》

高培勇(教授)

论文　22千字

《财贸经济》　2009年第2期、第4期

该文旨在对新一轮税制改革作完整而系统的讨论。在将当前的结构性减税目标融入既有新一轮税制改革方案的基础上，择其基本层面和主要税种——增值税、企业所得税、个人所得税、燃油税、物业税和遗产税等，依次分析了改革方案的实质内容和迄今为止的改革进程，并结合当前的宏观经济社会形势，前瞻了税制改革可能的走向或应有的取向。该文的结论主要有：(1)税制改革是一个永恒的主题。若不能及时对诞生于15年之前的现行税制进行与时俱进的调整，它肯定会伤害经济社会发展，甚至产生越来越大的负面影响。(2)以极大的决心攻克既得利益格局的障碍，让各项亟待进行、拟议进行的税制改革破冰而出，是推进新一轮税制改革并最终完成“十一五”规划任务的中心环节。(3)实行结构性减税，既不能也不应一概而论——逢税必减，更不应也不必重起炉灶，而要在既有新一轮税制改革方案的基础上寻求推进。(4)逐步增加直接税并相应减少间接税在整个税收中的比重、尽快开征财产税并结束财产保有层面的无税状态、实行综合与分类相结合的个人所得税制、适当降低一般流转税并相应提高选择性流转税占流转税收入的比重等，应当成为下一步税制改革进程中得以凸显的改革举措。(5)税制改革的全面推进必须伴随税收征管机制的根本变革，应当也必须通盘考虑税收制度改革与税收征管机制变革并使之相辅相成。

《阿里巴巴集团考察:阿里巴巴业务模式分析》

荆林波(研究员)

专著　332千字

经济管理出版社　2009年3月

以阿里巴巴为代表的业务模式获得了长足的发展，仅淘宝网会员就有近1亿人，2008年实现交易额近1000亿元，占全国社会消费品零售总额的1%，成为国内最大的综合卖场。特别是，随着我国日益增多的网民与80后网购行为逐步成熟，电子商务在中国前景无限。当前我国网民近3亿，2008年中国网购注册用户达1.2亿，同比增长185%。从网购的总体发展来看，网购用5年时间就走出了传统零售业需要花20年才能走完的路。从长远来看，随着我国网民的不断增长，网络购物人数还会逐步增加，关键问题是如何把总网民中有购物经历的30%比例提高到50%乃至更高的水平。当然，中国电子商务正处于快速发展阶段，需要政府支持：给予电子商务公平的市场待遇，不要戴着有色眼镜看待电子商务，尤其应对新生商业模式给予一定的政策扶持。比如，纵观我国的信息服务领域，大多数公司都是外资控股，这种格局非常不利于电子商务在我国的发展，也反映出国家在资金扶持方面非常缺乏。再比如，对于网商的工商登记，在目前阶段不宜强制推行，而且工商管理部门也缺乏相应的配套执行手段，所以，与其硬上法规，不如顺势而为。

《省直管县财政体制改革研究——从财政的省直管县到重建政府间财政关系》

杨志勇(研究员)

论文　10千字

《财贸经济》　2009年第11期

该文认为，省直管县财政体制改革是深化财税体制改革的重要内容之一。财政的省直管县有利于促进县域经济的发展，增强基层政府公共服务能力，但不能期望仅此改革就能从根本上改变公共服务的基本状况；省直管县改革需要相应的行政管理体制改革与行政区划的调整；政府转型构成财政省直管县改革的持续动力；省直管县财政体制改革还不足以规范政府间的财政关系；现行分税制财政体制虽经15年来的修修补补，但已不适应现实的需要；全面重构政府间财政关系，重建分税制财政体制需摆上议事日程。

《知识产权天生论——与知识产权代价论、对价论和利益平衡论商榷》

夏先良(副研究员)

论文　16千字

《财贸经济》　2009年第8期

该文认为，知识产权是在一定社会生产关系下知识生产过程中与生俱来的，是天生的，不是在流通或扩散中产生的，更不是国家凭空法定创制的。完整复位知识财产权是客观规律。知识流通或扩散中的垄断不是由财产权引起的，而是由财产权得不到应有尊重和保护造成知识投资、生产和供给不足造成的。与知识产权代价论、对价论和利益平衡论试图以法权强行限制、对价和平衡知识产权根本不同，知识产权天生论以马克思主义思想方法为指导，认为知识产权既不是对社会公众的代价，也不是法权按一定对价条件平衡或按利益平衡原则所创制的产物，而是由知识生产劳动过程创造的、社会发展所必要的财富的一部分。

《世界金融危机以来北京市旅游业应对措施的效应分析》

宋瑞(副研究员)

研究报告　42千字

《旅游皮书》

中国旅游出版社　2009年12月

该书通过对北京市居民、游客、相关企业、专家等的调查及数据分析，得出如下结论：(1)金融危机对北京市民和外地游客旅游消费影响有限，而对北京的旅行社和饭店业造成了一定负面影响；(2)北京市旅游业围绕“投资、消费双轮驱动，城市、郊区两个市场，区域合作共同发展”的思路采取的各项措施，取得了较好的经济和社会效应，而实施中的相关细节有待完善；(3)稳定的国内经济形势是旅游业保持增长的坚实基础，旅游业已经成为名副其实的“内需产业”；(4)制约国民旅游消费的一些因素依然存在，如收入、时间、门票价格、产品供给等，旅游需求潜力的进一步释放需要更多的政策支持，例如通过增加百姓收入提高其消费水平，通过假日制度的完善增加民众的休闲时间，控制门票价格的过快过高上涨，通过旅游产业发展政策和相关财政、税收、土地等政策的引导，使旅游产品结构更加符合大众化趋势等。

《生产率增长与要素再配置效应：中国的经验研究》

姚战琪(副研究员)

论文 20千字

《经济研究》 2009年第11期

该文使用跨产业面板数据，对1985～2007年中国经济总体和工业部门的生产率增长和要素再配置效应进行了比较、分析和评估，并剖析了影响要素再配置效应的主要因素。该文的主要观点是：(1)无论使用数据包络分析法，还是随机前沿生产函数法，都得出相似的结果，即全要素生产率(以下称TFP)增长率经历了改革后到1993年的剧烈波动，在1993～2007年期间出现下降趋势。(2)要素再配置效应作为生产率增长的一个来源，在改革后的表现差强人意，在经济总体6部门和工业部门都表现为要素再配置的贡献效应较低。中国要素配置对生产率的贡献效应仍有较大的空间，也说明继续完善市场机制，纠正资源配置扭曲任务的艰巨性和长期性。(3)2002年后，第二产业的资本劳动比的增长率开始直线上升。第二产业资本劳动比高于其他产业符合该行业技术构成特征，但长期较高的资本劳动比增长速度是以其他产业全要素生产率增长速度下降为代价的，从而造成部门全要素生产率的增长率加权和大于总量全要素生产率，因此极大地降低了经济总体要素总配置效应。

《制度变革与服务业增长》

李勇坚(助理研究员) 夏杰长(研究员)

专著 300千字

中国经济出版社 2009年3月

该书从制度变革的角度解释了中国服务业增长的原因。认为，制度变革是中国服务业快速增长的根本原因，同时，中国服务业的相关制度变革仍有很大潜力。该书使用计量经济学方法对典型的制度变革与服务业增长之间的关系进行了分析，得出的主要结论包括：(1)在改革开放后，体制变革使中国服务业增加值占GDP的比重提高了3.1个百分点；(2)定量研究的结果表明，民营经济所吸纳的劳动力占服务业新增就业人数的70%以上，民营企业的增加值占据了服务业全部新增增加值的三分之二以上；(3)财税政策对服务业增长具有重要意义与作用。该书还分析了影响与制约我国服务业增长的制度因素，这些因素包括对民营经济市场准入的限制、僵化的户籍制度与滞后的城市化政策、过大而且日益扩大的收入差距以及滞后的事业单位改革等，这些因素都影响了服务业占GDP比重的提升。该书还对信用制度、电信服务业、金融服务业、医疗服务业等微观领域进行了研究,得出了一系列有价值的发现。

《出口退税:总量与结构》

张斌(副研究员)

论文　50千字

《税务研究》　2009年第1期

该文以2008年下半年金融危机以来中国出口退税政策调整为背景，指出，当前中国的出口退税政策在不同场合、为实现不同的政策目标被反复使用，这在世界各国都是很少见的。试图回答在中国现阶段特殊国情下，出口退税政策的目标应如何定位、出口退税政策多重目标如何协调等重要问题。文章按照政策目标的不同，将出口退税的“差额退税”政策分成两种基本类型：为了实现总量目标的“普遍差额退税”和以出口结构调整为目标的“差别退税”。其中，出口结构调整的目标可以细分为获取更高的出口收益、纠正性税收、保障国内供给、减少贸易摩擦和促进出口结构调整；而出口退税以总量为基础的政策目标则主要是国际收支平衡和实现经济增长与充分就业。

该文认为，在中国现阶段特殊的国情条件下，出口退税政策对实现宏观经济目标具有重要作用，并在实现宏观政策目标之中往往融入了结构调整的目标。但是，由于宏观目标和结构调整的诸目标之间存在着矛盾，因此，该文进一步阐述了出口退税政策在多重目标协调中应注意的问题并提出了相应的政策建议。

《关于金融中心建设的若干思考》

王朝阳(助理研究员)

论文　6千字

《上海金融》　2009年第2期

该文认为，金融中心与金融发达城市是两个不同的概念。与金融中心城市不同，在金融发达城市中并不必然存在市场交易中心或监管当局，这是判断金融中心和金融发达城市的一个本质区别。相同的是，无论在金融中心城市还是在金融发达城市，金融业在当地经济中都占有较高的比例，金融业就业也高于全国以及其所在省份的平均水平。金融发达城市应当同时满足如下三个条件：(1)金融业增加值在地区生产总值中的比重不低于6%；(2)金融业就业人数占地区总就业人数的比重不低于4%；(3)金融业比较劳动生产率不低于1.5。要发展成为金融中心，在金融发达城市的基础上，还必须具备一套比较完善、有较大规模的市场交易中心。当然，一国范围内金融中心并不是越多越好，但金融发达城市却是多多益善。建设金融中心固然能够带来多个方面的收益，但同时也需要承担多种风险。并且，金融机构也无须把大量人员和所有业务都安置在金融中心区域。

金融研究所

《中国金融发展报告（2008 ～ 2009）》

李扬(研究员)

研究报告　235千字

社会科学文献出版社　2009年6月

该书是中国社会科学院金融研究所主编的一系列年鉴性出版物中的一种，至今已出版五卷。该报告旨在对2007 ～ 2008年中国金融业各主要领域的发展状况进行系统、全面的描述，并对当年发生的主要金融事件进行评论。

该书由三部分组成：第一部分“宏观经济分析”主要从经济增长、投资、储蓄、物价等方面对2007 ～ 2008年的中国经济运行状况作出了总体概括，然后分别对居民户、企业、国外、政府等四大经济主体的行为进行了专门分析；第二部分“金融运行分析”系统记述了2007 ～ 2008年中国的金融发展与货币政策、金融部门、金融市场、国际收支、国际金融市场等五个主要领域的发展状况；第三部分“专题分析”重点讨论了全球金融危机及其对中国的影响。

《中国金融法治报告（2009）》

胡滨(副研究员)

专著　395千字

社会科学文献出版社　2009年3月

该书是中国社会科学院金融研究所课题组在对黑龙江省、河北省唐山市进行国情调研的基础上形成的，是我国金融法治现状的一个区域性标本和缩影。

该书由以下四个部分构成：“总报告”部分系统地总结了30年来中国金融法治的基本脉络、存在的问题和发展趋势，重点分析了2007 ～ 2008年度中国金融法治建设情况，特别是在全球金融危机背景下中国政府采取的各项金融政策和措施，提出了完善金融监管、加强金融立法、积极应对金融危机的政策建议；“改革开放30年中国金融法治化进程”部分具体剖析了我国银行、证券与期货、基金、保险、信托以及外汇管理等领域的法治化进程，认真总结了这30年的进展和经验教训，并从中导出了对于中国未来金融法治建设极为有益的启示；“前沿与热点”部分收录了2007 ～ 2008年的热点问题分析、重大案例或事件的评析、新出台或实施的法律法规对中国金融业的影响分析以及前沿理论探讨等方面的内容。“调研报告”部分收录了《中国金融法治环境调研报告》。

《中国地区金融生态环境评价（2008 ～ 2009）》

李扬(研究员)

研究报告　195千字

中国金融出版社　2009年5月

该书探讨了地区金融风险差异对信贷资金流向的影响。随着银行体系内部控制和风险管理的逐渐强化，信贷资金受地区金融风险差异的影响从高风险地区向低风险地区流动的趋势日益显著，促使各地区更加致力于改善本地区的金融生态环境。该书还探讨了在政府主导下的传统经济发展模式所面临的外部经济风险及其对金融体系的潜在冲击。其现实背景在于，全球金融危机仍在进一步向实体经济蔓延，因经济衰退造成的企业盈利能力下降和房地产行业不景气，有可能引发较为严重的地区性偿付能力危机和偿付意愿风险。而由政府投资主导的大规模经济刺激计划如果操作失当也可能蕴涵着较大的系统性金融风险。当前，中国经济乃至世界经济正处在发生重大转折的历史性时刻，各地区只有主动调整经济模式，才能提高对外部金融风险和其他负面冲击的抵御能力。

《中国的金融问题》

曹红辉(研究员)

专著 235千字

研究出版社 2009年10月

该书是一本供非专业人士尤其是各级党政干部阅读的著作。书中介绍了商业银行的改革、创新与发展，重点讨论了中国银行业最为突出的不良资产成因及其解决途径以及债券市场发展的各种问题。作者指出，中国债券市场的结构性缺陷容易导致系统性风险，流动性太差又加大了市场风险；缺乏实力强大的做市商和机构投资者及规避市场风险的工具、市场分割等因素也制约了债券市场的发展；多重监管部门间缺乏协调机制，行政管制依然严重。因此，必须通过提升国债基准利率的功能、进一步发展以公司债券为主体的信用类债券市场、培育和完善机构投资者、完善做市商制度、逐步建立统一互联的市场体系、逐步引进衍生工具有效防范金融风险、发展地方政府债券、防范财政风险和金融风险、逐步推进债券市场国际化的进程等途径来推动债券市场的发展。

《中国银行体系中资金过剩的对策分析》

王国刚(研究员)

论文 13千字

《财贸经济》 2009年第3期

鉴于资金过剩对中国经济运行和经济发展有着重要影响，一些学者和政策制定者从各自对资金过剩成因认识的角度出发，提出了一系列政策建议，其中包括减少外贸顺差、积极扩大内需、降低企业储蓄率、提高居民收入水平、提高法定准备金率、提高存贷款利率、抑制金融资产泡沫、大力发展资本市场和加快人民币升值步伐等等。该文着重讨论减少外贸顺差、积极扩大内需等对策中的问题。

该文认为，减少外贸顺差是作茧自缚或南辕北辙的选择，其主要原因在于：其一，减少中国的外贸顺差，对相关发达国家来说，并不见得有多少利益可得；其二，虽然中国外贸的快速发展招致了一系列国际贸易摩擦，但减少贸易顺差并不见得就能减少国际贸易中的摩擦事件；其三，外贸顺差导致中国外汇储备快速增加的说法并非完全正确，原因主要在于中国缺乏丰富的外汇使用路径。此外，该文还认为，扩大消费需求是雾里看花，是似是而非的主张。为此，该文提出的政策建议为：扩大非生产性投资可能是缓解诸多矛盾的可选之策。

《商品市场的金融化与油价泡沫》

殷剑峰(副研究员)

论文 12千字

《中国货币市场》 2008年第11期

2004 ~ 2008 年这五年间，商品市场发生了巨大的变化，衍生品交易量大幅度超过了实物的产量，而在衍生品市场中，金融机构已经取代了传统的商品买家和卖家，成为市场的主动性力量。该文主要研究了以下两个方面的内容：其一，从现货和衍生品市场的规模、衍生品市场的参与机构和投资者的交易行为等三个方面分析了商品市场金融化的主要特征。其二，期货价格是原油价格的决定因素，而期货价格则主要由非商业类金融机构的交易头寸变化所决定。

该文认为，商品市场的金融化趋势已经改变了商品价格的形成机制，就石油市场而言，推动2003年以来油价上涨的系统性因素是金融机构在石油衍生品市场日益活跃的交易行为。

《国际对冲基金的中国资产配置研究》

张跃文(副研究员)

论文　11千字

《财经研究》　2008年第12期

“热钱”进入的状况和影响目前正在受到国内各界的广泛关注。该文借用以指数收益推算要素敞口的方法，利用2006年2月至2008年3月的有关金融数据，研究了“热钱”的典型代表——国际对冲基金在中国金融市场上的投资活动和资产分布。从全球对冲基金行业来看，尚不存在大规模投资于中国大陆市场的迹象。全球对冲基金业绩仅与中国股票市场存在较微弱的正相关关系。就大中华区而言，大陆股票、香港股票和台湾股票市场是这一地区对冲基金的主要活动场所，没有发现对冲基金在行业意义上进入中国债券、期货和房地产市场的证据。该文还分析了国际对冲基金进入中国的主要渠道，对目前国内外的对冲监管现状进行评价并且提出了政策建议。该文认为，应当将外汇管制与金融市场监管相协调，控制外资向金融市场的无序流动。将对冲基金纳入现有金融监管体系进行管理，提高其活动的透明度，适当限制其投资范围和操作策略，以有效控制对冲基金活动可能形成的系统性风险，维护我国金融体系稳定。

《从次贷危机到全球金融危机的演变与扩散》

彭兴韵(副研究员)

论文　12千字

《经济学动态》　2009年第2期

该文在对美国次贷危机到全球金融危机的演进过程进行简要回顾的基础上，重点追寻格林斯潘的经济思想，探究了导致美国次贷危机的根源。文章认为，将次贷危机简单地归结于格林斯潘（低利率）的货币政策失误，并不能找到危机的真正根源。格林斯潘所推行的低利率不过是其经济逻辑思想的结果，即为充分自由的经济竞争和提高经济灵活性而不断降低利率。因此，归根结底，危机不过是过去20多年里美国过分地追求完全自由市场竞争的结果，它再次暴露了自由市场竞争的缺陷。金融全球化的加深、金融市场的交易机制和流动性螺旋、公允会计准则和评级机构的顺周期行为都导致了危机向全球的扩散。文章还分析了政府应对这次危机所采取的方方面面的措施和危机后的金融发展。文章最后总结了这次危机给中国带来的几个方面的启示：要处理好市场与政府之间的关系；持续繁荣离不开审慎的风险控制和监管，监管者应当及时地评估金融创新的潜在风险；要更加慎重对待金融创新，加强风险管理；国内金融改革与发展、金融机构风险管理、技术和金融产品的创新只能依靠国内金融机构自己的创造等。

《美国金融模式的不稳定性：基于次贷危机的反思》

余维彬（副研究员）

论文　10千字

《当代亚太》　2009年第1期

直接融资和间接融资的高度融合以及复杂化的金融创新，是美国金融模式的核心特征。次贷危机提醒世人，这一模式存在着重大缺陷。该文指出，美国金融模式容易过度承担风险：证券市场为银行的高风险贷款提供了转移通道，银行主导合约发起为证券市场的投资者提供了克服信息不对称的信心；由于在风险转移和克服信息不对称方面具有便利，高风险且严重信息不对称的金融交易容易在此达成。该文还指出，美国金融模式使次贷危机具有独特的“腐蚀性”：美国金融模式将次贷风险以高度流动和复杂化的方式分布于关键金融市场——货币市场；由于市场难以准确掌握杠杆机构的损失，危机便以难以消除的流动性紧张方式长时期地在金融系统徘徊。该文强调，美国金融模式对风险管理提出了巨大挑战：融合化融资结构和复杂化金融创新使金融系统变得更为复杂，抽象现实的难度越来越大；与此同时，金融创新使关键参数的估计缺乏有效的历史数据；上述难题很难克服，风险控制的改进效力不容高估。

数量经济与技术经济研究所

《2009年：中国经济形势分析与预测》

陈佳贵（研究员）主编　刘树成（研究员）

汪同三（研究员）副主编

论文集　454千字

社会科学文献出版社　2008年12月

该书共分“综合预测篇”、“政策分析篇”、“财政金融篇”、“专题研究篇”、“台港澳经济篇”、“国际背景篇”六个部分，分别由中国社会科学院、国务院发展研究中心、国家信息中心、国家发改委、国家统计局、国家税务局、建设部、香港特别行政区政府财经事务局、台湾“中华经济研究院”以及国内有关大专院校专家撰写。该书分析了2008年中国经济运行中的热点和难点问题，同时对2009年中国经济的进一步发展进行了预测。

《中国经济前景分析——2009年春季报告》

陈佳贵（研究员）主编　刘树成（研究员）

汪同三（研究员）副主编

论文集　237千字

社会科学文献出版社　2009年4月

该书共收录了12篇文章，作者主要是中国社会科学院的有关专家，全书涵盖了中国经济的各个领域，使读者能够全方位把握中国经济走势。

《中国投资体制改革30年研究》

陈佳贵（研究员）总主编　汪同三（研究员）主编

论文集　400千字

经济管理出版社　2008年11月

该书是中国社会科学院为纪念中国改革开放30年推出的系列研究成果之一。

全书以投资体制的概念与功能为切入点，从中国投资体制改革的历史背景和目标、投资的宏观管理、投融资渠道、项目管理方式以及中外投资体制比较等诸多方面，全面回顾了中国投资体制改革的历程，勾画了中国投资体制改革的完整图景，并提出了对30年来投资体制改革的中肯评价以及对发展前景的思考与分析。

《组合预测——理论、方法和应用》

汪同三(研究员)　张涛(副研究员)等

专著　178千字

社会科学文献出版社　2008年11月

该书系统介绍了预测信息组合技术、预测方法组合技术、预测结果组合技术以及组合预测的基本理论，回答了为什么要进行组合预测、什么时候进行组合预测、怎样实现组合预测等具有重要实践意义的问题。

《经济政策与模拟研究报告》

汪同三(研究员)主编

论文集　335千字

中国社会科学院经济政策与模拟重点研究室系列研究报告集

经济管理出版社　2009年1月

该书是中国社会科学院经济政策与模拟重点研究室出版的系列研究报告的第二辑。全书共分10章，内容包括以下几方面："电力市场化改革及其经济效应和环境效应"、"资源与环境约束下的最优产业结构形成机制研究"、"环境、资源与经济增长"、"我国原油、铁矿砂及其精矿进口预警实证分析"、"产量变动和价格变动对经济系统的影响"、"股权结构对公司绩效影响的理论分析与实证研究"、"中国电子政务实施的政策分析"、"中国归国留学人员工作业绩影响因素及分布特征分析"、"我国高层次人才资源的需求和供给分析"、"高校毕业生就业选择行为的实验经济学分析"。

《营销学视角中的金融服务创新：文献评述》

何德旭(研究员)　张雪兰(副教授)

论文　21千字

《经济研究》　2009年第3期

金融服务创新收益的实现必须以市场接受为前提，而营销已被证明为令市场接受的关键助力。然而，目前从营销学的角度研究金融服务创新的文献极为有限且相当分散。有鉴于此，该文从营销学的视角对相关学科的金融服务创新文献进行了较为全面的梳理，就为什么市场会接受金融服务创新、如何确保金融服务创新满足市场需求以及金融服务创新绩效衡量等问题进行了评述，并对未来的研究方向与趋势进行了探讨。

《把握好经济企稳回升的关键时期》

汪同三(研究员)

论文　4千字

《人民日报》　2009年1月7日第7版

该文根据当时的经济走势，针对我国经济已出现回升迹象但回升的基础还不稳固的情况，提出有关政策建议。该文指出，把握好经济企稳回升的关键时期，促进经济平稳较快发展，应保持宏观政策的连续性和稳定性，进一步明确宏观经济政策的着力点，针对宏观经济运行的特点和问题进一步提高政策实施效果；以增强企业竞争力为抓手，着力解决外需问题；加快结构调整，努力改善民生，筑牢经济回升和长期稳定增长的基础。

《节能减排形势和若干政策评论》

齐建国(研究员) 彭绪庶(副研究员)

论文 10千字

《2009年中国经济前景分析》

社会科学文献出版社 2009年4月

该文认为，2005 ~ 2008 年，中国单位GDP 能耗只下降了 9.73%。今后两年需平均每年完成 5.14% 的能耗降幅目标才能完成"十一五"规划制定的节能目标，难度相当大。由于二氧化硫和 COD 已分别累计减排 7.5% 和 7.99%，形势较为乐观。

该文评论了若干现行推进节能减排的政策。其一，限制"两高一资"产品出口不符合国家利益最大化原则。征收出口税实际上是惩罚环境保护技术水平高的企业，应通过更严格的环境政策，控制污染排放，加强污染治理，逼迫企业提升技术水平，淘汰落后产能。其二，中国现阶段重化工产业发展较快是现阶段经济发展特征和国际市场需求拉动的结果。降低工业比重只会延缓中国经济复苏，而不能加快发展第三产业。结构节能政策重点应着眼于改变重化工业发展模式，改善产业内部组织结构和技术结构，提高资源利用效率，而不是限制重化工产业规模和比重。其三，国际金融危机是调整产业技术结构、提升创新能力的重要机遇。"保增长"要避免由于宏观政策过于粗放，导致技术水平相对低下、污染排放水平高但生产成本低的"小"企业和落后产能率先复苏，应重视和避免地方出现为"保增长"放松节能减排监管的苗头。其四，应避免通过放慢经济增长实现节能减排、保护环境的消极被动思想。应在加强存量企业环境治理力度的同时，大力发展循环经济和环境保护产业，使其作为推动经济增长的内涵。

《中国城镇居民消费需求的动态实证分析》

娄峰(副研究员) 李雪松(研究员)

论文 7千字

《中国社会科学》 2009年第3期

为了考察中国城镇居民消费需求及其影响因素之间的关系，该文在绝对收入消费理论的基础上，引入收入差距因素、消费惯性因素和物价因素，运用中国分省面板数据，建立了动态半参数面板数据模型，实证分析了各类因素对城镇居民消费需求的影响，并刻画了收入差距对消费需求影响的动态变化轨迹。结果表明：城镇居民收入是决定我国城镇居民消费的最主要因素；消费的"棘轮效应"显著；收入差距对城镇居民消费具有显著的负向影响；1993 ~ 2005 年间，城镇居民收入差距对城镇居民消费的负向影响大体呈现双峰波形。

《中国环境经济核算体系范式的设计与阐释》

李金华(研究员)

论文 22千字

《中国社会科学》 2009年第1期

联合国《环境经济综合核算体系2003》(SEEA)对构建各国的环境核算理论体系，指导各国的环境核算实践具有重要的指导作用。

该文通过对联合国SEEA的解读，结合中国国民经济核算体系的实践，比较完整地设计了中国环境经济核算体系(CSEEA)的范式，并在此基础上对体系中若干重要问题进行了阐述和研究。这些问题，如CSEEA的核算范围、主要核算对象、主要核算方法以及核心指标都是CSEEA的关键内容和理论基石，对CSEEA的构建具有决定性的意义。该文的目标仅在于为CSEEA提供一个设计思路和方向，更多更细的问题还有待于进一步研究。

《我国上市商业银行全要素生产率的实证分析》

蔡跃洲(副研究员)　郭梅军(高级经济师)

论文　15千字

《经济研究》　2009年第9期

该文对2004年以来上市商业银行的全要素生产率情况进行了实证分析。该文采用“中介法”，选取利息收入、非利息收入和贷款总额为产出指标，以利息支出、营业支出和存款总额为投入指标。以11家主要上市商业银行2004～2008年的投入产出数据和基于DEA的Malmquist生产率指数法，对上市商业银行的全要素生产率进行测算和分解。实证结果表明：(1)2004年以来，上市商业银行全要素生产率总体略有下降。其中，技术变化出现下降，而纯技术效率和规模效率略有提高。(2)技术变化的下降与宏观调控、货币信贷政策等有关。(3)股份制改造有助于商业银行经营效率的提高，而各银行规模效率的变动也基本符合企业发展的一般规律。

《“三驾马车”的拉动作用评估》

沈利生(研究员)

论文　12千字

《数量经济技术经济研究》　2009年第4期

消费、投资、出口被形象地比喻为拉动国民经济发展的“三驾马车”。该文认为，目前《中国统计年鉴》上公布的我国三大最终需求(最终消费支出、资本形成、货物和服务净出口)对GDP的拉动，并不能真正反映“三驾马车”的拉动作用。只有消费、投资、出口分别拉动产生的增加值，才是它们各自的真正拉动作用。该文把竞争型投入产出表拆分成非竞争型投入产出表，利用相应的投入产出模型推导了计算公式，并进一步利用2002～2006年的数据进行了计算。计算结果表明，这些年来，在GDP的增量中，消费、投资、出口的拉动作用大致为25%、30%、45%，也即在这些年两位数的高增长中，消费的拉动作用最小，出口的拉动作用最大。经济的快速增长如果建立在主要依靠出口拉动的基础上，将不是可持续的，必须扩大消费的拉动作用，使经济发展方式向消费、投资、出口协调拉动转变。

《中国贸易增长的能源环境代价》

张友国(副研究员)

论文　15千字

《数量经济技术经济研究》　2009年第1期

随着对外贸易的不断增长，中国早已成为公认的“世界工厂”。贸易对中国能源消耗和环境污染的影响引起了社会各界广泛的关注。为此，该文在国家统计局公布的投入产出表基础上，通过大量的数据处理工作，编制了1987～2006年的可比价、非竞争型（进口）投入产出表，并利用Leontief投入产出模型估算了1987～2006年出口和进口对中国能源消耗、二氧化硫和化学需氧量排放的影响。这种估算方法是国际公认的测算贸易对一国能源环境影响的标准方法。估算的结果表明，1987年以来中国的贸易含污量增长迅速。与此同时，各种出口含污量在全国生产部门能源消耗总量和相应污染物排放总量中的比重也持续上升，目前已达到三分之一左右。这意味着出口造成的环境影响是不容忽视的。在出口含污量快速增长的同时，中国进口贸易含污量也在迅速增长。这在很大程度上节省了中国的能源消耗，并促进了污染物排放的减少。但近年来，后者远没有前者的增长幅度大。因而，中国的出口含污量一直高于进口含污量，中国的净贸易含污量呈现不断扩大的发展态势。这意味着目前中国属于能源和环境的净输出国或污染的净输入国。该文认为，要改善贸易对中国环境的影响，长远来看要加强环境规制，短期内则应注意采取综合措施，协调贸易、环境与经济发展之间的关系。

人口与劳动经济研究所

《失业严重地区的失业问题研究》

张车伟(研究员)

专著　244千字

方志出版社　2009年7月

该书研究了20世纪90年代中期以来中国许多地方面临的严重失业问题，具体回答了中国哪些地方面临着严重失业问题，探讨了失业严重地区的区域分布和特征，讨论了经济增长、结构调整和失业之间的关系，分析了失业问题的性质和所导致的经济社会后果，提出了应对失业问题的对策建议。该书认为，在很多面临严重失业问题的地区，主要依靠以经济增长来解决失业问题的常规手段似乎很难奏效，解决失业问题必须有新的思路：全面落实科学发展观，在坚持发展是第一要务的同时，必须树立一种优先投资于人的发展思路，从而形成一种通过人的全面发展推动经济社会转型的发展机制和模式。

《中国当代家庭结构变动分析——立足于社会变革时代的农村》

王跃生(研究员)

专著　572千字

中国社会科学出版社　2009年10月

该书对中国农村家庭结构在社会变革中所发生的变动进行了比较全面的考察。该书认为，20世纪80年代初中国农村实行土地承包责任制后，家庭的生产功能得以恢复，但家庭的小型化、核心化趋向并未因此而发生逆转。农村家庭有限的土地和劳动力的非农转移均使传统的家庭就业、不同代际成员相互协作的模式难以重现。多子家庭、兄弟分家局面成为普遍现象，低龄老人居住方式“空巢”化。劳动力流出地区祖孙隔代家庭增多。由于社会养老保障制度缺乏，没有收入和失去生活自理能力的老人继续依赖子女赡养，直系家庭仍是重要的家庭形式。

该书从独特的视角对网络家庭进行了研究。网络家庭是诸个父系血缘关系家庭的集合体。网络家庭的形成原则一是以直系单元家庭为主、旁系单元家庭为辅；二是以父子、兄弟单元家庭为核心。村庄调查表明，目前，近70%的网络家庭由3个以上的单元家庭组成，并且90%以上的单元家庭在同一村庄之中。但随着农村中青年离村进城务工现象增多，同村聚居的网络家庭单元数将减少；子女数量减少也将使网络家庭单元数降低。

该书还对家庭代际关系进行了理论探讨和经验分析，指出，中国农村家庭代际关系并非只有抚养—赡养一种关系形式，在成年子女和壮年父母之间还有另一种关系——交换关系存在。后一关系直接影响中年子代对老年亲代的赡养水平。当前农村代际关系表现为老年父母缺少交换资本，对子女的赡养形成高度依赖。只有通过制度性措施增强父母的自我赡养能力，减少其对子女养老的依赖，新型代际关系才能建立起来。

《中国人口政策60年》

田雪原(研究员)主编

专著　401千字

社会科学文献出版社　2009年9月

该书是中宣部、国家新闻出版总署庆祝新中国成立60周年重点书系之一。

该书以作者亲历的当代中国人口政策的提出、论证和实施，再现了人口政策形成、调整和完善的全过程。尤其是1980年中央召开五次人口座谈会，对提倡一对夫妇生育一个孩子会不会造成人口智商下降、劳动力短缺、老龄化不堪重负、家庭“四二一”代际结构等所作出的讨论和论证，进行了首次披露和阐释。该书联系信息化、经济全球化的国际背景和国内经济转轨、社会转型、人口转变发展趋势，立足人口学及人口学与经济学、社会学交叉研究视角，提出并阐发了孩子社会附加成本—效益、“中观”人口控制与社区综合发展、“三步走”人口发展战略等新的理论观点。面对目前人口数量、素质、结构变动和发展的新态势，面对提倡一对夫妇生育一个孩子已经经过完整一代人、人口政策重又走到十字路口的实际，该书提出并阐发了“转变后”人口概念、完善人口政策框架体系和当前生育政策决策选择建议。

《中国经济转型30年(1978～2008)》

蔡昉(研究员)主编

专著　310千字

社会科学文献出版社　2009年6月

该书共分九章对中国经济转型30年进行了论述。

第一章从“三农”问题的角度，回顾和总结了中国农村改革政策的形成。第二章把中国工业改革开放取得的令世人瞩目的成就归结为七个方面的经验。第三章通过回顾城乡劳动力市场发育过程和特点，质疑那些认为劳动力市场发育滞后于其他领域改革以及经济增长没有伴随就业增长的流行观点。第四章回顾了中国银行业30年的市场化改革过程，归纳总结了银行业改革的内在逻辑。第五章讨论了政府发展目标转变、政府职能转型、决策机制转型、国家财政体制和公共收支模式的转变等问题。第六章试图从中国改革开放的进程中总结经验教训，并考察中国在贸易扩张与经济增长方面取得成功的根本原因。第七章分析了改革开放期间增长方式从一度有所转变，到矛盾再次激化，甚至在已经取得的成绩上反而有所倒退的情况。第八章分析了中国经济增长与收入分配之间的关系。第九章考察和评估了农村劳动力市场发展和妇女就业参与之间的关系。

The Chinese Economy:*Reform and Development*(《中国经济:改革与发展》)

蔡昉(研究员) 林毅夫(研究员) 曹勇(研究员)

专著 410千字

MC Graw Hill 2009年

自1978年改革开放以来，中国经济经历了迅速的变化。该书通过分析中国以市场导向为主的经济体制改革和市场发展，研究了中国经济的发展。

该书共分七个部分。第一部分从宏观、历史的角度，对中国经济发展进行了全面的回顾。第二部分旨在理解中国经济发展的两个基础：丰富的自然资源和大规模的人口。第三部分分析了中国经济如何改革其资源配置体系，从传统的计划经济体制转向市场导向的体制。第四部分讨论了中国的农业和工业部门是如何进行市场导向改革的，分析了市场导向的经济发展和市场机制是如何逐步在中国建立的。第五部分从宏观经济的视角研究中国经济，讨论了中国GDP的构成、中国经济增长模式与产业结构变化的关系、经济增长的地区差异等。第六部分讨论了国际经济与中国的可持续发展。第七部分从财政政策和社会保障政策角度分析了中国从计划经济向市场导向体制的转轨。

《城市社区中的流动人口——北京等6城市调查》

张展新(研究员)

专著 259千字

社会科学文献出版社 2009年12月

该书提出“从社区看城市”的研究思路：以城市中的流动人口聚集社区为一个基本调查点，获取流动人口个人样本，形成定性和定量数据，在此基础上展开对城市流动人口的描述、分析和比较研究。该书在流动人口聚居社区观察、分类和概念化的基础上兼顾研究主题的一般性和地域的多样性，勾勒流动人口聚居区和流动人口聚集城市的“群像”，把握城市、城市社区和城市流动人口的互动，进而解读城市流动人口的地位及其与本地居民的关系。

《中国人口与劳动绿皮书,英文版第1卷:刘易斯转折点及其政策含义》

蔡昉(研究员)主编

专著 220千字

社会科学文献出版社，荷兰Brill出版公司 2009年

该书讨论了如下内容：一方面，针对劳动力市场出现的最新变化以及许多人的不同观察和认识，进一步提供关于“刘易斯转折点”到来这个判断的证据。另一方面，从其他经济发展经验的角度以及中国面临的独特的发展和改革任务，揭示“刘易斯转折点”到来的含义，即它对增长方式转变和劳动力市场制度建设等方面的迫切要求。

《中国人口与劳动问题报告No.10：提升人力资本的教育改革》

蔡昉(研究员)主编

研究报告　275千字

社会科学文献出版社　2009年8月

该书从教育总量结构现状和问题、未来的人口红利、教育资源整合和资源均等化、普及高中和大众化高等教育、留守与流动儿童教育问题、职业教育改革与发展、继续教育改革与发展等方面，从中国经济发展水平和人口转变阶段的特征出发，把教育改革和发展的中期战略思路概括为：以公共品定义教育；以教育深化扩大规模；以资源整合调整结构；以竞争开放提高质量；以需求导向增进效益。

从总体上来讲，我们把教育定义为公共品。但是，由于教育供给的类型是多样的，其外部效应不尽相同，因此，有些教育阶段如义务教育，在更接近是完全的公共品的同时，也不排除竞争。而职业教育、继续教育则更接近于准公共品。由于义务教育阶段学生的健康具有很明显的外部效应，特别是具有扶贫含义，因此，农村学生的营养餐和城市学生的体育设施属于公共品领域，政府应该进行干预。

《劳动经济学——理论与中国现实》

蔡昉(研究员)等

教材　250千字

北京师范大学出版社　2009年1月

该书除绪论外，共包括10章内容。绪论部分从农民工、人口老龄化等问题入手，阐述了劳动经济学在中国的应用。第一章从人口特征分析开始，讨论了劳动经济中的人口因素；第二章结合中国的经验，介绍了人力资本理论；第三章讨论了劳动力供给决策；第四章介绍了劳动力需求理论；第五章介绍了就业与失业的基本概念、类型划分和相关理论；第六章讨论了工资与收入分配问题；第七章论述的是劳动力迁移；第八章专门论述劳动力市场歧视问题；第九章讨论其他劳动力市场制度问题，包括与劳动就业相关的立法、规制和其他制度现象；第十章讨论了劳动力市场发育问题。

《中国产业升级的大国雁阵模型分析》

蔡昉(研究员)　王德文(研究员)　曲玥(助理研究员)

论文　17千字

《经济研究》　2009年第9期

金融危机对中国产生的冲击，与各地区、产业乃至企业本身存在的结构问题是相关的，即在危机条件下，过时的增长方式、产业结构和技术选择最先遭到冲击，因此，摆脱危机并实现经济持续增长的关键在于重新塑造地区发展模式。在金融危机背景下以及大国假设下，该文延伸了雁阵模型的解释和预测范围，从经验上实证了21世纪以来地区制造业增长和生产率提高的格局变化，即东北和中部地区比沿海地区有更快的全要素生产率提高速度和贡献率。通过实现产业在东中西部三类地区的重新布局，即沿海地区的产业升级、转移与中西部地区的产业承接，可以在中西部地区回归其劳动力比较优势的同时，保持劳动密集型产业在中国的延续。该文阐述了一种关于中国经济产业结构变化的特殊现象——区域跨越式产业演变，并利用分地区制造业全要素生产率进行了经验证明。虽然在沿海地区之外的新兴地区已经显示出较高产业结构的端倪，但是这种变化并没有改变中西部地区将逐渐取得在劳动密集型产业上比较优势的预期。从这种经验出发，把熊彼特创造性毁灭理论与雁阵理论结合，我们可以看到中国面对危机的选择，即把雁阵理论应用在一个国家内部，作出中国劳动密集型产业并不必然向邻国转移的判断。该文分析的特点在于正确地观察中国经济本身所具有的地区差异性，即在一些地区已经发生了要素禀赋结构巨大变化的同时，其他地区可能仍然具有传统的要素禀赋结构和比较优势，雁阵式产业转移完全可以发生在中国地区之间。

《中国30年经济增长与就业：构建灵活安全的劳动力市场》

张车伟(研究员)

论文　16千字

《中国工业经济》　2009年第1期

该文运用宏观统计数据，通过分阶段分析经济增长对就业的拉动效应，认为，中国经济增长是一种创造了大量就业的增长。分阶段来看，尤其从非农就业增长来看，中国经济增长一直在大量创造就业，尤其是2002年后，随着劳动力市场改革对就业的冲击逐渐结束，经济增长和就业之间重现较强的关联性，劳动力供不应求局面在很多地区呈愈演愈烈之势。劳动力需求的强劲增长和劳动力供给压力的减弱导致劳动力供求关系发生了前所未有的根本性转变：无限的劳动力供给形势逐渐远去，并正从无限供给走向有限剩余。但是，劳动力供求形势的上述变化并不必然意味着劳动力短缺时代的来临，在今后20年左右的时间内仍然拥有充足的劳动力供给。而且，这既不表明就业问题已经解决，也不意味着劳动力市场没有问题。相反，劳动力市场不仅继续面临着就业压力，矛盾和问题更多、更复杂，解决问题的难度也越来越大。

今后劳动力市场建设和改革的重点应该是如何增进劳动力市场的安全性和稳定性。总体来看，《劳动合同法》是一部能够有效调整目前并不合理的劳动关系的基础性法律，它对劳动者提供的保护水平符合当前中国经济发展水平，应该坚决贯彻实施。增强劳动力市场安全性的另一方面的重要工作是建立普惠制的社会保障制度，建立覆盖每个劳动者的社会保障制度。当前的社会保障体系仅覆盖城镇地区的部分劳动者，农村整体上缺乏社会保障制度，不过，随着农村合作医疗制度在全国推开，这一状况正在逐渐改变，探索建立覆盖城乡社会保障体系的工作已经成为构建社会主义和谐社会的主要内容。

《劳动报酬、劳动生产率与劳动力成本优势——对2000～2007年中国制造业企业的经验研究》

都阳(研究员)　曲玥(助理研究员)

论文　16.5千字

《中国工业经济》　2009年第5期

在劳动力的供给不再是无限的情况下，工资水平的上升是不可避免的。那么，在工资上升的情况下，我国的制造产业如何保持比较优势和竞争能力是我们必须面对的问题，因为这关系到未来的经济增长方式以及经济的持续发展。根据该文的计算，我国制造业虽然在2000～2007年经历了劳动报酬的快速增长，但由于劳动生产率的更快增长，劳动力成本并没有提高。为了保持劳动力成本优势，需要找到实现提高劳动生产率的途径，以更少的劳动力创造出更多的产出。首先，在产业结构方面，可以在劳动要素价格上涨的情况下，调整资本和要素的使用比例，并进一步实现产业结构升级，由一直依靠的劳动密集型产业逐步向资本密集型产业转型，这样就可以在一定程度上节约劳动报酬上涨带来的劳动成本提高。其次，在劳动者素质方面，可以通过发展教育继续拉动劳动生产率的增长。

《非正规就业者的未来》

吴要武(副研究员)

论文　25千字

《经济研究》　2009年第7期

中国政府把劳动力市场的正规化当做近年来的政策目标并连续颁布了一系列促进正规化的法律法规，该文从两个层面评估了这个目标是否正确：非正规就业者是否需要走向正规化？如何走向正规化？从微观层面上，非正规就业者的教育收益率不低于正规就业者，劳动力市场灵活性高是有效率的；从城市层面看，随着发展水平的提高，劳动力市场的非正规化会自动下降。这两个结果意味着，促进劳动力市场正规化未必是一个正确的政策目标，政府需要设法促进经济可持续增长，但不必强迫劳资双方签合同。

《中国独生子女总量结构及其未来发展趋势估计》

王广州(研究员)

论文　10千字

《人口研究》　2009年第1期

回顾30多年的历史，随着计划生育政策的全面实施和社会经济的快速发展，中国人口的生育水平大幅度下降，家庭平均规模明显缩小。该文以现存独生子女总量结构估计为出发点，以1990年人口普查和2005年1%人口抽样调查原始数据为基础，采用孩次递进人口模型对当前和未来一个时期内独生子女总量结构进行估计。根据2005年数据估计0～18岁独生子女数和1990年全国数据推算，2008年全国0～18岁独生子女总量应当在1.1亿左右；2008～2020年0～18岁独生子女总量增长态势处在比较稳定的状态，大体上在1.1～1.2亿之间。同时，结合2005年1%人口抽样调查数据和1990年人口预测结果，2008年60岁以下独生子女母亲总量应当在1.3亿左右；2008～2020年60岁以下独生子女母亲总量持续增长，预计2020年将达到1.5亿左右。

《低生育水平下的生育成本收益——来自江苏省的调查》

郑真真(研究员)　李玉柱(助理研究员)　廖少宏(讲师)

论文　15千字

《中国人口科学》　2009年第2期

该文应用2007年江苏生育意愿和生育行为调查数据，通过对符合政策可以生育二胎妇女的生育行为、生育计划和生育观念的调查，从妇女及其家庭的角度分析生育成本和生育收益，并应用多元统计分析方法重点分析了生育成本对妇女生育计划的影响。研究发现，育龄妇女大多认为满足精神需求是最重要的生育理由，而第二个孩子的养育成本是主要考虑因素。在控制了年龄、受教育程度、居住地、户口性质、婚姻状况、生育观念等特征后，生育的经济成本和心理成本对妇女生育二胎的计划有显著影响。调查结果表明，生育政策已经不是生育决策的唯一决定因素，在生育政策已经允许一部分夫妇生育两个孩子的情况下，这些夫妇生育二胎的愿望并没有随之上升。青年夫妇对于自己生活质量的重视、对于子女成长环境的重视、对于子女受教育程度的预期等在生育决策中越来越重要。在妇女普遍就业、同时正规就业机会较多的地区，青年夫妇普遍生二胎的可能性将会很小。这种趋势对未来人口变动可能产生的影响及其社会经济后果应当引起足够的重视。

《农村老年人口生存方式分析——一个“宏观”与“微观”相结合的视角》

王跃生(研究员)

论文　18千字

《中国人口科学》　2009年第1期

该文将全国人口普查“宏观”数据和村庄调查“微观”数据（河北省三个村庄）结合起来，考察了当前农村65岁以上老年人的生存方式。

该文认为，当代农村，90%以上的65岁以上老年人有一个以上存活儿子，其中近70%的老年人有两个以上存活儿子。这意味着现阶段农村家庭养老的人力资源尚处于丰富期,由此,多数老年人的基本生活得到保障。

普查所形成的“宏观”数据表明，中国农村老年人居住的家庭类型以直系家庭为主。但村庄层级的“微观”数据显示，老年人中的多数并非与已婚儿子组成真正意义上的同居、合爨、共财形式的直系家庭。有两个以上已婚儿子的老人，当有生活自理能力时，与儿子分爨、形成独立生活单位的占多数；而失去生活自理能力的多子高龄老年人则被动地接受儿子“轮流”赡养。

村庄数据显示，75岁以上老年人支配房屋等财产的能力大大降低，他们多数没有产权属于自己的住房，生活费用和医疗费用主要依靠儿子提供，轮养比例提高。整体来看，农村亲代老年人和子代中青年人没有实现生存状态的同步改善。增强农村老年人的“自养”能力，全面推行社会养老保险制度，降低父母对子女养老的依赖程度，这是提高农村老年人生存质量的根本途径。

Marketization, social transformation and “care rotation” for the rural elderly in the suburbs of urban areas: an analysis of the children’s recollections(《市场化、社会转型与城市郊区农村老人的轮养：子女的回顾分析》)

张翼(研究员)

论文　15千字

《中国社会科学》(英文版)　2009年第1期

该文通过对河北保定城市郊区农村的深入访谈和问卷调查，研究了有两个以上已婚儿子的老年父母的养老状况。研究发现：第一，儿子成年之后独立门户，是这类老年父母“空巢”的前提；而“空巢”这一生命历程中的重要事件，则又是“轮养”制度得以建立的条件。第二，老年人对家庭经济贡献能力的下降，粮食种植在家庭收入中贡献份额的微不足道，非农化和市场化对农村社会的影响等，造成了老年父母家庭决策权力的失落，这使传统上由老年父母主持的分家，转变为儿子们主动要求独立门户。当老年父母的生活不能自理时，儿子们开始契约式分配养老义务，形成轮养。第三，老年父母的身体越健康，“轮养”的周期会越长，老年父母的身体健康状况越差，轮养周期就越短。而“轮养”周期的缩短，则又增加了儿子们交接老年父母时的矛盾发生率。矛盾越多，老年父母得到照料的质量就越低，这在某种程度上影响了老年人的寿命。

该文在论述上述假设的同时，还描述了农村老年人“空巢”之后家庭变动的阶段性特点。在依次经过“独立生活的空巢期”、“需要经济援助的空巢期”、“需要轮流照料的空巢期”之后，老年父母才被轮流“并入”儿子们的家庭，将居住和吃饭捆绑在一起“轮养”，形成“流转的家园”。在这种情况下，如果继续以“主干家庭”或“老年核心家庭”等来区分和定义农村老年家庭的类型，就存在很大程度的局限性。

《全球金融危机对农民工就业的冲击——影响分析及对策思考》

张车伟(研究员)　王智勇(副研究员)

论文　15千字

《中国人口科学》　2009年第2期

全球金融危机对就业的影响主要体现为对农民工就业的冲击。结合最新《中国统计年鉴》数据和2005年1%人口抽样调查数据，该文估算出我国农民工总数2008年约为2.38亿左右，其中跨省就业的农民工数量约为7140万。东部地区是这次受金融危机影响最严重的地区，制造业、房地产业和建筑业等行业则是受全球金融危机影响最深的行业。综合来看，2009年上半年我国将面临着21世纪以来最为严峻的就业形势，农民工的结构性失业问题突出，估计约有多达3481万左右的农民工面临着结构性失业的风险。

从对策上讲，针对全球金融危机对农民工就业的冲击，对不同类型的失业农民工应该有不同的应对措施，政策的着眼点应该放在如何促进就业岗位和人员之间的匹配上。对于人员和岗位在地域间的不匹配问题，政府需要及时准确地提供和发布劳动力供求信息，让外出务工人员尽快找到工作，尤其是春节过后的一段时期是最为关键的时期，可以考虑在这一段时期有针对性地发布劳动力输入和输出地的供求信息；同时，政府还要为寻找工作机会的农民工提供有效的公共服务，做好劳动力市场的中介服务工作。对于就业岗位和人员技能之间的不匹配问题，国家可以考虑发行培训券，以及通过向市场购买培训成果的办法加以解决。此外，对有用工需求的企业给予一定的培训补贴，促使企业有针对性地对农民工加以培训，以解决岗位要求与技能之间的结构性失衡，同时也减轻企业用工成本。从长远来看，为了稳步促进产业升级和有序地推进城市化，对农民工的培训应该长期化和系统化。

城市发展与环境研究所

《都市圈战略规划》

宋迎昌(研究员)

专著　300千字

中国社会科学出版社　2009年6月

中国的城市化推动了都市圈的形成与发展，都市圈战略规划迫在眉睫。该书对都市圈的概念进行了界定，对都市圈形成和演化的机理进行了剖析，对中国都市圈的发展状况进行了实证研究，对都市圈战略规划的目标定位、指导思想与原则、方法、实施以及编制审批等进行了探索性研究，并介绍了国内外都市圈战略规划的若干案例，认为中国已经进入了都市圈大发展的新时代，及时而又科学地开展都市圈战略规划意义非凡。

《金融与经济危机深解——资产价格泡沫与宏观经济波动》

袁秀明(博士后)

专著　260千字

知识产权出版社　2009年4月

2007年以来由美国次贷危机引发的全球性金融危机对美国乃至世界经济造成沉重的打击，其导因是美国房地产泡沫的膨胀和崩溃。该书从理论上阐述了三方面问题：一是资产价格泡沫对宏观经济波动的影响。该书指出，资产价格泡沫（过度波动）是经济周期的重要指示器，资产价格泡沫通过金融加速器机制对经济波动起放大作用。二是资产价格泡沫的宏观经济政策含义。该书分析了当今理论界对资产价格泡沫的宏观经济政策四种不同观点的理论依据和实际可操作性，认为中央银行在将通货膨胀作为目标变量的同时，应将资产价格泡沫作为货币政策制定过程中一个重要的考虑变量，化解经济运行中明显膨胀的资产泡沫，以避免泡沫崩溃对经济造成的严重后果。三是中国资产价格泡沫与宏观经济运行的关系。该书指出，在向市场经济转轨过程中，中国资产市场有产生泡沫可能性的基础，要保持经济稳定持续增长，减少经济较大波动，应适时控制好资产价格，减少资产价格泡沫对经济的冲击。

《全球环境与气候治理》

庄贵阳(研究员)　朱仙丽(博士)　赵行姝(博士)

专著　350千字

浙江人民出版社　2009年6月

国际气候制度的演进是当今全球环境治理体系的一个缩影。该书聚焦全球气候变化，侧重于用世界经济与国际政治的视角对国际气候治理进行解读。作者在反思全球性环境问题的基础上，试图从理论体系、应用分析和实例分析三方面对全球环境治理进行系统性研究，正视当前的问题并着手寻找解决之道。

国际气候治理的最终目标是提供充足的全球公共产品，实现国家利益与全球利益、当前利益与长远利益、国家与国家间利益的均衡。该书分析了气候变化问题的实质，从科学认知、经济利益和政治意愿三个方面阐述了国家间的博弈，探讨了国际气候治理中的公平与效率问题，提供了国际气候治理过程中中国的战略选择。

《碳预算方案：一个公平、可持续的国际气候制度框架》

潘家华(研究员) 陈迎(副研究员)

论文 20千字

《中国社会科学》 2009年第5期

全球温室气体减排已有一定的科学认知和国际政治意愿，但由于涉及经济代价和发展权益，现有全球温室气体减排的国际制度框架均难于兼顾公平与可持续性双重目标。如何反映各国具体国情，公平地进行温室气体减排义务的分担或排放权分配，并通过相应的国际制度保障其实施是谈判的焦点，备受国际社会的关注。中国作为排放大国，面临日益强大的国际压力。该文基于人文发展和保障基本需求的公平理念，跳出现有京都模式等比例削减的思维定式，研究提出了全球温室气体减排的碳预算方案。该方案兼顾公平和可持续的双重目标，以气候安全的允许排放量为全球碳预算总量，设为刚性约束，可以确保碳预算方案的可持续性；同时，将有限的全球碳预算总额以人均方式初始分配到每个地球村民，满足基本需求，可以确保碳预算方案的公平性。测算数据揭示，发达国家不仅严重透支本国未来碳预算，而且严重侵害了其他国家的排放空间，而发展中国家因历史排放较低，多存在碳预算盈余。为了弥补发达国家历史排放的透支和保障未来每个人的基本需求，该方案设计了碳预算的转移支付机制、市场机制和遵约机制等相关国际机制。对于中国未来排放，碳预算也构成紧约束，中国低碳发展已成为必由之路。总之，碳预算方案是一个兼顾公平和可持续目标的国际气候制度的一揽子方案，但由于气候变化问题已泛政治化，许多技术性问题需要国际政治与外交谈判才能解决。

《金融危机和政策变动双重影响下中国CDM项目开发现状与对策选择》

庄贵阳(研究员)

论文 12千字

《经济研究参考》 2009年第52期

作为实体经济和虚拟经济的结合体，全球碳市场受到金融危机的影响，已经波及中国CDM项目的开发。金融危机对中国CDM项目开发的影响主要表现在以下四个方面：(1)金融危机使CDM项目违约风险加大；(2)CDM市场变化导致中小企业融资难度加大；(3)金融危机导致后京都时代CDM政策难以确定；(4)金融危机改变CDM原有的商业模式和赢利预期。在金融危机和政策变动双重影响下，中国CDM项目注册面临额外性挑战，项目开发的障碍和瓶颈增多。因此，为了规避中国CDM项目开发面临的风险，一要加强项目开发过程法律风险防范；二要开展单边项目，避开CERs价格低谷期；三要完善体制机制，促进第三方市场建设。该文总结分析了金融危机和政策变动双重影响下中国CDM项目开发的现状，并提出相关政策建议。

《中国における外資系企業の立地決定と公共政策》(《中国外商投资区位决策与公共政策》)

魏后凯(研究员) 贺灿飞(教授) 王新(博士)

〔日〕日置史郎译

专著 483千字

日本侨报社　2009年10月

该书中文版由商务印书馆2002年12月出版，日文版对中文版进行了修订和更新。

该书在对近年来国内外外商投资区位理论和实证研究进行系统评价的基础上，采用中国的系统数据，建立省区和城市外商投资区位选择的数学模型，对改革开放以来中国外商投资的区位决定以及外商投资对区域经济的影响进行了实证研究，揭示了我国外商投资区位选择与其他变量之间的关系，预测了未来外商投资区位的变动趋势。同时，该书通过采取发放调查问卷和典型实地调查的方式，对我国外商投资的动机、区位决策及其主要影响因素进行了综合、系统的研究，提出了相应的政策建议。

社会政法学部

法学研究所

《债法》

张广兴(编审)主编

教材　476千字

社会科学文献出版社　2009年1月

该书是中国社会科学院法学研究所“法律硕士专业学位研究生通用教材”之一。

该书分总论与分论两部分系统梳理了债法的基本理论与实务问题。总论部分阐述了债的基本概念及债的效力、债的保全、债的变更与移转、债的消灭等基本原理；分论部分结合我国相关法律规定具体论述了债法中的主要法律制度，即合同之债、侵权之债、无因管理、不当得利、缔约上的过失与单方允诺等。

《中国法治发展报告No.7(2009)》

李林(研究员)主编

专著　462千字

社会科学文献出版社　2009年2月

2008年是中国改革开放30周年。该书回顾了中国法治建设30年的光辉历程，总结了2008年的法治大事件，并展望了2009年的法治进程。该书从立法、行政法治、刑事法治、经济法治、劳动和社会法治、国情调研和地方法治等方面分析了中国的立法状况，特别推出了《2008年人们关注的防震减灾立法》《冰雪凝冻灾害的政府应急体制》《金融危机与中国金融法治》《食品安全法治建设和奥运会与体育法治建设》等热点法治报告。此外，还收录了《税法建设》《劳动关系中的集体协商》《医疗体制改革》《身份证使用的法律规制和现状》《住房法治建设》《信用卡行业监管》等重要的法治报告。在国情调研篇中，关于“个人信息保护”、“劳动执法”的两篇报告从另一个侧面揭示了中国法治建设的成就和存在的问题。地方法治篇选取了天津市涉众型经济犯罪、杭州市余杭区法治指数报告，展示了中国地方法治的基本情况。

《中国物权法总论》（第二版）

孙宪忠(研究员)

专著　465千字

法律出版社　2009年2月

该书是一本物权法学原理性的著作，以物权法学基础理论探讨为主，但大部分内容为重新撰写。该书反映了《物权法》带来的新思想和新规则，加强了民权思想的探讨，也加强了对物权法法理尤其是物权分析和裁判规则的探讨。全书从物权、物权法基本范畴、物权变动的基本概念的科学性探讨开始，展现了物权从“定纷止争”、保障交易安全到物权保护的系统性理论问题。

《依法治国与宪政建设》

李林(研究员)　石茂生(教授)

专著　400千字

人民出版社　2009年4月

该书为人民出版社出版的“资政文库”系列丛书之一。该书包括“依法治国基本方略提出的历史必然性”、“依法治国的内涵”、“依法治国的基本原则”、“依法治国与政治文明建设”、“依法治国与社会主义宪政”、“依法治国与依法行政”、“依法治国与民主政治”、“依法治国与保障人权”等章节。该书认为，社会主义宪政就是以中国化的马克思主义为指导，以坚持四项基本原则为政治前提，以坚持党的领导、人民当家做主和依法治国的有机统一为本质特征，以人民代表大会制度为根本政治制度，以执政为民、尊重和保障人权及实现人的全面解放为宗旨的社会主义民主政治。

《刑事诉讼法修改建议稿与论证——以被指控人的权利保护为核心》

陈泽宪(研究员)　熊秋红(研究员)主编

专著　440千字

中国社会科学出版社　2009年6月

中国刑事诉讼法修改涉及诸多方面的问题。该书选择与犯罪嫌疑人和被告人的权利保障密切相关的权利告知、辩护权保障、禁止刑讯逼供、取保候审与羁押正当性、检察官起诉裁量权、未成年人案件暂缓起诉、证人出庭作证、死刑案件二审程序等八个方面的问题进行了研究。该书认为，上述问题是中国目前刑事立法和司法实践中较为急迫、有待解决的问题。全书分为条文设计、条文论证、调研报告三个主要部分。其中，调研报告部分包括律师辩护权、刑事强制措施、起诉裁量权、证人出庭作证、死刑案件二审程序、取保候审、相对不起诉、刑事和解等专题。

***Kriminelle Karrieren: Straftaten, Sanktionen und Rueckfall*（《犯罪生涯：犯罪、制裁与再犯》）**

樊文(副研究员)

专著　780千字

德国柏林Duncker & Humblot出版社　2009年8月

该书是作者在德国弗莱堡大学的博士论文。该书的核心是分析监禁自由刑这种国家反应形式对于犯罪生涯历程的影响。该书首先从应报和预防的刑罚目的理论基础出发，对于监禁刑积极的行为控制效果提出了质疑。其次，该书选择了犯罪生涯概念的最小化定义（犯罪生涯就是再犯或屡犯），作为对研究变量进行具体化的基准，探讨了犯罪学理论上关于犯罪生涯产生和发展的理论命题，介绍了中性化技术的概念、对抗理论、发展理论和互动模式。根据这些犯罪学理论模型，综合这些理论对具体问题的命题，该书提出了实证研究要检验的三个假设。该书进行了大量的实证调查研究，既进行了双变量的显著性对比分析，又进行了逻辑回归形式的多变量分析。根据实证的统计分析，该书得出结论并提出了对刑事制裁制度乃至刑事政策改革的具体建议。

《当代中国法学研究》

陈甦(研究员)主编

专著　600千字

中国社会科学出版社　2009年9月

该书对60年来中国法学研究状况进行了概括描述，展示了在新中国不同发展阶段法学的存在状态与演变过程，剖析了法学研究中重要理论形成与演变的背景与缘由，彰显了法学发展与繁荣的理论成果及其实践价值。通过该书，读者能够明晰中国法学的发展轨迹，体会法学发展繁荣过程中那些付出艰辛与智慧的研究者们的心路历程，并由此感受与共和国命运共振的法治时代脉动。

《法理学的新发展——探寻中国的政道法理》

胡水君(副研究员)主编

专著　432千字

中国社会科学出版社　2009年10月

该书是中国社会科学院法学研究所“法学学科新发展”丛书之一。

该书考察了中国法理学的历史任务和研究对象，并从道德、政制、法律和学术四个方面，对中国据以长远发展的政道法理进行了尝试性的探索。该书认为，在所谓的“新轴心时代”、“新战国时代”，中国法理学对于促进中国向民主法治方向迈进负有重要历史使命，在此历史进程中，源远流长的道德精神仍是滋养现代社会并弥补“现代性”之不足的基本资源。具体而言，该书主张，在“道”的方面，兼顾权利与道德，在构建“新外王”与维护“内圣”之间建立一种新的现代连接；在“政”的方面，兼顾民主与民本，开创具有中国特点的民主政治下的民本治道；在“法”的方面，理顺法治的道德、功利、政治和治理四个层面，着力打造政治层面的法治，实现人的道德精神与个人权利、民主政治、法律之治的融合或衔接；在“学”的方面，兼顾“闻见之知”与“德性之知”，立足自身的文化理路、社会现实以及“古今中外”的普遍因素，开拓现代人权、民主、法治以及学术的价值之源。

《全面落实依法治国基本方略》

李林(研究员)主编

论文集　552千字

中国社会科学出版社　2009年10月

该书是2009年5月中国社会科学院法学研究所主办的“全面落实依法治国基本方略”理论研讨会的论文集。

该书收入了30篇会议论文,收录王家福、孙国华等著名专家学者在会议开幕式、闭幕式上的致辞，以及中国社会科学院法学研究所课题组关于实施依法治国基本方略发展规划研究的研究报告和会议综述。作为代序的

《实施依法治国基本方略发展规划研究》一文，是中国社会科学院法学研究所课题组关于依法治国基本方略的最新研究成果，提出了实施依法治国基本方略的总体思路，指明了战略重点，并论述了贯彻落实总体规划的必要保障。30篇会议论文，从“法治理念与法律文化”、“社会转型与法制建设”、“法治政府建设与司法改革”、“法治建设：反思与前瞻”四个方面展开了多角度、多学科的论述，提出了许多有价值的观点。

《法律的驯化与内生性规则》

支振锋(助理研究员)

论文　26千字

《法学研究》　2009年第2期

该文认为，法律应该被遵守，但遵守既可能来自守法者对义务的自觉，也可能来自守法者所感受到的制裁威胁。当守法主要源于威胁时，社会就会被分裂为施法者与守法者两个相互对抗的阵营，法律也会成为暴政与奴役的工具。如何使得法律的强制力在保障合理秩序与维护公民自由之间保持明智的平衡，是法学的重要课题。该文在区分被强迫与有义务这两种遵守法律的原因的基础上，试图利用规则的内在方面理论来削弱法律的强制性以初步驯化法律；然后结合传统中国的某些思想资源、哈特的规则理论以及哈贝马斯的沟通行为理论，尝试弥合在守法行为中从“被威胁”到“有义务”之间的鸿沟，从而进一步驯化法律。

《违宪判决的形态》

翟国强(助理研究员)

论文　30千字

《法学研究》　2009年第3期

该文认为，宪法审查的一个重要功能就在于保障宪法价值在法律体系中得以贯彻，然而，仅仅将法律法规认定为违宪并不足以有效实现对法律体系的合宪性控制。灵活运用违宪判决的形态可以促使合宪状态的进一步达成，同时避免对政治和法律秩序造成过度的冲击。违宪判决的形态大致包括违宪无效判决、单纯违宪判决和警告性判决。违宪判决形态的选择方法和原理是政治智慧与法律技巧相结合的产物，对这些不同模式下的判决形态选择方法加以梳理、比较，并分析其背后的制度因素，可为激活我国的宪法审查制度提供一种可能的推进策略。

《安全保障义务与不作为侵权》

冯珏(副研究员)

论文　32千字

《法学研究》　2009年第4期

最高人民法院人身损害赔偿司法解释第6条引入了源自德国判例的交往安全义务。但法院在审判实践中遇到的真正困难在于不作为或间接侵权的结构性特征所带来的因果关系难题。该文认为，引入安全保障义务对解决这一难题的意义在于，如果安全保障义务的内容正是防止处于其保护范围内的人遭受第三人的侵害，或者防止处于其控制范围内的第三人侵害他人，那么认定义务人违反了此义务就可化解因果关系难题，但其意义也仅限于此。《侵权责任法草案（二次审议稿）》第14条对于第三人行为介入的各种情况欠缺考虑与准备，存在过度抽象之嫌，且一般性地否定了间接致害侵权存在的空间，将会带来严重的负面影响。

《社会理论中的惩罚:道德过程与权力技术》

胡水君(副研究员)

论文 22千字

《中国法学》 2009年第2期

该文认为，惩罚是法律与社会理论中的一个重要论题。在惩罚问题上，涂尔干和福柯对于近代以来残酷惩罚的衰落以及从酷刑到监禁的历史变迁都作了分析，并且都触及到国家权力与个人权利齐头并进、相互加强、螺旋上升的现代趋势。但在分析思路和认知态度上，二人却表现出明显不同。关于惩罚，涂尔干坚持一种道德观点，视惩罚为道德过程；而福柯则坚持一种政治观点，视惩罚为权力技术。由这两种不同的典型观点，可以洞察人和国家在现代社会所遭遇的道德和政治困境。就此困境而言，在现代进程中，维护和加强人和国家的道德向度显得尤为必要。

《法律语境中弱势群体概念构建分析》

余少祥(助理研究员)

论文 16千字

《中国法学》 2009年第3期

“弱势群体”是近几年来十分流行的概念，也是用得比较泛滥的概念之一，因其具体含义没有明确的界定，一直是“言人人殊”。从法律和学术的角度如何定义“弱势群体”，是一个问题。该文认为，弱势群体本质上是一个社会学概念，法律语境中的弱势群体既包括经济贫困群体，也包括权利贫困和能力贫困群体。弱势群体应根据人的社会地位、生存状况而非生理特征和体能状态来界定，它在形式上是一个虚拟群体，是社会中一些生活困难、能力不足或被边缘化、受到社会排斥的散落的人的概称。该文的主要创见在于，从经济贫困、权利贫困和能力贫困三个维度定义和诠释弱势群体，使弱势群体从一个社会学概念成为一个法学上可以界定和甄别的法学概念，具有一定的新颖性和学术价值。与以往的研究相比，该文在讨论弱势群体问题时,增加了“权利贫困”和“能力贫困”两个角度。

《改革开放以来中国的法治建设》

中国社会科学院法学研究所课题组

研究报告 65千字

《改革开放 繁荣发展——中国社会发展和依法治国的实践与探索》(中国社会科学院社会政法学部集刊第2卷)

社会科学文献出版社 2009年10月

2008年是我国改革开放30周年，中国社会科学院法学研究所组成课题组撰写长篇研究报告，旨在全面总结30年来法治建设的成败得失，作为改革开放30周年的纪念。该报告全面回顾了1978年以来我国法治建设的历史进程，归纳了30年来法治建设的八大主要成就，总结了30年法治建设的七大基本经验，并提出了未来中国法治建设八个方面的主要任务。该报告对于进一步推进我国的社会主义法治建设事业具有重要的理论参考价值。

国际法研究所

《妇女与国际人权法》(第2卷)

黄列(译审) 朱晓青(研究员)〔美〕阿斯金、科尼格编著

译著 771千字

生活·读书·新知三联书店 2009年6月

《妇女与国际人权法》是由国际刑法与妇女人权领域的专家阿斯金、科尼格编撰的三卷本巨著。作为一部全面深入地研究人权法中的社会性别问题的著作,《妇女与国际人权法》从理论和文化习俗到法律文书以及国际法庭的案例法,对国际法上的妇女权利进行了剖析和阐释,对妇女权利领域的具体问题与解决方法、针对妇女的犯罪与侵犯、可予利用的资源和积极有效的赋权等,进行了分析。该书主要讨论了国际法院、法律文书和全球以及区域组织等实际语境中的妇女人权,论述了国际刑法和常设国际法庭案例法中的妇女人权问题,从而引申出应当如何看待和实施妇女权利的对话,同时还论及国际组织(如世界卫生组织、美洲国家间人权委员会、美洲国家间妇女委员会)是如何有助于或有损于敏感应对妇女权利问题的。

《内地与港澳之间民商判决承认与执行新进展——浅析三地之间的两个安排》

沈涓(研究员)

论文 12千字

《国际法研究》(第3卷)

中国人民公安大学出版社 2009年6月

该文认为,2006年制定的关于内地和香港、澳门之间法院相互承认和执行民商判决的两个相关《安排》使内地和香港、澳门之间的司法协助有了重大发展,但是,这两个《安排》还存在不尽完善之处,且相互之间也存在差异。如何实施这两个《安排》,并在实践中逐步完善和协调三地的司法协助,是今后三地之间进行民商事司法协助的主要内容。

《人民自决权与国家领土完整的关系》

赵建文(研究员)

论文 25千字

《法学研究》 2009年第6期

该文认为,人民自决权与国家的领土完整是统一不可分割的;人民自决权不具有改变现有国家边界的效力;国际法不承认一国的少数人民通过自决实行单方面分离的一般权利;国际法尚未肯定也未否定“救济性分离权”;国际法承认有关各方经自由协议达成的分离安排的合法性;国际社会应当通过多种途径实现人民自决权与国家领土完整的和谐统一;有关国家应当依照国际法解决因单方面分离行为而引发的冲突。

《我国法律条约适用条款存在的问题及其完善——关于我国有义务适用的条约的表述问题》

赵建文(研究员)

论文 12千字

《国际法研究》(第3卷)

中国人民公安大学出版社 2009年6月

该文认为,我国宪法或宪法性法律中没有条约适用条款。分散在我国法律中的条约

适用条款存在相互不一致、概念不准确等问题。依照国际条约法及其他公认的国际法原则和规则，各国应予适用的国际条约是各该国作为当事国的、对其有效的或对其有拘束力的条约。我国法律中的条约适用条款应加以完善并载入我国宪法或宪法性法律。

《中国大学的人权法教学——现状与展望》

孙世彦(副研究员)主编

专著　254千字

科学出版社　2009年6月

该书认为，随着“国家尊重和保障人权”的条款写入宪法，人权话语从理论形态转入法定形态。而人权法教育是人权保障的重要一环，也是基础性的环节。目前，越来越多的高校在本科阶段开设了人权法课程，有关人权法的教科书也相继问世。作为法学教育领域的一门新兴学科，人权法教学在实践过程中也会遇到一些新的问题。该书的作者都是从事人权法教学的一线教师，他们对这些新问题的探讨，有助于从理论和实践层面完善人权法教学的定位与内容，提高人权法教学的质量。

《世界贸易组织法》

黄东黎(副研究员)

专著　520千字

社会科学文献出版社　2009年1月

该书认为，信息化时代，运用知识的能力远重于记忆知识的本领。法律或规则的效力，不在其存在，而在其正确应用。WTO规则体系内容晦涩难懂，结构错综复杂，应用旨在解决具体贸易纠纷，专家组或上诉机构报告具有准先例效力。基于此，该书除了介绍WTO的规则和体系、历史和理论外，还介绍了专家组或上诉机构应用具体规则解决具体纠纷的实例。

《WTO法律制度中的善意原则》

刘敬东(副研究员)

专著　331千字

社会科学文献出版社　2009年10月

该书以国际法一般法律原则理论为基础，结合WTO法律理论及争端解决机制的成功实践，全方位地论证和分析了国际法一般法律原则——善意原则在WTO法律制度中的重要作用和独特功效，揭示了专家组和上诉机构运用善意原则时所体现出的司法理念，建议我国国际法学界应当重视研究WTO法律制度中的善意原则，掌握并运用这一原则理解WTO相关规则、程序以及相关判例，推动我国对WTO法理论的深入研究,更好地服务于我国的多边贸易法律实践。

《国际贸易中的人权》

刘敬东(副研究员)

论文　4千字

《法学研究》　2009年第4期

该文认为，近年来，国际上掀起一股呼吁将国际人权法规则融入WTO国际贸易法律体系的思潮，这一思潮与近年来西方国际法学界“去主权化”或“国际法宪法化”的大背景密切相关。原则上，WTO可在以下两方面采取行动：对那些严重侵犯人权或者对人权具有重大负面影响的商品交易或服务予以贸易法上的限制；在促进对发展中国家至关重要的公共健康权方面，WTO现有专利权规则应当改变，以利于发展中国家获得维护公共健康所必需的大量廉价药品。为此，在目前尚不能建立相关规则的情况下，运用WTO现有体制中GATT1994第20条“一般例外”，将以上保护人权的内容纳入WTO司法机制不乏是一个比较现实的方法，但关键在于WTO专家组、上诉机构应当严格把握运用人权法规则解释WTO协定的尺度和标准，充分运用国际法一般法律原则——善意原则在贸易自由化与人权保护之间确立一个法律上的平衡，既赋予那些真正为了保护大规模人权而实施的贸易制裁措施以合法性，又要严格防止以人权保护为借口的“伪装的贸易保护主义”。

《匈牙利公民社会组织考察》

蒋小红(副研究员)

论文　12千字

《环球法律评论》　2009年第4期

该文认为，苏东剧变之后，经过近20年的发展，匈牙利逐步建立了保障结社权和促进公民社会组织健康发展的制度规范，依靠政策和法律机制及其有效运作来推动公民社会的多元化发展。该文从数量和组织形式、活动类型、地区分布、收入来源和人力资源等各个角度考察了匈牙利公民社会组织发展的情况，并分析了其存在和发展的政策、法律环境，试图从中探求对中国公民社会组织发展的有益经验。

《儿童权利与法律保护》

柳华文(副研究员)主编

专著　350千字

上海人民出版社　2009年10月

该书认为，儿童是人类、社会和经济发展的未来，儿童发展状况已经成为衡量社会公平和进步的重要指标。用权利保护视角全面审视我国儿童特别是弱势儿童的生存、发展状况，实现其合法权益的全面法律保障，是构建小康社会、和谐社会的题中应有之意，具有特别重要的现实意义。该书从法律语境中相关概念构建、儿童最大利益原则、社会性别视角分析等法理研究及未成年人犯罪、儿童伤残医疗保障、受教育权等实证研究角度，以国外儿童法律保障制度为参照系，并结合国际条约及发达国家和地区儿童立法保护的经验，全面阐释儿童权利法律保护，同时指出未来我国儿童法律保障制度的发展方向，对相关立法和学术研究具有参考价值。

《性别平等：联合国人权条约机构的实践及其启示》

柳华文(副研究员)

论文　10千字

《法学杂志》　2009年第8期

该文认为，社会性别主流化要求对既有法律和新立法的社会性别检审，男性和女性同为性别歧视的受害者，促进性别平等应该具体考虑妇女在社会中面临的不利地位以及同性恋问题对现有国际人权法的挑战。这些案例是来自国内社会（其中一些有跨国的因素）、由国际人权条约机构处理的社会性别实践。考察这些实践，有益于我们了解社会性别主流化在全球化层面上的情况，并获得本土化的启示。

《建立更加公平的国际货币体制：以国际货币基金组织改革为视角》

廖凡(副研究员)

论文 12千字

《国际法研究》(第3卷)

中国人民公安大学出版社 2009年6月

该文认为，互惠原则是以WTO为核心的国际贸易法律体系的基本原则之一，强调成员国在关税减让及履行其他WTO义务方面的对等性和相互性。然而，由于发展中国家与发达国家在经济实力方面的巨大差距，以及发达国家长期以来对多边贸易谈判议程的操控,广大发展中国家难以从形式上的“互惠”中真正获益。现有的作为互惠原则例外的特殊和差别待遇存在标准模糊、范围狭窄、缺乏约束力等缺陷，无法有效发挥确保实质公平的作用。为此，有必要对互惠原则进行重新诠释,以“同级互惠”代替“一体互惠”,并在此基础上制定更为公平、更有利于发展的多边贸易规则。

《经济全球化与国际经济法的新趋势》

廖凡(副研究员)

论文 13千字

《清华法学》 2009年第6期

该文认为，在经济全球化的大背景下，国际经济法领域出现了规则统一进程加快、国家经济主权弱化、非国家行为主体影响扩大、软法重要性增强等新趋势。中国在改革开放过程中对此已经有所回应，目前需要从厘清我国在当前国际经济秩序中的角色定位、加速区域经济一体化进程、更多利用法律机制解决经贸争端以及积极倡导和创制新的理念与规则等四个方面进一步考虑对策。

《从绝对权利到风险管理——美国的德莱尼条款之争及其启示》

钟瑞华(助理研究员)

论文 15千字

《中外法学》 2009年第4期

该文认为，任何添加剂若被发现人或动物食用后致癌，或者在经过适于判断食品添加剂安全性的检测后被发现在人或动物中致癌，均不得被认为是安全的……“如果规制成本也很小的话，一种相对微小的风险有可能要求规制；如果规制成本巨大，那即使风险是巨大的，可能最好的办法也是对其不加规制。一种合理的规制制度并不孤立地考虑风险的大小，而是将风险与排除风险的成本相比较进行考虑”。

《中国〈反垄断法〉与德国〈反限制竞争法〉之比较》

毛晓飞(助理研究员)等

论文 15千字

《国际法研究》(第3卷)

中国人民公安大学出版社 2009年6月

该文认为，总体而言，《反垄断法》的颁布令人欣喜，因为它为中国市场上的竞争行为建立了一个法律框架。《反垄断法》的大多数规定与国际规则相符。但是另一方面，法律对授权条款的“大方”使用，将导致行政主管机构在制定反垄断政策方面获得过多的自由空间，这体现了该法的极大灵活性。当然，在日后的执法工作中，这种灵活性到底会更有利于竞争主管机构应付垄断行为，还是让市场主体处于更加不稳定的法律状态，还有待观察。

《批准人权条约与切实保障人权不能等同——以美国法院对一项国际人权公约的适用为例证》

戴瑞君(助理研究员)

论文　7千字

《法学》　2009年第2期

该文认为，美国联邦法院在审理有关主张违反了《公民权利和政治权利国际公约》的案件时既考虑相关的程序问题，也考虑实质问题。但是，大量案件的结论都显示该公约对美国法院没有拘束力。那些根据该公约主张权利的当事人，他们想通过美国法院执行权利的愿望常常遭到拒绝。由是观之，从批准人权公约到实现人权，还有相当长的距离。

《论联合国人权条约监督机制的改革》

戴瑞君(助理研究员)

论文　8千字

《法学杂志》　2009年第3期

该文认为，联合国人权条约监督机制在运行过程中暴露出来的问题在20世纪80年代已引起了国际社会的关注，随后，围绕如何完善这一机制的讨论一直没有间断。与此同时，条约监督机制自身也在不断进行调整，然而时至今日，改革并没有取得令人满意的效果。该文通过梳理和反思以往联合国内部的改革努力以及社会各界的改革提议，提出了人权条约监督机制改革的可能的努力方向。

《国际商事仲裁裁决撤销制度不宜废弃》

谢新胜(助理研究员)

论文　20千字

《国际法研究》(第3卷)

中国人民公安大学出版社　2009年6月

该文认为，国际商事仲裁裁决撤销制度不能撤销。原因主要是，仲裁裁决撤销程序和裁决的承认与执行程序两者功能不一样。前者是双方当事人的主动救济，而后者只有在胜诉方启动裁决的承认与执行程序时，败诉方才可申请法院不予承认和执行。此外，在有些情况下，对仲裁裁决的司法审查只有通过撤销制度才能实现。更重要的是，国际商事仲裁法律意义上的“仲裁地”一般是当事人意思自治的结果，并不会产生地理意义上僵化、不便的情况；对于已经撤销的仲裁裁决，国际普遍做法基本上还是倾向于不予承认与执行。

《一国两制下我国区际刑事司法协助研究的回顾与展望》

李庆明(助理研究员)

论文　8千字

《武大国际法评论》

武汉大学出版社　2009年7月

该文认为，内地与港澳的区际刑事司法协助的理论研究取得了很大进展，其中，举办过三次影响较大的专题研讨会，出版了一些专题著作，产生了一批学位论文和学术论文。目前，对于区际刑事司法协助的研究，主要聚焦于区际刑事司法协助的概念、特征、产生原因、原则、模式、内容等方面；研究成果精品不多，也没有很好地反映区际刑事司法协助的跨学科特点。未来的研究应在研究方法、范围、如何更好地利用国际条约来调整区际刑事司法协助关系、如何为区际刑事司法协助的规范化提供理论支持等方面多加注意。

政治学研究所

《政治文明:理论与实践的思考》

杨海蛟(研究员)

专著 315千字

中国社会科学出版社 2009年9月

该书运用马克思主义的基本立场、观点和方法，在较为全面、深入地论述了文化与文明的联系与区别的基础上，界定了文明、政治文明的含义，揭示和分析了政治文明的结构、功能、属性和特征，论述了现代政治文明的本质要求和重要体现；站在历史的高度，较为全面地回顾了人类政治文明演进的历史进程，对不同时空的政治文明的特征进行了概括和总结；阐述了马克思主义政治文明理论的主要内容；从理论与实践、历史与逻辑的结合上，将社会主义政治文明建设置于全面建设小康社会和社会主义现代化建设的伟大事业中予以研究，揭示了中国社会主义政治文明的内涵和发展趋势。该书从我国21世纪社会主义政治文明建设所面临的实际情况出发，探讨了我国社会主义政治文明建设的基本规律、目标和任务，并借鉴国内外政治文明建设的经验教训，针对我国在新时期政治建设和政治发展所面临的实际问题，提出了我国社会主义政治文明建设的战略构想、具体部署和一系列基本对策与方案。

《中国村民委员会选举:历史发展与比较研究》(上、下篇)

史卫民(研究员)

专著 1053千字

中国社会科学出版社 2009年10月

该书是中国社会科学院重大研究课题“中国县政与农村政治建设研究”的成果之一和之二。该书的上篇“村民委员会选举的历史进程”对1980～2008年的中国村民委员会选举进行了全景式的描述，并指出中国村民委员会选举已经“常态化”，具体表现如下：一是选举组织工作已经达到程序化要求；二是选举程序已经达到规范化要求；三是选举中虽不乏“创新”，但主要是“学习型创新”和“推广型创新”，已较少出现能够影响全国的新的选举模式；四是选民登记率和选民参选率都呈现下降趋势，与国际上的正常选举参选率不高的趋势吻合；五是村民委员会的大规模撤并已接近尾声，村民委员会数量将保持一定程度的稳定性；六是村民委员会成员的构成渐趋稳定；七是选举中出现的问题更多涉及社会矛盾和社会问题，而不是选举的程序争议等问题。该书的下篇“各省、自治区、直辖市村民委员会选举综合比较”对村民委员会的组织化程度、规范化程度、参选率、竞争性、村民委员会成员构成以及选举中面临的主要问题等进行了综合分析和比较，就选举与经济发展水平的关系进行了初步分析，并指出东北地区、东部沿海地区、中部地区和西部地区的村民委员会选举在各项重要指标方面存在一定的差距，并形成了地区性的特征。

《中国贫困管理:历史、发展与转型》

田小红(助理研究员)

专著　320千字

中国社会科学出版社　2009年7月

该书循着“贫困不仅仅是经济过程的产物，它是经济的、社会的和政治力量相互作用的结果，尤其是，它是政府机构的责任心和负责的态度的产物”这一思路，将中国的贫困尤其是社会性贫困定位为是行政组织通过公共管理调整社会利益的一种体制性结果。这种行政组织的公共管理结构，包括政府体制、政策目标、管理行为等。作者认为，在所有贫困管理的行政要素中，最为基本的要素是政府关于贫困管理的行政理念、行政体制、公共政策和行政技术，全书正是从这四个基本行政要素的角度对中国贫困管理的历史，尤其是1949年后特别是1978年以来的贫困管理进行了比较系统的分析。

《德治及其实现方式研究》

林立公(助理研究员)

专著　200千字

中国人事出版社　2009年10月

该书认为，德治是统治阶级利用国家政权发挥道德作用维护社会秩序的一种治理社会的活动。本质上，统治阶级是德治的主体，被统治阶级是德治的客体；德治主客体关系是一个辩证统一的有机系统。德治的根本功能是维护统治阶级的共同利益，德治的基本内容包括社会制度道德建设和国民道德建设两个方面。德治离不开法律的保障，德治和法律治理的有机结合才能实现符合统治阶级根本利益的社会秩序。该书探究了德治活动的合理性，认为国家政权是阶级社会最主要的公共权力，在公共权力的维度上，道德和国家政权存在着价值和功能上的一致性；在政治合法性的维度上，德治是政治统治体系获得社会成员接受的直接手段。该书认为，在人性的维度上，人具有全面发展的趋向，这一趋向使得德治成为必要，人又是思维的存在，这一特点使德治成为可能。在社会的维度上，德治是形成公平正义、诚信友爱的和谐社会的必要条件。该书还探索了社会主义初级阶段德治的实现问题。

《反腐败经济学》

张云鹏(研究员)

专著　460千字

社会科学文献出版社　2009年11月

该书立足于经济学基本原理，运用相关学科的研究方法，对腐败的发生、预防、治理及反腐败的经济价值等进行了经济学机理层面的剖析，提出了腐败程度、反腐败力度及反腐败投入在经济学意义上的界定及概念，同时对其进行了量化分析。该书揭示了腐败的经济学诱因，强调反腐败学术研究的重点应集中在经济学领域，理论研究应以现实为依据。

《民主还是中国的好》

房宁(研究员)

论文　9千字

《红旗文稿》　2009年第2期

该文指出，中国的政治制度，一方面，它为人民提供权利保障，焕发社会活力，使中国工业化、现代化获得源源不断的推动力；

另一方面，它能够集中民力、民智，集中资源、合理规划、统筹兼顾，实现国家稳定而有效的发展。在这一方面，最为重要的机制在于：在这一制度下，能够形成一个代表社会整体利益的政治核心。政治核心受全民族委托，统筹兼顾各方利益，代表全体人民行使权力，极大地降低了社会内部不同利益集团之间的利益交换成本，最大限度地减少了社会矛盾带来的内耗，使国家整体利益超越各种利益群体的个别利益，实现全民族、全体人民的利益最大化。保障权利与集中力量的双重功能构成了当代中国政治模式的基本特征，这是中国实现人类历史上最成功工业化、现代化的根本制度原因。

《中国民主政治建设的基本共识和民主现代化的实现》

陈红太(研究员)

论文　8千字

《中国特色社会主义研究》　2009年第1期

该文认为，经过30年的改革开放，中国民主政治建设已经形成了四点基本共识："人民民主"是中国政治建设的主题，"全程参与"和"有效政府"是两个关键点；人民民主要通过制度化和法律化的形式来规范、保障和实现，要"依法治国"、"建设社会主义法治国家"；以共产党领导为特征的权力相对集中的国家政权体制，能够保证政府的有效性，是社会主义民主政治特有的制度优势；以经济建设为中心，"政经结合"，政治建设服务于经济社会和人的全面发展的需要，这种观念和逻辑是创造中国经济奇迹的真谛。但中国民主现代化的实现还需要很长的时间，中国推进民主现代化的进程需要克服"制度起点高"和"基础比较低"的巨大落差，继续坚持"四点基本共识"。要按照科学发展观的要求，继续坚持经济建设和公民社会建设，加强党的执政能力建设和政府职能建设。

《中国城市公民参与政治管理的实证研究》

孙彩红(助理研究员)

论文　10千字

《天津行政学院学报》　2009年第6期

该文在狭义的政府即国家行政机关和地方城市政府的层次上，以2006～2008年《人民日报》和《法制日报》报道的公民参与典型案例为对象，分析总结了城市政府管理中公民参与发展的主要特点：公民参与城市管理的形式越来越多样化，参与的内容主要为政府的立法、决策和价格调整。该文认为，在公民参与取得进展的同时仍然存在以下问题：参与缺少法律依据、参与的某些形式存在明显缺陷、参与的过程和结果公开程度不够等。针对这些问题，该文提出了推动公民参与的对策建议：推动政府的公开透明行政、健全和完善公民参与的法律制度、调动公民参与的内在积极性，以此真正实现公民参与政府管理的目标。

《中国社会结构与社会意识对国家稳定的影响》

樊鹏(助理研究员)

论文　16千字

《政治学研究》　2009年第2期

该文认为，西欧历史传统强调国家对阶级分裂与社会对抗的统治，形成了依赖行政集权与正规暴力机制维护稳定的模式；中国的历史传统则重视国家对具体民生需求的回应，形成了依靠官民融合、简约行政与多元化的机制维护稳定的模式，这是中国社会在常态情况下能够长期保持“低度强制”但“相对稳定”的关键。该文通过对古代中国、新中国成立后30年、改革开放前20年和20世纪90年代末以来四个阶段的比较分析发现，随着社会结构与社会意识的发展，国家治理的模式发生了显著变化。针对社会稳定面临的挑战，中国应当重视人民群众在国家治理中的主体地位。

《当代英国政党政策行为的特点及其社会根源》

郭静(助理研究员)

论文　10千字

《政治学研究》　2009年第2期

该文认为，当代英国政党政治具有特定的社会环境，与福利国家这一国家形态中形成的新的利益格局和阶级阶层关系有着深刻的联系。福利国家特定的社会条件制约着英国执政党的行为，执政党只能在原有政策框架基础上有所调整和发展，而不能推倒重来。

《试论两新组织党建》

林立公(助理研究员)

论文　15千字

《政治学研究》　2009年第5期

新经济组织、新社会组织（简称“两新组织”）已经吸纳半数以上城镇就业人口。在两新组织当中开展党建工作是增强党的阶级基础、扩大党的群众基础、巩固党的执政基础的当务之急。近年来，两新组织党建取得了很大进展，但总体上处于起步阶段，面临着基层党组织覆盖面低、发挥作用弱、开展活动难等问题。该文根据对两新组织基层党建工作的调查研究，把两新组织的党建经验总结为：地方党委统一领导，党政配合，城市街道一级党组织具体负责，形成两新组织的党建工作网络。今后应当为两新组织党的基层组织选配合适的支部书记，培养、建设一支适应两新组织党建工作环境的党建队伍，为其开展工作提供制度保障；党建与群众组织建设配合，以服务为突破口，维护各方利益，增强两新组织党建工作的实效性。当前，加强思想上的入党教育，加大在工人、农民中发展党员的力度，是两新组织基层党建取得突破的基本方法。

《坚持人民民主专政，走中国特色社会主义民主之路》

田改伟(副研究员)

论文　12千字

《中华魂》　2009年第10期

人民民主专政的国体是我国近代以来社会历史发展的必然结果，我国的人民民主专政的政治制度与西方宪政制度在所反映的社会关系、政治背景和理论基础、基本制度和基本原则等方面存在着根本的不同。历史证明，没有民主就没有社会主义，没有专政也没有社会主义，以人民民主专政为国体的中国社会主义基本制度是完全适合中国国情的，是保证中国社会主义现代化沿着正确方向前进、实现中国民族伟大复兴的好制度。当前坚持人民民主专政，关键要坚持共产党的领导不动摇、坚持我国的根本政治制度不动摇，把握好社会主义民主与无产阶级专政的辩证统一，把握好无产阶级专政的目的与手段的辩证统一。该文对上述问题进行了进一步阐述。

《回顾与思考：新中国政治发展 60 年》

杨海蛟(研究员)

论文 28千字

《政治学研究》 2009年第5期

该文指出，新中国成立 60 年来，中国的政治建设与政治发展经历了一个不断探索、开拓和创新的过程，取得了辉煌的成就：党的执政能力和执政水平不断提高；社会主义民主建设逐步制度化、规范化和程序化；人权事业不断推进，公民权利得到保障；依法治国方略全面落实，法制更加完备；行政体制不断完善；对外交往成果卓著；各种政治关系日趋协调。面向未来，中国应当勇于面对挑战，坚持以科学发展观为指导，促进经济社会全面进步，坚定不移地走中国特色社会主义政治发展道路，有领导、有步骤地不断深化政治体制改革，坚守意识形态阵地，加强政治文化建设。

《中国公共政策分析》（2009 年卷）

白钢(研究员) 史卫民(研究员)

研究报告 373千字

中国社会科学出版社 2009年4月

2008 年，中国成功举办了北京奥运会；面对重大自然灾害和全球金融危机的影响，中国在公共政策方面及时进行了调整。该书对 2008 年宏观经济变化与宏观调控政策进行了分析，阐述了外部环境变迁对中国长期发展的影响，分析了货币政策、能源政策和中小企业政策的变化情况，论述了巨灾之年中国救灾政策的变化及其对公共管理的影响。此外，2008 年“新三农政策”又有重大发展，该书还对选择土地管理政策和农村社会救助政策进行了专门分析。

《近期西方政治学研究的三个特点》

王利(助理研究员)

论文 3千字

《中国社会科学院报》 2009年2月17日第7版

近期，西方政治学研究的状况和成果呈现出多主题、多中心的态势。该文透过纷繁复杂的政治学著述和星罗棋布的战略咨议及政策分析，以世界经济政治格局的变迁和多边关系的调整为主轴，以现代性问题及其对危机的反思和对策为切入点，以激活传统的理论资源和发掘新的论述话语为基础，分析认为，西方政治学呈现出三个较为显著的特点和趋势：“民族—国家”概念重受重视、意识形态中庸化、“中国特殊性”备受关注。

民族学与人类学研究所

《中国田野中的人类学与民族学》

郝时远(研究员)

论文 18千字

《民族研究》 2009年第5期

在西方人类学、民族学传入中国一个世纪之际，国际人类学与民族学联合会第 16 届大会在中国云南拉开了帷幕。该文以大会主题“人类、发展和文化多样性”为中心，分析阐述了中国丰富的人类学、民族学历史资源，从统一的多民族国家形成的视角论述了西方人类学、民族学在中国的早期实践，对新中国展开的民族识别田野和民族发展田野所昭示的当代发展进行了论说，指出了中国人类学、民族学事业跻身于国际学界未来发展的努力方向。

《千年活字印刷史略》

史金波(研究员)

论文　4千字

《光明日报》　2009年3月17日第12版

北京奥运会开幕式上表演了中国发明的活字印刷术，引起很大轰动。但在西方也出现了不同的声音，宣扬活字印刷术是15世纪西方德国古登堡所发明。另在奥运会开幕式解说和新闻报道中强调活字印刷术是中国四大发明之一，也不确切。为完善对中国发明印刷术的全面认识，澄清西方对我国活字印刷术发明的误解，作者特撰该文。

文章首先澄清作为中国四大发明之一的印刷术应包括雕版印刷和活字印刷两个环节。由于古代中国发达的文化背景，这两种印刷术皆产生于中国。文章又分“毕昇的发明和进一步实践”、“西夏和回鹘的应用与发展”、“中原地区的发展和金属活字的使用”、“活字印刷术的向东西方传播”四部分，论证中国活字印刷的发明、发展和传播；强调活字印刷的发明在于分割整块雕版为更小单位，以便于排版印刷的创意思想，这是中国人的首创；并用汉文和少数民族文字文献证实中国既发明了表意字的活字，也发明了字母活字。

《西夏皇室和敦煌莫高窟刍议》

史金波(研究员)

论文　12千字

《西夏学》(第4辑)

宁夏人民出版社　2009年8月

该文依据西夏文文献资料并结合洞窟壁画，对西夏皇室和莫高窟关系作了初步探讨。该文认为，西夏法典对皇帝以外服饰中的龙纹饰禁用，而有争议的莫高窟409窟窟主男供养人有团龙服饰，该文将其与榆林窟西夏洞窟供养人进行比较，推论该窟供养人为西夏皇帝供养像，不是沙州回鹘王供养像，该洞窟为西夏洞窟；该文又逐窟统计、分析莫高窟和榆林窟的龙凤藻井，主要集中在西夏洞窟，该文认为，大量龙、凤藻井可能与西夏皇室有关，西夏时期大规模修建敦煌莫高窟、榆林窟，可能是西夏皇室所为。

《亚洲的城市移民——中国、韩国和马来西亚三国的比较》

张继焦(研究员)

专著　260千字

知识产权出版社　2009年6月

该书主要从都市人类学的角度，基于在东亚的中国和韩国、东南亚地区的马来西亚等三个亚洲国家的实地调查资料，针对上述三个国家中的城市移民现象进行了较为深入的分析，既对这三个亚洲国家的城市化进程，不同类型移民（如国内移民、少数民族移民、外国移民等）对城市的适应过程、状况和特点进行了分别描述，也对三个国家不同的城市化进程、类型移民和民族移民的城市适应的共同点和不同点等进行了比较分析。开展中国、韩国和马来西亚三个国家城市移民的比较研究，不但有助于推进我国流动人口研究的深入开展，而且有助于推动我国人类学与民族学研究的发展。

《当今国际人类学——国际人类学与民族学联合会的历史及其各专业委员会的论文》

张继焦(研究员)〔荷兰〕纳斯主编

译著　中文版300千字、英文版500千字

知识产权出版社　2009年7月

该书是国际人类学与民族学联合会第16届世界大会筹备委员会资助课题。

该书展示了人类学对全球化、移民、法律多元化、都市、文化遗产、濒危文化、可持续发展、人文生态、族群性、女性和性别文化、老年人与老龄化、儿童与青少年、营养与食品、艾滋病、医学与流行病学、地方性知识、数学的才能和表现、人类体质的演变、生物伦理、早期国家和全球文明、和平、文献、民族志影片等20多个研究领域的最新研究动态。该书呈现出对当今人类学所涉及的广泛议题的概况，阅读此书，可以总览国际人类学与民族学联合会各专业委员会的工作及其历史。

《两晋时期国家认同研究》

彭丰文(副研究员)

专著　340千字

民族出版社　2009年8月

该书以两晋时期国家认同为专题研究对象，用个案研究与综合考察相结合、理论探讨与史实论证相结合的方式，对两晋时期国家认同的理论基础、历史背景、表现形式、形成因素、强化途径和历史意义等进行了全面、系统的探讨，高度评价了两晋时期北方胡人统治者在儒学国家理论的传承与突破方面、在推动统一多民族国家形成方面的历史功绩，总结了两晋时期国家认同的基本动向是突破与传承的高度统一，指出两晋时期的政治乱象并未造成社会心理严重撕裂与群体性对抗，人们内在的精神世界底蕴其实是基本一致的，并且明显展示了进一步融合与趋同的倾向。

该书对中国古代国家认同的研究突破了以往研究以现象描述为主的局限，把对这个问题的研究提升到一定的理论高度，有利于更好地认识中国古代国家认同的一般特点，阐释中国古、今国家认同之间的区别与联系，有利于揭示中国统一多民族国家格局赖以形成的心理基础，为促进和巩固我国多民族统一国家格局提供理论基础和历史经验。

《民族学名家十人谈》

邸永君(研究员)

专著　160千字

民族出版社　2009年7月

该书收入作者与王钟翰、林耀华、宋蜀华、陈连开、秋浦、刘凤翥、阮西湖、道布、照那斯图和爱新觉罗·瀛生等中国10位著名民族学家的访谈记录。其中，有四位访谈对象已经作古。该书还有每位受访者的照片和情况简介，不仅能展示中国民族学的历程，同时也可作为学人的重要参考资料，对于迈进民族研究领域的初学者更有导向作用。

《台湾“原住民”历史与政策研究》

陈建樾(副研究员)

专著 253千字

社会科学文献出版社 2009年11月

该书是中国社会科学院A类课题“台湾原住民问题与‘台独’理论研究”的研究成果。

台湾是中国的一部分，台湾原住民是中华民族的一员。该书依据现有的文献资源，以政治学和民族理论的视角，对台湾原住民的历史发展、政治政策、政教关系、原住民运动等关系到台湾原住民社会、历史、文化、宗教等方面的政策进行了梳理和研究，同时对“台独”势力借助台湾原住民问题进行分裂活动的文献和史料进行了深入分析研究。书中所引用的文献资料涉及台湾文献丛刊、台湾文献汇刊、台湾总督府档案等，其中很多是第一次应用于研究领域。

《汉赵史论稿——匈奴屠各建国的政治史考察》

陈勇(研究员)

专著 180千字

商务印书馆 2009年8月

该书为中国社会科学院2006～2008年重点课题“魏晋南北朝少数民族政权的建立与中原王朝体制的更新”的结项成果之一。

该书认为，匈奴屠各利用对匈奴种族、文化的记忆，构建出族源乃至血缘的联系。五部地区改姓的潮流，又是并州屠各与南匈奴重组的信号。汉魏之间各种与屠各相关的称谓都是由“休屠”、“休著各”派生而来，并最终定型为“休屠各”或“屠各”的。

该书认为，汉赵国政治组织的军事化，脱胎于匈奴五部社会组织的部落化；汉赵国国人具有亦兵亦民的身份，使其在五胡中最早形成凌驾于中原的强大武力；汉赵国开启的军国体制，则是隋唐国家政治制度的前驱形态；汉赵国单于台所辖之胡，为屠各以外诸胡；汉赵国内匈奴与六夷的区别，也反映在该国特殊的军事、行政制度中。

社会学研究所

《2009年社会蓝皮书：中国社会形势分析与预测》

汝信(研究员) 陆学艺(研究员) 李培林(研究员)主编

研究报告 299千字

社会科学文献出版社 2009年1月

该书是中国社会科学院“社会形势分析与预测”课题组的第17本分析和预测社会形势的年度社会蓝皮书。该书重点分析了以下几个问题：第一，2008年中国发展面临新的关口。2008年是中国改革开放30周年，同时在北京成功举办了世界瞩目的第29届奥运会，但也遭遇汶川特大地震以及由美国次贷危机演变成的国际金融危机。2008年的北京奥运会，将成为一个国家走向现代化的标志性事件。第二，国际金融危机对中国社会产生深刻影响。国际金融危机对中国的经济社会产生的深刻影响超出了人们的预料。2008年年初，中国主要政策取向还是防止经济过热和通货膨胀，但到年底已经转向全力防止经济出现大幅度回落，特别是转向依靠扩大内需、促进出口和加大投入来刺激经济增长。这次国际金融危机对中国社会的影响，最为突出的是就业，大批农民工因企业裁员而返乡的现象，是近十几年来罕见的。这场金融危机还会在中国产生哪些社会后果，目前还不明朗。第三，中国努力开拓新的发展前景。2003～2007年，中国的经济一直保持10%以上的增长率，是一个少有的平稳高速增长的周期。在此期间，中国进入调整产业结构、转变发展方式和破除城乡二元结构的新阶段，在就业、教育、医疗、社会保障、公共服务等各方面，对农村进行了倾斜性的大规模投入。2008年的国际金融危机使经济社会形势风云突变，中国面临严峻的新挑战。中国已经决定在未来两年投入4万亿元人民币，希望力挽狂澜，保持中国经济社会平稳快速发展的势头。2009年中国的经济社会发展状况，对中国未来发展趋势具有极为重要的意义。

《底线公平：和谐社会的基础》

景天魁(研究员)

专著　428千字

北京师范大学出版社　2009年1月

改革开放实践提出了许多重大的研究课题，该书只是集中讨论了民生问题，这个问题已经成为全社会关注的焦点，也是党和政府工作的重点。那么，为什么民生问题会凸显为一个焦点问题，这里面是否具有必然性？如果具有必然性，其中起重要作用的因素是什么？我们可以从中得到哪些教训和启示？怎样才能更好、更快地解决民生问题？该书对上述问题进行了一些探索性研究。

《经济学与社会学：马克斯·韦伯与社会科学基本问题》

何蓉(副研究员)

专著　169千字

格致出版社　2009年1月

作为现代社会学的奠基人之一，马克斯·韦伯既声名卓著，又引起了很多争议。这表现在两个方面：一方面，他的著作被广泛引用，另一方面，社会学家仍在为其作品的基本主题而争论不休。该书试图将韦伯置于其时代思想背景之下，以揭示在经济学发生边际革命的重大转折之后，韦伯接受德国历史学派及奥地利学派经济学的共同影响，结合二者的学术关注与研究路向而进行的努力。

《中国基金会发展解析》

葛道顺(副研究员)　杨团(研究员)

专著　270千字

社会科学文献出版社　2009年3月

该书从历史、运作、比较等角度对中国基金会的发展进行了全面解析。“历史篇”试图阐释中国基金会的文化与传承，包括中国基金会的历史文化渊源和基金会发展的不同历史阶段。“运作篇”分为“公募基金会”与“非公募基金会”两篇，对于公募基金会从内部治理、筹资和募款、项目运作和管理、诚信建设等视角进行了分析，还特别将我国香港和台湾地区基金会作为研究对象形成比较资料。“发展篇”展示了基金会发展的愿景并对相关政策进行了探讨。

《比较视野下的中产阶级形成：过程、影响以及社会经济后果》

李春玲(研究员)主编

论文集　297千字

社会科学文献出版社　2009年3月

该书收录了国内外研究中产阶级问题的知名学者的最新研究成果，对中产阶级的形成、发展、特征、社会经济地位、社会政治功能和相关理论进行了深入探讨，重点分析了中国中产阶级的概念界定、发展规模、价值认同、社会态度、收入和消费特征。同时，在国际比较视野下，中外学者也研究了欧美发达国家的中产阶级、后发的“亚洲四小龙”的中产阶级、新兴经济体国家和转型社会的中产阶级的异同。

《斯科特与中国乡村：研究与对话》

王晓毅(研究员)　渠敬东(研究员)主编

论文集　263千字

民族出版社　2009年3月

2007年12月，美国耶鲁大学教授詹姆斯·斯科特应邀访问中国社会科学院社会学研究所，该所农村环境与社会研究中心和《社会学研究》编辑部联合组织了一个研讨会。这个研讨会的内容就构成了这本书的主要内容。随后，斯科特教授又在清华大学和中央民族大学发表了演讲。全书反映了这几次学术讨论的情况。

《中国数字家庭发展研究报告》

王颖(研究员)等

研究报告　223千字

社会科学文献出版社　2009年7月

该书是国家部委委托的研究课题的一个阶段性研究成果。

该书认为，目前，中国数字家庭发展基本处于起步阶段，但一些先行者已经开始尝试整合信息和服务资源，为家庭提供综合、便利、安全的协同服务，在这些服务的背后，是跨部门、跨领域、跨行业的组织合作。数字家庭开始显露出它特有的融合特性，正在成长为一个多主体参与的社会重建工程。数字家庭是世界各国正在努力探索的新型产业，发达国家已经在基础通信、智能家居和养老服务等方面取得显著进展，中国完全可以利用自身文化优势追赶上来，并有可能创造出新的发展模式。

《中国社会学经典导读》（上、下册）

李培林(研究员)　渠敬东(研究员)　杨雅彬(研究员)主编

学术资料　1092千字

社会科学文献出版社　2009年7月

该书是国家社会科学基金重大招标项目的成果之一。

该书对中国社会学自创立至1949年间中国社会学家的代表性著作进行了系统的评述。该书认为，中国20世纪上半叶，在文化学术领域，可谓思潮激荡、呐喊起伏、学术大家辈出。中国社会学在此一时期，也呈现了难得的快速发展局面，一些研究成果达到了那个时期所能达到的巅峰，并且迄今难以超越。这段中国社会学的学术发展史，是我们认识传统中国社会的重要基础，也是我们今天在新的现实基础上发展中国化社会学所不能忽视的学术遗产。

《解读草原困境——对于干旱半干旱草原利用和管理若干问题的认识》

李文军(教授) 张倩(助理研究员)

专著 280千字

经济科学出版社 2009年7月

该书的内容分为三部分。第一部分从介绍目前世界范围内草场管理模式所依据的平衡理论的起源、应用背景以及所导致的问题出发，阐述新草场管理理论所提出的非平衡理论；并从非平衡理论的视角，从人、草、畜三方面来解读目前中国北方干旱半干旱草场所面临的几个困境，试图探寻草原本来“应该”如何利用和管理。第二部分为实证研究部分，基于上述对草场生态系统的草、畜、人之间关系的重新认识，以内蒙古草原为例，评估、分析和解读20世纪80年代开始实施的畜草双承包政策的有效性和存在的问题。在此基础上，对于是否能回归到本来“应该”的途径以及如何找到权衡的解决办法，作了初步探讨，提出了初步建议。第三部分试图对多年来草场问题及困境产生的原因进行更深层次的分析和反思。

《家庭与性别评论》(第2辑)

李银河(研究员)主编

论文集 309千字

社会科学文献出版社 2009年7月

家庭和性别模式的变迁是当代社会最引人关注的事件之一。认识、发现和揭示这一变迁过程的规律及其特性是社会科学的职责所在，也是现实对理论工作的期待和召唤。该书分专题系统地刊发和评论了在家庭和性别研究领域中有独到见解的研究论文，用以展示和梳理国内外相关研究领域中的多样化研究视角和研究成果。

《中国12村贫困调查》(理论卷/四川、江苏卷/江西、云南卷/甘肃、内蒙古卷)

中国社会科学院社会学研究所课题组

研究报告 1301千字

社会科学文献出版社 2009年8月

该书是中国社会科学院社会学研究所承担的世界银行课题所取得的成果，共四卷。

该书是在田野调查基础上汇集而成的著述，它分析了6省12村的经济实况和贫困原因，而且对农业政策和扶贫政策效果进行了直接检验和总结。“退耕还林”、“两免一补”、“整村推进”……农民用质朴的言语对这些直涉自己利益的政策作了真实的回答，述说在市场经济环境下农民生存状态的艰难与风险，并对现行的扶贫政策的效果与贫困标准提出了质疑。

《一条鲇鱼：社会发展理论在中国的传播与实践》

王颉(研究员)

专著 290千字

社会科学文献出版社 2009年9月

该书是作者长期研究中国农村社会结构和社会现代化的成果。鲇鱼效应，指的是通过引入外部力量激活内部的活力，借助外力达到发展自我的目的。而社会发展理论在中国的传播过程中即扮演了这样一种角色。该书分三个部分：第一部分主要介绍社会发展理论从西方的引入及其对中国社会发展道路的影响；第二部分主要论述了曲折的中国现代化道路；第三部分讲述了改革开放前后农村改革实践及其对现代化理论的贡献。

《变迁中的城乡家庭》

沈崇麟(研究员)　李东山(研究员)　赵锋(助理研究员)主编

研究报告集　361千字

重庆大学出版社　2009年9月

“城乡家庭调查”是中日两国社会学研究者合作开展的研究课题，是经中国社会科学院批准立项的国际合作项目。

该书是1983年“六五”国家哲学和社会科学重点项目“中国五城市婚姻家庭研究”、1993年中国社会科学院重点科研项目“中国七城市婚姻家庭研究”和1999年中日合作项目“现代中国城乡家庭研究”的继续，主要是中、日、韩三国婚姻家庭比较研究的资料。

《中国社会政策研究十年·研究报告选(1999～2008)》

宓小雄(副研究员)　阎明(研究员)主编

论文集　490千字

社会科学文献出版社　2009年10月

该书涉及卫生服务、农村社会保障、住房政策、老年服务、非营利组织这五个方面的社会政策主题。书中的每篇文章都是以丰富而扎实的调研资料为基础撰写而成的，文章既体现了中心成员在社会政策研究方面的求真务实，也反映了各地、各界在社会建设实践中的积极探索。

《中国：阻击腐败》

邵道生(研究员)

专著　530千字

社会科学文献出版社　2009年12月

该书从政治学、社会学、社会心理学等学科多角度、全方位地对各种焦点腐败问题进行了深层次的解读，不仅对处于初级阶段的、不完善的市场经济条件下腐败的新特点、腐败产生的原因与规律、反腐败为何是“长期的、艰巨的和复杂的”等问题作了符合国情的科学研究，还对如何进行反腐败问题开出了“良方”。

新闻与传播研究所

《论范长江“研究红军北上以后中国的动向”的目的之不能成立》

尹韵公(研究员)

论文　15千字

《新闻与传播研究》　2009年第3期

该文以大量的历史事实为依据，分析认为，范长江在1961年说的当年采访西北的目的之一“研究红军北上以后中国的动向”是一个伪命题，有众多疑点。该文从当年红军长征的时间、行程、地点等多方面因素考察，以史实为依据，对这些疑点一一进行了解读和说明，论证了范长江说法的不可靠，并且探讨了当年说法与后来说法的矛盾性，指出范长江所说的“北上”含义与党中央所讲“北上”含义是不一样的。同时，该文还分析了范长江早期思想活动及其成因。该文推翻了以往新闻史界某些看似既定的历史观点，是具有学术探索精神的扛鼎之作，其学术观点和所用史料多次被其他范长江研究者转引和采纳。

《解放思想　开拓进取　丰富和发展中国特色社会主义新闻学》

尹韵公(研究员)

论文　3千字

《新闻与传播研究》　2009年第1期

该文指出，改革开放是中国特色社会主义新闻学的现实基础，中国特色社会主义新闻学则是改革开放条件下新闻传播实践的理论支撑。因此，中国特色社会主义新闻学既是整个中国特色社会主义理论体系的重要组成部分，又是马克思主义中国化的新闻学最新理论成果。该文认为，中国特色社会主义新闻学最核心的部分是马克思主义新闻观，最突出的优点是适时更新观念，最鲜明的特征是强调实践品格，最强烈的印象是立足时代前列。胡锦涛同志在纪念党的十一届三中全会召开30周年大会上的讲话，深刻总结了历史经验，是马克思主义中国化理论研究的最新成果。该文结合胡锦涛同志的讲话精神，从学科建设、理论创新等方面对其进行了深入的解读。

《正确引导　科学引导——当前新闻宣传态势的若干思考》

尹韵公(研究员)

论文　5千字

《中国党政干部论坛》　2009年7月

该文对当前新闻宣传的问题作了高屋建瓴的思考，认为当前新闻媒体要把准历史脉搏，调适总体心态，这样才能真正地面对和认识自身，真正地审视和观察大千世界。在宣传的时候要提高引导能力，使得新闻宣传达成有效传播。同时，新闻媒体应立足新的历史起点，统筹国际国内两个大局。新闻媒体不但要做国内国家利益的保护者，还要做海外国家利益的保护者。该文对新闻宣传工作中存在的实际问题进行了深入分析，从宏观层面指导新闻媒体和新闻工作者在实际工作中用科学观进行实践。

《30年中国报业的改革和发展》

唐绪军(研究员)

论文　51千字

《30年回顾与评析——中国社会科学院纪念改革开放30周年学术报告集》

社会科学文献出版社　2009年9月

该文从政策创新、管理创新、理论创新和实践创新等方面评述了中国报业30年的发展、成就、经验与问题。我国报业的改革自1978年十一届三中全会以来一直在进行。党中央高度重视，出台了一系列相关文件；主管部门认真落实，努力构建健康有序的报业市场；从业者解放思想，深入思考报业的现实和未来；报业各单位积极探索，实践中取得了一系列突破性新进展。该文对中国报业的发展、改革及成就作出回顾和评述，充分认识改革开放对中国报业的重大影响，总结中国报业改革发展的成功经验，并指出中国报业发展的前进方向。

《新闻人的权利优遇与克减》

宋小卫(研究员)

论文　2.4千字

《法治新闻传播》　2009年第1期

新闻人的权利问题，是近年来国内新闻理论研究亟待澄清和论证的热点议题。该文认为，我国人大立法迄今未赋予新闻人任何特权，这也是当代社会的法治通例。但国内的新闻职业活动仍可获享某些制度性、组织性的优遇和关照，这些优遇和关照属于行政法层面的“特许权”，或是媒体与采访当事方合意产生的“约定权利”。上述特许或约定权利的获享通常是有条件、附义务的，即新闻人在行使这些权利时须克减其作为公民而享有的某些个人自由和权利。以往的相关研究，通常将新闻人的权利、义务和责任分割解析和讨论，该文则提出了新闻权利的优遇与克减交相并存，互为条件，意在倡导新闻人应当秉持一种更加审慎、平衡与节制的专业权利观。

《唇枪舌战中凸现电视节目的法治精神》

时统宇(研究员)

论文　5千字

《中国广播电视学刊》　2009年第2期

该文指出，对话语权的重视在中国法治进程乃至整个和谐社会的构建中日益凸显，于是，一种辩论类的电视节目形态悄然出现，中央电视台经济频道的“经济与法辩辩辩”以三个短片、嘉宾辩论、观众互动和法官释案为主体，把现场辩论的交锋感、案例故事的命运感和法律辩题的似是而非相互融合并放大，从而形成“群口论辩、智慧交锋”的独特风格，节目形式大胆创新，多元化视角传播法治精神，在普法和娱乐相结合的基础上，进行电视频道专业化探索。该文认为，“经济与法辩辩辩”为频道专业化、推动社会、影响舆论、提升品牌等方面作了有益的探索。

《历程与趋势：改革开放以来的中国传播学》

王怡红(研究员)　杨瑞明(副研究员)

研究报告　2.8千字

《中国社会科学院社会政法学部集刊》（第2卷）

社会科学文献出版社　2009年10月

该文以1978～2008年传播学在中国经历的四个历史发展阶段为主要线索，梳理和总结了传播学作为一门外来学科被引入中国大陆所走过的30年学术历程，并介绍了目前构成中国大陆传播学的主要分支学科以及我国传播学在应用过程中的一些前沿性研究课题。该文指出，经过30年的发展和进步，中国传播学在研究方法上已经比较重视研究过程中文献资料的使用、学术研究的规范、经验研究和实证方法的使用等，但在传播学基础理论方面，传播理论体系的构建与创新还是我国传播学界发展与突破的目标。同时，传播学研究的跨学科视角不断为我国的传播研究开拓出新领域，并促使一些传播学者跨出传播学圈，开展多学科之间的交流与合作。而西方传播学著述与教材在中国的译介在中国传播研究发展的不同时期产生了重要影响，传播学学术组织、研讨会和学术刊物在促进传播学知识生产与研究实践的进步方面也发挥了重要作用。该文还透视了中国传播学研究在运用传播视角回应现实重大问题、形成传播学术圈以及跨学科合作与竞争机制等方面，对我国社会发展与变革产生的积极作用和影响。

《对跨文化传播理论两类、四种理论研究分野的廓清尝试》

姜飞(副研究员)　黄廓(副教授)

论文　12千字

《新闻与传播研究》 2009年第6期

该文是中国社会科学院重大课题“跨国媒体的跨文化传播战略研究”的组成部分。

该文通过对“跨文化传播”的英文原点文献的梳理，界定了中文和英文之间概念的差异，探讨了中西方跨文化传播（传播、交际、交流）研究的不同侧面或深度，以及各自对跨文化传播研究的理论贡献和研究方向的意义。该文是首次对中文研究界一直模糊、混用的“跨文化传播”进行的学理界定。从理论研究的角度来看，有助于我们把握国外跨文化传播理论研究成果的内涵和外延、发展的不同阶段、不同侧重点；从实践层面上，有助于我们厘清跨文化传播的不同层次、不同方式，从而援引适合的理论来进行阐释和解决跨文化问题。

《关于“山寨文化”的反思》

刘瑞生(副研究员)

论文　3千字

《人民日报》 2009年2月19日第16版

2008年末2009年初，中国掀起了一股“山寨” 风。“山寨”从电子产品迅速蔓延到社会文化领域，备受海内外热议。该文分析了“山寨文化”的内涵、本质，指出了大众媒介尤其是网络媒介在“山寨文化”中的作用，提出认识“山寨文化”要用辩证的眼光和发展的视角。针对当时社会各界对“山寨文化”的批判，该文提出，“山寨文化”是文化多元的必然反映，作为非主流文化，是主流文化的必要补充。在大众媒介尤其是互联网的作用下，需要客观、辩证和发展地认识“山寨文化”“虚”过于“实”的实际影响，主流文化要能够引导和包容“山寨文化”。

《对加强我国科技传播能力建设的思考》

雷霞(助理研究员)

论文　7千字

《科学新闻学术专刊》　2009年第3期

该文指出，担负着大量的宣传和科学普及责任的科技传播，在新的形势下，需要新的发展和创新的思维。科技进步不仅带来新的技术，也带来新的文化传播方式和形态，传播科学知识和思想可以激发科学热情、培养科技思维、促进科技创新，科技进步及其传播能有效促进人类文明与文化的发展。如果科技传播受到阻碍，那么，科技的发展速度和传播效率就会降低，从而造成科研劳动的重复、科研资料的浪费，进而导致科学技术创新的速度减缓，导致科学技术成果传播、扩散并转化为现实生产力的速度减缓，并影响科技发挥其作为第一生产力所具有的社会和经济效能，甚至会减弱国家综合国力的竞争能力。该文指出了我国科技传播存在的问题，并提出了加强我国科技传播能力建设的建议。

《从〈新青年〉作者群的分裂看五四时期的思想探索》

张化冰(助理研究员)

论文　7.1千字

《理论视野》　2009年第5期

该文指出,《新青年》杂志聚集了陈独秀、李大钊、胡适、鲁迅、刘半农、钱玄同等一大批当时影响力巨大的知识分子，但当时中国这个最有影响力的杂志社团却在出现短暂的辉煌后，如昙花一现般沉寂下来，归其原由在于知识分子在启蒙思想、救国道路观点和主见上的根本不同，正是这些异与同构成了五四时期林林总总的思想碰撞中的一页。该文提出，作者群的分裂固然是因为有不少矛盾和歧见存在，但他们的分裂具有历史必然性，是社会和时代发展的必然结果。同时，作者群分裂后不同作者在历史上的不同作为也给予我们更多的启示和思索。

《成长与发展中的新闻传播研究》

向芬(助理研究员)

论文　8千字

《中国社会科学院研究生院学报》　2009年第3期

该文梳理与分析了中国社会科学院研究生院新闻系建系30年来硕士、博士学位论文，由此窥见我国新闻传播学术研究发展的历程和面貌。西方传播学传入我国近30年来，新闻传播学研究观念、研究领域以及研究方法都发生了翻天覆地的变化。总体来说，我国新闻传播学从萌芽而发展为独立学科，传统新闻学与西方传播学的融合推动了新闻传播学的发展，核心研究群体带领新生研究力量走向更高层次。

《新思潮、新媒体、新语境下的纪录片突围》

冷凇(助理研究员)

论文　5千字

《中国电视》　2009年第11期

该文阐述了当代纪录片创作、发展遭遇的困境，分析了限制、刺激纪录片突围的新媒体、新技术、新思潮因素，论证了其他类电视节目在中国外宣文化中的弊端，并指出纪录片应当承担起中国影视文化走出去战略的重任,最后提出了建立“创作规制”的建议：通过研究纪录片制作的标准流程和量化细节与国际接轨，最终走出一条中国特色的纪录片强国之路。

国际研究学部

世界经济与政治研究所

《国际金融危机下的外汇储备与中国经济发展》

余永定(研究员)

论文　4千字

《马克思主义与现实》　2009年第3期

该文指出，中国经济面临的最主要挑战来自两个方面：国内经济的结构问题和国际金融市场的外汇储备风险。第一个方面，过去中国主要依靠投资和出口驱动的增长模式，给中国带来了严重的产能过剩问题。第二个方面，中国积累了大量以美元资产为主的外汇储备，并且仍在快速增长，这对外储的运用和保值增值也是严峻的挑战。针对这两个问题，该文的政策建议是：改革不合理的收入分配体制以及高风险、低收益的经济发展模式；利用外汇盈余购买紧缺资源，用于国内消费，完全没有必要持续大量地把它用于购买美国的长期国债；尝试将贸易顺差作为直接投资，投资到亚洲、非洲、拉丁美洲的许多国家去，而不是将顺差变成外汇储备。

《国际货币体系改革和中国外汇储备资产保值》

余永定(研究员)

论文　12千字

《国际经济评论》　2009年第3期

该文分析了当前国际货币体系改革的历史背景，并对中国外汇储备资产保值提出了以下政策建议：(1)从流量的角度看，应减少贸易顺差，使资源尽可能用于国内的消费与投资；或考虑让部分顺差转化为对外投资而非美元储备的增加。(2)从存量的角度看，中国应该积极寻找多样化避险的方法。例如，在期限结构方面，可以增加短期国债的比重，减少长期国债的比重；在资产种类上，减少政府机构债的比重则可能是必要的；同时，也可以考虑购买TIPS之类的债券。此外，在外汇储备结构调整过程中，应注意以下几方面：(1)当美国国债需求比较旺盛的时候，恰恰是我们适当退出美国国债市场的时机。此时的退出将不会对国债价格造成过大的冲击。(2)分散化应该是一个值得参考的基本原则，以避免更大的潜在损失。(3)向IMF和其他国际金融机构及地区国际金融机构提供贷款或购买其发售的债券也不失为一种选择。当然，中国的对外借贷应该尽量避免用美元计价。

《2009年世界经济形势分析与预测》

王洛林(研究员)　李向阳(研究员)主编　王立强(研究员)副主编

专著　324千字

社会科学文献出版社　2008年12月

该书作为年度形势报告，其主旨是为读者了解过去一年的世界经济形势和把握未来一年世界经济的发展趋势提供分析和参考。2009年度的形势报告分为以下五部分：(1)“总论”部分，概述全球经济一年走势的特点；(2)“国别与地区”报告部分，深入解析各国及地区的经济发展态势；(3)“专题研究”报告部分，注重对2009年度国际贸易形势、国际金融市场和国际投资形势的回顾与展望；(4)“热点研究”报告部分，重点研究全球经济发展中的热点问题；(5)“世界经济统计分析与资料”部分，提供了翔实的经济统计资料，方便读者动态地了解世界经济的发展趋势。

《全球政治与安全报告》(2009)

李慎明(研究员)　王逸舟(研究员)主编　李少军(研究员)副主编

专著　364千字

社会科学文献出版社　2008年12月

作为国际政治领域的形势报告，该书与一般形势报告不同，它更加看重时下动向里隐藏着的中长期趋势，着眼于国际关系的全局，揭示世界总的趋势，同时突出反映了国际政治与安全格局下的一些最新动向，从中国权威研究部门的独特视角观察国际形势，向社会公众和政府部门解说受到广泛关注的热点问题。2009年度的报告专门探讨了美国次贷危机引发的全球经济危机的国际政治影响。此外，该书对于中国在全球政治中日益增长的影响和作用有独特的解说。

《中国进口：战略与管理》

宋泓(研究员)主编

专著　447千字

社会科学文献出版社　2009年4月

该书回顾了我国改革开放以来进口的发展和演变历史，分析了进口所面临的环境和影响因素、进口对国民经济的作用以及进口的发展趋势。该书在总结以往贸易战略成就的基础上，提出了我国“十一五”和“十二五”期间的进口战略，即重点关注资源类行业和高技术行业的进口贸易，放开劳动密集型和资本密集型行业，长期内逐步实现进出口贸易的平衡发展。

《中国外交六十年》(1949～2009)

王逸舟(研究员)　谭秀英(编审)

专著　304千字

中国社会科学出版社　2009年9月

该书是中国社会科学院重大课题的最终研究成果之一。

该书以马克思主义理论为指导，以中国60年外交乃至中国与世界关系的变化为研究对象，从国际背景、国际参与、军事外交、外交制度演变、国家身份变迁、民族主义的影响、外交学学科建设等方面深入剖析了60年的中国外交。该书从理论上探索了“外交学中国化”的新路径，是一种弥补空白的有益尝试；从结构上把新中国中外关系的重大变化置于三个“30年”的重大参照系下，展现了“历史性变化”的含义，具备大历史的纵深感；从研究角度看，该书提供的研究路径和思路，均有可能发展成为深化中国外交政策研究的具体方向。

《中国的高储蓄——特征事实与部门分析》

张明(助理研究员)

专著　183千字

中国金融出版社　2009年1月

该书从居民、政府和企业三部门储蓄的角度剖析了中国高国民储蓄率的根源。该书认为，各部门储蓄之间不能相互转化或相互替代是中国国民储蓄率居高不下的重要原因。例如，由于中国政府支出中用于提供社会公共产品的消费性支出所占比例过低，导致“李嘉图等价”并不成立，从而政府储蓄与居民储蓄之间不能相互替代。由于中国居民持股比例普遍较低，且中国上市公司与民营企业均缺乏分红的习惯，导致“刺破企业面纱”的现象并不成立，即居民储蓄与企业储蓄之间不能相互替代。由于中国国有企业自1994年之后不再向政府分红，导致企业储蓄与政府储蓄之间不能相互替代。各部门储蓄之间转化机制被堵塞，是导致中国各部门储蓄率均较高的重要原因。该书在此结论上产生的政策建议是相当鲜明的。

《人民币汇率改革的经济学分析》

何帆(研究员)　徐奇渊(博士)等

专著　200千字

上海财经大学出版社 2008年12月

该书共八章，分属“扭曲”、“后果”、“变局”三篇。第一篇“扭曲”介绍了均衡汇率的一般理论和人民币汇率的相应现实状况。第二篇“后果”从货币政策、外汇储备本身以及实体经济结构三方面阐述了现行人民币汇率制度引发的成本。第三篇“变局”在各种类型的国际经验基础之上，介绍了人民币汇率改革的具体思路。

《世界经济社会统计新进展2009》

石小玉(研究员)主编 刘仕国(副研究员) 王玲(副研究员)副主编

专著 580千字

中国统计出版社 2008年12月

作为中国社会科学院世界经济统计重点学科的阶段性研究成果之一，该书展示了各国统计机构、国际经济组织在世界经济与社会等统计实践中的最新作用和贡献，其内容涉及最近10多年全球统计体系的运转、世界经济统计、自然资源环境统计及未按领域分类各活动的统计的最新进展。其中，经济统计涵盖的领域包括国民账户体系、国际服务贸易统计、国际金融统计、外商直接投资统计、价格统计、科学和技术统计、信息和通信技术统计和分销统计、贸易统计等。该书对全球统计实践发展的跟踪是有价值的。

《怎样认识国际体系？》

李少军(研究员)

论文 14千字

《世界经济与政治》 2009年第6期

该文是中国社会科学院重大课题“国际体系与中国的对外战略选择”的阶段性成果。

该文认为，国际体系是单元经由互动而形成的整体，体系构成的标准是单元的互动要达到影响彼此间政策的程度。作为社会系统，国际体系与自然系统的最大不同是具有社会意义。每一个国际体系都存在特定的“问题领域”和属性。由于每个行为体都会参与多个“问题”的互动，而问题之间又有密切联系，因此体系之间会呈现复杂的联系。在叠加的体系结构之下，单元行为会受到不同的影响与塑造。对于单元与体系之间的双向关系，人们不但应了解各主流体系理论所阐释的单一机理和确定性，而且要思考复杂的因果链条和相关关系所导致的系统效应以及这种效应所导致的不确定性。

《在儒家的两端》

徐进(助理研究员)

论文 10千字

《国际政治科学》 2009年第3期

该文运用现代国际关系理论与方法对孟子与荀子两位先秦儒学大师的国家间政治思想进行了比较分析。该文发现，孟、荀两人在分析国家间政治问题时运用了相同的方法论，但对国际权力的认识有部分不同之处，而对国家实力的认识、冲突的根源及解决之道则根本不同。由此，两人的国家间政治思想对于当代国际关系理论及中国对外政策的启示也是不完全一样的。

“How Good Is Corporate Governance in China?”(《中国上市公司治理评价如何？》)

鲁桐(研究员) 仲继银(研究员) 孔杰(副研究员)

论文　15千字

China & World Economy（《中国与世界经济》）　2009年第1期

该文是中国社会科学院重点课题“中国百强上市公司治理评价”的阶段性成果。

该文旨在对中国上市公司治理水平进行系统的评估。自2004年经济合作与发展组织发布了新修订的《公司治理原则》后，国际的公司治理改革有了趋同的趋势。该文根据经合组织的公司治理原则，开发出了评估公司治理水平的“公司治理指数（CGI）”，该指数由股东权利、董事会运作、平等对待股东、信息披露、利益相关者在公司治理上的作用和监事会运作六大方面82个子指标组成。该文运用“公司治理指数”选取中国上市公司百强（按市值排列）的公开数据进行系统的评估，确认了中国公司治理的优势和需改善的领域，从而为政策制定提供决策依据。论文使用规范的实证研究方法，对中国上市公司的治理水平进行系统的评估，弥补了我国在这一领域的研究空白。

《中国在亚洲区域金融合作中的作用》

高海红(研究员)

论文　15千字

《国际经济评论》　2009年5～6月

在全球金融危机不断深化的情况下，能否在区域层面确保金融稳定性成为亚洲国家面临的重要议题。该文从政策推动和市场驱动两个方面探讨了中国在亚洲区域金融合作方面涉及的三个问题：亚洲金融危机以来中国对区域金融合作各项建议的政策回应；中国与亚洲其他国家的金融一体化进程；中国在亚洲区域金融合作中发挥作用的潜力。该文认为，在改革开放的30年中，中国的区域内贸易、区内的外国直接投资和证券投资一体化不断加深，并在亚洲生产链中发挥了枢纽的作用，这些变化成为中国在区域金融稳定中发挥积极作用的基础。虽然以全球为基础的多边合作仍然是中国对外金融政策的主要考虑因素，但通过参与亚洲区域金融合作以保证中国外部金融环境的稳定性也已成为中国政策选择的一个重要目标。从动态的角度看，中国未来的经济增长潜力和资本账户的自由化进程将成为中国能否进一步强化其区域金融稳定政策的重要决定因素。

《全球金融危机对欧洲经济的影响》

孙杰(研究员)

论文　21千字

《欧洲研究》　2009年第1期

金融危机爆发以后，欧洲经济是否会受到严重影响一度成为热点话题。该文对2008年秋天以前的基本经济指标进行了比较细致的分析，指出，尽管欧洲出现了以英国北岩银行挤兑为标志的恐慌，但是，无论从金融危机前后银行同业拆借市场的利率波动还是从在工薪收入缓慢增长时的消费萎缩看，造成欧洲经济衰退的主要因素应该是心理上的冲击；周期性下降的投资和由于美国经济减速造成的出口下降只是加重了危机的程度；由于英国房地产泡沫很严重，因此，危机给英国造成的冲击更大；美国投资银行的去杠杆化和向银行持股公司的转变从另一个方面证明了欧洲全能银行制度在稳定金融体系方面的优势。欧洲经济在全球金融危机中表现出来的这些特点决定了其救市措施将以宏观经济刺激为主。

《美国金融危机：性质、救助与未来》

姚枝仲(研究员)

论文　10千字

《世界经济与政治》　2008年第12期

该文认为，金融危机的本质在于对风险价值的重新认识。风险价值重估引起资产损失和流动性不足之间的自我循环与自我强化，这种恶性循环机制足以导致整个金融系统的崩溃。针对问题金融机构的资产、负债和资本金的救助均能打破这种恶性循环，维持金融系统的运行。但是不同的救助方式和救助融资方式将产生不同的效果。不过，不管如何救助，这次危机引起的风险系数升高将破坏美国15年来经济繁荣的两个引擎，美国实体经济的衰退将不可避免。美联储的通货膨胀政策虽然可能使美国经济在实现金融稳定以后尽快走出衰退，但是美国的下一个高增长低通胀繁荣需要一次新的技术革命。

《深度一体化、外国直接投资与发展中国家的自由贸易区战略》

东艳(助理研究员)

论文　15千字

《经济学》(季刊)　2009年第1期

该文以中国近年来参与区域一体化的进程为背景，采用寡头垄断的一般均衡模型，用数值模拟方法，研究了一个发展中大国加入不同类型一体化协定的引资效果，根据模型分析的结果，提出中国参与的四类自由贸易区的引资政策。文章根据中国经济的特点，从中国经济面临的重要现实问题出发来构建模型，在理论分析中采用从两国模型向三国模型推进的方式，研究方法上突破了现有文献使用局部均衡分析方法研究复杂情景设定模拟的局限，通过采用一般均衡数值模拟方法，得出了更有政策针对性的结论。

"Level versus equivalent intensity carbon mitigation commitments"(《碳排放绝对量减排和碳排放密度减排在不同增长模式下的比较研究》)

田慧芳(助理研究员)

论文　8.2千字

NBER(美国国家经济研究局)　2009年10月

主流观点认为，在经济增长存在不确定的情况下，一国尤其是发展中国家承诺碳排放密度减排(intensity commitments)比碳排放绝对量的减排(level commitments)对该国的发展更有利。但这些观点多是描述性的说明，缺乏严谨的理论支持和数值模拟验证。该文引入一个新的贸易与气候变化分析框架，分别模拟了全球范围内这两种减排承诺在经济增长的确定性和不确定性两种情境下对该国总体福利水平的影响。初步的结论是，如果一国的经济增长存在非常大的不确定性，那么，减排政策的选择必须谨慎。因为，此状况下碳密度减排承诺并不比绝对量减排对该国的发展更有利。

《中国的通货膨胀：寻找完整一致的解释》

张斌(副研究员)　徐奇渊(博士)

论文　12千字

《国际经济评论》　2008年11～12月

该文通过完整一致的线索解释了2007年以来中国的通货膨胀。汇率低估、土地税收优惠、能源和环境价格扭曲等一系列有利于制造业的政策扭曲和对服务业准入的管制造成了过度资源流入制造业部门，带来了中国贸易顺差的持续大幅增长。贸易顺差激发了货币升值预期和热钱流入，货币当局面临的不仅是基础货币增长，还有货币乘数变化以及货币中介目标和通胀之间的稳定关系等多方面挑战，这些挑战让货币当局几乎不可能很好地管理货币和总需求。

俄罗斯东欧中亚研究所

《俄罗斯东欧中亚国家发展报告（2009）》

邢广程(研究员)主编

研究报告　437千字

社会科学文献出版社　2009年6月

该书对俄罗斯东欧中亚国家2008年发展状况进行了全面的总结回顾，对重大现实问题与热点问题进行了透彻分析。

该书认为，“梅普组合”是俄罗斯独特的最高权力配置。“梅普组合”特点有三：第一，“普京计划”是“梅普组合”的政治基础，共同的政治目标和政治战略将两人紧密联系在一起；第二，普京团队是“梅普组合”的政治框架，梅德韦杰夫曾是普京团队中的关键性人物，他的继任标志着俄罗斯最高权力仍然在普京团队中运转；第三，梅德韦杰夫和普京个人之间的高度信任关系是“梅普组合”的政治黏合剂。从其政治实践以及俄格冲突来看，“梅普组合”运转正常，配合默契。但金融危机发生以来，梅德韦杰夫对政府工作多有批评，引发外界争议。金融危机的扩散和深入是对“梅普组合”解决经济问题的能力和掌控国内大局能力的重大考验，同时也是对“梅普组合”信任度的检验。

该书还对全世界热切关注的俄格冲突进行了深度点评。俄格冲突虽然发生在欧亚大陆腹地，但具有明显的复杂性、多重性、深刻性和世界性等特点。俄格冲突是俄罗斯和格鲁吉亚两个邻国为维护各自国家利益而进行的局部战争，有着复杂深刻的历史、民族背景和外部因素。俄格冲突留下了许多值得思考和探索的问题：第一，俄罗斯多次痛斥“科索沃模式”，最后又按照该模式来解决南奥塞梯和阿布哈兹问题，为今后维护国际社会准则制造了一个难题；第二，俄罗斯第一次运用武力解决与近邻国家的问题，表明俄罗斯捍卫其核心国家利益的决心、意志；第三，美国和北约对外高加索地区局势的控制能力有限，面对俄罗斯大幅度的反制和出击，美国无法采取针锋相对的措施；第四，俄罗斯的行动对独联体其他国家造成了强烈的刺激和震动，以正面和负面的形态体现出来，一方面使独联体国家在制定外交政策时更顾及俄罗斯因素，另一方面加深了独联体国家对俄罗斯的畏惧感和不信任。

该书还就国际金融危机对俄罗斯东欧中亚国家产生的影响进行了分析，认为金融危机对该地区的经济产生了深刻影响。

《中亚宗教极端势力研究》

苏畅(副研究员)

专著　300千字

社会科学文献出版社　2009年6月

该书为国家社会科学基金青年项目的研

究成果。

该书以中亚宗教极端势力的产生与周边国际形势的变化为起点，以中亚宗教极端势力的历史根源与社会经济根源为重点，以中亚宗教极端势力的发展与未来走向为核心，以打击中亚宗教极端势力的国际合作为线索，对中亚宗教极端势力问题进行了全面分析。该书重点研究了“中亚宗教极端势力产生的根源”、“中亚宗教极端势力的发展脉络”、“打击中亚宗教极端势力的措施”、“中国应对宗教极端势力的策略”等几方面问题。

《上海合作组织发展报告》(2009)

邢广程(研究员)主编

专著　386千字

社会科学文献出版社　2009年6月

该书就上海合作组织2008年在经济发展、多边合作以及成员国与观察国的现状进行了探讨，并对今后上海合作组织的发展提出了合理化建议。

该书指出，这些年来上海合作组织取得了很大成绩，尤其是在安全领域的合作进展很大，但是这一组织的功能不是单一性的，而是综合性的区域性国际组织。除了继续加强反恐合作之外，上海合作组织还应该在经济和人文等领域加深合作。从目前的情况看，上海合作组织在经济和人文等领域的合作还有很大的潜力没有发挥出来。

该书指出，上海合作组织宪章明确规定，其基本宗旨和任务就是发展多领域合作，鼓励开展政治、经贸、国防、执法、环保、文化、科技、教育、能源、交通、金融信贷及其他共同感兴趣的领域的有效区域合作，在平等伙伴关系的基础上，通过联合行动，促进地区经济、社会、文化的全面均衡发展，不断提高各成员国人民的生活水平，改善生活条件。从目前来看，作为一个功能齐全、合作领域广泛的区域性国际组织，上海合作组织在经济和人文等领域还有巨大的发展潜力。

在经济合作方面，上海合作组织更应该重点解决贸易投资便利化这样一些基础性合作问题，支持和鼓励各种形式的区域经济合作，推动贸易和投资便利化，以逐步实现商品、资本、服务和技术的自由流通。

从经济全球化的大趋势上看，上海合作组织努力实现区域性的经济一体化是符合区域经济发展趋势的。上海合作组织经济合作职能发挥得越好，给各成员国带来的经济实惠就越多，上海合作组织生命力就越强，其在国际社会的吸引力就越大。

《美国的中亚能源外交(2001 ～ 2008)》

徐洪峰(助理研究员)

专著　281千字

知识产权出版社　2009年11月

该书从21世纪初国际能源总体格局和大国能源竞争态势入手，深入剖析了美国布什政府能源外交调整的基本方向和基本内容，并重点论述了布什政府时期美国在中亚地区能源战略的基本思路和参与的主要内容，从而勾画出了布什政府时期美国的中亚能源外交的完整面貌。

该书的主要创新点在于：首先，揭示国际安全局势左右着美国政府能源外交战略的方向。“9·11事件”之后，美国能源外交政策从主要侧重于经济层面转为更注重政治和安全方面的考虑即是最好的例证。其次，揭示世界能源格局影响着美国政府能源外交战略的重点。布什政府时期，国际能源体系的一个突出变化就是中国、印度等新兴能源消费大国的出现。作为回应，布什政府在其出台的《能源外交与安全法案》中，特别提出应寻求与中国和印度签订一项能源合作的正式协定，让其加入到国际能源供需系统中来，以降低大国之间发生能源冲突的可能性。再次，美国总统及其政府成员的个人背景深刻影响着美国能源外交战略的制定。布什政府的能源外交战略与小布什的共和党人身份、"新保守主义"主张及其身后的石油产业背景都是密不可分的，以至于布什政府的政策报告看起来"更像是埃克森—美孚石油公司的年度报告"。又次，根深蒂固的意识形态理念和深入骨髓的世界霸权思想塑造着美国政府的能源外交战略的核心内容。布什政府时期对中亚地区的重视固然有牟取巨额利润的经济动因，但更是看中了这一地区独特的地缘政治优势，试图通过对该地区的控制达到向北挤压俄罗斯、向西控制伊朗和中东、向南牵制印巴、向东遏制中国的多重战略目标。

《俄罗斯寡头现象分析》

郝赫(助理研究员)

专著　160千字

知识产权出版社　2009年7月

该书对俄罗斯寡头现象进行了实证分析，从俄罗斯寡头的语义界定入手，系统分析了寡头现象在俄罗斯社会转型过程中从兴起、壮大、鼎盛到衰落、蛰伏的整个历程，进而对寡头现象的产生根源、特有属性及发展趋势作了总结与研判，同时对社会转型过程中的某些焦点问题进行了学理探索。

《俄罗斯现代史(1945～2006)》

吴恩远(研究员)等译

译著　369千字

中国社会科学出版社　2009年1月

苏联解体十余年来，俄罗斯社会意识形态领域发生了显著的变化，越来越多的俄罗斯民众对苏联解体前后那个时期肆意抹黑和否定本国历史的现象表示不满，甚至国家元首也要求重新编写历史教材、重新评价苏联历史、重新评价苏共领袖人物的作用。正是在这样的历史背景和前提下，俄罗斯历史学家亚·维·菲利波夫的《俄罗斯现代史》一书出版问世。

该书叙述时间始于第二次世界大战结束，终止于普京总统时期。从历史的进程看，书中涉及的历史时段并不漫长，但却是俄罗斯历史上最纷乱动荡、思潮多元的时期之一。因此，如何在特定历史条件下客观地认识历史事实、还原历史面貌、评价历史事件和人物成为该书的重要关注焦点。全书按照时间先后顺序，分别对斯大林、赫鲁晓夫、勃列日涅夫、戈尔巴乔夫、叶利钦及普京时期这几个历史发展阶段的政治、经济、外交、思想意识形态、社会生活等方面进行了叙述。

《石油的优势:俄罗斯现今的能源政治》

徐洪峰(助理研究员)

译著　310千字

知识产权出版社　2009年11月

该书是一部关于俄罗斯能源工业发展史

的专题著作。

该书以论述俄罗斯能源问题为核心，较深入地分析了俄罗斯帝国、苏联和后来的俄罗斯联邦的政治经济制度与政策形成过程中能源因素的作用，特别强调了能源工业对俄罗斯民族经济的发展和俄罗斯国际地位的形成所产生的重大影响。

在关于21世纪俄罗斯能源工业状况的内容中，该书不仅使用了大量公开发表的资料，而且还通过实地采访有关人员，披露了一些重大事件背后鲜为人知的隐情。例如，关于轰动一时的霍多尔科夫斯基案件的分析，使读者有可能了解到新闻报道之外的一些细节，这为我们深入了解普京政府整肃寡头的真实动因提供了更多的背景资料。

《冲突与合作：解读乌克兰与俄罗斯的经济关系(1991 ~ 2008)》

张弘(助理研究员)

专著　182千字

知识产权出版社　2009年11月

该书通过对乌克兰与俄罗斯经济关系问题中的历史由来、地缘政治、地缘经济、贸易、投资、移民等方面的系统综合研究，分析了乌克兰与俄罗斯双边经济关系的发展趋势和问题症结，探讨了俄罗斯主导的独联体各国经济合作的未来前景与出路，阐释了金融危机对乌克兰与俄罗斯经济的影响。

该书认为，首先，苏联解体后乌俄经济关系是一个分裂解体的过程。苏联的解体不仅是国家领土的分裂，还带来一系列政治、经济和文化等方面的嬗变。缺少了乌克兰的参与，俄罗斯主导下的独联体经济一体化已经不具有区域整体性。其次，仲裁和协商制度的缺失是导致乌克兰与俄罗斯经济矛盾激化的原因。乌克兰与俄罗斯在国家实力上存在悬殊的差异，在处理与俄罗斯的经济摩擦时缺乏有效的制衡手段，而俄罗斯经常把经济问题当做实现其安全和地区一体化的手段。再次，市场原则即按照市场规律办事是解决乌克兰与俄罗斯能源问题的关键。又次，受大国政治与经济关系不断变化的影响，乌克兰与俄罗斯经济关系极具敏感性，而在两国关系的敏感时期，双方的经济关系经常成为政治关系的掣肘。

《宪政维度下的税收研究》

崔浩旭(助理研究员)

专著　180千字

知识产权出版社　2009年7月

近年来，随着我国税收实践的发展和宪政理论研究的繁荣，宪法学中的一项重要研究内容——税收的宪法理论日益为学者所关注。为了全面探究税收的宪法价值及其机理，该书在宪政的语境下对税收进行了全面的分析和考察，通过对税收与宪政形成和发展的动态的、历史的梳理，阐释了税收与宪政的内在关联，揭示了税收立宪在解决税收问题中国家与公民矛盾和冲突的制度价值，并分别论证了立宪政体下国家税收权力和共勉纳税义务及权利的相关问题。

《试论国际金融危机对中东欧国家的影响》

孔田平(研究员)

论文　8千字

《欧洲研究》　2009年第5期

该文在对国际金融危机对中东欧国家影响的路径进行探讨的基础上，分析了国际金融危机对中东欧国家经济的影响。该文认为，从影响路径看，国际金融危机对中东欧国家的影响具有制度基础；中东欧国家的银行部门被西方银行所控制，使得中东欧银行部门直接受到金融危机的冲击；外汇贷款的扩张为中东欧国家经济埋下了潜在隐患；一旦发生本币贬值，消费者和企业则无法偿还贷款，银行部门将直接受到冲击；中东欧经济的脆弱性降低了抵御外部冲击的能力；中东欧各国宏观经济状况不尽相同，金融部门的开放性存在差异，因此，中东欧各国受金融危机冲击的程度也不尽相同；匈牙利成为第一个需要国际救助的中东欧国家；国际金融危机对中东欧国家的影响表现在货币贬值、股市下跌、房地产市场走低、融资成本增加、经济增长下降以及债务危机。

《当代俄罗斯的保守主义》

庞大鹏(副研究员)

论文　11千字

《欧洲研究》　2009年第3期

当前俄罗斯主要的政治思想是保守主义。该文分析了当代俄罗斯保守主义的提出背景、政治内涵、基本影响、政策本质及发展前景。

该文认为，当代俄罗斯保守主义与俄罗斯深厚政治传统一脉相承，同时它的提出又是普京八年治国理念的延续，也直接体现了金融危机爆发以来俄罗斯所面临的形势要求。它以俄罗斯多民族人民的传统价值为取向，致力于建立权威的和负责任的政权。有了稳定的政治体制，才能团结整个社会抵御包括经济危机在内的挑战，从而使所有公民和社会集团享受物质福利、拥有自由和公正。

在当代俄罗斯，政治思想的确立服从于普京执政团队战略目标的根本需要。一切为了国家创新发展战略的顺利实现，为了俄罗斯的重新崛起，这就是俄罗斯最高领导层追求的根本目标。俄罗斯在保守主义指导下采取的政治举措都是为了建立和完善能够适应并促进国家创新发展战略的政治治理模式。普京八年形成的战略思想和方针路线保持不变，但具体的机制必须要根据形势的发展改变运行规则，才能更好地为俄罗斯的强国富民创造条件。

当代俄罗斯保守主义的前景取决于“统一俄罗斯”党的发展变化、俄罗斯克服金融危机的能力和水平以及俄罗斯政治转轨整体进程的根本要求。只有把已有的共识转化为精英阶层和社会民众的基本理念，普京团队的战略目标才能得到积极、有效和快速的实现。

欧洲研究所

《2008～2009年欧洲发展报告：欧盟“中国观”的变化》

周弘(研究员)　沈雁南(编审)

专著　364千字

社会科学文献出版社　2009年1月

2008年是中欧关系的多事之秋。从欧洲对“3·14”拉萨骚乱事件的反应，到奥运圣火在巴黎传递中受到干扰，欧洲不断传出反华的声音，其背后折射出欧盟及欧洲国家对中国的看法发生了明显的变化。针对这种变化及欧盟对华政策的调整，该书以欧盟“中国观”的变化为主题，通过对欧盟理事会、委员会、欧洲议会德法英等主要成员国的分析，讨论了欧盟“中国观”变化的原因，分析了不同层面对华政策的利益考虑及其影响。该书认为，就欧盟整体而言，欧盟“中国观”的变化主要表现是：在推动中欧关系进一步加深过程中，更多关注中国经济发展给欧洲带来的“挑战”；在注重合作的同时，更多地关注竞争；在双边关系的发展中，更多地关注中国的责任。该书认为，从2008年初欧洲出现的反华风波，到10月亚欧峰会上欧盟表现出的对华关系的期待，这种曲折变化说明，欧盟“中国观”尚不成熟，仍然处在有待进一步完善的调整之中。因此，未来的中欧关系仍具有诸多不确定因素。

2008年是欧元问世10周年，该书对欧元的发展进行了专题评论，同时还就第二届欧非峰会通过《欧盟—非洲战略伙伴关系》及其《行动计划》、科索沃独立问题及其影响等问题进行了专题讨论。

作为年度欧洲蓝皮书，该书还讨论了该年度欧盟及欧洲各国的政治、经济、社会、国际关系及欧盟法治进程形势。

《中国民众的国际观》

周弘(研究员)

专著　235千字

社会科学文献出版社　2009年12月

该书对当前中国民众的国际观进行了全方位、多角度、深层次的调查。调查内容主要从中国民众对当前国际形势、对相关国家的好感度、对相关国家的形象认知、与相关国家双边关系的主要问题等多个方面进行了分析，总结出中国民众国际观的具体特点及影响因素，同时也勾勒出中国民众对国际问题认识的现状及变化轨迹。

该书分“中国民众看日本”、“中国民众看美国”、“中国民众看俄罗斯”、“中国民众看欧洲”、“中国民众看拉美”五部分。五部分调查结果显示：第一，大众传媒对于民众国际观有巨大的不可替代的影响，电视、互联网和报纸成为民众了解相关国家和地区行为体的三种主要媒介。第二，一些恒定性因素影响着中国民众的国际观，这些因素主要包括年龄、收入、教育程度和旅游经历等，这些变量与被调查者对双边关系的积极看法呈正相关关系。第三，各项调查都得出富有启发性的结论。“中国民众看日本”的调查表明，近两年来中国民众对日本的亲近感无显著变化，但民众对改善中日关系抱有很高的期望；“中国民众看美国”的调查表明，民众对美国对华政策抱有担心和疑虑，认为美国是“竞争对手”或“敌对国家”的人数大大超过“友好国家”和“合作对象”的人数，尽管如此，被调查者仍高度重视中美关系，并对中美关系的进一步改善抱有很高的期望值；“中国民众看俄罗斯”的调查表明，民众对俄罗斯保持着较高的亲近度，并对中俄关系的未来发展持乐观态度，期待中俄世代友好，克服障碍，共向未来；“中国民众看欧洲”的调查表明，民众对欧盟并不是十分了解，但对欧盟具有较高的友好感，对中欧关系未来发展有着良好的预期，很少有民众视欧盟是“竞争对手”或“敌人”，大多数人认为欧盟是中国的“合作伙伴”或“利益相关者”；“中国民众看拉美”的调查表明，民众对拉美缺乏了解，认知度较低，但对中拉关系发展前景持积极和乐观态度，并认为今后发展中拉关系的重点领域应该是经贸关系和能源合作。

《欧洲市场一体化——市场自由与法律》

程卫东(研究员)

专著　240千字

社会科学文献出版社　2009年8月

该书是中国社会科学院重大课题“欧盟法律制度与市场经济秩序”的结项成果。

该书从欧盟法律制度对欧洲市场一体化的建立与维护的角度来探讨欧盟市场与法律之间的关系，探讨欧洲市场一体化过程中的自由与规制、市场一体化过程中市场目标与其他目标之间的平衡、欧洲司法体系在市场一体化建立与维护过程中的作用以及欧盟法律创新等问题。欧盟统一的内部市场是在主权国家国内市场的基础上建设起来的，是从分散的市场逐步走向统一的大市场，在此过程中，很多机制都发挥了重要作用，法律的作用尤其值得重视，它确立了欧盟范围内市场运行的基本规则，并确保市场运行规则的有效实施。在市场经济秩序建设与欧洲一体化过程中，欧盟独特而有效的法律制度是一个重要保障。

《欧盟法律创新》

程卫东(研究员)　李靖堃(副研究员)

专著　200千字

社会科学文献出版社　2008年12月

该书从欧盟法律制度在欧洲市场一体化的建立与维护方面所发挥的作用这一角度来探讨欧盟市场与法律之间的关系，认为欧盟统一的内部市场是在主权国家国内市场的基础上建立起来的，是从分散的市场逐步走向统一的大市场，在此过程中，很多机制都发挥了重要作用，法律的作用尤其值得重视，它确立了欧盟范围内市场运行的基本规则，并确保市场运行规则的有效实施。在市场经济秩序建设与欧洲一体化过程中，欧盟独特而有效的法律制度是一个重要保障。

《欧洲工业创新体制与政策分析》

薛彦平(研究员)

专著　270千字

中国社会科学出版社　2009年4月

该书回顾了欧洲工业发展进程中的技术与非技术创新历史，重点对欧洲当代工业创新体系和政策进行了分析。全书以翔实的资料和数据，阐述了欧盟和欧盟主要成员国工业创新体系和政策的形成背景、基本特征和主要内容，并通过比较欧美工业创新政策，全面分析了欧洲工业创新政策的优势与劣势。该书认为，工业创新概念不同于传统的技术创新，它既包含技术创新的内容，也包含制度和政策创新内容，在整个工业创新过程中，始终存在着科技革命因素、技术创新与技术创新因素、国家干预与市场因素的相互博弈和互动，从而使整个工业创新历史异常丰富多彩。该书还对欧洲与中国的工业创新历史进行了时间和空间的比较，提出了构建中国工业创新模式的新思路。

《中国与欧洲关系 60 年》

周弘(研究员)

论文 18千字

《欧洲研究》 2009年第5期

该文全面回顾了中国与欧洲共同体/欧洲联盟及其成员国1949～2009年间政治和经济关系的发展历程，分析了当前中欧关系取得的进展和存在的问题。该文认为，60年来中国与欧洲关系的发展变化见证并体现了世界格局的演变以及中国和欧洲这两大很不相同的世界力量自身的发展变化。中欧之间不断深入和拓展的交往使双方都为之获益，而这种交往所创造出来的体制机制和方式方法也堪为人先。中欧关系能否在第二个60年中顺利发展，取决于中国和欧盟能否认识相互之间的依存度和互补性。双方应通过业已建立的机制和正在构建的机制，相互包容历史和文化差异，相互学习和借鉴，以平等互利的精神开展合作。

《全球化条件下"中国道路"的世界意义》

周弘(研究员)

论文 12千字

《中国社会科学》 2009年第5期

该文列举了当今世界有关"中国模式"的部分议论，分析了"模式"的几种用法，回顾了中国发展道路的由来以及全球化条件下中国发展具有自己特色、符合自己国情的社会主义道路的基本经验，并进一步指出，根据本国和本地区的特色，寻找适合自己国情的发展道路，这不仅是中国经验，也是其他国家和地区的实践。

新中国成立60年和改革开放30年来所取得的巨大成就，使世界热衷于讨论是否存在某种"中国模式"或"北京共识"。"模式"包含着两层含义：一是发展道路的独特性，二是发展道路的可输出性和可效仿性。从前一层含义上来看，中国的发展的确创造出了一个独特的中国模式。中国发展道路是在中国人追求民族独立和现代化的历史背景下，在最终选择了马克思主义的条件下实现的，其本质就是选择走社会主义道路而拒绝资本的扩张和奴役。全球化伴随着全球资本力量的无限膨胀，世界政治、经济都沦于世界资本主义的奴役之下，中国的发展道路正是在这个背景下显示出其独特性。同时，中国也不会向外输出自己的发展模式，通过对和谐、平等和多样性的追求，中国道路的成功将改变现有国际规则和全球发展观念。中国道路在全球化时代具有世界性的意义。

《论英国的金融监管》

江时学(研究员)

论文 10千字

《欧洲研究》 2009年第6期

20世纪80年代以来，英国的金融监管模式及其力度发生了重大变化。该文回顾了撒切尔政府实施的金融"大爆炸"的成败得失，阐述了英国金融监管向单一监管模式过渡的前因后果，介绍了国际金融危机爆发以来英国金融监管的一些新动向，并提出了"如何认识金融监管的不同制度安排的利弊得失"、"如何认识'自由银行业'"、"如何认识金融创新"、"如何认识英国的国际金融中心地位"等问题。

《金融风暴与欧盟的应对行动协调》

吴弦(研究员)

论文　16千字

《欧洲研究》　2009年第1期

该文认为，面对国际金融危机，尽管欧盟成员国最初曾试图各自应对，但在内外因素特别是经济一体化深层结构性效应的推动下，终于决计谋求共同应对，走向了行动协调，并先后在金融市场和实体经济两大领域采取了一系列重要举措。在金融市场领域主要采取了以下举措：(1)各国的直接救市措施，旨在维护市场公平竞争秩序；(2)加强金融监管；(3)欧元区与非欧元区成员国合作；(4)强化内部协调，推动国际金融体系改革。在实体经济领域主要是制定了《欧洲经济复苏计划》，试图在《稳定和增长公约》框架内，大力启动和协调各国财政手段，迅速刺激需求和提升市场信心，以尽快推动经济复苏和就业，避免深度衰退出现；同时，欧盟又强调以"里斯本战略"为依据，通过各种手段的协调并用，促进"结构性改革"和"聪敏型投资"，推动技术创新和知识型经济发展，旨在提升欧洲的长远竞争力，最终促进增长和就业。欧盟在此次危机中的协调取向及各项应对举措，不但对其逐步走出当前困境有重要意义，而且对日后一体化的发展进程具有重要意义。

《法律创新与欧洲一体化》

程卫东(研究员)

论文　15千字

《欧盟法与欧洲一体化》(米健主编)

法律出版社　2009年9月

欧盟法律体系是在《罗马条约》基础上发展起来的一种法律体系。该文认为，《罗马条约》是一个里程碑式的条约，它在目的、内容、机构及其职能设置上，突破了传统的国际法理论与实践，它既不同于传统的国际法，也不同于传统的国内法，它是独特的。欧盟法律体系的独特性在于它在许多方面的创新，这些创新既体现在《罗马条约》的规定上，如欧盟的机构设置、立法体系以及初步裁决机制等，也包括欧洲法律在司法实践中的创新，特别是宪法性原则的创新，如最高效力原则、直接效力原则等。欧盟创新性的法律制度在欧洲一体化中发挥了重要作用。欧盟法律创新既是对现有国际法的发展，也是对国内法体系的发展，它逐渐形成为一种独特的新的法律制度体系。

《年鉴学派和"新史学"的墓志铭》

马胜利(研究员)

论文　10千字

《世界历史》　2009年第6期

该文认为，年鉴学派及其代表的"新史学"是20世纪最重要的史学现象，它们不仅在法国史学界长期占主导地位，而且对全世界的历史学和社会科学研究也产生了重大影响。该文对新史学的产生、发展和衰落以及三代年鉴学派的特点进行了阐述和剖析。三代年鉴学派的共性在于：它们都否定政治史的统治地位，都从其他社会科学攫取新成果，并力图从传统史学和马克思主义之间寻求第三条道路。但随着新史学的发展，年鉴学派的史学家逐渐放弃了布洛克、费弗尔和布罗代尔等新史学大师对全面历史的追求，甚至不再把人类作为历史的中心，并使史学沦为碎片，从而导致了新史学走向衰落。

《从观念层面看中欧关系的发展》

田德文(研究员)

论文　20千字

《中国对外关系：回顾与思考(1949～2009)》(张蕴岭主编)

社会科学文献出版社　2009年10月

该文从观念因素作用的角度回顾了新中国与欧洲国家关系60年的发展历程，对近年来欧盟“中国观”的新变化进行了解析，认为观念差异在中欧关系中将长期存在，而减少冲突则有赖于双方的共同努力。该文认为，在中欧关系60年的发展历程中，中国一直积极致力于发展一种超越意识形态因素的友好合作关系，欧方在走出冷战阴影后对这种意向作出了积极的回应，使得中欧关系在1995年后得到了长足发展的契机。但是，在多种因素的影响下，欧洲始终存在从观念上将中国视为异类的舆论。2005年以后，这种舆论对中欧关系的消极影响有所上升。长远而言，中欧关系的健康发展需要双方对这种关系真正给予战略性的重视，在观念层面上建立相互信任、相互尊重、求同存异、谋求共赢的良好氛围。

《从经济视角看欧盟对华政策的调整》

裘元伦(研究员)

论文　10千字

《中国对外关系：回顾与思考(1949～2009)》(张蕴岭主编)

社会科学文献出版社　2009年10月

该文认为，尽管欧盟及其成员国的对华政策具有两面性，但在1998～2003年间欧盟与中国建立全面伙伴关系和全面战略伙伴关系相关文件的提出，标志着当时欧盟对华政策中积极因素占据上风，表明在此期间中欧关系总体处于良好的发展态势。对此作出贡献的，首先是经济因素。中欧双方巨大的经济规模、可观的经济利益、互补的经济结构以及光明的经济前景使经济因素成为联结中欧双方的主要纽带。然而，又正是因为随后出现的中国经济崛起及其所产生的中国国际影响力的大幅提高，促使欧盟再度调整其对华政策，其标志是欧盟于2006年10月24日发表的题为《欧盟与中国：更紧密的伙伴、承担更多责任》的政策文件，使欧盟对华政策转向相对“趋严”。该文详细探讨了欧盟对华政策这一新文件的出台背景、主要内容及其后果影响，并由此得出如下结论：中欧关系在经历了一段相对稳定的时期之后，近年来处于一种不大确定的状态。

《欧盟对外关系中的文化维度：理念、目标和工具》

郭灵凤(研究员)

论文　9千字

《欧洲研究》　2009年第4期

该文认为，伴随着东扩进程，欧盟日益成为国际经济、政治和社会发展领域的一支举足轻重的力量。欧盟外交和发展政策的目标是在一个多极化格局的世界中建立自己的“软实力”，推广欧洲价值观、寻求经济利益和地区安全。文化因素服务于欧盟外交的总体战略。欧洲运用“文化多样性”、“文化间对话”、“文化与发展”等国际政治语境中的“正当性话语”，为其文化外交提供理念支持。针对世界上各国和各地区与欧盟地缘政治关系的不同情况，欧盟制定了不同的文化外交目标，并选择与之相适应的政策工具，力图在全球范围内建立文化影响力。但是，欧盟力图达到的“全球安全”的目标能否实现，不在于它能够“同化”多少发展中国家和地区，而在于“文化间对话”的效果如何。

《国家构建的欧洲方式——欧盟对波黑政策评析》

刘作奎(研究员)

论文　10千字

《欧洲研究》　2009年第4期

该文认为，国家构建是欧盟对波黑实施的一项重要重建任务。欧盟通过规范性和技术性影响来改造波黑的弱国家性，力争消除实体和种族的对立状况，为波黑塑造一个完全功能性国家打下基础。欧盟在波黑的实践表明，欧盟国家构建的方式是强调规范性影响为主、技术性影响为辅，通过动员多种国家构建工具和手段来塑造欧盟民事强权形象。

西亚非洲研究所

《利玛窦〈中国纪〉波斯文本研究》

陆瑾(副研究员)

专著　180千字

伊朗古籍研究中心　2008年12月

该书是中国学者用波斯文撰写的一部具有重要学术价值的专著。作者通过对伊朗珍贵文化遗产——波斯文手抄本利玛窦《中国纪》的研究，并比对该著作的其他文种版本，确定了波斯文译者的身份，并对译者穆罕默德·扎芒的生平、著述进行了研究和评介；完成了对波斯手抄本的校注工作，对波斯文本中的各种错漏进行了更正；注释了波斯文本中相关难字、难句、人名、地名及专有名词；系统梳理、评介了波斯文本有关中国古代历史、文化和习俗的内容。该书填补了伊朗汉学研究领域里的一项空白，激活了这部沉睡多年的古波斯语文献，为研究萨法维时期波斯语的文风和译风以及当时波斯人对中国的认知状况提供了依据。2009年8月9日，该书荣获伊朗国家级图书大奖——“第九届伊朗国家手抄本保护者奖”。

《石油供应安全的国际经验及其对中国的启示》

杨光(研究员)

论文　11千字

《西亚非洲》　2009年第10期

该文把中国与工业发达国家进行比较研究，探讨了石油进口国在保障石油供应安全战略方面的基本沿革，讨论了石油进口国在勘探国内石油资源、进口来源多样化、支持企业在海外投资、提高能源使用效率、建立应急反应机制和开展能源外交等方面的做法及其对中国能源安全的正面启示和反面教训。该文认为，中国作为后起的石油进口大国，虽然不能占得“先机之利”，但可以发挥“后发优势”，通过研究工业发达国家的经验教训，以较短的时间和较低的代价，解决发展道路上的石油供应安全问题。

《传统宗教在非洲信仰体系中的地位》

张宏明(研究员)

论文　15千字

《西亚非洲》 2009年第3期

该文认为，传统宗教在非洲信仰体系中地位的变化是多种因素造成的。在社会、经济和文化欠发达的现阶段，传统宗教仍在非洲保持独特的地位，影响着非洲人的思维方式和行为规范，并将继续在非洲国家的社会生活和政治生活中起到潜移默化的作用。其原因在于，传统宗教不仅与非洲的道德伦理、生活习俗密切相关，而且为当代非洲社会提供了哲学上的基础，成为非洲人探讨人与自然、社会、神灵关系及其和谐相处的工具。

《推倒高墙：论中非关系中软实力的建设》

贺文萍(研究员)

论文 14千字

《西亚非洲》 2009年第7期

该文从构成“软实力”基础的三大要件（即文化、价值观和政策）着手，分析了近年来中非关系发展中“硬实力”（经济和贸易关系）和“软实力”（文化和价值观的吸引力）未实现同步发展的现实以及中非关系中软实力建设的紧迫性和必要性。该文认为，我对非“软实力”外交既有优势也有不足。为推进中非关系中的软实力建设，我们应首先在战略层面，从道义高度上确立对非外交目标。帮助非洲实现减贫发展、实现“联合国千年发展目标”和共享全球化成果，应是现阶段我们对非外交最适宜高举的旗帜。其次，在战术层面则要加强我们在国际事务中的议程设置能力，重视对智库和市民社会的培育，积极开展对外舆论引导工作，加强与非洲的经验交流以及多渠道开展民主对话。

《从姆贝基去职看南非政治风云》

杨立华(研究员)

论文 12千字

《西亚非洲》 2009年第1期

南非总统姆贝基被迫辞职，内阁大换班，引起人们对南非新制度稳定度的疑问以及南非未来发展前景的讨论。该文认为，南非政治的变动是“成长痛”，即新制度建立、矫正、完善、巩固过程中的必然阶段。南非能否通过这一轮政治震荡，找到新体制的不足，在南非整个社会新变化的基础上，处理好各利益集团的关系，继续沿着包容、共享的道路发展，是一个值得关注的问题。南非与其他非洲国家一样，需要在建设现代民主制度的过程中探索。

《金融危机对非洲发展的影响》

姚桂梅(研究员)

论文 12千字

《亚非纵横》 2009年第4期

该文对国际金融危机给非洲大陆带来的影响进行了较为全面的分析。该文认为，金融危机不仅加大了非洲国家政局不稳、社会动荡的风险，而且凸显了非洲经济结构单一、资金短缺等弊端，加剧了非洲经济增长的波动性、脆弱性。面对金融危机的冲击，非洲各国积极应对，在动员国内、区域力量进行自救的基础上，非洲各国力争通过南南合作，消除负面影响。非洲国家对发展模式的反思、对中国发展经验的青睐、对发展政策与重点的调整，为中国企业拓展对非经贸合作提供了难得的机遇。中国企业应逆势而上，加大对非洲矿业、农业等传统产业的投资力度，同时开创金融、环保新领域的合作。

《非洲群体意识的内涵及其表现形式》

张宏明(研究员)

论文　14千字

《西亚非洲》　2009年第7期

该文认为，群体意识或共同体意识在非洲传统道德伦理中始终居于至高无上的地位，并且构成了宗教哲学的本质内涵。非洲人的群体意识或共同体意识反映在社会形态、社会结构、社会关系等诸多层面，其内涵可以用“一统、和谐、互助、分享”等加以概述。非洲人的群体意识不仅反映在赡养老人、抚育幼儿、婚姻习俗及日常生活方面，而且也体现在传统的伦理道德、艺术美学和司法制度中。

该文认为，非洲人的群体意识是与其所处的生产和生活环境相适应的，只要大家庭继续扮演“保险公司”的社会角色，那么，以大家庭、亲属关系和村社制度著称的传统社会结构和社会关系就不会真正瓦解，作为这种社会结构和社会关系观念形态的群体意识也依然具有生命力。

《论正义与发展党执政下的土耳其“民主模式”》

王林聪(研究员)

论文　11千字

《西亚非洲》　2009年第8期

土耳其民主化道路几经挫折，既面临着代表世俗力量的军人集团的压力，又受到来自伊斯兰主义势力的严峻挑战。该文论述了在土耳其民主化进程中“民主模式”内涵的变化及其实质。执政的土耳其正义与发展党具有浓厚的伊斯兰主义背景，拥有广泛的社会基础，但就其性质而言不属于伊斯兰主义政党。正义与发展党执政以来奉行温和、务实政策，以“民主保守党”自居，积极推进民主化进程，在宗教与世俗之间寻求平衡，在不改变国家政权世俗性质的前提下竭力维护伊斯兰文化传统和习俗，强调伊斯兰价值观的重要性。正义与发展党塑造的这种“民主模式”尚在形成之中，并对土耳其政治发展有着重大影响。与此同时，土耳其宗教与世俗群体之间的较量复杂多变，反过来又决定了这种“民主模式”内涵的模糊性和不确定性。

《影响当代土耳其政治发展的历史文化遗产》

姜明新(副研究员)

论文　11千字

《西亚非洲》　2009年第3期

该文认为，现代土耳其有四大政治文化遗产，即传统权威主义的军人政治遗产、伊斯兰政治文化遗产、凯末尔主义遗产和多党民主政治遗产，它们都在现代土耳其国内政治的发展变化中起独特作用。作为一个创造了悠久文明、曾经对世界历史产生了重大影响的国家，现代土耳其不可避免地会受到历史文化遗产的影响，而现代土耳其的种种矛盾现象，正是这些历史文化遗产与现当代社会现实互相冲撞的产物。

《论伊斯兰文化的社会参与功能》

刘月琴(研究员)

论文　13千字

《西亚非洲》　2009年第4期

该文认为，伊斯兰文化以固有的社会属

性，通过宗教礼仪形式参与并影响社会的政治、经济和文化生活，对构建社会秩序和规范社会秩序起到了举足轻重的作用，具有独特的社会参与功能。宗教文化构成了伊斯兰社会的主要元素，在穆斯林的宗教生活以及世俗生活中发挥着重要作用。宗教叩拜文化不仅是穆斯林的生活方式，而且是一种固定的社会生活秩序。从实践、空间到人间，社会上的一切几乎都是宗教的，伊斯兰社会形成了一种立体的宗教管理模式。礼拜的要素之一是人际连锁关系，宗教生活形成了一个“社会文化场”，每个人都不能离开以“社会文化场”为中心的生活圈，且都是社会宗教活动的参与者。

《土耳其对华实施反倾销等贸易救济措施的特点及其成因》

姜明新(副研究员)

论文　11千字

《西亚非洲》　2009年第6期

该文认为，土耳其对华实施反倾销等贸易救济措施，是我国作为一个国际贸易大国而不是一个国际贸易强国所遭遇的典型尴尬，是我国现阶段经济发展和出口结构的直接反映。换言之，这是一个阶段性的问题，它会随着我国经济结构的调整和产业升级而逐步得到缓解。因此，我们的相关政策部门在决策的过程中，不能仅仅针对土耳其的情况来作决策，而必须树立两个观念，即全面的观念和中长期的观念。

《从总统辞职看索马里海盗现象的政治与社会成因》

刘乃亚(副研究员)

论文　1千字

《西亚非洲》　2009年第7期

该文认为，海盗现象业已成为索马里的另类政治生态，亦是索马里国内矛盾的外在表现形式。海盗行为表面上是牟取赎金，事实上，它也在为索马里国内军事派别的政治争斗运作资金；索马里海盗有强烈的政治诉求，其本质是后殖民时代非洲人对西方移植其“民主价值观”的反动。美国治下的索马里和平进程，客观上是将昔日军阀在战场上的血拼转变为“权力分享”名义下的各派在议会中的争斗。如果不从其内生根源出发，国际社会打击海盗的行为只能是治标不治本，而不具有可持续性。

《中国在非洲直接投资的总体评估》

姚桂梅(研究员)

论文　12千字

《西亚非洲》　2009年第7期

该文认为，近年来，非洲国家在改善投资环境方面成绩斐然，成为世界许多国家的投资热土，中国成为对非投资的生力军。大多数中国企业在非洲的投资取得了双赢的效果，不仅缓解了国内资源短缺问题，带动了机电设备的出口，而且提升了非洲国家的生产技术水平，在增加税收和扩大就业方面发挥了积极作用。中国在非洲投资也面临着诸多问题和挑战。为此，中国政府和企业采取旨在提高治理能力的应对措施，使中国对非洲投资朝着健康、持续的方向发展。始于

2008年的全球金融危机加大了中国对非洲投资的风险，但也孕育着机遇，中国政府和企业应立足于长远投资战略，加大对非洲的投资力度。

《考验宪政体制的南非第四次民主大选》

杨立华(研究员)

论文　14千字

《西亚非洲》　2009年第8期

2009年4月，南非废除种族隔离制度后的第四次大选，是对南非运行15年新宪政体制的考验。该文认为,由于执政党(非国大)内部潜力斗争导致的分裂及全球性金融危机对南非经济的影响，使这次大选的不确定性因素增多，选民对南非未来政治、经济发展的关注度上升。大选的过程和结果显示，南非民主宪政制度有稳定的基础。精选过程中进行的全国范围、多种形式的政策辩论，是对南非发展道路的集体反思和探讨，使南非未来发展的方向更加清晰。祖马新一届政府面临兑现承诺的巨大压力，同时面临反对党更具挑战性的监督和制衡，保持宪政制度正常运行的前景看好。

《伊斯兰报应理论与中国文化的相通性》

刘月琴(研究员)

论文　12千字

《西亚非洲》　2009年第8期

世界文化之间的相同是客观存在，伊斯兰文化与中国文化之间的相通性便是佐证。该文认为，包括中国文化在内的许多文化，对报应学与人神关系、人与社会的关系、人与人的关系，具有广泛的认同，它是人生哲理、思想内涵和道德规范的精华部分。一个民族的宗教是构成民族文化的重要内容，从宗教文化角度诠释社会的内在重要性就包含在其中。任何文化的存在和发展皆植根于丰厚的社会土壤，伊斯兰文化和中国文化均具有很强的社会存在价值与意义，因此，也就有了理论实践和应用。

《政府在非洲国家减贫中的作用评析》

安春英(副编审)

论文　11千字

《西亚非洲》　2009年第8期

该文认为，非洲国家贫困的普遍性、区域性、长期性特征以及政府在掌控国家公共资源的支配特征决定了政府在国家减贫中应发挥主导性和决定性作用。其主要表现在：通过行政手段和执政资源，将减贫纳入国家发展战略与执政党的施政纲领及执政目标之一，奠定国家减贫的制度基础；通过调整财政支出、信贷资金等经济手段，加大减贫的资金投入，构筑减贫的物质经济基础；通过土地改革、鼓励中小企业发展等政策手段，给穷人提供更多参与经济活动的机会，增加穷人的收入；实施专项减贫计划，实行有针对性的减贫。而政府在减贫中也有诸多局限性，为保证在减贫中取得实效，非洲国家政府需要处理好政府与市场、私营企业和非政府组织等的关系。

《巴以关系“两国论”：历史溯源和前景分析》

余国庆(副研究员)

论文　11千字

《西亚非洲》　2009年第10期

该文认为，2009年以来，随着美国新任总统奥巴马的上台，随着以色列大选结束、强硬派人物内塔尼亚胡出任总理，巴以冲突问题的“两国论”解决方案引起国际社会的广泛关注。此方案可以在历史中得到回溯，但反映出以沙特为代表的阿拉伯国家希望在解决巴以冲突问题上发挥更大作用。美国大力推动“两国论”解决方案，反映出奥巴马在中东外交上的新思维。“两国论”解决方案的前景，除了取决于巴以双方政策调整的愿望外，还需要国际社会的共同努力。

《应对气候变化：非洲的立场与关切》

詹世明(助理研究员)

论文　15千字

《西亚非洲》　2009年第10期

气候变化及其引起的消极影响已是不争的事实。该文认为，非洲对形成气候变化的责任最小，却是受影响程度最深的地区；气候变化将对非洲的农业、水资源、沿海地区、生物多样性、人类健康和国家安全造成不可估量的损失，并最终影响宏观经济和社会的发展；非洲国家应对气候变化共同立场的形成，有利于非洲在未来的国际气候谈判中争取主动，并有效应对气候变化所引起的消极影响。该文指出，非洲国家将在坚持原有气候原则和机制的基础上，保持自身作为发展中国家的发展权利，争取更多的资金和先进技术转让。气候变化对非洲既是挑战，也是难得的发展机遇。

拉丁美洲研究所

《新自由主义指导下的拉美经济改革与影响》

苏振兴(研究员)

论文　32千字

《世界经济发展模式比较》(李若谷主编)

社会科学文献出版社　2009年2月

该文对拉美国家自20世纪70年代以来所进行的经济改革进行了总体回顾与评估。该文指出，新自由主义在拉美地区得势有三大背景：进口替代工业化发展模式失效而又长期找不到替代模式；以军人政权为代表的右翼势力回潮；债务危机造成的经济困境与苏东剧变造成的国际形势变化，为西方国家推销新自由主义提供了契机。该文全面回顾了这场改革的内容并提供了智利、阿根廷两国案例研究。该文认为，这场改革使拉美国家实现了由长期的国家主导型经济体制向市场经济体制的转变，由高保护型的内向发展模式向开放型的外向发展模式的转变，但带来金融危机频发、经济低迷、贫困人口增加、社会冲突加剧等诸多后果。改革过程的基本教训有以下几点：(1)宏观经济政策与改革之间互不协调；(2)贸易自由化与提高产业竞争力之间脱节；(3)私有化导致外资并购潮，利用外资没有取得预期效果；(4)社会发展问题被严重忽视；(5)在处理国家与市场的关系上出现失误。

《从未来发展视角看中拉关系的发展》

苏振兴(研究员)

论文　13千字

《中国对外关系：回顾与思考(1949～2009)》

(张蕴岭主编)

社会科学文献出版社　2009年9月

该文归纳了影响中拉关系的5个因素(地理因素、美国因素、文化因素、国力因素、台湾因素)，认为，通过发挥不断增强的国力因素的积极作用去化解各种不利因素的消极影响是一条基本的历史经验。文章从双方实力与相互需求的增长论证了中拉关系在中国外交全局中地位的上升；论证了胡锦涛主席提出构筑中拉全面合作伙伴关系和中国政府发表对拉美、加勒比政策文件，标志着中拉关系进入新的发展阶段。该文认为，坚持“平等互利，共同发展”，着眼于长远发展、立足于分阶段推进以及以拓展经贸合作为重心，重视人文交流等，对推动新阶段中拉关系的发展至关重要。

《2008～2009拉丁美洲和加勒比发展报告：拉丁美洲的能源》

苏振兴(研究员)主编　蔡同昌(副编审)副主编

专著　373千字

社会科学文献出版社　2009年3月

该书是中国社会科学院拉丁美洲研究所推出的第8份有关拉丁美洲和加勒比地区发展形势状况的年度报告。

该书对2008年拉丁美洲和加勒比地区诸国的政治、经济、社会、外交等方面的发展情况作了系统介绍，对该地区相关国家的热点及焦点问题进行了总结和分析，并在此基础上对该地区各国2009年的发展前景作出预测。

该书还对中国与拉美国家在能源方面的合作进行了介绍，并对如何进一步加强合作提出了对策建议。

《当代拉美政治重大问题研究》

张凡(研究员)

专著　266千字

当代世界出版社　2009年10月

20世纪70年代末至今的30余年间，拉丁美洲的社会政治面貌发生了巨大的变化，这一变化主要体现在民主化的逐步展开和深化过程之中。与此同时，拉美国家陆续陷入经济危机并相继开始了市场导向的经济改革，以新自由主义信条为指导的经济政策调整席卷了整个拉美大陆。该书选择20世纪70年代末至今30余年间拉美政治生活中最为突出的若干问题，以民主化进程的启动、进展、挫折和困境分析为主线，依次探讨了政治发展问题、民主质量问题、政治权力分配模式问题、可治理性问题、政治结构问题、政治制度问题、左派问题和经济改革问题等。

《把我的心染棕：潜入美洲》

刘承军(研究员)(笔名索飒)

专著　300千字

青海人民出版社　2009年8月

该书基于作者数次拉丁美洲实地考察的经历和观察，以日记体的形式，分厄瓜多尔、秘鲁、墨西哥、古巴等四个部分叙述了拉丁美洲现象。厄瓜多尔、秘鲁部分围绕古代美洲印第安文明水平，解构欧洲中心论的文明观；墨西哥部分着力于拉美社会和民众对“新自由主义”经济社会政策的反应，分析自殖民史开始的世界化进程；古巴部分突出对“革命”的反思，从历史背景理解革命的动因和困境。

该书附有大量从西班牙语原文直接翻译的引文、文献目录注释以及200幅以现场拍摄为主的照片。

《墨西哥革命制度党的兴衰》

徐世澄(研究员)

专著　213千字

世界知识出版社　2009年6月

墨西哥革命制度党是墨西哥也是拉丁美洲执政时间最长的第一大政党，该党自1929年建立以来至2000年12月，连续执政长达71年。然而，在2000年和2006年两次大选中，革命制度党竞选均告失败，成为主要的在野党之一。

该书是作者多年来对墨西哥政党政治研究的成果。作者根据大量第一手资料，具体深入地介绍和分析了墨西哥革命制度党的兴衰，着重分析了该党在执政71年后下野的原因，以及该党在下野后总结经验教训的情况。该书也介绍和分析了墨西哥政治制度与政党政治的概貌，墨西哥其他主要政党特别是国家行动党、民主革命党的成立和发展以及它们与革命制度党的关系，当前墨西哥的政党政治格局以及革命制度党是否有可能东山再起等。

《拉美“增长性贫困”与社会保障的减困功能——国际比较的背景》

郑秉文(研究员)

论文　48千字

《拉丁美洲研究》(增刊)　2009年3月

1980～2008年拉美地区一个特殊的社会经济现象是，一方面经济呈增长状态（虽然增幅很小），但另一方面贫困率却也呈持续上升趋势，只有当增长率超过3%时贫困率才开始下降。该文将这一特殊现象概括为“增长性贫困”，并对其成因进行了深入分析，提出了“3%拐点假说”，即只有当增长达到或超过3%时贫困率才出现下降趋势。该文在比较欧盟和美国等经济体时发现，欧美社保制度的减困效果在拉美基本是“失灵”的，作者在估算中发现，拉美社保制度的减困幅度和减困系数远远低于欧盟和美国。拉美地区社保制度的减困效果之所以会出现这个差距，之所以出现“增长性贫困”，与拉美社保制度在改革后存在一些问题高度相关。拉美式“半覆盖”社保制度使其“合法性”逐渐开始演变成一个“政治问题”：2008年11月阿根廷私有化社保制度的“国有化事件”和两年前厄瓜多尔私有化社保的“骚乱事件”可视为颠覆其“合法性”的开端，可见，拉美私有化社保模式将面临严峻考验。

《中国与墨西哥产业和贸易结构比较》

吴国平(研究员)

论文　12千字

《拉丁美洲研究》　2009年第5期

在全球化背景下对拉美国家的竞争力进行国际比较，可以一个新的视野观察拉美经济。透过全球竞争力指标的国际比较，该文发现，拉美国家竞争力的变化呈现出分化的趋势，地区各国之间的差异在加大。拉美国家正面临来自亚洲和转型国家日益严峻的竞争压力的挑战。尽管影响拉美各国竞争力的因素不尽相同，但制度和政策是其中的重要因素之一，拉美国家前期经济改革的成效及各国近年深化改革的举措对此有直接影响。2003年以来，随着拉美经济进入新一轮增长，拉美国家的综合竞争力有所提高，但其改善的速度落后于世界其他国家和地区，拉美国家传统的竞争力优势正在逐渐减弱，国际能源和食品价格的上涨对拉美国家竞争力的整体影响有限。中国企业投资拉美需要考虑拉美国家综合竞争力因素，注意区位优势的选择。

《可治理性与社会凝聚：拉美国家的经验》

袁东振(研究员)

论文　20千字

《拉丁美洲研究》(增刊)　2009年3月

该文认为，拉美国家的可治理性总体上处于缓慢和持续提高的过程，可治理性持续改善的制度基础、体制条件、政策条件和民众基础均有所改善，可治理性危机集中发生在少数国家。但拉美国家在可治理性方面仍有许多难题，远未实现理想的可治理性。随着民主化进程深化和经济转型的实现，拉美国家政治体制固有缺陷进一步暴露，社会矛盾有所发展，可治理性问题更加突出。拉美国家可治理性缺陷有多种表现形式，其中包括政治体制的“低度民主”特征，效率不高、腐败现象严重；政治机构的代表性不充分，易出现代表性危机；许多制度设计有缺陷，社会制度的设计尤其不合理；国家决策公开性和透明性虽有改善，但政策设计缺陷依然明显；政府执政能力和执政水平也有很大缺陷；公民的经济和社会权利还不充分。该文指出，可治理性缺失必将加剧社会矛盾，使社会环境长期得不到改善，损害人们对未来的预期，降低民众的认同感，损害社会凝聚。拉美国家社会凝聚的增强，在一定程度上有赖于可治理性程度的进一步改善。

《拉美社会凝聚：一个新的政策理念》

刘纪新(研究员)

论文　16千字

《拉丁美洲研究》(增刊)　2009年3月

社会凝聚是近几年拉美地区公共议程中最热门的话题之一。增强社会凝聚已作为一个崭新的政策理念进入拉美国家决策者的视野，正在逐渐转化为一些拉美国家政府的政治意愿和自觉实践。社会凝聚理念在拉美的传播，与国际组织在对拉美政策中取得的共识和共同努力密切相关。该文认为，拉美学界和政界对社会凝聚的概念尚未形成共识，特别是对社会凝聚理念内涵的理解并不一致，但在其核心含义或现实目标上已有共识。拉美社会凝聚理念本身需要一个不断调整、修正、丰富和完善的过程。其间，对话、交流、争论和磋商是不可或缺的，其最终能在多大程度上和多大范围内为拉美国家接受并真正转化为政策实践，有待时间的检验。

《美国“促进民主”的拉美政策辨析》

杨建民(副研究员)

论文　9千字

《国外社会科学》　2009年第4期

20世纪初以后，美国对拉美开始奉行在保持军事优势和威慑的同时，辅以“金元外交”，打着“促进民主”的旗号，维护本国的根本利益，改变了先前赤裸裸的大棒政策。冷战期间，为了防止所谓“共产主义扩张”，美国长期与拉美的独裁政权结盟，甚至颠覆民主政府。该文认为，20 世纪 70 年代以后，美国在世界范围内“促进民主”确实给拉美国家的“民主化”提供了良好的外部条件。然而，影响美国对外政策的主要因素一直是美国的战略安全和经济利益，而不是为了“促进民主”。拉美国家民主化的经验和教训表明，不能照搬美国等先进国家的经验和模式，而应该主要依靠自主创新，建立适合本国国情的民主制度。

《影响巴西竞争力的深层原因：国家创新体系的矛盾性和脆弱性》

宋霞(副研究员)

论文　9千字

《拉丁美洲研究》　2008年第6期

根据洛桑报告和世界经济论坛的评价，巴西的综合竞争力排名一直处于中等偏下的地位。尽管近几年巴西经济持续增长，但排名仍回升乏力。究竟是什么原因呢？该文认为，这主要是巴西国家创新体系所呈现的矛盾性和脆弱性造成的：巴西是拉美地区综合实力最强、工业体系最完整的国家，同时也是拉美贫富差距最大的国家，这种差距不仅表现为收入分配和区域发展的不平等，更重要的是知识和创新的发展与分配严重失衡，在创新日益成为竞争原动力的时代，这显然不利于国家整体竞争力的提高；巴西拥有拉美最好的大学和研究生教育，科学技术进步迅猛，成就突出，但这些成就很少应用于经济和社会领域；知识和创新过度集中于大学、公共研究机构的“理论”研究，私人部门和企业创新不足，缺乏自主创新的民族经济很难提高竞争力。这些矛盾性和脆弱性已经成为巴西竞争力提高的巨大障碍。

《论委内瑞拉“21 世纪社会主义”思想和实践》

王鹏(助理研究员)

论文　10千字

《拉丁美洲研究》　2009年第4期

查韦斯政府在执政期间力求对既有的政治—经济发展模式实现根本变革，推动委内瑞拉走上一条符合自身国情的发展道路。在这一过程中，它逐渐把“21 世纪社会主义”作为变革的指导理论。该文认为，委内瑞拉“21 世纪社会主义”的基本内涵是：在政治方面，保留现行的代议制民主体制和多党竞争，同时鼓励、扩大基层民众的政治参与；在经济方面，加强国家对经济的干预和调控，对资本和市场进行一定的限制，建立一种注重实效的、私营经济与国有经济并存的混合经济；在社会方面，改善社会福利，倡导社会公正；在对外关系方面，追求国际关系的民主化，反对霸权主义。在“21 世纪社会主义”的建设进程中，查韦斯政府修改宪法和颁布一系列新法律，重视扩大非私有制形式的生产资料所有制，促进参与式民主的发展，开展社会主义教育运动，实施一系列“社会使命”，倡导建立国际合作的新模式，强调第三世界特别是拉美国家的团结合作。着眼未来，查韦斯政府在建设“21 世纪社会主义”进程中需要应对来自以下四个方面的挑战：第一，如何发挥工人阶级的作用；第二，如何加强委内瑞拉左派阵营的团结；第三，如何克服对查韦斯领导作用的过度依赖；第四，如何应国内反对派的强有力挑战。

《阿根廷私有化社保制度“国有化再改革”的过程、内容与动因》

房连泉(副研究员)

论文　38千字

《拉丁美洲研究》　2009年第2期

1994年，阿根廷对传统的DB型现收现付社会保障制度进行了私有化改革，建立起一个多支柱混合型社保制度。2008年11月，阿根廷突然宣布对其DC型完全积累制的私有化社保进行“国有化再改革”。该文对1994～2008年阿根廷私有化社保制度的运行状况进行了总体评价，对2005年以来尤其是克里斯蒂娜总统2007年12月上台以来实行的改革取向作了评介，在此基础上，对2008年11月国有化改革的过程、改革方案及其相关立法情况进行了较为详细的评析。对阿根廷社保国有化改革的反响不尽一致，国际舆论普遍持批评的态度，而在国内方面，工会和参保人则持坚决的支持态度。该文认为，阿根廷社保私有化改革之后存在的问题在拉美具有相当的普遍性和代表性，它虽然基本解决了制度可持续性和政府财务负担等问题，但却始终存在着养老基金管理公司手续费较高且利润却“旱涝保收”、社保制度碎片化状况没有得到根治且特权制度依然存在等很多具体问题，特别是覆盖范围狭窄问题长期没有得到根本改善，绝大部分就业人口被排斥在外，广大国民没有得到实惠，于是，社保制度合法性危机便逐渐显现，这既是拉美私有化社保模式的致命缺陷，也是阿根廷社保制度成功实施“国有化再改革”的政治和社会基础。

《拉美国家社会发展战略的变化及其启示》

袁东振(研究员)

论文　8千字

《经济增长与社会发展：比较研究及其启示》

社会科学文献出版社　2008年11月

20世纪70年代以前，拉美国家没有专门的社会发展规划，但逐渐形成了比较系统的社会政策。这一时期的社会政策有一系列缺陷，具有多变的特点，缺少连贯性和公平性，相关决策缺乏透明度，社会政策的受益范围有限。80年代以后，随着内部和外部条件的改变，拉美国家社会政策出现一些重要变化，形成新的社会发展战略。拉美国家接受了新的发展思想，在社会发展问题上逐渐形成共识，社会发展的目标趋于明确，不少国家制定了专门的中长期社会发展计划。一些国家对前一时期的经济改革战略进行调整，进行以缓解社会矛盾为基础的“第二轮改革”，即社会领域的改革。特别是近年来，一批左翼领导人相继在拉美国家执政后，强调经济与社会协调发展，强调探索新的发展道路，加大社会政策调整力度。拉美国家新的社会发展战略仍处于不断发展和完善过程中，尚有一定局限性。拉美国家社会发展战略的变化，提供了不少有益启示，为我们在发展观转变、经济社会协调发展、社会政策与社会发展战略的关系方面，提供了可供思考的素材。

亚洲太平洋研究所

《国际金融危机与世界经济前景》

李向阳(研究员)

论文 8千字

《财贸经济》 2009年第1期

该文认为，国际金融危机未来的走势在很大程度上将取决于以下三个领域的进展：一是美国房地产市场的走势，二是大国联合救援的效果，三是发达国家实体经济衰退和外围国家经济衰退对金融市场的反馈。新兴市场经济体曾经被认为是全球经济摆脱金融危机的希望所在。但过去的半年间，它们受危机的冲击越来越明显。

关于此次国际金融危机的影响，该文认为，由于这场国际金融危机源于全球经济的核心国家美国和核心部门金融业，是市场经济自发运行的结果，其负面影响将是非常深远而广泛的。一是全球贸易萎缩与保护主义泛滥的风险；二是全球通货紧缩与通货膨胀风险；三是美元贬值的风险；四是发达国家负债消费模式面临的调整风险；五是围绕清洁能源所形成的产业群有可能成为下一轮经济周期繁荣的支撑点。鉴于金融业在这次危机中所受到的沉重打击，从金融管理体制到金融机构的组织结构、从金融工具到风险定价、从融资模式到金融机构的资产负债结构都将面临调整。在这种条件下，为新的繁荣周期寻找核心产业是未来各国经济发展战略的主要任务。以清洁能源为核心的产业群最有可能担当此任。

《共同体与东亚合作》

周方银(副研究员)

论文 13千字

《世界经济与政治》 2009年第1期

该文认为，近年来，东亚国家对东亚共同体的建设表现出了较高的热情，在这种热情的背后存在着三种不同的动机：第一种是心理层面的动机，即构建东亚共同体是一种心理需求；第二种是物质利益的动机，试图通过共同体建设推动东亚地区合作；第三种是信号考虑，是指在东亚共同体建设上做出的一种姿态。在这些动机背后存在的是关于共同体有利于地区合作的信念。在此基础上，该文就与共同体相伴随的情感对国际合作的作用进行了探讨，认为共同体本身可以被理解为一种治理方式，共同体建设成功与否取决于其与其他身份认同竞争的程度，取决于其身份认同的吸引力。

《战后东亚现代化进程中的农民运动》

李文(研究员)

论文 12千字

《南洋问题研究》 2009年第2期

该文认为，获得土地、减少现代化对农民和农村利益的侵害和反对开放农产品市场，是东亚农民运动的主要目的。在东亚现代化进程中，农村和农业日益被置于边缘地位，是农民运动产生的主要原因。农民运动在扩大农民的政治参与，实现持续、稳定的经济增长和维系社会和谐等方面具有重要作用。

《论韩国劳资关系：从对抗走向协商》

王晓玲(助理研究员)

论文　16千字

《当代亚太》　2009年第4期

该文认为，1987年之前，韩国政府直接扶植企业发展、压制工会。民主化运动爆发后，劳资矛盾出现井喷现象，形成了劳资对抗的状况。20世纪90年代，韩国的政治、经济、社会环境开始期待协商型劳资关系，但是政府缺乏经验和能力，企业和工会没有彻底完成意识转变。1997年，金融危机以及全球竞争的压力为韩国建立协商型劳资关系提供了契机。在工会较为信任的"进步阵营"执政的情况下，在全社会都认识到了劳资对抗、僵硬的劳资关系的负面影响后，韩国政府倡导建立自上而下的劳资协商机制。尽管韩国还未彻底走出劳资矛盾的泥潭，但劳资关系向协商转换的趋势已经非常明显，而且在2008年的经济危机中又有了发展。

《APEC投资便利化进程——基于投资便利化行动计划》

沈铭辉(副研究员)

论文　8千字

《国际经济合作》　2009年第4期

近年来，APEC投资便利化在相关能力建设、评估考核机制等方面取得了一些进展，并在一定程度上改善了地区内投资环境。为了进一步加强地区经济一体化、提高成员方的国际竞争力和经济增长可持续性、扩大地区内就业和繁荣并最终实现茂物目标，APEC制定了"投资便利化行动计划"，并提交了"投资便利化行动措施清单"。该文认为，这次投资便利化行动计划不仅是迈向茂物目标的重要一步，同时也是APEC更广泛商务便利化的重要组成部分，它的实施将对APEC贸易投资便利化或自由化进程产生重要影响。

《亚太地区发展报告(2009)》

张宇燕(研究员)编著

专著　443千字

社会科学文献出版社　2009年4月

该书是中国社会科学院亚洲太平洋研究所编辑出版的年度研究报告。

该书分析了亚太地区2008年以来的总体形势和若干热点问题，描述了该地区区域合作和次区域合作的进展情况，并就若干专题进行了探讨，还汇总了该地区该年度的主要经济数据。该书认为，总体而言，2008年亚太地区局势平稳，但问题亦不少。经济方面，金融危机进一步加深；政治方面，一些国家发生了政局波动，如泰国、巴基斯坦等；安全外交方面，一些潜在热点表现比较平稳，但非传统领域仍面临挑战，如印度孟买恐怖袭击等。2008年以来，亚太区域合作和次区域合作进展顺利，如大湄公河区域合作、泛北部湾合作等。

《中国人心目中的韩国形象》

王晓玲(助理研究员)

专著　560千字

民族出版社　2009年5月

该书以问卷调查和深层访谈资料为依据，比较客观地对中国人心目中的韩国、韩国人、韩国产品形象、在华韩国人对韩国国家形象所产生的影响以及"嫌韩流"的深层原因等现阶段中韩两国关系中备受关注的问题进行了学术性探讨和阐释，并试图探讨解决这些问题的方案和对策。

《给予与禁忌——一个泰国村庄选举实践的民族志》

龚浩群(助理研究员)

论文　15千字

《浙江大学学报》　2009年第7期

该文以一个泰国村庄的选举实践展示了公民代表如何与选民建立密切联系，以及地方头人如何在政党、政府部门与村庄之间或者说国家与地方之间搭起沟通的桥梁，从而造就发达的公共交往空间。国家试图通过法律约束候选人与选民的交往方式，这必然导致民间社会的抵制。本土的公共性逻辑的可贵之处在于，公民总是在与其他公民的关系中来定义自己的公民身份，国家不是一个抽象的符号或虚构的场景，而是通过公民之间的交往投射到日常生活和公共生活当中。该文认为，在将关于民主的普遍理解融入本土实践方式的过程中，知识分子必须正视由历史、社会结构和文化观念所决定的多样化的民主实践方式。

《东亚社会运动》

李文(研究员)等

专著　400千字

社会科学文献出版社　2009年8月

该书认为，第二次世界大战以后，社会运动这一政治现象频繁发生，对东亚国家的社会、政治生活产生了重大影响。该书分“理论探索”、“类型分析”和“个案研究”三编对东亚社会运动进行了系统研究。该书概括了东亚社会运动的特点，揭示了社会运动逐渐取代暴力革命成为东亚政治抗争的主要途径和方式的历史必然性，探讨了影响和制约东亚社会运动发生和发展的因素与机制，对其历史地位、积极作用和负面影响作出了探索性评价，为政治学和社会学的发展提供了新的经验、见识和观点。

《信徒与公民》

龚浩群(助理研究员)

专著　420千字

北京大学出版社　2009年8月

国民的公民身份建构问题，是该书探讨的核心问题。公民身份的建构关涉到民族国家建设的重要环节，也是当代中国社会所面临问题的症结之一。该书以一年周期的规范的人类学实地调查为基础，探讨了由小乘佛教衍生出来的社会理念在当代泰国公民身份的建构过程中所发挥的重要作用。该书在叙述泰国一个社区案例的基础上，将一般社会科学关于“公民身份”的理论与人类学特有的学术关怀和研究方法相结合，探讨当代泰国在建构公民身份过程中的得失，以期为中国当前的公民身份的建构提供有益的参考。

美国研究所

《美国的政治腐败与反腐败——对美国反腐败机制的研究》

周琦(研究员)　袁征(副研究员)

专著　349千字

中国社会科学出版社　2009年4月

该书是中国社会科学院美国研究所重点

课题的最终成果。

该书对美国反腐败的历史与机制进行了全面研究，从理论上探讨了腐败的定义、特点、根源和弊端，追溯了美国反腐败机制形成、发展与完善的历史过程，揭示了在反腐败机制形成之前，美国历史上也曾经存在过一个腐败肆虐的时期。该书把美国反腐败机制概括为有关政府道德的规章和法律以及执行这些规章和法律的政府机构，阐述了这些法律和规章的制定、修正以及执行机构的建立与完善，全面介绍了美国联邦与地方政府反腐败措施的发展，分析了媒体在反腐败中的重要作用。书中列举了大量有关政府官员和国会议员的腐败行为以及对其惩处的案例，以具体说明美国政治腐败的特征和反腐败机制的运作方式。

《中美关系史》

陶文钊(研究员)　何兴强(副研究员)

教材　415千字

中国社会科学出版社　2009年3月

该书是一部关于中美关系的通史性著作,被列为中国社会科学院研究生重点教材。

该书内容的时间跨度从1784年美国第一艘访华商船“中国皇后号”远航广州起，到2004年布什政府第一任期结束时为止。全书依据中美双方的文献资料，简要地叙述了在220年的悠长岁月里两国关系发展的曲折过程，展现了两国关系中极其丰富而又复杂的图景。作者既注意照顾全面，也对涉及两国关系的许多重要政策、事件以及人物进行了剖析；既注意了两国关系的历史延续性，也指出了各个不同历史阶段中两国关系的不同特点，并对未来的两国关系进行了展望。

《美国研究所青年学者论文选(2009卷)》

黄平(研究员)主编

胡国成(研究员)　周琪(研究员)副主编

论文集　268千字

社会科学文献出版社　2009年7月

该书由中国社会科学院美国研究所10位青年学者的13篇论文汇编而成，是美国研究所青年学者学术成果的一个集中体现。所收论文涉及美国的政治、经济、社会、外交、安全各个方面，涵盖了当今美国以及中美关系的热点问题，如美国的次贷危机、新闻监督、对华贸易政策、反恐战略、美欧关系、美俄关系、出口管制、移民政策、美国国会有关西藏问题的立法等。

《国家安全战略与对外关系：对60年的回顾与思考》

黄平(研究员)　周建明(研究员)

论文　23千字

《中国对外关系：回顾与思考(1949～2009)》(中国社会科学院国际研究学部集刊)(张蕴岭主编)

社会科学文献出版社　2009年9月

该文认为,中国过去虽然没有提出过“国家安全战略”这个概念，但在实践中，中国一直有清晰的外交战略、国防战略和国家统一战略，它们实际上反映了中国所认知和实行的国家安全战略的内容。该文试图从国家安全战略的框架和内容的角度，对毛泽东时代、邓小平时代和20世纪90年代以来维护国家安全的行为进行回顾与考察。如果说中国人民从1949年10月1日站起来的话，那么能够在一个极为严峻和复杂的国际环境中站得住，一个非常重要的条件是靠在以毛泽东为首的中央领导下所实行的国家安全战略。1978年以后中国实行改革开放，进入了邓小平时代。从战略角度看，这个时代最大的变化是对毛泽东晚年的国家安全战略作出了重大调整，其根本点就是由以阶级斗争为纲转变为以经济建设为中心，从而使中国能够通过改革开放，推动社会主义现代化事业迅速发展。20世纪90年代以来，中国所面临的基本国际格局发生了许多变化，党中央两代领导集体与时俱进，在坚持邓小平提出与实行的国家安全战略框架的基础上，根据新的情况作出调整与发展。60年来中国在国家安全战略方面的一个重要的历史经验就是：对中国的国家利益来说，要发展，必须有安全作保障，安全是发展的前提，贯穿于发展的全过程。任何时候忽略了安全，就会出大问题。而要维护国家安全，必须有一套既确保国家核心利益又适应国际环境变化的国家安全战略。该文在理论上的贡献是：第一次从国家安全战略的高度全面总结和分析了中华人民共和国建国60年来的历史，并提出了今后中国国家安全战略的基本原则。

《联邦政府与美国志愿服务的兴盛》

徐彤武(研究员)

论文　14千字

《美国研究》　2009年第3期

该文认为，美国志愿服务事业的发达与美国联邦政府所起的关键作用密不可分。联邦政府以“出资人”和“主办者”的身份介入本属于民间范畴的志愿服务始于20世纪60年代。经历了几十年的发展和改革之后，在一系列相关法律基础上形成了包括两大类全国性志愿服务计划的联邦志愿服务体系。联邦志愿服务计划的灵魂是为国家服务的理念，它得到了历任美国总统的着力宣扬和强化。精神激励与利益机制的结合、纪念性和荣誉性制度的设立、不同机构间的协调配合、民间组织的巨大贡献、网络信息技术的广泛应用等因素都推动了志愿服务事业的持续发展。奥巴马政府促成的《爱德华·肯尼迪服务美国法》揭开了联邦志愿服务体系的新篇章，它将动员和吸引更多美国人民投身志愿服务，从而增强美国应对各种危机的能力。

《认识共同利益是中美关系发展的关键——中美建交30周年回顾》

周琪(研究员)

论文　20千字

《世界经济与政治》　2009年第11期

该文认为，新中国建国60年来的中美关系和中美建交30年来的历史说明，意识形态上的深刻差异使中美两国相互猜疑甚至敌对，但是双方对共同利益的认识仍能推动两国走向和解、改善关系、加强合作。冷战时期和冷战结束之后，中美关系总是在两国寻找和发现双方的共同利益中前进。在冷战时期，中美是为了反对苏联霸权的共同利益走到了一起。冷战结束后，对共同利益的认识使美国决策者最终完全放弃了遏制中国的想法，开始把中国定位于美国的“利益攸关者”。在中国一方，中国需要同美国保持良好的合作关系，是因为中国的经济发展需要市场、资金和技术，也需要和平稳定的地区和全球环境。在美国一方，离开了中国的合作，与美国切身利益相关联的许多问题也难以得到解决。因此可以说，认识到中美之间存在着重要的共同利益，在冷战时期和冷战之后都是中美关系发展的关键。

《艰难的政策抉择：论杜鲁门政府的巴勒斯坦政策（1945 ～ 1948）》

袁征(副研究员)

论文　23千字

《美国研究》　2009年第4期

该文通过分析杜鲁门政府在第二次世界大战结束后到以色列立国前这一时期的巴勒斯坦政策，力图提示美国在巴勒斯坦问题上所扮演的重要角色，并说明美国国内政治如何影响其外交决策。该文指出，在政策制定过程中，杜鲁门政府举步维艰，时时陷入左右为难的境地：巨大的国内压力要求杜鲁门政府帮助犹太人建国，而美国在中东的利益则使其有必要同阿拉伯世界保持友好关系。冷战的开始使形势愈加复杂。美国政府内部也存在分歧：国务院和军方着眼于长远利益，主张同阿拉伯人保持良好关系，而白宫政治顾问则主张从国内政治需要出发，要求对犹太复国主义的诉求给予支持。杜鲁门总统在两派之间摇摆，美国的政策因此显得前后不一甚至自相矛盾。几经权衡之后，杜鲁门出于国内政治的需要，最终决定支持犹太复国主义。

《美国对朝政策：两次朝核危机比较》

樊吉社(副研究员)

论文　13千字

《美国研究》　2009年第4期

该文认为，在克林顿和布什两位总统各自8年的任期内，朝鲜试图发展核武器能力引发的防扩散危机经历了两个阶段。从朝核危机的发展过程、为解决危机进行的谈判磋商以及阶段性后果看，克林顿总统8年任期内对朝核危机的处理是比较成功的，而布什总统8年任期内对朝核危机的处理则比较失败。朝核危机延宕多年而没有妥善解决，其内涵和外延均发生了较为显著的变化。对国际防扩散机制而言，朝核危机是一个直接的挑战，它也从一个双边防扩散问题演变为一个影响东北亚地区稳定和国际防扩散形势的多边地区安全问题。两次朝核危机中美国对朝政策的成败为朝核危机的未来解决提供了经验和教训。

《美国天主教新保守主义的兴衰》

彭琦(助理研究员)

论文　16千字

《美国研究》　2009年第3期

美国天主教新保守派是战后美国保守运动当中的一个独特群体，始于20世纪60年代天主教会改革和美国社会改革的激进浪潮引发的反思，他们在20世纪70 ～ 80年代构建了民主资本主义的理论体系，以期重新树立教会的道德权威和美国的文化认同，然后将“正义战争”、“公共福利”等传统的天主教概念引入美国内外政策的公众讨论，最终却背离了当初秉持的谦卑之心和适度原则而陷入困境。该文主要从教会史的角度解读美国天主教新保守主义的兴衰起伏，以及新保守主义者与自由派神学家的思想交锋，考察了当代天主教徒如何处理宗教与社会、信仰与生活的关系，探讨了古老的天主教会如何应对多元化和现代化的挑战问题。

《美国当代外来移民对城市的影响》

姬虹(研究员)

论文　10千字

《世界民族》　2008年第6期

该文依据大量第一手资料研究后发现，从20世纪末开始，美国的外来移民人数逐年攀升，2005年已经达到3520万，占美国总人口的12.1%。这些外来移民大量涌入城市，虽然补充了城市劳动力的不足，繁荣了城市经济，但同时也造成了中心城市人口膨胀、公共设施拥挤、居住问题突出、房价飞涨、职位竞争激烈等问题。所有这一切使得城市原有的种族关系发生了根本性的变化，由以黑人与白人为主导逐步变化为黑人与白人和移民少数族裔集团与黑人两者并重。后者的关系中既有竞争、紧张、冲突的一面，也有融洽、接纳、合作的另一面，城市的种族关系有了一种前所未有的新面貌。

《布什政府对朝战略评估》

李枏(助理研究员)

论文　12千字

《当代亚太》　2009年第8期

该文认为，布什政府执政8年以来，美国对朝政策有重大调整。布什在两届任期内奉行了两种迥然不同的战略模式，从鹰式接触战略到强制性接触战略，这种不稳定的战略演变直接造成了东北亚安全的动荡与朝核危机的升级。总结布什政府的对朝政策演变过程并对它进行解剖分析和战略评估，可以揭示出美国在新形势下处理“敌对国家”关系、解决国际危机的战略构想与其内在的困境。

日本研究所

《日本蓝皮书：日本发展报告（2009）》

李薇(研究员)主编

论文集　556千字

社会科学文献出版社　2009年8月

作为中国首部发达国家国别年度资讯出版物，该书对2008年度日本的经济、政治、外交、社会文化的总体形势及热点问题作了全面回顾，并将日本的动态放在其自身的线性发展上加以分析，同时关注日本在国际政治经济形势发展变化大背景下的走向，对其未来发展作出预测展望。

《日本经济蓝皮书——日本经济与中日经贸关系发展报告（2009）》

王洛林(研究员)主编　张季风(研究员)副主编

论文集　518千字

社会科学文献出版社　2009年7月

该书从现状与趋势，比较与借鉴，贸易、投资与区域经济合作等方面，对国际金融危机影响下的日本经济以及中日经济合作的最新动态进行了全面分析。特别是对已成为近年日本社会热点问题的经济差距、收入差距、区域差距和产业差距明显趋于扩大的动向以及缩小差距、促进公平正义等问题进行了重点分析。

《日本经济概论》

张季风(研究员)主编

教材　500千字

中国社会科学出版社　2009年3月

该书从战后日本经济发展史、经济体制变革、财政、金融、产业结构与技术创新、劳动市场、企业经营、循环型社会与可持续发展、贸易、投资以及区域合作等不同角度对日本经济进行了系统分析。

《中日关系史(1978 ~ 2008)(经济卷)》（日文）

张季风(研究员)主编

专著　550千字

东京大学出版会　2009年8月

该书从双边贸易、双边投资、日本对华ODA、金融流通领域合作、能源与环境合作等几个方面，对1978 ~ 2008年30年来中日经贸合作的基本状况、特点以及中日经济之间的互补关系等进行了深入分析；对30年来中日经济关系中所存在的主要问题和主要事件也进行了介绍和分析。

《中日建立自由贸易区问题研究》

徐梅(研究员)　张淑英(研究员)　赵江林(研究员)

专著　140千字

中国经济出版社　2009年7月

该书是国家社会科学基金特别委托项目的成果，也是国内单纯就中日自贸区问题出版的第一部著作。

该书从中国和日本的自由贸易区战略入手，立足于经济视角的同时，也从政治外交的角度，考察了中日商谈和建立自贸区的必要性、日本对中日自贸区问题态度消极的原因以及建立的可能性。并且，结合自贸区理论与实践效果，运用定性与定量分析方法，评析中日自贸区可能对双方及其他国家和地区产生的经济效果乃至对东亚区域一体化和世界政治经济格局产生的影响。在此基础上，该书还探讨了中日自贸区一旦建立，会对中国产业、投资、政治外交等方面带来的挑战。该书最后对中日自贸区的前景进行了展望。

《中间团体开创的公共性》

王伟(研究员)译　（〔日〕佐佐木毅　〔韩〕金泰昌著）

译著　373千字

人民出版社　2009年6月

在认识公共性问题上有一个很重要的观点，认为中间团体可以作为“公”与“私”之间的媒介，在个人与国家之间架起桥梁。该书主要以日本的情况为基本素材，探讨了公共性的内涵及其变化，认为要构筑源于民众力量的公共性，一定要发挥家庭、町内会、地区共同体、志愿者团体、NPO（非营利组织)、NGO（非政府组织）等中间团体的力量，这些中间团体能以不同于市场和政府的追求利益原理以及官僚制的形式开拓新的公共空间。同时也指出，对中间集团的一味赞美是危险的，因为日本的家庭、町内会和地区共同体都曾经是把个人吸纳到国家权力当中去的装置，作为新中间集团崛起的志愿者团体、NPO、NGO也有被政府管理的公共性吸收的可能。因此，中间团体应该不委身于市场，不依赖政府，而是源于民众的组织。

《密室与剧场——现当代日本政治社会结构变迁》

金赢(副研究员)

专著　300千字

人民出版社　2009年8月

该书认为，日本政治之所以在20世纪90年代后实现了由“密室”向“剧场”的转变，最根本的原因在于自20世纪80年代末以来所进行的改革。这场改革是对国际以美英为首的新自由主义改革和新保守主义改革的呼应，其内容是改革在自民党政权之下的，以小国主义外交和利益诱导型内政为两大支柱的“战后体制”。由于这场改革对于自民党来说是自我否定式的改革，因此，自民党非主流（如小泉纯一郎）或非自民党人物（如小泽一郎）担当了改革的领军人物。因为不具备现实政治基础（如国会议席和党内势力），改革势力采取了一种“以剧场（虚拟的电子广场）摧毁密室”的远交近攻的策略，通过电视软新闻、周刊杂志、体育报刊等通俗媒体，动员因金权腐败、因政治封闭性、因经济不景气等问题对自民党政治不满的大众，在媒体和舆论的支持下获得政治合法性，推进改革。

《日本能源外交研究》

庞中鹏(助理研究员)

专著　240千字

现代教育出版社　2009年5月

该书主要对冷战后日本开展的能源（指石油与天然气）外交进行了分析与论述，对能源外交的理论、日本能源外交的背景、冷战后日本重点开展的能源外交地区（中东地区、俄罗斯远东与中亚地区以及非洲与拉美地区等）以及日本能源外交的特点、目的及不足之处进行了分析。

马克思主义研究学部

马克思主义研究院

《36位著名学者纵论新中国发展60年》

中国社会科学院马克思主义研究学部主编

论文集　552千字

中国社会科学出版社　2009年10月

新中国成立以来的60年，是中国人民探寻适合中国国情的、快速高效发展的道路进而实现国家富强的60年。无论是新中国的诞生，还是60年来新中国所取得的历史性伟大成就，都是马克思主义在中国的胜利，都是马克思主义同中国实际相结合的成果。该书选辑了王伟光、李慎明、朱佳木、刘国光等36位著名社会科学家的文章，这些文章以马克思主义的深邃眼光和学者的独特视角，纵论了新中国60年的发展成就，评析了经济建设的经验教训，畅谈了科学发展的美好未来。

《马克思主义经济学与应用经济学创新》

程恩富(研究员)主编

论文集　508千字

经济管理出版社　2009年7月

该书倡导用现代马克思主义政治经济学理论引领应用经济学的创新和发展，旨在充分发挥现代马克思主义理论经济学和应用经济学在学术研究、政策服务、经济管理中的作用。该书依托“现代马克思主义政治经济学与应用经济学”国际学术研讨会和“全国现代马克思主义经济学数理分析研讨会”的平台，精选了近10年以马克思主义理论经济学以及以此为指导的应用经济学论文39篇，内容涉及马克思主义国际经济学、国民经济学、可持续发展经济学、劳动经济学、公共经济学、文化经济学等领域，以期通过这项基础性工作，促进马克思主义经济学基础理论与应用经济学研究的结合，夯实马克思主义经济学在我国社会主义经济建设和经济发展中的指导地位。

《马克思主义中国化的理论品格和实现途径》

江流(研究员)

论文　7千字

《马克思主义研究》　2009年第8期

该文认为，从思想理论方面回顾和总结中国革命、建设和改革的全部历史经验，可以用一句话来概括，就是——马克思主义中国化。对于这个课题可以从两方面论述：(1)马克思主义中国化的理论品格；(2)马克思主义中国化的实现途径。马克思主义中国化就是马克思主义与中国实践相结合。

《当今时代课题与中国发展道路的探索》

靳辉明(研究员)

论文　10.5千字

《阅江学刊》　2009年第4期

20世纪中叶，世界大多数共产党把当今时代表述为“世界从资本主义向社会主义过渡时代”，这正确地反映了当今世界现实和历史趋势。该文根据近半个世纪的历史发展，把当今时代进一步概括为“社会主义与资本主义共存、竞争，经过反复较量，逐渐取代资本主义的时代”。当前，资本主义制度已经不能解决其自身矛盾引发的经济危机等问题，与此相应的是，拉美左翼运动的兴起、少数共产党通过民主选举上台执政等正在成为世界社会主义运动的新亮点，而且现存的社会主义国家仍然存在并继续前进着。我国理论界在新中国60华诞之际对中国的发展历程和经验进行了总结：党领导人民逐渐找到了一条适合中国国情的中国特色社会主义道路，并形成了中国特色社会主义理论体系，党的历届领导集体都在丰富、发展着这个理论。作者从马克思主义中国化、社会主义社会矛盾学说、社会主义商品经济等方面肯定了毛泽东这位中国特色社会主义道路开创者的伟大功绩。

《关于当前影响我国的四种社会思潮的剖析和思考》

靳辉明(研究员)

论文　9千字

《重庆邮电大学学报》(社会科学版)　2009年第2期

改革开放30年来，中国取得了举世瞩

目的伟大成就，这充分说明了科学发展观是马克思主义中国化的最新理论成果，在探索中国特色社会主义发展道路的过程中具有很高的理论价值。改革开放在有力地推动我国经济社会长足发展的同时，也对人们的思想、信念形成了巨大的冲击，给社会主义意识形态建设带来了很大的挑战和困难。在新的历史时期，我国的思想和意识形态的环境发生了很大的变化，西方价值观和各种思潮乘虚而入。目前，对我国影响最大的主要社会思潮是民主社会主义思潮、新自由主义思潮、历史虚无主义思潮和普世价值。该文用马克思主义的立场、观点和方法分析和研究了这些西方社会思潮，剖析了它们的反马克思主义、反社会主义本质及其社会危害。在此基础上，该文对当前的马克思主义理论工作者特别是青年马克思主义理论工作者提出了用马克思主义理论武装头脑、自觉抵御各种错误社会思潮侵袭的理论要求。

《历史唯物主义同新中国一起成长和发展》

李崇富(研究员)

论文　12千字

《江西社会科学》　2009年第9期

该文认为，新中国成立后，中国社会开始发生天翻地覆的巨变，中国社会主义实践，是在马克思主义哲学特别是历史唯物主义指导下，才逐步取得进展和胜利的，这也是历史唯物论和历史辩证法的胜利；同时，历史唯物主义本身也得到了进一步检验和发展。中国社会主义实践的胜利，是对历史唯物主义在中国的创造性运用和发展，是世界社会主义发展史上的一座历史丰碑。历史唯物主义在实践运用中，是同新中国社会主义事业一起成长和发展的。

《推进社会主义改革开放必须始终做到“三个坚定不移”》

李崇富(研究员)

论文　6千字

《思想理论教育导刊》　2009年第6期

该文认为，邓小平倡导的改革开放，作为新的历史条件下一场新的伟大革命，是科学社会主义中国化的必然要求，必须始终坚定不移地向前推进；必须坚定不移地“始终保持改革开放的正确方向”；必须坚定不移地用科学发展观指导改革开放。在现阶段以市场为取向的经济体制改革中，必须坚持公有制为主体、多种所有制经济共同发展，既不能搞私有化，也不能搞纯而又纯的公有制经济；在政治体制改革中，必须坚持共产党的领导，健全社会主义民主与法制，而不能搞资本主义的议会民主和资产阶级的多党制；在文化体制改革中，必须以马克思主义为指导发展社会主义文化，而不能搞指导思想的多元化和文化的全盘西化。

《改革开放与马克思主义经济学创新》

程恩富(教授)

论文　18千字

《华南师范大学学报》　2009年第1期

该文认为，我国社会主义经济体制改革的演进与思想解放和经济理论发展是紧密相连的。创新的马克思主义经济学家是我国改革的最早倡导者。新时期30年，中国现代政治经济学以马克思主义及其中国化经济思想为指导，以中外市场经济为实践源泉，对高绩效的中国经济发展和改革开放作出了巨大的贡献，也取得了人类经济学说发展史上的重大成果。中国政治经济学的转型，是在科学扬弃和超越苏联经济学与现代西方经济学的基础上转向现代马克思主义政治经济学的，因此，应当在唯物史观的指导下，坚持“马学为体、西学为用、国学为根，世情为鉴、国情为据、综合创新”的学术方针和总体创新原则，使我国的经济学教学和研究适应现代社会经济全球化和市场经济的科学发展的需要，实现马克思主义经济学在中国的现代化和具体化。

《我们为什么必须抵制普世价值观》

侯惠勤(教授)

论文　12千字

《马克思主义研究》　2009年第3期

该文从马克思主义阶级分析的方法入手，揭示出“普世价值”的本质，即根本否定中国特色社会主义的民主政治建设，完全割裂中国改革开放中经济体制改革和政治体制改革间的内在联系，力图把中国的改革开放引导到“回归西方文明”的方向，把中国的政治体制改革引导到西方“民主化”的陷阱，并指出，现实中道德源泉的匮乏使“普世价值”有可能成为一种替代品，以满足人们的幻想需要。文章提出，坚定中国特色社会主义的共同信念是对“普世价值”的最有力的批判。

《国家资本主义与“中国模式”》

胡乐明(研究员)　刘志明(副研究员)　张建刚(助理研究员)

论文　11千字

《经济研究》　2009年第11期

正确认识国家资本主义与“中国模式”具有重要的理论和实践意义。该文概述了马克思主义的国家资本主义理论和当代西方思想界的国家资本主义观点，回顾了国家资本主义在资本主义国家与社会主义国家的具体实践，阐明了“中国模式”的实质及其长期利用、限制国家资本主义的历史必然性。

《论科学发展观的理论贡献》

罗文东(研究员)

论文　8.5千字

《山东社会科学》　2009年第7期

该文着重阐述了科学发展观用一系列新思想、新观点丰富和发展了包括辩证唯物主义和历史唯物主义、政治经济学和科学社会主义在内的整个马克思主义理论体系。该文认为，科学发展观关于坚持以人为本、提高自主创新能力、提高开放型经济水平、加快转变经济发展方式、形成有利于科学发展的宏观调控体系等观点，为社会主义政治经济学提供了新的理论基础和时代内容。科学发展观以社会主义建设实践为基础，以研究经济社会又好又快发展为主题，以揭示社会主义发展的本质规律为目的，深化了社会主义建设规律和共产党执政规律的认识，推进了科学社会主义的理论发展。

《中国特色社会主义道路与现代性模式的新探索》

陈志刚(副研究员)

论文　9千字

《毛泽东思想研究》　2009年第1期

该文认为，中国特色社会主义道路的探索和开辟凝聚了新中国几代领导人的心血。伴随着中国特色社会主义道路的推进和发展，中国的现代性模式也在不断演变和发展。新中国成立以来的现代性发展的历程大致可以分为三个阶段。十六大以来，科学发展观等重大战略思想坚持对内和谐、全面、协调、可持续发展，对外共建和谐世界，根本超越了传统西方的对内掠夺、对外扩张的现代性模式。共建和谐世界是真正从“世界”看“世界”，旨在建立一个公平公正的“天下体系”，它优越于所有以美国或欧洲为中心来观察世界并继续维护其霸权的新帝国构想。

《如何对待资本主义：中国近现代史的基本问题——兼论中国特色社会主义道路的历史必然性》

秦益成(副研究员)

论文 5千字

《红旗文稿》 2009年第19期

该文认为，近代以来，中华民族一方面要反对资本主义（“制夷”），以实现民族独立解放，另一方面又要学习资本主义（“师夷”），以反对封建主义，实现繁荣富强。“师夷”、“制夷”是中华民族遭遇资本主义的本能直觉；随着历史发展和马克思主义的传入，感性认识上升为理性认识，“师夷”、“制夷”上升为“反帝反封建”；随着新民主主义革命的胜利和社会主义建设成就的取得，我国开始以经济建设为中心，坚持四项基本原则，坚持改革开放。从近现代中国历史的发展历程可以深刻洞察中国走社会主义道路的历史必然性，从而更加坚定了我们走中国特色社会主义道路的信念。

《当前经济危机的马克思主义解读》

刘海霞(副研究员)

论文 6千字

《红旗文稿》 2009年第19期

美国次贷危机引发的世界金融危机迅速演变为一场包括政治、经济、社会等在内的资本主义经济危机，该文从马克思主义的视角对这场经济危机进行了解读和分析。作者从三个层次对其原因和实质作了深层次分析：从制度层面来看，它根源于资本主义社会所固有的矛盾；从理论政策层面来看，是新自由主义与美国金融霸权在全球大行其道的恶果；从实践层面来看，是虚拟经济长期脱离实体经济的必然产物。

《生态殖民主义批判》

张剑(助理研究员)

论文 11千字

《马克思主义研究》 2009年第3期

鉴于学术界对全球生态问题和生态殖民主义进行现象性描述较多而对其进行实质性批判不足的状况，该文在指出生态殖民主义与环境殖民主义区别的基础上，论证了生态殖民主义的实质是一种新殖民主义、是这种殖民主义在生态环境问题上的集中体现的观点，阐述了生态殖民主义是生态帝国主义的必然产物的观点，并论述、分析了生态殖民主义与生态帝国主义之间的同构关系。作者认为，从科学社会主义的角度而言，要彻底解决全球生态环境问题，应该以社会主义的全球化代替资本主义的全球化。作者同时提出了社会主义中国应对生态殖民主义的策略。

《新制度经济学》

胡乐明(研究员) 刘刚(讲师)

专著 300千字

中国经济出版社 2009年6月

该书分为基础理论、制度安排理论、制度变迁理论三个部分，系统介绍和评析了西方新制度经济学的产权理论、交易费用理论、契约理论、企业理论、国家理论、制度变迁理论等重要理论及其最新发展，揭示了西方新制度经济学的自由主义倾向和意识形态偏见。

《政党与群众：中国共产党执政考量》

戴立兴(助理研究员)

专著 220千字

中央编译出版社 2009年7月

该书从当代中国政治发展的视角出发，对党与群众的关系及执政党、群众各自在国家政治生活中的定位进行了客观的评价与研究，揭示了我们党与群众的互动关系及其规律。该书力争把一般政党领导活动的基本规律与我们党执政活动的特殊性结合起来，既服务现实、解释现实，在现实中寻找对策；又超越现实，揭示我们党在执政条件下处理与群众关系的一般规律。

《马克思恩格斯列宁论意识形态》

侯惠勤(教授)主编

学术资料 480千字

人民出版社 2009年3月

该书以专题摘编的形式，针对当代中国遭遇的全部意识形态挑战的理论源头——马克思主义经典作家马克思、恩格斯、列宁的意识形态理论进行了细致的摘编，共摘录论述763条，分别引自335篇论著。该专题摘编一方面注重经典作家有关意识形态论述的全面性，另一方面没有拘泥于以往按马克思、恩格斯、列宁的人物排序，而是根据各段论述所表达的思想的逻辑关联排序，共分为八个部分33个专题。

《新世纪新阶段党的思想理论建设调查报告》

辛向阳(研究员)主编

研究报告 220千字

中共中央党校出版社 2009年2月

该书是中国社会科学院国情调研项目的成果，由新世纪新阶段党的思想理论建设国情调研组成员合著完成。

该书以党的十七大精神为指导，充分结合课题组的实际调研情况，分析了当前党的基层党组织面临的问题和挑战，并提出了有针对性的对策和措施。全书分三部分内容：第一部分是“新世纪新阶段党的思想理论建设国情调研”总报告；第二部分是课题组在北京、山东、山西、黑龙江等省市的调研报告；第三部分是课题组成员撰写的有关党的思想理论建设的研究论文。另有一个附录，是此次国情调研问卷的数据分析。

其 他 单 位

当代中国研究所

《中华人民共和国史编年》1952～1955年卷

当代中国研究所编
朱佳木(研究员)　编纂委员会主任
李正华(研究员)　1952年卷执行主编
陈东林(研究员)　1953年卷执行主编
刘国新(研究员)　1954年卷执行主编
丁　明(研究员)　1955年卷执行主编
罗燕明(研究员)　1955年卷代理主编
工具书　2788千字
当代中国出版社　2009年6月

该书采取编年体裁，由纲文、目文、文献、注释、图片、附录等部分组成。详细记录1952年1月1日至1955年12月31日发生的政治、经济、军事、文化、外交、社会、气象、资源等方面的大事，重点叙述关于朝鲜战争；“三反”、“五反”；国民经济恢复建设；关于朝鲜战争停战谈判；国民经济恢复建设；新“三反”运动；过渡时期总路线；农业合作化运动；一五计划；三大改造；在知识分子和广大人民中宣传唯物主义批判资产阶级唯心主义运动；中共全国代表会议；肃清反革命；中国出席万隆会议；国家机关由供给包干制改为工资制和货币工资制；人民解放军实行干部薪金制、义务兵役制、军衔制，并授衔授勋；发行回收新旧人民币；粮食定产定购定销；试行《汉字简化方案(草案)》；财经战线上的第二个战役——粮油统购统销的决策和出台；贯彻过渡时期总路线；制定宪法和召开第一届全国人民代表大会，建立国家新体制；“高饶事件”和中共七届四中全会；对《红楼梦研究》的批判；中国出席日内瓦会议和首倡“和平共处五项原则”以及文学艺术上的新的创作繁荣；人口和行政区划的变化；社会风尚和时代精神等方面一系列重大事件。经中央有关部门批准，选用了一批中央档案馆过去未发表过的中央档案。在条目中，摘写、缩写的档案有232件；在文献中，全文发表或节录的档案有116件；配发历史照片247幅。

《论中华人民共和国史研究》

朱佳木(研究员)
论文　22千字
《中国社会科学》　2009年第1期

该文认为，国史是指1949年新中国成立后，共和国领土范围内社会及社会与自然界关系的历史。国史研究属于历史学科的分支，与中国近代史研究相衔接，与中国当代史或现代史研究相重合。它与新中国成立后的中共党史研究有密切联系，但对象、范围、重点、角度都有很大不同。从经济社会发展目标模式的角度观察，迄今为止的国史大致可以划分为结合中国实际学习苏联、探索中国自己的建设社会主义的道路、开创中国特色社会主义道路、开创中国特色社会主义道路新局面和中国特色社会主义建设进入新的发展阶段等五个历史时期。从历史发展内在动因的角度分析，贯穿国史的主线基本有三条，即探索中国社会主义的发展道路，争取早日实现中国的工业化和现代化，维护中国的国家安全、主权和领土完整。认清国史的主流，关键在于要用历史唯物主义的立场、观点、方法看待改革开放前那段历史中的失误和错误，以及改革开放前后两个历史时期的关系。

《中国工业化与中国当代史》

朱佳木(研究员)

专著　430千字

中国社会科学出版社　2009年10月

该书是为庆祝新中国成立60周年而出版的《中华人民共和国史论丛》中的一部，是作者近20年来从事党的文献、中共党史和国史研究的论文选编。其内容包括论述中国工业化及其与中国当代史的关系，中共十一届三中全会及其前后两个历史时期的关系，国史研究的理论与方法，以及坚持和发展马克思主义史学理论的问题。书中的主要观点是：力图尽快实现工业化是解开中国当代史一系列重大问题最终答案的一把钥匙；提前由新民主主义向社会主义过渡的根本原因是为了抓住历史机遇，实行优先发展重工业的战略；改革开放前后两个30年的历史是一个有机的整体，既不能用后30年否定前30年，也不能用前30年否定后30年；应当取消中国近现代史的概念，明确近代史的下限为新中国的成立,现代史就是国史或当代史。

《地方志工作文稿》

朱佳木(研究员)

专著　210千字

方志出版社　2009年9月

地方志是全面系统记述某行政区域自然、政治、经济、文化和社会的历史与现状的资料性文献，连绵不断地编修地方志是中华民族特有的优秀文化传统。新中国成立后，在部分省市县开展了新编地方志的工作。进入历史新时期后，全国省市县三级普遍建立了地方志工作机构，开展了规模空前和逐步形成制度的修志工作。该书选编了作者自2001年起担任中国地方志指导小组常务副组长以来关于地方志及其编修工作的工作报告、讲话、信函和文章44篇。该书的主要观点是：地方志属于意识形态，编修地方志必须以马克思主义为指导，坚持正确的政治方向；地方志工作不仅要制度化，而且要法制化，做到依法修志；地方志工作同样要用科学发展观统领，做到全面协调、可持续和又好又快地发展；二轮修志要重视对首轮修志经验的总结，把质量放在更加突出位置；修志只是地方志工作的一部分，另一部分或更重要的任务在于开发志书资源，使志书在经济社会建设中发挥作用。这些观点对于地方志工作及其理论研究产生了一定影响。

《中国巨变(1949～2009)》

朱佳木(研究员)编委会主任　张星星(教授)主编

学术普及读物　60千字

当代中国出版社　2009年8月

该书是当代中国研究所向中华人民共和国成立60年献礼的重要项目。该书分为政治民主、经济腾飞、农业新貌、科教兴国、文化繁荣、生活美好、民族团结、祖国统一、长城永固、走向世界10个部分，从新中国

60年的发展历程和各条战线的辉煌成就中，梳理和概括出60个专题，展现了中华人民共和国成立60年来，特别是改革开放30年来，中国各族人民在中国共产党的领导下创造的发展奇迹和翻天覆地的历史巨变。

《中国共产党的绝对领导与新中国国防和军队建设》

张星星(教授)

论文　10千字

《当代中国史研究》　2009年第5期

该文结合中国近代史、现代史的广阔历史背景，系统回顾了中国共产党对新中国国防和军队建设绝对领导制度的形成与发展，深刻论证了这一制度是坚持国防和军队建设正确方向的根本保证，是推进国防和军队现代化建设的重要前提，是确保国家安全和国家发展的时代要求，是维护党的利益、国家利益和人民利益的高度统一。该文认为，中国共产党对新中国国防和军队建设的绝对领导，是适合中国国情、独具中国特色的军事领导制度，是坚持党的领导和人民民主专政的重要基石。

《中华人民共和国经济史》（增订版）

武力(研究员)

专著　2030千字

中国时代经济出版社　2009年10月

该书初版为1999年，出版后反应良好，此次增订再版，无论内容和文字都有较大修订增补。该书为上下两卷，分为五编和附录。第一至四编分别叙述中国内地情况：1949～1957年的经济发展和制度变化；1958～1978年的经济发展与制度变化；1978～1997年的经济发展和制度变化；1997～2009年以来的经济发展与制度变化。第五编为区域经济，分别叙述了香港、澳门和台湾地区60年来的经济发展情况以及与内地的经济关系。“附录”包括三个部分：1949～2008年部分统计资料；1949年9月至2009年7月的经济大事记；有关60年中华人民共和国经济史研究的重要文献目录。

《中国共产党治国经济方略研究》

武力(研究员)

专著　395千字

中国人民大学出版社　2009年9月

该书以新中国60年的时间为“经线”，以经济发展、重大决策和制度变迁历史事件为“纬线”，以中国共产党的经济决策和实施为“主线”，系统梳理了中国共产党治国经济方略的形成、演变及其绩效。该书共分为八章：恢复国民经济和建立新民主主义经济制度；加快工业化和向社会主义过渡；完善单一公有制和计划经济；改革开放初期的改革开放；确立社会主义市场经济；跨世纪战略的提出和初步实施；科学发展观指导下的全面发展；推行“和平统一、一国两制”的经济。

《新中国经济建设历程的回顾与联想》

陈东林(研究员)

论文　6千字

《当代中国史研究》　2009年第1期

该文以孔子的箴言回顾、联想共和国的经济建设历程：1979年“三十而立”，建立了独立的、比较完整的工业体系和国民经济体系，是创立改革开放基本国策的起点；1989年“四十而不惑”，在苏东剧变的冲击面前，继续坚持改革开放路线；1999年“五十而知天命”，形成建设有中国特色的社会主义理论体系，掌握了经济建设规律；2009年“六十耳顺”，即在科学发展观的统领下，以建设和谐社会为目标，自然地顺时势、顺国情、顺民意，与社会、大自然达到和谐统一。

《论新中国的文化建设与文化发展》

刘国新(研究员)

论文　12千字

《当代中国史研究》　2009年第5期

该文论述了新中国成立后的17年为中国文化发展如何奠基了初步基础，取得许多至今仍不失为精品地位的历史成就；“文化大革命”给文化发展带来深重灾难；改革开放开创文化建设的新局面，邓小平理论和“三个代表”重要思想全面提升文化建设的地位和作用，科学发展观引领文化进入大发展大繁荣的历史新阶段。

《审时度势，铸就辉煌——对新中国外交战略演变的历史回顾》

丁　明(研究员)

论　文　11千字

《当代中国史研究》　2009年第5期

新中国外交走过了60年辉煌的道路。当我们回顾这个波澜壮阔的历程时，可以看到，外交战略的演变在其中占有重要的地位。从新中国成立初期的“一边倒”，到20世纪60年代的“两面开弓”，再到70年代的“一条线，一大片”，直至80年代的“全方位”，新中国外交战略的演变过程大体上经历了四个阶段。该文对此逐一进行了回顾。通过回顾可以看到，毛泽东、周恩来、邓小平等新中国领导人运用马克思主义理论，科学分析国际国内形势，审时度势，运筹帷幄，在制定和调整中国外交战略的过程中，牢牢把握大局，经受了国际风云变幻的严峻考验，取得了辉煌的成就。

《与哈佛学者对话当代中国史》

程中原(研究员)

专著　230千字

人民出版社　2009年6月

该书是作者应邀赴美国哈佛大学讲学的内容结集，包括讲演、答问、研讨和参阅文稿四部分。内容涉及毛泽东、周恩来、邓小平、陈云以及胡耀邦、胡乔木等历史人物和“文化大革命”、粉碎“四人帮”、1975年整顿、中共十一届三中全会、改革开放、作出《历史决议》等重大历史事件。作者较为客观地叙述了当代中国史上重大事件的来龙去脉以及在这些历史事件中领袖人物、重要人物的作为和贡献，让国外学者更好地了解当代中国的真实历史。

《1975～1982　难忘这八年》

程中原(研究员)

专著　180千字

世界知识出版社　2009年1月

全书分三篇：上篇，历史转折的前奏（邓小平与1975年整顿）；中篇，两种中国之命运的决战（1976 年：从四五运动到粉碎“四人帮”）；下篇，历史的转折与新路的打开（十一届三中全会到十二大）。该书全景式地展现了 1975 ～ 1982 这八年，即“文化大革命”后期至中共十二大期间，党和人民为改变中国的命运与前途而进行的波澜壮阔的斗争和开拓创新的努力。作者认为：邓小平主持的 1975 年整顿是历史转折的前奏，改革开放的试验；1976 年粉碎“四人帮”结束了“文化大革命”，为历史转折创造了前提；此后两年，为历史转折作了酝酿和准备；十一届三中全会实现了历史转折；从三中全会到十二大，以邓小平为核心的党中央开辟了一条建设中国特色社会主义的新路，完成了历史转折。

《六十年国事纪要·文化卷》

夏杏珍（研究员）

专著　544千字

湖南人民出版社　2009年9月

该书是五卷本《六十年国事纪要》中的一本。全书共 33 章，分七个阶段叙述 60 年文化发展历史。这七个阶段是：布新除旧、步入正轨（1949 ～ 1955）、提出“双百”方针，出现初步繁荣（1956 ～ 1957 年春）、一波三折，艰难复苏（1957 ～ 1962）、再遭挫折，陷入低谷（1962 ～ 1966）、一片荒漠，偶露绿洲（1966 ～ 1976）、进入新时期，开创新局面（1976 ～ 1999）、步入新世纪，走向大繁荣（2000 ～ 2009）。全书抓住 60 年中 33 个重要事件，突出重点，史论结合，既有鲜明的时代性，又有厚重的历史感。

《银行现代化的先声——中国近代私营银行制度研究（1897 ～ 1936）》

王丹莉（助理研究员）

专著　270千字

中国金融出版社　2009年7月

该书基于翔实的历史文献与第一手档案材料，借鉴制度经济学、企业理论等经济学分析范式，从微观层面考察了 1897 ～ 1936 年间华资私营银行的内部制度结构、运行机制及其制约因素。近代华资私营银行的发展是我国银行现代化的先声，对这一群体微观运行机制的考察不仅可以为当前银行业的发展提供启示和借鉴，也为更全面地理解中国的金融现代化进程提供了新视角。

研究生院

《张岱年先生的“兼和”思想》

方克立（教授）

论文　6千字

《北京日报》　2009年6月15日第19版

该文为纪念张岱年先生百岁诞辰而作。作者认为，贯通张岱年的两大思想成果，即 20 世纪三四十年代创立的“天人新论”哲学体系和八九十年代阐扬的“综合创新”文化观的一个核心观念就是“兼和”。“兼和”是他根据唯物辩证法的根本精神，吸取中国传统哲学的精华而独创的一个哲学范畴，其基本含义是“兼赅众异而得其平衡，富有日新而一以贯之”。“兼和为上”是张岱年的晚年定论，正是在最高价值准则的意义上，他说“兼和之为德也，其至矣夫”。张岱年的“兼和”论与毛泽东的《矛盾论》是 20 世纪三四十年代中国马克思主义辩证法的“双璧”，都有很高的理论价值，二者可以互相发明、互相补充、互相辉映。

《中国宏观经济走势分析的逻辑与方法探讨》

刘迎秋(研究员)

论文　15千字

《经济研究》　2009年第9期

该文在总结已有研究成果基础上，通过对中国宏观经济走势分析逻辑和方法的研讨，着重分析和阐明了三个基本要点：清晰把握中国经济发展所处阶段以及与其相适应的GDP均衡目标增长率，是展开宏观经济走势分析与预测的逻辑起点；科学确定与上述逻辑起点相吻合的适度通货膨胀区间，是正确进行中国宏观经济走势分析与预测的重要基础；深入阐明与上述逻辑起点和适度通货膨胀区间相匹配的货币供给增长倍数，是搞好中国宏观经济走势分析与预测的关键环节。文章围绕上述三个基本要点，进行了较为深入的理论分析和实证研究，得出了一系列新的结论和宏观经济参数。

《财政分权、政府竞争与政府治理》

刘剑雄(讲师)

专著　200千字

人民出版社　2009年10月

该书从政府竞争的视角回顾了我国财政体制改革历程，讨论了我国政府官员的政治锦标赛竞争机制。作者把财政分权和政府官员的升迁竞争放在统一的政府竞争框架下进行研究，讨论了中央政府和地方政府的行为特征。认为，在纵向的政府竞争中，上级政府会利用其在纵向竞争中的谈判优势，“攫取”下级政府的利益。中央政府会利用其谈判优势地位，不断改变与地方政府的财权、事权划分规则，而地方政府则会利用其信息优势，扩大自身支配的资源。该书也探讨了中央政府在地方政府的横向竞争中的“调控者”作用。在中央政府充分发挥自身调控者作用的情况下，地方政府之间的竞争就不会导致“囚徒困境”式的均衡，而可以形成分工合作。该书指出，我国政府间财权、事权分配不当的制度性根源在于政府官员的选拔机制。

《伦敦诱惑——中国文化名人的西学情结》

吴卫国(副教授)

专著　250千字

人民日报出版社　2009年10月

作者从对近代中西文化交流的历史学与文化学的观察入手，把近代以来的较多数量的互不相干的人物与事物的历史碎片连缀成一个共有的人类文化主题——冲突与融通。其中包括，清朝第一任驻外公使郭嵩焘在伦敦的苦恼；严复从格林尼治的英国皇家海军学校开眼看世界；辜鸿铭伦敦街头邂逅大不列颠的群氓；孙中山曾蒙难于伦敦，却由此对中国革命的整个事业产生了隽永的意义；梁启超的游英心影录；老舍的伦敦中国城；徐志摩的康桥牧歌；郑振铎在大英博物馆的故纸堆里；钱钟书在牛津古镇筑起了中国“围城”；还有在伦敦的冰心、金岳霖、朱自清、朱光潜、萧乾、陈西滢……

《我国公共教育的政府责任与制度安排》

张菀洺(副教授)

论文　11千字

《学术交流》　2009年第5期

该文认为，和谐社会应当是一个社会阶层易于流动与社会结构开放的社会，公平合理的教育制度安排是实现社会阶层合理流动的重要前提条件，是维护社会和谐的重要因素。政府必须视教育为公共服务的一部分，只是政府在各级各类教育中的责任、政策选择及制度安排应有所不同。如何确定我国政府在公共教育中的责任，应基于公共教育实现目标的差异以及我国经济发展的状况。对于社会公共需要性质的教育，政府应为学龄儿童免费提供基础教育，还应保证教育资源的公平分配。对于非社会公共需要性质的教育，政府也必须承担一定的责任，但这种责任并不意味着政府必须扮演直接生产者和提供者的角色，更不是“垄断”教育的所有供给方式。政府的政策选择与制度安排包括提供公平的教育机会，建立以人力资本预期的教育信贷机制以及教育监督机制。

《萨维茨基欧亚主义思想的经济学内涵》

粟瑞雪(讲师)

论文　11千字

《中国社会科学院研究生院学报》　2009年第4期

该文剖析了20世纪初俄罗斯欧亚主义流派主要思想家和领袖萨维茨基独特的文化地缘观念，探索了其欧亚俄罗斯经济理论，并结合欧亚主义的现实意义对普京的强国战略进行了视角独特的分析。

萨维茨基认为，欧亚俄罗斯是一个完整的大陆，在一系列特征上与其他地理世界有根本区别，与欧洲和亚洲的地理轮廓、山岳形态、气候特点等差别较大。欧亚俄罗斯是一个自给自足并能自我恢复的民族和内部封闭，但同时又在外面不断发展的特殊文化类型，在空间上与欧亚大陆大体一致。在萨维茨基的思想中，欧亚大陆与俄罗斯帝国的边界是一致的，欧亚俄罗斯的特殊地理状况影响到它经济发展的条件。萨维茨基的经济理想是欧亚俄罗斯经济自给自足的大陆经济体制。普京担任俄罗斯总统期间采取的某些政策，体现了萨维茨基欧亚主义思想的内涵。

院图书馆

《当代国外学术论丛》（上、下）

张树华(研究员)　杨雁斌(编审)

论文集　1197千字

社会科学文献出版社　2009年9月

该书将近几年《国外社会科学》发表的论文精选汇编，注重跨学科研究及哲学社会科学研究的新领域、新思潮、新学科、新流派，突出学术性、理论性、综合性及前沿性，跟踪和介绍当今国外哲学社会科学研究的理论前沿和最新成果。所选论文的内容涉及国外哲学、马克思主义、经济学、人类学、社会学、民族学、人口学、图书馆学、情报学、新闻传播学、教育学、历史学、文化学、国外中国学、心理学、伦理学、科学学、管理学、政治学、法学及全球化、绿色运动等综合性问题。

《中国人文社会科学核心期刊要览（2008年版）》

姜晓辉(研究员) 主编

工具书 898千字

社会科学文献出版社 2009年2月

该书在《中国人文社会科学核心期刊要览（2004年版）》基础上，根据实践发展的需要，对统计分析的范围、方法、指标作了适当调整。该书以期刊在学科中的学术影响力为分析重点，通过以引用指标为主的综合统计方法来反映期刊的学术影响力，注重指标的完整性和系统性以及与其他参考指标的有机结合。该书以“中国人文社会科学引文数据库（CHSSCD)”的引文数据作为主要样本分析数据，涉及来源刊719种，被引刊26401种，被引总频次达881751人次。

《国外中国女性研究——文献与数据分析》

黄育馥(研究员) 刘霓(研究员)

专著 365千字

中国社会科学出版社 2009年6月

中国妇女问题是国外中国学研究的内容之一。这不仅是由于在中国漫长的历史长河中，妇女的地位和文化曾表现出明显的独特性，从而引起众多国外研究者的极大兴趣和好奇，也是因为近半个多世纪以来中国妇女的状况发生了惊人的变化。因此，中国的女性问题以及国外对中国女性问题的研究不仅反映了妇女社会地位和社会作用的历史变化，也从一个侧面反映了汇总国社会的变迁和中国在世界上的影响力的扩大。该书从一个新的视角来认识国外的中国学研究，即从性别研究的视角看国外中国学研究的历史发展和现状。

《网络时代的社会科学知识生产》

杨丹(副研究员)

专著 176千字

社会科学文献出版社 2009年8月

网络在社会生活中扮演着越来越重要的角色，也改变了传统的社会科学知识生产方式。网络技术的应用使社会科学研究资源的收集、整理、传播等各个方面出现了不同于传统方式的特点。与自然科学资源的数字化研究相比，对网络时代的社会科学知识生产的研究无论是国外还是国内都显不足。该书从网络文献资源、网络媒体资源、网络人际资源等几方面论述了网络资源对社会科学知识生产方式的影响以及这些资源在知识生产中的应用，进而对网络环境下的社会科学知识创新方法进行了探索。

《用发展的视角观察发展中的图书馆学情报学》

黄长著(研究员)

论文 12千字

《情报资料工作》 2009年第1期

该文探讨了网络和信息环境的巨变给图书馆学情报学及文献信息工作带来的巨大挑战，回顾了情报学作为一门学科的发展历程及与图书馆学的关系，进而针对学界争论的学科名词问题提出了自己的看法。文章就当前学术研究中的“跨界”和“过界”现象指出，在学科的发展和泛化过程中，也应当注意处理好“跨界”和“过界”的关系问题。“跨界”是跨学科研究的主要特征，显示了本学科与其他学科在研究方法和知识、内容等方面的交叉，这既是图书馆学情报学自身跨学科特点的体现，也是当今遍及全球的学术研究走向综合化的大趋势。“过界”则是指超越了本学科的范围，进入到别的学科的领域，术语体系，甚至话语体系都与本学科无关或甚少关系，哪些应该是我们研究的，哪些应该属于别的学科的研究领域，应该有一个基本的学科分工。文章最后还分析了从“知识就是力量”到“信息就是力量”再到“共享知识就是力量”的变化过程及意义，呼吁加强对知识管理的研究。

《全球化背景下的世界诸语言》

黄长著(研究员)

论文　21千字

《国外社会科学》　2009年第6期

该文分析了全球化背景下世界诸语言的现状及发展趋势，指出了全球化以及作为一种世界性语言的英语的发展对世界语言使用和分布格局产生的影响，以及对语言多样性和文化多样性造成的影响；文章还分析了濒危语言的现状，以及一些主要的国际组织中的语言使用情况等，对未来世界语言的使用及分布格局进行了预测。

《韩国学界研究花潭哲学的现状及特点》

朴光海(副研究员)

论文　13千字

《韩国研究论丛》(第21辑)

世界知识出版社　2009年11月

该文着重考察、分析了韩国学界研究花潭哲学的现状、特点及存在的问题和不足。作者通过分析认为，韩国学界有关花潭哲学的研究大致经历了五个发展阶段：起步阶段、发展阶段、研究领域的扩展阶段、重新考证阶段和全面、深入、系统发展阶段，而每一个阶段都又体现出了不同的特点。韩国学界在研究花潭哲学方面凸显出的特点有：研究的主题和内容主要集中在理气论问题上；在研究理论方面，主要是站在程朱性理学的立场上对花潭哲学进行考察；着力强调花潭思想的独创性和独特性等。存在的问题和不足是：太过偏重于用程朱理气论中的“气”的含义来解释花潭的哲学思想；在挖掘花潭哲学思想的独创性以及分析花潭与中国思想家思想理论上的差别方面还做得不透彻、不系统。

《基于情报学的人文社会科学研究成果创新性测评》

任全娥(助理研究员)

论文　7千字

《情报资料工作》　2009年第2期

构建社会科学研究成果的评价方法体系，必须以创新性为起评点，只有这样才能科学合理地评价社会科学研究成果。情报学对科学评价的最大贡献在于对科研成果的创新性测评。文章分析科研成果数量、质量与创新性的关系，用文献指数增长规律诠释了研究成果数量、质量与创新性之间的关系，论述了引文分析在成果创新性测度中的作用，指出用引文分析方法可以评价研究成果的学术影响与创新价值，情报检索可以实现论文内容的新颖性的检索。

中国社会科学杂志社

《志愿行动：中国社会的探索与践行》

沈杰(编审)等

专著　350千字

人民出版社　2009年5月

志愿精神具有久远的文化渊源，该书从公民社会和社会结构出发，尤其是从宏观社会或大社会（包括经济、政治、社会、文化等子系统）的视角审视志愿精神，最后得出结论：志愿行动与社区发展等社会建设诸多重要领域之间都存在着学理和实践层面上的丰富关联。在这些方面，促进中国社会志愿行动可持续发展尚需作出一些关键性努力。

该书的特点在于从历史与现实、本土与外域、结构与文化、价值与功能等多重维度透视志愿精神与志愿行动，并对当下中国社会的志愿行动及其未来演进作出一种建构性探索。

《郜若素气候变化报告》

张征(编辑)

译著　710千字

社会科学文献出版社　2009年11月

该书考察了气候变化对澳大利亚经济的影响，分析了国际因素对澳大利亚应对气候变化发挥的作用，并为促进可持续繁荣的愿景提出了政策性框架建议。该书的内容与全球应对气候变化问题高度相关，指出了国际社会为应对气候变化应该采取的政策，敦促人类立即采取行动，共同及时拟订必要的政策对策。

《从“天下”到“世界”——中国认知世界的观念变迁》

高翔(编审)

论文　10千字

《人民论坛》　2009年第30期

该文阐述了中国人“世界观”的变化。文中将数千年来中国对世界的认知分为四个阶段：16世纪以前、16世纪中叶到19世纪中叶、鸦片战争到新中国成立和新中国成立以来。

在回顾了“天下”观念向“世界”观念的转变后，文章得出结论：中国对世界的认知日益全面和科学，中华民族也逐渐开始以更加自信、从容的心态认知世界。

该文以新中国成立60周年国庆盛典为由头，引出“中国对世界的认知”这一命题，体现了学者对社会变迁深刻的人文关怀。

《如何理解“以人为本”中的“人”？》

周溯源(编审)

论文　10千字

《今日中国论坛》　2009年第7期

“以人为本”，究竟是以全体社会成员为本，还是仅仅以大多数的人民群众为本？该文通过剖析论证，认为“以人为本”应该以全体社会成员为本，这并不是否认客观存在的国际国内敌我矛盾和阶级斗争，而是仍然需要正确地运用人民民主专政的工具，打击邪恶势力和破坏因素，也就是说，以全体社会成员为本和以人民群众为本在实质上是一致的。

该文从受众角度，分析了马克思主义、我国春秋时期以及欧洲中世纪的各种“民本”

思潮，为研究党的执政理念提供了一个全新的视角。

《经济长波论及其各学派分歧的最大焦点》

许建康(编审)

论文　11千字

《经济纵横》　2009年第11期

该文从为什么由结构性危机酿成的长波收缩期最终会突然进入下一轮扩张期、什么是转折的基本条件这两个问题入手，分析了长波“第二个拐点”的发生学问题。文章认为，资本主义生产的相对过剩危机有短期和长期两种形式。周期性经济危机是暂时解决资本主义经济总供求非均衡的内在机制。在长期波动中发生的结构性危机，是资本主义暂时解决由体制改革和发展阶段引起的经济结构失衡的内在机制。该文还强调指出，联系实际重新发掘和再思考马克思的经济危机理论，将使其对本轮全球经济危机研究的指导作用更加深入、更具活力。

《近百年中国散文诗的成就》

王兆胜(编审)

论文　12千字

《当代文坛》　2009年第3期

该文首先从散文诗的概念出发，梳理了近一个世纪以来我国散文诗的发展。文章认为，与其他文体一样，“散文诗”参与了中国文学进程的建构，并取得巨大成就。这主要表现在：第一，它既能反映时代风云、社会现实，又能深入生命的内部作细致体味，表现出了较高的境界和品位。第二，它具有超拔和灵性之美，因其边缘化的文体特性，它更多地吸收了绘画、音乐、梦幻等长处，并以物我相参、动态的双向交流方式进行叙事，别具一格。

但是，文章同时也指出，失衡感、因袭性和世俗性也限制了近百年中国散文诗的进一步发展。

《试论“共变法”及其在当代史学研究中的价值》

晁天义(副编审)

论文　18千字

《南京社会科学》　2009年第2期

该文以“共变法”为研究对象，将“共变法”定义为唯一一种可用于史学研究的科学归纳法，指出它是通过观察两种现象同步变化的情形，确定二者之间联系的一种归纳策略。例如，如果A从A1变到A2，B就从B1变到B2；A从A3变到A4，B就从B3变到B4；诸如此类，则B或者是A的“一个原因或一个结果”，“或由于某种因果联系而与A相联系”。

该文以“共变法”为考察对象，通过分析该方法的基本原理及其在近代科学方法论中的发展脉络，揭示了它在推动当代史学科学化方面所具有的方法论意义。

《老子长寿神话的文化学分析》

晁天义(副编审)

论文　7千字

《史学集刊》　2009年第3期

该文主要通过古史材料关于老子的记载以及对《老子》一书内容的分析，讨论了老子长寿神话的形成方式及其与中国上古文化特征之间的内在联系。该文认为，老子长寿神话的产生和嬗变与中国古代现实主义文化的运行机制之间有着直接的联系：一方面，“重现实、黜玄想”的文化特质使得早期道家哲学具有直观性的色彩和实用主义的倾向；另一方面，战国秦汉之际的历史神话化运动为早期道家代表人物及其哲学的神秘化、庸俗化提供了契机。

《战争的讨价还价理论：探索战争的理性主义解释》

焦兵(编辑)

论文　16千字

《世界经济与政治》　2009年第2期

该文从信息不对称、承诺问题和问题的不可分割性三个方面重点探讨了战争的讨价还价理论的理论内核，并就该理论的思想渊源、学术价值、学术缺失与未来的研究议程展开了比较全面深入的研究。该文认为，战争的讨价还价理论在理论发展和政策启示方面均具有重大的学术和现实意义，为建立统一的战争理论提供了难得的机会，并且该理论具有广泛的运用性，能够被运用于国际危机、国际冲突、国际合作等诸多领域的研究。

该文对西方战争理论的最新进展进行了学理上的审视和评论。

《马克思哲学的学术传统与问题意识》

孙麾(编审)

论文　11千字

《哲学研究》　2009年第3期

该文从关于历史唯物主义的一个争论提出问题：(1) 在解读主体多元化、个性化的阐释模式中，如何基于思想体系内部的统一性来确立和把握马克思哲学的基本品格和理论特征？(2) 能否离开马克思的政治经济学批判和科学社会主义建构，孤立地理解马克思的哲学革命？(3) 不研究历史唯物主义形成的学术史路径，如何判断马克思哲学革命超越以往哲学的时代高度及其历史意义？这些问题都集中地表现在对马克思哲学的学术传统与问题意识的把握。

该文认为，把政治经济学、社会主义学说和哲学完整地结合在一起，是我们把握马克思哲学思想实质的基本框架，因为它为“理解真实的思想过程”开辟了产生真实思想的现实路径。关键的不是话语形式和叙事的知识密度，而是提出问题的方式以及理论把握现实的能力。历史唯物主义，作为科学社会主义的哲学基础，不能局限于本身就需要解释的“解释原则”的理论框架中，对使现存世界革命化的实践的唯物主义者来说，问题只能从理解了每一个与之相应的时代的物质条件并且从这些物质条件中被引申出来。

《试论北宋忠节观建设的成效——以楚政权和南宋建立为中心的考察》

路育松(副编审)

论文　10千字

《求是学刊》　2009年第6期

该文考察了北宋建立后的忠节观，指出北宋十分注重忠节建设，金人入侵、北宋灭亡的靖康之变是对其成效的一次集中检验。尽管许多士人在这一过程中的表现颇受时人和后人的指责，但恰恰是从张邦昌这个所谓的“叛臣”在被逼登基前后的内心挣扎和外在表现上，可以看到北宋忠节建设的成效。大夫对楚政权不合作、不认可的态度和对宋室的拥戴、扶持，也构成鲜明对比，宋王室在庶子仅存、王后被废的情况下仍能迅速重建南宋王朝并维持150余年统治，忠节观念的建设是不可忽视的重要因素。

该文从“忠节”观念入手，揭示了观念变迁与生活方式对两宋政权的影响。

《长江三峡与“跨有荆、益”——魏晋时期三峡战略地位考察》

宋超(编审)

论文　12千字

《国学学刊》　2009年第3期

该文认为，西起重庆奉节，东迄湖北宜昌的长江三峡，在军事上具有重要的战略地位。魏晋时期，围绕长江三峡地区，各种政治集团曾经展开激烈的争夺，吴蜀夷陵之战、晋王濬平吴之役，就是利用三峡进行的著名战例。魏晋时期，尽管各诸侯国的表现形式不尽相同，但对三峡战略地位的重视是一致的。

该文以魏晋时期的长江三峡为研究对象，选题新颖，视角独特，从历史学家的角度反映政治、军事集团的博弈与冲突，具有一定的学术价值。

《主题学与二十世纪中国古典文学研究》

李琳(副编审)

论文　14千字

《全球化语境中的中国文学研究》

知识产权出版社　2009年7月

该文依据古典文学的具体研究实践，首先从纵向历史分期的角度，将20世纪中国古典文学主题学研究历程划分为三个历史阶段，并探讨各个时期的成就得失。在此基础上，进而总结主题学研究的几种基本模式，最后指出，理论体系的建构、理论纵深角度的开拓，概念的辨析、厘清以及研究过程中的泛化倾向在一定程度上限制了古典文学主题学研究的良性发展。

主题学理论以跨学科、跨文体的特性，在今日“悬置经典”的学术趋势之下，正是对先前研究焦点过于集中的超越。而主题学着重影响、传承的关联研究的基本思路，正适用于中国古典文学重视经典、从文体因袭到文本模拟大量存在的客观状况。因此，在实践之上对其作理论的升华和总结，对研究论题的深化，对后继研究的启迪，皆具有积极的作用。

科研局/学部工作局

《单位组织中的失范效应》

李汉林(研究员)

论文　35千字

《费孝通与中国社会学人类学》(马戎等编)

社会科学文献出版社　2009年12月

该文从失范的角度，分析了人们在不同单位组织中的行为及行为取向。文章认为，社会的转型，很容易造成一个社会中结构性变迁和冲突，不同的行为取向以及不同群体的参照效应，也很容易造成人们行为的迷茫和混乱。文章利用2001年中国城市居民行为调查数据，通过制作失范、不满意度、低补偿和低回报感、相对剥夺感和地位的不一致性量表，试图深入观察目前中国所发生的组织、制度和结构上的变迁，努力探索和研究制度能否以及在什么样的条件下、在多大的程度上影响和制约人们社会行为的取向。

《中国工业化进程与安全生产》

黄群慧(研究员)　郭朝先(副研究员)　刘湘丽(研究员)

专著　285千字

中国财政经济出版社　2009年6月

改革开放以来，尤其是进入21世纪以后，中国快速推进自己的工业化进程，大规模的资源开采和工业化生产使得安全生产问题日益突出，安全生产问题成为制约中国快速工业化进程的一个关键因素。该书综合应用工业化理论和伤亡事故动力学理论，分析了在工业化进程中不同阶段工业生产总时间、高风险行业工业生产总时间和安全生产事故发生概率的变化规律，从理论上解释了为什么在不同的工业化阶段会有安全生产事故概率的差异。该书在评价中国工业化水平基础上，全面分析了我国安全生产的总体状况，对煤炭业、非煤矿山和建筑业等重点行业进行了详细研究，并具体实证分析了这些行业的市场结构对我国安全生产状况的影响。该书总体上提出积极探索新型工业化道路、建立安全生产的长效机制的政策建议，针对产业结构、市场结构、安全投入、管理体制、企业管理、安全文化、法律法规等各个方面提出了具体的政策建议。

监察局

《人人享有健康保障》

王延中(研究员)

论文　20千字

《中国卫生政策研究》　2008年10月第1卷第1期

该文在回顾总结中国医疗保障和医药卫生体制经验教训的基础上，明确提出了“健康保障”概念，并论述了中国建立人人享有健康的全民医疗保障制度的必要性和紧迫性。根据中国医疗保障和医药卫生服务体制存在的突出矛盾和问题，作者提出加快推进医疗保障制度全覆盖、逐步提高医疗保障水平、深化医药卫生体制改革、促进医疗保障与医药卫生有机结合等政策建议。

《课题制研究》

黄浩涛(研究员)　王延中(研究员)

专著　261千字

社会科学文献出版社　2009年3月

该书是关于我国人文社会科学科研项目课题制管理的第一部学术专著，也是来自科研管理实践一线工作者在总结自身实践和国内外科研管理经验基础上完成的理论探索成果。该书内容包括：科研项目课题制的起源与发展、项目立项管理、中间过程管理、经费核算、预算执行、经费管理、课题项目参与方责权利关系、成果管理、课题项目成果著作权问题、课题管理信息化、课题制管理体制改革等。课题制本身是改革的产物，对科学事业发展的影响是巨大而深远的。它有促进科研成果产生的内在动力，也容易造成一些学者急功近利的后果，不利于精品成果的产生。正确认识课题制的利弊得失，通过深化课题制自身和相关措施的配套改革，可以使课题制为人文社会科学事业的健康发展发挥更大的作用。

《哈萨克斯坦有信心应对国际金融危机》

孙壮志(研究员)

论文　8千字

《俄罗斯中亚东欧市场》　2009年第6期

国际金融危机使中亚大国哈萨克斯坦的经济受到重创。该文对哈领导人提出的反危机措施进行了系统、全面的评述，主要内容包括：强调要稳定金融体系和保护中小企业；重点保障居民生活和促进社会安定；落实基础设施项目和充分保障就业；保证经济持续增长和进行经济改革；正视面临的各种挑战和推进国际合作。文中提出，近10年的快速发展、丰富的矿产资源和高素质的劳动力资源、积极融入国际经济的开放政策等，是帮助哈经济尽快走向复苏的有利因素。

《独联体地缘政治形势变化对上海合作组织的影响》

孙壮志(研究员)

论文　6千字

《上海合作组织发展报告(2009)》

社会科学文献出版社　2009年12月

该文认为，近一年来，独联体地区的地缘政治形势越来越错综复杂，俄罗斯与西方的关系、俄罗斯与中亚国家的关系、中亚国家间的关系都出现了新的调整和变化，给中亚地区的区域合作，特别是上海合作组织的发展带来一系列影响。在新的形势下，上海合作组织首先要保持组织内部的团结，特别是中国和俄罗斯要相互协调，确定共同的战略目标；其次，要对形势的变化及时提出应对措施，增强组织的影响力，上海合作组织要发展，应该有科学的定位，定位过高或者过低都可能造成难以向前推动；再次，要为各个领域的合作注入更多的内容。

《上海合作组织与阿富汗问题》

孙壮志(研究员)

论文　9千字

《上海合作组织发展报告(2009)》

社会科学文献出版社　2009年12月

该文认为，上海合作组织是最早意识到与阿富汗问题有关的国际恐怖主义危害，并主张采取实际措施的国际组织。上海合作组织及其成员国都支持对阿富汗人民提供广泛的国际人道主义援助，并在双边框架内为此作出了积极贡献。由于上海合作组织与阿富汗是近邻，成员国与阿富汗的双边关系比较密切，阿富汗的动荡势必影响到上海合作组织的顺利发展和各成员国的利益。上海合作组织在阿富汗问题上准备与其他国家和国际组织加强合作，发挥更加积极的作用。

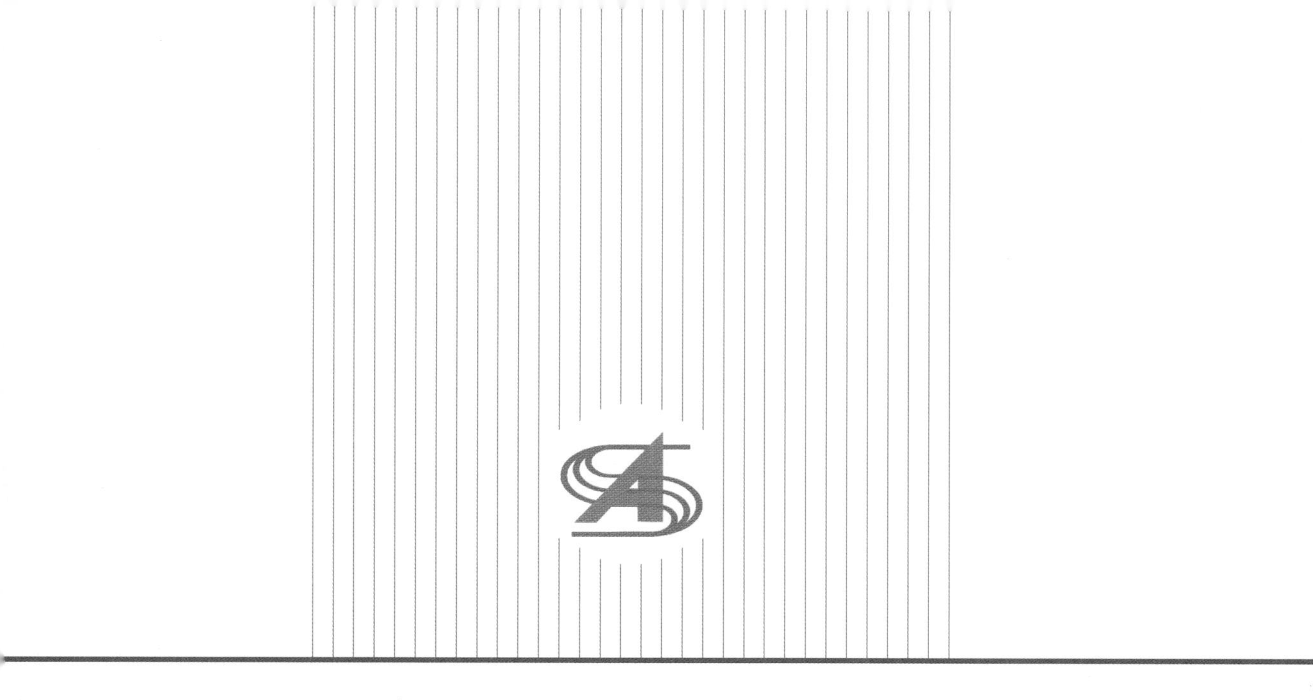

第五编

学术人物

XUESHURENWU

一 中国社会科学院博士学位研究生指导教师(2009～2010)

系别	学科专业	姓　名	出生年月	主要研究方向
哲学教学研究部马克思主义研究系	马克思主义基本原理	程恩富	1950.07	中外马克思主义经济学、中外社会主义市场经济理论与政策
	马克思主义发展史	侯惠勤	1949.02	马克思主义发展史、当代意识形态研究
	科学社会主义与国际共产主义运动	靳辉明	1934.11	马克思主义哲学、科学社会主义
	科学社会主义与国际共产主义运动	冷　溶	1953.08	中国特色社会主义
	科学社会主义与国际共产主义运动	李崇富	1943.09	科学社会主义、马克思主义哲学
	科学社会主义与国际共产主义运动	李延明	1945.02	科学社会主义原理
	马克思主义发展史	罗文东	1967.12	中国特色社会主义理论、当代资本主义理论与世界社会主义运动
	科学社会主义与国际共产主义运动	吴恩远	1948.04	国外社会主义、科学社会主义、俄罗斯历史
	马克思主义中国化研究	赵智奎	1960.01	邓小平理论、马克思主义哲学
	科学社会主义与国际共产主义运动	余文烈	1951.12	国外马克思主义与社会主义
	马克思主义基本原理	胡乐明	1965.10	马克思主义经济理论、现代西方经济理论
	马克思主义中国化研究	夏春涛	1963.11	马克思主义中国化发展历史、当代中国马克思主义理论前沿问题研究

续表

系别	学科专业	姓 名	出生年月	主要研究方向
	马克思主义发展史	李慎明	1949.10	民主政治
	马克思主义中国化研究	辛向阳	1965.03	中国特色社会主义理论
	科学社会主义与国际共产主义运动	姜 辉	1969.11	国外马克思主义
哲学教学研究部哲学系	中国哲学	方克立	1938.06	中国传统哲学范畴、中国现当代哲学与文化
	伦理学	甘绍平	1959.08	应用伦理学、西方伦理学
	中国哲学	胡孚琛	1945.12	中国哲学道家与道教文化（含道教生命哲学）
	外国哲学	江 怡	1961.05	现代外国哲学
	中国哲学	李存山	1951.05	中国哲学、儒家哲学
	马克思主义哲学	李德顺	1945.09	哲学原理、价值论
	马克思主义哲学	李景源	1945.07	认识论与历史观
	外国哲学	李鹏程	1944.10	西方哲学、文化哲学
	外国哲学	李甦平	1946.10	东亚比较哲学、中日韩儒学比较
	中国哲学	王葆玹	1946.11	经学、魏晋玄学、道家哲学
	美学	王柯平	1955.05	西方美学史、中西美学比较
	马克思主义哲学	魏小萍	1955.12	马克思主义哲学史、当代国外马克思主义哲学
	外国哲学	谢地坤	1956.12	欧洲大陆哲学、德国哲学
	外国哲学	杨 深	1952.02	现代法国哲学、西欧文明史、外国文明理论
	外国哲学	叶秀山	1935.06	西方哲学史、中西哲学比较、美学
	伦理学	余 涌	1961.10	西方伦理学、应用伦理学
	逻辑学	张清宇	1944.04	现代逻辑
	美学	章建刚	1952.11	美学原理、艺术史、伦理学
	外国哲学	周晓亮	1949.10	16～18世纪西方哲学

续表

系别	学科专业	姓　名	出生年月	主要研究方向
	科学技术哲学	朱葆伟	1949.01	科学技术哲学、马克思主义哲学原理、价值论
	逻辑学	邹崇理	1953.07	自然语言逻辑
	外国哲学	汝　信	1931.08	西方美学史、西方哲学史
	美学	滕守尧	1945.02	当代西方美学、中西美学比较
	中国哲学	陈　霞	1966.04	道家与道教文化研究
	外国哲学	孙　晶	1954.01	印度哲学、梵文
	外国哲学	尚　杰	1955.09	法国哲学
	科学技术哲学	王延光	1955.09	科学技术哲学
	外国哲学	张　慎	1954.12	德国近现代哲学
哲学教学研究部世界宗教研究系	宗教学	何劲松	1962.08	汉传佛教及佛教艺术
	中国哲学	卢国龙	1959.11	中国哲学
	宗教学	金　泽	1954.05	宗教学、宗教人类学
	宗教学、中国哲学	王　卡	1956.12	道教学、中国哲学
	宗教学	魏道儒	1955.10	佛教
	宗教学	周燮藩	1945.01	伊斯兰教
	宗教学	卓新平	1955.03	基督宗教、西方宗教学、中西宗教文化比较
经济学教学研究部经济系	经济史	徐建生	1966.05	中国近代经济史
	发展经济学	魏　众	1968.03	发展经济学
	西方经济学	王红领	1952.09	技术创新
	经济史	董志凯	1944.08	中华人民共和国经济史
	西方经济学	韩朝华	1953.09	微观经济学、企业制度
	政治经济学	胡家勇	1962.11	社会主义市场经济理论
	西方经济学	剧锦文	1959.10	现代产权与企业理论、资本市场理论、公司治理结构理论
	政治经济学	李铁映	1936.09	社会主义市场经济理论
	经济史	刘兰兮	1954.06	中国商业史、中国近代企业史
	西方经济学	刘树成	1945.10	数量经济学、宏观经济学
	西方经济学	刘小玄	1953.01	微观经济学、产业组织理论

续表

系别	学科专业	姓　名	出生年月	主要研究方向
	经济思想史	王　诚	1955.10	外国经济思想史、宏观经济理论
	政治经济学	王振中	1949.06	政治经济学、国际投资与贸易、转型经济
	经济史	魏明孔	1956.09	中国经济史、区域经济史
	政治经济学	吴敬琏	1930.01	政治经济学社会主义部分、比较经济学、比较经济体制
	经济史	武　力	1956.11	中国现代经济史
	经济思想史	杨春学	1962.11	当代西方经济学说、新制度经济学与公共选择理论
	经济思想史	叶　坦	1956.10	中国经济思想史、东亚经济思想比较研究、中国经济学术史
	西方经济学	袁钢明	1953.09	宏观经济学、企业理论
	政治经济学	张　平	1964.07	中国经济增长、收入分配、资本市场理论
	产业经济学	张卓元	1933.07	价格理论
	发展经济学	朱　玲	1951.12	收入分配、贫困问题和乡村发展、发展经济学
	西方经济学	左大培	1952.08	西方经济学理论、经济模型分析
	经济思想史	李　实	1956.01	外国经济思想史、经济分析
	经济史	朱荫贵	1950.12	中国近代经济史、中日近代史比较研究、中日证券史比较研究
	经济史	林　刚	1948.01	中国近代经济史、中国早期现代化问题
	政治经济学	刘国光	1923.11	社会主义国民经济问题
	经济史	史志宏	1949.04	明清农业史、财政史、人口史、近代财政史
经济学教学研究部工业经济系	产业经济学	张其仔	1965.05	产业竞争力
	产业经济学	张世贤	1956.04	工业投资与融资
	企业管理	罗仲伟	1955.10	企业战略管理
	企业管理	陈佳贵	1944.10	企业管理、企业发展理论
	企业管理	陈乃醒	1945.10	人力资源开发与管理、中小企业

续表

系别	学科专业	姓　名	出生年月	主要研究方向
	区域经济学	陈　耀	1958.05	区域经济与政策
	会计学	杜莹芬	1964.09	公司理财、企业并购
	产业经济学	郭克莎	1955.07	产业经济学、经济增长
	企业管理	黄群慧	1966.08	企业理论与战略管理、管理理论与管理学方法论
	企业管理	黄速建	1955.11	企业管理、公司理财
	产业经济学	金　碚	1951.04	产业组织、工业投资与融资
	产业经济学	李海舰	1963.09	工业利用外资
	产业经济学	吕　政	1945.07	工业发展理论与政策
	企业管理	沈志渔	1954.06	企业制度、企业改革
	产业经济学	史　丹	1961.04	能源经济、工业发展
	产业经济学	李　平	1959.06	技术经济、能源经济
	企业管理	张承耀	1947.05	企业管理
	企业管理	周绍朋	1946.11	企业改革与企业管理
	区域经济学	陈栋生	1935.10	工业布局与区域经济
	产业经济学	赵　英	1952.09	产业政策与技术创新、国家经济安全
经济学教学研究部农村发展系	农业经济管理	杜志雄	1963.02	农村发展融资
	农业经济管理	李国祥	1963.08	农产品市场与贸易
	林业经济管理	潘晨光	1954.09	林业经济
	农业经济管理	党国英	1957.06	农村发展理论与政策
	农业经济管理	韩　俊	1963.12	农村发展理论与政策
	农业经济管理	胡必亮	1961.09	农村金融
	农业经济管理	李　周	1952.09	资源与环境经济、农村发展理论与政策
	农业经济管理	谭秋成	1965.08	中国农村工业化与城市化
	林业经济管理	吴国宝	1963.12	贫困与发展
	农业经济管理	苑　鹏	1962.08	农村组织与制度
	农业经济管理	张晓山	1947.10	农村组织与制度、农村社会保障
	农业经济管理	朱　钢	1958.11	农村财政
	农业经济管理	邓英淘	1952.09	农村宏观经济管理

续表

系别	学科专业	姓　名	出生年月	主要研究方向
经济学教学研究部财政与贸易经济系	产业经济学	张群群	1970.10	市场组织与价格制度
	财政学	杨志勇	1973.08	财税理论与政策
	金融学	倪鹏飞	1964.03	城市房地产金融
	国际贸易学	冯　雷	1954.06	WTO与多边贸易体制
	财政学	高培勇	1959.01	财税理论与政策
	金融学	何德旭	1962.09	金融理论与政策
	国际贸易学	江小涓	1957.06	国际投资
	产业经济学	荆林波	1966.04	信息服务与供应链
	财政学	李茂生	1943.03	财政金融体制、宏观经济政策
	金融学	裴长洪	1954.05	国际金融与投资
	产业经济学	宋　则	1951.12	市场理论与流通创新
	旅游管理	王诚庆	1958.08	城市发展与旅游经济
	国际贸易学	王洛林	1938.06	国际投资
	产业经济学	温桂芳	1945.08	价格理论、住房制度
	财政学	夏杰长	1964.03	财税政策与服务经济
	国际贸易学	杨圣明	1937.07	国际服务贸易
	旅游管理	张广瑞	1944.09	旅游经济与政策
	国际贸易学	赵　瑾	1965.03	WTO与中国外经贸发展
经济学教学研究部金融系	金融学	周茂清	1954.03	金融市场
	金融学	李　扬	1951.09	货币理论与货币政策
	金融学	王国刚	1955.11	资本市场、公司金融
	金融学	王松奇	1952.03	国际金融理论与政策
经济学教学研究部数量经济与技术经济系	数量经济学	李雪松	1970.09	经济模型理论与应用
	技术经济及管理	李　青	1964.09	区域经济学
	数量经济学	王国成	1956.11	博弈论
	会计学	李金华	1962.11	国民经济核算、经济统计理论与方法
	技术经济及管理	李京文	1933.11	技术经济学理论与方法、宏观经济预测
	技术经济及管理	齐建国	1957.06	技术创新、知识经济
	数量经济学	沈利生	1946.04	数量经济学、经济模型、经济预测
	数量经济学	汪同三	1948.07	数量经济学理论与方法、经济模型、经济预测

续表

系别	学科专业	姓　名	出生年月	主要研究方向
	技术经济及管理	汪向东	1954.03	信息化理论与实践、互联网经济与应用
	技术经济及管理	杨敏英	1950.08	能源经济、技术经济
	会计学	张国初	1942.06	会计、技术经济与管理
	数量经济学	张昕竹	1964.05	管制经济学与管制政策、激励理论与应用
	数量经济学	赵京兴	1950.01	数量经济学理论研究
	数量经济学	郑玉歆	1945.11	生产率研究
经济学教学研究部投资经济系	国民经济学	刘立峰	1956.05	公共部门投资
	国民经济学	臧跃茹	1964.11	经济体制改革
	国民经济学	曹玉书	1948.09	投资理论与实践、产业经济发展
	国民经济学	陈东琪	1955.08	政治经济学、宏观经济分析、资本市场与投资
	国民经济学	刘福垣	1944.09	发展、运行、调控
	国民经济学	罗云毅	1949.05	宏观经济与投资
	国民经济学	王一鸣	1959.08	宏观经济、区域经济
	国民经济学	肖金成	1955.09	投资经济、区域经济
	国民经济学	张汉亚	1945.12	经济预测的方法与应用、投资宏观管理理论和方法、投资项目的评价理论与方法
经济学教学研究部政府政策与公共管理系	国民经济学	岳福斌	1953.01	产权理论
	国民经济学	成思危	1935.06	风险投资、管理科学
	国民经济学	蒋正华	1937.10	人口学、系统工程、管理科学
	国民经济学	李剑阁	1949.12	宏观经济、金融证券、社会保障
	国民经济学	李克穆	1952.07	宏观经济运行
	国民经济学	李连仲	1949.11	社会主义市场经济理论
	国民经济学	李晓西	1949.03	宏观经济、价格与通货膨胀
	国民经济学	刘迎秋	1950.08	宏观经济运行与发展
	国民经济学	郑秉文	1955.01	比较经济体制
	国民经济学	郑新立	1945.02	宏观经济理论
	世界经济	邹东涛	1949.11	经济体制改革
	国民经济学	谢朝斌	1963.04	国民经济发展与政策
	国民经济学	辜胜阻	1956.01	国民经济发展与政策

续表

系别	学科专业	姓 名	出生年月	主要研究方向
	国民经济学	曾培炎	1938.12	宏观经济管理
经济学教学研究部人口与劳动经济系	劳动经济学	都 阳	1971.04	劳动力市场与就业
	人口、资源与环境经济学	蔡 昉	1956.09	就业政策
	人口学	田雪原	1938.08	人口学、人口社会学、老年人口学
	人口学	王跃生	1959.12	发展人口学、制度人口学
	劳动经济学	张车伟	1964.10	劳动经济学、人口经济学
	人口学	张 翼	1964.12	人口变迁与社会保障、人口社会学
	人口学	郑真真	1954.12	人口学、人口分析技术应用
经济学教学研究部城乡建设经济系	区域经济学	仇保兴	1953.11	城市发展
	区域经济学	陈 淮	1952.02	城市化理论、房地产经济
经济学教学研究部城市发展研究系	可持续发展经济学	李景国	1957.01	区域与城镇规划
	可持续发展经济学	潘家华	1957.06	资源与环境经济学
	可持续发展经济学	宋迎昌	1965.11	城市建设与土地开发
	可持续发展经济学	魏后凯	1963.12	城市与区域经济、产业集群
法学教学研究部法学系	国际法学	赵建文	1956.01	国际法基本制度
	民商法学	张广兴	1954.03	债权法
	诉讼法学	熊秋红	1965.10	刑事诉讼法学
	经济法学	陈 甦	1957.12	公司法、证券法
	刑法学	陈泽宪	1954.07	国际刑法、中国刑法
	经济法学	崔勤之	1944.02	经济法基础理论、公司法、证券法
	宪法学与行政法学	冯 军	1965.12	行政法、传媒法
	宪法学与行政法学	李 林	1955.11	宪政民主理论、立法学、人权理论
	知识产权法学	李明德	1956.03	知识产权法
	知识产权法学	李顺德	1948.04	知识产权法
	民商法学	梁慧星	1944.01	民法总论、民法债权和法学方法论
	法学理论	刘作翔	1956.09	法律文化理论、法理学、法治理论
	国际法学	莫纪宏	1965.05	宪政、国际人权法
	刑法学	屈学武	1949.08	中国刑法学、国际刑法学
	国际法学	沈 涓	1962.08	国际私法

续表

系别	学科专业	姓　名	出生年月	主要研究方向
	法律史	苏亦工	1962.12	中国法律史
	民商法学	孙宪忠	1957.01	民法总论、物权法、债券法、侵权行为法
	民商法学	王家福	1931.02	民法总论、物权法
	诉讼法学	王敏远	1959.11	刑事诉讼法学
	经济法学	王晓晔	1948.10	经济法、竞争法
	宪法学与行政法学	吴新平	1951.10	宪法基本理论
	法律史	徐立志	1951.06	中国近现代法制史
	法律史	杨一凡	1944.04	中国法律史
	宪法学与行政法学	张明杰	1962.03	信息公开法
	宪法学与行政法学	周汉华	1964.01	行政法学、政府管制
	国际法学	朱晓青	1955.09	国际公法
	民商法学	邹海林	1963.08	保险法、破产法、民法债权、担保法
	宪法学与行政法学	陈云生	1942.05	权利相对论、宪法哲学、民族区域自治和宪法监督制度
	法学理论	李步云	1933.08	马克思主义的法律理论、我国法制建设中具有重大现实意义的理论问题
	法学理论	吴玉章	1955.09	法理学、比较法
	法学理论	夏　勇	1961.11	法理学、人权、大众传媒法
	法学理论	信春鹰	1956.10	法理学、港澳台法学
	法学理论	韩延龙	1934.08	中国近现代法制史、人权理论和中国人权法史
	国际法学	刘楠来	1933.05	国际海洋法、国际人权法
	民商法学	马骧聪	1934.01	环境侵权法、自然资源法、国际环境法
	国际法学	陶正华	1942.05	国际公法、国际经济法
	国际法学	王可菊	1933.11	国际公法、国际经济法
	宪法学与行政法学	张庆福	1937.06	宪法学、行政法学
法学教学研究部政治学系	政治学理论	白　钢	1940.01	比较政府体制、政府理论、中国政治
	行政管理	董礼胜	1955.03	行政管理
	政治学理论	史卫民	1952.10	比较政府体制、政府理论

续表

系别	学科专业	姓 名	出生年月	主要研究方向
	政治学理论	杨海蛟	1955.03	政治学理论、政治学理论与当代中国政治建设
	政治学理论	张树华	1966.09	比较政治、政治比较与国别政治
法学教学研究部社会学系	社会学	杨宜音	1955.12	社会心态
	社会学	王春光	1964.03	农村社会学
	社会学	陈光金	1962.05	农村社会学、社会发展
	社会学	陈婴婴	1952.06	社会调查、社会分层
	社会学	付崇兰	1940.12	城市社会学
	社会学	王延中	1963.05	社会保障
	社会学	景天魁	1943.04	发展社会学
	社会学	李汉林	1953.11	社会结构与社会组织
	社会学	李培林	1955.05	企业组织与社会发展
	社会学	李银河	1952.02	家庭社会学
	社会学	陆学艺	1933.08	农村社会学、社会思想史
	社会学	苏国勋	1942.02	社会理论
	社会学	折晓叶	1950.01	社会组织与制度变迁
	社会学	罗红光	1957.01	社会人类学
法学教学研究部民族学系	中国少数民族语言文学	徐世璇	1954.11	藏缅语族语言研究
	民族学	曾少聪	1962.12	世界民族研究
	中国少数民族语言文学	朝 克	1957.09	东北亚诸民族语言以及阿尔泰语系诸民族语言文化关系
	民族学	郝时远	1952.08	民族理论、民族学、民族史、海外华人
	民族学	何星亮	1956.08	宗教人类学、中国少数民族文化
	中国少数民族语言文学	黄 行	1952.06	汉藏语研究
	中国少数民族语言文学	江 荻	1954.10	藏族计算语言学、汉藏语理论
	民族学	拉巴平措	1942.11	西藏历史、社会、民族理论
	专门史	罗贤佑	1945.06	中国民族史

续表

系别	学科专业	姓　名	出生年月	主要研究方向
	民族学	孟慧英	1953.03	民族宗教文化、萨满教、宗教人类学
	专门史	聂鸿音	1954.11	西夏学、民族古典文献学
	民族学	色　音	1963.07	人类学、民俗学
	专门史	史金波	1939.09	西夏学、中国民族史、中国民族古文字学
	民族学	王希恩	1954.06	民族理论、民族问题
	中国少数民族语言文学	周庆生	1952.04	社会语言学、语言政策、语言人类学
	中国少数民族史	乌　兰	1954.04	古代蒙古史及蒙古文文献
文学教学研究部外国文学系	英语语言文学	程　巍	1966.05	英美文学
	比较文学与世界文学	陈敏华	1954.01	古希腊文学、哲学、文艺理论
	比较文学与世界文学	陈众议	1957.10	西班牙语文学
	法语语言文学	郭宏安	1943.02	法国文学
	英语语言文学	黄　梅	1950.02	英国小说
	比较文学与世界文学	李永平	1956.05	德语文学
	俄语语言文学	刘文飞	1959.11	俄罗斯文学与文化
	英语语言文学	盛　宁	1945.07	美国文学研究、美国及西方当代文学理论
	俄语语言文学	石南征	1949.01	俄罗斯小说创作及小说理论
	比较文学与世界文学	史忠义	1951.07	中西比较诗学、中西比较文学
	法语语言文学	余中先	1954.08	法国当代文学
	英语语言文学	傅　浩	1963.04	英语诗歌及诗论、文学翻译
	英语语言文学	陆建德	1954.02	英国文学
	英语语言文学	赵一凡	1950.08	美国文学与文化理论
	俄语语言文学	周启超	1959.04	俄罗斯文论、比较诗学
	比较文学与世界文学	叶廷芳	1936.11	卡夫卡研究
文学教学研究部文学系	文艺学	彭亚非	1955.04	中国古代美学
	中国现当代文学	赵京华	1957.11	中国现代文学研究
	中国古典文献学	戴　燕	1961.01	中古文学与文化
	文艺学	党圣元	1955.09	中国古代文论
	文艺学	高建平	1955.03	比较美学
	中国古代文学	蒋　寅	1959.06	中国诗学

续表

系别	学科专业	姓　名	出生年月	主要研究方向
	文艺学	金惠敏	1961.11	文学理论与当代文化思潮
	中国现当代文学	黎湘萍	1958.12	中国当代文学（台港文学）
	中国古代文学	李　玫	1957.01	中国古代戏曲史
	中国古代文学	刘扬忠	1946.02	词学研究
	中国古典文献学	刘跃进	1958.11	中国古典文献(先秦至唐)
	中国民间文学	吕　微	1952.01	中国民间文学史
	中国现当代文学	孟繁华	1951.08	中国当代文学
	中国古典文献学	杨　镰	1947.02	中国古典文献（宋元明清）
	中国现当代文学	杨　义	1946.08	中国现代文学
	比较文学与世界文学	叶舒宪	1954.09	文学人类学
	中国现当代文学	张中良	1955.02	中国现代文学
	中国现当代文学	赵稀方	1964.01	中国现代文学
	中国古代文学	陶文鹏	1941.09	唐宋文学
	中国古代文学	胡　明	1947.08	中国文学批评史
	中国现当代文学	赵　园	1945.02	中国现代小说
文学教学研究部少数民族文学系	民俗学	尹虎彬	1960.05	民俗学
	民俗学	朝戈金	1958.08	民间文艺学、史诗学
	中国少数民族语言文学	刘亚虎	1949.06	南方民族文学、华夏/汉族与周边族群文学关系
	中国少数民族语言文学	斯钦孟和	1954.07	蒙古文学
	中国少数民族语言文学	扎拉嘎	1946.11	蒙古古典文学、蒙古近代文学、蒙汉文学关系、中国各民族文学关系
	中国少数民族语言文学	郎　樱	1941.04	突厥语民族文学、北方民族史诗、各民族文学关系
文学教学研究部新闻学与传播学系	新闻学	卜　卫	1957.03	信息传播的影响
	新闻学	李仁臣	1941.10	新闻媒介管理学、新闻业务
	新闻学	唐绪军	1959.02	媒介经济学
	新闻学	尹韵公	1956.10	新闻史、新闻理论
	新闻学	于　宁	1944.03	新闻业务、新闻理论
	新闻学	张西明	1965.02	新闻法制研究、新闻传播与文化建构

续表

系别	学科专业	姓　名	出生年月	主要研究方向
文学教学研究部语言学系	汉语言文字学	程　荣	1952.09	词典学
	汉语言文字学	方　梅	1961.04	语法学
	语言学及应用语言学	曹广顺	1952.03	中古、近代汉语语法史
	汉语言文字学	董　琨	1946.10	汉语文字学、汉语史
	语言学及应用语言学	顾曰国	1956.10	语用学、话语分析、修辞学、语料库语言学、语言哲学
	语言学及应用语言学	李爱军	1966.09	声学语音学
	汉语言文字学	刘丹青	1958.08	语言类型学、汉语语法学、汉语方言学
	汉语言文字学	麦　耘	1953.08	方言学、汉语历史音韵学
	汉语言文字学	沈家煊	1946.03	英汉对比语法、现代汉语语法、语义和语用研究、口误的心理研究
	汉语言文字学	吴福祥	1959.10	汉语历史语法
	汉语言文字学	许嘉璐	1937.06	训诂学、应用语言学
	汉语言文字学	张伯江	1962.11	句法语义学
	汉语言文字学	张国宪	1954.11	现代汉语语法
	汉语言文字学	张振兴	1941.03	现代汉语方言
	汉语言文字学	江蓝生	1943.11	汉语史研究、晚唐五代至明代（近代汉语）语法和词汇
文学教学研究部语言文字应用系	语言学及应用语言学	苏金智	1954.02	社会语言学
	媒体语言学	姚喜双	1957.01	广播电视语言
	语言学及应用语言学	李宇明	1955.06	应用语言学、语言理论
历史学教学研究部历史系	中国古代史	杨　珍	1955.06	清代政治史
	历史文献学	卜宪群	1962.11	秦汉史
	中国古代史	黄正建	1954.07	唐史
	中国古代史	陈祖武	1943.10	清代学术史、中国古代史
	专门史	定宜庄	1948.12	清史、社会史
	中国古代史	高　翔	1963.10	清代政治史、清代社会文化史
	历史文献学	宋镇豪	1949.01	古文字学、中国上古史、甲骨文献学
	中国古代史	万　明	1953.03	明史

续表

系别	学科专业	姓　名	出生年月	主要研究方向
	中国古代史	王震中	1957.01	先秦史（史前与夏商）
	专门史	余太山	1945.07	中外关系史、中亚史、内陆欧亚史、西北民族史
	中国古代史	陈高华	1938.03	元史、中亚史、绘画史、海外交通史
	专门史	李锦绣	1965.09	唐代西域史
	中国古代史	李世愉	1949.02	清代政治史、清代典章制度
	中国古代史	林甘泉	1931.11	秦汉史、中国封建社会经济史、史学理论
	专门史	卢钟锋	1938.12	宋明理学史、中国近代思想史、中国传统文化
	史学理论及史学史	彭　卫	1959.02	史学理论与中国古代史学史、秦汉史
	专门史	王育成	1950.12	中国道教文化史、中日文化交流史
	历史文献学	吴玉贵	1957.11	历史文献学、隋唐史
历史学教学研究部近代史系	中国近现代史	左玉河	1964.10	中国近代思想文化史
	中国现代化史	马　勇	1955.12	中国现代化史
	中国近现代史	耿云志	1938.12	中国近代思想史、文化史、政治史、中华民国史
	中国近现代史	杨天石	1936.02	中国近现代史、中华民国史、中国近代文化史
	中国近现代史	张海鹏	1939.05	中国近代政治史、台湾史
	中国现代化史	虞和平	1948.09	中国现代化史、现代化理论、中国近代社会经济史
	中国近现代史	姜　涛	1949.07	中国近代社会史、中国近代政治史
	中外关系史	王建朗	1956.11	中国外交史
	中国近现代史	闻黎明	1950.09	中国现代政治史
	中国近现代史	郑大华	1956.08	中国近代思想史、中国近代文化史
	中国近现代史	王奇生	1963.11	中华民国史、中国国民党史
	中国近现代史	李长莉	1958.02	中国近代社会文化史
	中国近现代史	于化民	1958.03	中国革命史、中国现代政治史
	中国近现代史	刘小萌	1952.03	清史

续表

系别	学科专业	姓　名	出生年月	主要研究方向
历史学教学研究部世界历史系	世界史	徐建新	1953.06	日本古代史
	世界史	郭　方	1948.11	古代中世纪史
	世界史	黄立茀	1951.09	苏联政治理论社会史
	史学理论及史学史	姜　芃	1950.11	当代西方史学理论
	世界史	吴必康	1954.05	西欧近现代史
	世界史	武　寅	1950.03	日本史
	世界史	张顺洪	1955.02	英帝国史
	史学理论及史学史	于　沛	1944.05	外国史学理论方法论
	国际政治	周荣耀	1946.04	欧洲国际关系
历史学教学研究部考古系	考古学及博物馆学	赵志军	1956.05	植物考古学
	考古学及博物馆学	冯　时	1958.10	古文字学
	考古学及博物馆学	杨　泓	1935.12	汉魏南北朝考古学、中国美术考古
	考古学及博物馆学	孟凡人	1939.09	汉唐考古、新疆考古
	考古学及博物馆学	刘庆柱	1943.08	秦汉考古
	考古学及博物馆学	王　巍	1954.05	夏商周考古、东亚考古
	考古学及博物馆学	袁　靖	1952.10	动物考古
	考古学及博物馆学	陈星灿	1964.12	中国史前考古，考古学的历史、理论与方法
	考古学及博物馆学	徐苹芳	1930.10	宋元考古、中国古代城市考古
	考古学及博物馆学	安家瑶	1947.08	隋唐考古
	考古学及博物馆学	白云翔	1955.12	秦汉考古
史学部中华人民共和国国史系	中共党史	张星星	1955.04	共和国文化史
	中共党史	李正华	1964.06	中国当代史
	中共党史	刘国新	1950.12	中共党史
	中国近现代史	朱佳木	1946.06	中华人民共和国史
史学部中国边疆历史系	中国近现代史	于逢春	1960.04	中国疆域史
	中国边疆史地	厉　声	1949.08	中国边疆史、西域史

续表

系别	学科专业	姓　名	出生年月	主要研究方向
国际教学研究部世界经济与政治系	世界经济	宋　泓	1965.07	国际贸易
	国际关系	李东燕	1960.09	当代全球政治
	世界经济	何新华	1962.03	世界经济统计
	世界经济	高海红	1964.04	国际金融
	国际关系	李少军	1950.10	国际关系理论
	世界经济	李向阳	1962.12	世界经济理论
	世界经济	鲁　桐	1961.12	国际商务
	世界经济	孙　杰	1962.10	国际金融
	国际关系	王逸舟	1957.07	国际关系理论
	世界经济	余永定	1948.11	宏观经济学
国际教学研究部俄罗斯东欧中亚研究系	国际政治	孙壮志	1966.05	中亚地区社会政治
	国际政治	李建民	1953.04	俄罗斯、独联体经济
	国际政治	李静杰	1941.10	国际政治、国际关系
	国际政治	邢广程	1961.10	俄罗斯政治、苏联政治
	国际政治	张盛发	1957.01	国际关系史、苏联政治和苏联外交
	国际政治	郑　羽	1956.08	俄罗斯外交与中俄关系
	国际政治	朱晓中	1957.03	中东欧国家对外关系
	国际政治	吴　伟	1957.10	国际政治与国家关系
国际教学研究部日本研究系	世界经济	张淑英	1954.12	日本经济
	国际政治	崔世广	1956.06	日本政治文化、当代日本文化与社会思潮
	国际政治	高　洪	1955.02	日本政党制度
	国际政治	袁东振	1963.10	拉丁美洲政治
国际教学研究部拉丁美洲研究系	国际政治	刘纪新	1951.02	拉丁美洲政治
	世界经济	宋晓平	1952.08	拉丁美洲经济、区域经济合作
	世界经济	苏振兴	1937.05	拉丁美洲经济与政治
	世界经济	吴国平	1952.09	拉丁美洲经济
	国际政治	徐世澄	1942.05	拉丁美洲政治、拉丁美洲国际关系

续表

系别	学科专业	姓　名	出生年月	主要研究方向
国际教学研究部西亚非洲研究系	国际关系	贺文萍	1966.10	非洲政治发展
	世界经济	杨　光	1955.03	西亚非洲经济发展
	国际政治	杨立华	1947.03	非洲政治发展、非洲国际关系
	国际政治	张宏明	1959.02	非洲政治
	国际关系	张晓东	1961.09	中东国际关系
国际教学研究部美国研究系	国际关系	周　琪	1952.11	国际关系
	世界经济	王孜弘	1960.07	美国经济
	世界经济	胡国成	1949.02	美国经济史、当代美国经济
	国际关系	倪　峰	1963.02	美国政治
	国际政治	陶文钊	1943.02	中美外交、中美关系
	国际关系	王缉思	1948.11	中美关系
	国际关系	黄　平	1957.02	美国经济社会
国际教学研究部欧洲研究系	世界经济	江时学	1956.09	拉丁美洲经济
	世界经济	罗红波	1946.03	欧洲产业政策研究、意大利经济研究
	国际关系	吴　弦	1952.04	欧洲一体化、欧盟成员国关系、欧盟与外部世界的关系
	国际政治	周　弘	1952.10	国际政治、国际问题研究
	世界经济	王　鹤	1948.11	欧洲经济、欧洲经济一体化
国际教学研究部亚洲太平洋研究系	国际关系	朴键一	1962.01	东北亚国际关系
	世界经济	黄晓勇	1956.11	亚洲太平洋地区经济合作
	国际政治	李　文	1957.01	亚洲太平洋政治
	国际关系	孙士海	1949.11	南亚国际关系及安全，印度政治、经济及对外关系
	世界经济	张宇燕	1960.09	国际政治经济学
	世界经济	张蕴岭	1945.05	国际经济关系、区域一体化

二 2009年度晋升正高级专业技术职务人员

陈定家（1962年1月～ ） 湖北红安人，编审。1979年9月至1983年6月在武汉化工学院学习，获工学学士学位；1994年9月至1997年6月在广西师范大学中文系学习，获文学硕士学位；1998年9月至2000年7月在中国社会科学院研究生院学习，获文学博士学位。1983年7月至1994年8月在中南化工学校任教；1997年7月至1998年8月在广西民政厅工作；2000年7月至2003年7月在北京化工大学文法学院任教，任讲师、副教授；2003年8月至今在中国社会科学院文学研究所工作，历任副研究员、副编审。

现从事文艺学编辑工作。主要代表作有：《隐形手与无弦琴——市场语境中的艺术生产研究》（专著）；《文艺理论研究综述》（综述，责任编辑）；《超文本的崛起与网络时代的文学》（论文）；《网络文学论纲》（合著）；《艺术与审美的当代形态》（合著）。

斯钦巴图（1963年10月～ ） 内蒙古巴林右旗人，蒙古族，研究员。1981年9月至1988年7月在中央民族学院学习，先后获文学学士、文学硕士学位；1995年9月至1998年6月在中国社会科学院研究生院学习，获文学博士学位。1988年9月至1995年8月在新疆师范大学中文系任教，任讲师；1998年7月至今在中国社会科学院少数民族文学研究所工作，历任助理研究员、副研究员。兼任中国少数民族文学学会常务理事、中国蒙古文学学会理事、中国《江格尔》研究会副会长兼秘书长。

现从事中国少数民族文学研究，主要学术专长是蒙古文学、民俗学研究。主要代表作有：《蒙古史诗：从程式到隐喻》（专著）；《图瓦〈格斯尔〉——蒙译注释及比较研究》（译著）；《英雄史诗〈江格尔〉》（论文）；《新时期蒙古史诗研究回顾与展望》（论文）；《蒙古英雄史诗大系》（卷一、卷二、卷三）（合编）。

吕大年（1954年12月～ ） 浙江诸暨人，研究员。1978年1月至1985年2月在北京大学西语系学习，先后获文学学士、文学硕士学位；1985年8月至1998年12月在美国柏克莱加州大学学习，获哲学博士学位。1985年3月至1985年8月在北京大学英语系任教；1999年1月至今在中国社会科学院外国文学研究所工作，历任助理研究员、副研究员。

现从事英美文学、文化研究，主要学术

专长是18世纪、文艺复兴时期英国文学。主要代表作有：《瓦拉和“君士坦丁赠礼”》（论文）；《替人读书》（论文集）；《人文主义二三事》（论文）；《理查逊和帕梅拉的隐私》（论文）；《英美文化词典》（译著审定）。

邹海仑（1950年5月～　）　湖北天门人，编审。1974年7月至1976年12月在京棉三厂“七·二一大学”在职学习；1981年9月至1984年6月在北京大学图书馆学系在职学习。1968年6月至1979年6月在北京第三棉纺织厂工作；1979年6月至1986年10月在中国社会科学院研究生院工作，任馆员；1986年10月至今在中国社会科学院外国文学研究所工作，历任编辑、副编审。

现从事外国文学编辑工作。主要代表作有：《在黑暗中迭放奇葩——萨尔曼·拉什迪近期创作活动》（论文）；《午夜的孩子》（译文，责任编辑）；《20世纪外国短篇小说编年·英国卷》（上、下册）（丛书，分卷主编）；《迈克尔·K的生活和时代》（译著）；《大进军》（译著）。

张　君（1967年2月～　）　女，河北蠡县人，研究员。1984年9月至1988年7月在内蒙古师范大学生物系学习，获理学学士学位；1988年9月至1991年7月在中国社会科学院研究生院学习，获历史学硕士学位。1991年7月至今在中国社会科学院考古研究所工作，历任研究实习员、助理研究员、副研究员。

现从事科技考古研究，主要学术专长是体质人类学。主要代表作有：《日本人群的种族起源和演化》（论文）；《内蒙古赤峰市兴隆洼居室葬的人骨调查》（论文，合作）；《从筛状眶和多孔骨肥厚考察古代人骨上的贫血现象》（论文）；《尉迟寺新石器时代出土人骨的观察与鉴定》（论文）；《从头骨非测量特征看青海李家山卡约文化居民的种族类型》（论文）。

李新伟（1967年11月～　）　北京市人，研究员。1986年9月至1990年7月在北京大学考古系学习，获历史学学士学位；1993年9月至1996年7月在中国社会科学院研究生院学习，获历史学硕士学位；2000年3月至2003年10月在澳大利亚拉楚布大学学习，获考古学博士学位。1990年8月至1993年8月在中国文物研究所工作，任研究实习员；1996年8月至2000年3月、2003年11月至今在中国社会科学院考古研究所工作，历任助理研究员、副研究员。

现从事史前考古学研究，主要学术专长是聚落考古。主要代表作有：《中国东北辽西地区的社会复杂化进程》（英文专著）；《地理信息系统支持的兴隆洼文化手工业生产专业化研究》（论文）；《再论史前弃屋居室葬》（论文）；《中瑞西北科学考察团的袁复礼》（论文）；《红山文化玉器与原始宇宙观》（论文）。

赵春青（1964年8月～　）　河南泌阳人，研究员。1980年9月至1984年7月在郑州大学历史系学习，获历史学学士学位；1989年9月至1991年7月在北京大学考古系在职学习，获历史学硕士学位；1996年9月至1999年7月在北京大学考古文博学院学习，获历史学博士学位。1984年9月至1996年8月在洛阳市文物工作队从事田野考古发掘工作，历任文博管理员、助理馆员；1999年9月至2001年7月在北京大学做博士后研究；2001年8月至今在中国社会科学院考古研究所工作，任副研究员。

现从事史前考古学研究，主要学术专长是新石器考古。主要代表作有：《新密新砦——1999～2000年田野考古发掘报告》(合著)；《新砦聚落考古的实践与方法》（论文）；《〈禹贡〉五服的考古学观察》（论文）；《关于“新砦期”与二里头文化一期的若干问题》（论文）；《裴李岗文化研究》（论文）。

杨宝玉（1964年12月～　）　女，北京市人，研究员。1982年9月至1989年1月在北京大学图书馆学系学习，分别获文学学士、硕士学位。1989年2月至今在中国社会科学院历史研究所工作，历任助理研究员、副研究员。

现从事中国古代史研究，主要学术专长是敦煌学研究。主要代表作有：《敦煌本佛教灵验记校注并研究》（专著）；《〈英藏汉文佛经以外敦煌文献总目索引·总目录〉补正》（论文）；《忏悔灭罪金光明经冥报传校考》（论文）；《英藏敦煌汉文文献目录述要》（论文）；《敦煌文书目录知识库构建设想——以敦煌文书编目工作为中心》（论文）。

杨海英（1966年4月～　）　女，浙江缙云人，研究员。1983年9月至1987年7月在浙江师范大学历史系学习，获历史学学士学位；1990年9月至1993年7月在北京大学历史系在职学习，获历史学硕士学位；1993年9月至1996年6月在中央民族大学历史系学习，获历史学博士学位。1987年8月至1993年8月在浙江丽水师范专科学校任教；1996　年7月至今在中国社会科学院历史研究所工作，历任助理研究员、副研究员。

现从事中国古代史研究，主要学术专长是明清史。主要代表作有：《洪承畴与明清易代研究》（专著）；《关系明清易代的朝明军事合作计划及其执行者研究——洪承畴泄密新证》（论文）；《塔山守将之谜及其他——朝鲜士大夫关于明清争战的历史记忆》（论文）；《朝鲜通事古尔玛浑（郑命寿）考》（论文）；《佐领源流与清代兴衰》（论文）。

张兆裕（1963年10月～　）　山东平阴人，研究员。1982年9月至1986年6月在黑龙江大学历史系学习，获历史学学士学位；1986年9月至1989年6月在南开大学历史系学习，获历史学硕士学位。1989年6月至今在中国社会科学院历史研究所工作，历任研究实习员、助理研究员、副研究员。

现从事中国古代史研究，主要学术专长是明史。主要代表作有：《晚明社会变迁——问题与研究》（合著）；《明永乐年间胡濙行迹考述》（论文）；《明代政治史》（合著）；《明初的国事与数术》（论文）；《明代的华夷之辨》（论文）。

阿　风（1970年11月～　）　回族，辽宁海城人，研究员。1987年9月至1991年7月在辽宁大学历史系学习，获历史学学士学位；1999年9月至2001年7月在中国社会科学院研究生院在职学习，获历史学博士学位。1991年8月至今在中国社会科学院历史研究所工作，历任研究实习员、助理研究员、副研究员。

现从事中国古代史研究，主要学术专长是明清史。主要代表作有：《明清时代妇女的地位与权力——以明清契约文书、诉讼档案为中心》（专著）；《明清徽州诉讼文书的分类》（论文）；《徽州分家书中所见妇女的地位与权利》（论文）；《卖身“婚书”考》（论文）；《清代民事诉讼过程中妇女的身份与地位》（论文）。

邹小站（1967年10月～　）　湖南昭阳人，研究员。1985年9月至1989年7月在湖南师范大学历史系学习，获历史学学士学位；1989年9月至1993年1月在湖南师范大学历史系学习，获历史学硕士学位；1995年9月至1998年7月在中国社会科学院研究生院学习，获历史学博士学位。1993年1月至1995年8月在中南工业大学任教；1998年7月至今在中国社会科学院近代史研究所工作，历任助理研究员、副研究员，现任思想史研究室副主任。

现从事中国近代史研究，主要学术专长是中国近代思想史。主要代表作有：《民初宪法争衡中的几个问题》（论文）；《西学东渐：迎拒与选择》（专著）；《西方民主在近代中国》（合著）；《华夷天下的崩溃与中国近代思想的变迁》（论文）；《自由主义若干思想观念的早期输入》（论文）。

金以林（1967年12月～　）　上海市人，研究员。1986年9月至1990年7月在中国人民大学历史系学习，获历史学学士学位；1996年1月至1997年8月在香港大学中文系在职学习，获哲学硕士学位；2000年10月至2003年10月在新加坡国立大学中国研究系在职学习，获哲学博士学位。1990年7月至1993年3月在北京市《学习与研究》杂志社工作，任编辑；1993年3月至今在中国社会科学院近代史研究所工作，历任编辑、助理研究员、副研究员，其间，2005年12月至2009年6月在复旦大学做博士后研究，现任科研处处长。

现从事中国近代史研究，主要学术专长是中华民国史。主要代表作有：《国民党高层的派系政治——蒋介石“最高领袖”地位是如何确立的》（专著）；《地域观念与派系冲突——以二三十年代国民党粤籍领袖为中心的考察》（论文）；《宁粤对峙前后阎锡山的反蒋倒张活动》（论文）；《蒋介石第二次下野与再起》（论文）；《汪精卫与国民党的派系纠葛》（论文）。

黄敏兰（1953年3月～　）　女，湖北咸宁人，研究员。1978年2月至1982年2月在西北大学历史系学习，获历史学学士学位。1982年2月至1991年7月在陕西省社会科学院历史研究所工作，历任研究实习员、助理研究员；1991年7月至今在中国社会科学院近代史研究所工作，历任助理研究员、副研究员。

现从事历史学研究，主要学术专长是史学理论和史学史。主要代表作有：《20世纪百年学案：历史学卷》（专著）；《中国知识分子第一人：梁启超》（专著）；《质疑“中国古代专制说”依据何在——与侯旭东先生商榷》（论文）；《近年来学术界对“封建”及“封建社会”问题的反思》（论文）；《二十世纪中国史学界对历史学性质的理论思考》（论文）。

景德祥（1963年6月～ ） 江苏宜兴人，研究员。1979年9月至1983年10月在山东大学历史系学习，获历史学学士学位；1983年10月至1984年9月先后在广州外国语学院和德国曼海姆歌德学院学习德语；1984年9月至1988年9月在德国海德堡大学历史系学习，获历史学硕士学位；1989年9月至1997年2月在德国柏林自由大学历史系学习，获历史学博士学位。1997年2月至2001年8月在德国柏林自由大学、柏林社会科学研究中心等单位工作；2001年8月至今在中国社会科学院世界历史研究所工作，任副研究员。兼任中国德国史研究会副会长、常务理事。

现从事德国史研究，主要学术专长是德国近现代政治制度史。主要代表作有：《魏玛宪法二元制与希特勒的上台》（论文）；《二战后德国史学的发展脉络与特点》（论文）；《在西方道路与东方道路之间——关于“德意志独特道路的新思考”》（论文）；《联邦德国社会史学派与文化史学派争议——20世纪联邦德国史学流派争议（续）》（论文）；《1929年世界经济大危机与希特勒的上台》（论文）。

周贵华（1962年12月～ ） 重庆石柱人，研究员。1979年9月至1983年7月在北京大学技术物理系学习，获理学学士学位；1983年9月至1987年7月在中国原子能研究院学习，获理学硕士学位；2000年9月至2003年7月在北京大学哲学系学习，获哲学博士学位。1987年7月至2000年9月在北京理工大学任教，任讲师；2003年7月至今在中国社会科学院哲学研究所工作，历任助理研究员、副研究员，现任东方哲学研究室副主任。兼任中国宗教学会理事。

现从事东方哲学史研究，主要学术专长是印度与中国佛教哲学。主要代表作有：《唯识通论（上、下册）》（专著）；《唯识、心性与如来藏》（专著）；《“基体说”之“基体”概念与如来藏、唯识思想中之 dhātu 类概念》（论文）；《再论“唯识”与“唯了别”》（论文）；《佛学研究的内在诠释之路》（论文）。

罗传芳（1959年11月～ ） 女，湖北武汉人，编审。1979年10月至1983年7月在华中师范大学历史系学习，获史学学士学位；1985年9月至1988年7月在华中师范大学历史系在职学习，获史学硕士学位。1977年2月至1979年10月在湖北省探矿机械厂工作；1983年7月至1997年11月在华中师范大学历史系任教，历任助教、讲师、副教授；1997年12月至今在中国社会科学院哲学研究所工作，历任副教授、副研究员、副编审。兼任中国社会科学院东方文化研究中心副秘书长。

现从事中国哲学编辑工作。主要代表作有：《新加坡、马来西亚现当代文化精神》（论文）；《从诸子之学到王官之学》（论文）；《批判与反思：东汉社会批判思潮的理论意义》（论文）；《新加坡、马来西亚近现代哲学思潮论析》（论文）；《“新人文主义”与“新儒学人文主义”》（论文，责任编辑）。

戈国龙（1971年2月～ ） 江西临川人，研究员。1986年9月至1990年7月在南京大学少年部物理专业学习，获理学学士学位；1993年9月至1999年7月在北京大学哲学系学习，先后获哲学硕士、哲学博士学位。1990年7

月至1993年9月在江西抚州师范专科学校任教；1999年7月至2001年8月在中国社会科学院世界宗教研究所从事博士后研究；2001年8月至今在中国社会科学院世界宗教研究所工作，任副研究员。兼任中国老子道学文化研究会副秘书长。

现从事道教研究，主要学术专长是道教内丹学、佛教禅宗。主要代表作有：《道教内丹学溯源》（专著）；《丹道今诠》（专著）；《游心于佛道》（专著）；《〈大丹直指〉非丘处机作品考》（论文）；《为道与为学：道教内丹学研究论文集》（论文集）。

郑　开（1965年1月～　）　安徽合肥人，研究员。1981年9月至1985年7月在内蒙古工业学院（现内蒙古工业大学）建筑工程专业学习，获工学学士学位；1991年9月至1999年7月在北京大学哲学系学习，先后获哲学硕士、哲学博士学位。1985年7月至1991年9月在内蒙古煤炭科学研究所工作，任助理工程师；1999年7月至今在中国社会科学院世界宗教研究所工作，历任助理研究员、副研究员，其间，2001年8月至2002年8月在韩国西江大学访问研修，现任道教与民间宗教研究室副主任。兼任中国社会科学院道家与道教文化研究中心秘书长。

现从事宗教学研究，主要学术专长是道教与中国哲学。主要代表作有：《德礼之间：前诸子时期的思想史》（专著）；《道家形而上学研究》（专著）；《民间俗祀视野中的滇西神马图像》（论文）；《〈老子〉第一章札记：两个语文学疏证及哲学阐释》（论文）；《道家心性论及现代意义》（论文）。

赵学军（1968年7月～　）　山西陵川人，研究员。1986年9月至1990年7月在山西大学历史系学习，获史学学士学位；1993年9月至1996年7月在北京大学历史系学习，获史学硕士学位；2001年9月至2004年7月在中国社会科学院研究生院在职学习，获经济学博士学位。1990年7月至1993年8月在山西省晋城市实验中学任教；1996年7月至今在中国社会科学院经济研究所工作，历任研究实习员、助理研究员、副研究员，现任中国现代经济史研究室副主任。兼任中国经济史学会副秘书长。

现从事经济史研究，主要学术专长是中国现代经济史。主要代表作有：《中国商业信用的发展与变迁》（专著）；《改革开放以来中国商业信用制度的诱致性变迁》（论文）；《陈云与1955年人民币新币的发行》（论文）；《略论二十世纪五十年代中国的商业信用》（论文）；《建国初期中国商业信用制度的强制性变迁》（论文）。

刘湘丽（1962年5月～　）　女，山东菏泽人，研究员。1982年4月至1991年3月在日本名古屋大学经济学部学习，先后获经济学学士、经济学硕士学位，1996年6月获经济学博士学位。1991年4月至1993年3月在日本名古屋大学经济学部任教；1993年4月至1995年3月在日本东京都立大学经济学部任教；1995年4月至1996年10月在日本名古屋INF翻译咨询公司工作；1997年9月至今在中国社会科学院工业经济研究所工作，历任助理研究员、副研究员。

现从事企业管理研究，主要学术专长是

人力资源管理与开发。主要代表作有：《企业诚信危机——日本雪印乳业公司、十合百货集团、活力门公司、三菱汽车公司事件》（专著）；《安全事故的人为因素与组织因素——4·28胶济铁路事故试析》（论文）；《日本中小企业创新研究制度（SBIR）考察》（论文）；《中国就业服务和职业培训》（论文）；《日本技术战略图的分析与启示》（论文）。

黄如金（1952年8月～　）　江苏泗洪人，研究员。1978年7月至1980年9月在江苏教育学院在职学习；1989年9月至1991年7月在中国社会科学院研究生院经济系在职研究生班学习；1994年9月至1997年7月在中国社会科学院研究生院学习，获经济学博士学位。1976年2月至1985年2月在江苏省泗洪县中学任教；1985年3月至1991年10月在江苏泗洪县委党校工作；1991年11月至1994年8月在江苏省《泗洪报》报社工作；　1995年3月至1997年6月在陕西省丹凤县参加西部扶贫，任副县长；1997年8月至1999年5月在中国社会科学院经济技术发展研究中心工作，任副主任；1999年6月至2007年12月在中国社会科学院《经济管理》杂志社工作，历任社长、编辑部主任、执行主编、副研究员；2008年1月至今在中国社会科学院工业经济研究所工作，任副研究员。兼任中国社会科学院管理科学研究中心副主任、中国企业管理研究会常务理事。

现从事企业管理研究，主要学术专长是经济与管理理论。主要代表作有：《和合管理》（专著）；《和合发展战略与和合发展力》（论文）；《危机事件与危机管理》（论文）；《宏观调控的有效手段：技术标准》（论文）；《和合管理的价值观体系》（论文）。

冯兴元（1965年11月～　）　浙江宁海人，研究员。1982年9月至1986年7月在上海同济大学外语系德语专业学习，获文学学士学位；1996年7月至1999年5月在中国社会科学院研究生院在职学习，获经济学硕士学位。1986年7月至1994年5月在中国国际图书贸易总公司工作；1994年5月至今在中国社会科学院农村发展研究所工作，历任研究实习员、助理研究员、副研究员。

现从事经济学研究，主要学术专长是农村金融、农村财政。主要代表作有：《欧盟与德国：解决区域发展不平衡问题的方法与思路》（专著）；《村级组织管理与村民自治》（合著）；《新农村建设阶段农村金融发展战略选择：一个民间金融视角》（论文）；《温州市苍南县农村中小企业融资调查报告》（论文）；《我国农村地区的农村民间金融组织》（论文）。

任常青（1965年6月～　）　河北大名人，研究员。1982年9月至1986年7月在河北农业大学农经系学习，获经济学学士学位；1986年9月至1989年7月在黑龙江八一农垦大学农经系学习，获农学硕士学位；2000年9月至2004年7月在中国社会科学院研究生院在职学习，获管理学博士学位。1989年9月至今在中国社会科学院农村发展研究所工作，历任研究实习员、助理研究员、副研究员。

现从事农村发展研究，主要学术专长是农业经济管理。主要代表作有：《小额信贷原理及运作》（合著）；《中国特色的小额信贷》（论文，第一作者）；《中国非政府组织小额信贷机构制度安排的症结与出路》（论文）；《小额信贷：双重制度创新的扶贫模式及其在中国的实践》（论文）；《中国非政府组织小额信贷贷款质量与拖欠原因分析——以中国社会科学院扶贫社为例》（论文）。

孙若梅（1962年9月～　）　女，山东莱州人，研究员。1980年9月至1984年7月在北京师范大学地理系学习，获理学学士学位；1986年9月至1989年6月在北京师范大学环境科学研究所环境地学专业学习，获理学硕士学位；2001年9月至2004年7月在中国社会科学院研究生院农业经济管理专业在职学习，获管理学博士学位。1984年8月至1986年8月在北京师范大学环境科学研究所工作；1990年9月至今在中国社会科学院农村发展研究所工作，历任研究实习员、助理研究员、副研究员，现任生态经济与环境研究室副主任。兼任中国生态经济学会副秘书长、常务理事。

现从事发展经济学研究，主要学术专长是生态经济学。主要代表作有：《小额信贷与农民收入》（专著）；《中国反贫困与持续发展》（合著）；《小额信贷在农村信贷市场中作用的探讨》（论文）；《小额信贷影响农民收入的实证分析》（论文）；《影响农户贷款选择的因素分析——来自扶贫社的实证数据》（论文）。

余维彬（1972年5月～　）　湖北红安人，研究员。1990年9月至1994年7月在武汉水利电力大学建筑工程系学习，获工学学士学位；1994年9月至1997年7月在中南财经大学投资系学习，获经济学硕士学位；1999年9月至2002年7月在中国社会科学院研究生院财贸系学习，获经济学博士学位。1997年9月至1999年7月在中国房地产开发集团总公司工作；2002年9月至2003年6月在中国社会科学院财政与贸易经济研究所工作，任助理研究员；2003年7月至今在中国社会科学院金融研究所工作，任副研究员，其间，2008年1月至2009年1月在美国斯坦福大学经济系访问研修，现任国际金融与国际经济研究室主任。

现从事世界经济学研究，主要学术专长是国际金融。主要代表作有：《“弱币”的升值危机：新兴市场经验对中国的启示》（论文）；《美国金融模式的不稳定性：基于次贷危机的反思》（论文）；《金融全球化的新近总结对中国资本项目管理改革的启示》（论文）；《资本高度流动时代的发展中国家最优国际储备——兼评中国外汇储备政策》（论文）；《人民币汇率制度弹性化改革中的资本项目安排——基于国际经验的考察》（论文）。

胡　滨（1971年5月～　）　安徽六安人，研究员。1991年9月至1993年7月在安徽省司法警察学院学习；1993年9月至1995年7月在安徽大学法学院在职学习；1996年9月至1999年6月在中国社会科学院研究生院学习，获法学硕士学位；1999年9月至2002年6月在中国社会科学院研究生院社会学系学习，获法学博士学位。1993年8月至1996年7月在华安证券股份有限公司工作；2002年7月至2003

年9月在中信证券股份有限公司工作；2003年10月至今在中国社会科学院金融研究所工作，任副研究员，现任法与金融研究室主任。

现从事金融学研究，主要学术专长是金融法律与金融监管。主要代表作有：《法治视野下的中国金融发展——中国金融法治化进程、问题与展望》（论文，第一作者）；《韩国资产证券化制度研究》（论文，第一作者）；《区域金融生态环境评价方法与实证研究》（论文）；《保险法修订及其对中国保险业的影响》（论文）；《发展与规范是保险法二次修改的主题》（论文，合作）。

彭兴韵（1972年4月～ ） 重庆云阳人，研究员。1990年9月至1994年7月在江西财经大学房地产经营管理专业学习，获经济学学士学位；1994年9月至1997年7月在中国社会科学院研究生院货币银行学专业学习，获经济学硕士学位；1999年9月至2001年7月在中国社会科学院研究生院财贸系学习，获经济学博士学位。1997年7月至1999年8月在长江证券股份有限公司工作；2001年7月至2003年5月在中国社会科学院财政与贸易经济研究所工作，任助理研究员；2003年6月至今在中国社会科学院金融研究所工作，任副研究员，现任货币理论与货币政策研究室主任。

现从事金融学研究，主要学术专长是货币理论与货币政策。主要代表作有：《流动性、流动性过剩与货币政策》（论文）；《金融危机管理中的货币政策操作——美联储的若干工具创新及货币政策的国际协调》（论文）；《加强利率机制在货币调控中的作用》（论文）；《中国物价总指数波动中的相对价格调整及其宏观调控含义》（论文）；《改进货币统计与货币层次划分的研究》（论文,第一作者）。

李朝霞（1964年12月～ ） 女，陕西岐山人，研究员。1982年9月至1986年7月在北京理工大学飞行器工程系学习，获工学学士学位；1986年7月至1988年5月在北方交通大学经济管理系研究生班学习；2000年9月至2003年7月在中国社会科学院研究生院数量经济与技术经济系在职学习，获管理学博士学位。1988年5月至1992年8月在铁道部通信信号总公司中联技术产品发展公司工作；1992年9月至1994年6月在深圳海滨房产有限公司工作；1994年7月至1996年8月在中国社会科学院数量经济与技术经济研究所工作；1996年9月至2001年11月在光大证券有限公司工作；2001年12月至今在中国社会科学院数量经济与技术经济研究所工作，历任助理研究员、副研究员，其间，2004年4月至2005年5月在美国哥伦比亚大学访问研修，现任数量金融研究室主任。

现从事货币银行学研究，主要学术专长是公司金融、银行卡产业监管。主要代表作有：《中国公司——资本结构与融资工具》（专著）；《中国银行卡产业监管与定价研究》（专著，第一作者）；《影响中国上市公司融资结构的主要因素分析》（论文）；《从比较制度分析看中国公司治理》（论文）；《国际银行卡产业监督经验及趋势研究》（论文）。

张展新（1955年7月～ ） 河北承德人，研究员。1978年3月至1980年2月在河北承德师范专科学校数学系学习；1983年8月至1986年7月在南开大学管理学系学习，获经济学硕士学位；1995年9月至2000年8月在香港科技大学社会科学部学习，先后获硕士、博士学位。1980年3月至1983年7月在河北承德教师进修学校任教；1986年8月至1988年12月在中华全国总工会政策研究室工作；1989年1月至1995年8月在北京市政府研究室工作；2000年9月至2002年8月在香港科技大学社会科学部从事博士后研究；2002年8月至今在中国社会科学院人口与劳动经济研究所工作，历任助理研究员、副研究员，现任社会保障研究室副主任。

现从事社会保障研究，主要学术专长是人口流动、社会保障。主要代表作有：《城市社区中的流动人口：北京等6城市调查》（专著，第一作者）；《城乡分割、区域分割与城市外来人口社会保障缺失——来自上海等五城市的证据》（论文，第一作者）；《劳动力市场的产业分割与劳动人口流动》（论文）；《城市本地与农村外来劳动力的失业风险》（论文）；《从城乡分割到区域分割》（论文）。

江　桥（1957年5月～　）　女，湖北武汉人，研究员。1981年4月至1985年4月参加北京市高等教育自学考试，获史学学士学位；1990年10月至1994年8月自费赴德国留学；1997年9月至2000年7月在中央民族大学历史系学习，获史学博士学位。1975年8月至1990年9月在故宫明清档案部工作，任馆员；　1992年3月至1994年2月在德国科隆大学任教，任满文讲师；1994年9月至1996年10月在北京社会科学院满学研究所工作，历任助理研究员、副研究员；2003年6月至今在中国社会科学院民族学与人类学研究所工作，任副研究员，其间，2005年8月至2006年8月在韩国国立首尔大学访问研修。

现从事满文文献研究，主要学术专长是满文。主要代表作有：《清代满蒙汉文词语音义对照手册》（专著）；《康熙〈御制清文鉴〉研究》（专著）；《满文元音之汉字注音》（论文）；《康熙〈御制清文鉴〉浅析》（论文）；《满文——谚文文献研究》（论文）。

邸永君（1957年5月～　）　河北固安人，研究员。1978年3月至1979年4月在西南石油学院机械系学习；1991年9月至1994年7月在北京大学历史学系学习，获史学硕士学位；1994年9月至1997年6月在中央民族大学历史系学习，获史学博士学位。1975年11月至1978年3月在石油部管道局工作；1979年4月至1981年12月在石油管道技校工作；1981年12月至1991年9月在华北石油职工大学附属学校任教；1997年7月至今在中国社会科学院民族学与人类学研究所工作，历任助理研究员、副研究员，现任科研处处长。

现从事民族史研究，主要学术专长是满族史与清史研究。主要代表作有：《清代满蒙翰林群体研究》（专著）；《启心郎考》（论文）；《关于汉语"满洲"一词之由来》（论文）；《关于"中国先进文化前进方向"的思考》（论文）；《民族学名家十人谈》（学术资料）。

许欣欣（1955年9月～　）　女，湖南岳阳人，研究员。1978年10月至1982年7月在北京大学图书馆学系学习，获文学学士学位；1985年9月至1987年7月在北京大学社会学系研究生班学习；1994年9月至1997年7月在北京大学社会学系学习，获法学博士学位。1972年3月至1978年7月在湖南省岳阳县黄岸公社东风大队小学任教；1982年8月至1985年8月在中国社会科学院语言研究所工作，任馆员；1987年7月至1989年11月在中国经济体制改革研究所工作，任助理研究员；1989年12月至1991年12月在中国《信息世界》杂志社工作，任记者、编辑；1992年2月至1994年6月在中国人民大学社会调查研究中心工作；1995年5月至1997年5月在北京大学任教，其间，1996年5月至1997年5月在美国哥伦比亚大学东亚研究所访问研修；1997年9月至今在中国社会科学院社会学研究所工作，任副研究员，其间，2005年9月至2006年8月在韩国国立首尔大学国际大学院访问研修。

现从事应用社会学研究，主要学术专长是定量研究。主要代表作有：《中国农民组织化与韩国经验》（专著）;《社会、市场、价值观：整体变迁的征兆——从职业评价与择业取向看中国社会结构变迁再研究》（论文）;《韩国农协经验及其对中国的启示》（论文）;《关于农民流动机会及其相关问题的分析》（论文）;《从职业评价与择业取向看中国社会结构变迁》（论文）。

宓小雄（1952年12月～　）　浙江宁波人，研究员。1978年2月至1982年1月在北京大学哲学系学习，获哲学学士学位；1999年10月至2003年12月在香港理工大学应用社会科学系在职学习，2006年获博士学位。1976年8月至1978年1月在贵州凯里红洲机械厂工作；1982年2月至1997年5月在交通部管理干部学院任教，任副教授；1997年5月至今在中国社会科学院社会学研究所工作，任副研究员。

现从事应用社会学研究，主要学术专长是工业社会学、社会政策。主要代表作有:《构建新的认同：市场转型期国有企业的劳动控制》（专著）;《中国社会政策研究十年研究报告选(1999 ～ 2008)》(论文集,主编之一);《中国城镇住房制度改革的政策设计与社会公平》（论文）;《让居者有其屋——从治政角度谈房改》（论文）;《农村妇女是建设社会主义新农村的重要力量》(研究报告,合作)。

姚枝仲（1975年6月～　）　湖南涟源人，研究员。1989年9月至1993年6月在湖南省株洲冶金工业学校学习；1991年9月至1993年9月参加湖南省高等教育自学考试，获大专学历；1996年9月至1999年6月在中南大学学习，获管理学硕士学位；1999年9月至2002年7月在中国社会科学院研究生院学习，获经济学博士学位。1993年7月至1994年10月在江苏省沙钢集团工作；2002年7月至今在中国社会科学院世界经济与政治研究所工作，历任助理研究员、副研究员。

现从事国际经济研究，主要学术专长是国际贸易与投资。主要代表作有：《外国直接投资是否会带来国际收支危机》（论文，合作）;《国际贸易结构分析：贸易品的技术分布》（论文，合作）;《全球国际收支失衡及其变化趋势》（论文，合作）;《中国进口战略的调整》（论文）；《美国金融危机：性质、救助与未来》（论文）。

李中海（1969年5月～ ） 辽宁法库人，研究员。1988年9月至1992年7月在辽宁大学外语系学习，获文学学士学位；1998年9月至2001年12月在对外经济贸易大学学习，获经济学硕士学位。1992年9月至1994年8月在中国民用航空总局工作；1994年8月至1998年5月在中国国际航空公司驻莫斯科办事处工作；1998年5月至2007年5月在北京市城市发展研究室俄罗斯研究中心工作，历任助理研究员、副研究员，其间，2003年1月至2006年2月在中国驻俄罗斯大使馆工作，任三秘、二秘；2007年6月至今在中国社会科学院俄罗斯东欧中亚研究所工作，任副研究员。

现从事国际经济研究，主要学术专长是俄罗斯经济。主要代表作有：《普京八年：俄罗斯复兴之路（2000—2008）》（经济卷主编）；《梅德韦杰夫和普京：俄罗斯最高权力组合》（合著）；《论俄罗斯货币信贷政策及影响》（论文）；《上海合作组织框架内多边能源合作：条件、构想及前景》（论文）；《论俄罗斯混合市场经济模式的形成及特点》（论文）。

李雅君（1964年11月～ ） 女，山东莱州市人，研究员。1983年9月至1987年7月在北京大学国际政治系学习，获法学学士学位；1990年10月至1995年7月在俄罗斯圣彼得堡大学法律系学习，获法学博士学位。1987年7月至1990年10月在中国社会科学院苏联东欧研究所工作，任实习研究员；1995年7月至今在中国社会科学院俄罗斯东欧中亚研究所工作，历任助理研究员、副研究员。

现从事俄罗斯问题研究，主要学术专长是俄罗斯国内政治与俄罗斯民族问题。主要代表作有：《俄罗斯之痛——“车臣问题”探源》（专著）；《俄罗斯十年：政治、经济、外交》（合著）；《俄罗斯联邦议会》（合著）；《俄罗斯共产党：发展历程及其势衰原因》（论文）；《车臣问题——普京执政的契机与挑战》（论文）。

程卫东（1968年10月～ ） 安徽东至人，研究员。1986年9月至1990年7月在北京师范大学教育系学习，获教育学学士学位；1995年9月至2000年7月在武汉大学法学院学习，获法学博士学位。1990年7月至1995年9月在长沙电力师范学院任教；2000年7月至今在中国社会科学院欧洲研究所工作，历任助理研究员、副研究员，其间，2002年8月至2003年8月在英国劳特派特国际法中心访问研修；2004年12月至2005年12月在法国保罗·塞尚艾克斯—马赛第三大学从事博士后研究。兼任中国欧洲学会常务理事、中国国际私法学会理事、中国欧洲法律研究会秘书长。

现从事国际法研究，主要学术专长是欧盟贸易法、欧盟宪政。主要代表作有：《欧洲市场一体化：市场自由与法律》（专著）；《欧洲宪政》（合译）；《法治：欧洲联盟的一个基本原则》（论文）；《欧盟法与欧盟整体力量的形成》（论文）；《〈欧洲宪法条约〉的命运》（研究报告）。

薛彦平（1959年9月～　）　河北磁县人，研究员。1979年至1983年在中国人民大学一分校社会科学情报专业学习，获学士学位；1985年9月至1988年7月在中国社会科学院研究生院国际关系与国际组织系学习，获经济学硕士学位；1997年12月至1999年7月在澳门大学欧洲研究硕士课程班在职学习。1983年3月至1983年9月在北京市电子仪表工业局科技情报研究所工作，任翻译；1983年9月至1985年9月在商务部国际贸易研究所工作，任翻译；1988年8月至1989年3月在民政部中国福利总公司进出口部工作；1990年9月至今在中国社会科学院欧洲研究所工作，历任助理研究员、副研究员。

现从事国际经济研究，主要学术专长是欧洲经济。主要代表作有：《欧洲工业创新体制与政策分析》（专著）；《欧盟创新模式的同一性与多样性》（论文）；《欧盟资本市场的基本特点与发展趋势》（论文）；《欧洲新经济建设与旧体制改革》（论文）；《欧洲主要国家产业结构调整与技术创新政策》（一般文章）。

李新烽（1960年9月～　）　陕西渭南人，研究员。1979年2月至1981年1月在西安外国语学院英语系学习；1985年9月至1987年7月在中国社会科学院研究生院新闻系学习，1988年获法学硕士学位；1993年9月至1994年10月在英国威尔士大学在职学习，获文学硕士学位；1995年7月至2000年7月在中国社会科学院研究生院农村发展系在职学习，获管理学博士学位。1981年1月至1985年8月在西安外国语学院任教；1987年7月至1995年10月先后在中国社会科学院办公厅、外事局工作，任编辑；1995年10月至2008年8月在《人民日报》国际部工作，历任主任编辑、高级编辑，其间，2006年10月至2007年10月参加中组部、团中央组织的第七届“博士服务团”服务工作；2008年7月至今在中国社会科学院西亚非洲研究所工作。

现从事国际政治研究，主要学术专长是中非关系、非洲发展。主要代表作有：《非洲踏寻郑和路》（专著）；《非凡洲游》（专著）；《全球视野下的达尔富尔问题研究》（主编）；《对非洲“热”的冷思考》（论文）；《国家发展“和”为贵》（论文）。

张　凡（1961年6月～　）　福建晋江人，研究员。1980年9月至1984年7月在北京对外经济贸易大学学习，获经济学学士学位；1988年9月至1991年7月在北京大学学习，获法学硕士学位；2002年7月至2006年7月在中国社会科学院研究生院在职学习，获法学博士学位。1984年8月至1988年9月在沈阳海关工作；1991年8月至今在中国社会科学院拉丁美洲研究所工作，历任助理研究员、副研究员，现任理论研究室主任。兼任中国社会科学院拉丁美洲研究所古巴研究中心副主任。

现从事国际政治研究，主要学术专长是拉丁美洲政治。主要代表作有：《当代拉丁美洲政治研究》（专著）；《列国志·尼加拉瓜巴拿马》（合著）；《巴西政党和政党制度剖析》（论文）；《巴西可治理性问题分析》（论文）；《巴西劳工党制度建设和组织发展评述》（论文）。

王晓丹（1951年8月～ ） 女，辽宁沈阳市人，研究员。1974年11月到1978年2月在北京大学东语系学习。1978年2月至今先后在中国社会科学院世界宗教研究所、南亚研究所、亚洲太平洋研究所工作，历任研究实习员、助理研究员、副研究员。

现从事文化社会学研究，主要学术专长是印度社会文化。主要代表作有：《印度社会观察》（专著）；《印度反腐败机制分析》（论文）；《印度国家人口政策的发展与实施》（论文）；《印度农村建设》（论文）；《印度国家人口政策》（论文）。

袁　征（1968年11月～ ） 安徽金寨人，研究员。1987年9月至1991年7月在安徽师范大学历史系学习，获历史学学士学位；1991年9月至1994年7月在南京大学历史系学习，获历史学硕士学位；1995年9月至1999年7月在中国社会科学院研究生院在职学习，获法学博士学位。1994年7月至1995年8月在国务院发展研究中心工作；1999年7月至今在中国社会科学院美国研究所工作，历任助理研究员、副研究员，其间，1998年4月至1999年4月在美国斯坦福大学亚太研究中心访问研修；2003年10月至2004年11月在美国马里兰大学政治与政府系访问研修。

现从事国际政治研究，主要学术专长是美国政治与外交。主要代表作有：《美国的政府腐败与反腐败——对美国反腐败机制的研究》（合著）；《国会与美国外交政策》（合著）；《论美国枪支管制运动的发展及前景》（论文）；《非政府组织与美国对外人权外交》（论文）；《从大选透视美国外交政策未来走向》（论文）。

洪　源（1963年6月～ ） 山东平原人，回族，研究员。1981年9月至1985年7月在北京大学经济学院经济学系学习，获经济学学士学位；1985年8月至1986年6月在石家庄陆军学院学习。1986年6月至1988年1月在解放军国防大学任教；1988年1月至1991年1月在红旗（《求是》）杂志社工作；1991年2月至2001年2月在中国社会科学院世界经济与政治研究所工作，任副研究员。2001年2月至今在中国社会科学院美国研究所工作，任副研究员。兼任中国大战略研究会副秘书长。

现从事军事学研究，主要学术专长是军备控制与国际冲突。主要代表作有：《东亚信任措施的建立》（英文论文）；《俄战略核力量与美国导弹防御系统：一种变量分析》（论文）；《经典作家关于战争与和平基本观点研究》（研究报告）；《印度拒签CTBT原因及未来核政策走向》（研究报告）；《中国应建立多层次导弹防御系统》（研究报告）。

王　伟（1956年4月～ ） 吉林海龙人，研究员。1977年4月到1979年3月在吉林大学外语系日语专业学习；1979年4月到1983年3月在日本创价大学文学部社会学科学习，获文学学士学位。1983年5月至今在中国社会科学院日本研究所工作，历任研究实习员、助理研究员、副研究员。兼任中华日本学会常务理事。

现从事日本社会研究，主要学术专长是日本阶层、日本社会保障。主要代表作有：《日本经济发展模式再探讨》（合著）；《日本的社会思潮与国民情绪》(合著);《日本家庭养老模式的转变》(论文);《2008 年日本社会发展动向》(论文);《日本经济收入差距的扩大引人注目》(论文)。

孙 新(1950年10月～) 山东沂南人,研究员。1971年3月至1974年8月在海军工程学院外语系学习;1975年4月至1977年3月在日本东京立教大学在职学习;1980年9月至1982年3月在海军指挥学院学习。1969年11月至1971年2月在海军南海舰队工作;1974年9月至1975年3月在海军工程学院外语系任教;1977年4月至1986年11月在海军政治部联络部工作;1986年12月至2001年8月在中国社会科学院外事局工作,历任翻译、副译审;2001年8月至今在中国社会科学院日本研究所工作,任副研究员。兼任全国日本经济学会常务副会长。

现从事国际关系研究,主要学术专长是日本政治及中日关系。主要代表作有:《日本对华政策与中日关系》(专著);《中日韩经济合作促进东亚繁荣》(合著);《21 世纪中日经济合作与展望》(主编);《世界中的日本文化——摩擦与融合》(主编);《改革开放以来中国的日本研究》(论文)。

徐 梅(1967年10月～) 女,黑龙江哈尔滨市人,研究员。1986年9月至1990年7月在吉林大学国际经济系学习,获经济学学士学位;1990年9月至1993年3月在吉林大学日本研究所学习,获经济学硕士学位。1993年5月至今在中国社会科学院日本研究所工作,历任研究实习员、助理研究员、副研究员。

现从事世界经济研究,主要学术专长是日本经济。主要代表作有:《中日建立自由贸易区问题研究》(合著);《中日友好交流三十年·经济卷》(合著);《中日对外直接投资比较分析》(论文);《中国加入 WTO 与日本对华直接投资》(论文);《日本与东盟经济伙伴协定的新进展》(论文)。

余 斌(1969年4月～) 湖北武汉市人,研究员。1986年9月至1990年7月在北京大学概率统计系学习,获理学学士学位;1994年9月至1997年7月在厦门大学数学系学习,获理学硕士学位;1997年9月至2000年6月在厦门大学财政金融系学习,获经济学博士学位。1990年8月至1994年8月在武汉钢铁(集团)公司工作;2000年7月至2002年6月在北京大学光华管理学院从事博士后研究;2002年7月至2008年4月在北京大学政府管理学院任教,任副教授;2008年5月至今在中国社会科学院马克思主义研究院工作,历任副教授、副研究员,现任马克思主义原理研究部代理副主任。兼任中华外国经济学说研究会理事。

现从事马克思主义经济学研究,主要学术专长是经济学、统计学。主要代表作有:《微观经济学批判》(专著);《管理中的定量分析——中国本土案例解析》(专著);《经济学的童话》(专著);《论价值理论与价值转形的若干问题》(论文);《马克思主义政治经济学与西方经济学在科学逻辑上的区别》(论文)。

杨　丹（1960年3月～　）　女，北京市人，研究员。1980年9月至1984年7月在北京师范大学图书馆学系学习，获文学学士学位。1984年7月至今在中国社会科学院文献信息中心工作，历任助理馆员、馆员、副研究馆员、副研究员。

现从事图书情报学研究。主要代表作有：《网络时代的社会科学知识生产》（专著）；《图书馆核心竞争力分析与战略转变》（论文）；《社会科学知识创新方法研究》（论文）；《网络环境下的信息资源分类》（论文）。

冯　超（1951年7月～　）　女，北京市人，教授。1974年10月至1977年9月在首都师范大学外语系学习。1977年10月至1983年9月在北京市延庆中学任教；1983年10月至1990年9月在北京市第122中学任教；1990年10月至今在中国社会科学院研究生院工作，历任讲师、副教授。

现从事研究生英语教学。主要代表作有：《宝贝出生头一年》（合译）；《论我国研究生英语教学的新模式》（论文）；《论习俗与翻译的关系》（论文）；《民俗英汉翻译的基本方法论》（论文）；《学术论文英语题目的问题与改进对策》（论文，合作）。

赵一红（1963年9月～　）　女，河南新蔡人，教授。1979年9月至1983年7月在陕西师范大学政治系学习，获法学学士学位；1987年9月至1989年7月在北京师范大学哲学系在职学习；1996年9月至1999年7月在中国社会科学院研究生院学习，获法学博士学位。1983年7月至1995年9月在新疆教育学院政治系任教；1995年9月至1996年7月在北京大学哲学系做访问研修；1999年7月至今在中国社会科学院研究生院工作，任副教授，其间，2001年9月至2003年9月在中国社会科学院法学研究所从事博士后研究。

现从事研究生教学工作。主要代表作有：《中国村民自治制度中自制规章与国家法律关系研究》（专著）；《东亚模式中的政府主导作用与分析》（专著）；《社会发展中的文化力与传统文化》（论文）；《我国村民自治制度中的自制规章与国家法律关系现状的分析》（论文）；《中国村民自治制度实施中的传统农业文化与社会结构分析》（论文）。

王　绯（1962年11月～　）　女，北京市人，编审。1980年9月至1984年7月在北京广播学院新闻系学习，获文学学士学位；1987年9月至1989年2月在北京广播学院新闻系对外宣传研究生班在职学习。1984年8月至1987年8月、1989年2月至1990年6月在中国国际广播电台工作，任助理编辑、记者；1990年6月至1995年5月在《新闻出版报》工作，任编辑、记者；1995年5月至2001年11月在《科技日报》工作，任编辑、记者；2001年11月至今在社会科学文献出版社工作，历任编辑、副编审，现任社会科学图书事业部主任。

现从事社科类图书编辑工作。主要代表作有：《农民工研究新视角》（书评）；《学术著作何以成为畅销书——社科文献出版社“皮书现象”解读》（一般文章）；《社会冲突与阶级意识——当代中国社会矛盾问题研究》（专著，责任编辑）；《城市化进程中的农民工》（专著，责任编辑）；《民国交通联运图印花税票》（专著，责任编辑）。

李慎明（1949年10月～ ） 河南温县人，研究员。1995年9月至1997年7月在中央党校科学社会主义专业研究生班在职学习；1997年至1998年在国防大学基本系指挥员班学习。1968年7月至1969年3月在温县姚庄中学任教；1969年3月至1970年12月在温县林召公社广播站工作；1970年12月至1983年12月在解放军报社、新疆军区政治部工作，任解放军报记者、政治部宣传科科长，其间，1982年11月至1983年12月借调到中央书记处研究室工作；1983年12月至1994年6月在中央军委办公厅工作；1994年6月至1998年9月在军事医学科学院工作，任副院长兼纪委书记，1997年被授予少将军衔；1998年9月至今在中国社会科学院工作，现任副院长、党组副书记、高级编辑。兼任全国哲学社会科学评审委员会国际组组长、国务院学位委员会第六届学科评议组政治组成员、马克思主义理论研究和建设工程咨询委员等。

现从事科学社会主义研究，主要学术专长是党建理论、国际战略和民主政治。主要代表作有：《中国和平发展与国际战略》（专著）；《李慎明自选集》（专著）；《居安思危——苏共亡党的历史教训》（论文，合作）；《“康德拉季耶夫周期”理论视野中的美国经济》（论文）；《“以人为本”的科学内涵和精神实质》（论文）。

陈振声（1960年4月～ ） 河北容城人，译审。1979年2月至1983年2月在北京师范大学分校历史系学习，获历史学学士学位；1997年5月至1999年6月在中国社会科学院研究生院法学系研究生班在职学习。1983年2月至1986年11月在北京师范大学分校任教；1986年11月至今在中国社会科学院国际合作局（原外事局）工作，历任助理翻译、翻译、副译审，其间，1991年8月至1992年8月在美国哈佛大学国际事务研究中心访问研修。

现从事国际学术交流工作，主要专长是英语翻译、国际关系史。主要代表作有：《时间的诞生》（译著）；《哈佛视点——36位著名哈佛教授访谈录》（合译）；《对当代和平、安全与发展问题的反思》（合译）；《当代思潮——中国社会科学院学者论文提要集》（合译）；《对我院成为党中央国务院重要的思想库和智囊团的思考》（论文）。

吴波龙（1963年12月～ ） 浙江遂昌人，译审。1982年9月至1986年7月在北京外国语大学法语系学习，获文学学士学位；1999年12月至2001年4月在法国巴黎第一大学管理学院在职学习，获管理学硕士学位。1986年8月至今在中国社会科学院国际合作局（原外事局）工作，历任助理翻译、翻译、副译审。

现从事对外学术交流工作，主要专长是法语翻译。主要代表作有：《世界是不确定的》（译著）；《法国证券市场》（译著）；《管理七绝招》（译著）；《全球化与21世纪的经济安全》（译文）；《荷兰新右翼势力的兴起》（译文）。

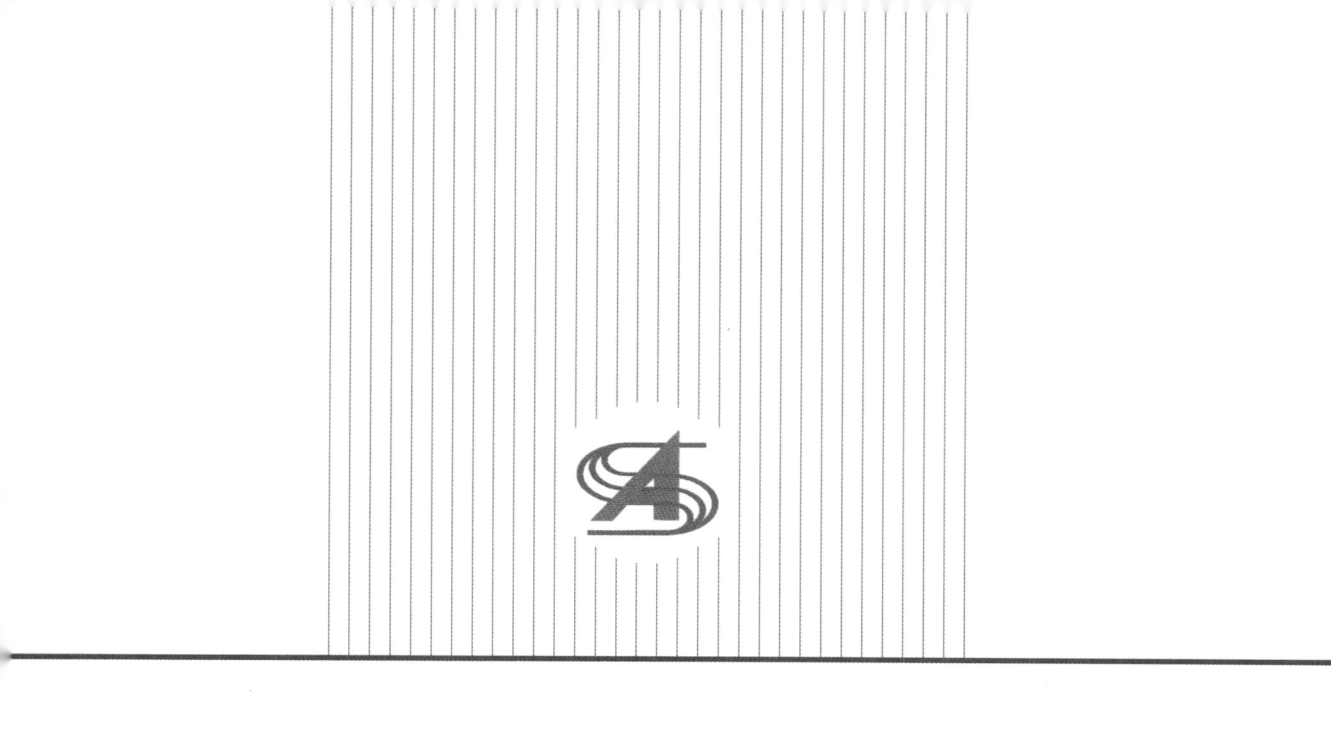

第六编

规章制度

GUIZHANGZHIDU

一 中国社会科学院事业单位国有资产管理暂行办法

（2009年4月7日经院长办公会议审议通过）

第一章 总 则

第一条 为加强我院事业单位国有资产管理，合理配置和有效利用国有资产，保障和促进各项事业发展，根据《事业单位国有资产管理暂行办法》（财政部令第36号）、《中央级事业单位国有资产管理暂行办法》（财教〔2008〕13号）制定本办法。

第二条 本办法适用于执行事业单位财务和会计制度的院属事业单位。

第三条 本办法所称的事业单位国有资产，是指我院事业单位占有、使用的，依法确认为国家所有，能以货币计量的各种经济资源的总称。

我院事业单位国有资产包括：国家拨给我院事业单位的资产，事业单位按照国家政策规定运用国有资产组织收入形成的资产，以及接受捐赠和其他经法律确认为国家所有的资产，其表现形式为流动资产、固定资产、无形资产和对外投资等。

第四条 我院事业单位国有资产管理活动，应当坚持资产管理与预算管理相结合的原则，推行实物费用定额制度，促进事业资产整合与共享共用，实现资产管理和预算管理的紧密统一；坚持所有权和使用权相分离的原则；坚持资产管理与财务管理、实物管理与价值管理相结合的原则。

第五条 我院事业单位国有资产实行国家统一所有，财政部、院主管部门监管，单位占有、使用的管理体制。

第二章 管理机构及其职责

第六条 院财务基建计划局为院国有资产主管部门（以下简称院主管部门），负责对我院所属事业单位的国有资产实施监督管理。其主要职责是：

1．贯彻执行国家有关国有资产管理的法律、行政法规和政策；

2．根据财政部有关国有资产管理的规定，制定本部门所属事业单位国有资产管理的实施办法，并组织实施和监督检查；

3．组织本部门所属事业单位国有资产的清查、登记、统计汇总及日常监督检查工作；

4．按规定权限审核或者审批所属事业单位有关资产配置、处置事项，对已利用国有资产对外投资、出租、出借等事项的管理，负责本部门所属事业单位长期闲置、低效运转和超标准配置资产的调剂工作，优化事业单位国有资产配置，推动事业单位国有资产共享共用；

5．督促院属事业单位按规定缴纳国有资产收益；

6．按照财政部有关规定，组织实施院属事业单位国有资产管理的绩效考评；

7．接受财政部的监督、指导，并报告有关事业单位国有资产管理工作。

第七条　院属事业单位（即院属各级具有事业法人资格，并单独编制财务预、决算的单位）负责对本单位占有、使用的国有资产实施具体管理。其主要职责是：

1．贯彻执行国家有关国有资产管理的法律、行政法规和政策；

2．根据财政部、主管部门有关国有资产管理的规定，制定本单位国有资产管理的具体办法并组织实施；

3．负责本单位资产购置、验收入库、维护保管等日常管理，负责本单位资产的账卡管理、清查登记、统计报告及日常监督检查工作；

4．按事业单位财务和会计制度确认为固定资产的，应按我院的固定资产管理系统的要求，先办理验收登记并建立管理卡片后，才能办理财务报账手续；

5．按照《中央级事业单位国有资产处置管理暂行办法》（财教〔2008〕495号）办理本单位国有资产配置、处置等事项的报批手续；根据主管部门授权，审批本单位有关国有资产配置、处置等事项；

6．负责本单位存量资产的有效利用，参与大型仪器、设备等资产的共享共用和公共研究平台建设工作；

7．接受主管部门和财政部的监督、指导，并报告有关国有资产管理工作。

第八条　我院院属事业单位应当按照本办法的规定，明确相关管理机构和工作人员，做好国有资产管理工作。

第三章　资产配置及使用

第九条　事业单位国有资产配置是指财政部、主管部门、事业单位等根据事业单位履行职能的需要，按照国家有关法律、行政法规和规章制度规定的程序，通过购置或者调剂等方式为事业单位配备资产的行为。

第十条　事业单位国有资产配置应当符合以下条件：

1．现有资产无法满足事业单位履行职能的需要；

2．难以与其他单位共享共用相关资产；

3．难以通过市场购买服务方式实现，或者采取市场购买方式成本过高。

第十一条 事业单位国有资产配置应当符合规定的配置标准；没有规定配置标准的，应当从严控制，合理配置。

第十二条 对于事业单位长期闲置、低效运转或者超标准配置的资产，原则上由院主管部门进行调剂，并报财政部备案；跨部门的资产调剂须报财政部批准。法律、行政法规另有规定的，依照其规定。

第十三条 事业单位向财政部申请用财政性资金购置规定限额以上资产的，除国家另有规定外，按照下列程序报批：

1．事业单位的资产管理部门应会同财务部门根据资产的存量情况、使用及其绩效情况，提出拟新购置资产的品目、数量和所需经费的资产购置计划，经单位领导批准后报院主管部门审核；

2．院主管部门根据所属事业单位资产存量状况、人员编制和有关资产配置标准等，对其资产购置计划进行审核后，报财政部审批；

3．经财政部批准的资产购置计划，按照部门预算管理的相关要求列入主管部门年度部门预算。

第十四条 事业单位用非财政性资金购置规定限额以上资产的，报主管部门审批；主管部门应当于批复之日起15个工作日内将批复文件报财政部备案。

第十五条 事业单位购置纳入政府采购范围的资产，应当按照政府采购管理的有关规定实施政府采购。

第十六条 事业单位国有资产的使用包括单位自用和出租、出借等方式。

第十七条 事业单位应当建立健全资产购置、验收、保管、使用等内部管理制度。

事业单位应当对实物资产进行定期清查，做到账账、账卡、账实相符，加强对本单位专利权、商标权、著作权、土地使用权、非专利技术等无形资产的管理，防止无形资产流失。

第十八条 我院事业单位对外投资、出租、出借等，应当符合国家有关法律、行政法规的规定，遵循投资回报、风险控制和跟踪管理等原则，并进行可行性论证，实现国有资产的保值增值。

我院的房产管理，按照我院的相关规定执行。

第十九条 事业单位用已对外投资形成收益以及利用国有资产出租、出借等取得的收入应当纳入单位预算，统一核算，统一管理。

第四章　资产处置

第二十条　事业单位国有资产处置，是指事业单位对其占有、使用的国有资产进行产权转让或者注销产权的行为。处置方式包括出售、出让、转让、对外捐赠、报废、报损以及货币性资产损失核销等。

第二十一条　事业单位国有资产处置应遵循公开、公正、公平的原则，严格履行审批手续，未经批准不得擅自处置。

第二十二条　事业单位处置国有资产时，应根据财政部规定附相关材料，按以下方式履行审批手续：单位价值或批量价值在800万元以下的，由财政部授权主管部门进行审批，主管部门应当于批复之日起15个工作日内将批复文件（三份）报财政部备案;800万元以上（含）的，经主管部门审核后报财政部审批。

第二十三条　财政部、主管部门对事业单位国有资产处置事项的批复，以及事业单位按规定处置资产报主管部门备案的文件，是财政部安排事业单位有关资产配置预算项目的参考依据，事业单位应当依据其办理产权变动和进行账务处理。

第二十四条　事业单位出售、出让、转让资产数量较多或者价值较高的，应当通过拍卖等市场竞价方式公开处置。

第二十五条　事业单位国有资产处置收入属于国家所有，应当按照政府非税收入管理和财政国库收缴管理的规定上缴中央财政，实行“收支两条线”管理。

第五章　产权登记与产权纠纷处理

第二十六条　事业单位国有资产产权登记是国家对事业单位占有、使用的国有资产进行登记，依法确认国有资产所有权和事业单位对国有资产占有、使用权的行为。

第二十七条　事业单位国有资产产权登记主要包括：

1．单位名称、住所、法定负责人及成立时间；

2．单位性质、主管部门；

3．单位资产总额、国有资产总额、主要实物资产金额及其使用状况、对外投资情况；

4．其他需要登记的事项。

第二十八条　我院所属具有法人资格及财务独立核算的事业单位，应根据财政部国有资产管理工作的需要，参加国有资产产权登记工作。

第二十九条　产权纠纷是指由于国有资产所有权、经营权、使用权等产权归属不清而发生的争议。

第三十条　事业单位与其他国有单位和国有企业之间发生国有资产产权纠纷的，由当事人双方协商解决，协商不能解决的，可以向主管部门申请调解；主管部门调解不成的，由主管部门报财政部调解或者依法裁定，必要时报国务院裁定。

第三十一条 事业单位与非国有单位和非国有企业或者个人之间发生产权纠纷的，本单位应当提出拟处理意见，经院主管部门审核并报财政部同意后，与对方当事人协商解决，协商不能解决的，依照司法程序处理。

第六章 资产评估与资产清查

第三十二条 事业单位有下列情形之一的，应当对相关国有资产进行评估：

1．整体或者部分改制为企业；

2．合并、分立、清算；

3．资产拍卖、转让、置换；

4．整体或者部分资产租赁给非国有单位；

5．确定涉讼资产价值；

6．法律、行政法规规定的其他需要进行评估的事项。

第三十三条 事业单位有下列情形之一的，可以不进行资产评估：

1．事业单位整体或者部分资产无偿划转；

2．事业单位下属的事业单位之间的合并、资产划转、置换和转让；

3.其他不影响国有资产权益的特殊产权变动行为，报经财政部确认可以不进行资产评估的。

第三十四条 我院事业单位国有资产评估工作应当依据《国有资产评估管理办法》（国务院令第91号）委托具有资产评估资格证书的评估机构进行。相关单位应当如实向资产评估机构提供有关情况和资料，并对所提供的情况和资料的客观性、真实性和合法性负责。

参与资产评估的单位不得以任何形式干预资产评估机构独立执业。

第三十五条 事业单位国有资产评估项目实行核准制和备案制。核准和备案工作按照国家有关国有资产评估项目核准和备案管理的规定执行。

第三十六条 事业单位在进行资产清查前，应当提出申请，经主管部门审核同意后实施，主管部门应将相关材料报财政部备案。根据国家要求进行的资产清查除外。资产清查工作按照财政部《行政事业单位资产清查暂行办法》（财办〔2006〕52号）、《行政事业单位资产核实暂行办法》（财办〔2007〕19号）有关规定执行。

第七章 资产信息管理与报告

第三十七条 我院事业单位应当按照国有资产管理信息化的要求，及时将资产变动信息录入管理信息系统，对本单位资产实行动态管理，并在此基础上做好国有资产统计和信息报告工作。

第三十八条　我院事业单位国有资产信息报告是我院事业单位财务会计报告的重要组成部分。各事业单位应当按照财政部规定的年度部门决算报表的格式、内容及要求，对其占有、使用的国有资产状况作出报告。

第三十九条　院主管部门应当充分利用资产管理信息系统和资产信息报告，全面、动态地掌握我院事业单位国有资产的占有、使用和处置状况，并作为编制和安排我院事业单位预算的重要参考依据。

第八章　监督检查

第四十条　我院各事业单位应当建立健全科学合理的本单位国有资产监督管理责任制，将资产监督、管理的责任落实到具体部门、单位和个人，依法维护我院国有资产的安全完整，提高国有资产使用效益。

第四十一条　我院各事业单位国有资产监督应当坚持单位内部监督与财政监督、审计监督、社会监督相结合，事前监督与事中监督、事后监督相结合，日常监督与专项检查相结合。

第四十二条　我院属各事业单位违反本办法规定的，财政部依据《财政违法行为处罚处分条例》的规定进行处罚、处分、处理，并视情节轻重暂停或取消其年度资产购置计划的申报资格。

第九章　附　则

第四十三条　执行事业单位财务和会计制度的我院事业单位和社会团体的国有资产管理，依照本办法执行；执行《民间非营利组织会计制度》的社会团体及民办非企业单位中占有、使用国有资产的，参照本办法执行。

第四十四条　实行企业化管理并执行企业财务和会计制度的事业单位，以及我院事业单位所办的全资企业和控股企业，按照企业财务及国有资产管理的有关规定实施监督管理。

第四十五条　我院各事业单位应当根据本办法和主管部门的有关要求，制定本单位的资产管理办法，报主管部门备案。

第四十六条　本办法自颁布之日起施行。此前颁布的有关事业单位国有资产管理的规定与本办法相抵触的，按照本办法执行。

注：此办法于2009年5月14日以（2009）社科计字13号文件通知院属各单位遵照执行。

二　中国社会科学院人才强院战略实施方案专项经费管理办法

（2009年7月2日经院长办公会议审议通过）

第一章　总　则

第一条　为加强人才强院战略专项经费管理，根据国家及院有关财务制度，制定本办法。

第二条　人才强院战略实施方案专项经费（以下简称人才专项经费）是我院用于实施人才强院战略的经费，主要用于人才的使用、吸引和培养等方面。

第三条　人才专项经费管理坚持统一管理、统一使用的原则。要专款专用，不得挪用、挤占。

第二章　使用范围和经费来源渠道

第四条　人才专项经费主要用于支持以下项目：

1．引进人才所需经费（向财政部申请）。

2．建立统一的培训机制（部分向财政部申请，部分在现有经费中调剂）。

3．基础研究学者资助计划。

4．青年学者科研资助计划。

5．专项国情调研。

（3、4、5项从科研经费切块划拨）

6．专业外语和管理培训（从国际合作经费切块划拨）。

7．国内外高层次人才库（从信息化经费切块划拨）。

8．编制中长期人才规划、博士后制度建设、中央交办有关人才方面的工作及研究、院“四个一批”人才配套及专家休假考察、留学回国人员资助等（新立项）。

第三章　立项与审批

第五条　在人才专项经费的总额度（2500万元）内，根据当年院党组确定的人才工作的任务情况确定项目。原则上不突破总额度。

第六条　根据有关规定建立台账，包括新建立的项目经费和从原各局、中心分管的专项经费中切块出来的经费。

第七条　每年新立项的项目，由院人才工作领导小组办公室协调各有关局编制计划，报经院人才工作领导小组审批后，由院人才工作领导小组办公室负责人负责日常经费一支笔的审批（不含基础研究中的学者启动计划和青年学者科研启动计划）。

第八条　根据人才强院战略的发展需要，人才专项经费按每年财政拨款情况同比例递增。

第四章　项目的执行

第九条　各单位应按批准的预算执行，不得随意调整支出内容，提高支出标准，扩大支出范围。

第十条　项目支出中有关科研经费、外事经费、网络经费的使用，要分别按照我院有关专项经费管理办法的规定执行。

第五章　监督检查

第十一条　各单位每年要定期向领导小组报告经费使用情况，接受财务、审计、监察、纪检的管理和监督。

第十二条　院有关单位要不定期地对专项经费的使用进行检查，如发现违反有关财经法规，要对单位负责人和有关责任人进行批评教育，情节严重的要给予纪律处分。

第六章　附　则

第十三条　本办法由人事教育局负责解释。

第十四条　本办法自发布之日起生效。

注：此办法于2009年7月9日以（2009）社科人字30号文件通知院属各单位遵照执行。

三　中国社会科学院基础研究学者资助计划实施办法(试行)

（2009年7月2日经院长办公会议审议通过）

第一条　中国社会科学院基础研究学者资助计划（以下简称“基础研究学者资助计划”）是中国社会科学院进一步构建和完善科研管理体制机制的一项重大举措，是切实提升和加强基础研究分量、贯彻实施“人才强院”战略的一项重要内容。为了做好“基础研究学者资助计划”工作，现制定实施办法。

第二条　“基础研究学者资助计划”以学者个人为资助对象。中国社会科学院给予受资助人长期、稳定的支持，鼓励其围绕国家和中国社会科学院的科研方向和目标，精心积累，潜心研究。

第三条　受资助人从中国社会科学院在职人员中遴选，且每人至多入选一次“基础研究学者资助计划”。

第四条　资助周期一般为3年，资助期内每人每年资助3万元。

第五条　受资助人的基本条件：

（1）坚持以马克思主义为指导，坚持正确的政治方向和科研方向；（2）学术造诣较深，科研成就突出，在相关学科领域具有影响并能代表中国社会科学院的学术水平；（3）勤奋敬业，锐意进取，严谨求实，学风端正；（4）具有高级专业技术职务；（5）立项当年的年龄原则上未满55周岁；（6）立项时未承担国家和院、所研究课题。

第六条　“基础研究学者资助计划”立项的一般程序：

（1）院根据各研究所具有高级专业技术职务的研究人员、编辑人员数量，按比例下达推荐指标；（2）符合受资助条件的研究人员、编辑人员提出立项申请，填报《中国社会科学院基础研究学者资助计划协议书》；（3）研究所按照本规定和指标限额向院推荐受资助人，推荐须经研究所学术委员会投票表决，达到三分之二赞成票为通过；（4）学部委员（荣誉学部委员）对研究所推荐人选进行评议；（5）科研局会商人事教育局确定受资助人选；（6）院务会议（或院长办公会议）审核批准。

第七条　资助计划实行总量控制，每年资助总量约为高级专业人员总数的4%。研究所按照院下达的指标数限额申报，申报人数可以少于指标数，宁缺毋滥。

第八条　为了切实发挥“基础研究学者资助计划”在“人才强院”战略中的重要作用，院有关部门可以直接推荐特殊优秀人员作为受资助人。直接推荐人员不占研究所推荐指标，但需经院务会议（或院长办公会议）审核批准。

第九条　《中国社会科学院基础研究学者资助计划协议书》由受资助人、研究所和科研局共同签字后执行。

第十条　资助经费由院一次核定、分年度拨付。

第十一条　资助经费开支的主要范围：

（1）图书资料费（图书、资料购买，以及复印、誊录、打印、翻译等费用）；（2）科研材料、设备的购置与使用；（3）学术会议；（4）调研、差旅；（5）成果印制、出版；（6）学术助手劳务费；（7）智力成本补偿费。

第十二条　受资助人根据研究需要自主决定资助经费开支项目的比例；但智力成本补偿费比例最高不能超过总额的30%。

第十三条　资助经费专款专用，支出应符合有关财务制度的规定，同时接受院、所的财务监督和有关部门的审计。

第十四条　有下列情形之一者，暂缓拨付经费：

（1）承担上级交办任务或课题累计时间达12个月以上；（2）未按时报送年度研究计划报告和经费使用情况；（3）未开展实质性的研究工作；（4）资助经费的使用不符合有关财务制度的规定，或无故不接受有关部门的检查、监督与审计；（5）因私长期出国、病休及由于其他个人原因离开项目研究，累计时间达6个月以上。

第十五条　有下列情形之一者，终止拨付经费：

（1）无故不履行资助计划协议或无故自行终止研究工作；（2）在资助期内，未经批准，申请并主持各类课题；（3）拒绝承担国家和院交办的重要科研任务；（4）辞职、调离、被除名、亡故等；（5）其他应当终止拨付经费的原因。

对终止拨款的，追回已拨经费的剩余部分；必要时，追回已拨的全部经费。

第十六条　研究所负责“基础研究学者资助计划”项目执行的日常管理工作，并应将其纳入研究所科研与人才培养计划，在研究时间和条件上给受资助人以充分的保证。

第十七条　受资助人年终须向研究所学术委员会报告研究计划执行情况和经费使用情况，并提交《中国社会科学院基础研究学者资助计划年度报告书》，经研究所签署意见后，报科研局备案。

第十八条　资助期内，受资助人不得申请主持、承担新的国家和院、所研究课题。但受资助人在项目执行期间应当承担院、所交办的重要科研任务，并可以申请中止执行期。任务完成后，经受资助人申请，恢复执行期。

第十九条 受资助人因承担交办任务、因公长期出国等特殊原因，确须对资助计划作出重大变动或调整的，应提交书面报告，申明理由，经研究所同意后报院批准。

第二十条 资助项目结项程序：

（1）资助期满后，受资助人须填报《中国社会科学院基础研究学者资助计划总结报告书》，并提交符合专业技术职务要求的科研成果，包括一定数量的资料储备、读书笔记、学习成绩单等，送研究所学术委员会审议。

（2）研究所召开学术报告会，由受资助人向研究所学术委员会报告整个资助期内的研究计划实施情况和资助经费使用情况。在民主评议的基础上，研究所学术委员会作出书面评估报告。

（3）研究所签署意见后，将《中国社会科学院基础研究学者资助计划总结报告书》与评估报告一并报送科研局备案。

第二十一条 根据学科建设总体状况，“基础研究学者资助计划”可对基础学科和基础性研究领域作适当倾斜。

第二十二条 本办法由科研局负责解释。

注：此办法于2009年7月9日以（2009）社科研字12号文件通知院属各单位遵照执行。

四　中国社会科学院青年学者资助计划实施办法(试行)

（2009年7月2日经院长办公会议审议通过）

第一章 总　则

第一条　为促进青年学者成长，鼓励青年学者提高学术素质、学术水平和科研创新能力，特实施“中国社会科学院青年学者资助计划”。

第二条　“中国社会科学院青年学者资助计划”包括青年科研启动基金项目和青年学者发展基金项目。

第三条　中国社会科学院每年拨出经费用于青年学者资助计划。

第二章　青年科研启动基金项目

第四条　青年科研启动基金资助新来院的青年学者进行课题研究、知识准备和学术交流等活动，帮助他们在来院初期顺利启动科研工作。

第五条　青年科研启动基金资助范围：

中国社会科学院及其研究所重点引进的青年科研骨干和应届毕业来院的青年博士、硕士，并在科研、学术期刊编辑岗位或有特殊需要的其他专业技术岗位上从事研究工作。

本基金项目经费每人只能资助一次。

第六条　青年科研启动基金不资助以下人员：

(1) 已经或正在主持院级课题享有研究经费者；(2) 非重点引进的其他调入人员；(3) 中国社会科学院在职博士、硕士毕业生。

第七条　青年科研启动基金资助标准：

(1) 未满45周岁的具有正高级专业技术职务的重点引进人员，一次性提供科研启动经费5万元；(2) 未满40周岁的具有副高级专业技术职务的重点引进人员；未满40周岁不具备高级专业技术职务的重点引进的博士后人员，一次性提供科研启动经费3万元；(3) 未满40周岁的博士，一次性提供科研启动经费2万元；(4) 未满30周岁的应届毕业硕士，一次性提供科研启动经费1万元。

第八条 青年科研启动基金申报和推荐工作由各研究所负责组织。申报和推荐的程序为：研究所确认申报人资格；申报人填写《中国社会科学院青年启动基金项目申报书》；研究所审议后向院推荐。

第九条 重点引进的科研骨干须在正式聘用3个月后的一年内申报，应届毕业的博士、硕士须在正式聘用10个月后的一年内申报。申报人若为重点引进科研骨干，所在单位须提供申报人进院时的专业技术职务聘任材料和作为重点引进人员的人事审批材料。

第十条 申报人需制定使用本基金将要完成的研究计划、预期目标以及经费使用计划。申报的项目必须符合研究所、研究室规定的研究方向和研究领域。重点引进的科研骨干申报的项目应有明确的课题研究计划。应届毕业的博士、硕士的申报工作在研究室的指导下进行，应有学术积累、专业研究、业务提高的详细计划。

第十一条 中国社会科学院职能部门和直属单位重点引进的科研骨干和应届毕业的博士、硕士，经人事教育局、科研局认定资格后，由所在单位办理相关申报手续。

第十二条 青年科研启动基金项目申报经科研局会同人事教育局审核后，报院务会议或者院长办公会议批准。

第十三条 获得青年科研启动基金资助，不影响申请或参加其他科研项目。

第十四条 在项目执行期间，受资助人调离或者由于其他个人原因不能履行计划的，应全额退还本基金提供的科研启动经费。退还经费由研究所追回后留于所内，用于资助40岁以下青年科研人员的扶持、培养及奖励等项目。

第十五条 项目执行每满一年时，受资助人须填写《中国社会科学院青年科研启动基金项目进展情况报告书》，向研究所提交研究进展、已有成果以及经费使用情况总结。经研究所检查合格后，报送科研局备案。

第十六条 青年科研启动基金项目的年度检查与专业技术人员年度考核结合进行。项目执行情况，应作为受资助人当年科研任务完成情况的重要方面进行考核。

第十七条 项目完成后，受资助人应在研究室就项目执行情况作学术报告，并填写《中国社会科学院青年科研启动基金项目结项书》，经研究室评议、研究所检查合格、签署结项意见后，报送科研局备案。

第三章 青年学者发展基金项目

第十八条 青年学者发展基金主要资助青年学者的学术积累和基础性研究。

第十九条 青年学者发展基金受资助人的基本条件：

（1）坚持以马克思主义为指导，坚持正确的政治方向和科研方向；（2）勤奋敬业，学风端正，在相关学科领域具有发展潜力；（3）立项当年的年龄未满40周岁；（4）在中国社会科学院工作已满3年，具有中级以上（含中级）专业技术职务或博士学位；（5）主持或者作为主要参加人承担过院级以上（含院级）课题，并较好完成课题任务；（6）在立项时没有主持院重大课题或者院重点课题；（7）承担的青年科研启动基金项目已经结项。

第二十条　青年学者发展基金资助期为3年，每年资助2万元。

第二十一条　符合条件的青年学者可以申请承担一次青年学者发展基金。

第二十二条　青年学者发展基金申请每年集中受理。每年的资助总量约为适龄（未满40周岁）专业技术人员的5%（院每年可适当调整）。

第二十三条　青年学者发展基金的资助人选由研究所根据本办法规定的基本条件，在院下达的指标限额或比例内推荐。

资助人选由研究所学术委员会采取无记名投票表决方式确定，达到三分之二赞成票为通过。

第二十四条　资助人选应根据院、所科研方向和专业技术职务要求制定个人学术发展计划，填写《中国社会科学院青年学者发展基金项目申报书》，经研究所审核后报院。

第二十五条　不具有高级专业技术职务的学者申请青年学者发展基金项目，应有两名具有正高级专业技术职务的学者推荐，并应延请一位具有正高级专业技术职务的中国社会科学院学者作为项目导师。

第二十六条　青年学者发展基金项目的申请，经科研局会同人事教育局审核后，报院务会议或者院长办公会议批准。

第二十七条　受资助人在项目执行期间不得申请主持院重大课题或者院重点课题。承担院、所交办重要科研任务的，可以申请中止执行期；任务完成后，经受资助人申请，恢复执行期。

第二十八条　在项目执行期间，受资助人有下列情形之一者，终止或撤销项目，并终止拨付经费：

（1）严重不执行项目计划；（2）无正当理由不承担院、所交办的重要科研任务；（3）调离我院或者辞职；（4）有严重学术不端行为；（5）专业技术人员考核不称职；（6）院认为应当终止或撤销项目的其他情形。

第二十九条　在项目执行期间，受资助人被除名或被刑事处罚的，撤销项目，终止拨付经费，并追回已拨付经费剩余部分。

第三十条　项目执行每满一年时，受资助人须向研究所学术委员会报告项目执行情况和经费使用情况，并提交《中国社会科学院基础研究青年学者资助计划年度报告书》，经研究所签署意见后，送科研局备案；不报告者，停拨经费。

第三十一条　项目执行期满后，受资助人应在研究室就项目执行情况作学术报告，并填写《中国社会科学院青年发展基金项目结项书》，经研究室评议、研究所检查合格、填写结项意见后，报送科研局备案。到期不办理结项手续的，不得申请主持院重大课题或者院重点课题。

第三十二条 在项目年度检查和鉴定结项时，受资助人须提交符合专业技术职务要求的科研成果和资料储备、学术进修证明、学习考试成绩单、读书笔记等可供检查的材料。

第四章 经费管理

第三十三条 青年学者资助计划经费开支范围：

（1）图书资料费（图书、资料购买，以及复印、誊录、打印、翻译等费用）；（2）科研材料、设备的购置与使用；（3）学术会议；（4）调研、差旅；（5）学术进修；（6）学术成果印制、出版。

第三十四条 资助经费由受资助人掌握使用，专款专用。支出应符合有关财务制度的规定，同时接受各级财务监督和有关部门的审计。

第三十五条 青年学者发展基金项目经费的开支范围，除本办法第三十三条规定的项目外，还包括：

（1）智力成本补偿费，最高不超过资助总额的15%；

（2）项目导师指导工作费，最高不超过资助总额的5%。

第五章 附 则

第三十六条 本办法由科研局负责解释。

第三十七条 本办法自院长办公会议通过之日起施行。2003年1月17日院务会议审议通过的《中国社会科学院青年科研启动基金管理办法》同时停止施行。

注：此办法于2009年7月9日以（2009）社科研字11号文件通知院属各单位遵照执行。

五　中国社会科学院非实体研究中心管理办法(暂行)

（2009年11月12日经院长办公会议审议通过）

第一章　总　则

第一条　为了加强和完善我院非实体研究中心的管理，建立健全非实体研究中心的运行机制，更好地发挥非实体研究中心在哲学社会科学研究事业中的积极作用，促进其健康发展，特制定本办法。本办法所称非实体研究中心，是指不设编制，经费自筹，不具有法人资格的院、所两级研究中心（以下简称研究中心）。

第二条　研究中心的任务是组织协调院内外学者开展学术交流与合作，积极争取国内外经费资助，为繁荣我国哲学社会科学事业作贡献。

第三条　研究中心必须按照确有需要、总量控制、严格审批的原则设立。

第二章　管理体制

第四条　院属研究中心以“中国社会科学院 ××× 研究中心”定名。所属研究中心以“中国社会科学院 ××× 研究所 ××× 研究中心”定名。

第五条　院属中心受院的领导，日常工作由相关所、局级单位管理。

第六条　附设在研究所的院属研究中心在研究所的直接领导下开展工作并接受院的指导，工作计划由所务会议审定，重大事项报主管院领导批准。

第七条　所属研究中心受研究所的领导，日常管理工作由相关处室负责，重大事项须经所长办公会审定。

第八条　研究中心成员的个人研究计划均应纳入各自所在的单位的计划，其业务考核、行政关系不得脱离原单位。

第九条　研究中心实行院所领导下的主任负责制，中心发生违法、违规等情况，主管部门和中心主任承担相应责任。研究中心主要负责人可设主任、理事长各一人，原则上由在职人员担任，中心主任年龄以不超过70岁为限。所属中心理事长、主任不得同时担任两个以上(含两个)

所属中心负责人。

第三章　成立、变更和撤销

第十条　成立研究中心应符合下列条件：

1．必须满足把我院建成马克思主义研究的坚强阵地、哲学社会科学的最高学术殿堂、党中央国务院思想库智囊团的基本定位的要求，符合院、所发展的方向，有利于推进学科建设和发展。

2．具备相当的学科优势和研究力量。

3．由学术造诣较高的本院在职学者担任研究中心的负责人。

4．有相对稳定的研究任务或研究经费来源。

第十一条　各研究所成立院属、所属研究中心的总数一般控制在5个以内。如果根据学科发展和现实要求的确需要增加的，可以适当有所突破，但突破总量（5个）以后成立的所属非实体研究中心必须经院长办公会议批准。

第十二条　院职能部门、直属机构原则上不设立研究中心，原已经设立的继续保留，如的确需要新设，需经院长办公会议批准。

第十三条　研究中心的审批程序：

1．成立院属研究中心必须由所、局级单位提交申请材料报科研局。申请材料经科研局审核同意后报院长办公会议审批。

2．成立所属研究中心由相关处室提交申请材料，由所、局主管领导审核后报所务会议审议，并报科研局审批。

第十四条　申请材料需提交下列文件：

1．以正式公文形式提交的申请报告。

主要内容：成立中心的目的、意义和作用；可行性论证；主要负责人情况。

2．中心章程。

主要内容：名称、联系地址；宗旨、性质；任务、活动特点和范围；组织机构；经费管理。

3．《中国社会科学院非实体研究中心登记表》。

第十五条　研究中心成立后凡名称、主要负责人、主管单位等事项发生变更，必须由原审批部门审核批准。

第十六条　研究中心主任、理事长实行任期制，每届任期3年，经批准可连任。

第十七条　研究中心有下列情形的，予以撤销：

1．变更宗旨或中心章程规定的任务已完成。

2．分立、合并。

3．在规定的时间内未提交中心年度评价表、年度工作总结和下一年度工作计划，或者连续两年不开展业务活动。

4．不再具备本办法规定的成立条件。

5．违纪违规以及造成严重不良社会影响。

6．在年度评价中连续两年总评结果为 C 的，以及总评结果为一年为 C、且其主管单位已经有超过 5 个非实体研究中心的。

第十八条　研究中心变更、撤销后，主管部门要予以公告，凡有印章的应及时收回。

第十九条　研究中心均不得设立分支机构。

第四章　活　动

第二十条　研究中心必须严格遵守国家法律、法规、政策和本院的各项规章制度，按照中心章程规定的宗旨和任务积极开展活动。

第二十一条　以研究中心名义主办的学术性会议（内部工作会议除外）应当报批。会议规模在 50 人以下的由研究所审批；50 人以上的列入研究所学术会议计划集中报院审批。

第二十二条　研究中心外聘研究人员，必须按我院有关外聘研究人员的程序报批，并按不得高聘的原则从严掌握。

第二十三条　特邀研究人员未经中心授权不得以中心特邀研究人员的名义从事社会活动。

第二十四条　研究中心聘请国外学者担任中心特邀研究人员，均须按外事工作程序报院审批。

第二十五条　研究中心开展对外学术交流活动和接受国外经费资助，必须执行国家和院有关外事工作的规定，列入研究所外事活动计划，报院外事局审批。

第二十六条　研究中心不得开展下列活动：

1．非学术性评比活动。

2．主办报刊。

3．经营性活动。

4．国家法律、法规、政策禁止的活动。

第二十七条　研究中心在正式批复下达之前，不得以该中心的名义开展活动。筹备期间，不得开展筹备工作以外的活动。

第二十八条　凡有印章的研究中心，其印章由所在单位统一管理，印章的使用实行研究中心主任签字及登记制度。

第二十九条　研究中心的财务（包括单独设有账号的研究中心）必须纳入相关所、局级单位统一管理，同时接受院有关部门的监督和审计。

第三十条 各级研究中心违背中心章程、发生违法违规行为、造成严重后果的，须接受主管部门的调查处理。调查期间暂停该中心的一切活动。

第三十一条 研究中心实行年检评价制度，中心和相关主管单位要在规定的时间内向院填报《中国社会科学院非实体研究中心年度评价表》（见附件）提交中心年度工作总结和中心下一年度工作计划。

第五章 附 则

第三十二条 法律、法规对研究中心活动另有规定的，依照有关法律、法规执行。

第三十三条 本办法适用于我院代管单位。

第三十四条 本办法由院科研局负责解释。

第三十五条 本办法自发布之日起实行。原由中国社会科学院颁布的有关研究中心的规定同时废止。

注：此办法于2009年12月24日以（2009）社科研字19号文件通知院属各单位遵照执行。

六　中国共产党中国社会科学院研究所委员会工作条例

（2009年12月2日经院党组会议通过）

第一章　总　则

第一条　为深入贯彻落实党的路线方针政策，规范研究所党委（以下简称所党委）职责，充分发挥所党委在研究所工作中的领导核心作用，根据《中国共产党章程》和党内有关规定，结合中国社会科学院实际，制定本条例。

第二条　研究所实行党委领导下的所长负责制。所党委对研究所的重大问题进行讨论并作出决定，同时保证所长依照《中国社会科学院研究所所长工作条例》的相关规定行使职权。

第三条　所党委必须坚持以马克思列宁主义、毛泽东思想、邓小平理论和“三个代表”重要思想为指导，深入贯彻落实科学发展观，坚持解放思想、实事求是、与时俱进，坚持党要管党、从严治党，以改革创新精神全面加强党的建设，为把中国社会科学院建设成为马克思主义的坚强阵地、我国哲学社会科学研究的最高殿堂、党中央国务院重要的思想库和智囊团，提供坚强的政治和组织保证。

第四条　所党委必须贯彻落实党的路线方针政策，认真执行院党组的决定，坚持以科研为中心，正确把握研究所的政治方向、理论方向和学术方向，全面贯彻百花齐放、百家争鸣的方针，围绕党和国家工作大局，推动研究所科研事业的繁荣发展。

第五条　所党委实行集体领导与个人分工负责相结合的制度，按照民主集中制原则，建立健全党委工作机制和议事决策规则。

第二章　组织设置与程序

第六条　所党委由本所党员大会选举产生，报院党组批准。因工作需要，可组建两个研究所的联合党委。

所党委每届任期5年。任期届满，无特殊情况，按时换届。

第七条 所党委一般由5或7人组成；党员人数较多的，可由9人组成。

所党委委员必须具有3年以上党龄，具备《中国共产党章程》第六章第三十四条规定的基本条件。

所党委委员因工作调离、退休和免去领导职务的，免去党委委员职务。

第八条 所党委任期未满，党委委员出现缺额，应按照增补党委委员的有关规定，召开党员大会进行补选。

第九条 研究所设立党的纪律检查委员会(以下简称所纪委)。所纪委一般由3或5人组成，由本所党员大会选举产生，报院党组批准。所纪委与所党委同时换届。

第十条 所党委和纪委的办事机构为党委办公室，与所人事处合署办公。

第三章　党的领导干部

第十一条 所党委书记、副书记由所党委全体会议选举产生，报院党组批准；根据工作需要，院党组可以直接任命所党委书记、副书记。

第十二条 所纪委书记一般由所党委委员中的副局级领导干部担任，由所纪委全体会议选举产生，报院党组批准；根据工作需要，院党组可以直接任命所纪委书记。

第十三条 所党委书记、副书记和纪委书记的选任应坚持德才兼备、以德为先的原则，基本任职条件是：

1. 具有共产主义远大理想和中国特色社会主义坚定信念，具有履行职责所需要的马克思主义理论素养，坚决执行党的路线方针政策。

2. 具有高度的政治意识、责任意识、政治敏锐性和政治辨别力，能够坚持和把握研究所的正确方向。

3. 具有以科研为中心的服务意识，熟悉科研情况，全力支持科研工作。

4. 具有改革创新意识和驾驭复杂局面的能力，有胜任领导工作的组织协调能力和专业知识，擅长思想政治工作。

5. 具有坚强的党性和良好的道德修养，自觉践行社会主义核心价值观，以身作则，廉洁自律。

6. 具有优良的思想作风和工作作风，坚持和维护党的民主集中制，坚持党的群众路线，有良好的群众基础。

7. 具有全局观念，善于正确处理各种利益关系。能够团结同志，包括团结与自己有不同意见的同志一道工作。

8. 具有5年以上党龄。

9．具有履行领导职责所需要的身体条件和心理素质。

第十四条　所党委书记、副书记和纪委书记在任期内有下列情况之一的，经院党组会议研究决定，免去领导职务：

1．达到任职年龄规定年限。

2．因工作需要调整职务。

3．一次出国超过 3 个月。

4．本人提出辞职申请。

因年度考核不称职、工作严重失职失误造成重大损失或恶劣影响、严重违法违纪等情况而不适宜再担任现职的，按有关规定处理。

第十五条　所党委书记、副书记、纪委书记实行任期责任目标考核，考核结果作为继续任用的依据。对工作业绩突出、考核优秀的，予以表彰和奖励；对因工作不能尽职尽责造成不良后果的，实行责任追究。

第十六条　所党委书记与所长要协调配合，共同营造团结共事的良好氛围。

第四章　基本职责与任务

第十七条　所党委的基本职责是：

1．贯彻落实党的路线方针政策，认真执行院党组和上级党组织的决议，团结和组织干部职工，努力完成本单位所担负的工作任务。

2．全面负责研究所党的思想建设、组织建设、作风建设、制度建设和反腐倡廉建设。

3．讨论通过研究所的中长期发展战略、重大改革措施、重要科研工作、人才培养计划、对外合作与学术交流计划、年度预决算和重大经费支出项目等重大问题。

4．参与和监督研究所的专业技术职务评聘、专家推荐等重要事项的决策。党委书记作为所党委主要负责人参加或列席相关会议，对有关问题进行政治把关和程序监督。

第十八条　所党委的主要任务是：

1．坚持把思想理论建设放在首位，提高全体党员和干部职工的思想政治水平。组织党员和干部职工认真学习马克思列宁主义、毛泽东思想和中国特色社会主义理论体系，学习党的路线方针政策和党的基本知识。开展社会主义核心价值体系学习教育，把理想信念教育作为学习践行社会主义核心价值体系的重中之重。开展形势任务、基本国情、职业道德、社会公德和家庭美德教育，增强党员和干部职工的政治意识、大局意识和责任意识。

2．负责本所的机构设置和干部人事工作。根据党管干部的原则，按照《党政领导干部选拔任用工作条例》有关规定和干部管理权限，讨论决定处（室）及以下干部的选拔任用、聘用、交流、奖惩等问题，并履行相关程序。重视和加强后备干部的培养。

3．以加强研究室党支部建设为重点，加强基层党组织建设。原则上要求以研究室为单位建立党支部，把做好思想政治工作、促进事业发展贯穿党组织活动始终，积极探索和推进基层党组织工作创新。推荐优秀处室党员干部担任党支部书记，加强对党支部书记的培训工作，建立党委委员联系党支部工作制度，发挥党支部的战斗堡垒作用。

4．以提高素质为重点，抓好党员队伍建设。对党员进行管理、监督和服务，严格党内组织生活，引导党员增强党性意识，履行党员义务，保障党员的权利不受侵犯。按照坚持标准、保证质量、改善结构、慎重发展的方针，做好发展党员工作。

5．加强思想政治工作。经常分析和掌握本所的学术理论动态和干部职工的思想状况，注重人文关怀和心理疏导，把解决思想问题与解决实际问题相结合。组织开展精神文明创建活动和全民普法教育活动，努力建设文明和谐研究所。

6．加强本所学风和工作作风建设，大力倡导理论联系实际的优良学风和求真务实的工作作风，以优良的党风促进研究所作风建设。

7．加强党的纪律检查工作，落实党风廉政建设责任制。开展政治纪律和党风党纪教育，监督党员干部特别是领导干部严格遵守党的纪律、国家法律和院所规章制度，查处违法违纪和侵害党员合法权益案件，全面建设惩治和预防腐败体系，认真执行反腐倡廉制度。

8．领导和支持工青妇等群众组织依照法律及各自的章程独立负责地开展工作。重视选拔和培养青年干部、妇女干部，做好统一战线工作。重视和加强离退休人员工作。

9．负责本所的安全稳定工作。

第十九条　所党委要切实加强领导班子自身建设。建立健全党委中心组学习制度，开好年度党员领导干部民主生活会，不断提高解决领导班子自身问题和处理复杂问题的能力。

第二十条　所党委要建立健全党内民主制度，保障党员的主体地位和民主权利。实行党务公开，拓宽党员参与党内事务的渠道。加强民主集中制教育，提高党员民主素质，引导党员正确行使权利、认真履行义务。

第二十一条　所党委要建立和完善党建工作责任制。党委书记是加强研究所党建工作的主要责任人，其他党委委员根据分工，各负其责。

第二十二条　所党委要认真贯彻党的群众路线，加强调查研究，倾听群众意见和建议。

第五章　会议制度和决策程序

第二十三条　所党委会议按照民主集中制原则讨论决定问题。党委书记主持召开所党委会议。到会党委委员须达到五分之四，会议所作决议才能有效。

第二十四条　所党委会议必须贯彻集体领导、民主集中、个别酝酿、会议决定的原则，按照下列程序进行：

1．确定议题。所党委会议的议题由党委书记根据任务征求有关委员的意见后确定；其他委员认为必要时，也可以向党委书记提出议题建议。

2．提前通知。召开所党委会议的时间和议题，除特殊情况外，一般应提前一天以上通知各位委员。委员应当围绕议题认真准备意见。因故不能参加会议的，可以用书面形式表达意见，但表决时不计入表决票数。

3．充分酝酿。对所党委会议准备讨论决定的问题，党委书记应当在会前与有关委员进行个别酝酿，听取意见。

4．民主讨论。所党委会议讨论决定问题，委员应充分发表意见。决定多个事项时，应当逐项讨论。

5．会议表决。所党委会议讨论决定事项，应当采取口头、举手或无记名投票方式进行表决。决定多个事项，应当逐项表决。

6．形成决议。所党委会议表决事项，以赞成票超过应到会委员半数以上为通过。如果到会委员对表决事项存在严重分歧，会议可暂时不作决议，待条件成熟时再讨论决定。

7．形成纪要。所党委要严格会议记录制度，并对会议决定的重大事项形成会议纪要。

第二十五条　所党委每年至少召开一次党员大会，党委书记向全体党员报告工作，听取党员的意见和建议。

第六章　附　则

第二十六条　本条例适用于院属各研究所（院）、实体研究中心，其他具有法人资格的直属事业单位和代管单位参照执行。

第二十七条　本条例由直属机关党委、人事教育局负责解释。

第二十八条　本条例自院党组会议通过之日起施行。1994 年 7 月 29 日制定通过的《中国共产党中国社会科学院研究所委员会工作条例》即行废止。

注：此条例于2009年12月8日以（2009）社科党组字94号文件通知院属各单位党组织遵照执行。

七　中国社会科学院研究所所长工作条例

（2009年12月2日经院务会议通过）

第一章　总　则

第一条　为深入贯彻落实党的路线方针政策，规范研究所所长职责，充分发挥所长在研究所建设中的重要作用，根据中国社会科学院办院方针和发展方向，结合研究所工作实际，制定本条例。

第二条　研究所实行党委领导下的所长负责制。所长在研究所党委领导下，全面负责本所的科研工作和所务管理工作，履行本条例赋予的职责。

第三条　所长是研究所的法定代表人。

第四条　所长在履行职责时，必须坚持集体领导和个人分工负责相结合的原则，实行科学民主的决策程序和规范的工作制度，团结依靠全所干部职工，办好研究所。

第二章　基本任职条件与任免

第五条　所长按照《党政领导干部选拔任用工作条例》有关规定，经民主推荐和组织考核，由院党组决定任命。

第六条　所长的选任应坚持德才兼备、以德为先的原则，基本任职条件是：

1．热爱祖国，拥护党的路线方针政策，自觉遵守国家法律法规和院所各项规章制度。

2．坚持正确的政治方向、理论方向和学术方向，能够把握研究所的发展方向。

3．具有与职务相应的专业学术水平，在相关研究领域有较高学术地位和重要影响，有正高级专业技术职务。

4．具有从事科研组织或管理工作的经历，有组织重大课题研究、推动学术发展的能力。

5．具有良好的道德修养和职业操守，坚持廉洁自律，有较强的责任意识和大局意识，善于正确处理各种利益关系。

6．具有履行所长职责所需要的身体条件和心理素质。

第七条　所长实行任期制，每届任期 5 年。根据工作需要，任职期间可作调整。

第八条　所长任期内，有下列情况之一的，经院党组研究决定，免去所长职务：

1．达到任职年龄规定年限。

2．因工作需要调整职务。

3．一次出国超过 3 个月。

4．本人提出辞职申请。

因年度考核不称职、工作严重失职失误造成重大损失或恶劣影响、严重违法违纪等情况而不适宜再担任现职的，按有关规定处理。

第三章　基本职责和主要任务

第九条　所长的基本职责是：

1．坚持以马克思列宁主义、毛泽东思想、邓小平理论和“三个代表”重要思想为指导，深入贯彻落实科学发展观，坚持解放思想、实事求是、与时俱进，坚持科研工作的正确方向，全面贯彻百花齐放、百家争鸣的方针，为把中国社会科学院建设成为马克思主义的坚强阵地、我国哲学社会科学研究的最高殿堂、党中央国务院重要的思想库和智囊团努力工作。

2．贯彻执行党的路线方针政策和国家的法律法规，贯彻落实院党组和院务会议的决定，围绕党和国家工作大局和学科建设需要组织开展科研工作，努力实现多出高质量成果、多出优秀人才，推动研究所科研事业的繁荣发展，为党和国家决策服务，为社会主义建设服务。

3．坚持以科研为中心，集中主要精力抓好研究所的学科建设和科研队伍建设，切实履行学术领导和科研组织的职责。

4．履行研究所法定代表人全面管理日常所务工作的职责。

第十条　所长的主要任务是：

1．根据院事业发展规划，结合本所实际，主持制定中长期事业发展规划、年度科研计划和所长任期目标，提交研究所党委讨论通过后组织实施。

2．根据国家经济社会发展和学科发展需要，组织科研人员进行基础理论研究和重大理论与现实问题研究，努力推出高质量的科研成果。

3． 负责组织所级科研课题立项、出版资助和科研成果评奖工作，切实抓好本所承担的各类科研课题和学科建设的落实、检查和结项工作。管理和监督本所课题经费的使用，提高课题经费使用效率。

4．加强研究室的建设与管理，充分发挥其在学科建设和科研组织工作中的作用。

5．负责组织本所对外合作研究和学术交流工作，积极拓展国际学术交流与合作。加强对本所主办的各类学术会议的组织指导，提高学术会议的质量。

6．科学配置人力资源，注意选拔、培养学科带头人和科研骨干；组织做好研究生培养和博士后工作，重视和加强离退休人员工作。

7．充分发挥所学术委员会、专业技术职务资格评审委员会的作用，负责专业技术职务评聘工作。

8．加强本所的学术期刊、图书资料和信息化建设工作，推进科研手段和科研方法创新。

9．加强对本所非实体研究中心、挂靠本所的学会及其他学术组织的管理与监督。

10．主持或委托主管副所长编制并执行研究所年度财务预算，严格财务管理制度，提高资金使用效益，确保国有资产安全有效使用。

11．加强本所学风建设，维护政治纪律，执行廉洁自律各项规定，履行党风廉政建设责任。

12．履行法定代表人应承担的全面所务管理和安全稳定工作。

13．履行院党组和院务会议赋予的其他职责，完成院交办的其他工作任务。

第四章　工作制度与要求

第十一条　所长主持制定与工作职责相应的各项管理制度，经集体讨论通过后，负责组织实施。

第十二条　研究所实行职工大会制度。所长每年向职工大会报告工作，听取群众意见，接受群众监督。

第十三条　研究所实行所务会议制度。所长不定期主持召开所务会议，传达贯彻上级的重要会议精神和工作部署，审议本所的中长期发展战略、重大改革措施、重要科研工作等重要事项。

所务会议由所领导班子成员、党委委员、纪委委员、所长助理、处长、室主任、工会主席等组成。根据工作需要，有关人员列席会议。

第十四条　研究所实行所长办公会议制度。所长定期主持召开所长办公会议，研究处理日常工作。所长办公会议由所长、副所长、所长助理组成，根据工作需要，有关部门负责人参加会议。

第十五条　研究所实行所务公开制度，对科研、外事、人事、财务、行政、后勤等管理事项，及时征求意见，公开相关信息。

第十六条　所长与所党委书记要协调配合，共同营造团结共事的良好氛围。

所长要充分发挥副所长作用，合理分工，坚持民主集中制；副所长要协助所长切实做好分管的工作。所长因故不在岗位期间，应委托一名副所长主持日常所务工作。

第十七条　所长在行使法定代表人职权时，凡涉及研究所重大利益的事项，须经所领导班子集体研究决定。

第十八条　所长实行任期责任目标考核，考核结果作为继续任用的依据。对治所工作业绩突出、考核优秀的所长，予以表彰和奖励；对因工作不能尽职尽责造成不良后果的，实行责任追究。

第五章　附　则

第十九条　本条例适用于院属各研究所（院）、实体研究中心。其他具有法人资格的直属事业单位和代管单位参照执行。

第二十条　本条例由办公厅、人事教育局负责解释。

第二十一条　本条例自院务会议通过之日起施行。1996 年 10 月 28 日院务会议通过的《中国社会科学院研究所所长工作条例》即行废止。

注：此条例于2009年12月8日以（2009）社科党组字94号文件通知院属各单位遵照执行。

八 中国社会科学院督查工作管理办法

（2009年12月10日经院长办公会议审议通过）

第一章 总 则

第一条 根据国务院办公厅关于要进一步强化各单位督促检查机制、有效推动工作落实的文件（国办发[2008]120号）精神，为确保党中央和国务院工作部署、领导批示和交办事项以及院党组重大决策和院领导重要批示的贯彻落实，推动院内各项工作按计划完成，实现督促检查工作的规范化、制度化管理，制定本办法。

第二条 开展督促检查工作（以下简称督查工作）的基本原则是：紧密围绕中心工作，严格依据会议决定和文件要求；检查与推动并举，专项督查和日常督办相结合；注重实效、逐级负责。

第三条 督查工作的基本要求是：及时、准确、高效地推动工作目标和任务的实现；对列入督查范围的事项，切实做到件件都落实，事事有回复。

第四条 院属各单位都要重视督查工作，增强执行力，提高工作效率，狠抓工作落实。要积极支持和配合院督查部门开展工作，推动督查工作在本单位的贯彻落实。

第二章 督查工作的范围和要求

第五条 督查工作的出发点和落脚点是确保令必行，行必果，狠抓工作任务的落实。督促检查的具体范围包括：

1．党中央、国务院重大决策和重要部署的贯彻落实情况；

2．党中央、国务院文件中明确规定需要我院贯彻落实事项的办理情况；

3．党中央、国务院领导同志批示和交办我院办理事项的落实情况；

4．院党组会、院务会、院长办公会（以下简称“三会”）议定事项的落实情况；

5．院领导工作批示和交办事项的落实情况；

6．院年度工作会议提出的工作要点中各项任务的落实完成情况；

7．需要向院领导报送办理结果的其他事项的落实情况。

第六条　督查工作要建立责权统一的目标责任制。通过明确目标任务、工作内容、完成时限、执行单位和责任人等项目，构筑自上而下逐级抓落实的工作推动机制。

第七条　党中央、国务院、上级主管部门及其领导同志布置安排的工作任务，各责任单位要严格按文件、批示提出的完成、报告时限认真落实。未规定时限的，一般性工作任务，责任单位应在10个工作日以内完成。涉及体制机制建设或完善的工作任务或需要在一段时间内逐步落实的工作任务，责任单位应制定工作计划并按计划实施。工作计划超过一个月的，实行按月书面报告工作完成情况的定期报告制度。

第八条　院“三会”议定的事项，责任单位要按照会议明确提出的办理时限完成任务。未规定时限的事项，各牵头承办单位原则上应在会议纪要印发后5个工作日内，比照本办法第七条的时限要求，编制工作任务落实计划和进度安排，报分管院领导批准后按计划推动落实。

第九条　院领导工作批示和交办事项，责任单位要在收到批示或交办件后，及时布置落实并书面回复落实情况。落实过程预计超过一个月的，应编制工作任务落实计划和进度安排，报分管院领导批准后按计划推动落实。

第十条　院年度工作会议提出的工作要点，责任单位要在工作会议审议通过后，严格按确定的工作目标、要求和时限，细化到本单位年度工作要点和计划中，同时制定具体工作要求和落实措施，确保工作任务按期完成。

第十一条　本规定第七条至第十条所列的工作任务涉及多个单位的，按相关文件明确的牵头单位承担第一责任人职责。有关文件或批示未明确牵头单位的，由院长办公会研究确定或分管院领导指定。承担任务的各相关责任单位要分别承担各自的任务，积极支持和配合牵头单位布置的工作，认真落实工作计划。

第三章　督查工作的方法和形式

第十二条　院长办公会对全院督查工作情况实行监督检查。院长办公会每季度听取一次督查工作落实情况的综合汇报。重要工作事项，听取责任单位的专题汇报。

第十三条　实行督查工作全程跟踪制度。院属各单位在承担本办法第九条所列各项工作任务时，办公厅要同步进行督办事项登记，对落实的过程进行全程跟踪。在工作任务完成时，及时向院领导提交督查工作报告。

第十四条　院属各单位要对列入督查范围的工作任务加强领导，细化责任部门和责任人，积极推动工作任务的按时完成。本单位督查工作责任人对工作进度和完成情况进行日常督促检查，协调责任部门向办公厅按期报告工作情况。

第十五条　督查工作的开展要坚持深入实际，重视调查研究。在检查工作落实情况的过程中，要把专题会议督查、文字通报督查、深入实际开展调研、面对面交流座谈等督查形式有机结合起来，加强与责任单位、责任部门和责任人的具体沟通、交流。督查的过程既要认真检查工作进度，又要主动了解工作过程中存在的困难、问题，及时向各级领导和相关部门反映客观情况，为工作部门争取支持和帮助。

第十六条 规范督查结果的报告和通报形式。通过编印《督办专报》、《院领导阅文批示督办登记表》和《督办工作简报》，及时通报和交流督查工作情况。其中：《督办专报》用于向院领导报告重要督办工作的推动情况。《院领导阅文批示督办登记表》用于实时记录领导批示件的传阅过程和责任单位承办落实情况。事项完成后反馈相关院领导和责任单位，便于各级领导了解工作结果。《督办工作简报》是印发院属各单位的内部资料。用于交流各单位督办工作落实情况，介绍工作经验，宣传工作典型，以达到推动工作的目的。

第四章 督查工作组织机构及责任

第十七条 办公厅是全院日常行政管理工作运转的枢纽，按照院党组和院领导的要求，承担对院内各项工作的督查职能，是院督查工作的责任部门。办公厅督查处是实施和推动各项督查工作的具体办事机构。

第十八条 院属各单位是落实督查工作和督办事项的责任单位。按照本单位职责和院党组、院领导下达的任务，负责相关工作的具体承办和落实。各单位主要负责同志是抓好本部门督查工作的第一责任人。

第十九条 院属各单位办公室（综合处）要把督查工作纳入本部门的重要工作职能，切实履行职责，认真抓好落实。办公室（综合处）负责人要担当本单位领导抓落实和推动督查工作的主要助手，同时承担院办公厅督查工作联络员的职责。

第二十条 建立办公厅与院属各单位督查工作联络员的日常业务配合机制，明确各自职责和任务。办公厅要根据中央有关文件要求和实际工作需要，制定并实施督查工作联络员的专项业务培训计划，加强队伍建设。

第五章 督查工作的评价和奖惩

第二十一条 对院属各单位落实督查工作任务的情况实行每季度进行统计通报，每半年开展一次专项检查,年终综合考评的年度统计考核评价机制。根据列入督查范围的工作任务数量、工作完成时间、工作质量、是否按时完成等情况制定考核指标，量化考核数据，严格考核程序，公开考核结果。

第二十二条 院长办公会根据考评结果，对认真组织落实各项督办工作任务、成效突出的单位和个人，要给予通报表扬。不认真落实督办工作任务，无正当理由延误工作完成期限的，要给予批评教育。对因工作松懈，经多次督查而不能完成工作任务的，要给予通报批评。

第二十三条　因工作失职，致使督查范围内的重要工作没有完成，对工作造成不可挽回的损失，或对我院的声誉造成严重负面影响的，根据《中共中央办公厅、国务院办公厅〈关于实行党政领导干部问责的暂行规定〉的通知》（中办发 [2009]25 号）的有关规定，由院监察部门对责任单位负责人实施责任追究。

第六章　附　则

第二十四条　院属各单位可根据本办法的精神，制定本单位加强督促检查、推动工作落实的具体办法。

第二十五条　本办法由办公厅负责解释。

第二十六条　本办法自印发之日起施行。

注：此办法于2009年12月29日以（2009）社科办字40号文件通知院属各单位遵照执行。

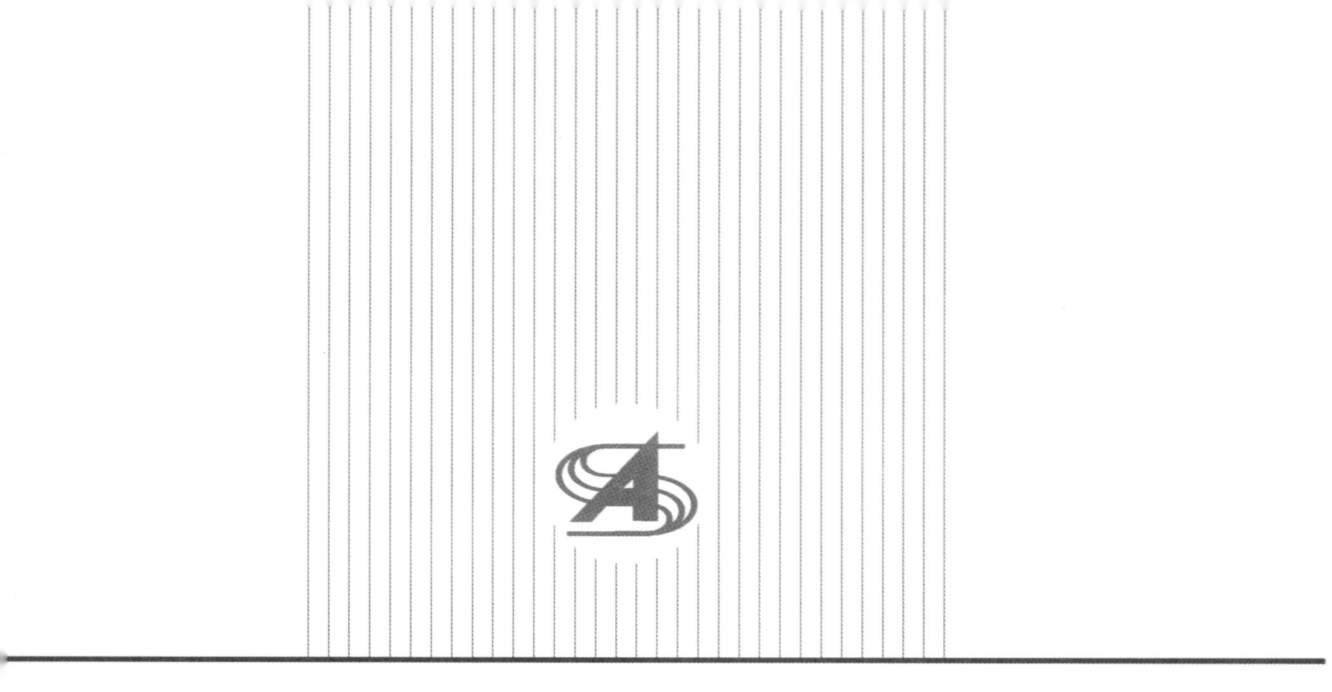

第七编

统计资料

TONGJIZILIAO

一 中国社会科学院2009年在职各类人员情况

项目 / 人数 / 单位	合计	专业人员						管理人员	工勤人员
		小计	正高级	副高级	中级	初级	未定级		
总计	4107	3330	801	956	1148	243	182	529	248
文学研究所	143	129	40	40	34	8	7	7	7
民族文学研究所	49	44	14	10	10	0	10	4	1
外国文学研究所	81	74	22	29	19	4	0	6	1
语言研究所	90	80	27	21	28	2	2	5	5
考古研究所	172	148	43	45	42	8	10	14	10
历史研究所(含郭沫若纪念馆)	157	141	37	42	53	7	2	14	2
近代史研究所	136	118	34	35	43	4	2	4	14
世界历史研究所	86	76	21	27	23	1	4	8	2
中国边疆史地研究中心	33	31	8	9	11	0	3	2	0
哲学研究所	144	129	41	46	32	6	4	10	5
世界宗教研究所	82	76	22	24	24	4	2	6	0
经济研究所	137	117	40	32	35	5	5	10	10
工业经济研究所	91	84	20	25	29	8	2	7	0
农村发展研究所	81	74	20	26	23	5	0	6	1
财政与贸易经济研究所	75	72	16	17	29	6	4	3	0
金融研究所	40	40	7	14	18	1	0	0	0
数量经济与技术经济研究所	80	70	24	21	21	1	3	7	3
人口与劳动经济研究所	45	43	9	14	18	1	1	2	0
城市发展与环境研究所	37	35	11	6	14	1	3	2	0

续表

人数　项目 单位	合计	专业人员						管理人员	工勤人员
		小计	正高级	副高级	中级	初级	未定级		
法学研究所	114	102	30	29	38	5	0	9	3
国际法研究所	24	22	4	7	10	0	1	2	0
政治学研究所	44	40	8	9	18	3	2	3	1
民族学与人类学研究所	162	152	33	49	53	8	9	8	2
社会学研究所	83	79	17	26	27	7	2	4	0
新闻与传播研究所	43	38	8	11	14	4	1	4	1
世界经济与政治研究所	108	95	24	34	29	3	5	9	4
俄罗斯东欧中亚研究所	97	83	21	28	19	9	6	5	9
欧洲研究所	49	42	10	11	17	1	3	6	1
西亚非洲研究所	63	57	12	16	24	2	3	6	0
拉丁美洲研究所	62	55	10	20	16	4	5	7	0
亚洲太平洋研究所	55	52	10	15	21	2	4	2	1
美国研究所	56	52	11	15	22	1	3	2	2
日本研究所	51	48	12	12	20	3	1	2	1
马克思主义研究院	133	129	23	29	70	6	1	3	1
办公厅	76	32	9	6	14	3	0	44	0
科研局／学部工作局	44	39	9	14	10	5	1	5	0
人事教育局	40	17	1	3	6	7	0	23	0
国际合作局	46	37	4	9	14	8	2	7	2
财务基建计划局	38	21	0	3	10	8	0	17	0
老干部工作局	26	6	0	3	2	1	0	20	0
纪检组、监察局	24	7	2	1	1	3	0	17	0
直属机关党委	23	5	1	2	2	0	0	18	0
中国社会科学出版社	90	68	14	15	14	15	10	9	13
社会科学文献出版社	44	39	6	6	18	5	4	4	1
中国社会科学杂志社	62	54	12	11	19	10	2	5	3
中国社会科学院研究生院	155	89	13	20	32	10	14	45	21
院图书馆(文献信息中心)	137	120	11	37	53	14	5	13	4
计算机网络中心	25	23	0	5	10	6	2	2	0

续表

单位＼人数＼项目	合计	专业人员						管理人员	工勤人员
		小计	正高级	副高级	中级	初级	未定级		
服务中心	199	18	0	1	6	5	6	74	107
中国人文科学发展公司	20	12	0	2	6	3	1	7	1
中国经济技术研究咨询有限公司	3	0	0	0	0	0	0	3	0
当代中国研究所	93	69	12	15	20	5	17	17	7
中国地方志指导小组办公室	38	32	4	8	7	5	8	4	2
院领导	21	15	14	1	0	0	0	6	0
1.研究单位	3034	2728	705	817	931	140	135	210	96
2.院直属单位	735	423	56	97	158	68	44	162	150
3.院直机关	338	179	40	42	59	35	3	157	2
4.女职工	1658	1413	177	413	584	156	83	189	56

注：本统计资料中人事教育局含人才交流培训中心。

二　中国社会科学院2009年在职人员年龄结构

项目/人数/单位	年龄结构									
	合计	25岁以下及	26～30岁	31～35岁	36～40岁	41～45岁	46～50岁	51～55岁	56～60岁	女	60岁以上
总计	4107	77	332	506	562	620	632	734	507	145	137
文学研究所	143	0	13	16	12	22	22	31	17	7	10
民族文学研究所	49	0	4	10	3	6	10	8	5	1	3
外国文学研究所	81	2	3	14	12	9	13	17	10	2	1
语言研究所	90	0	3	7	14	16	14	18	14	6	4
考古研究所	172	4	9	24	25	30	26	23	20	6	11
历史研究所(含郭沫若纪念馆)	157	1	9	28	27	21	21	25	18	5	7
近代史研究所	136	2	6	17	18	24	26	15	22	5	6
世界历史研究所	86	0	6	15	18	10	6	16	10	4	5
中国边疆史地研究中心	33	0	5	4	2	3	8	7	3	1	1
哲学研究所	144	2	10	15	17	27	20	30	18	6	5
世界宗教研究所	82	0	3	9	15	11	19	10	11	6	4
经济研究所	137	1	2	14	18	16	26	32	23	6	5
工业经济研究所	91	0	5	14	12	10	20	20	8	1	2
农村发展研究所	81	0	6	4	6	18	19	18	8	2	2
财政与贸易经济研究所	75	1	14	12	13	6	7	11	8	4	3
金融研究所	40	0	3	9	14	5	2	3	4	1	0
数量经济与技术经济研究所	80	0	0	5	14	16	17	16	6	2	6
人口与劳动经济研究所	45	0	3	8	4	9	7	8	5	0	1

续表

项目 人数 单位	年龄结构										
	合计	25岁以下及	26~30岁	31~35岁	36~40岁	41~45岁	46~50岁	51~55岁	56~60岁	女	60岁以上
城市发展与环境研究所	37	0	1	5	9	9	6	5	1	0	1
法学研究所	114	3	8	21	14	19	16	20	9	2	4
国际法研究所	24	1	3	7	3	4	2	4	0	0	0
政治学研究所	44	1	6	3	13	5	5	5	3	1	3
民族学与人类学研究所	162	2	7	19	28	36	21	30	17	3	2
社会学研究所	83	1	11	10	8	16	10	16	10	6	1
新闻与传播研究所	43	0	8	2	8	6	3	12	3	2	1
世界经济与政治研究所	108	1	6	19	15	15	16	16	17	7	3
俄罗斯东欧中亚研究所	97	0	5	8	21	17	11	22	10	5	3
欧洲研究所	49	1	3	12	7	6	7	4	7	3	2
西亚非洲研究所	63	0	4	9	7	12	12	10	8	4	1
拉丁美洲研究所	62	3	5	13	11	6	7	8	8	5	1
亚洲太平洋研究所	55	0	9	11	8	11	6	4	5	2	1
美国研究所	56	1	3	8	9	13	6	9	5	2	2
日本研究所	51	0	2	6	9	9	5	15	4	1	1
马克思主义研究院	133	3	16	29	32	13	11	11	15	2	3
办公厅	76	0	5	6	9	8	19	12	14	4	3
科研局／学部工作局	44	1	10	3	6	8	5	5	5	3	1
人事教育局	40	3	8	5	4	4	6	8	2	0	0
国际合作局	46	0	9	2	6	9	6	8	6	2	0
财务基建计划局	38	3	6	1	7	1	10	4	6	2	0
老干部工作局	26	3	1	1	1	3	3	5	7	2	2
纪检组、监察局	24	0	5	3	4	2	2	3	4	1	1
直属机关党委	23	1	5	0	3	5	2	3	4	0	0
中国社会科学出版社	90	1	9	6	10	15	18	16	15	3	0
社会科学文献出版社	44	0	8	6	5	4	9	9	3	0	0
中国社会科学杂志社	62	0	8	13	6	8	9	9	6	3	3

续表

人数 项目 / 单位	年龄结构									
	合计	25岁以下及	26~30岁	31~35岁	36~40岁	41~45岁	46~50岁	51~55岁	56~60岁	女	60岁以上
中国社会科学院研究生院	155	15	13	18	13	15	17	37	24	8	3
院图书馆(文献信息中心)	137	9	14	11	8	25	22	30	15	4	3
计算机网络中心	25	1	12	4	1	1	1	4	1	0	0
服务中心	199	4	6	4	11	22	57	53	41	1	1
中国人文科学发展公司	20	1	0	1	1	2	2	7	5	1	1
中国经济技术研究咨询有限公司	3	1	0	0	1	0	1	0	0	0	0
当代中国研究所	93	1	6	11	16	23	13	14	9	0	0
中国地方志指导小组办公室	38	3	6	4	4	9	3	4	3	0	2
院领导	21	0	0	0	0	0	0	4	5	1	12
1.研究单位	3034	34	213	422	466	488	443	517	344	110	107
2.院直属单位	735	32	70	63	56	92	136	165	110	20	11
3.院直机关	338	11	49	21	40	40	53	52	53	15	19
4.女职工	1658	47	183	233	252	264	249	267	145	145	18

注:本统计资料中人事教育局含人才交流培训中心。

三　中国社会科学院2009年在职各类专业人员学历结构

项目 人数 类别	专业人员总数	学历结构							
		研究生	博士	硕士	大学	大专	中专	高中	初中及以下
总计	3330	2183	1213	907	763	311	18	43	12
其中：正高级	801	609	351	237	184	6	0	1	1
副高级	956	660	417	230	232	62	1	1	0
中级	1148	746	369	351	209	166	5	17	5
初级	243	58	0	56	86	64	10	20	5
未定级	182	110	76	33	52	13	2	4	1
1.研究人员	2253	1859	1128	698	351	35	0	3	5
研究员	671	540	335	188	126	4	0	0	1
副研究员	683	564	377	180	112	7	0	0	0
助理研究员	731	629	350	271	78	20	0	2	2
研究实习员	57	36	0	36	19	0	0	1	1
研究未定职	111	90	66	23	16	4	0	0	1
2.编辑人员	440	213	63	137	145	74	2	5	1
编审	100	54	13	39	44	1	0	1	0
副编审	141	64	25	35	52	25	0	0	0
编辑	136	70	16	48	27	37	0	1	1
助理编辑	34	10	0	9	10	9	2	3	0
编辑未定职	29	15	9	6	12	2	0	0	0
3.翻译人员	45	23	2	17	20	2	0	0	0
译审	7	4	0	3	3	0	0	0	0
副译审	14	7	2	4	7	0	0	0	0

续表

项目 人数 类别	专业人员总数	学历结构							
		研究生	博士	硕士	大学	大专	中专	高中	初中及以下
翻译	15	8	0	6	5	2	0	0	0
助理翻译	8	3	0	3	5	0	0	0	0
翻译未定职	1	1	0	1	0	0	0	0	0
4.教学人员	70	44	17	26	21	4	0	1	0
教授	20	11	3	7	9	0	0	0	0
副教授	20	14	10	4	5	1	0	0	0
讲师	20	16	3	13	4	0	0	0	0
助教	3	2	0	2	1	0	0	0	0
教学未定职	7	1	1	0	2	3	0	1	0
5.工程技术人员	52	6	1	4	36	7	2	0	1
高级工程师	8	2	1	1	4	1	1	0	0
工程师	25	4	0	3	17	3	0	0	1
助理工程师、技术员	19	0	0	0	15	3	1	0	0
工程未定职	0	0	0	0	0	0	0	0	0
6.图书、文博、资料人员	339	31	1	22	143	130	6	26	3
研究馆员	3	0	0	0	2	1	0	0	0
副研究馆员	82	6	1	4	49	26	0	1	0
馆员	179	17	0	10	63	83	3	12	1
助理馆员、管理员	52	5	0	5	17	16	2	10	2
图书未定职	23	3	0	3	12	4	1	3	0
7.会计人员	101	1	0	0	37	48	7	7	1
高级会计师	4	0	0	0	2	2	0	0	0
会计师	29	0	0	0	12	14	1	2	0
助理会计师、会计员	57	1	0	0	13	32	5	5	1
会计未定职	11	0	0	0	10	0	1	0	0
8.经济人员	15	4	1	1	4	6	0	1	0
高级经济师	2	2	1	1	0	0	0	0	0
经济师	7	2	0	0	1	4	0	0	0
助理经济师、经济员	6	0	0	0	3	2	0	1	0

续表

类别＼人数＼项目	专业人员总数	学历结构							
		研究生	博士	硕士	大学	大专	中专	高中	初中及以下
经济未定职	0	0	0	0	0	0	0	0	0
9.统计人员	2	0	0	0	2	0	0	0	0
高级统计师	0	0	0	0	0	0	0	0	0
统计师	1	0	0	0	1	0	0	0	0
助理统计师、统计员	1	0	0	0	1	0	0	0	0
统计未定职	0	0	0	0	0	0	0	0	0
10.卫生技术人员	13	2	0	2	4	5	1	0	1
主任医师	0	0	0	0	0	0	0	0	0
副主任医师	2	1	0	1	1	0	0	0	0
主治医师	5	0	0	0	1	3	1	0	0
医师、医士	6	1	0	1	2	2	0	0	1
卫生未定职	0	0	0	0	0	0	0	0	0

注:本统计资料中含地方志指导小组办公室和当代中国研究所。

四　中国社会科学院2009年在职各类专业人员年龄结构

项目 / 人数 / 类别	合计	年龄结构									
		25岁及以下	26～30岁	31～35岁	36～40岁	41～45岁	46～50岁	51～55岁	56～60岁	女	60岁以上
总计	3330	47	277	470	506	532	479	530	366	132	123
其中：正高级	801	0	0	0	19	129	156	226	164	48	107
副高级	956	0	0	64	211	254	153	127	134	66	13
中级	1148	0	144	354	247	111	116	122	54	11	0
初级	243	22	90	12	8	15	39	45	11	6	1
未定级	182	25	43	40	21	23	15	10	3	1	2
1.研究人员	2253	20	164	399	414	381	275	300	201	64	99
研究员	671	0	0	0	18	113	128	188	130	37	94
副研究员	683	0	0	61	186	187	107	78	59	25	5
助理研究员	731	0	103	300	193	65	30	28	12	2	0
研究实习员	57	10	36	5	1	1	2	2	0	0	0
研究未定职	111	10	25	33	16	15	8	4	0	0	0
2.编辑人员	440	6	38	33	45	66	75	90	76	27	11
编审	100	0	0	0	1	11	25	31	26	9	6
副编审	141	0	0	3	16	37	24	21	35	18	5
编辑	136	0	18	24	22	13	17	30	12	0	0
助理编辑	34	2	9	2	3	1	8	6	3	0	0
编辑未定职	29	4	11	4	3	4	1	2	0	0	0
3.翻译人员	45	0	10	2	6	10	6	4	7	3	0
译审	7	0	0	0	0	1	2	3	1	0	0
副译审	14	0	0	0	1	6	3	0	4	2	0

续表

类别（人数 / 项目）	合计	年龄结构 25岁以下及	26～30岁	31～35岁	36～40岁	41～45岁	46～50岁	51～55岁	56～60岁	女	60岁以上
翻译	15	0	1	2	5	3	1	1	2	1	0
助理翻译	8	0	8	0	0	0	0	0	0	0	0
翻译未定职	1	0	1	0	0	0	0	0	0	0	0
4.教学人员	70	0	4	10	11	10	7	8	13	4	7
教授	20	0	0	0	0	3	1	4	6	1	6
副教授	20	0	0	0	3	6	5	2	4	2	0
讲师	20	0	1	10	7	1	0	1	0	0	0
助教	3	0	2	0	0	0	0	1	0	0	0
教学未定职	7	0	1	0	1	0	1	0	3	1	1
5.工程技术人员	52	1	19	3	4	7	6	7	5	1	0
高级工程师	8	0	0	0	2	2	0	2	2	1	0
工程师	25	0	6	3	2	3	6	3	2	0	0
助理工程师、技术员	19	1	13	0	0	2	0	2	1	0	0
工程未定职	0	0	0	0	0	0	0	0	0	0	0
6.图书、文博、资料人员	339	14	30	14	16	45	79	85	52	25	4
研究馆员	3	0	0	0	0	1	0	0	1	1	1
副研究馆员	82	0	0	0	3	16	12	22	27	17	2
馆员	179	0	12	12	11	23	50	49	22	6	0
助理馆员、管理员	52	5	15	1	2	2	13	12	2	1	0
图书未定职	23	9	3	1	0	3	4	2	0	0	1
7.会计人员	101	5	10	6	9	10	24	31	5	4	1
高级会计师	4	0	0	0	0	0	0	2	1	0	1
会计师	29	0	2	3	7	2	8	6	1	1	0
助理会计师、会计员	57	3	6	1	1	7	15	21	3	3	0
会计未定职	11	2	2	2	1	1	1	2	0	0	0
8.经济人员	15	1	0	2	1	2	4	2	3	0	0
高级经济师	2	0	0	0	0	0	1	0	1	0	0
经济师	7	0	0	0	0	1	2	2	2	0	0

续表

人数 项目 类别	合计	年龄结构									
		25岁以下及	26～30岁	31～35岁	36～40岁	41～45岁	46～50岁	51～55岁	56～60岁	女	60岁以上
助理经济师、经济员	6	1	0	2	1	1	1	0	0	0	0
经济未定职	0	0	0	0	0	0	0	0	0	0	0
9.统计人员	2	0	1	0	0	0	1	0	0	0	0
高级统计师	0	0	0	0	0	0	0	0	0	0	0
统计师	1	0	0	0	0	0	1	0	0	0	0
助理统计师、统计员	1	0	1	0	0	0	0	0	0	0	0
统计未定职	0	0	0	0	0	0	0	0	0	0	0
10.卫生技术人员	13	0	1	1	0	1	2	3	4	4	1
主任医师	0	0	0	0	0	0	0	0	0	0	0
副主任医师	2	0	0	0	0	0	1	0	1	1	0
主治医师	5	0	1	0	0	0	1	2	1	1	0
医师、医士	6	0	0	1	0	1	0	1	2	2	1
卫生未定职	0	0	0	0	0	0	0	0	0	0	0

注:本统计资料中含地方志指导小组办公室和当代中国研究所。

五　中国社会科学院2009年科学事业经费预决算情况

单位:万元

项目 单位	预　算	决算支出				决算为预算的%
		合　计	基本合计	工　资	项目支出	
文学研究所	1958.52	2547.30	1616.39	541.76	930.91	130
民族文学研究所	699.79	971.55	540.62	179.45	430.93	139
外国文学研究所	1201.69	1713.82	1097.72	329.20	616.11	143
语言研究所	1355.53	1699.68	968.84	232.10	730.84	125
考古研究所	3324.15	4704.25	1780.40	689.07	2923.84	142
历史研究所	1644.98	2305.38	1563.45	513.99	741.93	140
近代史研究所	1874.77	3655.18	1726.01	576.32	1929.17	195
世界历史研究所	1264.48	1694.81	997.67	313.17	697.14	134
中国边疆史地研究中心	268.39	815.85	524.25	247.02	291.61	304
哲学研究所	2124.51	2843.90	1822.08	564.85	1021.82	134
世界宗教研究所	1859.52	2475.20	1058.86	314.62	1416.34	133
经济研究所	2207.46	3337.73	2068.31	645.86	1269.42	151
工业经济研究所	1218.68	3458.69	2095.82	585.96	1362.87	284
农村发展研究所	1127.26	2148.68	1057.38	373.13	1091.29	191
财政与贸易经济研究所	1055.39	2335.62	1770.46	409.29	565.16	221
金融研究所	561.98	738.66	271.44	166.83	467.23	131
数量经济与技术经济研究所	979.66	2193.06	1454.40	419.69	738.65	224
人口与劳动经济研究所	592.45	1138.57	611.53	185.42	527.04	192
城市发展与环境研究所	351.09	2029.92	1581.65	130.59	448.27	578

续表

项目 单位	预算	决算支出				决算为预算的%
		合计	基本合计	工资	项目支出	
法学研究所	1460.69	2529.76	1581.62	555.73	948.14	173
国际法研究所	194.44	329.85	133.03	68.00	196.82	170
政治学研究所	555.02	818.00	443.11	149.17	374.89	147
民族学与人类学研究所	2323.23	3349.70	1858.71	553.23	1491.00	144
社会学研究所	1080.94	2107.71	1248.16	356.43	859.56	195
新闻与传播研究所	632.49	982.30	572.15	165.05	410.15	155
世界经济与政治研究所	1545.59	2382.80	1692.02	414.28	690.78	154
俄罗斯东欧中亚研究所	1459.40	2614.53	1354.72	390.60	1259.81	179
欧洲研究所	537.49	1104.72	426.85	198.59	677.86	206
西亚非洲研究所	666.36	1105.86	707.14	210.75	398.72	166
拉丁美洲研究所	799.15	1237.98	739.51	308.68	498.47	155
亚洲太平洋研究所	807.77	1190.03	707.02	206.48	483.02	147
美国研究所	643.68	1058.43	506.16	201.63	552.28	164
日本研究所	590.84	850.91	430.72	203.18	420.19	144
马克思主义研究院	1224.42	1941.81	1129.30	484.30	812.52	159
郭沫若纪念馆	300.29	416.72	278.52	96.97	138.20	139
中国社会科学出版社	1236.37	1420.25	717.47	0.00	702.78	115
中国社会科学杂志社	1965.75	2595.04	905.13	338.49	1689.92	132
中国社会科学院研究生院	13456.22	19331.29	4484.62	1385.62	14846.67	144
院图书馆(文献信息中心)	3891.02	4138.02	1282.84	447.96	2855.17	106
服务中心	1424.28	5942.73	5461.62	1390.80	481.11	417
中国社会科学院(本级)	18874.74	22787.86	9821.06	2019.26	12966.80	121
中国地方志指导小组办公室	1971.61	12901.20	418.23	180.03	12482.97	654
当代中国研究所	2045.85	2632.40	1336.07	484.40	1296.33	129
合计	85357.90	138577.76	62843.03	18227.92	75734.73	162

六　中国社会科学院2009年在职职工工资总额

项目 人数 单位	在职职工（人）	临时工（人）	年工资总额（万元）	年人均工资（万元）
文学研究所	143	7	855	5.70
民族文学研究所	49	1	210	4.20
外国文学研究所	81	2	593	7.15
语言研究所	90	0	462	5.13
考古研究所	172	13	1154	6.24
历史研究所(含郭沫若纪念馆)	157	15	920	5.34
近代史研究所	136	3	794	5.71
世界历史研究所	86	1	427	4.91
中国边疆史地研究中心	33	6	242	6.20
哲学研究所	144	2	788	5.40
世界宗教研究所	82	5	475	5.46
经济研究所	137	12	875	5.87
工业经济研究所	91	13	523	5.03
农村发展研究所	81	3	520	6.19
财政与贸易经济研究所	75	4	516	6.53
金融研究所	40	9	281	5.74
数量经济与技术经济研究所	80	2	584	7.12
人口与劳动经济研究所	45	2	306	6.52
城市发展与环境研究所	37	2	218	5.60
法学研究所	114	7	714	5.90
国际法研究所	24	2	132	5.08
政治学研究所	44	1	98	4.51

续表

项目 / 人数 / 单位	在职职工（人）	临时工（人）	年工资总额（万元）	年人均工资（万元）
民族学与人类学研究所	162	6	776	4.62
社会学研究所	83	1	448	5.33
新闻与传播研究所	43	4	245	5.21
世界经济与政治研究所	108	3	511	4.60
俄罗斯东欧中亚研究所	97	0	474	4.89
欧洲研究所	49	3	261	5.02
西亚非洲研究所	63	0	307	4.88
拉丁美洲研究所	62	4	294	4.45
亚洲太平洋研究所	55	3	293	5.06
美国研究所	56	3	270	4.57
日本研究所	51	2	243	4.58
马克思主义研究院	133	3	692	5.09
中国社会科学出版社	90	60	1344	8.96
社会科学文献出版社	44	31	420	5.60
中国社会科学杂志社	62	73	776	5.75
中国社会科学院研究生院	155	65	1472	6.69
院图书馆(文献信息中心)	137	11	666	4.50
服务中心	199	352	1372	2.49
当代中国研究所	93	0	695	7.47
中国地方志指导小组办公室	38	0	307	8.09
院直机关	386	24	2698	6.58
合计	4107	759	26352	5.42

七 中国社会科学院2009年邀请来访人员统计

表1 中国社会科学院2009年邀请来访人员按交流学科划分统计

国际合作局 / 交流学科	总计		国际处		联络处		美大处		欧洲、欧亚处		亚非处	
	批次	人次	批次	人次	批次	人次	批次	人次	批次	人次	批次	人次
法学	13	50	1	11	0	0	1	14	9	16	2	9
国际问题	45	106	1	6	0	0	12	24	21	31	11	45
经济学	62	192	4	6	3	13	17	22	27	116	11	35
马克思主义	2	3	0	0	1	2	0	0	0	0	1	1
民族学	4	11	0	0	0	0	1	7	2	2	1	2
社会学	21	46	2	2	2	4	3	16	7	12	7	12
史学	54	257	12	153	2	24	9	12	17	40	14	28
图书资料	2	12	0	0	0	0	0	0	0	0	2	12
文学	12	12	0	0	0	0	2	2	5	5	5	5
语言学	16	89	6	77	1	1	1	1	6	8	2	2
哲学	12	74	1	34	0	0	2	13	8	19	1	8
政治学	5	10	0	0	0	0	1	2	1	5	3	3
宗教学	6	18	1	10	1	1	1	1	3	6	0	0
综合	12	63	0	0	1	2	1	2	7	34	3	25
新闻出版	1	3	0	0	0	0	0	0	1	3	0	0
其他	18	41	3	21	0	0	12	17	2	2	1	1
总计	285	987	31	320	11	47	63	133	116	299	64	188

表 2　　中国社会科学院2009年邀请来访人员按交流方式划分统计

国际合作局 / 交流方式	总计		国际处		联络处		美大处		欧洲、欧亚处		亚非处	
	批次	人次	批次	人次	批次	人次	批次	人次	批次	人次	批次	人次
学术访问	178	341	6	11	9	22	35	41	79	152	49	115
工作访问	19	28	0	0	1	2	12	17	5	7	1	2
国际会议	31	298	15	200	0	0	3	18	11	55	2	25
双边会议	24	187	1	11	1	23	4	46	12	70	6	37
合作研究	5	8	0	0	0	0	0	0	2	2	3	6
讲学	6	9	0	0	0	0	3	4	3	5	0	0
进修	17	91	6	78	0	0	5	6	3	4	3	3
其他	5	25	3	20	0	0	1	1	1	4	0	0
总计	285	987	31	320	11	47	63	133	116	299	64	188

八　中国社会科学院2009年派遣出访人员统计

表1　　中国社会科学院2009年派遣出访人员按交流学科划分统计

国际合作局／交流学科	总计		国际处		联络处		美大处		欧洲、欧亚处		亚非处	
	批次	人次	批次	人次	批次	人次	批次	人次	批次	人次	批次	人次
法学	71	92	2	2	18	22	12	17	17	29	22	22
国际问题	217	312	2	2	13	14	35	41	80	119	87	136
经济学	287	429	16	29	29	52	52	70	96	141	94	137
马克思主义	11	20	0	0	1	1	0	0	4	6	6	13
民族学	15	19	0	0	0	0	1	1	11	13	3	5
社会学	54	75	2	2	10	13	10	12	12	23	20	25
史学	151	262	3	4	47	90	9	18	26	37	66	113
图书资料	4	11	0	0	1	1	0	0	2	6	1	4
新闻出版	25	51	1	1	8	18	5	5	4	7	7	20
文学	63	82	2	2	24	31	5	5	20	29	12	15
语言学	31	57	0	0	15	34	3	3	7	13	6	7
哲学	14	16	3	3	3	4	0	0	5	6	3	3
政治学	14	26	0	0	4	7	5	9	2	2	3	8
宗教学	30	64	1	1	17	40	1	1	5	6	6	16
综合	76	176	10	16	8	33	10	16	27	64	15	29
总计	1063	1692	42	62	198	360	148	198	324	519	351	553

表 2　中国社会科学院 2009 年派遣出访人员按交流方式划分统计

国际合作局 / 交流方式	总计		国际处		联络处		美大处		欧洲、欧亚处		亚非处	
	批次	人次	批次	人次	批次	人次	批次	人次	批次	人次	批次	人次
学术访问	467	787	7	8	95	167	72	112	163	270	130	230
工作访问	51	108	1	1	10	26	5	7	24	43	11	31
国际会议	372	490	30	49	36	68	46	52	104	139	156	182
双边会议	93	210	0	0	37	77	8	10	14	41	34	82
合作研究	30	43	0	0	4	6	2	2	15	19	9	16
讲学	24	27	0	0	15	15	1	1	1	4	7	7
进修	26	27	4	4	1	1	14	14	3	3	4	5
总计	1063	1692	42	62	198	360	148	198	324	519	351	553

九　中国社会科学院图书馆系统2009年藏书情况

项目 单位	合计(万册)	新购图书(册)		新购期刊(种)	
		中文	外文	中文	外文
院图书馆（文献信息中心）	180.00	24865	6051	1652	930
经济研究所	65.00	3566	1129	450	143
考古研究所	28.10	2625	451	169	140
历史研究所	60.00	2670	28	360	0
近代史研究所	60.00	2522	286	298	7
世界历史研究所	10.56	1011	434	2	6
法学研究所	23.00	28195	185	124	59
民族学与人类学研究所	42.10	1780	277	163	53
新闻与传播研究所	4.30	1119	94	140	27
俄罗斯东欧中亚研究所	5.48	320	950	126	100
西亚非洲研究所	2.50	300	180	100	113
拉丁美洲研究所	3.70	526	797	104	95
亚洲太平洋研究所	1.31	111	420	125	84
日本研究所	5.50	2035	386	45	71
美国研究所	2.91	1379	395	68	56
中国社会科学院研究生院	29.90	10586	298	979	124
中国社会科学出版社	3.00	110	0	2	0
中国社会科学杂志社	5.30	2312	0	384	0
中国边疆史地研究中心	1.72	282	0	165	0
总计	534.39	86314	12361	5456	2008

十　中国社会科学院各出版社 2009年图书出版情况

表1　　中国社会科学出版社2009年图书出版情况

项　目 分　类	本版图书种数(种)		总印数(万册)	总印张(千印张)	定价总金额(万元)
	合　计	其中:新出			
图书总计	872	830	205.59	40611.13	13360.06
使用“中国标准书号”部分合计	872	830	205.59	40611.13	13360.06
马克思列宁主义、毛泽东思想	12	12	2.35	442.33	117.65
哲学	125	107	38.14	4439.71	1268.50
社会科学总论	26	26	5.99	1246.85	259.49
政治、法律	177	173	34.74	5806.88	1269.71
军事	2	2	0.40	93.45	23.00
经济	175	163	41.39	6735.28	1473.60
文化、科学、教育、体育	64	62	12.31	2397.09	513.76
语言、文字	45	45	7.82	1103.91	239.29
文学	117	114	25.95	4506.72	906.22
艺术	13	13	5.41	1032.19	5696.37
历史、地理	83	80	21.08	4180.47	1237.97
自然科学总论	5	5	0.85	121.59	28.55
天文学、地理科学	1	1	0.20	28.74	7.00
生物科学	1	1	0.10	11.49	2.60
医药、卫生	12	12	5.61	741.16	214.30
农业科学	2	2	0.20	19.38	5.30
工业技术	9	9	2.10	394.15	71.95
环境科学	2	2	0.25	35.74	7.30
综合性图书	1	1	0.70	7274.00	17.50

表2　　社会科学文献出版社2009年图书出版情况

项目 / 分类	本版图书种数(种)		总印数(万册)	总印张(千印张)	定价总金额(万元)
	合　计	其中:新出			
图书总计	700	616	320.33	51931	12887.39
使用“中国标准书号”部分合计	700	616	320.33	51931	12887.39
马克思主义、列宁主义、毛泽东思想和邓小平理论	7	7	2.45	494.88	113.75
哲学、宗教	40	36	24.32	2813.21	683.87
社会科学总论	68	52	18.81	4595.71	1023.12
政治、法律	154	143	45.32	9795.88	1877.23
经济	225	207	81.81	16188.70	4350.18
文化、科学、教育、体育	51	43	52.69	5684.95	1460.02
语言、文字	8	5	1.90	336.25	69.80
文学	13	13	3.02	600.68	158.12
艺术	10	8	2.52	361.67	253.21
历史、地理	84	78	25.10	6641.74	1529.92
医药、卫生	18	10	52.66	2834.39	870.73
工业技术	14	6	7.51	970.10	267.29
环境科学	6	6	1.75	388.75	95.75
综合性图书	2	2	0.48	224.10	134.40

表3　　经济管理出版社2009年图书出版情况

项　目 分　类	本版图书种数（种）	总印数（万册）	总印张（千印张）	定价总金额（万元）
图书总计	391	181.80	28562	6540.47
使用“中国标准书号”部分合计	391	181.80	28562	5762.15
哲学	3	2.10	229	51.60
社会科学总论	14	6.50	1260	131.90
政治、法律	13	5.10	723	122.90
经济	320	138.05	21982	5405.33
文化、科学、教育、体育	12	11.30	1658	237.28
语言、文字	5	3.80	547	87.80
文学	0	0	0	0
历史、地理	6	4.15	760	225.00
数理科学、化学	0	0	0	0
医药、卫生	11	6.70	843	179.06
工业技术	6	3.80	511	85.20
交通运输	1	0.30	49	14.40

十一　中国社会科学院2009年期刊一览表

序号	名　称	主办单位	主　编	地　址	邮　编
1	《经济研究》(月刊)	经济研究所	刘树成	北京西城区阜外月坛北小街2号	100836
2	《中国经济史研究》(季刊)	经济研究所	吴太昌	北京西城区阜外月坛北小街2号	100836
3	《经济学动态》(月刊)	经济研究所	王振中	北京西城区阜外月坛北小街2号	100836
4	《财智生活》(月刊)	经济研究所	张　平	北京西城区阜外月坛北小街2号	100836
5	《中国城市年鉴》(英文版)(年刊)	经济研究所	程安东	北京东城区东四南大街演乐胡同116号	100010
6	《中国城市年鉴》(年刊)	经济研究所	程安东	北京东城区东四南大街演乐胡同116号	100010
7	《中国城市经济》(月刊)	经济研究所	杨重光	北京海淀区长春桥路新起点家园4-807	100089
8	《经济管理》(月刊)	工业经济研究所	金　碚	北京西城区阜外月坛北小街2号	100836
9	《中国工业经济》(月刊)	工业经济研究所	金　碚	北京西城区阜外月坛北小街2号	100836
10	《中国经营报》(周双)	工业经济研究所	李佩钰	北京海淀区西四环北路6号院1号楼	100089
11	《精品购物指南》(周双)	工业经济研究所	张书新	北京海淀区民族学院南路甲19号	100081
12	《商学院》(月刊)	工业经济研究所	恩荣辉	北京海淀区西四环北路6号院1号楼	100089

续表

序号	名 称	主办单位	主 编	地 址	邮 编
13	《职场》(月刊)	工业经济研究所	王立鹏	北京海淀区西四环北路6号院1号楼	100089
14	*China Economist*(双月刊)	工业经济研究所	金 碚	北京西城区阜外月坛北小街2号	100836
15	《风尚志》(半月刊)	工业经济研究所	王月新	北京东城区东四七条19号	100007
16	《中国农村经济》(月刊)	农村发展研究所	张晓山	北京东城区建内大街5号13层	100732
17	《中国农村观察》(双月刊)	农村发展研究所	张晓山	北京东城区建内大街5号13层	100732
18	《财贸经济》(月刊)	财政与贸易经济研究所	裴长洪	北京西城区阜外月坛北小街2号	100836
19	《数量经济技术经济研究》(月刊)	数量经济与技术经济研究所	汪同三	北京东城区建内大街5号14层	100732
20	《中国人口科学》(双月刊)	人口与劳动经济研究所	蔡 昉	北京东城区建内大街5号10层	100732
21	《中国人口年鉴》(年刊)	人口与劳动经济研究所	张车伟	北京东城区建内大街5号10层	100732
22	《哲学研究》(月刊)	哲学研究所	李景源	北京东城区建内大街5号9层	100732
23	《哲学动态》(月刊)	哲学研究所	谢地坤	北京东城区建内大街5号9层	100732
24	《中国哲学年鉴》(年刊)	哲学研究所	谢地坤	北京东城区建内大街5号9层	100732
25	《世界哲学》(双月刊)	哲学研究所	李 河	北京东城区建内大街5号9层	100732
26	《中国哲学史》(季刊)	哲学研究所	李存山	北京东城区建内大街5号9层	100732
27	《马克思主义研究》(月刊)	马克思主义研究院	程恩富	北京东城区建内大街5号13层	100732
28	《科学与无神论》(双月刊)	马克思主义研究院	杜继文	北京东城区建内大街5号8层	100732

续表

序号	名　称	主办单位	主　编	地　址	邮　编
29	《世界宗教文化》(双月刊)	世界宗教研究所	金　泽	北京东城区建内大街5号8层	100732
30	《世界宗教研究》(双月刊)	世界宗教研究所	卓新平	北京东城区建内大街5号8层	100732
31	《考古》(月刊)	考古研究所	王　巍	北京东城区王府井大街27号	100710
32	《考古学报》(季刊)	考古研究所	刘庆柱	北京东城区王府井大街27号	100710
33	《中国史研究》(季刊)	历史研究所	彭　卫	北京东城区建内大街5号12层	100732
34	《中国史研究动态》(月刊)	历史研究所	陈高华	北京东城区建内大街5号12层	100732
35	《近代史研究》(双月刊)	近代史研究所	徐秀丽	北京东城区王府井大街东厂胡同1号	100006
36	《抗日战争研究》(季刊)	近代史研究所	步　平	北京东城区王府井大街东厂胡同1号	100006
37	《世界历史》(双月刊)	世界历史研究所	张顺洪	北京东城区王府井大街东厂胡同1号	100006
38	《史学理论研究》(季刊)	世界历史研究所	张顺洪	北京东城区王府井大街东厂胡同1号	100006
39	《中国地方志》(月刊)	中国地方志指导小组办公室	于伟平	北京东城区大雅宝胡同1号梓峰大厦5层	100730
40	《中国地方志年鉴》(年刊)	中国地方志指导小组办公室	田　嘉	北京东城区大雅宝胡同1号梓峰大厦5层	100730
41	《中国边疆史地研究》(季刊)	中国边疆史地研究中心	李大龙	北京东城区王府井大街东厂胡同1号	100006
42	《文学评论》(双月刊)	文学研究所	杨　义	北京东城区建内大街5号7层	100732
43	《文学遗产》(双月刊)	文学研究所	陶文鹏	北京东城区建内大街5号7层	100732
44	《中国文学年鉴》(年刊)	文学研究所	杨　义	北京东城区建内大街5号7层	100732
45	《民族文学研究》(季刊)	民族文学研究所	关继新	北京东城区建内大街5号11层	100732

续表

序号	名　称	主办单位	主　编	地　址	邮　编
46	《外国文学评论》(季刊)	外国文学研究所	陆建德	北京东城区建内大街5号11层	100732
47	《世界文学》(双月刊)	外国文学研究所	余中先	北京东城区建内大街5号11层	100732
48	《外国文学动态》(双月刊)	外国文学研究所	陆建德	北京东城区建内大街5号11层	100732
49	《中国语文》(双月刊)	语言研究所	沈家煊	北京东城区建内大街5号6层	100732
50	《当代语言学》(季刊)	语言研究所	沈家煊 顾曰国	北京东城区建内大街5号6层	100732
51	《方言》(季刊)	语言研究所	麦　耘	北京东城区建内大街5号6层	100732
52	《政治学研究》(季刊)	政治学研究所	王一程	北京东城区建内大街5号6层	100732
53	《法学研究》(双月刊)	法学研究所	梁慧星	北京东城区沙滩北街15号	100720
54	《环球法律评论》(双月刊)	法学研究所	徐　炳	北京东城区沙滩北街15号	100720
55	《民族语文》(双月刊)	民族学与人类学研究所	黄　行	北京海淀区中关村南大街27号民族大学内6号楼	100081
56	《民族研究》(双月刊)	民族学与人类学研究所	郝时远	北京海淀区中关村南大街27号民族大学内6号楼	100081
57	《世界民族》(双月刊)	民族学与人类学研究所	郝时远	北京海淀区中关村南大街27号民族大学内6号楼	100081
58	《世界华商经济年鉴》(年刊)	民族学与人类学研究所	郝时远	北京朝阳区安外小关东里10号润雨大厦501	100029
59	《社会学研究》(双月刊)	社会学研究所	李培林	北京东城区建内大街5号10层	100732
60	《青年研究》(月刊)	社会学研究所	单光鼐	北京东城区建内大街5号10层	100732
61	《新闻与传播研究》(双月刊)	新闻与传播研究所	尹韵公	北京朝阳区金台西路2号9号楼	100026
62	《中国新闻年鉴》(年刊)	新闻与传播研究所	钱莲生	北京朝阳区金台西路2号9号楼	100026

续表

序号	名　称	主办单位	主　编	地　址	邮　编
63	《世界经济》(月刊)	世界经济与政治研究所	张宇燕	北京东城区建内大街5号15层	100732
64	《世界经济与政治》(月刊)	世界经济与政治研究所	张宇燕	北京东城区建内大街5号15层	100732
65	《世界经济与中国》(英文版)(双月刊)	世界经济与政治研究所	余永定	北京东城区建内大街5号15层	100732
66	《世界经济年鉴》(年刊)	世界经济与政治研究所	王秀奎	北京东城区建内大街5号15层	100732
67	《国际经济评论》(双月刊)	世界经济与政治研究所	张宇燕	北京东城区建内大街5号15层	100732
68	《美国研究》(季刊)	美国研究所	黄　平	北京东城区张自忠路3号东院	100007
69	《商业评论》(月刊)	美国研究所	胡国成	北京东城区张自忠路3号东院	100007
70	《俄罗斯中亚东欧研究》(双月刊)	俄罗斯东欧中亚研究所	吴恩远	北京东城区张自忠路3号东院	100007
71	《俄罗斯中亚东欧市场》(月刊)	俄罗斯东欧中亚研究所	常　玢	北京东城区张自忠路3号东院	100007
72	《日本学刊》(双月刊)	日本研究所	韩铁英	北京东城区张自忠路3号东院	100007
73	《欧洲研究》(双月刊)	欧洲研究所	周　弘	北京东城区建内大街5号14层	100732
74	《西亚非洲》(月刊)	西亚非洲研究所	杨　光	北京东城区张自忠路3号东院	100007
75	《拉丁美洲研究》(双月刊)	拉丁美洲研究所	郑秉文	北京东城区张自忠路3号东院	100007
76	《当代亚太》(双月刊)	亚洲太平洋研究所	李向阳	北京东城区张自忠路3号东院	100007
77	《南亚研究》(季刊)	亚洲太平洋研究所	孙士海	北京东城区张自忠路3号东院	100007
78	《台湾研究》(双月刊)	台湾研究所	余克礼	北京海淀区中关村东路21号	100091

续表

序号	名 称	主办单位	主 编	地 址	邮 编
79	《当代中国史研究》(双月刊)	当代中国研究所	张星星	北京西城区地安门西大街旌勇里8号	100009
80	《今日中国论坛》(月刊)	政治学研究所	段若非	北京东城区沙滩北街2号	100727
81	《中国社会科学院研究生院学报》(双月刊)	中国社会科学院研究生院	文学国	北京朝阳区望京中环南路1号	100015
82	《环球市场信息导报》(月刊)	中国社会科学院图书馆	黎 歌	北京东城区建内大街5号4层	100732
83	《国外社会科学》(双月刊)	中国社会科学院图书馆	张树华	北京东城区建内大街5号4层	100732
84	《第欧根尼》(半年刊)	中国社会科学院图书馆	肖俊明	北京东城区建内大街5号4层	100732
85	《程序员》(半月刊)	中国社会科学院图书馆	黄长著	北京东城区建内大街5号5层	100732
86	《当代韩国》(季刊)	社会科学文献出版社	汝 信	北京东城区建内大街5号405室	100732
87	《中国社会科学》(双月刊)	中国社会科学杂志社	高 翔	北京西城区鼓楼西大街甲158号	100720
88	《历史研究》(双月刊)	中国社会科学杂志社	高 翔	北京西城区鼓楼西大街甲158号	100720
89	《中国社会科学》(英文版)(季刊)	中国社会科学杂志社	高 翔	北京西城区鼓楼西大街甲158号	100720
90	《中国社会科学文摘》(双月刊)	中国社会科学杂志社	高 翔	北京西城区鼓楼西大街甲158号	100720
91	《国际社会科学》(季刊)	中国社会科学杂志社	王利民	北京西城区鼓楼西大街甲158号	100720
92	《中国社会科学报》(周双)	中国社会科学杂志社	高 翔	北京西城区鼓楼西大街甲158号	100720
93	《社会科学管理与评论》(季刊)	科研局/学部工作局	李汉林	北京东城区建内大街5号3层	100732
94	《中国社会科学院年鉴》(年刊)	办公厅	王伟光 黄浩涛	北京东城区建内大街5号3层	100732

十二　中国社会科学院2009年主管学术社团一览表

序号	名　　称	负责人	挂 靠 单 位	成立时间
1	中国社会主义经济规律系统研究会	毛立言	经济研究所	1984
2	中国经济史学会	董志凯	经济研究所	1986
3	中国经济思想史学会	钱　津	经济研究所	1980
4	中国《资本论》研究会	裴小革	经济研究所	1981
5	中国比较经济学研究会	余大章	经济研究所	1986
6	孙冶方经济科学基金会	李建阁	经济研究所	1983
7	中国城市发展研究会	旷建伟	经济研究所	1984
8	中国城市经济学会	王振中	经济研究所	1986
9	中国工业经济学会	吕　政	工业经济研究所	1979
10	中国区域经济学会	李　平	工业经济研究所	1990
11	中国企业管理研究会	黄速建	工业经济研究所	1981
12	中国生态经济学会	滕　藤	农村发展研究所	1984
13	中国林牧渔业经济学会	张晓山	农村发展研究所	1979
14	中国县镇经济交流促进会	权兆能	农村发展研究所	1992
15	中国国外农业经济研究会	丁泽霁	农村发展研究所	1978
16	中国城郊经济研究会	包永江	农村发展研究所	1986
17	中国西部开发促进会	刘洪源	农村发展研究所	2006
18	中国成本研究会	余秉坚	财政与贸易经济研究所	1980
19	中国市场学会	荆林波	财政与贸易经济研究所	1991
20	中国数量经济学会	汪同三	数量经济与技术经济研究所	1979
21	中国考古学会	张忠培	考古研究所	1979
22	中国明史学会	商　传	历史研究所	1989

续表

序号	名 称	负责人	挂 靠 单 位	成立时间
23	中国殷商文化学会	王宇信	历史研究所	1989
24	中国中外关系史学会	耿 昇	历史研究所	1981
25	中国魏晋南北朝史学会	李 凭	历史研究所	1984
26	中国先秦史研究会	孟世凯	历史研究所	1982
27	中国秦汉史研究会	王子今	历史研究所	1983
28	中国孙中山研究会	王玉璞	近代史研究所	1984
29	中国现代文化学会	耿云志	近代史研究所	1989
30	中国抗日战争史学会	刘述礼	近代史研究所	1991
31	中国中俄关系史研究会	王建朗	近代史研究所	1979
32	中国史学会	张海鹏	近代史研究所	1949
33	中国国际文化书院	于 沛	世界历史研究所	1989
34	中国中日关系史学会	徐启新	世界历史研究所	1984
35	中国非洲史研究会	毕健康	世界历史研究所	1980
36	中国拉丁美洲史学会	王文仙	世界历史研究所	1979
37	中国日本史学会	汤重南	世界历史研究所	1980
38	中国美国史研究会	孟庆龙	世界历史研究所	1979
39	中国英国史研究会	吴必康	世界历史研究所	1980
40	中国第二次世界大战史研究会	张晓华	世界历史研究所	1980
41	中国世界古代中世纪史研究会	徐建新	世界历史研究所	1991
42	中国世界近现代史研究会	俞金尧	世界历史研究所	1991
43	中国朝鲜史研究会	姜 南	世界历史研究所	1979
44	中国苏联东欧史研究会	黄立茀	世界历史研究所	1985
45	中国法国史研究会	端木美	世界历史研究所	1979
46	中国德国史研究会	邸 文	世界历史研究所	1980
47	中国近代文学学会	王 飚	文学研究所	1988
48	中华文学史料学学会	包明德	文学研究所	1990
49	中国中外文艺理论学会	钱中文	文学研究所	1994
50	中国鲁迅研究会	赵京华	文学研究所	1979
51	中国当代文学研究会	张 炯	文学研究所	1978
52	中国现代文学研究会	张中良	文学研究所	1979

续表

序号	名　　称	负责人	挂 靠 单 位	成立时间
53	中国少数民族文学学会	朝戈金	民族文学研究所	1979
54	中国维吾尔历史文化研究会	塔瓦库力	民族文学研究所	1996
55	中国蒙古文学学会	阿古拉	民族文学研究所	1989
56	中国江格尔研究学会	朝戈金	民族文学研究所	1991
57	中国外国文学学会	陈众议	外国文学研究所	1979
58	中国语言学会	沈家煊	语言研究所	1980
59	全国汉语方言学会	熊正辉	语言研究所	1981
60	中国历史唯物主义学会	李崇富	马克思主义研究院	1981
61	中华外国经济学说研究会	程恩富	马克思主义研究院	1979
62	中国无神论学会	程恩富	马克思主义研究院	1978
63	中国逻辑学会	邹崇理	哲学研究所	1979
64	中国辩证唯物主义研究会	孙伟平	哲学研究所	1982
65	中国哲学史学会	李存山	哲学研究所	1979
66	中国马克思主义哲学史学会	唐源昌	哲学研究所	1979
67	中华美学学会	徐碧辉	哲学研究所	1980
68	中国伦理学会	陈　瑛	哲学研究所	1980
69	国际易学联合会	李惠国	哲学研究所	2004
70	中华全国外国哲学史学会	谢地坤	哲学研究所	1980
71	中国现代外国哲学学会	江　怡	哲学研究所	1979
72	老子道学文化研究会	胡孚琛	哲学研究所	2008
73	中国宗教学会	卓新平	世界宗教研究所	1989
74	中国法律史学会	夏　勇	法学研究所	1979
75	中国政治学会	李慎明	政治学研究所	1980
76	中国政策科学研究会	陈炎兵	政治学研究所	1994
77	中国民族研究团体联合会	郝时远	民族学与人类学研究所	1979
78	中国世界民族学会	郝时远	民族学与人类学研究所	1979
79	中国民族史学会	郝时远	民族学与人类学研究所	1983
80	中国突厥语研究会	哈米提·铁木尔	民族学与人类学研究所	1980
81	中国民族理论学会	牟本理	民族学与人类学研究所	1980

续表

序号	名　　称	负责人	挂靠单位	成立时间
82	中国民族学学会	郝时远	民族学与人类学研究所	1980
83	中国民族语言学会	黄　行	民族学与人类学研究所	1979
84	中国民族古文字研究会	揣振宇	民族学与人类学研究所	1980
85	中国西南民族研究会	何耀华	民族学与人类学研究所	1989
86	中国社会学会	李培林	社会学研究所	1979
87	中国社会心理学会	杨宜音	社会学研究所	1982
88	中国世界经济学会	余永定	世界经济与政治研究所	1980
89	中国东欧中亚经济研究会	万　军	世界经济与政治研究所	1978
90	中国俄罗斯东欧中亚学会	李静杰	俄罗斯东欧中亚研究所	1981
91	中国欧洲学会	周　弘	欧洲研究所	1984
92	中国亚非学会	张宏明	西亚非洲研究所	1962
93	中国中东学会	杨　光	西亚非洲研究所	1982
94	中国拉丁美洲学会	宋晓平	拉丁美洲研究所	1984
95	中华美国学会	陶文钊	美国研究所	1988
96	中国亚洲太平洋学会	张蕴岭	亚洲太平洋研究所	1994
97	中国南亚学会	孙士海	亚洲太平洋研究所	1978
98	中华日本学会	刘德有	日本研究所	1990
99	全国日本经济学会	黄晓勇	日本研究所	1978
100	中国社会科学情报学会	黄长著	中国社会科学院图书馆	1986
101	中国郭沫若研究会	蔡　震	郭沫若纪念馆	1983
102	中国地方志协会	邱新立	中国地方志指导小组办公室	1981
103	中华人民共和国国史学会	朱佳木	当代中国研究所	1992
104	中国解放区文学研究会	刘润为	当代中国研究所	1985
105	全国台湾研究会	许世铨	台湾研究所	1988

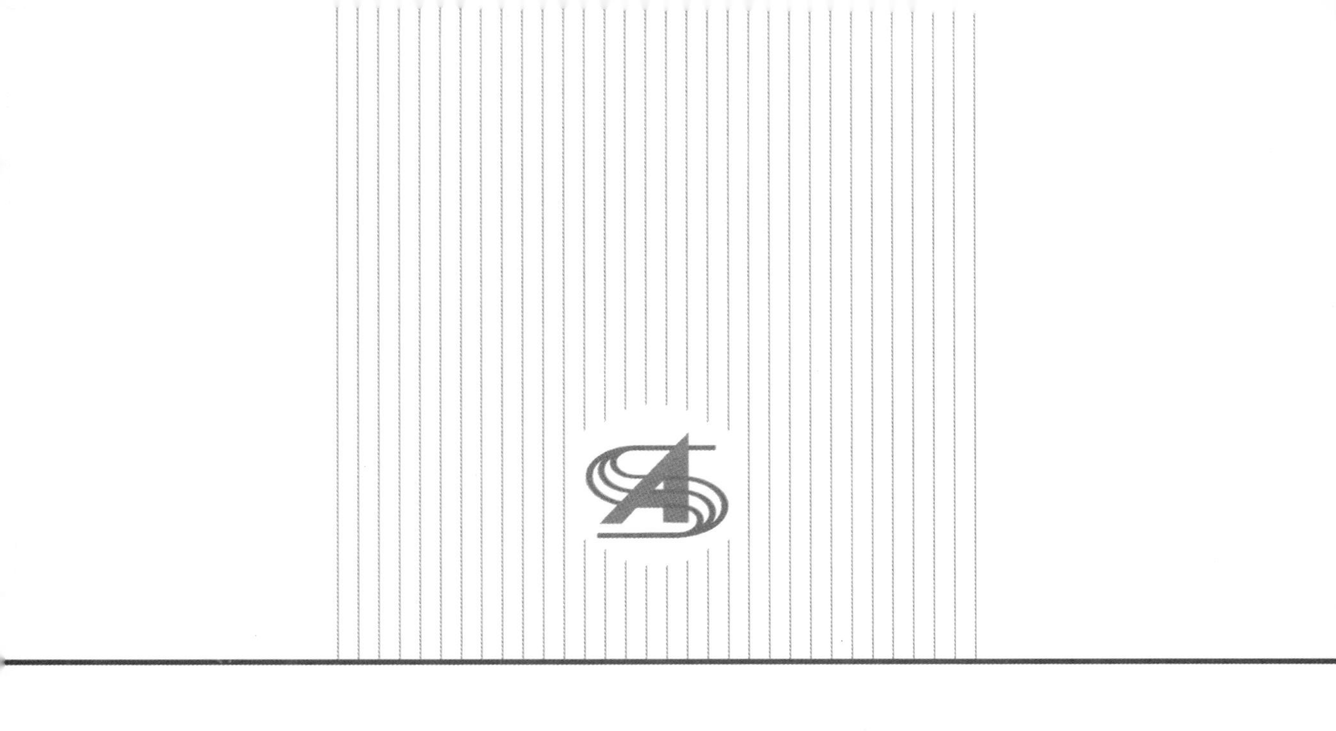

第八编

大事记

DASHIJI

中国社会科学院2009年大事记

一　月

1月5日　中国社会科学院妇女工作委员会、妇女/性别研究中心联合举办2009年妇女工作会议。

1月6日　常务副院长王伟光代表中国社会科学院与日本东京大学续签《中国社会科学院与日本东京大学学术交流协定》。

1月7日　中国社会科学院召开所局级领导干部会议，院党组副书记、常务副院长王伟光传达全国宣传部长会议精神，副院长李慎明主持会议并传达了中央开展深入学习实践科学发展观活动指导小组会议精神，会议对中国社会科学院学习实践活动作出安排。

1月8日　院党组书记、院长陈奎元主持召开第197次党组会议。会议认真学习了胡锦涛总书记在党的十七届三中全会上的重要讲话和全国宣传部长会议精神，研究落实中央领导对有关问题的批示意见。

1月9日　中国社会科学院院长、《中国社会科学》编委会主任陈奎元出席《中国社会科学》编辑委员会全体会议并发表重要讲话。副院长、《中国社会科学》编辑委员会副主任武寅主持会议。

1月14日　中国社会科学院召开直属机关第二次党代表大会。第一届直属机关党委作了题为《围绕中心、服务大局、以改革创新精神全面推进我院党的建设》的工作报告，直属机关纪委作了题为《完善惩治和预防腐败体系，推进我院反腐倡廉建设》的工作报告。

△《中国社会科学院报》编辑委员会成立暨第一次全体会议在中国社会科学杂志社召开。

△中央纪委驻院纪检组组长李秋芳在中国社会科学院会见香港廉政公署专员汤显明一行。

1月15日　中国社会科学院召开深入学习实践科学发展观活动转入整改落实阶段动员大会。院党组副书记、常务副院长王伟光，院党组副书记、副院长李慎明，院党组成员、中央纪委驻院纪检组组长李秋芳出席会议。中央学习实践活动第11指导检查组组长、江西省政协主席傅克诚出席会议并讲话。李秋芳主持大会。李慎明作动员讲话，对中国社会科学院学习实践活动分析检查阶段工作情况进行总结，动员部署整改落实阶段的工作。

△院党组副书记、常务副院长王伟光主持召开第198次党组会议。会议讨论决定了院直属机关党委常委候选人增补人选等事宜。

1月16日 全国政协副主席、院长陈奎元，常务副院长王伟光，副院长李慎明、陈佳贵、朱佳木、高全立、武寅，中央纪委驻院纪检组组长李秋芳，秘书长黄浩涛在王府井访问学者公寓集体出席院2009年春节老领导团拜会。

△副院长朱佳木在中国社会科学院当代中国研究所会见以张炳玉为团长的韩国启明大学博士代表团。

△院秘书长黄浩涛在中国社会科学院会见新西兰惠灵顿维多利亚大学副校长尼尔·奎格立教授一行。

△中国社会科学院安全委员会2008年度全院安全工作总结表彰大会召开。

1月20日 中国社会科学院2009年离退休人员春节团拜会在院社科会堂举行。全国政协副主席、院长陈奎元，常务副院长王伟光，副院长李慎明、高全立、武寅，中央纪委驻院纪检组组长李秋芳，秘书长黄浩涛出席团拜会并给大家拜年。

△全国政协副主席、中国社会科学院党组书记、院长陈奎元看望了中国社会科学院原党组书记郁文、著名学者杨绛。

△副院长朱佳木会见香港祖国出版社社长赵泰来、香港祖国文化集团总裁邓国鹏等一行5人。

1月21日 中国社会科学院2009年在职职工春节团拜会在院社科会堂举行。常务副院长王伟光，副院长朱佳木，秘书长黄浩涛出席团拜会并给大家拜年。

1月22日 院党组副书记、常务副院长王伟光主持召开第199次党组会议。会议讨论了国务院有关文件征求意见稿；审议了《中国社会科学院人才强院战略实施方案》；研究了院党组深入学习实践科学发展观活动整改落实方案提纲等事宜。

二　月

2月2日 中国社会科学院经济学部、科研局在京主办“2009年经济形势分析与展望”学术座谈会。

2月5日　院长办公会议审议了中国社会科学院课题制改革的基本思路及其实施意见、关于经济社会发展综合集成实验室论证情况的汇报、《关于处理学术不端行为的实施办法》及2009年拟立项国情调研重大项目等事宜。

2月12日　院党组书记、院长陈奎元主持召开第200次党组会议。会议传达学习了中央有关文件；审议了《中共中国社会科学院党组深入学习实践科学发展观活动整改落实方案》等事宜。

2月17日　中国社会科学院召开2009年保密工作会议，对全院保密工作进行总结部署。

2月18～20日　中国社会科学院召开2009年外事工作会议，会议总结了2008年对外学术交流情况，部署了2009年对外学术交流计划，培训了全院外事干部。

2月19日　中国社会科学院学部主席团召开工作会议，全面总结学部2008年主要工作，就2009年工作提出初步设想。

△院长办公会议审议了《中国社会科学院工作人员奖励暂行办法》《2009年中国社会科学院干部统一培训计划表》《中国社会科学院课题经费管理办法》《中国社会科学院图书馆进一步深化改革方案》等事宜。

2月20日　院党组书记、院长陈奎元主持召开第201次党组会议。会议研究审议了《中共中国社会科学院党组深入学习实践科学发展观活动总结报告（送审稿）》；讨论审议了《中国社会科学院聘用制改革及岗位设置管理工作实施方案（送审稿）》以及《中国社会科学院人员聘用试行办法》（送审稿）》等配套文件。

2月23日　中国社会科学院召开2009年离退休干部工作会议。

2月24日　中国社会科学院召开深入学习实践科学发展观活动总结大会。院党组副书记、常务副院长王伟光，院党组副书记、副院长李慎明，院党组成员副院长陈佳贵、朱佳木、高全立，院党组成员、中央纪委驻院纪检组组长李秋芳，院党组成员、秘书长黄浩涛出席大会。王伟光作总结报告。李慎明主持会议并对巩固和扩大中国社会科学院学习实践科学发展观活动成果及相关工作提出具体要求。中央学习实践活动第11指导检查组组长、江西省政协主席傅克诚出席大会并讲话。原院领导汝信、龙永枢、李英唐、朱锦昌出席会议。中国社会科学院党的十七大代表、第十一届全国人大代表和全国政协委员，院学部委员、荣誉学部委员、学术咨询委员会委员，院属各单位所局级领导干部，研究员，处室干部，党支部书记，民主党派负责人和无党派人士代表，离退休干部党支部书记，院团委委员、院青年中心理事，院学习实践活动领导小组办公室、指导检查组成员等近千人参加会议。

2月26日　院对台港澳地区学术交流工作会议召开。会议传达了中央对台工作会议的文件精神，院台港澳学术交流委员会作了2008年工作总结和2009年对台港澳工作思路的报告。

三 月

3月1日 中国社会科学院经济学部与社会科学文献出版社在京举办“2009《工业化蓝皮书》发布暨中国工业现代化问题学术研讨会”。

3月2日 中国社会科学院国际合作局、国际学部和经济合作与发展组织（OECD）在京主办“中国社会科学院国际学术论坛：2008～2009年的拉丁美洲”，论坛的主题为“社会凝聚与全球金融危机的新挑战”。

3月4日 院长办公会议审议了《关于进一步加强学术名刊建设的意见》及有关重大课题等事宜。

3月17～18日 中国社会科学院2009年度工作会议在社科会堂召开。院党组书记、院长陈奎元，院党组副书记、常务副院长王伟光，院党组副书记、副院长李慎明，院党组成员副院长陈佳贵、朱佳木、高全立、武寅，院党组成员、中央纪委驻院纪检组组长李秋芳，院党组成员、秘书长黄浩涛出席会议。中宣部副部长焦利，中国社会科学院特邀顾问王忍之、王洛林、刘国光和原院领导杨克、江蓝生、汝信、丁伟志、朱锦昌出席开幕式。陈奎元在闭幕会议上发表重要讲话。王伟光在大会上代表院党组作工作报告。李慎明主持会议并作大会总结讲话。王伟光、李慎明、陈佳贵、朱佳木、高全立、武寅、李秋芳、黄浩涛还分别参加了小组讨论。中国社会科学院副秘书长、所局领导干部、院学部委员及部分荣誉学部委员、全国人大代表、政协委员、学术咨询委员会委员、离退休干部代表、青年代表等800余人参加会议。

3月18日 常务副院长王伟光在中国社会科学院会见来访的美国著名学者南希·弗雷泽教授夫妇一行，双方就资本主义制度的现状和未来进行了讨论。

3月19日 中国社会科学院召开2009年反腐倡廉建设工作会议。院党组书记、院长陈奎元，院党组副书记、常务副院长王伟光，院党组副书记、副院长李慎明，院党组成员副院长陈佳贵、朱佳木、高全立、武寅，院党组成员、中央纪委驻院纪检组组长李秋芳，院党组成员、秘书长黄浩涛出席会议。中央纪委常委、中央国家机关纪工委书记杜学芳出席会议。王伟光代表院党组作工作报告。李秋芳代表中央纪委驻院纪检组讲话。李慎明主持会议。朱佳木、高全立、武寅、李秋芳、黄浩涛还分别参加了小组讨论。院属各单位党委书记、所长、纪委书记、职能部门负责人、纪检委员代表以及民主党派和无党派人士代表、青年代表等240余人参加会议。

3月20日 中国社会科学院首批11个特殊学科绝学建设项目签订《中国社会科学院特殊学科绝学建设项目计划执行书》。

3月22日　副院长朱佳木在京会见俄罗斯科学院远东研究所所长、俄中友好协会主席季塔连科。双方就进一步开展学术活动以及西方经济危机的影响、中国改革开放的经验等问题交换意见。

△原中国社会科学院党委常委、副秘书长，中国社会科学院研究生院原党委书记、副院长孙耕夫同志因病于2009年3月22日12时10分在北京协和医院逝世，享年86岁。孙耕夫同志逝世以后，党和国家领导人胡锦涛、温家宝、李克强、陈奎元对孙耕夫同志的逝世表示沉痛哀悼，对其家属表示深切慰问。中国社会科学院常务副院长王伟光，副院长武寅在孙耕夫同志病重期间和逝世以后，也分别前往医院看望或表示沉痛哀悼，对其家属表示慰问。根据孙耕夫本人生前意愿和家属意见，不举行遗体告别仪式、不保留骨灰。

3月25日　常务副院长王伟光主持召开“马克思主义学科建设和理论研究座谈会”第二次会议。副院长李慎明、武寅，中央纪委驻院纪检组组长李秋芳出席会议。

3月26日　中国社会科学院召开2009年后勤管理改革专项工作会议。

3月27日　中国社会科学院召开学习传达全国“两会”精神报告会议。院党组副书记、副院长李慎明，院党组成员副院长朱佳木、高全立、武寅，院党组成员、秘书长黄浩涛出席会议。李慎明传达十一届全国人大二次会议精神。朱佳木传达全国政协十一届二次会议精神。高全立主持学习报告会。

3月30日　院党组书记、院长陈奎元主持召开第202次党组会议。会议讨论了中央有关文件；研究了有关人事问题。

四　月

4月7日　副院长李慎明会见越南外交部部长助理裴青山一行。双方座谈了国际金融危机对世界格局的影响以及中国和越南应对金融危机的办法。

4月7日　院长办公会议审议通过《中国社会科学院事业单位国有资产管理暂行办法》。

4月8日　院党组书记、院长陈奎元主持召开第203次党组会议。会议根据中央干部考察组有关工作情况和安排，研究部署了中国社会科学院领导班子考察及后备干部民主推荐工作等事宜。

△中国社会科学院经济学部召开“2009年第一季度经济形势分析会”。

△中国社会科学院文史哲学部在京举行中国社会科学院第五次“国学研究论坛”——“简化字与繁体字”。

4月10日　副院长朱佳木在当代中国研究所会见韩国启明大学校长申一熙及该校教务处处长赵寿星女士。

4月10～12日　中国社会科学院文史哲学部、中国社会科学出版社、浙江师范大学在浙江金华联合主办“第一届中国社会科学论坛暨当代中国学术史研讨会”。

4月12～21日　应新西兰惠灵顿维多利亚大学和澳大利亚社会科学院邀请，院秘书长黄浩涛率中国社会科学院代表团一行6人出访上述两国，考察两国社会科学研究发展和中国问题研究的状况；探讨了加强双方社科与人文领域的合作前景。

4月13日　院党组书记、院长陈奎元主持召开第204次党组会议。会议进一步研究讨论了中国社会科学院领导班子后备干部考察和民主推荐等事宜。

4月16日　中国社会科学院与日本财务省财务综合政策研究所、韩国对外经济政策研究院在京共同举办，院数量经济与技术经济研究所承办“第三届中、日、韩三国经贸关系研讨会”。

4月17日　副院长朱佳木在当代中国研究所会见应中国人民对外友好协会邀请访华的巴林国际战略研究中心秘书长阿卜杜拉·萨迪博士等一行，就中国改革开放30年的政治、经济发展等有关问题进行座谈。

4月20日　中国社会科学院经济学部在京举行“2009年中国经济形势分析与预测春季座谈会”。

4月22日　院科研局召开中国社会科学院2009年度科研管理工作会议。

4月23日　院秘书长黄浩涛会见美国芝加哥大学校长罗伯特·齐默一行，签署了双边学术交流协议。

4月27日　院青年研究中心和院团委主办“中国社会科学院纪念五四运动90周年青年学术研讨会”。

4月27～28日　中国社会科学院与河南省政府主办、中国社会科学院经济学部与新乡市政府承办的“中华财富论坛暨财经人物峰会”在河南省新乡市举办。

4月28～29日　中国社会科学院与印度社会科学理事会在京共同举办“中印经济发展与面临的全球化挑战双边研讨会”。

4月29日　院党组书记、院长陈奎元主持召开第205次党组会议。会议研究了干部问题；研究讨论了开展聘用制改革的问题。

△院科研局组织召开2009年度院国情调研工作动员大会。

4月30日　中国社会科学院文史哲学部在京举办中国社会科学院第六次“国学研究论坛”：“中国传统语言学的现代化——庆贺罗常培先生文集出版座谈会”。

△中国社会科学院马克思主义研究学部、马克思主义研究院在京举办“纪念五四运动90周年：马克思主义中国化与当代社会思潮——思想家论坛（7）”。

五　月

5月4日　中国社会科学院学部主席团在京主办“纪念五四运动90周年国际学术研讨会”。

5月5日　中国社会科学院经济学部与院科研局在京举办“《中国经济学年鉴2008》出版发布暨国际金融危机背景下的经济学发展研讨会”。

5月6日　副院长武寅会见应邀访华的韩国前总统、中国社会科学院名誉教授金大中一行。双方就中韩关系、朝鲜半岛核问题等共同关心的问题交换了意见。金大中先生还就“中韩关系及半岛和平”发表了看法，并与参加会见的中国学者进行了交流。

5月11日　中国社会科学院国情调研甘肃省基地揭牌仪式在甘肃省社会科学院举行。院党组副书记、副院长李慎明与甘肃省委常委、宣传部长励小捷代表双方签署共建协议，并为国情调研基地揭牌。

5月13日　院党组书记、院长陈奎元主持召开第206次党组会议。会议研究了人事问题；审议了《中国社会科学院2009年科学事业费预算安排方案》；审议了《〈中国社会科学报〉筹办工作汇报》等事宜。

5月19日　院党组书记、院长陈奎元主持召开第207次党组会议。会议研究了创办《中国社会科学报》的有关工作；审议了中国社会科学院推荐全国离休干部先进个人等事宜。

△巴西总统路易斯·伊纳西奥·卢拉·达席尔瓦应邀在中国社会科学院发表了题为《巴西和中国：在世界变化中加强战略伙伴关系》的演讲。全国政协副主席、中国社会科学院院长陈奎元出席演讲会并致辞。

5月20～21日　中国社会科学院、中华炎黄文化研究会、湖北省人民政府在湖北省随州市联合主办，中国社会科学院历史研究所、随州市人民政府共同承办“炎帝神农文化高层论坛”。

5月21日　院长办公会议审议通过《中国社会科学院重点学科建设计划》。

5月22日　中国社会科学院召开实施人才强院战略方案暨聘用制改革工作大会。

5月26日　中国社会科学院召开贯彻落实中央厉行节约八项要求动员部署会议和中央治理“小金库”工作动员部署会议。

5月31日　院长办公会议审议了《黑龙江省与中国社会科学院合作协议书》；审议了院属各单位高研岗位设置调整方案和关于成立院基建工作办公室等事宜。

六　月

6月1日　副院长陈佳贵在京会见美国财政部长蒂莫西·盖特纳一行。

6月2～13日　应蒙古国科学院、俄罗斯科学院和罗马尼亚科学院的邀请，常务副院长王伟光率中国社会科学院代表团访问了上述三国。访问期间，与三国科学院的领导进行了工作会谈，加深了中国社会科学院与这三国科学院及其他科研机构的合作关系，并就今后可能开展的合作交流项目进行了探讨。

6月2～7日　应日本庆应大学东亚研究所所长添合芳秀的邀请，副院长朱佳木率中国社会科学院代表团访问了日本。访问期间，与有关学者进行了学术交流，参加了北海学园商科大学市民讲座并回答问题。

6月3日　副院长李慎明会见越南社会科学院副院长武庆荣一行。双方就朝核问题、全球金融危机问题、两国改革开放中的问题、党的建设问题等进行了交流。

6月8日　中国社会科学院与波兰科学院等机构在京主办“第二次世界大战的起源：欧洲和亚洲1931～1939历史的相似之处”中国—波兰研讨会。

6月8～9日　中国社会科学院与英国经济社会研究理事会在京共同主办“迁移与劳动力市场：中国和英国”研讨会。

6月11日　中国社会科学院经济学部召开“国际金融危机与经济学理论反思”课题组会议。

6月12日　中国社会科学院与德国阿基那基金会等在京共同主办“中德对话第六次会议——全球金融危机背景下的社会和经济稳定”。

6月13日　中国社会科学院财政与贸易经济研究所原党委委员、副所长、学术委员会委员、国务院学位委员会学科评议组成员方明同志（副部级两项待遇）遗体告别仪式在八宝山革命公墓举行。

6月15～16日　中国社会科学院与黑龙江省人民政府共同举办，黑龙江省社会科学院承办的“第二届东北亚区域合作发展国际论坛”在黑龙江省哈尔滨市举行。副院长高全立代表中国社会科学院与黑龙江省人民政府正式签署双方科研合作协议。

6月17日　常务副院长王伟光与中国气象局局长郑国光共同为中国社会科学院—中国气象局气候变化经济学模拟联合实验室揭牌。

6月19日　《中国社会科学报》首届编委会在中国社会科学杂志社召开。

6月20～21日　中国社会科学院经济学部、亚洲制造业协会和西安市人民政府共同主办“2009中国西安城市发展高层论坛”。

6月22～23日　中国社会科学院和俄罗斯科学院在京共同举办“第三届中俄社会科学论坛经济分论坛暨第九届中俄经济学家研讨会”。

6月29日　院党组书记、院长陈奎元主持召开第208次党组会议。会议研究讨论了有关人事问题。

△中国社会科学院召开学风建设工作会议。

6月30日　中国社会科学院召开2009年党的工作会议。院党组副书记、常务副院长王伟光出席会议并作题为《全面贯彻全国机关党的建设工作会议精神，进一步加强我院党的建设工作》的讲话。院党组副书记、副院长李慎明，院党组成员、副院长、直属机关党委书记高全立，院党组成员、中央纪委驻院纪检组组长李秋芳，院党组成员、秘书长黄浩涛出席大会。会议由李慎明主持。高全立作了题为《深入贯彻落实科学发展观，以改革创新精神扎实做好中国社会科学院党的工作》的工作报告。

七　月

7月1日　中国社会科学院主管主办的《中国社会科学报》在人民大会堂举行创刊揭牌仪式。全国政协副主席、中国社会科学院院长陈奎元出席揭牌仪式，并同国家新闻出版总署署长柳斌杰一起为《中国社会科学报》创刊揭牌。常务副院长王伟光，副院长李慎明、陈佳贵、高全立、武寅，中央纪委驻院纪检组组长李秋芳，秘书长黄浩涛出席揭牌仪式。武寅主持揭牌仪式。

7月2日　院长办公会议审议通过了《中国社会科学院人才强院战略实施方案专项经费管理办法》《中国社会科学院基础研究学者资助计划实施办法（试行）》和《中国社会科学院青年学者资助计划实施办法（试行）》。

7月3～4日　中国社会科学院经济学部、科研局和国际合作局在京主办“2009中国经济论坛：变革与振兴——中国经济60年”。

7月10日　中国社会科学院科研局、人事教育局、国际合作局、财务基建计划局联合召开“科研体制机制改革实施工作会议”。

7月13日　院党组书记、院长陈奎元主持召开第209次党组会议。会议根据中组部文件通报了中国社会科学院党组成员调整情况；讨论成立院党建工作领导小组的有关事宜；审议了院马克思主义理论研究与学科建设工程实施方案；研究了中国社会科学院老领导办理离退休手续等事宜。

7月15日　中国社会科学院国情调研内蒙古基地签约、揭牌仪式在内蒙古社会科学院举行。院党组副书记、副院长李慎明与内蒙古自治区党委常委、宣传部长乌兰，内蒙古自治区党委书记储波分别在协议书上签字并共同为国情调研基地揭牌。

7月16日　院长办公会议审议了院基建中长期发展规划、院“09创新工程”纲要和“哲学社会科学创新工程”试点基本思路等事宜。

7月20日　中国社会科学院与陕西省社会科学院在西安市举行中国社会学会2009学术年会“中国社会变迁：60年回顾与思考”。

△中国社会科学院召开2009年信息报送工作会议。

7月21日　中国社会科学院马克思主义研究院与全国10所高校联合举办 “新人口理论与政策：中国经济社会发展智库首届论坛”。

7月23日　中国社会科学院与吉林省、黑龙江省、辽宁省社会科学院联合举办 “2009年东北边疆历史与文化学术研讨会”。

7月24日　中国社会科学院世界社会主义研究中心、马克思主义研究院和社会科学文献出版社联合召开《美元霸权与经济危机》首发式暨“世界金融危机与坚持中国特色社会主义道路”研讨会。

7月30日　院长办公会议审议了《关于做好今年暑期有关工作的通知》《关于落实财政部预算执行要求，加强我院预算执行工作的紧急通知》和《中国社会科学院出版社转制工作实施办法》。

八　月

8月4日　院党组书记、院长陈奎元在北戴河主持召开第210次党组会议。会议确定了院党组成员工作分工；研究讨论了《关于院党的建设工作领导小组组成人员、主要职责和议事规则的方案》和《院直机关机构编制核定及岗位设置方案》。

8月4～9日　中国社会科学院在北戴河召开2009年所局级主要领导干部管理强院专题研讨会。院党组书记、院长陈奎元，院党组副书记、常务副院长王伟光，院党组副书记、副院长李慎明，院党组成员副院长朱佳木、高全立、武寅、李扬，院党组成员、中央纪委驻院纪检组组长李秋芳，院党组成员、秘书长黄浩涛出席研讨会。王伟光作题为《关于管理强院》的主题报告。

8月11日　“庆祝历史研究所建所55周年”大会在京举行。

8月17～28日　院党组副书记、常务副院长王伟光，院党组副书记、副院长李慎明，院党组成员副院长朱佳木、高全立、武寅、李扬，院党组成员、秘书长黄浩涛代表院党组和陈奎元同志分别走访慰问了中国社会科学院原院领导郁文、杨克、浦寿昌、于光远、丁伟志、汪文风，财政经济与贸易经济研究所李更新、世界历史研究所黄绍湘、马克思主义研究院冯兰瑞、近代史研究所曲跻武、俄罗斯东欧中亚研究所刘克明、哲学研究所李奇、民族文学研究所贾芝、经济研究所方卓芬、世界经济与政治研究所张震、外国文学研究所葛林、历史研究所王兢业、文学研究所王韦等19位新中国成立前参加革命工作的老领导、老红军、老党员，并向他们传达了党中央关于新中国成立60周年要求各级党组看望老同志的决定和提高老同志医疗待遇以解决看病中遇到的困难的决议。

8月24日　中国社会科学院与中国博士后科学基金会在院联合主办第四届中国社会学博士后论坛（2009）“国家治理与社会建设60年”。

8月25日　院长办公会议听取了院专项工作小组设置情况、《马克思主义理论研究和学科建设实施方案》修改情况的汇报；审议了《中国社会科学院创建名刊名报名社名馆名网经验交流会组织筹备方案》等事宜。

8月26～28日　中国社会科学院、世界自然基金会、广元市政府在四川省广元市联合主办“低碳重建与企业发展（中国·广元）国际论坛”。

九　月

9月1日　古巴外交部长布鲁诺·罗德里格斯·帕里利亚一行应邀访问中国社会科学院，并作题为《古巴：有特色的、可行的社会主义》的主题演讲。常务副院长王伟光出席演讲会并致欢迎词。

9月8日　副院长李扬在中国社会科学院会见牛津大学詹姆斯·马丁、21世纪学院院长彦·戈丁教授一行。双方就加强交流及开展有关环境变化与保护、老龄化社会、移民领域合作研究等问题进行了商讨。

9月9日　副院长李扬会见随荷兰教育科学部部长访华的荷兰皇家科学院院长罗伯特·狄克拉夫和荷兰国家研究组织主席尧斯·英格兰恩一行。

9月10日　院长办公会议听取了院科研与学术交流大楼设计方案情况的汇报；审议了“关于2009年度青年科研启动基金项目资助计划”；讨论了《关于预算执行的具体措施》《关于中国社会科学院第三届离退休人员优秀科研成果奖获奖成果目录》和《中国社会科学院马克思主义理论研究与学科建设实施方案》等事宜。

9月12日　副院长朱佳木在当代中国研究所会见俄罗斯科学院远东研究所东亚文明比较研究中心主任卢基扬诸夫、当代中国历史研究中心主任乌索夫等一行。

9月14日　副院长朱佳木在当代中国研究所会见美国哈佛大学东亚（费正清）研究中心原主任傅高义教授一行，双方就有关问题进行了商谈。

9月17日　中国社会科学院与黑龙江省合作建立国情调研基地揭牌仪式在黑龙江省社会科学院举行，院党组副书记、副院长李慎明与中共黑龙江省常委、宣传部长衣俊卿签署共建协议，并为国情调研基地揭牌。

9月19日　副院长朱佳木在京会见俄罗斯科学院远东研究所所长、俄中友协主席季塔连科院士，双方就有关问题进行了商谈。

9月22日　中国社会科学院在社科会堂举办庆祝中华人民共和国成立60年大型文艺演出。

△中国社会科学院召开所局级领导干部大会，传达学习党的十七届四中全会精神。院党组副书记、常务副院长王伟光出席会议并传达了中国共产党第十七届四中全会精神。会议由院党组副书记、副院长李慎明主持。院党组成员副院长高全立、武寅、李扬，院党组成员、中央纪委驻院纪检组组长李秋芳及中国社会科学院部分老领导出席会议。副秘书长、党的十七大代表、十一届全国人大代表、政协委员、院学部委员以及院属各单位所局级领导干部和党总支书记、青年代表等200余人出席大会。

△中国社会科学院与罗马尼亚社会科学院在京联合举办“全球化背景下中国和罗马尼亚的经济发展与合作”学术会议。

△常务副院长王伟光在中国社会科学院会见以罗马尼亚科学院国民经济研究所所长扎曼为团长的罗马尼亚科学院代表团一行。

9月24日　院长办公会议审议了《关于“中国城市发展研究会”变更挂靠单位有关问题的请示》等事宜。

△中国社会科学院在社科会堂召开“中国社会科学院庆祝中华人民共和国成立60周年学术报告会”。副院长李慎明作《发扬成绩，总结经验，为繁荣发展哲学社会科学事业作出新贡献》的主题报告。

9月28日　院党组书记、院长陈奎元主持召开第212次党组会议。会议研究了中国社会科学院学习贯彻党的十七届四中全会精神有关工作；审议了《中华人民共和国史稿》《关于我院专项工作领导小组设置的请示》等事宜。

十　月

10月12日　院党组书记、院长陈奎元主持召开第213次党组会议。会议集中学习了党的十七届四中全会精神；审议了中国社会科学院《关于学习贯彻党的十七届四中全会精神的通知》等事宜。

10月13日　副院长李慎明会见法国哲学家、国际马克思大会主席、《当代马克思》杂志主编雅克·比岱先生。

△中央纪委驻院纪检组组长李秋芳在京会见香港廉政公署廉政专员汤显明。双方就内地廉政建设问题交换了意见。

10月13～14日　中国社会科学院和芬兰科学院在京主办“中芬比较法国际研讨会”。

10月15日　副院长李扬出席中国社会科学院与美国社会科学理事会签署新一轮双边交流协议会议。李扬和美国社会科学研究理事会代表玛丽·麦克唐纳女士分别在协议书上签字。

10月18～24日　应中国社会科学院邀请，南非人文科学研究理事会主席希萨那一行访华。副院长李扬与代表团就两院加强合作交流以及开展合作研究等问题交换了意见。

10月19日　中国社会科学院马克思主义研究院举办“第一届中越马克思主义论坛：中越马克思主义理论创新比较研讨会”。

10月20日　中国社会科学院妇女工作委员会、院妇女/性别研究中心和妇女研究培训基地联合举办“2009年‘女性·社会·发展’学术论坛暨院妇女/性别研究中心课题成果报告会”。

10月21日　中国社会科学院召开“中国社会科学院报刊出版馆网建设经验交流会”。

10月22日　中国社会科学院与中国气象局气候变化经济学模拟联合实验室在京联合举办“2009年《气候变化绿皮书》新闻发布会暨高层论坛——通向哥本哈根”。

10月22～24日　中国社会科学院在密云召开深入学习贯彻党的十七届四中全会精神所局级主要领导干部培训班。院党组成员、副院长高全立代表院党组作开班动员和学习班情况的总结，院党组副书记、常务副院长王伟光，院党组成员、副院长武寅出席会议并参加了分组讨论。

10月27日～11月7日　副院长高全立率中国社会科学院代表团访问埃及、沙特阿拉伯、阿拉伯联合酋长国。访问期间，在埃及开罗大学召开了中阿关系研讨会；与三国有关学术机构商谈了建立交流关系等事宜。

10月30日　院秘书长黄浩涛会见澳大利亚国立大学校长伊恩·查伯教授、国立大学人文与社会科学院院长汤尼·玛凯教授和国立大学中国研究学院院长任格瑞教授等一行。双方商定了中国社会科学院与澳大利亚国立大学合作的形式与具体内容。

十一月

11月2日　副院长李慎明会见来华进行学术访问的美国共产党经济委员会委员瓦迪·哈拉比。双方就有关问题进行了会谈。

11月3日　中国社会科学院、中国人民政协理论研究会、浙江省政协、浙江省委宣传部在浙江省杭州市主办“中国（浙江）政协文化论坛”。

△副院长李扬会见韩国资本市场研究院院长金亨泰博士一行4人，就该研究院主导完成的《韩国资本市场法》实施的情况以及金融领域的相关问题进行了交流。

11月6日　副院长李扬在中国社会科学院会见到访的美国铂兰基金董事长奎克一行。

11月7日　中国社会科学院与人力资源和社会保障部在京共同举办全国博士后经济学学术论坛（2009）“金融危机：走势分析与应对策略”。

11月9日　中国社会科学院马克思主义理论学科建设与理论研究工作领导小组召开学科建设会议。

11月11日　院秘书长黄浩涛代表中国社会科学院与印度社科理事会续签《中国社会科学院与印度社科理事会学术交流谅解备忘录》。

△院秘书长黄浩涛在中国社会科学院会见新西兰惠灵顿维多利亚大学校长帕特·沃尔什教授、副校长罗伯特·拉贝尔教授、新西兰当代中国研究中心主任黄小明教授一行。

11月12日　院长办公会议审议了院2009年基础研究学者项目和青年学者发展基金项目资助、《中国社会科学院非实体研究中心管理办法（暂行）》等事宜。

11月13日　中国社会科学院与澳大利亚悉尼大学在京共同主办“知识前沿论坛——21世纪中国与世界的发展”研讨会。

11月15日　副院长李扬在京会见应邀来访的吉尔吉斯斯坦前外长、国家公共政策研究所所长伊马纳利耶夫及夫人，双方就感兴趣的经济、社会、政治等问题进行交谈。

11月19日　副院长武寅会见来访的加拿大约克大学校长曼多·舒克立、副校长罗娜·赖特、亚洲商务管理项目主任傅尧乐和亚洲商务管理中心中国区主任王瑜一行。

△副院长李扬会见瑞士教育与研究国务秘书马奥罗·迪尔阿墨波罗葛、瑞士驻华大使布莱斯·考德特一行。双方就加强双边合作交流等事宜交换了意见。

11月19～20日　中国社会科学院与中国人民外交学会等9家中方机构共同举办主题为“全球化背景下的中欧关系：化挑战为机遇”的中欧战略伙伴关系研讨会。

11月20日　中国社会科学院国际法研究所成立挂牌。

11月23日　院荣誉学部委员、哲学研究所原副所长、著名伦理学家李奇遗体告别仪式在北京协和医院举行。

11月24日　院秘书长黄浩涛在京会见德国科学基金会秘书长钟亦君率领的代表团一行。

11月26日　院长办公会议审议了中国社会科学院落实党的十七届四中全会《决定》任务分解方案，院各研究所新一届学术委员会组成名单等事宜。

十二月

12月1日　中国社会科学院第五届“胡绳青年学术奖”颁奖仪式在京举行。

12月2日　院党组书记、院长陈奎元主持召开第214次党组会议。会议审议了《关于我院机构编制管理中有关问题的建议》、新修订的《中国共产党中国社会科学院研究所委员会工作条例》和《中国社会科学院研究所所长工作条例》等事宜。

12月3日　副院长李扬在中国社会科学院会见美国前副财长亚当斯，双方就国际经济、金融形势进行了广泛的探讨和交流。

12月4日　中国社会科学院经济学部主办“‘金砖四国’经济发展比较国际研讨会”。

12月8日　中国社会科学院中国廉政研究中心成立会议暨第四届廉政研究论坛开幕式在北京举行。中共中央书记处书记、中央纪委副书记何勇，全国政协副主席、中国社会科学院党组书记、院长陈奎元出席会议并为中心成立揭牌。院党组副书记、常务副院长王伟光，中央纪委常委、秘书长吴玉良，院党组副书记、副院长李慎明，院党组成员副院长高全立、武寅，院党组成员、中央纪委驻院纪检组组长李秋芳，院党组成员、秘书长黄浩涛出席会议。

12月9日　副院长朱佳木在当代中国研究所会见了越南社会科学院中国研究所所长杜进森和越南经济研究所所长陈廷天率领的代表团一行。

12月10日　院党组副书记、常务副院长王伟光主持召开第215次党组会议。会议传达学习了中央经济工作会议精神，并研究了我院贯彻落实会议精神有关工作等事宜。

△院长办公会议审议了《中国社会科学院督查工作管理办法》、“十二五”规划研究课题立项及经费资助情况、《中国社会科学院科研岗位先进个人奖励暂行办法》和《中国社会科学院管理、科研辅助、工勤岗位先进个人奖励暂行办法》等事宜。

12月14日　副院长武寅会见应邀来访的蒙古国科学院副院长图布德·道尔吉院士一行。

△中国社会科学院与欧盟委员会就业、社会事务和机会均等总司在京联合举办“中欧

经济复苏、就业促进、新技能与可持续发展研讨会”。

12月24日 院长办公会议审议了《关于做好2009年度规范津贴补贴工作的通知》《关于规范津贴补贴工作的若干规定》，再次审议了《中国社会科学院科研岗位先进个人奖励暂行办法》《中国社会科学院管理、科研辅助、工勤岗位先进个人奖励暂行办法》等事宜。

12月25日 中国社会科学院召开传达中央经济工作会议精神会议。院党组副书记、常务副院长王伟光，院党组成员副院长高全立、武寅、李扬，中央纪委驻院纪检组组长李秋芳出席会议。原院领导杨克、汝信、龙永枢、丁伟志、李英唐出席会议。王伟光传达了中央经济工作会议精神。高全立、李秋芳部署了院属各单位贯彻落实《中国共产党中国社会科学院研究所委员会工作条例》《中国社会科学院研究所所长工作条例》以及规范津补贴工作。李扬主持会议。

12月27日 中国社会科学院与宁波市人民政府在浙江省宁波市召开战略合作年度工作会议。

12月29日 中国社会科学院国情调研河南基地揭牌仪式在河南省社会科学院举行。院党组副书记、副院长李慎明与河南省委常委、宣传部长、副省长孔玉芳签署共建协议，并为国情调研基地揭牌。

△中国社会科学院城市发展与环境研究所建所揭牌仪式暨城市发展与环境高峰论坛在京举行。

12月31日 院党组书记、院长陈奎元主持召开第216次党组会议。会议研究了人事问题等事宜。